NIEDERLANDE

Dirk Sievers

INHALT

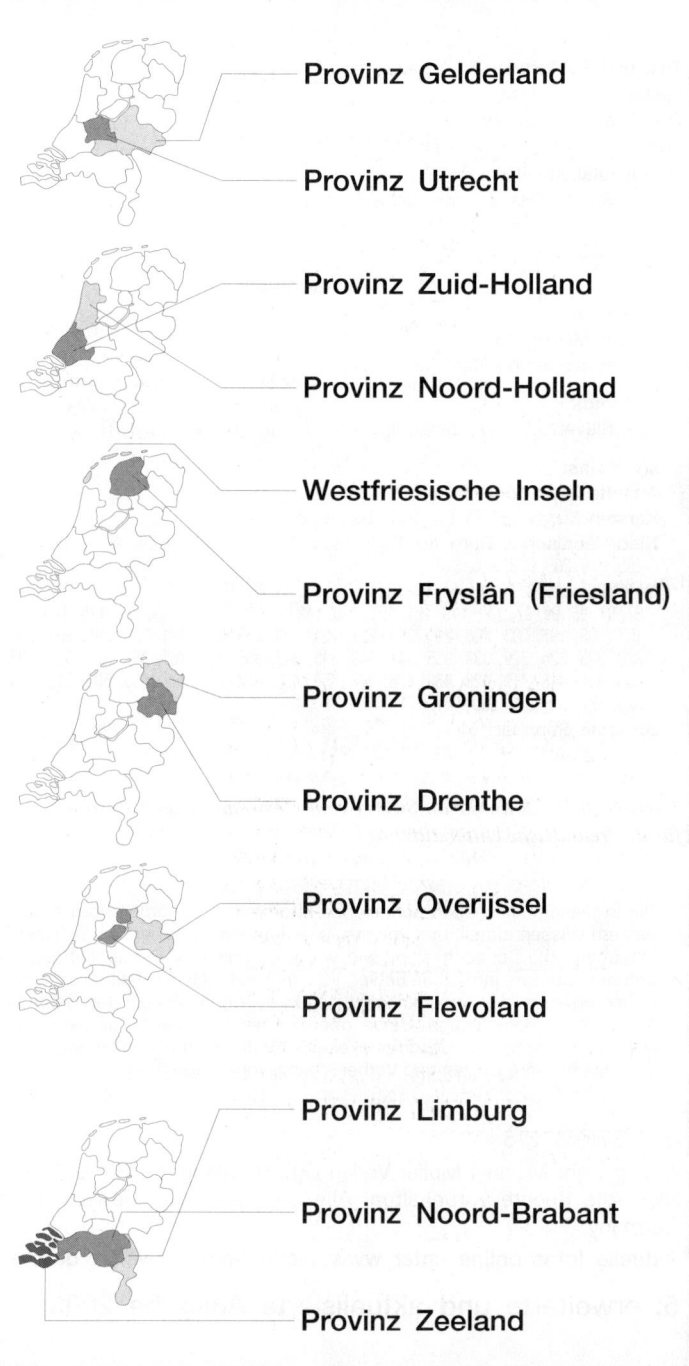

Provinz Gelderland

Provinz Utrecht

Provinz Zuid-Holland

Provinz Noord-Holland

Westfriesische Inseln

Provinz Fryslân (Friesland)

Provinz Groningen

Provinz Drenthe

Provinz Overijssel

Provinz Flevoland

Provinz Limburg

Provinz Noord-Brabant

Provinz Zeeland

Text und Recherche: Dirk Sievers
Lektorat: Peter Ritter
Redaktion und Layout: Sven Talaron
Fotos: siehe Fotonachweis unten
Covergestaltung: Karl Serwotka
Karten: Susanne Handtmann, Carlos Borell, Judit Ladik

Fotonachweis

Coverfotos:
Harald Mielke (oben)
fotopresse timmermann (unten)

Farbfotos:
Dirk Sievers (DS); **Niederländisches Büro für Tourismus** (NBT)

s/w-Fotos:
Annette Krus-Bonazza: 244, 261, 287
Karsten Luzay: 30, 31, 247, 259, 266, 276, 291
Niederländisches Büro für Tourismus (NBT): 11, 27, 28, 36, 38, 74, 113, 241, 254, 265, 278, 289, 313, 366, 388
Dirk Sievers: 3, 12, 13, 14, 15, 16, 17, 19, 23, 26, 43, 45, 47, 55, 58, 60, 65, 67, 69, 71, 80, 87, 91, 95, 96, 97, 109, 119, 121, 123, 130, 142, 145, 147, 161, 165, 170, 175, 179, 182, 185, 187, 193, 197, 203, 206, 211, 213, 221, 224, 229, 238, 272, 281, 285, 295, 304, 309, 315, 320, 323, 326, 329, 333, 335, 341, 343, 345, 347, 355, 356, 361, 363, 369, 374, 397, 400, 405, 415, 418, 419, 429, 430, 436, 447, 452, 456, 464, 471, 477, 500, 502, 513, 515, 522, 525, 527, 545, 546, 550, 561, 571, 575, 629, 642
Susanne Sommer: 51

Herzlichen Dank an Stefan Swertz vom Niederländischen Büro für Tourismus für die freundliche Unterstützung

ISBN 3-89953-120-5

Aktuelle Infos online unter **www.michael-mueller-verlag.de**

5. erweiterte und aktualisierte Ausgabe 2003

Provinz Gelderland 74

Provinz Utrecht 113

Provinz Zuid-Holland 145

Kartenverzeichnis

Zeichenerklärung für die Karten und Pläne

mehrspurige Straße	Kirche/Kapelle	Information
Asphaltstraße	Kloster	Parkplatz
Bahnlinie	Schloss/Festung	Post
Gewässer	Ruine	Bushaltestelle
Grünanlage	Turm	Museum
	Windmühle	Sehenswürdigkeit
	Campingplatz	Flughafen/ -platz

Alles im Kasten – Kurioses und Wissenswertes

Haben Sie eine tolle Kneipe entdeckt, eine günstige Übernachtungsmöglichkeit oder ein bemerkenswertes Museum? Wenn
Sie Ergänzungen, Verbesserungsvorschläge oder Tipps haben,
lassen Sie es uns bitte wissen.

Wir freuen uns über jeden Brief!

Schreiben Sie an:

Dirk Sievers
Stichwort "Niederlande"
c/o Michael Müller Verlag
Gerberei 19
91054 Erlangen
E-Mail: dirk.sievers@michael-mueller-verlag.de

Grachtenstadt Amsterdam: Blick vom Turm der Westerkerk

Die Niederlande im Kurzporträt

Die meisten Deutschen sagen Holland, wenn sie die Niederlande meinen, und viele denken unverzüglich an Windmühlen, Tulpen, Käse, Grachten oder Holzschuhe. Anderen kommen zunächst Namen wie Rembrandt oder van Gogh in den Sinn, und wieder andere schwelgen in Erinnerungen an endlos lange Fahrradwege, endlos lange Sandstrände oder auch endlos lange Nächte in der Amsterdamer oder Rotterdamer Szene.

Tradition, Kunstgenuss und modernes Leben liegen in den Niederlanden dicht beisammen, und zwar im wörtlichen Sinn. Vom äußersten Norden bis zum äußersten Süden sind es gerade einmal 300 km, die Ost-West-Ausdehnung beträgt sogar nur 180 km. Man kann also theoretisch an einem einzigen Tag eine Art Niederlande-Gesamtdurchlauf absolvieren: morgens am Strand von Bergen aan Zee ein Bad im Meer, dann zum Alkmaarer Käsemarkt, nachmittags ins Amsterdamer Rijksmuseum und abends in die Kneipen der neuen Boomtown Rotterdam.

In der Praxis kann das allerdings anders aussehen, denn die kurzen Distanzen sind die eine, die dichte Besiedlung des Landes, die insbesondere im Sommer ein immenses Verkehrsaufkommen und entsprechende Verzögerungen mit sich bringt, die andere Seite der Medaille. Genau genommen sind es 432 Einwohner pro Quadratkilometer, die sich auf einer Fläche von insgesamt 41.800 Quadratkilometern verteilen; damit haben die Niederlande die größte Bevölkerungsdichte in ganz Europa und liegen auch weltweit in dieser Hinsicht auf einer Spitzenposition.

Freilichtmuseum Zaanse Schans

Der größte Ballungsraum ist die sog. "Randstad", die extrem dicht besiedelte, komplett urban geprägte Region zwischen Amsterdam und Rotterdam. Sie bildet gewissermaßen das gemeinsame Herz der beiden Provinzen Noord- und Zuid-Holland, die das politische, wirtschaftliche und kulturelle Leben der Niederlande schon seit Jahrhunderten bestimmen. Diese Dominanz gegenüber dem Rest des Landes, und das sind immerhin weitere 10 Provinzen, erklärt auch die oben angesprochene Namensverwirrung. Der verfallen im Übrigen nicht nur die Deutschen, sondern bisweilen auch die niederländischen Fußballfans, wenn sie das Spiel ihrer Mannschaft mit lauten "Holland"-Rufen anzustacheln versuchen.

Dennoch: Die offizielle Staatsbezeichnung lautet Niederlande, und dieser Name sagt einiges über die topographischen Verhältnisse des Landes aus. Die etwa 15,5 Millionen Niederländer leben tief, viele sogar so tief, dass ihre Dörfer und Städte ohne das insgesamt 3.000 km lange System von Meer- und Flussdeichen überflutet würden bzw. niemals entstanden wären. Denn viele Deiche wurden nicht aus Schutzzwecken angelegt, sondern um dem Meer Land abzugewinnen. Das größte derartige Projekt begann mit dem Bau des sog. Abschlussdeichs, der die damalige Zuiderzee von der Waddenzee und der Nordsee trennte. Nach der Fertigstellung des 32 km langen Deiches war die Zuiderzee vom natürlichen Wasseraustausch mit der Nordsee abgeschnitten, also sozusagen domestiziert, und konnte durch gezielte Südwasserzufuhr allmählich entsalzt werden. Dann legte man Ringdeiche an, wodurch kleinere "Wasserparzellen" entstanden, die sukzessive trockengelegt wurden. Das Ergebnis waren die sog. Polder, die zusammen viele Tausend Hektar neues Land ergaben, die heute die Provinz Flevoland bilden. Der nicht eingepolderte Teil der ehemaligen Zuiderzee blieb als Süßwassersee zurück und wird seither IJsselmeer genannt.

Enkhuizen – der alte Hafen

Die unterhalb des Meeresspiegels liegenden Landflächen verteilen sich im Wesentlichen auf die nördlichen und westlichen Niederlande. In der Geographie – ihre Nomenklatur ist manchmal erbarmungslos – spricht man in diesem Zusammenhang von den "Niederen Niederlanden", während der Süden und der Osten des Landes "Höhere Niederlande" genannt wird. Letztere Bezeichnung ist aber ganz offenkundig nur der terminologischen Systematik geschuldet, denn auch hier bewegt man sich selten in Höhen über 50 Meter. "Luftiger" wird es lediglich im äußersten Südosten, wo sich die Hügel bisweilen über die 100-Meter-Marke emporheben. Ihren absoluten topographischen Höhepunkt erreicht die Landschaft schließlich nahe der deutschen Grenze: Dort ragt der Vaalserberg, ein Ausläufer des Rheinischen Schiefergebirges, exakt 321 Meter hoch in den Himmel (zu wenig, um zu leben, zu viel, um zu sterben, ist man fast geneigt zu sagen).

Der Vaalserberg und seine Umgebung sind aber noch in anderer Hinsicht nahezu einzigartig in den Niederlanden: Niemand hat ihn künstlich aufgeschüttet oder gar durch Trockenlegung mühsam dem Meer abgerungen, man hat ihn vielmehr seit Jahrhunderten einfach sich selbst überlassen. In den Niederlanden, wo Eingriffe in die natürliche Landschaft bis hin zu den bereits angesprochenen Maßnahmen zur Landgewinnung seit alters her gang und gäbe sind, ist dies eher die Ausnahme als die Regel. Entsprechend heißt es im Volksmund: "Gott erschuf die Welt, aber die Holländer erschufen Holland." Und so findet man beinahe allerorten die Spuren zivilisatorischer Eingriffe, angefangen von den Zeugnissen des gigantischen Entwässerungssystems wie begradigten Flussläufen und einem flächendeckenden Netz an Kanälen bis hin zu riesigen landwirtschaftlichen Nutzflächen, die etwa 70 % des gesamten Landes bedecken und oft durch große Abholzaktionen entstanden sind. Was

Edamer Käsemarkt

heute an Waldbeständen vorhanden ist, verdankt sich zum großen Teil Wiederaufforstungsmaßnahmen, wie etwa die weitflächigen Nadel- und Laubwälder im größten Naturschutzgebiet des Landes, der Hoge Veluwe zwischen Apeldoorn und Arnhem. Vom wirklich ursprünglichen Erscheinungsbild der Niederlande sind eigentlich nur noch einige Moorgebiete und Heideflächen sowie die großen Dünen- und Marschgebiete an den Küsten erhalten geblieben.

Im touristischen Sinne herausragend sind dabei natürlich die Küstengebiete, die einen erheblichen Anteil an der großen Beliebtheit der Niederlande als Reiseland haben. Von Vlissingen im äußersten Süden der Provinz Zeeland bis zur nordholländischen Hafenstadt Den Helder erstreckt sich eine rund 350 Kilometer lange Küstenlinie, 70 % davon bestehen aus Sandstrand und Dünen. Mancherorts hat der Strand fast gigantische Ausmaße, etwa in Wijk aan Zee im westlich von Alkmaar gelegenen Naturschutzgebiet Noordhollands Duinreservaat. Wer eher kleine Badebuchten gewohnt ist, wird seinen Augen kaum trauen. Allerdings muss man sich darauf einstellen, dass die Nordsee ein ganz anderes Kaliber ist als etwa das Mittelmeer: Sie ist kühler, düsterer und insgesamt rauer als ihr allenfalls entfernter Verwandter im Süden Europas.

Den prinzipiellen Mangel an landschaftlicher Ursprünglichkeit wird man aber auch angesichts der weitläufigen Küstenlinie mit ihren herrlichen Sandstränden nicht wegdiskutieren können. Doch auch das, was für die Kultivierung der Landschaft an baulichen Maßnahmen erforderlich war, hat gewissermaßen im Nebeneffekt den Freizeitwert des Landes erheblich steigern können. So bilden etwa die Kanäle ein riesiges Netz an Wasserstraßen, dass nicht nur vom professionellen Schiffsverkehr genutzt wird. Man kann ganze Wochen damit verbringen, mit dem eigenen oder dem geliehenen Boot kreuz und quer durch die Lande zu fahren und die Niederlande vom Wasser aus zu erkunden. Und wer sich dem Segeln verschrieben hat, findet ähnlich optimale Bedingungen vor, etwa auf dem IJsselmeer oder auf den Gewässern der friesischen Seenplatte, um nur zwei Beispiele zu nennen.

Die für die Niederlande so typischen Wasserstraßen machen auch nicht vor den Städten halt. Im Gegenteil: Viele niederländische Städte sind gewissermaßen auf Wasser gebaut und von einem mehr oder minder stark verzweigten Netz von Kanälen, den sog. Grachten, durchzogen. Selbst das urbane Leben ist in den Niederlanden also vom Wasser geprägt.

Hafenimpressionen in Monnickendam

Die Städte des Landes offenbaren aber auch noch ein ganz anderes Bild der Niederlande, nämlich das der ehemals bedeutenden See- und Handelsmacht, die insbesondere im 17. Jahrhundert schier unermessliche Reichtümer angehäuft hat. Zu den baulichen Zeugnissen dieser Epoche, die die niederländische Geschichtsschreibung das "Goldene Jahrhundert" nennt (siehe Geschichte, S. 26), zählen vor allem die prachtvollen Patrizier- und Kaufmannshäuser, die man in vielen Städten des Landes bewundern kann. Hinzu kommen fast überall schmucke Rathäuser, Stadtwaagen, Marktplätze und Kirchen sowie eine Fülle von Museen, in denen die Geschichte der jeweiligen Stadt oder des gesamten Landes je nach Ausrichtung primär unter politischen, gesellschaftlichen oder kunsthistorischen Aspekten beleuchtet wird.

Die Stadt aller Städte in den Niederlanden ist natürlich Amsterdam. Wie kein anderer Ort des Landes steht sie für Grachtenromantik, kulturelle Blüte im "Goldenen Jahrhundert", Museumsvielfalt und Ähnliches mehr. Doch Amsterdam weist weit über diese üblicherweise mit der niederländischen Städtelandschaft in Verbindung gebrachten Attribute hinaus. Die Stadt ist in gleicher Weise altholländisch-traditionell wie avantgardistisch-schrill, ebenso pittoresk wie modern-nüchtern, kurz: eine niederländische Idylle und gleichzeitig eine pulsierende Metropole mit internationalem Anstrich. Sobald man allerdings den Dunstkreis Amsterdams verlässt, löst sich die wuselige Betriebsamkeit wieder auf und weicht der für das Land ansonsten so charakteristischen Ruhe und Beschaulichkeit. Exemplarisch seien nur historische Städtchen wie Hoorn, Edam oder Monnickendam genannt, die allesamt nur einen Katzensprung von Amsterdam entfernt liegen. Wie gesagt: Es sind auch die kurzen Distanzen, die den Reiz des Reiselandes Niederlande ausmachen.

Zum Abschluss noch ein Wort zum Verhältnis der Niederländer zu ihren deutschen Nachbarn, die jedes Jahr in Scharen ihren Urlaub hier verbringen. Trotz der fast sprichwörtlichen Toleranz und Weltoffenheit der Niederländer sind die Beziehungen nicht ganz unproblematisch. Die Gründe werden meist in der jüngeren Vergangenheit gesucht: Im Zweiten Weltkrieg wurden die Niederlande ungeachtet der Tatsache, dass das Land seine strikte Neutralität bekundet hatte, von deutschen Truppen besetzt. Die Gräuel der Besatzungszeit, insbesondere die Deportation

Traditionelles Segeln in Hoorn

niederländischer Juden und das von den Deutschen verhängte Lebensmittelembargo im sog. "Hungerwinter" von 1944/45, das Tausende von Niederländer mit dem Leben bezahlten, sind noch heute tief im kollektiven Bewusstsein der niederländischen Bevölkerung verankert. Selbst Jugendliche weisen den Deutschen noch gelegentlich Attribute wie "dominant", "kriegslüstern" und "arrogant" zu, und auch die regelmäßig prekäre Stimmungslage bei deutsch-niederländischen Fußballbegegnungen dokumentiert, dass gewisse Ressentiments gegenüber den deutschen Nachbarn nach wie vor vorhanden sind. Allerdings sind insbesondere in den letzten Jahren vermehrt Stimmen laut geworden, denen der Verweis auf die Besatzungszeit als Ursache für die Irritationen allein nicht ausreicht. So kam der ehemalige niederländische Botschafter in Deutschland, A. van Walsum, im Januar 1995 in einem Interview mit der "Berliner Zeitung" zu dem folgenden Schluss: "Was den Deutschen zum Hals rauszuhängen beginnt, ist, dass wir unseren Komplex als kleiner Nachbar eines großen Volkes nun fast schon ein halbes Jahrhundert in Klagen über den Zweiten Weltkrieg verpacken – und daraus eine ewig währende moralische Überlegenheit abzuleiten suchen."

Solche Stellungnahmen haben in den Niederlanden mittlerweile eine Diskussion in Gang gebracht, die das ganze Problem differenzierter angeht und es auf diese Weise auch entmystifiziert. Denn wenn man anerkennt, dass ein gewisses Spannungsverhältnis zwischen dem kleinen und dem größeren Nachbarn durchaus normal ist, verlieren die deutsch-niederländischen Irritationen auch ihren jahrelang kultivierten Sonderstatus, was auf beiden Seiten zur zunehmenden Entkrampfung führen dürfte.

Die Niederlande in Daten

Fläche/Ausdehnung/Einwohner: knapp 41.000 km²; Nord-Süd: ca. 300 km, West-Ost ca. 180 km; etwa 15 Millionen Einwohner.

Hauptstadt/Regierungssitz: Die Hauptstadt der Niederlande ist Amsterdam, der Regierungssitz Den Haag (s'-Gravenhage).

Provinzen: Die Provinzen der Niederlande sind in etwa mit den Bundesländern in Deutschland vergleichbar. Im Einzelnen heißen sie: Gelderland (1.850.000, Hauptstadt: Arnhem), Utrecht (1.050.000, Utrecht), Zuid-Holland (3.350.000, Den Haag), Noord-Holland (2.450.000, Haarlem), Friesland (600.000, Leeuwarden), Groningen (560.000, Groningen), Drenthe (450.000, Assen), Overijssel (1.050.000, Zwolle), Flevoland (275.000, Lelystad), Limburg (1.150.000, Maastricht), Noord-Brabant (2.250.000, Den Bosch), Zeeland (375.000, Middelburg).

Größte Städte: Amsterdam (715.000 Einw.), Rotterdam (590.000 Einw.); Den Haag (445.000 Einw.), Utrecht (235.000 Einw.), Eindhoven (195.000 Einw.).

Übersegebiete: Von der kolonialen Vergangenheit des Landes sind noch die Niederländischen Antillen und die Insel Aruba übrig geblieben. Beide sind inzwischen autonome Territorien unter der niederländischen Königin als Staatsoberhaupt.

Regierungsform: Die Niederlande sind eine konstitutionelle Monarchie mit einem Zwei-Kammern-Parlament. Die *Eerste Kamer* ist mit dem Bundesrat in Deutschland vergleichbar, die *Tweede Kamer* mit dem Bundestag. Die 75 Abgeordneten der Ersten Kammer werden von den Mitgliedern der zwölf Provinzialparlamente, die 150 Abgeordneten der Zweiten Kammer vom Volk direkt gewählt. Dabei gilt das Verhältniswahlrecht. Das Sitzungsjahr der beiden Parlamentskammern beginnt am dritten Dienstag im September. An diesem Tag, dem sog. *Prinsjesdag*, kommen beide Parlamentskammern zu einer gemeinsamen Sitzung zusammen und werden offiziell über die Regierungspolitik des kommenden Jahres informiert. Dies geschieht in einer Thronrede der Königin (bzw. des Königs), in der allerdings nur verlesen wird, was die jeweilige Regierung programmatisch ausgearbeitet hat. Die Königin selbst hat als formelles Staatsoberhaupt ähnlich wie der deutsche Bundespräsident nur repräsentative Funktion.

Politische Parteien: *Partij van de Arbeid* (Arbeitspartei), gegr. 1946 sozialdemokratisch; *Volkspartij voor Vrijheid en Democratie* (Volkspartei für Freiheit und Democratie), gegr. 1948, rechtsliberal; *Christen Democratisch Appel* (Christlich-Demokratischer Appell), gegr. 1980 als Zusammenschluss mehrere konfessionellen Parteien, konservativ; *Democraten 66* (Demokraten 66), gegr. 1966, linksliberal; *Groen Links* (Grün-Links), gegr. 1990, linksorientiert, *Socialistische Partij* (Sozialistische Partei), gegr. 1972, sozialistisch; *Christen Unie* (Christenunion), gegr. 2001, protestantisch- fundamentalistisch; *Staatkundig Gereformeerde Partij* (Politisch Reformierte Partei), gegr. 1918, protestantisch-fundamentalistisch, *Lijst Pim Fortuyn* (Liste Pim Fortuyn), gegr. 2002, extrem rechtsorientiert/populistisch, *Leefbaar Nederland* (Lebenswerte Niederlande), gegr. 2001, rechtsorientiert/ populistisch.

Kampf der Elemente: Sturmflutwehr in der Oosterschelde

Land unter Wasser

Die Neigung der Niederländer, zwischen sich und das Meer möglichst viele Dämme zu bauen, mag ärgerlich sein. Aber es gibt gute Gründe dafür. Seit jeher kämpfen die Niederlande gegen die Gewalten des Meeres. Die neuesten Errungenschaften der Technik bieten mittlerweile zwar eine beruhigende Sicherheit, doch kann niemand im Nachbarland die Augen vor möglichen Gefahren verschließen: Mehr als 25 % des Landes liegen unter dem Meeresspiegel – der tiefste Punkt nahe Rotterdam sogar ganze sieben Meter. Die Bunker des früheren deutschen Atlantikwalls vor der Küste Texels verdeutlichen eindrucksvoll den anhaltenden **Verlust weiter Landflächen** – die Mauerreste ragen nur noch bei Ebbe vor der Küste aus dem Wasser. Noch vor 50 Jahren trennte sie ein breiter Sandstreifen vom Meer. Die Niederlande wären ohne den Einsatz zahlreicher Pumpstationen in ihrer heutigen Form nicht existent. In ferner Vergangenheit überflutete das Wasser regelmäßig die flachen Küstengebiete. Erste Fluchthügel entstanden, die die Menschen bei Überschwemmungen aufsuchen konnten. Im 14. Jahrhundert konnten erste **Polder**, von künstlichen Deichen eingerahmte Gebiete unterhalb des Meeresspiegels, trockengelegt werden. Das Abschöpfen des Wassers übernahmen ganze Batterien von Windmühlen. Große Schaufelräder pumpten das Wasser in höher gelegene Kanäle, an deren Ufern weitere Mühlen den Vorgang so lange wiederholten, bis das Wasser schließlich über die großen Flüsse ins Meer zurückgelangte. Ein dichtes Netz von Deichen und Kanälen durchzieht seither als künstliches Drainagesystem das flache Land. Später verdrängten Dampfmaschinen die

Mühlen, ehe moderne Diesel- und Elektropumpen die Trockenlegung ganzer Seen ermöglichten. Die Vorhaben wurden ständig kühner.

Die Trockenlegung des Haarlemmer Meeres führte 1853 zu einem Polder nie da gewesener Größe. 160 Quadratkilometer neuer Polderflächen waren entstanden. Die ehrgeizigen Pläne des Ingenieurs *Cornelis Lely* sahen weiter vor, den Zugang der Zuiderzee zum offenen Meer zu verschließen, um anschließend weitere Landflächen trockenzulegen. Der *Zuiderzeeplan* nahm konkrete Formen an. Die Arbeiten begannen in den 20er Jahren und führten fünf Jahre später zur Fertigstellung des Abschlussdeichs. Die Zuiderzee hatte ihren Zugang zum offenen Meer verloren. Der neu entstandene Binnensee trägt seither den Namen **IJsselmeer**. Etwas Vergleichbares hatte es nie zuvor gegeben. 15 Millionen Kubikmeter Lehm und 30 Millionen Kubikmeter Sand hatte man zwischen Friesland und Noord-Holland aufgeschüttet. Moderne Schleusen sind seither die einzige Verbindung zum offenen Meer.

In den Folgejahren schufen großflächige Einpolderungen eine zwölfte niederländische Provinz. **Flevoland** entstieg dem Wasser. Das neue Land erstreckt sich über den alten Noordoostpolder, der Urk und Schokland den Inselcharakter nahm, und die Polder Oostelijk und Zuidelijk Flevoland. Letzterer entstand erst 1968. Almere und Lelystad, die einzigen größeren Städte der Provinz, plante man auf dem Reißbrett. Das Resultat ist sehenswert, doch mag sicher nicht jeder dort leben. Die moderne Architektur wirkt kühl und sachlich. Es fehlt das Flair einer alten, gewachsenen Stadt.

Auf der anderen Seite finden sich herrliche Naturgebiete auf dem fruchtbaren Polderland. Die weitflächigen Polder gelten anders als die Sandböden der südöstlichen Niederlande, die ohne heftigen Zusatz von Düngemitteln keine landwirtschaftliche Nutzung zulassen, als ausgesprochen fruchtbar. Die Landwirtschaft blüht. Darüber hinaus hat die Natur viele Bereiche für sich erobert. Reizvolle **Naherholungsgebiete** entstanden. Die alte Idee, das Markermeer ebenfalls einzupoldern, ist mittlerweile am starken Widerstand der Naturschützer gescheitert. Es wird in naher Zukunft keinen Markerwardpolder geben.

Im Februar des Jahres 1953 erlebten die Niederlande ihre letzte verheerende **Flutkatastrophe**. Ein Orkan mit Windböen von 120 km/h aus südwestlicher Richtung und eine Springflut ließen in den Provinzen Zeeland und Zuid-Holland die Deiche brechen und überfluteten weite Teile des Hinterlandes. Man zählte 1.800 Opfer. Mehr als 110.000 Menschen mussten mit Hubschraubern und Schiffen in Sicherheit gebracht werden. 200.000 Hektar Ackerland, die man mühsam dem Meer abgerungen hatte, blieben auf Jahre unkultivierbar. Die Angst vor dem Wasser hatte neue Nahrung bekommen. Nach endlosen Diskussionen entschied man sich für ein Milliardenprojekt – der *Deltaplan* entstand. Neben der erheblichen Verstärkung aller Deiche sollten die Meeresarme in den südlichen Niederlanden völlig abgeschlossen werden. Nur die Westerschelde und der Nieuwe Waterweg bildeten eine Ausnahme. Das umfangreiche Projekt sollte darüber hinaus die Verbindung zu den zeeländischen Inseln verbessern. Auf den Dämmen wurden Straßen geplant. Die Arbeiten sollten 30 Jahre dauern. Der Stufenplan beinhaltete das Prinzip der kleinen Schritte. Man wollte zunächst die vermeintlich einfachen Probleme angehen, erste Erfahrungen sammeln und später davon profitieren. Das Sturmflutwehr in der Hollandse IJssel bei Rotterdam (1958) machte den Anfang. Es folgten der *Zandkreekdam* zwischen Noord- und Zuid-Beveland (1960), das *Veerse Gat* zwischen Noord-Beveland und Walcheren (1961), der *Grevelingendam* zwischen Duiveland und Overflakkee (1966), das *Haringvliet* zwischen Voorne und Goeree (1971) und das *Brouwershavense Gat* zwischen Goeree und Schouwen (1975). Die Schließung der Oosterschelde dagegen scheiterte am heftigen Widerstand zahlreicher Naturschutzorganisationen, die sich mit dem drohenden Verlust kostbarer Biotope nicht abfinden wollten. Man einigte sich auf ein riesiges Sturmflutwehr, das nur bei drohender Gefahr geschlossen wird. Der Zugang zum Meer konnte auf diese Weise erhalten werden. Dieses letzte und wohl ehrgeizigste Projekt wurde 1986 fertig gestellt. Das Sturmflutwehr musste seither ein Dutzend Mal geschlossen werden.

Die langjährige Zuversicht, den Kampf gegen das Wasser gewonnen zu haben, wich im Februar 1995 der bangen Sorge um die eigene Sicherheit. Anhaltender Regen drohte die Poldergebiete zwischen Maas, Niederrhein und Waal wie eine Badewanne voll laufen zu lassen. Das schwerste Hochwasser seit 42 Jahren führte zur zeitweiligen Evakuierung von 250.000 Menschen. Der Königliche Kommissar der Provinz Gelderland verfasste einen dringenden Aufruf an die Bevölkerung, ihre Häuser zu verlassen. Die anfänglich freiwillige Maßnahme wurde von den Behörden nach kurzer Zeit in ein Dekret abgewandelt. All denen, die nicht bereit waren zu gehen, drohte gemäß der geltenden Notstandsverordnung Festnahme und Zwangsevakuierung. Die Mehrzahl der Betroffenen fand Unterschlupf bei Freunden oder Verwandten, alle anderen wurden notdürftig in ganzen Batterien von Etagenbetten in den Utrechter Messehallen und dem Autotron Rosmalen untergebracht. In allen Landesteilen wurden Stallungen für das evakuierte Vieh angeboten. Mehr als 75.000 Rinder und 50.000 Schweine konnten in Sicherheit gebracht werden. Der Abtransport der Tiere musste zeitweilig eingestellt werden, da die Kapazitäten der zur Verfügung stehenden Fahrzeuge nicht ausreichten. Hunderte von Soldaten waren im pausenlosen Einsatz, um die Deiche mit Planen und Sandsäcken zu verstärken. Haager Regierungsmitglieder ließen unterdessen einen Ministerregen über den Hochwassergebieten niedergehen. Die meisten Dörfer wirkten wie ausgestorben. Mehrere Hundertschaften der Polizei sperrten die Zufahrtswege, um Plünderungen zu verhindern.

Unterdessen gingen Nordseekuttern zahllose Süßwasserfische ins Netz, die die starke Strömung der Hochwasser führenden Flüsse ins offene Meer hinausgespült hatte. An einem Abend spendeten die Niederländer im Rahmen einer von mehreren Fernsehstationen initiierten Sammelaktion umgerechnet knapp 15 Millionen Euro als Soforthilfe für ihre vom Hochwasser betroffenen Landsleute. Die Regierung versprach, die Summe aus Staatsmitteln zu verdoppeln. Nachdem ein Stück Deich weggerutscht war, sorgte man sich insbesondere in Gelderland um die Stabilität der Flussbefestigungen. Auch im Limburger Maasgebiet blieb die Lage bis zuletzt kritisch. Zahlreiche Deiche wiesen Risse auf. Der Rückgang der Pegelstände bedeutete noch keine Entwarnung. Das Hochwasser hatte weite Abschnitte der veralteten Flussbefestigungen aufgeweicht.

Die Deiche waren mit Wasser förmlich durchtränkt. Nimmt der auf der Wasserseite lastende Druck zu schnell ab, sacken die durchnässten Deiche wie ein Pudding in sich zusammen und werden vom Flusswasser fortgespült. Es rächte sich nun, dass die Deiche im Landesinneren jahrelang vernachlässigt worden waren. Nur 200 von insgesamt 800 Deichkilometern entlang der Flüsse hatte man in den Jahren zuvor instand gesetzt und modernisiert. Die Küstenabschnitte gingen vor: "Wir haben die Haustüre verbarrikadiert, die Hoftüre aber offen gelassen". Mehr als 500 km Flussbefestigung werden seither schrittweise verstärkt.

Auf der **Suche nach Schuldigen** gerieten bezeichnenderweise die Umweltschützer ins Kreuzfeuer der Kritik. Sie hatten wiederholt durch Widerspruchsverfahren einer von Fachleuten geforderten Erhöhung und Verstärkung der Deiche entgegengewirkt. Sie wollten auf diese Weise Eingriffe in die natürlichen Flusslandschaften verhindern. Mehrere Umweltaktivisten erhielten gar Morddrohungen. "Wir ertränken Dich!", stand in anonymen Briefen.

Alleine die Umsatzverluste evakuierter Betriebe wurden auf knapp eine Milliarde Euro geschätzt. Der Staat kündigte an, den Großteil der Hochwasserschäden zu begleichen. Eine Selbstbeteiligung von 1.000 Euro blieb allerdings keinem Haushalt erspart. Die Ereignisse sitzen den Niederländern tief in den Knochen, obwohl das Land unterm Strich mit dem Schrecken davon gekommen ist. Die Katastrophe hatte keine Menschenleben gefordert, das Wasser aber hatte den Alltagstrott im Nachbarland wieder einmal gehörig durcheinander gewirbelt. Selbst einige Kirchturmuhren mussten am Ende neu gestellt werden...

Geschichte

Das Gebiet der heutigen Niederlande (einschließlich Belgiens und Luxemburgs) wurde im Jahr 57 v. Chr. im Rahmen des gallischen Feldzugs von den Römern erobert, die es bis etwa 400 n. Chr. halten konnten. Wie in vielen anderen ihrer Eroberungsgebiete gründeten die Römer auch hier erste städtische Siedlungen und bauten ein funktionierendes Straßensystem auf.

Während der Völkerwanderung wurde das Gebiet von germanischen Stämmen kolonisiert und langsam christianisiert. Ab dem 8. Jahrhundert stand es unter fränkischer Herrschaft. Im Rahmen der fränkischen Reichsteilungen im Jahr 843 wurde die Region östlich der Schelde um Maas und Niederrhein dem Mittelreich Lothars I. (Lotharingien) zugeschlagen, Flandern fiel dagegen an das Westreich Karls II., aus dem später Frankreich hervorgehen sollte. In der Folgezeit wurde die Herrschaftsgewalt der lothringischen Herzöge immer schwächer, sodass sich im 12. Jahrhundert einige relativ autonome Territorien herausbildeten: im Norden Holland, Seeland, Geldern und das Bistum Utrecht, im Süden Lüttich, Hennegau, Brabant, Namur und Limburg.

Burgundische und habsburgische Herrschaft

Zu Beginn des 15. Jahrhunderts wurden die niederländischen Territorien von den burgundischen Herzögen zusammengeschlossen (teilweise durch Erwerb, teilweise durch Erbe), fielen dann aber 1477 durch die Eheschließung Marias von Burgund mit dem späteren Kaiser Maximilian I. an das Haus Habsburg.

Allerdings hatte Maria noch vorher den betroffenen Provinzen und Städten im sog. "Großen Privileg" u. a. das Recht auf eine eigene Ständevertretung zugesichert und damit deren Teilautonomie gegenüber dem Reich festgeschrieben.

Unter dem Habsburgerkaiser Karl V. wurden die burgundischen Niederlande um die Provinzen Friesland, Utrecht, Overjissel, Groningen, Drenthe und Geldern erweitert. 1555 schließlich übertrug Karl V. die Niederlande an seinen Sohn Philipp II., der 1556 zum König Spaniens ausgerufen wurde. Damit waren die niederländischen Provinzen an die spanische Linie der Habsburger übergegangen.

Die Unterstellung unter die spanische Zentralverwaltung hatte weitreichende Folgen: Philipp wurde anders als sein in Gent geborener Vater Karl, der mit den Verhältnissen in den burgundischen Niederlanden vertraut war,

Historische Tracht im Zuiderzeemuseum Enkhuizen

als Fremdherrscher empfunden, sodass sich schon aus diesem Grund erste oppositionelle Tendenzen entwickelten. Die Spannungen verstärkten sich, als klar wurde, dass Philipp die den Provinzen zugesicherten Privilegien missachtete und die spanische Herrschaft mit einem von ihm bestellten Generalstatthalter, der der niederländischen Ständevertretung vorstand, sowie massiven Truppenverbänden zu sichern versuchte. Hinzu kam, dass Philipp brutal, auch mit Hilfe der Inquisition, gegen die sich in den Niederlanden langsam ausbreitende Reformationsbewegung (zunächst lutherisch, später calvinistisch) vorging, die vor allem in den nördlichen Provinzen unter dem niederen Adel schon früh zahlreiche Anhänger gefunden hatte. Diese politisch-religiöse Gemengelage führte dazu, dass sich die Provinzen trotz aller untereinander bestehenden Interessenkonflikte immer stärker zusammenschlossen und zur ernst zu nehmenden Opposition gegen die spanische Fremdherrschaft formierten.

Der Unabhängigkeitskampf

Den Ausgangspunkt der Unabhängigkeitsbewegung bildete eine von Vertretern des niederen Adels an Philipps Generalstatthalterin Margarete von Parma gerichtete Protestnote, in der die volle Religionsfreiheit, die Aufhebung der Inquisition und der Abzug der spanischen Truppen gefordert wurden. Die Überbringer der Note wurden von den spanischen Machthabern geringschätzig *geux* (= Bettler) genannt, woraus sich später eine Art Partei- bzw. Kampfname entwickelte, mit dem die Träger der niederländischen Unabhängigkeitsbewegung insgesamt bezeichnet wurden: die *Geusen* (differenziert in die *Waldgeusen*, die im Landesinneren agierten, und die *Wassergeusen*, die den Kampf in den Küstengebieten anführten). Fast zeitgleich mit der Initiative der Geusen kam es in den flandrischen Städten zu ersten bewaffneten Protesten der Bevölkerung, im Rahmen derer auch katholische Kirchen geplündert bzw. verwüstet wurden.

Philipp reagierte zunächst mit der Ablösung Margaretes von Parma, die er durch den neuen Generalstatthalter Fernando Álvarez de Toledo, den Herzog von Alba, ersetzte. Dieser wurde mit allen Vollmachten zur Niederwerfung des Aufstandes ausgestattet und errichtete in den Niederlanden seit seiner Ankunft im August 1567 ein blutiges Terrorregime, dem Tausende von Aufständischen zum Opfer fielen. Das brutale Vorgehen hatte zur Folge, dass sich die zunächst lokal beschränkten Aufstände zum nationalen Befreiungskampf ausweiteten: Mit der Schlacht bei Heiligerlee begann 1568 der Spanisch-Niederländische Krieg, der etwa 80 Jahre dauern sollte.

Die Führung der Aufständischen hatte ab 1572 *Willem van Oranje* (1533–1584) inne, der in den Niederlanden bis heute als "Vater des Vaterlandes" geehrt wird (siehe Kasten auf S. 25). Unter seiner Mitwirkung formulierten 1576 alle 17 niederländischen Provinzen gemeinsam die *Genter Pazifikation*, in der der Abzug der spanischen Truppen und religiöse Toleranz gefordert wurde. Schon kurze Zeit später aber wurde deutlich, dass die Solidarität der Süd- und Nordprovinzen brüchig war. Insbesondere die zunehmende Radikalisierung der Unabhängigkeitsbewegung, unter der vor allem die verbliebenen katholischen Bevölkerungsteile der Südprovinzen zu leiden hatten, sorgte für Spannungen, die letztlich zum Bruch führten. Auf Initiative des konservativen katholischen Adels, dem von den spanischen Besatzern die Wiederherstellung seiner alten Rechte vor der Besatzungszeit zugesichert wurde, schlossen sich die Südprovinzen im Januar 1579 zur *Union von Arras* zusammen, forderten die Beendigung des Aufstandes und einigten sich mit Philipp II. auf einen Sonderfrieden. Die Reaktion der Nordprovinzen ließ nicht lange auf sich warten: Nur wenige Wochen später vereinigten sich die Vertreter Hollands, Seelands, Utrechts, Gelderns, Frieslands, Groningens und Overijssels zur *Union von Utrecht* und beschlossen, den Kampf gegen die spanische Besatzung fortzusetzen. Damit war der erste Schritt zur territorialen Spaltung, die später in der Konstituierung dreier unabhängiger Nationalstaaten einmünden sollte (Süden: Belgien und Luxemburg, Norden: Niederlande), faktisch vollzogen.

Die Politik der spanischen Machthaber in den südlichen Niederlanden war in der Folgezeit davon bestimmt, den in manchen Teilen des Landes bestehenden calvinistischen Einfluss zurückzudrängen und das gesamte Gebiet zu rekatholisieren. Der Norden sagte sich 1581 in der *Akte von Afzwering* formell vom spanischen König los und unternahm in den folgenden Jahren verstärkte Bemühungen, um die Spanier militärisch unter Kontrolle halten zu können. Dass dies weitgehend ohne Hilfe von außen gelang, hatte auch mit der Politik Philipp II. zu tun, der sich ab den 80er Jahren in zahllose Kriege mit Frankreich und England verstrickte, die seine militärischen Kapazitäten banden. 1588 schließlich wurde auf der Grundlage der Unionsbeschlüsse von 1579 die *Republik der Vereinigten Niederlande* ausgerufen. Dabei handelte es sich um einen Staatenbund, der die innenpolitische Souveränität bei den Provinzen bzw. deren Ständen beließ, während die außen- und sicherheitspolitische Verantwortung den aus Vertretern der einzelnen Provinzen gebildeten Generalstaaten übertragen wurde. Mit der Gründung der Republik war eine stabile Basis für die staatliche Unabhängigkeit gelegt, auch wenn der durch einen zwischenzeitlichen Waffenstillstand unterbrochene Krieg mit Spanien (1609–1621) noch knapp drei Jahrzehnte andauern sollte. Sein definitives Ende wird mit dem Haager Frieden des Jahres 1648 datiert, als die Unabhängigkeit der Niederlande auch von spanischer Seite offiziell anerkannt wurde.

Der Vater des Vaterlandes

Willem van Oranje, der am 25.4.1533 als ältester Sohn des Grafen Wilhelm von Nassau-Dillenburg in Dillenburg geboren wurde, war ursprünglich stark mit den Habsburgerherrschern verbunden. Im Dezember 1549 kam er an den Brüsseler Hof Kaiser Karls V., wo er eine katholische Erziehung genoss. Ab 1552 war er Befehlshaber der spanischen Truppen in den Niederlanden im Krieg gegen Frankreich, und sieben Jahre später machte ihn Philipp II. zum Statthalter von Utrecht, Seeland, Holland und West-Friesland.

Zum entschiedenen Gegner der spanischen Herrschaft wurde er erst durch die radikale Rekatholisierungspolitik Philipps II., die sich u. a. auf die brutalen Mittel der Inquisition stützte. Zwar bekannte er sich zu diesem Zeitpunkt noch selbst zum katholischen Glauben, war aber gleichzeitig ein strikter Verfechter religiöser Toleranz. Entsprechend unterstützte er die religionspolitischen Forderungen der Geusen (siehe oben) und setzte sich außerdem dafür ein, die Rechte des niederländischen Adels gegenüber der spanischen Zentralmacht auszuweiten.

Kurz bevor der von Philipp II. zum neuen Generalstatthalter erhobene Herzog von Alba 1567 in den Niederlande eintraf, floh Willem van Oranje in seine nassauische Heimat und entging so der Verhaftung bzw. Ermordung. Nach seiner Rückkehr schloss er sich dem niederländischen Widerstandskampf an und übernahm ab 1572 dessen Führung. Ein Jahr später trat er zum Calvinismus über, blieb aber dem Kurs der religiösen Toleranz treu und versuchte der zunehmenden Radikalisierung der calvinistischen Nordprovinzen in Konfessionsfragen entgegenzuwirken, auch um die sich abzeichnende Spaltung der Niederlande zu verhindern.

Nachdem sich die nördlichen Niederlande 1581 in der *Akte von Afzwering* formal von Philipp II. losgesagt hatten, bemühte er sich ab 1583 um seine Wahl zum Reichsprotektor der Niederlande. Dazu kam es jedoch nicht mehr. Im Juli 1584 wurde er im Schloss Delft durch den Jesuitenzögling Balthazar Gérard ermordet.

Willem van Oranje galt schon zu Lebzeiten als Symbolfigur der nationalen Einheiten und wird noch heute im "Wilhelmus", der niederländischen Nationalhymne, als "Vater des Vaterlandes" besungen.

Seemacht Niederlande – das "Goldene Jahrhundert"

Goldenes Jahrhundert und Kolonialzeitalter

Trotz aller Kriegswirren und der damit verbundenen finanziellen Belastungen hatten es die niederländischen Provinzen, vor allem die Städte, bereits zu Beginn des 17. Jahrhunderts zu beachtlichem Wohlstand gebracht, der in den folgenden Jahrzehnten kontinuierlich ausgebaut wurde. Zusammen mit dem relativ hohen Maß an religiöser Toleranz und der recht moderaten Handhabung der Zensur bildete die prosperierende Wirtschaft die Grundlage für den Aufbruch in eine kulturelle und wirtschaftliche Blütezeit, die dieser Epoche der niederländischen Geschichte den Namen "Goldenes Jahrhundert" eingebracht hat. Zu den Protagonisten dieser für die niederländische Kulturgeschichte so fruchtbaren Zeit zählen einheimische Maler, Schriftsteller und Wissenschaftler wie Rembrandt, Jan Vermeer, Joost van den Vondel, Baruch Spinoza oder der Völkerrechtler Hugo Grotius, aber auch ausländische Gelehrte wie der französische Philosoph und Mathematiker René Descartes, der sich wie viele andere von der tolerant-liberalen Atmosphäre der Niederlande angezogen fühlte und eine Zeit lang in Amsterdam wirkte.

Das bedeutendste wirtschaftliche Standbein des Aufschwungs bildete die Kolonisierung überseeischer Gebiete, die mit der Flottenexpedition niederländischer Kaufleute nach Java um 1600 ihren Anfang nahm. Tragende Rollen bei der weiteren Entwicklung spielten die im Januar 1602 gegründete "Vereinigte Oostindische Compagnie" (VOC), die den Asienhandel abwickelte, und die im Jahre 1621 ins Leben gerufene "Westindische Compagnie" (WIC), die für die Handelsbeziehungen mit dem amerikanischen und afrikanischen Raum zuständig war. Beide Organisationen waren keine reinen Handelsgesellschaften, sondern wichtige politisch-militärische Instrumente zur Ausweitung des niederländischen Machtbereiches, insbesondere im Hinblick auf die Ausschaltung der spanischen und portugiesischen Konkurrenz in Übersee. Zu diesem Zweck wurden sie mit quasi-staatlichen Kompetenzen ausgestattet: Sie waren befugt, mit anderen Staaten Verträge auszuhandeln, konnte Gouverneure einsetzen, Soldaten rekrutieren und letztlich über Krieg und Frieden entscheiden. Manche ihrer Schiffe waren zeitweise sogar ganz auf Kaperfahrten spezialisiert, etwa die des in den Niederlanden bis heute als Held gefeierten Admirals Piet Heyn, der 1628 vor Kuba die spanische Silberflotte in seine Gewalt brachte.

Die VOC, die vor allem im Gewürzhandel tätig war, engagierte sich zunächst vorrangig auf den Molukken und verlagerte später das Zentrum ihrer Aktivitäten nach West-Java (Batavia, heute Jakarta). Die WIC gründete u. a. Kolonien in der Karibik (z. B. die Niederländischen Antillen), in Nordamerika (Neu-Amsterdam,

Alter Segler der VOC

heute New York) und Südamerika (Niederländisch-Guayana, heute Surinam). Dass bei allen Unternehmungen der Gesellschaften, auch denen mit einer politischen Dimension, letztlich der Profit im Vordergrund stand, belegt ein Brief, den die "Heren XVII", die siebzehn Direktoren der VOC, 1622 an den General-Gouverneur in Niederländisch-Indien richteten:

"Keine große Aufmerksamkeit soll Fragen der Ehre und des Ruhms gewidmet werden, die man viel zu wichtig nimmt. In unserer Meinung, denn wir sind Kaufleute, hat derjenige die Ehre, der möglichst den größten Profit macht."

Der Niedergang der Republik

Im späten 17. Jahrhundert begann die wirtschaftliche, politische und militärische Macht der Niederlande zu bröckeln. Ein Grund war, dass die Konkurrenz Englands als bedeutende Wirtschafts- und Militärmacht immer stärker wurde. Die Auseinandersetzungen zwischen den beiden Ländern um den Zugang zu den wichtigen überseeischen Märkten wurden ab 1652 in vier Seekriegen ausgefochten, aus denen die Engländer trotz vereinzelter niederländischer Erfolge letztlich als Sieger hervorgingen. Hinzu kam, dass die Republik der Vereinigten

Interieur eines Kaufmannshauses im 17. Jahrhundert

Niederlande ab 1672 quasi parallel zum Konflikt mit England in mehrere Kriege gegen Frankreich verwickelt war. Zwar konnten die Niederländer in diesen Kriegen ihre territoriale Integrität wahren, doch war das Land danach wirtschaftlich entscheidend geschwächt.

Auch das 18. Jahrhundert stand ganz im Zeichen der Abwärtsentwicklung. Ab etwa 1750 war die Geschichte des Landes von einer innenpolitischen Auseinandersetzung zwischen Anhängern des Hauses Oranien und einer demokratischen Opposition, den sog. "Patrioten", geprägt. Die Oranier hatten ihre Machtposition ab Beginn des Jahrhunderts systematisch ausgebaut und waren ab 1747 zu Erbstatthaltern der vereinigten Provinzen und zu Oberbefehlshabern der niederländischen Truppen geworden. Angesichts dieser Machtfülle, die in eine schleichende "Monarchisierung" der Niederlande einzumünden drohte, forderten die "Patrioten" republikanische Reformen. Für die Veränderung der Machtverhältnisse sorgten aber erst die Franzosen, die die Niederlande 1794 besetzten und nach dem Vorbild des revolutionären Frankreich die "Batavische Republik" ausriefen, deren Verwaltung den demokratischen Kräften im Lande übertragen wurde. Wilhelm V., der seinerzeitige Statthalter aus dem Hause Oranien, ging mit vielen seiner Gefolgsleute nach England ins Exil.

Nur knapp zehn Jahre später wurde die Batavische Republik unter Napoleon in ein Königreich umgewandelt. An der Spitze des Staates stand Napoleons Bruder Louis Bonaparte, der seinen königlichen Posten allerdings nur sechs Jahre behalten sollte. 1810 führten Auseinandersetzungen um den politischen Kurs der Niederlande zum Bruch zwischen den Brüdern, Louis dankte ab, und Napoleon schloss die Niederlande an Frankreich an.

Das Königreich der Vereinigten Niederlande

Nach dem durch eine Serie militärischer Niederlagen besiegelten Zusammenbruch der Napoleonischen Herrschaft über Europa wurden auf dem Wiener Kongress von 1814/15 die Grundlagen für die politische Neuordnung Europas gelegt. Die dort gefassten Beschlüsse bestanden im Wesentlichen darin, die vor der Französischen Revolution herrschenden Zustände wiederherzustellen und die vermeintlich legitimen Machtansprüche der europäischen Herrscherdynastien wieder in ihr Recht zu setzen. Für die Niederlande bedeutete dies einen ziemlich rigiden Rückgriff in die Mottenkiste der Geschichte: Die ehemals gemeinsam unter spanischer Zentralgewalt stehenden Nord- und Südprovinzen, deren politische, gesellschaftlich und kulturelle Entwicklung sich schon seit nahezu 150 Jahren getrennt voneinander vollzogen hatte, wurden zum "Königreich der Vereinigten Niederlande" zusammengeschlossen. Zum Oberhaupt des neuen Staates bestimmte man den aus dem englischen Exil zurückgerufenen Oranier Wilhelm V., der 1815 als Wilhelm I. den Thron bestieg.

Doch die Dominanzbestrebungen des Nordens in Sprach- und Glaubensfragen führten schon bald zu heftigen Spannungen zwischen den zwangsvereinigten Landesteilen. In den Südprovinzen formierte sich schließlich ein Bündnis aus liberalen und katholischen Oppositionsgruppen, das im September 1830 im Anschluss an die französische Julirevolution zum bewaffneten Kampf aufrief, um die staatliche Unabhängigkeit zu erreichen. Da der Aufstand vom wiedererstarkten Frankreich unterstützt wurde, mussten sich die Truppen der Vereinigten Niederlande rasch geschlagen geben. Am 4. Oktober 1830 erfolgte die Unabhängigkeitserklärung Belgiens, die auf der Londoner Konferenz von 1830/31 von den Vertretern der europäischen Großmächte formal anerkannt wurde. Die damals festgelegten Grenzen zwischen den Niederlanden und Belgien sind noch heute gültig.

Die konstitutionelle Monarchie

In den nun wieder auf ihr territoriales Normalmaß zurechtgestutzten Niederlanden blieb politisch zunächst alles beim Alten: Wilhelm I. verfolgte eine autoritäre, strikt antiliberale Politik, die von seinem ab 1840 regierenden Sohn Wilhelm II. konsequent fortgesetzt wurde. Alle Forderungen nach demokratischen Reformen wie z. B. eine parlamentarische Kontrolle der vom König eingesetzten und allein ihm verantwortlichen Regierung stießen auf strikte Ablehnung. Erst als im Rahmen der gesamteuropäischen Revolutionswelle von 1848 auch in Amsterdam Unruhen ausbrachen, lenkte Wilhelm II. ein. Unter der Regie des Leidener Professors Rudolf Thorbecke wurde eine Verfassung erarbeitet, die die Befugnisse des Königs erheblich einschränkte und das Land in eine konstitutionelle Monarchie mit einem Zwei-Kammer-Parlament umwandelte, die den Bürgern Religions-, Presse- und Versammlungsfreiheit einräumte. Auf der Basis dieser Verfassungsreform konstituierten sich in der zweiten Hälfte des 19. Jahrhunderts liberale und konfessionell gebundene Gewerkschaften und Parteien, darunter auch katholische, die bis dato vom politischen Leben ausgeschlossen waren.

Durch die fortschreitende Industrialisierung ging es in ökonomischer Hinsicht wieder steil bergauf. Insbesondere Amsterdam und der sich um die Stadt langsam bildende Ballungsraum begannen zu prosperieren, auch begünstigt durch die relative Nähe zum 1871 konstituierten Deutschen Reich, in dessen Gründerjahren die bereits bestehenden Handelsverbindungen kontinuierlich ausgebaut wurden.

Nationaldenkmal auf dem Dam (Amsterdam)

Während des Ersten Weltkriegs, in dem die Niederlande neutral blieben, wurde das allgemeine Wahlrecht für Männer eingeführt (1917), das für Frauen folgte 1922. Die Regierung wurde in den Jahren zwischen den beiden Weltkriegen häufig von konfessionell gebundenen Parteien geführt, 1939 kam es zur ersten Regierungsbeteiligung der Sozialdemokraten.

Von der Weltwirtschaftskrise wurden die Niederlande ebenso hart getroffen wie das übrige Europa. Eine enorm hohe Arbeitslosigkeit von 33 % rief auch hier extreme Parteien von rechts und links auf den Plan. Eine davon war die 1931 von Anton Mussert gegründete *Nationaalsocialistische Beweging* (NSB), die bereits zwei Jahre später 50.000 Mitglieder vor allem in den Provinzen Limburg und Drenthe aufweisen konnte. Allerdings erreichten die Nationalsozialisten in den Niederlanden anders als in Deutschland nie mehr als 8 % (1935) aller abgegebenen Stimmen.

Der Zweite Weltkrieg

Für die Niederlande begann der Krieg am 10. Mai 1940 gegen 5.45 Uhr mit dem deutschen Überfall auf Rotterdam. Die deutsche Westoffensive gegen Belgien, die Niederlande und Luxemburg hatte begonnen. Trotz der Kapitulation der Stadt zerstörten unaufhaltsame Flächenbombardements das gesamte Zentrum. Das Land war nach nur fünf Tagen geschlagen. Der niederländische Oberbefehlshaber, General Henri Winkelman, unterzeichnete am 15. Mai die Kapitulation seiner Streitkräfte, Königin Wilhelmina und ihr Kabinett flohen nach London.

Weil die Niederländer als "germanisches Brudervolk" galten und man von ihrer raschen Nazifizierung ausging, sah die Besatzungsmacht von der Etablierung einer Militärverwaltung ab und betraute den zivilen "Reichskommissar" Arthur Seyss-Inquart mit der "nationalsozialistischen Überzeugungsarbeit" vor Ort. Sie verzichtete zunächst auch auf Parteienverbote und die Einschränkung der Pressefreiheit und ließ während des Einmarsches inhaftierte Kriegsgefangene sofort wieder frei.

Als diese Zurückhaltung nicht den gewünschten Erfolg einbrachte und stattdessen die Amsterdamer Arbeiter im Februar 1941 aus Protest gegen die Diskriminierung und ersten Verhaftungen jüdischer Bürger in den Generalstreik traten, setzte man die bekannte Unterdrückungs- und Vernichtungsmaschinerie mit Parteienverboten, Pressezensur, Verhaftungen, standrechtlichen Erschießungen, der gewaltsamen Rekrutierung von Zwangsarbeitern und der massenhaften Deportation von Juden und Oppositionellen in Gang. Bei ihrer systematischen Suche nach Juden, konnten die Nationalsozialisten auf detaillierte Einwohnerregister zurückgreifen, mit denen etwa 80 % aller Juden ausfindig zu machen waren.

Bei ihren Operationen wurden die Nationalsozialisten von einer nicht unbedeutenden Zahl von Kollaborateuren unterstützt. Viele davon rekrutierten sich aus der oben erwähnten NSB Anton Musserts, andere kamen aus den Reihen der "Niederländischen Union", einer im Verlauf des Krieges gebildeten zweiten nationalsozialistischen Sammlungsbewegung.

Kondolenzbesuche:
Anne Frank Huis (Amsterdam)

Auf der anderen Seite formierten sich zahlreiche Widerstandsgruppen unterschiedlicher weltanschaulicher Ausrichtung. Sie druckten und verteilten illegale Zeitungen, Flugschriften und Lebensmittelmarken, beschafften den Verfolgten falsche Papiere, verübten kleinere Sabotageakte und organisierten größere Streiks. Daneben bewiesen viele Niederländer im Stillen ihre Solidarität mit jüdischen Nachbarn und Freunden, indem sie diese in ihren Häusern versteckten und versorgten. Die Deutschen beantworteten den starken Widerstand an der Jahreswende 1944/45 u. a. mit einem Lebensmittelembargo über die großen Städte, das 10.000 Niederländer mit dem Leben bezahlten. Nach dem "Hungerwinter" sollte es noch ein knappes halbes Jahr dauern, bis der Schrecken ein Ende hatte, die Alliierten in den Niederlanden einzogen und die Deutschen am 5. Mai 1945 kapitulierten. Bis heute hat die Zeit des Zweiten Weltkriegs Narben hinterlassen, die das Verhältnis zwischen Niederländern und Deutschen belasten.

Nachkriegspolitik

Die Jahre nach dem Zweiten Weltkrieg waren zunächst vom Wiederaufbau geprägt, denn die deutschen Bomber hatten eine Reihe von niederländischen Städten teilweise oder nahezu komplett in Schutt und Asche gelegt. Außenpolitisch verfolgten die Niederlande den Kurs der Westintegration und schlossen sich im Laufe der Jahre allen wichtigen westlichen Bündnissystemen an. Im Rahmen dieser Entwicklung normalisierte sich auch das politische Verhältnis zur einstigen Besatzungsmacht Deutschland; so stimmten die Niederländer, die 1949 zu den Gründungsmitgliedern der NATO gehört hatten, 1955 der Aufnahme der Bundesrepublik ins westliche Verteidigungsbündnis zu.

Weit problematischer gestaltete sich die Aufarbeitung der eigenen Kolonialmachtsvergangenheit. Als sich die Kolonie Niederländisch-Indien am 17. August 1945 unter Präsident Sukarno für unabhängig erklärte, sperrten sich die Niederlande vehement und begannen einen Krieg, der mehr als 6.000 niederländischen und 150.000 indonesischen Soldaten das Leben kostete. Erst unter dem Druck der USA, die einen möglichen kommunistischen Einfluss fürchteten, änderte die niederländische Politik eher unwillig ihre starre Haltung und erkannte die neue Republik Indonesien 1949 offiziell an. Ein halbes Jahrhundert später ist die Kolonialzeit keineswegs bewältigt. Als sich Ende 1994 ein seinerzeit desertierter Soldat der Kolonialarmee um die Einreise in die Niederlande bemühte, gingen die Kriegsveteranenverbände auf die Barrikaden. Das Parlament debattierte das Thema und stimmte schließlich mehrheitlich gegen die Ausstellung eines Einreisevisums. Der damalige Außenminister Hans van Mierlo setzte sich allerdings über diesen Beschluss hinweg.

Die Unabhängigkeit der einstigen niederländischen Kolonien hatte aber auch ganz massive bevölkerungspolitische Auswirkungen. So löste beispielsweise die Unabhängigkeitserklärung Surinams im Jahr 1975 den Zustrom Zehntausender surinamesischer Einwanderer aus, die in die Niederlande integriert werden mussten, was eine Reihe sozialer Probleme mit sich brachte.

Die 80er und 90er Jahre

Die 80er Jahre standen ganz im Zeichen einer innenpolitischen Krise, deren wesentliche Ursachen in einem überfinanzierten und maroden Sozialstaatssystem lagen, das enorme Kosten verursachte und die Staatsverschuldung in gigantische Höhen trieb. Hinzu kam eine ausgeprägte konjunkturelle Flaute, die die Arbeitslosigkeit zwischen 1981 und 1983 auf etwa 11 % steigen ließen. Reformversuche, die bereits in den 70er Jahren unternommen wurden, scheiterten in schöner Regelmäßigkeit an den kaum zu vereinbarenden Positionen der unterschiedlichen Interessenverbände. Um die völlige Blockade aufzulösen, entschlossen sich Regierung, Gewerkschaften und Arbeitgeberverbände 1982 im sog. *Abkommen von Wassenaar* zur Schaffung eines ständigen Diskussionsforums, einer Art "Bündnis für Arbeit", mit der dringenden Verpflichtung, wechselseitige Kompromissbereitschaft zu zeigen und konsensfähige Reformvorschläge zu erarbeiten. Das (zumindest aus deutscher Sicht) Überraschende war, dass die Diskussionen zu konkreten Ergebnissen führten, weil jede der beteiligten Gruppierungen zu Zugeständnissen bereit war: Die Gewerkschaften ließen erkennen, dass sie in Zukunft mäßige Lohnsteigerungsraten und die Flexibilisierung der Arbeit akzeptieren würden, die Regierung sicherte zu, die Steuern und Lohnnebenkosten zu reduzieren und die Sozialsysteme zu reformieren, die Arbeitgeber verpflichteten sich, mehr Teilzeitstellen anzubieten und die Arbeitszeit zu verkürzen.

Ab etwa 1996 trugen die vereinbarten Maßnahmen erkennbare Früchte. In vielen Bereichen der Wirtschaft war ein deutliches Wachstum spürbar, und die Staatsverschuldung sowie die Arbeitslosenquote sanken drastisch. Die

Erfolge gingen mit einer grundlegenden Umstrukturierung des Arbeitsmarktes einher, auf dem inzwischen unterschiedliche Formen der Teilzeitarbeit bis hin zu flexiblen Beschäftigungsverhältnissen nichts Ungewöhnliches mehr sind.

Auf wirtschaftspolitischem Gebiet war die niederländische Konsensdemokratie der 80er und 90er Jahre also höchst effektiv. In gesellschaftspsychologischer Hinsicht hatte sie dagegen eine Reihe höchst unerfreulicher Nebenwirkungen, die schon bald offenkundig wurden.

Jüngste Entwicklungen

Das Wahljahr 2002 begann mit der Entscheidung der Regierung, der seit 1994 amtierenden "Lila-Koalition" zwischen *Partij van de Arbeid (PvdA)*, *Vereniging voor Vrijheid en Democratie (VVD)* und *Democraten '66 (D'66)* unter Ministerpräsident *Wim Kok* (PvdA), wegen des Untersuchungsberichts zur Srebrenica-Tragödie (siehe unten) im April 2002 geschlossen zurückzutreten. Wenige Wochen vor den nächsten Parlamentswahlen war dieser Schritt eher von symbolischer Natur. Mancher Medienbericht argwöhnte gar, die Regierung mache sich das Thema zunutze, um von den aktuellen politischen Problemen des Landes abzulenken, der Krise der lange gelobten niederländischen Konsensdemokratie.

Srebrenica

Am 11. Juli 1995 eroberte die bosnisch-serbische Armee die von 200 niederländischen Blauhelmsoldaten geschützte muslimische UN-Enklave Srebrenica. Innerhalb weniger Tage ermordeten die Truppen unter General *Ratko Mladic* 8.000 bosnische Muslime und deportierten 30.000 Menschen. Es war das schlimmste Kriegsverbrechen in Europa seit Ende des Zweiten Weltkriegs.

Ein amtlicher niederländischer Untersuchungsbericht kam im April 2002 nach sechsjähriger Recherche zu dem Schluss, die niederländische Regierung unter dem damaligen Ministerpräsidenten *Ruud Lubbers* trage eine Mitschuld an dem Massaker. Die Kritik orientierte sich insbesondere an der Entscheidung, die Soldaten ohne klares UN-Mandat und ohne ausreichende Vorbereitung nach Bosnien entsendet zu haben. Heftiger allerdings wurde die Armeeführung kritisiert, die an einer Aufklärung der Vorfälle keinerlei Interesse gezeigt habe. Die 1998 unter Verteidigungsminister *Frank de Grave* eingeleitete interne Untersuchung habe nicht dazu beigetragen, die Wahrheit ans Licht zu befördern.

Der Minister kündigte daraufhin ebenso wie Umweltminister *Jan Pronk*, der die Regierungspolitik auf diese Weise kritisieren wollte, öffentlich seinen Rücktritt an. In der Folge war die gesamte Regierung nicht mehr zu halten. Die amtierende Koalition trat wegen der umstrittenen Rolle der niederländischen Blauhelme am 16. April 2002 zurück.

Die zum Patentrezept auf allen politischen Feldern erhobene Strategie des Ausgleichs hatte dazu geführt, dass die für eine Demokratie so notwendige öffentliche Diskussionskultur über lange Jahre erheblich beschnitten worden

war. Insbesondere das Parlament hatte sich zum gänzlich unspektakulären Ort
des respektvollen Miteinanders entwickelt, sodass Beobachter der parlamenta-
rischen Debatten des Öfteren sanft zu entschlummern drohten.

Vor diesem Hintergrund war es eigentlich nur eine Frage der Zeit, bis die
Stimmung umschlagen musste und sich erste Stimmen erheben würden, um
auf die vielen unerledigten Probleme des Landes hinzuweisen, die bislang im
Interesse einer effizienten Konfliktvermeidung klein geredet bzw. schlichtweg
ignoriert worden waren: Neben einem ineffizienten Ausbildungssystem (regelmäßiger Unterrichtsausfall in den Schulen), mangelhaften Dienstleistungen,
einem maroden Gesundheitswesen (monatelange Wartezeiten vor Operationen) und steigenden Kriminalitätsraten war dies vor allem das Problem der
Ausländerintegration, das lange nicht so gut gelöst worden war, wie es die offiziellen Statements der Verantwortlichen Glauben machen wollten.

Die beginnende landesweite Missstimmung wusste insbesondere ein Mann zu
kanalisieren: *Pim Fortuyn* (1948–2002). Mit viel rhetorischem Geschick und
propagandistischer Begabung sprach der Rotterdamer Soziologieprofessor
Themenbereiche an, deren öffentliche Diskussion zuvor beinahe als Tabu-
bruch gehandelt worden war. Im Frühjahr wurde er zum Spitzenkandidat der
neu gegründeten Partei *Leefbaar Nederland* gekürt und warb in dieser Funktion für eine generelle Korrektur der auf Konsens ausgerichteten niederländischen Politik. Zentraler Punkt war dabei die Änderung der geltenden Asylge-
setzgebung und ein Einreisestopp für Ausländer islamischen Glaubens, eine
Forderung, die insbesondere nach den New Yorker Anschlägen vom 11. September 2001 auf fruchtbaren Boden fiel.

Die ausländerfeindliche Kampagne, die wiederholt in dem Satz, der Islam ste-
he für "eine rückständige Kultur", gipfelte, stieß bei seiner Partei allerdings auf
keine große Zustimmung, sodass sie sich umgehend von ihrem Spitzenkandi-
daten trennte. Der gründete daraufhin im Februar 2002 mit der LPF (*Lijst Pim
Fortuyn*) eine eigene Partei, die sich bei den Kommunalwahlen im März
prompt 17 der 44 Sitze im Rotterdamer Stadtrat sichern konnte. Teile der niederländischen Gesellschaft reagierten entsetzt, und auch im Ausland ent-
brannte eine rege Diskussion, die sich mit dem Phänomen Fortuyn und den zu
erwartenden Konsequenzen für den Fall eines Wahlerfolgs der Partei bei den
anstehenden Parlamentswahlen befasste.

Neun Tage vor dieser Wahl wurde Fortuyn vor der Hilversumer Rundfunkanstalt, wo er Minuten zuvor noch ein Interview gegeben hatte, von einem Um-
weltaktivist namens *Volkert van der Graaf* erschossen. Die niederländische
Gesellschaft und ihre Institutionen reagierten mit einer Mischung aus Bestür-
zung, Wut und Ratlosigkeit. Denn der Angriff auf die Person Fortuyns, der natürlich auch die schockierte, die seine Positionen für gefährlich und unappeti-
lich gehalten hatten, war ganz offenkundig nur die eine Seite der Medaille.
Letztlich viel bedeutsamer war die politische Dimension des Ereignisses, denn
es warf die Frage auf, ob nicht die seit Jahren gepflegte Kompromisskultur, in
der klare Positionierungen und Polarisierungen nicht vorgesehen waren, die
Tat zumindest mitprovoziert hatte. Die über die "Akte Fortuyn" ins Rollen ge-
brachte Diskussion, die die Niederlande sicher noch lange beschäftigen wird,

ist also prinzipieller Natur und wird am Ende zu klären haben, ob der gesell-
schaftspolitische Schmusekurs der letzten Jahre überhaupt noch den Wün-
schen und Bedürfnissen der Bevölkerung entspricht.

Was die kurzfristige Entwicklung anbelangt, so brachte die Parlamentswahl
vom Mai 2002 zwar zunächst den von den Meinungsforschungsinstituten
schon lange prognostizierten Erfolg für die Partei Fortuyns, doch hatte sie damit ihren politischen Höhepunkt ganz offenkundig bereits erreicht. Nach einigen Monaten Regierungsbeteiligung in einer Koalition unter dem christdemo-
kratischen Ministerpräsidenten Jan Peter Balkenende war klar geworden, dass
die bunt zusammengewürfelte Truppe der zweitstärksten Parlamentsfraktion
zu ernsthafter politischer Arbeit nicht in der Lage war. Als ihre Ministerriege
dann zu allem Überfluss noch einen nicht enden wollenden internen Streit
vom Zaun brach, der die Regierungsarbeit komplett blockierte, zog der Ministerpräsident die Reißleine, beendete die Koalition und verabredete mit den anderen im Parlament vertretenen Parteien Neuwahlen für den Januar des Jahres
2003. Laut Prognosen der Meinungsforschungsinstitute vom Jahresende 2002
dürften die die Partei Fortuyns in die politische Bedeutungslosigkeit führen.
Die Probleme des Landes wären damit freilich nicht gelöst.

Der erste Mann im Staat ...

... ist seit mehreren Generationen eine Frau. Am 30. April 1980 übernahm
die aus dem Hause Oranien stammende *Beatrix* (*1938) die Krone ihrer
Mutter *Juliana* (*1909, Königin von 1948–1980), die ihrerseits Nachfolgerin
ihrer Mutter *Wilhelmina* (1880–1962, Königin von 1898–1948) war. Einen
ihrer wichtigsten Auftritte hat die Monarchin am *Prinsjesdag*, dem Tag ihrer
traditionellen Thronrede. Am dritten Dienstag im September fährt die gesamte königliche Familie in einer goldenen Kutsche zum Haager Binnenhof.
Zahlreiche Ehrenkompanien zu Fuß und zu Pferde eskortieren das prunkvolle Gefährt. Scharen von Schaulustigen säumen die Straßen. Den Haag feiert ein Volksfest. Die Thronrede eröffnet die neue Parlamentsperiode; ein
Akt, der der Regierungserklärung des deutschen Bundeskanzlers gleich-
kommt. Die Königin erläutert in ihrer Ansprache die Schwerpunkte der anstehenden Regierungsarbeit und beschreibt die politischen Ziele des kommenden Amtsjahres. Sie versteht es meisterlich, ihre Aufgabe majestätisch
zu lösen. Böse Zungen allerdings argwöhnen, ihre sorgsam gewählten Worte
stammen direkt aus der Feder des amtierenden Ministerpräsidenten.
Schließlich *herrscht* die Königin nach offiziellem Wortlaut nur, *regieren* lässt
sie andere. Die exekutive Gewalt liegt in den Händen des Premierministers
und seines Regierungskabinetts, das allerdings kein parlamentarisches
Stimmrecht besitzt. Die legislative Gewalt verteilt sich auf die zwei Kammern des Parlaments: die Erste Kammer (*Eerste Kamer*) mit 75 Mitgliedern,
die alle sechs Jahre indirekt gewählt werden, und die Zweite Kammer
(*Tweede Kamer*) mit 150 Mitgliedern, die alle vier Jahre vom Volk direkt gewählt werden. Wahlberechtigt sind alle Niederländer über 18 Jahren. Eine
regierungsfähige Mehrheit erfordert in der Regel die Bildung von Koalitionen.

Aufwartung bei den alten Meistern

Kunstgeschichte

Schon im 15. Jahrhundert entwickelte sich in den Niederlanden ein reger Kunsthandel, der unter der Kontrolle der jeweils zuständigen Städte bzw. Zünfte stand. Die erhöhte Nachfrage, das gestiegene Interesse an der Kunst, das vorhandene Kapital und schließlich das Ende der Kontrolle durch die Zünfte führten zu einer Ausweitung der Handelsaktivitäten.

Die nationale Kunstgeschichte der Niederlande ist derart vielfältig, dass sie eine ganze Serie von Büchern füllen könnte. An dieser Stelle sei daher nur kurz auf einige der ganz großen flämisch-niederländischen Künstler der letzten Jahrhunderte hingewiesen. Der Schwerpunkt dieser naturgemäß subjektiven Auswahl liegt auf der Malerei.

Pieter Brueghel der Ältere (ca. 1525–1569): Der in Breda geborene Pieter Brueghel der Ältere gilt als wohl bekanntester Maler einer ganzen Familie außergewöhnlicher Künstler. Sein detailverliebter Stil fasziniert Kunstfreunde weltweit. Brueghel aber war nicht nur ein begnadeter Maler, sondern auch ein meisterlicher Zeichner. Zuletzt war 1975 in Berlin eine Übersichtsausstellung der seltenen und empfindlichen Drucke und Zeichnungen des Meisters zu sehen. Das Rotterdamer Boijmans Van Beuningen Museum ist das einzige niederländische Museum, das Werke von Brueghel besitzt. Aus dem umfangreichen Oeuvre des Meisterzeichners und Humanisten befindet sich neben acht Zeichnungen und mehreren Radierungen insbesondere auch sein berühmtes Gemälde "Toren van Babel" (Der Turm zu Babel) unter den Exponaten. Er verstarb im Alter von vermutlich 44 Jahren in Brüssel.

Pieter Paul Rubens (1577–1640): Der bedeutendste Maler der flämischen Schule erblickte im westfälischen Siegen das Licht der Welt, doch kehrte seine Familie schon wenige Jahre später in ihre Heimat Antwerpen zurück. Der Künstler verbrachte mehrere Jahre in Italien und Spanien, siedelte sich 1609 wieder in den Niederlanden an und heiratete *Isabella Brant*. In dieser Zeit entstanden u. a. seine einzigartigen Gemälde für die Antwerpener Kathedrale. Nach dem Tod Isabellas 1626 arbeitete er in Spanien und England, wo ihn *Karl I.* für seine Dienste in den Ritterstand erhob. Rubens kehrte erneut nach Antwerpen zurück und heiratete mit *Helena Fourment* seine zweite Frau. Nur kurze Zeit später verstarb er im Alter von 63 Jahren. Sein Grab befindet sich in einer kleinen Kapelle der St. Jacobskerk in Antwerpen. Eine größere Anzahl seiner Werke ist im Antwerpener Rubenshuis zu sehen.

Frans Hals (1580–1666): Der Name Frans Hals ist eng mit seinen einzigartigen Gruppenbildnissen verbunden, die er wie kein anderer Maler perfektionierte. Die dominierenden Themen seiner Arbeiten waren Bildnisse und Genrebilder des bürgerlichen Alltags im 17. Jahrhundert. Die bedeutendsten Werke des in Haarlem geborenen Künstlers sind im gleichnamigen Museum seiner Heimatstadt zu sehen. Darunter befinden sich als Höhepunkte der Abteilung "Alte Kunst" die acht weltberühmten Schützen- und Regentenstücke. Seine damaligen Auftraggeber waren vorrangig die altholländischen Schützengilden, deren Mitglieder ausschließlich wohlhabende Bürger der oberen Gesellschaftsschichten waren. Frans Hals gelang es, seinen Arbeiten den Eindruck dynamischer, lebendiger Momentaufnahmen zu verleihen. Er starb im hohen Alter von 86 Jahren in Haarlem.

Jan van Goyen (1596–1656): Seine Werke entstammen dem Atelier, basierend auf zahllosen Skizzen, die der Künstler zuvor den Blättern seiner Notizbücher anvertraute. Silhouetten ferner Schiffe und Windmühlen sind ebenso wichtige Elemente seiner Werke wie ein oft dunkler und wolkenverhangener Himmel. Jan van Goyen war ein Meister dieses Himmels, der oft drei Viertel seiner Bilder beherrscht, mal aufgelöst in Dunst und Nebel, mal verdeckt von dichten Wolken, niemals aber eintönig oder gar langweilig. In erster Linie aber faszinierte ihn das Wasser. Holland ohne Grachten und Kanäle, Flüsse und Seen? Schlicht undenkbar – auch für Jan van Goyen. Seine Werke fanden großen Anklang im eigenen Genre. Die Impressionisten bewunderten seine Ausdrucksweise. *Vincent van Gogh* lobte ihn 200 Jahre später in höchsten Tönen. Der Künstler, Schwiegervater eines gewissen *Jan Steen* (s. u.), wurde in Leiden als Sohn einer Schuhmacherfamilie geboren. Er begann eine Lehre, reiste nach Frankreich und verbrachte schließlich ein Jahr in der Lehre bei *Esaias van der Velde* in Haarlem. Später zog er mit Frau und Töchtern nach Den Haag, wo er für angeblich fünf Gulden das Bürgerrecht erwarb und in die Lukas-Gilde eintrat. Er versuchte sein Glück als Immobilienmakler, Kunsthändler und Tulpenspekulant. Sein Oeuvre umfasst mehr als eintausend Arbeiten in oft kleinem Format, die heute in den renommiertesten Galerien der Welt zu sehen sind. Jan van Goyen starb im Alter von 60 Jahren in Den Haag.

Jan Steen (1626–1679): Seine Genre-Bilder genießen Weltruhm. Jan Steen, Maler und Erzähler des Goldenen Jahrhunderts, ist bekannt für einen ausgeprägten

Rembrandts "Nachtwache" (Rijksmuseum Amsterdam)

Sinn für Humor, der sich in zahlreichen seiner Werke widerspiegelt. Es gehörte zu seinen Vorlieben, sich auf satirische Art und Weise mit bekannten Sprichwörtern der damaligen Zeit auseinander zu setzen. Seine frühen Werke lassen deutlich die Einflüsse seines Schwiegervaters *Jan van Goyen* erkennen, während spätere Arbeiten Elemente der Leidener Schule, dessen berühmtester Vertreter *Rembrandt* war, aufweisen. Der Maler, Sohn eines Brauers und selbst dem Alkohol nicht gänzlich abgeneigt, war auch auf andere Erwerbsquellen angewiesen: Brauer, Herbergsvater, Kneipenbesitzer. Nach dem Tod seiner ersten Frau *Grietje van Goyen* heiratete er eine Witwe mit zwei Kindern, sodass er bald neun kleine Steens um sich geschart hatte. Jan Steen starb im Alter von 54 Jahren in seiner Geburtsstadt Leiden.

Rembrandt van Rhijn (1606–1669): Der berühmteste niederländische Maler wurde in Leiden geboren. 1634 heiratete er *Saskia van Uylenburg*, eine vornehme Dame aus reichem Hause. Kurz zuvor war er nach Amsterdam gezogen, wo er in der Folgezeit zu einem der begehrtesten Porträtisten avancierte. Sein Atelier, das heutige Rembrandthuis, war stets gut besucht. Ernste finanzielle Nöte lernte der Maler erst nach dem Tod seiner Frau 1642 kennen, zumal sich seine künstlerische Entwicklung zunehmend vom damaligen Geschmack der Zeit entfernte. Die "Nachtwache", sein wohl bekanntestes Werk, wurde in jener Zeit von seinen Auftraggebern abgelehnt. Rembrandt starb im Alter von 63 Jahren als armer Mann in Amsterdam. Er hinterließ 550 Gemälde, 300 Radierungen und etwa 1.500 Zeichnungen. Rembrandt gehört auch 350 Jahre nach seiner Schaffensphase zu den bekanntesten Malern der Welt. Seine Entwicklung aber bleibt ein Mysterium. Wie gelang es dem jungen Malerlehrling, zu einem der größten Künstler seiner Zeit aufzusteigen? Wie erreichte er schon in jungen Jahren die künstlerische Reife eines erfahrenen Meisters? Experten sehen in diesen Fragen eines der größten Rätsel der Kunstgeschichte. Auch streiten sie darüber, wie viele seiner Werke wirklich aus der Feder des Meisters persönlich stammen. Seine Radierungen sind größtenteils im Amsterdamer Rembrandthuis zu sehen. Seine bedeutendsten Gemälde hängen im Rijksmuseum.

Käufer gesucht

Ein anonymer Händler zahlte vor einigen Jahren 32 Millionen Euro für das "Porträt einer Dame", die bislang höchste für einen Rembrandt erzielte Summe. Die "Minerva", ein Porträt seiner Ehefrau Saskia, könnte diese Marke bald schon übertreffen. Der Kunsthändler *Otto Naumann* erwarb und restaurierte das Werk und sucht seither einen finanzstarken Käufer. Seine Preisvorstellungen sind beachtlich: 40 Millionen Euro – Verhandlungssache.

Pieter de Hooch (1629–1684): Der in Rotterdam als Sohn eines Maurers geborene Maler galt neben *Jan Vermeer* als prägender Meister der Delfter Schule. Seine zumeist kleinformatigen Bilder entführen in das alltägliche Leben der damaligen Zeit. Pieter de Hooch öffnet den Blick durch Fenster und Türen in helle Interieurs sorgsam eingerichteter Räume. Hier arbeiten einfach gekleidete Frauen, die nähen, spinnen oder waschen. In ihrer Nähe spielen Kinder. Häusliche Szenen, die das damalige Alltagsleben einfangen. Im Alter von gut 30 Jahren verließ der Künstler die Stadt und ließ sich im reichen Amsterdam nieder. Seine Malerei änderte sich mit dem Wunsch seiner neuen Auftraggeber, die im luxuriösen Leben des Goldenen Jahrhunderts schwelgten. Der Blick in die kostbar möblierten Zimmer fällt nun auf opulent gekleidete Frauen, die wertvolle Musikinstrumente in ihren Händen halten. Abziehbilder einer anderen Seite des holländischen Gesellschaftslebens. Pieter de Hooch verstarb im Alter von 55 Jahren in einfachen mittelständischen Verhältnissen.

Johannes (Jan) Vermeer (1632–1675): Das Gesamtwerk des Johannes Vermeer, der in Delft geboren wurde, zählt gerade 35 Gemälde (aus 21 Schaffensjahren), doch gilt er neben *Rembrandt* als der bedeutendste niederländische Maler des Goldenen Jahrhunderts. Seine Vorbilder fand Vermeer in der Feinmalerei eines *Willem van Mieris* (1662–1747), der würdevollen Stille eines *Gerard Terborch* (1617–1681), der hellen Hintergrundgestaltung eines *Carel Fabritius* (1622–1654) und insbesondere den bürgerlichen Interieurs eines *Pieter de Hooch* (1629–1684). Bereits zu Vermeers Lebzeiten erzielten seine Werke stolze Beträge. Der Maler arbeitete dennoch vorwiegend als Kunsthändler im südholländischen Delft. Das vergleichsweise kleine Werk ließ ihn nach seinem Tod im Alter von nur 43 Jahren in Vergessenheit geraten. Erst als der niederländische Staat 1822 die Ansicht von Delft auf Anordnung von Willem I. ersteigerte und in die königliche Galerie im Mauritshaus eingliederte, erkannte man die Bedeutung seiner Arbeiten wieder. Der Name Vermeer erstrahlte in neuem Glanz.

Johannes Vermeer gilt als erster Maler seiner Zeit, der eine realistische Tiefe in seinen Gemälden erzeugte. Sein ausgeprägtes Spiel mit Licht und Perspektiven zeigt sich besonders eindrucksvoll in der "Het Gezicht op Delft" (Ansicht von Delft), seinem wohl bekanntesten Werk, das im Haager Mauritshuis zu sehen ist: Dunkle Wolken im Vordergrund überschatten die Delfter Stadtsilhouette, die vom hellen Turm der Nieuwe Kerk, der Ruhestätte der Oranier, beherrscht wird. Weitere Höhepunkte: "Het Straatje" (Die kleine Straße, Rijksmuseum), "Keukenmeid" (Milchmädchen, Rijksmuseum), "Meisje met de Parel" (Das Mädchen mit Perlenohrring, Haager Mauritshuis) oder "Kantenwerk" (Spitzenklöpplerin, Louvre).

Lesestoff: Das Mädchen mit dem Perlenohrring

Delft 1664. Das Mädchen Griet arbeitet als Dienstmagd im Haus des Malers Johannes Vermeer. Die Schikanen seiner eifersüchtigen Gattin machen ihr das Leben zur Hölle, doch kann sie sich der von den Bildern des Meisters ausgehenden Faszination nicht entziehen. Vermeer gewährt ihr Zutritt in sein Atelier und beginnt, sie heimlich zu malen. Schließlich bittet er sie, einen Perlenohrring anzulegen ... Der Roman um eines der Meisterwerke Vermeers vermittelt tiefe Einblicke in das Holland des Goldenen Jahrhunderts.

Tracy Chevalier, Ullstein-Taschenbuch 2001, ISBN 3548600697

Im Frühjahr 1996 lockte die größte Vermeer-Ausstellung aller Zeiten die Besucher scharenweise ins Haager Mauritshuis. Sammlungen in Berlin, Braunschweig, Frankfurt, Paris, Dublin, London, New York und Washington stellten Werke aus ihrem Fundus zur Verfügung. Eine ähnliche Ballung hatte man zuletzt im 17. Jahrhundert auf einer Amsterdamer Auktion sehen können. Die Ausstellung schlug alle Rekorde. Schon vor der Eröffnung waren 300.000 der 350.000 Eintrittskarten ausverkauft.

Vincent van Gogh (1853–1890): Die Malerei in den Niederlanden ist untrennbar mit seinem Namen verbunden. Wer denkt bei diesem Stichwort nicht an Vincent van Gogh? Seine Werke faszinieren die breite Masse, keineswegs nur den kunstbegeisterten Enthusiasten. Sehr erstaunlich scheint es daher, dass er Zeit seines Lebens kaum ein Gemälde gewinnbringend verkaufen konnte. Nur sein Bruder *Theo* erwarb eine seiner Arbeiten. Vincent van Gogh, geboren in Zundert bei Breda, lebte in Belgien, England und den Niederlanden, ehe ihn seine Suche nach innerer Ausgeglichenheit nach Frankreich führte. In Paris lernte er die Maler *Paul Cézanne, Paul Gauguin* und *Henri de Toulouse Lautrec* kennen. Er begann sich für die Maltechniken des Impressionismus und Pointillismus zu interessieren. In rastlosem Schaffen entstanden in Arles und später Auvers-sur-Oise Porträts, Stillleben, Stadt- und Landschaftsbilder in seinen bekannt ausdrucksstarken, strahlenden Farben. Vincent van Gogh, der seit jeher unter psychischer Labilität zu leiden hatte, geriet in jener Zeit zunehmend in einen Zustand geistiger Verwirrung. Auf dem Höhepunkt der Krise schnitt er sich 1889 ein Ohr ab, wurde daraufhin in eine Heilanstalt bei St. Remy eingewiesen und beging dort im Alter von nur 37 Jahren Selbstmord. Wer sich für die Hintergründe interessiert, der sollte sich bei nächster Gelegenheit einen der beiden Filme *Vincent und Theo* (Frankreich/Italien/

Niederlande 1989) oder *Van Gogh* (Frankreich 1991) ansehen. Bedeutende Van-Gogh-Sammlungen befinden sich im gelderländischen Kröller-Müller-Museum und im Amsterdamer Van-Gogh-Museum. Übrigens: Die 10 teuersten Gemälde der Welt umfassen drei van Goghs, darunter das "Porträt des Dr. Gachet", das mit 82 Millionen Euro teuerste Werk aller Zeiten.

Jozef Israëls (1824–1911): Der in Groningen geborene jüdische Maler, Initiator der Haager Schule und Mitgestalter des Amsterdamer Rijksmuseums im späten 19. Jahrhundert, galt bereits zu Lebzeiten als einer der gefragtesten Maler des Landes. Auch im Ausland zählten seine Arbeiten zu den bestverkauften Werken zeitgenössischer niederländischer Meister. Erstmals hatte er im Alter von 13 Jahren mit dem Porträt eines jüdischen Kaufmanns die Aufmerksamkeit der Fachwelt erregt. Später widmete er sich in Orten wie Katwijk oder Zandvoort dem einfachen Leben der Fischer, das sich in vielen seiner Werke widerspiegelt. Seine Zeitgenossen nannten ihn den Rembrandt des 19. Jahrhunderts. Werke wie "Meisjes, zittend op een duin, Spelevaren aan het Strand" (Groninger Museum) oder "Boerengezin aan Tafel" (Van Gogh Museum) verhalfen ihm zu seinem Ruf als wichtigster jüdischer Maler der Niederlande. Jozef Israëls verstarb im Alter von 87 Jahren in Den Haag. Mehr als 100 seiner Werke sind im Besitz des Groninger Museums.

Piet Mondriaan (1872–1944): Der in Amersfoort geborene Künstler, der 1917 mit *Theo van Doesburg* die De-Stijl-Gruppe gründete, gilt als eine der dominierenden Persönlichkeiten der modernen Malerei. Nach einer frühen kubistischen Phase wandte er sich später rein geometrischen Kompositionen zu, in denen rechteckige Farbflächen von schwarzen vertikalen und horizontalen Linien umrahmt sind. Er selbst bezeichnete seine Malerei als "neoplastizistisch". Mondriaan starb im Alter von 72 Jahren, nachdem er seine letzten Lebensjahre in New York verbracht hatte. Sein letztes Werk erstand der niederländische Staat 1998 für stolze 40 Millionen Euro. *Victory Boogie Woogie* ist im Haager Gemeentemuseum zu bewundern.

Han van Meegeren (1885–1947): "Eine Bereicherung des niederländischen Kunstbesitzes". Mit dieser Einschätzung freuten sich die Kunstkenner des Landes, als 1938 das Gemälde "De Emmausgangers" von *Johannes Vermeer* auftauchte – bis sich einige Jahre später herausstellte, dass es sich um eine meisterhafte Fälschung handelte. Die Schaffensperiode des Meisterfälschers Han van Meegeren erreichte ihren Höhepunkt. Bereits 1917 und 1929 hatte er öffentlich ausgestellt, ohne jedoch die Kunstkritiker überzeugen zu können. Die meisten seiner Aquarelle, Grafiken und Zeichnungen fanden keinen Anklang, was sich entsprechend negativ auf seine wirtschaftliche Situation auswirkte. Schließlich kam ihm die Idee, Meister des 17. Jahrhunderts zu imitieren. *Frans Hals* und *Johannes Vermeer* wurden zu bevorzugten Opfern seiner raffinierten Fälschungen. Mit dem Gemälde "De Emmausgangers" landete er einen Riesenerfolg: Er verdiente nicht weniger als eine halbe Million Gulden – seine ganz persönliche Rache an allen Kunstexperten, die seine eigenen Werke nicht gewürdigt hatten. Han van Meegeren starb, kurz nachdem er als Fälscher entlarvt worden war, im Alter von 62 Jahren in Utrecht.

Karel Appel (*1912): Der in Amsterdam geborene Maler gilt als einer der prominentesten Vertreter des abstrakten Expressionismus. Er gehörte 1948 zu den Gründern der Künstlergruppe CoBrA (siehe Seite 297), die mit ihren experimentellen Aktionen und Objekten internationales Aufsehen erregte. Seine Werke zieren berühmte Museen in aller Welt, darunter Häuser in London, New York und San Francisco. In den Niederlanden finden sich Arbeiten des noch immer kreativ tätigen Künstlers insbesondere im Amsterdamer Stedelijk Museum.

Anreise/Unterwegs in den Niederlanden

Die Anreise bereitet keinerlei Probleme, egal welches Verkehrsmittel man nutzen möchte. Wer sich mit dem eigenen **Auto oder Motorrad** auf den Weg macht, erreicht die Niederlande über ein gut ausgebautes Netz von Autobahnen und Fernstraßen, das allerdings nach Norden hin etwas dünner wird. Die niederländischen Autobahnen sind in ausgezeichnetem Zustand und entsprechend angenehm zu befahren, in städtischen Großräumen allerdings muss wie in Deutschland mit Verkehrsbehinderungen gerechnet werden. Autobahngebühren werden nicht erhoben (zu den Verkehrsbestimmungen siehe S. 44). Eine Alternative zum eigenen Auto sind – vor allem für jüngere Leute – die in vielen Städten Deutschlands ansässigen **Mitfahrzentralen**, die man unter der einheitlichen Telefonnummer 19444 plus der jeweiligen Ortsvorwahl erreichen kann. Die Mitfahrzentrale verlangt für ihre Dienste eine Vermittlungsgebühr, deren Höhe von der Entfernung des gewünschten Zielorts abhängt. Die anfallenden Betriebskosten werden unter allen Mitfahrern (inkl. Fahrer) gleichmäßig aufgeteilt. Man sollte pro Kilometer und Person eine Betriebskostenbeteiligung von 3–4 Cent einplanen.

Bahnreisende können aus verschiedenen Städten Deutschlands (u. a. Berlin, Hannover und Köln) mehrmals täglich Richtung Amsterdam starten. Die komfortabelste Verbindung besteht von Köln aus: Neunmal täglich eilt ein moderner ICE in die Grachtenstadt und zurück. Wer nicht gerade im Westen Deutschlands wohnt und damit ohnehin keinen allzu hohen Preis für die Bahnfahrt in die Niederlande zahlen muss, kann die Fahrtkosten mit dem *DB Sparpreis Niederlande* deutlich senken. Mit diesem Vergünstigungsangebot reist man in der 2. Klasse für 138 € (mit ICE 154 €) von jedem beliebigen deutschen Bahnhof nach Amsterdam und zurück. Mitfahrer zahlen nur die Hälfte des Preises, mitreisende Kinder sogar nur ein Viertel.

Informationen zu Verbindungen und Fahrpreisen im In- und Ausland bei der Deutschen Bahn unter ✆ 01805/996633 (rund um die Uhr) und im Internet unter www.bahn.de (Österreich: www.oebb.at, Schweiz: www.sbb.ch). Darüber hinaus kann man sich an den *Verkehrsclub Deutschland e.V.* wenden, der die Broschüre "fairkehr Special – Züglig durch Europa" vertreibt: Verkehrsclub Deutschland e.V., Eifelstraße 2, 53119 Bonn, ✆ 0228/985850, 🖷 9858510, www.verkehrsclub-deutschland.de.

Wochenendtarife: Alle DB-Bahnhöfe im Umkreis (320 km) der Grenzübergänge

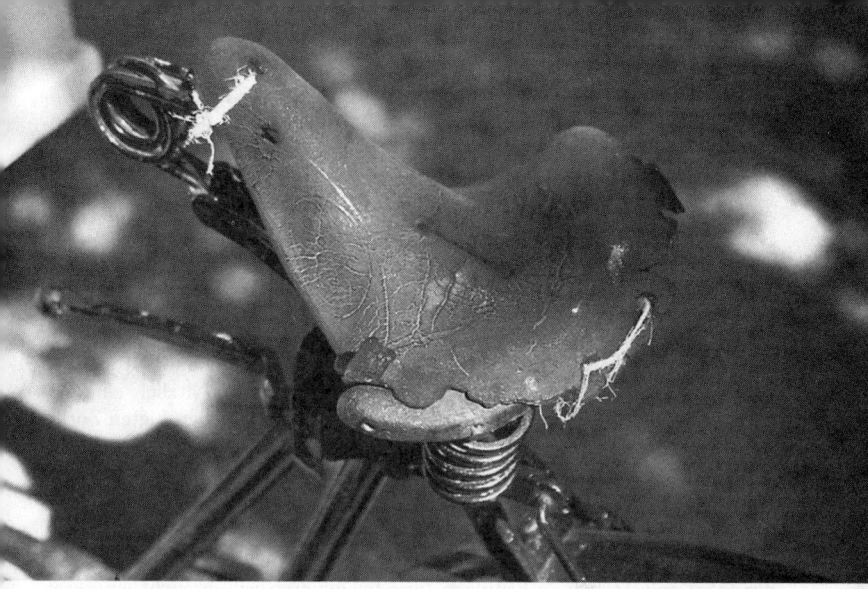

Impression aus dem Land der Radfahrer

Bentheim, Emmerich, Herzogenrath, Venlo und Weener verkaufen ermäßigte Wochenendrückfahrkarten (40 % Preisnachlass) in mehrere Städte der Niederlande: u. a. Alkmaar, Amsterdam, Apeldoorn, Breda, Castricum, Den Haag, Den Helder, Eindhoven, Groningen, Harlingen, 's-Hertogenbosch, Hoek van Holland, Hoorn, Leeuwarden, Maastricht, Rotterdam, Utrecht und Zandvoort. Hinfahrt Freitag oder Samstag, Rückfahrt Samstag oder Sonntag.

DB-Städtetouren: Der offizielle Reiseveranstalter der Deutschen Bahn, *Ameropa*, bietet im Rahmen seiner Städtereisen Fahrten nach Amsterdam an. Information: Ameropa-Reisen GmbH, Hewlett-Packard-Straße 4, 61352 Bad Homburg, ✆ 06172/1090, ✉ 109110, www.ameropa.de.

Euro Twen: Teens und Twens erhalten 20 % Nachlass auf Fahrten in die Niederlande (2. Klasse). Die Tickets sind 2 Monate gültig. Zuschläge werden gesondert berechnet. Im Ausland heißen diese Tickets BIJ-Tickets.

Fahrradmitnahme: Die grenzüberschreitende Mitnahme eines Fahrrads ab Deutschland ist an den Kauf einer internationalen Fahrradkarte zum Preis von 9 € geknüpft. Allerdings nehmen nicht alle Züge Ihren Drahtesel mit, sodass Sie sich im Einzelfall erkundigen müssen.

Regelmäßige **Fernbuslinien** in die Niederlande unterhält die *Deutsche Touring GmbH* (*Touring Europabusse*). Dreimal wöchentlich verkehrt ein Direktbus ab München über Frankfurt, Arnhem, Utrecht und Amsterdam nach Rotterdam. Eine weitere Direktverbindung besteht ab Hamburg über Groningen, Amsterdam und Den Haag nach Rotterdam.

Information Deutsche Touring GmbH, Am Römerhof 17, 60486 Frankfurt/Main, ✆ 069/790350, www.deutsche-touring.com.

Flugreisende landen in der Regel auf dem internationalen Flughafen Schiphol im Südwesten Amsterdams, der täglich von allen wichtigen europäischen Airports angeflogen wird. Dort angekommen, kann man die etwa 15 Kilometer zum Stadtzentrum von 5 Uhr morgens bis 1 Uhr nachts viertelstündlich und in wenigen Minuten in einem Schnellzug zurücklegen. In der Zeit zwischen

4.30 Uhr und 22 Uhr stehen außerdem Busse der Fluggesellschaft KLM *(Koninklijke Luchtvaartmaatschappij)* zur Verfügung, die die Passagiere im 30-Minuten-Takt in die Innenstadt bringen (hin und zurück 6 €).

Adressen KLM-Zentrale Niederlande, Amsterdamseweg 55, 1182 GP Amstelveen, ✆ 020/6499123 oder 020/4747747 (Reservierungen). KLM-Zentrale Deutschland, Siemensstraße 9, 63263 Neu-Isenburg, ✆ 0180/5214201, ✆ 5214202. Mo-Fr 8-18 Uhr. Internet: www.klm.nl.

Verkehrsvorschriften

Die zulässige Höchstgeschwindigkeit in geschlossenen Ortschaften liegt bei 50 km/h. Auf Landstraßen sind 80 km/h, auf gesondert markierten Schnellstraßen (weißes Auto auf blauem Grund) 100 km/h und auf Autobahnen 120 km/h zulässig. Ein Fahrzeug mit Anhänger darf grundsätzlich eine Geschwindigkeit von 80 km/h nicht überschreiten. In verkehrsberuhigten Zonen (weißes Haus auf blauem Grund) muss Schritttempo gefahren werden. Generell gilt: Raser werden drakonisch bestraft! Das Auto kann bei drastischen Geschwindigkeitsüberschreitungen sogar stillgelegt werden.

Das Mitführen eines Warndreiecks ist Pflicht, ebenso das Anlegen der Sicherheitsgurte auf den Vordersitzen. Wie in Deutschland ist es verboten, während der Fahrt sein Handy zu benutzen (wer telefonieren will, braucht eine Freisprecheinrichtung). Ein Verstoß wird mit saftigen Strafen geahndet (zum Zeitpunkt der Recherche 135 €). Die Alkoholgrenze liegt bei 0,5 Promille. An gelb markierten Bordsteinkanten ist das Parken grundsätzlich verboten. Auch hier sind die Strafen drastisch: Für ein Parkvergehen im Anwohnerbereich fällt ein Bußgeld von über 40 € an.

Ansonsten gilt besonderer Schutz für die im niederländischen Straßenverkehr allgegenwärtigen Fahrradfahrer. Auf freier Strecke laufen die Radwege von der Straße getrennt neben einem Seitenstreifen, innerhalb geschlossener Ortschaften verdeutlichen weiße Linien mit einem stilisierten Radfahrer, wer unterwegs sein darf. Diese Radwege sind für Autofahrer absolut tabu! Hupen gilt als Todsünde!

Benzin: Alle Tankstellen des Landes bieten Super (verbleit), Euro-Super (bleifrei), Normal (bleifrei) und Dieselkraftstoff an. An fast allen Tankstellen ist darüber hinaus eine Abfüllstation für Autogas (LPG) installiert. Die Preise liegen geringfügig über den deutschen Vergleichswerten. Aus Angst vor Überfällen schließen zahlreiche Tankstellen bereits am frühen Abend und zwingen damit den Autofahrer, sich an einem der rund um die Uhr zugänglichen Tankautomaten zu versuchen.

Pannenhilfe: Das niederländische System der Pannenhilfe entspricht weitgehend dem deutschen. In Notfällen erreicht man die Straßenwacht des ANWB über eine der Notrufsäulen, die sich im Abstand weniger Kilometer am Rande der Autobahn befin-

den. Alle diejenigen, die derzeit keinem Automobilclub angehören, sollten über eine zeitlich befristete Mitgliedschaft beim ANWB nachdenken, die einem im Urlaub die kostenlose Hilfe der Straßenwacht sichert. Die Aufnahme kann vor Ort beantragt werden. Informationen bei: ANWB (Algemene Nederlandse Wielrijdersbond), Wassenaarseweg 220, 2596 EC Den Haag, ✆ 070/3147147, ✆ 3146969, www.anwb.nl. Mo-Fr 9-18 Uhr, Sa 9-17 Uhr.

Pannen-Rufnummer (ANWB-Straßenwacht): ✆ 0800-0888

ADAC-Notrufstation in den Niederlanden: ✆ 0592/390560

Verkehrsdelikte werden konsequent geahndet!

Mietwagen

Voraussetzung für das Anmieten eines Autos ist in den meisten Fällen der Nachweis einjähriger Fahrpraxis und ein Mindestalter von 21 Jahren. Der internationale Führerschein ist nicht erforderlich. Eine Vorabreservierung von zu Hause aus ist grundsätzlich der preiswerteste Weg zum Mietwagen. Neben den renommierten internationalen Autovermietungen gibt es in jeder noch so kleinen Ortschaft zahlreiche private Anbieter. Die Mietpreise liegen oftmals unter denen der großen Konkurrenz. Die EU-Kommission ist übrigens bemüht, die Preise für Mietwagen europaweit anzugleichen. Die gängige Praxis, den Mietpreis in Abhängigkeit der Nationalität des Kunden festzulegen, ist den EU-Kommissaren seit Längerem ein Dorn im Auge. Ein in Amsterdam bei Europcar gemieteter Renault Twingo beispielsweise kostete einen deutschen Staatsbürger Mitte 2001 das Dreifache dessen, was ein Niederländer auf den Tisch legen musste.

AVIS: Hauptverwaltung in Deutschland, Zimmersmühlenweg 21, Postfach 2170, 61437 Oberursel, ✆ 06171/6800, www.avis.de (Reservierungen via Internet).

Budget: Max-Planck-Straße 20, 63303 Dreieich, ✆ 01805/244388, www.budget.de.

Europcar: Tangstedter Landstraße 81, 22415 Hamburg, ✆ 040/520180, www.europcar.de.

Hertz: Ginnheimer Straße 4, 65760 Eschborn, ✆ 06196/9370, www.hertz.de.

Sixt: Dr.-Carl-von-Linde-Str. 2, 82049 Pullach, ✆ 089/744440, www.sixt.de.

Mitfahrzentralen: Wer sich über Mitfahrgelegenheiten in den Niederlanden näher informieren möchte, sollte sich auf der Internet-Homepage der *Liftcentrale* umsehen: www.liftcentrale.net.

Bahnsondertarife in den Niederlanden

Nederlandse Spoorwegen (NS) bietet eine Reihe von Spezialtickets an, mit denen sich die Reise im Nachbarland kostengünstiger gestalten lässt. Die Tickets kann man sich an allen Bahnhöfen des Landes besorgen (an 50 Bahnhöfen des Landes finden sich die modernen Wizzl-Verkaufsstellen der *Nederlandse Spoorwegen*, die außer Fahrkarten auch Snacks und Zeitschriften verkaufen). An gleicher Stelle sind auch nähere Informationen erhältlich. Die nachstehende Übersicht enthält das Wichtigste in Kürze:

Railrunner: In Begleitung eines Erwachsenen im Alter von mindestens 19 Jahren können Kinder zwischen 4 und 11 Jahren nahezu kostenlos mit der Bahn reisen. Maximal sind drei Kinder pro Begleiter zugelassen. Die Karte ist auch in der 1. Klasse gültig. Preis: 1 €.

> **Tipp**: Ein *Dagretour-Ticket* (Tagesrückfahrkarte) ist preiswerter als zwei separate Fahrscheine. Die Ermäßigung liegt im Bereich von 15 %. Hin- und Rückfahrt müssen an einem Tag erfolgen (bis 4 Uhr in der Früh).
>
> Das Pendant fürs ganze Wochenende ist das *Weekendretour-Ticket*. Es ermöglicht Wochenendreisen zum Preis einer Tagesrückfahrkarte. Die Karten sind gültig in der Zeit von Freitagabend 19 Uhr bis Montagmorgen 4 Uhr.

Dagkaart: Die Tagesnetzkarten erlauben die Benutzung des gesamten Schienennetzes der niederländischen Eisenbahn. Mit der Ergänzungskarte **OV-Dagkaart** kann man darüber hinaus alle anderen öffentlichen Verkehrsmittel benutzen (Busse, Metros, Straßenbahnen). Preise: Erwachsene 35.60 €, Kinder (4-11 Jahre) 21.30 € (jeweils 2. Klasse). Aufschlag für die Ergänzungskarte: jeweils 4 €.

Zomertoer: Das Angebot lautet "3 Tage freie Fahrt innerhalb von 10 Tagen" (nur im Juli/August) und gilt für eine oder zwei Personen in der 2. Klasse. Mit der Ergänzungskarte **Zomertoer-plus** kann man darüber hinaus alle anderen öffentlichen Verkehrsmittel benutzen. Die Karten sind nicht personengebunden! Preise: 45 € (1 Pers.), 59 € (2 Pers.). Aufschlag für die Ergänzungskarte: 9.50 € (1 Pers.), 13.50 € (2 Pers.).

Waddenbiljet: Die Wattentickets beinhalten den Bustransfer vom Bahnhof zum Fährhafen und die Überfahrt auf eine der fünf niederländischen Watteninseln. Sie werden generell als Rückfahrkarten ausgegeben. Die Preise sind für die fünf Inseln unterschiedlich (Kinder reisen am günstigsten mit dem zugehörigen Railrunner-Waddenbiljet, das zum Preis von 2 € erhältlich ist).

Texel: Connexxion-Buslinie 3 vom Bahnhof Den Helder zum Fährableger. Erwachsene 5.60 €, Kinder (4-11 Jahre) 3 €.

Vlieland: Tickets ab Bahnhof Harlingen, der direkt am Fährableger liegt. Erwachsene 17.90 €, Kinder 9.40 €.

Terschelling: Tickets ebenfalls ab Bahnhof Harlingen, der direkt am Fährableger liegt. Erwachsene 20.50 €, Kinder 10.30 €.

Ameland: Arriva-Buslinie 34 vom Bahnhof Groningen zum Fährableger Holwerd. Erwachsene 25.80 €, Kinder 15.20 €. Alternative via Leeuwarden: Noordnet-Buslinie 66 vom Bahnhof Leeuwarden zum Fährableger Holwerd. Erwachsene 17.10 €, Kinder 9.80 €.

Schiermonnikoog: Arriva-Buslinie 63 vom Bahnhof Groningen zum Fährableger Lauwersoog. Erwachsene 20 €, Kinder 11.70 €. Alternative via Leeuwarden: Noordnet-Buslinie 50 vom Bahnhof Leeuwarden zum Fährableger Lauwersoog. Erwachsene 20 €, Kinder 11.70 €. In Leeuwarden ist die Umsteigezeit vom Zug in den Bus mit nur 6 Minuten sehr knapp bemessen.

Euro-Domino Nederland: Die Karte (bereits in Deutschland erhältlich) bietet die Gelegenheit, in einem Monat an drei frei wählbaren Tagen uneingeschränkt durch die Niederlande zu reisen. Darüber hinaus wird für die Hin- und Rückfahrt auf dem deutschen Schienennetz eine Ermäßigung von 25 % gewährt. Die Karten sind für Erwachsene und Jugendliche (unter 26 Jahren) erhältlich. Kinder (4-11 Jahre) erhalten 50 % Ermäßigung auf die Erwachsenen-

Tram in Amsterdam

preise. Grundkarte (3 Tage): Erwachsene 50 €, Jugendliche 37 € (jeweils 2. Klasse). Ergänzungskarte (für einen weiteren Tag): Erwachsene 14 €, Jugendliche 11 € (jeweils 2. Klasse). Die Ergänzungskarte wird nur mit der Grundkarte zusammen verkauft!

Trein Taxi

In mittlerweile 116 Städten der Niederlande kann man sich mit einem der dunkelblauen *Trein Taxis* der niederländischen Eisenbahn für einen geringen Festbetrag vom Bahnhof zu jeder beliebigen Adresse im Stadtgebiet (oder Nachbarort) bringen lassen. Die Entfernung spielt keine Rolle. Die Einrichtung erfreut sich großer Beliebtheit. Seit Anfang 1996 gibt es überdachte Sitzgelegenheiten an den Haltestellen. Darüber hinaus besteht eine Telefonverbindung mit der Zentrale, über die weitere Taxen bestellt werden können. Fahrscheine sind ausschließlich für Bahnreisende an den Fahrkartenschaltern der Bahn, den Wizzl-Verkaufsstellen und im Taxi erhältlich (im Taxi 4.50 €, sonst 3.50 €). In Amsterdam, Den Haag und Rotterdam fahren keine *Trein Taxis*!

Bus, Straßenbahn, Metro, Interliner

Die öffentlichen Verkehrsmittel fahren in allen größeren Städten bis mindestens 23 Uhr, oftmals länger. In kleineren Ortschaften sollte damit gerechnet werden, dass verkehrstechnisch nach 22 Uhr die Bürgersteige hochgeklappt werden. Möchte man nicht laufen, bleiben nur noch die Taxen.

Das Fahrkarten-Prinzip der Niederlande ist simpel, denn die **Nationale Strippenkaart** ist landesweit in allen Bussen, Metros und Straßenbahnen gültig. In den Stadtgebieten von Amsterdam, Den Haag, Rotterdam, Utrecht und Zoetermeer gelten die Karten auch für Bahnfahrten (2. Klasse). Die Zahl der zu entwertenden Streifen richtet sich nach der Zahl der durchfahrenen Zonen, wobei stets ein Streifen zusätzlich als Grundtarif entwertet werden muss. Die Zoneneinteilung kann an den Haltestellen eingesehen werden. Die Karte wird in Bahnhöfen, Postämtern, Tabakläden und den größeren Informationsbüros (VVV) verkauft. Auch die Fahrer halten Karten (mit 2, 3 und 8 Streifen) bereit, deren Preise allerdings deutlich höher liegen.

Connexxion: Das private Unternehmen bedient landesweit in zahlreichen Städten und Gemeinden den öffentlichen Busverkehr. Außerdem setzt sie Überlandbusse ein, die sog. **Interliner.** Die Haltestellen der grünen Interliner-Busse liegen gut erreichbar am Rande der Stadtzentren. Die Fahrpreise entsprechen den gültigen Bahntarifen zweiter Klasse. Anders als bei den innerstädtisch verkehrenden Bussen der Gesellschaft ist die Nationale Strippenkaart in den Interlinern nicht gültig, bezahlt wird nach zurückgelegten Kilometern. Tickets sind an allen Bahnhöfen, Interliner-Verkaufsstellen oder direkt beim Fahrer erhältlich.

Das **Schiphol Sternet** umfasst ein eigenes Netzwerk an Buslinien, die den Amsterdamer Flughafen in kurzer Folge mit den umliegenden Städten verbinden. Die **Zuidtangent,** ein 24 km langer Streckenabschnitt zwischen Haarlem, Hoofddorp, Schiphol, Amstelveen, Ouderkerk a/d Amstel und Amsterdam Zuid-Oost, gilt als längste freie Busspur Europas. In naher Zukunft soll die Strecke auf 42 km verlängert werden – öffentlicher Nahverkehr im 21. Jahrhundert.

Arriva/Noordnet: In den nördlichen Niederlanden, insbesondere in den Provinzen Drenthe, Groningen und Friesland, teilweise aber auch in Flevoland und Overijssel, bedient Arriva einen Großteil des öffentlichen Nahverkehrs auf der Straße und der Schiene. Die 50-prozentige Arriva-Tochter Noordnet versorgt vorrangig die Provinz Friesland. Im vergangenen Jahr transportierten alleine die Busse und Bahnen des Tochterunternehmens bei täglich 1.100 Fahrten mehr als 21 Millionen Fahrgäste.

● *Nationale Strippenkart* Karte mit 15 Streifen 5.90 €, Karte mit 45 Streifen 17.40 €. Kinder im Alter von 4-11 Jahren und Senioren (Pas65) zahlen für die 15-Streifen-Karte 3.70 €. Beim Fahrer erhältliche Karten: Karte mit 2 Streifen 1.40 €, Karte mit 3 Streifen 2.10 €, Karte mit 8 Streifen (Tageskarte) 5.60 €.

● *Information* **Connexxion**, Leidsevaart 396, 2014 HM Haarlem, ☎ 0900/2666399, www.connexxion.nl. Interliner-Informationshotline: ☎ 0900/8998998, www.interliner.nl. **Schiphol Sternet,** ☎ 0900/8272007.

Netherland's King of the Road: Der Radfahrer

Der durchschnittliche Niederländer ist ohne Fahrrad nur ein halber Mensch und radelt jährlich etwa 1.000 km durch sein Heimatland, das mit insgesamt etwa 15.000 km Radwegen auf überwiegend flachen Strecken überzogen ist. Allerorten stehen kleine weiße Orientierungshilfen, die in Anlehnung an ihre eigenwillige Form als *Paddestoelen* (Pilze) bezeichnet werden. Sie sind mit präzisen Entfernungsangaben und Nummern versehen, die sich auf allen ANWB-Karten wiederfinden (siehe Kapitel "Wissenswertes von A bis Z/Karten", S. 58). An fast jeder Ecke können Fahrräder preiswert gemietet werden, beispielsweise an mehr als 80 Bahnhöfen des Landes. Die Vorplätze der Großstadtbahnhöfe sind mit Fahrrädern gepflastert, Fußwege werden blockiert, Schaufenster und Verkehrsschilder zugeparkt. Die Polizei hat längst begonnen, verkehrswidrig abgestellte Drahtesel kostenpflichtig zu entfernen. Die Fahrradbehörde diskutiert sogar die Einführung von Parkgebühren im zentralen Innenstadtbereich (selbst Fahrradparksäulen sind in Planung), und bereits jetzt gibt es insbesondere in den größeren Städten bewachte Fahrradstellplätze und -parkhäuser, die in der Regel in Bahnhofsnähe anzutreffen sind. Gegen eine geringe Gebühr können Räder dort zur Aufbewahrung abgegeben und somit vor Beschädigungen und Diebstählen geschützt werden. In der Planung ist darüber hinaus ein landesweites Netz moderner Fahrradwaschanlagen.

Im Falle einer Panne empfiehlt es sich Ruhe zu bewahren. Man sollte daran denken, dass man sich in den Niederlanden, dem Land der Fahrräder, befindet! In jeder noch so kleinen Ortschaft gibt es Fahrradwerkstätten, die spontan helfen können. Die Reparatur defekter Pedale kostete uns in Enkhuizen ganze 12 € sowie 12 Minuten Wartezeit – ohne Voranmeldung natürlich.

Die Kehrseite des schon lange anhaltenden Fahrradbooms ist, dass unter den jährlich etwa 1.500 Todesopfern, die der niederländische Straßenverkehr fordert, 15 % Radfahrer sind. Die großen Städte, Amsterdam allen voran, gelten als besonders gefährliches Pflaster. Da die üblichen Disziplinierungsmaßnahmen wie die Verhängung drastischer Bußgelder für verkehrssündige Radler bisher zu keinem nennenswerten Rückgang der Unfallzahlen mit Todesfolge geführt haben, plant man derzeit den Einsatz spezieller Kommandofahrzeuge zur Kontrolle der Haupt(rad)verkehrswege. Räder ohne funktionsfähige Beleuchtung, Bremse oder Klingel sollen dann sofort vor Ort von Fachleuten repariert werden. Die Wartezeit während der Reparatur kann im polizeilichen Begleitfahrzeug mit einem kurzweiligen Videofilm über die möglichen Folgen verkehrswidrigen Verhaltens im Straßenverkehr überbrückt werden ...

Fahrrad und Eisenbahn: Der Fahrradtransport in den Niederlanden verläuft in der Regel problemlos. Das Zugpersonal ist freundlich und hilfsbereit. Der Drahtesel wird entweder bei der Gepäckabfertigung aufgegeben oder eigenhändig verladen. Hierzu sind die Zugtüren zu nutzen, die mit einem blauen Fahrradaufkleber versehen sind. Sie liegen in angenehmer Höhe, sodass der Einstieg keine größeren Schwierigkeiten bereiten sollte. Selbstverlader benötigen eine Tageskarte, die an allen Fahrkartenschaltern des Landes erhältlich ist (6 €). Die Beförderung von Fahrrädern im Berufsverkehr (Mo–Fr 6.30–9 Uhr und 16.30–18.00 Uhr) ist mit Ausnahme der Monate Juli und August generell untersagt.

Fahrradverleih: An mehr als 80 Bahnhöfen des Landes werden Zweiradcabriolets ausgeliehen. Einzige Voraussetzung ist die Vorlage eines gültigen Ausweises und die Hinterlegung einer Kaution. Eine rechtzeitige Reservierung ist sehr zu empfehlen. Die vielen privaten Anbieter, die sich in der Regel in unmittelbarer Bahnhofsnähe angesiedelt haben, nehmen oftmals geringere Gebühren. An den Bahnhöfen in Heerlen, Maastricht, Nijmegen, Roermond, Sittard und Venlo können Fahrräder ausgeliehen werden, die man später an einem anderen (!) Bahnhof zurückgeben kann. Private Anbieter können einen derartigen Service aus verständlichen Gründen in der Regel nicht anbieten.

Die Tagesgebühr beträgt etwa 4.75 €, die Wochengebühr 18 €. Als Kaution werden (insbesondere in größeren Städten) bis zu 100 € fällig.

Fahrradtouren: Die Internetseite des *Fietsersbond* (www.fietsersbond.nl) bietet neben Informationen, die in erster Linie für Niederländer interessant sein dürften, eine Reihe guter Links zum Thema Fahrradtouren (mit Routenvorschlägen).

Fahrradferien: Wie wäre es mit einem Fahrradurlaub ohne Gepäck mit Übernachtungen auf typisch holländischen Flussschiffen, die früher in der Binnenschifffahrt genutzt wurden? Das Schiff tuckert während der täglichen Etappen hinter den Radfahrern her, sodass diese problemlos auch an Bord bleiben und den Tag als Schiffsreise erleben können. An Bord der (einfach eingerichteten) Schiffe, die ein gemütliches Sonnendeck und einen ebensolchen Tagesraum besitzen, kümmert sich ein Schiffskoch um das leibliche Wohl, für das im Rahmen der angebotenen Vollverpflegung (Frühstück, Lunchpaket, Abendessen) gut gesorgt sein dürfte. Der Anbieter stellt ein Hollandrad mit 5-Gang-Narbenschaltung zur Verfügung. Im Programm sind drei geführte (Flüsseland Holland, IJsselmeer und Randmeren, Hollands alte Märkte) sowie zwei ungeführte Touren (Nordroute, Westroute), die je nach Interesse und Tagesform individuell abgewandelt werden können. Start- und Endpunkt ist Amsterdam. Der Preis beträgt jeweils 350 € (4-Bett-Kabine mit Gemeinschaftsduschen) bzw. 470 € (4-Bett-Kabine mit Du/WC). Information: ETS-Radreisen GmbH, Frankfurter Straße 291, 51147 Köln, ☎ 02203/966080, 🖷 9660516, www.ets-radreisen.de.

Streckenverlauf Flüsseland Holland: Amsterdam, Nieuwegein, Gorinchem, Heusden, Dordrecht, Gouda, Amsterdam. Dauer: 8 Tage. Streckenlänge: 307 km (Tagesetappen: 18-58 km).

Streckenverlauf IJsselmeer und Randmeren: Amsterdam, Hoorn, Enkhuizen, Lemmer, Harderwijk, Amsterdam. Dauer: 8 Tage. Streckenlänge: 315 km (Tagesetappen: 44-52 km).

Streckenverlauf Hollands alte Märkte: Amsterdam, Purmerend, Broek op Langedijk, Schagen, Alkmaar, Amsterdam. Dauer: 8 Tage. Streckenlänge: 345 km (Tagesetappen: 36-55 km).

Streckenverlauf Nordroute: Amsterdam, Hoorn, Medemblik, Den Helder, Texel, Alkmaar, Amsterdam. Dauer: 8 Tage. Streckenlänge: 310 km (Tagesetappen: 42-49 km).

Streckenverlauf Westroute: Amsterdam, Utrecht, Schoonhoven, Delft, Den Haag, Leiden, Haarlem, Amsterdam. Dauer: 8 Tage. Streckenlänge: 275 km (Tagesetappen: 36-49 km).

Das niederländische Jugendherbergswerk bietet in den Sommermonaten sorgfältig ausgearbeitete Fahrradtouren zwischen verschiedenen Herbergen an. Diese etwa einwöchigen Touren richten sich besonders an Familien mit Kindern. Alle Übernachtungen mit Verpflegung sind eingeschlossen. Information: Nederlandse Jeugdherberg Centrale (NJHC), Postbus 5030, 2900 EA Capelle a/d IJssel, ☎ 010/2646064, 🖷 2646061. Internet: www.njhc.org

Fahrradkarten: Die *ANWB Toeristische Kaart* (Maßstab 1:100.000) und die *ANWB Fietsmap Fietskaart* (Maßstab 1:50.000) erweisen sich als wertvolle Hilfe bei der Planung längerer Radtouren (siehe Kapitel "Wissenswertes von A–Z/Karten"). Die Adressen aller größeren ANWB-Geschäftsstellen sind im Reiseteil aufgeführt, doch können häufig auch die örtlichen Informationsbüros (VVV) oder das Niederländische Büro für Tourismus (NBT) in Köln weiterhelfen.

Radwanderführer: Geboten werden sorgsam ausgearbeiteten Routenvorschläge und wertvolle Tipps, die die Urlaubsgestaltung erleichtern:

Niederlande, Radwandern, Ute Fischer, Stöppel-Verlag 1995 (ISBN 3-924012-60-1), 272 Seiten, 15.50 €. Das Buch enthält 80 ausführlich beschriebene Vorschläge für Mehrtagestouren in den Niederlanden.

Nordholland, Küste, IJsselmeer, Amsterdam, Dirk Sievers, Michael-Müller-Verlag 2004 (ISBN 3-932410-45-9), 256 Seiten, 15.90 €. Das Buch enthält in seiner zweiten Auflage zahlreiche ausführlich beschriebene Vorschläge für Tagestouren in der Provinz Noord-Holland. Bitte beachten Sie auch die entsprechenden Hinweise auf den Internet-Seiten des Michael-Müller-Verlags.

Technische Neuerungen aus den Niederlanden

Der klassische Fahrradreifen wird durch eine Flexigum-Schicht unter der Lauffläche, die scharfkantige Gegenstände vom empfindlichen Schlauch fernhält, zu einem pannensicheren Allzweckreifen. Selbst Glassplitter, Nägel oder Reißzwecken haben keine Chance mehr, das Radlerglück zu trüben. Eine Fachhändlerliste, die *Dutch-Perfect-*Reifen führen, ist im Internet abrufbar – mit zahlreichen Adressen auch in Deutschland. Preise pro Paar: 27-32 €. Internet: www.dutch-perfect.nl.

Wissenswertes von A bis Z

Apotheken/Ärztliche Hilfe

Am Eingang einer jeden Apotheke befindet sich eine Tafel mit dem Hinweis auf Notdienste – das Prinzip ähnelt dem deutschen. Die Öffnungszeiten sind landesweit identisch: Montag–Freitag 8–17.30 Uhr. Krankenhäuser sind mit einem weißen "H" auf blauem Grund ausgeschildert.

Die eigene Krankenversicherung sollte vor einer längeren Reise in die Niederlande um Zusendung eines Auslandskrankenscheins (*Vordruck E 111*) in zweifacher Ausfertigung gebeten werden. Fast alle Versicherungen bieten ein hilfreiches *Merkblatt Niederlande* an, das detaillierte Informationen bereithält. Es hat sich als empfehlenswert erwiesen, vor der Abreise einige Kopien des Versicherungsformulars zu machen. Diese können im Notfall beim Arzt abgegeben werden, womit die Abrechnung direkt mit der Krankenkasse in Deutschland erfolgt.

Baden

Die Brandung an den holländischen Küsten sollte generell nicht unterschätzt werden. Vorschriften und Gefahrenhinweise sind ernst zu nehmen. Die am Strand postierten Fahnen zeigen an, zu welcher Zeit gefahrlos gebadet werden kann. Die *rote Fahne* bedeutet Badeverbot, die *gelbe Fahne* weist auf Gefahren hin – das Baden ist dann zwar nicht verboten, man sollte aber ein geübter Schwimmer sein. In der Hochsaison sind viele Strände bewacht. An allen Stränden gilt ein striktes Übernachtungsverbot, das kaum unbemerkt umgangen werden kann, weil in der Nacht regelmäßig intensive Reinigungsarbeiten vorgenommen werden. Der Leinenzwang für Hunde scheint dagegen eines der Verbote zu sein, das niemanden weiter interessiert.

Die Badeorte am 280 km langen Küstenstreifen haben vom ADAC zuletzt durchweg gute Noten erhalten. Die Untersuchung, bei der 160 Seebäder an der gesamten Nordseeküste geprüft wurden, bescheinigt eine gute Wasserqualität und eine fast ausnahmslos gute Infrastruktur an den Stränden: In der Saison bieten zahlreiche Badeorte Duschen und Toiletten, Strandliegen und Umkleidekabinen an, hinzu kommen Strandpavillons mit Terrasse, in denen Kaffee und kleinere Snacks erhältlich sind. An fast allen Strandaufgängen finden sich außerdem (oft bewachte) Pkw-Stellplätze und (unbewachte) Fahrradständer.

Stichwort FKK: Sonnenbaden oben ohne ist den Niederländern kein Dorn im Auge. Verfechter der nahtlosen Bräune sollten allerdings einen der vielen ausgewiesenen Nacktbadestrände (vornehmlich in den größeren Badeorten) aufsuchen.

Information Nederlandse Federatie voor Naturistenverenigingen (NFN), Drift 3, 3512 BP Utrecht, ℡ 030/2328810, ℻ 2332957, office@nfn.nl, www.nfn.nl.

Behinderte

Was die behindertengerechte Ausstattung öffentlicher Gebäude betrifft, nehmen die Niederlande weltweit eine führende Position ein. Mittlerweile werden auch die öffentlichen Verkehrsmittel zunehmend den Bedürfnissen behinderter Menschen angepasst. Das Gleiche gilt für zahlreiche Campingplätze, Pensionen, Hotels, Museen und Restaurants. Mehrere Organisationen bieten spezielle Urlaubsprogramme an. Der ANWB vertreibt eine Reisebroschüre mit dem Titel *Reiswizer Gehandicapten*, die auch für ausländische Besucher wertvolle Informationen bietet (Adressen der ANWB-Büros finden Sie im Reiseteil bei den einzelnen Orten).

Möchte man mit der Bahn verreisen, sollte man sich mit der Eisenbahngesellschaft in Verbindung setzen. Man gibt Datum und Uhrzeit der geplanten Reise an und erhält unkomplizierte Hilfe beim Ein- und Aussteigen.

Informationen für Behinderte, die in die Niederlande reisen möchten, halten auch die folgenden Organisationen bereit:

Stichting Travel and Tourism for All (TTFA), Heidestein 7, 3971 ND Driebergen, ℡ 0343/521751, ℻ 516776, www.ttfa.org.

Vereniging Gehandicaptenzorg Nederland, Oudlaan 4, 3515 GA Utrecht, ☎ 030/ 2739300, ✆ 2739387, www.vgn.org.

Nederlands Instituut voor Zorg & Welzijn, Catharijnesingel 47, 3511 GC Utrecht, ☎ 030/2306311, ✆ 2319641, ww.wnizw.nl.

Diplomatische Vertretungen

Deutsche Botschaft, Groot Hertoginnelaan 18-20, 2517 EG Den Haag, ☎ 070/3420600, ✆ 3651957, www.duitse-ambassade.nl. Mo-Do 8-16.30 Uhr, Fr 8-15 Uhr.

Deutsches Generalkonsulat, Honthorststraat 36-38, 1071 DG Amsterdam, ☎ 020/ 5747700, ✆ 6766951. Mo-Fr 9-12 Uhr.

Österreichische Botschaft, Van Alkemadelaan 342, 2597 AS Den Haag, ☎ 070/3245470, ✆ 3282066.

Österreichisches Generalkonsulat, Vijzelgracht 50, 1017 HS Amsterdam, ☎ 020/ 3831300, ✆ 3831302.

Schweizer Botschaft, Lange Voorhout 42, 2514 EE Den Haag, ☎ 070/3642831, ✆ 3561238.

Schweizer Generalkonsulat, Johannes Vermeerstraat 16, 1071 DR Amsterdam, ☎ 020/ 6644231, ✆ 6755515.

Essen & Trinken

Eine renommierte Gourmetkritikerin bedauerte unlängst, auch sie habe es mit ihren Beiträgen nicht geschafft, das Essen in den Niederlanden auf ein höheres Niveau zu bringen. *Hutspot* (Rindfleischgericht mit Möhren und Zwiebeln) oder *Erwtensoep* (Erbsensuppe mit Schwarzbrot) dominieren vielerorts das Angebot, während Austern, Hummer, Muscheln oder Spargel aus eigener Produktion vorrangig exportiert werden. Nur wenige Restaurants haben diese Spezialitäten auf ihrer Karte. Der rohe Hering (*Hollandse Nieuwe*), weniger salzig und deutlich milder als die aus deutschen Supermärkten bekannte Massenware, gilt mittlerweile als eine der wenigen landestypischen Delikatessen. Selbst Nobelrestaurants servieren ihn als eisgekühlte Vorspeise. Der Urlauber sollte sich auf das einstellen, was auch dem Niederländer mundet, beispielsweise die in den *Pannenkoekenhuizen* servierten ausgezeichneten Pfannkuchen, die in unzähligen Variationen angeboten werden (die Küche ist dort allerdings meist nur bis 20 Uhr geöffnet).

Im Nachbarland wird die warme Mahlzeit am Abend zubereitet. Mittags beschränkt man sich auf *Broodjes* (Brötchen) mit Kaffee, Milch oder Tee oder die zu dieser Tageszeit beliebten *Uitsmijters*, mit kaltem Fleisch und einem Spiegelei belegte Brötchen. Straßenbuden verkaufen neben den obligatorischen Pommes frites oft *Poffertjes*, leckere pfannkuchenähnliche Kreationen mit Butter und Puderzucker. Eher gewöhnungsbedürftig sind dagegen die *Borrelhappjes*, diverse Kleinigkeiten für den kleinen Hunger, beispielsweise warme Kroketten als Automatenware in Imbissstuben.

Als regionale Spezialität der südlichen Niederlande gilt die *Brabanter Koffietafel*, eine Menümixtur mit mehreren Gängen, deren genaue Zahl nicht festgelegt ist. Ein Beispiel: Pfannkuchensuppe mit Nudeln, Marmeladetoast oder Rosinenbrötchen, Ragout fin mit Hausmachersülze, Kaffee, Tee, Plätzchen, Schwarzbrot mit Hartwurst, Radieschen und Orangenkonfitüre, Beerenburger Kräuterschnaps (eine friesische Spezialität), Matjesheringe, Schnaps, Streichkäse, Schnaps, Creme Caramel, Schnaps ...

Das tägliche **Frühstück** fällt in den Niederlanden in der Regel reichlich aus. Leider gibt es neben dem hellen labberigen Weißbrot ("witte brood") – mit oder ohne Rosinen - nur noch das etwas dunklere und genauso labberige "Vollkornbrot", das seinen Namen wirklich nicht verdient. Zum Brot gibt es Käse oder Wurst, Honig, Marmelade oder *Pindakaas* (Erdnussbutter) und reichlich Streusel in allerlei Farben und verschiedenen Geschmacksrichtungen, die freiwillig auf das Brot gestreut und später unfreiwillig auf dem Frühstückstisch verteilt werden. Zu den angenehmen zählen die Schokoladenstreusel, die als *Hagelslag* angeboten werden. In allen Restaurants und Hotels wird das Frühstück bis gegen 10 Uhr serviert.

Am frühen **Nachmittag** spielt der Tee die dominierende Rolle. Eine kleine Gebäckdose wird herumgereicht – man wird sich schnell mit dieser angenehmen Sitte anfreunden können. Aber Vorsicht, es wird immer nur ein einzelnes Plätzchen genommen. Alles andere wäre schlechter Stil. Außerdem geht die Dose bestimmt noch einmal herum. Eine Alternative bieten die gemütlich eingerichteten, leider arg verqualmten *Koffiehuizen*. Hier trifft man Menschen, die stundenlang bei einer Tasse Kaffee sitzen und sorgfältig die ausliegenden Zeitungen studieren. Der Kaffee wird schwarz serviert. Er muss stark sein und den Herzschlag spürbar erhöhen. Am späten Nachmittag erfreut sich das traditionelle *Borreluurtje* allgemeiner Beliebtheit – das Schnäpschen vor dem Abendessen.

Das tägliche **Abendessen** stellt die Hauptmahlzeit dar, die in der Regel herzhaft und sehr sättigend ausfällt – es gibt reichlich Fleisch, Gemüse und sehr häufig Kartoffeln oder Pommes frites. Zu den typisch holländischen Gerichten zählen: *Asperges in de Oven*, Spargel aus dem Ofen (überbacken); *Hete Bliksem*, Schweinekoteletts mit Apfelgemüse; *Jan in de Sak*, Serviettenkloß auf holländische Art.

Die niederländischen *Cafés* entsprechen unseren **Kneipen**. Zu finden sind sie an beinahe jeder Straßenecke. Ihre Einrichtung lässt sich pauschal nicht beschreiben, sie sind einfach nur urgemütlich. Besonders die Holzgalerien, zu denen man über wackelige, knarrende Treppen gelangt, verbreiten ein angenehmes Flair. Spätestens hier wird klar, dass man es in den Niederlanden an der *Borreltafel* (Stammtisch) sehr "gezellig" mag (das Wort lässt sich kaum übersetzen, aber man bekommt schnell eine halbwegs richtige Vorstellung). Die angebotenen Biersorten sind äußerst zahlreich, die kleinen Gläser eher ungewohnt. Sehr verbreitet ist der Brauch, mit dem Bier ein Glas *Jenever* (Wacholderschnaps) zu leeren. Im Fachjargon trägt diese Kombination den treffenden Namen "Kopfnuss". Auch in den Cafés ist häufig etwas Essbares zu bekommen. Das verräucherte *Bruine Café* (*Bruine Kroeg*) ist eine Mischung aus Café und Pub, in dem man gerne eine Runde Billard und Darts spielt und dabei beispielsweise die friesische Kräuterschnaps-Spezialität *Beerenburger* trinkt.

Beim Bier und beim Jenever herrscht beachtliche Bezeichnungsvielfalt: Ein Bier im großen Glas wird *Bakkie* oder *Vaas* genannt, eines im kleinen Glas *Colaatje Pils*, *Kabouterpils* oder *Lampie Licht*. Ein Jenever heißt gewöhnlich *Borrel*, doch finden sich auch andere phantasievolle Namen: *Hassebassie*, *Keiltje*, *Neutje*, *Pikketanussie*, *Recht op en neer*, *Slokkie* oder – weltmännisch – *Uppercut*. Und wer *Kamelenrug* oder *Over 't IJ-Kijkertje* bestellt, freut sich auf ein randvolles Glas Jenever, das man mit dem ersten Schluck ganz vorsichtig antrinken muss.

Alles Käse!

Die kulinarischen Genüsse der niederländischen Küche sind mit den vornehmeren **Restaurants**, die vorzüglich zubereiteten Fisch und diverse Schalentiere servieren, weitgehend erschöpft. Die einfach gehaltenen *Eethuizen*, die ständig ein preiswertes warmes Essen anbieten, bewegen sich auf schlichterem, gutbürgerlichem Niveau. Daneben gibt es zahllose ausländische Restaurants mit häufig chinesisch-indonesischer Küche, in denen sich die mitteleuropäischen Normen allerdings kaum verkennen lassen. Ein besonderes Erlebnis ist die *Rijsttafel* – übrigens eine Erfindung der Niederländer –, ein nicht ganz billiger Spaß aus 20 bis 25 Einzelgerichten, die in einer langen Reihe vor den Gästen aufgebaut werden. Wer etwas Derartiges nicht kennt, sollte es probieren, am besten zusammen mit mehreren Personen. Unbedingt kosten sollte man auch die surinamische Küche, die aus der früheren südamerikanischen Kolonie in die Niederlande kam. Insbesondere in Amsterdam bieten sich genug Gelegenheiten. Die exotischen Geschmacksnoten der phantasievoll zubereiteten Speisen machen hier das Essen zu einer bleibenden Erinnerung.

Aspergeland-Restaurant: Eine Besonderheit sind die vor allem in den südlichen Niederlanden verbreiteten Spargelrestaurants, die mit der Aufschrift "Aspergeland-Restaurant" gekennzeichnet sind. Dort wird die "Königin der Gemüse" in der Zeit von Ende April bis Ende Juni in den verschiedensten Kreationen auf den Tisch gebracht: in der traditionellen Version mit Kartoffeln, Eiern und Schinken oder exquisiter mit Lachs und Meeresfrüchten.

Alliance Gastronomique Néerlandaise: Die Alliance, erkenntlich am blau-roten "A", ist ein Zusammenschluss von gegenwärtig 38 Spitzenrestaurants in den Niederlanden und Belgien. Alle diese Lokale haben ein dreigängiges Lunchmenü (42.50 €) und ein viergängiges Dinnermenü (60 €) im Angebot. Information: Alliance Gastronomique Néerlandaise, Postbus 237, 5600 AE Eindhoven, ✆ 040/2631153, ✉ 2839778, www.alliance.nl.

Neerlands Dis: Die niederländische Küche besitzt ihre eigenen Spezialitäten, die landesweit unter dem Etikett "Neerlands Dis" in bester Qualität angeboten werden. In stilvoller Atmosphäre werden kulinarische Leckerbissen (Fischspezialitäten des IJsselmeers, Lammfleisch der Insel Texel, Spargel aus Limburg etc.) serviert. Das Schild mit der charakteristischen rot-weiß-blauen Suppenterrine versteht sich als Garant für gute Menüs zu akzeptablen Preisen. Es werden ausschließlich landestypische Produkte verwendet. Informationen im Internet unter www.neerlandsdis.nl.

Relais du Centre: Möchten Sie Ihren Niederlande-Aufenthalt mit einem Diner in gediegener Atmosphäre würzen? Mehr als 30 Restaurants der gehobenen Klasse (Tendenz zunehmend), die sich unter der Bezeichnung "Relais du Centre" zusammengeschlossen haben, bieten landestypische Köstlichkeiten in prachtvollem Ambiente (z. B. als 4-Gänge-Menü Relais du Centre für 42.50 €). Eine Reservierung ist empfehlenswert. Die angeschlossenen Häuser verfügen (mit nur ganz wenigen Ausnahmen) über gute Webseiten, die in einigen Fällen neben der obligatorischen Menükarte sogar mit Rezepten der hohen Kochkunst aufwarten. Information: Sint Odulphusstraat 5, 5688 BA Oirschot, ✆ 0499/550674, ✆ 550677, www.relaisducentre.nl.

Im Reiseteil dieses Buches sind die entsprechenden Restaurants mit ◊◊◊ gekennzeichnet.

Feiertage und nationale Gedenktage

Der niederländische Kalender kennt zehn gesetzliche **Feiertage**: Neujahr, Karfreitag, Ostersonntag und -montag, Christi Himmelfahrt, Pfingstsonntag und -montag sowie die beiden Weihnachtstage. Der wichtigste aber ist für viele der Nationalfeiertag am 30. April. Am *Koninginnedag* feiert das ganze Land den Geburtstag und Krönungstag der Königin. Dabei stört es nur wenige, dass nicht *Beatrix* an diesem Tag geboren wurde, sondern ihre Mutter *Juliane*. Man wollte den Festtag damals nicht verschieben. Man bedenke den Aufwand! Außerdem lässt sich ein solcher Tag im Frühjahr besser als im Winter begehen, denn schließlich hat *Beatrix* am 30. Januar Geburtstag, wenn es draußen noch ziemlich kalt ist. Alles blieb somit beim Alten. Nur wenn der 30. April auf einen Sonntag fällt, wie zuletzt im Jahr 2000, verschiebt man die Feierlichkeiten auf Samstag. Das ist besser für den Einzelhandel. Ein besonderes Fest ist der Tag insbesondere für die Gemeinden, die die Königsfamilie persönlich besucht. Schon mehrere Tage vorher verfärbt sich das Stadtbild "oranje" – die grelle Farbe des niederländischen Königshauses ist allgegenwärtig. Ein besonderer Anziehungspunkt ist der Amsterdamer Freimarkt, auf dem an diesem Tag jeder ohne besondere Genehmigung nach Belieben musizieren oder Waren aller Art verkaufen darf. Der Markt wird zur Anlaufstelle der Hauptstädter, die geschmückt mit orangefarbenen Kronen auf die Straßen strömen. Im ganzen Land finden Umzüge statt, die die Nation außer Rand und Band geraten lassen. Es gilt nur eine einzige Regel: Am Geburtstag der Königin den Müll auf die Straße zu stellen wäre eine Todsünde!

Die beiden **nationalen Gedenktage** im Mai erinnern an die Opfer des Zweiten Weltkrieges (4. Mai) und an die Befreiung des Landes durch die alliierten Truppen (5. Mai). Am Vorabend des Befreiungstages verharrt die Nation in einer Schweigeminute in völliger Stille, und das öffentliche Leben ist für einen kurzen Moment vollständig unterbrochen. Die Geschäfte sind an den Gedenktagen in der Regel wie an normalen Werktagen geöffnet.

Geld

Als die niederländische Zentralbank Anfang 1998 Hunderttausende neuer Zehn-Gulden-Scheine aus dem Verkehr ziehen musste, da infolge gravierender Druckfehler etwa 70 % aller Banknoten Mängel aufwiesen, war klar, dass es höchste Zeit für den Euro war. Dessen Einführung wurde den Niederländern mit einem Geschenk des Finanzministers schmackhaft gemacht: Starterkits im Wert von 3,88 Euro wurden kostenlos an alle Bürger im Alter von mindestens sechs Jahren verteilt. Auf Wunsch standen auch größere Säckchen à 11,25 Euro zum Kauf bereit.

Der Euro löste den Gulden ab, der 180 Jahre lang die im Nachbarland gültige Währung war. Die Münzen, deren gängige Abkürzung "Hfl." auf den alten Namen "Hollands Florijn" zurückging, wurden in Utrecht geprägt bzw. gedruckt. Die kleinere Einheit hieß Cent, sodass sich die Niederländer in dieser Hinsicht gar nicht erst umstellen mussten. Offen bleibt allerdings die Frage, wie der Volksmund in Zukunft mit der 20-Cent-Münze umgehen wird, denn das traditionelle *Kwaartje* hat mit dem Wegfall der alten 25-Cent-Münze natürlich ausgedient.

Verlust der Kreditkarte Wer seine Kreditkarte verloren hat, sollte den Verlust unverzüglich telefonisch melden: American Express, ✆ 020/5048000 oder 5048668; Diners Club, ✆ 020/6545511; Eurocard, ✆ 030/2835555; Master Card, ✆ 030/2835555. Visa, ✆ 020/6600611.

> Die Niederlande zählten Ende 2001 mehr als 100.000 Gulden-Millionäre, deren durchschnittliches Vermögen bei knapp 2,5 Millionen Gulden lag. Somit verfügten etwa 1,5 % aller Niederländer über 30 % des gesamten Landesvermögens. Königin *Beatrix* war mit einem Besitz von geschätzten 1,9 Milliarden Euro zuletzt die reichste Frau des Landes. Übertroffen wurde sie nur von *Freddy Heineken*, dem Anfang 2002 verstorbenen Bierkönig des Landes, und dem Oberhaupt der Familie *Brennikmeijer*, Gründer der Kaufhauskette C&A.

Geschäftszeiten

Die Ladenöffnungszeiten sind mit denen in Deutschland vergleichbar. Mit Ausnahme der größeren Kaufhäuser öffnen die niederländischen Geschäfte allerdings einmal in der Woche erst gegen 13 Uhr. Eine weitere Besonderheit ist der sog. *Koopavond* (Kaufabend), an dem die Geschäfte erst um 21 Uhr schließen. (in der Regel donnerstags oder freitags). Apotheken haben bis 17.30 Uhr, Banken bis 16 Uhr und Postämter bis 17 Uhr geöffnet.

Informationen

Das niederländische Fremdenverkehrsbüro VVV (*Vereniging voor Vreemdelingenverkeer*, sprich: we-we-we) hat landesweit etwa 350 Zweigstellen, die sich als engmaschiges Netz über die Niederlande ziehen. Der ortsunkundige Besucher wird mit weiß-blauen Hinweisschildern, die in der Regel bereits kurz hinter dem Ortseingang gut sichtbar aufgebaut sind, problemlos ans Ziel geleitet. Die Fremdenverkehrsämter bieten umfangreiches Informationsmaterial, das

Detailliert: die Öffnungszeiten

oft auch in deutscher Sprache erhältlich ist (auch die Mitarbeiter sprechen in aller Regel Deutsch). Alle Büros vertreiben neben kostenlosen Innenstadtplänen sorgfältig zusammengestellte Adressenlisten (Fahrradverleih, Hotels, Pensionen, Restaurants etc.). Besonders empfehlenswert sind darüber hinaus die bis zu 100 Seiten starken Broschüren *Gids voor Vakantie en Vrije Tijd*, die für viele Provinzen und größere Städte des Landes erhältlich sind. Sie informieren detailliert über die wichtigsten Sehenswürdigkeiten. Mit wenigen Ausnahmen sind die Broschüren allerdings nur in niederländischer Sprache zum Preis von etwa 2,50 € erhältlich. Alle im Reiseteil angegebenen Öffnungszeiten der VVV-Büros gelten unter Vorbehalt, da sie in den kommenden Jahren landesweit angeglichen werden sollen.

Wer sich bereits im Voraus über sein Urlaubsziel informieren möchte, sollte sich an eine der zentralen Vertretungen des *Niederländischen Büros für Tourismus* (NBT) in Deutschland, Österreich oder der Schweiz wenden. Das NBT-Informationsmaterial wird in der Regel gegen einen geringen Unkostenbeitrag zugesandt.

Information **NBT-Deutschland**, Postfach 270580, 50511 Köln, ☎ 01805/343322, 🖷 01805/343320, www.niederlande.de, info@niederlande.de. Telefonische Beratung: Mo-Fr 9-19 Uhr.

Kartenmaterial

Die Anschaffung geeigneter Karten vor Reisebeginn ist dringend anzuraten. Ein guter Ansprechpartner in dieser Frage ist das Niederländische Büro für Tourismus in Köln (siehe oben), bei dem alle nachstehend aufgeführten Karten erhältlich sind.

Fahrradkarten: Neben den ANWB-Karten (s. u.) ist das Kartenmaterial der *Stichting Fiets* empfehlenswert. Es enthält interessante Routenvorschläge, allerdings sind die Texte in niederländischer Sprache verfasst. Information: Stichting Fiets, Wielingenstraat 28, 1078 KL Amsterdam, ☎ 020/6425550, 🖷 5044998, www.stichtingfiets.nl.

Die Staatliche Forstbehörde vertreibt sog. *Voetspoorkaarten*, auf denen eine Vielzahl interessanter (Rad-)Wanderwege und Reiterpfade verzeichnet ist. Information: Centrale Organisatie Staatsbosbeheer, Pelmolenlaan 10, 3447 GW Woerden, ☎ 0348/489562, 🖷 489496, www.staatsbosbeheer.nl.

Landkarten: Der ANWB hält gutes Kartenmaterial in verschiedenen Maßstäben bereit, das sich sowohl für Autofahrer als auch Radfahrer eignet. Die *ANWB-Wegenkaarten* Noord-, Midden- und Zuid Nederland im Maßstab 1:200.000 (Stückpreis: 4.50 €, Setpreis: 11.50 €) eignen sich zur groben Orientierung während längerer Autofahrten durchs Nachbarland. Die *ANWB*

Toeristische Kaarten sind sowohl für Autofahrer als auch Radfahrer eine gute Wahl. 16 Karten im Maßstab 1:100.000 (Stückpreis: 5.95 €) decken das gesamte Land ab. Noch detaillierter – und damit bestens für Fahrradtouren geeignet – sind die *ANWB-Fietsmap-Fietskaarten* im Maßstab 1:50.000. 10 Karten (Stückpreis: 11.50 €) bieten Fahrspaß auf zwei Rädern in den gesamten Niederlanden. Zahlreiche Sehenswürdigkeiten und Aussichtspunkte sind verzeichnet, ein rückseitiger Ortsindex sorgt für die problemlose Orientierung auf den farbig gedruckten Karten. Information: ANWB, Wassenaarseweg 220, 2596 EC Den Haag, ☎ 070/3147147, 🖷 3146969, www.anwb.nl.

Stadtpläne/Straßenkarten: Hochwertige *Falk*-Stadtpläne sind von mehreren niederländischen Städten im Fachhandel erhältlich (z. B. Amsterdam, 1:15.000, Preis: 6.50 €).

Sehr empfehlenswert ist die *ADAC-Autokarte Niederlande* (1:275.000, Preis: 7.50 €), die ebenfalls bereits in Deutschland erworben werden kann.

Wasserkarten: Die *ANWB-Waterkaarten* sollten zur Grundausstattung jedes Wassersportlers gehören. 15 Karten im Maßstab 1:50.000 (Stückpreise zwischen 6.95 € und 16.95 €, je nach Region) bieten beste Orientierung auf den Kanälen, Flüssen und Seen der Niederlande. Der in niederländischer Sprache verfasste zweibändige *ANWB-Wateralmanak* informiert über gesetzliche Bestimmungen (Band 1) und bietet Orientierungshilfen auf den Liegeplätzen und Wasserwegen des Landes (Band 2). Der erste Band muss an Bord mitgeführt werden (Stückpreis: 15.95 €). Information: ANWB, Wassenaarseweg 220, 2596 EC Den Haag, ☎ 070/3147147, 🖷 3146969, www.anwb.nl.

Kinderattraktionen

Die Niederlande warten mit einem großen Angebot an Freizeitparks auf, deren Ausstattung und Programm in erster Linie auf Kinder zugeschnitten ist. Darüber hinaus locken viele niederländische Städte und Gemeinden mit sog. *Kinderboerderijen* (Kinderbauernhöfe, Streichelzoos), die zwar keine großen Attraktionen bieten, aber insbesondere für Stadtkinder durchaus interessant sein können. Der Eintritt ist hier entweder frei oder beläuft sich auf einen geringen Betrag.

Wer sich schon einmal vorab über die allerdings meist recht teuren Highlights der niederländischen Freizeitparkkultur informieren möchte, kann sich an der folgenden Auflistung orientieren. Detailliertere Beschreibungen mit Öffnungszeiten, Eintrittspreisen etc. findet man an den entsprechenden Stellen im Reiseteil.

Apenheul, Apeldoorn (Gelderland), ☎ 055/3575757, www.apenheul.nl. Affenfreilichtgehege (siehe Seite 108).

Archeon, Alphen a/d Rijn (Zuid-Holland), ☎ 0172/447744, www.archeon.nl. Archäologischer Themenpark (siehe Seite 194).

Burger's Zoo, Arnhem (Gelderland), ☎ 026/4450373, www.burgerszoo.nl. Safaripark mit "Regenwald" (siehe Seite 97).

Dierentuin Artis, Amsterdam (Noord-Holland), ☎ 020/5233400, www.artis.nl. Zoo mit Planetarium (siehe Seite 290).

Drievliet, Den Haag (Rijswijk, Zuid-Holland), ☎ 070/3999305, www.drievliet.nl. Vergnügungspark mit Achterbahn, Spukschloss und Wildwasserbahn (siehe Seite 162).

Duinrell, Wassenaar (Zuid-Holland), ☎ 070/5155258, 🖷 5155371, www.duinrell.nl. Attraktionspark mit "Tikibad", dem größten Freizeithallenbad Europas mit Superrutschbahn (siehe Seite 168).

De Efteling, Kaatsheuvel (Noord-Brabant), ☎ 0416/273535, www.efteling.nl. Vergnügungspark für alle Altersstufen (siehe Seite 576).

Het Land van Ooit, Drunen (Noord-Brabant), ☎ 0416/377775, www.ooit.nl. Vergnügungspark für alle Altersstufen (siehe Seite 577).

Madurodam, Den Haag (Zuid-Holland), ☎ 070/4162400, www.madurodam.nl. Holland in klein. Modelle niederländischer Bauten (siehe Seite 160).

Six Flags Holland, Biddinghuizen (Flevoland), ☎ 0321/329999, www.sixflagseurope.com. Europas modernster Freizeitpark (siehe Seite 509).

Sprookjeswonderland, Enkhuizen (Noord-Holland), ☎ 0228/317853,

www.sprookjeswonderland.nl. Märchen-
park mit Streichelzoo (siehe Seite 362).
Toverland, Sevenum (Limburg), ✆ 077/
4677050, www.toverland.nl. Freizeitpark mit
Spiellandschaften (siehe Seite 552).
Verkeerspark Assen, Assen (Drenthe),
✆ 0592/355700, www.verkeersparkassen.nl.
Europas größter und modernster Verkehrspark (siehe Seite 458).

Online-Tipps:
www.uitmetkinderen.nl
600 Attraktionen für Familien mit
Kindern: Bootsfahrten, Freizeitparks, Museen, Schwimmbäder,
Sternwarten, Tierparks.

Besucher sind herzlich willkommen!

Kino

Alle Filme werden im Original mit Untertiteln gezeigt, synchronisierte Fas-
sungen gibt es nicht (vielleicht liegt darin sogar eine Erklärung für die Mehr-
sprachigkeit vieler Niederländer). Die Eintrittspreise sind mit denen der deutschen Kinos zu vergleichen. In allen Städten gibt es einmal wöchentlich einen
Kinotag mit ermäßigtem Eintritt.

Koffieshops

Holland als Vorreiter einer liberalen Drogenpolitik – seit Mitte der 70er Jahre
wird der Verkauf von Cannabisprodukten in sog. Koffieshops toleriert. Ein
Koffieshop ist kein normales Café, sondern eine beim zuständigen Finanzamt
registrierte Lokalität, in der völlig legal kleine Plastiktütchen mit gut einem
Gramm Haschisch oder Marihuana verkauft werden. Landesweit gibt es mehrere Hundert registrierte Koffieshop, die Zahl der illegalen dürfte sich in noch

größeren Dimensionen bewegen. Alkohol wird in den Koffieshops übrigens nicht serviert, dafür Fruchtsäfte, Kaffee oder Tee. Mancher kommt sogar nur deswegen und nicht wegen der Rauschmittel, die sehr dezent angeboten werden. Alles geht ruhig und gelassen seinen Gang, schräg angesehen wird hier niemand: der Koffieshop als Treffpunkt, die Drogen als Nebensächlichkeit.

Die Belieferung der Koffieshops liegt in der Grauzone, da der Handel mit größeren Mengen weicher Drogen auch in den Niederlanden gesetzeswidrig ist. Die Ware kann somit nur auf illegalem Wege bezogen werden. Anders formuliert: Verkaufen dürfen die Shops, einkaufen dagegen nicht. Mehrere Stadtverwaltungen bemühen sich nun um einen Ausweg aus dem Dilemma, das bislang nach dem Prinzip "strafbar ja, strafwürdig nein" umgangen wurde. Angedacht ist beispielsweise die Lizenzierung ausgewählter niederländischer Cannabiszüchter, mit der sich der Import aus Ländern wie Afghanistan oder Libanon vermeiden ließe.

Wie man sich denken kann, ist die Haager Drogenpolitik auch in den Niederlanden nicht unumstritten. Viele fürchten eine weitere Ausdehnung des internationalen Drogentourismus in den Niederlanden und einen Anstieg der mit dem Drogenhandel verbundenen Kriminalität.

Königshaus

Emma von Waldeck-Pyrmont (1858-1934, Königin von 1890 bis 1898) ist im Haager Monarchenviertel, einer eher einfachen Wohngegend, allgegenwärtig. Auf dem Regentinnenplatz erinnert ein Obelisk an die einstige Königin, die erheblichen Anteil am großen Vertrauen der Niederländer in die konstitutionelle Monarchie hat. Der aus dem deutschen Arolsen stammenden Emma war es damals gelungen, die Herzen ihrer Untertanen im Sturm zu erobern. Noch heute möchten mehr als 90 % der Bevölkerung nicht auf ihr Königshaus verzichten. Auch die aktuelle **Königin Beatrix**, die "graue Hausfrau unter Europas Herrscherinnen", die nicht gekrönt, sondern "nur" in ihr Amt eingeführt wird, ist trotz mancher im Volk umstrittener Entscheidungen beliebt. Ihr soziales Engagement, das sie trotz ihrer Verpflichtung zu politischer Zurückhaltung pflegt, brachte ihr den Respekt der Untertanen ein. Man kann es sich in den Niederlanden gegenwärtig eher erlauben, "in einem Bordell gesehen zu werden, als die Monarchie infrage zu stellen", wie ein namhafter Politiker erläuterte. Schade nur, dass die Königin ihren 60. Geburtstag im Jahre 1998 unter Ausschluss der Öffentlichkeit feierte. Amsterdam avancierte damals zu einer Hochburg des blauen Blutes, während sich die einfachen Bürger zahlreichen Absperrungen und einem enormen Aufgebot an Polizeikräften ausgesetzt sahen. Aber es war eben ein königlicher Wunsch, an diesem Tage auf ein Volksfest zu verzichten.

Die Königin hält ihr Zepter fest in der Hand. Als ihr Sohn *Willem Alexander* kurz vor seinem 30. Geburtstag öffentlich erklärte, er habe noch nie (!) mit seiner Mutter über eine mögliche Abdankung gesprochen, zeigte sich niemand ernsthaft verwundert. Der Kronprinz wird sich noch etwas gedulden müssen, womöglich bis ins Jahr 2010, wie die *Volkskrant* zuletzt berichtete.

Willem Alexander, Jahrgang 1967, ist in der Bevölkerung sehr beliebt. Er gilt als lebenslustiger Bursche und wird von seinen Landsleuten liebevoll *Prins Pilsje* genannt. Hartgesottene gründeten gar einen "Willem Alexander Fanclub" (WAF), dessen Mitglieder generell nur wenig Verständnis für Kritik an ihrem Liebling aufbrachten. Der verhängnisvolle Tag 1998, als sich der Kronprinz von seiner damaligen Lebensgefährtin Emily trennte, traf nicht nur die Clubmitglieder hart. Das ganze Land verfiel in einen kollektiven Schockzustand. Der Fanclub sah seine Aufgabe nach dem bedauerlichen Vorfall darin, den Prinzen aus seiner misslichen Lage zu befreien. Mehrere Ausscheidungen im Rahmen landesweiter Miss-Queen-Wahlen erwiesen sich allerdings als Reinfall.

Das Leben des Prinzen änderte sich schlagartig im April 1999, als er die Argentinierin *Máxima Zorreguita* kennen lernte, eine "vollbusige Schönheit mit Vorleben" (O-Ton Boulevardpresse). Für das Land indes brachte die Verbindung neue Probleme. Eine Katholikin als Königin? Insbesondere das streng protestantische niederländische Königshaus zeigte sich anfangs besorgt. In den vergangenen 300 Jahren hatte es mit einer Ausnahme (1816, *Anna Pavlovna*, Zarentochter, russisch-orthodox) nur Monarchen gegeben, die der Niederländisch Reformierten Kirche angehörten. Das ganze Land horchte besorgt auf, als der Kronprinz öffentlich klarstellte, er werde eher auf den Thron als auf Máxima verzichten. Das Königshaus verfiel in höchste Unruhe und ließ umgehend die Erklärung verbreiten, der Fortbestand der niederländischen Monarchie sei in keinster Weise gefährdet. Schließlich gäbe es noch *Friso*, den jüngeren Bruder des Kronprinzen, der ja nicht (!) homosexuell sei und notfalls als Thronfolger einspringen könne. Das anfängliche Scharmützel über die Frage der Konfession wurde aber schon bald beendet, sodass der geplanten Hochzeit von dieser Seite her keine ernst zu nehmende Gefahr mehr drohte.

Es gab aber noch ein zweites Problem. Máximas Vater, *Jorge Zorreguita*, hatte in den frühen 80er Jahren als Landwirtschaftsminister und Staatssekretär der argentinischen Militärdiktatur unter General *Jorge Videla* gedient, und es wurden Stimmen laut, die ihn der Mitwisserschaft an den Verbrechen der Junta bezichtigten. Königin Beatrix stand den aufflammenden Diskussionen über den Brautvater allerdings erstaunlich gelassen gegenüber, sodass auch diese Hürde mit einem kleinen diplomatischen Schlenker (Jorge Zorreguita musste sich verpflichten, nicht an der Hochzeit teilzunehmen) schnell aus dem Weg geräumt werden konnte.

Am 2. Februar 2002 war es dann soweit: Das Land adelte mit der kirchlichen Trauung in Amsterdam eine bürgerliche Argentinierin "zum königlichen Symbol, zu einer Reinkarnation von Frau Antje mit putzigem spanischen Akzent", wie eine große deutsche Tageszeitung anschließend zu berichten wusste. Die katholische Kirche, vertreten durch den Bischof von Rotterdam, hatte zuvor eine Sondergenehmigung für eine rein protestantische Zeremonie erteilt. Immerhin aber durfte ein katholischer Pater ein kurzes Gebet sprechen ...

Medien

In den Niederlanden existieren zehn überregionale Tageszeitungen (Algemeen Dagblad, Het Parool, De Volkskrant, De Telegraaf, Nederlands Dagblad, Trouw, NRC Handelblad, Het Financieele Dagblad, Sp!ts, Reformatorisch Dagblad) sowie etwa 80 lokale Blätter. Eine klassische Regenbogenpresse gibt es nicht, nur De Telegraaf gilt als typische Boulevardzeitung. Die Wahrung der Privatsphäre hat einen deutlich höheren Stellenwert als in Deutschland oder England.

In vielen Badeorten liegen in der Hochsaison Urlaubszeitschriften mit nützlichen Adressen und aktuellen Veranstaltungshinweisen in deutscher Sprache aus. Darüber hinaus sind nahezu überall deutschsprachige Zeitungen und Zeitschriften erhältlich.

In den Bereichen Rundfunk und Fernsehen wird die Medienlandschaft der Niederlande von privatrechtlichen Gesellschaften geprägt, deren Sendezeit und -frequenz verbindlich auf höchster Regierungsebene zugeteilt werden. Diese Gesellschaften sind in der *Nederlandse Omroep Stichting* (NOS) in Hilversum vereint und werden auf internationaler Ebene von ihr vertreten. Das niederländische Fernsehen darf Filme mit gewalttätigen Inhalten erst nach 22 Uhr senden. Möglicherweise wird schon bald ein Dekoder erforderlich sein, um auf derartige Filmangebote überhaupt zurückgreifen zu können.

Monumentendag

Mehr als 400 Gemeinden und Städte laden an diesem Tag zu einer kostenlosen Besichtigung ihrer Denkmäler, Kirchen und Museen ein. Darüber hinaus öffnen viele Landgüter und Schlösser ihre Pforten. Alle betroffenen Sehenswürdigkeiten sind mit einer weithin sichtbaren Flagge mit gelb-schwarzem Logo versehen. ANWB- und VVV-Geschäftsstellen halten in dieser Zeit die informative Broschüre *Open Monumentendagkrant* bereit. Der *Monumentendag* findet Anfang September statt und gehört zu den größten kulturellen Veranstaltungen des Landes. Zuletzt wurden landesweit nahezu eine Million Besucher gezählt.

Information Stichting Open Monumentendag, Herengracht 474, 1017 CA Amsterdam, ☎ 020/4222118, ✆ 4222869.

Mühlen

Die Windmühle ist maurischer Herkunft und fand über Spanien den Weg in die Niederlande. Im 19. Jahrhundert gab es im Nachbarland mehr als 10.000 Mühlen. Sie waren lange Zeit sozialer Mittelpunkt einer jeden Ortschaft. Neben dem Bürgermeister und dem Pfarrer zählte der Müller zu den angesehensten Persönlichkeiten. Eine oftmals angeschlossene Kneipe bildete den sozialen Mittelpunkt des täglichen Lebens einer Dorfgemeinschaft. Der Niedergang der Mühlen begann mit der Industriellen Revolution, als Dampfmaschinen, Elektro- und Verbrennungsmotoren der traditionellen Technik den Rang abliefen. Alte Mühlen verwahrlosten, zahlreiche wurden niedergerissen. Heute verteilen sich noch knapp 1.000 Mühlen als anerkanntes Kulturgut über die Provinzen. Noch etwa 200 werden zu Demonstrationszwecken regelmäßig in Betrieb genommen. Eine gehisste Flagge oder sich drehende Flügel signalisieren, dass eine Besichtigung möglich ist. Die Mühlen wurden übrigens nicht nur zum Getreidemahlen eingesetzt. Es gibt folgende Typen: Getreidemühlen, Graupenmühlen (Aushülsen von Reis und Gerste), Gewürzmühlen, Ölmühlen, Schnupfmühlen (Mahlen von gedörrtem Tabak), Papiermühlen, Sägemühlen, Senfmühlen, Runmühlen (Mahlen von Baumrinde zum Gerben von Leder) und Farbmühlen (Herstellung von Farbstoffen). Das Mühlenensemble Kinderdijk nahe Rotterdam (siehe S. 204) wurde erst jüngst von der UNESCO in die Liste der Weltkulturdenkmäler aufgenommen.

Museen

Die Niederlande sind ein Land der Museen. Der Besucher kann aus mehr als 950 Ausstellungen wählen. Ermäßigungen gibt es nur für Kinder und Senioren (Pas65, d. h. Senioren im Alter von mindestens 65 Jahren), Studenten müssen dagegen in der Regel den vollen Preis bezahlen. Dafür bietet die *Stichting Museumjaarkaart* (MJK) allen Enthusiasten eine interessante Jahreskarte, die kostenlosen Zugang zu mehr als 440 Museen ermöglicht – nur Sonderausstellungen werden separat berechnet (MJK-berechtigte Museen sind im Reiseteil eigens als solche gekennzeichnet). Der kreditkartenähnliche Ausweis, der nur mit einem aktuellen Passbild gültig ist, wird in vielen Informationsbüros (VVV) und Museen verkauft und kostet 31.75 € (Erwachsene) bzw. 13.60 € (Jugendliche bis 25 Jahre). Die hohen Eintrittspreise vieler Museen machen den Ausweis schon bei wenigen Besuchen zu einer sinnvollen Anschaffung.

Eine Alternative zur *Museumjaarkaart* ist der *Cultureel Jongeren Paspoort (CJP)*, der allerdings nur von jungen Leuten unter 26 Jahren erworben werden kann (11 €). Mit ihm erhält man in den Niederlanden und weiteren 30 Ländern Europas ermäßigten Zutritt zu Konzerten und Museen sowie Kino- und Theatervorstellungen (Informationen und Kauf der Karte via Internet unter www.cjp.nl).

Notruf

Bei Notfällen wählt man landesweit die Nummer 112, die für Polizei, Feuerwehr und Krankenwagen gilt.

Post/Telefonieren

Postkarten und Briefe ins europäische Ausland bis maximal 20 g kosten 0,54 €. Wer seine Post ins nichteuropäische Ausland verschickt, zahlt 0,75 €. Postämter haben bis 17 Uhr geöffnet.

In den giftgrünen öffentlichen Telefonzellen sind die Münzfernsprecher in aller Regel durch Kartentelefone ersetzt worden. Telefonkarten kann man in Bahnhöfen, Postämtern und Tabakläden kaufen. Die Karten funktionieren auch in Deutschland (und umgekehrt).

Ländervorwahlen: Von Deutschland, Österreich und der Schweiz wählt man die 0031; von den Niederlanden nach Deutschland die 0049, nach Österreich die 0043, in die Schweiz die 0041. Bei der folgenden Ortsvorwahl fällt jeweils die Null weg.

Niederländisches Telefonverzeichnis: Zugang zum niederländischen Telefonverzeichnis hat man im Internet unter www.telefoongids.ptt-telecom.nl.

*Nostalgische Erinnerung: Postamt in den 50er Jahren
(Zuiderzeemuseum Enkhuizen)*

Sport

Angeln: Der Angelsport unterliegt in den Niederlanden einem umfangreichen Regelwerk, über das der nationale Anglerverband nähere Informationen erteilt. Neben der Mitgliedschaft in einem Angelverein, der den nationalen Organisationen angeschlossen ist, wird eine *Sportvisakte* benötigt, die in allen Postämtern des Landes verkauft wird und ein Kalenderjahr gültig ist.

Information Nederlandse Vereniging van Sportvissersfederaties (NVVS), Amsterdamseweg 16-3, 3812 RS Amersfoort, ☏ 033/4634924, ✉ 4611928, www.visseninnederland.nl.

Golfen: Mehr als 120 Anlagen verteilen sich über das gesamte Land. Eine wesentliche Voraussetzung für die Spielerlaubnis ist die Mitgliedschaft in einem (deutschen) Golfclub. Die Dachorganisation des Golfsports in den Niederlanden hält detaillierte Informationen bereit.

Information Nederlandse Golf Federatie, Rijnzathe 8, 3454 PV De Meern, ☏ 030/6621888, ✉ 6621177, www.golfnet.nl.

Tennis: In nahezu allen Dörfern und Städten finden sich zahlreiche Tennisplätze, die auch von ausländischen Gästen genutzt werden können. Die Preise entsprechen in etwa denen in Deutschland.

Information Koninklijke Nederlandse Lawn Tennisbond, Displayweg 4, 3821 BT Amersfoort, ☏ 033/4542600, ✉ 4542645, www.knltb.nl.

Reiten: Die Niederlande sind ein beliebtes Ziel für Freunde des Reitsports. Allerorten können Pferde "gemietet" werden, um auf einem der zahlreichen ausgeschilderten Reitwege oder entlang der endlosen Sandstrände an der Küste zu galoppieren. Insbesondere das Strandreiten erfreut sich zunehmender

Beliebtheit. Manche Reitställe verlangen einen "Pferdeführerschein", der über die folgende Organisation erhältlich ist:

Information Stichting Recreatieruiter, Postbus 456, 3740 AL Baarn, ☎ 035/5483650, www.recreatieruiter.nl.

Wandern: Angesichts der topographischen Verhältnisse dürfte es nicht überraschen, dass sich die Niederlande nicht unbedingt als ideales Terrain für Bergwanderer präsentieren. Trotzdem muss man die Wanderstiefel nicht zu Hause lassen – vorausgesetzt, man kann sich mit der "horizontalen Variante" des Wanderns anfreunden. Reichlich Gelegenheit bieten die vielen ausgewiesenen Naturschutzgebiete, die für Tagesausflüge, aber auch für mehrtägige Wandertouren bestens geeignet sind. Hilfreiche Wanderkarten sind in allen Informationsbüros der VVV und Geschäftsstellen des ANWB erhältlich. Die Staatliche Forstbehörde vertreibt zudem sog. *Voetspoorkaarten*, auf denen (Rad-) Wanderwege und Reiterpfade verzeichnet sind. Auf vielen Campingplätzen des Landes werden den Wanderern sog. Trekkershutten angeboten, günstige Übernachtungsmöglichkeiten für den schmalen Geldbeutel.

• *Information* Nederlandse Wandelsport Bond, Pieterskerkhof 22, 3512 JS Utrecht, ☎ 030/2319458, ✆ 2300159.
Stichting-Wandelplatform LAW (Lange-Afstand-Wandelpaden), Berkenweg 30, 3818 LB Amersfoort, ☎ 033/4653660, ✆ 4654377.
• *Kartenmaterial* Centrale Organisatie Staatsbosbeheer, Pelmolenlaan 10, 3447 GW Woerden, ☎ 0348/489562, ✆ 489496, www.staatsbosbeheer.nl.

• *Trekkershutten* Mittlerweile verteilen sich landesweit mehr als 600 Wanderhütten auf 250 Ortschaften. Die Entfernung zur nächsten Hütte ist nirgends größer als 25 km. Offiziell sind in der Hochsaison maximal drei aufeinander folgende Übernachtungen in derselben Hütte zulässig. Weitere Informationen: Stichting Trekkershutten Nederland, Ruigeweg 49, 1752 HC Sint Maartensbrug, ☎ 0224/563345, ✆ 563318, www.trekkershutten.nl.

Wassersport: Die Niederlande gelten als Eldorado des Wassersports. Die Wasserstraßen sind prädestiniert für erholsame Touren, bei denen man langsam an prächtiger Ufervegetation entlangschippert. Aber Achtung: Die niederländische Polizei "blitzt" Raser auch auf dem Wasser.

Auf allen Territorialgewässern gilt das nationale Zollrecht. Nach dem Eintritt in die niederländischen Hoheitsgewässer muss auch ohne abgabepflichtige Waren an Bord der nächste Zollhafen (Breskens, Delfzijl, Den Helder, Harlingen, IJmuiden, Lauwersoog, Rotterdam, Scheveningen, Oost-Vlieland, Vlissingen, West-Terschelling) auf kürzestem Weg angelaufen werden.

Wie bei einer Reise zu Lande empfiehlt sich die Ausstattung mit gutem Kartenmaterial. Sehr zu empfehlen sind die *ANWB-Waterkaarten*, die alle für die Wahl der Reiseroute wesentlichen Informationen enthalten. Der zweibändige *ANWB-Almanak* informiert darüber hinaus über die Betriebszeiten aller Brücken, Schleusen und Signale.

Wer sich mit dem Boot ins niederländische Wattenmeer begibt, sollte bedenken, dass es hier wesentlich weitläufiger ist als auf deutscher Seite. Die offene See kann nur entlang der zwischen den Inseln befindlichen Tiefs (mit vorgelagerten Sandriffen!) erreicht werden. Zur Seeseite fallen die flachen Inseln stark ab. Die Routen werden bei starken Winden für kleinere Boote schnell unpassierbar. Die Winde wehen in den Küstengewässern vornehmlich aus nordwestlichen, im Bereich zwischen Den Helder und dem Kanal vorwiegend aus südwestlichen Richtungen.

Grachtenabenteuer in Amsterdam

Ansonsten verdient die Sache mit dem *Brückengeld* eine kurze Bemerkung. In einigen Bereichen (*Delfzijl-Dokkum*) lassen die Brückenwärter einen schlichten Holzschuh an einer Angel herab ins Boot und bitten auf diese Weise um eine milde Gabe für ihre Dienste. Dieses Brückengeld ist freiwillig.

Bootsverleih: Das Anmieten eines Bootes (Motorboot oder Segelboot) erfordert in den Niederlanden die Vorlage eines gültigen Ausweises, eventuell auch den Abschluss einer Haftpflichtversicherung. Detaillierte Auskünfte sind beim Vermieter einzuholen. Es ist problemlos möglich, ein kleines Motorboot anzumieten, da ein Führerschein erst ab einer Höchstgeschwindigkeit von 20 km/h und einer Bootslänge von 15 m erforderlich ist. Die Vermieter erteilen vor Abfahrt intensive Schnellkurse. Mit Ausnahme der großen Hauptkanäle kann unterwegs grundsätzlich überall am Ufer festgemacht werden. Fehlen die Poller, empfehlen sich lange Stahlheringe zur Sicherung des Boots.

Wassersportfreunde, die im Norden der Niederlande (Friesland, Groningen, Drenthe) ein Boot anmieten möchten, können im Internet eine detaillierte Übersicht des *Noord Nederlands Bureau voor Toerisme* über alle zur Verfügung stehenden Bootstypen abrufen (www.laastminutebootverhuur.nl). Man erhält nach Vorgabe des Datums und Bootstyps eine Übersicht aller Verleiher, die ein Angebot unterbreiten können, und springt per Mausklick auf deren Homepage.

Kanuverleih: Die niederländischen Gewässer bieten zahlreiche Möglichkeiten zum Kanufahren. Im ganzen Land können Boote angemietet werden (6-8 € pro Stunde, 15-25 € pro Tag; 50-100 € Kaution). Als Karten eignen sich die *ANWB-Waterkaarten*. In einigen Regionen sind darüber hinaus spezielle Kanukarten erhältlich. Nähere Informationen sind im Buchhandel und bei den Informationsbüros (VVV) erhältlich. Außerdem bei: Nederlandse Kano Bond, Vlasakkerweg 1, 3811 MR Amersfoort, ✆ 033/4622341.

Hausboote: Der im badischen Freiburg ansässige Anbieter Locaboat Plaisance gilt seit mehr als 20 Jahren als Spezialist auf dem Gebiet der Hausboote (auch in den Niederlanden). Die Flotte der Pénichettes, die kleinere (für 2 Personen) und größere Schiffe (für 10 Personen) umfasst, ist in Loosdrecht (Provinz Noord-Holland, Nähe Hilversum) stationiert. Keines der Schiffe erfordert einen Bootsführerschein!

Information: Locaboat Plaisance GmbH, Ludwigstraße 1, 79104 Freiburg, ☎ 0761/2073737, 🖳 2073773, www.locaboat.de (Homepage mit Routenvorschlägen). Die Preise sind stark saisonabhängig. Eine Pénichette für 2 Personen kostet wöchentlich zwischen 725 € (März/April und Oktober/November) und 1.250 € (Juli/August).

Traditionelles Segeln: Gleich mehrere Flotten traditioneller Segelschiffe haben in den Niederlanden ihren Heimathafen. Sie bestehen aus ausgedienten Klippern, Loggern, Schonern und Tjalken, die zuvor als Fischerboote oder Frachtschiffe dienten und in modern eingerichtete Passagierschiffe umgebaut wurden. Dies wohlgemerkt ohne dabei ihren historischen Charakter zu verlieren.

Unterwegs fehlt es den Passagieren an nichts. Komfortable Zwei- bis Vierbett-Kabinen garantieren erholsame Nachtruhe. Bäder mit fließendem Wasser, Duschen und Toiletten gehören neben großen Aufenthaltsräumen zur Standardeinrichtung, die ausreichend Privatsphäre garantiert. Die Schiffe erfüllen höchste Sicherheitsanforderungen und können entsprechende Zertifikate vorweisen. Segelkenntnisse sind nicht erforderlich, denn eine erfahrene Mannschaft sorgt für den reibungslosen Ablauf der Tour. Das Leben an Deck schweißt die Passagiere zu einer echten Crew zusammen, die sich gemeinsam auf die von Schiffsköchen in modernen Kombüsen zubereiteten deftigen Mahlzeiten freut.

Besonders reizvoll sind Törns durch das Wattenmeer, wo die Schiffe auf einsamen Sandbänken trockenfallen. Die Passagiere haben die Gelegenheit, von Bord zu gehen, um Robben zu beobachten oder in der Ferne die Silhouette einer der Watteninseln zu erspähen. Neben dem Wattenmeer gehören das IJsselmeer, die friesischen Seen und das Flussdelta Zeelands zu den Hauptfahrgewässern.

Die beiden Anbieter De Zeilvaart (Stationsplein 3, 1601 EN Enkhuizen, ☎ 0229/312424, www.zeilvaart.com) und Hollands Glorie (Hoofd 3, 1621 AM Hoorn, ☎ 0229/248100, www.hollandsglorie.nl), die über große Flotten traditioneller Segelschiffe verfügen, präsentieren in einer gemeinsamen Broschüre lohnenswerte Reisen, die 3 bis 17 Tage dauern. Der Reiseveranstalter der Deutschen Bahn, Ameropa (Hewlett-Packard-Straße 4, 61352 Bad Homburg, ☎ 06172/1090, 🖳 109110, www.ameropa.de), bietet unter dem Stichwort "Segelspaß in Holland" Wochenendtörns auf dem IJsselmeer an. Alle Übernachtungen erfolgen an Bord der traditionellen Segler. Informationen sind in allen DB-Reisebüros erhältlich. Darüber hinaus hält der nationale Wassersportverband Informationsmaterial bereit: Koninklijk Nederlands Watersport Verbond (KNWV), Runnenburg 12, 3981 AZ Bunnik, ☎ 030/6566550, 🖳 6564783.

Tulpen

Tulpen galten im Blumenland Holland lange Zeit als Wirtschaftsfaktor. Die Geschichte der Tulpe reicht bis ins Osmanische Reich zurück, in dessen Hauptstadt Konstantinopel die Blumen schon früh in herrlichster Farbenpracht erblühten. Erst im 16. Jahrhundert gelangten sie über *Ghiselin de Busbeqc*, den österreichischen Gesandten am Hofe Suleimans des Prächtigen, ins Abendland. Er brachte 1554 Tulpensamen, vermutlich auch Zwiebeln, nach Wien und gab der Blume den noch heute geläufigen Namen. Ein Name allerdings, der auf einem Missverständnis beruhte: der noble Mann hielt "Tülbend" für den türkischen Namen der schönen Blume, obwohl dieser Begriff das rote Turbantuch der Türken bezeichnet, mit dem die Blüten einst in Form und Farbe verglichen wurden.

Als Wiege der niederländischen Tulpenzwiebelzucht gilt der 1593 von *Carolus Clusius* angelegte Clusius-Garten im Leidener Hortus Botanicus. Der Pflanzenforscher legte die Grundlage dafür, dass die Tulpe alsbald in zahlreichen Gärten Europas heimisch wurde. Es mag verwundern, aber zunächst dienten die Züchtungen im botanischen Garten der altehrwürdigen Universität alleine der Wissenschaft. Die Medizin erhoffte sich Wirkstoffe gegen Krankheiten und Seuchen, deren Behandlung bis dato nicht möglich war. Der Weg von den kostbaren Knollen der damaligen Zeit zur dicht gepackten Industrieware der Gegenwart war lang. Wirtschaftlich bedeutsam wurde die Tulpenzucht erst im frühen 17. Jahrhundert, als in Holland ein wahres Tulpenfieber ausbrach. Nur einige wenige Zwiebeln wurden gegen Getreide, Kühe oder Kunstgegenstände getauscht. Eine einzige Zwiebel kostete bis zu 10.000 Gulden! Im Winter 1636 erlebte der Zwiebelwahn seinen Höhepunkt. Das Land drohte im Spekulationstaumel zu versinken, ehe drastische Kursverluste dem Wahnsinn ein Ende bereiteten. Als der Markt über Nacht zusammenbrach, fielen die Preise ins Bodenlose, zahlreiche Händler, Züchter und Spekulanten verloren binnen Stunden ihren Besitz. Die Regierung erließ Dekrete, die den Handel fortan in geordnetere Bahnen lenken sollten.

Skulptur im Keukenhof Lisse

Die 400-jährige Erfahrung holländischer Züchter zeigt sich heute in einem breit gefächerten Spektrum verschiedenster Tulpenvariationen. Sorten fast aller Farben und Formen sind mittlerweile zu erschwinglichen Preisen im Handel. Die kalkhaltigen Sandböden an der Küste, ein idealer Standort für die empfindlichen Blumen, machen es möglich. Die Farbenpracht aber hat auch ihre Schattenseiten. Nach Angaben des niederländischen Sozialministeriums haben sich mehrere Pflanzenschutzmittel, die seit Jahren auf den Tulpenfeldern versprüht werden, als gesundheitsschädigend erwiesen. Die Untersuchungen ergaben, dass bei regelmäßiger Arbeit auf den besprühten Feldern außerordentlich hohe Dosen in den Organismus aufgenommen werden: Die Messwerte lagen bis zum 45fachen über der zulässigen Höchstgrenze! Der Studie zufolge traten insbesondere Hauterkrankungen in verstärktem Maße auf. Ebenso wenig auszuschließen sind spätere Krebserkrankungen und Unfruchtbarkeit. Das angekündigte Verbot ist überfällig, doch bleibt abzuwarten, inwieweit sich die Lobby der chemischen Industrie wehren wird. Neu entwickelte Ersatzstoffe sind bislang rar. Obendrein müssen diese nicht automatisch unbedenklich sein. Hauptsache, die Blumen sehen schön aus und lassen sich gut verkaufen. Ein dreifaches Hoch auf die Segnungen der modernen Chemie ...

Übernachten

Das Angebot an Übernachtungsmöglichkeiten ist groß und äußerst breit gefächert. Trotzdem kann es zu Engpässen kommen. Insbesondere in der Hochsaison empfiehlt sich eine rechtzeitige Reservierung.

Reservierungen: Die Informationsbüros (VVV) der meisten niederländischen Städte bieten gegen eine geringe Gebühr einen landesweiten Reservierungsservice, der sich speziell an Personen richtet, die bereits vor Ort sind und kurzfristig eine Übernachtungsmöglichkeit suchen. Die Reservierungswünsche werden nur persönlich am Schalter entgegengenommen. Für längerfristige Buchungen ist das *Nederlands Reserverings Centrum (NRC)* zuständig, das landesweite Buchungen von Bungalows, Hotelzimmern und Wanderhütten auf Campingplätzen via Internet ermöglicht. E-Mails, Faxe und Telefonanrufe werden seit Bereitstellung des neuen Dienstes nicht mehr entgegengenommen. Der Service ist kostenlos.

Information Nederlands Reserverings Centrum, Vlietweg 15, 2266 KA Leidschendam, ✆ 070/4195500, ✉ 4195519, www.hotel.res.nl.

Hotels/Pensionen: Die Hotels und Pensionen werden in den Niederlanden im Rahmen der Benelux-Hotelklassifizierung in fünf Klassen eingeteilt. Die Zahl der Sterne soll einen Anhaltspunkt für den Komfort des Hauses bieten. Man muss sich aber darüber im Klaren sein, dass die Klassifizierungskriterien eine Reihe von Punkten unberücksichtigt lassen, die über die Qualität des Aufenthalts entscheiden können. So spielt weder die Sauberkeit der Häuser noch die Freundlichkeit des Personals eine Rolle. Insbesondere in den unteren Preisklassen sollte man folglich nicht nur auf die Zahl der Sterne achten. Außerdem muss man sich darüber im Klaren sein, dass es bei der Klassifikation erhebliche regionale Unterschiede gibt – ein Vergleich zwischen einzelnen Häusern ist deswegen streng genommen nur aussagekräftig, wenn sie in der gleichen Stadt liegen. Und selbst im innerstädtischen Bereich kann man nicht alle gleichklassifizierten Häuser über einen Kamm scheren, denn neben Zimmerausstattung, Service etc. spielt hier die Lage eine bedeutende Rolle. So ist das empfehlenswerte 3-Sterne-Hotel am Ortsrand häufig nicht teurer als das weniger überzeugende 2-Sterne-Hotel im Stadtzentrum.

Die meisten Hotels bieten spezielle Arrangements, die beispielsweise preiswerte Fitnesspakete mit Übernachtung beinhalten. Die Preise dieser Arrangements liegen in der Regel deutlich unter denen der separaten Übernachtungen ohne Extras. Nähere Informationen sind bei den Hotels erhältlich.

Jugendherbergen: Die *Nederlandse Jeugdherberg Centrale (NJHC)* verwaltet als Pendant des deutschen Jugendherbergswerks gegenwärtig 33 Häuser, die allen Altersgruppen zugänglich sind. Die einzige Voraussetzung ist ein gültiger internationaler Jugendherbergsausweis. Die Kosten für eine Übernachtung im Schlafsaal inkl. Frühstück variieren je nach Kategorie des Hauses und Saison zwischen 17 und 22 €. Kinder bis zu einem Alter von 2 Jahren übernachten gratis, Kinder zwischen 3 und 10 Jahren erhalten 4.50 €, zwischen 11 und 15 Jahren 2.50 € Nachlass. DJH- und NJHC-Mitglieder bekommen eine Ermäßigung von 2.50 €. In jeder Herberge besteht die Möglichkeit, sich zu verpflegen (Mittagessen: 6.50 €, Abendessen: 8.70 €, Lunchpaket: 4.50 €). Darüber hinaus gibt es eine kleine Bar, an der abends Getränke und Snacks zu erschwinglichen Preisen angeboten werden. Komfort und Sauberkeit sind mit wenigen Ausnahmen hoch. Es fällt auf, dass in den niederländischen Jugendherbergen viele Familien anzutreffen sind. Der Altersdurchschnitt der Gäste liegt erstaunlich hoch, höher als in Deutschland. In der Hochsaison ist eine Voranmeldung sehr ratsam. Die Mehrzahl der Jugendherbergen nimmt kurzfristige telefonische Reservierungen verbindlich entgegen. Die Häuser in Amsterdam und an der Küste sind am stärksten frequentiert.

• *Information* Nederlandse Jeugdherberg Centrale (NJHC), Postbus 5030, 2900 EA Capelle a/d IJssel, ✆ 010/2646064, ✇ 2646061. Mit wenigen Ausnahmen sind alle NJHC-Herbergen per E-Mail erreichbar: Ortsname@njhc.org. Internet: www.njhc.org.

• *Jugendherbergsausweis* Der internationale Jugendherbergsausweis ist beim Deutschen Jugendherbergswerk (DJH) in Detmold oder direkt in den angeschlossenen DJH-Herbergen erhältlich. Die Ausweise sind jeweils ein Kalenderjahr gültig. Junioren (bis einschließlich 26 Jahre) zahlen

Klein, aber fein!

einen geringeren Beitrag (Jahresbeitrag Junioren 10.50 €, Jahresbeitrag Senioren und Familien 18 €). Information: DJH-Service GmbH, Bad Meinberger Straße 1, 32760 Detmold, ✆ 05231/99360, ✇ 993666, zdms@djh.org, www.djh.de.

Gruppenunterkünfte: Das Niederländische Büro für Tourismus (NBT) in Köln hält eine deutschsprachige Broschüre des Zentrums für Gruppenunterkünfte mit annähernd 200 Adressen bereit, die sich für Familien, Firmen, Schulen oder Vereine eignen. Ein modernes Reservierungssystem erlaubt es, Verfügbarkeiten zu prüfen und Buchungen vorzunehmen.

Information Centrum voor Groepsaccomodaties, Postfach 121, 6658 ZK Beneden-Leeuwen, ✆ 0900/4763736, ✇ 594389, www.groepsaccomodaties.com.

Privatzimmer: Zahlreiche Informationsbüros (VVV) der Niederlande vermitteln Privatunterkünfte. Das Angebot ist in den Küstenregionen naturgemäß am größten. Die Organisation *Bed & Breakfast Holland* bietet eine kostenlose Broschüre mit landesweiten Übernachtungsadressen in Privatunterkünften. Die Preise pro Übernachtung mit Frühstück liegen zwischen 15 und 25 €. Die Zimmer sind in der Regel einfach, die Atmosphäre ist familiär.

In Friesland und Groningen lassen sich Übernachtungen in Prunkzimmern (*Pronkkamers*) stimmungsvoller Landhäuser und Bauernhöfe organisieren. Die meisten findet man in idyllischen Dörfern und Städten am Rande des Wattenmeers. Auf Anfrage wird Ihnen eine ausführliche Broschüre zugesandt. Sehr empfehlenswert ist eine Mitgliedschaft bei den *Vrienden op de Fiets*, die in den Niederlanden mehr und mehr Anhänger finden. Gegen eine geringe Gebühr (Jahresbeitrag 6 €) erhält man eine Liste mit mittlerweile fast 2.000 (!)

privaten Übernachtungsadressen, bei denen man für wenig Geld ein einfaches Zimmer mit Frühstück und Familienanschluss vorfindet (Kosten 14 € oder weniger). In erster Linie sind Radwanderer angesprochen, doch sind auch alle anderen herzlich willkommen.

• *Information* Bed&Breakfast Holland, Logies en Ontbijt, Theophile de Bockstraat 3, 1058 TV Amsterdam, ☏ 020/6157527, ✆ 6691573; De Pronkkamer, Strandweg 1, 9976 VS Lauwersoog, ☏ 0519/349473, ✆ 349095, www.pronkkamer.nl; Vrienden op de Fiets, Brahmsstraat 19, 6904 DA Zevenaar, ☏ 0316/524448, www.vriendenopdefiets.nl.

Campingplätze: In den Niederlanden ist Wildcampen grundsätzlich verboten. Wer sein Zelt in der freien Natur aufschlägt oder im Wohnmobil am Straßenrand übernachtet, muss mit einem Bußgeld rechnen, das bis zu 100 € betragen kann. Die Zahl der offiziellen Campingplätze liegt mit mehr als 1.500 so hoch, dass man allerorten ein nettes Plätzchen finden sollte. In den Sommermonaten sind Reservierungen grundsätzlich zu empfehlen, da es insbesondere an der Küste ziemlich voll werden kann. Die Preise richten sich auf manchen Plätzen nach der Zahl der Personen, Zelte und Autos, während andernorts Festpreise für sog. Stellplätze (Auto und/oder Zelt) gemacht werden; in der Regel ist dann der Preis für 2–4 Personen inbegriffen.

Eine Alternative ist das Zelten auf dem Bauernhof, mitten in der Natur und doch mit allem Komfort. Die Ausstattung dieser *Mini-Campings* ist einfach, WC und Duschen aber sind standardmäßig vorhanden. Häufig liegen die Plätze etwas außerhalb, eingebettet in Naturgebiete oder besondere Kulturlandschaften. In der Vereinigung der Campingbauernhöfe (VeKaBo) sind 1.200 Bauernhöfe und Gartenbaubetriebe zusammengeschlossen.

Information Vereniging van Kampeerboeren (VeKaBo) Nederland, Havenstraat 14, 9591 AK Onstwedde, ☏ 0599/333355, www.vekabo.nl.

Eine weitere Variante ist der Campingurlaub in "adeligem" Ambiente auf dem Areal eines Landguts. Persönlicher Service ist hier Trumpf: Auf Wunsch berichtet der Besitzer bei einer Führung über die Geschichte des Anwesens oder setzt sich spontan mit seinen Gästen ans Lagerfeuer.

Information Vereniging Gastvrije Nederlandse Landgoederen en Kastelen (LKC), Nevenlandsehof 14, 7312 EK Apeldoorn, ☏ 055/3558844, ✆ 3558864, www.lkc.nl.

Außerdem bitten mehr als 130 Naturcampingplätze zur Erholung im Grünen. Die Anlagen sind selten größer als einen Hektar und verfügen über höchstens 40 Stellplätze, sodass reichlich Platz für Ruhe und Erholung bleibt. Moderne Sanitäranlagen gehören zur Grundausstattung, ansonsten sind die Plätze sparsam eingerichtet – der Natur zuliebe. Für Aktivurlauber (Radfahrer) werden jeden Tag bis 19 Uhr einige Plätze freigehalten. Wer auf einem der Naturcampingplätze einkehren will, muss eine *Natuurkampeerkaart* besitzen, die mit dem *Groene Boekje*, einer Auflistung aller Plätze mit Angaben zu Einrichtung, Erreichbarkeit und Tarifen, in allen ANWB-Büros des Landes oder bei nachstehend aufgeführter Adresse erhältlich ist. Die Karte ist ein Kalenderjahr gültig (Preis: 9 €).

Information Stichting Natuurkampeerterreinen, Appelvink 1, 3435 RX Nieuwegein, ☏ 030/6033701, www.natuurkampeerterreinen.nl.

Die Vereinigung der Stadtcampingplätze *Citycamps* präsentiert 13 Plätze in der Nähe sehenswerter Städte (Amsterdam, Arnheim, Breda, Delft, Emmen, Enschede, Groningen, Harlingen, Middelburg, Valkenburg, Rotterdam). So lässt sich die Erholung im Grünen mit Shoppingbummel, Museumsbesuch oder einem Streifzug durchs Nachtleben verbinden.

Information Stichting Nederlandse Stadcampings (SNS). Internet: www.citycamps.com

Auf immer mehr Campingplätzen stehen einfach ausgestattete, nicht beheizte Wanderhütten (*Trekkershutten*) für meistens vier Personen zur Verfügung. Die einfachen Holzhütten sollen primär Radfahrer und Wanderer ansprechen. Maximal sind drei Übernachtungen in Folge möglich. Die Kosten betragen etwa 30 € pro Hütte einschließlich Gas und Strom. Geschirr und Schlafsäcke müssen mitgebracht werden. Die niederländischen Informationsbüros (VVV) halten eine preiswerte Broschüre unter dem Titel "Trekkershutten" bereit. Reservierungen beim *Nederlands Reservverings Centrum* sind ratsam.

Information Stichting Trekkershutten Nederland, Ruigeweg 49, 1752 HC Sint Maartensbrug, ✆ 0224/563345, 🖷 563318, www.trekkershutten.nl.

Bungalows: Die Bungalowparks der Niederlande verteilen sich vorwiegend auf den Küstenstreifen, doch finden sich auch im Landesinneren interessante Anlagen in landschaftlich reizvoller Lage. In der Regel bestehen breite Unterhaltungsangebote. Die Vermietung erfolgt im Regelfall wochen- oder wochenendweise. In der Hochsaison ist eine frühzeitige Reservierung unbedingt erforderlich. Die Preise liegen in der Nebensaison bis zu 50 % unter denen der Hauptsaison. Der größte Anbieter ist *Landal GreenParks*, der neben seinen eigenen 10 Anlagen seit September 2002 29 Parks des einstigen Konkurrenten Gran Dorado anbieten kann. Die Alternative ist der kleinere Anbieter *Euroase Parcs* mit sieben Anlagen, die sich ebenfalls quer über die Niederlande verteilen

Information Landal GreenParks, Hauptverwaltung Niederlande, Koningin Julianalaan 345a, 2273 JJ Voorburg, ✆ 070/3003500, 🖷 3003529. Hauptverwaltung Deutschland, Postfach 1255, 54432 Saarburg, ✆ 06581/919393, 🖷 919345, www.landal.de. Reservierungshotline Mo-Fr 8-21 Uhr, Sa 10-15 Uhr. Euroase Parcs, Stichtse Rotonde 11, 3818 GV Amersfoort, ✆ 033/4600800, 🖷 4600821, www.euroase.nl. Reservierungshotline: Mo-Fr 9-17 Uhr.

Wellness

Mehrere Kurzentren mit hochwertigen Beauty-Angeboten locken mit Wellness-Wochenenden. Wie wäre es also mit einem durchblutungsfördernden Sandbad oder einer belebenden Schlammpackung?

Thermaalbad Arcen, Klein Vink 11, 5944 EX Arcen, ✆ 077/4732424, 🖷 4732828, www.thermaalbad.nl. Siehe S. 553.

Sanadome, Weg door Jonkerbos 90, 6532 SZ Nijmegen, ✆ 024/3597200, www.sanadome.nl. Therme römischer Atmosphäre. Siehe S. 81.

Thermae 2000, Cauberg 27, 6301 BT Valkenburg, ✆ 043/6092001, www.thermae.nl. Siehe S. 536.

Kuur Thermen Vitalizee, Strandweg 13f, 2586 JK Scheveningen, ✆ 070/4166500, 🖷 4166501, www.vitalizee.nl. Siehe S. 164.

Zoll

Im privaten Reiseverkehr der EU, also auch zwischen Deutschland und den Niederlanden, ist seit Anfang 1993 die Mitnahme von Waren zum eigenen Verbrauch unbegrenzt möglich. Zur Unterscheidung zwischen privater und gewerblicher Verwendung wurden folgende Richtmengen eingeführt:

Alkohol: 10 l Spirituosen, 20 l Zwischenerzeugnisse, 90 l Wein (max. 60 l Sekt) und 110 l Bier. **Tabakwaren**: 800 Zigaretten, 400 Zigarillos, 200 Zigarren, 1 kg Rauchtabak.

Die Einfuhr von Arzneimitteln ist erlaubt, wenn sie alleine für den persönlichen Gebrauch bestimmt sind.

Flanieren in Arnhem

Provinz Gelderland

Die größte niederländische Provinz lässt sich in drei Regionen aufteilen: die **Achterhoek** mit ihren Wäldern, Wiesen und eher unspektakulären Bauernhöfen und Landgütern, das **Geldersche Rivierengebied** mit den Flüssen Maas, Rijn und Waal und der Betuwe, dem Obstgarten der Niederlande, und die **Veluwe**, das größte Naturschutzgebiet des Landes mit weiten Flugsandgebieten, Heideflächen und Wäldern im Herzen Gelderlands. Die Veluwe, das ehemalige Jagdrevier des Schlosses Het Loo im nahen **Apeldoorn**, ist Lebensraum zahlreicher bedrohter Pflanzen- und Tierarten. Nur in wenigen Regionen des europäischen Kontinents wird man eine ähnliche Artenvielfalt antreffen. Motorisierter Verkehr ist generell zwar zugelassen, erfreulicherweise aber selten. Stattdessen lädt ein gut ausgebautes Netz an Rad- und Wanderwegen zu erholsamen Ausflügen ein, auf denen man früher oder später auf Hirsche, Rehe oder Wildschweine stoßen wird. Übrigens: Im Winter lässt sich im deutsch-niederländischen Grenzgebiet ein einzigartiges Naturschauspiel erleben: Scharen sibirischer Wildgänse überwintern auf den weiten Feuchtgebieten und Wiesen der Rhein-Waal-Region.

Gelders Overijssels Bureau voor Toerisme
Pikeursbaan 23, 7411 GT Deventer, ☎ 0570/680700, ✆ 680701.

Region Achterhoek

(Zutphen, 's-Heerenberg)

Die lange als "hinterwäldlerisch" verspottete Region "hinter" der IJssel wird gerne als Grafschaft bezeichnet, da in diesem Gebiet einst die Adelsfamilien des Landes residierten. Sie hinterließen Landgüter und Schlösser mit prachtvollen Parkanlagen. Alleine in **Vonden** nahe Zutphen liegen neun Schlösser mit solchen Gärten, die in der Regel zur Zeit der Rhododendron- und Rosenblüte (Mai bis Juni bzw. Juli bis August) zugänglich sind. Auf den Hügeln im östlichen Zipfel der Region thront mit *Huis Bergh* eines der schönsten Schlösser des Landes. Die Waldgebiete der Achterhoek, die von Bächen und Flüssen durchzogen werden, versprechen Entspannung und Ruhe. Eine Verstädterung wie im nördlich angrenzenden Twente ist ausgeblieben. Stattdessen hinterließ die IJssel, die sich als einst bedeutendste Wasserstraße der Niederlande gen Norden schlängelt, ihre Spuren. Insbesondere **Doesburg** und **Zutphen** lebten von der florierenden Handelsschifffahrt.

Der mehrfach künstlich oder natürlich veränderte Flusslauf der IJssel weist zahlreiche tote Flussarme auf, deren Umgebung sich nahezu ungestört entwickeln konnte. Nahe **Brummen, Dieren** und **Doesburg** liegen solche Gebiete, die Naturliebhabern einen Besuch wert sein sollten. Mehrere Fahrradrouten verbinden die verschiedenen Ausflugsziele miteinander. Eine 350 km lange *Kasteelenroute* verbindet die Hansestädte Doesburg und Zutphen mit den 70 Landgütern und Schlössern der Region.

Zutphen   (32.000 Einwohner)

Stattliche Kaufmannshäuser, Kirchen, Klöster und Türme sorgen innerhalb der alten Wehranlagen für eine freundliche Atmosphäre. Die Hansestadt blickt auf eine 800-jährige Geschichte zurück.

Zutphen erhielt 1190 als einer der ersten Orte der Provinz Stadtrechte und entwickelte sich unter dem wohlwollenden Einfluss der Grafen von Gelre zu einem bedeutenden Handelszentrum. Das damalige Stadtbild blieb weitgehend bewahrt. Die einstigen Verteidigungsanlagen der Stadt an der *Berkel* sind an einigen Stellen in gutem Zustand erhalten. Besonders eindrucksvoll sind die Ruinen des *Berkelpoort*, eines imposanten Wassertors aus dem 15. Jahrhundert, und der nach dem städtischen Türmer *Thomas Drogenap* benannte *Drogenapstoren* aus derselben Epoche. Ebenfalls sehenswert ist der mit einem schönen Glockenspiel ausgestattete *Wijnhuistoren*, der nach einem Brand zu Beginn des 20. Jahrhunderts nach alten Plänen rekonstruiert wurde.

Die Zeit allerdings ist in Zutphen keineswegs stehen geblieben, denn die Stadt bietet ihren Besuchern eine Reihe neuzeitlicher Erholungsmöglichkeiten, beispielsweise mehrere moderne Jachthäfen an den Ausläufern der Veluwe.

Information/Verbindungen/Adressen

• *Information* **ANWB/VVV Zutphen**, Stationsplein 39, 7201 MH Zutphen, ✆ 0900/2692888, ✆ 0575/517928, www.vvvzutphen.nl.   Mo 10-17.30 Uhr, Di-Fr 9-17.30 Uhr, Sa 10-16 Uhr.

• *Bahnverbindungen* 4x stündl. nach Arnhem (Dauer: 20 Min.), 1-2x stündl. Hengelo (35 Min.), 2x stündl. Zwolle (40 Min.).

• *Busverbindungen* in Richtung Apeldoorn, Arnhem, Deventer.

• *Einkaufen* Die Geschäfte bleiben in Zutphen Montagvormittag geschlossen. Am Freitag verschiebt sich der Ladenschluss auf 21 Uhr (Kaufabend). Markttermine: **Wochenmarkt** Do 8-12.30 Uhr, Groenmarkt, Houtmarkt, Zaadmarkt; **Gemüse und Blumen** Sa 9-17 Uhr, Zaadmarkt.

• *Fahrradverleih* **Stationsrijwielstalling**, Stationsplein 12, 7201 ML Zutphen, ✆ 0575/519327.

• *Kanuverleih* **Kanoverhuur Super Snack**, Overwelving 7, 7201 LT Zutphen, ✆ 0575/514750.

• *Kinderbauernhof* **De Schouw**, Schouwlaaksweg 2, 7206 DJ Zutphen, ✆ 0575/528921. Di-So 14-17 Uhr. Eintritt frei.

• *Krankenhaus* **Ziekenhuis Het Spittaal**, Ooyerhoekseweg 8, 7207 BA Zutphen, ✆ 0575/592592.

• *Schwimmen* **Graaf Ottobad**, Keucheniusstraat 26, 7204 JK Zutphen, ✆ 0575/538700, www.graafottobad.nl. Subtropisches Schwimmparadies, Halle, Rutschbahn (51 m), Hotwhirlpool, Solarium.

• *Taxiruf* ✆ 0575/543500

Übernachten/Essen

• *Übernachten* ****** Museumhotel Zutphen**, 's Gravenhof 6, 7201 DN Zutphen, 129 Betten, das neueste und teuerste Hotel der Stadt, eröffnet im September '96, untergebracht im alten "Huize van de Kasteele", stilvoll eingerichtet, guter Service, saubere Zimmer, alle mit Du/WC, Telefon und TV. EZ ab 90 €, DZ ab 125 €, ✆ 0575/546111, ✉ 545999, www.zutphen-museumhotel.nl.

**** Hotel Inntel, Stoven 37, 7206 AZ Zutphen, 145 Betten, am südlichen Stadtrand im Bereich der Ausfallstraße nach Doetinchem gelegen, Sauna, Schwimmbad, Tennisplätze, Bowling- und Squashbahnen, alle Zimmer mit Du/WC, Telefon und TV. EZ ab 100 €, DZ ab 120 €, Frühstück 11.50 €, ✆ 0575/525555, ✉ 529676.

*** Berkhotel De Kloostertuin, Marspoortstraat 19, 7201 JA Zutphen, 40 Betten, zentrale Lage nahe der IJssel, herrliches Haus mit nur 20 Zimmern, vegetarische Spezialitäten im angegliederten Restaurant "De Kloostertuin". EZ ab 45 €, DZ ab 60 €, ✆ 0575/511135, ✉ 541950.

NJHC-Jugendherberge De Kleine Haar, Dortherweg 34, 7216 PT Gorssel, wenige Kilometer nördlich von Zutphen, Herberge in schönem historischem Gebäude, geöffnet März-Oktober. 84 Betten, Viererzimmer (4), Sechserzimmer (4), 12er-Zimmer (1), Vierer-Blockhütten (8). Übernachtung im Schlafsaal inkl. Frühstück 17-20 € (je nach Saison), ✆ 0573/431615, ✉ 431832, gorssel@njhc.nl.

Camping Warnsveld, Warkenseweg 7, 7231 PT Warnsveld, Autostraße Warnsveld–Varden oder Zutphen–Lochem, Schildern folgen, wenige Kilometer östlich von Zutphen, waldreiches Areal in ländlicher Umgebung, Lebensmittelgeschäft, geöffnet April-Oktober. Person 2.30 €, Zelt 2.30 €, Auto 1.35 €, Duschen 0.60 €, Fläche 4.5 ha, ✆ 0575/431338, ✉ 431338, leunk000@wxs.nl.

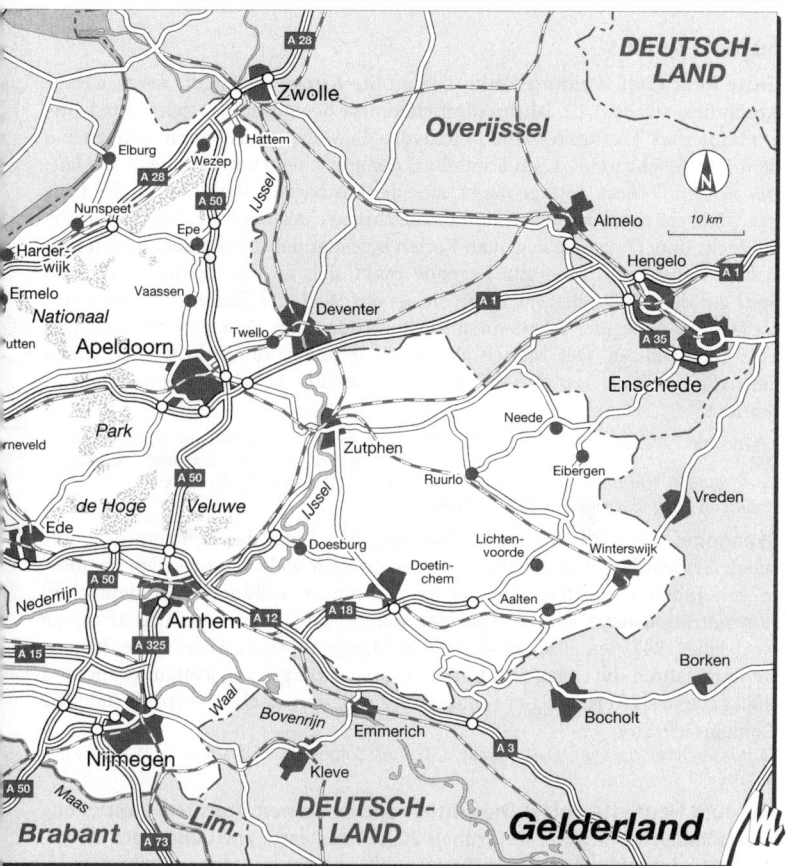

• *Essen* **Jan van de Krent**, Burgemeester Dijckmeesterweg 27b, 7201 AJ Zutphen, die erste Adresse vor Ort für exquisite Fischspezialitäten, vornehmes Ambiente, obere Preisklasse, Di geschlossen, ✆ 0575/543098.

Stad Munster, Markt 11, 7101 DA Winterwijk, gut erreichbar für Reisende, die von Zutphen über die N 319 gen Deutschland zurückkehren, Relais du Centre (siehe Seite 56), in herrlicher Jugendstilherberge aus dem Jahr 1643, Spargelgerichte vom Feinsten in Verbindung mit exzellenten Wildgerichten, Übernachtungsmöglichkeiten im angeschlossenen 4-Sterne-Hotel. Mo-Sa 12-21 Uhr, So 18-20.30 Uhr, ✆ 0543/512121, www.hotelstadmunster.nl.

Bij d'n Open Haard, Houtmarkt 60, 7201 KM Zutphen, Eetcafé und Brasserie, familiär-gemütliches Interieur mit offenem Kamin, deftige niederländische Küche, Mo geschlossen (außerhalb der Saison auch So), ✆ 0575/512165.

De Ruif, Laarstraat 1, 7201 CA Zutphen, große Terrasse (angeblich die sonnigste Zutphens), kleine und große Karte, Letztere mit Fisch- und Fleischgerichten, außerdem vegetarische Platten, Mo geschlossen, ✆ 0575/511922, www.deruif.nl.

De Pelikaan, Pelikaanstraat 9, 7201 DR Zutphen, stilvoll eingerichtetes Teehaus mit beeindruckendem Sortiment, Montagvormittag und So geschlossen, ✆ 0575/512024.

Sehenswertes

Grote Kerk (Sint Walburgskerk): Die größte Kirche der Stadt, deren älteste Abschnitte aus dem 12. Jahrhundert stammen, beeindruckt durch ein mächtiges kupfernes Taufbecken und prachtvolle Gewölbe- und Wandmalereien aus dem 15./16. Jahrhundert. Im Kapitelsaal der gotischen Hallenkirche ist die *Librije-Kerkbibliotheek* untergebracht, eine der kostbarsten Bibliotheken des Landes. Mehrere hundert Bücher und Handschriften aus den Bereichen Geschichte, Recht und Theologie liegen an Ketten befestigt nebeneinander auf den hölzernen Lesepulten. Eine alte Legende rankt sich um die deutlich sichtbare Spur auf dem Fußboden. Es heißt, sie sei das Werk des Teufels, der einst versuchte, einen der hier arbeitenden Klosterbrüder zum Verletzen des Fastengebots zu verführen. Der Mönch aber blieb standhaft und brachte den Teufel dermaßen in Rage, dass dieser – vor Wut glühend – seine Spuren in den Stein brannte.

• *Adresse/Öffnungszeiten* Kerkhof 3, 7201 DM Zutphen, ✆ 0575/514178. Mai-Juni Mo-Sa 13.30-16.30 Uhr; Juli-September Mo-Sa 11.30-16.30 Uhr. Erwachsene 1.20 €, Kinder frei. Bibliotheksführungen (auch in deutscher Sprache): Erwachsene 3 €, Kinder 1.70 €, Senioren (Pas65) 2.20 €.

Synagoge: Die 1878 eingeweihte Synagoge war einst das Zentrum der jüdischen Gemeinde Zutphens. Im Laufe des Zweiten Weltkriegs wurden Hunderte von Juden deportiert und der Vernichtungsmaschinerie der deutschen Konzentrationslager ausgeliefert. Nur wenige kehrten zurück. Die Synagoge wechselte 1947 den Besitzer und diente lange als triste Fabrikhalle, bis vor wenigen Jahren die engagierte Initiative einiger Bürger zur Restaurierung und Rückgabe des zweistöckigen Komplexes an die nur noch 35-köpfige jüdische Gemeinde führte.

Adresse/Öffnungszeiten Dieserstraat 11, 7204 AK Zutphen, ✆ 0575/518651. Fr 11-16 Uhr. Eintritt frei.

Museum Henriette Polak: Die mittlerweile landesweit beachtete Ausstellung niederländischer Malerei des frühen 20. Jahrhunderts entstammt der Privatsammlung von *Henriette Polak-Schwarz*, die die Kunstwerke mitsamt dem alten Gebäude der Stadt vermachte. Eine kleine Geheimkirche aus dem Jahre 1628, in der während der Reformation katholische Gottesdienste gefeiert wurden, ist Teil des Komplexes. Das Museum zeigt Drucke, Gemälde und Skulpturen international bekannter Künstler, darunter *Mari Andriessen, Piet Esser, Wim Oeps, Joop Sjollema* und *Kees Verwey*.

• *Adresse/Öffnungszeiten* Zaadmarkt 88, 7201 ED Zutphen, ✆ 0575/516878. Di-Fr 11-17 Uhr, Sa/So 13.30-17 Uhr. Erwachsene 2.30 €, Kinder 1.80 €, Senioren (Pas65) 1.80 €, MJK. Karten gültig für Museum Henriette Polak und Het Stedelijk Museum Zutphen. Begleittexte und Führungen in deutscher Sprache.

Het Stedelijk Museum Zutphen: *Zutphen en de Graafschaap* – Zutphen und die Grafschaft. Das in einem ehemaligen Dominikanerkloster aus dem späten 13. Jahrhundert untergebrachte Museum vermittelt Einblicke in die kulturhistorische Entwicklung der Region. Die Exponate umfassen archäologische Funde, Drucke, Münzen, Silber, Trachten, Uhren und eine Sammlung von Werken des Zutphener Zeichners *Jo Spier*.

• *Adresse/Öffnungszeiten* Broederenkloos-
ter, Rozengracht 3, 7201 JL Zutphen, ℡ 0575/
516878. Di-Fr 11-17 Uhr, Sa/So 13.30-17 Uhr.
Erwachsene 2.30 €, Kinder 1.80 €, Senioren (Pas65) 1.80 €, MJK. Karten gültig für Het
Stedelijk Museum Zutphen und Museum
Henriette Polak. Begleittexte und Führungen in deutscher Sprache.

Grafisch Museum: Die Ausstellung beherbergt eine vollständige Druckerei der
frühen 30er Jahre und erläutert die Arbeitstechniken des Bindens, Druckens
und Setzens. Zahlreiche historische Maschinen werden regelmäßig in Betrieb
genommen. Im Mittelpunkt steht die Van-Bommel-Kollektion, die eindrucksvoll zeigt, dass das Handwerk des Buchbindens eine hohe Kunst ist.
Adresse/Öffnungszeiten Kerkhof 16, 7201 DM Zutphen, ℡ 0575/542329, www.grafisch-mu-
seum.nl. Mi-Fr 13-16.30 Uhr, Sa 11-15 Uhr. Erwachsene 2.50 €, Kinder 2 €, Senioren (Pas65)
2 €, MJK. Führungen in deutscher Sprache.

's-Heerenberg
(4.500 Einwohner)

Die mittelalterliche Ortschaft im äußersten Süden der Achterhoek und nahe
der deutsch-niederländischen Grenze lockt mit der herrlichen Wasserburg
Huis Bergh, die zu den größten Schlössern der Niederlande zählt. Die braunen
Schlossbauten, deren massives Mauerwerk eine Sammlung unterschiedlicher
Kunstgegenstände aus dem späten Mittelalter birgt, werden kreisförmig von
einem breiten Wasserstreifen umgeben. Im mittelalterlichen Turm, der reizvolle Ausblicke auf die Umgebung ermöglicht, ist eine Waffenkammer zu besichtigen. Der angrenzende Schlossgarten und der spätmittelalterliche Verteidigungswall, der sich um das Anwesen zieht, bieten die Gelegenheit zu einem
entspannten Spaziergang durch die reiche Historie der Region.

• *Adresse/Öffnungszeiten* **Huis Bergh**,
Hof van Bergh 8, 7041 AV 's-Heerenberg,
℡ 0314/661281, www.huisbergh.nl. April-Oktober Sa/So 14 Uhr und 15 Uhr; Juni-September auch Mo-Fr 14 Uhr und 15 Uhr; November-März So 14 Uhr und 15 Uhr. Erwachsene 5 €, Kinder 2.50 €, Senioren
(Pas65) 3.50 €, MJK.

Region Gelders Rivierengebied

(Nijmegen, Zaltbommel, Ammerzoden, Culemborg)

Die Region wird geprägt vom Kampf gegen das Wasser. Die gigantischen
Schleusen bei **Driel** und **Tiel** sind eindrucksvolle Zeugnisse der steten Bedro-
hung. Die *Betuwe*, durch die Flussläufe der *Lek* und *Waal* begrenzt, ist *das*
Obstanbaugebiet der Niederlande. Im Frühjahr (April und Mai) strömen wahre Menschenmassen durch die Region, um die bunte Blütenpracht zu genießen. Auf dem sandigen Untergrund, eine Folge der einst regelmäßig über die
Ufer tretenden Flüsse, gedeihen insbesondere Apfel- und Birnbäume hervorragend. Ein farbenprächtiger Augenschmaus zur Zeit der Apfelblüte ist der
herrliche *Appeldijk* mit seinen markant-mächtigen Bäumen. Der blühende
Baumgarten verlockt zu Fahrradausflügen. Sehenswert sind zudem das zwischen **Beesd** und **Tricht** gelegene Landgut *Heerlijkheid Mariënwaerdt*, ein 900
Hektar großes Naturgebiet, und der *Lingedijk* in **Acquoy**. Die Linge, die sich
mitten durch die Betuwe schlängelt, ist der längste innerniederländische Fluss.

Die beiden Poldergebiete *Bommelerwaard* und *Tielerwaard* am Rande von
Linge und Waal sind äußerst geschichtsträchtig, vor allem wegen der alten

Festungsstadt **Zaltbommel**, deren historischer Stadtkern gut erhalten ist. Das Land der Schlösser lockt darüber hinaus mit einem Besuch auf *Kasteel Ammersoyen* oder *Slot Loevestein*. Weiter östlich, im Land von Maas und Waal, einem alten Polderland mit saftigen Weideflächen und hohen Sandrücken, fühlen sich vor allem Wanderfreunde wohl. Ein guter Ausgangspunkt für Exkursionen ist die am südlichen Flussufer der Waal liegende Stadt **Nijmegen**, deren Umland mit flachen Poldern, bewaldeten Hügeln und weiten Heidefeldern aufwartet. Östlich der studentischen Stadt liegt der *Ooijpolder*, der eine im ganzen Land kaum übertroffene Vielfalt an Pflanzen und Tieren aufzuweisen hat.

Stadtwaage am Marktplatz in Nijmegen

Nijmegen   (147.000 Einwohner)

Die Ursprünge der ältesten Stadt der Niederlande liegen in der römischen Siedlung Noviomagum. Ob auch die sieben Hügel, auf denen die Stadt erbaut wurde, den römischen Einfluss widerspiegeln?

Ausflugsdampfer pflügen sich langsam durch die dunklen Fluten. Die Atmosphäre der Universitätsstadt wird durch den Flusslauf des Rheins dominiert, der sich in eleganten Schleifen nähert und einen langen Blick auf die Stadt wirft. Der Waalboulevard mit seinen Restaurants und Straßencafés verlockt zum Verweilen. Beim nahen Spielkasino lassen sich anschließend Reste der ersten römischen Ansiedlung bestaunen, darunter ein recht gut erhaltenes Heizungssystem, das zu den landesweit bedeutendsten Funden aus der Römerzeit zählt.

Der Werbeslogan des Verkehrsbüros ("Nijmegen, das vertraute Ausland") setzt auf gute nachbarschaftliche Beziehungen mit Deutschland. Offenbar zu Recht, denn die Menschen jenseits der Grenze fühlen sich in Nijmegen sehr wohl und gehören zum Stadtbild. Ein Rätsel bleibt alleine die hartnäckige Ignoranz der korrekten Aussprache des Stadtnamens. Das eingedeutschte "Nimwegen" klingt für heimische Ohren eher fremd. Trotzdem: Der deutsche Besucher bleibt ein gern gesehener Gast. Das Gleiche gilt für die Ortschaften **Berg en Dal** und **Groesbeek**, die einige Autominuten südöstlich von Nijmegen in landschaftlich reizvoller Umgebung liegen. Die waldreiche Landschaft bietet ideale Voraussetzungen für (Rad-)Wanderungen, die mit einem Besuch sehenswerter Museen verbunden werden können.

Information/Verbindungen/Adressen

• *Information* **VVV Nijmegen**, Keizer Karelplein 2, 6511 NC Nijmegen, ✆ 0900/1122344, ✆ 024/3297879, www.vvvnijmegen.nl. Mo-Fr 9.30-17.30 Uhr, Sa 10-17 Uhr.
ANWB Nijmegen, Koninklijke Nederlandse Toeristenbond, Stationsplein 12, 6512 AD Nijmegen, ✆ 024/3222378, ✆ 3604252.
VVV Groesbeek, Dorpsplein 1a, 6562 AH Groesbeek, ✆ 024/3977118. April-Oktober Mo-Fr 10-17 Uhr, Sa 10-16 Uhr.

• *Bahnverbindungen* 3-4x stündl. nach Arnhem (Dauer: 15 Min.), 3-4x stündl. 's-Hertogenbosch (30-40 Min.), 1-2x stündl. Venlo (60 Min.), 5x täglich Kleve (25 Min.).

• *Autovermietung* **Autoverhuur Avis**, Graafseweg 250, 6532 ZV Nijmegen, ✆ 024/3791993; **Autoverhuur Budget**, Cargodoorweg 11, 6541 BT Nijmegen, ✆ 024/3777788 (0800/0537, gratis); **Autoverhuur Hertz**, Prins Hendrikstraat 30, 6521 AW Nijmegen, ✆ 024/3234479; **Autoverhuur Prins**, Winkelsteegseweg 148, 6534 AR Nijmegen, ✆ 0800/7746784, www.autoverhuurprins.nl.

• *Fahrradverleih* **Rijwielshop Station**, Stationsplein 7, 6512 AB Nijmegen, ✆ 024/3229618; **De Dolfijn**, Kanaalweg 14, 6585 AX Mook, ✆ 024/6962310; **Ben Mey Tweewielers**, Rijkstraatweg 140, 6573 DG Beek Ubbergen, ✆ 024/6845347, www.benmey.nl.

• *Kanuverleih* **De Dolfijn**, Kanaalweg 14, 6585 AX Mook, ✆ 024/6962310; **Toma Refittcentrum**, Sint Janstraat 1, 6595 AA Ottersum, ✆ 0485/517796.

• *Einkaufen* Die Geschäfte bleiben in Nijmegen Montagvormittag geschlossen. Am Donnerstag verschiebt sich der Ladenschluss auf 21 Uhr (Kaufabend). Markttermine: **Wochenmarkt** Mo und Sa 10-17 Uhr, Grote Markt; **Gemüse und Obst** Mo 8-13 Uhr und Sa 8-14 Uhr, Kelfkensbos.

• *Kinderbauernhof* **'t Boerke**, Oostkanaaldijk 200, 6544 ST Nijmegen, ✆ 024/ 3774756. Streichelzoo für Kinder Öffnungszeiten auf Anfrage. Eintritt frei.

• *Krankenhaus* **Canisius Wilhelmina Ziekenhuis**, Weg door Jonkerbos 100, 6532 SZ Nijmegen, ✆ 024/3657657.

Pasparkeren

Nijmegen führte Anfang 2002 die *Prepaid Chipknip-Kaart* (10 €/20 €) ein, die seither als einziges Zahlungsmittel für alle öffentlich ausgewiesenen Parkplätze fungiert. Ausnahme sind nur die städtischen Parkhäuser, in denen man weiterhin sowohl mit Bargeld als auch mit EC-Karte bzw. Viasa-Card seine Parkgebühren entrichten kann.

Die *Prepaid Chipknip-Kaart*, die sich für einen Tagesbesuch allerdings nicht lohnt, ist u. a. im Informationsbüro (VVV) erhältlich.

• *Spielkasino* **Holland Casino Nijmegen**, Waalkade 68, 6511 XP Nijmegen, ✆ 024/ 3600000, ✆ 3601602. Das Spielkasino in Nijmegen ist eines von mittlerweile 12 Holland-Casinos in den Niederlanden. Das Angebot umfasst Black Jack, Sic Bo und Roulette (amerikanisch und französisch). 250 Spielautomaten stehen zur Verfügung. Täglich 13.30-3.00 Uhr (Mindestalter 18 Jahre). Tageskarte 3.50 €. Informationen im Internet unter www.hollandcasino.nl.

• *Taxiruf* ✆ 024/3230000

• *Thermalbad* **Sanadome**, Weg door Jonkerbos 90, 6532 SZ Nijmegen, ✆ 024/3597200, www.sanadome.nl. Therme in römischer Atmosphäre (Kohlensäurebäder, Kräuterbäder, Salzwasserbad, Whirlpools). Täglich 9-22.30 Uhr. Tageskarte 21.50 €, Senioren (Pas65) 19 €. Mindestalter 6 Jahre.

Veranstaltungen

Nijmeegse Wandelvierdaagse: Die Veranstaltung ist alljährlicher Höhepunkt aller wanderbegeisterten Zeitgenossen. An vier aufeinander folgenden Tagen entdecken mehr als 40.000 Wanderfreunde aus aller Welt die Umgebung Nijmegens. Das Rahmenprogramm bildet ein einwöchiges Sommerfest, bei dem die ganze Stadt zur Bühne zahlreicher Veranstaltungen wird. Höhepunkt ist der triumphale Einmarsch der Wanderer am letzten Tag.
Information: KNBLO (Koninklijke Nederlandse Bond voor Lichamelijke Opvoeding), Postbus 1020, 6501 BA Nijmegen, ℰ 024/3655500, www.4daagse.nl. Termin: Juli.

Übernachten

• *Hotels* ****** Mercure Nijmegen Centre (25)**, Stationsplein 29, 6512 AB Nijmegen, 202 Betten, moderner Hochhausbau in zentraler Lage am Hbf. EZ ab 80 €, DZ ab 80 €, ℰ 024/3238888, ℰ 3242090.

*** Hotel Apollo (16), Bisschop Hamerstraat 14, 6511 NB Nijmegen, 32 Betten, zentrale Lage mit schönem Blick auf den Keizer Karelplein, modernes Interieur, alle Zimmer mit Du/WC, Telefon und TV. EZ ab 60 €, DZ ab 86 €, ℰ 024/3223594, ℰ 3233176, www.apollo-hotel-nijmegen.nl.

*** Hotel Rozenhof (17), Nijmeegsebaan 114, 6564 CK Heilig Landstichting, einige Kilometer außerhalb (Richtung Groesbeek), 32 Betten, das freundliche, ältere Ehepaar vermietet sehr saubere Zimmer, schöne Terrasse. EZ ab 50 €, DZ ab 70 €, ℰ 024/3230359, ℰ 3239372, www.rozenhof.nl.

** Hotel Atlanta (9), Grote Markt 38-40, 6511 KB Nijmegen, 31 Betten, zentrale Lage, 31 Betten, kleines Haus mit 17 Zimmern, alle mit Du/WC, Telefon und TV, angegliedertes Grand-Café. EZ ab 55 €, DZ ab 80 €, ℰ 024/3603000, ℰ 3603210.

** Hotel Catharina (23), Sint Annastraat 64, 6524 GG Nijmegen, 26 Betten, freundlicher Service, große Zimmer, viele studentische Gäste. EZ ab 25 €, DZ ab 50 €, ℰ 024/3231251, ℰ 3608534.

• *Camping* **Camping De Kwakkenberg (18)**, Luciaweg 10, 6523 NK Nijmegen, Autostraße Arnhem–Nijmegen, Waalbrücke queren, Schildern folgen, einziger Platz vor Ort, 2 km vom Zentrum, leicht geneigtes Gelände mit einigen Laubbäumen, ruhige Lage, einfache Sanitärs, Lebensmittelgeschäft, geöffnet April-Oktober. Person 3.15 €, Zelt 2.45 €, Auto 2.25 €, Duschen inkl., Fläche 4.5 ha, ℰ 024/3232443, ℰ 3234772.

Camping Maikenshof (19), Oude Kleefsebaan 134, 6571 BK Berg en Dal, östlich von Nijmegen, A 12 oder A 15, am Knotenpunkt Valburg Richtung Bemmel/Kleve und weiter Richtung Nijmegen, Waalbrücke queren, Richtung Berg en Dal, Platz liegt 300 m hinter dem Ortsausgang rechts, waldreiche Lage, gute Sanitärs, geöffnet April-Oktober. Person 2.75 €, Zelt 4.50 €, Auto 2 €, Duschen 0.50 €, Fläche 1 ha, ℰ 024/6841651, ℰ 6842883, maikenshof@planet.nl.

Camping De Oude Molen (20), Wylerbaan 2 a, 6561 KR Groesbeek, Autostraße Nijmegen–Groesbeek, Schildern folgen, südöstlich von Nijmegen in ländlicher Umgebung, einfache Sanitärs, Fahrradverleih, Lebensmittelgeschäft, Schwimmbad, ganzjährig geöffnet. Stellplatz (inkl. 2 Pers.) 19 €, zus. Person 4 €, Duschen inkl., Fläche 7 ha, ℰ 024/3971715, ℰ 3974375, camping@oudemolen.nl.

Camping De Hoge Hof (21), Derde Baan 14, 6561 KH Groesbeek, geöffnet April-Oktober. "Das Ehepaar Langeveldt ist sehr freundlich und um seine Gäste bemüht. Die sanitären Anlagen sind ganz neu" (Leserbrief von Holger Köhler). Person 2.30 €, Zelt 4.55 €, Auto frei, Fläche 1 ha, ℰ 024/3971225, ℰ 3971225.

Mini-Camping Groesbeek (22), Ds. J. A. Visscherlaan 2, 6561 KA Groesbeek, geöffnet April-Oktober, Person 3.40 €, Duschen inkl., Fläche 2 ha, ℰ 024/6221767, ℰ 6222556, j.meesters@sbb.agro.nl.

Essen

Ein sehr reizvoller Teil Nijmegens ist die Waalkade. Sie liegt nicht weit vom Zentrum entfernt und bietet einen angenehmen Kontrast zum dortigen Rummel. Der Blick auf die Waal lädt zum Verweilen auf einer der Terrassen ein.

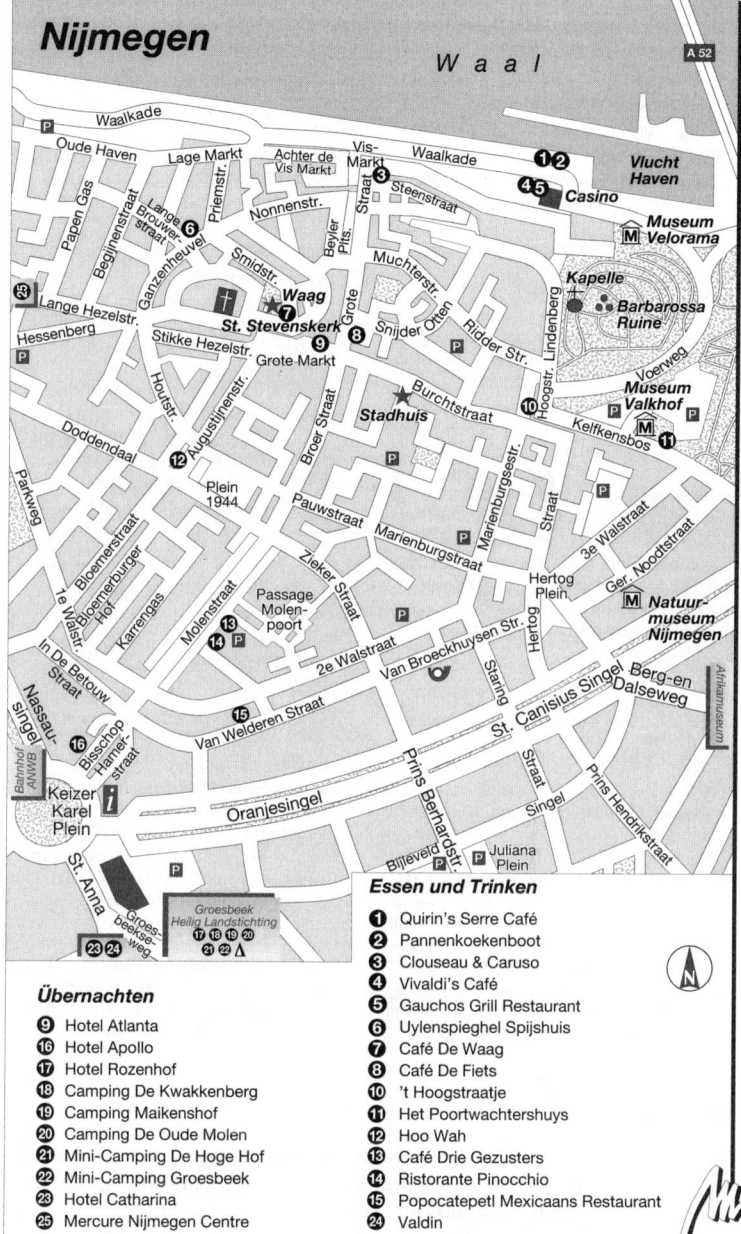

Übernachten

- ⑨ Hotel Atlanta
- ⑯ Hotel Apollo
- ⑰ Hotel Rozenhof
- ⑱ Camping De Kwakkenberg
- ⑲ Camping Maikenshof
- ⑳ Camping De Oude Molen
- ㉑ Mini-Camping De Hoge Hof
- ㉒ Mini-Camping Groesbeek
- ㉓ Hotel Catharina
- ㉕ Mercure Nijmegen Centre

Essen und Trinken

- ❶ Quirin's Serre Café
- ❷ Pannenkoekenboot
- ❸ Clouseau & Caruso
- ❹ Vivaldi's Café
- ❺ Gauchos Grill Restaurant
- ❻ Uylenspieghel Spijshuis
- ❼ Café De Waag
- ❽ Café De Fiets
- ❿ 't Hoogstraatje
- ⑪ Het Poortwachtershuys
- ⑫ Hoo Wah
- ⑬ Café Drie Gezusters
- ⑭ Ristorante Pinocchio
- ⑮ Popocatepetl Mexicaans Restaurant
- ㉔ Valdin

Quirin's (1), Waalkade, 6511 XR Nijmegen, gegenüber dem Spielkasino, Restaurantboot auf dem Wasser, viele Pflanzen an Bord, Restaurant unten, Café oben, subtropisches Sonnendeck, bei gutem Wetter wird das Dach geöffnet, gute Salate im Café, außerhalb der Saison Mo geschlossen, ℡ 024/3241964, www.quirins.nl.

Gauchos Grill Restaurant (5), Waalkade 67, 6511 XP Nijmegen, Steaks und andere Spezialitäten vom Grill, preiswerte Hauptgerichte, Terrasse am Wasser, ℡ 024/3602449.

Het Poortwachtershuys (11), Kelfkensbos 57, 6511 TB Nijmegen, altes Gemäuer hinter dem modern-nüchternen Museum Het Valkhof, exquisite holländische Küche unter Leitung von Egon van Haaren, verhältnismäßig preiswerte Hauptgerichte, Tische auch im Freien, So geschlossen, ℡ 024/3600064.

Clouseau & Caruso (3), Grotestraat 74, 6511 VD Nijmegen, "Fantasie, Variatie en Gezelligheid", gute Fisch- und Fleischgerichte vom Grill, Pizzen oder 3-Gänge-Pizzamenü, Mo/Di geschlossen, ℡ 024/3602268.

Ristorante Pinocchio (14), Molenstraat 99, 6511 HC Nijmegen, italienische Küche, die Decke zieren zahllose Weinflaschen, Mo-Mi alle Pizzen preiswerter, ℡ 024/3232698.

Hoo Wah (12), Plein 1944 Nr. 52, 6511 JE Nijmegen, Oosters Restaurant & Thuis Cuisine, fernöstliche Spezialitäten, Hauptgerichte in großer Auswahl, Di geschlossen, ℡ 024/3220152.

Valdin (24), Van Peltlaan 4, 6533 ZM Nijmegen, großes Restaurant nahe dem Radboud-Krankenhaus, monatlich wechselnde 3-Gänge-Wahlmenüs, preiswerte Hauptgerichte, ℡ 024/3556902.

Popocatepetl Mexicaans Restaurant (15), van Welderenstraat 92, 6511 MS Nijmegen, gute mexikanische Küche, sehr empfehlenswert die Tortillas, preiswerte Hauptgerichte, ℡ 024/3230155, www.popo.nl.

Uylenspieghel Spijshuis (6), Ganzenheuvel 71, 6511 WD Nijmegen, "Een typisch Nijmeegs Restaurant", niederländische Küche in netter Atmosphäre, ℡ 024/3232075.

Café De Waag (7), Grote Markt 26, 6511 KB Nijmegen, Eet & Drinkhuys, phantastisches Gebäude, ideal für die Tasse Kaffee am Nachmittag oder ein Eis, das hier wirklich gut schmeckt. Außerdem preiswerte Tagesgerichte und sonntags Livemusik, ℡ 024/3230757.

Vivaldi's Café (4), Waalkade 66, 6511 XP Nijmegen, schöne Terrasse mit Blick auf den Fluss, Toasts und andere kleinere Snacks, ℡ 024/3222890.

Pannenkoekenboot (2), Waalkade, 6511 XR Nijmegen, ℡ 024/3601262. Das Pannenkoekenboot bietet eine 60-minütige Schiffsfahrt auf der dicht befahrenen Waal mit Pfannkuchenbuffet, von dem unbegrenzte Mengen an den eigenen Teller geladen werden dürfen. Natur-, Speck- und Apfelpfannkuchen lassen sich mit diversen Extras garnieren (Käse, Schinken, Früchte etc.). Abfahrt: Mi/Fr 16.30 und 18 Uhr, Sa/So 13.30, 15, 16.30 und 18 Uhr; Juli/August Mi-So 13.30, 15, 16.30 und 18 Uhr. Erwachsene 12 €, Kinder 7 €. Pancake Cruise: Sa 20-23 Uhr, Erwachsene 21 €, Kinder 15 €.

Café Drie Gezusters (13), Molenstraat 79, 6511 HB Nijmegen, Café mit zahlreichen Tischen im Freien, ein Ort für den Kaffee am Nachmittag, ℡ 024/3226674.

Café De Fiets (8), Grotestraat 8, 6511 VD Nijmegen, originelles Café in zentraler Lage unweit des Grote Markt, ℡ 024/3224982.

Pannenkoekenrestaurant 't Hoogstraatje (10), Hoogstraat 3, 6511 RT Nijmegen, Pfannkuchenhaus in historischem Gemäuer (1892) im Herzen Nijmegens, nahezu alle Variationen sind auch als Vollkorn- oder Buchweizenpfannkuchen erhältlich, 300 Sorten, besonders lecker der "Hoogstraatjepannekoek" nach Art des Hauses, Terrasse, tägl. 11-21 Uhr, ℡ 024/3604659.

Sehenswertes

Stadhuis: Das Rathaus Nijmegens wurde durch die Kriegswirren der 40er Jahre schwer in Mitleidenschaft gezogen. Weite Teile des Bauwerks lagen damals in Trümmern. Nach Abschluss der gelungenen Restaurierungs- und Wiederaufbauarbeiten erweist sich gerade das Interieur als sehenswert. Beeindruckend sind insbesondere die kostbaren Wandteppiche, die sich zur Kriegszeit nicht im Komplex befanden und daher unversehrt blieben.

Adresse/Führungen Korte Nieuwstraat 6, 6511 PP Nijmegen, ℡ 024/3292408. Mai-Oktober Mo-Fr 14 Uhr. Führungen nur nach telefonischer Voranmeldung (14 Tage Vorlauf).

Sint Stevenskerk: Die ältesten Abschnitte der bedeutendsten städtischen Kirche datieren aus dem Jahre 1254. Die Arbeiten begannen damals im romanischen Stil, doch änderte sich während der 300-jährigen Bauzeit der architektonische Geschmack erheblich – das imposante Gotteshaus sollte schließlich im gotischen Stil vollendet werden. Der Turm hingegen ist ein Relikt der holländischen Renaissance. Im Zweiten Weltkrieg sorgten mehrfache Bombardements der deutschen Luftwaffe für erhebliche Schäden. Die Restaurierungsarbeiten der Nachkriegszeit konnten erst in den späten 60er Jahren abgeschlossen werden. Eine Besteigung des Turmes ist möglich.

Nur wenige Schritte von der Kirche entfernt steht das alte *Waaggebouw*, ein weiterer Augenschmaus im historischen Stadtkern Nijmegens. Nur eine schmale Häuserfront trennt beide Bauwerke voneinander. Der weitläufige Vorplatz lädt zum Verweilen ein.

Adresse/Turmbesteigung Sint Stevenskerkhof 62, 6511 VZ Nijmegen, ℡ 024/3604710, www.stevenskerk.nl. Mai-September Di und Do/Fr 14 Uhr und 16 Uhr, Juli-August Mo/Di und Do/Fr 11 Uhr, 14 Uhr und 16 Uhr. Erwachsene 2 €, Kinder 0.75 €.

Museum Het Valkhof: Neben moderner Kunst werden Exponate zur Stadtgeschichte und Funde aus der Römerzeit gezeigt. Das neue Museum, das als Zusammenschluss mehrerer bestehender Sammlungen entstand, trägt den Namen der alten Pfalz, die *Karl der Große* (768–814) hatte errichten lassen. Auf einer kleinen Anhöhe oberhalb der Waal (Lindenberg/Voerweg) liegen die wenigen Überreste der Anlage, darunter die *Nicolaas-Kapelle. Friedrich Barbarossa* (1152–1190) ließ den Valkhof später in ein schlossartiges Anwesen umwandeln, woran die Ruine der *Maartens-Kapelle* erinnert.

Adresse/Öffnungszeiten Kelfkensbos 59, 6501 BL Nijmegen, ℡ 024/3608805, www.museumhetvalkhof.nl. Di-Fr 10-17 Uhr, Sa/So 12-17 Uhr. Eintritt frei.

Nationaal Fietsmuseum Velorama: Die enge Verbundenheit der Niederlande mit dem Fahrrad ist deutlich spürbar. Die Sammlung zeigt rund 250 historische Stücke mit mindestens zwei Rädern – von der uralten Draisine bis zum futuristischen Liegerad. Der Fietsenliebhaber wird auf seine Kosten kommen! Das eigene Fahrrad kann auf einem Parkplatz direkt am Eingang abgestellt werden.

Adresse/Öffnungszeiten Waalkade 107, 6511 XX Nijmegen, ℡ 024/3225851, www.velorama.nl. Mo-Sa 10-17 Uhr, So 11-17 Uhr. Erwachsene 4.60 €, Kinder 2.80 €, Senioren (Pas65) 3.40 €. Führungen in deutscher Sprache.

Natuurmuseum Nijmegen: Die Ausstellung des Naturkundemuseums vermittelt Einblicke in die Flora und Fauna der Region und erläutert die Entstehung der typisch gelderländischen Landschaft. Eine kleine Kollektion präparierter Säugetiere und Vögel sowie eine größere Mineraliensammlung komplettieren das Angebot.

Adresse/Öffnungszeiten Gerard Noodtstraat 121, 6511 ST Nijmegen, ℡ 024/3297070, www.natuurmuseum.nl. Mo-Fr 10-17 Uhr, So 13-17 Uhr. Erwachsene 2 €, Kinder 1.50 €, Senioren (Pas65) 1.50 €, MJK.

Afrika-Museum: Der zweiteilige Museumskomplex in Berg en Dal entführt in unbekannte Kulturen des afrikanischen Kontinents. Die Theorie lässt sich durch einen kurzen Besuch des Hauptgebäudes schnell abhaken, die Praxis im angrenzenden Freilichtmuseum mit nachgebauten afrikanischen Siedlungen verlangt mehr Zeit und vermittelt ein eindrucksvolles Bild von der vielfältigen Kultur des Schwarzen Kontinents.

● *Adresse/Öffnungszeiten* Postweg 6, 6571 CS Berg en Dal, ☏ 024/6842044, www.afrikamuseum.nl. April-Oktober Mo-Fr 10-17 Uhr, Sa/So 11-17 Uhr; November-März Di-Fr 10-17 Uhr, Sa/So 13-17 Uhr. Außengelände im Winter geschlossen. Erwachsene 6 €, Kinder 3.50 €, Senioren (Pas65) 4 €, Studenten 3.50 €, MJK. Begleittexte und Führungen in deutscher Sprache.

Bijbels Openluchtmuseum Heilig Land Stichting: Das biblische Freilichtmuseum (45 ha) beleuchtet die Welt des Alten und Neuen Testaments unter kulturgeschichtlichen Aspekten – ein Weg zurück ins Altertum. Wie lebten die Menschen vor mehr als 2.000 Jahren? Die *Via Orientalis*, die orientalische Straße, ist nach dem Vorbild der Jerusalemer Altstadt gestaltet und vermittelt einen Eindruck vom bunten Zusammenleben der Ägypter, Assyrer, Griechen, Juden, Perser und Römer. Die stilecht rekonstruierten Bauten können mit wenigen Ausnahmen besichtigt werden.

Adresse/Öffnungszeiten Profetenlaan 2, 6564 BL Heilig Landstichting, ☏ 024/3823110, www.bijbelsopenluchtmuseum.nl. April-Oktober täglich 9-17.30 Uhr; November-März täglich 10-17 Uhr. Erwachsene 8 €, Kinder 4 €, Senioren (Pas65) 7 €, MJK.

Nationaal Bevrijdingsmuseum 1944–1945: Das Museum *Rijk van Nijmegen* in Groesbeek dokumentiert die Leiden der niederländischen Bevölkerung in den schweren Jahren unter deutscher Besatzung. Die endgültige Befreiung des Landes erfolgte erst im Frühjahr 1945 durch den Einmarsch der alliierten Truppenverbände – die letzte Kriegsphase ist unvergessen.

Adresse/Öffnungszeiten Wylerbaan 4, 6560 AC Groesbeek, ☏ 024/3974404, www.bevrijdingsmuseum.nl. Mo-Sa 10-17 Uhr, So 12-17 Uhr. Erwachsene 5.50 €, Kinder 3 €, Senioren (Pas65) 4 €, MJK. Führungen in deutscher Sprache.

Zaltbommel   (10.000 Einwohner)

Ein Spaziergang entlang der Stadtwälle aus dem 13. Jahrhundert mit Blick auf die Grachten vermittelt das deutliche Gefühl, sich in einer alten Festungsstadt zu bewegen. Leider ist von den einst fünf Stadttoren nur das aus dem 14. Jahrhundert stammende Waterpoort erhalten geblieben.

In der jüngeren Geschichte steht die etwa 15 km nördlich von 's-Hertogenbosch gelegene Ortschaft in enger Verbundenheit zu einer Reihe namhafter Persönlichkeiten, darunter die Gründer des renommierten Eindhovener Philips-Konzerns, *Anton* und *Gerard Philips*, die in Zaltbommel gewohnt haben. Im 19. Jahrhundert verbrachte sogar *Karl Marx* mehrere Monate in der Stadt, um an seinem Werk "Das Kapital" zu arbeiten. Der große Komponist *Franz Liszt* weilte zur gleichen Zeit vor Ort, lernte eine junge Pianistin kennen und lockte sie zum Studium des Klavierspiels nach Paris. Auf diese Weise legte er unbeabsichtigt den Grundstein ihrer späteren Ehe mit *Edouard Manet*, dem Wegbereiter des Impressionismus, der die Musikerin in der französischen Metropole bald kennen lernen sollte. Die beiden heirateten in Zaltbommel.

Die **Grote Kerk (Sint Maartenskerk)** steht auf den Fundamenten mehrerer kleiner Vorgängerbauten; die ältesten Abschnitte stammen aus dem 15. Jahr-

Idyllisches Wasserschlösschen bei Zaltbommel

hundert. Baumeister war *Ghisbert Schairt van Bommel*, der auch den Dom in Xanten gestaltete. Im Kircheninnern beeindrucken alte Wandgemälde und kostbares Holzschnitzwerk. Der mächtige, viereckige Turmbau (281 Stufen) verlor durch Blitzeinschläge mehrfach seine Spitze. Mittlerweile hat man die Bemühungen aufgegeben, das nunmehr abrupt endende Bauwerk mit neuen Aufbauten zu versehen.

Im **Huis van Maarten van Rossum** lassen sich archäologische Funde, Drucke, Glaskunst, Gemälde, Mobiliar und Silberstücke bewundern. Die Ausstellung ist in der prachtvollen Residenz des gelderländischen Militärstrategen *Maarten van Rossum* (1478–1555) untergebracht.

● *Information* **VVV Zaltbommel**, Markt 15, 5301 AL Zaltbommel, ✆ 0418/518177, vvvrivierenland.nl. Mo 13-16 Uhr, Di-Sa 10-16 Uhr.

● *Adressen/Öffnungszeiten* **Grote Kerk (Sint Maartenskerk)**, Kerkplein, 5301 AB Zaltbommel, ✆ 0418/518177 (VVV). März-Dezember Sa/So 13-16 Uhr; Mai-September auch Di-Fr 13-16 Uhr. Eintritt frei.
Huis van Maarten van Rossum, Nonnenstraat 5, 5301 BE Zaltbommel, ✆ 0418/512617. Di-Fr 10-12.30 Uhr und 13.30-16.30 Uhr, So 14-16.30 Uhr; April-September auch Sa 14-16.30 Uhr. Erwachsene 2.30 €, Kinder 1.15 €, MJK. Führungen in deutscher Sprache.

● *Bahnverbindungen* 2x stündl. nach Den Bosch (Dauer: 10 Min.) und weiter nach Eindhoven (50 Min.), 2x stündl. Utrecht (35 Min.).

● *Einkaufen* Die Geschäfte bleiben in Zaltbommel Montagvormittag geschlossen. Am Freitag verschiebt sich der Ladenschluss auf 21 Uhr (Kaufabend). Markttermine: **Wochenmarkt** Di 9-12 Uhr, Sa 9-17 Uhr, Marktplatz.

● *Fahrradverleih* **Rijwielstalling Station**, Oude Stationsweg 73, 5301 GL Zaltbommel, ✆ 0418/514254.

● *Kanuverleih* **Kanoverhuur Zaltbommel**, Oude Stationsweg 71, 5301 GL Zaltbommel, ✆ 0418/512607.

● *Krankenhaus* **Ziekenhuis Carolus Liduina**, Hervensebaan 4, 5232 JL 's-Hertogenbosch, ✆ 0418/6486486.

● *Taxiruf* ✆ 0418/514444

● *Übernachten* * **Hotel Tivoli**, Steenweg 2, 5301 HL Zaltbommel, 26 Betten, einziges

Hotel vor Ort, fahnengeschmücktes, zwei-stöckiges Haus mit einfachen Zimmern, freundlicher Service. EZ ab 35 €, DZ ab 50 €, ✆ 0418/512517, ✉ 516496.

Camping Heerewaarden, Hogestraat 37, 6624 BA Heerewaarden, kleiner Ort an der Waal, einige Kilometer östlich von Zaltbommel, einfacher Platz mit schlichten sanitären Einrichtungen, Lebensmittelgeschäft. Person 3 €, Zelt 3 €, Auto 3 €, Duschen inkl., ✆ 0487/571649, ✉ 573439.

• *Essen* **De Verdraagzaamheid**, Waalkade 6, 5301 CH Zaltbommel, nördliches Stadtzentrum (direkt am Waalufer gelegen), gute holländische Küche, Tagesgerichte, ✆ 0418/518394.

Mamma Mia, Omhoeken 1, 5301 BD Zaltbommel, südliches Stadtzentrum, Pasta, Pizzen und andere italienische Gerichte, gute Fleisch- und Fischplatten, ✆ 0418/540644.

Villa Pannenkoek, Waaldijk 1, 5328 EZ Rossum, Pfannkuchenhaus in idyllischer Lage an der Waal (wenige Kilometer östlich von Zaltbommel), 60 Sorten, Spielplatz, Terrasse, März-Juni Di-So 11-20 Uhr, Juli-September tägl. 10-20 Uhr, Oktober-Februar Mi und Fr-So 11-20 Uhr, ✆ 0418/664221. Anfahrt: A 2 Den Bosch-Utrecht, Ausfahrt Zaltbommel-Rossum.

Ammerzoden

(3.000 Einwohner)

Im äußersten Süden der Provinz, 10 km südlich von Zaltbommel, liegt die ländliche Gemeinde Ammerzoden, in der die prachtvolle mittelalterliche Schlossanlage **Kasteel Ammersoyen**, eine der besterhaltenen der Niederlande, zahllose Besucher anlockt. Die auf rechteckigem Grundriss stehende Burg wird von vier massiven Ecktürmen abgeschirmt, die den Bewohnern wirksamen Schutz nach außen gewährten. Als die Bediensteten die Abwesenheit der Schlossherren 1590 für ein ausgiebiges Festmahl nutzten, brach ein verheerendes Feuer aus, das große Teile des Komplexes niederbrennen ließ. Auch die Wirren des Zweiten Weltkriegs verursachten schwere Schäden an den Gebäuden, doch konnten sie später wieder behoben werden. Sehr sehenswert ist der imposante *Ridderzaal*.

Adresse/Führungen   **Kasteel Ammersoyen**, Kasteellaan 7, 5324 JR Ammerzoden, ✆ 073/5949582. April-Oktober Di-Sa 10-17 Uhr, So 13-17 Uhr. Erwachsene 3.70 €, Kinder 1.70 €.

Culemborg

(23.000 Einwohner)

Die historische Stadt an den Ufern der *Lek* ging im frühen 13. Jahrhundert aus dem an gleicher Stelle gelegenen *Kasteel van Bosinchem* hervor. Nur wenige Jahrzehnte später erhielt Culemborg die Stadtrechte. Im Herzen der früheren Grafschaft erinnert noch so manches an diese Zeit, darunter die allabendlich zwei Stunden vor Mitternacht läutenden Glocken des *Barbaratoren*, die die Bewohner einst aufforderten, in die Stadt zurückzukehren. Der Altstadtkern bleibt heute natürlich auch nachts zugänglich, doch die Tradition des Glockenläutens hat man aufrechterhalten. Mehrere Abschnitte der Befestigungsanlagen sind erhalten, allen voran das mächtige *Binnenpoort* als letztes verbliebenes Stadttor.

Die städtische Entwicklung ist eng verbunden mit dem Ehepaar *Elisabeth van Culemborg* und *Anthonis van Lalaing*, das 1534 nicht nur das alte Rathaus erbauen ließ, sondern auch das erste Waisenhaus der Stadt stiftete. Die Einrichtung war für 24 Jungen und 24 Mädchen konzipiert und blieb nach der Reformation protestantischen Kindern vorbehalten; erst ab dem frühen 19. Jahrhundert waren Katholiken zugelassen. Heute ist hier das **Museum Elisabeth Weeshuis** untergebracht. Zu sehen sind eine Kollektion antiquierter Porträts der Grafen und Gräfinnen von Culemborg, mehrere authentisch eingerichtete

Räumlichkeiten, darunter die prachtvolle *Protectorenkamer* des Hauses, sowie eine kleine stadtgeschichtliche Sammlung.

• *Information* **ANWB/VVV Culemborg**, 't Jach 32, 4101 CM Culemborg, ☎ 0345/531252, ✆ 531133, vvvrivierenland.nl. Mo 12-16.30 Uhr, Di-Fr 9.15-16.30 Uhr, Sa 9-14 Uhr; Mai-August Sa bis 16.30 Uhr.

• *Adresse/Öffnungszeiten* **Museum Elisabeth Weeshuis**, Herenstraat 29, 4101 BR Culemborg, ☎ 0345/513912. Di-Sa 13-17 Uhr, So 14-17 Uhr. Erwachsene 1.35 €, Kinder 0.70 €, MJK.

• *Bahnverbindungen* 2x stündl. nach Den Bosch (Dauer: 25 Min.), 2x stündl. Tiel (15 Min.), 4x stündl. Utrecht (15 Min.).

• *Einkaufen* Die Geschäfte bleiben in Culemborg Montagvormittag geschlossen. Am Freitag verschiebt sich der Ladenschluss auf 21 Uhr (Kaufabend). Markttermin: **Wochenmarkt**, Di 9-13 Uhr, Zentrum.

• *Autovermietung* **Autoverhuur Koning**, Parallelweg West 17, 4104 AX Culemborg, ☎ 0345/520670.

• *Fahrradverleih* **Stationsrijwielstalling**, Stationsweg 13, 4101 NG Culemborg, ☎ 0345/534979; **Dokman Tweewielers**, Zandstraat 70, 4101 EJ Culemborg, ☎ 0345/513507.

• *Krankenhaus* **Rivierenland-Ziekenhuis**, President Kennedylaan 1, 4002 WP Tiel, ☎ 0344/674911.

• *Kinderbauernhof* **De Heuvel**, Weithusen 63, 4102 NV Culemborg, ☎ 0345/518809. Di-So 10-17 Uhr. Eintritt frei.

• *Taxiruf* ☎ 0345/514444

• *Übernachten* **Pension De Appelgaard**, Beusichemsedijk 12, 4101 NV Culemborg, 1 km vom Stadtzentrum, 12 Betten, kleine Pension in ländlicher Umgebung, sehr familiäre Atmosphäre, freundlicher Service. EZ ab 25 €, DZ ab 37.50 €, ☎ 0345/534094, ✆ 534282.

Camping De Helling, De Helling 6, 4101 AE Culemborg (Nähe Jachthafen), einfache Sanitärs, geöffnet April-Oktober. Person 2.50 €, Zelt 2.50 €, Duschen inkl., Fläche 2 ha, ☎ 0345/516493.

De Pannekoekenbakker, Buitenhuizenpoort 25, 4116 CA Buren, Pfannkuchenhaus am nördlichen Eingang der kleinen Ortschaft Buren inmitten der Betuwe-Landschaft (einige Kilometer südöstlich von Culemborg), 230 Sorten, Spielplatz, Terrasse, April-September Di 16-20 Uhr, Mi-So 11-20 Uhr, Oktober-März Di und Do 16-20 Uhr, Mi und Fr-So 12-20 Uhr, ☎ 0344/572783. Anfahrt: A 15 Rotterdam–Nijmegen, Ausfahrt Buren, nach Ortseingang gerade durch den Kreisel, danach erste Straße rechts.

Region Veluwe

(Arnhem, Harderwijk, Elburg, Hattem, Apeldoorn, Hoge Veluwe, Hoenderloo, Otterlo)

Der erste Blick auf eine Landkarte der Niederlande fällt unweigerlich auf die grüne Fläche in der Mitte. Die Region, die in den 30er Jahren zum Nationalpark erklärt wurde, gilt als "grüne Lunge" des Landes. Radfahrer und Wanderer können hier gleichermaßen Erholung finden. Die ursprünglich vorhandenen Wälder waren bereits im Mittelalter fast vollständig verschwunden. Sie wurden in den 20er Jahren mit Nadelbäumen wiederaufgeforstet, um den großen Bedarf der südlimburgischen Minen an Stützholz zu decken. Die Baumwurzeln verfestigten den sandreichen Boden, der einst ganze Dörfer unter hohen Verwehungen begraben hatte. *Harskampse Zand, Hulshorster Zand* und *Kootwijkse Zand* sind die letzten verbliebenen Sandgebiete der Veluwe.

Die nordwestliche Flanke der Region reicht bis an die *Randmeren* (Ausläufer der ehemaligen Zuiderzee) mit den alten Fischerstädtchen **Elburg** und **Harderwijk**, die mittlerweile zu beliebten Wassersportzentren geworden sind. Weiter östlich finden sich weite Heidelandschaften und Waldgebiete, während der südwestliche Landstrich für sich in Anspruch nimmt, den größten Wildbestand des Landes aufzuweisen. Die größte Attraktion aber ist die **Hoge Veluwe**, der herrliche Nationalpark mit dem weltbekannten Kröller-Müller-Museum.

Arnhem

(Provinzhauptstadt • 133.000 Einwohner)

Die Brücke, die Schlacht. Ganz automatisch stellen sich solche Assoziationen ein, wenn der Name der gelderländischen Provinzhauptstadt fällt. Das Gemetzel um die Rheinbrücke war eine der vielen Tragödien des Zweiten Weltkriegs.

Einen Eindruck vom Ausmaß der damaligen Auseinandersetzungen vermittelt das modern-nüchterne Stadtbild, in dem man alte Bausubstanz beinahe vergeblich sucht: Im April 1945 gab es infolge der schweren Kämpfe zwischen den deutschen Besatzern und den alliierten Truppen gerade noch um die 200 bewohnbare Häuser innerhalb der Stadtgrenzen. Arnhem war für das weitere Vorgehen der Alliierten nach der geglückten Invasion von 1944 von enormer strategischer Bedeutung. Um den Krieg noch vor Wintereinbruch beenden zu können, wollte man zügig nach Norden vorstoßen, wobei die Rheinbrücke bei Arnhem eine Schlüsselrolle spielen sollte. Das Vorhaben scheiterte, denn obwohl die 600 Mann der britischen *Airborne Division* die Brücke nach Plan einnehmen konnten, gelang es den übrigen alliierten Truppen nicht, rechtzeitig nachzustoßen, um sie auf Dauer halten zu können. Zwei Museen erinnern an den viertägigen Kampf, der später verfilmt wurde ("Die Brücke von Arnheim" mit Anthony Hopkins, Sean Connery, Hardy Krüger u. a.).

Die Stadtväter bemühen sich gegenwärtig um ein zeitgemäßes Image. Das moderne Arnhem ist geprägt von hochmodernen Geschäftszentren, allen voran die beiden riesigen Einkaufszentren *Kronenburg* und *Presikhaaf*. Die orangefarbenen Kunstkühe, grasend, liegend und stehend, die während der Fußballeuropameisterschaft 2000 in Arnhems Innenstadt zu bestaunen waren, sind allerdings wieder verschwunden – ebenso die orangefarbenen Pflanzen, die damals die städtischen Grünflächen überzogen. Weiterhin unterwegs aber sind die umweltfreundlichen blauen Trolleybusse, die dem Besucher auf Schritt und Tritt begegnen; keine andere niederländische Stadt hat Ähnliches vorzuweisen.

Herausragende wirtschaftliche Bedeutung hat das große Zinnschmelzwerk, das seit Ende der 20er Jahre Erze aus der ehemaligen Kolonie Surinam verarbeitet. Die Produktion deckt 20 % des weltweiten Bedarfs. Absoluter Höhepunkt eines Arnhem-Besuchs aber ist das eindrucksvolle Freilichtmuseum, das *Nederlands Openluchtmuseum*, das einen erlebnisreichen Trip durch die niederländische Vergangenheit ermöglicht.

Information/Verbindungen/Adressen

• *Information* **VVV Arnhem**, Willemsplein 8, 6811 KB Arnhem, ✆ 0900/2024075, ✆ 026/4422644, www.vvvarnhem.nl. April-September Mo 11-17.30 Uhr, Di-Fr 9-17.30 Uhr, Sa 10-16 Uhr; Oktober-März Mo 13-17.30 Uhr, Di-Fr 9-17.30 Uhr, Sa 10-13 Uhr.
ANWB Arnhem, Koninklijke Nederlandse Toeristenbond, Kronenburgsingel 20, 6831 EX Arnhem, ✆ 026/3236000.

• *Bahnverbindung* 1-2x stündl. nach Deventer (Dauer: 35 Min.), 3-4x stündl. Nijmegen (15 Min.), 4-6x stündl. Utrecht (40 Min.), alle 1-2 Std. einmal Oberhausen (60 Min.).
• *Autovermietung* **Autoverhuur Avis**, Boulevard Heuvelink 2b, 6828 KP Arnhem, ✆ 026/4451245; **Autoverhuur Budget**, Driepoortenweg 15, 6827 BP Arnhem, ✆ 026/3636353 (0800/0537, gratis); **Autoverhuur Europcar**, Boulevard Heuvelink 5, 6828 KG Arnhem, ✆ 026/4453701; **Autoverhuur**

Historische Zugbrücke im Freilichtmuseum Arnhem

Hertz, Oude Stationsstraat 20, 6811 KE Arnhem, ✆ 026/3513222; **Autoverhuur Prins**, Marketing 16c, 6921 RE Duiven, ✆ 0800/7746784, www.autoverhuurprins.nl.

● *Fahrradverleih* **Rijwielshop Station**, Stationsplein 36, 6811 KK Arnhem, ✆ 026/4421782; **Mantel Tweewielers**, Van Lawick van Pabststraat 95, 6814 HC Arnhem, ✆ 026/4420624; **Okeesjen Fietsenshop**, Nieuwstad 44, 6811 BL Arnhem, ✆ 026/3515333; **Reerink Rijwielen**, Geitenkamp 4, 6823 HE Arnhem, ✆ 026/3513615, www.reerinkrijwielen.nl.

● *Kanuverleih* **De Rijkerswoerdse Plassen**, Rijkerswoerdstraat 9, 6845 AB Arnhem, ✆ 026/3817814.

● *Einkaufen* Die Geschäfte bleiben in Arnhem Montagvormittag geschlossen. Am Donnerstag verschiebt sich der Ladenschluss auf 21 Uhr (Kaufabend). Markttermine: **Wochenmarkt** Fr 8-13 Uhr, Sa 8-16 Uhr,

Kerkplein; **Gemüse und Obst** Di 8-15 Uhr, Jansplaats.

● *Kinderbauernhöfe* **Stadsboerderij West-Presikhaaf**, Ruitenberglaan 4, 6826 CC Arnhem, ✆ 026/3642233. Täglich 8.30-16.45 Uhr. Eintritt frei.

Stadsboerderij De Korenmaat, Huissensedijk 30a, 6836 AA Arnhem, ✆ 026/3230255. Täglich 8.30-16.45 Uhr. Eintritt frei.

● *Krankenhaus* **Ziekenhuis Rijnstate**, Wagnerlaan 55, 6815 AD Arnhem, ✆ 026/3788888.

● *Stadion* **Gelredome**, Batavierenweg 25, 6841 HN Arnhem, Multifunktionshalle mit beweglichem Dach für Kultur- und Sportveranstaltungen (Fußball auf Rasen, der nach den Spielen zur Regeneration automatisch aus der Halle geschoben wird), ✆ 026/8807888, www.gelredome.nl.

● *Taxiruf* ✆ 026/4455000

Übernachten (siehe Karte S. 93)

● *Hotels* **** **Golden Tulip Rijnhotel (18)**, Onderlangs 10, 6812 CG Arnhem, 136 Betten, die nobelste und teuerste Adresse vor Ort, Rheinufernähe, zuvorkommender Service, alle Zimmer mit Du/WC, Telefon und TV. EZ ab 148 €, DZ ab 179 €, ✆ 026/4434642, 🖂 4454847, www.rijnhotel.nl.

**** **Best Western Hotel Haarhuis (7)**, Stationsplein 1, 6811 KG Arnhem, zentrale Lage, Nähe Hbf., 164 Betten, modernes Haus, hoher Komfort in geräumigen Zimmern, alle mit Du/WC, Telefon und TV. EZ ab 92 €, DZ ab 127 €, ✆ 026/4427441, 🖂 4427449, www.hotelhaarhuis.nl.

*** **Mercure Hotel Arnhem (15)**, Europaweg 25 (Autobahn A 12), 6816 SL Arnhem, 180 Betten, alle Zimmer mit Telefon und TV, spezielle Nichtraucherzimmer vorhanden. EZ ab 90 €, DZ ab 102 €, ✆ 026/3573333, 📠 3573361.

*** **Hotel Blanc (5)**, Coehoornstraat 4-8, 6811 LA Arnhem, zentrale Lage, Nähe Hbf., 44 Betten, persönliche Atmosphäre, gemütliche Zimmer, Parkgarage. EZ ab 75 €, DZ ab 95 €, ✆ 026/4428072, 📠 4434749, www.hotel-blanc.nl.

*** **Hotel Old Dutch (6)**, Stationsplein 8-10, 6811 KG Arnhem, zentrale Lage, Nähe Hbf., 52 Betten, vergleichbare Leistungen wie im nahe gelegenen Hotel Blanc. EZ ab 75 €, DZ ab 100 €, ✆ 026/4420792, 📠 4457830, www.old-dutch.nl.

** **Hotel Molendal (1)**, Cronjéstraat 15, 6814 AG Arnhem, zentrale Lage nahe Park Sonsbeek, altes Stadtschlösschen mit 40 Betten, alle Zimmer mit Du/WC, Telefon und TV. EZ ab 90 €, DZ ab 105 €, ✆ 026/4424858, 📠 4436614.

* **Hotel Pension Parkzicht (2)**, Apeldoornsestraat 16, 6828 AB Arnhem, 34 Betten, markisenbestückte Fassade an sehr verkehrsreicher Straße, freundlicher Service, saubere Zimmer, alle mit TV. EZ ab 25 €, DZ ab 46 €, ✆ 4420698, 📠 4436202.

* **Hotel Rembrandt (3)**, Patersstraat 1-3, 6828 AG Arnhem, 15 Betten, einfaches Haus, an der Fassade mit viel Graffiti versehen. EZ ab 25 €, DZ ab 50 €, ✆ 026/4420153.

● *Jugendherberge* **NJHC-Jugendherberge Alteveer (14)**, Diepenbrocklaan 27, 6815 AH Arnhem, ganzjährig geöffnet, 194 Betten, Zweierzimmer (4), Dreierzimmer (1), Viererzimmer (13), Fünferzimmer (1), Sechserzimmer (1), Achterzimmer (15). Übernachtung im Schlafsaal inkl. Frühstück 21-22 € (je nach Saison), ✆ 026/4420114, 📠 3514892, arnhem@njhc.org.

NJHC-Jugendherberge Doorwerth (17), Kerklaan 50, 6865 GZ Doorwerth, wenige Kilometer westlich von Arnhem (N 225), ganzjährig geöffnet, 104 Betten, Einerzimmer (2), Dreierzimmer (4), Viererzimmer (3), Sechserzimmer (13). Übernachtung im Schlafsaal inkl. Frühstück 17-19 € (je nach Saison), ✆ 026/3334300, 📠 3337060, doorwerth@njhc.org.

● *Camping* **Camping Arnhem (19)**, Kemperbergerweg 771, 6816 RW Arnhem, A12 (Arnhem–Utrecht), Ausfahrt Arnhem-Noord, Schildern folgen, 5 km außerhalb, nahe Hoge Veluwe, Autobahn verläuft nur wenige hundert Meter entfernt, trotzdem ein wunderbarer Platz, Bäume und Sträucher, vereinzelt kleine Lichtungen, hervorragende Sanitärs, Fahrradverleih, Lebensmittelgeschäft, Wanderhütten (3), geöffnet April-Oktober. Stellplatz (inkl. 2 Pers.) 21 €, zus. Person 2.25 €, Duschen inkl., Fläche 36 ha, ✆ 026/4431600, 📠 4457705, arnhem@holiday.nl.

Camping De Hooge Veluwe (20), Koningsweg 14, 6816 TC Arnhem, A12 (Arnhem–Utrecht), Ausfahrt 25 (Oosterbeek), Richtung Hoge Veluwe, Schildern folgen, Autobahn in wenigen hundert Metern Entfernung, parkähnliche Anlage mit einfachen sanitären Anlagen, Fahrradverleih, Lebensmittelgeschäft, Schwimmbad, Wanderhütten (2), geöffnet April-Oktober. Stellplatz (inkl. 2 Pers.) 24 €, zus. Person 3 €, Duschen inkl., Fläche 18 ha, ✆ 026/4432272, 📠 4436809, hooge.veluwe@vvc.nl.

Camping Warnsborn (21), Bakenbergseweg 257, 6816 PB Arnhem, A12 (Arnhem–Utrecht), Ausfahrt 25 (Oosterbeek), N 224 Richtung Arnhem, Ausfahrt Burgers' Zoo, Schildern folgen, Landgut Warnsborn, einfache Sanitärs, Fahrradverleih, Lebensmittelgeschäft, Wanderhütten (2), geöffnet April-Oktober. Person 2.75 €, Zelt 1.50 €, Auto 2.50 €, Duschen 0.45 €, Fläche 3,5 ha, ✆ 026/4423469, 📠 4421095, info@campingwarnsborn.nl.

Essen

Das abendliche Arnhem orientiert sich vornehmlich am historischen Korenmarkt, der Pauwstraat und den umliegenden Nebenstraßen. Insbesondere bei schönem Wetter locken zahlreiche Cafés und Restaurants mit Tischen unter freiem Himmel.

Groot Warnsborn (22), Bakenbergseweg 277, 6816 VP Arnhem, herrlich gelegen auf dem waldreichen Landgut Warnsborn, französische Küche in stimmungsvoller Atmosphäre, bei gutem Wetter empfiehlt sich die angenehme Terrasse, ✆ 026/4455751, www.grootwarnsborn.nl.

Pssst Amigo Mexicaans Restaurant (11), Pauwstraat 14, 6811 GK Arnhem, gemütliches mexikanisches Restaurant, dunkel-geschmackvolle Einrichtung mit Liebe fürs Detail, drei echte (!) Papageien im hinteren Teil, empfehlenswerte "Combinacion de la Casa" mit Quesada (Weizentortilla mit Käse

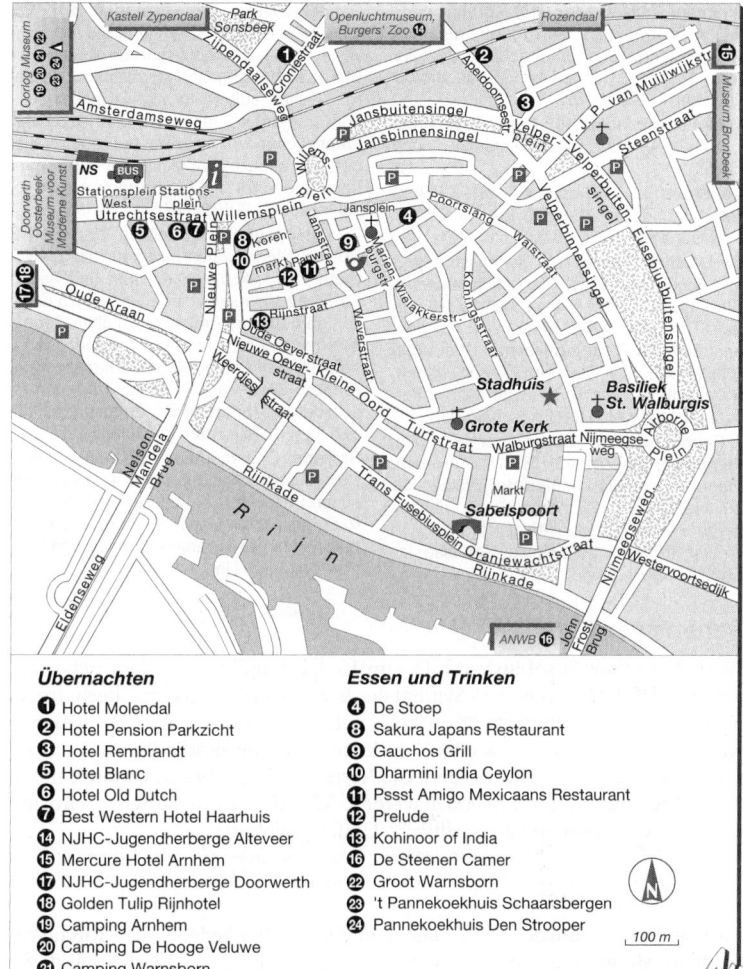

Arnhem

Übernachten

① Hotel Molendal
② Hotel Pension Parkzicht
③ Hotel Rembrandt
⑤ Hotel Blanc
⑥ Hotel Old Dutch
⑦ Best Western Hotel Haarhuis
⑭ NJHC-Jugendherberge Alteveer
⑮ Mercure Hotel Arnhem
⑰ NJHC-Jugendherberge Doorwerth
⑱ Golden Tulip Rijnhotel
⑲ Camping Arnhem
⑳ Camping De Hooge Veluwe
㉑ Camping Warnsborn

Essen und Trinken

④ De Stoep
⑧ Sakura Japans Restaurant
⑨ Gauchos Grill
⑩ Dharmini India Ceylon
⑪ Pssst Amigo Mexicaans Restaurant
⑫ Prelude
⑬ Kohinoor of India
⑯ De Steenen Camer
㉒ Groot Warnsborn
㉓ 't Pannekoekhuis Schaarsbergen
㉔ Pannekoekhuis Den Strooper

100 m

und Gemüse), Sparerib (mit Honig mariniert) und Taco (mit Hähnchen), ✆ 026/4424244, www.pssstamigo.nl.

Prelude (12), Luthersestraat 11, 6811 GR Arnhem, Cajun-Spezialitäten, Fleisch- und Fischgerichte, vegetarische Platten, wahlweise mild oder sehr scharf, wechselnde 3-Gänge-Tagesmenüs, Di geschlossen, ✆ 026/4436327.

Sakura Japans Restaurant (8), Korenmarkt 9, 6811 GV Arnhem, Zubereitung der Speisen direkt am Tisch, für ein japanisches Restaurant preiswertes 6-Gänge-Menü, ✆ 026/4458275.

Gauchos Grill (9), Jansplaats 13a, 6811 GB Arnhem, Grillrestaurant mit den typischen deftig-kräftigen Fleischgerichten, gute Steaks und gute Salate, ✆ 026/4434121.

Dharmini India Ceylon (10), Korenmarkt 5, 6811 GV Arnhem, Köstlichkeiten der indischen Küche, Tandoori-Gerichte, mild oder sehr scharf, 3-Gänge-Menüs mit großer Auswahl, ✆ 026/4439655.

Kohinoor of India (13), Oude Oeverstraat 7, 6811 JX Arnhem, Do Buffetabend, ✆ 026/3514513.

De Stoep (4), Ruiterstraat 6, 6811 CP Arnhem, freundliches Eetcafé mit "gezelliger" Atmosphäre, ✆ 026/4430288.

De Steenen Camer (16), Hannesstraatje 2, 6843 NV Arnhem-Zuid, Pfannkuchenhaus in altem Bauernhof im sächsischen Stil, 80 Sorten, Terrasse, A 325 Arnhem–Nimwegen, Ausfahrt und Richtung Heteren-Driel, Ausschilderung "De Steenen Camer" folgen, März-Oktober tägl. 12-20.30 Uhr, November-Februar Mo-Fr 16-20.30 Uhr, ✆ 026/3815237.

't Pannekoekhuis Schaarsbergen (23), Kemperbergerweg 673, 6816 RV Arnhem, Pfannkuchenhaus inmitten der Wälder der Veluwe, etwa 5 km außerhalb in Schaarsbergen, Ausschilderung folgen (grüne VVV-Tafeln), 100 Sorten, Spielplatz, Terrasse, Di-So 12-20 Uhr, ✆ 026/4431434.

Pannekoekhuis Den Strooper (24), Koningsweg 18, 6816 TC Arnhem, die Alternative in Schaarsbergen, gut erreichbar mit Bus 2, Nähe Eingang Nationalpark und damit weiter außerhalb als Pannekoekhuis Schaarsbergen, angeblich die leckersten Pfannkuchen der Veluwe, große Auswahl, deftig oder süß, sehr lecker der "Kip zonder Kop", leider nur bis 20 Uhr geöffnet, Di geschlossen, ✆ 026/3516987.

De Snippenhof, Parallelweg 23, 6922 HP Duiven, Pfannkuchenrestaurant einige Kilometer südöstlich von Arnhem (auf halber Strecke zur deutsch-niederländischen Grenze), gemütliches Ambiente im alten, zentral gelegenen Koffiehuis des örtlichen Bahnhofs, 80 Sorten, Spielplatz, Terrasse, A 12 Arnhem–Zevenaar, Ausfahrt Duiven, Ausschilderung "Sporthal De Endesprong" folgen, tägl. 12-20.30 Uhr, ✆ 0316/282818.

Strijland, Groenestraat 1, 6991 GA Rheden, Pfannkuchenvariationen nach altholländischen Rezepten nordwestlich von Arnhem, 60 Sorten, Anfahrt via Arnhem über den Velperbroekcircuit Richtung Zutphen und Rhenen, tägl. 12-20 Uhr, ✆ 026/4951382.

Sehenswertes

Grote Kerk (Sint Eusebiuskerk): Die im 15. Jahrhundert im spätgotischen Stil erbaute Eusebius-Kirche, das Symbol des historischen Stadtkerns, beeindruckt in erster Linie durch ihren 96 m hoch aufragenden Kirchturm. Das gesamte Kirchenschiff wurde im Zweiten Weltkrieg erheblich beschädigt und musste mühsam wiederaufgebaut werden. Die Restaurierungsarbeiten konnten erst in den frühen 80er Jahren beendet werden. Wer den Turm besteigt, wird mit schönen Ausblicken auf das städtische Umfeld belohnt.
Adresse/Öffnungszeiten Kerkplein, 6811 JL Arnhem, ✆ 026/4435068. Mai-September Di-Sa 10-17 Uhr, So 12-17 Uhr; Oktober-April Di-Sa 11-16 Uhr, So 12-16 Uhr. Eintritt frei. Turmbesteigung: Erwachsene 2.50 €, Kinder 2 €.

Basiliek Sint Walburgis: Der Grundstein der zweiten bedeutenden Kirche der Stadt wurde ein Jahrhundert vor Errichtung der Eusebius-Kirche gelegt. Sie wird von zwei Türmen überragt, was für gotische Kirchen in den Niederlanden eher ungewöhnlich ist. Die angegliederte Schatzkammer birgt kostbare Kirchenschätze der vergangenen fünf Jahrhunderte.
Adresse/Öffnungszeiten Sint Walburgisplein, 6811 AB Arnhem, ✆ 026/4426469. Besichtigung nur zwischen Juni und September nach telefonischer Voranmeldung. Eintritt frei.

Provinciehuis: Die Stadtväter entschieden sich nach langen Diskussionen, das während des Krieges zerstörte Gebäude am Markt 11 als Sitz der gelderländischen Provinzialregierung wiederzuerrichten. Die Arbeiten wurden 1954 abgeschlossen; gelungen ist insbesondere die Gestaltung des Hofes. Nur wenige Schritte entfernt stehen mit dem alten Stadttor *Sabelspoort* die letzten Reste der frühen Verteidigungsanlagen aus dem 15. Jahrhundert.

Huis van Maarten van Rossum: Die drei kleinen steinernen Teufel am Eingang begrüßen den Besucher mit grimmigen Blicken. Das 1545 erbaute Haus trägt im Volksmund folgerichtig den Namen *Duivelshuis* – "Teufelshaus". Hier war knapp zwei Jahrhunderte lang das städtische Rathaus untergebracht, ehe 1968 ein moderner Neubau in der Koningstraat den ständig wachsenden Verwaltungsapparat übernahm.

De Witte Molen: In der alten Wassermühle am Rande des hügelreichen Stadtparks Sonsbeek, der ideale Voraussetzungen für längere Spaziergänge entlang kleiner Teiche und Wasserfälle bietet, wird seit dem 15. Jahrhundert Getreide gemahlen und verkauft. Im angrenzenden Besucherzentrum informiert eine Dauerausstellung über die kulturgeschichtliche Entwicklung der Region. Das Areal liegt nördlich des Arnhemer Bahnhofs.
Adresse/Öffnungszeiten Zijpendaalseweg 24, 6811 JL Arnhem, ✆ 026/4450660. Di-Fr 10-16.30 Uhr. Eintritt frei.

Kasteel Zypendaal: Das nördlich von Park Sonsbeek gelegene Schloss (1762) steht in einer weiteren reizvollen Parkanlage, die im späten 19. Jahrhundert nach Plänen des deutschen Landschaftsarchitekten *C.E.A. Petzold* gestaltet wurde. Das kostbare Interieur des Gebäudes kann im Rahmen einer Führung besichtigt werden.
Adresse/Öffnungszeiten Zijpendaalseweg 44, 6814 CL Arnhem, ✆ 026/3552555. April-Oktober Di-Fr und So 13-17 Uhr, Führungen stündlich bis 16 Uhr. Erwachsene 2.50 €, Kinder 1.25 €.

Nederlands Openluchtmuseum: Schauen Sie den kleinen Leuten aus vergangenen Jahrhunderten über die Schulter: in der Dampfmolkerei, der Dorfschule oder der Papiermühle. Das futuristisch anmutende *HollandRama*

Freilichtmuseum Arnhem

im neuen Eingangsgebäude des Museums entführt den Besucher auf eine außergewöhnliche Reise durch die Vergangenheit der Niederlande. Auf großen Bildern tauchen eine Gracht aus dem 18. Jahrhundert, eine riesige Kornmühle, eine Küche aus der Vorkriegszeit und die zeeländischen Delta-Dämme auf – untermalt von Geräuschen, Gerüchen und Lichteffekten. Das Arnhemer Freilichtmuseum beleuchtet die reiche Vergangenheit der ländlichen Niederlande und bemüht sich um den Erhalt architektonischer Zeitzeugnisse.

Altholländische Bauernhöfe, Krämerläden, Mühlen und Wohnhäuser mit uriger Einrichtung prägen die Atmosphäre auf dem 45 ha großen, baumbestandenen und schattigen Gelände. Als sehr reizvoll erweist sich die blaue Farbe mancher Bauten, die angeblich die Fliegen auf Abstand hält! Die Räume

Alles einsteigen, Türen schließen!

im windschiefen Fischerhaus sind winzig, ebenso die nahen Verschläge der Waschfrauen. Mägde knien in engen Holzverschlägen und schrubben Kleidungsstücke, während Bäuerinnen in traditioneller Tracht historische Gerichte zubereiten. Der Papierschöpfer bittet um tatkräftige Mithilfe beim Einweichen der Stoffe, derweil sich der Bäcker nebenan beim Backen über die Schulter schauen lässt. In der Käsefabrik bestimmen Dampfmaschinen den Arbeitsrhythmus. Die historische Straßenbahn, die anhand von Zeitzeugenberichten dem durch deutschen Bombenhagel im Krieg zerstörten Original nachempfunden wurde, rumpelt ächzend und stöhnend durch den Park. Schaffner kontrollieren die Fahrscheine, die auf der ganzen Strecke Gültigkeit haben. "Alles einsteigen, Türen schließen", und los geht die Reise durch die Vergangenheit. Alles in allem besitzt Arnhem mit diesem Freilichtmuseum ein ebenbürtiges Pendant zum Zuiderzee-Museum im nordholländischen Enkhuizen (siehe S. 360), das als eine der bedeutendsten Sehenswürdigkeiten des Landes gilt. Im Winter 2001 blieb ein Teil der Anlage erstmals auch in der kalten Jahreszeit geöffnet.

Adresse/Öffnungszeiten Schelmseweg 89, 6816 SJ Arnhem, ✆ 026/3576111, www.openluchtmuseum.nl. April-Oktober täglich 10-17 Uhr. Erwachsene 11 €, Kinder 7.30 €, Senioren (Pas65) 10.50 €. Begleittexte in deutscher Sprache.

Burgers' Zoo: Ein völlig neu konzipierter Löwenpark mit weitgehend unauffälligen Trennvorrichtungen öffnete 1968 seine Pforten. Der große Erfolg veranlasste die Planer schon wenige Monate später, das Gelände auszubauen; heute werden hier unterschiedliche Biotope naturgetreu nachstellt. In Burger's Busch kann man sich auf Entdeckungsreise durch den Regenwald begeben, um dann durch einen Tunnel in die trockene Wüste des nordamerikanischen Kontinents vorzustoßen. In luftiger Höhe schweben mächtige Geier über den

Köpfen der Besucher, während sich Geckos und Schlangen blitzschnell im Sand verstecken. Im Ozean – mit tropischem Strand – leben u. a. Haie und Rochen, die aus unergründlichen Tiefen emportauchen und durch eine riesige Glasscheibe beobachtet werden können.

Adresse/Öffnungszeiten Schelmseweg 85 (Trolleybus 3), 6816 SH Arnhem, ✆ 026/4450373, www.burgerszoo.nl. Täglich 9-19 Uhr, Oktober-März bis zum Einbruch der Dunkelheit. Erwachsene 14 €, Kinder 12 €, Senioren (Pas65) 13 €. Führungen in deutscher Sprache.

Museum voor Moderne Kunst: Das städtische Gemeindemuseum beherbergt wertvolle Kunstschätze, in deren Mittelpunkt eine Kollektion ansprechender Keramiken steht: Delfter Fayencen und Porzellane aus dem chinesischen Kulturraum. Gläser, Münzen und eine Gemäldesammlung mit den Werken renommierter Künstler vergangener Jahrhunderte ergänzen das Angebot.

Adresse/Öffnungszeiten Utrechtseweg 87, 6812 AA Arnhem, ✆ 026/351243, www.mmkarnhem.nl. Di-Fr 10-17 Uhr, Sa/So 11-17 Uhr. Erwachsene 6 €, Kinder frei, Senioren (Pas65) 4.50 €, MJK. Führungen in deutscher Sprache.

Museum Bronbeek: Das Landgut Bronbeek, das 1863 als Heim für pflegebedürftige Soldaten der ehemaligen niederländischen Kolonialtruppen eingerichtet wurde, birgt derzeit eine militärgeschichtliche Sammlung, die neben Kanonenrohren aus Bronze zahlreiche ethnografische Exponate aufweisen kann. Diese Mitbringsel der Heimkehrer vermitteln tiefe Einblicke in die Kulturen der ehemaligen niederländischen Kolonien.

Adresse/Öffnungszeiten Velperweg 147, 6824 MB Arnhem, ✆ 026/3840840. Di-So 10-17 Uhr. Erwachsene 2.30 €, Kinder 1.15 €.

Arnhems Oorlogmuseum '40-'45: Die Ausstellung gedenkt der zahlreichen Opfer der viertägigen Schlacht um die Brücke von Arnhem, die im September 1944 das Stadtzentrum innerhalb kürzester Zeit in Schutt und Asche legte.

Adresse/Öffnungszeiten Kemperbergerweg 780, 6816 RX Arnhem, ✆ 026/4420958. Di-So 10-17 Uhr. Erwachsene 3 €, Kinder 2.50 €, Senioren (Pas65) 2.50 €.

Airborne Museum Hartenstein: Das westlich von Arnhem gelegene Museum ergänzt die Ausstellung des Oorlogsmuseums mit Exponaten zur britischen *Airborne Division*, deren Aufgabe es war, die geschichtsträchtige Brücke für die alliierten Truppen einzunehmen und bis zum Eintreffen der angekündigten Verstärkung zu halten. Das Vorhaben, das der britische Oberbefehlshaber im alten Hotel Hartenstein zu koordinieren versuchte, scheiterte.

• *Adresse/Öffnungszeiten* Utrechtseweg 232, 6862 AZ Oosterbeek, ✆ 026/3337710, www.airbornemuseum.nl. April-Oktober Mo-Sa 10-17 Uhr; November-März Mo-Sa 11-17 Uhr, So 12-17 Uhr. Erwachsene 4 €, Kinder 3 €, Senioren (Pas65) 3 €. Begleittexte in deutscher Sprache.

Kasteel Rosendael: Das grachtengesäumte Landhaus mit mittelalterlichem Turm liegt nordöstlich der Stadt und ist in eine weitläufige Gartenanlage eingebettet, die in ihrer heutigen Form erst im 19. Jahrhundert und damit mehr als 100 Jahre nach Vollendung des Schlosses (1791) angelegt wurde. Der Park ist im Stile eines englischen Landschaftsgartens gestaltet und präsentiert sich als hügeliges Areal ohne strenge Symmetrie. Ursprünglich befand sich auf dem Gelände ein Barockgarten, von dem noch einige bauliche Reste erhalten sind. Die *Bedriegertjes*, die kleinen Betrüger, gelten als Kleinod der Gartenbaukunst vergangener Jahrhunderte: Aus mehreren im Boden versenkten Düsen

Provinz Gelderland
Karte S. 76/77

schießen völlig unvorhersehbar kleine Wasserfontänen empor – sehr zur Freude der kleineren Besucher.

● *Adresse/Öffnungszeiten* Rosendael 1, 6891 DA Rozendaal (nordöstlich von Arnhem), ✆ 026/3644645. April-Oktober Di-Sa 10-17 Uhr, So 13-17 Uhr. Führungen stündl. bis 16 Uhr. Eintritt Schloss/Park: Erwachsene 5.50 €, Kinder 1.60 €. Eintritt Schloss: Erwachsene 3.70 €, Kinder 1.60 €. Eintritt Park: Erwachsene 2.80 €, Kinder 1.60 €.

Kasteel Doorwerth: Das wenige Kilometer westlich von Arnhem gelegene Wasserschloss, dessen älteste Abschnitte aus dem späten 13. Jahrhundert stammen, ist nur über eine schwere Zugbrücke zugänglich. Die Bauarbeiten dauerten mehr als 300 Jahre, ehe im 16. Jahrhundert die letzten Handgriffe vollbracht waren. Die Zerstörungen des Zweiten Weltkriegs hatten 37 Jahre aufwendiger Rekonstruktionsarbeiten zur Folge. Das imposante Schloss birgt zwei kleinere Ausstellungen, eine der Jagd gewidmete Kollektion mit ausgestopften Tieren, antiken Gemälden und Waffen sowie eine der Malerei gewidmete Sammlung mit Werken der *Oosterbeekse School* des 19. Jahrhunderts. Auf dem Schlossplatz steht eine 300 Jahre alte Akazie, die als ältestes Exemplar ihrer Gattung im westlichen Europa gilt.

Adresse/Öffnungszeiten Fonteinallee 2, 6865 ND Doorwerth (westlich von Arnhem), ✆ 026/3332532. April-Oktober Di-Fr 10-17 Uhr, Sa/So 13-17 Uhr. Führungen stündl. bis 16 Uhr. Erwachsene 4.60 €, Kinder 2.30 €.

Harderwijk

(36.000 Einwohner)

Der Abschlussdeich, der die Zuiderzee zu Beginn des 20. Jahrhunderts in ein Binnengewässer verwandelte, bedeutete für viele Fischerhäfen das Ende der ertragreichen Zeiten. Die Hansestadt Harderwijk teilte dieses Schicksal.

Die sorgsam restaurierten historischen Häuser zeugen von besseren Zeiten, als Harderwijk noch ein wichtiger Fischereihafen am östlichen Ufer der Zuiderzee war. Man erinnert sich an eine stolze Flotte von mehr als 170 Schiffen. Heute ist ein Museumsbesuch erforderlich, um den Glanz dieser Tage wieder aufleben zu lassen.

Aber es gibt auch Erinnerungen ganz anderer Art, denn im 19. Jahrhundert kamen Abenteurer aus allen Ländern Europas nach Harderwijk, um als Soldaten in die niederländischen Kolonien gebracht zu werden – unter ihnen zahllose finstere Gestalten und Gauner. Die Stadt avancierte zur "Gosse Europas". Der bekannte französische Dichter *Arthur Rimbaud* wurde einst als Soldat von Harderwijk aus verschifft. Die Einpolderungen nach der Fertigstellung des Abschlussdeiches veränderten die Situation schlagartig.

Harderwijk präsentiert sich heute als kleines Fischerstädtchen an den Ausläufern des Veluwemeers. Das wenig saubere Gewässer trennt an dieser Stelle den Flevopolder vom alten Land. Es bleiben die Erinnerungen ...

Information/Verbindungen/Adressen

● *Information* ANWB/VVV Harderwijk, Havendam 58, 3841 AA Harderwijk, ✆ 0341/426666, ✆ 427713, www.vvveluwe.nl. Mo-Sa 9-17 Uhr.

● *Bahnverbindungen* 2-3x stündl. Utrecht (Dauer: 50 Min.), 2-3x stündl. Zwolle (25 Min.).
● *Busverbindungen* in Richtung Amersfoort, Apeldoorn, Arnhem, Lelystad, Zwolle.

• *Autovermietung* **Autoverhuur Bultman**, Celsiusstraat 21, 3846 BK Harderwijk, ✆ 0341/433335, www.bultman.nl; **Autoverhuur Budget**, Stephensonstraat 1d, 3846 AK Harderwijk, ✆ 0341/472224 (0800/0537, gratis); **Autoverhuur Heersmink**, Gelreweg 2, 3843 AN Harderwijk, ✆ 0341/422044; **Autoverhuur Hertz**, Celsiusstraat 29, 3846 BK Harderwijk, ✆ 0341/433335.

• *Fahrradverleih* **Rijwielshop Harderwijk**, Stationsplein 1, 3844 KR Harderwijk, ✆ 0341/419927; **Schraverus Fietsen**, Hierdenseweg 21, 3841 GV Harderwijk, ✆ 0341/434903.

• *Einkaufen* Die Geschäfte bleiben in Harderwijk Montagvormittag geschlossen. Am Freitag verschiebt sich der Ladenschluss auf 21 Uhr (Kaufabend). Markttermine: **Wochenmarkt** Sa 9-13 Uhr, Kloosterplein; **Gemüse und Obst** Sa 9-13 Uhr, Smeepoortenbrink.

• *Krankenhaus* **Ziekenhuis Sint Jansdal**, Wethouder Jansenlaan 90, 3844 DG Harderwijk, ✆ 0341/463911.

• *Taxiruf* ✆ 0341/430800

Übernachten/Essen

• *Übernachten* ****** Hotel Baars**, Smeepoortstraat 52, 3841 EJ Harderwijk, 90 Betten, Best Western Gruppe, ehemals Familienhotel mit Tradition, 1876 errichtet, luxuriöse Ausstattung, ruhige Lage im historischen Stadtzentrum. EZ ab 100 €, DZ ab 100 €, ✆ 0341/412007, 🖂 418722, baars@bestwestern.nl.

*** Mercure Hotel Nulde-Putten, Strandboulevard 3 (Autobahn A 28), 3882 RN Putten, 15 km südlich von Harderwijk, 168 Betten, alle Zimmer mit Telefon und TV, spezielle Nichtraucherzimmer. EZ ab 70 €, DZ ab 85 €, ✆ 0341/356464, 🖂 358516.

*** Hotel Marktzicht, Markt 6, 3841 CE Harderwijk, direkt neben dem Hotel Klomp (s. u.), beide Häuser gehören zusammen, 18 Betten, einfache Zimmer. EZ ab 40 €, DZ ab 50 €, ✆ 0341/412155, 🖂 412155.

** Hotel Klomp, Markt 8-10, 3841 CE Harderwijk, 60 Betten, zentrale Lage, freundlicher Service, gutes Frühstück, moderne Räumlichkeiten im neuen Seitenflügel "De Zadel", saubere Zimmer, alle mit Telefon und TV. EZ ab 45 €, DZ ab 50 €, ✆ 0341/413032, 🖂 413230.

Camping Dennenhoek, Parallelweg 25, 3849 ML Hierden, N 302 (Harderwijk–Hierden), Schildern folgen, wenige Minuten östlich von Harderwijk, waldreiche Umgebung, einfache Sanitärs, Fahrradverleih, Schwimmbad, Wanderhütten (2), geöffnet April-Oktober. Stellplatz (inkl. 2 Pers.) 18 €, zus. Person 2.85 €, Duschen inkl., Fläche 8 ha, ✆ 0341/452565, 🖂 452669, info@dennenhoek.nl.

• *Essen* **Ristorante Pizzeria Da Gabriele**, Vischmarkt 31, 3841 BE Harderwijk, gutes Essen in einem schönen alten Haus, Sitzgelegenheiten auf drei Etagen, Pasta und Pizzen, Mo geschlossen, ✆ 0341/414400.

◊◊◊ **De Salentein**, Putterstraatweg 7-9, 3862 RA Nijkerk, 20 km südlich von Harderwijk, Relais du Centre (siehe Seite 56), Speisen der traditionell niederländischen Küche im ehemaligen *Koetshuis* (1826) des altehrwürdigen Landgutes. Tägl. 12-22 Uhr, ✆ 033/2454114, www.desalentein.nl.

Hay Fong, Kerkplein 4-5, 3841 EC Harderwijk, am Eingang geht's über die kleine Brücke ins Innere des Restaurants, gute chinesische Küche mit japanischen Einflüssen, Hauptgerichte in großer Auswahl, ✆ 0341/418951.

In de Gevulde Pannenkoek, Hondegatstraat 6, 3841 CG Harderwijk, Pfannkuchenrestaurant, stets gut besucht, große Auswahl, als Tipp der "Pfannkuchen des Monats", Mo geschlossen, ✆ 0341/413500.

Bakhuus, Bruggestraat 16, 3841 CP Harderwijk, ansprechende Grillplatten im städtischen Steakhaus, freundlicher Service, preiswerte Hauptgerichte, ✆ 0341/419099.

Sehenswertes

Stadhuis: Das spätmittelalterliche Bauwerk am Markt erfuhr 1620 eine umfangreiche Neugestaltung. Nur der Turm aus dem frühen 16. Jahrhundert behielt seine ursprüngliche Gestalt. Das ehemalige Rathaus birgt derzeit die städtische Musikschule. Sein Interieur beeindruckt mit kostbaren Ledertapeten im Ratssaal, die sich schon 1730 an den Wänden befunden haben sollen. Die Tradition, in dieser altehrwürdigen Atmosphäre Hochzeiten zu zelebrieren, hat sich bis zum heutigen Tag gehalten.

Grote Kerk (Onze-Lieve-Vrouwe-Kerk): Die größte Kirche des Ortes verfügt über eine Reihe sehenswerter Deckengemälde und Wandmalereien, die erst im Zuge der kürzlich abgeschlossenen Renovierungsarbeiten entdeckt wurden. Die ältesten Abschnitte der gotischen Kirche datieren aus dem 14. Jahrhundert, doch führten erst wiederholte Umbauten zu ihrer heutigen Gestalt. Der Turm brach vor fast genau 200 Jahren während eines schweren Sturms in sich zusammen – der Neukonstruktion blieb ein ähnlich unglückliches Schicksal bislang erspart.

Adresse/Öffnungszeiten Kerkplein, 3841 CE Harderwijk, ✆ 0341/426666. Besichtigung nur nach Voranmeldung beim städtischen Informationsbüro (VVV).

Muntgebouw: Das Gebäude in der Smeepoortstraat, das einst Teil des ehemaligen Klarissinnenklosters war, diente lange als Sitz der *Gelderschen Munt*, ehe es im vergangenen Jahrhundert unter die Aufsicht der niederländischen Kolonialtruppen gestellt wurde. Die ehemalige "Gosse Europas" errichtete hinter den dicken Mauern ihr wohl wichtigstes Warendepot. Der Komplex liegt unweit des *Smeepoort* (Schmiedetor), des neben dem *Vischpoort* (Fischtor) einzig erhaltenen Stadttors der Befestigungsanlagen aus dem 14. Jahrhundert.

Vanghentoren: Im frühen 19. Jahrhundert fristeten die letzten Gefangenen ihr Leben hinter den dicken Mauern des städtischen Gefängnisturms. Nur wenig später wandelte sich das Bild und ließ den einst verwunschenen Ort zu einer gefragten Anlaufstelle der ärmeren Bevölkerungsschichten werden. Mehr als einhundert Jahre lang verteilte man an dieser Stelle warme Mahlzeiten an Hilfsbedürftige. Der Volksmund spricht deshalb vom *Soephuis* (= Suppenhaus).

Linnaeustoren: Das Monument in der Academiestraat trägt den Namen des berühmten schwedischen Naturforschers *Carl von Linné* (1707–1778), der lange Jahre an der früheren Harderwijker Universität studierte. Der im späten 16. Jahrhundert erbaute Turm, der den ehemaligen Hortus Botanicus der städtischen Akademie überragt, war ursprünglich ein fester Bestandteil des Hauses *Heren in t'Loo*.

Dolfinarium Harderwijk: Das Erfolgsgeheimnis von Europas größtem Meerestierpark liegt in der gelungenen Kombination aus Showelementen (vergnüglich oder waghalsig) und Information. Die pfiffigen Delphine und Seelöwen und die gemütlichen Walrosse bringen die Besucher zum Lachen und Staunen. Eine mit 15 Millionen Litern Salzwasser gefüllte Lagune vor einer 60 m langen Glaswand gewährt Einblicke in die Welt des Meeres, in der Delphine, Fische, Krabben und Seesterne einen gemeinsamen künstlichen Lebensraum gefunden haben. Das Dolfinarium verfügt darüber hinaus über ein Auffangzentrum für verwundete Delphine. Die Besucher können bei der Behandlung der Tiere zusehen. Die Visite lässt sich durch den Film *Sea Dream* abrunden, der in 3D-Qualität einen faszinierenden Eindruck von der exotischen Unterwasserwelt vermittelt. Der größte Meereszoo Europas gilt als vorbildliche Einrichtung, die vor allem durch ihre artgerechte Tierhaltung überzeugt.

Adresse/Öffnungszeiten Strandboulevard Oost 1, 3841 AB Harderwijk, ✆ 0341/467467, www.dolfinarium.nl. März-Oktober täglich 10-18 Uhr (Kasse bis 16 Uhr); November-Februar täglich 10-17 Uhr (Kasse bis 16 Uhr). Erwachsene 19 €, Kinder 19 €, Senioren (Pas65) 16.50 €.

Elburg

(21.000 Einwohner)

Die Gemeinde Elburg liegt an den westlichen Ausläufern der Veluwe, einem der schönsten Naturschutzgebiete der Niederlande. Die direkte Nähe der Randseen des IJsselmeers hat Elburg zu einem beliebten Wassersportgebiet werden lassen.

Zahlreiche malerische Gassen, historische Bauten und die Reste der Kasematten und Wallanlagen prägen das Bild der Festungsstadt, die zu den ersten Mitgliedern des mächtigen Hansebundes gehörte. Nahezu einzigartig ist der konsequent rechteckige Grundriss der historischen Altstadt, der nach einem Entwurf des Stadtverwalters *Arent thoe Boecop* entstand.

Vor der Fertigstellung des Abschlussdeichs, der die ehemalige Zuiderzee 1932 in ein Binnengewässer verwandelte, bildete die Fischerei die Haupterwerbsquelle der Stadt. Aal, Butt, Hering und Spierling wurden in großem Maßstab gefangen, und die stattliche Elburger Flotte zählte mehr als 70 Schiffe. Der Abschlussdeich raubte der Stadt den Zugang zum offenen Meer und reduzierte den Salzgehalt des Wassers drastisch. Der Fischerei blieb alleine der Fang von Aalen und Hechtbarschen. Heute erinnern nur der Elburger Aal, der nach wie vor als besondere Delikatesse gehandelt wird, und die alte Fischversteigerung an die ehemals glorreichen Zeiten.

Information/Verbindung/Rundfahrten

- *Information* **VVV Elburg**, Ledige Stede 31, 8081 CS Elburg, ✆ 0525/681520, ⌕ 683496, www.vvvelburg.nl, Mai-August Mo-Fr 9-17 Uhr, Sa 10-16 Uhr; September-April Mo 12-17 Uhr, Di-Fr 9-17 Uhr, Sa 12-16 Uhr.
- *Bahnverbindungen* nächster Bahnhof in 't Harde (6 km).
- *Busverbindungen* in Richtung Amersfoort, Dronten, Epe, Harderwijk, Zwolle.
- *Rundfahrten* **Schiffstour Elburg–Urk**, Juli/August Di-Fr 10 Uhr. Aufenthalt in Urk:

12.45-14.15 Uhr. Rückkehr: 17 Uhr. Erwachsene 10.50 €, Kinder 6 €. Abfahrt am Vischpoort in Elburg.
Bootsrundfahrt auf das Veluwemeer, April-September Mo-Sa 10-17 Uhr (stündlich). 50 Min. Dauer. Erwachsene 4 €, Kinder 2.50 €. 100 Min. Dauer. Erwachsene 5 €, Kinder 2.50 €. Abfahrt am Vischpoort in Elburg. Information: Rederij Randmeer, Lemmerpad 12, 3844 JJ Harderwijk, ✆ 06/51416210, www.rederij-randmeer.nl.

Adressen

- *Einkaufen* Die Geschäfte bleiben in Elburg Montagvormittag geschlossen. Am Freitag verschiebt sich der Ladenschluss auf 21 Uhr (Kaufabend). Markttermin: **Wochenmarkt** Di 8-13 Uhr, Parkplatz Noorderwal.
- *Fahrradverleih* **Koops Tweewielers**, Westerlengte 14, 8081 PZ Elburg, ✆ 0525/684461; **Rijwiel Cash and Carry**, J.P. Broekhovenstraat 3, 8081 HB Elburg, ✆ 0525/683939.
- *Kanuverleih* **Veluwestrandbad**, Flevoweg 5, 8081 PA Elburg, ✆ 0525/681480.
- *Kräutergarten* **Kruidentuin De Groene Kruidhof**, Ellestraat 52, ✆ 0525/681711, Klostergarten mit etwa 70 Kräutern und Heilpflanzen. Mai-Oktober täglich 10-20 Uhr. Eintritt frei.
- *Krankenhaus* **Sophia Ziekenhuis**, Dokter van Heesweg 2, 8025 AB Zwolle, ✆ 0900/2024322.
- *Mühle* **Molen De Tijd**, Zuiderzeestraatweg 18, ✆ 0525/245215, Kornmühle (19. Jh.) mit achteckigem Grundriss, Mehlverkauf. Sa 11.30-15.30 Uhr. Eintritt: freiwilliger Beitrag.
- *Taxiruf* ✆ 0525/681415

Übernachten/Essen

- *Übernachten* ***** Hotel Elburg**, Smeedestraat 5, 8081 EG Elburg, 26 Betten, zentrale Lage, erste Adresse vor Ort, gepflegtes Interieur, alle Zimmer mit Du/WC, Telefon und TV. EZ ab 50 €, DZ ab 80 €, ℡ 0525/683877, ℡ 683549.

Camping Veluwe Strandbad, Flevoweg 5, 8081 PA Elburg, Schildern folgen, nur wenige Meter außerhalb der Stadt direkt am Veluwemeer gelegen, Lebensmittelgeschäft, ganzjährig geöffnet. Stellplatz (inkl. 4 Pers.) 27 €, zus. Person 3.85 €, Duschen inkl., Fläche 19 ha, ℡ 0525/681480, ℡ 685772, info@monda.nl.

- *Essen* **'t Olde Regthuys**, Beekstraat 33, 8081 EA Elburg, leckere Gerichte der holländischen Küche, Spezialität des Hauses sind Fischteller, Mi-Do geschlossen, ℡ 0525/684830.

Hong Kong, Smeedestraat 9, 8081 EG Elburg, zentrale Lage im Ortszentrum, chinesische Küche, umfangreiche Karte, ℡ 0525/682239.

Le Papillon, Vischpoortstraat 15, 8081 EP Elburg, gemütliches Bistro am gleichnamigen städtischen Verteidigungsturm, Di geschlossen, ℡ 0525/681190.

Sehenswertes

Grote Kerk (Sint Nicolaaskerk): In einer Ecke der schachbrettartig aufgeteilten Altstadt liegt die Nicolaas-Kirche, deren älteste Abschnitte aus dem Jahre 1392 stammen. Sie ist dem "meist geliebten Patron der handeltreibenden Küstenbewohner" geweiht, wie es eine handliche Informationsbroschüre sehr anschaulich formuliert. Sehenswert ist neben schönen Wandmalereien die von *Georg Heinrich Quellhorst* (1770–1836) gestaltete Orgel (1825), eine der schönsten der Niederlande, auf der in der Saison regelmäßig Konzerte gespielt werden. Möchte man mehr erfahren, so stellt dies kein ernsthaftes Problem dar, denn "vor ausgebreitete Information können Sie Auskünfte erwerben bei unserem Küster". Die kleine Broschüre ist wirklich gut!

Adresse/Öffnungszeiten Zuiderwalstraat 1, 8081 AB Elburg, ℡ 0525/681520 (VVV). Juli/August täglich 13.30-16.30 Uhr. Erwachsene 1 €, Kinder 0.50 € (jeweils inkl. Turmbesteigung).

Vischpoort: Der ehemalige Verteidigungsturm aus dem 14. Jahrhundert, eines der Wahrzeichen der Stadt, erhielt seine heutige Gestalt erst 200 Jahre später, als man ihn 1592 zum Stadttor umfunktionierte. Mittlerweile bergen die dicken Mauern eine kleine Ausstellung zur Fischereigeschichte Elburgs und dienen als Ausgangspunkt für eine Besichtigung der unterirdischen Gangsysteme der Kasematten (Onderaardse Gangen, Kazematten).

Adresse/Öffnungszeiten Vischpoortstraat, 8081 JL Elburg, ℡ 0525/681520 (VVV). Juli/August Mo 14-16.30 Uhr, Di-Fr 10-12 Uhr und 13-16.30 Uhr. Erwachsene 2 €, Kinder 1.50 € (jeweils inkl. Gemeentemuseum).

Gemeentemuseum: Das restaurierte Agnietenkonvent, ein Frauenkloster aus dem Jahre 1418, beherbergt gegenwärtig eine Sammlung alter Drucke, Gemälde und Zeichnungen zur Stadtgeschichte sowie Keramiken, Möbel, Silber und eine kleine Kollektion alter Folterwerkzeuge. Sehenswert sind allerdings auch die Gebäude selbst, allen voran die mittelalterliche Kapelle und der kleine Klostergarten, der einen schönen Blick auf die spätgotischen Bauten ermöglicht. Das angegliederte *EcoMuseum* befasst sich darüber hinaus mit der Archäologie und Geologie der umliegenden Landstriche.

- *Adresse/Öffnungszeiten* Jufferenstraat 6-8, 8081 CR Elburg, ℡ 0525/681341. April-September Mo 14-17 Uhr, Di-Fr 10-12 Uhr und 14-17 Uhr; Juni-August Mo 14-17 Uhr, Di-Fr 10-17 Uhr; Oktober-März Di-Fr 10-12 Uhr und 14-17 Uhr. Erwachsene 2 €, Kinder 1.50 € (jeweils inkl. Vischpoort). Führungen in deutscher Sprache.

Visafslag: Die alte Versteigerungshalle erlebte nach ihrer Eröffnung 1916 einen florierenden Handel mit frischem Nordseefisch. Der Niedergang der Fischerei aber ließ sie in den späten 50er Jahren überflüssig werden. Die Auktionshalle musste schließen und wechselte ihren Besitzer. Erst vor wenigen Jahren kaufte der Elburger Heimatverein die alte Halle zurück und restaurierte sie. Historische Dokumente und Fotografien vermitteln seither einen Einblick in die regionale Fischereigeschichte.

Adresse/Öffnungszeiten Haven van Elburg, 8081 AN Elburg, ✆ 0525/681520 (VVV). Juli/August Di-Sa 14-17 Uhr. Eintritt: freiwilliger Beitrag.

Nationaal Historisch Orgelmuseum: Die Ausstellung erweist sich als breit gefächerte Sammlung historischer Dokumente zum Thema Orgel. Neben der obligatorischen Kollektion wertvoller Originale erinnern Fotografien, Manuskripte und Zeichnungen an berühmte Organisten, berühmte Orgelbauer und berühmte Orgeln. Darüber hinaus erläutern Übersichtstafeln die Funktionsweise der Instrumente.

Adresse/Öffnungszeiten Rozemarijnsteeg 9-11, 8081 GA Elburg, ✆ 0525/684220. Di-Sa 10-12 Uhr und 14-17 Uhr; Juli/August Mo 14-17 Uhr, Di-Sa 10-17 Uhr. Erwachsene 1.40 €, Kinder 0.90 €. Führungen in deutscher Sprache.

Bezoekerscentrum De Vier Jaargetijden: Das Informationszentrum *Alfred Vogel* präsentiert Dioramen, Fotografien und Videoaufzeichnungen, die Einblicke in die Heilkräfte der Natur geben. Darüber hinaus gibt es eine antike Drogerie aus deutschen Landen, in der lebensgroße Kitschfiguren die urige Atmosphäre allerdings empfindlich stören. Der Besucher erhält eine Einführung in die Homöopathie und darf anschließend im Rahmen einer Führung die weitläufigen Kräutergärten besuchen.

Adresse/Öffnungszeiten Industriestraat 15, 8081 HH Elburg, ✆ 0525/687373. April-Oktober Mo-Fr 9.30-16 Uhr, Juni-August auch Sa 10-16.30 Uhr. Eintritt frei.

Hattem   (11.500 Einwohner)

Die historischen Verteidigungsanlagen der alten Festungsstadt südlich von Zwolle sind zwar nur noch in geringem Ausmaß vorhanden, doch strahlen die Überreste der aus dem 15. Jahrhundert stammenden Stadtumwallung eine angenehm ruhige Atmosphäre aus. Ihre Anziehungskraft verdankt die kleine Stadt allerdings ihren beiden Museen, der Anton-Pieck-Sammlung und dem Bäckereimuseum.

Der Komplex aus **Anton Pieck Museum** und **Voermanhuis** zeigt Haushaltsgegenstände, Kleidung, Möbel und einen Feuerwehrwagen aus dem frühen 19. Jahrhundert. Darüber hinaus sind Werke des Illustrators *Anton Pieck* (1895–1987) und des Landschaftsmalers *Jan Voerman* (1857–1941) ausgestellt. Die beeindruckende Pieck-Sammlung umfasst Werke der 80-jährigen Schaffenszeit des Künstlers: Aquarelle, Handzeichnungen, Radierungen sowie zahlreiche Buch- und Kartenillustrationen. Anton Pieck gilt seit den frühen 20er Jahren als populärster Zeichner der Niederlande, der sich auch international einen Namen machen konnte. Er arbeitete nicht nur als Grafiker, sondern versuchte sich auch an Holzschnitten, Ölbildern und Radierungen.

Im **Nederlands Bakkerij Museum** gibt es alles, was auch nur entfernt mit dem Backen zu tun hat. Die auf die drei sehenswerten Gebäude *De Dijkpoort, Het*

Backhuys und *Het Pand* verteilte Ausstellung lockt den Besucher mit angenehmen Düften: Im alten Holzofen wird regelmäßig auf traditionelle Weise gebacken.

Information/Verbindung/Adressen

• *Information* VVV **Hattem**, Kerkhofstraat 2a, 8051 GG Hattem, ☎ 0525/4443014, ☏ 4441383, www.vvvhattem.nl. Mo-Sa 9-12.30 Uhr und 13-17 Uhr.

• *Adressen/Öffnungszeiten* **Anton Pieck Museum (Voermanhuis)**, Achterstraat 46-48, 8051 GC Hattem, ☎ 0525/4442192 (Anton Pieck Museum) bzw. 4442897 (Voermanhuis). Mai-Oktober Mo-Sa 10-17 Uhr, Juli/August auch So 13-17 Uhr; November-April Di-Sa 10-17 Uhr; Januar geschlossen. Erwachsene 3.50 €, Kinder 1.90 €, Senioren (Pas65) 3 €.

Nederlands Bakkerij Museum, Kerkhofstraat 13, 8051 GG Hattem, ☎ 0525/4441715, www.bakkerijmuseum.nl. Di-Sa 10-17 Uhr, Juli-August auch Mo 10-17 Uhr. Erwachsene 3.60 €, Kinder 2.30 €, MJK. Führungen in deutscher Sprache.

• *Bahnverbindung* nächster Bahnhof in Zwolle (6 km).

• *Busverbindungen* in Richtung Apeldoorn, Zwolle.

• *Einkaufen* Die Geschäfte bleiben in Hattem Montagvormittag geschlossen. Am Freitag verschiebt sich der Ladenschluss auf 21 Uhr (Kaufabend). Markttermin: **Wochenmarkt** Mi 13-17 Uhr, Stadslaan.

• *Fahrradverleih* **Fiets Fun Tweewielercentrum**, Ridderstraat 9, 8051 EG Hattem, ☎ 0525/4446179; **Vadesto Fietsverhuur**, Veenrand 5, 8051 DW Hattem, ☎ 0525/4445428, www.vadesto.nl; **Veltkamp Tweewielers**, Kruisstraat 12, 8051 GE Hattem, ☎ 0525/4441535.

• *Kanuverleih* **Kanoverhuur Vadesto**, Veenrand 5, 8051 DW Hattem ☎ 0525/4445428, www.vadesto.nl (auch Verleih von Wasserfahrrädern).

• *Krankenhaus* **Sophia Ziekenhuis**, Dokter van Heesweg 2, 8025 AB Zwolle, ☎ 0900/2024322.

• *Taxiruf* ☎ 0525/4222333

Übernachten/Essen

• *Übernachten* **** Herberg Molecaten**, Molecaten 7, 8051 PN Hattem, 1 km südlich des Zentrums, 12 Betten, freundlicher Service, saubere Zimmer, adrette Einrichtung, Fahrstuhl. EZ ab 65 €, DZ ab 85 €, Januar geschlossen, ☎ 0525/4446959, ☏ 4446849.

Camping De Leemkule, Leemkuilen 6, 8051 PW Hattem, A 50 (Apeldoorn–Zwolle), Ausfahrt 29 (Heerde–Wezep), Richtung Wezep, nach 3 km rechts Richtung Hattem-Wappenveld, Platz liegt auf der linken Seite, waldreiche Umgebung, 2,5 km vom Zentrum, gute Sanitärs, Lebensmittelgeschäft, Wanderhütten (2), geöffnet April-Oktober. Stellplatz (inkl. 2 Pers.) 21 €, zus. Person 3.35 €, Duschen inkl., Fläche 26 ha, ☎ 0525/4441945, ☏ 4446280, info@leemkule.nl.

Camping Landgoed Molecaten, Koeweg 1, 8051 PM Hattem, südlich des Ortskerns, Nähe Herberg Molecaten (s. o.), Schildern folgen, kleiner Platz im Grünen, geöffnet April-Oktober. Person 2.75 €, Zelt 2.75 €, Auto 2.75 €, Fläche 3 ha, ☎ 0525/4447044, ☏ 4447079.

• *Essen* **Het Spookhuys**, Adelaarshoek 18, 8051 GR Hattem, Steaks und andere Grillspezialitäten im ältesten noch bestehenden Teil des "Kasteel De Dikke Tinne", ☎ 0525/4445743.

Kota Radja, Nieuweweg 44, 8051 EE Hattem, zentrale Lage, Spezialitäten der chinesischen Küche, leckere kantonesische Gerichte, ☎ 0525/4441656.

Pizzeria Roma, Achterstraat 17, 8051 GA Hattem, italienische Küche, Fisch- und Geflügelgerichte, Pasta und Pizza, angemessene Preise, ☎ 0525/4446979.

Grand Café De Ridderhof, Ridderstraat 25, 8051 EG Hattem, zentrale Lage im Herzen Hattems, Eetcafé mit holländischer Küche, wechselnde Karte, große Auswahl an Pfannkuchen, am späteren Abend ein gemütliches Café, ☎ 0525/4446627.

Croissanterie Pompidou, Kerkstraat 55, 8051 GK Hattem, Baguettes, Croissants und andere französische Leckereien, ☎ 0525/4442808.

Apeldoorn

(150.000 Einwohner)

Die Stadt liegt im Herzen des Nationalparks Hoge Veluwe. Weltweite Beachtung genießt die einzigartige Van-Gogh-Sammlung des nahen Kröller-Müller-Museums. Apeldoorn lohnt einen Abstecher.

Das ehemals kleine Heidedorf am Ostrand der Veluwe war jahrhundertelang die geschätzte Sommerresidenz der Fürsten von Oranien, die im königlichen *Paleis Het Loo* das Leben von seiner angenehmen Seite genießen konnten. Der frühere Reichtum Apeldoorns spiegelt sich in zahlreichen Parkanlagen und prachtvollen Villen wider, die wohlhabende Millionäre in den frühen 30er Jahren errichteten.

Die Innenstadt dagegen wurde nüchtern-modern gestaltet. Der riesige Rathauskomplex mag als Paradebeispiel dienen. Abends nach Geschäftsschluss stirbt die City aus. Das große Plus der Stadt liegt in ihrer Umgebung. Dank zahlloser Bäche, Seen und Wälder ist Apeldoorn eine der grünsten Gemeinden des Landes. Der Wildbestand an Füchsen, Hirschen, Rehen und Wildschweinen ist einzigartig im westlichen Europa.

Information/Verbindungen/Adressen

• *Information* **VVV Apeldoorn**, Stationsstraat 72, 7311 MH Apeldoorn, ✆ 0900/1681636, ✉ 055/5211290, www.vvvapeldoorn.nl. Mo 9.30-17.30 Uhr, Di-Fr 9-17.30 Uhr, Sa 9-17 Uhr.
ANWB Apeldoorn, Koninklijke Nederlandse Toeristenbond, Stationsstraat 70, 7311 MH Apeldoorn, ✆ 055/5213710, ✉ 5222520.

• *Bahnverbindungen* 1-2x stündl. nach Den Haag (Dauer: 90 Min.), 1-2x stündl. Deventer (10 Min.), 2-3x stündl. Enschede (60-70 Min.), 2-3x stündl. Utrecht (45 Min.).

• *Autovermietung* **Autoverhuur Avis**, Oude Apeldoornseweg 57, 7333 NR Apeldoorn, ✆ 055/5338811; **Autoverhuur Budget**, Zwolseweg 538, 7345 AN Wenum Wiesel, ✆ 055/3121754 (0800/0537, gratis); **Autoverhuur Bultman**, Zwolseweg 364, 7345 AL Wenum Wiesel, ✆ 055/5214888, www.bultman.nl; **Autoverhuur Ensing**, Deventerstraat 41, 7311 LV Apeldoorn, ✆ 055/5790304, www.ensing.nl; **Autoverhuur Haas**, Ambachtsveld 1, 7327 AZ Apeldoorn, ✆ 055/5395322; **Autoverhuur Hertz**, Zwolseweg 364, 7345 AL Wenum Wiesel, ✆ 055/5786006.

• *Fahrradverleih* **Rijwielhandel Blakborn**, Soerenseweg 3, 7314 CA Apeldoorn, ✆ 055/5215679; **Rijwielhandel Harleman**, Arnhemseweg 28, 7331 BL Apeldoorn, ✆ 055/5334346; **Fietsen Profile Janssen**, Koninginnelaan 54, 7315 BH Nijmegen, ✆ 055/5212582, www.profilejanssen.nl;

Stappenbelt Sportfietsen, Kanaal Noord 152, 7322 AC Apeldoorn, ✆ 055/3671746, www.stappenbelt.nl.
• *Kanuverleih* **Indiana Canoe Adventure**, De Ontvangst 84, 7325 DN Apeldoorn, ✆ 055/5062742.
• *Kinderbauernhöfe* **Laag Buurlo**, Homerusstraat 8, 7323 PX Apeldoorn, ✆ 055/3665293, April-September täglich 8.30-18 Uhr, Oktober-März Di-Sa 8.30 Uhr; **Malkenschoten**, Dubbelbeek 4, 7333 NL Apeldoorn, ✆ 055/5332803, April-Oktober täglich 10-18 Uhr, November-März täglich 10-17 Uhr; **De Maten**, Pallietergaarde 25, 7329 HB Apeldoorn, ✆ 055/5417050, April-September täglich 8.30-18 Uhr, Oktober-März täglich 9-17 Uhr.
• *Einkaufen* Die Geschäfte bleiben in Apeldoorn Montagvormittag geschlossen. Am Donnerstag (in den Randgebieten Apeldoorns freitags) verschiebt sich der Ladenschluss auf 21 Uhr (Kaufabend). Markttermine: **Wochenmarkt** Mo 8.30-13 Uhr, Marktplein; Di 8.30-12.30 Uhr, Violierenplein; Mi 8.30-12.30 Uhr, Marktplein; Do 8.30-12.30 Uhr, Operaplein; Fr 8.30-12.30 Uhr, Schubertplein; Sa 8.30-16 Uhr, Marktplein.
• *Krankenhaus* **Gelre Ziekenhuizen**, Sprengerweg 70, 7314 ET Apeldoorn, ✆ 055/5818181.
• *Taxiruf* ✆ 055/5413413

Übernachten

Die Qualität der Hotels in Apeldoorn ist überdurchschnittlich hoch. Die beschriebenen Häuser liegen in ruhigen Wohngegenden unweit des Zentrums. Die Räumlichkeiten sind gepflegt, man ist freundlich und hilfsbereit.

• *Hotels* ***** **Hotel De Keizerskroon**, Koningstraat 7, 7315 HR Apeldoorn, nahe Paleis Het Loo, Luxushotel der Bilderberg-Gruppe, 165 Betten, Haus mit 300-jähriger Geschichte, das seinen Namen Zar Peter dem Großen verdankt, der einst hier nächtigte. Luxuriöse Ausstattung, spezielle Nichtraucherzimmer, Schwimmbad, Sauna, Solarium, dazu zwei Restaurants mit exquisiter Küche. EZ ab 160 €, DZ ab 185 €, ✆ 055/5217744, ✉ 5214737, www.keizerskroon.nl.

**** **Hotel Bloemink**, Loolaan 556, 7315 AG Apeldoorn, Bus 102/104/126, Nähe Paleis Het Loo, 114 Betten, komfortable Zimmer, alle mit Du/WC, Telefon und TV, angegliedertes Restaurant, Schwimmbad. EZ ab 90 €, DZ ab 110 €, Frühstück 12 €, ✆ 055/5214141, ✉ 5219215, www.bloemink.nl.

**** **Résidence Groot Heideborgh**, Hogesteeg 50, 3886 MA Garderen, 25 km westlich von Apeldoorn inmitten der Veluwe, 163 Betten, Luxushotel der Bilderberg-Gruppe, höchster Komfort, spezielle Nichtraucherzimmer, Schwimmbad, Sauna, Solarium, Tennisplatz, dazu ein exquisites Restaurant und Grand-Café. EZ ab 127 €, DZ ab 149 €, Frühstück 16 €, ✆ 0577/462700, ✉ 462800.

**** **Hotel 't Speulderbos**, Speulderbosweg 54, 3886 AP Garderen, Luxushotel der Bilderberg-Gruppe, 198 Betten, 25 km westlich von Apeldoorn inmitten der Veluwe, Schwimmbad, Tennisplätze, feine Küche im angegliederten Restaurant. EZ ab 122 €, DZ ab 141 €, Frühstück 15 €, ✆ 0577/461546, ✉ 461124.

*** **Hotel Astra**, Bas Backerlaan 12-14, 7316 DZ Apeldoorn, Bus 124, 50 Betten, schöner Vorgarten mit ruhigen Sitzgelegenheiten, guter Ruf über die Stadtgrenzen hinaus, meist sehr voll. EZ ab 48 €, DZ ab 66 €, ✆ 055/5223022, ✉ 5223021, www.hotelastra.nl.

** **Hotel Abbekerk**, Canadalaan 26, 7316 BX Apeldoorn, Bus 102/104/126, 28 Betten, sehr schönes Hotel, gepflegtes Gebäude, kleiner Garten, saubere Zimmer. Hier ist der Gast noch König, sehr empfehlenswert, Januar geschlossen. EZ ab 34 €, DZ ab 57 €, ✆ 055/5222433, ✉ 5211323.

• *Jugendherberge* **NJHC-Jugendherberge De Grote Beer**, Asselsestraat 330, 7312 TS Apeldoorn, Bus 4/7, etwas außerhalb in schönem Waldgebiet gelegen, Nähe Apenheul, modernes Haus mit sauberen Zimmern, ganzjährig geöffnet. 117 Betten, Zweierzimmer (3), Dreierzimmer (1), Viererzimmer (16), Sechserzimmer (6), Achterzimmer (1). Übernachtung im Schlafsaal inkl. Frühstück 21-22 € (je nach Saison), ✆ 055/3553118, ✉ 3553811, apeldoorn@njhc.org.

• *Camping* **Camping De Wapenberg**, Hoenderloseweg 187, 7339 GG Ugchelen, A 50 (Arnhem–Apeldoorn), Ausfahrt 22 (Beekbergen), an erster Ampel links, Schildern folgen, Bus 110, von Waldgebiet umgeben, einfache Sanitärs, geöffnet April-Oktober. Person 2.90 €, Zelt 3.90 €, Auto 1.75 €, Duschen 0.50 €, Fläche 3 ha, ✆ 055/5334539, ✉ 5334539.

Camping De Hertshoorn, Putterweg 68-70, 3886 PG Garderen, Richtung Putten (ein ganzes Stück westlich von Apeldoorn), Schildern folgen, gute Sanitärs, Fahrradverleih, Lebensmittelgeschäft, Schwimmbad, geöffnet April-Oktober. Das Außergewöhnliche an der Anlage ist das Artcamp des Rotterdamer Künstlers *Dré Wapenaar*, der sich dem Zelt als Kunstobjekt widmet. Das Artcamp besteht aus drei kugelförmigen Zelten, die teils auf Stahlträgerkonstruktionen in die Höhe ragen. Auf dem Boden befindet sich das "Küchenzelt", nebenan – eine Etage höher – das "Schlafzelt" und ganz oben das "Lovers Tent" mit Oberlicht für die schönsten Augenblicke des Tages. Alternativ stehen drei Baumzelte zur Verfügung. Interessenten sollten frühzeitig buchen! Stellplatz (inkl. 2 Pers.) 12.50 €, zus. Person 1.50 €, Duschen inkl., Artcamp 50 €, Baumzelte 15 €, Fläche 10 ha. ✆ 0577/461529, ✉ 461556, hertshoorn@vvc.nl, www.artcamp.nl.

Essen

Man trifft sich gegen Abend im Bereich Hoofdstraat, Korenstraat, Nieuwstraat. Es gibt eine Reihe von Cafés und Restaurants, die bei gutem Wetter auch Tische im Freien aufstellen. Insbesondere junges Publikum ist hier zu finden.

Farmer's Steakhouse, Nieuwstraat 74b, 7311 BT Apeldoorn, gegenüber dem Kino, liebevoll eingerichtetes Restaurant mit viel Schnickschnack an Decke und Wänden, Tropic-Island-Grill, deftige Steaks, große Salatbar, ☎ 055/5220985.

Mazereeuw, Deventerstraat 2, 7311 BJ Apeldoorn, Ecke Hoofdstraat. Der Mann auf dem Firmenschild versinkt eben in den Tiefen eines Zuckerfasses – doch auch ansonsten: ein süßes Plätzchen. Hausgemachtes Gebäck mit gutem Kaffee, Pfannkuchen, Fisch- und Fleischgerichte, So geschlossen, ☎ 055/5212414.

Indigo-Mer Brasserie, Van Kinsbergenstraat 3, 7311 BL Apeldoorn, Fischspezialitäten in historischem Gebäude (1897), auch mehrere Fleischgerichte, wechselndes Wochenmenü, Mo geschlossen, ☎ 055/5211036.

Athene, Brinklaan 132, 7311 JE Apeldoorn, griechische Küche in gemütlicher Umgebung, das Gläschen Ouzo geht selbstverständlich auf Kosten des Hauses, Hauptgerichte in großer Auswahl, ☎ 055/5214951.

't Pannekoekhuis Apeldoorn, Deventerstraat 172-174, 7321 CE Apeldoorn, Pfannkuchenhaus mit 25-jähriger Tradition, 900 m vom Markt entfernt, Zubereitung der Speisen nach altem Familienrezept, 180 Sorten in bäuerlichem Ambiente, Terrasse, Di-So 12-20 Uhr, ☎ 055/3667121.

Aparte, Beekstraat 24, 7311 LG Apeldoorn, geschmackvoll eingerichtetes Restaurant mit französisch-holländischer Küche, Raucher werden nicht gerne gesehen, preiswerte Hauptgerichte und 3-Gänge-Menüs, ☎ 055/5213950, www.aparte.nl.

Pinoccio Restaurant, Arnhemseweg 357, 7333 NH Apeldoorn, Bus 119/124, stilvoll eingerichtetes Restaurant mit holländischer und italienischer Küche, Oktober-Mai Mo geschlossen, ☎ 055/5427454.

Restaurant-Theehuis Berg en Bos, J. C. Wilslaan 21, 7313 HK Apledoorn, herrliche Lage im Naturpark Berg en Bos, mitten im Grünen, große Terrasse am Teich, leckere Pfannkuchen in der Hochsaison, geöffnet April-Oktober, ☎ 055/3553871.

Sehenswertes

Nationaal Museum Paleis Het Loo: Nach langen Restaurierungsarbeiten ist der Palast der Öffentlichkeit seit nunmehr fast zehn Jahren zugänglich. Die Residenz der königlichen Familie, die das prunkvolle Schloss 300 Jahre lang bewohnte, diente zuletzt Königin *Wilhelmina* als Alterswohnsitz. Die ausgestellten Kunstgegenstände, darunter Gemälde, Kostüme und Münzen, sind Leihgaben des Königshauses. Die angrenzenden Stallungen bergen eine Sammlung edler Luxuskarossen, historischer Kutschen und Schlitten. Der barocke Schlossgarten in Apeldoorn, gewissermaßen ein Versailles *en miniature*, besticht durch die strenge Ordnung seiner Anlagen. Der Besucher erreicht das weitläufige Gelände, indem er über eine mächtige Freitreppe von der Schlossterrasse hinunterschreitet. Brunnen, Fontänen und Kaskaden beleben die strenge Architektur der Anlage.

Adresse/Öffnungszeiten   Koninklijk Park 1, 7315 JA Apeldoorn, ☎ 055/5772448, www.hetloo.nl. Di-So 10-17 Uhr. Erwachsene 7 €, Kinder 6 €, MJK. Parken 2.30 €.

Apenheul: Eine Horde kleiner Totenkopfäffchen schwingt sich elegant von Ast zu Ast. Auf dem waldreichen Berg-en-Bos-Areal ist ein großes Freilichtgehege untergebracht, in dem sich mehr als 400 Affen tummeln: u. a. Berberaffen, Bonobos, Languren, Totenkopfäffchen und Zwergschimpansen. Mehr als 30 Arten sind vertreten, die sich gerne unter die Besucher mischen. Die Besichtigung

Dämmerung im Affenpark Apenheul

ist aufregend, denn schon am Eingang erhält man eine affensichere Tasche, in die man alles hineinstopfen sollte, was nicht niet- und nagelfest ist. Insbesondere die mehr als 80 Totenkopfäffchen bewegen sich selbstsicher zwischen (und auf) den begeisterten Besuchern. Während der Fütterung fallen alle Schranken, die Affen springen auf die Köpfe, Rücken und Schultern der Umherstehenden. Die Menge johlt, die Kinder sind begeistert. Entgegen verbreiteter Befürchtungen interessieren sich die Tiere allerdings weder für Brillen noch für Fotoapparate.

Sehr beachtlich ist der Bestand der Gorillas, die auf einer kleinen Insel ungestört in der Sonne dösen können. Die Tiere scheinen sich wohl zu fühlen, denn die hiesigen Geburtenraten sind höher als in den meisten anderen Tierparks. In Apenheul lebt die mit rund 20 Tieren größte Gorillagruppe der Zoowelt! Ihr eigenes Reich aus mehreren Inseln haben auch die Orang-Utans Tom (10), Barbara (37), Sandakan (17), Karl (39), Sylvia (33), Radja (36) und Tochter Katja (2) – ein Revier, in dem sie ihre natürliche Intelligenz trainieren können: Der Weg zur Futterstelle variiert täglich. Mit Hilfe flexibler Verbindungsstücke und hydraulischer Türen sollen die Tiere den richtigen Pfad finden. Das Kletterreich ist das größte Lebensgebiet für Orang-Utans außerhalb der Regenwälder Borneos und Sumatras. Entspannung bietet ein Wirrwarr aus 10 km Netzen, Seilen und Tauen. Höhepunkt ist die Fütterung der Tiere, die etwa einmal stündlich unter großer Anteilnahme der Besucher erfolgt.

Die beachtlichen Erfolge des Tierparks werden von manchem Besucher durch grobe Fahrlässigkeit gefährdet: Die Bitte, die Tiere nicht zu füttern, sollte unbedingt beachtet werden. Eine falsche Ernährung schadet, insbesondere zuckerreiche Lebensmittel können ernsthafte Erkrankungen hervorrufen.

• *Adresse/Öffnungszeiten* J. C. Wilslaan 21-31, 7313 HK Apeldoorn, ☎ 055/3575757, www.apenheul.nl. April-Mai täglich 9.30-17 Uhr; Juni-August täglich 9.30-18 Uhr; September/Oktober täglich 9.30-17 Uhr. Erwachsene 11.50 €, Kinder 8.90 €, Senioren (Pas65) 9.80 €. Parken 4 €. Führungen in deutscher Sprache.

Historisch Museum Apeldoorn: Das alte Rathaus, die weiß getünchte *Villa Marialust*, bietet ein angemessenes Ambiente für das Heimatmuseum. Der vornehme Salon aus dem 19. Jahrhundert und die authentisch erhaltene Küche gewähren einen Einblick in das Leben der gehobenen Gesellschaftsschichten vergangener Zeiten.

Adresse/Öffnungszeiten Raadhuisplein 8, 7311 LK Apeldoorn, ☎ 055/5788429, www.apeldoorn.nl/hma. Di-Sa 10-17 Uhr, So 13-17 Uhr. Erwachsene 2.25 €, Kinder 0.65 €, MJK.

Veluwsche Stoomtrein Maatschappij: Liebhaber historischer Dampflokomotiven können auf der Strecke Apeldoorn–Beekbergen–Loenen–Eerbeek–Dieren eine 60-minütige Fahrt durch die reizvolle Landschaft der Veluwe unternehmen. Das Angebot gilt allerdings nur in der Hochsaison. Die kleine Eisenbahngesellschaft versteht sich als längstes Museum der Niederlande.

Adresse/Information Dorpsstraat 140, 7361 AZ Beekbergen, ☎ 055/5061989, www.stoomtrein.org. Rückfahrkarte: Erwachsene 9.50 €, Kinder 3 €. Einfache Fahrt: Erwachsene 6.50 €, Kinder 3 €.

Het Aardhuis: Das ehemals königliche Jagdchalet von 1861 liegt westlich von Apeldoorn in Hoeg Soeren inmitten eines Wildparks voller Hirsche, Rehe und Wildschweine – Besucher sollten ihren Fotoapparat nicht vergessen! Im angegliederten Besucherzentrum ist ein kleines naturhistorisches Museum untergebracht.

Adresse/Öffnungszeiten Aardhuis 1, 7346 AA Hoeg Soeren, ☎ 055/5191337, www.aardhuis.nl. April-Oktober Di-So 10-17 Uhr; Juli/August täglich 10-17 Uhr. Erwachsene 3 €, Kinder 2.50 €, Senioren (Pas65) 2.50 €, MJK. Führungen sind möglich.

Hoge Veluwe

Das größte Naturschutzgebiet der Niederlande verdankt seinen besonderen Reiz den unterschiedlichen Landschaftstypen. Der Nationalpark *De Hoge Veluwe* ist geprägt von weiten Heiden, Waldgebieten und Wasserflächen. Das herrliche Areal (5.500 ha) war noch in den 30er Jahren Privateigentum von *Helene Kröller-Müller*, deren einzigartige Kunstsammlung auf dem Gelände des Naturparks nach wie vor eine besondere Faszination ausübt. Im angrenzenden Skulpturen-Garten schmiegen sich mehr als 100 Kunstwerke in die Natur. Einen Abstecher lohnt darüber hinaus das **Museonder**, Europas erstes unterirdisches Museum, in dem das Leben unter der Erdoberfläche dargestellt ist. Es befindet sich am zentralen Platz des Parks unter dem Besucherzentrum *De Aanschouw*, in dem man sich detailliert über die Veluwe informieren kann, die jährlich von mehr als 1,5 Millionen Menschen besucht wird.

An den drei Eingängen des Naturparks stehen mehr als 800 "witte fietsen" (weiße Fahrräder) bereit. Wer hätte geahnt, dass sich die in den 60er Jahren erhobene Forderung nach dem öffentlich-rechtlichen Fahrrad, einem in allen größeren Städten des Landes zur freien Verfügung stehenden weißen Vehikel, ausgerechnet in der Veluwe über die Zeit würde retten können? Man sollte das

Auto stehen lassen, sich eines der Räder schnappen und aus eigener Kraft losradeln. Es lohnt sich, denn die schier endlosen Radwege, darunter zwei schöne Rundstrecken, bieten grenzenlose Freiheit im größten zusammenhängenden Naturgebiet der Niederlande – weit mehr, als man an einem Tag "erfahren" kann. Mehr als 800 Hinweisschilder dienen der Orientierung. Motorisierter Verkehr ist zwar zugelassen, erfreulicherweise aber selten. Die Radwege führen außerhalb des Naturreservats nahtlos weiter: gen Norden nach Apeldoorn, gen Süden nach Arnheim.

• *Eingänge/Öffnungszeiten* Schaarsbergen (im Süden), Otterlo (im Westen) und Hoenderloo (im Osten). Täglich von 8 Uhr bis Sonnenuntergang. Erwachsene 5 €, Kinder 2.50 € (Parken 5 €). Die Preise gelten für den Nationalpark einschließlich Besucherzentrum De Aanschouw und Museonder (täglich 10-17 Uhr).

• *Information* **Stichting Het Nationale Park De Hoge Veluwe**, Apeldoornseweg 250, 2351 AJ Hoenderloo. ✆ 055/3781441, ✉ 055/3782162.

• *Bilderberg-Tour* Die 5-tägige Fahrrad-Rundtour durch die Veluwe beginnt in Oosterbeek. Die Radurlauber kehren abends in ein komfortables Bilderberg-Hotel ein, wo ihr Gepäck bereits wartet. Im Sommer (Juni-August) ist dessen Beförderung im Preis inbegriffen. Das Arrangement beinhaltet vier Übernachtungen mit Halbpension sowie ein Infopakt mit Routenbeschreibung. Streckenlänge 180 km, Länge der Tagesetappen 40-60 km. Erwachsene 295 €, Kinder (4-12 Jahre) erhalten 50 % Ermäßigung, wenn sie im Zimmer der Eltern schlafen. Der Start ist täglich möglich.

Information: **Bilderberg Hotels & Restaurants**, Beukenlaan 52, 6871 CL Renkum, ✆ 0317/318319, ✉ 316065, www.bilderberg.nl.

Rijksmuseum Kröller-Müller: Im Mittelpunkt der einzigartigen Kröller-Müller-Kunstsammlung stehen neben Arbeiten von *Paul Cézanne, Lucas Cranach, Paul Gauguin, Ferdinand Leger, Piet Mondriaan, Claude Monet, Pablo Picasso und Auguste Renoir* 278 Gemälde und Zeichnungen von *Vincent van Gogh.* Hier hängen Seite an Seite die berühmten "Aardappeleters" (1885) und das "Zelfportret" (1887), "Caféterras bij Avond" (1888), "Brug te Arles" (1888), "Gezicht op Saintes-Maries" (1888) oder "De Weg met de Cypres en de Ster" (1890). Im angrenzenden *Beeldenbos*, dem größten Skulpturengarten Europas, verschmelzen Architektur, Kunst und Natur – mehr als 60 Skulpturen internationaler Künstler verteilen sich in den weitläufigen Außenanlagen des Museums.

Adresse/Öffnungszeiten Houtkampweg 6, 6730 AA Otterlo, ✆ 0318/591241, www.kmm.nl. Di-So 10-17 Uhr. Erwachsene 10 €, Kinder 5 €, Parken 5 €. Beeldenbos-Ausstellung: April-Oktober Di-So 10-16.30 Uhr. Führungen in deutscher Sprache.

Information/Verbindungen/Adressen

• *Information* **VVV Hoenderloo**, Paalbergweg 87, 7351 AE Hoenderloo, ✆ 055/3781310, www.hoenderloo.nl. Juni-August Mo-Fr 9.30-17.30 Uhr, Sa 9.30-15.30 Uhr, sonst Mo-Sa 10-14 Uhr.
VVV Otterlo, Arnhemseweg 14, 6731 BS Otterlo, ✆ 0318/591254, www.vvvweluwevallei.nl. Mai-September Mo-Fr 9.30-16.30 Uhr, Sa 10-15 Uhr; Oktober-April Mo, Mi und Fr 10-12 Uhr.

• *Bahnverbindung* ab Hoenderloo nächster Bahnhof in Apeldoorn (15 km), ab Otterlo nächster Bahnhof in Ede (12 km).

• *Busverbindungen* in Richtung Apeldoorn, Ede.

• *Fahrradverleih* **Fietsverhuur Buitenhuis**, Krimweg 22, 7351 AX Hoenderloo, ✆ 055/3781318; **Fietsverhuur Van Baalen**, Arnhemseweg 22, 6731 BS Otterlo, ✆ 0318/591425; **Fietsverhuur Houtkamp**, Houtkampweg 7-9, 6731 AV Otterlo, ✆ 0318/591706.

• *Taxiruf* ✆ 055/3781306 (Hoenderloo), ✆ 0318/595999 (Otterlo)

Übernachten

• *Übernachten* ***** Hotel Sterrenberg**, Houtkampweg 1, 6731 AV Otterlo, 61 Betten, die erste Adresse in Otterlo, saubere Zimmer, alle mit Du/WC, Telefon und TV, guter Service, Schwimmbad, Sauna, schöne Terrasse. EZ ab 45 €, DZ ab 85 €, ☏ 0318/591228, 📠 591693, www.sterrenberg.nl.

*** 't Witte Hoes, Dorpsstraat 35, 6731 AS Otterlo, 20 Betten, Familienhotel mit gemütlichem Ambiente unter Leitung von Joke und Henk Rikkengaa. EZ ab 52 €, DZ ab 70 €, ☏ 0318/591392, 📠 591504, www.wittehoes.nl.

** Hotel Buitenlust, Apeldoornseweg 30, 7351 AB Hoenderloo, 28 Betten, alle Zimmer mit Du/WC und Balkon, angegliedertes Restaurant, Januar geschlossen. EZ ab 65 €, DZ ab 70 €, ☏ 055/3781362, 📠 3781729.

* Hostellerie Carnegie's Cottage, Onderlangs 35, 6731 BK Otterlo, 24 Betten, waldreiche und ruhige Lage, daher der Slogan des Hauses: "Viens, je t'invite dans le silence!" ("Komm, ich lade dich ein in die Stille!"). Januar/Februar geschlossen. EZ ab 60 €, DZ ab 80 €, ☏ 0318/591220, www.carnegiecottage.nl.

Pension De Witte Hoeve, Brouwersweg 30, 7351 BS Hoenderloo, Nähe Haupteingang zum Nationalpark Hoge Veluwe in waldreicher Umgebung gelegen, 15 Betten, einfache Zimmer. Übernachtung 20-25 € pro Person, ☏ 055/3782012, 📠 3782015.

Camping De Pampel, Woeste Hoefweg 33-35, 7351 TN Hoenderloo, A 50 (Arnhem–Apeldoorn), Ausfahrt 22 (Hoenderloo), Richtung Loenen, Schildern folgen, ruhige Lage, schattenlose Wiese mit etwas Wald drum herum, gute Sanitärs, Fahrradverleih, Lebensmittelgeschäft, Schwimmbad, ganzjährig geöffnet. Der Platz wurde 1999 vom ANWB als "Eurotopcamping" ausgezeichnet! Stellplatz (inkl. 2 Pers.) 21.50 €, zus. Person 4.75 €, Duschen inkl., Fläche 14,5 ha, ☏ 055/3781760, 📠 3781992, info@pampel.nl.

Camping De Zanding, Vijverlaan 2, 6731 CK Otterlo, A 12, Ausfahrt 25 (Oosterbeek), Schildern in Otterlo folgen, riesiges Gelände am Wasser (Bademöglichkeiten!),

eingerahmt von den dichten Wäldern der Veluwe, gute sanitäre Einrichtungen, Fahrradverleih, Lebensmittelgeschäft, Minigolfanlage, geöffnet April-Oktober. Stellplatz (inkl. 2 Pers.) 24 €, zus. Person 3 €, Duschen inkl., Fläche 30 ha, ☏ 0318/596111, 📠 596110, zanding@vlk.nl.

Camping Beek en Hei, Heideweg 4, 6731 SN Otterlo, A 12, Ausfahrt 25 (Oosterbeek), Schildern in Otterlo folgen, schönes Waldgelände in ruhiger Lage, durch einen öffentlichen Weg zweigeteilt, Fahrradverleih, Wanderhütten (8), ganzjährig geöffnet. "Dieser kleine Platz ist ein absoluter Geheimtipp. Er ist familiär und gemütlich. Die sanitären Anlagen sind sehr sauber" (Leserbrief Holger Köhler). Person 2.85 €, Zelt 2.45 €, Auto 2 €, Duschen inkl., Fläche 4 ha, ☏ 0318/591483, 📠 591431.

Camping De Wije Werelt, Arnhemseweg 100-10, 6731 BV Otterlo, A 12, Ausfahrt 25 (Oosterbeek), Schildern in Otterlo folgen, 2 km südlich der Ortschaft, waldreiche Umgebung, gute Sanitärs, Fahrradverleih, Lebensmittelgeschäft, geöffnet April-Oktober. Stellplatz (inkl. 2 Pers.) 22.50 €, zus. Person 2.75 €, Duschen inkl., Fläche 7,5 ha, ☏ 0318/591201, 📠 592101, wijewerelt@vvc.nl.

• *Essen* **De Rimboe**, Krimweg 160, 7351 TM Hoenderloo, gemütliches Grillrestaurant unter Leitung von Mia und Ben Oppelaar, schöne Lage inmitten der Veluwe, Barbecues, Fondues, kalte und warme Buffets, große Terrasse, ☏ 055/3781793.

't Pannekoekhuis Hoenderloo, Krimweg 93-95, 7351 AV Hoenderloo, Pfannkuchenhaus in waldreicher Lage, 100 Sorten, Spielplatz, Terrasse, Di-So 12-20 Uhr, ☏ 055/3781205.

Pannenkoekenhuis 't Lage Veld, Arnhemseweg 105, 7351 BE Otterlo, Pfannkuchen von deftig-kräftig bis fruchtig-süß, große Auswahl, ☏ 0318/591822.

Het Deelerhof, Krimweg 5, 7351 AV Hoenderloo, Familienrestaurant mit holländischer Küche, natürlich auch Pfannkuchen, preiswerte Hauptgerichte, im Winter Di geschlossen, ☏ 055/3781721.

Werftkeller an der Oudegracht in Utrecht

Provinz Utrecht

Die Provinz Utrecht, die sich in die Regionen **Utrecht**, **Vechtstreek**, **Gelderse Vallei**, **Utrechtse Heuvelrug**, **Kromme Rijn en Lek** und **Lopikerwaard** aufteilt, verfügt über zwei charakteristische Merkmale: einerseits ein reichhaltiges kulturelles Leben, andererseits eine abwechslungsreiche Landschaft mit hohem Erholungswert. Neben der für die Niederlande obligatorischen Fülle an Kulturdenkmälern und Museen finden sich in der kleinsten Provinz des Landes herrliche Landgüter, Mühlen und Schlösser, die von Flüssen und Seen, Wäldern und Weiden umrahmt werden. Ihre Lage nahe Amsterdam macht die Provinz zu einem beliebten Ausflugsziel für Besucher der niederländischen Metropole.

> **Utrechts Bureau voor Toerisme**
> Nieuwe Kade 287-291, 3502 GE Utrecht, ☎ 030/2967777, 📠 2966635.

Utrecht   (Provinzhauptstadt • 235.000 Einwohner)

Das historische Stadtzentrum der modernen Industriemetropole gilt als pochendes Herz einer Stadt mit Atmosphäre. Ein Spaziergang entlang der alten Grachten und reizvollen Promenaden vermittelt das Flair der Stadt am besten. Utrecht – ein Ort zum Verlieben.

Der Altstadtbereich wird durch die beiden aus dem 14. Jahrhundert stammenden Kanäle *Oudegracht* und *Nieuwegracht* begrenzt. Auf zwei Ebenen führt der Weg an der *Oudegracht* entlang. Der untere der beiden, der bereits vor

Jahrhunderten angelegt wurde, ermöglicht einen äußeren Zugang zu den Kellern der Grachtenhäuser. Gegenwärtig werden die tiefen Gewölbe von zahlreichen Café-Restaurants genutzt, deren im Freien aufgestellte Tische bei gutem Wetter stets bis auf den letzten Platz gefüllt sind. Hier herrscht idyllische Ruhe, und die vorbeigleitenden Boote machen Lust auf eine Grachtenfahrt. Die historischen Bauten erhalten vom Wasser aus ein völlig neues Gesicht, darunter das mittelalterliche Stadtschloss *Oudaen*, einst erstes Altersheim der Niederlande, oder das Haus "Zwischen Himmel und Hölle", das seinen Namen den benachbarten Gebäuden, eine Kirche und ein Kino, verdankt.

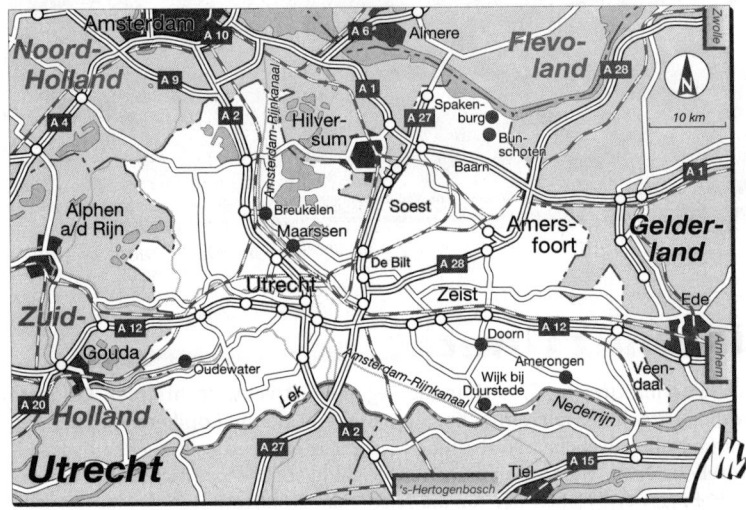

Im Mittelpunkt der Altstadt thront seit Generationen die mächtige *Domkerk*, die als die Kirche mit dem höchsten und schönsten Kirchturm der Niederlande gilt. In Utrecht ist man darauf sehr stolz. Die Stadtverwaltung bemüht sich ohnehin verstärkt, den Standard der Altstadt zu erhalten bzw. ihn noch zu verbessern. So werden gegenwärtig die Portale der prachtvollen Herrenhäuser mit alten Giebelsteinen verschönert. Mehrere Steinmetze profitieren von einem wahren Boom. Die Eigentümer denkmalgeschützter Häuser erhalten einen 75-prozentigen Zuschuss aus dem Stadtsäckel, wenn sie einen neuen Giebelstein für die Fassade ihres Hauses anfertigen lassen. Die Herstellungszeit für einen solchen Stein – in der Regel französischer Kalkstein, der mit Leinölfarben koloriert wird – liegt infolge der großen Nachfrage derzeit bei etwa einem halben Jahr. Die exquisite Handarbeit allerdings lohnt. Die Stadt, Sitz einer der bedeutendsten niederländischen Universitäten, die nach ihrer Gründung 1636 gegenwärtig mehr als 42.000 Studenten zählt, lockt ihre Besucher mit kulturellen Monumenten, weniger durch die extravagante Lebensweise im Stile Amsterdams.

Alte Festungsanlagen und Schlösser in der Umgebung Utrechts erinnern noch heute vielerorts an die dunkle Vergangenheit des Mittelalters, als zahlreiche Schlachten in der Region tobten. Später, im 17. Jahrhundert, ließen wohlhabende Kaufleute aus dem nahen Amsterdam viele dieser Anlagen in prachtvolle Landhäuser umgestalten. Manche dieser Landsitze sind der Öffentlichkeit zugänglich gemacht worden.

Information/Verbindungen/Rundfahrten

• *Information* **VVV Utrecht**, Vinkenburgstraat 19, 3512 AA Utrecht, ✆ 0900/1288732, ✉ 030/2360037, www.12utrecht.nl. Mo-Fr 9.30-18.30 Uhr, Do bis 21 Uhr, Sa 9.30-17 Uhr, So 10-14 Uhr.
ANWB Utrecht, Koninklijke Nederlandse Toeristenbond, Van Vollenhovenlaan 277-279, 3527 JH Utrecht, ✆ 030/2910333, ✉ 2963430.
• *Bahnverbindungen* 4-5x stündl. nach Amsterdam (Dauer: 30 Min.), 4-6x stündl. Arnhem (40 Min.), 4-5x stündl. Den Haag (45 Min.), 3-4x stündl. Eindhoven (60-70 Min.), 2x stündl. Leiden (40 Min.), 4-5x stündl. Rotterdam (45 Min.), 3-4x stündl. Zwolle (60-70 Min.).
• *Rundfahrten* **Schiffsrundfahrt Kromme–Rijn (Rhijnauwen)**, Mai-Oktober Mi und So 10.30 Uhr, Ankunft Rhijnauwen 12 Uhr, Abfahrt Rhijnauwen 14.30 Uhr, Rückkehr Ut-

recht 16 Uhr. Juni-September auch Mittwoch. Rückfahrkarte: Erwachsene 11.50 €, Kinder 9 €. Einfache Fahrt: Erwachsene 7 €, Kinder 5.50 €. Reservierung erforderlich. Abfahrt: Oudegracht (gegenüber Nr. 85, hinter der Hauptpost).

Schiffsrundfahrt Vechtgegend (Loenen), Juni-September Mi 10.30 Uhr, Rückkehr 18 Uhr. Erwachsene 15.50 €, Kinder 14.50 €. Juli/August auch Fr 10.30 Uhr, Rückkehr 18 Uhr (inkl. Mittagessen). Erwachsene 21.10 €, Kinder 20.15 €. Reservierung erforderlich. Abfahrt: Oudegracht (gegenüber Nr. 85, hinter der Hauptpost).
Information: Rondvaartbedrijf Schuttevaer, Bemuurde Weert OZ 17, 3514 AN Utrecht, ✆ 030/2720111, www.schuttevaer.com.

Adressen

• *Autovermietung* **Autoverhuur Adrem**, Hasebroekstraat 33, 3532 GK Utrecht, ✆ 030/2961140, www.ad-rem.nl; **Autoverhuur Avis**, Croeselaan 122, 3521 CE Utrecht, ✆ 030/2939433; **Autoverhuur Budget**, Europallan 38, ✆ 3526 KS Utrecht, ✆ 030/2802683; **Autoverhuur Europcar**, Croeselaan 195, 3521 BM Utrecht, ✆ 030/2964181; **Autoverhuur Hertz**, Jaarbeursplein 28, 3521 AR Utrecht, ✆ 030/2941428.
• *Fahrradverleih* **Rijwielshop Tusveld**, Jaarbeursplein 14, 3521 AL Utrecht, ✆ 030/2942529; **Ton van der IJssel Tweewielers**, Laan van Nieuw Guinea 30, ✆ 030/2932679; **Verleun Tweewielers**, van Bijnkershoeklaan 413, 3527 XK Utrecht, ✆ 030/2936368.
• *Kanu- u. Ruderbootverleih* **De Rijnstroom** (nur April-September), Weg naar Rijnauwen 2, 3584 AD Utrecht, ✆ 030/2521311.
• *Wasserfahrradverleih* **Canal Bike**, Oudegracht (gegenüber dem Rathaus, nur April-September), ✆ 020/6265574.
• *Einkaufen* Die Geschäfte bleiben in Utrecht Montagvormittag geschlossen. Am Donnerstag (in den Randgebieten Utrechts

Freitag) verschiebt sich der Ladenschluss auf 21 Uhr (Kaufabend).
Einen Abstecher lohnt das **Einkaufszentrum Hoog Catharijne** in der Catharijnebaan in der Nähe des Bahnhofs, mit 250.000 qm Ladenfläche in 180 Geschäften und Schaufenstern auf 5 km Länge eines der größten Einkaufszentren Europas.
Markttermine: **Wochenmarkt** Mi 9-17 Uhr und Sa 8-17 Uhr, Vredenburg; **Blumenmarkt** Sa 8-17 Uhr, Oudegracht, Sa 7-17 Uhr, Janskerkhof; **Viehmarkt** Do 6-13 Uhr, Veemarkthallen Sartreweg; **Pferdemarkt** Mo 8-12 Uhr, Veemarkthallen Sartreweg; **Trödelmarkt** Sa 8-14 Uhr, Sint Jacobsstraat; **Briefmarken** Sa 12-17 Uhr, Vismarkt; **Lapjesmarkt (Stoffe)** Sa 8-13 Uhr, Breedstraat; **Bauernmarkt** (biologisch-dynamische Produkte) Fr 12-18 Uhr, Vredenburg.
• *Krankenhaus* **Academisch Ziekenhuis Utrecht**, Heidelberglaan 100, 3584 CX Utrecht, ✆ 030/2509111.
• *Spielkasino* **Holland Casino Utrecht**, Overste den Oudenlaan 2, 3527 KW Utrecht, ✆ 030/7504750, ✉ 7504700. Das Angebot umfasst Black Jack, Carribean Stud Poker,

Punto Banco und Roulette (amerikanisch und französisch). 700 Spielautomaten stehen zur Verfügung. Täglich 13.30 bis 3 Uhr nachts (Mindestalter 18 Jahre). Tageskarte 3.50 €.

• *Taxiruf* ✆ 0800/8268294 oder ✆ 030/2300400 oder ✆ 030/2446602
• *Wassertaxi* ✆ 030/2316468

Übernachten

• *Hotels* **** **Malie Hotel (17)**, Maliestraat 2, 3581 SL Utrecht, 93 Betten, zentrale Lage im parkähnlichen Maliebaan-Viertel, stilvolles Gebäude mit schönem Hintergarten und Terrasse, ruhige Atmosphäre, freundlicher Service. EZ ab 80 €, DZ ab 105 €, ✆ 030/2316424, 🖰 2340661.

**** **Hotel Mitland (18)**, Ariensslaan 1, 3573 PT Utrecht, 277 Betten, Stadtrand, schöne Parkanlage mit Blick auf die alte Festung De Bilt, luxuriöse Zimmer, teilweise mit Balkon, großes Freizeitangebot (Bowling, Reiten, Tennis etc.). EZ ab 78 €, DZ ab 88 €, ✆ 030/2715824, 🖰 2719003, info@mitland.nl.

*** **Mercure Hotel Utrecht Bunnik (21)**, Kosterijland 8 (Autobahn A12), 3981 AJ Bunnik, östlich der Stadt, 168 Betten, alle Zimmer mit Telefon und TV, spezielle Nichtraucherzimmer vorhanden. EZ ab 90 €, DZ ab 100 €, Frühstück 11.50 €, ✆ 030/6569222, 🖰 6564074.

*** **Hotel Ibis Utrecht (23)**, Bizetlaan 1, 3533 KC Utrecht, Nähe Messezentrum De Jaarbeurs, 132 Betten, moderner Zweckbau, nüchterne Atmosphäre, alle Zimmer mit Du/WC, Telefon und TV, Januar bis Mitte März geschlossen. EZ ab 80 €, DZ ab 80 €, ✆ 030/2910366, 🖰 2942066.

** **Hotel Ouwi (19)**, F. C. Dondersstraat 12, 3572 JH Utrecht, Buslinie 4 ab Hbf, Haltestelle F. C. Dondersstraat, 48 Betten, gepflegte Zimmer vom Keller bis unters Dach, Oktober-März geschlossen. EZ ab 45 €, DZ ab 76 €, ✆ 030/2716303, 🖰 2714619.

** **Hotel De Admiraal (16)**, Admiraal van Gentstraat 11, 3572 XE Utrecht, versteckte Lage, Buslinie 8 ab Bahnhof, Haltestelle Jan van Galenstraat, kleines Haus mit nur 18 Betten, saubere Zimmer, Oktober-April geschlossen. EZ ab 45 €, DZ ab 56 €, ✆ 030/2758500, 🖰 2732418.

* **Parkhotel (15)**, Tolsteegsingel 34, 3582 AH Utrecht, Buslinie 2 ab Hbf, Haltestelle Ledig Erf, gegenüber der Stadsbuitengracht an recht lauter Straße gelegen, 15 Betten, einfaches Interieur, beim Klingeln fasst man am dem "Löwen" ins Maul. EZ ab 33 €, DZ ab 54 €, ✆ 030/2516712, 🖰 2540401.

• *Jugendherberge* **NJHC-Jugendherberge Ridderhofstad Rhijnauwen (22)**, Rhijnauwenselaan 14, 3981 HH Bunnik, Bus 40/43, wenige Minuten östlich von Utrecht, altes Landhaus in landschaftlich schöner Umgebung, ganzjährig geöffnet. 133 Betten, Einerzimmer (1), Zweierzimmer (2), Dreierzimmer (1), Viererzimmer (5), Fünferzimmer (1), Sechserzimmer (10), Achterzimmer (2), 12er-Zimmer (2). Übernachtung im Schlafsaal inkl. Frühstück 18-21 € (je nach Saison), ✆ 030/6561277, 🖰 6571065, bunnik@njhc.org.

• *Camping* **Camping De Berekuil (20)**, Ariensslaan 5, Bus 53, 3573 PT Utrecht, A 27 (Hilversum–Utrecht), Ausfahrt Utrecht-Noord (Gegenrichtung: Ausfahrt Veemarkt), Schildern folgen, einziger Campingplatz vor Ort, künstlich angelegte Wasserläufe, akzeptable Sanitärs, Lebensmittelgeschäft, Schwimmbad, Wanderhütten (2), ganzjährig geöffnet. Person 3.90 €, Zelt 5.70 €, Auto 2.30 €, Duschen 0.45 €, Fläche 4,5 ha. ✆ 030/2713870, 🖰 2721436.

Essen

Die von ihrer Lage her schönsten Restaurants der Stadt liegen ohne Zweifel an der Oudegracht. Die zahlreichen Werftkeller befinden sich direkt am Wasser (einige Meter unterhalb der Straßen, die an den Grachten entlangführen). Man kann bei sonnigem Wetter sehr schön unter freiem Himmel sitzen. Der nur wenige Schritte entfernte Rummel bleibt hier unten beinahe unbemerkt. Auf jeden Fall sollte man sich Zeit für eine Pause in einem gemütlichen Cafés mit den obligatorischen Lesetischen gönnen.

Stadskasteel Oudaen (4), Oudegracht 99, 3511 AE Utrecht, französisches Restaurant im ersten Stock des alten Stadt-schlosses Oudaen, mittelalterliche Balken und Steinmauern zieren die Räume, die schönsten Tische mit Grachtenblick, der

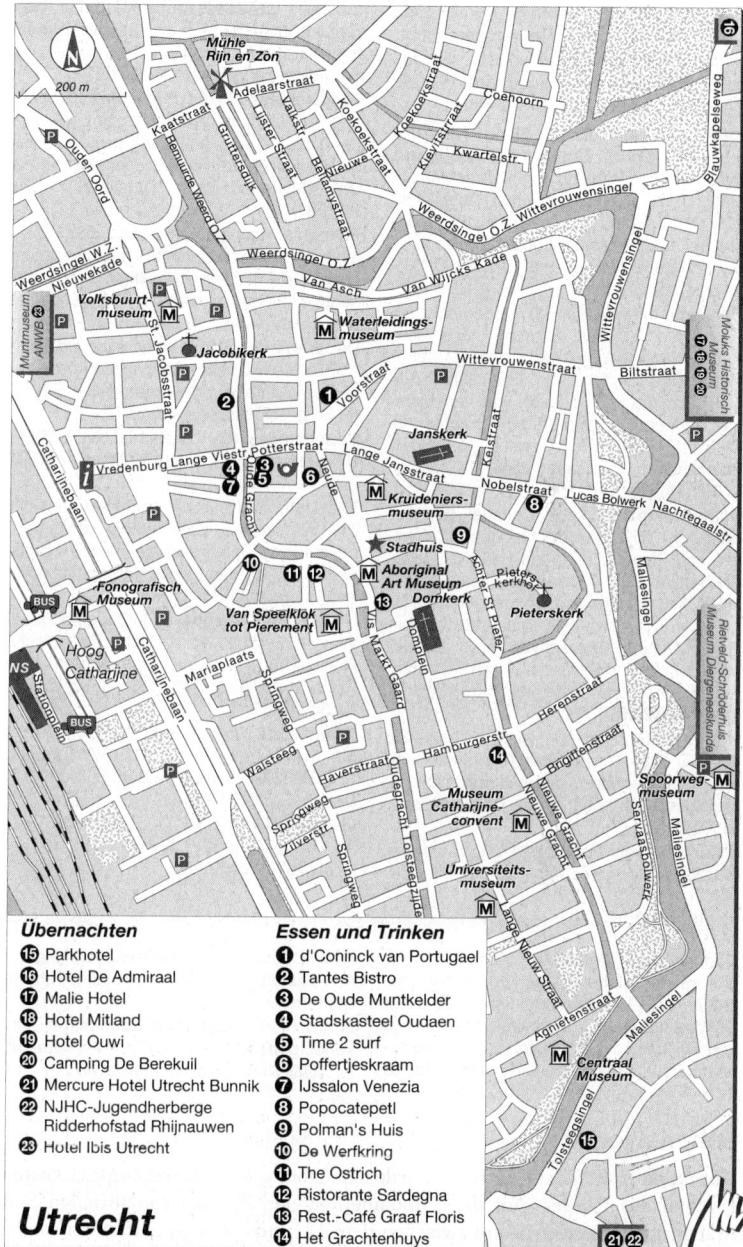

Übernachten

- ⑮ Parkhotel
- ⑯ Hotel De Admiraal
- ⑰ Malie Hotel
- ⑱ Hotel Mitland
- ⑲ Hotel Ouwi
- ⑳ Camping De Berekuil
- ㉑ Mercure Hotel Utrecht Bunnik
- ㉒ NJHC-Jugendherberge
  Ridderhofstad Rhijnauwen
- ㉓ Hotel Ibis Utrecht

Essen und Trinken

- ❶ d'Coninck van Portugael
- ❷ Tantes Bistro
- ❸ De Oude Muntkelder
- ❹ Stadskasteel Oudaen
- ❺ Time 2 surf
- ❻ Poffertjeskraam
- ❼ IJssalon Venezia
- ❽ Popocatepetl
- ❾ Polman's Huis
- ❿ De Werfkring
- ⓫ The Ostrich
- ⓬ Ristorante Sardegna
- ⓭ Rest.-Café Graaf Floris
- ⓮ Het Grachtenhuys

Utrecht

Beiname "Tussen Hemel en Aarde" (Zwischen Himmel und Erde) ist berechtigt; urige Kneipe im Erdgeschoss, wo das helle Tarwebier gebraut wird, ☎ 030/2311864, www.oudaen.nl.

Restaurant-Café Graaf Floris (13), Vismarkt 13, 3511 KS Utrecht, Familienbetrieb mit 28-jähriger Tradition in der Utrechter Altstadt, Terrasse mit herrlichen Ausblicken auf der breiten Brücke über die Oudegracht, stadtbekannte Appelbollen, holländische Küche im Restaurant, ☎ 030/2314996, www.graaffloris.nl.

De Oude Muntkelder (3), Oudegracht a/d Werf 112, 3511 AW Utrecht, nahe dem Hauptpostamt, direkt am Wasser, alter Werftkeller, besteht seit 1959, altholländische Einrichtung, Gemälde von Ids Wiersma erinnern an die Zeiten Utrechts als Münzprägestätte des Landes, 75 Sorten Pfannkuchen, Terrasse, tägl. 12-21 Uhr, ☎ 030/2316773.

Poffertjeskraam Victor Consael (6), Vredenburg 1, 3511 BA Utrecht, älteste Poffertjes- und Pfannkuchenbude Hollands (1850), Alternative zum Muntkelder (s. o.), allerdings lange nicht so schön gelegen. Das Interieur würdigt die erste Weltausstellung in Paris, Madame Consael kam einst aus der französischen Metropole nach Utrecht. Pfannkuchen und Poffertjes, Mo geschlossen, ☎ 030/2316377.

Het Grachtenhuys (14), Nieuwe Gracht 33, 3512 LD Utrecht, stilvolles Ambiente in altem Grachtenhaus, internationale Küche, preiswerte Menüs, Mo geschlossen, ☎ 030/2317494.

d'Coninck van Poortugael (1), Voorstraat 14, 3512 AN Utrecht, Ecke Predik He-

renstraat, stilvolles Ambiente hinter alter Fassade aus dem 17. Jh., ausgezeichnete französische Küche, Reservierung ratsam, So/Mo geschlossen, ☎ 030/2322775.

Tantes Bistro (2), Oudegracht a/d Werf 61, 3511 AD Utrecht, Werftkeller am Wasser, französische und holländische Küche, exquisite Fischspezialitäten, aber auch einfache Baguettes oder Omeletts, ☎ 030/2312191.

Polman's Huis (9), Keistraat 2, 3512 HV Utrecht, großes französisches Restaurant und Grand-Café in einer ehemaligen Kirche, elegante Einrichtung mit vielen Blumengestecken und Spiegeln, ☎ 030/2313368.

De Werfkring (10), Oudegracht a/d Werf 123, 3511 AH Utrecht, Werftkeller am Wasser, empfehlenswerte vegetarische Gerichte, So geschlossen, ☎ 030/2311752.

Popocatepetl (8), Nobelstraat 163, 3512 EM Utrecht, mexikanische Küche, ☎ 030/2315719, www.popo.nl.

The Ostrich (11), Oudegracht a/d Werf 153, 3511 AK Utrecht, Café-Eethuis, afrikanisch beeinflusste internationale Küche, preiswerte Tagesgerichte, Kaminfeuer im Winter, Mo geschlossen, ☎ 030/2310544.

Ristorante Sardegna (12), Oudegracht a/d Werf 161, 3511 AL Utrecht, italienische Fleisch- und Fischgerichte, außerdem gute Pasta und leckere Pizzen, So geschlossen, ☎ 030/2311590.

Internetcafé Time 2 surf (5), Oudegracht 112 (hinter der Post), 3511 AW Utrecht, ☎ 030/2432094, www.time2surf.nl. Mo-Fr 9-24 Uhr, Sa/So 10-24 Uhr.

IJssalon Venezia (7), Oudegracht 105, 3511 AE Utrecht, große Eisdiele mit reicher Auswahl, ☎ 030/2319135.

Veranstaltungen

Nederlands Filmfestival: Auf dem Programm des niederländischen Filmfestivals stehen aktuelle Filmproduktionen, darunter Dokumentationen, Kurzfilme, Spielfilme und TV-Dramen. Sie streiten an verschiedenen Veranstaltungsorten um das Goldene

Kalb (Gouden Kalf), die Auszeichnung für den besten niederländischen Film. Termin: September.
Information: Nederlands Filmfestival, Vinkenburgstraat 19, 3512 AA Utrecht, ☎ 030/2303800, www.filmfestival.nl.

Sehenswertes

Domkerk: Der an der Oudegracht gelegene Dom gehört zu den imposantesten Kirchen des Landes. Auf den Fundamenten der ehemals romanischen Sint Martinskathedraal entstand zwischen dem 13. und 16. Jahrhundert ein mächtiges Monument niederländischer Baukunst. Leider zerstörte 1674 ein schweres Unwetter das gesamte Mittelschiff. Die letzten Trümmer entfernte man erst 150 Jahre später und ließ auf diese Weise den heutigen Domplatz entstehen.

Das Interieur ist vergleichsweise nüchtern. Die Spuren des Bildersturms sind noch heute zu erkennen, z. B. an den deutlich sichtbaren Schäden eines alten Reliefs. Ursprünglich zierten die Statuen der zwölf Apostel die zwölf Säulen der Kirche, doch wurden auch sie ein Opfer der Verwüstungen des 16. Jahrhunderts. Sehenswert sind die unversehrten Arbeiten des Bildhauers *Gherit Sphiters* (16. Jh.), die Orgel von *Jonathan Bätz* (19. Jh.) und die Glasfenster (20. Jh.) von *Roland Holst*.

Der seit der Unwetterkatastrophe von 1674 frei stehende Turm (112 m und 32 cm) ist der höchste des Landes und gilt als Wahrzeichen Utrechts. Er kann im Rahmen einer Führung bestiegen werden. Aber Achtung: Die 465 Stufen verlangen eine gute Kondition! Die Kletterei führt zunächst in eine kleine Kapelle und erreicht auf halber Strecke das mächtige 13-teilige

Stadtansicht mit Domkerk

Glockenspiel. Im 15-minütigen Rhythmus wird eine kleine Melodie angestimmt. Hat man schließlich die Aussichtsebene in 100 m Höhe erreicht, bietet sich ein faszinierender Blick, der die Mühe des Aufstiegs allemal belohnt.

Sehenswert sind darüber hinaus der Klostergarten des *Pandhof* und der alte Kreuzgang. Oberhalb der Fenster erinnern mehrere Darstellungen an den heiligen Martin, den Utrechter Schutzpatron. Der Kreuzgang verbindet den Dom mit den angrenzenden Bauten der Universität.

● *Adresse/Verbindung* Domplein 21 (Kartenverkauf: Domplein 9), 3512 JC Utrecht, ✆ 030/2310403.
● *Öffnungszeiten Kirche* Mai-September Mo-Fr 10-17 Uhr, Sa 10-15.30 Uhr, So 14-16 Uhr; Oktober-April Mo-Fr 11-16 Uhr, Sa 11-15.30 Uhr, So 14-16 Uhr. Eintritt frei. Führung 1.25 €.

● *Orgelkonzerte* Juli/August Sa 15.30 Uhr. Eintritt frei.
● *Turmführung* Mo-Sa 10-17 Uhr, So 12-17 Uhr (Führungen alle 30 Minuten, letzte Führung um 16 Uhr). Erwachsene 4.50 €, Kinder 2.70 €.

Pieterskerk: Die älteste Kirche des Utrechter Kirchenkreuzes wurde im frühen 11. Jahrhundert errichtet. Monolithische Säulen aus rotem Sandstein dominieren das Hauptschiff. Maasländische Reliefs, die während aufwendiger

Restaurierungsarbeiten im Boden entdeckt wurden, schmücken die Treppe hinauf zum Hochchor. Neben einem reich verzierten Backsteinsarg unterhalb der Orgel beeindrucken die romanische Krypta mit den Gebeinen des Kirchenstifters Bischof *Bernold*, die nördliche (romanische) und die südliche (gotische) Seitenkapelle. Die Türme wurden nach ihrer Zerstörung durch den Jahrhundertsturm von 1674 nicht wiedererrichtet.

Adresse/Öffnungszeiten Pieterskerkhof, 3512 JR Utrecht, ☎ 0900/1288732 (VVV). Juli/August Di-Fr 11-16.30 Uhr, Sa 12-16 Uhr, September-Juni nur am ersten und dritten Wochenende des Monats Sa 11.30-15.30 Uhr. Orgelkonzerte finden Fr 12.45-13.30 Uhr statt. Eintritt frei.

Janskerk: Die romanische Säulenbasilika datiert ebenfalls aus dem 11. Jahrhundert. Sie bildet mit der Pieterskerk die letzten erhaltenen Reste des Kirchenkreuzes. Im Mittelalter ummauerte man die monolithischen Säulen, später wurde einer dieser Pfeiler entfernt und im Nordflügel neu eingesetzt. Die Kirche diente vorübergehend als städtische Bibliothek.

Adresse/Öffnungszeiten Janskerkhof 26, 3512 AR Utrecht, ☎ 030/2321616. Juli/August Di-Fr 13-17 Uhr. Eintritt frei.

Jacobikerk: Die mittelalterliche Pfarrkirche am nördlichen Ende der Oudegracht wurde im 12. Jahrhundert gestiftet. Ihre ursprüngliche Form veränderte sich später durch zahlreiche Umbauten und Erweiterungen. Das schwere Unwetter des Jahres 1674 zerstörte auch ihre Turmaufbauten. Die schwarzweiß bemalten Balken in der südwestlichen Dachbodenecke markieren noch heute die Stelle, an der die Turmspitze das Kirchengewölbe durchschlug. Die Schäden konnten erst wesentlich später behoben werden, nahezu 300 Jahre nach der Katastrophe. An der südlichen Fassade verdienen zwei Sonnenuhren die Aufmerksamkeit der Besucher.

Adresse/Öffnungszeiten Jacobskerkhof, 3512 BA Utrecht, ☎ 030/2317862. Juli/August Di-Fr 11-16.30 Uhr, Sa 12-16 Uhr. Eintritt frei.

Stadskasteel Oudaen: Ähnlich einer mittelalterlichen Burg thront das mächtige Patrizierhaus aus dem 14. Jahrhundert über den Kais der Oudegracht. Das Stadtschloss, in den späten 80er Jahren sorgsam restauriert, birgt eine historische Bierbrauerei. In den kühlen Kellerräumen wird noch heute gebraut. Im Rahmen verschiedener Führungen (für Gruppen) bietet sich die Gelegenheit, die Qualität des Oudaen-Bieres sorgsam zu prüfen.

Adresse/Führungen Oudegracht 99, 3511 AE Utrecht, ☎ 030/2311864, www.oudaen.nl. Mo-Sa 11-15 Uhr (Beginn der Führungen jeweils zur vollen Stunde, Dauer 30, 60 oder 90 Min.). Anmeldung erforderlich. Erwachsene 7 € bis 14.50 € (inkl. ein Glas Bier).

Centraal Museum Utrecht: Die nach ausgiebiger Renovierung wiedereröffnete Sammlung, das älteste städtische Museum der Niederlande (Fertigstellung 1838), empfängt seine Besucher in einer lichtdurchfluteten Eingangshalle. In den erneuerten Räumlichkeiten wird eine umfangreiche Sammlung bedeutender Kunstwerke aus vergangenen Jahrhunderten präsentiert, darunter Gemälde der *Utrechter Caravaggisten* (*Abraham Bloemaert, Hendrik ter Brugghen, Gerard van Honthorst, Dirk van Baburen* u. a.). Ausgestellt ist darüber hinaus niederländische Kunst des 20. Jahrhunderts mit Werken von *Keith Haring, Jorg Immendorf* und *Reinier Lucassen*. Die Rietveld-Sammlung – Modelle, Möbel und Zeichnungen –, die bisher in einem Flügel des Hauses untergebracht war, wird nun im gegenüberliegenden Gebäude präsentiert. In der oberen Etage findet sich das Kindermuseum "Kids Centraal" mit speziellen

Ausstellungen und Workshops für kleine Besucher.

Adresse/Öffnungszeiten Nicolaaskerkhof 10, 3512 XC Utrecht, ✆ 030/2362362, www.centraalmuseum.nl. Di-So 11-17 Uhr. Erwachsene 8 €, Kinder frei, Senioren (Pas65) 4 €, Studenten 4 €, MJK.

Rietveld-Schröderhuis: Das einzigartige Haus, das wegen seiner eigentümlichen Architektur bei seiner Errichtung fast einen Skandal auslöste, steht auf der World Heritage List der UNESCO und gilt als Höhepunkt der De-Stijl-Architektur. Die Farben Rot, Gelb und Blau dominieren das Bauwerk, das 1924 fertig gestellt und 1987 vollständig renoviert wurde. Rietveld entwarf das Haus, das durch die farbige Vertikal- und Horizontalgliederung und die großen Fenster fast durchlässig wirkt, für die Anwaltswitwe *Truus Schröder-Schräder,* die später seine Lebensgefährtin wurde. Rietveld selbst hatte hier bis 1933

Grachtenkähne in Utrecht

Provinz Utrecht
Karte S. 114

sein Atelier. Das Haus, dessen Innenausstattung ebenfalls auf Entwürfe Rietvelds zurückgeht, steht heute unter der Obhut des Centraal Museums.

Adresse/Führungen Prins Hendriklaan 50h, 3583 EP Utrecht, ✆ 030/2362310. Mi-Sa 11-16.30 Uhr, So 12.30-16.30 Uhr (letzte Führung jeweils um 15.30 Uhr). Anmeldung erforderlich. Erwachsene/Kinder 6.75 €. Führungen in deutscher Sprache.

Nationaal Museum "Van Speelklok tot Pierement": Das Museum zeigt eine Sammlung automatischer Musikinstrumente vom Glockenspiel bis zur Drehorgel, die vom 18. Jahrhundert bis in die Gegenwart reicht. Während der stündlichen Führungen werden zahlreiche Instrumente vorgeführt. Die Ausstellung befindet sich in der *Buurkerk,* einer im 13. Jahrhundert errichteten Kreuzbasilika. Einer fast 500 Jahre alten Legende zufolge soll die Tochter eines Priesters 57 Jahre ihres Lebens in einer der engen Kammern der Kirche verbracht haben. Sie habe für ihre tragische Herkunft büßen wollen – so die Überlieferung.

Adresse/Öffnungszeiten Buurkerkhof 10, 3511 KC Utrecht, ✆ 030/2312789, www.museumspeelklok.nl. Di-Sa 10-17 Uhr, So 12-17 Uhr. Erwachsene 6 €, Kinder 4 €, Senioren (Pas65) 5 €, MJK. Führungen stündlich (auch in deutscher Sprache).

Museum Catharijneconvent: Die Ausstellung befasst sich mit der Geschichte der christlichen Kultur. Die bedeutende Sakralkunstsammlung birgt einzigartige mittelalterliche Kunstschätze: Handschriften, Gemälde, Gewänder und Skulpturen, darunter auch Werke von *Frans Hals* und *Rembrandt.* Das Museum ist in einem ehemaligen Johanniterkloster aus dem 15. Jahrhundert untergebracht.

Adresse/Öffnungszeiten Lange Nieuwstraat 38, 3503 RM Utrecht, ✆ 030/2317296, www.catharijneconvent.nl. Di-Fr 10-17 Uhr, Sa/So 11-17 Uhr. Erwachsene 6 €, Kinder 3 €, Senioren (Pas65) 5 €, MJK. Führungen in deutscher Sprache.

Molukker in den Niederlanden

Die Molukken, die indonesische Inselgruppe zwischen Celebes und Neuguinea, galten unter der einstigen niederländischen Kolonialmacht als "Gewürzinseln", doch nahm die Bedeutung des Gewürzanbaus Anfang des 20. Jahrhunderts stark ab. 1950 proklamierte *Soumokil* als erster Präsident die Unabhängigkeit der Molukken, ehe die aufkeimende Freiheitsbewegung kurze Zeit später von indonesischen Truppen niedergeschlagen wurde. *Soumokil* flüchtete und entfachte aus seinem Exil auf der Insel Ceram einen Guerillakrieg. Das niederländische Kolonialheer, dem zahlreiche Molukker angehörten, drohte zu zerbrechen. Die Molukker baten um ihre Entlassung, um aus allen Teilen Indonesiens, in denen sie ihren Dienst ableisteten, in ihre gebeutelte Heimat zurückzukehren. Die indonesische Zentralregierung, die eine Stärkung der Guerillabewegung fürchtete, suchte dies zu verhindern. Der zunehmende internationale Druck, der die Niederlande zu einem Abzug ihrer Kolonialtruppen aus dem mittlerweile unabhängigen Indonesien bewegen sollte, bewirkte 1951 die Entscheidung Den Haags, die Molukker in die Niederlande zu evakuieren. Eine erste Übersiedlungswelle der aus dem Militärdienst entlassenen Männer erreichte Europa. Die Einwanderer wurden in Notunterkünften einquartiert, gerieten in soziale Bedrängnis und verloren ihre Zukunftsperspektive. Arbeitslosigkeit und Frustration bestimmten ein Leben ohne Aussicht auf Besserung der Lage. Die einzige Hoffnung stützte sich auf ein baldiges Kriegsende auf den Molukken und die anschließende Rückkehr in eine unabhängige Heimat. Die Zerschlagung der dortigen Freiheitsbewegung in den 60er Jahren, während derer *Soumokil* sein Leben verlor, raubte die letzte Hoffnung auf eine bessere Zukunft. Die Bereitschaft zur Gewaltanwendung stieg. Die brutalen Zugentführungen der 70er Jahre schockierten nicht nur die Niederlande, sondern rückten das Molukkerproblem in den Mittelpunkt des Weltinteresses. 1975 entführten molukkische Terroristen parallel zur Besetzung der indonesischen Botschaft in Den Haag einen Personenzug. Das 18-tägige Geiseldrama kostete vier Menschenleben. 1977 nahmen Gesinnungsgenossen die Schüler einer Grundschule als Geisel, begleitet von einer neuerlichen Zugentführung. Sechs Entführer und zwei Geiseln starben. Die Situation hat sich seither verbessert, doch steht eine vollständige Integration in die niederländische Gesellschaft weiter aus. Die Hoffnung auf eine unabhängige Molukkerrepublik hat insbesondere die jüngere Generation nicht aufgegeben. Alljährlich feiern sie den Jahrestag der Proklamation der ersten unabhängigen Republik der Südmolukken im niederländischen Exil.

Moluks Historisch Museum: Das einzigartige Projekt stellt sich die Aufgabe, ein Bild der Geschichte, Kunst und Kultur der Molukker zu vermitteln.

Adresse/Öffnungszeiten   Kruisstraat 313, 3581 GK Utrecht, ☎ 030/2367116, www.museum-moluku.nl. Di-So 13-17 Uhr. Erwachsene 4.50 €, Kinder 3 €, MJK.

Het Nederlands Muntmuseum: Die Sammlung vermittelt Einblicke in die Geschichte des niederländischen Münzwesens. Seit Generationen verfügt Utrecht über das Privileg des staatlichen Münzrechts. Nur einmal, während der französischen Besetzung, musste die Stadt das Recht für kurze Zeit an Amsterdam abtreten. Das Museum befindet sich in dem Gebäude, in dem lange Zeit die Münzen für das Königreich der Niederlande geprägt wurden.

Adresse/Öffnungszeiten Leidseweg 90, 3531 BG Utrecht, ✆ 030/2910410, www. koninklijkenederlandsemunt.nl. Mo-Fr 10-16 Uhr. Eintritt frei.

Nederlands Spoorwegmuseum: In unmittelbarer Nähe der Maliebaan, einer mehrere hundert Meter langen Lindenallee, ist im ehemaligen Maliebaan-Bahnhof das niederländische Eisenbahnmuseum untergebracht. Historisches gibt es sowohl im Modell als auch im Original zu sehen. Auf den rückwärtigen Gleisanlagen stehen mehr als 60 Lokomotiven und Waggons, darunter alte Dampfloks und ein Nachbau des legendären "Adler".

Utrechter Gracht

Adresse/Öffnungszeiten Maliebaanstation, 3581 XW Utrecht, ✆ 030/2306206, www.spoorwegmuseum.nl. Di-Fr 10-17 Uhr, Sa/So 11.30-17 Uhr. Erwachsene 7 €, Kinder 4.50 €, Senioren (Pas65) 5.75 €, MJK. Begleittexte und Führungen in deutscher Sprache.

Aboriginal Art Museum: Das europaweit erste Aboriginal-Museum bietet interessante Einblicke in die Kunst und Kultur der Ureinwohner Australiens. Untergebracht ist das Museum, dessen Exponate aus mehreren Privatsammlungen zusammengetragen wurden, in einem ehemaligen Bankgebäude in unmittelbarer Nähe der Utrechter Domkerk.

Adresse/Öffnungszeiten Oudegracht 176, 3511 NP Utrecht, ✆ 030/2380100, www.aamu.nl. Di-Fr 10-17 Uhr, Sa/So 11-17 Uhr. Erwachsene 7 €, Kinder 5 €, Senioren (Pas65) 5 €, MJK.

Nederlands Waterleidingsmuseum: Der Wasserturm (1895), eines der kleinen und unscheinbaren Museen der Stadt, lässt auf vier Etagen die Geschichte der Trinkwasserversorgung wieder aufleben. Viele Geräte aus Großmutters Zeiten beeindrucken den Besucher, darunter Teile einer hölzernen Leitung, die die Bierbrauereien im benachbarten Amersfoort mit Wasser versorgte. Im Museum freut man sich merklich über jeden Besucher. Der Turm bietet nette Ausblicke auf Utrecht.

Adresse/Öffnungszeiten Lauwerhof 29, 3512 VD Utrecht, ✆ 030/2487211. April-Oktober Di-Fr 13.30-17 Uhr, Sa 11-16 Uhr, So 13.30-17 Uhr. Erwachsene/Kinder 2.50 €, MJK. Begleittexte und Führungen in deutscher Sprache.

Utrechts Universiteitsmuseum: Die hochschuleigene Sammlung beschäftigt sich eingehend mit der Geschichte der Utrechter Universität. Die naturwissenschaftlichen und medizinischen Exponate vermitteln als stille Zeugen der

Vergangenheit einen repräsentativen Querschnitt der wissenschaftlichen For-schung. Darüber hinaus bestehen drei kleine Unterabteilungen, die sich schwerpunktmäßig mit biologischen Fragestellungen auseinander setzen.

Adresse/Öffnungszeiten   Lange Nieuwstraat 106, 3512 PN Utrecht, ☎ 030/2538008, www.museum.ruu.nl. Di-So 11-17 Uhr. Erwachsene 4 €, Kinder 2 €, Senioren (Pas65) 3 €, MJK. Führungen in deutscher Sprache.

Hortus Botanicus Fort Hoofddijk: Der botanische Garten, neben dem *Gimbornarboretum* bei Doorn die zweite große Anlage der Utrechter Hochschule, befindet sich auf dem weitläufigen Universitätsgelände *De Uithof* im Osten der Stadt. Mehr als 1.500 Pflanzenarten aus den Hochgebirgen der nördlichen Hemisphäre machen Fort Hoofddijk zu einem weltweit einzigartigen Juwel. Darüber hinaus gibt es Lehrgärten mit heimischen Gewächsen und natürlich die obligatorischen Tropenhäuser. Der Hortus Botanicus zählt zu den schönsten städtischen Parkanlagen.

Adresse/Öffnungszeiten   Budapestlaan 17, 3584 CD Utrecht, ☎ 030/2535455, www.botanischetuinen.uu.nl. März-November täglich 10-16 Uhr; Mai-September täglich 10-17 Uhr. Erwachsene 4.50 €, Kinder 1.50 €, Senioren (Pas65) 3.50 €, MJK.

Region Vechtstreek

(Breukelen, Maarssen)

Die eher ruhige Region, die sich nordwestlich der Provinzhauptstadt Utrecht bis in den Amsterdamer Großraum ausdehnt, bietet eine grüne Landschaft, die vom schmalen Flusslauf der *Vecht* dezent durchbrochen wird. An den Ufern des nahe Muiden ins IJsselmeer mündenden Flusses locken Landgüter und Schlösser zu Radtouren und Wanderungen. Auffallend viele reizvolle Dorfkerne und romantische Zugbrücken drängen sich als Fotomotive geradezu auf. Es beruht somit keineswegs auf purem Zufall, dass sich im goldenen 17. Jahrhundert derart viele wohlhabende Amsterdamer Kaufleute gerade in dieser Ecke der Provinz ihre prachtvollen Residenzen errichten ließen. Die *Loosdrechtse Plassen*, *Maarsseveense Plassen* und *Vinkeveense Plassen*, die durch den einst sehr ausgeprägten Torfabbau entstanden, verleihen der Region zusätzliche Attraktivität. Wassersportfreunde kommen auf ihre Kosten.

Breukelen   (14.000 Einwohner)

Die romantische Vechtstreek, der herrliche Landstrich an den Ufern des gleichnamigen Flüsschens, galt im 17./18. Jahrhundert als bevorzugte Adresse wohlhabender Kaufleute aus dem nahen Amsterdam. Hier ist der alte Glanz erhalten geblieben. Bevorzugtes Ausflugsziel aber sind die Schlösser, darunter **Kasteel Gunterstein** (1681), das als einziges zugänglich ist. Man kommt aber nicht daran vorbei, sich vorher schriftlich anzumelden; die genauen Modalitäten erläutert das Informationsbüro (VVV). Ohne jeden bürokratischen Aufwand kann man dagegen das angrenzende, im englischen Stil gehaltene Landgut besichtigen, das Besuchern jederzeit offen steht.

Übrigens: Der New Yorker Stadtteil Brooklyn soll nach Breukelen benannt worden sein. Die "Brooklyn Bridge", die kleine weiße Zugbrücke im Ortskern der kleinen niederländischen Stadt, hat allerdings nie die Berühmtheit ihres amerikanischen Pendants erreicht.

• *Information* VVV **Breukelen**, Herenstraat 4, 3621 AR Breukelen, ☎ 0346/261357, ✉ 264243. Mo-Do 9-18 Uhr, Fr 9-21 Uhr, Sa 9-17 Uhr.

• *Adresse/Öffnungszeiten* **Kasteel Gunterstein**, Zandpad 48, 3621 NE Breukelen, ☎ 0346/261312. Besichtigung nur nach telefonischer Voranmeldung. Preise auf Anfrage.

• *Bahnverbindungen* 2-3x stündl. nach Amsterdam (Dauer: 30 Min.), 1-2x stündl. Gouda (25 Min.), 1-2x stündl. Utrecht (10 Min.).

• *Busverbindungen* in Richtung Amsterdam, Utrecht.

• *Fahrradverleih* **Rijwielhandel Verkuil**, Eendrachtlaan 81, 3621 DE Breukelen, ☎ 0346/261248.

• *Kanu- u. Ruderbootverleih* **De Eerste Aanleg**, Scheendijk 7, 3621 VB Breukelen, ☎ 0346/261813.

• *Einkaufen* Die Geschäfte bleiben in Breukelen Montagvormittag (oder Mittwochnachmittag) geschlossen. Am Freitag verschiebt sich der Ladenschluss auf 21 Uhr (Kaufabend). Markttermin: **Wochenmarkt** Fr 12-18 Uhr, Marktplatz.

• *Krankenhaus* **Academisch Ziekenhuis Utrecht**, Heidelberglaan 100, 3584 CX Utrecht, ☎ 030/2509111.

• *Schwimmen* **Sportcentrum 't Kikkerfort**, Schepersweg 14 a, 3621 JK Breukelen, ☎ 0346/266851. Subtropisches Schwimmparadies, Rutschbahn, Sauna, Whirlpool.

• *Taxiruf* ☎ 0346/251052

Maarssen

(41.000 Einwohner)

Die Gemeinde Maarssen liegt wenige Kilometer nordwestlich von Utrecht im Gebiet der Vechtstreek. Sie besitzt mit **Slot Zuylen** eine Sehenswürdigkeit, die einen kleinen Umweg durchaus lohnt. Das Anwesen stammt aus dem 13. Jahrhundert, doch folgten später umfangreiche Änderungen und Erweiterungen. Ansprechende Stilzimmer aus dem 17.–19. Jahrhundert mit kostbaren Familienporträts und Gobelins prägen das Interieur. Manuskripte erinnern an die niederländische Schriftstellerin *Belle van Zuylen*, die Teile ihrer Jugend auf dem Landgut verbrachte.

Das **Nederlands Drogisterij Museum** lockt mit zwei authentisch eingerichteten niederländischen Drogerien, in denen das damals übliche Interieur der Jahre 1901 und 1934 liebevoll wieder zusammengestellt wurde. Darüber hinaus finden sich zahlreiche sehenswerte Exponate zum Thema.

• *Adresse/Öffnungszeiten* **Slot Zuylen**, Tournooiveld 1, 3611 AS Oud Zuilen, ☎ 030/2440255, www.slotzuylen.com. Führungen: März-November Sa 14, 15, 16 Uhr, So 13, 14, 15, 16 Uhr, Mai-September auch Di-Do 11, 13, 14, 15, 16 Uhr. Erwachsene 4.50 €, Kinder 2.50 €.

Nederlands Drogisterij Museum, Diependaalsedijk 19c, 3601 GH Maarssen, ☎ 0346/555253, www.drogisterijmuseum.nl. Di-Sa 10-17 Uhr, So 13-17 Uhr. Erwachsene 3 €, Kinder 2.50 €, Senioren (Pas65) 2.50 €, MJK.

Region Gelderse Vallei

(Amersfoort, Bunschoten-Spakenburg, Baarn)

Das Herz der weiten Polderlandschaft der Gelderse Vallei, die sich zwischen dem Utrechtse Heuvelrug und der gelderländischen Veluwe erstreckt, schlägt in der sehenswerten Stadt **Amersfoort**. Der Geheimtipp der Provinz überzeugt mit einem Ensemble stimmungsvoller Häuserzeilen alter und schiefer "Muurhuizen" im historischen Zentrum, das die Stadt zu einem wahren Kleinod macht. Der Zusammenfluss mehrerer kleinerer Bäche aus der Gelderse Vallei lässt in Amersfoort die *Eem* entstehen, die sich als einziger Fluss des Landes von Anfang bis Ende durch niederländisches Territorium schlängelt, wo sie in der Nähe von Spakenburg ins *Eemmeer* mündet. Einst spielte hier die

Schifffahrt eine gewichtige Rolle, doch ist heute alleine die landschaftliche Schönheit der umliegenden Region von Bedeutung. Der *Eemlandpolder* lohnt einen Abstecher.

Amersfoort
(120.000 Einwohner)

Die Faszination der alten und schiefen Muurhuizen macht Amersfoort zu einem Ausflugsziel ersten Ranges. Die architektonische Vielfalt dieser einzigartigen Wallhäuser in der Altstadt weiß zu begeistern.

Eine neue Verteidigungslinie machte einst die alten Wallanlagen überflüssig. An ihrer Stelle entstanden neue Lagerstätten und Wohnhäuser, die "Muurhuizen". Ein Stadtspaziergang sollte an ihnen ebenso wie an den prachtvollen Fassaden am früheren Hafen und den alten Stadttoren vorbeiführen. Das *Kamperbinnenpoort* (13. Jh.), ein Teil der ersten, inneren Umwallung, ist das älteste der erhaltenen Tore. Das Wassertor *Monnikendam* (15. Jh.) und das *Koppelpoort* (15. Jh.), Wasser- und Landtor zugleich, gehören zur zweiten, äußeren Umwallung. Zwei Tretmühlen senkten das Holzgitter hinab und schlossen auf diese Weise das Tor. Im Monnikendam befindet sich mittlerweile ein Café-Restaurant. Man sollte sich die Zeit nehmen ...

Amersfoort hat manches zu erzählen, darunter die Geschichte einer ausgefallenen Wette, die ihre Spuren in der Stadt hinterlassen sollte: Im 17. Jahrhundert hatte ein Junker behauptet, er könne einen riesigen Felsbrocken aus der nahen Umgebung nach Amersfoort schleppen. Die Wette wurde angenommen – und eingelöst. Das brachte den Amersfoorter Bürgern den Spott der Nachbargemeinden ein. Die Stadtväter sahen sich veranlasst, den sieben Tonnen schweren Stein an Ort und Stelle zu vergraben. Es sollte Gras über die Geschichte wachsen. Zu Beginn dieses Jahrhunderts besann man sich der damaligen Vorkommnisse. Der mächtige Steinblock wurde ausgegraben und auf einem Sockel am Varkensmarkt platziert. Heute sind die Bürger stolz auf das neue Wahrzeichen ihrer Stadt – Amersfoort, die Stadt der "Felsenschlepper".

Information/Verbindungen/Adressen

• *Information* **VVV Amersfoort**, Stationsplein 9-11, 3818 LE Amersfoort, ☎ 0900/1122364, ✆ 0900/4650108, www.vvvamersfoort.nl. Mai-September Mo-Fr 9-17.30 Uhr, Sa 10-16 Uhr; Oktober-April Mo-Fr 9-17.30 Uhr, Sa 10-14 Uhr.

ANWB Amersfoort, Koninklijke Nederlandse Toeristenbond, Prinses Julianaplein 10, 3817 CS Amersfoort, ☎ 033/4610245, ✆ 4651788.

• *Bahnverbindungen* 3-4x stündl. nach Amsterdam (Dauer: 40 Min.), 1-2x stündl. Apeldoorn (25 Min.), 2x stündl. Groningen (105 Min.), 2-4x stündl. Leeuwarden (105 Min.), 4-6x stündl. Utrecht (20 Min.), 4-6x stündl. Zwolle (40-50 Min.).

• *Einkaufen* Die Geschäfte bleiben in Amersfoort Montagvormittag geschlossen. Am Donnerstag (in den Randgebieten Amersfoorts Freitag) verschiebt sich der Ladenschluss auf 21 Uhr (Kaufabend). Markttermine: **Wochenmarkt** Fr 7-13 Uhr und Sa 9-17 Uhr, De Hof; **Blumenmarkt** Fr 7-13 Uhr, OLV Kerkhof; **Fischmarkt** Fr 7-13 Uhr, Groenmarkt.

• *Autoverleih* **Autoverhuur Avis**, Nijverheidsweg-Noord 42, 3812 PM Amersfoort, ☎ 033/4614242; **Autoverhuur Budget**, Amsterdameseweg 55, 3812 RP Amersfoort, ☎ 033/4630459 (0800/0537, gratis); **Autoverhuur Hertz**, Maanlander 1, 3824 MN Amersfoort, ☎ 033/4550239.

• *Fahrradverleih* **Rijwielstalling Station**, Stationsplein 29, 3818 LE Amersfoort, ☎ 033/4614985; **Rijwielhandel Ent**, De Beurs 21, 3823 GA Amersfoort, ☎ 033/4561030.

• *Brauerei* **Bierbrouwerij De Drie Ringen**, Kleine Spui 18, 3811 BE Amersfoort, ℘ 033/4656575, www.dedrieringen.nl. Geschichte der Amersfoorter Bierbrauereien, Bierproben. Do 13-18 Uhr, Fr/Sa 13-19 Uhr. Eintritt frei. Führung (inkl. Bierprobe) 4.50 €.

• *Kinderbauernhof* **De Vosheuvel**, Heiligenbergerweg 187, 3816 AJ Amersfoort, ℘ 033/4799552. Mo und Mi-Sa 10-12.15 Uhr und 13.45-16.45 Uhr, April-Oktober auch So 14-16.45 Uhr. Eintritt frei.

• *Krankenhaus* **De Lichtenberg**, Utrechtseweg 160, 3818 ES Amersfoort, ℘ 033/4222345.

• *Schwimmen* **Sportfondsenbad Amersfoort**, Bisschopsweg 175, 3817 BT Amersfoort, ℘ 033/4634214. Hallenbad mit subtropischem Aquadroom und dem einzigen überdachten Sprungturm des Landes. Außerdem Sauna, Whirlpool.

• *Taxiruf* ℘ 4726666

Übernachten (siehe Karte S. 128)

• *Hotels* ****** Hotel De Klepperman (10)**, Oosterdorpsstraat 11, 3871 AA Hoevelaken, wenige Kilometer östlich von Amersfoort, Luxushotel der Bilderberg-Gruppe, 158 Betten, spezielle Nichtraucherzimmer, gute Küche im angeschlossenen Restaurant "Gasterie" und im "Eethuys 't Backhuys", Sauna, Solarium. EZ ab 140 €, DZ ab 162 €, Frühstück 15.50 €, ℘ 033/2534120, ℘ 2537434, klepperman@bilderberg.nl.

**** Berghotel Amersfoort (12), Utrechtseweg 225, 3818 EG Amersfoort, einziges 4-Sterne-Hotel vor Ort, Best-Western-Gruppe, 160 Betten, zuvorkommender Service, gepflegte Zimmer, November bis Mitte März geschlossen. EZ ab 114 €, DZ ab 130 €, Frühstück 14 €, ℘ 033/4620444, ℘ 4650505.

*** Tulip Inn Amersfoort (11), Stichtse Rotonde 11, 3818 GV Amersfoort, ruhige Lage am Stadtrand in grüner Umgebung, 148 Betten, saubere Zimmer, alle mit Du/WC,

Telefon und TV. EZ ab 65 €, DZ ab 80 €, ℘ 033/4620054, ℘ 4619281.

*** Hotel De Witte (9), Utrechtse Weg 2, 3811 NB Amersfoort, zentrale Lage, 27 Betten, individueller Service, alle Zimmer mit Du/WC, Telefon und TV. EZ ab 50 €, DZ ab 65 €, ℘ 033/4614142, ℘ 4635821.

Logies De Tabaksplant (1), Coninckstraat 15, 3811 WD Amersfoort, Nähe Kamperbinnenpoort, altes Haus mit Seilwinde über dem Eingang, Pension mit einfachem Interieur. EZ ab 35 €, DZ ab 75 €, ℘ 033/4729797, ℘ 4700756.

Hotel Randenbroek (8), Willem van Mechelenstraat 27, 3817 BB Amersfoort, Nähe Aquadrom-Schwimmbad, knapp 500 m vom Zentrum entfernt, einfache kleine Familienpension, 38 Betten, alle Zimmer mit Du/WC und TV. EZ ab 35 €, DZ ab 50 €, ℘ 033/4637415, ℘ 4632356.

Essen (siehe Karte S. 128)

In Amersfoort geht es eher gemächlich zu, doch finden sich zwei an lauen Sommerabenden gut besuchte Plätze im Herzen der Altstadt: einerseits der Hof, ein schöner Platz mit zahlreichen Straßencafés und einem großen Brunnen, aus dem unaufhörlich eine klitzekleine Wasserfontäne sprudelt, andererseits der Lieve Vrouwekerkhof, etwas kleiner, gemütlicher und noch schöner als der Hof.

Café-Restaurant In den Kleinen Hap (3), Lange Straat 95, 3811 AD Amersfoort, Petit-Restaurant mit einigen Tischen im Freien, Pfannkuchen im Angebot, ℘ 033/4621365.

Gasterij de Monnick (4), Plantsoen Oost 2, 3811 HH Amersfoort, gute Fischgerichte, vegetarische Platten, aber dank der Lage direkt hinter dem Wassertor auch ein schöner Platz für die nachmittägliche Tasse Kaffee, Mo-Di geschlossen. ℘ 033/4650742.

Vlaams Eethuis 't Madammeke (6), Lieve Vrouwestraat 6-10, 3811 BR Amersfoort, empfehlenswerte flämische Küche zu angemessenen Preisen, erfreulich große Portionen, Tägl. ab 17 Uhr, ℘ 033/4630155, www.madammeke.nl.

Pizzeria Lorenza (5), Lieve Vrouwestraat 14, 3811 BR Amersfoort, nahe dem Turm am OLV Kerkhof, gute und preiswerte Nudelgerichte und Pizzavariationen, ℘ 033/4635071.

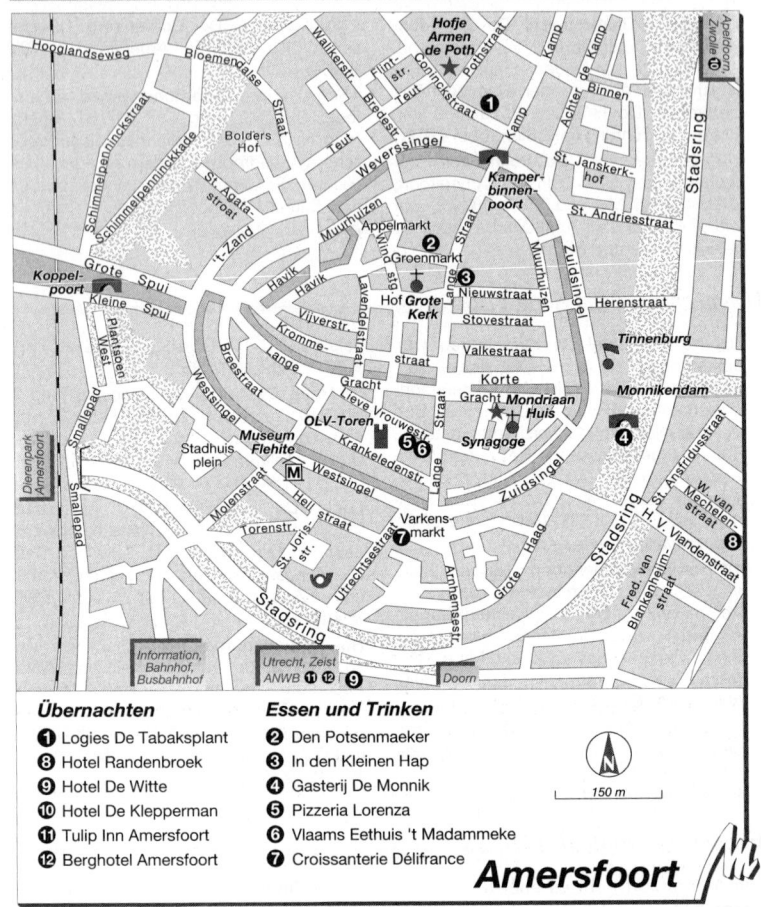

Übernachten

1 Logies De Tabaksplant
8 Hotel Randenbroek
9 Hotel De Witte
10 Hotel De Klepperman
11 Tulip Inn Amersfoort
12 Berghotel Amersfoort

Essen und Trinken

2 Den Potsenmaeker
3 In den Kleinen Hap
4 Gasterij De Monnik
5 Pizzeria Lorenza
6 Vlaams Eethuis 't Madammeke
7 Croissanterie Délifrance

150 m

Amersfoort

Pannekoekenhuys Den Potsenmaeker (2), Groenmarkt 6, 3811 CP Amersfoort, direkt hinter der Grote Kerk, leckere Pfannkuchen, zahlreiche Variationen von deftig bis süß, auf Wunsch auch aus Vollkornmehl, ☎ 033/4621777.
Croissanterie Délifrance (7), Varkensmarkt 3, 3811 LD Amersfoort, Baguettes und Croissants in großer Vielfalt, ☎ 033/4638769.

Sehenswertes

Onze-Lieve-Vrouwen-Toren: Der frei stehende Turm, der im Volksmund wegen seiner Höhe (100 m) auch *Lange Jan* genannt wird, gilt als einer der imposantesten des ganzen Landes. Im Gegensatz zur dazugehörigen Kirche überstand er 1787 die Explosion eines im Gebäude untergebrachten Munitionslagers. Die Kirche wurde nicht wieder aufgebaut. Der Aufstieg, der über 327 Stufen in luftige Höhe führt, wird mit schönen Blicken über die Stadt belohnt.

Adresse/Öffnungszeiten Onze Lieve Vrouwekerkhof, 3811 AH Amersfoort, ☎ 0900/1122364. Juli/August Di-So 11-17 Uhr. Erwachsene 4 €, Kinder 3 €.

Grote Kerk (Sint Joriskerk): Die größte Kirche der Stadt stammt aus dem 13. Jahrhundert; allerdings ist nur der Turm aus dieser Periode erhalten. Der schwere Stadtbrand des Jahres 1340 verwüstete weite Teile der Kirche. Sowohl der Wiederaufbau als auch die späteren Erweiterungen im 16. Jahrhundert veränderten die ursprüngliche Gestalt erheblich. Der Turm, der lange Jahre für sich alleine stand, ist mittlerweile vollständig in das Bauwerk integriert. Besondere Beachtung verdient das Grabmal des Baumeisters *Jacob van Campen*, der einen Großteil seines Lebens in Amersfoort verbrachte. Seitlich der Kirche befindet sich die aus dem 17. Jahrhundert stammende *Boterwaag*.
Adresse/Öffnungszeiten Hof 1, 3811 BR Amersfoort, ☎ 033/4616178. Juni-September Mo-Sa 14-16 Uhr. Eintritt frei.

Mandaatshuisje: 1337 richtete der Bischof von Utrecht nahe der Sint Joriskerk ein Kapitel mit zehn Kanonikern ein, die in eigenen kleinen Häusern im Bereich des Papenhofs weitgehend abgeschottet von der Außenwelt lebten. Der gesamte Komplex bildete ein unabhängiges Rechtsgebiet innerhalb der Stadt. Amersfoort besaß keinerlei Befugnisse gegenüber den Domherren *(Immuniteit of Mandaatsgebied)*. Alleine das Haus *Onder de Lindeboom* blieb erhalten, der Volksmund spricht noch heute ehrfürchtig vom *Mandaatshuisje*.

Hofje Armen de Poth: Die *Heilige Geestbroederschap* breitete sich im späten 12. Jahrhundert von Frankreich nach Norden aus. Sie versorgte in Amersfoort 500 Jahre lang hilfsbedürftige Menschen mit regelmäßigen Almosen. In den Zeiten der Pest entstanden zahlreiche kleine Häuser, in denen die erkrankten Menschen eine feste Bleibe fanden. 49 Wohneinheiten blieben bestehen und bieten heute sozial schwächer gestellten Bürgern eine Unterkunft. Die wöchentliche Miete lag noch 1957 bei nur fünf Cent! Ein symbolischer Betrag, den die Bewohner zum Jahresende als Weihnachtsgabe zurückerhielten. Der Name der Anlage in der Pothstraat geht auf das Wappen der alten Bruderschaft zurück: ein Becher (niederländisch *pot*) mit einer darüber schwebenden Taube als Sinnbild des Heiligen Geistes. Mit dem Becher wurden einst die Spenden für die Hilfsbedürftigen gesammelt.
Adresse/Öffnungszeiten Pothstraat 16, 3811 JL Amersfoort, ☎ 033/4721419. Besichtigung nur an zwei Tagen des Jahres (einmal im Juli, einmal im August). Termine auf Anfrage beim Informationsbüro (VVV).

Muurhuizen: Die bedeutende Bierstadt Amersfoort galt bis ins 17. Jahrhundert als wichtiges Handelszentrum. Hinter so mancher Fassade der malerischen Muurhuizen an der gleichnamigen Gracht verbarg sich eine der zahlreichen Brauereien. Jeden Freitag wird an der Gracht ein farbenprächtiger Blumenmarkt veranstaltet.

Tinnenburgh: Die Ursprünge dieses mächtigen Wallhauses (Muurhuizen 25-27) liegen im Dunkeln. *Tinnenburgh* und *Klein Tinnenburgh* wurden erstmals 1414 erwähnt – mehr ist nicht zu erfahren. Die Bögen der Brustwehrung der ersten Stadtumwallung sind noch heute an der Frontseite des Gebäudes zu erkennen. Möglicherweise bestand im 15. Jahrhundert eine Verbindung zum nahen Wassertor Monnikendam.

Plompetoren: Das ehemalige Stadtgefängnis (Muurhuizen) mit der Amtswohnung des Gefängnisaufsehers stammt aus dem späten 13. Jahrhundert. Noch zur Jahrhundertwende saßen hier Gefangene ein. Das sechskantige Türmchen

Wassertor Monnikendam (Amersfoort)

mit der Glocke eines früheren Agnietenklosters wurde 1860 montiert. Seither spricht der Volksmund auch vom *Latijntje*, denn im alten Kloster befand sich einst die städtische Lateinschule.

Het Secretarishuisje: Das Sekretärshäuschen (Muurhuizen 109), benannt nach *Jan Both Hendriksen*, der das Gebäude 1776 vollständig umbauen ließ, beeindruckt mit unterschiedlichen Bauelementen. Besonders reizvoll erscheint das im Stil der Renaissance gehaltene schmucke Eingangstor.

Museum Flehite: Die drei restaurierten Wallhäuser aus dem frühen 16. Jahrhundert, die das Museum beherbergen, sind bereits aus größerer Entfernung eine wahre Augenweide. Die Ausstellungen sind der Stadtgeschichte gewidmet und somit natürlich auch dem "Dolle Jonker" *Everard Meyster* – der Mann mit der ebenso folgenreichen wie verrückten Wette (s. o.).

Direkt gegenüber dem Museum liegt das alte Sint-Pieter-Krankenhaus mit einem gut erhaltenen historischen Männerschlafsaal (*Mannenzaal*). Das Mobiliar stammt ausnahmslos aus dem späten Mittelalter. Auffällig sind insbesondere die engen Nischen mit ihren Betten, die für die durchschnittlichen Körpermaße eines Mannes aus unserem Jahrhundert viel zu kurz wären.

Adresse/Öffnungszeiten   Westsingel 50, 3811 BC Amersfoort, ☎ 033/4619987, www.museumflehite.nl. Di-Fr 10-17 Uhr, Sa/So 13-17 Uhr. Erwachsene 4 €, Kinder frei, Senioren (Pas65) 5 €, MJK.

Het Mondriaanhuis: Das Geburtshaus des genialen niederländischen Malers *Piet Mondriaan* (1872–1944) steht seit Mitte der 90er Jahre als kleines Museum dem breiten Publikum zur Besichtigung offen. Das Haus wurde als Dokumentationszentrum eingerichtet, in dem in unregelmäßiger Folge wechselnde Ausstellungen durchgeführt werden.

Adresse/Öffnungszeiten   Kortegracht 11, 3811 KG Amersfoort, ☎ 033/4620180, www.mondriaanhuis.nl. Di-Fr 10-17 Uhr, Sa/So 13-17 Uhr. Erwachsene 6 €, Kinder frei, MJK.

Dierenpark Amersfoort: Die größte Attraktion des städtischen Zoos ist eine afrikanische Savanne mit weitläufigen Gehegen im hinteren Bereich der Anlage. In ihrer Mitte steht die *Ark van Amersfoort* – eine Arche mit Ausstellungsräumen, die über neugeborene Tiere informiert und eine kleine Babykammer besitzt, in der der Nachwuchs (falls vorhanden) bestaunt werden kann.

Adresse/Öffnungszeiten Barchman Wuytierslaan 224, 3819 AC Amersfoort, ☎ 033/4227100, www.amersfoort-zoo.nl. April-Oktober täglich 9-18 Uhr; November-März täglich 9-17 Uhr. Erwachsene 12.50 €, Kinder 10.50 €. Führungen in deutscher Sprache.

Bunschoten-Spakenburg   (19.000 Einwohner)

Spakenburg zählt zu den vielen kleinen Fischerstädtchen am Rande der ehemaligen Zuiderzee, die mit ihren schmalen Gassen und dem alten, zentral gelegenen Hafen das malerische Flair vergangener Jahrhunderte bewahren konnten. Früher ankerten an den Kais Hunderte kleinerer Schiffe, doch bereiteten die Einpolderungen im Anschluss an den Bau des Abschlussdeiches der Fischerei ein jähes Ende. Die Stadt lebt seither von der Fisch verarbeitenden Industrie. Im Hafen liegen einige Dutzend authentisch hergerichtete Botter als Relikte aus der guten, alten Zeit. Spakenburg ist seit einigen Jahren mit der bäuerlichen Nachbargemeinde Bunschoten verwachsen.

Das **Klederdracht en Visserijmuseum** verfügt über eine kleine Sammlung alter Puppen in historischen Trachten. Die ältesten Stücke datieren aus dem späten 18. Jahrhundert. Die Trachten werden auf Anfrage auch im Rahmen einer Modenschau anno 1800 vorgeführt. Die zweite Abteilung lockt mit historischen Schiffsmodellen.

Das zweite örtliche Museum, das **Spakenburgs Museum 't Vurhuus**, verfügt ebenfalls über eine Auswahl historischer Kostüme. Sehenswert sind auch die stilechte Heringsräucherei, eine authentisch eingerichtete Wohnstube und ein kleiner Krämerladen aus der Zeit um 1900.

• *Information* **VVV Bunschoten-Spakenburg**, Oude Schans 90, 3752 AH Bunschoten-Spakenburg, ☎ 033/2581310, ✉ 2996235, www.vvvspakenburg.nl. April-September Mo 13-17 Uhr, Di-Fr 10-17 Uhr, Sa 10-16 Uhr; Oktober-März Mo-Fr 13-17 Uhr, Sa 10-15 Uhr.

• *Adressen/Öffnungszeiten* **Klederdracht en Visserijmuseum**, Kerkstraat 20, 3751 AR Bunschoten-Spakenburg, ☎ 033/2996782. Mai-August Mo-Sa 10-17 Uhr. Erwachsene 1.50 €, Kinder 1.25 €. Begleittexte in deutscher Sprache.

Spakenburgs Museum 't Vurhuus, Oudeschans 47-56, 3752 AH Bunschoten-Spakenburg, ☎ 033/2991494. April-November Mo-Sa 10-17 Uhr. Erwachsene 2 €, Kinder 1.50 €, MJK. Führungen in deutscher Sprache.

• *Bahnverbindungen* nächster Bahnhof in Amersfoort (10 km).

• *Busverbindungen* in Richtung Amersfoort, Baarn.

• *Fahrradverleih* **Koelewijn Fietsen**, Zuidwenk 82, 3751 CG Bunschoten-Spakenburg, ☎ 033/2981430; **Jachthaven Nieuwboer**, Westdijk 36, 3752 AE Bunschoten-Spakenburg, ☎ 033/2982306.

• *Einkaufen* Die Geschäfte bleiben in Bunschoten-Spakenburg Montagvormittag (oder Mittwochnachmittag) geschlossen. Am Freitag verschiebt sich der Ladenschluss auf 21 Uhr (Kaufabend). Markttermin: **Wochenmarkt** Sa 11-17 Uhr, Spuiplein.

• *Krankenhaus* **De Lichtenberg**, Utrechtseweg 160, 3818 AS Amersfoort, ☎ 033/4222345.

• *Taxiruf* ☎ 033/2984999

• *Übernachten* ** **Het Oude Gemeentehuis**, Dorpsstraat 90, 3751 ES Bunschoten-Spakenburg, 15 Betten, einziges Hotel vor Ort, freundlicher Service, alle Zimmer mit Du/WC, Telefon und TV. EZ ab 45 €, DZ ab 49 €, Frühstück 5 €, ☎ 033/2987100, ✉ 2980725.

NJHC-Jugendherberge Soest, Bosstraat 16, 3766 AG Soest, etwa 20 km südwestlich von Bunschoten-Spakenburg, waldreiche Lage, ganzjährig geöffnet. 138 Betten, Zweierzimmer (1), Viererzimmer (1), Sechserzimmer (4), Achterzimmer (3), Zehnerzimmer (2), 16er-Zimmer (4). Übernachtung im Schlafsaal inkl. Frühstück 20-21 € (je nach Saison), ☎ 035/6012296, ✆ 035/6028921, soest@njhc.org.

• *Essen* **De Pieterman**, Hoekstraat 15, 3751 AL Bunschoten-Spakenburg, Eethuis-Visrestaurant, exquisite Fischgerichte, täglich frisch, Oktober-Mai Mi geschlossen, ☎ 033/2982105.

Porto d'Oro, Kerkstraat 79, 3751 AS Bunschoten-Spakenburg, Grillroom-Pizzeria, Auswahl an Gerichten der italienischen Küche, leckere Pizzavariationen, So geschlossen, ☎ 033/2984991.

Baarn

(25.000 Einwohner)

Der kleine Ort nordwestlich von Amersfoort liegt in den Ausläufern des *Utrechtse Heuvelrug*, eines landschaftlich ansprechenden Fleckchens Natur, dessen hoher Erholungswert allgemein geschätzt ist. Baarn ist auch bekannt für mehrere in der Nähe liegende Schlösser. *Slot Drakensteyn*, ein weiß getünchter Prachtbau aus dem 17. Jahrhundert, diente der Königinmutter als Alterswohnsitz. *Slot Soesterdijk*, ein von Grachten umsäumtes Schlösschen, war lange die erste Wahl der amtierenden Königin, ehe sie sich für ihren ebenso kostspieligen wie umstrittenen Umzug nach Den Haag entschied. Die beiden Schlösser sind nicht zu besichtigen, wohl aber **Kasteel Groeneveld**, ein prächtiges Anwesen aus dem frühen 18. Jahrhundert, gegenwärtig der Sitz des *Nationaal Centrum voor Bos, Natuur en Landschap*, einer Institution zur landesweiten Pflege der Natur. Die im Schloss ausgestellten Exponate befassen sich folgerichtig mit Fragen des Umweltschutzes. Themenbezogene Wechselausstellungen ergänzen das Angebot. Darüber hinaus finden Konzerte klassischer Musik statt.

Ebenso sehenswert ist der **Cantonspark**, eine 1914 angelegte Parkanlage, die der Utrechter Universität einst als Hortus Botanicus diente, ehe *Fort Hoofddijk* in Utrecht und das *Gimbornarboretum* in Doorn diese Funktion übernahmen. Sehenswert ist das alte tropische Gewächshaus, das älteste Baudenkmal des Parks.

Information/Verbindungen/Adressen

• *Information* **ANWB/VVV Baarn**, Stationsplein 7, 3743 KK Baarn, ☎ 035/5413226. Mo-Fr 9-17 Uhr, Sa 10-13 Uhr, März-August Sa bis 14 Uhr.

• *Adressen/Öffnungszeiten* **Kasteel Groeneveld**, Groeneveld 2, 3744 ML Baarn, ☎ 035/5420446, www.kasteelgroeneveld.nl. Di-Fr 10-17 Uhr, Sa/So 12-17 Uhr. Erwachsene 3.50 €, Kinder 1.50 €, MJK.

Cantonspark, Faes Eliaslaan 49-51 (Eingang Javalaan), 3744 BC Baarn, ☎ 035/2331742. Eintritt frei.

• *Bahnverbindungen* 2x stündl. nach Hilversum (Dauer: 6 Min.) und weiter nach Amsterdam (40 Min.), 1-2x stündl. Utrecht (30 Min.).

• *Busverbindungen* in Richtung Bunschoten-Spakenburg, Soest.

• *Einkaufen* Die Geschäfte bleiben in Baarn Montagvormittag geschlossen. Am Freitag verschiebt sich der Ladenschluss auf 21 Uhr (Kaufabend). Markttermin: **Wochenmarkt** Di 9-13 Uhr, Brink.

• *Fahrradverleih* **Rijwielhandel Costa**, Stationsplein 66a, 3743 KM Baarn, ☎ 035/5414007; **Rijwielhandel Van de Ent**, Oosterstraat 54, 3742 SW Baarn, ☎ 035/5413024.

• *Kinderbauernhof* **Kinderboerderij Baarn**, Piet Heinlaan 23, 3742 AN Baarn, ☎ 035/5422738. Di-So 13.30-17 Uhr. Eintritt frei.

• *Krankenhaus* **Ziekenhuis Molendael**, Molenweg 2, 3743 CM Baarn, ☎ 035/5482511.

• *Taxiruf* ☎ 035/5411111

Übernachten/Essen

• *Übernachten* ***** Kasteel De Hooge Vuursche**, Hilversumsestraatweg 14, 3744 KC Baarn, 45 Betten, Herrenhaus des Architekten Eduard Cuypers, Ende des 19. Jh. errichtet, zahlreiche Gemälde und Skulpturen, Zimmer mit höchstem Komfort, weißgrünes Dekor, herrliche Gärten, Terrasse, traditionelle Küche im angegliederten Restaurant Georgette. EZ ab 100 €, DZ ab 240 €, ☎ 035/5412541, ✉ 5423288.

NJHC-Jugendherberge Soest, Bosstraat 16, 3766 AG Soest, wenige Kilometer südlich von Baarn, waldreiche Lage, ganzjährig geöffnet. 138 Betten, Zweierzimmer (1), Viererzimmer (1), Sechserzimmer (4), Achterzimmer (3), Zehnerzimmer (2), 16er-Zimmer (4). Übernachtung im Schlafsaal inkl. Frühstück 20-21 €, ☎ 035/6012296, ✉ 6028921, soest@njhc.org.

Camping De Zeven Linden, Zevenlindenweg 4, 3744 BC Baarn, N 201 (Baarn–Hilversum), Schildern folgen, einziger Platz vor Ort, waldreiche Lage, einfache Sanitärs, Lebensmittelgeschäft, geöffnet April-Oktober. Stellplatz (inkl. 2 Pers.) 11 €, zus. Person 3.40 €, Duschen 0.23 €, Fläche 11 ha. ☎ 035/6668330, ✉ 6668675, info@dezevenlinden.nl.

• *Essen* **Olympia**, Nieuw Baarnstraat 18, 3743 BR Baarn, bestes griechisches Restaurant der Stadt, deftige Fleischgerichte, ansprechende Portionen, Mo geschlossen, ☎ 035/5422493.

Primavera, Nieuw Baarnstraat 4a, 3743 BR Baarn, nur ein paar Häuser neben dem Griechen, gute italienische Küche, empfehlenswerte Nudelgerichte und Pizzen, ☎ 035/5411465.

Hong Kong, Oosterstraat 33, 3742 SK Baarn, chinesisches Restaurant mit umfangreicher Karte, preiswerte Hauptgerichte, freundlicher Service, Mo geschlossen, ☎ 035/5415644.

De Bosrand, Dorpsstraat 33, 3749 AC Lage Vuursche, einige Kilometer südwestlich von Baarn mitten im Grünen gelegen, leckere Pfannkuchen, Mo geschl., ☎ 035/6668290.

Provinz Utrecht
Karte S. 114

Region Utrechtse Heuvelrug

(Zeist, Doorn, Amerongen, Rhenen)

Die dichten Wälder des Utrechtse Heuvelrug, einer bemerkenswerten Erhebung in einer sonst eher flachen Umgebung, werden durch den *Amerongse Berg* (69 m) dominiert. Die landschaftliche Vielfalt der Region lockt zahlreiche Besucher in die hiesigen Dörfer und Städte. **Doorn, Driebergen, Leersum** und **Zeist** avancierten in den vergangenen Jahren zu sehr gefragten Wohnlagen, an deren südlicher Flanke die Hügel zu den Uferpartien des *Kromme Rijn* abfallen. Insbesondere Doorn mit dem Anwesen des nach seinem Sturz in die Niederlande geflüchteten deutschen Kaisers *Willem II.* und die Villenstadt Zeist mit ihren prächtigen Garten- und Schlossanlagen locken als reizvolle Ausflugsziele. In der eher ländlichen Region nahe Langbroek finden sich zahlreiche alte Burgen und Schlossanlagen. Die Anlagen der *Nieuwe Hollandse Waterlinie*, die im Notfall geflutet werden konnten, um Angreifer in die Flucht zu schlagen, zeugen von einer ausgefeilten Verteidigungsstrategie.

Zeist

(59.000 Einwohner)

Die Stadt ist geprägt von herrlichen Parks und Villen und erinnert in dieser Hinsicht recht stark an das gelderländische Apeldoorn. Besonders die weitläufigen Gartenanlagen des Stadtschlosses, das in vielen Details dem großen Vorbild Versailles nachempfunden ist, sind einen Abstecher wert. Darüber hinaus ist die Stadt ein idealer Ausgangspunkt für Radtouren und Wanderungen durch die weiten Wälder der Umgebung. Eine abwechslungsreiche Flora und Fauna bietet angenehme Möglichkeiten zur Erholung.

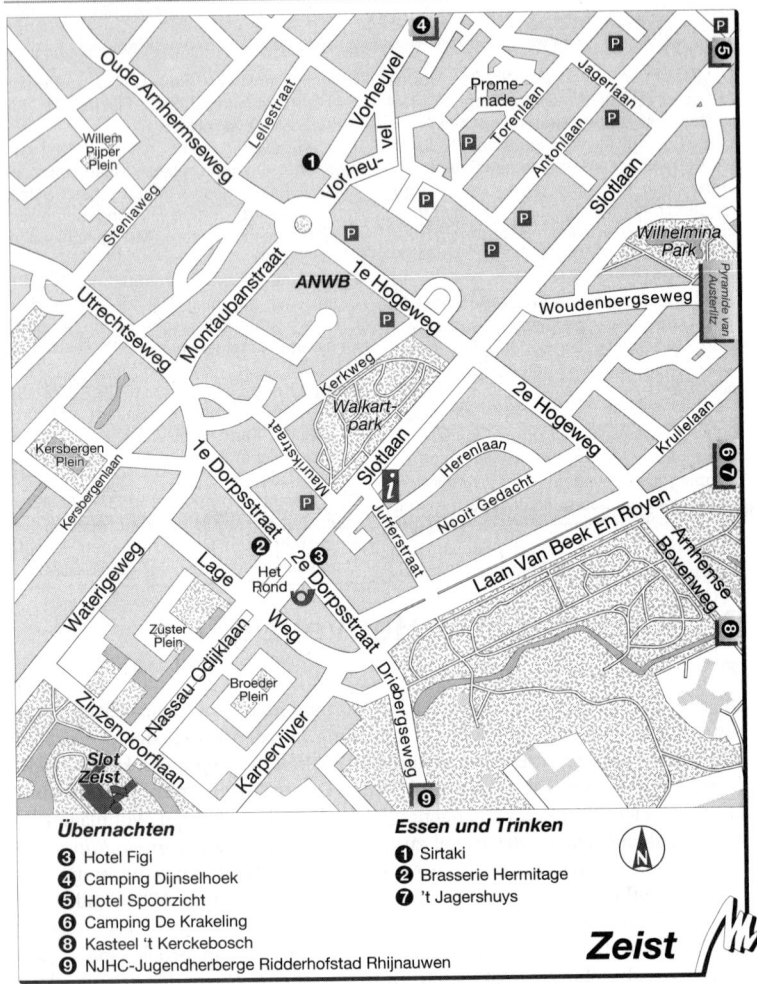

Übernachten

❸ Hotel Figi
❹ Camping Dijnselhoek
❺ Hotel Spoorzicht
❻ Camping De Krakeling
❽ Kasteel 't Kerckebosch
❾ NJHC-Jugendherberge Ridderhofstad Rhijnauwen

Essen und Trinken

❶ Sirtaki
❷ Brasserie Hermitage
❼ 't Jagershuys

Zeist

Information/Verbindungen/Adressen

• *Information* **VVV Zeist**, Slotlaan 24, 3701 GL Zeist, ☎ 0900/1091013, ✆ 030/6920017. Mo-Fr 9-17.30 Uhr, Sa 10-15 Uhr.

ANWB Zeist, Koninklijke Nederlandse Toeristenbond, Eerste Hogeweg 10 b, 3701 HK Zeist, ☎ 030/6925010, ✆ 6911769.

• *Bahnverbindungen*   4-6x stündl. nach Arnhem (Dauer: 30 Min.), 4-6x stündl. Utrecht (10 Min.), 2x stündl. Zutphen (70 Min.).

• *Autovermietung*   **Autoverhuur Budget**, Bergweg 169a, 3707 AC Zeist, ☎ 030/6931481 (0800/0537); **Autoverhuur Europcar**, Utrechtseweg 87, 3702 AA Zeist, ☎ 030/6914602.

• *Fahrradverleih*   **Fietsen Van Gameren**, Steynlaan 32, 3701 EG Zeist, ☎ 030/6914312; **Rijwielstalling Driebergen**, Stationsweg 6, 3972 KA Driebergen-Rijsenburg, ☎ 0343/531465.

• *Einkaufen* Die Geschäfte bleiben in Zeist Montagvormittag geschlossen. Am Freitag verschiebt sich der Ladenschluss auf 21

Uhr (Kaufabend). Markttermin: **Wochen-markt** Do und Sa 8.30-16.30 Uhr, Emmaplein.

● *Kinderbauernhof* **Kinderboerderij De Brink**, Kroostweg 7, 3704 EA Zeist, ✆ 030/6912871. Di-Sa 10-17 Uhr, April-Sep-tember auch So 13.30-16.30 Uhr. Eintritt frei.

● *Krankenhaus* **Ziekenhuis Diakonessen-huis Zeist**, Professor Lorentzlaan 76, 3707 HL Zeist, ✆ 030/6989911.

● *Taxiruf* ✆ 030/6925111

Übernachten/Essen

● *Übernachten* ****** Hotel Figi (3)**, Het Rond 2-4, 3701 HS Zeist, 200 Betten, Golden-Tulip-Kette, Haus in zentraler Lage unweit des Schlosses an befahrener Straßenkreu-zung, komfortable Räumlichkeiten, guter Service. EZ ab 160 €, DZ ab 180 €, ✆ 030/6927400, ✉ 6927468, info@figi.nl.

*** Kasteel 't Kerckebosch (8), Arnhemse Bovenweg 31, 3708 AA Zeist, etwa 2 km vom Bahnhof, 59-Betten-Luxushotel der Bilder-berg-Gruppe in waldreicher Umgebung, Land-haus im gotischen Stil, hoher Komfort, guter Service, Tennisplatz. EZ ab 115 €, DZ ab 136 €, Frühstück 14 €, ✆ 030/6914734, ✉ 6913114.

*** Hotel Spoorzicht (5), Slotlaan 301-303, 3701 GJ Zeist, 41 Betten, an verkehrsreicher Straße gelegen, sehr saubere Zimmer, alle mit Du/WC, Telefon und TV. EZ ab 52 €, DZ ab 68 €, ✆ 030/6919270, ✉ 6915676.

NJHC-Jugendherberge Ridderhofstad Rhijnauwen (9), Rhijnauwenselaan 14, 3981 HH Bunnik, wenige Kilometer südwestlich von Zeist, altes Landhaus in landschaftlich schöner Umgebung, ganzjährig geöffnet. 133 Betten, Einerzimmer (1), Zweierzimmer (2), Dreierzimmer (1), Viererzimmer (5), Fün-ferzimmer (1), Sechserzimmer (10), Achter-zimmer (2), 12er-Zimmer (2). Übernachtung im Schlafsaal inkl. Frühstück 18-21 € (je nach Saison), ✆ 030/6561277, ✉ 6571065, bunnik@njhc.org.

Camping De Krakeling (6), Woudenberg-seweg 17, 3707 HW Zeist, A 12 (Utrecht–Arn-hem), Ausfahrt Zeist, Richtung Woudenberg, Schildern folgen, waldreiche Umgebung, gute Sanitärs, Lebensmittelgeschäft, Tennisplatz, geöffnet April-September. Person 2 €, Zelt 8.50 €, Auto 1 €, Duschen 0.50 €, Fläche 22 ha. ✆ 030/6915374, ✉ 6920707, info@dekrakeling.nl.

Camping Dijnselhoek (4), Badmeester Schenkpad 1, 3705 GG Zeist, ebenfalls wald-reiche Lage, einfache Sanitärs, Lebensmit-telgeschäft, ganzjährig geöffnet. Person 5 €, Zelt 4 €, Auto 2.50 €, Duschen 0.50 €, Fläche 6 ha. ✆ 030/6931324, ✉ 6931918.

● *Essen* **Brasserie Hermitage (2)**, Het Rond 7, 3701 HS Zeist, Nobelrestaurant der gehobenen Preisklasse, französische Nouvelle Cuisine, aufmerksamer Service, außerhalb der Saison So geschlossen, ✆ 030/6933159.

Sirtaki (1), Voorheuvel 19, 3701 JA Zeist, ziemlich großes griechisches Restaurant, reichhaltige Karte, ansprechende Gerichte, allerdings nicht ganz billig, ✆ 030/6924282.

't Jagershuys (7), Woudenbergseweg 15, 3707 HW Zeist, Pfannkuchen- und Barbe-cue-Restaurant in idyllischer Lage im Sü-den der Stadt (etwas außerhalb). Pfannku-chen mit warmen tropischen Früchten und separat serviertem Vanilleeis mit Sahne probieren, Zubereitung wahlweise mit Voll-kornmehl, Di geschlossen, ✆ 030/6913013.

Sehenswertes

Slot Zeist: Das prachtvolle Anwesen entstand im späten 17. Jahrhundert auf den Fundamenten einer mittelalterlichen Burg. *Willem Adriaan*, der lange Jahre seines Lebens in Paris verbracht hatte, erfüllte sich damals seinen Traum, ein Mini-Versailles zu schaffen. Die herrliche Parkanlage in zentraler Lage am südli-chen Stadtrand vermittelt tatsächlich eine Spur des Flairs, das von seinem großen französischen Vorbild ausgeht. In den 20er Jahren fiel der gesamte Besitz an die Gemeinde, die nach sorgsamen Restaurierungsarbeiten die Eröffnung eines Kul-turzentrums beschloss. Im Garten befindet sich seither ein kleines Freilichttheater.
Adresse/Führungen Zinzendorflaan 1, 3703 CE Zeist, ✆ 030/6921704, www.slot.zeist.nl. Sa/So 14 Uhr und 15 Uhr, Juli/Aug. auch Mo-Do 14.30 Uhr. Erwachsene 4.50 €, Kinder 3.50 €, Senioren (Pas65) 3.50 €.

Oude Kerk: Der Turm in der Eerste Dorpsstraat 1 ist das letzte verbliebene Teilstück einer Kirche, die schon im späten 12. Jahrhundert an gleicher Stelle gestanden haben soll. Das heutige Kirchenschiff dagegen ist wesentlich jünger, es datiert aus dem 19. Jahrhundert. In den 80er Jahren sorgte der weiche Boden unterhalb der Kirche für große Aufregung, als Teile der alten Mauern sich Besorgnis erregend senkten. Das gesamte Bauwerk drohte einzustürzen, doch sorgt neuzeitlicher Beton mittlerweile wieder für ausreichende Stabilität.

Pyramide van Austerlitz: Der künstliche Aussichtspunkt wenige Kilometer außerhalb der Stadt bietet einen herrlichen Blick auf die waldreiche Umgebung. Französische Truppen errichteten die "Pyramide von Austerlitz" 1804 zur Erinnerung an Napoleons Siege über Österreich und Russland auf dem Gelände des alten Truppenübungsplatzes Austerlitz (nicht mit dem gleichnamigen historischen Ort in Südmähren zu verwechseln).

Adresse/Öffnungszeiten   Zeisterweg 98, 3931 MG Woudenberg, ☎ 0343/491421, www.pyramidevanausterlitz.nl. So 10-18 Uhr, April-Oktober täglich 10-18 Uhr. Eintritt frei.

Doorn   (10.000 Einwohner)

Der kleine Ort, dessen Name auf Thor, den altgermanischen Gott des Donners, zurückgeführt wird, ist aus deutscher Sicht eng mit dem Schicksal des letzten deutschen Kaisers verbunden, der seine letzten Lebensjahre nach der erzwungenen Abdankung in Doorn verbrachte.

Mit der Flucht *Wilhelms II.* (1859–1941) in die Niederlande war der Erste Weltkrieg für Deutschland beendet. Die erzwungene Abdankung war eine unmittelbare Folge der deutschen November-Revolution, die einen Tag zuvor, am 9.11.1918, zur Ausrufung der Republik durch den Sozialdemokraten *Philipp Scheidemann* geführt hatte. Die Matrosen meuterten, zahllose Aufstände zogen sich durch das ganze Land. Die neue Regierung beschloss die Absetzung des Monarchen, den man für die Kriegsniederlage persönlich zur Rechenschaft zog. Eine Rückkehr des Ex-Kaisers nach Deutschland sollte verhindert werden. Die niederländische Regierung gewährte Willem II., der stets von einer Rückkehr als Kaiser träumte, unbegrenztes Asyl. Eine Auslieferung stand nie zur Debatte. Der abgesetzte Kaiser erwarb wenige Monate später auf Fürsprache von Königin *Wilhelmina* das Landgut *Huis Doorn*, ein stattliches Schloss mit weitläufigen Parkanlagen. Das Leben sollte zwar bescheidener als am preußischen Hof zu Potsdam verlaufen, doch blieb es weiterhin fürstlich. Zahllose Gemälde und Möbel, Schätze von immensem Wert, gelangten aus Deutschland nach Doorn, darunter wertvolle Sammlungen höfischer Kunstwerke. Mit 59 Güterwaggons wurde das reichhaltige Interieur aus den Schlössern in Berlin und Potsdam nach Doorn geschafft. Die engen Kontakte zu anderen europäischen Fürstenhäusern und die Bewunderung des Monarchen für seinen Vorfahren *Friedrich den Großen* prägen das reichhaltige Inventar der ex-kaiserlichen Residenz. Wilhelm II. lebte mehr als 22 Jahre in Doorn, ehe er 1941 in einem Mausoleum auf dem Gutsgelände seine letzte Ruhestätte fand.

Information/Verbindungen/Adressen

● *Information* **VVV Doorn**, Dorpsstraat 4, 3941 JM Doorn, ☎ 0343/412015, ✆ 416978. Mo-Fr 10-17 Uhr, Sa 10-13 Uhr.

● *Bahnverbindungen* nächster Bahnhof in Maarn (5 km).

• *Fahrradverleih* **Rijwielhandel van den Berg**, Amersfoortseweg 57, 3941 EK Doorn, ✆ 0343/412792; **Rijwielen Kieboom**, Kampweg 45, 3941 HD Doorn, ✆ 0343/412121.

• *Einkaufen* Die Geschäfte bleiben in Doorn Montagvormittag geschlossen. Am Freitag verschiebt sich der Ladenschluss auf 21 Uhr (Kaufabend). Markttermin: **Wochenmarkt** Do 9-13 Uhr, Kampweg.

• *Krankenhaus* **Ziekenhuis Diakonessenhuis Zeist**, Professor Lorentzlaan 76, 3707 HC Zeist, ✆ 030/6989911.

• *Taxiruf* ✆ 0343/420000

Übernachten/Essen

• *Übernachten* *** **Hotel Zonheuvel**, Amersfoortseweg 98, 3941 EP Doorn, 148 Betten, erste Adresse vor Ort, alle Zimmer mit Du/WC, Telefon und TV. EZ ab 60 €, DZ ab 85 €, ✆ 0343/473300, 🖂 473399.

Camping Het Grote Bos, Hydeparklaan 24, 3941 ZK Doorn, A 12 (Utrecht–Arnhem), Ausfahrt Driebergen, Richtung Doorn, Schildern folgen, nordwestlich der Ortschaft, naturbelassenes, schattenreiches Areal, akzeptable Sanitärs, Fahrradverleih, Lebensmittelgeschäft, Tennisplätze, ganzjährig geöffnet. Stellplatz (inkl. 6 Pers.) 26 €, Stellplatz (inkl. 2 Pers.) 23 €, Duschen inkl., Fläche 80 ha. ✆ 0343/513644, 🖂 512324, het-grote-bos@rcn-centra.nl.

Camping Bonte Vlucht, Leersumsestraatweg 23, 3941 MN Doorn, A 12 (Utrecht–Arnhem), Ausfahrt Driebergen/Zeist, Richtung Arnhem, Schildern folgen, östlich der Ortschaft in relativ waldreicher Lage, akzeptable Sanitärs, Fahrradverleih, Wanderhütten (2), geöffnet April-September. Stellplatz (inkl. 2 Pers.) 18 €, zus. Person 2.80 €, Duschen inkl., Fläche 17 ha. ✆ 0343/473232, 🖂 414517, bontevlucht@wxs.nl.

• *Essen* **Het Wapen van Sandenburg**, Sandenburgerlaan 2, 3941 ME Doorn, exquisite französische Küche der gehobenen Preisklasse, darunter auch mehrere gute vegetarische Speisen, ✆ 0343/412127.

Pannenkoekenrestaurant De Wensput, Driebergsestraatweg 10, 3941 ZX Doorn, Pfannkuchenhaus in grüner Umgebung mit den wohl besten Pfannkuchen und Poffertjes der Stadt, alle kleineren Gäste erhalten ein nettes Präsent des Hauses, zwischen September und März werden auch Muschelgerichte serviert, 100 Sorten, Spielplatz, N 225 Driebergen-Doorn, vor Ortseingang Doorn linker Hand, Di-So 11.30-20 Uhr, ✆ 0343/415377.

Chalet Sint Helenaheuvel, Sint Helenalaan 2, 3941 EH Doorn, Gerichte der holländisch beeinflussten internationalen Küche, Mo geschlossen, ✆ 0343/412062.

Sehenswertes

Kasteel Huis Doorn: 1920 hatte der Ex-Kaiser das Anwesen für damals eine halbe Million Gulden erworben. Nach Ende des Zweiten Weltkriegs wurde es vom niederländischen Staat konfisziert. Kolportiert wird, dass Wilhelm seine ungewohnt herrschaftsfreien Tage damit verbrachte, massenweise Holz zu hacken, und ansonsten vergeblich darauf hoffte, in seine Heimat zurückkehren zu können. Wertvolle Gemälde, die historische Ereignisse festhalten, und viele Gegenstände aus dem persönlichen Besitz des Monarchen erinnern an die wechselhafte Vergangenheit der Hohenzollern. Die komplette Einrichtung des Schlosses blieb in den vergangenen Jahrzehnten weitgehend unverändert und vermittelt daher einen authentischen Einblick in die Wohnkultur des letzten deutschen Kaisers. Die meisten der knapp 30 Räume, in denen er lebte, sind original möbliert. Die Tafel im Speisesaal ist reichhaltig gedeckt. Fast scheint es, als müsse die hohe Gesellschaft jeden Moment eintreten. Im Arbeitszimmer stapeln sich aufgeschlagene Bücher.

Das Haager Kultusministerium bezeichnete Huis Doorn Ende 2000 als Museum ohne künstlerischen Wert und verdeutlichte damit seine Pläne für eine baldige Schließung des Hauses. Die Reaktionen in der Bevölkerung waren vehement, schließlich handele es sich um einen Ort, an dem das alltägliche Umfeld einer Person der Zeitgeschichte nahezu unverändert bewahrt werden konnte. Das Anwesen verzeichnet mehr als 45.000 Besucher jährlich. Nur etwa 10 % davon kommen aus Deutschland. Besondere Aufmerksamkeit verdienen auch die großflächig angelegten Parkanlagen, darunter der aus dem 19. Jahrhundert stammende englische Landschaftsgarten, der auf Initiative des Ex-Monarchen umgestaltet wurde.

Adresse/Öffnungszeiten Langbroekerweg 10, 3941 NT Doorn, ☎ 0343/421020, www.huisdoorn.nl. April-Oktober Di-Sa 10-17 Uhr, So 13-17 Uhr; November-März Di-So 13-17 Uhr (Einlass jeweils nur bis 16 Uhr). Erwachsene 4.50 €, Kinder 2 €, Senioren (Pas65) 3 €, MJK.

Keizerlijk Rosarium van Huis Doorn: Das kaiserliche Rosarium und das Pinetum mit seiner umfangreichen Koniferensammlung aus allen Teilen der Welt begeistern sicherlich nicht nur Botaniker und Gartenfreunde.

Adresse/Öffnungszeiten Molenweg 4, 3941 PT Doorn, ☎ 0343/413773, www.rosarium.nl. März-Juni Mi-So 10-18 Uhr; Juli-August Di-So 10-18 Uhr; September/Oktober Mi-So 10-18 Uhr. Eintritt frei.

Sint Maartenskerk: Die Stadt ist stolz auf eine der ältesten Kirchen der Niederlande. Das Interieur der Maartenskerk, deren älteste Teile aus dem späten 12. Jahrhundert datieren, umfasst ein sehenswertes Taufbecken, kupferne Kronleuchter und eine alte *Bätz-Orgel* (1873), auf der im Rahmen einer Führung auch gespielt wird.

Adresse/Öffnungszeiten Kerkplein 2, 3941 EP Doorn, ☎ 0343/412015. Besichtigung nur nach telefonischer Voranmeldung. Eintritt frei.

Von Gimborn Arboretum: Die weitläufige Parkanlage (27 ha) geht auf die Initiative von *Max von Gimborn* zurück, der das Arboretum in den 20er Jahren stiftete. Mittlerweile ist der Park fester Bestandteil der Botanischen Gärten der Universität Utrecht. Besonders eindrucksvoll ist der Besuch im Frühling, wenn die Rhododendronsträucher in voller Blüte stehen. Weltbekannt ist das Arboretum allerdings in erster Linie wegen seiner nordamerikanischen Tsuga-Nadelgewächse. Es bildet die größte Ansammlung dieser Art im westlichen Europa.

Adresse/Öffnungszeiten Vossensteinsesteeg 8, 3941 BL Doorn, ☎ 030/2535455, www.botanischetuinen.uu.nl. Mo-Fr 8.30-16 Uhr, Sa/So 10-16 Uhr, April-September Sa/So bis 17 Uhr. Erwachsene 2 €, Kinder frei.

Amerongen   (7.000 Einwohner)

Auf dem Gipfel des *Utrechtse Heuvelrug*, der schon erwähnten Erhebung inmitten einer weitgehend flachen Umgebung, liegt das pittoreske Dorfzentrum von Amerongen. Das stetige Anwachsen der kleinen Gemeinde im Laufe der vergangenen Jahre ließ die gewachsenen Strukturen weitgehend unberührt. Der freundliche Charakter Amerongens blieb erhalten, ebenso die malerischen Tabaksscheunen und die verschnörkelten Straßenlaternen. In der Umgebung liegt mit **Kasteel Amerongen** eines der besterhaltenen Schlösser der Niederlande. Es ist neben dem *Amerongse Berg* (69 m), der höchsten Erhebung weit und breit, die Hauptattraktion des Ortes. Die Anlage entstand unmittelbar nach der Zerstörung erster mittelalterlicher Burganlagen durch französische Truppen 1673. Die kostbare Einrichtung blieb erhalten, mehr noch: Sie befindet sich in einem ausgezeichneten Zustand. Bibliothek, Galerie, Gobelinsaal, Halle und Küche vermitteln Einblicke in die feudale Lebensweise vergangener Zeiten. Zum kostbaren Interieur gehören alte Gemälde, Möbel, Porzellan und Wandteppiche. Der angrenzende Park mit seinen ansprechenden Gartenanlagen mit Rosarium ist ebenfalls zugänglich.

Information/Verbindungen/Adressen

● *Information* **VVV Amerongen**, Drostestraat 20, 3958 BK Amerongen, ✆ 0343/452020. April-Oktober Di-Fr 10-17 Uhr, Sa/So 13-17 Uhr; November-März Di/Do 14-16 Uhr.

● *Adresse/Öffnungszeiten* **Kasteel Amerongen**, Drostestraat 20, 3958 BK Amerongen, ✆ 0343/454212. April-Oktober Di-Fr 10-17 Uhr, Sa/So 13-17 Uhr. Erwachsene 4.60 €, Kinder 3.40 €, Senioren (Pas65) 3.40 €.

● *Bahnverbindungen* nächster Bahnhof in Veenendaal (10 km).

● *Fahrradverleih* **Tweewielercentrum De**

Boer, Overstraat 46, 3958 BV Amerongen, ✆ 0343/460229.

● *Einkaufen* Die Geschäfte bleiben in Amerongen Mittwochnachmittag geschlossen. Am Freitag verschiebt sich der Ladenschluss auf 21 Uhr (Kaufabend). Markttermin: **Wochenmarkt** Do 13.30-17 Uhr, Margaretha Turnorlaan.

● *Krankenhaus* **Ziekenhuis Diakonessenhuis Zeist**, Professor Lorentzlaan 76, 3707 HL Zeist, ✆ 030/6989911.

● *Taxiruf* ✆ 0343/420000

Übernachten/Essen

● *Übernachten* * **Hotel Vonk**, Prins Bernhardlaan 14, 3958 VM Amerongen, einziges Hotel vor Ort, kleines Haus mit nur 8 Betten, familiäre Atmosphäre, freundlicher Service. EZ ab 25 €, DZ ab 40 €, ✆ 0343/452112.

NJHC-Jugendherberge Elst, Veenendaalsestraatweg 65, 3921 EB Elst, etwa 5 km südöstlich von Amerongen, sehr abseits in großem Waldgebiet gelegen, mehrere kasernenartige Schlafblocks, große Zimmer, schlichte Sanitärs, ganzjährig geöffnet. 102 Betten, Zweierzimmer (1), Viererzimmer (2), Sechserzimmer (3), Achterzimmer (8), Zehnerzimmer (1). Übernachtung im Schlafsaal inkl. Frühstück 17-19 € (je nach Saison), ✆ 0318/471219, ✉ 472460, elst@njhc.org.

Camping Ginkelduin, Scherpenzeelseweg 53, 3956 VD Leersum, 5 km nordwestlich von Amerongen, N 225 (Doorn–Leersum), in

Leersum nach der Kirche in den Scherpenzeelseweg einbiegen und 3 km dem Weg folgen, größter Platz in Leersum, waldreiche Lage, gute Sanitärs, Lebensmittelgeschäft, Schwimmbad, Tennisplätze, geöffnet April-Oktober. Stellplatz (inkl. 4 Pers.) 27 €, zus. Person 3 €, Duschen inkl., Fläche 95 ha. ✆ 0343/481324, ✉ 489998, info@ginkelduin.nl.

Mini-Camping Op de Heuvelrug, Bovenhaarweg 4, 3956 KK Leersum, geöffnet April-Oktober. Stellplatz (inkl. 2 Pers.) 11.40 €, zus. Person 3.10 €, Duschen inkl., Fläche 0,5 ha. ✆ 0343/481369.

Mini-Camping Wildzicht, Gooijersdijk 8, 3956 MB Leersum, geöffnet April-Oktober. Stellplatz (inkl. 4 Pers.) 14.50 €, zus. Person 2.50 €, Duschen inkl., Fläche 0,5 ha. ✆ 0343/451462.

Rhenen

(17.000 Einwohner)

Die eigentliche Attraktion der Gemeinde am nördlichen Rheinufer ist der *Ouwehands Dierenpark*, der größte Tierpark der Provinz. Ebenso stolz ist man hier auf den *Cuneratoren*, der zu den beeindruckendsten spätgotischen Turmbauten des Landes zählt. Mancher vergleicht ihn gar mit dem Utrechter Domturm – eine besondere Ehrung für das kleine Rhenen. Die zugehörige Kirche war vor der Reformation bedeutender Wallfahrtsort. Noch heute werden hier die Reliquien der heiligen Cunera aufbewahrt. Auf dem Grebbeberg gedenkt das *Nationaal Legermonument* der Opfer des Zweiten Weltkriegs, in dem die Stadt weitgehend zerstört wurde.

Im Rhener Tierpark, dem **Ouwehands Dierenpark**, leben gegenwärtig mehr als 2.000 Vier- und Zweibeiner, darunter zahlreiche Raubkatzen (Jaguare, Löwen, Panther, Pumas, Tiger etc.) und Savannenbewohner. Bei schlechtem Wetter bietet sich ein Besuch im Affenhaus, im Aquarium oder im Reptilienhaus an. Darüber hinaus zeigt der Tierpark wechselnde Ausstellungen und unterhaltsame Showprogramme (Elefantenshow, Seehundshow).

Information/Verbindungen/Adressen

• *Information*   VVV **Rhenen**, Markt 20, Ecke Kerkstraat, 3911 LJ Rhenen, ✆ 0317/612333, 📠 613410. April-September Mo 12-17 Uhr, Di-Fr 9-17 Uhr, Sa 10-16 Uhr; Oktober-März Mo 13-16.30 Uhr, Di-Fr 9.30-16.30 Uhr, Sa 10-14 Uhr.

• *Adresse/Öffnungszeiten*   **Ouwehands Dierenpark**, Grebbeweg 111, 3911 AV Rhenen, ✆ 0317/650200, www.ouwehand.nl. April-September täglich 9-18 Uhr; Oktober-März 9-17 Uhr. Erwachsene 14.50 €, Kinder 11.50 €, Senioren (Pas65) 12.50 €, Parken 3 €. Führungen in deutscher Sprache.

• *Bahnverbindungen*   1-2x stündl. nach Utrecht (Dauer: 35 Min.).

• *Busverbindungen*   in Richtung Amersfoort, Arnhem, Utrecht.

• *Einkaufen*   Die Geschäfte bleiben in Rhenen Montagvormittag geschlossen. Am Freitag verschiebt sich der Ladenschluss auf 21 Uhr (Kaufabend). Markttermin: **Wochenmarkt** Do 9-12 Uhr, Fred v/d Paltshof.

• *Fahrradverleih*   **Rijwielen Van der Pijl**, Molenstraat 37, 3911 KK Rhenen, ✆ 0317/612586.

• *Krankenhaus*   **Ziekenhuis Diakonessenhuis Zeist**, Professor Lorentzlaan 76, 3707 HL Zeist, ✆ 030/6989911.

• *Taxiruf*   ✆ 0317/612963

Übernachten/Essen

• *Übernachten*   **** **Paviljoen Hotel**, Grebbeweg 103-105, 3911 AV Rhenen, 62 Betten, erste Adresse vor Ort, freundlicher Service, adrettes Interieur, Sauna, alle Zimmer mit Du/WC, Telefon und TV. EZ ab 93 €, DZ ab 113 €, Frühstück 15 €, ✆ 0317/619003, 📠 617213, www.paviljoen.nl.

NJHC-Jugendherberge Elst, Veenendaalsestraatweg 65, 3921 EB Elst, gut 5 km nordwestlich von Rhenen, ziemlich abseits in großem Waldgebiet gelegen, mehrere kasernenartige Schlafblocks, große Zimmer, schlichte Sanitärs, ganzjährig geöffnet. 102 Betten, Zweierzimmer (1), Viererzimmer (2), Sechserzimmer (3), Achterzimmer (8), Zehnerzimmer (1). Übernachtung im Schlafsaal inkl. Frühstück 17-19 € (je nach Saison), ✆ 0318/471219, 📠 472460, elst@njhc.org.

Camping De Thijmse Berg, Nieuwe Veenendaalseweg 229, 3911 MJ Rhenen, N 233 (Rhenen–Veenendaal), Schildern folgen, gute Sanitärs, Fahrradverleih, Lebensmittelgeschäft, Schwimmbad, Tennisplätze, geöffnet April-September. Stellplatz (inkl. 2 Pers.) 17 €, zus. Person 3.50 €, Duschen inkl., Fläche 10 ha. ✆ 0317/612384, 📠 618119, thijmseberg@planet.nl.

• *Essen*   **Le Maquisard**, Grebbeweg 103-105, 3911 AV Rhenen, französische Küche der gehobenen Preisklasse im Paviljoen Hotel (s. o.), vornehmes Ambiente, hervorragender Service, gute Weinkarte, ✆ 0317/619003, www.lemaquisard.nl.

De Koning van Denemarken, Utrechtsestraatweg 2, 3911 TT Rhenen, empfehlenswerte Pfannkuchenvariationen und eine Reihe weiterer typisch holländischer Gerichte, Mo geschlossen, ✆ 0317/612085.

De Pannenkoekenboot, Veerplein 1b, 3911 TN Rhenen, Pfannkuchenrestaurant auf dem Wasser, das Buffet an Bord öffnet unmittelbar nach Abfahrt, Natur-, Speck- und süße Apfelpfannkuchen lassen sich mit den diversen Extras garnieren (Käse, Schinken, Früchte etc.), Deckterrasse, Spielmöglichkeiten für Kinder, Richtung Zentrum bis zum Restaurant Koning van Denemarken, links in den Fährweg bis zum Bootsableger, Abfahrten Mi und Fr-So, Juli-August auch Do, ✆ 0317/620911.

Mary-Mina, Elsterstraatweg 30, 3922 GG Elst, Gerichte der ägyptischen und italienischen Küche, außerhalb der Saison Mo geschlossen, ✆ 0318/471555.

Region Kromme Rijn en Lek

(Wijk bij Duurstede)

Das alte Flussgebiet südöstlich der Provinzhauptstadt Utrecht vereint einen großen Reichtum an unterschiedlichen Landschaftstypen mit reizvollen kleinen Dörfern und Städten. Der *Kromme Rijn* war einst ein mächtiger Fluss, dem kaum mehr als ein spärliches Relikt seiner ursprünglichen Größe geblieben ist. Die zum Schutz vor regelmäßigen Überschwemmungen errichteten Dämme nahmen ihm Anfang dieses Jahrhunderts seine einstige Bedeutung. Auf den angrenzenden Feldern erblühen im Frühjahr zahlreiche Apfel-, Birn- und Kirschbäume. Die *Langbroekerwering*, die sich parallel zum nördlich verlaufenden *Utrechtse Heuvelrug* erstreckt, lockt mit einer großen Zahl pompöser Schlösser und Villen, die als weithin sichtbare Zeichen des einst blühenden Wohlstands erhalten geblieben sind.

Wijk bij Duurstede   (23.000 Einwohner)

Mit dem Niedergang des alten Handelsplatzes Dorestad, ehemals einer der größten und wichtigsten des ganzen Kontinents, entstand im 13. Jahrhundert der verträumte Flecken Wijk bij Duurstede, ein typisch niederländisches Städtchen am Ufer der Lek.

Die Stadtväter planten einst den Bau eines imposanten Kirchturms, der höher werden sollte als der des Utrechter Doms. Das liebe Geld wollte es anders. Der Turm wurde nie vollendet. Das Äußere der *Johannes-de-Doper-Kerk* wirkt noch heute ein wenig unproportioniert. Die vier Glocken aus den Jahren 1506, 1515, 1519 und 1717 sollten während des Kriegs zu Kanonenkugeln umgeschmolzen werden, doch die Sorge, der Turm müsse dafür eingerissen werden, bewahrte die schwergewichtigen Klangkörper vor dem Schmelzofen.

In der Umgebung liegen zahlreiche sehenswerte Schlösser, die entlang einer *Kasteelenroute* per Fahrrad (20 km) oder per Auto (50 km) erreichbar sind. Die Ausflüge streifen auch die nur wenige Kilometer südlich der Stadt gelegene *Prinses-Irene-Sluis*, eine der europaweit größten Binnenschleusen. Sie wurde ohne den Einsatz größerer Maschinen gebaut und trägt heute noch den beredten Namen "Blutschleuse". Zahlreiche Arbeiter ließen damals ihr Leben. Die Anlage ist Teil des *Amsterdam-Rijnkanaals*, den man in den Jahren 1933–52 erbaute.

Information/Verbindungen/Adressen

• *Information* **VVV Wijk bij Duurstede**, Markt 24, 3961 BC Wijk bij Duurstede, ✆ 0343/575995, www.wijkbijduurstede.nl. Mo-Sa 9.30-17 Uhr, So 12-15 Uhr.

• *Bahnverbindungen* nächster Bahnhof in Culemborg (10 km).

• *Fahrradverleih* **Fietsdomein Klooster**, Leuterstraat 22a, 3961 AZ Wijk bij Duurstede, ✆ 0343/594000, www.fietsdomein.nl.

• *Einkaufen* Die Geschäfte bleiben in Wijk bij Duurstede Montagvormittag geschlossen. Am Freitag verschiebt sich der Ladenschluss auf 21 Uhr (Kaufabend). Markttermin: **Wochenmarkt** Mi 9-12 Uhr, Marktplatz.

• *Kinderbauernhof* **Kinderboerderij De Vliert**, Droogoven 1, 3961 EW Wijk bij Duurstede, ✆ 0343/572682. Mo-Fr 8-12 Uhr und 13-17 Uhr, Sa/So 11-13 Uhr und 14-17 Uhr. Eintritt frei.

• *Krankenhaus* **Ziekenhuis Diakonessenhuis Zeist**, Professor Lorentzlaan 76, 3707 HL Zeist, ✆ 030/6989911.

• *Taxiruf* ✆ 0343/573070

Übernachten/Essen

• *Übernachten* *** **Hotel De Oude Lantaarn**, Markt 1-2, 3961 BC Wijk bij Duurstede, 40 Betten, zentrale Lage, einziges Hotel vor Ort, hoher Komfort mit entsprechenden Preisen, angegliedertes Restaurant mit französischer Küche. EZ ab 63 €, DZ ab 75 €. ✆ 0343/571372, ✉ 573796.

NJHC-Jugendherberge Elst, Veenendaalsestraatweg 65, 3921 EB Elst, etwa 20 Min. östlich von Wijk bij Duurstede, ziemlich abseits in großem Waldgebiet gelegen, mehrere kasernenartige Schlafblocks, große Zimmer, schlichte Sanitärs, ganzjährig geöffnet. 102 Betten, Zweierzimmer (1), Viererzimmer (2), Sechserzimmer (3), Achterzimmer (8), Zehnerzimmer (1). Übernachtung im Schlafsaal inkl. Frühstück 17-19 € (je nach Saison), ✆ 0318/471219, ✉ 0318/472460, elst@njhc.org.

• *Essen*   **Café-Restaurant De Engel**, Markt 26, 3961 BC Wijk bij Duurstede, landestypische Küche, preiswerte Tagesgerichte, Di geschlossen, ✆ 0343/571313.

De Oude Lantaarn, Markt 1-2, 3961 BC Wijk bij Duurstede, zentrale Lage, französische Küche im einzigen Hotel Wijks, gehobene Preisklasse, Mo geschlossen, ✆ 0343/571372.

La Siciliana, Peperstraat 19, 3961 AR Wijk bij Duurstede, Spezialitäten der italienischen Küche, Pasta, Pizzen, Fleisch- und Fischgerichte, spezielle Kindermenüs, ✆ 0343/576051.

Reetgedecktes Mühlendach

Sehenswertes

Stadhuis: Das historische Rathaus am Markt, 1662 während des Goldenen Jahrhunderts gebaut, dominiert den zentralen Platz der Stadt. Neben den örtlichen Verwaltungsbehörden residierte hinter den dicken Mauern lange auch das Stadtgericht mit angegliedertem Gefängnis. Die engen Zellen, die noch in der Nachkriegszeit Verwendung fanden, lassen sich im Erdgeschoss erahnen. Seitdem die Behörde 1981 ein neues, modernes Verwaltungsgebäude außerhalb der Festungsanlagen erhielt, finden im alten Rathaus kulturelle Veranstaltungen statt. Im Obergeschoss gibt der Hochzeitssaal feierlichen Trauungszeremonien einen angemessenen Rahmen.

Molen Rijn en Lek: Die Getreidemühle, die ihren Namen der Umbenennung der Wasserstraße verdankt, gilt als Wahrzeichen der Stadt. Schon im 17. Jahrhundert wurde hier Eichenrinde zu Lohmehl gemahlen und in der Ledergerberei verarbeitet. Die Mühle ist entgegen einer weit verbreiteten Meinung nicht identisch mit der auf dem berühmten Gemälde "Molen bij Wijk bij Duurstede". *Jacob van Ruysdael* fand seine Vorlage damals einige hundert Meter davon entfernt – allerdings ist von dieser Mühle nur das restaurierte Fundament geblieben. Das Gemälde hängt heute im Amsterdamer Rijksmuseum.

Adresse/Öffnungszeiten Dijkstraat 29, 3961 BC Wijk bij Duurstede, ☎ 0343/575995. April-Oktober Mo-Sa 11-15 Uhr. Eintritt frei.

Kasteel Duurstede: Sobald das Wasser des Schlossgrabens im Winter gefriert und von einer ersten Schneeschicht überzogen ist, werden die Gemälde der alten holländischen Meister lebendig – so der Originalton der Stadtväter. Doch die Beschreibung passt tatsächlich. Nichtsdestotrotz ist die Ruine auch im Sommer einen Besuch wert. Sehenswert sind die beiden erhaltenen Türme, der runde burgundische Eckturm (15. Jh.) und der viereckige Donjon (13. Jh.), der älteste Teil der Burg. Der Schlosspark beeindruckt mit seinem etwa 150 Jahre alten Baumbestand.

Adresse/Öffnungszeiten Langs de Wal 7, 3961 AB Wijk bij Duurstede, ☎ 0343/571303. Mi-So 10-17 Uhr. Besichtigung nur nach telefonischer Voranmeldung (VVV). Eintritt frei.

Region Lopikerwaard

(Oudewater)

Die flache Landschaft im westlichen Einzugsgebiet der Provinzhauptstadt Utrecht wird im Volksmund als *Oer-Holland*, als das ursprüngliche Holland bezeichnet. Hier finden sich weite Wiesen und Weiden, auf denen alte Landgüter und Schlösser in großer Zahl anzutreffen sind. Die Natur spielt die dominierende Rolle, wobei insbesondere die Ausläufer der *Hollandse IJssel*, eine speziell unter Motorbootbesitzern beliebte Wasserstraße, mit den sehenswerten Orten **IJsselstein**, **Montfoort** oder **Oudewater** einen kurzen Abstecher verdienen. Oder, wie wäre es mit einem Ausflug in die weiter nördlich gelegene Käsestadt **Woerden**?

Oudewater (10.000 Einwohner)

Das kleine Festungsstädtchen Oudewater liegt knapp 10 km östlich von Gouda an den Ufern der IJssel. Enge Grachten und malerische Häuser prägen das Stadtbild. Im niederländisch-spanischen Krieg wurde Oudewater weitgehend zerstört. Seine Popularität verdankt der Ort der alten **Heksenwaag** (Hexenwaage), die noch im späten 18. Jahrhundert betrieben wurde.

Die große Balkenwaage im roten Backsteinhaus der Stadtwaage besteht aus zwei rechteckigen Holzbrettern, die mit jeweils vier Seilen an einem eisernen Querträger befestigt sind. Die der Hexerei beschuldigten Frauen mussten sich nackt einer vereidigten Hebamme stellen, die möglicherweise versteckte Gewichte aufspüren sollte. Anschließend begann die makabre Prozedur, die für viele die letzte Chance war, dem Scheiterhaufen zu entgehen. Sie kamen damals aus allen Himmelsrichtungen, um in Oudewater das entlastende und damit lebensrettende Wiegezertifikat zu erhalten. Die Logik war simpel: Standen Frauen mit dem Teufel im Bunde und waren daher fähig, auf einem Besenstiel durch die Lüfte zu fliegen, durften sie nicht allzu schwer sein. Die Vorschrift aus dem 16. Jahrhundert besagte, dass alle diejenigen von der Hexerei freizusprechen waren, deren Gewicht größer war, als "sie Zentimeter über einen Meter" maßen. *Karl V.* hatte Oudewater das Recht auf die ungewöhnliche Vorrichtung zur Hexenfrüherkennung eingeräumt. Interessenten erhalten noch heute eine mit Amtssiegel und Zeugnis versehene Bestätigung des eigenen Gewichts ...

● *Information* **VVV Oudewater**, Kapellestraat 2, 3421 CV Oudewater, ✆ 0348/564636, ✉ 565372, www.vvvgroenehart.nl. April-September Di-Sa 10-16.30 Uhr, So 12-15.30 Uhr, Juli-September auch Mo 13-16.30 Uhr; Oktober-März Di-Sa 10-13 Uhr.

● *Adresse/Öffnungszeiten* **Heksenwaag**, Leeuweringerstraat 2, 3421 SC Oudewater, ✆ 0348/563400, www.hexenwaag.nl. April-Oktober Di-Sa 10-17, So 12-17 Uhr. Erwachsene 1.50 €, Kinder 0.75 €, Senioren (Pas65) 1.25 €. Begleittexte und Führungen in deutscher Sprache.

● *Bahnverbindungen* nächster Bahnhof in Gouda (13 km).

● *Busverbindungen* in Richtung Gouda, Utrecht.

● *Fahrradverleih* **Bikesportcentre Steven Zoon**, Utrechtsestraatweg 41, 3421 GM Oudewater, ✆ 0348/562317; **Tesink Tweewielers**, Rootstraat 38, 3421 AW Oudewater, 0348/561476.

● *Einkaufen* Die Geschäfte bleiben in Oudewater Dienstagnachmittag geschlossen. Am Freitag verschiebt sich der Ladenschluss auf 21 Uhr (Kaufabend). Markttermin: **Wochenmarkt** Mi 13-17 Uhr, Marktplatz.

● *Krankenhaus* **Hofpoort Ziekenhuis**, Polanerbaan 2, 3447 GN Woerden, ✆ 0348/427911.

● *Taxiruf* ✆ 0348/561259

● *Übernachten* **Pension van Baaren**, Molenwal 39, 3421 CM Oudewater, 6 Betten, einfaches Haus mit familiärer Atmosphäre, TV auf den Zimmern. EZ ab 20 €, DZ ab 35 €, ✆ 0348/561055.

● *Essen* **RendezVous De Bontekoe**, Wijdstraat 25, 3421 AJ Oudewater, Eetcafé – oder genauer: "Het Andere Eetcafé". Niederländische Küche, wechselnde Tagesgerichte, Mo geschlossen, ✆ 0348/564865.

Den Waeghals, Markt Westzijde 7, 3421 AN Oudewater, große Terrasse am Marktplatz, Café und Eethuys, holländische Küche, preiswerte Tagesgerichte, Mi geschlossen, ✆ 0348/564861.

Bistro De Drie Engeltjes, Leeuweringerstraat 56, 3421 AD Oudewater, französische und ungarische Küche unter dem Zeichen der drei kleinen Engel, Di/Mi geschlossen, ✆ 0348/563381.

Joia Brasserie, Havenstraat 1, 3421 BS Oudewater, Brasserie nahe der Hexenwaage, auch diverse Pfannkuchen, Mo geschlossen, ✆ 0348/567150.

Was haben Sie entdeckt?

Haben Sie eine tolle Kneipe entdeckt, eine günstige Übernachtungsmöglichkeit oder ein bemerkenswertes Museum? Wenn Sie Ergänzungen, Verbesserungsvorschläge oder Tipps haben, lassen Sie es uns bitte wissen.

Wir freuen uns über jeden Brief!
Schreiben Sie an:

Dirk Sievers
Stichwort "Niederlande"
c/o Michael Müller Verlag
Gerberei 19
91054 Erlangen
E-Mail: dirk.sievers@michael-mueller-verlag.de

Groothoofdspoort Dordrecht: Ausblick auf eine der meistbefahrenen Flusspassagen weltweit

Provinz Zuid-Holland

Die Provinz Zuid-Holland, die sich in die Regionen **Delfland**, **Bollenstreek**, **Het Groene Hart**, **De Waarden**, **Land van Heusden**, **Rotterdam en Rijnmond** und **Zuid-Hollandse Eilanden** aufteilt, bietet Holland pur: Radfahrer stellen ihre Vehikel an den Straßenrand, genießen eine schier endlose Farbenpracht und atmen tief den Duft der zahllosen Blüten ein. Die Tulpenfelder breiten sich bis an den Horizont aus, ein Spektakel aus gelben, roten und violetten Farbtönen. Nur wenige Meter weiter entfernt blühen Narzissen auf ebenso großen Feldern. Inmitten der Blütenmeere lassen sich gebückte Gestalten erkennen: Blumenzüchter, die sich vom Stand der Dinge überzeugen. Das Nebenprodukt ihrer Arbeit, die einzigartig farbenfrohe Blütenpracht, lockt Jahr für Jahr Hunderttausende Touristen in die küstennahe Provinz Zuid-Holland. In der am dichtesten besiedelten Region des Landes, die sich um die *Randstad* erstreckt (das Dreieck zwischen den Metropolen Amsterdam, Den Haag und Rotterdam), gibt es eine Reihe größerer Städte, die einen längeren Abstecher verdienen. Neben dem Tulpenparadies des Keukenhof in **Lisse**, der im Frühjahr von endlosen Besucherscharen aus allen Teilen der Welt überflutet wird, haben die mit zahlreichen Seerosen bedeckten Grachten **Delfts**, das weltmännische Flair der Königs- und Regierungsstadt **Den Haag**, der Käsemarkt in **Gouda**, die Hofjes in **Leiden** oder das Windmühlen-Ensemble **Kinderdijk** nahe Rotterdam als eine der meistbesuchten Sehenswürdigkeiten des Landes ihren Anteil am typischen Hollandbild. Sehenswert!

Provinciale VVV Zuid-Holland
Rotterdamseweg 402h, 2629 HH Delft, ✆ 015/2512330, ✉ 2573982,
pvvvzh@compuserve.com, www.zuid-hollandinfo.nl

Region Delfland

(Den Haag, Scheveningen, Wassenaar, Delft)

Die Region an den südlichen Ausläufern der holländischen Randstad wird von
sehenswerten Städten geprägt. **Den Haag**, Sitz der Regierung und des Königshauses, beeindruckt als eine der vornehmsten Adressen der Niederlande mit
noblen Palästen und Regierungsbauten. **Delft**, Stadt der seerosenbedeckten
Grachten, fasziniert mit besterhaltenen historischen Bauten der Zeit des Goldenen Jahrhunderts. Im östlich angrenzenden Einzugsgebiet der beiden Städte
erstreckt sich ein eher ländliches Gebiet, das in den vergangenen Jahren kräftig aufgeforstet wurde. In naher Zukunft werden die Betonklötze am Horizont
hinter dichten Bäumen und Sträuchern verschwinden und in der dicht besiedelten *Randstad* ein kleines Fleckchen naturbelassener Landschaft mit Erholungswert entstehen lassen.

Den Haag   (Provinzhauptstadt • mit Scheveningen 445.000 Einw.)

**Den Haag, auch 's-Gravenhage genannt, ist die Stadt der Paläste und Pro-
menaden, Botschaften und Ämter. Die Residenz der königlichen Familie
und der Sitz der Regierung gilt neben Amsterdam als das bedeutendste
Zentrum der Niederlande – königliche Momente zwischen prächtigen Palästen und renommierten Museen.**

Die Stadtgeschichte begann 1248 mit der Errichtung einer Burganlage durch
Willem II., einen holländischen Grafen, der die Region als Jagdsitz der *Graven
van Holland* auserkoren hatte. Hundert Jahre später wurde das 'Dorp van der
Haghe' erstmals urkundlich erwähnt, ehe 1811 *Louis Bonaparte* dem damals
"größten Dorf der Niederlande" die Stadtrechte verlieh. Der Wiener Kongress
bestimmte 's-Gravenhage vier Jahre später zum Regierungssitz und Amsterdam zur Hauptstadt der Vereinigten Niederlande. Die nach Amsterdam und
Rotterdam derzeit drittgrößte Stadt des Landes entwickelte sich dank fürstli-
cher Fürsprache zu einem wohlhabenden Ort. Das majestätische Flair war allerorten zu spüren, als 1998 das 750-jährige Bestehen der facettenreichen
Stadt gefeiert wurde. Den Haag gewinnt als Sitz zahlreicher europäischer Institutionen, darunter das Europäische Patentamt, der Internationale Gerichtshof, die UN-Organisation zum Verbot von Chemiewaffen und das UN-Kriegs-
verbrechertribunal, mehr und mehr an Bedeutung.

Die Botschaften und Ministerien liegen in den vornehmen Bezirken *Bezuiden-
hout*, *Statenkwartier* und *Vogelwijk*, während *Laakkwartier*, *Schilderswijk* oder
Spoorwijk zur Heimat der sozial Schwächeren wurden, in der die Kriminali-
tätsrate sehr hoch ist und ganze Straßenzüge verfallen. Eine echte Mittel-
schicht fehlt in Den Haag. Auf den ersten Blick mag sich daher Enttäuschung

Haag Binnenhof

breit machen, denn das Flair anderer altholländischer Städte fehlt. Die prachtvollen Fassaden, die herrschaftlichen Plätze, die man in einer königlichen Stadt erwartet hätte, finden sich nicht. Die reiche Historie Den Haags blüht im Verborgenen.

Aufmerksamen Beobachtern werden dennoch die zahlreichen Jugendstilfassaden nicht verborgen bleiben, die mit großer Konsequenz in den vergangenen Jahren restauriert wurden. Das Zentrum, in dem die alte Haagse Passage einen Abstecher lohnt, eine mehrgeschossige Ladengalerie mit mächtiger Glaskuppel, leert sich nach Ladenschluss. Das Feld wird anderen überlassen. Apropos: Die Haager Prostituierten beantragten während der Fußballeuropameisterschaft 2000 in den Niederlanden eine Verlängerung (ihrer Arbeitszeiten). Die einschlägigen Etablissements sollten wegen des späten Beginns der Spiele um 20.45 Uhr eine Stunde länger geöffnet bleiben, um den Fans auch nach dem Stress der Partien noch genügend Zeit zur Erholung zu ermöglichen. Die Stadtverwaltung lehnte das Ansinnen ab ...

Die Haager Innenstadt ist derzeit eine riesige Baustelle, in der zeitgenössische Architektur die historische Bausubstanz ergänzt. Hoch aufragende Bürobauten sollen die Skyline nachhaltig verändern. Am Oranjebuitensingel entsteht der mit 110 m höchste Büroturm des Landes. Alleine für die Umgestaltung des Stadtzentrums sind mehr als drei Milliarden Euro eingeplant. Mittlerweile aber zeigen sich Experten besorgt, dass Erdverschiebungen im von zahlreichen Wasserquellen durchzogenen Boden zu einem ernsthaften Problem für bereits existierende Gebäude werden könnten. Insbesondere die unmittelbar benachbarten Häuser ächzen unter den Aktivitäten und zeigen zunehmend größere Risse im Mauerwerk – auch eine Folge des Einrammens der massiven

Stützpfeiler ins Erdreich. Mehr und mehr rücken nun auch die ambitionierten Bauprojekte am Spuimarkt in den Mittelpunkt des Interesses. Sollten ähnliche Probleme auch hier auftreten, wären nicht mehr nur schmucklose Wohnkomplexe betroffen, sondern auch historische Monumente wie die Nieuwe Kerk, das vielleicht schönste Baudenkmal der modernen Regierungsresidenz.

Einige Kilometer östlich der Stadt liegt mit *Zoetermeer* eine Trabantenstadt für Pendler, eine Bannmeile aus Stahl. Die Bausünden der Neuzeit vereinen sich auf erschreckend engem Raum. Erheblich erfreulicher ist dagegen die Tatsache, dass die Residenzstadt gen Westen in zwei (sehr unterschiedliche) Badeorte übergeht. Das mondäne Scheveningen lockt mit seinem lebendigen Nachtleben und einer in den Sommermonaten völlig überlaufenen Promenade, das beschaulichere Kijkduin dagegen bietet Familien mit Kindern die ersehnte Ruhe zum Relaxen. Außerdem ist das wunderschöne Delft von Den Haag aus ganz einfach mit der Straßenbahn zu erreichen.

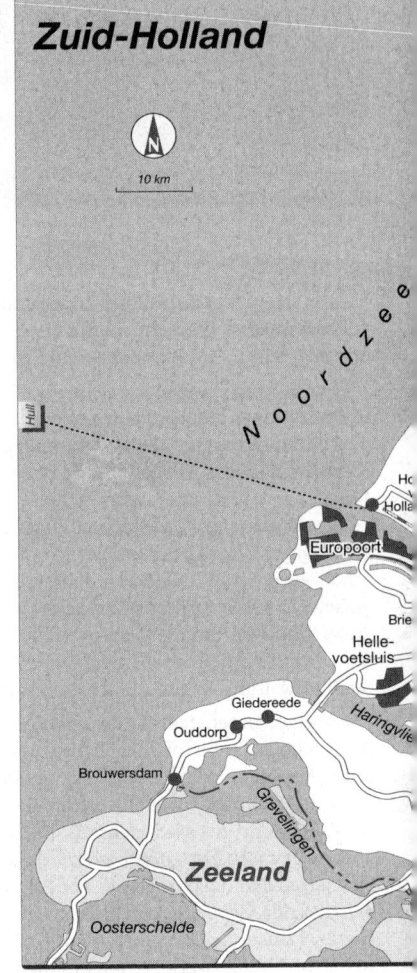

Zuid-Holland

10 km

Noordzee

Hull

Ho
Holla
Europoort

Brie
Helle-
voetsluis

Giedereede

Ouddorp

Brouwersdam

Haringvlie

Gravelingen

Zeeland

Oosterschelde

Information/Verbindungen

● *Information*   **VVV Den Haag**, Koningin Julianaplein 30, 2595 AA Den Haag, ☎ 0900/ 3403505, ✆ 070/3472102, www.denhaag.com. April-September Mo 13-18 Uhr, Di-Fr 9.30-18 Uhr, Sa 10-18 Uhr, So 13-17 Uhr; Oktober-März Mo 13-17.30 Uhr, Di-Fr 9-17.30 Uhr, Sa 10-17 Uhr.
ANWB Den Haag, Koninklijke Nederlandse Toeristenbond, Wassenaarseweg 220, 2596 EC Den Haag, ☎ 0900/5031040.
● *Stadtrundgänge*   Themenschwerpunkte aller Touren sind die Paläste Den Haags: *Huis ten Bosch*, *Paleis Lange Voorhout*, *Paleis Noordeinde*, *Vredespaleis*, *Binnenhof* (mit Rittersaal und Parlament). Ein spezieller Rundgang für Antiquitäten- und Kunstliebhaber führt zu den diversen (teils versteckten) Haager Antiquitätenläden. Sehenswert sind in diesem Zusammenhang auch die **Haager Kunst- und Antiktage** Ende August mit Antiquitätenmarkt und einem Tag der offenen Tür in den städtischen Galerien. Details beim Informationsbüro (VVV).
● *Bahnverbindungen*   Die Stadt besitzt zwei wichtige Bahnhöfe: Den Haag CS (Centraal Station) und Den Haag HS (Hollands Spoor). Ersterer liegt zentraler, etwa 10 Fußminuten vom Binnenhof entfernt.

Verbindungen 4-5x stündl. nach Amsterdam (Dauer: 45 Min.), 8-10x stündl. Rotterdam (20 Min.), 4-5x stündl. Utrecht (45 Min.).
● *Tramverbindungen* in Richtung Delft, Scheveningen.

Auskunft Öffentliche Verkehrsmittel: ℡ 0900/9292 (Connexxion Openbaar Vervoer)

Adressen

● *Autovermietung* **Autoverhuur Avis**, Theresiastraat 216, 2593 AV Den Haag, ℡ 070/3850698; **Autoverhuur Budget**, Mercurius-weg 9, 2516 AW Den Haag, ℡ 070/3820609 (0800/0537, gratis); **Autoverhuur Europcar**, Prinses Marijkestraat 5, 2595 TL Den Haag,

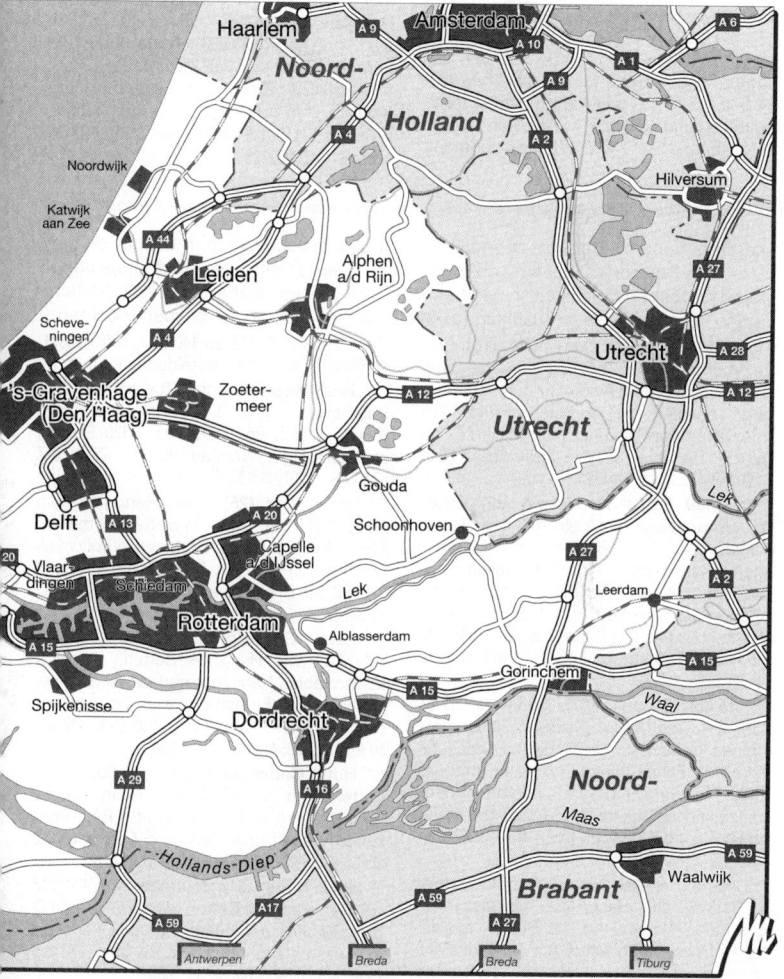

Provinz Zuid-Holland
Karte S. 148/149

✆ 070/3811811; **Autoverhuur Hertz**, Binkhorstlaan 318, 2516 BL Den Haag, ✆ 070/3818989; **Low Price Autoverhuur**, Prins Hendrikstraat 59, 2518 HC Den Haag, ✆ 070/3632609.

• *Fahrradverleih* **Rijwielshop Hollands Spoor**, Stationsplein 29, 2515 BV Den Haag, ✆ 070/3890830; **Rijwielen Du Nord**, Keizerstraat 27, 2584 BA Den Haag, ✆ 070/3554060.

• *Einkaufen* Die Geschäfte bleiben in Den Haag Montagvormittag geschlossen. Am Donnerstag verschiebt sich der Ladenschluss auf 21 Uhr (Kaufabend). Markttermine: **Wochenmarkt** Mo, Mi und Fr 8-18 Uhr, Sa 8-17 Uhr, Herman Costerstraat; Mo 11-18 Uhr, Di-Sa 9-18 Uhr, Do 9-21 Uhr, Gedempte Gracht/Spui; Di 8-17 Uhr, Leyweg; Mi 9-16.30 Uhr, Loosduinse Hofdstraat; **Antiquitäten und Bücher** Mai-September Do 11-19 Uhr und So 11-17 Uhr, Lange Voorhout.

Darling Market Rijswijk: Einen Abstecher lohnt der an jedem Wochenende geöffnete (Sa/So 9-22 Uhr) überdachte Darling Market in Rijswijk, dessen zentrales Element ein großer Weltmarkt ist. Hier werden Produkte aus (fast) allen Kontinenten angeboten. Information: Darling Market, Volmerlaan 12, 2288 GD Rijswijk, ✆ 070/3075900, ✆ 3075901.

• *Krankenhäuser* **Medisch Centrum Hooglanden (MCH)**, Lijnbaan 32, 2512 VA Den Haag, ✆ 070/3302000; **Rode Kruis Ziekenhuis**, Sportlaan 600, 2566 MJ Den Haag, ✆ 070/3126200; **Ziekenhuis Leyenburg**, Leyweg 275, 2545 CH Den Haag, ✆ 070/3592000.

• *Taxiruf* ✆ 070/3030570 oder ✆ 070/3994967 oder ✆ 070/3932732

Übernachten

Die unmittelbare Nähe des mondänen Strandbads Scheveningen erlaubt es dem Den-Haag-Reisenden, sich auch dort nach einer geeigneten und preiswerten Übernachtungsmöglichkeit in Meeresnähe umzusehen (siehe Seite 164). Manche Hotels berechnen einen Zuschlag für Gäste, die nur eine Nacht bleiben möchten.

• *Hotels* ***** **Hotel Des Indes (10)**, Lange Voorhout 54-56, 2514 EG Den Haag, 120 Betten, Luxushotel erster Güte, Anlaufstelle internationaler Politprominenz, High Tea oder Afternoon Tea täglich ab 14 Uhr. EZ ab 250 €, DZ ab 325 €, Frühstück 20 €, ✆ 070/3632932, ✆ 3451721.

***** **Hotel Sofitel Den Haag (22)**, Koningin Julianaplein 35, 2595 AA Den Haag, Bahnhofsnähe, 267 Betten, Luxushotel mit allem erdenklichen Komfort, geschmackvolle Einrichtung, prächtige Aussicht in den oberen Stockwerken, sehr aufmerksamer Service, exquisite Küche. EZ ab 175 €, DZ ab 200 €, Frühstück 16.50 €, ✆ 070/3814901, ✆ 3825927.

**** **Hotel Corona (17)**, Buitenhof 39-42, 2513 AH Den Haag, Golden-Tulip-Gruppe, kleines Haus mit nur 44 Betten, höchster Komfort, Fahrstuhl, alle Zimmer mit Du/WC, Telefon und TV, hervorragendes französisches Restaurant. EZ ab 140 €, DZ ab 145 €, Frühstück 15 €, ✆ 070/3637930, ✆ 3615785, www.corona.nl.

**** **Parkhotel Den Haag (11)**, Molenstraat 53, 2513 BJ Den Haag, Nähe Schlossgarten des Paleis Noordeinde, 191 Betten, exquisites Hotel mit freundlicher Atmosphäre, Fahrstuhl, alle Zimmer mit Du/WC, Telefon und TV. EZ ab 125 €, DZ ab 140 €, ✆ 070/3624371, ✆ 3614525, www.parkhoteldenhaag.nl.

**** **Best Western Hotel Zoetermeer (27)**, Boerhavelaan Wijk 13, 2713 HB Zoetermeer, 30 km östlich vor Den Haag, 120 Betten, sechsstöckiger Neubau. EZ ab 75 €, DZ ab110 €, ✆ 079/3219228.

*** **Hotel Petit (25)**, Groot Hertoginnelaan 42, 2517 EH Den Haag, 34 Betten, komfortables Haus, Fahrstuhl, saubere Räumlichkeiten, alle Zimmer mit Du/WC, Telefon und TV. EZ ab 60 €, DZ ab 88 €, ✆ 070/3465500, ✆ 3465257.

*** **Hotel Excelsior (26)**, Statenlaan 45, 2582 GC Den Haag, 19 Betten, ebenfalls komfortables Haus, aufmerksamer Service, reichhaltiges Frühstück, alle Zimmer mit Du/WC, Telefon und TV. EZ ab 59 €, DZ ab 80 €, ✆ 070/3541234, ✆ 3541234.

*** **Hotel Cattenburch (31)**, Laan Copes van Cattenburch 38, 2585 GB Den Haag, kleines Haus mit nur 20 Betten, adrette Räumlichkeiten, freundlicher Service. EZ ab 60 €, DZ ab 65 €, ✆ 070/3522335, ✆ 3543119.

** **Hotel Sebel (31)**, Zoutmanstraat 40, 2518 GR Den Haag, 50 Betten, das wohl beste 2-Sterne-Hotel der Stadt, freundlicher Service, gutes Frühstück. EZ ab 65 €, DZ ab 75 €, ✆ 070/3459200, ✆ 3455855.

Übernachten

- **1** Hotel Cattenburch
- **10** Hotel Des Indes
- **11** Parkhotel Den Haag
- **17** Hotel Corona
- **22** Hotel Sofitel Den Haag
- **25** Hotel Petit
- **26** Hotel Excelsior
- **27** Best West. Hotel Zoetermeer
- **28** Hotel Aristo
- **29** NJHC-Jugendherberge Den Haag
- **30** Camping Kijkduinpark
- **31** Hotel Sebel
- **32** Hotel Bellevue

Essen und Trinken

- **2** Tampat Senang
- **3** Djawa
- **4** Gauchos Grillrestaurant
- **5** Le Gentilhomme
- **6** La Liguria
- **7** Tapas Bar Limón
- **8** De Dageraad
- **9** Julien
- **12** Garoeda
- **13** Sprankling Champagne Boutique
- **14** Oesterbar Saur
- **15** Paviljoen Malieveld
- **16** Ristorante Roma
- **17** Corona
- **18** 't Goude Hooft
- **19** Haringkraam Buitenhof
- **20** Trias
- **21** Popocatepetl
- **23** Will's Pancake House
- **24** Shirasagi

Den Haag

* **Hotel Bellevue (32)**, Beeklaan 417, 2562 BB Den Haag, 20 Betten hinter schöner Fassade, Schatten spendende Markisen vor den Fenstern, freundliche Atmosphäre. EZ ab 40 €, DZ ab 75 €, ℡ 070/3605552, 🖷 3453508.

* **Hotel Aristo (28)**, Stationsweg 164-166, 2515 BS Den Haag, Nähe Bahnhof Den Haag HS, 19 Betten, einziges Haus mit einem Stern in Den Haag, Alternativen gibt es nur in Scheveningen. EZ ab 35 €, DZ ab 50 €, ℡ 070/3890847, 🖷 3890847.

NJHC-Jugendherberge Den Haag (29), Scheepmakersstraat 27, 2515 VA Den Haag, zentrale Lage in der historischen Innenstadt, schönes Gebäude im Stil der Amsterdamer Schule, ansprechendes Atrium mit bemalten Decken und Pfeilern, Dachterrasse, Wintergarten, ganzjährig geöffnet. "Einziger Kritikpunkt ist das dürftige Frühstücksbuffet" (Leserbrief Holger Köhler). 220 Betten, Zweierzimmer (10), Doppel-Hotelzimmer (2), Viererzimmer (24), Sechserzimmer (6), Achterzimmer (8), alle mit Du/WC, Fahrradkeller im Haus. Übernachtung im Schlafsaal inkl. Frühstück 21-23 € (je nach Saison), ℡ 070/3157888, 🖷 3157877.

● *Camping* **Camping Kijkduinpark (30)**, Machiel Vrijenhoeklaan 450, 2555 NW Den Haag, Schildern in Den Haag-Zuid, Ockenburg und Kijkduin folgen, direkte Strandnähe, gute Verkehrsanbindung ans Stadtzentrum, gute Sanitärs, Fahrradverleih, Lebensmittelgeschäft, ganzjährig geöffnet. Stellplatz (inkl. 6 Pers.) 31 €, Duschen 0.55 €, Fläche 38 ha. ℡ 070/4482100, 🖷 3232457, info@kijkduinpark.nl.

Essen (siehe Karte S. 151)

Die Zahl empfehlenswerter Haager Cafés und Restaurants ist hoch, sodass wir nur einen Ausschnitt vorstellen können. Ein besonderer Tipp ist die **Sprankling Champagne Boutique (13)**, eine Institution für prickelnde Erinnerungen an Den Haag, selbstverständlich nicht ohne vorherige Kostprobe. Adresse: Lange Voorhout 25, 2514 EB Den Haag, ℡ 070/3637673.

● *Französische Küche* Besondere Erwähnung verdienen die folgenden Restaurants. Das Essen ist nicht billig, die Qualität aber ausgezeichnet. Alle drei sind sehr beliebt und daher oft gut besucht. Telefonische Reservierung ist sinnvoll.

Corona (17), Buitenhof 39-42, 2513 AH Den Haag, Teil des gleichnamigen Hotels, sehr vornehm, ein Michelin-Stern, von Zeit zu Zeit Livemusik, auf Wunsch kann ein 6-Personen-Tisch mitten in der Küche reserviert werden. Möchte man nur etwas trinken, geht man auf die Terrasse, ℡ 070/3637930.

Julien (9), Vos in Tuinstraat 2a, 2514 BX Den Haag, traditionelle Küche mit überraschender Note, extravagantes Jugendstil-Interieur, Theaterarrangements mit Souper, exquisite 3-Gänge-Menüs, So geschlossen, ℡ 070/3658602, www.julien.nl.

Le Gentilhomme (5), Noordeinde 148, 2514 GP Den Haag, Grillrestaurant in sehr schönem altem Gebäude, vorne große Fässer, zahlreiche Körbe an der Decke, fast wie ein kleines Museum. Kinder sind gerne gesehen und dürfen in die Küche zuschauen, Mo geschlossen, ℡ 070/3464664.

● *Holländische Küche* **'t Goude Hooft (18)**, Dagelijkse Groenmarkt 13, 2513 AL Den Haag, Entspannung auf der Terrasse der ältesten Herberge der Stadt, zentrale Lage gegenüber dem Kaufhaus De Bonneterie, viel Trubel auf den Straßen, empfehlenswerte Fisch- und Fleischgerichte, zahlreiche Tische im Freien, ideal auch für einen einfachen Kaffee, außerhalb der Saison So geschlossen, ℡ 070/3469713.

Oesterbar Saur (14), Lange Voorhout 47, 2514 EC Den Haag, Meeresspezialitäten erster Klasse, exquisite Leckereien, ständig frisch zubereitet, So geschlossen, ℡ 070/3462565, www.saur.nl.

Haringkraam Buitenhof (19), Buitenhof (gegenüber Nr. 22), 2513 AG Den Haag. "Die besten Makrelenbrötchen und Kibbelinge bekommt man beim Haager Binnenhof – dort, wo die Fontänen im Hofweiher sprudeln (Rückseite) – an einem Kiosk namens Hollandse Nieuwe Haring." (Leserbrief Nadine Kessler)

Gauchos Grillrestaurant (4), Denneweg 71, 2514 CE Den Haag, Spezialitäten vom Grill, deftig-kräftig oder einfach ein großer Teller vom guten Salatbuffet, ℡ 070/3651015.

◊◊◊ **Villa La Ruche**, Prinses Mariannelaan 71, 2275 BB Voorburg, Relais du Centre (siehe Seite 56), Speisen der traditionellen französischen Küche, Zutaten fast ausschließlich aus ökologischem Anbau, Weine der alten und neuen Welt, ✆ 070/3860110, www.villalaruche.nl.

Trias (20), Lange Houtstraat 3, 2511 CV Den Haag, Familienbetrieb mit 17-jähriger Tradition, gehobene internationale Küche hinter auffallender orange-gelber Fassade, vornehme Einrichtung, verhältnismäßig preiswerte 3-Gänge-Menüs, Mo geschlossen, ✆ 070/3651175.

● *Italienische Küche* **La Liguria (6)**, Noordeinde 97, 2514 GD Den Haag, empfehlenswerte italienische Spezialitäten der gehobenen Preisklasse, gute Nudelgerichte und 3-Gänge-Menüs, ✆ 070/3658387.

Ristorante Roma (16), Papestraat 22, 2513 AW Den Haag, Fisch-, Fleisch- und Nudelgerichte, gute Pizzen in allerlei Varianten, Di geschlossen, ✆ 070/3462345.

● *Mexikanische und spanische Küche* **Popocatepetl (21)**, Buitenhof 5, 2513 AG Den Haag, mexikanische Küche, Hauptgerichte in großer Auswahl, gute Kombinationsplatten mit den diversen landestypischen Leckereien, ✆ 070/3924607, www.popo.nl.

Tapas Bar Limón (7), Denneweg 39a, 2514 CC Den Haag, hoch lebe die andalusische Tapaskultur, gute Gerichte der Iberischen Halbinsel, ✆ 070/3561465.

● *Indonesische und japanische Küche* **Djawa (3)**, Mallemolen 12a, 2585 XJ Den Haag, mild-süßliche Speisen der indonesischen Küche, sehr empfehlenswert sind die guten und sättigenden Reistafeln, ✆ 070/3635763.

Garoeda (12), Kneuterdijk 18a, 2514 EN Den Haag, indonesisches Restaurant mit leicht kolonialem Ambiente, scharfe javanische Küche, ✆ 070/3465319.

Tampat Senang (2), Laan van Meerdervoort 6, 2517 AJ Den Haag, pikante Leckereien der indonesischen Küche, große Auswahl preiswerter Hauptgerichte, ✆ 070/3636787.

Shirasagi (24), Spui 170, 2511 BW Den Haag, japanische Küche, die Zubereitung der Speisen erfolgt nach einer alten Tradition gemäß direkt am Tisch des Gastes, gehobene Preisklasse, ✆ 070/3464700.

● *Pfannkuchen und vegetarische Küche* **Paviljoen Malieveld (15)**, Malieveld, 2594 AA Den Haag, sehr gut besuchtes Lokal ("Poffertjessalon") mit guten Pfannkuchenvariationen und anderen Leckereien, ✆ 070/3639250.

Will's Pancake House Markthof (23), Gedempte Gracht 442, 2512 KA Den Haag, Pfannkuchen aller Art, So geschlossen, ✆ 070/3639370.

De Dageraad (8), Hooikade 4, 2514 BH Den Haag, vegetarische Gerichte, außen etwas heruntergekommene, merkwürdig grüne Fassade, innen gemütlich, am besten nach hinten durchgehen, ✆ 070/3645666.

Provinz Zuid-Holland
Karte S. 148/149

Festivals/Veranstaltungen

● *Festivals* **North Sea Jazz Festival**: Jazz around the Clock. Das größte Jazz-Happening außerhalb der USA beschert Jazz-Freunden drei Festtage mit acht Stunden Livemusik täglich. Etablierte Stars geben sich die Klinke in die Hand. Das musikalische Repertoire ist bunt gemischt. Alle jazzähnlichen Strömungen – Bebop, Blues, Funk, Mainstream, Salsa, Soul, Swing – sind vertreten. Als Einstimmung finden bereits eine Woche vorher zahlreiche Konzerte unter dem Motto "North Sea Jazz Heats The Hague" statt. Termin: Mitte Juli. Information: North Sea Jazz Festival, Noordeinde 21, 2611 KE Delft, ✆ 015/2157756, ✉ 2148393, www.northseajazz.nl. Tageskarte 50 €, 3-Tages-Karte 125 €.

Holland Dance Festival: Musik- und Tanzveranstaltungen. Das Festival lockt seit seiner ersten Auflage 1987 mehr und mehr Menschen in die führende Tanzstadt der Niederlande. Die Aufführungen konzentrieren sich auf die verschiedenen Theater Den Haags. Nächster Termin: Oktober/November 2003 (alle 2 Jahre). Information: Holland Dance Festival, Nobelstraat 21, 2513 BC Den Haag, ✆ 070/4277369, ✉ 070/3650509, www.hollanddancefestival.com.

● *Veranstaltungen* **Blumenkorso Noordwijk–Haarlem**: Der traditionelle Blumenkorso von Noordwijk nach Haarlem ist Höhepunkt der südholländischen Tulpensaison. Seit mehr als 50 Jahren startet eine Kolonne blumengeschmückter Prunkwagen eine 40 km lange Fahrt über Sassenheim, Keukenhof-Lisse, Hillegom und Heemstede, die gegen Abend in Haarlem endet. Am nächsten Tag sind die rollenden Blumenbeete bis spät in die Nacht ausgestellt. Termin: 20. April.

Information: www.bloemencorso.com (Seite mit allerlei Links zum Thema Blumenkorsos)

Pasar Malam Besar: Das Malieveld in der Residenzstadt, die wegen ihrer vielen indonesischen Einwohner auch "Witwe Indonesiens" genannt wird, ist für zwei Wochen von fernöstlichem Flair umgeben. Den Haag präsentiert sich als indonesisches Dorf mit Ausstellungen, Lesungen, Musik, Tanz und Theater. Liebhaber asiatischer Speisen werden mit Köstlichkeiten des fernen Kontinents verwöhnt. Das Multi-Kulti-Spektakel hat seit 1959 einen festen Platz im Kulturkalender der Stadt. Termin: Ende Juni. Information: Pasar Malam Besar, Celebesstraat 62, 2585 TM Den Haag, ☎ 0900-7272762, www.pasarmalambesar.nl.

Prinsjesdag: In einer goldenen Kutsche fährt die Königin gegen 13 Uhr vom Palast Noordeinde über die Allee Lange Voorhout und am Teich "Hofvijver" entlang zum historischen Rittersaal des Haager Binnenhofs. Garderegimenter eskortieren die Monarchin, bis sie im politischen Zentrum des Landes traditionsgemäß die Thronrede hält, die das parlamentarische Jahr offiziell einläutet. Nach nur einer Stunde macht sich die Kolonne wieder auf den Rückweg. In der Innenstadt herrscht Volksfeststimmung mit großer Kirmes auf dem Malieveld, dessen Abschluss ein imposantes Feuerwerk bildet. Die Residenzstadt feiert die engen Bande zum niederländischen Königshaus. Übrigens: Die berittenen Begleiter des Zuges üben bereits an den vier Tagen vor dem Prinsjesdag ihren Einsatz. Diese Generalproben, ein interessantes Schauspiel für Besucher, finden sowohl in der Innenstadt als auch am (Scheveninger) Strand statt. Datum: dritter Dienstag im September. Informationen im Internet unter www.koninklijkhuis.nl.

Sehenswertes

Haager Binnenhof: Seit mehr als fünf Jahrhunderten schlägt das Herz des politischen Lebens der Niederlande im Haager Binnenhof, dem ältesten Zeugnis der Stadtgeschichte. Die geschichtsträchtigen, schroffen Bauten um den historischen *Ridderzaal*, der 1280 von *Gerard van Leyden* als gotischer Festsaal erbaut wurde, beherbergen beide Kammern des niederländischen Parlaments. Die Aufgaben der ersten Kammer sind mit denen des Deutschen Bundesrats zu vergleichen, die der zweiten Kammer mit denen des Deutschen Bundestags. Im Rahmen von Führungen (Voranmeldung ratsam) kann man sich einen Eindruck von beiden Kammern verschaffen. Darüber hinaus informiert eine Dauerausstellung in der Eingangshalle über die Geschichte des niederländischen Parlaments, die Rolle der Monarchie und des Staatsoberhaupts. Die Fontäne des malerisch begrünten *Hofvijver* (Hofweiher) auf der Gebäuderückseite sprudelt unterdessen unaufhörlich vor sich hin.

Übrigens: Das umliegende Regierungsviertel kennt keine Bannmeile. Es ist deswegen nicht ungewöhnlich oder gar spektakulär, wenn auf dem weitläufigen Gelände Kundgebungen stattfinden. Hier demonstrieren Homosexuelle gegen öffentliche Diskriminierung und Heterosexuelle gegen langweiligen Sex. Längst hat man sich an das Bild gewöhnt. Die Kundgebungen werden nicht nur geduldet, sondern von höchster Stelle gefördert: Auf Anfrage ist eine amtliche Informationsbroschüre mit praktischen Ratschlägen erhältlich, die sich an alle interessierten Bürger wendet, deren Absicht es ist, ein Anliegen öffentlich vorzubringen. Während die deutschen Nachbarn ihr traditionsreiches Obrigkeitsdenken wohl noch lange mit sich herumtragen werden, scheinen die hohe Politik und das Volk in den Niederlanden ein weitaus unkomplizierteres Verhältnis zueinander gefunden zu haben.

Adresse/Öffnungszeiten Binnenhof 8a, 2513 AA Den Haag, ☎ 070/3646144. Mo-Sa 10-16 Uhr, letzte Führung 15.45 Uhr. Parlamentsausstellung frei.

Museum Het Paleis: Die Regierungshauptstadt der Niederlande ist zugleich Sitz der königlichen Familie. So ist es durchaus möglich, beim Bummel entlang der prunkvollen Paläste Prinz *Willem Alexander* und seiner Frau *Máxima*, dem künftigen Königspaar, zu begegnen. Die Residenzen selber sind der Öffentlichkeit mit einer Ausnahme leider nicht zugänglich: Das *Paleis Lange Voorhout*, die ehemals königliche Winterresidenz, wurde von Königin *Juliana* noch in den späten 70er Jahre für diplomatische Empfänge genutzt. Seither steht das im 18. Jahrhundert errichtete Gebäude dem Publikum offen.

Der zur selben Zeit erbaute *Paleis Kneuterdijk* ist als Sitz des niederländischen Finanzministeriums ebenso wenig zugänglich wie das aus dem 17. Jahrhundert stammende *Huis ten Bosch*, die derzeitige Residenz der Königin, oder *Paleis Noordeinde*, der durch *Jacob van Campen* und *Pieter Post* 1640 geprägte älteste Palast Den Haags. Den rückwärtigen Garten, den *Paleistuin*, kann man dagegen betreten (Eingang Prinsessewal).

• *Öffnungszeiten* **Museum Het Paleis** (Paleis Lange Voorhout), Lange Voorhout 74, 2514 EH Den Haag, ✆ 070/3381111. Di-So 11-17 Uhr. Erwachsene 4.60 €, Kinder 2.30 €, MJK.

• *Adressen* **Paleis Kneuterdijk**, Kneuterdijk; **Huis ten Bosch**, Het Haagse Bos, Bezuidenhoutseweg; **Paleis Noordeinde**, Noordeinde.

Hoge Raad: Das Bauwerk in der Lange Voorhout 34 trägt die Handschrift von *Daniel Marot*, der seine ehrgeizigen Pläne Mitte des 18. Jahrhunderts verwirklichte. Nachdem die Königliche Familie einige Jahre hier residiert hatte, verlegte man 1819 die Königliche Bibliothek an diesen Ort. Erst vor wenigen Jahren wechselte die Bibliothek, die zu den bedeutendsten der Niederlande gehört, erneut die Räumlichkeiten und befindet sich nun in einem modernen Komplex am Hauptbahnhof. Im Innenhof des Hoge Raad sind mehrere Statuen zu bewundern, die früher zum Interieur des Bauwerks gehörten.

Grote Kerk (Sint Jacobskerk): Die im 16. Jahrhundert erbaute Kirche, die in schmuckloser Gotik gehalten ist, wurde für viele bekannte Bürger Den Haags zur letzten Ruhestätte. Auf der langen Liste prominenter Toter stehen die Namen des Dichters und Staatsmanns *Constantijn Huygens* und seines Sohns, des Naturwissenschaftlers *Christiaan Huygens*. Die Kirche erlebte in der Vergangenheit zahlreiche königliche Zeremonien – Hochzeiten und Taufen. Der sechseckige Kirchturm bietet einen herrlichen Blick auf die Umgebung.

Adresse/Öffnungszeiten Rond de Grote Kerk 10, 2513 AH Den Haag, ✆ 070/3028630. Mai-August Mo-Sa 10-16 Uhr. Eintritt frei.

Schuilkerk: Ähnlich wie die versteckte Geheimkirche *Ons-Lieve-Heer-op-Zolder* in Amsterdam (siehe Museum Amstelkring, Seite 277) entstand auch diese Kirche zur Zeit der Reformation, als katholische Gottesdienste streng untersagt waren. Folgerichtig wirkt die Geheimkirche nach außen hin eher unscheinbar. Das Interieur ist sehr edel und verbreitet noch heute eine feierliche Atmosphäre.

Adresse/Öffnungszeiten Molenstraat 38, 2513 BJ Den Haag, ✆ 0900/3403505 (VVV). Mi 14-16 Uhr. Führungen Mi 14 Uhr und 15 Uhr. Eintritt frei.

Kloosterkerk: Die alte Klosterkirche des ehemaligen Dominikanerklosters stammt aus dem Jahre 1403 und gilt als ältestes Gotteshaus der Stadt. Die Klosteranlagen wurden im späten 16. Jahrhundert niedergerissen – nur die Kirche blieb damals erhalten.

Adresse/Öffnungszeiten Lange Voorhout 2, 2514 ED Den Haag, ✆ 070/3461576. April-Oktober Mo-Fr 12-14 Uhr. Eintritt frei.

Provinz Zuid-Holland   Karte S. 148/149

Nieuwe Kerk: Nur wenige Schritte vom Theater entfernt steht die Nieuwe Kerk, deren Bau 1656 vollendet wurde. Neben dem Philosophen *Baruch de Spinoza* (1632–1677) fanden hier auch die Brüder *Cornelis de Wit* (1623–1672) und *Johan de Wit* (1625–1672) ihre letzte Ruhestätte, nachdem sie als Verschwörer gegen den Prinzen von Oranien auf dem Gelände des Binnenhofs hingerichtet worden waren – stichhaltige Beweise ihrer Schuld fehlten allerdings.
Adresse/Öffnungszeiten Spui 175, 2511 BW Den Haag, ℡ 070/3634917. Besichtigung nur nach telefonischer Voranmeldung.

Vredespaleis: Der amerikanische Multimillionär *Andrew Carnegie* leistete sich zu Beginn des 20. Jahrhunderts den Luxus, eine siebenstellige Summe für den Bau des Haager Friedenspalastes und die Einrichtung einer umfangreichen Fachbibliothek zu stiften. Diese genießt seither einen hervorragenden Ruf unter Völkerkundlern aus aller Welt. Der stattliche Komplex mit der ungewöhnlich prunkvollen Einrichtung ist derzeit der Sitz des Internationalen Gerichtshofs und kann im Rahmen einer Führung an Wochentagen besichtigt werden.
Der russische Zar *Nikolaus II.* hatte einst ein internationales Friedensgericht angeregt und auf diese Weise den Grundstein für den Haager Gerichtshof gelegt. Seine vordringliche Aufgabe liegt in der weltweiten Friedenssicherung und bleibt somit zwangsläufig eher theoretisch. Keine Nation dieser Erde kann gezwungen werden, sich den verkündeten Urteilen zu beugen. Trotzdem hat der Friedenspalast seit mehr als 80 Jahren einen festen Platz im Herzen Den Haags. Die anerkannte Neutralität der Niederlande und das hohe Ansehen seiner Völkerrechtler, allen voran der legendäre *Huigh de Groot (Grotius)*, hatten die internationale Staatengemeinschaft damals veranlasst, das kleine Land als Standort der hohen Gerichtsinstanz auszuwählen. Die Einweihung des Friedenspalastes erfolgte am 13. August 1913 und damit elf Monate vor Ausbruch des Ersten Weltkriegs durch die österreichisch-ungarische Kriegserklärung an Serbien. In jüngster Zeit rückte das Haager Tribunal durch den Prozess gegen *Slobodan Milosevic* verstärkt ins Blickfeld des internationalen Medieninteresses.
• *Adresse/Öffnungszeiten* Carnegieplein 2, 2517 KJ Den Haag, ℡ 070/3024242. Juni-September Mo-Fr 10-16 Uhr; Oktober-Mai Mo-Fr 10-15 Uhr. Erwachsene 3.40 €, Kinder 2.25 €, MJK. Führungen 10, 11, 14 und 15 Uhr.

De Boterwaag: Nach seiner Vollendung 1681 war das mittlerweile restaurierte Bauwerk lange der Ort des städtischen Butter- und Käsehandels. Noch heute ist die alte Waage voll funktionsfähig – auf Wunsch kann man sich wiegen lassen und ein Zertifikat mit präziser Gewichtsangabe entgegennehmen. Im Gebäude finden gegenwärtig kulturelle Veranstaltungen statt, darunter Ausstellungen und Konzerte klassischer Musik.
Adresse/Öffnungszeiten Grote Markt 8a, 2513 AH Den Haag, ℡ 070/3659686. Di-Sa 9.30-16 Uhr. Eintritt frei.

Kasteel Duivenvoorde: Das mittelalterliche Schloss liegt nur wenige Kilometer nördlich von Den Haag zwischen Voorschoten und Leidschendam in ländlicher Umgebung. Die Einrichtung konnte mit wenigen Ausnahmen im Originalzustand erhalten werden und lohnt zusammen mit den ausgestellten Keramiken und Silberkollektionen einen Besuch. Im Anschluss an diesen Abstecher in Glanz und Glorie alter Adelsgeschlechter empfiehlt sich ein Spaziergang durch die gepflegten Gartenanlagen.

Adresse/Führungen Laan van Duivenvoorde 4, 2252 AK Voorschoten, ℡ 071/5613752, www.kasteelduivenvoorde.nl. Mai-September Di-Sa 14 Uhr und 15.30 Uhr. Erwachsene 4.25 €, Kinder 2.50 €.

Haags Gemeentemuseum: Der 1935 fertig gestellte Komplex wurde nach dreijähriger Renovierung zum 750-jährigen Stadtjubiläum wiedereröffnet. Er trägt wie die Amsterdamer Beurs van Berlage die Handschrift von *Hendrik Petrus Berlage* (1856–1934), dem neben *Gerrit Rietveld* bedeutendsten niederländischen Architekten des 20. Jahrhunderts. Eine überdachte Passage führt an zwei randvoll gefüllten Wasserbassins vorbei zum Museumseingang. Außen dominiert eine gelbe Klinkerfassade mit zwei rückseitig gelegenen großen Schornsteinen, die für die Frischluftversorgung der Klimaanlage herhalten müssen. Innen sorgen große Deckenfenster in den größeren Ausstellungsräumen, die mit flexiblen Lamellen abgedeckt werden können, für natürliches Licht.

Die Sammlung besteht u. a. aus Dokumenten und Instrumenten der Musikgeschichte, Glas, Keramik, Kunstgewerbe und einer der weltweit umfangreichsten Modekollektionen – alles ist in einem im Zuge der Renovierung neu geschaffenen Kellergeschoss unter dem Innenhof untergebracht. Einen Schwerpunkt bildet die moderne Malerei, darunter die weltweit größte Sammlung von Werken des niederländischen Malers *Piet Mondriaan* (1872–1944). Annähernd 50 Objekte, darunter neben den bekannten abstrakten Arbeiten viele frühe Landschaftsbilder, konnten mit den Jahren zusammengetragen werden. Seit der niederländische Staat 1998 das letzte, unvollendete Werk des Malers für 40 Millionen Euro erwarb, darf sich das Museum rühmen, eines der teuersten Gemälde weltweit auszustellen. "Victory Boogie Woogie" gilt als eines der Hauptwerke Mondriaans, als vollendete Harmonie von Farbe und Form. Das Werk, das die Freude über den absehbaren Sieg der Alliierten zum Ausdruck brachte, entstand 1944 im New York der letzten Kriegsjahre. Farbiges Klebeband, das teilweise in mehreren Schichten aufeinander liegt, verdeutlicht eindrucksvoll die Arbeitsweise des Künstlers. Die geraden Linien, die seine Werke kennzeichnen, sind nicht mehr in schwarzen, sondern in gelben, roten und blauen Tönen gehalten.

Adresse/Öffnungszeiten Stadhouderslaan 41, 2501 CB Den Haag, ℡ 070/3381111, www.gemeentemuseum.nl. Di-So 11-17 Uhr. Erwachsene 6.80 €, Kinder 2.25 €, Senioren (Pas65) 5.70 €, MJK.

Museum Mauritshuis: Die Architekten *Jacob van Campen* (Außengestaltung) und *Pieter Post* (Innengestaltung) schufen 1632 ein Meisterwerk der niederländischen Architektur. Leider zerstörte ein Brand nur ein halbes Jahrhundert später das Interieur. In der Folgezeit aber gelang eine originalgetreue Rekonstruktion. Der Komplex beherbergt gegenwärtig die berühmte Gemäldegalerie *Het Koninklijk Kabinet van Schilderijen*, in deren Besitz sich einige der bedeutendsten Werke der niederländischen Malerei des 17. Jahrhunderts befinden. Neben Meisterwerken von *Jan van Goyen, Frans Hals, Paulus Potter, Rembrandt* ("Selbstbildnis mit Federhut", "David und Saul", "Homer"), *Jacob Ruysdael, Jan Steen* und *Jan Vermeer* ("Ansicht von Delft") ist die flämische

Malerei mit Werken von *Anthonis van Dyck, Jacob Jordaens* und *Pieter Paul Rubens* vertreten.

Adresse/Öffnungszeiten Korte Vijverberg 8, 2513 AB Den Haag, ℡ 070/3023456, Di-Sa 10-17, So 11-17 Uhr. Erwachsene 7 €, Kinder frei, Senioren (Pas65) 3.50 €, www.mauritshuis.nl, MJK. Die Karten gelten auch für die Galerie Prins Willem V (s. u.). Führungen in deutscher Sprache.

Schilderijengalerij Prins Willem V: Die Gemälde hängen im Stil der Zeit dicht an dicht bis hoch unter die Decke. Die alte Galerie des Statthalters ist seit Ende des 18. Jahrhunderts als Empfangssaal der Öffentlichkeit zugänglich und darf sich damit zu Recht als eines der ältesten Museen der Niederlande rühmen.

Adresse/Öffnungszeiten Buitenhof 35, 2513 AH Den Haag, ℡ 070/3023435. Di-So 11-16 Uhr. Erwachsene 1.35 €, Kinder frei, Senioren (Pas65) 0.65 €, MJK. Besucher des Mauritshuis haben freien Eintritt. Führungen in deutscher Sprache.

Rijksmuseum H. W. Mesdag: Das Museum im nördlichen Teil der Stadt beherbergt die bedeutendste Gemäldesammlung der Haager Schule, einer Künstlergruppe um *Anton Mauve, Jozef Israels, Johannes Hendrik Weissenbruch* und *Hendrik Willem Mesdag*, die als Motiv ihrer Arbeiten vorrangig den nahen Scheveninger Küstenstreifen wählten. *Hendrik Willem Mesdag* war es auch, der das Gebäude 1887 eigens für die Sammlung errichten ließ. Neben den Gemälden kann man sich eine umfangreiche Kunstgewerbesammlung mit chinesischen und japanischen Bronzen sowie kostbarer Rozenburg-Keramik anschauen. Das Museum wurde im Rahmen von Restaurierungsarbeiten wieder in seinen ursprünglichen Zustand zurückversetzt.

Adresse/Öffnungszeiten Laan van Meerdervoort 7f, 2517 AB Den Haag, ℡ 070/3621434. Di-So 12-17 Uhr. Erwachsene/Kinder 2.25 €, MJK. Begleittexte in deutscher Sprache.

Museum voor Communicatie: Die Geschichte des Nachrichtenwesens (Post und Telekommunikation) reicht weit genug zurück, um ein kleines Museum zu füllen. Die funktionsfähige manuelle Telefonzentrale aus dem Jahre 1912 und das Postamt aus den späten 20er Jahren mit seinen alten Bündelungsapparaten und Sortiermaschinen erlauben einen Blick in die Zeit, als die neue Technik noch in den Kinderschuhen steckte. Das Museum zeigt darüber hinaus eine Briefmarkensammlung zum Thema "Niederlande und niederländische Gebiete in Übersee" – die Sammlung ist vollständig, keine Marke fehlt.

Adresse/Öffnungszeiten Zeestraat 82, 2518 AD Den Haag, ℡ 070/3307500, www.muscom.nl. Mo-Fr 10-17 Uhr, Sa/So 12-17 Uhr. Erwachsene 4.50 €, Kinder 3 €, Senioren (Pas65) 3 €, MJK. Führungen und Walkmantour in deutscher Sprache.

Rijksmuseum Gevangenpoort: Mittelalterliche Folterwerkzeuge erinnern in unmittelbarer Nähe des Binnenhofs an die dunkelsten Kapitel der Justizgeschichte. Hinter den dicken Mauern des ehemaligen Stadtgefängnisses verschwanden u. a. die Gebrüder *Cornelis* und *Johan de Wit*, denen man einen Anschlag auf Prinz *Wilhelm III.* zur Last legte. Sie wurden später ohne stichhaltige Beweise hingerichtet. Das Museum zeigt Gemälde und Stiche zum Thema Rechtsprechung in früheren Jahrhunderten.

Adresse/Öffnungszeiten Buitenhof 33, 2513 AH Den Haag, ℡ 070/3460861. Di-Fr 11-17 Uhr, Sa/So 12-17 Uhr. Erwachsene 3.60 €, Kinder 2.70 €, Senioren (Pas65) 3.20 €, MJK. Führungen in deutscher Sprache.

Museum voor het Haagse Hopje: Das wohl außergewöhnlichste Museum der Stadt widmet sich einer Praline. Sie trägt den Namen ihres Erfinders, der täglich in einem der Haager Kaffeehäuser eine Tasse Mokka zu sich zu nehmen pflegte. An einem langen Winterabend bereitete er selbst eine Tasse mit reichlich Zucker zu, doch überkam ihn die Müdigkeit, bevor er sie leeren konnte. Am nächsten Morgen war aus dem Kaffee eine köstlich schmeckende klebrige Masse geworden. Das "Hopje" war geboren. Die süßen Leckereien werden seit 1792 als *Bonbons van Baron Hop* verkauft. Mittlerweile tragen sie den Namen *Haagse Hopjes*. Ein Kuriosum in der königlichen Residenzstadt, das einen kurzen und vergnüglichen Abstecher verdient hat.

Adresse/Öffnungszeiten Oude Molstraat 30d, 2513 JL Den Haag, ☎ 070/3924567. Di-Sa 10-17 Uhr. Eintritt frei.

Yi Jun Peace Museum: Die Sammlung zu Ehren des koreanischen Freiheitskämpfers und Diplomaten *Yi Jun*, die sich hinter der im oberen Gebäudeteil adrett hell getünchten Fassade verbirgt, wurde aus Anlass des 50. Jahrestages der Befreiung Koreas errichtet. Im Mittelpunkt stehen Dokumente der koreanischen Geschichte, Briefe, Reliquien und eine umfangreiche persönliche Dokumentation des Lebens Yi Juns.

Adresse/Öffnungszeiten Wagenstraat 124a, 2512 BA Den Haag, ☎ 070/3562510. Mo-Fr 10-17 Uhr, Sa 10-16 Uhr. Erwachsene 4.60 €, Kinder frei, Studenten 3.20 €.

Panorama Mesdag: Der Blick schweift über die Dünen und das Meer auf das Fischerdorf Scheveningen. Das Museum zeigt eines dieser herrlichen Rundbilder, das Scheveningen als verschlafenes Nest des späten 19. Jahrhunderts präsentiert. Der Besucher erklimmt eine Wendeltreppe und betritt einen in den Dünen gelegenen Aussichtspunkt. Hinter den künstlichen Sandflächen erhebt sich das 14 m hohe Gemälde, mit einem Durchmesser von 120 m das größte gemalte Panorama der Welt. Im Hintergrund kreischen die Möwen vor der tosenden Brandung – leider nur vom Band. Das riesige Kunstwerk, Kino des 19. Jahrhunderts, ist eines der wenigen erhaltenen seiner Art in den Niederlanden. Dem Künstlerehepaar *Sientje van Houten* und *Hendrik Willem Mesdag* war damit 1881 eine verblüffende Illusion der Wirklichkeit gelungen. Ein Expertenteam hatte knapp zehn Jahre an der Restaurierung des 1.600 Quadratmeter großen Rundgemäldes gearbeitet. Aquarelle und Gemälde der beiden Künstler ergänzen die Ausstellung.

Adresse/Öffnungszeiten Zeestraat 65, 2518 AA Den Haag, ☎ 070/3644544, www.panoramamesdag.com. Mo-Sa 10-17 Uhr, So 12-17 Uhr. Erwachsene 4 €, Kinder 2 €, Senioren (Pas65) 3 €.

Museum Bredius: Die wertvollen Gemälde und Zeichnungen der landesweit bekannten Kunstsammlung von *Abraham Bredius* fanden vor Jahren einen angemessenen Rahmen, als man sie in einem restaurierten Patrizierhaus unterbrachte. Der Schwerpunkt liegt auf der Malerei des 17. Jahrhunderts – *Rembrandt* und *Jan Steen* zählen zu den renommiertesten der hier vertretenen Künstler.

Adresse/Öffnungszeiten Lange Vijverberg 14, 2513 AC Den Haag, ☎ 070/3620729, www.museumbredius.nl. Di-So 12-17 Uhr. Erwachsene/Kinder 4.50 €, MJK.

Rijksmuseum Meermanno Westreenianum: Das Haager Buchmuseum basiert auf der Privatsammlung eines wohlhabenden Barons, der im frühen 19. Jahrhundert eine umfangreiche Kollektion wertvoller Dokumente aufbaute. Die mittelalterlichen Drucke und Handschriften, die teilweise mit filigranen Miniaturen illustriert sind, verdienen besondere Beachtung, doch beeindruckt auch die angegliederte Abteilung für moderne Buchdruckkunst.

Adresse/Öffnungszeiten Prinsessegracht 30, 2514 AP Den Haag, ☎ 070/3462700, www.meermanno.nl. Di-Fr 11-17 Uhr, Sa/So 12-17 Uhr. Erwachsene 4 €, Kinder frei, MJK.

Provinz Zuid-Holland Karte S. 148/149

Nederlands Kansspelmuseum: Das Glücksspielmuseum im alten Gebäude der *Exploitatie Nederlandse Staatsloterij* ist eines der ganz neuen Museen des Landes. Der Themenschwerpunkt liegt auf der historischen Entwicklung des kostspieligen Zeitvertreibs. Die Maquette einer Lotterie, die 1596 in Leiden ausgespielt wurde, zählt zu den besonderen Attraktionen der Sammlung.
Adresse/Öffnungszeiten Paleisstraat 5, 2514 JA Den Haag, ✆ 070/3021551. Nur nach telefonischer Voranmeldung. Eintritt frei.

Haags Openbaar Vervoer Museum: Das städtische Museum für öffentliche Verkehrsmittel besitzt eine exquisite Sammlung historischer Busse und Straßenbahnen. Die in einem alten Wagenschuppen untergebrachte Sammlung verfügt zudem über Fotografien, Uniformen und eine Serie maßstabsgetreuer Miniaturfahrzeuge. Die großen Originale werden in regelmäßigen Abständen entstaubt und in Betrieb genommen.
Adresse/Öffnungszeiten Parallelweg 224, 2525 NL Den Haag, ✆ 070/4451559, www.hovm.nl. April-Oktober So 13-17 Uhr. Abfahrtszeiten der historischen Straßenbahnen: 13.15, 14.15 und 15.15 Uhr. Abfahrt der historischen Busse: 13.45 Uhr. Eintritt frei.

Madurodam: Die Miniaturstadt zeigt die typischen Merkmale der Niederlande im Maßstab 1:25 – von den Amsterdamer Grachten bis zum Rotterdamer Hafen. Die kleinste Stadt der Welt, eine Ansammlung maßstabsgetreuer Modelle wichtiger Baudenkmäler der Niederlande, zählt zu den bedeutendsten Attraktionen Den Haags. Entsprechend groß ist der Andrang. In der Hoffnung, einen kurzen Blick auf die kleinen Bauwerke erhaschen zu können, rennen die Besucher wie die Lemminge zwischen den kleinen Häuschen hin und her. Mit etwas Geduld gelingt es ihnen, einen Blick auf die kleinen Bauten zu werfen und zu staunen.
Auf guten Fotografien lassen sich Miniatur und Realität kaum mehr unterscheiden. Die Liebe steckt im Detail. Die kleinste Stadt des Landes wächst derweil weiter. Die Wasserwege wurden ausgebaut, die Schiffe laufen einen weiteren Hafen an, und der Eisenbahn stehen neue Gleise zur Verfügung. Das Portal im Eingangsbereich präsentiert sich in Form von Deichen und Wellen, wodurch einer der Themenschwerpunkte verdeutlicht werden soll: der Kampf der Niederlande gegen das Wasser.
Im Winter tauchen 50.000 Lämpchen die Miniaturwelt nach Einbruch der Dunkelheit in romantisches Licht. Sie beleuchten Häuser und Straßen und spiegeln sich in den künstlichen Grachten. Trotz der hohen Preise – das kleine Stückchen Holland ist einen Besuch wert.
Adresse/Öffnungszeiten George Maduroplein 1, 2584 RZ Den Haag, ✆ 070/4162400, www.madurodam.nl. April-Juni täglich 9-20 Uhr; Juli-August täglich 9-22 Uhr; September-März täglich 9-18 Uhr. Erwachsene 10 €, Kinder 7 €, Senioren (Pas65) 7.50 €.

Museon: Im Haager Gemeindemuseum befindet sich eine populärwissenschaftliche Ausstellung mit Exponaten aus den Bereichen Biologie, Chemie, Geologie und anderen Naturwissenschaften. Im Mittelpunkt stehen Phänomene der Erdgeschichte und der Evolution. Auch die Errungenschaften der modernen Wissenschaften erfahren eine angemessene Würdigung. Der Besucher wird mit Computersimulationen, Diavorträgen und Videofilmen aktiv mit einbezogen.
● *Adresse/Öffnungszeiten* Stadhouderslaan 41, 2501 CB Den Haag, ✆ 070/3381338, www.museon.nl. Di-So 11-17 Uhr, Juli/August auch Mo 11-17 Uhr. Erwachsene 6 €,

▲▲ Oudegracht Utrecht – im Hintergrund die Domkerk (NBT)
▲ Stadtrundfahrten am Delfter Rathaus (NBT)
▲ Delfter Grachtenblick mit Oude Kerk (NBT)

Farbenpracht im Keukenhof Lisse (DS) ▲▲

Grachtencafé im studentischen Leiden (DS) ▲▲

UNESCO-Weltkulturerbe – Mühlenensemble Kinderdijk

▲▲ Rotterdamer Vorzeigeviertel am Oude Haven (DS)

▲ Metropole Rotterdam –
modernes Zentrum inmitten der Randstad (NBT)

Madurodam: Holland en miniature

Kinder 3 €, Senioren (Pas65) 5 €, MJK. Kombikarte Museon/Omniversum: Erwachsene 11.25 €, Kinder 8 €, Senioren (Pas65) 11.50 €, MJK.

Omniversum: Das IMAX-Kino lockt mit einer imposanten kuppelförmigen Leinwand mit einer Projektionsfläche von 840 Quadratmetern. Sehenswert ist auch das digitale Planetarium mit drei wechselnden Programmen.

● *Adresse/Öffnungszeiten* President Kennedylaan 5, 2517 JK Den Haag, ✆ 0900/66648377, www.omniversum.nl. Mo 13-18 Uhr, Di-Mi 11-17 Uhr, Do-So 11-22 Uhr (stündl.), in der Ferienzeit täglich 11-22 Uhr (stündl.). Erwachsene 8 €, Kinder 6 €, Senioren (Pas65) 7.50 €. Kombikarte Museon/Omniversum: Erwachsene 11.25 €, Kinder 8 €, Senioren (Pas65) 11.50 €, MJK.

Haags Historisch Museum: Das stadtgeschichtliche Museum befand sich lange Zeit im Besitz der Schützengilde *Sint Sebastiaansdoelen*. Mittlerweile sind in den Räumlichkeiten archäologische Funde, Gemälde und Zeichnungen ausgestellt. Kurze Videofilmvorführungen informieren über die Geschichte des Regierungssitzes Den Haag.

Adresse/Öffnungszeiten Korte Vijverberg 7, 2513 AB Den Haag, ✆ 070/3646940, www.haagshistorischmuseum.nl. Di-Fr 11-17 Uhr, Sa/So 12-17 Uhr. Erwachsene 3.50 €, Kinder 2.25 €, Senioren (Pas65) 3 €, MJK. Führungen in deutscher Sprache.

Letterkundig Museum: Die Sammlung informiert über die bedeutendsten Werke niederländischer Schriftsteller der letzten drei Jahrhunderte. Knapp 200 Autoren haben sich einen festen Platz in der literaturwissenschaftlichen Dokumentation des Museums sichern können, darunter *Simon Vestdijk*, *Betje Wolff* und *Jan Wolkers*. Kinder erfreuen sich am *Kinderboekenmuseum*, einem gesonderten Teil des Hauses.

Adresse/Öffnungszeiten Prins Willem Alexanderhof 5 (Nähe Centraal Station), 2595 BE Den Haag, ✆ 070/3339666, www.letterkundigmuseum.nl. Di-Fr 10-17 Uhr, Sa/So 12-17 Uhr. Erwachsene 3 €, Kinder 1.90 €, Senioren (Pas65) 1.90 €, MJK.

Volksbuurtmuseum: Die Geschichte der Haager Arbeiterviertel im Laufe des 19. Jahrhunderts ist Thema des Museums. Die Ausstellungen im Foyer sind frei zugänglich. Ein Panoramaturm mit lichter Wendeltreppe bietet Ausblicke auf die umliegenden Stadtviertel.

Adresse/Öffnungszeiten Hobbemastraat 120, 2526 JS Den Haag, ☎ 070/3898186. Mi-So 13-16 Uhr. Erwachsene 1.50 €, Kinder 1.50 €, MJK.

Museum van het Ambacht: Das auf drei alte Gebäude mitsamt Innenhof verteilte Handwerksmuseum präsentiert eine Arbeiterwohnung, eine Drogerie, eine Eisenwarenhandlung, eine Farbenfabrik, eine Kapelle und eine authentische Zimmermannswerkstatt – alles aus den Jahren 1880 bis 1930.

Adresse/Öffnungszeiten Oog in het Zeilstraat 44-52, 2512 CC Den Haag, ☎ 070/3637753. Nur nach telefonischer Voranmeldung. Eintritt frei.

Museum Swaensteyn: Das Gebäude aus dem frühen 19. Jahrhundert birgt neben archäologischen Funden aus römischer Zeit zahlreiche Exponate zur Geschichte Voorburgs, des kleinen Haager Vorortes im östlichen Stadtgebiet. Sehr sehenswert ist die Arbeitsecke aus dem Atelier der Voorburger Bildhauerin *Marian Gobius* (1910–1994), die seit dem Tod der Künstlerin ein fester Bestandteil der Ausstellung ist.

Adresse/Öffnungszeiten Herenstraat 101, 2271 CC Voorburg, ☎ 070/3861673. Mi-So 13-17 Uhr. Erwachsene 1.50 €, Kinder frei, Senioren (Pas65) 0.75 €, MJK.

Huygens Museum Hofwijk: Das stattliche Landhaus der Familie *Huygens* (1596–1687) wurde im 17. Jahrhundert von *Jacob van Campen* und *Pieter Post* entworfen. Briefe, Bücher und Portraits erinnern an den Dichter und Staatsmann *Constantijn Huygens* und an seinen wohl noch berühmteren Sohn, den Mathematiker und Physiker *Christiaan Huygens*, den Erfinder der Pendeluhr, Entdecker der Saturnringe und Begründer der Wellentheorie des Lichtes.

Adresse/Öffnungszeiten Westeinde 2a, 2275 AD Voorburg, ☎ 070/3872311. Mi/Do und Sa/So 13-17 Uhr. Erwachsene 1.25 €, Kinder frei, MJK.

Japanse Tuin: Zu den sehenswerten Grünanlagen der Stadt zählt der japanische Garten im *Park Clingendael*. Die Baronin *van Brienen* ließ die Anlage 1896 nach einer Japanreise anlegen. Das malerische kleine Teehaus und die Laternen sorgen für ein beeindruckendes Flair. Leider ist der Garten nur in den Monaten Mai und Juni zugänglich.

Adresse/Öffnungszeiten Wassenaarseweg. Mai-Juni (Blütezeit der Azaleen) täglich 9-20 Uhr. Eintritt frei.

Familiepark Drievliet: Der Rijswijker Vergnügungspark fällt zwar eine Nummer kleiner aus als sein Pendant in Wassenaar, doch bietet er ebenfalls kurzweilige Unterhaltung für die ganze Familie. Piraten aller Altersstufen vergnügen sich im Piratendorf rund um das Flaggschiff des Kapitäns Sjhaak. Die Achterbahn, das Kettenkarussell, das Kuppeltheater, das Spukschloss oder die Wildwasserbahn gehören zu den weiteren Attraktionen. Mag man es exotischer, lässt man sich in einer Jungle-Show in die Geheimnisse des tiefen Dschungels einführen.

Adresse/Öffnungszeiten Jan Thijssenweg 16, 2495 AH Den Haag (Rijswijk), ☎ 070/3999305, www.drievliet.nl. Mai-August täglich 10-18 Uhr; April und September/Oktober Sa/So 10-18 Uhr. Erwachsene/Kinder 12.50 €, Senioren (Pas65) 9.50 €.

Scheveningen

(445.000 Einwohner, inkl. Den Haag)

Das ehemalige Fischerdorf liegt nur wenige Kilometer außerhalb des Haager Zentrums. Scheveningen gilt als das renommierteste holländische Strandbad. Man spricht Deutsch. Niederländer haben in der Regel andere Urlaubsziele. Zahllose Sonnenliegen und Strandkörbe sind belegt, die Cafés ausgezeichnet besucht.

Scheveningen gilt vielen Besuchern als selbstverständlicher Teil deutscher Urlaubsplanung an der Nordsee: Lebenslust pur vor der mächtigen Kurhalle, dem opulenten Wahrzeichen des noblen Seebads. Hier pflegt sich die Highsociety die Ehre zu geben – im Kurhaus mit Spielkasino oder entlang der endlosen Strandpromenade. In den Sommermonaten parzelliert eine mehrtausendköpfige Strandgesellschaft auch das letzte Körnchen Dünensand mit bunten Badetüchern. Sonnenanbeter aalen sich im Sand, Spaziergänger flanieren über breite Boulevards, Surfer gleiten und hüpfen über die Wellen. Die Terrassen vor den Cafés und Strandpavillons, den aus weißen Holzlatten gezimmerten Strandcafés mit ihrem stets charakteristisch muffigen Geruch, die im Frühjahr aufgebaut und im Herbst wieder abgebaut werden, füllen sich. Die jährlichen Besucherzahlen lagen zuletzt nur knapp unterhalb der 10-Millionen-Marke! Scheveningen ist somit das unangefochten beliebteste Seebad des Landes. Die gute Straßenbahnanbindung an die nur wenige Minuten entfernte königliche Residenzstadt Den Haag tut ein Übriges.

Alleine 10 % der Besucher kommen aus Deutschland, doch ist diese Touristenschwemme eine Entwicklung der vergangenen drei Jahrzehnte. Die erste Nachkriegsgeneration hatte keine Deutschen sehen wollen. Scheveningen gehörte zu den Orten, die als Teil des Atlantikwalls im Zweiten Weltkrieg fast völlig zerstört worden waren. Die Wunden verheilten nur langsam. Das modern-nüchterne Ambiente weiter Teile Scheveningens ist die unmittelbare Folge der damaligen Verwüstungen. Vor Ort interessieren sich dafür freilich nur die wenigsten. Man kommt wegen der frischen Luft, der Strände und des Wassers. Der Ort ist einen Abstecher wert, doch sollte man kein sonderlich attraktives Städtchen mit Flair erwarten. Wer es ruhiger mag, wird einen weiten Bogen um Scheveningen machen.

Last, but not least: Haben auch Sie Probleme mit der Aussprache des Stadtnamens? Ältere Leute erzählen gerne die Geschichte der niederländischen Widerstandsgruppen, die im Zweiten Weltkrieg die Infiltration deutscher Agenten damit zu unterbinden versuchten, dass sie alle Verdächtigen zwangen, den Namen Scheveningen auszusprechen. Die korrekte Betonung gelang schon damals kaum einer deutschen Zunge. Probieren Sie es selbst!

Provinz Zuid-Holland
Karte S. 148/149

Information/Verbindungen/Adressen

• *Information* **VVV Scheveningen**, Gevers Deynootweg 1136, 2586 BX Scheveningen, ✆ 0900/3403505, 🖷 070/3520426, www.scheveningen.nl. April-September Mo 13-18 Uhr, Di-Fr 9.30-18 Uhr, Sa 10-18 Uhr, So 13-17 Uhr; Oktober-März Mo 13-17.30 Uhr, Di-Fr 9-17.30 Uhr, Sa 10-17 Uhr.

• *Tramverbindung* Linien 1/7/8 zum Bahnhof Den Haag CS (Centraal Station), Linien 8/9 zum Bahnhof Den Haag HS (Hollands Spoor).

• *Busverbindungen* Linien 14/22/23 nach Den Haag.

• *Fahrradverleih* **Rijwielen Du Nord**, Keizerstraat 27, 2584 BA Scheveningen, ☎ 070/3554060.

• *Kanuverleih* **Go Klap**, Dr. Lelykade 44, 2583 CM Scheveningen, ☎ 070/3548679.

• *Einkaufen* Die Geschäfte bleiben in Scheveningen Montagvormittag geschlossen. Am Donnerstag verschiebt sich der Ladenschluss auf 21 Uhr (Kaufabend). Markttermin: **Wochenmarkt** Do 9-16.30 Uhr, Stevinstraat.

• *Krankenhäuser* **Medisch Centrum Hooglanden (MCH)**, Lijnbaan 32, 2512 VA Den Haag, ☎ 070/3302000; **Rode Kruis Ziekenhuis**, Sportlaan 600, 2566 MJ Den Haag, ☎ 070/3126200; **Ziekenhuis Leyenburg**, Leyweg 275, 2545 CH Den Haag, ☎ 070/3592000.

• *Spielkasino* **Holland Casino Scheveningen**, Kurhausweg 1, 2587 RT Den Haag, ☎ 070/3067777, ☏ 3067888. Big Wheel, Black Jack, Carribean Stud Poker, Punto Banco und Roulette (amerikanisch und französisch), außerdem die obligatorischen Spielautomaten. Täglich 13.30 bis 3 Uhr nachts (Mindestalter 18 Jahre). Tageskarte 3.50 €.

• *Taxiruf* ☎ 070/3030570 oder ☎ 070/3994967 oder ☎ 070/3932732

• *Thermalbad* **Kuur Thermen Vitalizee**, Strandweg 13f, 2586 JK Scheveningen, ☎ 070/4166500, ☏ 4166501, www.vitalizee.nl. Die fast 200-jährige Kurtradition des Badeortes ist seit 1997 um einen 3.000 Quadratmeter großen Thermalerholungskomplex reicher. Dampf- und Kräuterbäder, Sauna- und Schneekabinen, Salzbäder, Whirlpools und ein Schwimmbad mit Gegenstromanlage – das Angebot ist breit gefächert. Täglich 10-23.30 Uhr. Erwachsene 21.50 €, Kinder 10.75 €.

Übernachten

***** **Kurhaus Hotel**, Gevers Deynootplein 30, 2586 CK Scheveningen, 392 Betten, *die* Adresse im mondänen Strandbad Scheveningen, 1885 errichtet, Empfangshalle mit prachtvoller Kuppel und Deckengemälden, jeder nur erdenkliche Luxus, perfekter Service, Spielkasino im Untergeschoss. Landseite ab 195 €, Seeseite ab 220 €, Premium-Deluxe-Suite 660 €, ☎ 070/4162636, ☏ 4162646, www.kurhaus.nl.

**** **Europa Hotel Scheveningen**, Zwolsestraat 2, 2587 VJ Scheveningen, Nähe Kurhaus, Luxushotel der Bilderberg-Gruppe, 338 Betten, modern-funktionaler Gebäudekomplex am Strand in den Dünen, Boulevard und Pier in direkter Nachbarschaft, spezielle Nichtraucherzimmer, Schwimmbad, Sauna, Solarium, angegliedertes Restaurant. EZ ab 175 €, DZ ab 195 €, ☎ 070/4169595, ☏ 4169555, www.bilderberg-europa-hotel.nl.

**** **Hotel Atlantic**, Deltaplein 200, 2554 EJ Kijkduin (südlich von Scheveningen), erreichbar per Bus (Linie 122/123/124) oder auch per pedes am Strand, 350 Betten, exponierte Lage am Boulevard, Seeblick, Touristenhochburg, Schwimmbad, Sauna, Solarium. EZ ab 140 €, DZ ab 160 €, ☎ 070/4482482, ☏ 3686721, www.atlantichotel.nl.

*** **Hotel City**, Renbaanstraat 1-3/17-23, 2586 EW Scheveningen, 55 Betten, ruhige Lage, helle Zimmer, kleine Persertteppich-Imitationen vor den Türen im Nebengebäude, sehr saubere Sanitäranlagen, alle Zimmer mit Du/WC, Telefon und TV. EZ ab 35 €, DZ ab 70 €, ☎ 070/3557966, ☏ 3540503.

*** **Hotel 't Sonnehuys**, Renbaanstraat 2, 2586 GB Scheveningen, kleines Haus mit nur 20 Betten, ruhige Lage trotz der Nähe zu einer großen Kreuzung, auffallende Sonnenblumen im Vorgarten, saubere Zimmer. EZ ab 35 €, DZ ab 60 €, ☎ 070/3546170, ☏ 3524695.

*** **Boulevard-Hotel**, Seinpostduin 1, 2586 EA Scheveningen, 74 Betten, unmittelbare Nähe zum Strand, ruhige Lage, alle Zimmer mit Du/WC, Telefon und TV. EZ ab 65 €, DZ ab 72 €, ☎ 070/3540067, ☏ 3552574, info@boulevard-hotel.nl.

** **Hotel Mimosa**, Renbaanstraat 18-24, 2586 GB Scheveningen, 45 Betten, gegenüber dem Hotel City (s. o.), Markisen vor jedem Fenster, ruhige Lage, saubere Zimmer, alle mit Du/WC, Telefon und TV. EZ ab 35 €, DZ ab 55 €, ☎ 070/3548137, ☏ 3506269.

** **Hotel Bali**, Badhuisweg 1, 2587 CA Scheveningen, 38 Betten, verschnörkeltes Hotel-Restaurant mit überdimensionaler Heineken-Bierreklame auf dem hohen Dach, freundliche Atmosphäre. EZ ab 35 €, DZ ab 55 €, ☎ 070/3502434, ☏ 3540363.

** **Hotel De Stern**, Gevers Deynootweg 68, 2586 BN Scheveningen, 20 Betten, an verkehrsreicher Straße, helle Zimmer, alle mit Du/WC und TV. EZ ab 30 €, DZ ab 55 €, ☎ 070/3504800, ☏ 3552072.

** **Hotel Albion**, Gevers Deynootweg 118-120, 2586 BP Scheveningen, etwa 100 m ne-

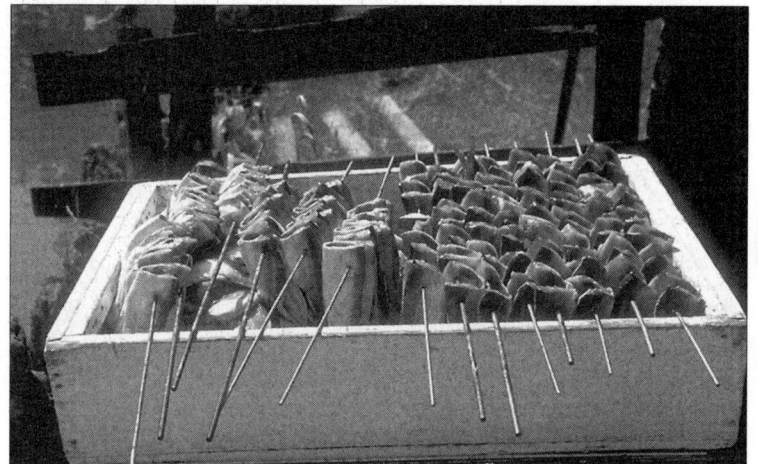

Räucherfisch: eine Delikatesse für den Gaumen

ben dem obigen Hotel De Stern, 26 Betten, saubere, helle Räume, alle Zimmer mit TV. EZ ab 30 €, DZ ab 50 €, ✆ 070/3557987, 📠 3555970.

* Strandhotel, Zeekant 111, 2586 JJ Scheveningen, 49 Betten, akzeptable Leistungen, durch die benachbarte Kneipe manchmal etwas laut, einfache Räumlichkeiten. EZ ab 30 €, DZ ab 55 €, ✆ 070/3543558, 📠 3550721.

Pension Marion, Stevinstraat 29, 2587 EA Scheveningen, sehr kleines Haus mit nur 18 Betten, das nicht unbedingt den saubersten Eindruck hinterlässt, ganzjährig geöffnet. EZ ab 25 €, DZ ab 45 €, ✆ 070/3505050, 📠 3521189.

Essen

Der "Vlaggetjesdag" eröffnet alljährlich am 1. Juni die neue Heringssaison. Tausende Fähnchen wehen an den Booten im Scheveninger Hafen. Die Imbissstände verkaufen Brötchen mit frischem Hering: "Hollandse Nieuwe", eine exquisite Leckerei.

Kandinsky, Kurhaus Hotel, Gevers Deynootplein 30, 2586 CK Scheveningen, Nobelrestaurant der oberen Preisklasse, französische Küche mit Meeresblick, exklusive Menüs zu ebensolchen Preisen, am Wochenende geschlossen, ✆ 070/4162636.

Ducdalf, Dr. Lelykade 5, 2583 CL Scheveningen, Fischgerichte der oberen Preisklasse in der Nähe der Hafenanlagen, natürlich alles stets frisch, ✆ 070/3557692.

De Goede Reede, Dr. Lelykade 236, 2583 CP Scheveningen, Fischrestaurant, außen eher schlicht, aber hervorragende Küche, ✆ 070/3548820.

Chicoleo, Strandweg 155, 2586 JM Scheveningen, mexikanisches Steakhouse mit guten Grillspezialitäten, lateinamerikanisches Ambiente zwischen Palmen und Kakteen, regelmäßig Flamenco-Vorführungen, Live-

musik, ✆ 070/3588642.

La Galleria, Gevers Deynootplein 105, 2586 CP Scheveningen, geschmackvoll eingerichtetes italienisches Restaurant, Fisch- und Fleischgerichte, einige Tische auf der Terrasse, ✆ 070/3521156.

Canton, Badhuisweg 4, 2587 CG Scheveningen, das vielleicht beste chinesische Restaurant im ganzen Ort, reichhaltige Spezialitäten aus Kanton und Szechuan, preiswerte Menüs, ✆ 070/3549511.

Pannekoekhuis Klein Seinpost, Deltaplein 600, 2554 GJ Scheveningen, zahlreiche verschiedene Sorten guter holländischer Pfannkuchen, deftig-kräftig oder süß, ✆ 070/3681388.

't Pannekoekenhuisje, Strandweg 17, 2586 JK Scheveningen, auch hier gibt's gute Pfannkuchen, ✆ 070/3547874.

Sandskulpturenfestival: Im Frühjahr entstehen am Scheveninger Strand erstaunliche Kunstwerke aus Sand. Internationale Künstler errichten in dieser Zeit mehrere Meter hohe Burgen und Skulpturen. Der Sand wird dabei derart fest zusammengepresst, dass die Werke einige Wochen stabil bleiben. Sogar gegen Regen sind sie beständig. Die *World Sand Sculpting Association* kürt zum Abschluss einen Sieger. Alle Arbeiten sind nach Einbruch der Dunkelheit stimmungsvoll erleuchtet. Übrigens: Ein Kubikmeter Sand entspricht etwa 20 gut gefüllten Schubkarren. Termin: Mai.
Information: Inaxi Holland, Bazaarstraat 41, 2518 AH Scheveningen, ✆ 070/3024000, 📧 3024004.

Vlaggetjesdag Scheveningen: Wer fängt den ersten Hering ("Hollandse Nieuwe")? Eine feste Größe im Kalender des niederländischen Seebades ist die Eröffnung der neuen Matjes-Saison. Der Höhepunkte des Tages ist neben dem Heringswettessen das *Haringrace* (Heringsrennen), das die Tradition des alten Wettstreits um den ersten Hering der Saison wiederbelebt. Hierzu stechen farbenfrohe Fischerboote in See, ehe nachmittags eine Flotte der königlichen Marine mit dem Admiralssegeln der Stadt Scheveningen ihre Ehre erweist. Das traditionelle Hafenfest lockt erstaunliche Besuchermassen nach Scheveningen. Farbenprächtig geschmückte Schiffe liegen im Hafen, Fischernetze werden geflickt, Heringe gesäubert: die Massen sind begeistert. Termin: Anfang Juni.
Information: www.vlaggetjesdag.com.

Drachenfestival: Das Drachenfest ist das weltweit zweitgrößte seiner Art. Die schnellsten und schönsten Objekte können am Strand in der Luft und am Boden bewundern werden. Termin: Anfang Juni.
Information: Stichting Promotie Den Haag, Gevers Deynootweg 1134, 2586 BX Den Haag, ✆ 070/3462412.

Nieuwjaarsduik: Am ersten Tag des Jahres stürzen sich Mutige in die eiskalten Fluten der Nordsee. 1965 starteten erstmals sieben Teilnehmer in die Fluten. 2001 waren es rekordverdächtige 10.000 Wagemutige, die für einen kurzen Moment in die Fluten sprangen. Nicht wenige der abgehärteten Sportfreunde sind närrisch verkleidet. Der Startschuss ertönt traditionell am Scheveninger Pier (12 Uhr). Übrigens: Den Kälterekord hält das Jahr 1997, als die Teilnehmer bei acht Grad minus über den gefrorenen und verschneiten Strand geradezu ins Nordsee rannten. Der Sprung ins Wasser findet in fast allen größeren Badeorten der Niederlande statt - eine lange und kalte Tradition, die das neue Jahr begrüßen und milde stimmen soll. Termin: 1. Januar.
Information: www.nieuwjaarsduik.nl.

Sehenswertes

Kurhaus: Das Gebäude zählt nicht alleine wegen seines Spielkasinos zu den interessantesten Bauten am Scheveninger Strand (Gevers Deynootplein). Der imposante Jugendstil-Palast steht seit einiger Zeit unter Denkmalschutz und wurde erst vor wenigen Jahren aufwendig restauriert. Im Innenraum beeindruckt der Kursaal mit einer hölzernen Kuppel und eindrucksvollen Deckenmalereien aus der Zeit um die Jahrhundertwende.

Pier Scheveningen: Ein Gastronomiekonzern kaufte die alte Anlage mit ihrer Promenade und den vier inselförmigen Plateaus 1992 für den symbolischen Betrag von damals einem Gulden und errichtete neben einem Restaurant stattlicher Größe einen reichlich hohen Aussichtsturms (144 Stufen). Der Aufstieg lohnt tags wie nachts wegen des schönen Blicks hinüber auf das Kurhaus und die sich davor erstreckende Strandpromenade.

Museum Beelden aan Zee: In unmittelbarer Nachbarschaft des berühmten Kurhauses verbirgt sich eine Kunstoase im Trubel des hektischen Badeortes. Sie besteht aus drei Atrien, drei Sälen, drei Terrassen und einem langen Gang mit Nischen – eine Architektur mit fast andächtiger Atmosphäre, die wie eine

Atempause in der Alltagshektik wirkt. Das Museum entstand um einen alten Pavillon herum, der 1826 von König *Wilhelm I.* erbaut wurde. Sehr lohnenswert sind die überraschenden Ausblicke auf Meer und Wolken. Das schlichte Bauwerk, von der Presse als "Venus am Strand" tituliert, ist von der Uferpromenade aus kaum zu erkennen. Alleine die Bronzeskulptur "Light of the Moon" überragt das Dünengras. Der niederländische Architekt *Wim Quist* grub sein Werk förmlich ein. Der während der Bauphase abgetragene Sand wurde später an den Gebäudeflanken wieder aufgeschüttet und die Böschung mit Dünengras bepflanzt. Die internationale Skulpturenkollektion umfasst mehr als 600 Werke, darunter die Arbeiten renommierter Künstler wie *Arthur Spronken, Jan Meefout, Gerhard Marcks* oder *Eugène Dodeigne*. Die einzelnen Räume lassen sich durch helle Vorhänge in beliebig große Parzellen aufteilen – ganz nach den Anforderungen der jeweiligen Kunstwerke. Der Blick hinüber auf das offene Meer geht über die Vergnügungslokale der Uferpromenade hinweg. Man sieht Scheveningen, ohne Scheveningen zu sehen, wie manche sagen. Übrigens: Alle Bediensteten sind ehrenamtliche Helfer, die alleine deshalb im Museum arbeiten, weil es ihnen Spaß bereitet! Eine freundliche Atmosphäre ergibt sich unter diesen Bedingungen von selbst.

Adresse/Öffnungszeiten Harteveldstraat 1, 2586 EL Scheveningen, ℡ 070/3585857, www.beeldenaanzee.nl. Di-So 11-17 Uhr. Erwachsene 5 €, Kinder 2.50 €.

Schevenings Museum: Die Schifffahrt spielt in der stadtgeschichtlichen Sammlung erwartungsgemäß die größte Rolle. Die Mehrzahl der Aufseher des Museums hat einst eigene Erfahrungen auf hoher See gesammelt und ist gerne bereit, das alte Seemannsgarn weiterzuspinnen und die vielen Geschichten aufs Neue zu erzählen. Weiterhin bemerkenswert sind einige historische Kleidertrachten mit dem dazugehörigen Schmuck.

Adresse/Öffnungszeiten Neptunusstraat 92, 2586 GT Scheveningen, ℡ 070/3500830, www.museumscheveningen.nl. Di-Sa 10-17 Uhr, April-September auch Mo 10-17 Uhr. Erwachsene 3.40 €, Kinder 2.30 €, Senioren (Pas65) 2.30 €, MJK. Führungen in deutscher Sprache.

National Sea Life Centre Scheveningen: Das Meer lebt. Darin liegt keineswegs eine neue Erkenntnis, doch war dies der Grundgedanke bei der Gestaltung des modernen Scheveninger Aquariums. Die eigentliche Attraktion ist ein mehrere Meter langer, transparenter Unterwassertunnel, der eingebettet in 180.000 Liter Meerwasser faszinierende Einblicke in eine ebenso faszinierende Unterwasserwelt bietet.

Adresse/Öffnungszeiten Strandweg 13, 2586 JK Scheveningen, ℡ 070/3558781. September-Juni täglich 10-18 Uhr; Juli/August täglich 10-20 Uhr. Erwachsene 7.75 €, Kinder 5.25 €, Senioren (Pas65) 5.75 €.

Zeemuseum: Die Aquarien der meeresbiologischen Sammlung entführen ähnlich derer des Sea Life Centre in die faszinierend vielfältige Unterwasserwelt. Algen, Korallen, Krebse, Krabben, Muscheln und andere Meeresbewohner sorgen neben einer Walausstellung für einen stets großen Andrang.

Adresse/Öffnungszeiten Dr. Lelykade 39, 2583 CL Scheveningen, ℡ 070/3502528. Mo 10-16 Uhr, Di-Sa 10-17 Uhr, So 13-17 Uhr. Erwachsene 3 €, Kinder 2 €, Senioren (Pas65) 2 €, MJK. Begleittexte und Führungen in deutscher Sprache.

Museumschip Mercuur: Das letzte große Holzschiff der niederländischen Marine war zwischen 1954 und 1987 als Minensuchboot weltweit im Einsatz.

Mittlerweile hat die Mercuur ausgedient und kann als Museumsschiff besichtigt werden. Nahezu jeder Winkel von der Kommandobrücke bis in den Maschinenraum ist zugänglich.

Adresse/Öffnungszeiten Dr. Lelykade (Scheveninger Hafen), 2583 BH Scheveningen, ☎ 070/3540315. Mai-September Di-So 10-17 Uhr; Oktober-April Sa/So und Mi 10-17 Uhr. Erwachsene 2.50 €, Kinder 1.50 €.

Westbroekpark: Der Garten (20 ha) wird im Sommer alljährlich zum Treffpunkt für Rosenliebhaber. Mehr als 20.000 Exemplare aller Arten erblühen in voller Pracht und warten auf eine mögliche Auszeichnung als *Goldene Rose*. Die besten Züchtungen erhalten einen Platz im *Panoramahof*, der Ehrenloge des Rosariums.

Adresse/Öffnungszeiten Kapelweg, 2587 BK Scheveningen, ☎ 070/3535650 (Stadsbeheer). Täglich 9-21 Uhr. Eintritt frei.

Visserkerk: Die alte Scheveninger Fischerkirche stammt aus der Mitte des 15. Jahrhunderts. Eine spektakuläre Architektur kann sie ebenso wenig aufweisen wie einen wertvollen Kirchenschatz, doch wird ihre einzigartige Akustik landesweit gerühmt.

Adresse/Öffnungszeiten Keizerstraat 8, 2583 JL Scheveningen, ☎ 070/3554372. Besichtigung nur nach telefonischer Voranmeldung.

Wassenaar   (26.000 Einwohner)

Auf halbem Weg zwischen Den Haag und Leiden liegt in Wassenaar einer der größten Freizeitparks der Niederlande, der **Familiepark Duinrell**. Hier fand sich einst das gleichnamige Landgut Duinrell, ein landwirtschaftlicher Betrieb, der im frühen 20. Jahrhundert, als das Dünengebiet als Trinkwasserreservoir für Den Haag genutzt wurde und die Wiesen langsam austrockneten, seine agrarische Funktion verlor. Der Gutsbesitzer, der sich nach einer anderen Einnahmequelle umsehen musste, machte 1935 den Landsitz für einen Eintrittspreis von 10 Cent der Öffentlichkeit zugänglich. Der Schafstall wurde als Restaurant verpachtet, die Orangerie als Teegarten genutzt. In den Dünen entstand die erste Skipiste der Niederlande (auf Tannennadeln). In den 60er Jahren begann der neue Direktor *Graf van Zuylen van Nijevelt* mit der Ausweitung Duinrells zum heutigen Freizeitpark, der 2001 seinen 65. Geburtstag feierte.

Das Angebot ist vielfältig: Aqua Swing, Froschachterbahn, Rodelbahn, Wilder Westen. Die Wasserspinne stellt die Welt auf den Kopf. Kinder erkunden das geheimnisvolle Wunderland oder erfreuen sich an der "Kwakus-Kwebbel-Show" oder dem "Koldertheater". Im Winter lockt das Ski-Valley, ein 2.000 Quadratmeter großes Skiparadies mit zehn Abfahrten auf echtem Schnee unter freiem Himmel – einzigartig in den Niederlanden. Der Besuch schließt die Möglichkeit eines kostenpflichtigen zweistündigen Aufenthalts im tropischen Tikibad ein. Das größte überdachte Freizeitbad Europas, 1984 eröffnet, besitzt als Hauptattraktion einen Turm mit sechs großen Rutschen – Filmprojektionen, Lichteffekte und Wasserfälle inklusive. Mutige sausen durch die Space Bowls, riesige durchsichtige Trichter, ins Becken. Andersherum funktioniert der Fly Over, der den Schwimmer in einen Wassertunnel zieht, um ihn nur zehn Sekunden später in ein Wasserbecken "auszuspucken". Whirlpool und Lazy River, die weltweit einzige überdachte Bootsfahrt über Stromschnellen und Strudel, durch Nebelwolken und Wasserfälle, sorgen für Entspannung. Anschließend wartet die Tikisauna mit finnischen Kräutersaunen, türkischem Dampfbad, Dachterrasse, Sonnenbank, Whirlpool ... Es empfiehlt sich, frühzeitig anzureisen. Alleine aus Deutschland verbringen mehr als 300.000 Gäste jährlich ihren Urlaub in Duinrell.

Information/Adressen

• *Adresse/Öffnungszeiten*   **Familiepark Duinrell**, Duinrell 1, 2242 JP Wassenaar, ☎ 070/5155258, ✉ 5155371, www.duinrell.nl. April-Oktober täglich 10-17 Uhr; Juli/August täglich 10-18 Uhr. Erwachsene/Kinder 14.50 €, Senioren (Pas65) 11 € (jeweils inkl. 2 Std. Tikibad). Parken 4 €.

Tikibad, Duinrell 1, 2242 JP Wassenaar, ☎ 070/5155258. April-Oktober täglich 10-22 Uhr;

November-März Mo-Fr 14-22 Uhr, Sa/So 10-22 Uhr (Eintrittspreis in dieser Zeit 10.25 €).

• *Trabrennbahn*   **Renbaan Duindigt**, Waalsdorperlaan 29, 2244 BN Wassenaar, ☎ 070/3148740, www.renbaanduindigt.nl. Rennsaison: März-Dezember jeweils Mittwoch und Sonntag. Rennkalender sind auf Anfrage erhältlich. Erwachsene 5 €, Kinder 2.50 €, Senioren (Pas65) 4 €.

Übernachten

*** **Hotel Duinoord**, Wassenaarselag 26, 2242 PJ Wassenaar, nördlich von Den Haag (auf halber Strecke nach Leiden), 36 Betten, gemütliches Ambiente in grüner Umgebung. EZ ab 46 €, DZ ab 69 €, ☎ 070/5119332, ✉ 5112210.

Camping Duinrell, Duinrell 1, 2242 JP Wassenaar, N 44 (Wassenaar–Den Haag), Schildern folgen, hauseigener Platz des Freizeitparks, gute Sanitäreinrichtungen, Lebensmittelgeschäft, Schwimmbad, ganzjährig geöffnet. Stellplatz (Auto und Zelt) 11.50 €, Person 8.50 €, Duschen inkl., Fläche 30 ha. ☎ 070/5155255, ✉ 5155371, info@duinrell.nl.

Camping Duinhorst, Buurtweg 135, 2244 BH Wassenaar, N 44 (Wassenaar–Den Haag), Schildern folgen, Nähe Rennbahn Duindigt in waldreicher Lage, gute Sanitäranlagen, Fahrradverleih, Lebensmittelgeschäft, Schwimmbad, geöffnet April-September. Person 3.75 €, Zelt 2.30 €, Auto 2.30 €, Duschen 0.50 €, Fläche 11 ha. ☎ 070/3242270, ✉ 3246053.

Mini-Camping Maaldrift, Maaldrift 9, 2241 BN Wassenaar, geöffnet April-September. Person 2.25 €, Zelt 2.25 €, Auto 2.25 €, Duschen 0.65 €, Fläche 3,5 ha. ☎ 070/5113688.

Delft

(90.000 Einwohner)

Der alte Stadtkern mit seinen verträumten Grachten und teils nur handtuchschmalen Gassen misst kaum mehr als einen Quadratkilometer, doch zeigten sich hier schon Macht und Weltoffenheit, als die nahe gelegene Hafenstadt Rotterdam noch ein unbedeutendes Dorf war. Trotz großer Zerstörungen durch einen verheerenden Stadtbrand Mitte des 16. Jahrhunderts sind zahlreiche historische Monumente erhalten geblieben.

Die wunderschönen Gassen der Altstadt entfalten ihren Charme insbesondere an den beiden Markttagen Donnerstag und Samstag. Sehr sehenswert ist der Blumenmarkt in der *Hippolytusbuurt*, wo auf der einen Seite der Gracht Schnittblumen, auf der anderen Seite Gartenpflanzen angeboten werden. Nebenan werden Krabben- und Matjesbrote an den Fischständen verkauft.

Die erste Ansiedlung auf dem wasserreichen Polderboden entstand Ende der ersten Jahrtausendwende. Die aufstrebende Dorfgemeinschaft erhielt 1246 die Stadtrechte und sollte schnell an wirtschaftlicher Bedeutung gewinnen. Selbst die erwähnte Brandkatastrophe, der zwei Drittel aller Häuser im Stadtzentrum

Delfter Grachtenromantik mit dem Turm der Nieuwe Kerk

zum Opfer fielen, vermochte diesen Aufschwung nicht zu bremsen. Wirtschaftlich wichtigstes Standbein der Stadt war lange Zeit das Brauereiwesen. Starke Konkurrenz und sinkende Wasserqualität bereiteten der Branche später jedoch ein jähes Ende.

Bekannter ist die Stadt bis heute für ihre einst florierende Porzellanproduktion – der Begriff *Delfts Blauw* hat nichts von seinem wohlklingenden Namen eingebüßt, auch wenn viele Kacheln mit Delfter Motiven mittlerweile aus fernöstlicher Produktion stammen. Begonnen hatte alles im 16. Jahrhundert mit dem Import chinesischen Porzellans, das von einer wohlhabenden Käuferschicht begeistert aufgenommen wurde und reißenden Absatz fand. Schon bald ging man dazu über, das Porzellan in Eigenproduktion herzustellen. Porzellanmanufakturen schossen wie Pilze aus dem Boden, die erste von zeitweise insgesamt 22 bereits 1653. Durch die Verfeinerung der Herstellungsverfahren und die kreative Weiterentwicklung von Farbgebung und Motivik gelang es schließlich, neuartige Porzellanwaren auf den Markt zu bringen, die als *Delfter Fayence* den damals wesentlich teureren chinesischen Konkurrenzprodukten den Rang abliefen. Heute sind die Verhältnisse allerdings wieder umgekehrt: Im Konkurrenzkampf mit den chinesischen Billigprodukten konnte sich nur eine Delfter Porzellanfabrik auf dem Markt behaupten.

Auf dem Gebiet der Kunst war es vor allem die Malschule um *Johannes Vermeer* (1632–1675), die Delft in den Niederlanden und darüber hinaus bekannt gemacht hat. Die Werke des Meisters selbst – das Begräbnisbuch in der Delfter Oude Kerk nennt ihn *"Constschilder* (= Kunstmaler) *aan de Oude Langedijck"* – sind heute über die großen Museen der Welt verstreut. Auch in der Wissenschaft war der Name Delft schon früh ein Begriff, denn an der hiesigen Universität lehrten so bekannte Männer wie *Antoni van Leeuwenhoek* (1632–1723), der Vater der Mikroskopie, und vor allem *Huigh de Groot* (*Grotius*, 1583–1645), der Begründer des modernen Völkerrechts.

1996 feierte die Kulturhochburg der Provinz, die über eine Straßenbahnlinie mit dem nahen Den Haag verbunden ist, ihren 750. Geburtstag. Seither zeigt sich Delft in noch verlockenderem Gewand. Am Markt überragt die Nieuwe Kerk ein herrliches Ensemble aus barocken und gotischen Bauten. An den Uferpromenaden reihen sich reizvoll restaurierte Patrizierhäuser aneinander. Insbesondere die *Oude Delft*, die größte der Grachten, spiegelt den Reichtum der vergangenen Zeiten wieder.

Der Prinsenhof, die königliche Residenz, wurde am 10. Juli 1584 zum Schauplatz tragischer Ereignisse, als *Willem van Oranje*, der "Vater des Vaterlandes", dort kaltblütig ermordet wurde. Die Spuren der tödlichen Kugel, die im Mauerwerk der "Moordhal" im früheren Agathakloster gut konserviert erhalten sind, erinnern an die Bluttat.

Entdeckungstouren im Gouden Circel

Eine informative Tour zwischen Grachten und Hinterhöfen lüftet "holländische Geheimnisse", die sich im *Gouden Circel* der sechs Städte **Delft, Dordrecht, Gouda, Haarlem, Leiden** und **Schiedam** verbergen. Der Wohlstand dieser Orte, die ihre wirtschaftliche und kulturelle Blütezeit vor gut 300 Jahren erlebten, erforderte harten Kampf, auch untereinander. So zogen einst Zimmerleute aus Dordrecht und Gouda nach Leidschendam, um dort eine Schleuse zu zertrümmern und die Schifffahrt über Delft und Leiden empfindlich zu stören. Die schweren Handelsschiffe mussten wieder über Dordrecht und Gouda reisen, wo sie häufig gekapert wurden. Ein anderes sichtbares Zeichen der Rivalität war der Wettstreit um den Bau des höchsten Kirchturms, was auf dem weichen Untergrund allerdings nicht ganz ungefährlich war: 1512 stürzte der Turm der Pieterskerk in Leiden in sich zusammen. In Delft begann sich zur selben Zeit der Turm der Oude Kerk bedrohlich zu neigen, blieb aber stehen. Heute gilt er als schiefster Kirchturm der Niederlande. Und noch eine Geschichte: Als die Stadtverwaltung Leidens 1657 den Bau einer neuen Stadtwaage in Auftrag gab, handelte man auch in Gouda: Schließlich entstanden zwei prächtige Gebäude, die allerdings beinahe identisch waren.

In Notsituationen aber herrschte auch Solidarität. So wurden die einmaligen Fenster der Sint Janskerk in Gouda von den anderen Städten gestiftet, nachdem eine ältere Kirche einem Feuer zum Opfer gefallen war. Andere Zeugen des gemeinsamen Handelns sind die schier endlosen Deiche, die das Land grenzüberschreitend vor Überflutungen schützen sollten.

Information: Die Fremdenverkehrsämter der einzelnen Städte sowie das Niederländische Büro für Tourismus in Köln halten detaillierte Unterlagen für Entdeckungstouren in den genannten Städten bereit (www.goudencircel.nl).

Information/Verbindungen/Rundfahrten

- *Information* **VVV Delft**, Markt 83-85, 2611 GS Delft, ☎ 0900/3353888, ✆ 015/2158695, www.vvvdelft.nl. April-September Mo-Sa 9-17.30 Uhr, So 11-15 Uhr; Oktober-März Mo-Fr 9-17.30 Uhr, Sa 9-17 Uhr.

- *Bahnverbindungen* 2x stündl. nach Amsterdam (Dauer: 55 Min.), 6-8x stündl. Den Haag (10 Min.), 2x stündl. Eindhoven (90-100 Min.), 6-8x stündl. Rotterdam (15 Min.).

Provinz Zuid-Holland
Karte S. 148/149

• *Tramverbindungen* in Richtung Den Haag/ Scheveningen.

• *Grachtenfahrten* April-Oktober täglich regelmäßig in der Zeit von 9.30 bis 18 Uhr. Dauer 45 Min., Erwachsene 4.50 €, Kinder 3 €. Abfahrt am Koornmarkt. Information: Rondvaart Delft, Koornmarkt 113, 2611 ED Delft, ℡ 015/2126385, www.rondvaartdelft.nl.

• *Parken* Ein guter, weil zentral gelegener Parkplatz (gebührenpflichtig) befindet sich nahe dem Techniek Museum.

• *Pferdetram-Rundfahrten* Die Fahrten führen entlang der historischen Grachten quer durch die Altstadt. April-Sept. Sa/So 10.30-18 Uhr; Juli/Aug. täglich 10.30-18 Uhr. Dauer 30 Min., Erwachsene/Kinder 3 €. Abfahrt vor dem Rathaus. Information: Delftse Stalhouderij v/d Sman, Bellweg 5, 2627 AW Delft, ℡ 015/2561828.

Adressen

• *Autovermietung* **Autoverhuur Budget**, Vulcanusweg 281, 2624 AV Delft, ℡ 015/ 2573297 (0800/0537, gratis).

• *Fahrradverleih* **Rijwielstalling Station**, Van Leeuwenhoeksingel 40a, 2611 AC Delft, ℡ 015/2143033.

• *Wasserfahrradverleih* **Rondvaart Delft**, Koornmarkt 113, 2611 ED Delft, ℡ 2126385; **Knus Delftse Hout**, Zavelpad 3, 2616 LH Delft, ℡ 015/2122990, www.knus.nl.

• *Einkaufen* Die Geschäfte bleiben in Delft Montagvormittag geschlossen. Am Freitag verschiebt sich der Ladenschluss auf 21 Uhr (Kaufabend). Markttermine: **Wochenmarkt** Do 9-17 Uhr, Markt; **Blumenmarkt** Do 9-17 Uhr, Hippolytusbuurt; **Gemüse und Obst** Sa 9-17 Uhr, Brabantse Turfmarkt.

• *Kinderbauernhöfe* **Korftlaan**, Korftlaan 3, 2616 LJ Delft, ℡ 015/2140263, April-September Mo-Fr 10-16.30 Uhr, Sa/So 11-16.30 Uhr; Oktober-März Mi und Sa/So 14-16 Uhr. Eintritt frei.

• *Krankenhaus* **Reinier de Graaf Gasthuis**, Reinier de Graafweg 3-11, 2625 AD Delft, ℡ 015/2603060.

• *Taxiruf* ℡ 015/2616161 oder ℡ 015/2567849 oder ℡ 015/2191919

Übernachten

• *Hotels* **** **Delft Museumhotel & Residence (3)**, Oude Delft 189, 2611 HD Delft, 110 Betten, schöne Lage im historischen Altstadtkern, die erste Adresse vor Ort, über mehrere Grachtenhäuser des 17. Jh. verteilt. EZ ab 100 €, DZ ab 135 €, ℡ 015/ 2140930.

**** **Hotel De Ark (20)**, Koornmarkt 65, 2611 EC Delft, 55 Betten, auf drei reizvolle historische Grachtenhäuser verteiltes Komforthotel gleich neben dem Museum Paul Tétar van Elven, modernes Interieur. EZ ab 65 €, DZ ab 120 €, ℡ 015/2157999.

*** **Hotel De Koophandel (8)**, Beestenmarkt 30, 2611 GC Delft, 47 Betten, schönes Haus am Beestenmarkt, von hier braucht man nicht lange zu gehen, um den nächsten Biergarten zu erreichen. EZ ab 65 €, DZ ab 80 €, ℡ 015/2142302.

*** **Hotel De Vlaming (1)**, Vlamingstraat 52, 2611 KZ Delft, ruhige, zentrale Lage, kleines Haus hinter hellblauer Fassade, 27 Betten in restauriertem Grachtenhaus mit stilvoller Möblierung, an einer der schönsten Grachten Delfts gelegen, alle Zimmer mit Du/WC, Telefon und TV. EZ ab 60 €, DZ ab 90 €, ℡ 015/2132127.

*** **Hotel Leeuwenbrug (22)**, Koornmarkt 16, 2611 EE Delft, gegenüber gleichnamiger Stufenbrücke, gut erkenntlich an den roten Markisen, 70 Betten, malerisches Haus in wunderbarer Lage an einem der städtischen Kanäle inmitten der Altstadt, freundliches Ambiente, saubere Zimmer, reichhaltiges Frühstücksbuffet. EZ ab 75 €, DZ ab 90 €, ℡ 015/2147741, ℡ 2159759.

*** **Hotel Juliana (27)**, Maerten Trompstraat 33, 2628 RC Delft, 70 Betten, etwas außerhalb des Stadtzentrums (10 Min. per pedes), Nähe Keramikmanufaktur De Porceleyne Fles. EZ ab 65 €, DZ ab 80 €, ℡ 015/ 2567612, ℡ 2565707.

*** **Hotel De Kok (23)**, Houttuinen 15, 2611 AJ Delft, 60 Betten, kleines Hotel von 1852 mit kleinen Zimmern, aber gemütlicher Einrichtung, gutes Frühstücksbuffet. EZ ab 65 €, DZ ab 75 €, ℡ 015/2122125, ℡ 2122125.

• *Camping* **Camping Delftse Hout (25)**, Korftlaan 5, 2616 LJ Delft, A 13, Ausfahrt 9 (Delft/Pijnacker), Schildern folgen, einziger Platz vor Ort, nordöstlich des Zentrums, schöne Lage an großem See in waldreicher Umgebung, gute Sanitärs, Fahrradverleih, Lebensmittelgeschäft, Schwimmbad, Wanderhütten (2), ganzjährig geöffnet. Stellplatz (inkl. 2 Pers.) 21.50 €, zus. Person 1.50 €, Duschen inkl., Fläche 5,5 ha. ℡ 015/2130040, ℡ 2131293, info_delftsehout@tours.nl.

Übernachten

❶ Hotel De Vlaming
❸ Delft Museumhotel & Residence
❽ Hotel De Koophandel
⑳ Hotel De Ark
㉒ Hotel Leeuwenbrug
㉓ Hotel De Kok
㉕ Camping Delftse Hout
㉖ Mini-Camping Uylenburg
㉗ Hotel Juliana
㉘ Mini-Camping De Grutto

Essen und Trinken

❷ De "V"
❺ Le Vieux Jean
❻ La Fontanella
❼ Voldersvier
❾ Pssst Amigo Mexikaans Rest.
❿ Spijshuis De Dis
⓫ Café Kobus Kuch
⓬ Café Vlaanderen
⓭ Kleyweg's Stads-Koffyhuis
⓮ IJssalon van Bokhoven
⓯ Het Straatje van Vermeer

⓰ Stadspannekoeckhuys
⓱ Restaurant l'Orage
⓲ Buenos Aires
⓳ Brasserie Du Gaillard
㉑ San Marco
㉔ Visrestaurant Den Blaeuwen Snoeck

Delft

Mini-Camping De Grutto (28), Abtswoude 27, 2626 NC Delft, geöffnet April-Oktober. Stellplatz (Auto und Zelt) 2.40 €, Person 3.80 €, Duschen inkl., Fläche 0,5 ha. ✆ 010/4740978, grutto@nivon.nl.

Mini-Camping Uylenburg (26), Noordeindseweg 70, 2645 BC Delfgauw, ganzjährig geöffnet. Stellplatz (Auto und Zelt) 10.50 €, Person 2.10 €, Duschen 0.50 €, Fläche 0,8 ha. ✆ 015/2143732, ✆ 2158086.

Essen

Ein Platz voller Cafés und Restaurants ist der Beestenmarkt, der bei gutem Wetter mit Tischen im Freien förmlich gepflastert wird. Das Publikum ist, wie in einer Universitätsstadt nicht anders zu erwarten, studentisch angehaucht.

Het Straatje van Vermeer (15), Molslaan 18, 2611 RM Delft, holländisch-französische Küche in stilvollem Ambiente, an den Wänden Reproduktionen alter Werke des genialen Malers, gute, aber nicht ganz billige 3-Gänge-Menüs, So geschlossen, ✆ 015/2126466.

Café Vlaanderen (12), Beestenmarkt 16, 2611 GB Delft, zum Restaurant durchs Café gehen, für holländische und französische Verhältnisse ein ausgezeichnetes Speiselokal, tolle Atmosphäre, Reservierung erforderlich (Leserbrief Andrea Hermann), ℡ 015/2133311.

Restaurant l'Orage (17), Oude Delft 111b, 2611 BE Delft, Stadtzentrum, exquisite französische Küche der gehobenen Klasse unter Leitung der exzellenten Chefköchin, verhältnismäßig preiswerte 3-Gänge-Menüs, Mo geschlossen, ℡ 015/2123629.

Pssst Amigo Mexikaans Restaurant (9), Markt 3, 2611 GP Delft, gleich hinter dem Rathaus, gutes mexikanisches Restaurant, empfehlenswert die Kombiplatte mit verschiedenen landestypischen Gerichten, ℡ 015/2123198, www.pssstamigo.nl.

Buenos Aires (18), Peperstraat 5, 2611 CH Delft, die besten Steaks der Stadt im argentinischen Steakhouse, zubereitet auf dem Holzkohlegrill, ℡ 015/2122210.

La Fontanella (6), Verwersdijk 30, 2611 NH Delft, Leckereien der italienischen Küche, darunter gute Nudelgerichte und Pizzen, Mo geschlossen, ℡ 015/2125874.

San Marco (21), Brabantse Turfmarkt 23, 2611 CL Delft, italienische Küche. "Sieht von außen etwas heruntergekommen aus, ist innen aber gemütlich, und die Pizzen sind klasse." (Leserbrief Andrea Hermann). ℡ 015/2131629.

Brasserie Du Gaillard (19), Binnenwatersloot 27, 2611 BJ Delft, wechselnde Tagesgerichte, gutes Frühstück oder einfach eine nachmittägliche Tasse Kaffee, So geschlossen, ℡ 015/2140241.

Spijshuis De Dis (10), Beestenmarkt 36, 2611 GC Delft, rechts neben dem Hotel De Koophandel (s. o.), preiswerte Gerichte der regionalen niederländischen Küche, Mi geschlossen, ℡ 015/2131782.

De "V" (2), Voorstraat 9, 2611 JJ Delft, gute holländische Küche, empfehlenswerte 3-Gänge-Menüs, als Café in studentischen Kreisen sehr beliebt, viele Tische im Freien, ℡ 015/2140916.

Visrestaurant Den Blaeuwen Snoeck (24), Verwersdijk 14, 2611 NH Delft, täglich frischer Fisch in guter Zubereitung zu annehmbaren Preisen, ℡ 015/2138850.

Het Stadspannekoeckhuys (16), Oude Delft 113-115, 2611 BE Delft, Pfannkuchenhaus an einer der pittoresken Delfter Grachten, Atmosphäre erinnert ein wenig ans Hofbräuhaus in München, große Auswahl an deftig-kräftigen oder zuckersüßen Leckereien, 90 Sorten, kleine Terrasse, Di-So 11-21 Uhr, ℡ 015/2130193.

Kleyweg's Stads-Koffiehuis (13), Oude Delft 133-135, 2611 BE Delft, Broodjes, Pfannkuchen (25 Sorten) und Kaffee, mehrfach mit dem Preis "Het Lekkerste Broodje van Nederland" ausgezeichnet, einige Tische im Freien auf der Gracht, So geschlossen, ℡ 015/2124625.

Voldersvier (7), Voldersgracht 4, 2611 ET Delft, Konditorei mit vorzüglichem hausgemachtem Gebäck und ebensolchen Kuchen, darunter altholländische Leckereien, französische Pistolets, englische Scones, geöffnet täglich von 8-17 Uhr, ℡ 015/2840261.

Café Kobus Kuch (11), Beestenmarkt 1, 2611 GA Delft, "und ganz wichtig: der beste Appeltaart von Delft!" (Leserbrief Andrea Hermann), ℡ 015/2124280.

IJssalon van Bokhoven (14), Boterbrug 13, 2611 CJ Delft, nur wenige Schritte vom überlaufenen Marktplatz entfernt in ruhiger Seitengasse, schöner Platz mit dem besten Eis der Stadt, zahlreiche Tische im Freien, Mo geschlossen, ℡ 015/2124533.

Sehenswertes

Nieuwe Kerk: Die Kirche am Markt zählt zu den berühmtesten des Landes. Sie birgt neben dem prunkvollen Grabmal von *Willem van Oranje* die gesamte königliche Gruft des Hauses Oranien. Als bislang letztes Familienmitglied wurde 1962 Königin *Wilhelmina* hier beigesetzt. Die Kirche, deren älteste Teile aus dem 14. Jahrhundert stammen, ist auch die letzte Ruhestätte des Völkerrechtlers *Huigh de Groot* (*Grotius*).

Sehr lohnend ist die mühsame Besteigung des majestätisch den Kapriolen des Windes trotzenden Turms (108,75 m), die wegen der sehr engen Wendeltreppen zu einem kommunikativen Erlebnis wird – man kommt unweigerlich mit denen ins Gespräch, die sich mühsam an einem vorbeiquetschen. Die Aussicht erweist sich von allen drei Ebenen als beeindruckend.

• *Adresse/Öffnungszeiten* Markt 80, 2611 GW Delft, ✆ 015/2123025. März-Oktober Mo-Sa 9-18 Uhr; November-März Mo-Fr 11-16 Uhr, Sa 11-17 Uhr. Erwachsene 2.10 €, Kinder 0.75 €, Senioren (Pas65) 1.60 € (Karten gelten auch für die Oude Kerk).

• *Turmbesteigung* März-Oktober Mo-Sa 9-17.30 Uhr; November-März Mo-Fr 11-15.30 Uhr, Sa 11-16.30 Uhr. Erwachsene 1.60 €, Kinder 0.75 €, Senioren (Pas65) 1.50 €.

Oude Kerk: Das aus dem 13. Jahrhundert stammende Gotteshaus ist die älteste Kirche der Stadt. Sie hat neben beachtlichen Bleiglasfenstern einige Grabmäler bedeutender Persönlichkeiten aufzuweisen, darunter *Jan Vermeer*, der geniale Maler, und *Piet Heyn* (1577–1629), der Seeheld des spanisch-niederländischen Krieges. Der schiefe Turm (75 m), im Volksmund *Oude Jan* genannt, gilt mittlerweile als Wahrzeichen der Stadt. In ihm befindet sich die etwa 9.000 kg schwere Glocke *Bourdon*, die aus Sicherheitsgründen nur noch zu besonderen Anlässen geläutet wird, zuletzt vor 40 Jahren zum Gedenken an die verstorbene Königin *Wilhelmina*.

Adresse/Öffnungszeiten Heilige Geestkerkhof 25, 2611 GC Delft, ✆ 015/2123015. März-Oktober Mo-Sa 9-18 Uhr; November-März Mo-Fr 11-16 Uhr, Sa 11-17 Uhr. Erwachsene 2.10 €, Kinder 0.75 €, Senioren (Pas65) 1.60 € (Karten gelten auch für die Nieuwe Kerk).

Delfter Grachtencafé mit Flair

Provinz Zuid-Holland
Karte S. 148/149

Stadhuis: Das städtische Rathaus bildet neben der Waage den architektonischen Kontrapunkt zur Nieuwe Kerk an der gegenüberliegenden Seite des Marktplatzes. Der heutige Komplex trägt die Handschrift des Baumeisters *Hendrick de Keyser*, der das Gebäude nach einem Brand 1618 wiederaufbaute. Die damalige Feuersbrunst überstand nur der aus dem 13. Jahrhundert stammende frühere Gefängnisturm *Het Steen*, der das Gebäude noch heute in seiner alten Form überragt.

Adresse/Öffnungszeiten Markt 87, 2611 HA Delft, ✆ 0900/3353888 (VVV). Mo-Fr 8-16.30 Uhr. Eintritt frei.

Stadswaag: Die ältesten Teile der Stadtwaage am Markt 11 stammen aus dem 16. Jahrhundert, doch erhielt das Gebäude seine endgültige Gestalt erst 200 Jahre später. Die Gilden der Apotheker und der Gold- und Silberschmiede hatten hier lange ihren Sitz. Die Gedenksteine in den vorder- und rückseitigen Giebeln erinnern daran. Noch vor 400 Jahren konnten flache Schiffe ihre Waren entlang schmaler Grachten direkt vor die Stadtwaage transportieren. Später überwölbte man diese Gracht mit der heutigen *Boterbrug*.

Oostpoort: Das letzte der ursprünglich acht Stadttore steht am Ufer des *Rijn-Schie-Kanaals* in wasserreicher Umgebung. Das zweitürmige Monument

stammt aus dem frühen 15. Jahrhundert. Seine heutige Gestalt erhielt es 150 Jahre später, als man die Türme deutlich erhöhte.
Adresse Oosteinde, 2611 SN Delft, ☏ 0900/3353888 (VVV).

Stedelijk Museum Het Prinsenhof: Das im Gebäude untergebrachte Museum zeigt archäologische Funde aus dem städtischen Umland, Gemälde, Keramiken und Teppiche. Der historische Schwerpunkt allerdings liegt auf dem achtzigjährigen Krieg gegen die spanischen Besatzer. In diesem Zusammenhang wird das Leben des *Willem van Oranje* ausführlich beleuchtet, der direkt vor dem Gebäude ermordet wurde.
Adresse/Öffnungszeiten Sint Agathaplein 1, 2611 HR Delft, ☏ 015/2602358. Di-Sa 10-17 Uhr, So 13-17 Uhr. Erwachsene 3.50 €, Kinder 3 €, Senioren (Pas65) 3 €, MJK. Führungen in dt. Sprache.

Nusantara Volkenkundig Museum: *Nusantara* lässt sich sinngemäß mit "zahllose Inseln" übersetzen – die Ausstellung widmet sich den verschiedenen Kulturen des Inselreichs Indonesien. Im Mittelpunkt stehen Aspekte der Kunstgeschichte. Das Weberhandwerk wird sorgsam beleuchtet. Neben einem Gamelan aus Java komplettieren Musikinstrumente, Textilien und Waffen die ethnographischen Exponate.
Adresse/Öffnungszeiten Sint Agathaplein 4, 2611 HR Delft, ☏ 015/2602358. Di-Sa 10-17 Uhr, So 13-17 Uhr. Erwachsene 2.50 €, Kinder 2 €, Senioren (Pas65) 2 €, MJK. Führungen in dt. Sprache.

Museum Lambert van Meerten: Das Wohnhaus des Industriellen *Lambert van Meerten* entstand Ende des letzten Jahrhunderts an der größten der Delfter Grachten. Das Interieur vermittelt einen Eindruck von der früheren Lebensweise wohlhabender Bürger. Der Sammler hinterließ dem Museum zahlreiche Delfter Fayencen, Gemälde und Möbel.
Adresse/Öffnungszeiten Oude Delft 199, 2611 HD Delft, ☏ 015/2602358. Di-Sa 10-17 Uhr, So 13-17 Uhr. Erwachsene 2.50 €, Kinder 2 €, Senioren (Pas65) 2 €, MJK. Führungen in dt. Sprache.

Legermuseum: Das *Armamentarium*, das alte Waffenmagazin der *Staten van Holland*, bemüht sich um einen Überblick zur Militärgeschichte der Niederlande. Ein großer Teil der umfangreichen Sammlung, die zu den bedeutendsten ihrer Art landesweit zählt, ist den Wirren des Zweiten Weltkriegs gewidmet.
Adresse/Öffnungszeiten Korte Geer 1, 2611 CA Delft, ☏ 015/2150500, www.legermuseum.nl. Mo-Fr 10-17 Uhr, Sa/So 12-17 Uhr. Erwachsene 4.40 €, Kinder 2.20 €, MJK. Führungen in dt. Sprache.

Museum Paul Tétar van Elven: Neben dem Museum Lambert van Meerten erlaubt auch das Wohnhaus des Malers *Paul Tétar van Elven* (1823–1896) einen Blick hinter die Kulissen der adeligen Wohnkultur vergangener Zeiten. Die Räume sind ausnahmslos im Stil der Zeit eingerichtet.
Adresse/Öffnungszeiten Koornmarkt 67, 2611 EC Delft, ☏ 015/2124206. April-Oktober Di-So 13-17 Uhr. Erwachsene 2 €, Kinder 1 €. Begleittexte und Führungen in dt. Sprache.

Techniek Museum Delft: Das Museum zeigt alte Dampfmaschinen und Verbrennungsmotoren. Im Rahmen der integrierten *Oudheidkamer van het IJkwezen* bietet das niederländische Messinstitut eine Auswahl historischer Eichwerkzeuge, darunter die gängigsten Gewichte und Maße. An diesen Geräten wurden noch zur Jahrhundertwende angehende Eichmeister ausgebildet. Darüber hinaus lockt eine kleine Holographie-Ausstellung.
Adresse/Öffnungszeiten Ezelsveldlaan 61, 2611 RV Delft, ☏ 015/2138311, www.museum.tu-delft.nl. Di-Sa 10-17 Uhr, So 12-17 Uhr. Erwachsene 2.30 €, Kinder 1.60 €, MJK.

Cultuurtuin voor Technische Gewassen: Der hochschuleigene Lehrgarten aus dem Jahre 1917 dient als Teil der Universität rein wissenschaftlichen Zwecken. Bambuspflanzen, Kokospalmen und Zitrusfrüchte entführen den Besucher in exotische Klimazonen ferner Regionen.

Adresse/Öffnungszeiten Julianalaan 67, 2628 BC Delft, ✆ 015/2782356. Mo-Fr 8.30-17 Uhr, Sa 10-16 Uhr, Juni-August auch So 12-16 Uhr. Erwachsene 2 €, Kinder 1 €, Senioren (Pas65) 1 €.

Region Bollenstreek

(Leiden, Katwijk, Noordwijk, Lisse)

Die im Frühjahr blumenreichste und farbenprächtigste Region der Niederlande, in der Hyazinthen, Krokusse, Lilien, Narzissen und Tulpen in schneller Folge erblühen, erlebt im April wahre Pilgerfahrten begeisterter Besucher, die selbst die weiteste Anreise nicht zu scheuen scheinen. Der imposante *Keukenhof* nahe **Lisse**, der 1999 sein 50-jähriges Jubiläum feierte, bietet die ganze Blumenpracht auf engstem Raum: das holländische Klischee, wie es typischer kaum sein könnte. Später im Jahr laufen die Badeorte **Katwijk** und **Noordwijk** der Bollenstreek den Rang ab und bieten Abwechslung und Erholung an der südholländischen Nordseeküste. In der nahen Umgebung locken reizvolle Tagesausflugsziele, darunter die wunderschöne altholländische Universitätsstadt **Leiden**, die eine angenehm quirlig-lebhafte Atmosphäre versprüht.

Leiden (110.000 Einwohner)

Die typischen Leidener "Hofjes", die alten Stadttore und die Patrizierhäuser der Rapenburggracht verlocken zu einem Spaziergang durch die städtische Vergangenheit. Das quirlige Leiden zählt dank seines studentischen Flairs zu den lebendigsten Städten der Niederlande.

Im Jahre 1575 hatte *Willem van Oranje* das unnachgiebige Verhalten der Leidener Bürgerschaft gegenüber den spanischen Belagerern mit der Gründung der ersten Universität der Niederlande belohnt. Die mehrjährige Abgabenfreiheit, die als Alternative zur Wahl gestanden hatte, wäre auf Dauer kaum interessant gewesen. Die Entscheidung zugunsten der Universität sollte sich später als sehr weitsichtig erweisen. Leiden reifte zur damals größten Stadt der Niederlande. Der Mediziner *Herman Boerhaave*, der Philologe *Joseph Scaliger*, der Philosoph *René Descartes*, der Physiker und Mathematiker *Christiaan Huygens* und der Völkerrechtler *Huigh de Groot (Grotius)* stehen stellvertretend für zahlreiche namhafte Professoren, die den Ruhm der Universität begründeten. Die Universitätsinstitute, die zu den wichtigsten Arbeitgebern der Stadt zählen, genießen nach wie vor einen weltweit hervorragenden Ruf (hier studierte übrigens auch Königin *Beatrix*).

Beim Streifzug durch die Innenstadt mit ihren Höfen, Kirchen, Grachten und Stegen kommt man fraglos an der Rapenburggracht vorbei, einem der ältesten und schönsten Kanäle der Niederlande. Beachtung verdient dort neben der *Bibliotheca Thysiana* (Nummer 25) und dem Wohnhaus des Mediziners *Herman Boerhaave* (Nummer 31) auch das *Academiegebouw* (Nummer 71), als "Praesidium Libertatis" (Bollwerk der Freiheit) das Kernstück der Leidener

Hochschule. Direkt hinter dem Gebäude liegt der botanische Garten der Universität. Der alte Baumbestand ist einzigartig, und die exotischen Pflanzen sind wirklich beeindruckend.

Mancher Besucher wird bei genauerem Hinsehen an einem der alten Giebel einen Gedenkstein entdecken, der den großen holländischen Maler *Rembrandt van Rhijn* würdigt, den wohl berühmtesten Sohn der Stadt, der sich 1620 als Student an der Leidener Hochschule einschreiben ließ. Er zählt mit *Jan van Goyen* zu den bekanntesten Vertretern der "Leidener Schule", deren Stil später zahlreiche Nachahmer finden sollte. (Die berühmteste Sammlung Leidener Feinmaler aus dem Goldenen Jahrhundert hängt übrigens nicht in niederländischen Museen. Sie ziert mit Meisterwerken von *Gerrit Dou* (1613–1675) bis *Willem van Mieris* (1662–1747) die Dresdner Gemäldegalerie Alter Meister.)

Information/Verbindungen/Grachtenfahrten

• *Information* **VVV Leiden**, Stationsweg 2d, 2312 AV Leiden, ☎ 0900/2222333, 📠 071/5161227, www.leiden.nl. April-September Mo-Fr 10-18.30 Uhr, Sa 10-16.30 Uhr; Oktober-März Mo-Fr 9.30-18 Uhr, Sa 10-16.30 Uhr.
ANWB Leiden, Koninklijke Nederlandse Toeristenbond, Stationsweg 2, 2312 AV Leiden, ☎ 071/5146241, 📠 5121577.

• *Bahnverbindung*   4-6x stündl. nach Amsterdam (Dauer: 35 Min.), 8-10x stündl. Den Haag (15 Min.), 2x stündl. Utrecht (45 Min.).

• *Busverbindungen* in Richtung Katwijk.

• *Grachtenfahrten* April-Oktober täglich 11-17 Uhr. Dauer 60 Min, Erwachsene 4.10 €, Kinder 2.30 € Senioren (Pas65) 3.70 €. Abfahrt am Beestenmarkt. Information: Rederij Rembrandt, Beestenmarkt 1-13, 2312 CC Leiden, ☎ 071/5134938, 📠 5411058, www.rederij-rembrandt.nl.

Zur Entdeckungstour im Gouden Circel siehe S. 171.

Adressen

• *Autovermietung* **Autoverhuur Avis**, Kenauweg 6, 2331 BB Leiden und Stevenshofdreef 152, 2331 DB Leiden, ☎ 071/5790601; **Autoverhuur Budget**, Hoge Rijndijk 4, 2313 KJ Leiden, ☎ 071/5130670 (0800/0537, gratis); **Autoverhuur Hertz**, Pesthuislaan 8, 2333 BA Leiden, ☎ 071/5121668; **Autoverhuur Multi-Rent**, Rooseveltstraat 61, 2321 BC Leiden, ☎ 071/5310001, www.multirent.nl.

• *Fahrradverleih* **Stationsijwielshop**, Stationsplein 1 (Bahnhofsrückseite), 2312 AJ Leiden, ☎ 071/5120068.

• *Kanus/Wasserfahrräder* **Botenverhuur 't Galgewater**, Galgewater gegenüber Nr. 44 (Nähe Rembrandtbrug), 2311 VZ Leiden, ☎ 071/5149790.

• *Einkaufen* Die Geschäfte bleiben in Leiden Montagvormittag geschlossen. Am Donnerstag verschiebt sich der Ladenschluss auf 21 Uhr (Kaufabend). Markttermine: **Wochenmarkt** Mi und Sa 9-17 Uhr, Nieuwe Rijn; Fr 11-17 Uhr, Merenwijk; **Viehmarkt** Mo und Di 7-11 Uhr, Groenoordhallen.

• *Kinderbauernhof* **Parkzicht Merenwijkpark**, Parkzicht 100, 2317 RH Leiden, ☎ 071/5213071. Täglich 9-16.30 Uhr. Eintritt frei.

• *Krankenhaus* **Het Diaconessenhuis**, Houtlaan 55, 2334 CK Leiden, ☎ 071/5178178.

• *Taxiruf* ☎ 071/5123300 oder ☎ 071/5142727 oder ☎ 071/5311777

Übernachten (siehe Karte S. 181)

★★★★ Holiday Inn Leiden (18), Haagse Schouwweg 10, 2332 KG Leiden, das größte Hotel der Stadt, 360 Betten, folglich etwas unpersönliches Ambiente, Sauna, Solarium, Schwimmbad, Whirlpool, angegliedertes

Restaurant. EZ ab 190 €, DZ ebenfalls, Frühstück 15 €, ☎ 071/5355555, 📠 5355553.
★★★★ Golden Tulip Leiden (17), Schipholweg 3, 2316 XB Leiden, Nähe Hbf., 115 Bet-

De Burcht in Leiden: Blick auf die Hooglandse Kerk

ten, verhältnismäßig kleines Haus der Golden-Tulip-Kette, guter Service, saubere Zimmer, alle mit Du/WC, Telefon und TV. EZ ab 70 €, DZ ab 170 €, Frühstück 15 €, ☎ 071/5221121, ✉ 5226675.

*** Hotel De Doelen (9), Rapenburg 2, 2311 EV Leiden, 34 Betten, kleines Hotel in zentraler Lage, das Haus mit den vielen roten Markisen, freundliches Ambiente, saubere Räumlichkeiten, alle Zimmer mit Du/ WC, Telefon und TV. EZ ab 57 €, DZ ab 80 €, Frühstück 6 €, ☎ 071/5120527, ✉ 5128453.

** Hotel Nieuw Minerva (10), Boommarkt 23, 2312 EA Leiden, 81 Betten, zentrale Lage an einer der städtischen Grachten, auffallende rot-weiße Markisen, komfortable, stilvolle Einrichtung, gute Küche. EZ ab 75 €, DZ ab 100 €, ☎ 071/5126358, ✉ 5142674.

* Hotel Romantic Roses (1), Beestenmarkt 14, 2312 CC Leiden, 10 Betten, kleines Eckhaus in zentraler Lage, freundlicher Service, aber kein großer Luxus. EZ ab 60 €, DZ ab 80 €, ☎ 071/5146630, ✉ 5145127.

Pension Witte Singel (16), Witte Singel 80, 2311 BP Leiden, Höhe Kaiserstraat, 11 Betten, hinterlässt einen recht freundlichen Eindruck. EZ ab 30 €, DZ ab 45 €, Zimmer mit TV etwas teurer, ☎ 071/5124592, ✉ 5230630.

> Eine Reihe ansprechender **Campingplätze** befindet sich etwa 15 km von Leiden entfernt in Katwijk und Noordwijk. In der Stadt selbst gibt es keinen Platz.

Essen (siehe Karte S. 181)

Die schönsten Plätze Leidens liegen am Beestenmarkt und an den Ufern des Nieuwe Rijn. Wie im nahen Delft ist das Publikum auch hier studentisch angehaucht.

Brasserie Annie's Verjaardag (12), Hoogstraat 1a, 2312 JA Leiden, Ponton auf dem Wasser, stets gut besucht und sehr beliebt beim studentischen Publikum, ☎ 071/5125737.

La Plancha (5), Morsstraat 55, 2312 BL Leiden, Ecke 't Binnenvestgracht, Nähe Morspoort, Gerichte der spanischen Küche, Paella und noch manches mehr, ☎ 071/ 5134262.

Het Huis De Bijlen (20), 2312 BN Leiden, Morsstraat 60, gegenüber dem La Plancha, landestypische Gerichte, ℡ 071/5125671.

Restaurant Scarlatti (11), Stille Mare 4, 2312 DH Leiden, italienische Küche am Rande des Wassers mit schönem Blick auf ebensolches, ℡ 071/5122114.

Restaurant 't Crabbetje (2), Sint Aagtenstraat 5, 2312 CA Leiden, gutes Fischrestaurant unter der Leitung von André Brak und Margot Reurink, gehobene Preisklasse, geschmackvolle Einrichtung, gediegene Kerzenlichtatmosphäre, wechselnde Tagesspezialitäten, auch mehrere Fleischgerichte, ℡ 071/5128846.

Koetshuis De Burcht (14), Burgsteeg 13, 2312 JR Leiden, durch das Tor, auf das die Nieuwestraat (Ecke Burgsteeg) zuläuft, danach rechts auf den ruhigen Platz zu Füßen der Burg, holländische Küche im ehemaligen Kutschenhaus der alten Leidener Burganlage, preiswerte Pfannkuchen, Tagesgerichte und 3-Gänge-Menüs, einige Tische im Freien, ℡ 071/5121688, www.koetshuisdeburcht.nl.

Eethuis De Splinter (7), Noordeinde 30, 2311 CE Leiden, vegetarische Küche, jeweils samstags gibt es ein ausländisches Menü (wöchentlich wechselnd), Mo geschlossen, ℡ 071/5149519.

Restaurant 't Pannekoekenhuysje (4), Steenstraat 51 (gegenüber dem Ableger der Grachtenboote), 2312 BV Leiden, Pfannkuchenhaus mit altholländischem Interieur, dem vornehmen Oudt Leyden angeschlossen, sehr beliebte Adresse mit gemütlicher Atmosphäre, die Pfannkuchen (50 Sorten) werden seit 1907 auf riesigen Tellern (Durchmesser 40 cm !!!) in blauem Delfter Porzellan serviert. Empfehlung: Franse Pan-

nenkoeken mit Honig, Walnüssen und exquisitem Ziegenkäse, Mo-Sa 12-21.30 Uhr, So 14-21.30 Uhr, November-März Mo geschlossen, ℡ 071/5133144.

Pannekoekenhuis De Schaapsbel (3), Beestenmarkt 7, 2312 CC Leiden, 44 Pfannkuchen zur Auswahl, Mo geschlossen, ℡ 071/5124650.

◊◊◊ **Engelbertha Hoeve (19)**, Hoge Morsweg 40, 2332 HN Leiden, Relais du Centre (siehe Seite 56), Bauernhof (1766) mit Bootsanleger und weiten Gartenanlagen mit altem Baumbestand bis ans Ufer des Oude Rijn, Delikatesse des Hauses ist der selbst geräucherte Lachs, der bevorzugt auf der Terrasse des Hauses serviert wird, Weine in guter Auswahl, Di-Fr 12-14.30 Uhr und 18-21.30 Uhr, Sa/So 18-21.30 Uhr, Mo Ruhetag, ℡ 071/5765000, www.engelbertha.nl.

Asian Palace (6), Steenstraat 55, 2312 BV Leiden, große Auswahl an Spezialitäten der chinesischen Küche, ℡ 071/5131851.

Etablissement Einstein (15), Nieuwe Rijn 19, 2312 JL Leiden, nahe der sehenswerten Burgsteeg-Brücke (mit den antiken Säulen) gegenüber dem städtischen Rathaus, Eetcafé mit zahlreichen Tischen am Rande der Gracht sowie einem schwimmenden Ponton auf dem Wasser, Einsteins Konterfei (E = mc²) grüßt vom Logo, ℡ 071/5125370.

Grand-Café De Stadthouder (13), Nieuwe Rijn 13, 2312 JC Leiden, nur wenige Schritte links vom Einstein, ebenfalls mit Tischen im Freien sowie einem Ponton am Rande der Gracht, ℡ 071/5149275.

Croissanterie Délifrance (8), Haarlemmerstraat 176, 2312 GG Leiden, Kleinigkeiten verschiedenster Art zum Mitnehmen (Baguettes, Broodjes und Croissants), ℡ 071/5131116.

Sehenswertes

Stadhuis: Die Renaissancefassade (1597) des Rathauses ist seit der Brandkatastrophe des Jahres 1929 der älteste Gebäudeteil. Der benachbarte *Roepstoel* diente einst der öffentlichen Bekanntgabe wichtiger Mitteilungen. So wurde am 3. Oktober 1574 an dieser Stelle die Nachricht vom Ende der spanischen Belagerung verbreitet. Besondere Beachtung verdient die Gedichtstafel über dem benachbarten Torbogen: Als römische Ziffern gelesen ergeben die vergoldeten Buchstaben die Jahreszahl 1574. Die Buchstabenzahl des mittleren, sechszeiligen Verses entspricht exakt den 129 Tagen der spanischen Belagerung.
Adresse/Öffnungszeiten Breestraat, 2312 JL Leiden, ℡ 0900/2222333 (VVV). Besichtigung nur nach telefonischer Voranmeldung.

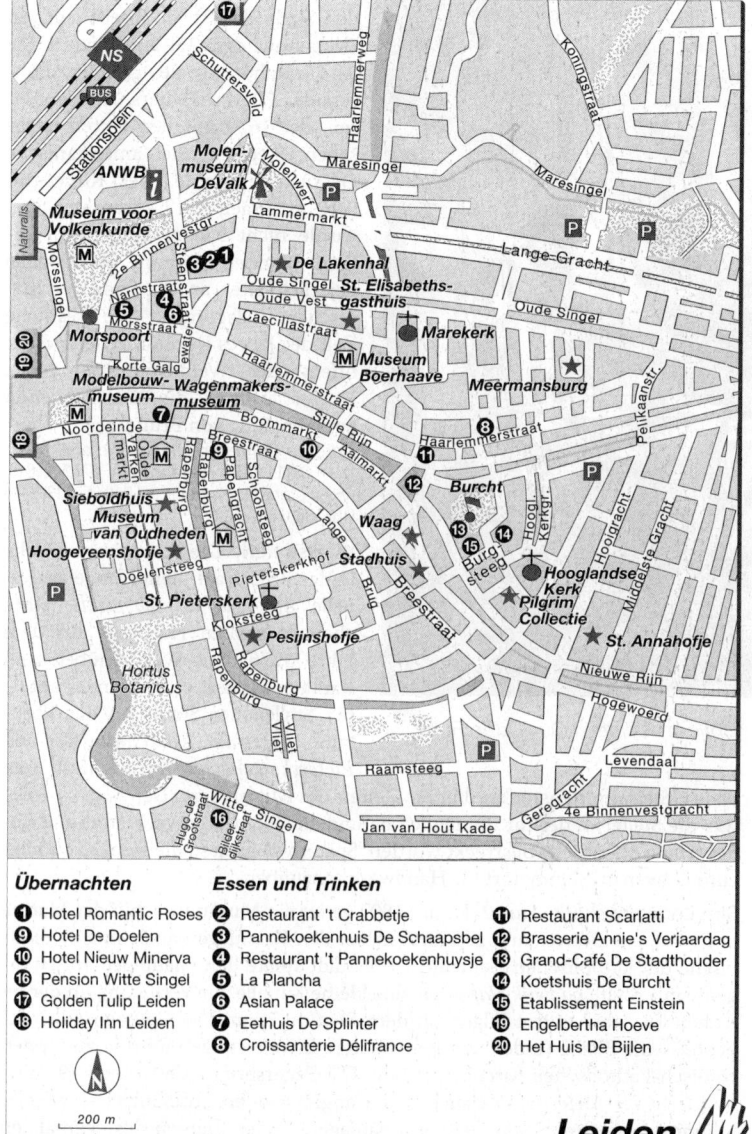

Übernachten

1 Hotel Romantic Roses
9 Hotel De Doelen
10 Hotel Nieuw Minerva
16 Pension Witte Singel
17 Golden Tulip Leiden
18 Holiday Inn Leiden

200 m

Essen und Trinken

2 Restaurant 't Crabbetje
3 Pannekoekenhuis De Schaapsbel
4 Restaurant 't Pannekoekenhuysje
5 La Plancha
6 Asian Palace
7 Eethuis De Splinter
8 Croissanterie Délifrance

11 Restaurant Scarlatti
12 Brasserie Annie's Verjaardag
13 Grand-Café De Stadthouder
14 Koetshuis De Burcht
15 Etablissement Einstein
19 Engelbertha Hoeve
20 Het Huis De Bijlen

Leiden

Hofje in Leiden: Quell der Ruhe

Sint Pieterskerk: Die älteste Kirche der Stadt datiert in ihrer heutigen Gestalt aus dem 15. Jahrhundert. Sie ist die Ruhestätte des geistigen Führers der Pilgrim Fathers, *John Robinson*, der 1620 mit den ersten englischen Siedlern die amerikanische Ostküste erreichte. Der Kirchturm (110 m) brach 1512 zusammen und wurde nicht wieder aufgebaut. Anfang Oktober erinnern traditionelle Feierlichkeiten an das Ende der spanischen Belagerung. Die restliche Zeit des Jahres ist die Kirche Podium öffentlicher Veranstaltungen. Die Universität nutzt die Räumlichkeiten zur Abnahme von Prüfungen.
Adresse/Öffnungszeiten Pieterskerkhof 1a, 2311 SP Leiden, ✆ 071/5124319, www.pieterskerk.com. Täglich 13.30-16 Uhr. Eintritt frei.

Waalse Kerk: Die wallonische Kirche in der Breestraat diente lange als Kapelle des *Catharijnenspitals*, eines ehemals großen Hospitals aus dem Jahre 1276. Der Weg hinüber zum Rathaus passiert eine der markantesten Stellen der Stadt. An der Kreuzung *Breestraat, Maarsmansteeg* und *Pieterskerkchoorsteeg* erinnert ein blauer Stein im Pflaster an düstere Zeiten des Mittelalters. Der *Blauwe Steen* war die Stelle, an der für untauglich befundene Tuchwaren verbrannt und Todesurteile öffentlich vollstreckt wurden. Später wechselten die Henker hinüber zum Gravensteen, um dort ihr Handwerk auszuüben.

Sint Lodewijkskerk: Am 12. Januar 1807 geriet ein Munitionsschiff der Marine in Brand, explodierte und zerstörte neben den Kaianlagen auch eine Schlupfkirche der katholischen Gemeinde. Die Stadt stellte den Gläubigen auf Drängen von König *Lodewijk Napoleon* eine kleine Kapelle zur Verfügung, in der im frühen 16. Jahrhundert Pilger auf dem Weg ins spanische Santiago de Compostela eine Bleibe finden konnten. Spätere Erweiterungen führten zur ersten römisch-katholischen Kirche der Stadt. Die Feuersbrunst des frühen 19. Jahrhunderts zerstörte damals auch einen angrenzenden Straßenzug – auf den Trümmern entstand eine neue Grünanlage, die den Namen des ehemaligen Bürgermeisters *Pieter Adriaansz van der Werf* erhielt, einer führenden Persönlichkeit zur Zeit der spanischen Belagerung.
Adresse/Öffnungszeiten Steenschuur, 2312 JL Leiden, ✆ 0900/2222333 (VVV). Besichtigung nur nach telefonischer Voranmeldung.

Marekerk: Die erste reformierte Kirche Leidens trägt die Handschrift des Stadtbaumeisters *Arent van 's-Gravensande*, der den Komplex Mitte des 17. Jahrhunderts nahe der später zugeschütteten Mare-Gracht errichtete. Das Kirchenportal ist ein Werk von *Jacob van Campen*, der zahlreiche bedeutende Kulturdenkmäler der Niederlande gestaltete, darunter den Königlichen Palast in Amsterdam.

Adresse/Öffnungszeiten Lange Mare 48, 2312 AB Leiden, ✆ 0900/2222333 (VVV). Juli Sa 11-16 Uhr. Eintritt frei.

Hofjes in Leiden

Die typisch niederländischen Hofjes, die in größerer Zahl insbesondere in Haarlem und Leiden erhalten sind, entstanden einst als Altersheime mit je etwa 25 kleinen, separaten Häusern. Die meisten dieser Wohnhöfe stammen aus dem 16./17. Jahrhundert. Leiden zählt 35 Hofjes – mehr als jeder andere Ort des Landes. Die meisten Anlagen sind gegenwärtig von alten Menschen oder Studenten bewohnt. Grundsätzlich gilt Ruhe als oberstes Gebot, insbesondere die ältere Generation wird sich kaum über lärmende Besucher freuen!

Meermansburg (1681): größte Anlage der Stadt, Regentensaal mit Pfeifenmuseum. Meermanshof 30.
Jean Pesijnshofje (1620): Sterbestätte des *John Robinson*, des geistigen Führers der Pilgrim Fathers. Kloksteeg 21.
Loridanshofje (1657): Schenkung eines Wollfärbers, Studentenwohnheim. Oude Varkenmarkt 1.
Sint Elisabethsgasthuis (15. Jh.): Altersheim chronisch Kranker mit kleiner Kapelle, Ceciliastraat, Eingang Lijsbethsteeg.
Sint Annahofje (15. Jh.): Wohnhof mit authentisch eingerichteter Kapelle, Hooigracht 9, Eingang Middelstegracht 2-4.
Tevelingshofje (17. Jh.): Experimentelle Architektur auf rautenförmigem Grundriss, Regentensaal, Vierde Binnenvestgracht 7.
Eva van Hoogeveenshofje (17. Jh.): Straßenpflaster mit reizvollen Mustern, alte Wasserpumpe, Doelensteeg 7.
Brouchovenhofje (17. Jh.): Regentensaal als Symbol einstiger Größe, Papengracht 16.
Jeruzalemshofje (15. Jh.): Leidens ältestes Hofje, Kaiserstraat 49.
Groeneveldstichting (19. Jh.): Häuser für Töchter und Witwen verstorbener Pfarrer, Oude Vest 41.
Schachtenhofje (17. Jh.): Torgebäude mit alter Wasserpumpe, Middelstegracht 27.
Mierennesthofje (18. Jh.): Hofje auf den Trümmern des alten Pancras Beginenhofs, Hooglandse Kerkgracht 38.
Samuel de Zee's Hofje (18. Jh.): zwei Innenhöfe mit Korridorverbindung, Doezastraat 16.
Stadstimmerwerf (1612): herrliche Lage am alten Hafen. Korte Galgewater.

Latijnse School: Frühere Generationen werden die markant rot-weißen Fensterläden des Schulgebäudes (1599, Schoolstraat/Lokhorststraat) mit gemischten Gefühlen betrachtet haben, denn der Unterricht an der Leidener Eliteschule dürfte wahrlich kein Zuckerschlecken gewesen sein. Der Maler *Rembrandt* erlebte die strenge Ausbildung am eigenen Leibe. Später etablierte sich das städtische Gymnasium in den Räumlichkeiten, bis der Lehrbetrieb 1864 endgültig eingestellt wurde.

De Burcht: Die unvollendete Burganlage steht auf einem im 12. Jahrhundert angelegten Hügel, der der Bevölkerung bei Hochwasser der beiden Arme des Nieuwe und des Oude Rijn als Zufluchtsstätte dienen sollte. Der weitgehend erhaltene Wehrgang an der rückwärtigen Seite der Zinnen bietet schöne Aussichten auf den alten Leidener Stadtkern, insbesondere einen bilderbuchreifen

Provinz Zuid-Holland
Karte S. 148/149

Blick auf die nahe Hooglandsekerk. Letzte Reste der Leidener Stadtmauern sind die beiden Stadttore *Zijlpoort* (Haven, 1667) und *Morspoort* (Morsstraat, 1669) – Letzteres besitzt eine beachtliche Zugbrücke. Auch die *Blauwpoorts-brug* im westlichen Bereich der Verteidigungsanlagen und der *Oostenrijktoren* (Jan van Houtkade) an der südlichen Flanke der Altstadt waren einst Bestand-teile der Befestigungsanlagen.

Adresse/Öffnungszeiten Burgsteeg 14, 2312 KA Leiden, ☎ 071/5165165. Täglich von Sonnen-auf- bis Sonnenuntergang. Eintritt frei.

Hooglandse Kerk (Sint Pancraskerk): Die zweite bedeutende Kirche der Stadt wurde 1315 komplett aus Holz erbaut. Wenige Jahrzehnte später ließen auf-wendige Umbauten die heutige Steinkirche entstehen, die allerdings nie ganz vollendet wurde. Die reizvollsten Blicke auf das historische Ensemble bieten sich von der oberen Ebene der benachbarten Burganlage.

Adresse/Öffnungszeiten Hooglandse Kerkgracht, 2312 MN Leiden, ☎ 0900/2222333 (VVV). Mai-September Mo 13-15.30 Uhr, Di-Fr 11-15.30 Uhr, Sa 11-16 Uhr. Eintritt frei.

Duyvenhuis: Die Brieftauben der drei Brüder *Cornelisz* hielten während der spanischen Belagerung gegen Ende des 16. Jahrhunderts die wichtige Verbin-dung ins benachbarte Delft aufrecht, den damaligen Sitz des Prinzen von Ora-nien. Später gewährte das Fürstenhaus den drei Männern das Recht, ein Fa-milienwappen mit Tauben zu führen. Das Haus in der Rapenburg 94 trägt im Volksmund seither den liebevollen Namen Duyvenhuis.

Rijksmuseum van Oudheden (Het Koninklijk Penningkabinet): Die Stadt ver-dankt ihr archäologisches Museum einer königlichen Schenkung aus dem Jah-re 1818. Die Ausstellung zeigt Funde ägyptischer, etruskischer, griechischer und römischer Herkunft, darunter im Innenhof der *Tempel von Taffeh*, ein Geschenk des damaligen ägyptischen Präsidenten *Anwar As-Sadat*. Die ange-gliederte Sammlung des *Koninklijk Penningkabinet* zeigt Münzen und Scheine aus alter und neuerer Zeit – alles dreht sich um das liebe Geld.

Adresse/Öffnungszeiten Rapenburg 26-28, 2311 EW Leiden, ☎ 071/5163163, www.rmo.nl und www.penningkabinet.nl. Di-Fr 10-17 Uhr, Sa/So 12-17 Uhr. Erwachsene 6 €, Kinder 5.50 €, Senioren (Pas65) 5 €, MJK. Führungen in deutscher Sprache.

Stedelijk Museum De Lakenhal: Die historische Tuchhalle (1640) zeigt neben Glas-, Keramik- und Silberstücken eine umfangreiche Sammlung kostbarer Werke niederländischer Maler des 16./17. Jahrhunderts. *Jan van Goyen, Lucas van Leyden, Rembrandt* und *Jan Steen* stehen stellvertretend für die lange Liste renommierter Künstler. Darüber hinaus bietet die alte Tuchhalle als einziges Museum der Stadt regelmäßige Wechselausstellungen moderner Kunst.

Adresse/Öffnungszeiten Oude Singel 28-32, 2312 RA Leiden, ☎ 071/5165360, www.lakenhal.nl. Di-Fr 10-17 Uhr, Sa/So 12-17 Uhr. Erwachsene 4 €, Kinder frei, Senioren (Pas65) 2.50 €, MJK.

Rijksmuseum voor Volkenkunde: Das 1837 eröffnete Völkerkundemuseum zählt zu den ältesten seiner Art in den Niederlanden. Die ethnographischen Kol-lektionen zeigen Gebrauchs- und Kunstgegenstände aus vorwiegend außereuro-päischen Regionen. Mehrere tausend Exponate, die im frühen 19. Jahrhundert aus Japan in die Niederlande gelangten, bilden das Kernstück der Sammlung.

Adresse/Öffnungszeiten Steenstraat 1, 2300 AE Leiden, ☎ 071/5168800, www.rmv.nl. Di-So 10-17 Uhr. Erwachsene 6.20 €, Kinder 3.40 €, Senioren (Pas65) 3.40 €, MJK. Führungen in deutscher oder russischer (!) Sprache.

Stedelijk Molenmuseum: Die Getreidemühle *De Valk* (1743) vermittelt Einblicke in die ausgefeilte Mühlentechnik, die ein korrektes Funktionieren über mehrere Generationen ermöglichte. Die Wohnräume im Erdgeschoss sind im Stil der Jahrhundertwende restauriert, die weite Galerie bietet schöne Blicke auf die städtische Silhouette.

• *Adresse/Öffnungszeiten* Tweede Binnenvestgracht 1, 2312 BZ Leiden, ✆ 071/5165353, www.molenmuseum.myweb.nl. Di-Sa 10-17 Uhr, So 13-17 Uhr. Erwachsene 2.50 €, Kinder 1.50 €, Senioren (Pas65) 1.50 €, MJK. Begleittexte und Führungen in deutscher Sprache.

Naturalis: Im April 1998 eröffnete das alte Leidener Naturmuseum unter neuem Namen in neuer Umgebung. Die umfangreiche Sammlung ist nunmehr in einem futuristisch anmutenden Turmbau (60 m) untergebracht, der über eine kleine Brücke mit dem nahen Pesthaus (altes Fachwerk aus dem 17. Jahrhundert) verbunden ist. Nicht weniger als zehn Millionen Objekte werden in den Räumen verwahrt, die meisten sind allerdings nur auf Anfrage zu Forschungszwecken verfügbar. Trotzdem, auch die "nur"

Zugbrücke am alten Hafen

8.000 Exponate der permanenten Sammlung lohnen einen Besuch. Kinder erwartet ein spezielles Aktivitätsprogramm. Eine Bibliothek, ein Filmsaal und ein Natur-Informationszentrum komplettieren das Angebot.

Adresse/Öffnungszeiten Darwinweg 2, 2300 RA Leiden, ✆ 071/5687600, www.naturalis.nl. Di-So 10-18 Uhr. Erwachsene 7 €, Kinder 4.50 €, MJK 1 €.

Rijksmuseum Boerhaave: Der Arzt *Herman Boerhaave* (1668–1738) lehrte jahrelang im ehemaligen *Caeciliagasthuis*, dem heutigen medizinisch-naturwissenschaftlichen Museum. Er trug maßgeblich zum ausgezeichneten Ruf der Hochschule bei, ebenso wie *Christiaan Huygens, Antoni van Leeuwenhoek, Willebrord Snellius* und *Pieter Zeeman*. Die Hausbibliothek umfasst mehr als 20.000 Bände und über einhundert wissenschaftliche Zeitschriften, die dem interessierten Besucher zugänglich sind.

Adresse/Öffnungszeiten Lange Sint Agnietenstraat 10, 2312 WC Leiden, ✆ 071/5214224, www.museumboerhaave.nl. Di-Sa 10-17 Uhr, So 12-17 Uhr. Erwachsene 3.50 €, Kinder 2 €, Senioren (Pas65) 2 €, MJK.

Museum Sieboldhuis: Aus Anlass des 400-jährigen Jubiläums der Handelsbeziehungen zwischen den Niederlanden und Japan eröffnete im Frühjahr 2000 das neue Japanzentrum seine Pforten. Es trägt den Namen des deutschen

Arztes *Franz von Siebold*, der von 1832 bis 1847 in dem Gebäude an der Rapenburggracht lebte. Der Leibarzt des niederländischen Königs *Willem I.* verbrachte lange Zeit in Japan, wo er sich auch als Sammler landestypischer Kunstgegenstände einen Namen machen konnte.

Adresse/Öffnungszeiten Rapenburg 19, 2301 EA Leiden, ☎ 071/5125539, www.sieboldhuis.org. Das Museum ist bis voraussichtlich Herbst 2004 wegen Renovierung geschlossen.

Katwijk

(40.000 Einwohner)

Die Küstenfischerei früherer Jahrzehnte hat ihre Bedeutung längst verloren. Katwijk aan Zee und Katwijk a/d Rijn sind zu einem der größten Badeorte des Landes zusammengewachsen.

Die Gemeinde lebt vom Tourismus. Der 1897 zur "Förderung des Fremdenverkehrs und der Verschönerung des Badeortes Katwijk" gegründete Verkehrsverein darf zufrieden sein. Am Wasser lassen sich die Strandkörbe kaum mehr zählen. Die Dünen sind im Süden auf angelegten Pfaden frei zugänglich, im Norden dagegen muss eine Berechtigungskarte gelöst werden. Ansonsten lohnt sich die Besteigung des Leuchtturms, der eine schöne Aussicht auf das Menschengewimmel am Wasser erlaubt. Der Turm ist der letzte Rest der alten Uferpromenade, die von deutschen Truppen im Zweiten Weltkrieg weitgehend zerstört wurde.

Information/Verbindungen/Adressen

• *Information* **VVV Katwijk**, Vuurbaakplein 11, 2225 JB Katwijk, ☎ 0900/5289958, 📠 071/4075444, www.vvvkatwijk.nl. April-August Mo-Sa 9-18 Uhr; September-März Mo-Fr 9-17, Sa 10-13 Uhr.

• *Bahnverbindung* nächster Bahnhof in Leiden (10 km).

• *Busverbindungen* in Richtung Den Haag, Haarlem, Leiden.

• *Autovermietung* **Kamsteeg Auto Rental**, Zeeweg 61, 2225 DA Katwijk, ☎ 071/4015141, www.kamsteeg.nl; **Autoverhuur Multirent**, Taanderstraat 17, 2222 BG Katwijk, ☎ 071/4028535.

• *Fahrradverleih* **Rijwielen Van Galen**, Hoorneslaan 165, 2221 CN Katwijk, ☎ 071/4025242; **Fietshandel Frans Luyten**, Achterweg 22, 2223 BG Katwijk, ☎ 071/4029035;

Martijns Fietsshop, Koningin Julianalaan 88, 2224 EZ Katwijk, ☎ 071/4012450; **Witteveen**, Koningin Emmastraat 22, 2225 AX Katwijk, ☎ 071/4015511.

• *Einkaufen* Die Geschäfte bleiben in Katwijk Montagvormittag geschlossen. Am Donnerstag verschiebt sich der Ladenschluss auf 21 Uhr (Kaufabend). Markttermin: **Wochenmarkt** Fr 11-18 Uhr, Admiraal de Ruyterlaan.

• *Krankenhaus* **Het Diaconessenhuis**, Houtlaan 55, 2334 CK Leiden, ☎ 071/5178178.

• *Schwimmen* **Aquamar**, Piet Heinlaan 5, 2224 SW Katwijk, ☎ 071/4015947, www.zwembadaquamar.nl. Subtropisches Schwimmparadies, Halle und Freibad.

• *Taxiruf* ☎ 071/4012277

Übernachten

• *Hotels* ***** Hotel Noordzee**, Boulevard 72, 2225 AG Katwijk, 92 Betten, bunter Blickfang mit beflaggter Stirnseite, knallgelber Feuerleiter und gelben Baukastenbalkonen, saubere, moderne Zimmer, teilweise mit Seeblick, gutes Frühstücksbuffet, alle Zimmer mit Du/WC, Telefon und TV. EZ ab 65 €, DZ ab 85 €, ☎ 071/4015742, 📠 4075165.

*** Hotel-Pension Zeezicht, Boulevard 50, 2225 AE Katwijk, 55 Betten, fast alle Zimmer mit Meeresblick, hausbackene Einrichtung, alle Zimmer mit Du/WC, Telefon und TV. EZ ab 40 €, DZ ab 100 €, ☎ 071/4014055, 📠 4075852.

*** Hotel-Pension van Beelen, Kon. Wilhelminastraat 10-12, 2225 BA Katwijk, 28 Bet-

Katwijker Strandidylle vor der Oude Kerk

ten, empfehlenswerte, preiswerte Pension mit familiärer Atmosphäre, einfache, saubere Zimmer, alle mit Telefon, heißer Tee steht immer bereit. EZ ab 49 €, DZ ab 49 €, ✆ 071/4073333, ✉ 4071950.

• *Camping* **Camping De Noordduinen**, Campingweg 1, 2221 EW Katwijk, A 44 (Wassenaar–Amsterdam), Ausfahrt 8 (Katwijk), N 206, Richtung Katwijk-Noord, den Schildern folgen, schöne, ruhige Lage inmitten der Dünen, kein Schatten, einfache Sanitärs, Lebensmittelgeschäft, geöffnet April-September. Stellplatz (inkl. 4 Pers.) 24.75 €, Duschen inkl., Fläche 11 ha. ✆ 071/4025295, ✉ 4033977, info_noordduinen@tours.nl.

Camping De Zuidduinen, Zuidduinseweg 1, 2225 JS Katwijk, A 44 (Wassenaar–Amsterdam), Ausfahrt 8 (Katwijk), N 206, Richtung Katwijk, Schildern folgen, ruhige Lage, wenige Zeltgelegenheiten, Lebensmittelgeschäft, gute Sanitärs, geöffnet April-September. Stellplatz (inkl. 4 Pers.) 26.60 €, zus. Person 2.50 €, Duschen inkl., Fläche 5 ha. ✆ 071/4014750, ✉ 4077097, info-zuidduinen@tours.nl.

Essen

De Zwaan, Boulevard 111, 2225 HC Katwijk, direkt am Strand (unterhalb des Boulevards, auf Höhe des Leuchtturms), großes Gebäude mit riesiger Terrasse, Grillspezialitäten, Fisch- und Fleischgerichte, Mo geschlossen, ✆ 071/4012064.

Pannekoekenhuis De Koekepan, Boulevard 72, 2225 AG Katwijk, Seitenfront des Noordzee-Hotels, helle, gemütliche Einrichtung mit riesigen Kesseln an der Decke, freier Blick in die Küche, mehr als 40 Pfannkuchensorten, ✆ 071/4015744.

Hei-Pin, Boulevard 68, 2225 AG Katwijk, chinesische Küche, große aquarienartige Veranda mit Meeresblick, leider liegen die verkehrsreiche Straße, ein Parkplatz und zwei grüne Telefonzellen dazwischen, ✆ 071/4012362, www.heipin.com.

Visrestaurant Brittenburg, Boulevard 70, 2225 AG Katwijk, laut Leserbrief "ein feines Fischrestaurant an der Uferpromenade mit Terrasse und einem ganz tollen Innenraum, der, hätten wir ihn sofort entdeckt, uns trotz des schönen Wetters nach drinnen verführt hätte". ✆ 071/4077624.

Pizzeria Sirena, Boulevard 72, 2225 AG Katwijk, Stirnseite des Hotels Noordzee, rotweiß-grünes Restaurant mit adretter Einrichtung, Weinflaschen dekorieren die Decke, Pizzen in allerlei Variationen, ✆ 071/4015742.

Pizzeria Karalis, Boulevard 73, 2225 HA Katwijk, die direkt benachbarte Alternative in Sachen preiswerte italienische Küche, Di geschlossen, ✆ 071/4013719.

Sehenswertes

Oude Kerk (Sint Andreaskerk): Das älteste Bauwerk Katwijks am Boulevard 109 stammt aus dem späten 15. Jahrhundert und trägt den Namen des Schutzpatrons der Fischer. Die Kirche wurde im 80-jährigen Krieg schwer beschädigt und später nur halbherzig rekonstruiert. Nachdem man sie im 19. Jahrhundert an eine Reederei verkauft hatte, wurde sie dreißig Jahre lang zweckentfremdet. Im Laufe des Zweiten Weltkriegs fiel der Turm den militärischen Auseinandersetzungen zum Opfer und wurde erst 1953 wiederaufgebaut. Die Kirche zählt zu den beliebtesten Fotomotiven der Stadt – ein mächtiges Gotteshaus hinter zahllosen bunten Strandkörben. Nirgendwo sonst an der holländischen Küste steht eine Kirche so dicht am Wasser.

An der Rückseite der Oude Kerk befindet sich mit dem *Andreashofje* das örtliche Altersheim. Es zählt ein Dutzend Wohnungen, deren 50er-Jahre-Architektur stark an die alter Fischerwohnungen erinnert. Es darf folglich nicht verwundern, dass auch dieser Komplex nach dem Schutzpatron der Fischer benannt wurde.

Nieuwe Kerk: Die zweite große Kirche des Strandbads (Voorstraat 79) entstand 1887 im Stil der Neorenaissance und verdrängte damals die *Oude Kerk* als religiöses Zentrum der Gemeinde. Die mit vier Obelisken verzierte Balustrade des schlanken Turmbaus verdient besondere Beachtung. In der Saison finden Konzerte internationaler Organisten statt.

Katwijks Museum: Das stadthistorische Museum widmet sich in erster Linie der Fischereigeschichte Katwijks. In den Räumen einer ehemaligen Reederswohnung aus dem Jahre 1911 finden sich neben den obligatorischen Modellen unterschiedlichster Schiffstypen alte Gemälde und landestypische Trachten. Darüber hinaus zeigen Wechselausstellungen Werke Katwijker Künstler aus der Zeit um 1900. Zahlreiche Vertreter der *Haager Schule* waren damals nach Katwijk gezogen, wo neben dem wechselnden Spiel des Wassers und der Wolken auch die hektische Betriebsamkeit am Strand faszinierten und ihre Anziehungskraft auf die Künstler ausübten. *Jan Toorop, German Grobe* und *Willy Sluiter* sind nur einige der Meister, die in Katwijk arbeiteten und lebten.

Adresse/Öffnungszeiten   Voorstraat 46, 2225 ER Katwijk aan Zee, ✆ 071/4013047, www.katwijksmuseum.nl. Di-Sa 10-17 Uhr. Erwachsene 2.75 €, Kinder 1.10 €, Senioren (Pas65) 1.10 €, MJK.

Noordwijk

(26.000 Einwohner)

Das ehemalige Fischerdorf blickt mittlerweile auf eine 125-jährige Geschichte als gut besuchtes Nordseebad zurück. Farbenfrohe Blumenfelder, sattgrüne Wälder, dunkelblaues Meer und feiner weißer Strand: Noordwijk spielt mit den Farben.

Das Publikum kommt scharenweise und verleiht dem vornehmen Badeort internationales Flair: Eine Million Übernachtungen und mehr als doppelt so viele Kurzbesuche jährlich sprechen eine beredte Sprache. Noordwijk verfügt über einen 13 km langen Strand, und das Umland bietet weite Dünengebiete, Moorseen und Waldflächen im Herzen der *Bollenstreek*, des größten Blumengartens Europas. Wo einst die belgische Königsfamilie badete, weht heute eine blaue Flagge als Symbol für beste Wasserqualität.

Neben dem Tourismus ist Noordwijk seit 25 Jahren eng mit der europäischen Raumfahrt verbunden, denn der Badeort beherbergt die größte technische Niederlassung der europäischen Raumfahrtbehörde *ESA (European Space Agency)*. Mehr als 1.500 Wissenschaftler aus 15 Ländern sind hier angestellt. In den vergangenen Jahren testeten die Mitarbeiter neben Ariane-Trägerraketen und Meteosat-Wettersatelliten auch die Raumsonde Giotto und das Spacelab-Raumlabor. Wer sich für Einzelheiten interessiert, sollte sich auf der **Noordwijk Space Expo** umschauen. Die größte europäische Raumfahrtausstellung befasst sich mit der Entwicklung der ersten einfachen Raketen und schlägt über die Mondlandung von 1969 einen eleganten Bogen hinüber zur Planung neuzeitlicher Weltraumstationen. Die Funktionsweise herkömmlicher Satelliten und der Aufbau des Sonnensystems werden erklärt, auf Fragen technischer Neuerungen wird ebenfalls eingegangen.

Weit weniger futuristisch geht es im **Museumboerderij Oud-Noordwijk** zu. Das kleine städtische Museum, das in einem Bauernhof aus dem Jahre 1625 untergebracht ist, präsentiert maßstabsgetreue Schiffsmodelle und Fotografien, die an die glorreichen Zeiten erinnern, in denen der Noordwijker Fischhandel florierte. Mehrere originale Badeanzüge bieten Anlass zum Schmunzeln.

Provinz Zuid-Holland
Karte S. 148/149

Information/Verbindungen/Adressen

• *Information* **ANWB/VVV Noordwijk**, De Grent 8, 2202 EK Noordwijk, ☎ 0900/2020404, ✎ 071/3616945, www.vvvnoordwijk.nl. April-Juni Mo-Fr 9-18 Uhr, Sa 9-16 Uhr, So 10-13 Uhr; Juli/August Mo-Fr 9-18 Uhr, Sa 9-17 Uhr, So 10-15 Uhr; September-März Mo-Fr 9-17.30 Uhr, Sa 10-14 Uhr.

• *Adressen/Öffnungszeiten* **Space Expo**, Keplerlaan 3, 2201 AZ Noordwijk, ☎ 071/3646446, www.space-expo.nl. Di-So 10-17 Uhr, Juli/August auch Mo 10-17 Uhr. Erwachsene 6.80 €, Kinder 4.60 €, Senioren (Pas65) 5.70 €. Führungen und Walkmantour in deutscher Sprache.

Museumboerderij Oud-Noordwijk, Jan Kroonsplein 4, 2202 JC Noordwijk, ☎ 071/3617884. April-September Di-So 14-17 Uhr; Juni-August Mo-Sa 10-17 Uhr, So 14-17 Uhr. Erwachsene 2 €, Kinder 1 €, MJK. Führungen in deutscher Sprache.

• *Bahnverbindungen* nächster Bahnhof in Leiden (12 km).

• *Busverbindungen* in Richtung Den Haag, Haarlem, Katwijk, Leiden.

• *Autovermietung* **Autoverhuur Beuk**, van Berckelweg 32, 2203 LB Noordwijk, ☎ 071/3656565, www.beuk.net; **Autoverhuur Ter Duin Opel**, Huis ter Duinstraat 50, 2202 CV Noordwijk, ☎ 071/3620200.

• *Fahrradverleih* **Kees' Fietsshop**, Van Speijkstraat 4, 2203 GK Noordwijk, ☎ 071/3620347.

• *Einkaufen* Die Geschäfte bleiben in Noordwijk Montagvormittag geschlossen. Am Donnerstag (in der Saison Montag bis Freitag) verschiebt sich der Ladenschluss auf 21 Uhr (Kaufabend). Markttermin: **Wochenmarkt** Do 11-17 Uhr, van Ettenstraat.

• *Krankenhaus* **Het Diaconessenhuis**, Houtlaan 55, 2334 CK Leiden, ☎ 071/5178178.

• *Schwimmen* **Aqualand Oranje**, Koningin Wilhelminaboulevard 20, 2202 GV Noordwijk, ☎ 071/3676848. Subtropisches Schwimmparadies mit Sportsauna.

• *Taxiruf* ☎ 071/3611000

Übernachten

Es gibt zahlreiche Hotels, darunter mehrere Häuser mit drei oder vier Sternen. Ebenfalls groß ist die Auswahl an Campingplätzen, die mit einer Ausnahme alle nördlich des Zentrums liegen. In der folgenden Liste findet sich eine kleine Auswahl.

• *Hotels* ******* Hotels van Oranje**, Koningin Wilhelminaboulevard 20, 2202 GV Noordwijk, 591 Betten, die erste Adresse vor Ort, Nobelhotel der Spitzenklasse, Glanz und Glitter mit allem Luxus, trotzdem einer der Schandflecken direkt am Küstenstreifen. EZ ab 180 €, DZ ab 210 €, ✆ 071/3676869, 🖂 3620642, www.hotelsvanoranje.com.

**** Hotel De Witte Raaf, Duinweg 117, 2204 AT Noordwijk, 78 Betten, weißer Prachtbau mit Pavillon, 75-jährige Tradition inmitten der Bloembollenstreek, geschmackvoll eingerichtete Zimmer. EZ ab 62 €, DZ ab 100 €, ✆ 0252/375984, 🖂 377578, witteraaf@silencehotel.nl.

**** Hotel Marie Rose, Emmaweg 25, 2202 CP Noordwijk, 61 Betten, gemütliches Haus etwas abseits des Küstenstreifens, beflaggte Fassade (die deutsche und die niederländische Fahne wehen im Wind), gemütliche Räumlichkeiten. EZ ab 58 €, DZ ab 80 €, ✆ 071/3617300, 🖂 3617301.

*** Hotel Zonne, Rembrandtweg 17, 2202 AT Noordwijk, 52 Betten, schöne Lage inmitten der Dünen, Strandnähe, gemütliche Zimmer mit Komfort, Swimmingpool, Tennisplätze. EZ ab 65 €, DZ ab 95 €, ✆ 071/3619600, 🖂 3620602.

*** Hotel Op de Hoogte, Prins Hendrikweg 19, 2202 EC Noordwijk, 65 Betten, noch ein Haus etwas abseits des Küstenstreifens, freundlicher Service, Sauna, Solarium, alle Zimmer mit Du/WC, Telefon und TV. EZ ab 50 €, DZ ab 80 €, ✆ 071/3612489, 🖂 3612525.

*** Hotel Belvedere, Beethovenweg 5, 2202 AE Noordwijk, 67 Betten, einmalige Lage im weiten Noordwijker Dünengebiet, moderne Einrichtung, freundliche Atmosphäre. EZ ab 45 €, DZ ab 80 €, ✆ 071/3612929, 🖂 3646061.

*** Hotel Astoria, Emmaweg 13, 2202 CP Noordwijk, 70 Betten, freundliches Familienhotel, viele Geschäftsleute, saubere Zimmer, alle mit Du/WC, Telefon und TV. EZ ab 45 €, DZ ab 70 €, ✆ 071/3610014, 🖂 3616644.

*** Hotel Duinlust, Koepelweg 1, 2202 AJ Noordwijk, 45 Betten, schönes Familienhotel in ruhiger Lage, saubere Zimmer, gutes Frühstück. EZ ab 30 €, DZ ab 55 €, Frühstück 5 €, ✆ 071/3612916, 🖂 3649140.

** Hotel Mitchbi, Quarles van Uffordstraat 84, 2202 NJ Noordwijk, 25 Betten, persönlich geführtes Haus mit stimmungsvollem Ambiente. EZ ab 28 €, DZ ab 45 €, ✆ 071/3613269, 🖂 3647060.

• *Jugendherberge* **NJHC-Jugendherberge De Duinark**, Langevelderlaan 45, 2204 BC Noordwijk, ganzjährig geöffnet. 130 Betten, Viererzimmer (6), Sechserzimmer (5), Achterzimmer (7), Zehnerzimmer (2). Übernachtung im Schlafsaal inkl. Frühstück 17-19 € (je nach Saison), ✆ 0252/372920, 🖂 0252/377061, noordwijk@njhc.org.

• *Camping* **Camping Jan de Wit**, Kapelleboslaan 10, 2204 AK Noordwijk, A 44 (Den Haag–Amsterdam), Ausfahrt 6 (Voorhout/Noordwijk), an dritter Ampel rechts, Schildern folgen, nördlich des Zentrums, ruhige Lage in teils bewaldeten Dünen, wenig Schatten, gute Sanitärs, Fahrradverleih, Lebensmittelgeschäft, Wanderhütte (1), geöffnet April-September. Person 4 €, Zelt 6 €, Duschen 0.50 €, Fläche 6 ha. ✆ 0252/372485, 🖂 340140, camjan@xs4all.nl.

Camping Club Soleil, Kraaierslaan 7, 2204 AN Noordwijk, A 44 (Den Haag–Amsterdam), Ausfahrt 3 (Sassenheim), Richtung Noordwijkerhout, am vierten Kreisel rechts, Schildern folgen, gute Sanitärs, Fahrradverleih, Lebensmittelgeschäft, Schwimmbad, Tennisplätze, geöffnet April-Oktober. Stellplatz (inkl. 4 Pers.) 36 €, Duschen inkl., Fläche 5,5 ha. ✆ 0252/374225, 🖂 376450, info@clubsoleil.nl.

Camping De Carlton, Kraaierslaan 13, 2204 AN Noordwijk, nahe Camping Club Soleil (s. o.), nördlich des Zentrums, ruhige, schattenlose Lage auf gepflegtem Rasen, gute Sanitärs, Fahrradverleih, Schwimmbad, Wanderhütten (2), geöffnet April-Oktober. Person 3.50 €, Zelt 4.65 €, Duschen 0.45 €, Fläche 2,5 ha. ✆ 0252/372783, 🖂 370299.

Camping De Wulp, Kraaierslaan 25, 2204 AN Noordwijk, nahe Camping Club Soleil (s. o.), autofreier Platz in Dünen- und Waldnähe, einfache Sanitärs, Fahrradverleih, geöffnet April-Oktober. Person 3.20 €, Zelt 7.70 €, Duschen 0.68 €, Fläche 3 ha. ✆ 0252/372826, 🖂 372826, camping@dewulp.nl.

Camping De Duinpan, Duindamseweg 6, 2204 AS Noordwijk, nahe Camping Club Soleil (s. o.), 5 Fußminuten zum Strand, einfache Sanitärs, Fahrradverleih, geöffnet April-Oktober. Stellplatz (inkl. 2 Pers.) 19 €, zus. Person 4 €, Duschen 0.50 €, Fläche 2 ha. ☎ 0252/371726, 🖬 371506, campingdeduinpan@zakenweb.nl.

Camping Le Parage, Langevelderlaan 43, 2204 BC Noordwijk, A44 (Den Haag–Amsterdam), Ausfahrt 3 (Sassenheim), Richtung Noordwijkerhout, Schildern folgen, am Rande der Dünen, 10 Fußminuten zum Strand, einfache Sanitärs, geöffnet April-September. Stellplatz (inkl. 4 Pers.) 15.50 €, zus. Person 2.30 €, Duschen inkl., Fläche 5 ha. ☎ 0252/375671, 🖬 377728, deballentent@planet.nl.

Camping Dijk en Burg, Westeinde 82, 2211 XR Noordwijkerhout, A 44 (Den Haag–Amsterdam), Ausfahrt 6 (Voorhout/Noordwijk), Richtung Noordwijkerhout, Schildern folgen, östlich des Zentrums, einfache Sanitärs, Fahrradverleih, Lebensmittelgeschäft, Zeltverleih, April-September. Person 5 €, Zelt 3.75 €, Auto 1.50 €, Duschen 0.50 €, Fläche 2 ha. ☎ 0252/3612508, 🖬 3617211.

Camping Sollasi, Duinschoten 14, 2211 ZC Noordwijkerhout, N 206 (De Zilk–Noordwijkerhout), Ausfahrt Langevelderslag, Schildern folgen, Nähe Oostduinse Meer, gute Wassersportmöglichkeiten, gute Sanitärs, Fahrradverleih, Lebensmittelgeschäft, geöffnet April-September. Stellplatz (inkl. 4 Pers.) 20.50 €, zus. Person 2.30 €, Duschen inkl., Fläche 18 ha. ☎ 0252/376437, 🖬 377728.

Essen

Cleyburch, Herenweg 225, 2201 AG Noordwijk, südöstliches Ortsgebiet, feine Küche der gehobenen Preisklasse, altes Bauernhaus (17. Jh.) mit reizvollem Ambiente, schöne Terrasse, ☎ 071/3648448.

Chez-An, Parallelboulevard 4, 2202 HP Noordwijk, Spezialitäten der französischen Küche. "Frankrijk is dichterbij dan u denkt!" Obere Preisklasse, hervorragender Weinkeller, Mo geschlossen, ☎ 071/3615620.

Iets Anders, De Grent 30, 2202 EL Noordwijk, französisch angehauchte niederländische Küche, obere Preisklasse, extravagante Einrichtung auf mehreren Ebenen, das etwas andere Restaurant, ☎ 071/3611136.

Steakhouse De Harmonie, Koningin Wilhelminaboulevard 20, 2202 GV Noordwijk, Hotel Noordwijk, gemütliches Interieur mit offenem Kamin, diverse Blasinstrumente zieren die Decke, gute vegetarische Gerichte, ☎ 071/3676856.

Restaurant Edelman, Kon. Astrid Boulevard 48, 2202 BE Noordwijk, exquisite Fisch-

spezialitäten zu guten Preisen, mehrere Tische im Freien, ☎ 071/3613124.

Gaudi, Lage Wurft 2-3, 2202 GZ Noordwijk, spanische Küche, modernes Interieur auf gekacheltem Boden, regelmäßige Flamenco-Vorführungen, Mi geschlossen, ☎ 071/3647071.

Hans en Grietje, Parallelboulevard 14, 2202 HP Noordwijk, Pfannkuchenhaus am Strand mit erweiterter Karte (Fleischgerichte, Omeletts und Poffertjes), 50 Sorten, Terrasse, April-Oktober tägl. 12-21.30 Uhr, November-März Mi-Mo 12-20 Uhr, ☎ 071/3610874.

Langs Berg en Dal, Langevelderlaan 22, 2204 BD Noordwijk, Hans en Grietjes Konkurrenz am Rande des Naturgebiets Langevelderslag, 270 Sorten, Terrasse, Di-Fr 12-20 Uhr, Sa/So 9-20.30 Uhr, ☎ 0252/372474.

't Pannekoekenhuis, Koningin Wilhelminaboulevard 15a/b, 2202 GT Noordwijk, großes Pfannkuchenhaus, 200 Plätze drinnen, 100 Plätze draußen, Pfannkuchenvariationen in großer Auswahl, ☎ 071/3616850.

Veranstaltung

Blumenkorso Noordwijk–Haarlem: Im Frühjahr erblüht eine ganze Region, die weiten Blumenfelder der Bollenstreek zwischen Den Haag und Haarlem stehen in voller Pracht. Die Ortschaften erscheinen wie Inseln im endlosen Blütenmeer aus Hyazinthen, Narzissen und Tulpen. Allemal sehenswert ist in dieser Zeit der berühmte Blumenkorso von Noordwijk nach Haarlem. Musikkapellen und Tanzgruppen begleiten

die farbenfroh geschmückten Prunkwagen. Am Morgen des 20. April startet eine Kolonne blumengeschmückter Prunkwagen eine 40 km lange Fahrt über Sassenheim, Lisse (Keukenhof), Hillegom und Heemstede, die gegen Abend in Haarlem endet. Am nächsten Tag sind die rollenden Blumenbeete bis spät in die Nacht ausgestellt. Details beim Informationsbüro (VVV).

Lisse

(21.000 Einwohner)

Im Grenzbereich der Provinzen Noord- und Zuid-Holland erstrecken sich riesige Blumenfelder, die im Frühjahr eine ganze Region mit ihren behäbigen Höfen und mächtigen Kirchen in bunten Farben und Formen erblühen lassen.

Hyazinthen, Krokusse, Narzissen und Tulpen in karmesinroten, dottergelben oder eierschalfarbenen Tönen bieten herrliche Impressionen – Lisse, die kleine Ortschaft 15 km nördlich von Leiden, genießt internationale Berühmtheit. Zahlreiche Besucher versuchen, die blühenden Motive mit Pinsel und Palette auf Leinwand festhalten. Nur gut verständlich, dass die Touristikbranche die blühenden Felder (2.500 ha) möglichst lange erhalten sehen möchte. Anders die Züchter, die erreichen wollen, dass der gesamte Saft in die Zwiebel zieht, wofür die Tulpen möglichst früh geköpft werden müssen. Abertausende herrlicher Tulpenköpfe geraten so unter die Messer der Schneidemaschinen und landen anschließend auf dem Kompost. Die Scharen der Besucher der in voller Pracht stehenden *Bloembollenstreek* (sinngemäß: Blumenzwiebelroute) stehen somit unter Zeitdruck.

Allemal lohnend ist ein Abstecher zum **Keukenhof**, der weltweit größten Blumenschau unter freiem Himmel. Auf 32 ha präsentieren Hollands Blumenzüchter einen Querschnitt ihres Könnens, ein blühendes Schaufenster niederländischer Blumenzucht. Die von den "Hoflieferanten" zur Verfügung gestellten Zwiebeln, jährlich mehr als sieben Millionen Stück, werden in drei Schichten übereinander gepflanzt: oben die Frühblüher, unten die Spätblüher. Auf diese Weise wird ein zweimonatiges Farbenspektakel gewährleistet, aufgelockert von kleinen Seen, die für weitere Farbtupfer sorgen, und Skulpturen, die den Park bevölkern.

Begonnen hatte alles 1949, als sich eine Gruppe erfolgreicher Züchter um die Einrichtung einer Ausstellung bemühte, in der sich das holländische Blumengewerbe präsentieren konnte. Was lag näher, als eine Insel inmitten der rechteckigen Blumenmeere zu schaffen. Man wählte eine Fläche, die im 15. Jahrhundert der Gräfin *Jacoba van Beieren* gehört hatte. Sie und ihr Gefolge nutzten das Gelände damals zur Jagd und dem Anbau von Gemüse und Kräutern, Letztere zur Verwendung in der Küche des alten Schlosses. Der Name Keukenhof (Küchenhof) findet darin seinen Ursprung.

An vielen Stellen wird die enge Verbundenheit zwischen Keukenhof und Königshaus deutlich. Die vier Pavillons, in denen im zehntägigen Rhythmus neue Ausstellungen erblühen, tragen die Namen von Königin Beatrix, Prinzessin Juliana, Prinz Willem Alexander und dem Hause Oranien-Nassau. Das Kronprinzenpaar pflanzte 2001 einen Lindenbaum in der Nähe des "Königlichen Beetes", in dem sich die eindrucksvollsten Züchtungen finden, darunter die 1912 vorgestellte Tulpe *La Reine Máxima* – der Züchter muss Hellseher gewesen sein. Sie wird eingerahmt von anderen hochwohlgeborenen Exemplaren, darunter *Prinses Amalia, Prins Claus* oder *Willem van Oranje*.

Auf einem Teil des Keukenhof-Geländes, dem *Zomerhof*, blühen Begonien, Dahlien und Lilien, während unweit ein japanischer Garten, wesentlich verspielter als traditionelle japanische Gärten, den Besucher anlockt. Im Frühjahr 2001 war der Keukenhof erstmals auch an einigen Abenden zugänglich.

Wer sich näher über die Geschichte der Blumenzwiebelzucht informieren will, kann einen Abstecher ins örtliche **Museum De Zwarte Tulp** unternehmen. Höhepunkte der Ausstellung sind neben einem alten Trockenschuppen ein Kantor und eine ärmliche Wohnküche einer Arbeiterfamilie. Darüber hinaus sorgt der Maler *Leo van der Ende* für Aufmerksamkeit, der sich derzeit bemüht, ein 4 mal 25 m großes Halbrundbild vor den Augen der Besucher zu vollenden.

Provinz Zuid-Holland
Karte S. 148/149

Blumenpracht im Frühjahr: Tulpenparadies Keukenhof

• *Information* **VVV Lisse**, Grachtweg 53, 2161 HM Lisse, ✆ 0252/414262, www.lisse.nl. Mo 12-17 Uhr, Di-Sa 9-17 Uhr.

• *Adressen/Öffnungszeiten* **Keukenhof**, Stationsweg 166, 2161 AM Lisse, ✆ 0252/465555, www.keukenhof.nl. Mitte März bis Mitte Mai täglich 8-19.30 Uhr. Beste Besuchszeit ist Ende April. Erwachsene 11 €, Kinder 5.50 €, Senioren (Pas65) 10 €. Parken 3.50 €. Kartenvorverkauf: www.ticketservice.nl

Ein bunter Pass für Kinder erlaubt es, den Park auf spielerische Weise zu erkunden. Das handliche Dokument beinhaltet acht Themen mit Aufgaben, die gelöst werden müssen. Alle erfolgreichen Entdecker erhalten einen Preis.

Museum De Zwarte Tulp, Grachtweg 2a, 2161 HN Lisse, ✆ 0252/417900, www.museumdezwartetulp.nl. Di-So 13-17 Uhr. Erwachsene 2.80 €, Kinder 2.10 €, Senioren (Pas65) 2.10 €, MJK. Begleittexte und Führungen in deutscher Sprache.

• *Bahnverbindungen* nächster Bahnhof in Nieuw-Vennep (6 km).

• *Busverbindungen* in Richtung Haarlem, Leiden, Nieuw-Vennep, Schiphol.

• *Essen* **Pannekoekenhuis Vrouw Holle**, Kanaalstraat 22a, 2161 JL Lisse, Pfannkuchenhaus in altem Bauernhof im Anton-Pieck-Stil, 100 Sorten, Terrasse (vorne und hinten), A 4 Amsterdam–Den Haag, Ausfahrt Nieuw Vennep, April-Oktober Di-So 12-20 Uhr, November-März Mi-So 12-20 Uhr, ✆ 0252/413739.

Region Het Groene Hart

(Alphen aan den Rijn, Gouda)

Die Region, die gerne als "Garten der Randstad" bezeichnet wird, könnte kaum typischer sein: glitzernde Wasserpartien und grüne Waldflächen, malerische Städte und rotierende Mühlenflügel am Horizont dominieren eine reizvolle Landschaft. Mehrere Seen sind Zeugen der lange Zeit sehr intensiv betriebenen Torfgewinnung. Wind und Wellen schlugen damals tiefe Einschnitte in die Uferpartien. Die Wasserflächen vergrößerten sich und wurden zur direkten Gefahr für die Bevölkerung. Im 17. Jahrhundert entstanden Pläne zur Trockenlegung großer Bereiche. Als Relikte dieser langjährigen Bemühungen sind eine Reihe alter Mühlen und Dampfmaschinen erhalten geblieben. Auf dem trockengelegten Land entstanden neue Städte, die die großen Metropolen der Randstad entlasten sollten. Der gegenwärtig ungebremste Bevölkerungszustrom in diese wirtschaftlich bedeutendste Ecke der Niederlande bedroht mehr und mehr das ökologische Gleichgewicht.

Alphen aan den Rijn   (67.500 Einwohner)

Die größte Attraktion des Industrieorts am Ufer des stark befahrenen Oude Rijn ist der **Vogelpark Avifauna**. Mehr als 400 Spezies brüten hier, darunter auch zahlreiche seltene Arten. Besonders gelungen ist die Martinus-Halle, in der Hunderte von Vögeln frei herumflattern. Der beachtliche Besucherandrang scheint die Tiere nicht zu stören. Auf dem umliegenden Freigelände liegt ein großer Spielplatz mit Riesenrutschbahn.

Ebenfalls sehenswert ist der **Archeon**, ein archäologische Themenpark, der zu einer Zeitreise in die Geschichte des Landes einlädt. Hier ist vieles möglich, eine Tour im Einbaum, ein Abstecher ins römische Badehaus am *Traiectum ad Rhenum* oder ein tiefer Einblick in die Handwerkszünfte des Mittelalters. Im Park sind zwei Routen ausgeschildert: Die *Jagersroute* und die *Pelgrimsroute* enden beide mit einem Gladiatorenkampf im römischen Amphitheater. Echte Bewohner gibt es im Archeon übrigens auch. Sie nennen sich *Archeotolken*, zahlen mit dem *Archeflorijn* und beantworten geduldig alle Fragen der unwissenden Fremdlinge aus einer fernen Zukunft.

Im angrenzenden Umland von Alphen aan den Rijn laden darüber hinaus die Gärtnereien der Obstanbaugebiete **Boskoop** und **Waddinxveen** zu einem Besuch ein. Der Abstecher in einen der südlich von Alphen gelegenen Orte lohnt speziell in der Blütezeit. Boskoop ist dank seiner Äpfel auch in Deutschland zu einem Begriff geworden.

Information/Verbindungen/Rundfahrten

● *Information* **ANWB/VVV Alphen a/d Rijn**, Wilhelminalaan 1, 2405 EB Alphen a/d Rijn, ✆ 0172/495600, ✇ 473353, www.tref.nl/ alphenzh/vvv. Mo 13-17 Uhr, Di-Fr 9-17 Uhr, Sa 9-16 Uhr.

● *Bahnverbindungen* 1-2x stündl. nach Gouda (Dauer: 20 Min.), 2-4x stündl. Leiden (15 Min.), 2x stündl. Utrecht (30 Min.).
● *Schiffsrundfahrt Braassemermeer*. April Sa/So 11.30, 13 und 14.30 Uhr. Mai-Septem-

ber täglich 11.30, 13 und 14.30 Uhr. Oktober Sa/So 11.30, 13 und 14.30 Uhr. (bei größerem Andrang auch 10 und 16 Uhr). Dauer 75 Min., Erwachsene 5 €, Kinder 4.50 €, Senio-

ren (Pas65) 4.50 €. Abfahrt am Anleger Vogelpark Avifauna.
Information: Rederij Avifauna, Hoorn 65, 2404 HG Alphen a/d Rijn, ℡ 0172/487508.

Adressen

• *Adressen/Öffnungszeiten* **Vogelpark Avifauna**, Hoorn 65, 2404 HG Alphen a/d Rijn, ℡ 0172/487575, www.avifauna.nl. Täglich 9-18 Uhr (Spielplatz: April-September täglich 9-18 Uhr). Erwachsene 9 €, Kinder 7.50 €, Senioren (Pas65) 8 €. Kombiticket mit Schiffsrundfahrt (siehe oben): Erwachsene 13 €, Kinder 11 €, Senioren (Pas65) 11.50 €.
Archeon, Archeonlaan 1, 2408 ZB Alphen a/d Rijn, ℡ 0172/447744, www.archeon.nl. Mai-Oktober Di-So 10-17 Uhr; Juli/August täglich 10-17 Uhr. Erwachsene 12.75 €, Kinder 9 €, Senioren (Pas65) 10 €, Hund 3.50 €, Parken 4 €.
• *Fahrradverleih* **Oldenburger Tweewielers**, Stationsplein 4a, 2405 BK Alphen a/d Rijn, ℡ 0172/491400.
• *Einkaufen* Die Geschäfte bleiben in Alphen a/d Rijn Montagvormittag geschlos-

sen. Am Freitag verschiebt sich der Ladenschluss auf 21 Uhr (Kaufabend). Markttermine: **Wochenmarkt** Mi 9.30-16 Uhr, Carmenplein; Sa 9.30-17 Uhr, Thorbeckeplein.
• *Kinderbauernhof* **Bospark Kinderboerderij**, Burgemeester Visserpark, 2405 JL Alphen a/d Rijn, ℡ 0172/473888. April-Oktober täglich 14-16.30 Uhr, sonst nur Mi und Sa 14-16.30 Uhr. Eintritt frei.
• *Krankenhaus* **Ziekenhuis Rijnoord**, Delftzichtweg 2, 2402 NB Alphen a/d Rijn, ℡ 0172/463131.
• *Mühle* **Molen De Eendracht**, Gouwsluisseweg 46, ℡ 0172/481488. Kornmühle, Verkauf von "Molenbrood". Sa 10-17 Uhr. Eintritt frei.
• *Taxiruf* ℡ 0172/244668

Übernachten/Essen

• *Übernachten* ****** Golden Tulip Hotel Alphen**, Stationsplein 2, 2405 BK Alphen a/d Rijn, 110 Betten, moderner Zweckbau in zentraler Lage, nüchterne, aber saubere Zimmer, freundlicher Service. EZ ab 80 €, DZ ab 90 €, Frühstück 10 €, ℡ 0172/490100, 📠 493781, www.toor.nl.
*** Hotel Avifauna, Hoorn 65, 2404 HG Alphen a/d Rijn, 212 Betten, etwas außerhalb des Stadtzentrums am Eingang zum Vogelpark, ruhige Lage trotz breiter Straße, vornehme Rezeption, sehr sauber, freundlicher Service, geräumige Zimmer mit großem Bad, einige mit Blick auf das Vogelgehege, alle Zimmer mit Du/WC, Telefon und TV. Die Gäste haben freien Zugang zum Park. EZ ab 70 €, DZ ab 85 €, ℡ 0172/487575.
* Hotel 's-Molenaarsbrug, 's-Molenaarsweg 2, 2401 LL Alphen a/d Rijn, etwas außerhalb Richtung Koudekerk am Oude Rijn gelegen, kleines Haus mit nur 12 Betten, modernes Interieur mit sauberen Zimmern, angegliedertes Restaurant. EZ ab 55 €, DZ ab 75 €, ℡ 0172/432087.
Camping Koole Kampeerhoeve, Hogedijk 6, 2431 AA Noorden, A 2 (Utrecht–Amsterdam), Ausfahrt Breukelen, Richtung Woerden, in Noorden etwa 200 m nach der Kirche rechts, autofreier Platz einige Kilometer

östlich von Alphen, einfache Sanitärs, Fahrradverleih, Wanderhütten, geöffnet April-September. Person 4.25 €, Zelt 5 €, Auto 2 €, Duschen 0.50 €, Fläche 1 ha. ℡ 0172/408206, 📠 408826, kampeerhoeve.koole@hccnet.nl.
• *Essen* **Proto Tapas Restaurant**, Rijnkade 5, 2406 CA Alphen a/d Rijn, schöne Lage am Oude Rijn in unmittelbarer Nähe einer alten Zugbrücke, Lastkähne passieren in wenigen Metern Abstand, einige Tische im Freien, Tapas aus der spanischen Küche, ℡ 0172/476566.
◊◊◊ **De Watergeus**, Simon van Capelweg 10, 2431 AG Noorden, wenige Kilometer östlich von Alphen a/d Rijn, Relais du Centre (siehe Seite 56), Restaurant mit herrlicher Terrasse, Menükarte mit saisonal wechselndem Angebot an tagesfrischen Produkten, 3-Gänge-Menü *Plaisir* (26.50 €), Weine in großer Auswahl (Flaschenpreise ab 19.50 €), wer draußen reserviert, kann bei einsetzendem Regen an einen ebenfalls reservierten Tisch nach drinnen wechseln, Übernachtungsmöglichkeiten im angeschlossenen "piepkleinen" Hotel, Di-Sa 12-21 Uhr, So/Mo Ruhetag, ℡ 0172/408398, www.dewatergeus.nl.
Bistro Tuintje aan de Rijn, Julianastraat 36, 2405 CH Alphen a/d Rijn, rot verklinkertes

Provinz Zuid-Holland
Karte S. 148/149

Gebäude, gemütliche Einrichtung, Korblehn-stühle, Fischteller, Fleischgerichte, mehrere Kindermenüs, Mo geschlossen, ✆ 0172/495397.

Indian Tandoori Mumtaz Mahal, Raad-huisstraat 273, 2406 AE Alphen a/d Rijn, zentrale Lage, außen etwas schmuddelig, innen schöner, mit zahlreichen Pflanzen, gute Auswahl indischer Gerichte, Mo geschlossen, ✆ 0172/494491.

Sari Djawa, Gouwsluisseweg 48, 2405 XS Alphen a/d Rijn, nahe der restaurierten

Eendracht-Mühle (18. Jh.), Gerichte der indonesischen Küche, ✆ 0172/472316.

Il Duomo 2, Van Nesstraat 11, 2404 AV Alphen a/d Rijn, Spezialitäten der italienischen Küche, gute Nudelgerichte und Pizzen, ✆ 0172/471309.

Arty Aarhof, De Aarhof 49, 2406 BT Alphen a/d Rijn, modern eingerichtetes Pfannkuchenhaus mit angeschlossenem Eissalon, Pfannkuchenvariationen in großer Auswahl, ✆ 0172/493224.

Gouda
(69.000 Einwohner)

Mehr als 500.000 Besucher aller Nationalitäten überfluten Gouda, die dritte große Käsestadt der Niederlande, Jahr für Jahr. Historische Bauwerke sorgen für den angemessenen Rahmen. Hier findet man Holland pur.

Der Handel mit Käse hat in Gouda eine jahrhundertealte Tradition, die auf dem Käsemarkt – ähnlich wie in Alkmaar und Edam – entsprechend in Szene gesetzt wird. In historische Gildetrachten gekleidete Männer laufen mit schweren Käserollen beladen über den Marktplatz, begutachten und wiegen die hochwertigen Produkte, bevor sie in lautstarke Preisverhandlungen eintreten. Diese finden im Falle der Einigung ihren Abschluss mit einem theatralischen Handschlag zwischen den Handelspartnern. Die ausgefeilte Prozedur, die in den Sommermonaten jeweils donnerstags auf dem weitläufigen Marktplatz am historischen Rathaus stattfindet, ist heutzutage natürlich nur noch Schauspiel. Die schaulustige Kundschaft stört dies wenig. Mehr noch: Die meisten reagieren begeistert auf die historisierende Showeinlage, die in dem alten Stadtzentrum mit seinen geschwungenen Grachten, restaurierten Giebeln und verwinkelten Straßenzügen obendrein noch eine reizvolle Kulisse findet.

Aber auch ohne die Reize des Käsemarktes ist die Altstadt einen Abstecher wert. Schon das gotische Rathaus, das älteste seiner Art landesweit, ist sehenswert. Einzigartig auch die kostbaren Bleiglasfenster der Janskirche. Die *Goudse Glazen* gelten als Meisterwerke der Glasmalerei. Die meisten stammen aus der Zeit vor dem Bildersturm des 17. Jahrhunderts.

Eine besondere Attraktion bietet Gouda seinen Besuchern Mitte Dezember: Alle Lichter der Innenstadt werden ausgeschaltet. Nur die Fenster der Gebäude am alten Rathaus sind von unzähligen Kerzen erleuchtet – *Gouda bij Kaarslicht* (Gouda bei Kerzenlicht). Eine beeindruckende Atmosphäre, die Einheimische und Auswärtige in gleichem Maße begeistert.

Information/Verbindungen/Adressen

• *Information* **VVV Gouda**, Markt 27, 2801 JJ Gouda, ✆ 0900/46832888, 🖷 0182/583210, www.vvvgouda.nl. Mo-Sa 9-17 Uhr, Juni-August auch So 10-15 Uhr.

ANWB Gouda, Koninklijke Nederlandse Toeristenbond, Stationsplein 1b, 2801 AK Gouda, ✆ 0182/524444.

• *Bahnverbindungen* 1x stündl. nach Amsterdam (Dauer: 50 Min.), 3-4x stündl. Den Haag (20 Min.), 3-4x stündl. Rotterdam (25 Min.), 4-5x stündl. Utrecht (20 Min.).

• *Autovermietung* **Autoverhuur Huiden**, Keerkring 4, 2801 DG Gouda, ✆ 0182/521455;

Käseträger in voller Aktion

Autoverhuur Michaelis, Onder de Boompjes 58, 2802 AW Gouda, ✆ 0182/512050.

• *Einkaufen* Die Geschäfte bleiben in Gouda Montagvormittag geschlossen. Am Freitag verschiebt sich der Ladenschluss auf 21 Uhr (Kaufabend). Markttermine: **Wochenmarkt** Do 9-13 Uhr und Sa 9-17 Uhr, Markt; **Käsemarkt** Juli/ August Do 10-13 Uhr, Markt.

• *Kinderbauernhof* **Kinderboerderij De Goudse Hofsteden**, Bloemendaalseweg 34a, 2804 AB Gouda, ✆ 0182/514219. Täglich 10-17 Uhr. Eintritt frei.

• *Krankenhaus* **Groene Hart Ziekenhuis**, Bleulandweg 10, 2803 HH Gouda, ✆ 0182/ 505050.

• *Mühle* **Molen De Roode Leeuw**, De Vest 65, 2801 VE Gouda, ✆ 0182/522041. Kornmühle, die schönste Mühle der Stadt. Do 9-14 Uhr, Sa 9-16 Uhr. Erwachsene 1.20 €, Kinder 0.45 €.

• *Taxiruf* ✆ 0182/515353

Zur Entdeckungstour im Gouden Circel siehe Seite 171.

Übernachten/Essen (siehe Karte S. 199)

• *Übernachten* ** **Hotel Keizerskroon (8)**, Keizersstraat 11-13, 2801 NJ Gouda, 32 Betten, mit zwei Sternen die erste Adresse vor Ort, saubere Räumlichkeiten, freundlicher Service, gutes Frühstück. EZ ab 52 €, DZ ab 67 €, ✆ 0182/528096.

** **Hotel Het Trefpunt (11)**, Westhaven 46, 2801 PM Gouda, 20 Betten, einfaches Haus mit nettem kleinen Garten rückwärtig. EZ ab 44 €, DZ ab 58 €, ✆ 0182/512879, 🖃 585186.

** **Hotel De Utrechtse Dom (7)**, Geuzenstraat 6, 2801 XV Gouda, 30 Betten, zentrale Lage östlich des historischen Marktplatzes, freundliche Atmosphäre. EZ ab 50 €, DZ ab 66 €, ✆ 0182/528833, 🖃 549534.

Mini-Camping De Uiterwaard (12), Uiterwaardseweg 3, 2807 CD Gouda, geöffnet April-September. Person 2 €, Duschen 0.75 €, Fläche 0,8 ha. ✆ 0182/588426, 🖃 588687, j.veen@gouda.nl.

• *Essen* **De Zes Sterren (9)**, Achter de Kerk 14, 2801 JX Gouda, Name abgeleitet vom Wappen der Käsestadt, Museumsrestaurant mit holländischer Küche, sehr teuer, aber ideal für einen Nachmittagskaffee im herrlichen Innenhof, Eingang durch das sehenswerte Lazaruspoortje, So geschlossen, ✆ 0182/516095.

Het Goudse Winkeltje (5), Achter de Kerk 9a, 2801 JX Gouda, ruhige Lage, zahlreiche

Tische im Schatten der großen Kirche, gute Pfannkuchenvariationen, So/Mo geschlossen, ✆ 0182/527874.

Kaas & Wijn Hoogendoorn (2), Markt 70, 2801 JM Gouda, Käse und Wein in der Nähe des alten Rathauses, eine gute Adresse für landestypische Mitbringsel aus den Niederlanden, ✆ 0182/510415.

Rhodos (4), Korte Tiendeweg 13, 2801 JS Gouda, griechische Küche zu angemessenen Preisen, Hauptgerichte in großer Auswahl, ✆ 0182/582749.

Ristorante Roma (6), Lange Tiendeweg 88, 2801 KK Gouda, Ecke Geuzenstraat, gemütlicher Italiener, zahlreiche Weinflaschen füllen die Wandregale, Windlichter auf jedem Tisch, große Ventilatoren kühlen von oben, Mo geschlossen, ✆ 0182/528781.

◊◊◊ **Restaurant l'Etoile (1)**, Blekerssingel 1, 2806 AA Gouda, Relais du Centre (siehe Seite 56), 500 m vom Bahnhof, Beachtung verdienen die nach altem Familienrezept zubereitete Gänseleberterrine und der selbst geräucherte Lachs, Rezept des Monats auf der Internetseite, Di-Fr 12-14 Uhr und 17.30-21.30 Uhr, Sa 17.30-21.30 Uhr, So/Mo Ruhetag, ✆ 0182/512253, www.letoile.nl.

In de Salon, anno 1840 (10), Karnemelksloot 1, 2806 BA Gouda, Pfannkuchenküche im alten Poffertjeshuis (1840), dem ältesten der Niederlande, 60 Sorten, Spielplatz, Terrasse, Ausschilderung "Klein Amerika" folgen, parken und eine Minute laufen, Juli-August tägl. 11.30-21 Uhr, September-Juni Mi-So 11.30-20 Uhr, ✆ 0182/512115, www.pannenkoeken.net.

Grillroom Pyramide (3), Korte Groenendaal 5, 2801 JP Gouda, ägyptische Spezialitäten, ✆ 0182/521131.

◊◊◊ **De Gouwe Dis**, Zuidkade 22, 2741 JB Waddinxveen, wenige Kilometer nordwestlich von Gouda, Relais du Centre (siehe Seite 56), Ben und Ciska Hilgers. Haus mit 25-jähriger Tradition, authentisch niederländische Küche, Verwendung saisonaler Gewürze und Kräuter, die die regionalen Gerichte seit Generationen bestimmen, Weinkarte mit kleiner, aber exquisiter Auswahl (Frankreich, Italien, Spanien, Südamerika, Flasche ab 25 €), Di-Fr 12-14.30 Uhr und 17.30-21.30 Uhr, Sa/So 17.30-21.30 Uhr, Mo Ruhetag, ✆ 0182/612026, www.gouwedis.nl.

Sehenswertes

Stadhuis: Im Inneren des gotischen Rathauses (1450) beeindruckt ein schöner Hochzeitssaal, dessen Balkon an der zur Stadtwaage orientierten Gebäudeseite einst als Schafott errichtet wurde. Die letzte Hinrichtung liegt erfreulicherweise weit zurück – sie wurde 1860 vollstreckt. Am Rathausgiebel stellt ein altes Figurenspiel halbstündlich die Verleihung der Stadtrechte dar.

Adresse/Öffnungszeiten Markt 1, 2801 JL Gouda, ✆ 0182/588758. Mo-Fr 9-12 Uhr und 13-16 Uhr, Sa 11-15 Uhr, Juni-August Sa bis 16 Uhr. Erwachsene 0.70 €, Kinder 0.35 €.

Grote Kerk (Sint Janskerk): Ein Bauwerk als das älteste der Provinz oder das größte der Region einzustufen ist keinesfalls ungewöhnlich. Anders dagegen sieht es aus, wenn eine Kirche als die längste des Landes gepriesen wird. Die Janskerk erhebt mit ihrem imposanten Hauptschiff (123 m) genau diesen Anspruch. Das Interesse sollte allerdings eher den wunderbaren Bleiglasfenstern gelten. Die *Goudse Glazen* gelten unter Kunstkennern als einzigartige Meisterwerke, von denen mehr als die Hälfte aus der Zeit vor dem Bildersturm des 17. Jahrhunderts stammen. Nahe der Kirche geht ein Steinmetz mit großer Fingerfertigkeit zu Werke. Die Türe steht offen. Man schaut über seine Schultern und taucht ein ins ferne Mittelalter.

Adresse/Öffnungszeiten Achter de Kerk 16, 2801 JX Gouda, ✆ 0182/512684. März-Oktober Mo-Sa 9-17 Uhr; November-Februar Mo-Sa 10-16 Uhr. Erwachsene 1.60 €, Kinder 0.70 €, Senioren (Pas65) 1.15 €.

Kaasexposeum De Waag: In der alten Stadtwaage (1668) ist eine Ausstellung zur Entwicklung der Käsestadt Gouda untergebracht. Im Gebäude wurden

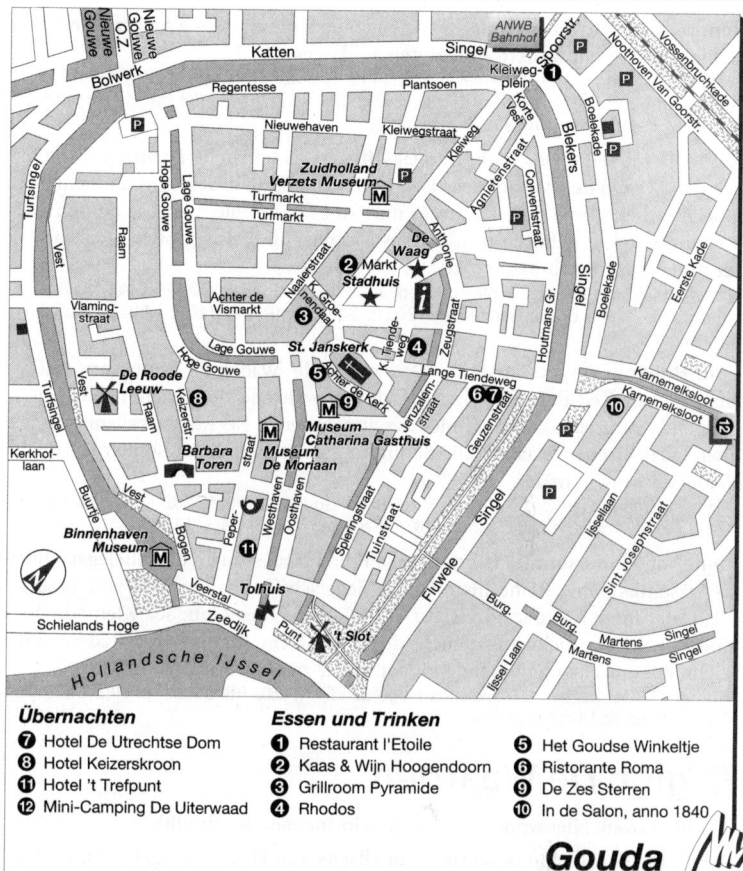

Übernachten
- ❼ Hotel De Utrechtse Dom
- ❽ Hotel Keizerskroon
- ⓫ Hotel 't Trefpunt
- ⓬ Mini-Camping De Uiterwaad

Essen und Trinken
- ❶ Restaurant l'Etoile
- ❷ Kaas & Wijn Hoogendoorn
- ❸ Grillroom Pyramide
- ❹ Rhodos
- ❺ Het Goudse Winkeltje
- ❻ Ristorante Roma
- ❾ De Zes Sterren
- ❿ In de Salon, anno 1840

Gouda

einst die schweren Käseräder gewogen, doch dürfen sich mittlerweile auch die Touristen ihr aktuelles (Über-)Gewicht bescheinigen lassen.

Adresse/Öffnungszeiten Markt 35-36, 2801 JK Gouda, ☎ 0182/529996. April-Oktober Di-So 13-17 Uhr, Do ab 10 Uhr. Erwachsene/Kinder 3.50 €.

Stedelijk Museum "De Moriaan": Der "Mohr", ein typisches Kaufmannshaus des 17. Jahrhunderts, barg in seiner unteren Etage ursprünglich einen kleinen Tabakhandel. Der alte Laden bildet mittlerweile den äußeren Rahmen einer Pfeifenausstellung – eine Hommage an Gouda als einst wichtiges Zentrum der nationalen Pfeifenindustrie. Fliesen und Keramiken ergänzen die Ausstellung. Der Pfeifenmacher plaudert gerne mit den Besuchern: Anlässlich einer Familienfeier habe er seiner Nichte eine Flöte aus Keramik gegossen, die wenig später einem Firmenvertreter ins Auge fiel. Der Mann orderte spontan 5.000 Exemplare, denn trotz diverser Nachteile – man bedenke die Zerbrechlichkeit –

konnte das Instrument durch seinen angenehmen Klang überzeugen. Der Pfeifenmacher hat weitere Anekdoten auf Lager.
Adresse/Öffnungszeiten Westhaven 29, 2801 PJ Gouda, ☎ 0182/588440. Mo-Fr 10-17 Uhr, Sa 10-12.30 Uhr und 13.30-17 Uhr, So 12-17 Uhr. Erwachsene 2.50 €, Kinder frei, Senioren (Pas65) 1.60 €, MJK. Führungen in deutscher Sprache.

Stedelijk Museum Het Catharina Gasthuis: Das herrliche *Lazaruspoortje* öffnet den Weg in den Vorhof des alten Catharina-Spitals, dessen Räumlichkeiten eine Apotheke, eine Folterkammer und eine "Irrenzelle" bergen. Zu den Ausstellungsstücken gehören u. a. antikes Mobiliar und eine größere Auswahl alter und moderner Kunstobjekte.
Adresse/Öffnungszeiten Achter de Kerk 14, 2801 PB Gouda, ☎ 0182/588440. Mo-Sa 10-17 Uhr, So 12-17 Uhr. Erwachsene/Kinder 2.50 €, Senioren (Pas65) 1.80 €, MJK. Führungen in deutscher Sprache.

Zuid-Holland Verzetsmuseum: Das regionale Widerstandsmuseum befasst sich mit der Zeit der deutschen Besatzung während des Zweiten Weltkriegs. Steigende Aufmerksamkeit findet der zunehmende Rechtsradikalismus in fast allen europäischen Staaten. Die Sammlung zeigt zahlreiche Kopien nationaler Widerstandsdenkmäler.
Adresse/Öffnungszeiten Turfmarkt 30, 2801 HA Gouda, ☎ 0182/520385. Di-Sa 10-17 Uhr, So 12-17 Uhr. Erwachsene 2.30 €, Kinder 1.80 €, Senioren (Pas65) 1.80 €, MJK.

Binnenhavenmusem Turfsingel: Das Freilichtmuseum an der Mallegatschleuse präsentiert eine Reihe historischer Segelschiffe aus der Zeit von 1880 bis 1930, darunter mit der *Vredebest* (1883) ein echtes Goudaer Kleinod. Zwar sind die Schiffe nicht zugänglich, doch lohnt ein Abstecher trotzdem. Vielleicht lädt einer der anwesenden Eigentümer zu einer Kurzvisite ein.
Adresse/Öffnungszeiten Schielands Hoge Zeedijk 1, 2802 RB Gouda, ☎ 0182/584230. Täglich rund um die Uhr. Eintritt frei.

Region De Waarden

(Schoonhoven, Nieuwpoort, Leerdam, Gorinchem, Kinderdijk)

Der Name der Region beschreibt ein allseits von Flüssen umgebenes, weitläufiges Poldergebiet, in dem zahlreiche hohe Deiche die Bevölkerung vor Überflutungen schützen. Die intensive Landwirtschaft, die in anderen Teilen des Landes betrieben wird, ist mit den hiesigen Böden nicht in Einklang zu bringen. In **Ablasserwaard**, **Krimpenerwaard** und **Lepikerwaard** spielt folglich die Viehzucht die dominierende Rolle. Die weiter östlich gelegenen *Vijfheerenlanden*, in denen sich die Landschaft deutlich waldreicher zeigt, bilden den Übergang ins *Geldersche Rivierengebied*. Der Naturliebhaber sollte seine Aufmerksamkeit auf die reizvollen Flussläufe von *Graafstroom*, *Linge* und *Vlist* richten – schöne Regionen für Kanufahrten und Radtouren. Der Höhepunkt eines Abstechers in die Waarden ist ein Besuch des weltweit einzigartigen Windmühlen-Ensembles von **Kinderdijk**, das vor wenigen Jahren als drittes Monument der Niederlande auf die Weltkulturerbeliste der UNESCO aufgenommen wurde. In keinem anderen Landesteil sind ähnlich viele Mühlen auf engstem Raum erhalten.

Schoonhoven

(12.000 Einwohner)

Im 18. Jahrhundert erblühte 20 km südöstlich von Gouda das Handwerk des Gold- und Silberschmiedens. Die im wahrsten Sinne des Wortes glanzvollen Zeiten liegen zwar in weiter Ferne, doch hat diese Kunst in Schoonhoven ihre Bedeutung behalten – zwei Museen geben einen umfassenden Überblick: Das **Nederlands Goud-, Zilver en Klokkenmuseum** vermittelt einen Überblick über vier Jahrhunderte niederländischer Gold- und Silberschmiedekunst und zeigt ergänzend eine breite Sammlung kostbarer Uhrwerke – Armbanduhren, Standuhren, Turmuhren. Ein wahres Kleinod ist der authentisch hergerichtete Arbeitsplatz eines Silberschmieds aus dem vorigen Jahrhundert, an dem alte Gerätschaften zu sehen sind. Die ständige Sammlung wird durch themenbezogene Wechselausstellungen ergänzt.

Das **Schoonhoven's Edelambachtshuis**, das zweite bedeutende Museum zur Geschichte der Silberschmiedekunst, befindet sich gegenwärtig in der alten jüdischen Synagoge. Die Ausstellung kostbarer Silberstücke aus den vergangenen drei Jahrhunderten wird belebt durch tägliche Demonstrationen des alten Handwerks in einer liebevoll eingerichteten Schmiedewerkstatt.

• *Information* **VVV Schoonhoven**, Stadhuisstraat 1, 2871 BR Schoonhoven, ☎ 0182/385009, 📠 387446, vvvschoonhoven@wxs.nl. Mai-September Mo 13.30-16.30 Uhr, Di-Fr 9-16.30 Uhr, Sa 10-15 Uhr, So 13.30-16 Uhr; Oktober-April Di-Fr 9-16 Uhr, Sa 10-15 Uhr.

• *Adressen/Öffnungszeiten* **Nederlands Goud-, Zilver en Klokkenmuseum**, Kazerneplein 4, 2871 CZ Schoonhoven, ☎ 0182/385612. Di-So 12-17 Uhr. Erwachsene 3.50 €, Kinder 2.25 €, MJK. Führungen in deutscher Sprache.

Schoonhoven's Edelambachtshuis, Haven 13, 2871 CK Schoonhoven, ☎ 0182/382651. Juni-September Di-Sa 10-17 Uhr; Oktober-Mai Di-Sa 10.30-17 Uhr. Erwachsene/Kinder 1 €. Begleittexte und Führungen in deutscher Sprache.

• *Bahnverbindung* nächster Bahnhof in Gouda (15 km).

• *Busverbindungen* in Richtung Gouda, Rotterdam, Utrecht.

• *Einkaufen* Die Geschäfte bleiben in Schoonhoven Montagvormittag geschlossen. Am Freitag verschiebt sich der Laden-

schluss auf 21 Uhr (Kaufabend). Markttermin: **Wochenmarkt** Mi 8-12 Uhr, Doelenplein.

• *Krankenhaus* **Groene Hart Ziekenhuis**, Bleulandweg 10, 2802 HH Gouda, ☎ 0182/505050.

• *Taxiruf* ☎ 0182/382488

• *Übernachten* ** Hotel Over de Brug, Veerlaan 1, 2851 BV Haastrecht, 16 Betten, einige Kilometer nordwestlich von Schoonhoven, Richtung Gouda, einfaches Haus, saubere Räumlichkeiten, angeschlossenes Eetcafé. EZ ab 28 €, DZ ab 50 €, ☎ 0182/501210.

* **Hotel Roos**, Voorhaven 21, 2871 CH Schoonhoven, 19 Betten, einziges Hotel in Schoonhoven, sehr einfach, keinen Luxus erwarten. EZ ab 25 €, DZ ab 40 €, ☎ 0182/383461.

Camping 't Wilgerak, Lekdijk Oost 3, 2871 AD Schoonhoven, Richtung Fährbrücke Gorinchem, Schildern folgen, einziger Platz vor Ort, reizvolle Aussicht auf die Lek, einfache Sanitärs, Schwimmbad (200 m), geöffnet April-September. Stellplatz (inkl. 2 Pers.) 15 €, zus. Person 1 €, Duschen 0.50 €, Fläche 2,5 ha. ☎ 0182/382836.

Nieuwpoort

(4.000 Einwohner)

Das kleinste Festungsstädtchen der Niederlande liegt 20 km südöstlich von Gouda und betört mit zahlreichen Giebeln und Giebelchen, die sich anmutig in den Wassern von Binnen- und Buitenhaven spiegeln. Sehenswerte Bauwerke sind das Arsenaal (1781), ehemals Handelsplatz für Waffen und

Munition, später Getreidehandel und Silberfabrik, das *Koetshuis* (1850), später zur Kirche ausgebaut, und das ehemalige *Stadhuis* (1696), in dessen Obergeschoss das **Museum Oudheidkamer** mit einer Maquette der Stadt und Exponaten zur Stadtgeschichte untergebracht ist.

● *Adresse/Öffnungszeiten* **Museum Oudheidkamer**, Hoogstraat 53, 2965 AK Nieuwpoort, ✆ 0184/668600. April-Oktober Sa 13.30-17 Uhr, Juni-August auch Mi/Do 13.30-17 Uhr. Eintritt frei.

● *Essen* **Café De Dam**, Buitenhaven 1, 2965 AD Nieuwpoort, der ideale Platz zum Verweilen nach einem Spaziergang über die alten Wallanlagen, ✆ 0184/601384.

Leerdam   (20.000 Einwohner)

Die etwa 30 km südlich von Utrecht gelegene Ortschaft wird gerne mit dem gleichnamigen Käse in Verbindung gebracht. Mittlerweile wird dieser zwar auch andernorts produziert, doch kam er ursprünglich tatsächlich aus Leerdam.

Die Stadt am südöstlichen Rand der Provinz besitzt einige gut erhaltene Reste mittelalterlicher Verteidigungsanlagen, darunter drei alte Wohntürme auf den Stadtwällen. Lange Zeit spielte die Leerdamer Glasindustrie eine bedeutende wirtschaftliche Rolle. Das **Nationaal Glasmuseum** beleuchtet die Geschichte dieses lukrativen Industriezweigs. Das im alten *Poorthuys* untergebrachte **Museum Het Oude Raadhuis** widmet sich neben dem Thema Glas auch der Entwicklung der Holz- und Käseindustrie.

Sehenswert ist schließlich das Leerdamer Vrouwenhofje **Hofje van Aerden**, das der Initiative von *Maria Ponderus van Aerden* zu verdanken ist, die im späten 18. Jahrhundert auf dem Gelände des früheren *Kasteel van Arkel* einige Wohnungen für mittellose allein stehende Frauen stiftete. Besondere Beachtung verdient neben dem ruhigen Innenhof der prachtvolle Regentensaal, in dem sich neben alten Möbeln eine Gemäldesammlung des 17. Jahrhunderts mit Werken von *Pieter Claesz* und *Gerhard Terborch* befindet.

● *Information* **VVV Leerdam**, Kerkstraat 18, 4141 AW Leerdam, ✆ 0345/613057, 📠 631151, www.vvvzhz.nl. April-September Di-Fr 10-17 Uhr, Sa 10-15 Uhr; Oktober-März Mo 12-17 Uhr, Di-Fr 10-17 Uhr, Sa 10-13 Uhr.

● *Adressen/Öffnungszeiten* **Nationaal Glasmuseum**, Lingedijk 28, 4142 LD Leerdam, ✆ 0345/612714. Di-Fr 10-17 Uhr, Sa/So 13-17 Uhr. Erwachsene 3.50 €, Kinder 1 €, Senioren (Pas65) 2.50 €, MJK.

Museum Het Oude Raadhuis, Kerkstraat 18, 4141 AW Leerdam, ✆ 0345/614433. Di-Sa 10-17 Uhr, Juli-September auch So/Mo 13-17 Uhr. Erwachsene/Kinder 2.25 €, Senioren (Pas65) 1.10 €, MJK. Führungen in deutscher Sprache.

Hofje van Aerden, Kerkstraat 67, 4141 AV Leerdam, ✆ 0345/614019. Di und Do 14-17 Uhr. Erwachsene 1.40 €, Kinder frei. Führungen in deutscher Sprache.

● *Bahnverbindungen* 1-2x stündl. nach Dordrecht (Dauer: 25 Min.), 1-2x stündl. nach Geldermalsen (15 Min.) und weiter nach Utrecht (45 Min.).

● *Autovermietung* **Autoverhuur Ames**, Energieweg 8, 4143 HK Leerdam, ✆ 0345/638060.

● *Fahrradverleih* **De Betuwse Stromen**, Veerstoep 2, 4142 LA Leerdam, ✆ 0345/611959 (auch Kanuverleih).

● *Einkaufen* Die Geschäfte bleiben in Leerdam Montagvormittag geschlossen. Am Freitag verschiebt sich der Ladenschluss auf 21 Uhr (Kaufabend). Markttermin: **Wochenmarkt** Do 8.30-12 Uhr, Kerkstraat, Fonteinstraat.

● *Krankenhaus* **Beatrixziekenhuis**, Banneweg 57, 4204 AA Gorinchem, ✆ 0183/644444.

● *Taxiruf* ✆ 0345/630303

● *Übernachten* *** **Hotel Cosmopolite**, Lingedijk 2, 4247 EE Kedichem, 40 Betten, wenige Kilometer südöstlich von Leerdam, Richtung Gorinchem, komfortables Haus, gemütliches Interieur, gutes Frühstück. DZ ab 56 €, Frühstück 6 €, ☎ 0183/561636.

** **Hotel Lucullus**, Vlietskant 46, 4141 CM Leerdam, 34 Betten, einziges Hotel in Leerdam, sehr einfach, keinen Luxus erwarten. EZ ab 45 €, DZ ab 60 €, ☎ 0345/612532, 📠 610691.

● *Essen* **Santa Lucia**, Kerkstraat 21, 4141 AT Leerdam, gehobene italienische Küche, gute Fleisch- und Nudelgerichte, preiswerte 3-Gänge-Menüs, ☎ 0345/616262.

Pannenkoeken Het Veerhuys, Kerkstraat 93, 4141 AV Leerdam, Leerdamer Pfannkuchenhaus mit großer Auswahl, deftig oder süß, Mo geschlossen, ☎ 0345/615262.

Ausläufer des Lingehafens im alten Stadtzentrum (Gorinchem)

Provinz Zuid-Holland
Karte S. 148/149

Gorinchem

(30.000 Einwohner)

Am Zusammenfluss der Flüsse Linge, Merwede und Waal liegt das Städtchen Gorinchem, dessen Name aus dem Munde alteingesessener Bewohner wie *Gorkum* klingt. Die reizvollsten Ecken der Stadt liegen am alten Lingehafen. Die engen Gassen hinunter zu den Hafenanlagen und der bruchstückhaft erhaltene Verteidigungswall vermitteln eine geruhsame Atmosphäre. Auf der Bastion thronen zwei aus dem 18. Jahrhundert stammende Wallmühlen.

Als Wahrzeichen der Stadt gilt der **Sint Janstoren**, der zwischen seinem unteren und oberen Abschnitt einen deutlichen Knick aufweist. Der 62 m hohe Turm ist der letzte Rest einer Pfarrkirche aus dem 16. Jahrhundert und neben dem letzten erhaltenen Stadttor *Dalempoort* das älteste Bauwerk Gorinchems. Er überragt heute eine wesentlich jüngere Kirche, die 1845 fertig gestellt wurde.

In einem der schönsten Gebäude Gorinchems befindet sich das **Gorcums Museum**, das Münzen, Silber und Stiche zur Entwicklung der Stadt ausstellt. Noch beeindruckender aber ist das Gebäude mit seiner reichhaltig verzierten Renaissance-Fassade (1566). Die filigran ausgearbeiteten Glasfenster, die rotweiß gehaltenen Fensterläden und die verschnörkelten Steinmetzarbeiten sind ein Meisterwerk der Architektur.

- *Information* **ANWB/VVV** Gorinchem, Grote Markt 17, 4201 EB Gorinchem, ✆ 0183/631525, 🖳 634040, www.vvvgorinchem.nl. Mo-Fr 9-17 Uhr, Sa 9-14 Uhr, Mai-August Sa bis 17 Uhr.
- *Adresse/Öffnungszeiten* **Sint Janstoren**, Krijtstraat 1, 4201 JL Gorinchem, ✆ 0183/631525 (VVV). Besichtigung und Turmbesteigung nur nach telefonischer Voranmeldung. Erwachsene 1.50 €, Kinder 0.70 €.
Gorcums Museum, Grote Markt 17, 4201 EB Gorinchem, ✆ 0183/632821. April-September Di-Sa 10-17 Uhr, So 11-17 Uhr; Oktober-März Di-Sa 10-17 Uhr, So 13-17 Uhr. Erwachsene 2.50 €, Kinder 1.50 €, MJK.
- *Bahnverbindung* 2x stündl. nach Dordrecht (Dauer: 25 Min.) und weiter nach Utrecht (40 Min.).
- *Busverbindungen* in Richtung Aalburg, Breda, Oosterhout.
- *Autovermietung* **Autoverhuur Budget**, Marconiweg 7, 4207 HH Gorinchem, ✆ 0183/626885 (0800/0537, gratis).

- *Fahrradverleih* **Hagemeijer Rijwielhandel**, Gildenweg 121-123, 4204 GG Gorinchem, ✆ 0183/633008.
- *Kanuverleih* **De Goesting**, Vijfde Uitgang 1a, 4201 XH Gorinchem, ✆ 0183/635082.
- *Einkaufen* Die Geschäfte bleiben in Gorinchem Montagvormittag geschlossen. Am Donnerstag verschiebt sich der Ladenschluss auf 21 Uhr (Kaufabend). Markttermin: **Wochenmarkt** Mo 8.30-12 Uhr, Centrum.
- *Krankenhaus* **Beatrixziekenhuis**, Banneweg 57, 4204 AA Gorinchem, ✆ 0183/644444.
- *Mühle* **Molen Nooit Volmaakt**, Bagijnenwal, ✆ 0183/637408. Kornmühle anno 1718. Sa 12-17 Uhr. Eintritt frei.
- *Schwimmen* **Caribabad**, Bataafsekade 8, 4204 AX Gorinchem, ✆ 0183/623911, 🖳 628044. Subtropisches Schwimmparadies, Halle und Freibad, Whirlpool.
- *Taxiruf* ✆ 0183/623312

- *Übernachten* ***** Hotel Gorinchem**, van Hogendorpweg 8-10, 4204 XW Gorinchem, 48 Betten, die erste Adresse vor Ort, freundlicher Service, alle Zimmer mit Du/WC, Telefon und TV, angegliedertes Restaurant. EZ ab 46 €, DZ ab 50 €, Frühstück 7.50 €, ✆ 0183/622400, 🖳 622948.
*** Hotel Campanile Gorinchem, Franklinweg 1, 4207 HX Gorinchem, 85 Betten, gemütliche Räumlichkeiten, saubere Zimmer. EZ ab 57 €, DZ ab 57 €, Frühstück 8 €, ✆ 0183/625877, 🖳 629536.
- *Essen* **Eet bij Brussé**, Langendijk 71, 4201 CG Gorinchem, Pfannkuchen in allerlei

unterschiedlichen Variationen von deftig-kräftig bis fruchtig-süß, zwei Tische im Eingangsbereich an der Fußgängerzone, vier weitere auf der netten rückwärtigen Holzterrasse an der Linge, erreichbar über die Notausgangstür hinten links, ✆ 0183/631979.
Pizzeria La Fontana, Achter de Kerk 15, 4201 EG Gorinchem, italienische Küche, gute Nudelgerichte, preiswerte Pizzen, Mo geschlossen, ✆ 0183/633019.
Brasserie De Arkelstaete, Arkelstraat 90, 4201 KH Gorinchem, typisches Eetcafé, preiswerte wechselnde Tagesgerichte, Di und So geschlossen, ✆ 0183/633233.

Kinderdijk
(1.200 Einwohner)

Der Name *Kinderdijk* entstand der Sage nach während der Sint Elisabethflut 1421, als die Wellen eine Wiege angespült haben sollen. Eine kleine Katze habe dafür gesorgt, dass die Wiege nicht umfiel und das darin schlafende Kind unversehrt blieb. Die kleine Ortschaft liegt wenige Kilometer südöstlich von Rotterdam.

An der Verzweigung von *Lek* und *Noord* erbaute man im 18. Jahrhundert nicht weniger als 19 Mühlen, die das Wasser aus den tiefen Poldern von *Ablasserwaard* in den Lek pumpen sollten. Die Mühlen im **Molengebiet Kinderdijk** konnten weitgehend im Originalzustand erhalten werden. In der Saison werden sie einmal wöchentlich mit Segeln bespannt und in Betrieb genommen. In der zweiten Septemberwoche sind alle Mühlen am Abend hell erleuchtet – ein eindrucksvolles, weltweit einzigartiges Schauspiel. Eine der Mühlen (*Bezoek-molen Nederwaard Molen no. 2*) kann besichtigt werden; die Einrichtung zwischen knarrenden Holztreppen und knirschenden Mühlsteinen ist erhalten, darunter die engen Schlafstätten und die kleine Küche mit urigem Herd.

Adresse/Öffnungszeiten **Nederwaard Molen**, Nederwaard 5, 2961 AS Kinderdijk, ✆ 078/6915179. April-September täglich 9.30-17.30 Uhr. Erwachsene 2.50 €, Kinder 1 €. Führungen in deutscher Sprache.

Region Land van Heusden

(Dordrecht)

Provinz Zuid-Holland
Karte S. 148/149

Die Region, die sich bis in die südöstlich benachbarte Provinz Noord-Brabant ausdehnt, wird durch die an historischen Monumenten reiche Handelsstadt **Dordrecht** dominiert, die noch im späten 17. Jahrhundert als reichste Stadt der damaligen Zeit komplett von Wasser umgeben war. Sie liegt ganz in der Nähe des wunderschönen *Biesbosch-Naturschutzgebiets*. Dabei handelt es sich um den letzten Überrest eines großen (mittlerweile eingepolderten) Binnensees, der im frühen 15. Jahrhundert nach mehreren Deichbrüchen an den Ufern der beiden Flüsse *Maas* und *Merwede* entstanden war. Nicht weniger als 18 Dörfer waren damals in den Fluten verschwunden. Mehrere Generationen arbeiteten an der Einpolderung dieses Binnensees, die sich über mehrere Jahrhunderte erstrecken sollte. Neben dem Biesbosch verdienen die alten Festungsstädte **Woudrichem** und **Heusden** in der Provinz Noord-Brabant einen Abstecher – kulturelle Höhepunkte einer an Historie sehr reichen Region.

Dordrecht

(112.000 Einwohner)

Allen Mühen zum Trotz neigten sich in den letzten Jahrhunderten zahlreiche Gebäude zur Seite. Stabile Pfeiler stützen seither die bedrohten Häuser auf dem sumpfigen Untergrund. Die Stadtväter aber bleiben gelassen: Dordrecht fällt nicht um!

Die Stadt war im Mittelalter dank ihrer günstigen Lage an mehreren wichtigen Wasserstraßen eines der wirtschaftlichen Zentren der Niederlande. Der Handel blühte. Das Goldene Jahrhundert bescherte auch Dordrecht glanzvolle Zeiten. Der einstige Wohlstand lässt sich noch heute an einer Vielzahl historischer Monumente ablesen. Nehmen Sie sich die Zeit, um gemütlich durch das Hafenviertel zu schlendern. Man fühlt sich um Jahrhunderte zurückversetzt.

Im Ständesaal des alten Augustinerklosters *Het Hof* in Dordrecht besiegelten 1572 zwölf niederländische Städte ein erstes Bündnis gegen die Unterdrückung durch die spanischen Besatzer. Sie vereinten sich unter der Führung von *Willem van Oranje*, dem späteren "Vater des Vaterlandes", zum Aufstand. Die Geburtsstunde der heutigen Niederlande hatte geschlagen. Dordrecht avancierte zum ersten Regierungssitz des Landes. Die erste freie Versammlung der Stände war die Grundlage für den langen Weg in die Unabhängigkeit.

Der frühere Glanz ist mittlerweile verflogen, doch hat sich die Stadt dank ihres Binnenhafens große wirtschaftliche Bedeutung bewahren können. Ein Stück nördlich des alten Stadtkerns verbirgt sich hinter dem *Groothoofdspoort*, dem

Kähne am alten Hafen

letzten Rest der mittelalterlichen Befestigungsanlagen, ein einzigartiges Flusspanorama. Der eckige *Kippeltoren* des früheren Haupttors der Stadt ist bereits aus größerer Entfernung zu erkennen. An der rückwärtigen Front des Tores bietet sich ein eindrucksvoller Blick auf die stark befahrene Wasserstraße. Der Zusammenfluss von *Merwede, Noord* und *Oude Maas* zählt zu den meistbefahrenen Flusspassagen weltweit. Mehrere Cafés haben gelernt, die exponierte Lage zu nutzen.

Östlich der Stadt liegt im weiten Deltagebiet von *Maas* und *Waal* mit dem *Hollandse Biesbosch* einer der schönsten Naturparks der Niederlande. Das gesamte Areal, das sich durch die verheerende Sint-Elisabethflut des Jahres 1421 in ein ausgedehntes Wassergebiet verwandelt hatte, stand bis zur Fertigstellung des *Haringvliets* in den 50er Jahren unter dem Einfluss der Gezeiten. Seither ist die Region zum Lebensraum Tausender Vögel und zum Trinkwasserreservoir der Stadt Rotterdam geworden. Viele der schilfbewachsenen, nur vom Wasser aus zugänglichen Landstreifen dienen seltenen Wasservögeln als Brutplatz und Ruhestätte.

Der Besucher kann den Park auf kürzeren und längeren (Rad-)Wanderwegen erkunden, beispielsweise entlang des *Weidenbruch-Museumspfads*, eines Wanderweges, der viel über die reichhaltige Kulturgeschichte des Nationalparks zu erzählen weiß. Die Alternative wäre der Wasserweg, auf dem man mit dem Kanu oder Ruderboot in die noch weitgehend unberührte Natur eindringen kann.

Information/Verbindungen/Rundfahrten

● *Information* **VVV Dordrecht**, Stationsweg 1 (aus dem Bahnhofsgebäude geradeaus in den Stationsweg, nach 100 m auf der linken Seite), 3311 JW Dordrecht, ☎ 0900/4636888, ✆ 078/6131783, www.vvvzhz.nl. Mo 12-17.30 Uhr, Di-Fr 9-17.30 Uhr, Sa 10-16 Uhr. E-Mail info@vvvzhz.nl
NWB Dordrecht, Koninklijke Nederlandse Toeristenbond, Spuiboulevard 88, 3311 GR

Dordrecht, ☎ 078/6140766, ✆ 6140444.
● *Bahnverbindungen* 3-4x stündl. nach Breda (Dauer: 25 Min.), 3x stündl. Roosendaal (25-30 Min.), 5-6x stündl. Rotterdam (15 Min.), 1x stündl. Utrecht (80 Min.).
● *Schiffsrundfahrten* Die Rederei De Hollandse Biesbosch bietet eine Reihe schöner Rundfahrten durch den gleichnamigen Naturpark an.

Panoramatocht: Die große Tour führt quer durch das Biesbosch-Naturschutzgebiet. April-September (genaue Termine beim Besucherzentrum erfragen). Dauer 90 Min. Erwachsene 6.50 €, Kinder 4.30 €, Senioren (Pas65) 4.30 €. Abfahrt am Biesbosch-Ableger nahe dem Besucherzentrum.

Rondje Fluisterboot: Die einstündigen Fahrten auf dem "Flüsterboot", dessen extrem leiser Elektromotor über die Sonnenkollektoren auf dem Dach gesteuert wird, lässt einen das Plätschern des Wassers auch während der Fahrt hören. Die störenden Motorengeräusche entfallen! Der Kapitän des Bootes ist zugleich der fachkundige Führer der Tour. April-September (genaue Termine beim Besucherzentrum erfragen). Dauer 60 Min. Erwachsene 4.75 €, Kinder 3.80 €, Senioren (Pas65) 3.80 €. Abfahrt am Biesbosch-Ableger nahe dem Besucherzentrum.

Information: Rondvaart De Hollandse Biesbosch, Baanhoekweg 53, 3313 LP Dordrecht, ☎ 078/6305353, 🖂 6305350.

Zur Entdeckungstour im Gouden Circel siehe Seite 171.

Provinz Zuid-Holland
Karte S. 148/149

Adressen

• *Autovermietungen* **Autoverhuur Avis**, Spuiweg 184, 3311 GW Dordrecht, ☎ 078/6317454; **Autoverhuur Budget**, Laan der Verenigde Naties 50, 3314 DA Dordrecht, ☎ 078/6143999 (0800/0537, gratis); **Autoverhuur Europcar**, Thorbeckeweg 176b, 3317 EL Dordrecht, ☎ 078/6187989; **Autoverhuur Ufkes**, Galvanistraat 15, 3316 GH Dordrecht, ☎ 078/6176027.

• *Fahrradverleih* **Voorwinde Rijwielshop**, Stationsplein 6, 3311 JV Dordrecht, ☎ 078/6146642; **Bezoekerscentrum De Hollandse Biesbosch**, Baanhoekweg 53; 3313 LP Dordrecht, ☎ 078/6305353.

• *Kanuverleih* **Bezoekerscentrum De Hollandse Biesbosch**, Baanhoekweg 53, 3313 LP Dordrecht, ☎ 078/6305353; **Surfvereniging Windkracht**, Baanhoekweg 6, 3313 LA Dordrecht, ☎ 078/6212510.

• *Wasserfahrräder* **Bezoekerscentrum De Hollandse Biesbosch**, Baanhoekweg 53, 3313 LP Dordrecht, ☎ 078/6305353.

• *Einkaufen* Die Geschäfte bleiben in Dordrecht Montagvormittag geschlossen. Am Donnerstag verschiebt sich der Ladenschluss auf 21 Uhr (Kaufabend). Markttermine: **Wochenmarkt** Fr 8-12.30 Uhr und Sa 9-17 Uhr, Grote Markt, Scheffersplein, Kolfstraat.

• *Kinderbauernhof* **Natuur en Milieu Centrum Weizigt**, van Baerleplantsoen 30a, 3314 BH Dordrecht, ☎ 078/6141900. Mo-Fr 9-16.30 Uhr, Sa/So 11-16 Uhr. Eintritt frei.

• *Krankenhaus* **Albert Schweitzer Ziekenhuis**, v/d Steenhovenplein 1, 3317 NM Dordrecht, ☎ 078/6541111.

• *Schwimmen* **Aquapulca**, Karel Lotsyweg 21, 3318 AL Dordrecht, ☎ 078/6176344, 🖂 6511255. Subtropisches Schwimmparadies, Halle und Freibad, 80-Meter-Rutschbahn, Whirlpool.

• *Taxiruf* ☎ 078/6210220

Übernachten (siehe Karte auf Seite 209)

• *Hotels* **** **Hotel Bellevue Groothoofdspoort (11)**, Boomstraat 37, 3311 TC Dordrecht, 54 Betten, Traumlage am Wasser, freundlich eingerichtete, helle Zimmer, angegliedertes Restaurant mit guter Küche. EZ ab 160 €, DZ ab 275 €, Frühstück 10 €, ☎ 078/6137900, 🖂 6137921.

*** **Mercure Hotel Dordrecht (18)**, Rijksstraatweg 30 (Autobahn A 16), 3316 EH Dordrecht, 136 Betten, nüchternes Haus, alle Zimmer mit Minibar, Telefon und TV, spezielle Nichtraucherzimmer vorhanden. EZ ab 90 €, DZ ab 102 €, Frühstück 11.50 €, ☎ 078/6184444, 🖂 6187940.

*** **Hotel Klarenbeek (16)**, Johan de Wittstraat 35, 3311 KG Dordrecht, 46 Betten, 500 m vom Bahnhof, altholländische Einrichtung, Garten mit ruhiger Terrasse, alle Zimmer mit Dusche oder Du/WC. EZ ab 60 €, DZ ab 75 €, ☎ 078/6144133, 🖂 6140861.

** **Budget Hotel Hollandse Biesbosch (13)**, Baanhoekweg 25, 3313 LP Dordrecht, 120 Betten, etwas außerhalb im gleichnamigen Erholungsgebiet, Buslinie 5 ab Bahnhof Richtung "Staart", alle Zimmer mit Du/WC, Klimaanlage, Telefon und TV. EZ ab 45 €, DZ ab 55 €, ☎ 078/6212167, 🖂 6212163.

• *Jugendherberge*   NJHC-Jugendherberge Hollandse Biesbosch (14), Baanhoekweg 25, 3313 LP Dordrecht, Teil des Budgethotels, reizvolle Lage inmitten des Naturschutzgebietes, moderne Herberge mit kleinen, verschließbaren Zimmern, hoher Komfort, alle Zimmer mit eigenem Bad, sehr sauber. Leider können die Fenster nicht geöffnet werden, ganzjährig geöffnet. 121 Betten, Zweierzimmer (2), Dreierzimmer (7), Viererzimmer (24). Übernachtung im Schlafsaal inkl. Frühstück 20-22 € (je nach Saison), ✆ 078/6212167, ✉ 6212163, dordrecht@njhc.org.

• *Camping*   Camping Bruggehof (17), Rijksstraatweg 186, 3316 EJ Dordrecht, südlich der Stadt in Autobahnnähe (A18), Schildern folgen, schöne Lage mit malerischen alten Laubbäumen, gute Sanitärs, Lebensmittelgeschäft, öffentliches Schwimmbad, geöffnet April-Oktober. Person 3 €, Zelt 3 €, Auto 2.50 €, Fläche 3 ha. ✆ 078/6183241.

Camping Budget Hotel Hollandse Biesbosch (15), Baanhoekweg 25, 3313 LP Dordrecht, etwas außerhalb im gleichnamigen Erholungsgebiet, Buslinie 5 ab Bahnhof Dordrecht Richtung "Staart", Teil des Budget-Hotels, gute Sanitärs, geöffnet April-Oktober. Person 3 €, Zelt 3 €, Auto 2.50 €, Fläche 3 ha. ✆ 078/6212167, ✉ 6212163.

Mini-Camping De Kleine Rug (12), Loswalweg 1, 3313 LG Dordrecht, geöffnet April-Oktober. Stellplatz (Auto und Zelt) 2.40 €, Person 3.80 €, Duschen inkl., Fläche 0,4 ha. ✆ 078/6163555, kleinerug@nivon.nl.

Essen

The Taste of Texas (3), Nieuwstraat 5, 3311 XR Dordrecht, Steakhouse im texanischen Stil, Kakteen auf steinigem Untergrund im Fenster heißen den Gast in der "Dordtse Prärie" willkommen, wöchentlich wechselndes Texas-3-Gänge-Menü mit starkem texanischen Kaffee, Di-So 17-23 Uhr, ✆ 078/6133206.

Knollen & Citroenen (4), Groenmarkt 8, 3311 BE Dordrecht, "Gerechten uit Grootmoeders Tijd". Nach 16 Jahren Bonne Bouche (jetzt in Rotterdam, Seite 218) eröffnete der Dordrechter Ron Hoogendoorn mit seinem Chefkoch Raymond Hulsebos das neue kulinarische Highlight der Stadt. Das Haus, in dem das Restaurant untergebracht ist, datiert aus dem Jahre 1681, das Interieur ist mit zahllosen Emaille-Küchenpfannen, Kochbüchern, Melkhockern und anderen Memorabilia aus der ersten Hälfte des 19. Jahrhunderts gespickt. In dieser gemütlichen Atmosphäre werden Gerichte nach authentischen Rezepte aus einer Sammlung alter niederländischer und flämischer Kochbücher serviert. Bezahlt wird traditionsgemäß mit Ouderwetse Centen. Wie wäre es mit "Carpaccio van Paardenrookvlees met een petersilie pesto en geschaafdeoude jongens"? Mi-So ab 17 Uhr, ✆ 078/6140500.

De Crimpert Salm (8), Visstraat 3-7, 3311 KX Dordrecht, empfehlenswerte burgundische Spezialitäten der gehobenen Preisklasse, ✆ 078/6145557.

De Sinjoor (7), Voorstraat 282, 3311 ET Dordrecht, holländische Küche im Gebäude einer ehemaligen Apotheke aus dem Jahre 1585, verhältnismäßig preiswerte 3-Gänge-Menüs, ✆ 078/6313031.

Akropolis (2), Voorstraat 261, 3311 ED Dordrecht, empfehlenswerte griechische Küche, Hauptgerichte in großer Auswahl, in der Regel sehr gut besucht, ✆ 078/6136839.

Ristorante Da Moreno (1), Voorstraat 215, 3311 EP Dordrecht, gegenüber dem unscheinbaren Muntpoortje, das 1555 auf Veranlassung von Karl V. erbaut wurde, dahinter das Muntgebouw, in dem von 1367 bis 1806 alle Münzen der damaligen Grafschaft Holland geschlagen wurden. Gehobene italienische Küche, Nudeln "alla sarde" mit frischem Gemüse probieren, gute Pizzen, Fleisch- und Fischgerichte, ✆ 078/6149904, www.damoreno.nl.

Pizzeria Porto Bello (9), Vriesestraat 39, 3311 NN Dordrecht, einfacher und preiswerter als das Da Moreno, Mo geschlossen, ✆ 078/6146050.

Taveerne In de Klander Muelen (6), Statenplein 86, 3311 NH Dordrecht, Petit-Restaurant mit viel Platz im Freien, beliebter Treffpunkt am Nachmittag und Abend für einen Kaffee oder ein Bier, ✆ 078/6148908.

Jongepier (10), Groothoofd 8, 3311 AG Dordrecht, sehr schön an der Oude Maas gelegenes Eetcafé, am Abend der Treffpunkt für junges Publikum, immer voll, viele Tische mit schöner Aussicht direkt am Wasser, ✆ 078/6130616.

Pannekoekenhuis Pim (5), Nieuwstraat 19-21, 3311 XR Dordrecht, Pfannkuchen und Poffertjes, Mo geschlossen, ✆ 078/6312709.

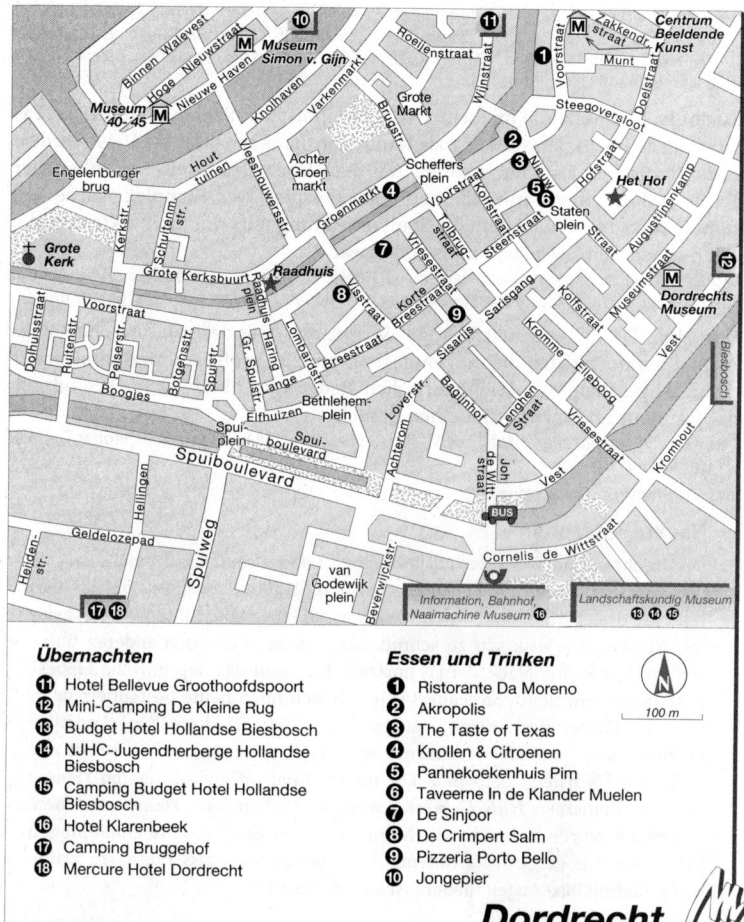

Übernachten

⑪ Hotel Bellevue Groothoofdspoort
⑫ Mini-Camping De Kleine Rug
⑬ Budget Hotel Hollandse Biesbosch
⑭ NJHC-Jugendherberge Hollandse Biesbosch
⑮ Camping Budget Hotel Hollandse Biesbosch
⑯ Hotel Klarenbeek
⑰ Camping Bruggehof
⑱ Mercure Hotel Dordrecht

Essen und Trinken

❶ Ristorante Da Moreno
❷ Akropolis
❸ The Taste of Texas
❹ Knollen & Citroenen
❺ Pannekoekenhuis Pim
❻ Taveerne In de Klander Muelen
❼ De Sinjoor
❽ De Crimpert Salm
❾ Pizzeria Porto Bello
❿ Jongepier

100 m

Dordrecht

Sehenswertes

Grote Kerk (Onze Lieve Vrouwekerk): Die bedeutendste Kirche der Stadt, eine spätgotische Kreuzbasilika, wurde während des Stadtbrands 1457 weitgehend zerstört und konnte erst fünfzig Jahre später wiederhergestellt werden. Neben dem einzigartigen Chorgestühl verdient das steinerne Gewölbe besondere Aufmerksamkeit. Der Kirchturm (70 m, 323 Stufen) sollte nach ersten Plänen weitaus imposanter gestaltet werden, doch machte ein Konstruktionsfehler den Erbauern einen Strich durch die Rechnung. Der Turm begann sich bereits während der Bauphase stark zu neigen und ließ es ratsam erscheinen, nicht weiterzubauen. Die Besteigung soll trotzdem ungefährlich sein.

• *Adresse/Öffnungszeiten Kirche* Lange Geldersekade 2, 3311 JL Dordrecht, ✆ 078/6144660. April-Oktober Di-Sa 10.30-16.30 Uhr, So 12-16 Uhr. Eintritt frei.

• *Öffnungszeiten Turm* April-Oktober Di-Sa 10.30-16.30 Uhr, So 12-16 Uhr; November-März Sa/So 13-16 Uhr. Erwachsene 1 €, Kinder 0.50 €.

Stadhuis: Das Gebäude mit seiner von vier ionischen Säulen dominierten Fassade wurde im 14. Jahrhundert als Kaufmannshaus erbaut. Erst 1544 wurde es zum städtischen Rathaus erkoren. Auf dem Dach thront ein schlanker, viereckiger Glockenturm mit schönem Glockenspiel. Der Komplex wurde vollständig restauriert, nachdem die Stadtverwaltung mitsamt ihrer Aktenberge in einen modernen Zweckbau umgezogen war.

Adresse/Öffnungszeiten Stadhuisplein, 3311 GR Dordrecht, ✆ 0900/4636888 (VVV). April bis Oktober So 12-17 Uhr (nur der erste Sonntag des Monats). Erwachsene 1 €, Kinder frei.

Het Hof: Der geschichtsträchtige *Statenzaal* (Ständesaal) des ehemaligen Augustinerklosters hat die ihm entgegengebrachte große Aufmerksamkeit verdient. Abgesehen von der historischen Bedeutung dieses Ortes beeindruckt das Interieur und rechtfertigt einen Besuch.

Adresse/Öffnungszeiten Hof 12, 3311 JL Dordrecht, ✆ 078/6134626. April-Oktober Di-Sa 13-17 Uhr. Eintritt frei.

Nackte Tatsachen

Dordrecht gilt als Stadt der ausgelassenen Lebensfreude. Zahlreiche Legenden kursieren durch die engen Gassen und Straßen, beispielsweise die Geschichte dreier Männer, die sich vor etwa 300 Jahren bemühten, ihre Häuser mit frivolen Verzierungen zu schmücken – einer wollte den anderen übertreffen. Der kleine Nackedei (Wijnstraat 123) und das neptunische Liebespaar (Korte Engelenburgerkade 18) lassen sich noch heute bestaunen, doch war der Giebel des dritten Hauses (Kerksplein 5) dermaßen skandalös verziert, dass man die Ornamente schamvoll entfernen ließ – selbst der Volksmund schweigt betroffen. Die nackte Knabenfigur des ersten Hauses ließ den Beinamen *Huis De Onbeschaamde* (Schamloses Haus) entstehen. Angeblich wurde dem kleinen Mann während des Besuchs einer jungen Prinzessin ein elegantes Lendentuch umgelegt, auf dass die zarte Dame nicht züchtig ihre Augen niederzuschlagen brauchte.

Dordrechts Museum: Die Sammlung umfasst wertvolle Drucke, Gemälde und Zeichnungen der Meister der *Dordrechter Schule* des 17. Jahrhunderts. Die Werke stammen aus den Ateliers von *Ferdinand Bol, Aelbert Cuyp, Jan van Goyen* und *Nicolaes Maes.* Darüber hinaus sind Arbeiten der *CoBrA*-Gruppe zu sehen – eine Sammlung ansprechender Kunstwerke der Moderne. Die 1948 von dänischen, flämischen und niederländischen Malern ins Leben gerufene Gruppe (CoBrA: <u>Co</u>penhagen-<u>Br</u>üssel-<u>A</u>msterdam), die mit ihren modernen Ansichten in der Kunstwelt für Aufsehen sorgte, strebte die Verschmelzung von Stilelementen der abstrakten Malerei, des Expressionismus und des Surrealismus an (siehe auch Seite 297).

Adresse/Öffnungszeiten Museumstraat 40, 3311 XP Dordrecht, ✆ 078/6482148, www.museum.dordt.nl. Di-So 11-17 Uhr. Erwachsene 4 €, Kinder 2.50 €, Senioren (Pas65) 2.50 €, MJK. Führungen in deutscher Sprache.

Museum Simon van Gijn: Das alte Patrizierhaus aus dem Jahre 1729 hat seine authentische Atmosphäre bewahren können. In der Küche liegt frisches Obst, Blumen zieren die Wohnstube, selbst die Uhren funktionieren. Das Haus des Bankiers und Kunstsammlers *Simon van Gijn* vermittelt Einblicke in die Lebensweise wohlhabender Familien des 19. Jahrhunderts. Das angeschlossene *Speelgoedhuisje* zeigt eine umfangreiche Sammlung alter Spielzeuge.
Adresse/Öffnungszeiten Nieuwe Haven 29-30, 3311 AP Dordrecht, ✆ 078/6133793, www.simonvangijn.nl. Di-So 11-17 Uhr. Erwachsene 5 €, Kinder 3 €, Senioren (Pas65) 3 €, MJK.

Museum 40-45: Das Hauptanliegen der Ausstellung ist es, die Besatzungszeit des Zweiten Weltkriegs nicht in Vergessenheit geraten zu lassen. Das Museum erinnert an die schwere Zeit nach dem deutschen Überfall 1940. Die Exponate dokumentieren das Leid der Bevölkerung bis zur endgültigen Befreiung durch alliierte Truppen gegen Ende des Krieges.
Adresse/Öffnungszeiten Nieuwe Haven 26, 3311 AP Dordrecht, ✆ 078/6130172. Di-Mi und Fr-Sa 10-17 Uhr, So 13-17 Uhr (Januar geschlossen). Erwachsene 1.50 €, Kinder 0.50 €, MJK.

Dordrecht: Grote Kerk

Provinz Zuid-Holland
Karte S. 148/149

Centrum Beeldende Kunst: Das von *Pieter Post* gestaltete Bauwerk birgt die *Artoteek Dordrecht*, in der man Arbeiten zeitgenössischer Künstler kaufen oder für einen begrenzten Zeitraum ausleihen kann. Alternativ kann man es beim bloßen Anschauen belassen.
Adresse/Öffnungszeiten Voorstraat 180, 3311 AB Dordrecht, ✆ 078/6314689. Mi-Sa 12-17 Uhr, Do 12-21 Uhr und an jedem ersten Wochenende des Monats So 12-17 Uhr. Eintritt frei.

Biesbosch Bezoekerscentrum: Der Komplex liegt wenige hundert Meter die Straße entlang hinter dem Budgethotel *De Hollandse Biesbosch*. Es werden Fahrräder, Kanus und Ruderboote verliehen. Am benachbarten Bootsableger startet das Rundfahrtboot "Groeneplaat" zu Erkundungsfahrten. Die kleine Dauerausstellung innerhalb des Gebäudes informiert über die Entstehung und heutige Gestalt des Nationalparks. Ein kleines Observatorium mit immerhin einem Biberpärchen liegt in unmittelbarer Nähe des Besucherzentrums.

• *Adresse/Öffnungszeiten* Baanhoekweg 53, 3313 LP Dordrecht, ✆ 078/6305353, www.biesbosch.org. Das Besucherzentrum ist seit einiger Zeit nicht mehr direkt mit dem Bus erreichbar, da diese Strecke für das Busunternehmen zuletzt nicht mehr lukrativ genug war. Die Vorgehensweise ist nun folgende: Man steigt in die Buslinie 5 ab Bahnhof Dordrecht (2-3x stündlich), bestellt beim Fahrer ein Taxi zum Besucherzentrum und steigt an der Endhaltestelle in selbiges um. Die 10-minütige Weiterfahrt ist dank einer Abmachung mit dem Busunternehmen sehr preiswert. "Die Leute vom

Bezoekerscentrum sind über diese neue Regelung natürlich nicht glücklich, zumal sie für die Gäste, die mit dem öffentlichen Verkehr kommen, wieder das Taxi-Unternehmen für die Rückfahrt anrufen müssen. Ironischerweise kommen die meisten Besucher – überhaupt nicht dem ökologischen Gedanken verbunden – mit dem Auto!" (Leserbrief Thea van der Burg). Di-So 9-17 Uhr, Mai-Juni auch Mo 13-17 Uhr; Juli/August täglich 9-17 Uhr. Erwachsene 2 €, Kinder 1.50 €, Senioren (Pas65) 1.50 €.

Naaimachinemuseum Dordrecht: Seit wenigen Jahren rühmen sich die Stadtväter von Dordrecht der bislang einzigen Ausstellung alter Nähmaschinen in den Niederlanden. Die exklusive Sammlung besteht aus etwa 100 Exponaten, die liebevoll gehegt und gepflegt werden.

Adresse/Öffnungszeiten Singel 66, 3311 SJ Dordrecht, ☎ 078/6142678. Zugang nur nach telefonischer Voranmeldung. Erwachsene 1.20 €, Kinder 0.45 €, Senioren (Pas65) 0.45 €. Begleitung und Führungen in deutscher Sprache.

Nationaal Landschapskundig Museum: Die Sammlung im *Dokumentatiecentrum Telluris* befasst sich mit den Besonderheiten der niederländischen Landschaft. Fotografien, Karten und Maquetten veranschaulichen die grundlegenden Zusammenhänge. Hinter dem Gebäude befindet sich ein kleiner Modellgarten zur Landschaftsgeologie der Niederlande.

Adresse/Öffnungszeiten Reeweg Oost 145, 3312 CN Dordrecht, ☎ 078/6147476. Sa 14-17 Uhr und nach telefonischer Voranmeldung. Eintritt frei.

Region Rotterdam en Rijnmond

(Rotterdam, Schiedam, Vlaardingen, Hoek van Holland)

Die Hafenmetropole **Rotterdam**, nach Amsterdam die größte Stadt der Niederlande, präsentiert sich als nüchtern-moderne Metropole, in der das Flair anderer altholländischer Städte kaum zu spüren ist. Dennoch hat sie ihre Reize: Insbesondere die Skyline an den Ufern der *Maas* wirkt beeindruckend. Im Umfeld Rotterdams verdienen die alten Fischerstädte **Maassluis**, **Schiedam** und **Vlaardingen** einen Abstecher, in denen deutlich mehr historische Bausubstanz erhalten werden konnte. Die ständigen Erweiterungen der riesigen Rotterdamer Hafenanlagen lassen befürchten, dass in Zukunft weite Teile des Umlands wirtschaftlichen Interessen zum Opfer fallen werden.

Rotterdam   (590.000 Einwohner)

Rotterdams steht ganz im Zeichen der modernen Architektur. Seit Ende des Zweiten Weltkrieges, in dem das historische Stadtzentrum durch deutsche Bomber nahezu völlig zerstört wurde, haben die unterschiedlichsten Architekturprojekte das Bild der Stadt immer wieder verändert.

Die erste urkundliche Erwähnung der Stadt geht ins frühe 13. Jahrhundert zurück. An der Einmündung des Flüsschens *Rotte* in die *Nieuwe Maas*, den südlichen der beiden Rheinarme, entwickelte sich die Geburtsstadt des großen Humanisten *Erasmus von Rotterdam* (1469–1536) rasch zu einer der bedeutendsten Städte und zum wichtigsten Hafen des Landes. Die Anbindung an das damals noch blühende Handelszentrum Delft führte zu einem ersten wirtschaftlichen Aufschwung, der auch durch den verheerenden Stadtbrand 1563 nicht dauerhaft gebremst werden konnte. Der Aufstieg zum größten Hafen der Welt begann 1872 mit der Fertigstellung des "Neuen Wasserwegs" (*Nieuwe*

Waterweg), einem Seeschifffahrtska-nal zwischen Maassluis und Hoek van Holland, der Rotterdam eine direkte Verbindung zur Nordsee verschaffte. Heute werden hier alljährlich auf einem Gebiet von rund 10.000 Hektar Größe ca. 300 Millionen Tonnen Ware umgeschlagen. Das Bild wird dominiert von riesigen Containerschiffen, Kränen und Lagerhallen. Der *ANWB* hat eine Hafenroute ausgearbeitet, die auf einer Gesamtstrecke von 150 km einen Einblick in einen kleinen Teilbereich der riesigen Hafenanlagen ermöglicht.

Die schwärzesten Stunden der Stadt schlugen im Mai 1940, als die deutsche Luftwaffe weite Teile des Zentrums in Schutt und Asche legte. Was nicht sofort zerstört war, fiel den durch die Bombardements verursachten Bränden zum Opfer, die über eine Woche lang wüteten. Der Wiederaufbau nach dem Krieg veränderte das Stadtbild von Grund auf, denn man verzichtete auf die Rekonstruktion der alten Bausubstanz und errichtete stattdessen zeitgemäße Zweckbauten, die

Witte Huis – das älteste Hochhaus Europas

Rotterdam zum Prototyp der modernen Nachkriegsstadt machten. Später kamen avantgardistische Bauprojekte hinzu wie etwa die 1984 fertig gestellten "Kubushäuser", kleine würfelförmigen Gebäude, die auf einer ihrer Spitzen stehen, sodass Fenster und Wände nach außen markante Schrägen bilden.

Die Kehrseite der städtebaulichen Maßnahmen war die steigende Anonymität in den modernen Wohnsiedlungen, die ganze Stadtviertel Rotterdams zu sozialen Brennpunkten werden ließen. Hinzu kommt der immens hohe Ausländeranteil in der Bevölkerung, der in den sozialen Problemvierteln *Feyenoord* und *Schiemond* bei mehr als 80 % (!) liegt. Verschärft wird das Problem dadurch, dass es sich dabei um Menschen aus 160 verschiedenen Nationen handelt, was das Konfliktpotential erheblich erhöht. Vor diesem Hintergrund ist es nicht überraschend, dass der Aufschwung der rechtsextremen "Lijst Pim Fortuyn", deren landesweiter Wahlerfolg von 2002 die Niederlande in eine tiefe Identitätskrise stürzte, ausgerechnet in Rotterdam seinen Anfang nahm.

Wie die offenkundigen sozialen Probleme der Stadt gelöst werden können, ist derzeit noch völlig ungeklärt. Doch fast unbeeindruckt von solchen Fragen bastelt die Stadt weiter an ihrem Image als moderne, weltoffene Metropole mit einem umfassenden kulturellen Angebot, die mit der großen Schwester Amsterdam konkurrieren kann. Zu den jüngsten architektonischen Flagschiffen, die dieses Image bestätigen sollen, zählen das von *Norman Foster* konzipierte World Port Center am Hafen, dessen oberste Abschnitte wie die Kommandobrücke eines großen Schiffes in die Lüfte ragen, oder das von *Renzo Piano* geschaffene Telecom-Hochhaus, an dessen Fassade nachts zahllose grüne Quadrate funkeln. Eindrucksvoll ist auch die 1996 fertig gestellte, knapp 140 Meter hohe Erasmus-Brücke (im Volksmund *De Witte Swan* genannt), die das Stadtzentrum hinüber auf die vorgelagerte Halbinsel *Kop van Zuid* erweitern soll. Vorläufiger Höhepunkt der städtischen Imagepflege war das Jahr 2001, als sich Rotterdam zusammen mit Porto als "Europäische Kulturstadt" feiern lassen konnte.

Katastrophengebiet Hafen Rotterdam

Die gigantischen Erweiterungen der Hafenanlagen und die Ansiedlung zahlreicher neuer Konzerne, vor allem der Petrochemie, lenkten den Blick der Bevölkerung nach anfänglicher Euphorie zunehmend auf die Umweltprobleme. Die chemische Industrie entsorgte achtlos ihre giftigen Abfälle auf nur unzureichend gesicherten Deponien – tickende Zeitbomben, auf denen später ganze Neubauviertel entstanden. Die Trinkwasserqualität nahm rapide ab, der Gestank verpestete zunehmend die Luft. Zahlreiche Bewohner klagten über Kopfschmerzen, Übelkeit oder Erbrechen. Der Verdacht, es könne eine unmittelbare Gefahr für den Menschen bestehen, entstand allerdings erst durch das Dahinsiechen zahlloser Hamster und Meerschweinchen. In den 70er Jahren begann die Zeit des langsamen Umdenkens. Seither offenbaren sich die verheerenden Umweltschäden. Aufwendige Sanierungsarbeiten mögen in den vergangenen Jahren manches verbessert haben, doch bleibt Rotterdam mitsamt seinem Umland auf Jahre hinaus ein ökologisches Katastrophengebiet.

Der alleinige Verursacher dieser gigantischen Verseuchung ist die Stadt allerdings nicht. Die schweizerischen Chemieriesen *Novartis* und *Hofmann La Roche* haben ebenso ihren Anteil daran wie die deutschen Multis *BASF* und *Bayer*, aber auch viele kleinere Betriebe, deren Firmengelände sich an den Flussufern des Rheins erstrecken. Ein hoher Prozentsatz der im Flusswasser gelösten Giftstoffe stammt aus diesen Betrieben und lagert sich erst Hunderte von Kilometern rheinabwärts im Rotterdamer Hafenbecken ab. Der Schlamm, der schon alleine deswegen regelmäßig ausgebaggert werden muss, um die erforderliche Fahrrinnentiefe zu gewährleisten, ist derart hochgradig mit Blei, Cadmium, Quecksilber und anderen Schwermetallen verseucht, dass er heute als Sondermüll eingestuft werden muss. Rotterdam büßt auch für die Fehler und Versäumnisse anderer.

In den späten 80er Jahren begannen die Bemühungen der Rotterdamer Hafenverwaltung, mittels spezieller Messschiffe die größten Rheinverschmutzer an den Ufern des gesamten Flusslaufs ausfindig zu machen. Es folgten zähe Verhandlungen um eine "freiwillige" Reduzierung der Schadstoffeinleitungen. Anfang der 90er Jahre unterzeichnete der deutsche Verband der Chemischen Industrie (VCI) einen Umweltvertrag, der eine Verringerung der Schadstoffeinleitung um 30 % binnen fünf Jahren vereinbarte.

Information/Verbindungen/Rundfahrten

● *Information* **VVV Rotterdam**, Coolsingel 67 (Hauptbüro), 3012 AC Rotterdam, ✆ 0900/ 4034065, ✉ 010/2140519, vvv.rotterdam.nl. Mo-Do 9.30-18 Uhr, Fr 9.30-21 Uhr, Sa 9.30-17 Uhr.
ANWB Rotterdam, Coolsingel 67, 3012 AC Rotterdam, ✆ 0900/4140000, ✉ 010/2140519. Mo-Do 9.30-18 Uhr, Fr 9.30-21 Uhr, Sa 9.30-17 Uhr.
Use-it-Infocontainer: Wenn man aus dem Bahnhof kommt, nach rechts um das Gebäude herumgehen und rein in den kleinen Kiosk. Es stehen zwei Computer zur freien Verfügung, von denen aus kostenlos E-Mails in alle Welt verschickt werden können. Internet: www.use-it.nl.

● *Bahnverbindungen* 1x stündl. nach Amsterdam (Dauer: 70 Min.), 8-10x stündl. Den Haag (20 Min.), 5-6x stündl. Dordrecht (15 Min.), 4-5x stündl. Utrecht (45 Min.).

● *Fährverbindung* nach Hull (England, North Sea Ferries).

● *Stadtrundfahrten* Die **Circle Tram 10**, eine alte Straßenbahn, bietet eine Alternative zur herkömmlichen Stadterkundung. Ausgehend vom Bahnhof werden zahlreiche Haltestellen angefahren (Centraal Station, Churchillplein, Blaak, Coolsingel u. a.). Juli/August täglich 9-19 Uhr (alle 10 Minuten). Tagesticket 5 € (gültig in allen öffentlichen Verkehrsmitteln).

● *Schiffsrundfahrten* Die Rederei Spido bietet eine Reihe interessanter Schiffstouren an (Nähere Informationen auf der guten Internet-Homepage: www.spido.nl; ✆ 010/2759988). Alle Fahrten beginnen am Ableger Willemsplein.
Hafenrundfahrt: April-September täglich 9.30-17 Uhr (Abfahrt alle 45 Min.). Oktober täglich 11, 12.30, 14 und 15.30 Uhr. November-März Do/Fr 11, 12.30 und 14 Uhr, Sa/So 11, 12.30, 14 und 15.30 Uhr. Dauer 75 Min. Er-

wachsene 7.75 €, Kinder 4.75 €, Senioren (Pas65) 6.75 €.
Stadiontocht: Rotterdam, die einzige Stadt der Niederlande mit echtem Stadtderby (Feyenoord und Excelsior), bietet Fußballfans (und anderen) die Möglichkeit einer Kombination aus Schiffsrundfahrt und Besuch im altehrwürdigen Stadion De Kuip, wo man im Rahmen einer Führung einen Blick in das vereinseigene Home of History werfen kann. Juli/August Do-Sa 10.30 Uhr. Dauer 2 Std. Erwachsene 15 €, Kinder 10 €, Senioren (Pas65) 14 € (auf Wunsch ist eine Kombination mit der Botlek-Hafenrundfahrt möglich).
Botlektocht: Rotterdam, Schiedam, Vlaardingen, Pernis, Botlek. Juli/August Do-Sa 13.30 Uhr. Dauer 2 Std. und 15 Min. Erwachsene 12.25 €, Kinder 7.75 €, Senioren (Pas65) 11.25 €. Kombination mit Stadiontocht (s. u.): Erwachsene 25 €, Kinder 15 €, Senioren (Pas65) 24 €.
Dagtocht Deltawerken en Zeven Rivieren: Nieuwe Maas, Oude Maas, Spui, Haringvliet, Hollands Diep, Kil, Oude Maas, Noord, Nieuwe Maas. Juli/August Mi 10.30 Uhr. Dauer 7 Std. Erwachsene 37.50 €, Kinder 25 € (inkl. Lunchbuffet).
Dagtocht Stormvloedkering Europoort: Juli/August Di 10.30 Uhr. Dauer 6 Std. Erwachsene 35 €, Kinder 23.50 € (inkl. Lunchbuffet).

> **Vorsicht im Straßenverkehr**
> Die Straßenbahnen verkehren teils ungesichert auf dem Grünstreifen, sodass man als Fußgänger oder Radfahrer besser zweimal hinsehen sollte, bevor man sich entscheidet, die Schienen zu überqueren.

Adressen

● *Autovermietung* **Autoverhuur Avis**, Marconistraat 3-11, 3029 AE Rotterdam, ✆ 010/ 4332233; **Autoverhuur Budget**, Koperstraat 31, 3067 GL Rotterdam, ✆ 010/4204111 (0800/ 0537, gratis); **Autoverhuur Europcar**, Walenburghof 17, 3033 HK Rotterdam, ✆ 010/ 4656400; **Autoverhuur Hertz**, Schiekade 986, 3032 AL Rotterdam, ✆ 0800/2354378.

● *Fahrradverleih* **Rijwielshop Rotterdam CS**, Stationsplein 1, 3013 AJ Rotterdam, ✆ 010/4126220.

● *Diamanten* **Rotterdam Diamond Center**, Kipstraat 7b, 3011 RR Rotterdam, ✆ 010/ 4134551. Mo-Sa 9.30-17.30 Uhr, Fr 9.30-21 Uhr. Eintritt frei.

● *Einkaufen* Die Geschäfte bleiben in Rotterdam Montagvormittag geschlossen. Am Freitag verschiebt sich der Ladenschluss auf 21 Uhr (Kaufabend). Markttermine: **Wochenmarkt** mit Antiquitäten und Kuriositäten Di/Sa 9-17 Uhr, Mariniersweg; Mi 9-17 Uhr, Ommoord; Mi/Sa 9-17 Uhr, Afrikaanderplein;

Do 9-17 Uhr, Hoogvliet; Do 9-17 Uhr, IJsselmonde; Do/Sa 9-17 Uhr, Visserijplein; Fr 9-17 Uhr, Overschie; Fr 9-17 Uhr, Prins Alexanderpolder; Fr 9-17 Uhr, Schiebroek; Fr 9-17 Uhr, Zuidwijk; **Münzen, Bücher und Briefmarken** Di und Sa 9.30-16 Uhr, Grotekerkplein.

• *Kinderbauernhöfe* **De Blijde Wei**, Bergse Linker Rottekade 435, 3069 LV Rotterdam, ☎ 010/4200609. Mo-Fr 9-16.30 Uhr, Sa/So 9.30-17 Uhr. Eintritt frei.

De Bokkesprong, Tjalklaan 90, 3028 JK Rotterdam, ☎ 010/4150204. Täglich 8.30-16.30 Uhr. Eintritt frei.

De Kooi, Maeterlinckweg 85, 3076 GA Rotterdam, ☎ 010/4327921. Täglich 8.30-16.30 Uhr. Eintritt frei.

De Kraal, Langepad 60, 3062 CJ Rotterdam, ☎ 010/4523666. Täglich 9-16.30 Uhr. Eintritt frei.

De Molenwei, Brammerstraat 10, 3084 RV Rotterdam, ☎ 010/4280080. Täglich 9-16.30 Uhr. Eintritt frei.

Wilgenhof, Ringdijk 76, 3054 KV Rotterdam, ☎ 010/4223977. Täglich 9-16.30 Uhr. Eintritt frei.

• *Krankenhäuser* **Academisch Ziekenhuis Rotterdam**, Dr. Molewaterplein 40, 3015 GD Rotterdam, ☎ 010/4639222; **Sint Franciscus Gasthuis**, Kleiweg 500, 3045 PM Rotterdam, ☎ 010/4616161.

• *Mühlen* **Molen De Distilleerketel**, Voorhaven 210, 3024 RR Rotterdam, ☎ 010/4779181. Kornmühle (1727) im alten Delfshaven-Viertel, Mehlverkauf während der Öffnungszeiten. Sa 10-16 Uhr. Erwachsene 1.40 €, Kinder 0.90 €.

Molen De Speelman (1712), Overschiese Kleiweg 775, 3045 LN Rotterdam, ☎ 010/4672999. Di-Sa 10-16 Uhr. Eintritt frei.

• *Schwimmen* **Tropicana**, Maasboulevard 100, 3063 NS Rotterdam, ☎ 010/4020753, www.tropicana.nl. Subtropisches Schwimmparadies, Halle und Freibad.

Rotterdam Card

Die elektronische Servicekarte ermöglicht freien Zutritt zu mehr als 20 Attraktionen und Museen, kostenlose Nutzung öffentlicher Verkehrsmittel sowie Ermäßigungen in mehreren Hotels und Restaurants. **Stichting Rotterdam Card**, Coolsingel 65, 3001 AN Rotterdam, ☎ 010/4023252, www.rotterdamcard.nl. Kartenverkauf am Bahnhof, am Flughafen, im Informationsbüro (VVV) – oder im Internet. 24 Stunden Gültigkeit: Erwachsene 25 €, Kinder 15 €. 72 Stunden Gültigkeit: Erwachsene 49.50 €, Kinder 35 €.

• *Spielkasino* **Holland Casino Rotterdam**, Plaza Complex, Weena 624, 3012 CN Rotterdam, ☎ 010/2068206, ℻ 2068500. Big Wheel, Black Jack, Carribean Stud Poker, Punto Banco, Sic Bo und Roulette (amerikanisch und französisch). 165 Spielautomaten. Täglich 13.30-2.00 Uhr (Mindestalter 18 Jahre). Tageskarte 3.50 €.

• *Taxiruf* ☎ 010/4626060, ☎ 010/2620306 **(**Airport-Taxi)

• *Theater* Eine Auflistung der städtischen Theater mit aktuellem Veranstaltungsprogramm ist beim Informationsbüro (VVV) erhältlich. Insbesondere die ausgezeichnete Akustik im neuen **Luxor Theater** verspricht musikalische Hochgenüsse.

Übernachten (siehe Karte S. 219)

Der **kostenlose zentrale Hotelservice** vermittelt mehr als 5.000 Hotelzimmer aller Kategorien in Rotterdam und Umgebung. Die Buchung erfolgt über eine zentrale Telefonnummer. Hotel Service Rotterdam, Postbus 276, 3000 AG Rotterdam, ☎ 010/4147314, reservations@hotelservicerotterdam.nl.

• *Hotels* ***** **Hotel Hilton International (2)**, Weena 10, 3012 CM Rotterdam, Nähe Lijnbaan, 323 Betten, Nobelhotel der international bekannten Kette, moderne Atmosphäre, guter Service, Spielcasino im Untergeschoss. EZ ab 225 €, DZ ab 250 €, ☎ 010/4144044, ℻ 4118884.

**** **Holiday Inn Rotterdam City Centre (8)**, Schouwburgplein 1, 3012 CK Rotterdam, Luxushotel der Bilderberg-Gruppe, etwa 300 m vom Bahnhof, Nähe Lijnbaan, 198 Betten, modernes, nicht zu übersehendes Hochhaus mit grüner Holiday-Inn-Leuchtschrift an der Seite, 100 Zimmer, darunter spezielle Nichtraucherzimmer, gute Parkmöglichkeiten. EZ ab 175 €, DZ ab 185 €, ☎ 010/2062555, ℻ 4145482.

**** **Inntel Rotterdam Centre (26)**, Leuvehaven 80, 3011 EA Rotterdam, zentrale Lage in Hafennähe, nahe der spektakulären Erasmusbrücke, 300 Betten, nüchtern-moderner Hotelkomplex, ruhige Zimmer, aufmerksamer Service. EZ ab 150 €, DZ ab 170 €, Frühstück 18 €, ℡ 010/4134139, 🖷 4133222.

**** Parkhotel (21), Westersingel 70, 3015 LB Rotterdam, Nähe Museumspark, etwa 800 m vom Bahnhof, Luxushotel der Bilderberg-Gruppe am grünsten Singel der Stadt, 352 Betten, darunter spezielle Nichtraucherzimmer, Fahrstuhl, Sauna, Solarium, alle Zimmer mit Du/WC, Telefon und TV. EZ ab 95 €, DZ ab 140 €, ℡ 010/4363611, 🖷 4364212.

**** Hotel New York (38), Koninginnenhoofd 1, 3072 AD Rotterdam, 144 Betten, Hotel mit reicher (Auswanderer-)Geschichte, Interieur mit moderner Kunst, modernes Haus mit schönem Blick auf die nahe Maas, untergebracht in den Räumlichkeiten der alten Hafenverwaltung. EZ ab 90 €, DZ ab 90 €, ℡ 010/4390500, 🖷 4842701.

*** Hotel Emma (18), Nieuwe Binnenweg 6, 3015 BA Rotterdam, zentrale Lage, 54 Betten, kleines Haus mit moderner Einrichtung, alle Zimmer mit Du/WC, Telefon und TV. EZ ab 65 €, DZ ab 90 €, ℡ 010/4365533, 🖷 4367658, info@hotelemma.nl.

*** Hotel Breitner (23), Breitnerstraat 23, 3015 XA Rotterdam, nördlich des Rotterdamer Museumsparks gelegen, ruhige Wohngegend in der Nähe der Erasmus-Universität, 58 Betten, gemütlicher Aufenthaltsraum mit offenem Kamin, Fahrstuhl, Parkgarage. EZ ab 65 €, DZ ab 90 €, ℡ 010/4360262, 🖷 4364091, hotelbreitner@hetnet.nl.

** Hotel Bazar (20), Witte de Withstraat 16, 3012 BP Rotterdam, 28 Betten, bunte Lampen, goldgerahmte Spiegel vor dunkelroten Wänden. EZ ab 60 €, DZ ab 75 €, ℡ 010/2065151, 🖷 2065159.

** Hotel Baan (46), Rochussenstraat 345, 3023 DH Rotterdam, 28 Betten, einfache

Ausstattung, freundlicher Service, angegliedert ein einfaches Restaurant mit wechselnden Tagesmenüs. EZ ab 45 €, DZ ab 55 €, ℡ 010/4770555, 🖷 4769450.

** Hotel Bienvenue (28), Spoorsingel 24, 3033 GL Rotterdam, Rückseite (Nord) des Hauptbahnhofs, 23 Betten, ruhige Lage an schmaler Gracht, kleines Hotel, Parkgarage, sehr freundliche Atmosphäre, Rezeption im ersten Stock, Zimmer im zweiten Stock, der Weg hinauf ist steil und anstrengend. EZ ab 40 €, DZ ab 60 €, ℡ 010/4669394, 🖷 4677475.

** Hotel Heemraad (49), Heemraadssingel 90, 3021 DE Rotterdam, 23 Betten, kleines Haus an schöner Gracht, Parkgarage, gepflegte Atmosphäre. EZ ab 30 €, DZ ab 50 €, ℡ 010/4775461.

Home Hotel Rotterdam Centre (22), Witte de Withstraat 38, 3012 BR Rotterdam, 98 Betten, einfaches Haus in Parallelstraße zur stark befahrenen Westblaak. EZ ab 70 €, DZ ab 80 €, ℡ 010/4142150, 🖷 4141690.

● *Jugendherberge* **NJHC-Jugendherberge Rotterdam (47)**, Rochussenstraat 107-109, 3015 EH Rotterdam, Nähe Universität an befahrener Straße, ganzjährig geöffnet. 152 Betten, Zweierzimmer (2), Viererzimmer (2), Sechserzimmer (2), Achterzimmer (16). Übernachtung im Schlafsaal inkl. Frühstück 19-22 € (je nach Saison), ℡ 010/4365763, 🖷 4365569, rotterdam@njhc.org.

● *Camping* **Stadscamping Rotterdam ()**, Kanaalweg 84, 3041 JE Rotterdam, A 20 (Gouda – Hoek van Holland), Ausfahrt 14, Schildern folgen, an Eisenbahnlinie und verkehrsreicher Straße gelegen, gute Sanitärs, Lebensmittelgeschäft, Wanderhütten (3), ganzjährig geöffnet. Person 4.10 €, Zelt 3.20 €, Auto 2.30 €, Duschen inkl., Fläche 4 ha. ℡ 010/4153440, 🖷 4373215.

Essen (siehe Karte S. 219)

Die Auswahl an Cafés und Restaurants ist in Rotterdam erwartungsgemäß groß. Der obere Abschnitt der nachstehenden Auswahl orientiert sich an der jeweiligen Küche, der untere beleuchtet die Gastronomie im Oude Haven und Delfshaven.

● *Holländische Küche* **De Tuin van de Vier Windstreken (32)**, Plaszoom 354, 3062 CL Rotterdam, Kralingse Bos, Brasserie in herrlicher Lage, umrahmt von Windmühlen, Terrasse, Wintergarten mit Blick aufs Wasser, preiswerte Tages-, Wochen- und Monatsmenüs, ℡ 010/4527743.

Le Chalet Suisse (41), Kievitslaan 31, 3016 CG Rotterdam, Spezialitäten der holländi-

schen und belgischen Küche in ländlicher Umgebung, Mo geschlossen, ℡ 010/4365062.

Mosselman van Scheveningen (4), Marinierweg 74b, 3011 NS Rotterdam, altholländisch eingerichtetes, einfaches Familienrestaurant unter Küchenchef Henk Reijman aus Scheveningen, guter frischer Fisch zu angemessenen Preisen, hervorragende Seezunge, ℡ 010/4045650.

De Schelvenaer (33), Korenmolen 1, 2922 BS Krimpen aan den IJssel, herrlich restauriertes Mühlenrestaurant einige Kilometer östlich von Rotterdam, Terrasse mit schöner Aussicht auf die Hollandse IJssel, lohnend selbst für eine einfache Tasse Kaffee, Di-Fr 12-22 Uhr, Sa/So 17-22 Uhr, ✆ 0180/512911.

Pannenkoekenboot (43), Parkhaven (gegenüber Euromast), 3016 GM Rotterdam, ✆ 010/4367295, www.pannenkoekenboot.nl. Die modernste Variante der Hafenbesichtigung bietet während der Fahrt die Gelegenheit, die optischen Eindrücke mit leckeren holländischen Pfannkuchen abzurunden. Das Buffet an Bord ist unmittelbar nach Abfahrt. Die Fahrten dauern 60 Minuten. Abfahrt: Mi/Fr 16.30 und 18 Uhr, Sa 13.30, 15, 16.30 und 18 Uhr, So 12, 13.30, 15, 16.30 und 18 Uhr; Juli-August Di-So 13.30, 15, 16.30 und 18 Uhr. Erwachsene 12 €, Kinder 7 €. Pancake Cruise: Sa 20-23 Uhr, Mai-Oktober auch Fr 20-23 Uhr. Erwachsene 21 €, Kinder 15 €.

Het Heerenhuys (27), Baden Powelllaan 12, 3016 GJ Rotterdam, Café-Restaurant in alter, prachtvoller Villa aus dem 19. Jh., eingebettet in eine reizvolle Parkanlage, ✆ 010/4364249.

Old Dutch (24), Rochussenstraat 20, 3015 EK Rotterdam, traditionelle holländische Küche mit großen Portionen, ruhige, nostalgische Eleganz, Sa/So geschlossen, ✆ 010/4360344.

De Cuyperij (36), Van Zandvlietplein 1, 3077 AA Rotterdam, einfache Brasserie in der ersten Etage des neuen De Kuip Maasgebouw, an den Wänden Zeitungsausschnitte über einstige und heutige Triumphe Feyenoord Rotterdams, einmal wöchentlich wechselndes Wettkampfmenü, So geschlossen, ✆ 010/4929432.

De Nachtegaal (37), Prinses Beatrixlaan 11, 3062 CM Rotterdam, Pfannkuchenhaus im Kralingsebos, 75 Sorten, Terrasse, A 16 Dordrecht–Rotterdam, Richtung Rotterdam-Zuid, Ausfahrt Kralingen, an Ampel rechts, an nächster Ampel erneut rechts (Kralingse Zoom), danach an Ampel links (Kralingseweg), nach 350 m rechts ab, April-Oktober tägl. 9-20 Uhr, November-März Mo-Fr 9-18 Uhr, Sa/So 9-20 Uhr, ✆ 010/4527361.

Bram Ladage – Pommes frites

Hier, in *der* Rotterdamer Pommesbude, werden die Fritten noch mit der Hand geschält.

Mehrere Niederlassungen verteilen sich über die Stadt. "Met Schwiebeltjes? Oder Soße?" (www.bramladage.nl).

Bram Ladage Kruisplein (6), Kruisplein 155, 3014 DD Rotterdam, ✆ 010/4147404, täglich 11-21 Uhr.

Bram Ladage Binnenwegplein, Binnenwegplein 24, 3012 KA Rotterdam, ✆ 010/4146519, täglich 11-21 Uhr.

Bram Ladage Hoogstraat, Hoogstraat 172a, 3011 PV Rotterdam, ✆ 06/26376142, täglich 11-18 Uhr, Fr bis 21 Uhr.

● *Französische Küche*   **Bonne Bouche (39)**, Van Vollenhovenstraat 60, 3016 BK Rotterdam, bis vor wenigen Jahren eines der besten französischen Restaurants im nahen Dordrecht, nun einen Bereicherung der Rotterdamer Gastronomie, ✆ 010/2709933, www.bonnebouche.nl.

Kerrie&Koriander (16), Mauritsweg 52, 3012 JW Rotterdam, Restaurant und Teestube in einem der wenigen historischen Gebäude der Innenstadt, Teile des Mobiliars können käuflich erworben werden, ✆ 010/4143353.

La Vilette (19), Westblaak 160, 3012 KM Rotterdam, Brasserie mit gehobener französischer Küche, der Guide Michelin lobt das beste Preis-Leistungs-Verhältnis in Rotterdam, So geschlossen, ✆ 010/4148692.

● *Italienische und griechische Küche*   **La Toscana (30)**, Schiekade 135, 3033 BL Rotterdam, italienische Küche mit vornehmem Flair und entsprechenden Preisen, kleine Karte, Nudelgerichte und Pizzen, Mo geschlossen, ✆ 010/4661411.

Dionysos (9), Schouwburgplein 18, 3012 CL Rotterdam, großes Raumangebot hinter knallroten Fensterrahmen, ab und zu gibt's Livemusik, meist gut besucht, große Auswahl griechischer Gerichte, mehrere Kindermenüs, ✆ 010/4125662.

● *Mexikanische und spanische Küche*   **Gauchos (31)**, Weissenbruchlaan 149, 3054 LM Rotterdam, mexikanisches Grill-Restaurant der bekannten Machart, deftige Steaks, gute Salate, Terrasse am Wasser, ✆ 010/4613855.

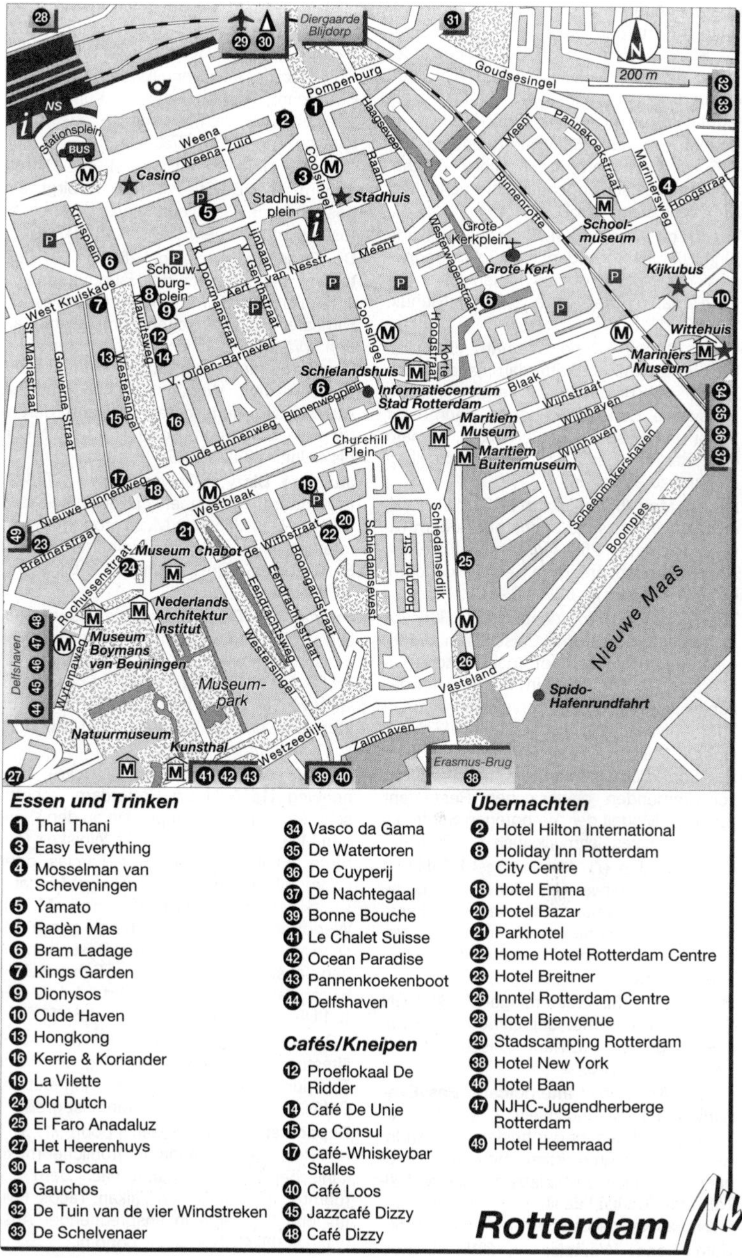
Diergaarde Blijdorp
NS
Stationsplein
BUS
Pompenburg
Goudsesingel
200 m
Weena
Weena-Zuid
Casino
Coolsingel
Haagseveer
Raam
Meent
Pannekoekstraat
Mariniersweg
Hoogstraat
Stadhuis-plein
Stadhuis
Binnenrotte
School-museum
Kruisplein
Schouw-burg-plein
K. Doormanstraat
Lijnbaan
V. Genthstraat
Aert van Nesstr.
Westewagenstraat
Grote Kerkplein
Grote Kerk
Kijkubus
West Kruiskade
Mauritsweg
Korte Hoogstraat
Wittehuis
Mariniers Museum
St. Mariastraat
Gouverne Straat
Westersingel
V. Oldenbarnevelt
Schielandshuis
Informatiecentrum Stad Rotterdam
Binnenwegplein
Blaak
Wijnstraat
Wijnhaven
Maritiem Museum
Maritiem Buitenmuseum
Oude Binnenweg
Churchill Plein
Scheepmakershaven
Nieuwe Binnenweg
Westblaak
Schiedamsedijk
Boompjes
Breitnerstraat
Museum Chabot
Witte de Withstraat
Boomgaardsstraat
Schiedamsevest
Hooghe St.
Rochussenstraat
Nederlands Architektur Institut
Eendrachtsweg
Eendrachtsstraat
Westersingel
Nieuwe Maas
Delfshaven
Museum Boymans van Beuningen
Wytemaweg
Museum-park
Vasteland
Spido-Hafenrundfahrt
Natuurmuseum
Kunsthal
Westzeedijk
Zalmhaven
Erasmus-Brug

Rotterdam

Essen und Trinken

1 Thai Thani
3 Easy Everything
4 Mosselman van Scheveningen
5 Yamato
5 Radèn Mas
6 Bram Ladage
7 Kings Garden
9 Dionysos
10 Oude Haven
13 Hongkong
16 Kerrie & Koriander
19 La Vilette
24 Old Dutch
25 El Faro Anadaluz
27 Het Heerenhuys
30 La Toscana
31 Gauchos
32 De Tuin van de vier Windstreken
33 De Schelvenaer
34 Vasco da Gama
35 De Watertoren
36 De Cuyperij
37 De Nachtegaal
39 Bonne Bouche
41 Le Chalet Suisse
42 Ocean Paradise
43 Pannenkoekenboot
44 Delfshaven

Cafés/Kneipen

12 Proeflokaal De Ridder
14 Café De Unie
15 De Consul
17 Café-Whiskeybar Stalles
40 Café Loos
45 Jazzcafé Dizzy
48 Café Dizzy

Übernachten

2 Hotel Hilton International
8 Holiday Inn Rotterdam City Centre
18 Hotel Emma
20 Hotel Bazar
21 Parkhotel
22 Home Hotel Rotterdam Centre
23 Hotel Breitner
26 Inntel Rotterdam Centre
28 Hotel Bienvenue
29 Stadscamping Rotterdam
38 Hotel New York
46 Hotel Baan
47 NJHC-Jugendherberge Rotterdam
49 Hotel Heemraad

El Faro Anadaluz (25), Leuvehaven 73-74, 3011 EA Rotterdam, spanische Spezialitäten mit Blick auf den Leuvehaven, insbesondere auf die alten Museumsschiffe "Geertruida" und "Helena", die direkt vor dem Restaurant vor Anker liegen, ℡ 010/4146213.

De Watertoren (35), Watertorenweg 180, 3063 HA Rotterdam, freundliches Restaurant mit spanisch angehauchter Küche, Mo/ Di geschlossen, ℡ 4522555.

Vasco da Gama (34), Prins Hendrikkade 60-61, 3071 KB Rotterdam, vorzügliche portugiesische Küche, oberes Preisniveau, verhältnismäßig preiswerte 3-Gänge-Menüs, ℡ 010/4141101.

• *Fernöstliche Küche* **Yamato (5)**, Kruiskade 78-80, 3012 EH Rotterdam, japanisches Teppan-Yaki-Restaurant, vergleichsweise preiswerte Gerichte, separate Räume für Sushi und Sashimi, ℡ 010/4120025. Yamato und Raden Mas sind über denselben Eingang zu erreichen.

Raden Mas (5), Kruiskade 72, 3012 EH Rotterdam, indonesische Küche auf hohem Niveau, exotische Pflanzen sorgen für ebensolche Atmosphäre, gute Reistafelgerichte, guter Weinkeller, ℡ 010/4117244.

Thai Thani (1), Pompenburg 652, 3011 AX Rotterdam, Royal Thai Cuisine am befahrensten Kreisel der Stadt, thailändische Küche, wie sie "von unserem Küchenchef der königlichen Familie im königlichen Haus in Thailand vorgesetzt wurde", ℡ 010/4133896.

Ocean Paradise (42), Parkhaven 21, 3016 GM Rotterdam, große Auswahl im größten schwimmenden chinesischen Restaurant Europas, Modell der "Verbotenen Stadt" als unübersehbares Schmuckstück, ℡ 010/4361702.

Kings Garden (7), Westersingel 1, 3014 GM Rotterdam, chinesische Gerichte, ansprechendes Ambiente, reich verzierte Fensterscheiben, vornehme Einrichtung, vegetarische Gerichte, gute Fleischteller, ℡ 010/4366633.

Hongkong (13), Westersingel 15, 3014 GN Rotterdam, Gerichte der chinesischen Küche in großer Auswahl, Restaurant seit 1963, ℡ 010/4366463.

• *Cafés/Kneipen* **Internetcafé EasyEverything (3)**, Stadhuisplein 16-18, 3012 AS Rotterdam, Pendant der beiden riesigen Internetcafés in Amsterdam mit einem knappen Dutzend Arbeitsplätzen, Mo-Sa 8.30-22.30 Uhr, ℡ 010/2130990, www.easyeverything.com.

Café Loos, Westplein 1, 3016 BL Rotterdam, Grand-Café im Kolonialstil mit gemütlichem Ambiente im Innenraum, Auswahl an kleineren Gerichten, ℡ 010/4117723.

Café Dizzy, 's-Gravendijkwal 127, 3021 EK Rotterdam, stadtbekanntes Künstlercafé mit viel Musik (Jazz), Di und Do regelmäßig Livekonzerte, ℡ 010/4773014.

Café De Unie, Mauritsweg 34, 3012 JT Rotterdam, die De-Stijl-Fassade verbirgt ein postmodernes Interieur, eines der beliebtesten Rotterdamer Lokale, ℡ 010/4117394.

De Consul, Westersingel 28, 3014 GR Rotterdam, benannt nach der Hauptperson aus John Hustons Film "Under the Volcano", Filmcafé mit zahlreichen Filmplakaten an den Wänden der lang gestreckten Bar, Biergarten rückwärtig, Sommerterrasse am Wasser des Westersingel, gemütliche Atmosphäre, gemischtes Publikum, darunter viele Studenten, So-Di 17-2 Uhr. Mi-Sa bis 4 Uhr, ℡ 010/4363323.

Jazzcafé Dizzy, 's-Gravendijkswal 127, 3021 EK Rotterdam, Jazzcafé, populär seit den frühen 70er Jahren, Musikprogramm im Internet (www.dizzy.nl), Biergarten mit 90 Sitzplätzen, So-Do 10-2 Uhr, Fr/Sa bis 3 Uhr, ℡ 010/4773014.

Proeflokaal De Ridder, Mauritsweg 28, 3012 JS Rotterdam, große Terrasse, Anwälte, Journalisten und Künstler ab Mitte 30, große Auswahl an Whiskey (50 Sorten) und Genever, Mo-Fr 15-1 Uhr, Sa/So bis 2 Uhr (nur am ersten Sonntag des Monats), ℡ 010/4110557.

Café-Whiskeybar Stalles, Nieuwe Binnenweg 11a, 3014 GA Rotterdam, schottische Atmosphäre, Filmplakate an den Wänden, 150 Sorten Single Malt Whiskey (darunter Exquisites wie Glen Farclas oder Prince of Whales), Whiskey des Monats, Whiskeyprobe möglich (4 Single Malts). Wer öfter kommt, kauft sich eine ganze Flasche, die bis zum nächsten Besuch in einem abschließbaren kleinen Schränkchen hinter der Bar sicher verwahrt wird. Mo-Fr 12-1 Uhr, Sa/So bis 2 Uhr, ℡ 010/4361655.

• *Restaurants am Oude Haven* Am ältesten Seehafen der Stadt liegt einer der Treffpunkte Rotterdams. Das Angebot an Cafés, Kneipen und Restaurants ist groß.

Popocatepetl (10), Spaansepoort 71, 3011 MN Rotterdam, Cantina mit fröhlicher mexikanischer Musik, benannt nach dem berühmten mexikanischen Vulkan, Tacos, Fajitas und Margarita in ansprechender Auswahl, ℡ 010/4120364, www.popo.nl.

Historische Bausubstanz im alten Delfshaven-Viertel

Villa Kakelbont (10), Spaansepoort 73, 3011 MN Rotterdam, benannt nach dem bekannten Wohnsitz der noch bekannteren Pippi Langstrumpf (Astrid Lindgren), geordnetes Chaos, alles ist möglich, nichts zu verrückt, tägl. 15-1 Uhr, Fr/Sa bis 2 Uhr, ✆ 010/4132050.

The Porter House (10), Haringvliet 635, 3011 ZP Rotterdam, Irish Pub mit Irish Food & Drinks, tägl. 10-1 Uhr, Fr/Sa bis 2 Uhr, ✆ 010/4118484.

Brasserie De Tijdgeest (10), Oost-Wijnstraat 14-16, 3011 TZ Rotterdam, Brasserie in einem der schönsten monumentalen Gebäude Rotterdams, Kaufmannshaus aus dem 18. Jh., Mo-Fr 12-14.30 Uhr und 18-23 Uhr, Sa 18-23 Uhr, So 17-21.30 Uhr, ✆ 010/2331311.

Theatercafé Plan C (10), Slepersvest 1, 3011 MK Rotterdam. Mi-Do 16-1 Uhr, Fr 16-4 Uhr, Sa 16-5 Uhr, Fr/Sa ab 22.30 Uhr Livemusik mit Coverbands, danach Disko, Sommerterrasse täglich ab 10.30 Uhr geöffnet, ✆ 010/4124352.

Eet- en Bierlokaal Cambrinus (10), Blaak 4, 3011 TA Rotterdam (unter den Kubussen), große Auswahl aus 11 Fass- und etwa 250 Flaschenbieren, darunter das hauseigene "Cambrinus Blond", Interessierte finden gar eine eigene Bierbibel, Sonnenterrasse, tägl. 10.30-1 Uhr, Fr/Sa bis 2 Uhr, ✆ 010/4146702.

Café 't Bolwerk (19), Geldersekade 1c, 3011 WB Rotterdam, seit Jahrzehnten gut besuchtes Rotterdamer Traditionscafé unterhalb des Witte Huis, Ausblick auf die historischen Schiffe am Oude Haven, zahlreiche Tische in mehreren abgetrennten Räumen, Tanzmöglichkeiten von Do-Sa. Mo-Fr 11.30-4 Uhr, Sa/So bis 5 Uhr, ✆ 010/4147303.

● *Restaurants im alten Delfshaven-Viertel*
Alle Adressen liegen direkt an der grünen Zugbrücke vor der Pelgrimvaderskerk. Das Kirchlein mit dem schönen Glockenturm war einst Startpunkt der "Speedwell", mit der die Pilgrim Fathers am 1. August 1620 nach England segelten, um dort auf dem Weg in die Neue Welt die berühmte "Mayflower" zu besteigen.

Millers (44), Voorhaven 3, 3025 HC Rotterdam, stilvoll dinieren auf drei Etagen eines restaurierten Speicherhauses, internationale Gerichte, Gulpener Bier, einige Tische im Freien, ✆ 010/4775181.

't Ouwe Bruggetje (44), Voorhaven 6, 3024 RM Rotterdam, gepflegte Atmosphäre auf der großen Terrasse auf dem Wasser, herrliche Aussicht auf die historische Gracht, ✆ 010/4773499.

Brasserie Henkes (44), Voorhaven 17, 3025 HC Rotterdam, Schlemmerlokal im Gebäude einer ehemaligen Schnapsbrennerei, Einrichtung auf zwei Etagen im Stil des 19. Jh., Innenhof, Terrasse, ✆ 010/4255596.

Tapas Bar Abrikoos (44), Aelbrechtskolk 51, 3025 HB Rotterdam, kleinstes Gebäude des ganzen Straßenzugs, nette Tapas-Bar mit kleineren Speisen aus dem Mittelmeerraum, gute spanische Hausweine, Mo geschlossen, ✆ 010/4774140.

De Pelgrim (44), Aelbrechtskolk 12, 3024 RE Rotterdam, links neben der Pelgrimsvaderskerk, Stadtbrauerei mit großer Anzahl (heimischer) Stammgäste, einige Café-Tische im Freien, alle mit Blick auf die schöne Zugbrücke, ✆ 010/4771189.

Veranstaltungen

Filmfestival Rotterdam (IFFR): Das Internationale Filmfestival in Rotterdam gilt als größte mehrtägige Kulturveranstaltung der Niederlande – eine Plattform innovativer Filmkunst. In den städtischen Lichtspielhäusern flimmern filmische Meisterwerke aus aller Welt über die Leinwände. Mehr als 300 Beiträge konkurrieren während des 12-tägigen Festivals um die begehrten Auszeichnungen (MovieZone Award, Tiger Award u. a.). Darüber hinaus sind frühere Festivalbeiträge und Retrospektiven zu sehen. In den vergangenen Jahren lockte das Festival mehr als 300.000 Filmfans und 350 Filmemacher nach Rotterdam. Termin: Ende Januar/Anfang Februar.

Information: Internationales Filmfestival Rotterdam, Karel Doormanstraat 278b, 3012 GP Rotterdam, ✆ 010/8909090, 🖷 8909091, www.filmfestivalrotterdam.com.

Pig City – Meeresblick für Schweine

Als Reaktion auf die Überlegungen des Landwirtschaftsministeriums, mehrstöckige Agrarproduktionsstätten für Hühner, Lachse und Schweine einzurichten, konzipierte ein Rotterdamer Architekturbüro Mitte 2001 einer Kette hochmoderner Schweinehochhäuser (*Varkensflats*), aufgereiht an der Küste auf einer Länge von einem Kilometer nahe den Rotterdamer Hafenanlagen. Die provokative Studie "Pig City" sah 40 Stockwerke vor, auf denen mehr als 200.000 Mastschweine jährlich produziert werden könnten – Balkon mit Meeresblick inklusive. Im Schnitt stünde jedem der Tiere mehr Platz zur Verfügung als gegenwärtig in der klassischen Bodenzucht.

Die Probleme im Nachbarland liegen auf der Hand, denn mittlerweile hat der Schweinebestand zahlenmäßig das Niveau der niederländischen Bevölkerung erreicht: 15,5 Millionen Exemplare. Eine ökologisch einwandfreie Schweinezucht aber erforderte nach neuesten Berechnungen, dass 75 % (!) der Fläche der Niederlande diesem Zweck gewidmet werden müssten. Was tun? Auf der Expo in Hannover wurde damit begonnen: Stapeln! Die Schweinestadt als Lösung aller Probleme: Die Menschen hätten mehr Platz für Eigenheim und Gärtchen, ebenso die Schweine. Die zuletzt stets gesunkene Fleischqualität stiege infolge der nun glücklicheren Tiere, zudem könnten sich Krankheiten wie die Maul- und Klauenseuche (MKS) nicht mehr so leicht großflächig im Land ausbreiten. Sogar das logistische Problem langer Transportwege wäre gelöst, da die nahen Hafenanlagen die Verteilung des Fleisches in alle Welt sicherstellten. Die Schockwirkung war dem Projekt sicher. Sie war auch beabsichtigt, denn wie anders ließe sich eine fruchtbare Diskussion über ein ernst zu nehmendes Problem anregen?

Sehenswertes

Grote Kerk (Sint Laurenskerk): Der sumpfige Boden macht auf sich aufmerksam – die im 15. Jahrhundert erbaute spätgotische Kirche hat begonnen, sich leicht zu neigen. Ein verstärktes und breites Fundament soll das Schlimmste verhindern: den Einsturz des Turms. Das angenehm helle Hauptschiff wurde während der schweren Bombardements 1940 stark beschädigt und konnte erst vor wenigen Jahren wieder völlig hergestellt werden. In der Kirche finden einmal wöchentlich Orgelkonzerte statt. Auf dem Platz vor der Kirche steht ein Denkmal zu Ehren des *Desiderius Erasmus* (1469–1536), das älteste und lange Zeit einzige Standbild des Landes.

• *Adressen/Öffnungszeiten* Grote Kerkplein 27, 3011 GC Rotterdam, ☎ 010/4113346. Di-Sa 10-16 Uhr. Eintritt frei.

• *Turmbesteigung* Mai-September Sa 12-14 Uhr (nur jeden dritten Samstag des Monats)

oder nach telefonischer Voranmeldung Di-Sa 10-16 Uhr. Erwachsene 2 €, Kinder 1 €.

• *Glockenspiel* Do 12-13 Uhr (14-tägig im Wechsel mit dem Stadhuistoren), Sa 10.30-11.30 Uhr.

Delfshaven: Das einzige Rotterdamer Stadtviertel mit alter Bausubstanz – Delfshaven wurde 1886 eingemeindet – liegt wenige Kilometer südwestlich des Hauptbahnhofs. Die alten Hafenanlagen sorgten einst für die wichtige Anbindung an das benachbarte Handelszentrum Delft. Im Zweiten Weltkrieg überstanden die Bauten die verheerenden Bombenangriffe der Deutschen Luftwaffe nahezu unversehrt. Die meisten Gebäude an den Ufern dienten damals als riesige Lagerhäuser, doch haben mittlerweile finanzstarke Privatpersonen die exquisite Wohnlage entdeckt. Delfshaven entrinnt allmählich seinem langjährigen Schattendasein.

Pelgrimvaderskerk: Die ehemalige *Antonius-Kirche* aus dem frühen 15. Jahrhundert trägt den Namen der ersten puritanischen Siedler, die 1620 an Bord der *Mayflower* die amerikanische Ostküste in Massachusetts erreichten. In Leiden aufgebrochen, kehrten die *Pilgrim Fathers* vor Beginn ihrer langen Fahrt quer über den Atlantik hier ein und erbaten den Segen für ihre ungewisse Reise in die Neue Welt. Die Kirche selbst gilt als ältestes Gotteshaus der Stadt.

Adresse/Öffnungszeiten Aelbrechtskolk 20, 3024 RE Rotterdam, ☎ 010/4774156. Sa 14-17 Uhr. Eintritt frei.

Zakkendragershuisje: Das aus dem späten 17. Jahrhundert stammende Haus der Säckeschlepper beherbergt eine Zinngießerei, in der historische Originalschablonen des 17. bis 19. Jahrhunderts verwendet werden.

Adresse/Öffnungszeiten Voorstraat 13-15, 3024 RS Rotterdam, ☎ 010/4772664. Di-Sa 10-17 Uhr, So 13-17 Uhr. Eintritt frei.

Stadhuis: Das städtische Rathaus stammt aus den frühen 20er Jahren. Der Komplex wurde damals im Stil der niederländischen Renaissance errichtet. Der angrenzende Turmbau birgt ein mehrstimmiges Glockenspiel. Vor dem Gebäudekomplex ehrt ein Denkmal den niederländischen Völkerrechtler *Huigh de Groot* (1583–1645), der Jahre seines Lebens in Rotterdam verbrachte, ehe er einen Lehrauftrag der Leidener Universität annahm.

Adresse/Öffnungszeiten Coolsingel 40, 3011 AD Rotterdam, ☎ 010/4179111. Mo-Fr 9-16 Uhr. Glockenspiel: Di 12-13 Uhr, Do 12-13 Uhr (14-tägig im Wechsel mit der Grote Kerk).

Provinz Zuid-Holland Karte S. 148/149

Nederlands Architectuur Instituut: Der Neubau des niederländischen Instituts für Architektur im Rotterdamer Museumspark in der Nähe des Museums *Boymans-van Beuningen* wurde 1993 feierlich eröffnet. Die moderne Architektur von *Jo Coenen* spielt mit Lichtreflexen und Spiegelungen. Das Institut verfügt über umfangreiche Archive zu den Themen Architektur und Städtebau, die ältesten Dokumente stammen aus dem Jahre 1800. Die gut sortierte Bibliothek steht der Öffentlichkeit zur Verfügung. Monatlich erscheint ein Fachblatt zum Thema Architektur, Städtebau und bildende Kunst.

Adresse/Öffnungszeiten Museumspark 25, 3015 CB Rotterdam, ℡ 010/4401200, www.nai.nl. Di-Sa 10-17 Uhr, So 11-17 Uhr. Erwachsene 5 €, Kinder 3 €, Senioren (Pas65) 3 €, MJK.

Spektakulär: Kubus-Wohnungen des Architekten Piet Blom

Kijk-Kubus: Die Kubus-Wohnungen am *Oude Haven* gehören zu den spektakulärsten Beispielen moderner Architektur in den Niederlanden. Die auf der Spitze stehenden Würfel gehen auf einen Entwurf des Architekten *Piet Blom* zurück, der nicht zuletzt wegen dieses Projektes weit bekannt ist. Der Kijk-Kubus kann besichtigt werden, alle Zimmer sind vollständig möbliert und vermitteln einen ungewöhnlichen Eindruck einer wahrlich ungewöhnlichen Wohnatmosphäre. Fotografien und Videofilme dokumentieren die Entstehung des extravaganten Bauwerks (1978–84). Nicht weit entfernt steht am Wijnhaven, Ecke Gelderse Kade das erste Hochhaus Europas: *Het Witte Huis* von 1898.

Adresse/Öffnungszeiten Overblaak 70, 3011 MH Rotterdam, ℡ 010/4142285, www.kubuswoning.nl. März-Dezember täglich 11-17 Uhr; Januar/Februar Fr-So 11-17 Uhr. Erwachsene 1.75 €, Kinder 1.25 €, Senioren (Pas65) 1.25 €, MJK.

Kralingse Bos: Die größte städtische Parkanlage (200 ha) nordöstlich des Bahnhofs ist von Rad-, Reit- und Wanderwegen durchzogen. Die reizvollen Wasserpartien des waldreichen Naherholungsgebiets an den Ufern des Kralinger Sees locken zahlreiche Städter zu einem Ausflug ins Grüne. Das Informationszentrum *De Groene Inval* hält Kartenmaterial bereit. Am besten zu erreichen ist die Anlage mit der Metro (Voorschoterlaan).

Euromast: Hoch, höher, am höchsten. Der Euromast bietet seit dreißig Jahren einen lohnenden Ausblick auf die riesigen Hafenanlagen Rotterdams. In luftiger Höhe von knapp 100 m befindet sich das – nicht ganz billige – Restaurant *Silhouet*, das man in extrem schnellen Aufzügen erreicht. Der Turm selbst aber ist noch deutlich höher. Himmelsstürmer fahren mit der langsam rotierenden Space-Cabin ganz nach oben (185 m). *Space-Adventure in Wa-terstad* nennt sich das neuzeitliche Abenteuer. Mit Hilfe von Bremsraketen kehrt man anschließend zur Plattform zurück.

Adresse/Öffnungszeiten Parkhaven 20, 3016 GM Rotterdam, ℡ 010/43648311, www.euromast.nl. April-September täglich 10-19 Uhr; Juli/August Di-Sa 10-22.30 Uhr, So/Mo 10-19 Uhr; Oktober-März täglich 10-17 Uhr. Erwachsene 7.50 €, Kinder 5 €. Restaurantzeiten Di-Sa 18-21.30 Uhr.

Kunsthal Rotterdam: Die städtische Kunsthalle bietet seit Ende 1992 ein neues Podium für groß angelegte Wechselausstellungen. Die bis zu 25 Ausstellungen pro Jahr widmen sich den Sparten Malerei, Design und Fotografie. Das Gebäude, das in unmittelbarer Umgebung des Rotterdamer Museumsparks liegt, wurde vom bekannten Architekten *Rem Koolhaas* entworfen. Angeschlossen ist ein Café-Restaurant.

Adresse/Öffnungszeiten Westzeedijk 341, 3015 AA Rotterdam, ℡ 010/4400301, www.kunsthal.nl. Di-Sa 10-17 Uhr, So 11-17 Uhr. Erwachsene 6.50 €, Kinder 3.50 €. Begleittexte in deutscher Sprache.

Museum Boijmans van Beuningen: Gemälde alter Meister, Genremalerei des 19. Jahrhunderts, Malerei des 20. Jahrhunderts, Grafik und Design – das renommierte Museum bietet einen umfassenden Überblick über die europäische Kunst vom Mittelalter bis heute. Ausgestellt sind u. a. Werke von *Rembrandt, Hieronymus Bosch, Pieter Brueghel d. Ä., Paul Cézanne, Vincent van Gogh, Wassily Kandinsky* und *Piet Mondriaan.*

Adresse/Öffnungszeiten Museumpark 18-20, 3015 CX Rotterdam, ℡ 010/4419400, www.boijmans.rotterdam.nl. Di-Sa 10-17 Uhr, So 11-17 Uhr. Erwachsene 6 €, Kinder frei, Senioren (Pas65) 3 €, MJK. Führungen in deutscher Sprache.

Villa Zebra: Ein Museum nur für Kinder. Neben kindergerechten Ausstellungen bietet die Villa Zebra viele Möglichkeiten, selbst kreativ zu werden. In der Kindergalerie stehen von Kindern gemalte Bilder zum Verkauf. Wer möchte, stellt sein eigenes Werk aus. Wird es verkauft, gibt's zwei Freikarten für den nächsten Besuch.

Adresse/Öffnungszeiten Museumpark 30, 3015 CX Rotterdam, ℡ 010/2411719, www.villazebra.nl. Erwachsene 5 €, Kinder 3.50 €.

Wereldmuseum: Das ehemalige Museum für Völkerkunde öffnete im Herbst 2001 seine Pforten als "Weltmuseum". Präsentiert werden Kunst- und ethnologische Sammlungen aus allen Kontinenten. Ein Bestandteil des Hauses ist das *Hotel Het Reispaleis*, ein Kinderhotel mit Foyer, Suiten, Zimmern (und einer Wäschekammer) für kleine Gäste aus aller Welt. Die Altersbegrenzung liegt offiziell bei 13 Jahren, doch sind auch ältere Semester willkommen.

Adresse/Öffnungszeiten Willemskade 25, 3016 DM Rotterdam, ℡ 010/2707172, www.wereldmuseum.rotterdam.nl. Di-So 10-17 Uhr. Erwachsene 6 €, Kinder 3 €, Senioren (Pas65) 3 €, MJK.

Historisch Museum Het Schielandshuis: Das prachtvoll restaurierte Gebäude aus dem 17. Jahrhundert gehört zu den wenigen historischen Bauten der Stadt, die die Luftangriffe im Mai 1940 weitgehend unbeschadet überstanden haben. Die Sammlung bietet Kunst, Kultur und Stadtgeschichte, darunter auch die alten Zeichnungen und Kupferstiche des *Atlas van Stolk*, Zeugnisse der kartographischen Vergangenheit der Niederlande.

Adresse/Öffnungszeiten Korte Hoogstraat 31, 3011 GK Rotterdam, ℡ 010/2176767, www.hmr.rotterdam.nl. Di-Fr 10-17 Uhr, Sa/So 11-17 Uhr. Erwachsene 2.70 €, Kinder 1.35 €, Senioren (Pas65) 1.35 €, MJK. Führungen in deutscher Sprache.

Provinz Zuid-Holland
Karte S. 148/149

Historisch Museum De Dubbelde Palmboom: Leben und Arbeiten im Bereich der Maasmündung – am Anfang standen kleine handwerkliche Betriebe, die zunehmend der modernen Industrie weichen mussten. Das Museum vermittelt einen Eindruck von den enormen Umwälzungen im Alltagsleben eines einfachen Arbeiters zur Zeit der Industriellen Revolution. Der Speicher mit doppeltem Treppenhaus aus dem 19. Jahrhundert verschafft der Ausstellung ein angemessenes Ambiente. Das Café im obersten Stockwerk bietet einen schönen Blick auf das Delfshaven-Viertel.

Adresse/Öffnungszeiten Voorhaven 12, 3024 RM Rotterdam, ℡ 010/4761533. Di-Fr 10-17 Uhr, Sa/So 11-17 Uhr. Erwachsene 2.70 €, Kinder 1.35 €, Senioren (Pas65) 1.35 €, MJK. Begleittexte und Führungen in deutscher Sprache.

Museum Hendrik Chabot: Die Räumlichkeiten zeigen neben den Gemälden des Expressionisten *Hendrik Chabot* Wechselausstellungen mit Werken seiner Zeitgenossen. Darüber hinaus erhalten Künstler, die sich am Stil des Meisters orientieren, ein Podium für kleinere Ausstellungen.

Adresse/Öffnungszeiten   Museumspark 11, 3015 CB Rotterdam, ℡ 010/4363713, www.chabotmuseum.nl. Di-Fr 11-16.30 Uhr, Sa 11-17 Uhr, So 12-17 Uhr. Erwachsene 4.50 €, Kinder frei. Führungen in deutscher Sprache.

Natuurmuseum: Das einzige naturhistorische Museum der Region in der alten *Villa Dijkzigt* (1851), die Mitte der 90er Jahre um einen modernen Glaspavillon erweitert wurde, zeigt eine umfangreiche Sammlung ausgestopfter Säugetiere und Vögel. Im Mittelpunkt steht allerdings das 15 m lange Skelett eines Pottwals. Lohnenswert ist ein kurzer Abstecher ins gemütliche Museumscafé.

Adresse/Öffnungszeiten Westzeedijk 345, 3015 AA Rotterdam, ℡ 010/4364222, www.nmr.nl. Di-Sa 10-17 Uhr, So 11-17 Uhr. Erwachsene 3 €, Kinder 2 €, Senioren (Pas65) 2 €, MJK.

Maritiem Museum Prins Hendrik: Im Foyer des modernen Komplexes informiert eine elektronische Schautafel über die Schiffsbewegungen der letzten 24 Stunden im Rotterdamer Hafen. Karten, Modelle und Skizzen zeichnen ein Bild von den Hafenanlagen und der Schifffahrt. Speziell für Kinder im Alter von 4 bis 14 Jahren ist die Ausstellung "Professor Plons" eingerichtet worden. Auf dem Gelände vor dem Museumsgebäude liegt das restaurierte Rammschiff *Buffel* vertäut. Interessierte Besucher sind an Bord herzlich willkommen.

Adresse/Öffnungszeiten Leuvehaven 1, 3011 EA Rotterdam, ℡ 010/4132680, www.mmph.nl. Di-Sa 10-17 Uhr, So 11-17 Uhr, Juli/August auch Mo 10-17 Uhr. Erwachsene 3.50 €, Kinder 2 €, Senioren (Pas65) 2 €, MJK. Führungen in deutscher Sprache.

Maritiem Buitenmuseum Leuvehaven: Das Areal entlang des Schiedamsedijk zeigt Baumaschinen, Binnen- und Dampfschiffe. Sehenswert sind darüber hinaus ein dampfbetriebener Getreidesauger, der noch in den 60er Jahren für den Warenumschlag genutzt wurde, und mehrere Hafenkräne, die von ehrenamtlichen Helfern sorgfältig restauriert werden. Der Besucher kann in den Lagerhallen und Werkstätten am Kai den Restaurierungsarbeiten beiwohnen oder (allerdings nur sonntags) eine kurze Tour auf einem historischen Dampfschiff unternehmen. Übrigens: Der Schiedamsedijk, die Straße vor dem Museum, gilt als Rotterdamer "Walk of Fame", auf dem sich zahlreiche Stars und Sternchen per Fuß- oder Handabdruck im Beton verewigt haben.

Adresse/Öffnungszeiten Leuvehaven 50-72, ℡ 010/4048072. Mo-Fr 10-16.30 Uhr, Sa/So 11-16.30 Uhr. Eintritt frei. Führungen in deutscher Sprache.

Openlucht Binnenvaart Museum: Im Bereich Oude Haven und Delfshaven werden historische Segelschiffe gewartet und restauriert. Der Oude Haven mitsamt den umliegenden Neubauten und seinen vielen Straßencafés bildet ein reizvolles Bild am Fuße des *Witte Huis*, des ältesten Hochhauses Europas.

Adresse/Öffnungszeiten Oude Haven, Koningsdam 1, 3011 TN Rotterdam, ℡ 010/4118867. Täglich rund um die Uhr. Eintritt frei.

Mariniersmuseum: Die nationale Marineinfanterie wurde 1665 gegründet, in einer Zeit, in der die niederländische Vormachtstellung auf den Weltmeeren zu bröckeln begann. England stieg unaufhaltsam zur neuen Handelsmacht auf. Die vier englisch-niederländischen Seekriege während des 17. Jahrhunderts zeugen von den erbitterten Auseinandersetzungen der damaligen Zeit. Die Ausstellung beschäftigt sich mit dem Werdegang der *Mariniers* – 300 Jahre Marineinfanterie in den Niederlanden. Im Wijnhaven liegen ein Landungsfahrzeug und ein Minenräumboot, die dem Besucher des Museums frei zugänglich sind.

Adresse/Öffnungszeiten Wijnhaven 7-9 (links neben dem Witte Huis), 3011 WN Rotterdam, ℡ 010/4129600, www.mariniersmuseum.nl. Di-Sa 10-17 Uhr, So 11-17 Uhr. Erwachsene 3 €, Kinder 1.50 €, MJK. Führungen in deutscher Sprache.

Altersheim für drogenabhängige Senioren

Im Herbst 1999 eröffnete in Rotterdam eine auch für die Niederlande ungewöhnliche Institution, ein Seniorenheim für alternde Junkies, die alleine nicht mehr zurechtkommen. Das zunächst zeitlich befristete Projekt geht auf eine Initiative der Rotterdamer Selbsthilfeorganisation *Junkiebond* zurück. Eines der Ziele liegt darin herauszufinden, wie sich die Betreuung älterer Drogenabhängiger sinnvoll in die reguläre Seniorenbetreuung integrieren lässt. Die Betreuung ist nicht mit einer Entziehungskur gleichzusetzen, die nach jahrzehntelanger Abhängigkeit wenig sinnvoll wäre. Folgerichtig wird Drogenkonsum im Heim toleriert. Alle Betroffenen können am Methadonprogramm teilnehmen, alternativ aber auch "für einen guten Preis" Heroin erwerben (die Verantwortlichen versichern, dass das Projekt auf rechtlich soliden Füßen steht). Die außergewöhnliche Wohngemeinschaft, Teil des Seniorenkomplexes *Sophiahof*, hat sich nach Anlaufschwierigkeiten ein festes Plätzchen im Rotterdamer Stadtbild gesichert.

Belastingmuseum & Douane Museum: Das Museum widmet sich der niederländischen Zoll- und Steuergesetzgebung im 20. Jahrhundert. Dabei geht es um längst vergessene Abgabepflichten wie die in den 20er Jahren erhobene Fahrradsteuer und natürlich auch um Schmuggel und den damit verbundenen Ideenreichtum – ein hohler Sattel für den Tabak oder hohle Schutzbleche für den Alkohol.

Adresse/Öffnungszeiten Parklaan 14-16, 3016 BB Rotterdam, ℡ 010/4400200, www.belastingdouanemus.nl. Di-So 11-17 Uhr. Eintritt frei.

Nationaal Schoolmuseum: Der moderne Schulalltag hat wahrlich nur noch wenig mit den Lehrmethoden früherer Zeiten zu tun. Sechs Klassenzimmer aus verschiedenen Epochen mit alten Fotografien und Lehrmitteln dokumentieren

Karte S. 148/149

Provinz Zuid-Holland

die Veränderungen des schulischen Unterrichts im Laufe der vergangenen Jahrhunderte. In einem Klassenzimmer der 20er Jahre darf man selber wieder auf den Schulbänken Platz nehmen.

Adresse/Öffnungszeiten Nieuwe Markt 1a, 3011 HP Rotterdam, ☎ 010/4045425, www.schoolmuseum.nl. Di-Sa 10-17 Uhr, So 13-17 Uhr. Erwachsene 5.50 €, Kinder 2.20 €, Senioren (Pas65) 3.30 €, MJK. Führungen in deutscher Sprache.

Toy-Toy Museum: Die Sammlung zeigt Spielzeug aus dem 18.–20. Jahrhundert, darunter Puppen und Puppenstuben aus Deutschland, England und Frankreich sowie wertvolle mechanische Spielzeuge vom Auto bis zum Flugzeug.

Adresse/Öffnungszeiten Groene Wetering 41, 3062 PB Rotterdam, ☎ 010/4525941. Zugang nur nach telefonischer Voranmeldung. Erwachsene 4.60 €, Kinder 2.30 €.

Diergaarde Blijdorp: Der Tierpark nördlich des Hauptbahnhofs öffnete Mitte des 19. Jahrhunderts seine Pforten. Seither vergrößert sich die Anlage kontinuierlich. Die Tropenwaldhalle *Taman Indah* ist die Heimat einer großen Herde indischer Elefanten, Nashörner und Tapire. Die Tiere leben in weitläufigen Freigehegen, enge Käfige wie in anderen Zoos sind selten. Der überdachte Hallenkomplex *Riviera* beherbergt neben tropischen Pflanzen eine Reihe exotischer Amphibien, Reptilien, Salz- und Süßwasserfische sowie Vögel. Das *Oceanium* des Tierparks, der mit jährlich 1,4 Millionen Besuchern zu den größten Attraktionen der Niederlande zählt, lässt den Besucher in die Faszinationen der Unterwasserwelt eintauchen. Die eigentliche Sehenswürdigkeit der Einrichtung, die auch für wissenschaftliche Zwecke genutzt wird, ist der mit 26 m längste Haifischtunnel des Kontinents.

Adresse/Öffnungszeiten Van Aerssenlaan 49, 3039 KE Rotterdam, ☎ 010/4431495, www.diergaardeblijdorp.nl. April-September täglich 9-18 Uhr; Oktober-März täglich 9-17 Uhr. Erwachsene 13 €, Kinder 10 €.

Arboretum Trompenburg: Auf dem Anwesen des alten Landsitzes Trompenburg legte man 1820 eine erste kleine Parkanlage an. Das Arboretum Trompenburg wurde damit zu einem der neunzehn botanischen Gärten der Niederlande. Der westliche Teil des Landschaftsgartens wurde 1870 durch den bekannten Gartenbauarchitekten *Jan David Zocher* im typisch englischen Stil umgestaltet. Mittlerweile zählt das Arboretum rund 3.000 verschiedene Bäume und Sträucher aus allen Teilen der Welt.

Adresse/Öffnungszeiten Honingerdijk 86, 3062 NX Rotterdam, ☎ 010/2330166, www.trompenburg.nl. Mo-Fr 9-17 Uhr, Sa 10-16 Uhr, Mai-Oktober auch So 10-16 Uhr. Erwachsene/Kinder 2.25 €.

Informatiecentrum Kop van Zuid: Der neue Teil des Rotterdamer Stadtzentrums ist als mondänes Viertel mit Einrichtungen für die Bereiche Arbeit, Freizeit und Wohnen geplant. Die Anbindung an die Innenstadt erfolgt seit Ende 1996 über die spektakuläre Erasmus-Brücke. Ein gläsernes Besucherzentrum informiert inmitten des Planungsgebietes auf dem Maaskai. Interaktive Leseecken, Multimediaprogramme und Modelle erläutern das Projekt. Kostenlose Karten animieren zu Spaziergängen durch Kop van Zuid.

Adresse/Öffnungszeiten Stieltjesstraat 21, 3071 JV Rotterdam, ☎ 010/2130101, www.kopvanzuid.rotterdam.nl. Mo-Fr 10-17 Uhr, Sa 12-17 Uhr. Eintritt frei.

Home of History De Kuip: Möchten Sie einmal auf der Ehrentribüne des 1937 fertig gestellten Stadions Platz nehmen, das den Zweiten Weltkrieg wie durch

Erasmusbrücke: Wahrzeichen des modernen Rotterdam

ein Wunder unbeschadet überstanden hat? Oder möchten Sie einmal durch den Spielertunnel das Feld betreten? All diese Wünsche kann man sich im Rahmen einer Führung durch das Feyenoord-Stadion erfüllen. Ein Besuch im "Home of History" verschafft obendrein Einblicke in die erfolgreiche Vereinsgeschichte.

Adresse/Öffnungszeiten Van Zandvlietplein 1, 3077 AA Rotterdam, ✆ 010/4929438, www.dekuip.nl (www.eredivisie.nl). Mi/Do 11-17 Uhr, Sa 9-17 Uhr. Erwachsene 7.50 €, Kinder 6.50 €.

Plaswijckpark: Der städtische Erlebnispark lockt in erster Linie Familien mit Kindern. Auf dem Gelände am *Bergse Achterplas*, einer kleinen Wasserfläche, findet sich neben Spielplätzen, Tretbooten und einem Verkehrsübungsplatz ein kleiner zoologischer Garten mit Affen, Kängurus, Lamas, Papageien und anderen exotischen Artgenossen. In der Saison finden jeweils mittwochs nachmittägliche Vorführungen im Puppentheater statt.

Adresse/Öffnungszeiten Ringdijk 20, 3053 KS Rotterdam, ✆ 010/4181836, www.plaswijkpark.nl. Täglich 9-17 Uhr (Attraktionen nur April-November). Erwachsene/Kinder 7 €, Senioren (Pas65) 4.50 €.

City Informatiecentrum Stad Rotterdam: Das Besucherzentrum informiert über die städtischen Bauvorhaben und sozialkulturellen Perspektiven der kommenden Jahre. Nicht weniger als 50 bedeutende Projekte werden anhand eines mehrere Quadratmeter großen Modells erläutert.

Adresse/Öffnungszeiten Coolsingel 197 (Eingang Binnenwegplein), 3012 AG Rotterdam, ✆ 010/4134011, www.cic.rotterdam.nl. Mo-Fr 10-18 Uhr, Sa 11-17 Uhr. Eintritt frei.

Schiedam   (70.000 Einwohner)

Auf halber Strecke zwischen Rotterdam und Vlaardingen wartet Schiedam mit einer exquisiten Rarität auf. Hier stehen die fünf höchsten Windmühlen der Welt! Sie stammen aus einer Zeit, als die ganze Stadt von der Genever-Herstellung lebte. Mehrere Brennereien erinnern daran, wie einst der Malzwein als elementarer Grundstoff des Genevers gebrannt wurde. Die Spezialität aus Wacholderbeeren, deren Alkoholgehalt bei etwa 36 % liegt, gilt noch heute als *das* Nationalgetränk der Niederlande.

Das 1996 in den Räumlichkeiten einer ehemaligen Schnapsbrennerei eröffnete städtische Branntweinmuseum mit dem offiziellen Namen **Nederlands Gedestilleerd Museum De Gekroonde Brandersketel** beleuchtet die Geschichte der Genever-Herstellung und bietet Gelegenheit zu hochprozentigen Kostproben. Im historischen Brennerkessel entsteht nach alten Rezepten der köstliche Tropfen. Der *Jonge Genever* ist ein klarer Schnaps, der *Oude Genever* dagegen hat eine dunklere Farbe und schmeckt kräftiger. Anschließend darf der Schnaps in einer kleinen Gaststube probiert werden. Aber nur ein winziger Schluck. Das Thema Alkohol und Gesundheit wurde in den Ausstellungsräumen bereits sorgsam dokumentiert.

• *Information* VVV **Schiedam**, Buitenhavenweg 9, 3113 BC Schiedam, ✆ 010/4733000, ✑ 4736695, www.vvvschiedam.nl. Mo-Fr 9-17.30 Uhr, Sa 10-17 Uhr.

So 12.30-17 Uhr. Erwachsene 3.90 €, Kinder 3.20 €, MJK. Im Preis inbegriffen ist eine kleine Kostprobe am Ausschank.

• *Adresse/Öffnungszeiten* **Nederlands Gedestilleerd Museum De Gekroonde Brandersketel**, Lange Haven 74-76, 3111 CH Schiedam, ✆ 010/4261291. Di-Sa 12-17 Uhr,

Zur Entdeckungstour im Gouden Circel siehe Seite 171.

Vlaardingen

(75.000 Einwohner)

Die Stadt im Westen der Rotterdamer Hafenanlagen galt lange als Zentrum der Fischerei. Die alte Fischauktion des mittlerweile bedeutenden Wirtschaftsstandorts dokumentiert diese Vergangenheit.

Im Zuge der westlichen Stadterweiterung entdeckte man 1959 die Reste einer frühen Ansiedlung. Die folgenden gezielten Ausgrabungsarbeiten sorgten für weitere Funde aus der Zeit um 2.300 v. Chr., die den Begriff *Vlaardingen Cultuur* weltbekannt machen sollten. Im frühen 8. Jahrhundert hatten sich Kaufleute und Seefahrer am Hafen niedergelassen, 500 Jahre später gewährte *Floris V.* Vlaardingen die Stadtrechte. Mittlerweile gilt die Stadt als international bedeutendes Industrie- und Handelszentrum im westlichen Einzugsbereich der Metropole Rotterdam.

Information/Verbindungen/Rundfahrten

• *Information* ANWB/VVV **Vlaardingen**, Westhavenkade 39, 3131 AD Vlaardingen, ✆ 010/4346666, ✑ 4358997, www.vvv-vlaardingen.nl. Mo 11-17.30 Uhr, Di-Fr 9.30-17.30 Uhr, Sa 9-16 Uhr.
• *Bahnverbindungen* 2-4x stündl. nach Hoek van Holland (Dauer: 20 Min.), 2-4x stündl. Rotterdam (15 Min.).
• *Busverbindungen* in Richtung Den Haag, Rotterdam, Spijkenisse, Vlaardingen.
• *Schiffsrundfahrten* Die Rederei Diane unternimmt Ausflüge mit dem gleichnamigen Salonboot (Abfahrt am Maasboulevard).

Molens Kinderdijk: Rundfahrt zum Mühlenensemble Kinderdijk (Nieuwe Maas, Lek, Hafen Rotterdam, IJsselmonde, Bolnes, Slikkerveer, Krimpen a/d Lek) mit Aufenthalt vor Ort. Abfahrt Mo 11.30 Uhr. Dauer 4,5 Std. Erwachsene 10 €, Kinder 7.50 €.
Zuidhollandse Biesbosch: Rundfahrt entlang der Rotterdamer Skyline Richtung Dordrecht ins Naturgebiet des Hollandse Biesbosch, Besuch des dortigen Informationszentrums. Abfahrt Di 9.45 Uhr. Dauer 8 Std. Erwachsene 15 €, Kinder 11 €.

Zilverstad Schoonhoven: Rundfahrt mit zweieinhalbstündigem Aufenthalt in der Silberstadt. Abfahrt Mi 10 Uhr. Dauer 7,5 Std. Erwachsene 15 €, Kinder 10 €.

Gouda: Rundfahrt mit zweieinhalbstündigem Aufenthalt in Gouda. Abfahrt Do 10 Uhr. Dauer 8 Std. Erwachsene 15 €, Kinder 10 €.

Europoort: Rundfahrt entlang der größten Hafenbecken der Welt. Abfahrt Sa 10.30 Uhr.

Dauer 4,5 Std. Erwachsene 12 €, Kinder 9 €.

Rond Eiland IJsselmonde: Rundfahrt via Puttershoek, Zwijndrecht, Dordrecht, Papendrecht, Kinderdijk, Slikkerveer, Krimpen a/d Lek, Rotterdam und Schiedam. Abfahrt So 13.15 Uhr. Dauer 5 Std. Erwachsene 12 €, Kinder 9 €.

Information: Rederij Diane, Olivier van Noortlaan 97, 3133 AR Vlaardingen, ✆ 010/4356192, www.partyschipdiane.nl.

Provinz Zuid-Holland
Karte S. 148/149

Adressen

● *Autovermietung* **Autoverhuur Budget**, Spoorsingel 39, 3134 XR Vlaardingen, ✆ 010/4349922 (0800/0537, gratis); **Autoverhuur Hertz**, Taanderijstraat 7, 3133 ET Vlaardingen, ✆ 010/4358565.

● *Fahrradverleih* **Station Vlaardingen-Oost**, Van Hogendorplaan 215, 3135 BP Vlaardingen, ✆ 010/4343657.

● *Einkaufen* Die Geschäfte bleiben in Vlaardingen Montagvormittag geschlossen. Am Freitag verschiebt sich der Laden-

schluss auf 21 Uhr (Kaufabend). Markttermine: **Wochenmarkt** Mi und Sa 9-13 Uhr, Schoutplein; Do 9-13 Uhr, De Loper; Di 9-13 Uhr, Dr. Wiardi Beckmannsingel.

● *Krankenhaus* **Vlietland Ziekenhuis**, Holysingel 3, 3136 LA Vlaardingen, ✆ 010/2493000.

● *Mühle* **Stadskorenmolen Aeolus**, Kortedijk 16, 3134 HB Vlaardingen, ✆ 010/4346131. Kornmühle von 1790. Mo-Fr 8-17 Uhr, Sa 9-17 Uhr. Eintritt frei.

● *Taxiruf* ✆ 010/4354344

Übernachten/Essen

● *Übernachten* **** **Delta Hotel**, Maasboulevard 15, 3133 AK Vlaardingen, 144 Betten, modernes Haus direkt am Wasser, herrliche Ausblicke auf den regen Schiffsverkehr auf der Maas, komfortable Zimmer. EZ ab 90 €, DZ ab 90 €, ✆ 010/4345477, 🖷 4349525.

*** **Ibis-Hotel Rotterdam Vlaardingen**, Westlandseweg 270, 3131 HX Vlaardingen, Bus 126, nordwestlich des Stadtzentrums, Nähe Autobahnabfahrt Vlaardingen-West, 139 Betten, moderne Räumlichkeiten, alle Zimmer mit Du/WC, Telefon und TV. EZ ab 65 €, DZ ab 65 €, Frühstück 9 €, ✆ 010/4602050, 🖷 4604059.

*** **Hotel Campanile Vlaardingen** Kethelweg 220-222, 3135 GP Vlaardingen, Bus 56, nordöstlich des Stadtzentrums, Nähe Autobahnkreuz (A 4/A 20), 73 Betten, freundlicher Service, alle Zimmer mit Du/WC, Telefon und TV, angegliedertes Restaurant. EZ ab 55 €, DZ ab 60 €, ✆ 010/4700322, 🖷 4713430.

● *Essen* **Peking**, Liesveldviaduct 1, 3131 CN Vlaardingen, Spezialitäten der chinesischen Küche, empfehlenswert ist der Besuch am Freitag oder Samstag, wenn ein Buffet mit 20 verschiedenen Gerichten angeboten wird, ✆ 010/4356140.

◊◊◊ **In de Bernisse Molen**, Spuikade 1, 3211 BG Geervliet, einige Kilometer südlich von Vlaardingen, Relais du Centre (siehe

Seite 56), Speisen der modernen französischen Küche in alter Mühle, ruhiger Flecken nur wenige Kilometer südlich der pulsierenden Rotterdamer Hafenanlagen. Di-Fr 12-14.30 Uhr und 18-21.30 Uhr, Sa 18-21.30 Uhr, So/Mo Ruhetag, ✆ 0181/661292, www.bernissemolen.nl.

't Oud Hollandsch Koffy en Pannekoekhuys, Hoogstraat 169, 3131 BB Vlaardingen, alteingesessenes Pfannkuchenhaus, 80 Sorten, Terrasse, A 20 Rotterdam–Hoek van Holland, Ausfahrt Vlaardingen-Centrum, Mo 12-20 Uhr, Di-Sa 9-20 Uhr, Fr 9-21 Uhr, ✆ 010/4356372.

Pannekoekenhuis 't Hof, Hofsingel 80, 3134 VH Vlaardingen, Pfannkuchenrestaurant am Rande des Stadtparks 't Hof in schöner Lage in ländlicher Umgebung, 50 Sorten, baumbestandene Terrasse, A 20 Rotterdam–Hoek van Holland, Richtung Europoort, Ausfahrt Vlaardingen-Oost, an der Ampel rechts, an der übernächsten Ampel links, danach erste Straße rechts, Di-So 11-20 Uhr, ✆ 010/4341043.

China Garden, Maasboulevard 2, 3133 AL Vlaardingen, chinesisch-indisches Restaurant mit Blick auf die Nieuwe Maas, große Auswahl preiswerter Hauptgerichte, ✆ 010/4353604.

Sehenswertes

Stadhuis: Der Renaissance-Bau aus dem Jahre 1650 trägt die Handschrift von *Bartholomeus Drijffhout*, einem Schüler von *Jacob van Campen*. 1912 gaben aufwändige Restaurierungsarbeiten den Außentreppen ihre heutige Gestalt. Die steinernen Löwen tragen links das Wappen der holländischen Grafen, rechts eine Abbildung des alten Stadtsiegels aus dem 14. Jahrhundert. Die Anbauten der 50er Jahre bergen den *Burgerzaal*. In der Halle befindet sich ein altes Turmuhrwerk (1570) mit großer Glocke.

Adresse   Markt 11, 3131 MH Vlaardingen, ✆ 010/4455200. Besichtigung nur nach telefonischer Voranmeldung. Eintritt frei.

Grote Kerk: Die ältesten Teile der spätromanischen Kreuzkirche datieren aus dem 11. Jahrhundert, doch erhielt das Bauwerk seine heutige Gestalt erst wesentlich später. Der alte Turm musste 1742 abgetragen werden, nachdem er einige Meter schräg abgesackt war. Sein Nachfolger trägt die Handschrift des Hobbyarchitekten *David van Stolk*, der durch den Handel mit Holz erheblichen Einfluss und Wohlstand erlangt hatte.

Nur wenige Schritte von der Kirche entfernt liegen die alten *Vleeshallen*, wo zu Beginn des 20. Jahrhunderts der Fleischmarkt stattfand. Die Räumlichkeiten wurden in der Regel an vier Fleischermeister gleichzeitig verpachtet, die mit ihren Waren um die Käufergunst buhlten.

Adresse   Markt, 3131 CR Vlaardingen, ✆ 010/4342094. Besichtigung nur nach telefonischer Voranmeldung. Eintritt frei.

Visbank: Die Vlaardinger Fischauktion fand noch im frühen 20. Jahrhundert an dem Ort statt, den der Architekt *Jacob van Schie* 1778 auserwählt hatte. Das zierliche Gebäude am Westhavenplaats 37 ruht im vorderen Bereich auf acht schlanken Säulen, die das überhängende Dach mit einem minarettartigen Glockenturm stützen.

Visserijmuseum: Das Fischereimuseum im *Huis met den Lindeboom* (1742) beleuchtet die städtische Fischereigeschichte. Es finden sich mehrere Dioramen, maßstabsgetreue Schiffsmodelle und ein Salzwasserbassin mit Nordseefischen. Es wird gar von einigen Haifischarten gemunkelt. Im Obergeschoss befindet sich eine umfangreiche Fachbibliothek.

Adresse/Öffnungszeiten   Westhavenkade 53-54, 3131 AG Vlaardingen, ✆ 010/4348722, www.visserijmuseum.vlaardingen.nl. Di-Fr 10-17 Uhr, Sa/So 13-17 Uhr. Erwachsene 2.75 €, Kinder 1.60 €, Senioren (Pas65) 1.60 €, MJK. Führungen in deutscher Sprache.

Muziekmuseum van Ton Stolk: Das *Redershuys* aus dem 18. Jahrhundert, ein seit Generationen von Reederfamilien bewohntes Gebäude, birgt die Privatkollektion von *Ton Stolk*, der verschiedenste Musikinstrumente aus allen Teilen der Welt zusammengetragen hat. Die Vitrinen der beiden Säle präsentieren knapp 700 exotisch-folkloristische Exponate.

Adresse/Öffnungszeiten   Westhavenkade 45, 3131 AE Vlaardingen, ✆ 010/4347240. Mo-Fr 10-12 Uhr. Juli/August geschlossen. Eintritt frei.

Hoek van Holland   (9.000 Einwohner)

Der Beschluss von 1863, mit dem *Nieuwe Waterweg* eine neue Anbindung der expandierenden Rotterdamer Hafenanlagen an die Nordsee zu verwirklichen, legte den Grundstein der städtischen Entwicklung. Zahlreiche Arbeiter siedelten sich in den folgenden Jahren in direkter Umgebung ihres Arbeitsplatzes an, sodass ein Dorf entstand, das 1914 der Gemeinde und 1972 der Stadt Rotterdam angegliedert wurde. Der *Nieuwe Waterweg* wird jährlich von mehr als 40.000 Schiffen befahren, darunter die weltweit größten Supertanker. Hoek van Holland ist auch ein wichtiger Fährhafen für die Schiffsverbindungen nach *Harwich* in England.

Die Wehranlage *Fort aan den Hoek van Holland* wurde zur Sicherung des Nieuwe Waterweg errichtet (Fertigstellung 1887). Mehr als 250 Soldaten absolvierten hier ihren Dienst. Heute ist in der Anlage das **Nederlands Kustverdedigingsmuseum** untergebracht. Das Labyrinth aus modrigen Gängen und Schutzräumen ist entlang ausgeschilderter Routen zu besichtigen. Solange man den orangefarbenen Pfeilen folgt, wird man sich nicht verirren und kann die schmalen Gänge und steilen Treppen ohne Gegenverkehr passieren. Achtung: Das weiße Mauerwerk färbt an einigen Stellen leicht ab! Fotografien, Uniformen und Waffen vermitteln einen Eindruck vom täglichen Leben innerhalb der Anlage.

Information/Verbindungen/Adressen

• *Information* **VVV Hoek van Holland**, Strandweg 32, 3151 HV Hoek van Holland, ☎ 0174/382456, 🖂 386451, www.hoekvanholland.nl/vvv. Mo-Fr 8-17 Uhr, Sa 8-16 Uhr.

• *Adresse/Öffnungszeiten* **Nederlands Kustverdedigingsmuseum**, Stationsweg 82, 3151 HS Hoek van Holland, ☎ 0174/382898. Mai-Oktober Sa 13-16 Uhr, So 12-16 Uhr, jeweils nur am ersten Wochenende des Monats, Juli/August auch Di und Do 11-16 Uhr. Erwachsene 3.20 €, Kinder 1.40 €, Senioren (Pas65) 1.40 €, MJK. Führungen in deutscher Sprache.

• *Bahnverbindungen* 2x stündl. nach Rotterdam (Dauer: 30 Min.).

• *Busverbindungen* in Richtung Delft, 's-Gravenzande.

• *Fährverbindungen* Der Hafen in Hoek van Holland besitzt internationale Bedeutung als wichtiger Fährhafen hinüber nach Harwich (England). Information: Sea Link Stena Line, Stationsweg 10, 3151 HS Hoek van Holland, ☎ 0174/389333, 🖂 389389, www.stenaline.nl.

• *Autovermietung* **Autoverhuur Schoenmeijer**, Prins Hendrikweg 50, 3151 AE Hoek van Holland, ☎ 0174/383636.

• *Einkaufen* Die Geschäfte bleiben in Hoek van Holland Montagvormittag geschlossen. Am Freitag verschiebt sich der Ladenschluss auf 21 Uhr (Kaufabend). Markttermin: **Wochenmarkt** Di 9-12 Uhr, Prins Hendrikstraat.

• *Krankenhaus* **Vlietland Ziekenhuis**, Holysingel 3, 3136 LA Vlaardingen, ☎ 010/2493000.

• *Taxiruf* ☎ 0174/388888

Übernachten/Essen

• *Übernachten* **** Hotel Noordzee**, Dirk v/d Burgweg 69, 3151 XM Hoek van Holland, 14 Betten, komfortables Familienhotel, freundlicher Service, saubere Räumlichkeiten. EZ ab 57 €, DZ ab 73 €, ☎ 0174/382273.

** Hotel Kuiperduin, Prins Hendrikstraat 193, 3151 AH Hoek van Holland, zentrale Lage nördlich des Leuchtturms, 15 Betten, kleines Familienhotel, einfache Zimmer mit Du/WC, Telefon und TV. EZ ab 40 €, DZ ab 62 €, ☎ 0174/383068, 🖂 388091.

* Hotel America, Rietdijkstraat 94-96, 3151 GK Hoek van Holland, Nähe Hbf., 45 Betten, einfaches Interieur, saubere Zimmer, angegliedertes Restaurant. EZ ab 35 €, DZ ab 65 €, ☎ 0174/382290, 🖂 386676.

Camping Hoek van Holland, Wierstraat 100, 3151 VP Hoek van Holland, A 20, Richtung Strandroute Hoek van Holland, erster Weg rechts, Schildern folgen, lang gestrecktes Wiesengelände zwischen Straße und Wassergraben, Strandnähe (500 m), kein Schatten, akzeptable Sanitärs, Lebensmittelgeschäft, Wanderhütten (2), geöffnet April-Oktober. Stellplatz (inkl. 4 Pers.) 22 €, zus. Person 4 €, Duschen inkl., Fläche 5,5 ha. ☎ 0174/382550, 🖂 385751, camping.hvh@hetnet.nl.

Provinz Zuid-Holland Karte S. 148/149

● *Essen*   **Restaurant Sand**, Zeekant 125, 3151 HW Hoek van Holland, direkt an der Mündung des Nieuwe Waterweg gelegen, exquisite französische Küche unter der Regie des Chefkochs Ben Bakker, ✆ 0174/382503.

De Lachende Zeerover, Prins Hendrikstraat 305-307 (gegenüber dem Albert-Heijn-Supermarkt), 3151 AK Hoek van Holland, Pfannkuchenhaus mit Palmen und einer schiffsförmigen Bar, großflächige Wand-malereien, 80 Sorten, täglich frische Limburger Torten, Terrasse, Juli-August Mo-Sa 9-22 Uhr, So 10-22 Uhr, September-Juni Di–Do 9-20 Uhr, Fr-Sa 9-21 Uhr, So 11-21 Uhr, ✆ 0174/310999, www.delachendezeerover.nl.

Pizzeria Azzurro, Rietdijkstraat 108, 3151 GH Hoek van Holland, neben den obligatorischen Pizzen auch gute Fisch-, Fleisch- und Nudelgerichte, ✆ 0174/386216.

Sturmflutwehr Nieuwe Waterweg

Im Mai 1997 eröffnete die Königin nach sechsjähriger Bauzeit das neue Sturmflutwehr in der windumtosten Kanalmündung. Die Presse feierte ein neues Meisterwerk niederländischer Wasserbaukunst. Im Bedarfsfall werden die beiden 15.000 Tonnen schweren Eisentore, die jeweils mehr Stahl als der Pariser Eiffelturm enthalten, zahnradgetrieben aus ihren Parkdocks geschoben. Anschließendes Fluten der Hohlräume senkt sie auf einen Betonsockel ab, der auf dem Flussboden des Nieuwe Waterweg gegossenen wurde. Die Möglichkeit zur Abriegelung der wichtigsten Verbindung zum Rotterdamer Hafen minimiert die Gefahr einer verheerenden Überflutung des Maas- und Rheindeltas. Die gigantische Konstruktion aus über 200 m langen und bis zu 15 m dicken Stahltoren verschlang mehr als eine halbe Milliarde Euro, doch wäre die alternative Erhöhung der Deiche, die sich in der Region auf 300 km Länge erstrecken, erheblich teurer geworden. Auf den Deichkuppen stehen ganze Siedlungen, die komplett hätten abgerissen werden müssen. Wichtige Verkehrsstraßen hätten für lange Zeit gesperrt werden müssen. Erfahrungsgemäß sind Deichverstärkungen zudem stets mit Bürgerprotesten verbunden und daher eine zeitraubende Angelegenheit. Das Deltaprojekt ist abgeschlossen, doch geht der Kampf gegen das Wasser weiter. Statistischen Berechnungen zufolge müsste das Wehr nur einmal in zehn Jahren geschlossen werden. Sollte der Treibhauseffekt den Meeresspiegel weiter ansteigen lassen, wäre die Rechnung für ein Land, das zu 60 % unter dem Meeresspiegel liegt, freilich hinfällig. Das *Informatiecentrum Maeslantkering – Het Keringhuis* informiert über das Meisterwerk.

Informationszentrum: Nieuw Oranjekanaal 139, 3151 XC Hoek van Holland (Richtung Maassluis), ✆ 0174/511222, 📠 540324, www.keringhuis.nl. Mo-Fr 10-16 Uhr,   Sa/So 11-17 Uhr. Eintritt frei.

Region Zuid-Hollandse Eilanden

(Brielle, Ouddorp)

Das Polderland der ehemaligen südholländischen Inseln *Goeree-Overflakkee*, *Hoekse Waard* und *Voorne-Putten*, das durch Dämme und Deiche dem Wasser abgerungen werden konnte, formt eine gegenwärtig weitgehend homogene Einheit. Die Region, die landschaftlich stark an die südlich gelegene Provinz Zeeland erinnert, ist durch die Anbindung an die Rotterdamer Hafenanlagen wirtschaftlich stark mit Zuid-Holland verflochten. Sowohl Goeree-Overflakkee als auch Voorne-Putten sind dank ihrer Strandlage beliebte Ausflugsziele der Randstad-Bewohner. Hoekse Waard, weiter landeinwärts gelegen, erweist sich als flaches Polderland mit am Horizont verstreuten kleinen Dörfern.

Brielle (15.000 Einwohner)

Die ruhigen Plätze, schmalen Gassen und Straßen vermitteln die Atmosphäre eines großen Freilichtmuseums. Die kleine Bastion am östlichen Zipfel des Stadtkerns gewährt weite Blicke auf die denkmalgeschützten Monumente eines pittoresken Ortes.

Die Stadt 30 km westlich von Rotterdam an der Einmündung der Maas in die Nordsee erhielt 1330 die Stadtrechte. Die ältesten Gräben und Wälle stammen aus dieser Epoche, doch streiten sich die Gelehrten, zu welchem Zweck diese Anlagen errichtet wurden – Befestigung oder Begrenzung der Stadt? 1572 ging Brielle in die Geschichte des Landes ein, als die *Watergeuzen* (Wassergeusen) die besetzte Stadt aus den Händen des spanischen Herzogs *Alba* befreiten. Der *Nieuwe Waterweg*, die Anbindung des Rotterdamer Hafens an die Nordsee, nahm Brielle im späten 18. Jahrhundert seine strategische Bedeutung. Die Stadt lebt heute vom Tourismus. Die nahen Polder und das *Brielse Meer* bieten zahlreiche Sportmöglichkeiten (angeln, golfen, rudern, segeln, surfen, wandern) und machen Brielle zu einem beliebten Naherholungsgebiet.

Provinz Zuid-Holland / Karte S. 148/149

Wassergeusen in Brielle

Am 1. April 1572 gelang den *Wassergeusen* (siehe Geschichte, S. 23ff.) die Rückeroberung der seit mehr als fünf Jahren spanisch besetzten Stadt. Die Wassergeusen rekrutierten sich aus allen Bevölkerungsschichten – raue Seeleute zählten ebenso dazu wie honorige Intellektuelle. Sie alle waren rechtzeitig vor den spanischen Unterdrückern geflohen und organisierten ihren Widerstand zunächst vom englischen Dover aus. Die englische Krone zwang sie auf Drängen des spanischen Königs *Philipp II.* im Frühjahr 1572 zum Verlassen des Landes. Die Wassergeusen nahmen Kurs auf Emden, wurden jedoch durch starke Stürme nach Brielle abgetrieben. Admiral *Willem Lumey* entschloss sich deshalb zur Eroberung und Plünderung der besetzten Stadt. Als Erster entdeckte der Brieller Fährmann *Jan Pieterszoon Coppelstock* die Flotte. Die Wassergeusen durchbrachen das nördliche Stadttor und ließen wenig später eine neue Flagge auf dem Rathaus hissen. Brielle feiert diesen Tag noch heute und stellt die historischen Szenen detailliert nach.

Information/Verbindungen/Adressen

● *Information* **VVV Brielle**, Markt 1, 3231 AH Brielle, ✆ 0181/475475, ✉ 475470, April-Sept. Mo-Fr 10-17 Uhr, Sa 10-16 Uhr, So 12-16 Uhr; Okt.-März Mo-Sa 10-16 Uhr., www.voorne.net.
● *Bahnverbindungen* nächster Bahnhof in Maassluis (10 km).
● *Busverbindungen* in Richtung Hellevoetsluis, Spijkenisse.

● *Einkaufen* Die Geschäfte bleiben in Brielle Montagvormittag geschlossen. Am Freitag verschiebt sich der Ladenschluss auf 21 Uhr (Kaufabend). Markttermin: **Wochenmarkt** Mo 9-15 Uhr, Turfkade.
● *Krankenhaus* **Ruwaard van Puttenziekenhuis**, Ruwaard van Puttenweg 500, 3201 GZ Spijkenisse, ✆ 0181/658888.

• *Mühle* **Molen 't Vliegend Hert**, Molenstraat 32, 3231 XS Brielle, ☎ 0181/412000. Nachbau des Originals (17. Jh.) aus den 80er

Jahren. Fr 11-17 Uhr. Erwachsene 0.50 €, Kinder 0.25 €.

• *Taxiruf* ☎ 0181/412076

• *Übernachten* ***** Hotel Atlas**, Nobelstraat 20, 3231 BC Brielle, 100 Betten, zentrale Lage, angenehmes Flair hinter malerischer markisenbedeckter Fassade, gemütliche Atmosphäre, gutes Frühstück. EZ ab 75 €, DZ ab 115 €, ☎ 0181/413455, ✆ 415407.

*** Hotel Bastion, Amer 1, 3232 HA Brielle, 142 Betten, zentrale Lage, gepflegte Räumlichkeiten, freundlicher Service, gutes Frühstück. EZ ab 75 €, DZ ab 85 €, ☎ 0181/416588.

*** Hotel De Zalm, Voorstraat 48, 3231 BS Brielle, 70 Betten, zentrale Lage, hausbackene Einrichtung, saubere Zimmer, gutes französisches Restaurant angeschlossen. EZ ab 35 €, DZ ab 45 €, ☎ 0181/413388, ✆ 417712.

Camping De Krabbeplaat, Oude Veerdam 4, 3231 NC Brielle, A 15 (Rotterdam-Europoort), Richtung Brielle, Schildern folgen, Nähe Brielse Meer, schöne Lage, wenig Schatten, mäßige Sanitärs, Diskothek, Lebensmittelgeschäft, Wanderhütte (1), geöffnet April-Sept. Stellplatz (inkl. 2 Pers.) 18 €, zus. Person 2.25 €, Duschen inkl., Fläche 20 ha. ☎ 0181/412363, ✆ 412093, info.krabbeplaat@euroase.nl.

Camping De Meeuw, Batterijweg 1, 3230 AA Brielle, A 15 (Rotterdam-Europoort), Richtung Brielle, Schildern folgen, Brielse Meer Zuidzijde, ruhige Lage an einem der städtischen Jachthäfen, die Hälfte der Anlage bietet angenehm schattige Plätze, Lebensmittelgeschäft, Wanderhütten (2), geöffnet April-September. Stellplatz (inkl. 2 Pers.) 11.80 €, zus. Person 2.30 €, Duschen inkl., Fläche 13 ha. ☎ 0181/412777, ✆ 418127, info@demeeuw.nl.

• *Essen* **De Pakhuysjes**, Lijnbaan 1-2, 3231 AE Brielle, Bistro mit großen Wahlmöglichkeiten bei der Zusammenstellung des 3-Gänge-Hausmenüs, Mo geschlossen, ☎ 0181/410160.

De Hoofdwacht, Markt 7, 3231 AH Brielle, die angeblich schönste Terrasse der ganzen Region mit Blick auf das alte Rathaus, ☎ 0181/418393.

Pannekoekhuis De Koffiepot, Sint Catharijnehof 20, 3231 XS Brielle, deftige oder süße holländische Pfannkuchen in zahlreichen Variationen, ☎ 0181/417076.

Paraplu-Parasol, Voorstraat 41, 3231 BE Brielle, Café-Eetsalon, preiswerte Gerichte der Region, Di geschlossen, ☎ 0181/415230.

Petros, Voorstraat 126, 3231 BK Brielle, große Auswahl an griechischen Spezialitäten, stilechtes Interieur, gute vegetarische Platten, ☎ 0181/416684.

Sehenswertes

Grote Kerk (Sint Catharijnekerk): Das bedeutendste Bauwerk Brielles wurde im 15. Jh. im Stil der Brabanter Gotik errichtet. Die unvollendete Kirche verfügt über bemerkenswerte Kunstschätze, darunter das herrliche Coppelstock-Fenster, das die Befreiung Brielles 1572 darstellt. Der abrupt endende Turm birgt mit der *Catharijne* eine der schwersten Kirchenglocken des Landes (3.000 kg). Die Turmbesteigung (318 Stufen) lohnt, denn der Blick reicht in die weite Landschaft mit ihren Dörfern, Dünen, Flüssen, Häfen und Poldern der Umgebung.

Adresse/Öffnungszeiten Sint Catharijnehof, 3231 XS Brielle, ☎ 0181/412232. Juli/August Mo-Fr 10-12 Uhr und 13.30-16 Uhr, Sa 13.30-16.30 Uhr; Mai, Juni und September Mo-Sa 13.30-16 Uhr. Erwachsene 1.50 €, Kinder 0.75 €.

Bedevaartskerk: Die außerhalb der Stadt am *Rik* gelegene Kirche gedenkt einer der grausamsten Taten der Wassergeusen nach der Befreiung. 1572 wurden 19 katholische Priester aus Gorinchem nach Brielle deportiert und gedrängt, zum Protestantismus überzutreten. Da sie trotz der Folter standhaft blieben, wurden sie von den Wassergeusen umgebracht. Knapp 300 Jahre später wurden die Opfer heilig gesprochen, und eine Pilgerkirche wurde zu ihren Ehren errichtet. Der Sarkophag mit den Gebeinen der Märtyrer wird seither hier aufbewahrt.

Adresse/Öffnungszeiten De Rik 5, 3232 LA Brielle, ☎ 06/23147998. Juli/August täglich 14-16 Uhr. Eintritt frei.

Stadhuis: Das städtische Rathaus am Markt 1 aus dem späten 14. Jahrhundert erhielt seine heutige Gestalt 1793. Das Brieller Stadtwappen – *Libertatis Primitiae* – dokumentiert den Stolz der Bürger, sich als Erste vom Joch der spanischen Belagerung befreit zu haben. Die Kanone in der Rathaushalle befand sich ursprünglich an Bord eines von *Cornelisz de With* kommandierten Admiralitätsschiffs – die Stadt ehrt einen ihrer bedeutendsten Bürger. Nur wenige Schritte abseits trägt der Bürgersteig die Aufschrift "Nyet zonder Godt" (Nicht ohne Gott), die letzten Worte einer Frau, die 1628 an dieser Stelle auf dem Scheiterhaufen verbrannt wurde. Sie hatte fünf ihrer acht Ehemänner und acht ihrer Kinder umgebracht.

Historisch Museum Den Briel: Das Museum, das teilweise in der ehemaligen Stadtwaage (1623) untergebracht ist, die zeitweilig als Gefängnis diente, birgt eine stadtgeschichtliche Sammlung alter Gemälde, Gläser, Silberstücke und Waffen. Eine eigenständige Abteilung ist *Maarten Tromp* gewidmet. Der Seeheld der englisch-niederländischen Kriege des 17. Jahrhunderts erblickte in Brielle das Licht der Welt.

Adresse/Öffnungszeiten Markt 1, 3231 AH Brielle, ☎ 0181/475475, April-Oktober Di-Fr 10-17 Uhr, Sa 10-16 Uhr, So 12-16 Uhr; November-März Di-Fr 12-16 Uhr, Sa 10-16 Uhr. Erwachsene 2 €, Kinder 1 €, MJK, www.historischmuseumdenbriel.nl.

Ouddorp (2.500 Einwohner)

Das Dorf Ouddorp gilt als schönstes Ausflugsziel auf Goeree-Overflakkee. Neben dem reizvollen Ortskern locken ausgedehnte Dünengebiete und ein breiter Nordseestrand mit Aussicht auf den Europoort. Zu Ausflügen bieten sich die Deichstraßen entlang des nördlichen *Haringvliet* und des südlichen *Grevelingenmeer* an, die Ouddorp mit sehenswerten Ortschaften wie **Den Bommel** und **Middelharnis** (Harlingvliet) sowie **Battenoord** und **Herkingen** (Grevelingenmeer) verbinden.

Sehenswert ist das **Trammuseum**, wo in der Saison alte Eisenbahnen durch die Dünenlandschaft tuckern. Sie waren noch in die frühen 50er Jahren das wichtigste Verkehrsmittel der Region, das seine Fahrgäste von Voorne-Putten über Goeree-Overflakkee bis Schouwen-Duiveland transportierte.

• *Information* **VVV Ouddorp**, Bosweg 2, 3253 XA Ouddorp, ☎ 0187/681789, 📠 683783, www.vvv-ouddorp.org. Mai-Sept. Mo-Fr 8.30-17.30 Uhr, Sa 8.30-16 Uhr; Okt.-April Mo-Fr 8.30-12 Uhr.

• *Adresse/Öffnungszeiten* **Trammuseum**, G. C. Schellingerweg 2 (De Punt West), 3253 MD Ouddorp, ☎ 0187/689911, www.railmusea.nl. Mi und Sa 11.30-16 Uhr. Erwachsene/Kinder 0.45 €. Fahrkarten: Erwachsene 4 €, Kinder 3 €.

• *Übernachten* **Camping De Groene Weide**, Oud Nieuwlandseweg 11b, 3253 LL Ouddorp, N 57 (Rotterdam–Rozenburg), Abfahrt Ouddorp, Schildern folgen, schöner Platz in Dünen- und Strandnähe, Fahrradverleih, Lebensmittelgeschäft, gute Sanitärs, geöffnet April-Oktober. Stellplatz (inkl. 4 Pers.) 24 €, zus. Person 3 €, Duschen 0.50 €, Fläche 12 ha. ☎ 0187/681747, 📠 681747,

info@campinggroeneweide.nl.

Camping De Klepperstee, Vrijheidsweg 1, 3253 LS Ouddorp, N 57 (Rotterdam–Rozenburg), Abfahrt Ouddorp, Schildern folgen, Strandnähe (600 m), Fahrradverleih, Lebensmittelgeschäft, Wanderhütten (2), gute Sanitärs, geöffnet April-Oktober. Stellplatz (inkl. 4 Pers.) 27.50 €, zus. Person 2.50 €, Duschen 0.50 €, Fläche 40 ha. ☎ 0187/681511, 📠 683060, info@klepperstee.com.

Camping Toppershoedje, Strandweg 2-4, 3253 LR Ouddorp, N 57 (Rotterdam–Rozenburg), Abfahrt Ouddorp, Schildern folgen, Strandnähe (700 m), Fahrradverleih, Supermarkt in 300 m Entfernung, Wanderhütten (2), gute Sanitärs, geöffnet April-Okt. Stellplatz (inkl. 2 Pers.) 28 €, zus. Person 2 €, Duschen inkl., Fläche 12 ha. ☎ 0187/682600, 📠 683659, toppershoedje@rcn-centra.nl.

Amsterdamer Noblesse an der Singelgracht

Provinz Noord-Holland

Die Provinz Noord-Holland setzt sich aus den **Regionen Amstelland en Meer-landen, Het Gooi, Zuid-Kennemerland, Zaanstreek en Waterland, Noord-Kennemerland, West-Friesland en Wieringermeer** und **Kop van Holland** zusammen. Auf der an drei Seiten von Wasser umgebenen Halbinsel vereinen sich alle Attribute, die mit dem Nachbarland in Verbindung gebracht werden: Badeorte mit sauberen Stränden an der Nordseeküste, Städte mit altholländischem Flair am IJsselmeer, Blumenfelder, Käsemärkte und Windmühlen. Im Frühjahr verwandelt sich die bedeutendste Blumenzwiebelzuchtregion der Niederlande in einen einzigen prachtvollen Blumenteppich. Wo sonst sind die Voraussetzungen besser, einen Eindruck der Vielfalt des Landes zu gewinnen?

Provinciale VVV Noord-Holland

Oranjekade 41, 2011 VD Haarlem, ☎ 023/5319413, 🖷 5340093,
www.noord-holland-tourist.nl, www.halbinselholland.com.

An der lang gestreckten **Nordseeküste** findet sich die Hälfte aller niederländischen Dünenlandschaften, gut ein Drittel der Küstenlinie besteht aus feinen Sandstränden. Wer sich von Sonne und Strand angelockt fühlt, fährt in das seit Ende der 50er Jahre als Naturschutzgebiet anerkannte *Noordhollands Duinreservaat* oder die *Boswachterij Schoorl*. Motorisierter Verkehr ist in diesem einzigartigen Dünenstreifen, einem der größten Naturschätze des Landes, nicht zugelassen. In Badeorten wie **Bergen aan Zee, Castricum, Egmond aan Zee,**

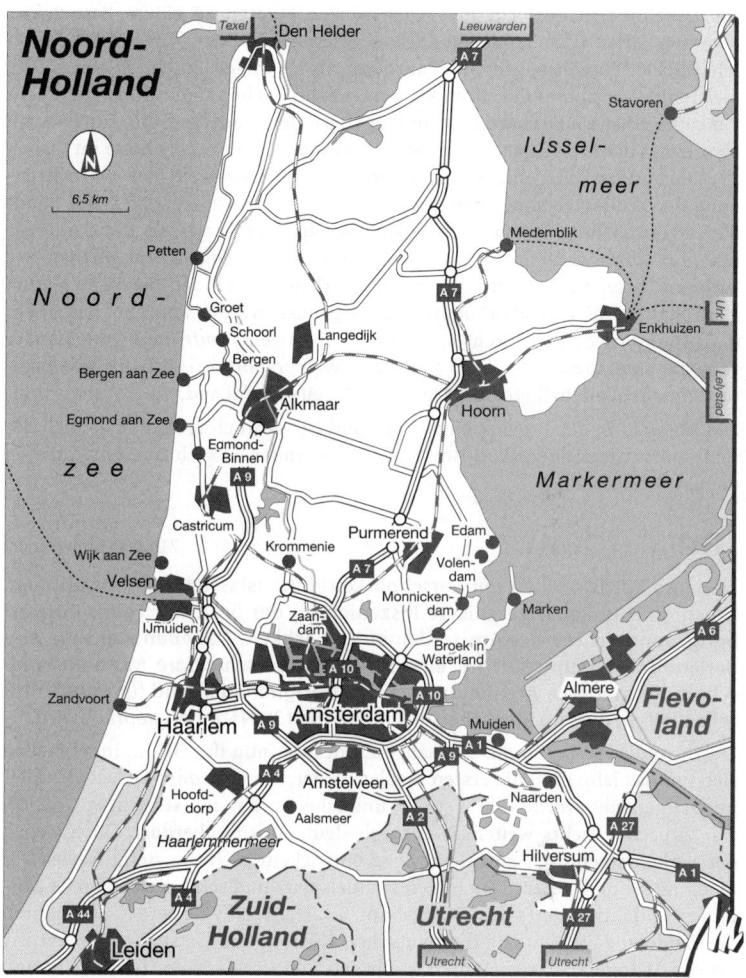

Groet, **Schoorl**, **Camperduin** oder **Julianadorp** geht es vergleichsweise beschaulich zu – der hektische Alltag scheint Jahre entfernt. Abseits der Hauptstrände wird die Stille nur vom Gekreische der Möwen und dem Rauschen der Brandung unterbrochen. Abends flanieren die Spaziergänger über die Boulevards und erleben romantische Sonnenuntergänge. Auf den Terrassen der Cafés und Restaurants runden eine Tasse Kaffee oder ein Glas Wein die Abendstimmung mit frischer Meeresbrise und ständig wechselnden Wolkenformationen ab. Übrigens: Die Niederländer nennen das orangefarbene Licht der über dem Meer untergehenden Sonne *Zeevlam* (Meeresflamme).

Die **IJsselmeerküste** lockt mit sehenswerten Städten zu einem Besuch des "Gouden Cirkel", des "goldenen Kreises" erlesener Handelsplätze, die die wirtschaftliche Blütephase des 17. Jahrhunderts in voller Pracht erlebten. Die meisten dieser Städte mit ihren kleinen Holzbrückchen und schmalen Grachten lagen einst als Fischerdörfer an den Ufern der Zuiderzee, die damals noch über einen direkten Zugang zum Meer verfügte. *Cornelis Lely* hatte im frühen 20. Jahrhundert den ehrgeizigen *Zuiderzeeplan* entwickelt, der die Abtrennung der Zuiderzee vom offenen Meer vorsah, um anschließend weite Landflächen durch Trockenlegung zu gewinnen. Aus dem Salzwasser der Zuiderzee wurde das Brackwasser des IJsselmeers, das seinen Zugang zur offenen See verloren hatte. Auf dem fruchtbaren Polderland entstanden herrliche Naturlandschaften, die als Naherholungsgebiete genutzt werden konnten. IJsselmeer und Markermeer, die durch den gut 30 km langen *Houtribdijk* voneinander getrennt sind, bieten mit ihren Randseen Wassersportlern reizvolle Kombinationsmöglichkeiten: Sonnenbad an Deck, Streifzug an Land.

Die Auswahl in der Provinz Noord-Holland ist wahrlich groß, zumal auch das multikulturelle Kaleidoskop **Amsterdam** zu einem ausgiebigen Abstecher in die Großstadt einlädt.

Amsterdam (715.000 Einwohner)

Elegante Patriz[villen mit verschnörkelten Hausfassaden an malerischen Grachten sind keine geschickte Inszenierung der örtlichen Tourismuswerbung, sondern Teil der Amsterdamer Wirklichkeit. Daneben steht die niederländische Hauptstadt für eine schier unüberschaubare Museumslandschaft, für moderne Architektur, schicke Designerläden und für multikulturelle Vielfalt, die von Menschen aus mehr aus 130 Nationen geprägt wird.

Dort, wo die *Amstel* in die ehemalige Zuiderzee (nun das "IJ") mündet, ließen sich um das Jahr 1200 die ersten Siedler nieder. *Amsteledamme*, wie der kleine Ort genannt wurde (die erste urkundliche Erwähnung stammt von 1275), war zunächst nichts weiter als ein unbedeutendes Fischerdorf. Doch wegen der verkehrstechnisch günstigen Lage entwickelte sich die stetig wachsende Siedlung schon bald zum wichtigen Handelsplatz und schloss sich bereits Mitte des 14. Jahrhunderts dem Hansebund an. Der relativ sichere Seeweg durch die Zuiderzee und entlang der deutschen Küste in die Ostsee wurde intensiv für den Warenverkehr genutzt, u. a. für den Import von Holz, Teer, Flachs und Hanf aus Norwegen. Daneben wurden via Amsterdam Güter aus England und Frankreich verschifft, die in der wachsenden Zahl der örtlichen Speicherhäuser zwischengelagert und anschließend auf die europäischen Märkte verteilt wurden. Bis zur Mitte des 16. Jahrhunderts war der Amsterdamer Stapelmarkt auf diese Weise zu einem international bedeutenden Handels- und Verkehrsknotenpunkt geworden, dessen Bevölkerungszahl rapide anstieg und gegen 1580 bereits die 30.000er-Marke überschritten hatte. Den Höhepunkt ihrer Entwicklung erreichte die Stadt schließlich im goldenen 17. Jahrhundert, als die Amsterdamer Kaufleute ihren Aktionsradius auch auf andere Kontinente ausdehnten. Ihre Schiffe segelten nun auch nach Indien, zum südostasiatischen Archipel, nach Amerika und Afrika. Der Import und die Verarbeitung

Amsterdam maritim: Schifffahrtsmuseum im alten Hafengebiet

von Tabak, exotischen Gewürzen wie Pfeffer, Muskatnüssen, Zimt und Nelken, aber auch Geschäfte mit dem Sklavenhandel ließen ihren Reichtum ins Unermessliche steigen. Die baulichen Zeugnisse dieser Epoche, u. a. die bereits erwähnten prachtvollen Patrizierhäuser, sind zum großen Teil noch heute erhalten, denn die Stadt ist im Zweiten Weltkrieg weitgehend von Zerstörungen verschont geblieben. Eindrucksvolle Beispiele findet man insbesondere am im 17. Jahrhundert angelegten halbmondförmigen Grachtengürtel mit Heren-, Keizers- und Prinsengracht, damals wie heute eine der besten Wohnadressen der Stadt.

Der Errichtung dieser Häuser war übrigens mit erheblichem Aufwand verbunden, wie überhaupt städtebauliche Maßnahmen in Amsterdam seit jeher besondere Vorkehrungen erforderlich machen. Amsterdam ist nämlich, fast wie Venedig, eine Stadt auf dem Wasser. Ein ganzes Netz von Grachten und kleinen Kanälen unterteilt die Innenstadt in etwa neunzig kleine Inseln, entsprechend weich und morastig ist der Untergrund. Zur Stabilisierung der schweren Häuser werden lange Pfähle in den Boden gerammt, die erst in einer Tiefe von mindestens 11 Metern auf eine feste Sandschicht stoßen. Der Palast auf dem Dam steht beispielsweise auf über 13.000 solcher Pfähle, die seit mehr als 300 Jahren dafür sorgen, dass das imposante Bauwerk nicht absackt. Da für die Befestigung der Gebäude bis weit in das 20. Jahrhundert hinein Holzpfähle verwandt wurden, sind insbesondere die älteren Häuser im Laufe der Zeit durch Fäulnis instabil geworden und haben sich langsam zur Seite geneigt.

Grachtenromantik mit malerischen Zugbrücken oder städtebauliche Details wie die allerorts zu findenden prachtvoll verzierten Giebelsteine, die einst als Orientierungshilfe und Werbefläche handwerklicher Betriebe dienten, bilden

aber nur die eine Seite des Amsterdamer Stadtbildes. Wie jede moderne Großstadt hat auch die Grachtenmetropole ihre hässlichen Facetten, etwa die
nüchtern bis charakterlosen Gartenstädte der 30er bis 60er Jahre oder der ne-
gativen Höhepunkt der städtebaulichen Entwicklung, die Betonwüste des auf
dem Reißbrett geplanten Stadtteils *Bijlmermeer.* Die triste Wohnkonserve entstand in den 60er Jahren auf einer früher grünen Wiese im Südosten der Stadt
und ist inzwischen wie vergleichbare Neubausiedlungen in anderen Städten
zum sozialen Brennpunkt geworden. Ebenfalls in den 60er Jahren fand im
Zentrum der Ausverkauf statt, unzählige Wohnungen wurden in Büros umgewandelt und viele Gebäude von Grundstücksspekulanten aufgekauft. Letztere
standen dann lange Zeit leer, was automatisch zu Bürgerprotesten führte, die
sich in ihrer radikalisierten Form in den Aktivitäten einer bald europaweit bekannten Hausbesetzerszene artikulierten. Zwar sind die *Kraker* mittlerweile
Geschichte, das Wohnraumproblem aber besteht weiter, insbesondere durch
die rapide Zunahme der Single-Haushalte, die den vorhandenen Wohnraum
über Gebühr belasten. Das Thema nimmt teilweise sogar groteske Züge an.
Vor einigen Jahren warb ein Maklerbüro für einen atombombensicheren Bunker aus der Zeit des Kalten Krieges: "1.000 Quadratmeter Wohnfläche in reizvoller Lage in Strandnähe, großzügige unterirdische Gestaltung, daher im
Sommer angenehm kühl." Das Objekt sei – so weiter – schalldicht, und die
mehrere Meter dicken Mauern garantierten viel Privatsphäre. Direkte Nachbarn gebe es nicht, und lästiges Fensterputzen entfalle.

Ebenfalls seine Wurzeln in den 60er und 70er Jahren hat die Drogenproblema-
tik, die das Image der Stadt mindestens zwei Jahrzehnte lang massiv mitgeprägt
hat. Begünstigt durch die liberalen niederländischen Rauschmittelgesetze war
die Grachtenmetropole lange Zeit das Zentrum der europäischen Drogensze-
ne, in dem allerorten kleine Plastiktütchen mit brisantem Inhalt feilgeboten
wurden. Inzwischen hat sich die Lage dank leichter Kurskorrekturen der niederländischen Drogenpolitik etwas entschärft, sodass selbst ein zeitweise fast
lebensgefährliches Pflaster wie der *Zeedijk,* der sich einige Jahre fest in den
Händen der städtischen Dealer befand, wieder risikolos besucht werden kann.

Die 60er und 70er Jahre stehen aber nicht nur für die Anfänge einer fatalen
Fehlentwicklung, die letztlich Hunderte von Drogentoten forderte, sie stehen
auch für die Glanzzeiten der Alternativkultur, die in Amsterdam eine ihrer
Hochburgen hatte. Das Amsterdamer Mekka war der Vondelpark, der sich in
den frühen 70er Jahren vor allem in der warmen Jahreszeit zu einem "Hippie-
lager" gigantischen Ausmaßes verwandelte. Anfangs stellte die Stadt sogar Toilettenhäuschen und Waschgelegenheiten zur Verfügung, ein kleines Indiz für
die insgesamt tolerante und weltoffene Atmosphäre, die in der Stadt traditionell herrscht und das relativ reibungslose Zusammenleben von Menschen aus
mehr als 130 Nationen erst möglich macht.

Wer heute nach Amsterdam reist, wird die Stadt als buntes Konglomerat aus
unterschiedlichen kulturellen Einflüssen und Zeugnissen verschiedener städ-
tebaulicher Entwicklungsphasen erleben. Den großen Zeiten kann man am
besten am noblen Grachtengürtel nachspüren, Ursprünglichkeit erlebt man in
erster Linie im alten Arme-Leute-Viertel Jordaan, gewissermaßen das Kreuz-

berg Amsterdams, für die ausgedehnt Kultur- und Kommerztouren begibt man sich zum Museums- bzw. Leidseplein, fürs Nightlife bieten sich die Gegend um den Dam und um den Rembrandtplein an, und wer sich für moderne Architektur interessiert, orientiert sich Richtung östliches Hafengebiet, dessen Neubebauung schon jetzt einen Platz in der Architekturgeschichte des 21. Jahrhunderts beanspruchen kann.

Wohnen auf dem Wasser

In den ersten Jahrhunderten waren es kleine Fischerboote, später große Handels- und Kriegsschiffe, die das Stadtbild bestimmten. Heute sind es insbesondere die typischen Amsterdamer Wohnboote, die in den städtischen Grachten dümpeln. In den Jahren nach 1950 war diese Wohnvariante die billigste in der Stadt. Damals verkauften zahlreiche Kapitäne ihre Schiffe, um auf größere umzusteigen oder sich zur Ruhe zu setzen. Die ausgemusterten Schiffe wurden für geringe Summen verkauft und durch kleinere Umbauten in preiswerten Wohnraum umgestaltet. Die "architektonische" Vielfalt ist beeindruckend: Rheinkähne, die in ihrem Charakter nahezu unverändert erhalten blieben, ankern neben schrill bemalten Phantasieschiffen. Seltene Pflanzen überwuchern die Eingänge. Wie schwimmende Gärten wiegen sie sich im Takt der Wellen.

Die Gemeindevorschriften sind nicht sonderlich streng, nur die Feuerschutzvorkehrungen werden stets rigoros kontrolliert. Mehr als 5.000 Wohnboote soll es geben, doch nur etwa die Hälfte davon ist legal. Nicht wenige sparen sich die jährlichen Steuern in Höhe von gut 500 Euro. Die Stadt sperrt im Gegenzug Gas und Strom. Am Singel nahe der runden Lutheranerkirche ankert seit Jahren das Amsterdamer Katzenschiff (*Poezenboot*), eines der kuriosesten Wohnboote, in dem ehrenamtliche Mitarbeiter eine Heimat für 100 herrenlose Katzen geschaffen haben. Interessierte Besucher können die moderne Arche Noah täglich zwischen 13 und 15 Uhr besichtigen.

Provinz Noord-Holland
Karte S. 239

Information

• *Information* **VVV Amsterdam**, Hauptbahnhof, Perroen (Bahnsteig) 2B 15, 1012 AB Amsterdam, ☎ 0900/4004040, ✉ 020/6252869, www.visitamsterdam.nl. Mo-Sa 8-20 Uhr, So 9-17 Uhr.

Kantoor Leidsestraat, Leidseplein 1, 1017 PR Amsterdam, ☎ 0900/4004040, ✉ 020/6252869. Täglich 9-17 Uhr.

Kantoor Stationsplein, Stationsplein 10, 1012 AB Amsterdam, ☎ 0900/4004040, ✉ 020/6252869. Täglich 9-17 Uhr.

Amsterdam Tourist Board, De Ruyterkade 5, 1013 AA Amsterdam, ☎ 020/5512512, ✉ 020/6252869. Mo-Fr 9-17 Uhr.

VVV Schiphol, Aankomstpassage 40, 1118 AX Luchthaven Schiphol, ☎ 0900/4004040, ✉ 020/6252869. Täglich 7-22 Uhr.

ANWB Amsterdam, Koninklijke Nederlandse Toeristenbond, Museumsplein 5, 1071 DJ Amsterdam, ☎ 020/6730844, ✉ 6914649.

• *Amsterdam Uit Bureau* Leidseplein 26, 1017 PT Amsterdam, ☎ 0900/0191, www.aub.nl. Kartenvorverkauf und Informationen zu nahezu allen kulturellen Veranstaltungen. Täglich 9-21 Uhr.

Für alle Fälle: Das Informationsbüro hält eine Liste aller 28 **öffentlichen Toiletten** Amsterdams bereit.

● *Verkehrsbetriebe* **Gemeentevervoerbedrijf Amsterdam**, Prins Hendrikkade 108-114, 1011 AK Amsterdam, ✆ 020/4606060.

Fahrkartenverkauf und Information über alle städtischen Verkehrsmittel. Mo-Fr 7-22.30 Uhr, Sa/So 8-22.30 Uhr.

Verbindungen

Der Amsterdam-Besucher wird in erster Linie die Straßenbahn benutzen, da die Metro, die nur auf einer einzigen Strecke fährt, neben den touristisch weniger interessanten Vororten nur einen engen Streifen im östlichen Zentrum abdeckt. Ähnliches gilt für die städtischen Busse, die vorrangig von Pendlern genutzt werden. Alle öffentlichen Verkehrsmittel sind bis kurz vor Mitternacht im Einsatz. Anschließend übernehmen Nachtbusse den Transport der Fahrgäste (Linien 73–76 im Stadtzentrum). Sie fahren stündlich, legen allerdings zwischen 2 und 4 Uhr eine Pause ein. Die städtischen Verkehrsbetriebe halten eine Broschüre mit Informationen über die verschiedenen Routen bereit.

● *Bahnverbindungen* 4x stündlich nach Alkmaar (Dauer: 30-40 Min.), 1x stündlich Gouda (50 Min.), 4-5x stündlich Den Haag (45 Min.), 5-6x stündlich Haarlem (15 Min.), 2-4x stündlich Hoorn (40 Min.), 2-4x stündlich Lelystad (40 Min.), 1x stündlich Rotterdam (70 Min.), 4-5x stündlich Utrecht (30 Min.).

Die Regionalbuslinie *Zuidtangent* verbindet den Flughafen mit den wichtigsten Gewerbegebieten im Einzugsgebiet Amsterdams bis hinüber nach Haarlem. Die Schnellbusse, die teils auf speziellen Busspuren fahren, verkehren in den Stoßzeiten im 8-Minuten-Takt. In den kommenden Jahren soll der Service bis nach IJmuiden im Westen und IJburg im Osten ausgebaut werden.

● *IJ-Fähren* Amsterdam Noord (De Overkant) ist mittels mehrerer Fährboote erreichbar, Fußgänger, Radler und Mopedfahrer werden kostenfrei (!) transportiert. Tägl. 6.30-21 Uhr alle 6 Minuten, tägl. 21-6.30 Uhr alle 12 Minuten.

Parken

Amsterdamer Parkscheinautomat

"Kunt U wisselen?" – "Nee, wij wisselen niet voor parkeergeld!" Im gesamten Innenstadtbereich stehen etwa 80.000 kostenpflichtige (!) Parkplätze zur Verfügung. Parkautomaten sind an einer gelben (oder blauen) Box mit dem Buchstaben "P" erkennbar. Ignoriert man selbige, läuft man Gefahr, bei Rückkehr eine echte holländische "Wielklem" (Mindeststrafe 60 €) an einem der Räder vorzufinden. Im schlimmsten Falle wurde das Auto abgeschleppt (Mindeststrafe 136 €) und auf einem extra eingerichteten Abstellplatz für Falschparker eingelagert (Daniël Goedkoopstraat 7; *goedkoop* heißt übrigens "billig", was der Sache einen etwas absurden Touch verleiht ...).

● *Parktarife* Im Stadtzentrum zahlt man Mo-Sa 9-19 Uhr pro Stunde 2.40 €, Mo-Sa 19-23 Uhr 1.50 €, So 12-23 Uhr 1.50 €. Außerhalb wird es etwas billiger: Mo-Sa 9-19 Uhr 1.50 €. An den Servicepunkten von *Stadstoezicht* sind Tageskarten (18 €) und Wochenkarten (98 €) erhältlich, die in der gesamten Stadt gelten. Parkhäuser und Tiefgaragenpreise sind günstiger: Die Tarife (pro Stunde) variieren zwischen 1 € und 2.30 €. Auf Wunsch lässt sich ein Tiefgaragenstellplatz zwischen zwei Stunden und einem Monat im Voraus reservieren. Parkeer Reserveer Lijn: ✆ 0900/2022002 (Kreditkarte erforderlich).

• *Parkhäuser* **Parkeergarage Q-Park, Museumsplein,** 1054 Amsterdam, ✆ 020/6166416. "Best New Car Park 2001" – diese Auszeichnung der "European Parking Association" wird alle zwei Jahre vergeben. Die Jury lobte die Q-Park-Tiefgarage als Musterbeispiel in Sachen Konstruktion, Management, Service, Sicherheit und Zugänglichkeit. Die Garage unter dem Museumsplein bietet 600 Parkplätze, darunter 10 für Behinderte. Darüber hinaus können 25 Reisebusse abgestellt werden. Mit dem Aufzug geht es bequem auf den Museumsplein, an den die drei großen Museen der Stadt grenzen: Rijksmuseum, Stedelijk Museum und Van Gogh Museum.

Parkeergarage De Kolk, Nieuwezijds Kolk 18, 1012 PV Amsterdam, ✆ 020/4271449.

Parkeergarage Stadhuis-Muziektheater, Waterlooplein 1, 1011 NV Amsterdam, ✆ 020/6249919.

Parkeergarage P6 Pathé, ArenA Boulevard 1, 1101 AX Amsterdam-Zuidoost, ✆ 020/3632782.

Passenger Terminal Amsterdam (PTA), Oostelijke Handelskade 1, 1019 BL Amsterdam, ✆ 020/4191609.

Parkeergarage Markenhoven, Anne Frankstraat 2, 1011 SR Amsterdam, ✆ 020/4278398.

Parkeergarage Waterlooplein, Valkenburgerstraat 238, 1011 ND Amsterdam, ✆ 020/4207930.

Parkeergarage Amsterdam Centraal, Prins Hendrikkade 20 a, 1012 TL Amsterdam, ✆ 020/6385330.

Europarking, Marnixstraat 250, 1016 TL Amsterdam, ✆ 020/6127574.

Parking Heinekenplein, Eerste van der Helststraat 6, 1072 NV Amsterdam, ✆ 020/4700888.

World Trade Centre, Strawinskylaan 1, 1077 XW Amsterdam, ✆ 020/5759111.

Transferium Amsterdam ArenA

Die wohl attraktivsten Parkalternativen bietet der Park-&-Ride-Platz "Transferium ArenA" unter dem ArenA-Stadion (Tiefgarage mit 2.000 Plätzen) nahe Ringweg A 10. Der täglich rund um die Uhr geöffnete Platz ist aus Richtung Amersfoort, Utrecht und Den Haag (A 1, A 2, A 4, A 9 und A 10) gut ausgeschildert. Sollte in der ArenA eine Veranstaltung stattfinden, ändert sich die Ausschilderung von P-Transferium in P-ArenA. In diesem Falle sind nur die umliegenden oberirdischen Parkplätze zugänglich.

Ein Pendelbus verbindet das Transferium mit der knapp 5 Fußminuten entfernten Metrostation Bijlmer, von wo eine regelmäßige Verbindung zum Hauptbahnhof besteht (Fahrtdauer: 15 Minuten). Die öffentlichen Verkehrsmittel verkehren von 5.45-0.15 Uhr.

Die Parkgebühren einschließlich zweier Rückfahrkarten liegen bei 5.50 € pro Tag (danach 1.50 € pro Stunde, maximal 14.50 € pro Tag). *Adresse*: ArenA Boulevard 11, 1101 AX Amsterdam, ✆ 020/4001721.

Provinz Noord-Holland Karte S. 239

Stadtführungen und Stadtrundfahrten per Velo

• *Stadtführungen* Die bedeutendsten Attraktionen der Stadt sind auf mehreren ausgeschilderten Spaziergängen bequem zu Fuß zu erreichen. An den Knotenpunkten der Strecken wurden Info-Säulen installiert, auf denen präzise Stadtpläne eingesehen werden können. Gegenwärtig sind etwa 30 Sehenswürdigkeiten in die Beschilderung aufgenommen. Wer allein, aber dennoch begleitet von ortskundigen Kommentaren durch die Stadt streifen möchte, kann sich beim Informationsbüro (VVV) einen "Audio-Tourist" ausleihen. Der Walkman führt

wahlweise durch die Altstadt, die Grachten und das Jordaanviertel.

Wandelen met een Amsterdammer: Das Angebot umfasst geführte Touren unter der Leitung eines aus Amsterdam stammenden Stadtführers, der in seinen Erläuterungen viel Liebe für seine Heimatstadt erkennen lässt. *Mee in de Oude Binnenstad, Mee in de Jordaan, Mee op Zwerftocht door Amsterdam, Mee in de VOC-Wandeling.* Dauer 120-180 Minuten. Erwachsene 2.50 €, Kinder frei. Information:

Gilde Amsterdam, Hartenstraat 18, 1016 CB Amsterdam, ℡ 020/6251390.

Oranje in Amsterdam: Anlass: *die* Hochzeit, Ziel: Het Koninklijk Amsterdam. Die Stadtwanderung verbindet alle Attraktionen, die am 2.2.2002 während der königlichen Hochzeit von Kronprinz Willem Alexander und Máxima Zorreguita eine wichtige Rolle gespielt haben: Beurs van Berlage, Nieuwe Kerk, Koninklijk Wachtkamer, Engelse Kerk, Begijnhof, Willemspoort und Prinsenhof. Es wäre zu begrüßen, bliebe dieses Angebot auch nach Abflauen der Hochzeitseuphorie erhalten. Details beim Informationsbüro (VVV).

Guidor Ned Gidsen Organisatie: Die unabhängige Organisation vermittelt mehrsprachige Fremdenführer für Touren durch Amsterdam. Information: Guidor, Hembrugstraat 11, 1013 VV Amsterdam, ℡ 020/6270006, ℡ 6391378, www.guidor.nl.

Mystery Tour: Der Spaziergang durchs Rotlichtviertel und Stadtzentrum vermittelt kurzweilige Anekdoten zum Thema. April-Oktober Di/Do 17 Uhr. Dauer 120 Min. Erwachsene/Kinder 8 €. Treffpunkt am Eingang des Informationsbüros (VVV, Stationsplein). Information: Let's Go, Amsterdam, ℡ 020/6001809, www.letsgo-amsterdam.com.

Erotik Tour: Seit etwa 20 Jahren gewähren die Führungen Blicke hinter die Kulissen des Amsterdamer Rotlichtviertels. Die Teilnehmer erfahren allerlei Wissenswertes zum Thema Sexualpraktiken und werden über die richtige Anwendung erotischer Spielzeuge aufgeklärt – dabei dürfen sie manche vibrierende Überraschung in die Hand nehmen. Abschluss und Höhepunkt ist der Besuch einer Live-Peepshow. Information: Rob van Hulst, ℡ 020/6245720.

● *Stadtrundfahrten per Velo* Der Veranstalter *Yellow Bike* organisiert seit fünf Jahren geführte Fahrradtouren durch die niederländische Metropole. Die Touren führen auf guten, gelben Hollandrädern entlang der wichtigsten Sehenswürdigkeiten, erreichen aber auch viele weniger bekannte Plätze, die vielleicht gerade deshalb ihren besonderen Reiz haben. Die fachkundigen Tourenbegleiter versorgen die Teilnehmer auf mehreren Zwischenstopps mit interessantem Hintergrundwissen – in der Regel in Englisch, doch gibt es auch Führungen in deutscher Sprache. Darüber hinaus werden Tagesradtouren ins Waterlandgebiet ("Waterlandtocht") angeboten. Eine Reservierung ist in jedem Falle notwendig. Abfahrt gegenüber der Buchungsstelle.

Amsterdam City Bike Tour: April-Oktober täglich 9.30 und 13 Uhr, 3 Std. Dauer, 16 €.

Countryside Bike Tour: April-Oktober täglich 10 Uhr, 6,5 Std. Dauer, 24 €.

Buchungen bei Yellow Bike, Nieuwezijds Kolk 29 (Ecke Nieuwezijds Voorburgwal), 1012 PV Amsterdam, ℡ 020/6206940, ℡ 6207140, www.yellowbike.nl.

Grachtenfahrten

Völlig gleich, ob man die niederländische Metropole zum ersten Mal besucht oder bereits zu den Stammgästen zählt, eine Fahrt entlang der historischen Grachten sollte fest eingeplant werden. Besonders der Amsterdam-Neuling wird dabei schnell das einzigartige Flair dieser malerischen Stadt erleben und sich einen ersten groben Überblick verschaffen können. Das Angebot ist breit gefächert.

● *Rundfahrtboote* Bermuda-Shorts, Sonnenhut, Turnschuhe, der Fotoapparat hängt lässig über der Schulter. In Scharen stehen sie herum, die Touristen aus aller Welt, und warten auf den Beginn einer Fahrt entlang der wichtigsten Amsterdamer Sehenswürdigkeiten. Mit monotoner Gleichmäßigkeit vermitteln die Fahrer ein bruchstückhaftes Grundwissen in Sachen Stadtgeschichte. Man mag darüber denken, wie man will – die optischen Eindrücke, die man während der einstündigen Fahrt gewinnt, werden begeistern. Durchschnittspreise: Erwachsene 8 €, Kinder 4 €.

Amsterdam Canal Cruises, Nicolaas Witsenkade 1a, 1017 ZR Amsterdam, Ableger gegenüber Nassaukade 380, ℡ 020/6265636.

Amsterdam Holland International, Ableger gegenüber Centraal Station, Prins Hendrikkade 33a, 1012 TM Amsterdam, ℡ 020/6227788, www.thatsholland.com.

Rederij Kooij, Ableger gegenüber Rokin 125, 1012 KK Amsterdam, Nähe Spui, ℡ 020/6233810. Die Erläuterungen kommen von einem leibhaftigen Fremdenführer (nicht vom Band).

Rederij Lovers, Prins Hendrikkade 26, 1012 TM Amsterdam, ℡ 020/5301090, www.lovers.nl.

Meyer Rondvaarten, Ableger Damrak, Steiger 4-5, 1012 LG Amsterdam, ℡ 020/6234208.

Grachtenfahrt ist Pflicht!

• *Museumsboot* Das lindgrüne Boot hält an sieben Stationen, von denen aus etwa zwanzig Museen bequem zu Fuß erreicht werden können. An Bord berieselt dezente Popmusik die Fahrgäste, die Kinder bekommen ein Bonbon – dazu vermittelt ein Reiseleiter Wissenswertes über die Stadt. Der wohl größte Vorteil einer Grachtenfahrt im Museumsboot liegt darin, dass der freundliche Kapitän bei schönem Wetter per Knopfdruck das störende Bootsdach dezent verschwinden lässt. Die neidischen Blicke anderer Grachtentouristen, die auf diesen Service leider verzichten mussten, vermitteln ein angenehmes Gefühl. Darüber hinaus lassen sich die vielen Sehenswürdigkeiten an der frischen Luft (nehmen wir einmal an, es riecht nicht nach Schiffsdiesel) nun leichter fotografieren.

Rederij Lovers, Prins Hendrikkade 26, 1012 TM Amsterdam, ✆ 020/5301090. Abfahrten täglich 10-18 Uhr, und zwar alle 30 (Sommer) bzw. 45 Min. (Winter), Dauer 90 Min. (komplette Rundfahrt). Die Tageskarte (ermäßigter Eintritt zu mehreren Museen – siehe unten) kostet 13.50 €.

Haltestellen: Stopp 1: Centraal Station (Museum Amstelkring, Madame Tussaud); Stopp 2: Prinsengracht (Anne Frank Huis, Theatermuseum); Stopp 3: Leidseplein (Holland Casino, Vondelpark); Stopp 4: Museumsplein (Rijksmuseum, Van Gogh Museum, Stedelijk Museum); Stopp 5: Herengracht (Bijbels Museum, Amsterdams Historisch Museum); Stopp 6: Muziektheater Kwartier (Rembrandthuis, Joods Historisch Museum, Tropenmuseum, Artis Dierenpark); Stopp 7: Nautisch Kwartier (Scheepvaartmuseum, Werf 't Kromhout, Tropenmuseum).

• *Canalbus* Sollten die großen Museen bereits abgeklappert, ein Besuch für später oder vielleicht überhaupt nicht geplant sein, so bietet der Canalbus die ideale Alternative zum Museumsboot. Angeboten werden drei Routen (Blue Line, Green Line, Red Line) mit 11 Haltestellen.

Rondvaart Canal Bus, Weteringschans 24, 1017 SG Amsterdam, ✆ 020/6265574, www.canal.nl. Abfahrten: März-Oktober täglich 10-18 Uhr (alle 25 Min.), November-Februar Mo-Do 10-18 Uhr (alle 90 Min.), Fr-So 10-18 Uhr (alle 45 Min.). Tageskarte: Erwachsene 14 €, Kinder 10 €. Blue-Line-Tageskarte: Erwachsene 9 €, Kinder 6 €. Alle Tageskarten gelten bis 12 Uhr am Folgetag!

Blue-Line-Haltestellen: Centraal Station, NEMO, Scheepvaartmuseum, Artis, Tropenmuseum, Stadhuis, NEMO, Centraal Station. Dauer 60 Min.

Green-Line-Haltestellen: Rijksmuseum, Leidseplein, Stadhuis, Centraal Station, Anne Frank Huis, Rijksmuseum. Dauer 85 Min.

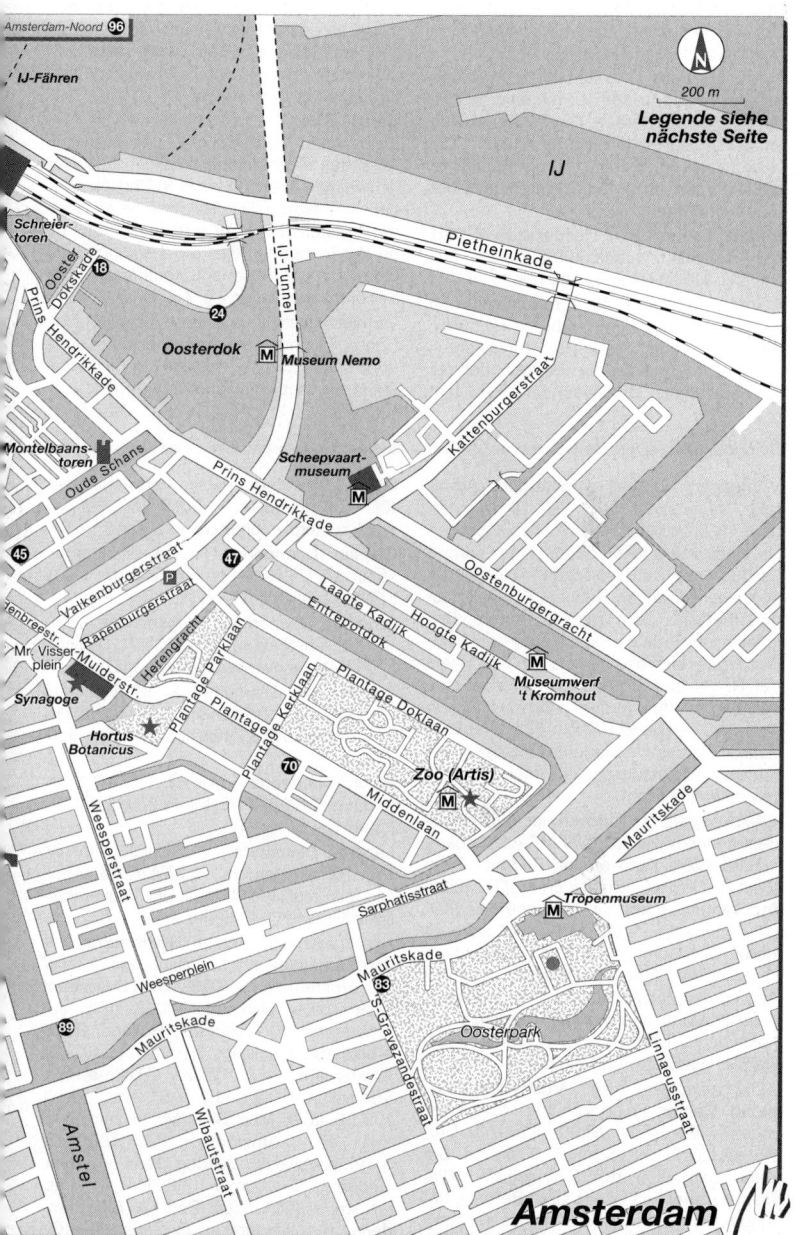

Amsterdam-Noord 96

IJ-Fähren

Schreier-toren

Ooster Doksskade 18

24

IJ-Tunnel

IJ

200 m

Legende siehe nächste Seite

Pietheinkade

Oosterdok

Museum Nemo

Kattenburgerstraat

Prins Hendrikkade

Montelbaans-toren

Oude Schans

Scheepvaart-museum

Oostenburgergracht

45

Valkenburgerstraat

Rapenburgerstraat

47

P

Laagte Kadijk

Hoogte Kadijk

Entrepotdok

Museumwerf 't Kromhout

tenbreestr.

Herengracht

Muiderstr.

Mr. Visser plein

Plantage Parklaan

Plantage Kerklaan

Plantage Doklaan

Synagoge

Hortus Botanicus

Plantage Middenlaan

70

Zoo (Artis)

Middenlaan

Mauritskade

Weesperstraat

Sarphatisstraat

Tropenmuseum

Weesperplein

Mauritskade

83

's-Gravezandestraat

Oosterpark

Linnaeusstraat

89

Mauritskade

Amstel

Wibautstraat

Amsterdam

Red-Line-Haltestellen: Rijksmuseum, Leidseplein, Westerkerk, Centraal Station, Rembrandthuis, Rijksmuseum. Dauer 85 Min.

● *Artis Express* Der Besuch im Artis-Tierpark kann seit einiger Zeit mit einer Bootsfahrt verknüpft werden. Die Schiffe starten an der Ablegestelle Centraal Station. Die Hinfahrt dauert 15 Minuten, die Rückfahrt, die durch die schönsten Grachten der Stadt führt, 40 Minuten.

Rederij Lovers, Prins Hendrikkade 26, 1012 TM Amsterdam, ✆ 020/5301090. Täglich 10-17 Uhr (alle 30 Min.). Tageskarte 18 €.

● *Grachtenfiets* Die Veranstalter verleihen zwei- und viersitzige Tretboote, schwimmende Fahrräder, die das Bild der Grachten entscheidend prägen. Die Boote finden reißenden Absatz. Der besondere Reiz liegt offenbar in der Möglichkeit, die Route individuell zu gestalten. Die Fahrt verläuft meist sehr kurzweilig, denn es dauert seine Zeit, bis man mit den Booten halbwegs vernünftig umgehen kann.

Canal Bike, Weteringschans 24, 1017 SG Amsterdam, ✆ 020/6265574, www.canal.nl. Abfahrten April-Oktober täglich 10-18 Uhr (an warmen Abenden bis 21.30 Uhr), November-März täglich 10-17.30 Uhr (nur am Steiger Rijksmuseum). 7 € (pro Person/Stunde bei 1-2 Personen), 6 € (pro Person/Stunde bei mehr als 2 Personen). Routenplaner mit 5 Tourenvorschlägen 2 €. Kaution 50 €. Vermietungsstellen (Steiger): Singel-Gracht, Höhe Rijksmuseum; Prinsengracht, Höhe Anne Frank Huis; Keizersgracht, Höhe Leidsestraat; Leidseplein, Höhe Hotel American.

Adressen

● *American Football* **Amsterdam Admirals**, Wibautstraat 137c, 1097 DN Amsterdam, ✆ 020/4650550. Die Admirals spielen als eines von sechs Teams in der Europe League, dem europäischen Ableger der nordamerikanischen National Football League (NFL). In zehn regulären Vorrundenspielen qualifizieren sich die beiden bestplatzierten Eierballer-Teams für das Finale der NFL-Nachwuchsliga, den World Bowl. Teilnehmer: Amsterdam Admirals, Berlin Thunder, Düsseldorf Rhein Fire, Frankfurt Galaxy, Barcelona Dragons, Scottish Claymores. Informationen im Internet unter www.admirals.com.

● *Autovermietung* **Autoverhuur Avis**, President Kennedylaan 783, 1079 MS Amsterdam, ✆ 020/6443684; **Autoverhuur Budget**, Overtoom 121, 1054 HE Amsterdam, ✆ 020/6126066; **Autoverhuur Europcar**, Overtoom 197, 1054 HT Amsterdam, ✆ 020/6832123; **Autoverhuur Hertz**, Overtoom 333, 1054 JM Amsterdam, ✆ 020/6122441; **Autoverhuur Hertz** (Schiphol Airport), Schipholweg 1, 1118 AA Amsterdam, ✆ 0800/2354378; **Autoverhuur Kuperus**, v/d Madeweg 1, 1099 BS Amsterdam, ✆ 020/ 6683311 www.autoverhuur-kuperus.nl.

● *Diamantschleifereien* **Amsterdam Diamond Center**, Rokin 1-5, 1012 KK Amsterdam, ✆ 020/6245787. Mo-Sa 9.30-17.30 Uhr, Do bis 20.30 Uhr, So 10.30-17.30 Uhr. Die Dachorganisation der fünf größten Diamantschleifereien organisiert Betriebsführungen, im Rahmen derer die Bearbeitung von Rohdiamanten demonstriert wird. Eine rechtzeitige Anmeldung ist erforderlich!

Coster Diamonds, Paulus Potterstraat 2-8, 1071 CZ Amsterdam, ✆ 020/3055555, www.costerdiamonds.com. Täglich 9-17 Uhr.

Gassan Diamonds, Nieuwe Uilenburgerstraat 173-175, 1011 CN Amsterdam, ✆ 020/ 6225333. Täglich 9-17 Uhr.

Stoeltie Diamonds, Wagenstraat 13-17, 1017 CZ Amsterdam, ✆ 020/6237601, Täglich 8.30-17 Uhr, www.stoeltiediamonds.com.

Van Moppes Diamonds, Albert Cuypstraat 2-6, 1072 CT Amsterdam, ✆ 020/6761242, www.moppesdiamonds.com. Täglich 8.30-17 Uhr.

Rokin Diamonds, Rokin 12, 1012 KR Amsterdam, ✆ 020/6247973. Mo-Fr 9.30-18 Uhr, Sa 9.30-17 Uhr.

Lazare Diamonds, Weteringschans 89, 1017 RZ Amsterdam, ✆ 020/6262798. April-Oktober täglich 9.30-17.30 Uhr. November-März Mo-Sa 9.30-17.30 Uhr.

● *Fahrradverleih* **Amstel Rijwielshop Station**, Amstelbahnhof, Julianaplein 1, 1097 DN Amsterdam, ✆ 020/6923584; **Damstraat Rent-a-bike**, Damstraat 20-22, 1012 JM Amsterdam, ✆ 020/6255029; **Holland Rent-a-bike** (Beursstalling), Damrak 247, 1012 ZJ Amsterdam, ✆ 020/6223207; **Take-a-bike**, Stationsplein 12, 1012 AB Amsterdam, ✆ 020/6248391; **Mac Bike**, Mr. Visserplein 2, 1011 RD Amsterdam, ✆ 020/6200985, www.macbike.nl; **Bulldog Rent A Bike**, Oudezijds Voorburgwal 216, 1012 GJ Amsterdam, ✆ 020/4217068; **Rent A Bike Frederic**, Brouwersgracht 78 Sous, 1013 GZ Amsterdam, ✆ 020/6245509.

Essen und Trinken

(2) Caramba
(3) Casa Tobio
(8) Taverne Claes Claesz
(9) The Pancake Bakery
(10) De Keuken van 1870
(14) Bon Ton
(19) A La Mamma Mia
(20) De Vlaamse Friethuis
(22) Rum Runners
(24) Sea Palace
(27) Port van Cleve
(30) Kam Kee
(31) Long Pura
(33) Meneer Pannekoek
(34) De Roode Leeuw
(35) Nam Kee
(42) Café Roux
(46) Haesje Claes
(48) D'Vijff Vlieghen
(49) Kantjil & De Tijger
(50) Tapas Bar Català
(64) Dynasty
(65) Le Pêcheur
(66) Rose's Cantina
(67) Shiva
(72) Akbar
(73) The Guru of India
(75) Alfonsos Mexican Restaurant
(76) Visrestaurant Sluizer
(77) Bojo
(84) Pizzeria Mimo
(79) Tapas Bar Granada
(82) Golden Temple
(91) Yoichi
(93) Balraj
(94) De Gouden Reael
(95) Osaka
(97) Boerderij Meerzicht
(98) De Waaghals
(99) Brasserie van Baerle
(101) Brasserie Beaubourg
(103) Riaz

Übernachten

(4) Hotel Acacia
(7) Amsterdam Renaissance Hotel
(13) Canal House
(15) The Flying Pig Downtown Hostel
(18) Amstel Botel
(25) Hotel van Onna
(36) Jeugdhotel Shelter Jordaan
(37) Grand Hotel Krasnapolsky
(38) Rho Hotel
(39) Jeugdhotel The Shelter
(41) Hotel Estheréa
(51) NJHC-Jugendherberge Stadsdoelen
(52) Hotel Amsterdam Wiechmann
(55) Hotel Ambassade
(70) Hotel Lancaster
(81) The Park Hotel
(83) Arena Budget Hotel
(84) NJHC-Jugendherberge Vondelpark
(85) Hotel Mercure Arthur Frommer
(86) The Flying Pig Palace Hostel
(87) Hotel Acro
(88) Hotel Piet Hein
(89) Hotel Amstel
(90) Hotel Jan Luyken
(92) Camping Het Amsterdamse Bos
(96) Camping Vliegenbos
(100) Atlas Hotel
(102) Hotel De Filosoof

Cafés

(1) Café Papeneiland
(5) Café Karpershoek
(6) Café De Twee Prinsen
(11) Café 't Smalle
(12) Café De Twee Zwaantjes
(16) Easy Everything
(17) Café De Prins
(21) Café De Nieuwe Lelie
(23) Café La Strada
(26) Café Chris
(28) De Drie Fleschjes
(29) Café Kalkhoven
(40) Scheltema
(43) Theatercafé Blincker
(44) De Engelbewaarder
(45) Bimhuis Jazz
(47) Café De Druif
(53) De Kaaskamer
(54) Chocolaterie Pompadour
(56) Café 't Doktertje
(57) Café Hoppe
(59) Café Luxembourg
(61) Café De Kalvertoren
(63) Café Metz & Co.
(71) Café Schiller
(74) Café Américain

Nachtleben

(32) Mazzo
(58) Melkweg
(60) Dansen bij Jansen
(62) Odeon Theater
(68) Escape
(69) Discothek It
(80) Paradiso
(83) Arena Club

Legende Amsterdam

Provinz Noord-Holland
Karte S. 239

• *Fundbüros*   **Gemeentevervoerbedrijf (Städtische Verkehrsbetriebe)**, Stationsplein 10, 1012 AB Amsterdam, ✆ 020/4606060, www.gvb.nl. Mo-Fr 6-24 Uhr, Sa/So 7-24 Uhr.

• *Krankenhäuser*   **Academisch Medisch Centrum**, Meibergdreef 9, 1105 AZ Amsterdam, ✆ 020/5669111; **Boven 't IJ Ziekenhuis**, Statenjachtstraat 1, 1034 CS Amsterdam, ✆ 020/6346346; **VU Ziekenhuis**, De Boelelaan 1117, 1081 HV Amsterdam, ✆ 020/4444444; **Sint Lucas Andreas Ziekenhuis**, Jan Tooropstraat 164, 1061 AE Amsterdam, ✆ 020/5108911; **Slotervaartziekenhuis**, Louwesweg 6, 1066 EC Amsterdam, ✆ 020/5129333

> Amsterdam ist ein Eldorado für Rucksacktouristen, 1923 in Meyers Konversationslexikon als Reisende beschrieben, die "ohne tieferes Interesse rein zum Zeitvertreib die Welt durchwandern".

• *Spielkasino*   **Holland Casino Amsterdam**, Max Euweplein 62, 1017 MB Amsterdam, ✆ 020/5211111. Big Wheel, Black Jack, Carribean Stud Poker, Punto Banco, Sic Bo und Roulette (amerikanisch und französisch). Außerdem stehen 358 Spielautomaten zur Verfügung. Täglich 13.30-3.00 Uhr (Mindestalter 18 Jahre). Tageskarte 3.50 €.

Holland Casino Schiphol Airport, Zentrale Abflughalle zwischen Gate E und F (nur für Reisende mit gültigem Flugticket). Korrespondenzadresse: Postfach 170, 2040 AD Zandvoort, ✆ 023/5740574, ✆ 023/5740577. Das Angebot umfasst Black Jack und Roulette (amerikanisch). 70 Spielautomaten stehen zur Verfügung. Täglich 6.30-19.30 Uhr (Mindestalter 18 Jahre). Tageskarte 3.50 €.

• *Sprachschule*   **Easy Dutch Plus Taleninstitut**, Leidsestraat 32, 1017 PB Amsterdam, ✆ 020/4221906, www.easydutchplus.com.

• *Taxiruf*   ✆ 0900/0724; **Schiphol Travel Taxi**, ✆ 0900/7244746.

• *Wassertaxi*   **Watertaxi**, Stationsplein 8, 1012 AB Amsterdam, ✆ 020/5356363.

Märkte

Amsterdam zählt mehrere Tagesmärkte und einen Blumenmarkt. Eine besondere Attraktion bietet der alljährliche *Koninginnedag* (30. April), der Geburtstag der früheren Königin Juliana, der in den Niederlanden nach wie vor als Feiertag begangen wird. Das Stadtzentrum verwandelt sich für Stunden in einen einzigen riesigen Trödelmarkt, denn überall stellen kleine und kleinste Anbieter ihre Stände auf. Jeder darf an diesem Tag ohne Genehmigung verkaufen, was er schon immer loswerden wollte. Amsterdam feiert ein riesiges Volksfest, die ganze Stadt scheint unterwegs zu sein. Sollte man es beschaulicher mögen, empfiehlt sich für diesen Tag ein weiter Bogen um den Stadtkern.

Albert-Cuyp-Markt: Albert-Cuypstraat. Mo-Sa 9.30-17 Uhr. Gemischtwaren. Die Beschreibung klingt wenig präzise, trifft den Nagel aber auf den Kopf. Der größte niederländische Markt bietet (fast) alles in (fast) allen Variationen: Antiquitäten, Blumen, Kleidung, Trödel, die Auswahl ist beeindruckend. Zu empfehlen ist der Besuch unter der Woche, wenn der Andrang nicht ganz so groß ist. Am Wochenende wirken die Menschenmassen schnell beängstigend.

Waterloomarkt: Waterlooplein. Mo-Sa 9-17 Uhr. Der Markt blickt auf eine fast 200-jährige Tradition zurück; schon im 19. Jh. wurden hier Bücher, Kleider und Möbel gehandelt. Als die Stände in den 70er Jahren wegen der Fertigstellung des Musiktheaters (Stopera) umziehen sollten, schlugen die Wogen der Entrüstung hoch. Der Waterloomarkt fernab seines angestammten Platzes? Undenkbar! Die sich verschärfenden Proteste führten schließlich zum Erfolg, doch ist manches

vom alten Flair verloren gegangen. Der unförmige Neubau der Stopera scheint vielen auf die Stimmung zu schlagen.

Rommelmarkt (Veilinghuis Bezuyen): Looiersgracht 38. Sa-Do 11-17 Uhr. Auch bei schlechtem Wetter ist der Rommelmarkt ein durchaus lohnendes Ziel, denn er ist überdacht. Zwei Etagen warten auf den Besucher. Der Schwerpunkt der Angebote wechselt täglich: Antiquitäten (So), Briefmarken (Mo), Bücher/Schallplatten (Di), Kleidung (Do).

Bloemenmarkt: Singel-Gracht zwischen Muntplein und Koningsplein. Mo-Fr 9.30-17.30 Uhr, Sa 9.30-17 Uhr. Das farbenprächtige Angebot lockt seine Besucher zu allen vier Jahreszeiten an. Der Blumenmarkt erstreckt sich an einer der Grachten, die Stände selber dümpeln auf kleinen Booten im Wasser. Die bunte Pracht dürfte zu den meistfotografierten Motiven der Stadt gehören. Der Abriss umliegender alter Grachtenhäuser hat dem Bild zwar geschadet, die Postkartenidylle aber ist geblieben.

Lapjesmarkt: Westerstraat. Mo 9-13 Uhr. Hier dreht sich alles um Textilien: Hemden, Hosen, Meterware. Besonders extravagant sind die Hüte – Kopfbedeckungen in allerlei ausgefallenen Variationen. Hat man sich satt gesehen, geht man hinüber zum benachbarten Noordermarkt, der auch am Nachmittag seine Waren anbietet.

Noordermarkt: Noordermarkt. Mo 9-18 Uhr. Die Anbieter kommen von nebenan und freuen sich über alles, was sie unter die Menge bringen können. Der Noordermarkt wirkt vergleichsweise ungezwungen und spontan. Professionelle Trödler sind in der Minderheit.

Dappermarkt: Dapperstraat, Mo-Sa 9-17 Uhr. Die Abgelegenheit sorgt für Exklusivität. Anders als in der Albert-Cuypstraat oder auf dem Waterlooplein zeigen sich hier verhältnismäßig wenig Touristen. Stattdessen trifft man auf ein buntes Völkergemisch aus Afrikanern, Asiaten und Europäern.

Boekenmarkt: Oudemanhuispoort. Mo-Sa 12-17 Uhr. Bücher und Schallplatten mag es auch auf dem Waterloomarkt geben, doch verschwinden sie dort beinahe unter all dem anderen Trödel. Wesentlich gezielter lässt es sich daher vor den Toren der Universität stöbern. Bei schönem Wetter stapeln sich hier Tausende alter Schriftstücke und Tonträger.

Boerenmarkt: Noordermarkt. Sa 9-16 (Sommer), Sa 9-15 Uhr (Winter). Manchen mag es überraschen, doch gibt es auch in der chemischen Hilfsmitteln wahrlich nicht abgeneigten niederländischen Agrarwirtschaft zahlreiche Landwirte, die großen Wert auf ökologischen Anbau legen. Naturkost ist denn auch der Renner auf dem Markt, seien es Vollkornprodukte oder unbehandeltes Obst und Gemüse.

Postzegel- en Muntenmarkt: Nieuwezijds Voorburgwal 280. Mi und Sa 13-16 Uhr. Die Dimensionen dieses Spezialmarktes für Briefmarken und Münzen sind der Größe der gehandelten Objekte angemessen: Der Markt ist vergleichsweise übersichtlich. Vielleicht lässt sich hier eine der wieder eingestampften Marken zur Fußball-WM in Italien erstehen, die man in den Niederlanden mit der Aufschrift "Niederlande: Weltmeister 1990" etwas voreilig hatte drucken lassen?

Kunstmarkt: Thorbeckeplein. April-Oktober So 10-15 Uhr. Kunst ist das, was man dafür hält. Entsprechend ist das Angebot sehr reichhaltig: Aquarelle, Ölgemälde, Skulpturen und Zeichnungen – einfach alles, was das Herz begehrt. Hier erwarb eine Flohmarktbesucherin 1999 ein altes Buch für wenig Geld, in dem sich überraschend drei alte Zeichnungen befanden. Kunstexperten bestätigten später die Echtheit der Rembrandts und der Skizze eines seiner Schüler. Der Wert der Werke wurde auf 50.000 € geschätzt. Das erfolgreiche Konzept des Kunstmarktes lebt seit mittlerweile zehn Jahren vom engen Kontakt zwischen Künstlern und Publikum: Der Besucher diskutiert mit dem Macher.

Müll im Kaufhaus

Eine Künstlergruppe des "Instituts für Ökonomische Disharmonisierung" sorgte kürzlich für Aufsehen, als sie die Regale des Amsterdamer Luxuskaufhauses Bijenkorf mit alten, der städtischen Müllentsorgung entnommenen Küchengeräten und Kleidungstücken ausstattete. Mehr als 200 Gegenstände, die zuvor sorgsam etikettiert worden waren, konnten unbemerkt in die normale Angebotspalette eingeschmuggelt werden. Ihre Aktion wollten die Aktivisten als stillen Protest gegen die Auswüchse der modernen Wegwerfgesellschaft verstanden wissen. Ein Kaufhaussprecher, der in einer ersten Stellungnahme die Schwierigkeiten einer steten Kontrolle aller angebotenen Waren betont hatte, musste auf Anfrage bestätigen, dass mehrere der fragwürdigen Produkte einen Käufer gefunden hatten. Es sei nicht möglich, mit letzter Gewissheit zu sagen, wie viele der betroffenen Stücke sich noch in den Regalen befänden. Der Müll sei schließlich "vom normalen Angebot kaum zu unterscheiden".

De Bijenkorf, Dam 1, 1012 JS Amsterdam, ✆ 020/6218080. Angenehm klimatisiertes Luxuskaufhaus, Innenraum offen über alle fünf Stockwerke, oben gibt's die Möglichkeit zum abendlichen Chill-out.

Parkanlagen

Amsterdam zählt eine Reihe schöner städtischer Parkanlagen, allen voran den weltbekannten Vondelpark. Die Grünflächen sind insbesondere in den Sommermonaten bestens besucht und werden auf diese Weise zu einem bunten Farbtupfer im städtischen Alltag.

Amsterdamer Straßencafé

Vondelpark: Der bekannteste städtische Park trägt den Namen des Dichters *Joost van den Vondel* (1587–1679), dessen Grabmal in der Nieuwe Kerk zu finden ist. Die Grünanlage entstand 1865 und zählt noch heute zu den beliebtesten in Amsterdam. Die Zeiten, als sich unzählige Schlafsack-touristen nach einem angenehmen Plätzchen unter freiem Himmel umsahen, sind allerdings lange vorbei. Offiziell ist das Übernachten untersagt, die Polizei führt häufig Kontrollgänge durch. (Wer trotzdem im Freien schlafen möchte, muss weiter in die Randbezirke der Stadt fahren. Das südlich gelegene Erholungsgebiet des *Amsterdamse Bos* bietet wegen seiner Größe einigermaßen brauchbare Möglichkeiten zur Übernachtung. Die Verbote gelten allerdings auch hier, es drohen Geldbußen.) Im Sommer (Juni-September) wird der Vondelpark zur riesigen Freilichtbühne mit Musik, Tanz und Theater. Adresse: Zandpad.

Amstelpark: Der vergleichsweise kleine Park lebt noch heute vom Glanz der frühen 70er Jahre, denn 1972 fand hier die *Floriade* statt, die bereits damals größte Blumenschau des Landes. Die farbenprächtigen Gewächse, dichten Sträucher und hoch aufragenden Bäume sorgen noch heute für eine eigene Atmosphäre, deren Ruhe und Beschaulichkeit kaum typisch sind für eine Stadt von der Größe Amsterdams. Nachts schließt der Park seine Tore, Fahrräder sind grundsätzlich nicht zugelassen. Adresse: Arent Janszoon Ernststraat.

Flevopark: Die Stadt lebt vom bunten Völkergemisch ihrer Einwohner. Besonders im Ostteil der Stadt leben Menschen aus unterschiedlichsten Kulturkreisen. Afrikanische, asiatische und europäische Traditionen verschmelzen hier zu einer exotisch anmutenden Mischung. Der Flevopark liegt mittendrin und vermittelt das besondere Flair dieses Viertels. Adresse: Flevoweg.

Fußball

Ajax Amsterdam zählte lange Jahre zu den weltbesten Fußballteams. Der Club war im Mai 1998 einer der ersten außerhalb Großbritanniens, der sich für den Börsengang entschied. Der Verkauf von 30 % seiner Anteile spielte mehr als 50 Millionen Euro in die Vereinskasse. Die in den Folgejahren ausbleibenden sportlichen Erfolge aber führten zu einem Kursverlust von nahezu 50 %. Die Erfahrungen der Ajax Amsterdam AG ließen andere niederländische Vereine Abstand von einem Börsengang nehmen.

● *Stadion* **Amsterdam ArenA**, ArenA Boulevard 1, 1101 AX Amsterdam, ✆ 020/3111333. Als modernstes und schönstes Stadion Europas wurde die ArenA 1996 feierlich ein-geweiht. Alle 50.000 Sitzplätze genießen freien Blick auf den Rasen, der innerhalb von nur 20 Minuten mit einem überdimensionalen Schiebedach überdeckt werden kann. Leider entpuppte sich die Mehrzweckarena als städtisches Sorgenkind. Die neue Heimat der Ajax-Fußballstars leidet unter dem schlecht wachsenden Rasen, der das technisch versierte Spiel der erfolgsverwöhnten Profis behindert. Der Rasen musste innerhalb von nur zwei Jahren ganze zehnmal ausgetauscht werden. Die Kosten beliefen sich auf jeweils 125.000 €.

Im Umfeld des Stadions entstand in den vergangenen Jahren ein modernes Erlebniszentrum mit zahlreichen Unterhaltungsangeboten. Das Prunkstück ist neben dem großen Boulevard die Konzerthalle "Heineken Music Hall". Mit der "Villa ArenA" wird in den kommenden Jahren eines der größten Wohn- und Einkaufszentren Europas (75.000 m²) entstehen.

Theater

Amsterdam ist eine der wenigen großen Kulturstädte Europas, in denen die großen Bühnen auch im Hochsommer ein durchgehendes Programm anbieten. Die Stadt zählt mehr als sechzig Theater und Konzertsäle, die dank der relativ niedrigen Eintrittspreise auch für weniger Betuchte leicht zugänglich sind. In vielen Theatern spielen Sprachkenntnisse kaum eine Rolle, sei es bei Tanzvorführungen oder Varietés. Darüber hinaus finden viele Veranstaltungen in englischer Sprache statt. Eine Saisonübersicht aller dem internationalen Publikum zugänglichen Vorstellungen wird über die Informationsbüros (VVV) und das Niederländische Büro für Tourismus (NBT) in Köln vertrieben. Alle Theaterkarten sind beim Amsterdam Uit Buro (AUB) und an den Vorverkaufskassen (Theater Bespreekburo) der Informationsbüros erhältlich. Vorbestellungen aus dem Ausland können über das Nederlands Reserverings Centrum (NRC) abgewickelt werden.

● *Theater (Auswahl)* Als erste Adresse für klassisches Sprechtheater gilt die **Stadsschouwburg** am Leidseplein, wo sich die Crème de la Crème der Amsterdamer Gesellschaft schon seit mehr als 200 Jahren zur kulturellen Erbauung versammelt. Nachdem das erste Domizil des bereits 1638 gegründeten Nationaltheaters an der Keizersgracht 1772 einem Brand zum Opfer gefallen war, wurde am Leidseplein zunächst ein hölzernes Provisorium errichtet, bevor im Jahre 1894 an gleicher Stelle der heutige palastartige Musentempel erbaut wurde. Neben dem Traditionstheater haben die weitaus bescheidener ausgestatteten kleinen Häuser **De Engelenbak** und **Frascati** außer modernen bisweilen auch klassische Stücke, darunter auch altholländische Schwänke im Stil der italienischen Commedia dell' Arte, in ihrem Repertoire. Direkt nebenan versteht sich das belgische Theater- und Kulturzentrum **De Brakke Grond** als Botschafter flämischer Kultur auf holländischem Boden. Alle drei präsentieren ihr Programm in der Nes, einer schmalen Nebengasse des Damplatzes, wo auf der Bühne des **Cosmic** außerdem schwarze Niederländer aus Surinam und von den Antillen inszenieren. Avantgardistischer und experimenteller geben sich die beiden Studentenbühnen **Universitätstheater** und **Crea** oder das nur einen Steinwurf von der altehrwürdigen Stadsschouwburg entfernte **De Balie.**

Speziell an ein jugendliches Publikum richten sich die Inszenierungen des Kinder- und Jugendtheaters **De Krakeling** und des **Ostade-Theaters.**
Im **Tropeninstitut-Theater** werden ausschließlich Produktionen von Migranten aus der sog. Dritten Welt zur Aufführung gebracht, und Kleinkünstler und Kabarettisten reüssieren u. a. in der **Kleinen Komedie** an der Amstel.
Vielseitig Theaterinteressierten sei darüber hinaus ein Blick ins aktuelle Programm der diversen Kulturzentren, darunter *Felix Meritis, Melkweg, Paradiso* und *Westergasfabriek,* empfohlen, auf deren Bühnen regelmäßig Gastspielensembles auftreten.
● *Oper/Musical/Konzert/Ballett (Auswahl)* Die renommiertesten Häuser in den Sparten Oper, Musical, Konzert und Ballett sind das Muziektheater am Waterlooplein (Stopera), das Concertgebouw am Museumsplein, die Beurs van Berlage, das Koninklijk Theater Carré am Amstelufer sowie das Nieuwe De La Mar in der Nähe des Leidseplein.
In der **Stopera** prägen das Ensemble der Niederländischen Oper und das Nationalballett das künstlerische Profil. Das repräsentative **Concertgebouw** wird wegen seiner exzellenten Akustik von namhaften Dirigenten und Orchestern international geschätzt, und in den Konzertsälen der **Beurs van Berlage** ist das Niederländische Philharmonische Orchester beheimatet.

Provinz Noord-Holland
Karte S. 239

Das außen wie innen gleichermaßen nobel gestaltete **Carré** nimmt die Spitzenposition unter den Opern- und Musicalbühnen ein, präsentiert weltberühmte Zirkus- und Varieté-künstler und die bekanntesten Kabarettisten. Musical und Kabarett prägen auch das Programm des **Nieuwe De La Mar**, das trotz des weniger edlen Ambientes ebenfalls landesweite Anerkennung genießt.

Openluchttheater Amsterdamse Bos

Sommerliches Freilichttheater im Wald. Juli/August Di-Sa 21.30 Uhr. Eintritt frei (allerdings wird eine Spende von 5 € oder mehr erbeten). Informationen im Internet unter www.bostheater.nl

---

• *Adressen* **Amsterdams Marionettentheater**, Nieuwe Jonkerstraat 8, ✆ 020/6208027, www.marionettentheater.nl.
Beurs van Berlage, Damrak 277, ✆ 020/-6270466, www.beursvanberlage.nl.

Concertgebouw, Concertgebouwplein 2-6, ✆ 020/6754411, www.concertgebouw.nl.
Cosmic, Nes 75, ✆ 020/6228858.
De Brakke Grond, Nes 45, ✆ 020/6266866, www.nestheaters.nl.
Frascati, Nes 63, ✆ 020/6266866, www.nestheaters.nl.
Kleine Komedie, Amstel 56, ✆ 020/6240534, www.dekleinekomedie.nl.
Meervaart, Meer en Vaart 300, ✆ 020/4107777, www.meervaart.nl.
Muziektheater De IJsbreker, Weesperzijde 23, ✆ 020/4681808, www.ysbreker.nl.
Muziektheater, Waterlooplein 22, ✆ 020/5518100, www.hetmuziektheater.nl.
Ostade-Theater, Ostadestraat 233, 020/6795096.
Nieuwe de la Mar Theater, Marnixstraat 404, ✆ 020/5305302, www.nieuwedelamartheater.nl.
Stadsschouwburg, Leidseplein 26, ✆ 020/5237700, www.stadsschouwburgamsterdam.nl.
Theater Carré, Amstel 115-125, ✆ 020/5249494, www.theatercarre.nl.
Universiteitstheater, Nieuwe Doelenstraat 16, ✆ 020/6230127.

Veranstaltungen

Amsterdam zählt mit monatlich mehr als 1.500 Veranstaltungen zu den bedeutendsten Kulturstädten des Kontinents. Die nachstehende Liste, die keinen Anspruch auf Vollständigkeit erheben kann, stellt die wichtigsten Events vor.

Holland Festival: Das alljährliche Festival gilt seit seiner Einführung 1947 als Höhepunkt der kulturellen Saisonaktivitäten, als Trendsetter in Sachen Kultur, Musik, Oper und Tanz (klassisch wie experimentell). Die Veranstalter bieten sowohl renommierten als auch weniger bekannten Künstlern im Rahmen von mehr als 500 Veranstaltungen ein Podium für ihre Aufführungen. Termin: Juli-August. Informationen im Internet unter www.hollandfestival.nl.

pAn Amsterdam: Die Messe gilt als *das* Podium der (zuletzt) 110 renommiertesten Antiquare, Galeristen und Kunsthändler aus Flandern und den Niederlanden. Alle Stücke garantieren höchste Qualität: Art déco, Art Nouveau, Drucke, Fotografien, Gemälde, Glas, Ikonen, Juwelen, Manuskripte, Möbel, Silber, Skulpturen, Textilien, Uhren. Ort: RAI Parkhal, Messe Amsterdam. Termin: Oktober. Information: PAN Amsterdam, Oude Dieze 17, 5211 KT 's-Hertogenbosch, ✆ 073/6141965, www.pan-amsterdam.nl.

Amsterdam Pride Festival: Homosexuelle aus aller Welt feiern drei Tage ohne Pause eine riesige Straßenparty – buntes Treiben auf Amsterdams Grachten von "Jeans & Dance" zu "Wine & Dine". Ausstellungen, Comedy, Film und Lyrik sorgen für kulturelle Farbtupfer, ehe es zum eigentlichen Höhepunkt des Festivals kommt: Während der "Amsterdam Gay Canal Parade" schippern 75 Boote über die Grachten der Stadt, die sich durch ihre karnevalistischen Aufbauten und teils pikanten Botschaften auszeichnen. Die schwimmende Parade hat sich mit mehr als 250.000 Besuchern zu einem der größten Publikumsmagneten der Stadt gemausert. Verlauf: Westerdak–Prinsengracht–Amstel. Termin: Anfang August. Information: Gay Business Amsterdam, ✆ 020/6208807, www.amsterdampride.nl.

Grachtenfestival: Das Musikfestival nutzt das Amsterdamer Grachtenflair als Kulisse und Podium für Klassikkonzerte der Extraklasse. Mehr als 70 Aufführungen finden an außergewöhnlichen Orten statt: in historischen Grachtenhäusern oder versteckten Hinterhöfen, auf Dachterrassen oder in Gärten oder Wohnzimmern. Höhepunkt ist das

Prinsengrachtkonzert auf einem Ponton vor dem Pulitzer Sheraton Hotel, dem das Publikum auf Booten und Brücken lauschen kann. Termin: Mitte August. Information: Stichting Grachtenfestival, Keizersgracht 363, 1016 EJ Amsterdam, ℡ 020/4214542, www.grachtenfestival.nl.

Grachtenloop Amsterdam: Der traditionelle Grachtenlauf, der 2004 sein 25-jähriges Jubiläum feiern wird, führt auf drei Rundstrecken (5,5 km, 9,5 km, 18 km) an den Wasserstraßen der Amsterdamer Innenstadt entlang – Grachtenflair mit sportlicher Note. Der Lauf wird von einem bunten Begleitprogramm eingerahmt. Termin: Mitte Mai. Details beim Informationsbüro (VVV).

Museumsnacht: Amsterdam bietet mit der im Herbst 2000 angeregten Museumsnacht eine attraktive Einführung in die Museumslandschaft der Grachtenstadt. 34 Kollektionen sind bis in die frühen Morgenstunden zu besichtigen. Neben der besonderen Atmosphäre können sich die Besucher auf originelle Auftritte und besondere Führungen freuen. Wagen Sie ein Tänzchen vor Rembrandts "Nachtwache" im Rijksmuseum! Busse, Boote und Straßenbahnen stehen für den Transfer zur Verfügung. Details beim Informationsbüro (VVV).

Openmonumentendag: Mehr als 400 Gemeinden und Städte landesweit laden an diesem Tag zur kostenlosen Besichtigung ihrer Denkmäler, Kirchen und Museen ein. In Amsterdam waren zuletzt etwa 40 der bedeutendsten Denkmäler zu besichtigen, darunter das auf Pfählen ruhende Fundament der Beurs van Berlage oder die Hauptkanalabwasserstation am Zeeburgerdijk. Auch private Residenzen geben Einblicke in stilvolle Innenhofgärten oder historisch-kunstvolles Interieur. Information: Stichting Openmonumentendag, Herengracht 474, 1017 CA Amsterdam, ℡ 020/4222118, www.openmonumentendag.nl.

Kerstmarkten: In der Adventszeit steht ein riesiger Weihnachtsbaum am Leidseplein, während am Muntplein der traditionelle Weihnachtsbaummarkt abgehalten wird. Auf dem Blumenmarkt bestimmen derweil Mistel- und Tannenzweige, Kränze und Weihnachtssterne das Bild. Das winterliche Amsterdam zeigt sich von seiner romantischen Seite: Brücken und Grachten sind in dezentes Licht getaucht, während auf den Märkten der Duft gebrannter Mandeln und frischen Tannengrüns liegt. Details beim Informationsbüro (VVV).

World Press Photo: Die besten Pressefotos des vergangenen Jahres, die Mitte Februar von einer internationalen Jury in verschiedenen Kategorien ausgewählt wurden, sind zwei Wochen lang in der Oude Kerk ausgestellt, dem historischen Ausstellungszentrum im Herzen Amsterdams. In den vergangenen Jahren lockten die Aufnahmen mehr als 30.000 Besucher in das besondere Ambiente der ehemals katholischen Kirche, deren Geschichte bis 1250 zurückreicht. Termin: April-Juni. Information: World Press Photo, Jacob Obrechtstraat 26, 1071 KM Amsterdam, ℡ 020/6766096, 📠 6764471, www.worldpressphoto.nl.

Provinz Noord-Holland
Karte S. 239

Veranstaltungskalender

Die Beilage **Uit en Thuis** zur Donnerstagsausgabe der Tageszeitung **Het Parool** gilt als aktuellster Veranstaltungskalender Amsterdams. Hinzu kommen die nachfolgend aufgeführten Broschüren, die in den Informationsbüros (VVV) ausliegen.

What's on in Amsterdam: Das für den ausländischen Touristen zusammengestellte Heftchen bietet aktuelle Informationen zu verschiedensten kulturellen Veranstaltungen. Die abgedruckten Adressenlisten sind vergleichsweise übersichtlich und erleichtern auf diese Weise die Orientierung. Die Rubrik "day by day" im Mittelteil erlaubt eine gezielte Antwort auf die Frage, was heute in der Stadt ansteht. Die englischsprachige Broschüre erscheint alle drei Wochen zum Preis von 2 €.

Uitkrant: Im Mittelpunkt steht auch hier eine Day-by-Day-Rubrik, deren Name "Agenda van dag tot dag" bereits Schlimmes vermuten lässt. Tatsächlich ist die Uitkrant in niederländischer Sprache verfasst, doch erweist sich ihre Lektüre trotz dieses Stolpersteins als weitgehend problemlos. Die monatlich erscheinende Zeitung ist auch in Museen und Kinos erhältlich (kostenlos).

Use It: Das mehrsprachige Heftchen enthält neben knapp gehaltenen Veranstaltungshinweisen Informationen über Amsterdamer Jugendhotels und Möglichkeiten zum Ausgehen in der Stadt. Folgerichtig wird die jährlich erscheinende Zeitschrift in erster Linie junge Leute ansprechen. Herausgeber ist das Jugendhotel Sleep-In. Das Heft ist kostenlos.

Übernachten

(siehe Karte S. 248/249)

Die Zahl der Übernachtungen stieg in den vergangenen Jahren um knapp 20 %. Zuletzt wurden sechseinhalb Millionen Übernachtungen ausländischer Gäste in Amsterdam gezählt. Die meisten Besucher kamen aus Großbritannien, den USA und Deutschland. Nur drei Städte konnten einen noch größeren Andrang aufweisen: London (47,5 Mio.), Paris (18,5 Mio.) und Rom (9,3 Mio.). Die Mehrzahl der Gäste (24 %) residierte gepflegt im noblen 5-Sterne-Hotel.

Hotels

Die Amsterdamer Hotels haben ihren Preis. Es ist grundsätzlich ratsam, in den unteren Kategorien keinen Luxus zu erwarten. Sollte das Hotel an einer der zahlreichen Grachten liegen, so ist ein Zimmer mit Blick auf das Wasser allemal vorzuziehen. Man bezahlt diesen Luxus zwar extra, doch ist er sein Geld in der Regel wert. Die folgende Liste gibt einen kurzen Überblick über akzeptable Hotelunterkünfte.

***** **Hotel Amstel (89)**, Professor Tulpplein 1, 1018 GX Amsterdam, 85 Betten, renommiertes Nobelhotel der Luxusklasse, Riesenkasten direkt an der Amstel, 1867 eröffnet, seitdem Nachtquartier der Highsociety und teuerste Adresse der Stadt, komfortable Suiten und Zimmer, Bankettsäle, eigener Limousinenpark, Hotelrestaurant "Le Rive" (eines der besten des Landes), Terrasse mit herrlichem Blick auf die Amstel. Deluxe-Kamer ab 470 €, Frühstück 28 €, ☎ 020/6226060, 🖷 6225808.

***** **Grand Hotel Krasnapolsky (37)**, Dam 9, 1012 JS Amsterdam, 812 Betten, Luxushotel in zentraler Lage, Ende des 19. Jh. eröffnet, erstklassiger Ruf, höchster Komfort, perfekter Service, nach Einweihung des neuen Flügels 1995 nunmehr 429 Zimmer, dazu 12 Appartements, Kongresszentrum, Geschäfte, Restaurants, Bruin Café, Frühstück wird in einem wunderschönen Wintergarten serviert. EZ ab 265 €, DZ ab 290 €, Frühstück 20 €, ☎ 020/5549111, 🖷 6228607.

***** **Amsterdam Renaissance Hotel (7)**, Kattengat 1, 1012 SZ Amsterdam, riesiges Luxushotel der Marriott-Kette auf 8 Etagen, 1231 Betten. EZ ab 205 €, DZ ab 205 €, Frühstück 18 €, ☎ 020/6212223, 🖷 6275245.

**** **The Park Hotel (81)**, Stadhouderskade 25, 1071 ZD Amsterdam, günstige Lage Nähe Spielkasino und Vondelpark, 365 Betten, eines der wenigen Häuser mit (arg enger) Tiefgarage, exzellentes Frühstücksbuffet, adrette Räumlichkeiten. EZ ab 195 €, DZ ab 240 €, Frühstück 17.50 €, ☎ 020/6711222, 🖷 6649455.

**** **Hotel Jan Luyken (90)**, Jan Luykenstraat 58 (Ecke Honthorststraat), 1071 CS Amsterdam, Luxushotel der Bilderberg-Gruppe (19. Jh.) in drei prachtvollen Amsterdamer Herrenhäusern, 113 Betten, geschmackvolle Einrichtung mit Flair. EZ ab 170 €, DZ ab 210 €, Frühstück 15 €, ☎ 020/5730730, 🖷 6763841, www.janluyken.nl.

**** **Hotel Estheréa (41)**, Singel 305, 1012 WJ Amsterdam, 150 Betten, altes Grachtenhaus in zentraler Lage direkt am Wasser, Fahrstuhl, große Badezimmer, prächtige Holzvertäfelungen aus den 30er Jahren, alle Zimmer mit Bad. EZ ab 135 €, DZ ab 145 €, Frühstück 14 €, ☎ 020/6245146, 🖷 6239001.

**** **Atlas Hotel (100)**, Van Eeghenstraat 64, 1071 GK Amsterdam, 48 Betten, Nähe Vondelpark, freundliche Stadtvilla im Art-Nouveau-Stil. EZ ab 140 €, DZ ebenfalls, ☎ 020/6766336, 🖷 6717633.

*** **Hotel Ambassade (55)**, Herengracht 341, 1016 AZ Amsterdam, Drei-Grachten-Gürtel, Nähe Bijbels Museum, 114 Betten, Hotelkomplex aus 10 kleinen Grachtenhäusern (17. Jh.), großzügiges Interieur mit antiker Möblierung, Fahrstuhl, sonst steile Treppen, helle, geräumige Zimmer, alle mit Bad, schöner Frühstücksraum auf zwei Ebenen mit beeindruckendem Grachtenblick. EZ ab 150 €, DZ ab 180 €, ☎ 020/5550222, 🖷 5550277, www.ambassade-hotel.nl.

*** **Canal House (13)**, Keizersgracht 148, 1015 CX Amsterdam, 35 Betten, Prachtbau aus dem 17. Jh., liebevoll eingerichtet, voll mit Antiquitäten, schöner (wenn auch kleiner) rückwärtiger Garten. EZ ab 140 €, DZ ab 180 €, ☎ 020/6225182, 🖷 6241317, www.canalhouse.nl.

Ein Hotel passt ins schmalste Haus!

*** Hotel Mercure Arthur Frommer (85), Noorderstraat 46, 1017 TV Amsterdam, 180 Betten, versteckte Lage in ruhigem Innenhof, erst kürzlich von seinen französischen Besitzern komplett renoviert, Fahrstuhl, helle Einrichtung, saubere sanitäre Anlagen, alle Zimmer mit Bad. EZ ab 115 €, DZ ab 130 €, Frühstück 13 €, ☎ 020/6220328, 🖷 6203208.

*** Amstel Botel (18), Oosterdokskade 2-4, 1011 AE Amsterdam, 360 Betten, Logieren im weißen Kahn auf einer der vier Etagen, Frühstücksraum mit morgendlicher Aussicht auf den Ooosterdokkanaal. EZ ab 110 €, DZ ab 120 €, ☎ 020/6264247, 🖷 6391952.

*** Hotel De Filosoof (102), Anna v/d Vondelstraat 2-6, 1054 GZ Amsterdam, Nähe Filmmuseum (nördlich des Vondelparks) 50 Betten, einfache Zimmer mit hochtrabenden (philosophischen) Namen, Garten. EZ ab 100 €, DZ ab 125 €, ☎ 020/6833013, 🖷 6853750.

*** Hotel Lancaster (70), Plantage Middenlaan 48, 1018 DH Amsterdam, Best Western Hotel gegenüber dem Artis-Tierpark, 215 Betten, ruhige Lage "in het groene hart van Amsterdam", weißer Prachtbau aus dem 19. Jh., moderne Räumlichkeiten, gepflegte Atmosphäre, Renovierung 1992, Fahrstuhl, alle Zimmer mit Du/WC und Telefon. EZ ab 100 €, DZ ab 120 €, ☎ 020/6266544, 🖷 6226628.

*** Rho Hotel (38), Nes 5-23, 1012 KC Amsterdam, 258 Betten, gepflegtes, aber eher unpersönliches Ambiente in zentraler Lage, Tiefgarage. EZ ab 95 €, DZ ab 145 €, Garage 20 €, ☎ 020/6207371, 🖷 6207826.

*** Hotel Piet Hein (88), Vossiusstraat 52-53, 1071 AK Amsterdam, 80 Betten, Nähe Vondelpark, Interieur mit nautischem Ambiente. EZ ab 85 €, DZ ab 110 €, ☎ 020/6627205, 🖷 6621526, www.hotelpiethein.nl.

** Hotel Arena (83), 's-Gravesandestraat 51, 1092 AA Amsterdam, Nähe Dierentuin Artis, 282 Betten, Gebäude des 19. Jh. mit schattigem Garten, eigener Parkplatz, nettes Bistro, Disko gleich nebenan. EZ ab 100 €, DZ ab 120 €. ☎ 020/8502400, 🖷 8502405, www.hotelarena.nl.

** Hotel Amsterdam Wiechmann (52), Prinsengracht 328, 1016 HX Amsterdam, Drei-Grachten-Gürtel, 77 Betten, zwei modern eingerichtete alte Grachtenhäuser, komfortable Räumlichkeiten, eines der besten Hotels seiner Preisklasse und daher oft ausgebucht, alle Zimmer mit Bad. EZ ab 75 €, DZ ab 120 €, ☎ 020/6263321, 🖷 6268962, www.hotelwiechmann.nl.

** Hotel Acro (87), Jan Luijkenstraat 44, 1071 CR Amsterdam (zwischen Hobbemastraat und Honthorststraat), 125 Betten, ruhiges Haus hinter stattlicher Fassade. EZ ab 60 €, DZ ab 70 €, ☎ 020/6620526, 🖷 6750811.

* **Hotel Acacia (4)**, Lindengracht 251, 1015 KH Amsterdam, 33 Betten hinter reizvoller Schmalspurarchitektur, liebevoll geführtes Hotel im Jordaanviertel, freundliche Atmosphäre, helle Zimmer, alle mit Bad. EZ ab 65 €, DZ ab 80 €, ℡ 020/6221460, ✆ 6380748.

* **Hotel van Onna (25)**, Bloemgracht 102-108, 1015 TN Amsterdam, 60 Betten, zentral gelegener Neubau im Jordaanviertel, ruhige Lage, aufmerksam-freundlicher Service. EZ ab 40 €, DZ ab 65 €, ℡ 020/6265801.

Jugendherbergen/Jugendhotels

Die Stadt bietet eine größere Anzahl preiswerter Unterkünfte für Jugendliche. Die Herbergen verfügen meist über große Schlafsäle, das Publikum ist international. Die Zahl der Diebstähle ist allerdings nicht zu vernachlässigen.

NJHC-Jugendherberge Stadsdoelen (51), Kloveniersburgwal 97, 1011 KB Amsterdam, 15 Min. zu Fuß ab Bahnhof, saubere, freundliche Atmosphäre, Aufenthaltsraum mit Klavier, Schließzeit 2 Uhr, geöffnet März-Oktober. 184 Betten, Zehnerzimmer oder größer. Übernachtung im Schlafsaal inkl. Frühstück 17-19 € (je nach Saison), ℡ 020/6246832, ✆ 6391035.

NJHC-Jugendherberge Vondelpark (84), Zandpad 5, 1054 GA Amsterdam, 35 Min. zu Fuß ab Bahnhof, am Anfang des Parks gelegen, gemischtes Publikum, Schließzeit 2 Uhr, ganzjährig geöffnet. 475 Betten. Übernachtung im Schlafsaal inkl. Frühstück 19-21 € (je nach Saison), ℡ 020/5898996, ✆ 5898955.

Jeugdhotel Shelter City (39), Barndesteeg 21, 1012 BV Amsterdam, Nähe Rotlichtviertel, 10 Min. zu Fuß ab Bahnhof, 104 Betten, ganzjährig geöffnet. Übernachtung im Schlafsaal inkl. Frühstück 15.50 €, Lunch 3.50 €, ℡ 020/6253230, ✆ 6232282.

Jeugdhotel Shelter Jordaan (36), Bloemstraat 179, 1016 LA Amsterdam, 20 Min. zu Fuß ab Bahnhof, 114 Betten, "cheapest bed-and-breakfast in town", Jordaanviertel, freundliche Atmosphäre, ganzjährig geöffnet. Übernachtung im Schlafsaal inkl. Frühstück 15.50 €, Lunch 3.50 €, ℡ 020/6244717, ✆ 6232282.

The Flying Pig Downtown Hostel (15), Nieuwendijk 100, 1012 MR Amsterdam, 164 Betten in 28 Zimmern. Übernachtung im Schlafsaal inkl. Frühstück 17 €, ℡ 020/4210802, www.flyingpig.nl.

The Flying Pig Palace Hostel (86), Vossiusstraat 46, 1071 AJ Amsterdam, 135 Betten in 23 Zimmern. Übernachtung im Schlafsaal inkl. Frühstück 16 €, ℡ 020/4004187, www.flyingpig.nl.

Camping

Im Amsterdamer Einzugsbereich liegen sechs Campingplätze, die insbesondere in der Hochsaison einen starken Andrang erleben. Eine rechtzeitige Reservierung kann hilfreich sein.

Camping Vliegenbos (96), Meeuwenlaan 138, 1022 AM Amsterdam (Noord), Ring A10, Ausfahrt S 116 (Amsterdam-Noord), Schildern folgen, De Overkant (per Fahrrad erreichbar mit den IJ-Fähren), *der* Platz in Amsterdam, schmales, lang gezogenes Areal mit Laubbäumen, jugendliches Publikum, ständig überfüllt, lange Schlangen beim morgendlichen Ein- bzw. Auschecken (11-12 Uhr), regelmäßige Polizeikontrollen, nur wenige Duschen, unerfreuliche Sanitärs, Fahrräder können und sollten (!) über Nacht gegen ein kleines Entgelt an der Rezeption abgegeben werden, Buchungen über 21 Tagen werden nicht vorgenommen, Lebensmittelgeschäft, Wanderhütten, geöffnet April-September. Stellplatz (inkl. 2 Pers.) 14.50 €, zus. Person 7.20 €, Duschen inkl., Fläche 3 ha. ℡ 020/6368855, ✆ 6322723.

Camping Het Amsterdamse Bos (92), Kleine Noorddijk 1, 1432 CC Aalsmeer, A 9, Ausfahrt Aalsmeer, Schildern folgen, parkähnlicher Platz in schöner Lage, von Kanälen umrahmt, einfache Sanitärs, Fahrradverleih, Lebensmittelgeschäft, Wanderhütten, geöffnet April-September. Person 4.10 €, Zelt 2.75 €, Auto 2.30 €, Duschen inkl., Fläche 7 ha. ℡ 020/6416868, ✆ 6402378, camping@dab.amsterdam.nl.

Spezialitäten aus aller Welt

Essen

(siehe Karte auf Seite 248/249)

Das abendliche Amsterdam trifft sich am Leidseplein mit seinen umliegenden Straßen, der größten Fressmeile Amsterdams (Leidsekruisstraat, Korte Leidsedwarsstraat, Lange Leidsedwarsstraat), am Nieuwmarkt nahe der Stadtwaage oder am Rembrandtplein mit seiner Grünanlage in der Platzmitte. Die Weltoffenheit der Stadt macht es möglich, seine kulinarischen Gelüste in ganz verschiedenen Richtungen auszuleben – auch in schrillen Restaurants und Szenetreffs. Hinter der nächsten Ecke wartet bestimmt ein außergewöhnlicher Inder, ein köstlicher Italiener oder ein verheißungsvoller Franzose. Aber natürlich lässt es sich auch traditionell holländisch speisen ...

Holländische Küche

Zahlreiche Restaurants bieten ihren Gästen preiswerte Tagesgerichte – Kombinationen aus Fleisch, Gemüse, Salat und eventuell einer Suppe.

Haesje Claes (46), Spuistraat 275, Nieuwezijds Voorburgwal 320, 1012 VR Amsterdam, zwei Eingänge, ein Restaurant, infolge der herausragenden Küche ist das Lokal meist brechend voll, beste Chancen auf einen Tisch hat man am frühen Abend, die Küche verwendet nur niederländische Produkte, ✆ 020/6249998.

De Keuken van 1870 (10), Spuistraat 4, 1012 TS Amsterdam, angeblich die preiswerteste Küche der Stadt, herzhafte Riesenportionen, ehemalige Volksküche der Armen, wechselnde Tagesgerichte, geöffnet Mo-Fr 11-20 Uhr, Sa/So 16-21 Uhr, ✆ 020/6248965.

Taverne Claes Claesz (8), Egelantiersstraat 24-26, 1015 PM Amsterdam, Speisen der holländischen Küche in altem Grachtenhaus (1600), einem ehemaligen Waisenhaus. Das nach *Claes Claesz* benannte angeschlossene Hofje, eines der ältesten der Stadt, ist frei zugänglich. Do-Sa Livemusik, So Theaterdiner, Mo geschlossen, ✆ 020/6255306.

Visrestaurant Sluizer (76), Utrechtsestraat 45, 1017 VH Amsterdam, Fischfreunde dürfen hier preisgünstig schlemmen, geöffnet täglich ab 17 Uhr, unter der Woche bereits ab 12 Uhr, ✆ 020/6263557.

Die Port van Cleve (27), Nieuwezijds Voorburgwal 178, 1012 SJ Amsterdam, rechts neben dem Shopping-Center Magna Plaza, Treffpunkt im Herzen der Stadt seit mehr als 100 Jahren, gemütlich-lockeres Ambiente, typisch holländische Küche, deftige Steaks, Hutspot (Eintopf aus gestampf-

ten Kartoffeln, Möhren und Zwiebeln) probieren, ✆ 020/6244872, www.dieportvancleve.com.

De Vlaamse Friethuis (20), Nieuwendijk 142, 1012 MS Amsterdam, Stehimbiss mit den vielleicht besten Pommes frites der Stadt (die übrigens per Hand aus frischen Kartoffeln zubereitet werden), ✆ 020/6200805.

Französische Küche

Amsterdam ist gepflastert mit französischen Restaurants. Zunehmend mehr Niederländer wissen die kulinarischen Leckereien der Nouvelle Cuisine zu schätzen. Die Preise sind allerdings auch typisch französisch. Eine Reservierung ist empfehlenswert.

Brasserie van Baerle (99), van Baerlestraat 158, 1071 BG Amsterdam, der ideale Ort, um sein Geld mit vollen Händen auszugeben, mittags der Treffpunkt für Schriftsteller, Künstler und alle, die einfach dazugehören möchten. Sa geschlossen, ✆ 020/-6791532, www.brasserievanbaerle.nl.

De Gouden Reael (94), Zandhoek 14, 1013 KT Amsterdam, gute Küche zu akzeptablen Preisen, bei Sonnenschein hinaus aufs Schiff am Jachthafen, viermal im Jahr wechselt das kulinarische Angebot, So geschlossen, ✆ 020/6233883.

Le Pêcheur (65), Reguliersdwarsstraat 32, 1017 BM Amsterdam, Fischrestaurant in ehemaligem Kutschenhaus und Pferdestall reicher Kaufleute der nahen Herengracht, Spezialität wäre Assiette Le Pêcheur (drei Sorten Fisch auf drei Arten zubereitet), Gartenterrasse, So geschlossen, ✆ 020/6343121.

De Roode Leeuw (34), Damrak 93 (Hotel Amsterdam), 1012 LP Amsterdam, obere Preisklasse, gegenüber dem Kaufhaus Bijenkorf, das alteingesessene Restaurant (eröffnet 1911) bietet phantasievolle Spezialitäten der niederländischen Küche. Ruud Stein, der Küchenchef, ist mittlerweile ein fester Begriff in der Amsterdamer Gastronomieszene. ✆ 020/5550666, www.restaurantderoodeleeuw.nl.

Café Roux (42), Oudezijds Voorburgwal 197 (Hotel The Grand), 1012 EX Amsterdam,

obere Preisklasse, Albert Roux – einer der renommiertesten Meister der französischen Küche in den Niederlanden – verzaubert seine Gäste mit himmlischen Leckereien. Wer nicht zum Essen kommt, der trinkt einen Kaffee und probiert die hausgemachten Kuchenvariationen. ✆ 020/5553560.

◊◊◊ **Brasserie Beaubourg (101)**, Emmalaan 25, 1075 AT Amsterdam, Relais du Centre (siehe Seite 56). Spezialitäten der gehobenen französischen Küche (mit modernen Einflüssen) zu annehmbaren Preisen, wechselnde 3-Gänge-Menüs (auch vegetarisch) mit saisonalen Zutaten, ✆ 020/6640155.

Bon Ton (14), Nieuwezijds Kolk 17, 1012 PV Amsterdam, Variationen der französischen Küche unter dem Zepter von Jan Willem Mans und René Pina, Bon Ton steht für "guten Geschmack", Tische im Freien in der Mitte des kleinen Platzes, ✆ 020/4270427, www.bonton.demon.nl.

D'Vijff Vlieghen (48), Spuistraat 294, 1012 VX Amsterdam, Vlieghendesteeg, Nobelrestaurant (seit 1939), auf fünf (vijff) alte Grachtenhäuser (18. Jh.) verteilt, obere Preisklasse, Einrichtung der Räume (Bruidskamer, Olde Binnenhof, Rembrandtkamer) mit viel Liebe fürs Detail, exquisite niederländische Küche mit französischen Einflüssen, gute französische Weine, ✆ 020/5304060.

Spanische und italienische Küche

Tapas Bar (50), Spuistraat 299, 1012 VS Amsterdam, Gerichte der katalanischen Küche unter Regie von Maria Jesús Pérez Serra und Andreu Ledoux, lecker die Calama-

res à la Romana, Boquerones und andere Tapas-Variationen, ✆ 020/6231141.

Tapas Bar Granada (79), Leidskruisstraat 13, 1017 RE Amsterdam, spanische Küche, hausgemachte Tapas (Albondigas, Boquerones, Berenjenas, Mejillones etc.), Livemusik am Wochenende, Di geschlossen, ☎ 020/6251073.

Casa Tobio 3), Lindengracht 31, 1015 KB Amsterdam, große Portionen im Herzen des Jordaanviertels, leckere Paella, Hauptgerichte in großer Auswahl, ☎ 020/6248987.

A la Mamma Mia (19), 2 e Leliedwars-straat 13, 1015 TB Amsterdam, gemütlich eingerichtetes Restaurant, angenehm familiäre Atmosphäre, große Auswahl an Pasta und Pizzen, ☎ 020/6387286.

Pizzeria Mimo (84), Lange Leidsedwars-straat 37, 1017 NG Amsterdam, nach Aussage vieler Amsterdamer die beste Adresse in dieser mit italienischen Restaurants gepflasterten Straße, ☎ 020/6227935.

Fernöstliche Küche

Die kleine Amsterdamer Chinatown am Zeedijk verfügt über viele einfach eingerichtete Restaurants, die mit guter Küche glänzen (**Kam Kee (30)**, Zeedijk 103, 1012 AV Amsterdam, ☎ 020/6223247; **Nam Kee (35)**, Zeedijk 111, 1012 AV Amsterdam, ☎ 020/6243470). Indonesische Küche trifft man an fast jeder Straßenecke. Besonders ausgeprägt ist das Angebot in Bahnhofsnähe (Bereich Warmoesstraat, Zeedijk, Binnen Bantammerstraat). Die Küche hat sich den europäischen Geschmäckern allerdings auch in Amsterdam stark angepasst.

Kantjil & De Tijger (49), Spuistraat 291-293, 1012 VS Amsterdam, indonesische Küche, Interieur im Stil der 30er Jahre, große und leckere Portionen, ☎ 020/6200994.

Bojo (77), Lange Leidsedwarsstraat 51, 1017 NG Amsterdam, ständig gut besucht, vielleicht das beste indonesische Restaurant der Stadt, Wartezeiten müssen einkalkuliert werden, ☎ 020/6227434.

Dynasty (64), Reguliersdwarsstraat 30, 1017 BM Amsterdam, große Auswahl fernöstlicher Leckereien zu nicht ganz niedrigen Preisen, bei gutem Wetter den Garten aufsuchen, geöffnet ab 17.30 Uhr, Di geschlossen, ☎ 020/6268400.

Long Pura (31), Rozengracht 46-48, 1016 ND Amsterdam, balinesische Küche, indonesische Reistafeln vom Feinsten, stilvolles Ambiente, die Bediensteten (fast ausschließlich Damen) sind in traditionellen Kostüme gekleidet, ☎ 020/6238950.

Sea Palace (24), Oosterdokskade 3, 1011 AD Amsterdam, kantonesische Spezialitäten auf dem Wasser, neben dem NEMO, gut besuchte schwimmende Pagode mit 800 (!) Plätzen, leuchtet im Dunkeln wie ein großer Weihnachtsbaum, kantonesische Küche, ☎ 020/6264777.

Indische Küche

Akbar (72), Korte Leidesdwarsstraat 15, 1017 PV Amsterdam, Nähe Leidseplein, ☎ 020/6242211.

The Guru of India (73), Lange Leidsedwarsstraat 56, 1017 NM Amsterdam, eines der ältesten indischen Restaurants der Metropole, große Auswahl in weitläufigem Speisesaal, ☎ 020/6246966.

Shiva (67), Reguliersdwarsstraat 72, 1017 BN Amsterdam, "Die Einrichtung war geschmackvoll, die Tische waren mit Stofftischdecken und Stoffservietten eingedeckt, der Service war sehr aufmerksam, unaufdringlich, aber freundlich, das Essen war qualitativ sehr gut und die Preise angemessen. Last, but not least – die Toiletten waren sehr sauber." (Leserbrief Jessica Bernert). ☎ 020/6248713.

Japanische Küche

Die traditionsreiche Kunst der japanischen Küche bietet mehr als kulinarische Hochgenüsse. Die Zubereitung der Gerichte erfolgt in der Regel vor den Augen der Gäste am Tisch – ein Augenschmaus. Die Speisen haben allerdings ihren Preis.

Osaka (95), De Ruyterkade 7, 1013 AA Amsterdam, Havengebouw 12. Obergeschoss, geschmackvoll eingerichtetes Restaurant mit beeindruckendem Panoramablick auf den Amsterdamer Hafen, große Auswahl an feinen Gerichten, sehr guter Service, obere Preisklasse, ☎ 020/6389833.

Provinz Noord-Holland
Karte S. 239

Yoichi **(91)**, Weteringschans 128, 1017 XV Amsterdam, feinste Spezialitäten in gediegener Atmosphäre, japanische Gäste gehören zum Stammpublikum – ein Indiz für höchste Qualität. Mi geschlossen, ✆ 020/6226829.

Mexikanische Küche

Alfonso's Mexican Restaurant (75), Utrechtsestraat 32, 1017 VN Amsterdam, gegenüber dem Sluizer, zwar kein Gourmet-Tipp, doch vergleichsweise sättigende, mild gewürzte Speisen, gute Enchiladas und Tortillas, ✆ 020/6259426.

Rose's Cantina (66), Reguliersdwarsstraat 38, 1017 BM Amsterdam, noch besser besuchtes, ständig überfülltes Restaurant im Herzen der Stadt, mexikanische Küche inmitten Amsterdams Gay-Community, bei schönem Wetter hinaus in den Garten. Wie im Caramba lohnt auch hier ein Margarita, ✆ 020/6259797, www.rosescantina.com.

Caramba (2), Lindengracht 342, 1015 KN Amsterdam, gut besuchte Adresse inmitten des Jordaanviertels, in oftmals ausgelassener Stimmung unbedingt einen Margarita probieren, ✆ 020/6271188.

Surinamische und südamerikanische Küche

Die Lokale sind meist sehr klein und anspruchslos eingerichtet. Die zugewanderten Surinamer aus der ehemals niederländischen Kolonie bieten in der Regel preiswerte und leckere exotische Gerichte an. Man darf vom bescheidenen Äußeren keineswegs auf die Qualität der Speisen schließen.

Balraj (93), Haarlemmerdijk 28 II, 1013 JD Amsterdam, Seitengasse des Haarlemmerdijk westlich des Bahnhofs, kleiner Raum mit höchstens vier Tischen und angrenzender Küche, ✆ 020/6251428.

Rum Runners (22), Prinsengracht 277, 1016 GW Amsterdam, Nähe Westerkerk, karibische Leckereien, karibisches Flair, bunte Papageien, tropische Pflanzen, schöne Terrasse, leckere Salate, große Portionen, ebenso gute wie teure Cocktails, lateinamerikanische Musik am Wochenende, ✆ 020/6274079.

Riaz (103), Bilderdijkstraat 193, 1053 KS Amsterdam, Surinaams Eethuis, Einrichtung hell und sauber, IKEA-Stil, gute Gerichte und große Portionen. "Wir waren begeistert von diesem Tipp" (Leserbrief Diana Hildebrandt und Markus Bauchrowitz), ✆ 020/6836453.

Pfannkuchen und vegetarische Küche

Pfannkuchenhäuser und vegetarische Restaurants sind weit verbreitet. In der Regel gibt es vorzügliche Tagesgerichte zu angemessenen Preisen in gemütlicher Umgebung (Pflanzen, Holz, Kork).

Golden Temple (82), Utrechtsestraat 126, 1017 VT Amsterdam, vegetarische Küche, Salate, Salate, Salate, besser geht es kaum, im Hintergrund ruhige Musik, zeitweilig sogar live, gemütliche Einrichtung, kein Alkohol, Schließzeit bereits um 21 Uhr, ✆ 020/6268560.

Meneer Pannekoek (33), Raadhuisstraat 6, 1012 TJ Amsterdam, gutes Pfannkuchenrestaurant der mittleren Preisklasse, Gerichte in mittelgroßer Auswahl, ✆ 020/6278500.

The Pancake Bakery (9), Prinsengracht 191, 1015 DS Amsterdam, "the best pancakes in town", große Auswahl deftig-mächtiger Pfannkuchen bis hin zum internationalen Super-Pannekoeken. Schwarzweißaufnahmen aus der Anfangszeit der Fotografie zieren die Wände, Vorsicht beim Eintreten – geringe Deckenhöhe! Bei gutem Wetter auch Tische draußen an der Gracht, ✆ 020/6251333, www.pancake.nl.

Boerderij Meerzicht (97), Koenenkade 56, 1081 KG Amsterdam, Pfannkuchenhaus im Amsterdamse Bos, 40 Sorten, Spielplatz, riesige Terrasse, März-Oktober tägl. 10-19 Uhr, November-Feburar Sa/So 10-18 Uhr, ✆ 020/6792744.

De Waaghals (98), Frans Halsstraat 29, 1072 BK Amsterdam, vegetarische Küche mit 20-jähriger Tradition, freundlich helle Einrichtung, kleine Galerie mit wechselnden Fotoausstellungen, Mo geschlossen, ✆ 020/6799609, www.waaghals.nl.

Braune Cafés (Bruine Kroegen)

Die vielen Amsterdamer Traditionskneipen sind meist schon mehrere hundert Jahre alt und mittlerweile durch den Zigarettenrauch "braun gebrannt" – daher der ungewöhnliche Name. Musik gibt es keine, sodass die einzigen Geräusche das Gemurmel der Gäste und das Klirren der Gläser sind. Man wird schnell ins Gespräch kommen, denn viele dieser Eckkneipen sind klitzeklein. Welche der "braunen" Kneipen Amsterdams die älteste ist, lässt sich nur schwer sagen. Mindestens vier Kneipen beanspruchen diesen Ehrentitel für sich, allerdings ohne eindeutige historische Beweise liefern zu können. Gründungsdaten sollte man daher mit Vorsicht genießen.

Café Chris (26), Bloemstraat 42, 1016 LC Amsterdam, seit 1624 eine Schankstube, in der laut Überlieferung die Bauarbeiter des in der Nähe gelegenen Westertoren ihren Lohn ausgezahlt bekamen (die Westerkerk wurde zwischen 1620 und 1631 gebaut, der 85 Meter hohe Turm jedoch erst 1638 fertig gestellt). Eine der Kuriositäten der Einrichtung ist die WC-Zugkette, die sich außerhalb der Toilette befindet, ℡ 020/6245942.

Café 't Doktertje (56), Rozenboomsteeg 4, 1012 PR Amsterdam, der Name des 1798 eröffneten Lokals ("Der kleine Arzt") bezieht sich auf eine Zeit, in der alkoholische Getränke noch in dem Ruf standen, therapeutische Wirkung zu haben – eine gute Entschuldigung, um das Glas noch einmal füllen zu lassen. Das nette Café ist mit einer Fläche von 18 m² das vielleicht kleinste in Amsterdam, die Einrichtung wurde im Laufe der Zeit derart liebevoll gestaltet, dass man sich so schnell nicht an ihr satt sehen kann. Die Schenke liegt in der Nähe des Beginenhofes, ℡ 020/6264427.

Café De Druif (47), Rapenburgerplein 83, 1011 VJ Amsterdam, Rapenburgerplein und Kadijksplein nahe dem Scheepvaartsmuseum mit Blick auf das rekonstruierte Kaufmannsschiff "Amsterdam"). Das Café ("Die Traube") soll schon 1631 seine Türen geöffnet haben. Angeblich trank der berühmte Seeheld Piet Hein hier öfters ein Gläschen – merkwürdig nur, dass das Café erst zwei Jahre nach seinem Tod 1629 seine Pforten öffnete. ℡ 020/6244530.

De Drie Fleschjes (28), Gravenstraat 18, 1012 NM Amsterdam, anno 1650, seit 1816 ist das Lokal ("Die drei Flaschen") in der nach den Grafen von Henegouwen benannten Gravenstraat eine Probierstube, die Grafen pflegten hier im 14. Jh. regelmäßig in einer Herberge zu übernachten. Das Stehcafé besitzt das urige Flair längst vergangener Zeiten, an den Wänden hängen Holzfässer. Große Auswahl an Hochprozen-

Amsterdams schmalstes Restaurant

tigem, darunter auch hausgemachte Liköre, kein Bierausschank, ℡ 020/6248443.

Café Hoppe (57), Spui 18-20, 1012 XA Amsterdam, Nähe Kalverstraat, Fußgängerzone, historisches Café aus dem Jahre 1670, berühmt für die "Stehempfänge", die das gemischte Publikum hier bei gutem Wetter auf dem Bürgersteig zelebriert: Ahnungslose

Sommerliche Straßencafés am Leidseplein

Touristen, die nicht wissen, was los ist, vermuten häufig, es handle sich um einen Menschenauflauf vielleicht infolge eines Unfalls. ✆ 020/4204420.

Café Kalkhoven (29), Prinsengracht 283, 1016 GW Amsterdam, die Kneipe direkt gegenüber dem Westertoren datiert aus dem Jahre 1630 oder 1670 und belegt damit den vierten oder achten Platz auf der Liste der historischen Kneipen Amsterdams, ✆ 020/6248649.

Café Karpershoek (5), Martelaarsgracht 2, 1012 TP Amsterdam, Bahnhofsnähe, "Kopje Koffie Karpershoek" steht in großen Lettern unterhalb des Giebels der 1629 eröffneten Kneipe, die früher von vielen Seeleuten besucht wurde, deren Schiffe im nahen Hafen ankerten. Heute staunt gemischtes Publikum über den auf dem Fußboden ausgestreuten Sand – so wie es einst im 17. Jh. üblich war. ✆ 020/6247886.

Café Papeneiland (1), Prinsengracht 2, 1015 DV Amsterdam, Ecke Brouwersgracht. Das Haus mit den zwei herrlichen Treppengiebeln am Rande des Jordaanviertels datiert aus dem Jahre 1642, schon um 1600 soll hier ein Sargmacher "nebenberuflich" Alkohol verkauft haben – vermutlich in einem Vorläufer des Papeneiland ("Papstinsel"), wurde mit dem Bau des Stadtviertels doch erst 1612 begonnen. ✆ 020/6241989.

Scheltema (40), Nieuwezijds Voorburgwal 242, 1012 RR Amsterdam, typisches Amsterdamer Café, das seit mehr als 150 Jahren als beliebter Ort zum Plaudern geschätzt wird. Ehemals bevorzugter Treffpunkt für Journalisten, bis die lange hier ansässigen Zeitungsredaktionen verschwanden. ✆ 020/6232323.

Chocolaterie Pompadour (54), Huidenstraat 12, 1016 ES Amsterdam, Café mit plüschigem Ambiente, hervorragende Schokoladentörtchen, ✆ 020/6239554.

Café 't Smalle (11), Egelantiersgracht 12, 1015 RL Amsterdam, 1786 eröffnete Pieter Hoppe an dieser Stelle seine Likörbrennerei und Probierstube. Das Gebäude wurde in den 70er Jahren des 20. Jh. innen und außen in alter Pracht renoviert, sodass das Jordaanviertel (und Amsterdam) eine weitere herrliche Kneipe mit uriger Atmosphäre bei Kerzenlicht und dezenter klassischer Hintergrundmusik erhielt. Tische im Sommer auch draußen an der Gracht, ✆ 020/6239617.

Cafés (Kneipen)

Auch wenn es verwirrend klingt: Die Cafés entsprechen unseren Kneipen. Manche sagen, die erste Amsterdamer Kneipe sei im frühen 13. Jahrhundert von zwei Männern eröffnet worden, die mit ihrem Boot am sumpfigen IJ-Ufer angespült worden waren. Das aktuelle Angebot ist bezüglich Ausstattung und Atmosphäre bunt gemischt – von Jugendstil bis New Wave ist alles vertreten. In einer der Kneipen sollte man ein "Maximiliaan Bier" aus der gleichnamigen Amsterdamer Brauerei probieren.

Cafés mit Aussicht

Café De Kalvertoren (61), Singel 457, 1012 WP Amsterdam. Das Café ist eine lohnende Adresse für die kleine Pause zwischendurch – nicht zuletzt wegen des schönen Blicks auf das darunter liegende Amsterdam. Es befindet sich im Dachgeschoss des von Piet de Bruijn entworfenen gleichnamigen Ladenzentrums, einem 60 Millionen Euro teuren Einkaufsparadies mit 30 m hohem gläsernem Aussichtsturm, das täglich (auch sonntags) seine Kundschaft lockt. An der Fassade des aus Holz und Naturstein gestalteten Gebäudes erinnern historische Reliefs an das einst hier ansässige Nonnenkloster. Teile der alten Häusergiebel konnten erhalten und in den Neubau integriert werden. ✆ 020/4273901.

Café Metz&Co (63), Keizersgracht 455, 1017 DK Amsterdam, Café im Dachgeschoss des gleichnamigen 20er-Jahre-Kaufhauses, die Alternative zum Kalvertoren, wenn es um einen schönen Rundblick auf Amsterdam geht, ✆ 020/5207020.

Café Américain (74), Leidsekade 97, 1017 PN Amsterdam, Hotel American (erstes Hotel der Stadt mit Lift!), denkmalgeschütztes Vorzeigecafé im perfekten Art déco, sehr sehenswert, hier schrieb Klaus Mann seinen "Mephisto", selbstverständlich leicht überhöhte Preise. "Der Lift im Hotel stand lange unter Denkmalschutz, bis sich die Hotelgeschäftsleitung schließlich gegen die Denkmalschutzbehörde durchsetzte und ihn durch eine neue Maßanfertigung für teures Geld ersetzen ließ." (Leserbrief Thea van Burg). ✆ 020/5563000.

Café Blincker (43), Sint Barberenstraat 7, 1012 HP Amsterdam, modern und hell, gemütlicher als vermutet, direkte Verbindung zum benachbarten Theater, gegen 22 Uhr wird es voll, wenn die Theateraufführungen zu Ende gehen, grün bewachsene Galerie, ausgezeichnete Küche, allerdings nicht gerade billig, ✆ 020/6271938.

Café Luxembourg (59), Spui 22-24, 1012 XA Amsterdam, elegante Bar jüngeren Datums mit rückwärtig schönem Blick aufs glitzernde Wasser der Singel-Gracht, tagsüber eher moderat besucht, abends oft überfüllt, leckere Snacks, allerdings nicht ganz billig, einige Tische auch auf der Gebäuderückseite (Singel), ✆ 020/6206264, www.cafeluxembourg.nl.

Café De Prins (17), Prinsengracht 124, 1015 EA Amsterdam, gemütlicher Platz mit Blick auf die Gracht, abends sehr laut, beliebter Studententreff, gutes Frühstück ab 11 Uhr, ✆ 020/6249382.

Café De Twee Prinsen (6), Prinsenstraat 27, 1015 DB Amsterdam, Nähe Anne-Frank-Haus, 125 Jahre altes Café, gegenwärtig voll im Trend, hier ist es chic, gesehen zu werden, für die kälteren Tage des Jahres gibt's eine beheizte Terrasse, ✆ 020/6249722.

Café Schiller (71), Rembrandtplein 26, 1017 CV Amsterdam, Hotel oben, Café unten, touristisch bislang wenig vereinnahmter, gut besuchter Künstlertreff mit guter französisch-holländischer Küche, ✆ 020/6249846.

Café La Strada (23), Nieuwezijds Voorburgwal 93, 1012 RE Amsterdam, Ausstellungen, Lesungen, Konzerte, monatlich wechselt das Interieur nach den Vorstellungen junger Amsterdamer Künstler, leckere Nudelgerichte, ✆ 020/6250276.

Café De Twee Zwaantjes (12), Prinsengracht 114, 1015 EA Amsterdam, Ausgelassenheit nach alter Tradition, folkloristische Akkordeon-Musik à la Jordaan, ✆ 020/6252729.

Provinz Noord-Holland
Karte S. 239

De Kaaskamer (53), Runstraat 7, 1016 GJ Amsterdam, eines der größten Käsesortimente der Stadt, ✆ 020/6233483.

Café De Nieuwe Lelie (21), Nieuwe Leliestraat 83 (Ecke 2e Leliedwarsstraat), 1015 SL Amsterdam, Kaffeepause im Jordaanviertel, ✆ 020/6225493.

Jazz- und Internetcafés

Amsterdam ist eine Metropole des Jazz. Die vielen Cafés, in denen nahezu täglich bis spät in die Nacht live gespielt wird, tragen dazu bei.

• *Jazzcafés* **Bimhuis Jazz (45)**, Oudeschans 73-77, 1011 KW Amsterdam, moderner Jazz-Treff mit hervorragender Akustik, Do-Sa (Beginn 21 Uhr) gute Konzerte im Saal, Mo-Mi Sessions (Eintritt frei, Beginn 22 Uhr), ✆ 020/6233373, www.bimhuis.nl.

Café De Engelbewaarder (44), Kloveniersburgwal 59, 1011 JZ Amsterdam, ursprünglich Treffpunkt für Schriftsteller und Verleger (Literaturcafé), später Anziehungspunkt für Jazz-Freunde bis spät in die Nacht, heute Café mit Flair und großer Vergangenheit,

draußen auf dem Schiff stehen im Sommer Tische, Jazz-Sessions nur noch einmal wöchentlich (So 16-19 Uhr), ✆ 020/6253772.

• *Internetcafes* **EasyEverything**, Reguliersbreestraat 22, 1017 CN Amsterdam, als ehemals größtes Internetcafé der Welt Mitte 2000 eröffnet. 300 Terminals, tägliches rund um die Uhr geöffnet.

EasyEverything (16), Damrak 33, 1012 LK Amsterdam, etwas kleiner, aber mit 150 Terminals ebenfalls bestens ausgestattet, täglich 7.30-23.30 Uhr.

Gay Capital of Europe

Amsterdam gilt als *Gay Capital* Europas, in der sich in den vergangenen Jahren eine große, öffentlich operierende Lesben- und Schwulenszene etablieren konnte. Kulminationspunkt war der August 1998, als sich mehrere 10.000 Homosexuelle unter großem öffentlichem Interesse zu den sportlichen Wettkämpfen der *Gay Games* trafen. Sogar der Bürgermeister, der die Spiele im Beisein des Premierministers eröffnete, meldete sich zum "schwulen Golfen" an. Mehr als 200.000 Menschen säumten die lesbisch-schwule Bootsparade, die durch keinerlei Gegenkundgebungen gestört wurde, sodass die Polizei im Laufe der erotischen Kanalparade die Hälfte ihrer Beamten wieder abziehen konnte. Die Stadt selbst spendete wie zahlreiche andere Sponsoren reichlich Geld, um zahlungskräftiges Publikum anzulocken.

Nachtleben/Diskotheken

Seit sich die Urlauber in Scharen auf dem Rembrandt- und dem Leidseplein drängen, hat sich ein beachtlicher Teil des Amsterdamer Nachtlebens in den Jordaan verlagert. Übrigens: Der Türsteher mit breitem Kreuz und grimmigem Blick, der zwielichtigen Gestalten den Zutritt zum Etablissement verweigern soll, hat vor Ausübung seines Berufes einen Diplomstudiengang absolvieren müssen. Ohne Diplom droht Arbeitsverbot. Die sechstägige Pflichtveranstaltung vermittelt neben elementaren Regeln zur korrekten Wortwahl in Stresssituationen wichtige medizinische Grundkenntnisse: Beispielsweise sollten Zähne, nachdem sie ausgeschlagen wurden, in Milch eingelegt werden. Sie bleiben länger frisch und können später – gegen Gebühr – vielleicht wieder eingesetzt werden.

Arena Club (83), 's Gravezandestraat 51, 1092 AA Amsterdam, Multifunktionsarena in alter Kapelle, etwas abseits des Zentrums,

Club Nights ("Time Zones") am Wochenende, Musik aus den 60er, 70er und 80er Jahren, gemischtes Publikum, ✆ 020/8502400.

Dansen bij Jansen (60), Handboogstraat 11, 1012 XM Amsterdam, Nähe Spui, Studentendiskothek (Studentenausweis erforderlich!), eine der ältesten der Stadt, Musik unterschiedlicher Richtungen: Disco, House oder Pop, verhältnismäßig ruhige Bar im Obergeschoss, ✆ 020/6201779, www.dansenbijjansen.nl.

Discotheek It (69), Amstelstraat 24, 1017 DA Amsterdam, *der* Amsterdamer Gay Club, Extravaganz, Glamour und Überraschungen auch nach dem Tod des Gründers Manfred Langer, Samstag ist Gay Night, an allen anderen Abenden wird gemischtes Publikum mit exhibitionistischem Touch eingelassen, legendäre Kostüm- und Mottopartys, ✆ 020/4216968, www.it.nl.

Escape (68), Rembrandtplein 11-15, 1017 CT Amsterdam, überdimensionaler Tanztempel, Amsterdams größte Diskothek mit einer Kapazität von mehr als 2.000 Personen auf den Tanzflächen, technische Finessen im Überfluss, Videoclips auf Riesenleinwand, hin und wieder Live-Acts, ✆ 020/6221111, www.escape.nl.

Mazzo (32), Rozengracht 114, 1016 KZ Amsterdam, New Wave mit viel Schick im Jordaanviertel, einer der ältesten städtischen Clubs, Trendsetter in Sachen Avantgarde-Video und -Musik, Dias und Filme auf mehreren Projektionsflächen, hin und wieder Livemusik, ✆ 020/6267500, www.mazzo.nl.

Melkweg (58), Lijnbaansgracht 234a, 1017 PH Amsterdam, Nähe Leidseplein, Kommunikationszentrum mit Tradition in altem Fabrikgebäude, Plattform für Live-Events, Tanzveranstaltungen an den Wochenenden (Saturday Night Dance Arena und Pop Arena in zwei separaten Hallen), mindestens eine abendliche Performance, Filmvorführungen, Livemusik, Restaurant (vegetarisch), Teestube, ✆ 020/5318181, www.melkweg.nl.

Odeon Theater (62), Singel 460, 1017 AW Amsterdam, Clubeleganz in altem Grachtenhaus (17. Jh.), drei Etagen mit unterschiedlichen Musikrichtungen, "normales" studentisches Publikum, ✆ 020/6249711, www.odeontheater.nl.

Paradiso (80), Weteringschans 6-8, 1017 SG Amsterdam, Nähe Vondelpark, Tanztempel mit moderner Musik (ähnlich Arena Club und Melkweg), reizvolles Ambiente in ehemaliger Kirche mit wunderschönen Bleiglasfenstern, Neonkreuz über dem Eingang, ausgezeichnete Akustik (die vielleicht beste der Stadt), Mi-So Livemusik, Lightshows, Diskothek am Wochenende, ✆ 020/6264521, www.paradiso.nl.

Sehenswertes

Der Bahnreisende braucht sich nicht lange nach historischen Bauten umzusehen, denn der **Bahnhof** zählt fraglos dazu. Der bekannte Architekt *P. J. H. Cuypers* entwarf den auf drei künstlichen Inseln und Tausenden von Pfählen ruhenden Komplex gegen Ende des 19. Jahrhunderts (1899). Im Innenraum verdient der Wartesaal erster Klasse mit beeindruckendem Jugendstilinterieur besondere Beachtung. Was es darüber hinaus in Amsterdam noch an Sehenswürdigkeiten zu erkunden gibt, lässt sich kaum auf ein paar Seiten vollständig zusammenfassen. Wenn also etwas fehlen sollte, seien Sie bitte nachsichtig.

Nationale Monument: Ein Blick zurück ins 13. Jahrhundert: Schiffe drängen sich dicht an dicht auf dem Wasser und befördern ihre kostbare Ladung ins Herz des einst kleinen Fischerdorfes. Später legt ein Damm, der die *Amstel* aufstaut, den Platz trocken und macht ihn zum Zentrum der schnell heranwachsenden Stadt. Der Name Amsterdam findet hier seinen Ursprung.

Seit dem 4. Mai 1956 steht auf diesem Platz, dem Dam, das *Nationale Monument*, ein hoher Obelisk (20 m), in den man Urnen mit Bodenproben aus allen niederländischen Provinzen eingemauert hat. Das Mahnmal wurde zum Gedenken an die Opfer des Zweiten Weltkriegs errichtet, unter denen sich auch viele Angestellte des benachbarten jüdischen Kaufhauses *De Bijenkorf* (1870) befanden. Von den rund 1.000 Mitarbeitern kehrten über 700 nicht zurück.

Provinz Noord-Holland
Karte S. 239

Sehenswürdigkeiten

Anfang 1998 verlieh eine Acrylharztränkung dem mit zahlreichen Figuren verzierten Obelisken neuen Schliff. Eine Bamberger Spezialfirma, die zuvor bereits die Kreuzblumen des Kölner Doms saniert hatte, wurde eigens für dieses
Projekt engagiert. Als problematisch hatte sich der grobporige Stein erwiesen,
der den nasskalten Witterungsverhältnissen im mitteleuropäischen Raum
kaum standzuhalten vermag.

Die menschlichen Figuren am unteren Kranz des Obelisken symbolisieren das Leid der Bevölkerung unter deutscher Besatzung. Die kleinen Friedenstauben erinnern an den Tag der Befreiung. Die niederländische Königin legt traditionell am Vorabend des Nationalfeiertags (4. Mai) einen Kranz zum Gedenken an die zahlreichen Opfer der Gewaltherrschaft auf den Stufen des Denkmals nieder.

Koninklijk Paleis: Das ehemalige Rathaus Amsterdams dient seit langem als "Gute Stube" des Niederländischen Königshauses, in der die Königin traditionell Staatsoberhäupter aus aller Welt empfängt. Hier wurden bereits Kaiser *Wilhelm II.* oder Sir *Winston Churchill* begrüßt. Das architektonische Meisterwerk *Jacob van Campens*, ein Höhepunkt des niederländischen Klassizismus, wurde Mitte des 17. Jahrhunderts mit einem hohen Turm (50 m) erbaut. 13.500 Holzpfähle sorgen für ausreichende Stabilität auf dem wasserdurchtränkten Erdreich. Die Umgestaltung in eine Residenz der königlichen Familie begann 1808, als König *Lodewijk Bonaparte*, von seinem Bruder *Napoleon* eingesetzter holländischer Statthalter, das Rathaus in ein prachtvolles Schloss umwandeln ließ. Die einzigartigen Empire-Möbel, die im Innern zu bewundern sind, stammen aus dieser Zeit. Einige der Räumlichkeiten, darunter der Bürgersaal, können im Rahmen einer Führung besichtigt werden.

Adresse/Öffnungszeiten Dam, 1012 NP Amsterdam, ✆ 020/6204060: Juni/Juli täglich 11-17 Uhr, August täglich 12.30-17 Uhr (telefonische Voranmeldung ratsam). Führung Mi/So 14 Uhr. Erwachsene 4.50 €, Kinder 3.60 €, Senioren (Pas65) 3.60 €; www.kon-paleisamsterdam.nl..

Nieuwe Kerk: Die spätgotische Kirche ist seit Anfang des vergangenen Jahrhunderts der Ort der Proklamation der Könige und Königinnen. Das derzeitige Staatsoberhaupt, Königin *Beatrix*, wurde an dieser Stelle im April 1980 gekrönt. Die ältesten Teile der Kirche datieren aus dem Jahre 1490, ein Brand aber zerstörte später weite Bereiche des Gebäudes. Der Turm wurde nie vollendet, denn das erforderliche Geld verschlang der Bau des benachbarten Königlichen Palastes. Im Innenraum der mittelalterlichen Kirche befinden sich die Gräber des Dichters *Joost van den Vondel* und des legendären Seehelden *Michiel de Ruyter*. Ein weiteres Prunkstück ist die zehn Meter hohe Kanzel des Bildhauers *Albert Jansz. Vinckenbrinck*, die dieser 1664 nach fast 20-jähriger Arbeit als eines der schönsten Beispiele der Holzschnitzerei des 17. Jahrhunderts vollendete. Auf dem Tau entlang dem Treppengeländer zur Kanzel sieht man mehrere Engelchen, die mit sichtbarer Freude übermütig hinunterrutschen. Die schönsten Schnitzereien auf der Kanzel sind die sechs Werke der Barmherzigkeit, deren kulissenartiger Aufbau eine faszinierende Tiefenwirkung ausübt. Auf der durchbrochenen Krone über dem gewaltigen Kanzeldach befinden sich allerlei Figuren, von denen manche neugierig nach unten zu blicken scheinen. Auch der Bildhauer hat sich verewigt, indem er die Darstellung des Evangelisten Lukas als Selbstporträt gestaltete. Lukas, dessen Symbol der Ochse ist, war der Schutzpatron der Bildhauer und Maler. In Zusammenarbeit mit dem Stedelijk Museum sind – zunächst befristet bis 2004 – Teile der reichhaltigen Museumskollektionen in der Kirche zu sehen.

Adresse/Öffnungszeiten Dam, 1012 NP Amsterdam, ✆ 020/6386909, www.nieuwekerk.nl. Täglich 10-18 Uhr, Do bis 22 Uhr. Erwachsene 6 €, Kinder 3.50 €, Senioren (Pas65) 5 €, MJK 3.50 €.

Provinz Noord-Holland Karte S. 239

*Kirche im Rotlichtviertel:
die Oude Kerk*

Oude Kerk: Die Anfang des 14. Jahrhunderts erbaute spätgotische Basilika gilt als die älteste Kirche der Stadt. Im Innenraum faszinieren drei Fenster mit prachtvollen Glasmalereien (1555) und die Grabmäler hochrangiger Persönlichkeiten, darunter *Saskia van Uylenburg*, die Gemahlin *Rembrandts*. Die Orgel (1724), bekannt für ihren "singenden" Klang, zählt mit 55 Registern zu den größten Europas. Aufmerksame Besucher können sich links unterhalb dieses Meisterwerks nahe dem Fußboden mit einem Suchbild beschäftigen. Die Wandmalerei, schwer zu entdecken, versteckt sich unter der auf Marmorsäulen ruhenden Orgel. Zwischen den Säulen befindet sich eine Holzvertäfelung, die mit Marmorimitaten versehen wurde, weil sie für das in den weichen Moorboden gelegte Fundament eine verhältnismäßig geringe Belastung darstellte.

Der Kirchturm inmitten des Rotlichtviertels bietet einen herrlichen Blick auf die Innenstadt und das benachbarte Vergnügungsviertel. Das Kirchenkreuz ist übrigens ein Geschenk der Amsterdamer Prostituierten! Eine Besteigung ist im Grunde ein absolutes Muss, doch hat die Stadtverwaltung (leider) entschieden, dass dies nur noch im Rahmen einer (teuren) Gruppenführung möglich ist. Wer nicht schwindelfrei ist, sollte auf die abenteuerliche Klettertour verzichten.

● *Adresse/Öffnungszeiten* Oudekerksplein 23, 1012 GX Amsterdam, ✆ 020/6258284, www.oudekerk.nl. Mo-Sa 11-17 Uhr, So 13-17 Uhr. Erwachsene 3.80 €, Kinder frei, Senioren (Pas65) 3 €, MJK.
● *Turmbesteigung* Aufstieg nur für Gruppen (max. 25 Personen) nach Voranmeldung unter ✆ 020/6126856. Pauschalpreis 45 €. Glockenspiel: So 16-17 Uhr.
● *World Press Photo* Die Ausstellung zeigt die besten Pressefotos des Jahres. Informationen im Internet unter www.worldpressphoto.nl.

De Walletjes: Das Rotlichtviertel (*Rose Buurt*) im Bereich um die Oude Kerk und die Warmoesstraat, die älteste Straße im Zentrum, wird von zwei Kanälen dominiert: *Oudezijds Voorburgwal* und *Oudezijds Achterburgwal*. Die Prostituierten präsentieren sich der potenziellen Kundschaft hier in Schaufenstern, und die zahlreichen Werbetrommler der Peepshows sprechen gnadenlos jeden an, der ihnen in die Quere kommt. Erotische Amüsierbetriebe und Nachtclubs mit Grachtenflair, so weit das Auge reicht ...

Der nahe *Zeedijk*, die einst berüchtigte Drogenmeile der Stadt, in der die Junkies begierig auf den nächsten Schuss warteten, mauserte sich in den vergangenen Jahren zu einem akzeptablen Teil der Amsterdamer Innenstadt. Infolge der zunehmend strengeren Auflagen ist die Zahl der Koffieshops und Rotlichtbars stark zurückgegangen.

Stichwort Prostitution

Im Frühsommer 1992 entschloss sich die niederländische Regierung zur landesweiten Legalisierung der Prostitution. Seither sind rund 30.000 Frauen als freiberufliche Prostituierte registriert, die als "normale" Arbeitnehmerinnen ihre Steuern und Sozialabgaben an den Fiskus entrichten. Die Legalisierung der Prostitution hat dazu geführt, dass es kaum mehr illegal beschäftigte Frauen gibt. Das wäre zwar billig, doch liefen die Bordelle Gefahr, ihre Lizenz zu verlieren. Ob sich die Hoffnung der Regierung erfüllen wird, das schon seit geraumer Zeit tolerierte Geschäft mit der käuflichen Liebe auf diese Weise besser kontrollieren zu können, bleibt fraglich. Außerhalb jeglicher Diskussion stehen allerdings die nicht unerheblichen zusätzlichen Steuereinnahmen, lassen doch vorsichtige Schätzungen mit einem Jahresumsatz der Branche von umgerechnet 700 Millionen Euro rechnen.

Der Amsterdamer *Roode Draad* (Roter Draht), Mitte der 90er Jahre als Selbsthilfegruppe der städtischen Prostituierten entstanden, setzt sich derweil für eine Altersversorgung und festgesetzte Tariflöhne für die niederländischen Prostituierten ein. In deren Alltagsleben bestehen weiterhin viele Probleme: Kreditinstitute tun sich schwer, Kunden zu akzeptieren, deren Gehaltskonto Einkünfte stadtbekannter Bordelle aufweist. Eine Berufsunfähigkeitsversicherung kostet ein Vielfaches des üblichen Satzes. Mehrere Krankenkassen weigern sich, Prostituierte als Versicherungsnehmerinnen zu akzeptieren. Sozialhilfe kann nur begrenzt in Anspruch genommen werden. Es gilt, Lösungen zu finden, doch scheint der eingeschlagene Weg richtig.

Der "Bund der Betreiber des Entspannungsgewerbes", wie sich der offizielle Verband niederländischer Bordellbesitzer nüchtern nennt, vergibt seit einiger Zeit eine runde, metallisch-rote Plakette – eine Art Gütesiegel der Prostitution – an qualitativ hochwertige Vertreter der einschlägigen Branche. Die Bordellbetreiber, zunehmend bemüht um ein gutes Image, stehen Schlange. Die gestellten Anforderungen sind in erster Linie hygienischer Art. Nur die Etablissements, die ihre Angestellten regelmäßig ärztlich untersuchen lassen, saubere Räumlichkeiten vorweisen und den Nachweis erbringen, mit Kondomen zu arbeiten, haben Anspruch auf die begehrte Plakette. Sollten Prostituierte zu Sexualpraktiken gezwungen werden, zu denen sie freiwillig nicht bereit sind, sollten Kunden geprellt werden oder die hygienische Ausstattung nachlassen, so muss mit einem Entzug des begehrten Gütesiegels gerechnet werden, wie der "Bund der Betreiber des Entspannungsgewerbes" versichert. Aussagen über die Effizienz dieser Kontrollen liegen nicht vor.

Sexmuseum Venustempel: Das Haus hat sich in den vergangenen Jahren vom arg verruchten Ort zu einer durchaus lohnenden Sehenswürdigkeit gewandelt. Zwar gibt es nach wie vor einen Saal mit fotografischen Perversitäten, doch bergen die verschachtelten Räumlichkeiten auf allen drei Etagen des alten

Provinz Noord-Holland
Karte S. 239

Kaufmannshauses eine Reihe von wirklichen Sehenswürdigkeiten. Allen voran faszinieren die historischen Schwarz-Weiß-Fotografien aus der Zeit um 1900. Sehr ungewöhnlich sind freilich die alten Kostüme auf diesen Bildern – soweit sie denn überhaupt getragen werden. Im unteren Geschoss, wo weiterhin drei Kabinen mit billigen Sexfilmchen zur Verfügung stehen (interessant wird's erst nach Einwurf der dritten Münze), erwartet den Besucher die eine oder andere Überraschung (aber keine Sorge, aus dem Penis spritzt reines Wasser gegen die Glasscheibe).

Adresse/Öffnungszeiten Damrak 18, 1012 LH Amsterdam, ☎ 020/6228376, Täglich 10-23.30 Uhr. 2.50 €. Mindestalter 16 Jahre, www.sexmuseumamsterdam.com.

Eroticmuseum: Die locker zusammengestellte Ausstellung gibt kurzweilige Einblicke in das verführerische Reich der Erotik. Das Publikum ist kunterbunt gemischt. Ganze Familien tummeln sich hier mit ihrem wissbegierigen Nachwuchs, zumal eine Altersbegrenzung offenbar nicht existiert. Die Nonstop-Pornofilmchen (oft deutscher Herkunft) in einer der oberen Etagen werden daher ein wenig verwundern. Im gleichen Raum gibt's per Knopfdruck allerlei praktische Hinweise (was kostet was?) für das umliegende Rotlichtviertel. Prüde ist hier niemand.

Adresse/Öffnungszeiten Oudezijds Achterburgwal 54, 1012 DP Amsterdam, ☎ 020/6247303, www.eroticmuseum.com. So-Do 11-24 Uhr, Fr-Sa 11-1 Uhr. Erwachsene 3 €.

Sex auf Krankenschein?

Erhebliches Aufsehen erregte vor einiger Zeit der Fall eines körperbehinderten Sozialhilfeempfängers, der sich den regelmäßigen Besuch einer Prostituierten vom staatlichen Gesundheitsamt mit monatlich umgerechnet knapp 30 Euro bezuschussen ließ. Die Basis dieser außergewöhnlichen Form von Sozialhilfe bildete ein psychiatrisches Gutachten, das der Mann den Behörden vorgelegt hatte. Das Ausleben sexueller Bedürfnisse führe zu einer spürbaren Verbesserung des seelischen Gesamtzustands, hieß es in dem Papier. Sex auf Krankenschein? Das niederländische Gesundheitsministerium dementierte entsprechende Vermutungen entschieden. Die finanzielle Unterstützung bleibe auch in Zukunft auf Ausnahmefälle beschränkt. Ein gesetzlich verankerter Anspruch sozial schwach gestellter Personen oder kranker Menschen auf wiederholte Bordellbesuche bestehe nicht und sei ebenso wenig geplant.

Westerkerk: Prinzessin *Beatrix* heiratete 1965 den deutschen Diplomaten *Claus von Amsberg*. Ort des Geschehens: die Westerkerk. Die Hochzeitsfeier wurde von zahlreichen hochrangigen Vertretern der Politik und des öffentlichen Lebens boykottiert. Der Versuch, während der Zeremonie Lachgas aus der Orgel der Traukirche strömen zu lassen, schlug fehl, doch ist das historische Ereignis untrennbar mit der Westerkerk verbunden geblieben. Der Renaissance-Bau des frühen 17. Jahrhunderts, einer der schönsten der Niederlande, wurde von *Hendrik de Keyser* als größte protestantische Kirche der Niederlande errichtet. Sie wurde lange Zeit nur von den betuchten Bewohnern des Drei-Grachten-Gürtels besucht. Erst spät überwanden die wesentlich ärmeren Menschen des umliegenden Jordaan-Viertels ihre Skepsis und kamen ebenfalls hierher zur Andacht. Die gerne zitierte Annahme, *Rembrandt* liege in dieser Kirche begraben, hat sich mittlerweile als falsch erwiesen – die Legende wird wohl trotzdem weiterleben.

Die Kirche besitzt den höchsten Turm (85 m) der Stadt, im Volksmund als der *Lange Jan* bekannt, der einen weiten Blick auf die Grachten und die malerisch gelegenen alten Stadtviertel bietet. Seine Besteigung ist nur unter Leitung eines Führers möglich, der die zumeist recht großen Gruppen über engste Treppen und – weiter oben – über Holzleitern in die Höhe treibt. Wer nicht schwindelfrei ist, sollte verzichten. Alle anderen werden oben reichlich belohnt.

Adresse/Turmbesteigung Prinsengracht 281, 1016 GW Amsterdam, ☎ 020/6126856. April-Sept. Mo-Sa 10-15 Uhr. Erwachsene/Kinder 2 €. Glockenspiel: Di 12-13 Uhr, www.westerkerk.nl.

Zuiderkerk: Der markante Barockturm (80 m) krönt das Meisterwerk von *Hendrik de Keyser* aus dem 17. Jahrhundert. Später sollte der große Baumeister hier seine letzte Ruhestätte finden. Auch der Name *Rembrandt* spielt eine nicht unbedeutende Rolle, denn seine drei Kinder liegen ebenfalls in der Kirche begraben. Während der letzten Monate des Zweiten Weltkriegs diente die Kirche – die erste protestantische der Stadt – als Sammelstelle für die zahllosen Opfer des Hungerwinters 1944/45. Gegenwärtig wird sie als Ausstellungsraum und Podium kultureller Veranstaltungen genutzt. Interaktive Medien vermitteln Einblicke in die städtebauliche Entwicklung Amsterdams.

Adresse/Öffnungszeiten Zuiderkerkhof 72, 1011 WB Amsterdam, ☎ 020/5527987. Mo 11-16 Uhr, Di-Fr 9-16 Uhr, Do bis 20 Uhr. Eintritt frei. Turmbesteigung: Juni-September Mi-Sa 14-16 Uhr, Erwachsene/Kinder 2 €. Glockenspiel: Do 12-13 Uhr.

Beginenhöfe in den Niederlanden

Im 14. Jahrhundert hatten fast alle größeren Städte der Niederlande einen Beginenhof. Die Beginen waren meist allein stehende Frauen, die sich zu ordensähnlichen Gemeinschaften zusammenschlossen und im Hochmittelalter in Flandern und den Niederlanden zahlreiche Anhänger hatten. Allen Frauen stand es frei, die Gemeinschaft jederzeit wieder zu verlassen. Die Beginen widmeten sich der Armenfürsorge und Krankenpflege und genossen hohes Ansehen. Im Laufe der Reformation, während der sie verfolgt wurden, verloren sie im protestantischen Norden, den heutigen Niederlanden, an Bedeutung. Im katholischen Süden, dem heutigen Belgien, konnten sie dagegen weiterhin wirken. So blieben in den Niederlanden nur wenige Beginenhöfe erhalten, in Belgien dagegen, insbesondere im flämischen Norden, besteht noch eine beachtliche Zahl dieser beschaulichen Höfe. Sie sind noch heute stille Oasen inmitten der hektischen Geschäftigkeit der umliegenden Viertel. Man kann Ruhe und Stille genießen, abschalten und hinabtauchen in die Beschaulichkeit vergangener Zeiten.

Begijnhof: Der Amsterdamer Beginenhof stammt aus dem Jahr 1346 und ist einer der wenigen Orte der Ruhe und Erholung im quirligen Stadtzentrum. Das größte Hofje der Stadt wurde bis in die 60er Jahre von Beginen bewohnt, denen allerdings im 16. Jahrhundert die Ausübung ihres katholischen Glaubens verboten worden war. Die Frauen behielten lediglich ihr Anrecht, in der

Ort der Ruhe: der Begijnhof

alten Backsteinkirche bestattet zu werden. Man öffne die kleine Eingangspforte, gehe durch einen kurzen dunklen Gang wenige Stufen abwärts und betrete den Hof: Hier bietet sich dem Besucher eine friedlich-ruhige Idylle, die Gesetze der Stadt scheinen nicht länger zu gelten. Die Vorgärten der etwa 40 schmalen Häuser, deren Fassaden fast ausschließlich im Stil der Renaissance gestaltet wurden, sind von lackierten Holzzäunen umgeben. Mächtige Kastanien stehen inmitten der zentralen Grünfläche, die einst ein üppiger Gemüsegarten mit Obstbäumen gewesen ist. Die mittelalterlichen Holzhäuser wurden mit nur einer Ausnahme im Laufe der Jahre durch Steinhäuser ersetzt. Einige von ihnen gehören zu den ältesten Gebäuden der Stadt. Eine kleine bronzene Statue erinnert an die ehemaligen Bewohnerinnen, deren letzte 1971 starb. Heute beherbergt die Anlage ein Frauenwohnheim für ältere Damen – und einige Studentinnen.

Adresse/Öffnungszeiten   Begijnensteeg (Eingang Spui). Täglich 9-17 Uhr (Gruppen sind nicht erwünscht). Eintritt frei.

Sint Antoniespoort: Das Tor am Nieuwmarkt war ursprünglich Teil der mittelalterlichen Stadtmauer und wurde zu Beginn des 17. Jahrhunderts zur Stadtwaage umfunktioniert. Im oberen Stockwerk hatte die Gilde der Chirurgen ihre Räumlichkeiten. Zu den interessierten Zuhörern gehörte auch *Rembrandt*, der hier nur wenige Jahre später "Die anatomische Vorlesung des Dr. Tulp" (1632) malte.

Muziektheater/Stopera: Der Volksmund mag es sprachökonomisch: *Stadhuis* und *Opera* ergibt *Stopera*. Der Entwurf des neuen Rathauses und heute größten Musikkomplexes der Niederlande war schon vor Baubeginn heftig umstritten. Der Protest ("Stopera – Stop Opera") hatte leider keinen Erfolg, und so zählt der Bau heute zu den herausragenden architektonischen Schandtaten in Amsterdam. Vielleicht wird er gerade deshalb wieder interessant? Der historische Flohmarkt musste nach 200 Jahren am Waterlooplein dem neuen Gebäude weichen. Die Stadt atmete erst wieder auf, als dieses Intermezzo endete und der Markt an seinen angestammten Platz zurückkehren konnte.

Adresse/Führungen Waterlooplein 22, 1011 PG Amsterdam, ☎ 020/6255455. Mi und Sa 15 Uhr. Erwachsene/Kinder 5 €.

Wasserhöhenmessungen

Die westlichen Niederlande einschließlich Amsterdam liegen zum großen Teil unter dem Meeresspiegel. Schon in ferner Vergangenheit waren einzig Deiche und Dünen ein Schutz vor den schäumenden Wogen der Nordsee und der damaligen Zuiderzee. Amsterdam war weltweit die erste Stadt, die die Wasserstände bei Ebbe und Flut systematisch überwachte. Die Messungen erfolgten anhand eines fixen Eichpunktes (*Normaal Amsterdams Peil, NAP*), der im 17. Jahrhundert aus dem durchschnittlichen Wasserstand des Amsterdamer *IJ* berechnet wurde.

Der Messpunkt entwickelte sich später zum Maßstab schlechthin für Höhenmessungen in fast allen westeuropäischen Ländern. Die Höhe des NAP ist in der Passage zwischen dem Amsterdamer Muziektheater und dem Stadhuis auf dem Waterlooplein zu sehen. Schaut man hinein, sieht man drei mit Wasser gefüllte Glassäulen aus dem Boden ragen. Zwei zeigen den aktuellen Wasserpegel der Küstenstädte IJmuiden und Vlissingen. Das Wasser in den Rohren reicht bei Flut bis auf Kniehöhe! Am interessantesten aber ist die dritte Säule, in der das Wasser bis auf vier Meter über die Köpfe der Betrachter sprudelt (4,50 m über dem NAP) – entsprechend der Wasserhöhe während der Überschwemmungskatastrophe 1953 in Zeeland. Man gehe nun die Treppe bei den Wassersäulen hinunter, bis man auf einen Bronzeknopf stößt, der die exakte Höhe des Amsterdamer Pegels zeigt. Alle Höhenmessungen im Brücken-, Haus- oder Straßenbau und beim Messen von Wasserständen werden europaweit im Vergleich zu diesem Bronzeknopf vorgenommen!

Provinz Noord-Holland
Karte S. 239

Museen

Allard Pierson Museum: *Allard Pierson* lehrte im späten 19. Jahrhundert als Professor für Kunstgeschichte an der Amsterdamer Universität. Das nach ihm benannte Museum beherbergt die archäologische Sammlung der Hochschule. In den Vitrinen finden sich u. a. Helme, Vasen und Waffen aus Griechenland, Münzen, Schmuck und Wandmalereien aus römischer Zeit, Mumien, Reliefs und Statuen aus Ägypten.

Adresse/Öffnungszeiten Oude Turfmarkt 127, 1012 CG Amsterdam, ☏ 020/5252556. Di-Fr 10-17 Uhr, Sa/So 13-17 Uhr. Erwachsene 4.30 €, Kinder 1.40 €, Senioren (Pas65) 3.20 €, MJK.

Museum Amstelkring: Das großzügige Grachtenhaus sowie die zwei angrenzenden Hinterhäuser am Heintje Hoekssteeg wurden in den Jahren 1661 bis 1663 im Auftrag des Strumpfkaufmanns Jan Hartman im klassizistischen Stil erbaut. Während Hartmans Familie im grachtenzugewandten Teil des Gebäudekomplexes wohnte, waren die beiden hinteren Häuser vermietet. In den Dachgeschossen des eigenen und der Hinterhäuser richtete der Katholik Hartmann eine Kirche für seine Glaubensbrüder und -schwestern im umliegenden Stadtteil ein. Da die calvinistischen Regenten das öffentliche Abhalten katholischer Messen verboten hatten, war die Kirche nicht von der Gracht, sondern nur vom Heintje Hoekssteg zugänglich. Nachdem sie bis 1887 als Gemeindekirche genutzt wurde, fungiert sie seit 1888 als Museum. Als Wohnhäusern

Schützengalerie des Historischen Museums

und Kirche später der Abriss drohte, wurden sie von einer Stiftung namens "Stichting Vrienden van Museum Amstelkring" gekauft. Letztere bereicherte die aus Wohn- und Diensträumen und der dem heiligen Nikolaus geweihten Geheimkirche "Unser Herrgott unterm Dach" komponierten Ausstellungsräume um weitere Exponate, darunter Möbel, Gemälde sowie eine wertvolle Sammlung liturgischen Geräts. Besuchern werden vor der Besichtigung detailliert kommentierte Hausgrundrisse ausgehändigt (in verschiedenen Sprachen). *Adresse/Öffnungszeiten* Oudezijds Voorburgwal 40, 1012 GE Amsterdam, ☎ 020/6246604, www.museumamstelkring.nl. Mo-Sa 10-17 Uhr, So 13-17 Uhr. Erwachsene 4.50 €, Kinder 3.40 €, Senioren (Pas65) 3.40 €, MJK. Führungen in deutscher Sprache.

Amsterdam Historisch Museum: Der Komplex des früheren Waisenhauses (1578) umschließt drei frei zugängliche Innenhöfe. Anhand zahlreicher archäologischer Funde werden die wesentlichen Stationen der Stadtgeschichte bis zu den Anfängen im frühen 13. Jahrhundert zurückverfolgt. Im Mittelpunkt des Museums steht die einzigartige *Schuttersgalerij* (Schützengalerie), eine Museumsstraße mit zahlreichen Gruppenporträts wohlhabender Amsterdamer Bürger aus dem 16./17. Jahrhundert.

In der Nähe steht eine aus dem 18. Jahrhundert stammende Kutsche ohne Räder. Ein Fehler bei der Herstellung? Nein, denn das sonderbare Gefährt war auf besondere Verordnung des Stadtrates angefertigt worden, der wegen der starken Lärmbelästigung Kutschen mit Rädern in der Innenstadt verboten hatte. Das Rattern der Räder auf dem holprigen Pflaster muss damals ohrenbetäubend gewesen sein. Die wohlhabenden Amsterdamer glitten folglich auch mitten im Sommer in plüschgepolsterten Schlitten mit hölzernen Kufen an den Grachten entlang. Diese mussten regelmäßig mit dem *Smeerlap*

(Schmiertuch, heute ein Schimpfwort!) eingefettet werden, um leichter über die Steine gleiten zu können. Diese Schlittenkutschen waren ebenso reich verziert wie die gewöhnlichen Kutschen auf Rädern.

Adresse/Öffnungszeiten Kalverstraat 92 (oder Nieuwezijds Voorburgwal 357), 1001 AC Amsterdam, ℡ 020/5231822, www.ahm.nl. Mo-Fr 10-17, Sa/So 11-17 Uhr. Erwachsene 6 €, Kinder 3 €, Senioren (Pas65) 4.50 €, MJK. Begleittexte in deutscher Sprache.

Anne Frank Huis: Das Kaufmannshaus an der Prinsengracht unterscheidet sich kaum von anderen alten Gebäuden aus dem frühen 17. Jahrhundert. Die Unterteilung in ein Vorder- und Hinterhaus mit dazwischen liegendem Innenhof ist für die damalige Zeit ein typisches architektonisches Element, durch das auch die hinteren Räume ausreichend Tageslicht bekamen. *Otto Frank* hatte Anfang 1940 in diesem Haus einen kleinen Kräuter- und Gewürzhandel eröffnet. Die besorgniserregende Entwicklung im nationalsozialistischen Deutschland hatte ihn dazu veranlasst, mit seiner Familie aus Frankfurt nach Amsterdam überzusiedeln. Die Besetzung der Niederlande durch deutsche Truppen machte allerdings schon bald deutlich, dass auch die hier ansässigen Juden nicht vor den deutschen Gräueltaten verschont bleiben würden.

Das Tagebuch der Anne Frank

Das mittlerweile in über fünfzig Sprachen übersetzte *Tagebuch der Anne Frank* erinnert bis heute an die Ängste und Hoffnungen der jüdischen Familie. Die letzte Eintragung ist auf den 1. August 1944 datiert. Nur drei Tage später folgten Verrat und Deportation. Die Familie wurde auseinander gerissen, nur der Vater erlebte in Auschwitz die Befreiung des Lagers durch russische Truppen. Anne Frank starb im März 1945 im Konzentrationslager Bergen-Belsen an Typhus. Historiker vertreten die Meinung, die Familie sei durch ihre Putzfrau verraten worden. Diese bestritt zwar in einem Verhör nach Ende des Zweiten Weltkriegs, von dem Versteck überhaupt gewusst zu haben, doch gibt es Hinweise, dass sie vor dem Einmarsch der SS in Amsterdam geäußert habe, die Juden im Hinterhaus gefährdeten die anderen Bewohner des Komplexes. Am 4. August 1944 hatte die SS den telefonischen Hinweis erhalten, im Hinterhaus der Prinsengracht 263 hielten sich mehrere Juden versteckt.

Als Mitte 1998 die Existenz fünf weiterer Seiten aus Anne Franks Tagebuch bekannt wurde, stiegen die Besucherzahlen drastisch an. Mehr als 800.000 Besucher zählte das Museum im Jahr der Veröffentlichung des Fundes. Die Textpassagen, die sich kritisch mit der Ehe der Eltern befassen und die problematische Beziehung des Mädchens zu seiner Mutter dokumentieren, wurden von Annes Vater, Otto Frank, vermutlich bewusst zurückgehalten. Kurz vor seinem Tode vertraute er die Dokumente einem ehemaligen Mitarbeiter der Anne-Frank-Stiftung an. Dieser entschied später auf Drängen einer befreundeten Historikerin, an die Öffentlichkeit zu gehen. Die Herausgabe der Originale erfolgte erst, nachdem man sich auf eine millionenschwere Spende für das Anne-Frank-Center in New York geeinigt hatte. Weitere Details wurden nicht bekannt.

Provinz Noord-Holland
Karte S. 239

Die Familie Frank begann, das leer stehende Hinterhaus ihres Betriebes als Versteck herzurichten. Ein drehbares Bücherregal verdeckte den schmalen Eingang, schwere Vorhänge verdunkelten tagsüber die Fenster. Abends wurden Bretter montiert, die jegliche Einsicht ins Innere des Hauses verhinderten. Im Vorderhaus lagerten lichtempfindliche Kräuter, sodass hier eine Verdunklung aus rein geschäftlichen Gründen erforderlich war und somit keinerlei Aufmerksamkeit erregte. Das Hinterhaus reifte zum perfekten Versteck. Ohne fremde Hilfe aber hätte die Familie keine Chance gehabt, unentdeckt zu bleiben. Freunde sorgten für das Nötigste und brachten Lebensmittel, Kleidung und Zeitungen ins Haus. Zwei lange Jahre versuchten die Untergetauchten, ein möglichst normales Leben zu führen. Die Erwachsenen arbeiteten, die Kinder lernten.

Das Gebäude wurde vor dreißig Jahren als Mahnmal der grauenvollen Verbrechen der Nazis der Öffentlichkeit zugänglich gemacht. In den kleinen Zimmern hängen noch heute die Fotos damaliger Idole, darunter *Greta Garbo* und *Heinz Rühmann*. Die Originalmöbel wurden von den Nazis konfisziert, doch vermitteln mehrere Schaukästen einen Eindruck der alten Einrichtung. Sie wurden 1962 nach den Angaben von *Otto Frank* gestaltet. Wechselausstellungen befassen sich mit vergangenen und aktuellen Problemen des Rassismus.

Adresse/Öffnungszeiten   Prinsengracht 263, 1000 AS Amsterdam, ✆ 020/5567100, www.annefrank.nl. April-August täglich 9-21 Uhr; September-März täglich 9-19 Uhr. Erwachsene 6.50 €, Kinder 3 €. Walkmantour in deutscher Sprache.

Bijbels Museum: Die Ausstellung beleuchtet den jahrhundertealten erbitterten Streit zwischen Christen, Juden und Moslems um die heilige Stadt Jerusalem, zeigt aber auch die Gemeinsamkeiten dieser drei großen Weltreligionen sorgsam auf. Die Exponate, darunter Keramiken aus Palästina, Tontafeln aus Mesopotamien und Mumien aus Ägypten, sind bis zu 4.000 Jahre alt. Ebenfalls bemerkenswert sind die Deckengemälde von *Jacob de Wit* und eine kostbare Sammlung alter Bibeln.

Darüber hinaus befindet sich im Museum ein außergewöhnliches Klang- und Lichtspiel (1851), in dessen Mittelpunkt ein Modell (Maßstab 1:12) der Stiftshütte steht, des Vorläufers des Jerusalemer Tempels. In der Stiftshütte stand einst die Bundeslade mit den zehn Geboten, die der Hohepriester einmal im Jahr, am Tag der Versöhnung, mit dem Blut eines zu diesem Zweck geopferten Bocks besprengte. Ein zweites Tier, der sprichwörtlich gewordene "Sündenbock", wurde mit den Sünden des ganzen Volkes beladen in die Wüste geschickt. Alle halbe Stunde startet die 15-minütige Vorstellung des Klang- und Lichtspiels.

Auf dem angegliederten Freilichtgelände (45 ha) lassen eine orientalische Stadt mit Karawanserei, kleine Dörfer und ein See den Besucher in die Vergangenheit des Orients eintauchen. Beduinen schlagen ihr Lager auf, während andernorts Soldaten des römischen Imperiums durch den Park marschieren – allerlei Aktivitäten, die für Leben auf dem Gelände sorgen.

Adresse/Öffnungszeiten   Herengracht 366-368, 1001 AK Amsterdam, ✆ 020/6242436, www.bijbelsmuseum.nl. Mo-Sa 10-17 Uhr, So 13-17 Uhr. Erwachsene 5 €, Kinder 2.50 €, MJK. Führungen in deutscher Sprache.

Pianola Museum: Die Ausstellung vereint 35 Pianolas mit einer Reihe alter Tasteninstrumente, darunter eine Kollektion automatischer Pianos aus den

Jahren 1905–35. Das Prunkstück der Sammlung, die in einem ehemaligen Polizeibüro untergebracht ist, bildet eine Pianista aus dem Jahre 1880. Ein dem Museum angegliedertes Archiv verfügt über mehr als 10.000 alte Musikrollen.

Adresse/Öffnungszeiten Westerstraat 106, 1015 MN Amsterdam, ✆ 020/6279624, www.pianola.nl. So 13-17 Uhr. Erwachsene 3.75 €, Kinder 2.50 €, Senioren (Pas65) 2.50 €.

Koffie en Theemuseum Geels & Co: Der Zwischenstopp zum Aufwärmen ist sehr empfehlenswert. Eine Tasse Kaffee? Oder eine Tasse Tee? Der Besucher bestaunt kuriose Kaffeekannen und -maschinen und darf obendrein die exotischsten Tee- und Kaffeesorten probieren. Der Eigentümer vermag zudem einiges zu erzählen. Erst kürzlich hatte ein Tiefdruckgebiet landesweit zahlreiche Kaffeemaschinen stillgelegt. Der Kaffeekonzern *Douwe Egberts* teilte mit, dass durch den extrem niedrigen Luftdruck der Siedepunkt des Kaffeewassers deutlich gesenkt worden sei. Es habe schneller zu kochen begonnen und eine Überhitzungssicherung aktiviert. Ein mehrköpfiges Expertenteam arbeitet seither mit Hochdruck an einer neuen, sturmsicheren Generation hochwertiger Kaffeemaschinen.

Blick vom Turm der Westerkerk

Adresse/Öffnungszeiten Warmoesstraat 67, Nähe Centraal Station, 1012 HX Amsterdam, ✆ 020/6240683, www.geels.nl. Di/Sa 14-16 Uhr. Eintritt frei.

Filmmuseum: Klappe und Ton ab im Filmmuseum am Vondelpark. Neben Kameras, Projektoren und anderen technischen Utensilien erlauben ständig laufende Filmvorführungen einen Blick zurück in die Zeit, als die Bilder laufen lernten. Der Pavillon am Rande des Vondelparks verfügt über die größte Fachbibliothek des Landes. Seit einiger Zeit werden auch aktuelle Filmproduktionen gezeigt.

Adresse/Öffnungszeiten Vondelpark 3, 1070 BT Amsterdam, ✆ 020/5891400, www.filmmuseum.nl. Täglich 10 Uhr bis zum Ende der Filmvorführung (19 Uhr oder 20.30 Uhr oder 21.30 Uhr). Erwachsene 6.25 €, Kinder 5 €, Senioren (Pas65) 5 €. Die Bibliothek ist Di-Fr 10-17 Uhr, Sa 11-17 Uhr geöffnet. Eintritt frei.

Joods Historisch Museum: Der viergliedrige Komplex hochdeutscher Synagogen aus dem 17./18. Jahrhundert öffnete im Frühjahr 1987 seine Pforten. Das Museum inmitten des alten Amsterdamer Judenviertels birgt eine der weltweit wichtigsten Ausstellungen über jüdische Kultur. Themenschwerpunkte sind die nationalsozialistische Judenverfolgung und die aktuelle Situation der jüdischen Gemeinde in den Niederlanden. Die *Grote Synagoge* (1670), die älteste öffentliche Synagoge Europas, verfügt darüber hinaus über eine wertvolle Sammlung alter Silberstücke, Thoramäntel und Zeremoniengegenstände. In den vergangenen Jahren wurden mehr als fünfzig Sonderausstellungen organisiert, die etwa einhunderttausend Besucher jährlich anlocken konnten. Die angegliederte Mediathek bietet eine Auswahl an audiovisuellem Material sowie eine umfangreiche Sammlung niederländisch-jüdischer Literatur. Empfehlenswert ist zudem der Besuch des in Amsterdam einzigartigen jüdischen Cafés, in dem koschere Spezialitäten wie *Bagels* und *Bolusse* angeboten werden.

Adresse/Öffnungszeiten Jonas Daniel Meijerplein 2-4, 1001 RE Amsterdam, ☎ 020/6269945, www.jhm.nl. Täglich 11-17 Uhr. Erwachsene 5 €, Kinder 2.50 €, Senioren (Pas65) 3 €, MJK. Studentenermäßigung. Führungen und Walkmantour in deutscher Sprache.

Portugees Israelietische Synagoge: In unmittelbarer Nähe des *Joods Historisch Museum* befindet sich eine weitere Synagoge (1675), eine der eindrucksvollsten ihrer Art in den Niederlanden. Über einen kleinen Innenhof erreicht man das unter Denkmalschutz stehende Gebäude, dessen Grundriss in Richtung Jerusalem weist. Die im Volksmund als *Snoge* bekannte Synagoge gilt als wichtigstes Monument der jüdischen Bevölkerung des Landes und erfüllt nach wie vor ihre Funktion als Gotteshaus der sefardischen Juden. Die Sefardim konnten den Verfolgungen auf der Iberischen Halbinsel entkommen, nachdem das spanische Fürstenpaar *Isabella von Kastilien* und *Ferdinand von Aragon* 1492 ein Dekret erlassen hatte, demzufolge alle Juden das fürstliche Territorium binnen drei Monaten zu verlassen hatten. Die Folge war ein Strom sefardischer Juden gen Westeuropa. Viele ihrer Nachkommen wurden später in den Gaskammern der deutschen Vernichtungslager ermordet. Nicht mehr als 600 der 7.000 Amsterdamer Juden der Portugiesisch-Israelitischen Gemeinde überlebten den Holocaust.

Im Innenraum der *Snoge* bilden mächtige kupferne Kronleuchter und Kandelaber mit Kerzen die einzige abendliche Beleuchtung auf den meterlangen Bankreihen. Elektrizität oder Heizung gibt es keine, sodass in kalten Wintermonaten ein Nebenraum als Notlösung herhalten muss. Die Bibliothek *Ejz Chaim* (Baum des Lebens) zählt zu den bedeutendsten jüdischen Bibliotheken der Welt.

Adresse/Öffnungszeiten Mr. Visserplein 3, 1011 RD Amsterdam, ☎ 020/6245351, www.esnoga.com. April-Oktober So-Fr 10-16 Uhr; November-März So-Do 10-16 Uhr, Fr 10-15 Uhr. Erwachsene 4 €, Kinder 2.50 €.

Museum van Loon: Die Familienporträts an den Wänden – weit über fünfzig Stück – bestätigen die exponierte Stellung der Familie des einflussreichen *Willem van Loon* (1537–1618), einst Mitbegründer der VOC. Das noble Anwesen, dessen erster Bewohner ein gewisser *Ferdinand Bol* war, Lehrling Rembrandts, ist seit dem Auszug der letzten Bewohnerin, *Thora van Loon Egidius*, ein beliebtes Podium für Hochzeitsfeiern im gehobenen gesellschaftlichen Kreis. Die kostbare Ausstattung des Grachtenhauses stammt in ihrer heutigen Form aus der Mitte des 18. Jahrhunderts.

Adresse/Öffnungszeiten Keizersgracht 672, 1017 ET Amsterdam, ☎ 020/6245255, www.musvloon.box.nl. Fr-Mo 11-17 Uhr. Erwachsene 4.50 €, Kinder frei, MJK. Führungen in deutscher Sprache.

Geelvinck-Hinlopen Huis: Das Herrenhaus aus dem 18. Jahrhundert birgt mit seiner Bibliothek, dem Chinoiserie-Zimmer, dem Herrensalon und dem Speisesaal vier historische Räumlichkeiten im Stil der damaligen Zeit. Die Zimmer bergen eine schöne Antiquitätensammlung aus Glas, Möbeln, Porzellan und Silberstücken.

Adresse/Öffnungszeiten Herengracht 518, 1017 CC Amsterdam, ✆ 020/6390747. Zutritt nur für Gruppen nach telefonischer Voranmeldung. Preis (bis 15 Personen): 100 €.

Theo Thijssen Museum: Das Geburtshaus von *Theo Thijssen* zeigt Fotografien, Manuskripte und Zeichnungen des Schriftstellers. Alle Räumlichkeiten konnten im Originalzustand erhalten werden. Wechselausstellungen befassen sich vornehmlich mit dem täglichen Leben im Jordaan-Viertel.

Adresse/Öffnungszeiten Eerste Leliedwarsstraat 16, 1015 TA Amsterdam, ✆ 020/4207119. Do-So 12-17 Uhr. Erwachsene 2.25 €, Kinder frei.

Multatuli-Museum: *Multatuli* alias *Eduard Douwes Dekker* wird am 2. März 1820 als Sohn eines Kapitäns in Amsterdam geboren, wo er seine Kindheit und Jugend verlebt. Nach Abbruch der Lateinschule absolviert er eine Handelslehre und fährt im Jahre 1838 gemeinsam mit seinem Vater zum ersten Mal nach Niederländisch-Indien (Indonesien). Dort macht Dekker recht schnell als Kolonialbeamter auf Java Karriere. 1856 scheidet er aus Protest gegen die niederländische Kolonialpolitik aus dem Staatsdienst aus, arbeitet fortan unter dem Synonym *Multatuli* – zu Deutsch "Ich habe viel gelitten" – als Schriftsteller und kehrt nach Europa zurück. Als sein Meisterwerk gilt der 1859 publizierte Roman "Max Havelaar oder die Kaffeeversteigerungen der Niederländischen Handelsgesellschaft", mit dem er als einer der ersten Holländer die koloniale Ausbeutung des heutigen Indonesien an den Pranger stellt. Das tut er auch in den folgenden Jahren, in denen er als freier Schriftsteller Vorträge in ganz Europa hält. 1866 verlässt Dekker die Niederlande und lässt sich schließlich in Deutschland nieder. Er wohnt zunächst in Wiesbaden und später in Ingelheim, wo er 1887 nach schwerer Krankheit stirbt.

Das kleine, hinsichtlich seiner Exponate eher unspektakuläre Museum hütet die Schriften und persönlichen Hinterlassenschaften Dekkers. Sein sympathischer Kurator führt nicht nur durch das Museum, sondern nach Absprache auch auf Multatulis Spuren durch Amsterdam.

Adresse/Öffnungszeiten Korsjespoortweg 20, 1015 AR Amsterdam, ✆ 020/6381938. Di 10-17 Uhr, Sa/So 12-17 Uhr. Eintritt frei. Führungen in deutscher Sprache.

Kattenkabinet: Miauen und Schnurren lässt sich zwar nicht vernehmen, doch steht die Kunst rund um die Katze im Mittelpunkt des kleinen Museums. Die Sammlung präsentiert zahlreiche Gemälde der anhänglichen Vierbeiner, die im alten Ägypten einst heilig waren. Daneben bestechen Malereien von *Jacob de Wit* und das marmorne Treppenhaus aus dem 17. Jahrhundert.

Adressen/Öffnungszeiten Herengracht 497, 1017 BT Amsterdam, ✆ 020/6265378, www.kattenkabinet.nl. Mo-Fr 10-13 Uhr, Sa/So 13-17 Uhr (Abweichungen außerhalb der Saison). Erwachsene 5 €, Kinder 2.50 €. Führungen in deutscher Sprache.

Museum Het Rembrandthuis: Das Gebäude, in dem *Rembrandt* 1639 bis 1658 lebte, wurde kürzlich im Stil der damaligen Zeit restauriert. Insbesondere das Atelier des Malers, das mit zeitgenössischem Mobiliar wieder in den Zustand der damaligen Zeit versetzt werden konnte, beschäftigte die Handwerker. Das

Provinz Noord-Holland
Karte S. 239

Museum würdigt bereits seit 1911 das Schaffen Rembrandts. Haus und Sammlung bilden eine Einheit. Rembrandt schuf in diesen Räumen einige seiner berühmtesten Gemälde. Die Radierungen des Malers sind zwar weniger bekannt, aber ebenso einzigartig. Die Sammlung zeigt 250 dieser etwa 300 Werke, darunter "Die Mühle", "Die drei Bäume" und "Das Hundertguldenblatt". Gemälde seiner Schüler runden die Ausstellung ab.

Adresse/Öffnungszeiten   Jodenbreestraat 4, 1011 NK Amsterdam, ☎ 020/5200400, www.rembrandthuis.nl. Mo-Sa 10-17, So 13-17 Uhr. Erwachsene 7 €, Kinder 1.50 €, MJK. Führungen in deutscher Sprache.

Holland Experience: Der Pavillon im Gebäude des Rembrandthuis lädt zu einer 25-minütigen multimedialen Reise durch die Niederlande ein. Der 150 Personen fassende Saal vermittelt durch moderne audiovisuelle Techniken und spezielle Dufteffekte ein Holland-Erlebnis, das die Sinne betört. Holland hören. Holland riechen. Holland sehen. Mit einer 3D-Brille auf der Nase sitzen die Besucher auf einer beweglichen Plattform und machen sich auf die Reise zu typisch niederländischen Orten. Die Tour führt zu den duftenden Blumenfeldern der *Bollenstreek*, den nordholländischen Käsemärkten in Alkmaar und Edam, der hektischen Betriebsamkeit der Rotterdamer Hafenanlagen und des Amsterdamer Flughafens Schiphol. Als Höhepunkt schließlich brechen die Deiche. Eine riesige Flutwelle erfasst die Besucher. Anschließend klart der Himmel wieder auf und lässt Zeit, die Funktionsweise eines Sturmflutwehrs zu erläutern. Einer kurzen Stippvisite bei der Königin folgt schließlich ein Ausflug zu den Gemälden der holländischer Meister des Goldenen Jahrhunderts.

Adresse/Öffnungszeiten Waterlooplein 17, 1011   NV   Amsterdam,   ☎ 020/4222233, www.holland-experience.nl. Tägl. 11-18 Uhr (Beginn der letzten Filmvorführung um 17.30 Uhr). Erwachsene 8 €, Kinder 7 €, Senioren (Pas65) 7 €.

Amsterdamer Rijksmuseum: Die größte Kunstsammlung des Landes, die im Jahre 2000 ihr 200-jähriges Bestehen feierte, ist in einem der faszinierendsten Bauwerke des Architekten *P. J. H. Cuypers* angemessen untergebracht. Neben kostbaren Werken italienischer und spanischer Meister besitzt das Museum eine einzigartige Sammlung der niederländischen Malerei des 15.–20. Jahrhunderts – Filetstücke der Malerei. Die Gemälde von *Albert Cuyp, Anthonis van Dyck, Frans Hals, Jacob van Ruysdael, Pieter de Hooch, Rembrandt* ("Nachtwache"), *Pieter Paul Rubens, Jan Steen* oder *Jan Vermeer* ("Küchenmagd") gehören zu den kostbarsten Kunstschätzen weltweit. Im angegliederten *Prentenkabinet* finden sich rund eine Million Drucke, Kupferstiche und Zeichnungen. Gläser, Möbel, Porzellane, Silber, Skulpturen, Wandteppiche und eine eigene Abteilung asiatischer Kunst aus China, Indien, Indonesien und Japan runden die Sammlung ab.

Im Südflügel wird die Malerei des 18./19. Jahrhunderts präsentiert. Ein Museum im Museum, denn dieser Teil des Hauses ist durch einen eigenen Eingang am Museumsplein zugänglich. Die dortige Sammlung bietet eine faszinierende Übersicht über den Impressionismus. Werke von *George Hendrik Breitner, Isaac Israelis* und *Hendrik Weissenbruch* haben ihren festen Platz. Das Rijksmuseum befasst sich darüber hinaus regelmäßig mit der Fotografie des 19. und 20. Jahrhunderts.

Rijksmuseum: die weltweit bedeutendste Sammlung niederländischer Malerei

Zwischen 2003 und 2006 soll das Museum einer umfangreichen Renovierung unterzogen werden. Große Glasflächen werden mehr Tageslicht in das Gebäude lassen, das um zwei Innenhöfe mit mehreren Geschäften und Restaurants erweitert werden soll. Der Umbau dürfte 250 Millionen Euro kosten. Voraussichtlich wird nur der Südflügel während der Arbeiten zugänglich bleiben.

Adresse/Öffnungszeiten Stadhouderskade 42, 1071 ZD Amsterdam, ✆ 020/6732121, www.rijksmuseum.nl. Täglich 10-17. Erwachsene 8 €, Kinder frei, MJK. Führungen in deutscher Sprache.

Rijksmuseum Nederlands Scheepvaartmuseum: Wie konnten Kapitäne vor 300 Jahren den richtigen Kurs einhalten? Wie ernährten sich die Seeleute auf ihren langen Fahrten? Was eigentlich sind echte Piraten? Die Fragen beantwortet das nationale Schifffahrtsmuseum im alten Lagerhaus der Admiralität (1655), das 1998 sein 75-jähriges Bestehen feierte. Die Sammlung zeigt neben Flaggen, Karten und Waffen aus der glorreichen Epoche der niederländischen Schifffahrt einige außergewöhnliche Modelle alter Handelsschiffe (Supermodell im ersten Stock). Das Museum besitzt darüber hinaus eine wertvolle Bibliothek mit Zehntausenden alter Zeichnungen. Im obersten Stockwerk bietet ein U-Boot-Guckrohr die Gelegenheit zu einem Blick übers Dach.

Das Herzstück der Sammlung befindet sich unter freiem Himmel am Bootssteg des Gebäudes. Hier liegt die Rekonstruktion der *Amsterdam*, eines Schiffes der VOC (Vereenigte Oostindische Compagnie) aus dem 18. Jahrhundert. Die Arbeiten am Modell des auf seiner Jungfernfahrt vor Hastings (England) gesunkenen Originals nahmen insgesamt fünf Jahre in Anspruch. Mittlerweile prüfen die Matrosen Netze und Taue, schwingt der Schiffskoch die Löffel in der Kombüse. Die Schiffsplanken sind geschrubbt, die Segel gesetzt. Die *Amsterdam* ist bereit für die nächste große Fahrt, um Gewürze und Tee in Ostindien an Bord zu nehmen. Am Bug thront der niederländische Löwe, am Heck findet man die Statuen von *Mercurius* (Gott des Handels) und *Neptun* (Gott des Meeres). Die drei schwarzen Kreuze auf rotem Grund im Wappen Amsterdams verkörpern die Feinde der Stadt: Feuer, Pest und Wasser. Das Wappen ist allgegenwärtig – man werfe nur einen Blick auf eine der Amsterdamer Taxen!

Adresse/Öffnungszeiten   Kattenburgerplein 1, 1018 KK Amsterdam, ℡ 020/5232222, www.scheepvaartmuseum.nl. Di-So 10-17 Uhr, Juli/August auch Mo 10-17 Uhr. Erwachsene 7 €, Kinder 4 €, Senioren (Pas65) 6 €, MJK. Begleittexte und Führungen in deutscher Sprache.

Jan van Speyck – Nationalheld in Stücken

Eines der Exponate im Schifffahrtsmuseum erinnert an den niederländischen Leutnant *Jan van Speyck*, der am 5. Februar 1831 nicht nur den Tod zahlreicher Belgier und Niederländer verursachte, sondern auch sein eigenes Leben und sein Schiff opferte. Mit seinem Kanonenboot hatte er während des belgischen Aufstands im Hafen von Antwerpen gelegen, als ihn die verfeindeten Belgier aufforderten, das Schiff aufzugeben und die niederländische Flagge einzuholen. Jan van Speyck aber wollte diese Schmach nicht hinnehmen. Er warf eine brennende Zigarre in den Pulvervorrat und sprengte das Boot mitsamt seiner Mannschaft in die Luft. Die Niederländer feierten einen neuen Nationalhelden. Der großen Van-Speyk-Verehrung, die daraufhin einsetzte, nahm makabre Züge an: In einem Glasbehälter ist ein graues Stück Haut mit noch daran haftenden Fleischresten zu sehen, die vermeintlich letzten Überreste Jan van Speycks.

Stedelijk Museum voor Moderne Kunst: *Claude Monet, Paul Cézanne, Pablo Picasso, Vincent van Gogh, Henri Matisse, Paul Gauguin, Max Ernst, Marc Chagall* oder *Wassily Kandinsky* sind nur einige Namen in der Gemäldegalerie des Museums für Moderne Kunst. Insbesondere die Kunst nach 1945 mit Werken von *Piet Mondriaan, Theo van Doesburg, Gerrit Rietveld* (Vertreter der *De-Stijl*-Gruppe), *Roy Lichtenstein* und *Andy Warhol* hat dem städtischen Museum zu seinem erstklassigen Ruf verholfen. Anfang 1999 sorgte ein vermutlich geistig verwirrter Mann für Schlagzeilen, als er mit einem Messer das Picasso-Gemälde "Femme nue devant le jardin" stark beschädigte. Erfreulicherweise konnte der Schaden nach mehrwöchiger Arbeit behoben werden. Sehr empfehlenswert ist ein Abstecher in das Museumscafé "Appelbar", das 1951 von *Karel Appel*, einem Mitbegründer der CoBrA-Künstlergruppe, mit sehenswerten Wandmalereien verziert wurde.

Das 1885 konzipierte Museum war im vergangenen Jahrhundert mehrfach umgestaltet worden. Neue Planungen sehen nun vor, das Hauptgebäude zu renovieren und unter Leitung des portugiesischen Architekten *Alvaro Siza Vieira* wieder in seine ursprüngliche Form zu bringen. Insgesamt 100 Millionen Euro sind für die Umgestaltung veranschlagt, während der die Sammlung nicht zugänglich sein wird. Die Stadt Amsterdam plante zunächst, die kostspielige Renovierung mit Rembrandts "Nachtwache" zu bezahlen. Das Kunstwerk, bislang in städtischem Besitz, sollte an den Staat übergehen, falls dieser sich an den Kosten der Renovierung beteilige. Andernfalls wollten die Stadtväter eine Leihgebühr verlangen, damit das wertvolle Stück weiterhin im (staatlichen) Rijksmuseum hängen könne. Die Pläne wurden später allerdings wieder verworfen.

Adresse/Öffnungszeiten   Paulus Potterstraat 13, 1070 AB Amsterdam, ✆ 020/5732737, www.stedelijk.nl. Täglich 11-17 Uhr. Erwachsene 5 €, Kinder 2.50 €, Senioren (Pas65) 2.50 €, MJK. Führungen in deutscher Sprache.

NEMO: Das neue Science-&-Technology-Publikumszentrum, ehemals *newMetropolis*, das 1998 aus dem *Nederlands Instituut voor Nijverheid en Techniek* hervorging, beherbergt eine umfangreiche Technologiesammlung. Das Gebäude, das in Form eines mächtigen Schiffsbugs aus den Fluten des IJ herausragt, wurde vom italienischen Stararchitekten *Renzo Piano* entworfen. Themen sind Computer, Fotografie, Holografie, Naturphänomene, Sinnestäuschungen und manches mehr. Der Wissensdurst wird auf spielerische Weise gestillt: Man wird stets ermutigt, selbst aktiv zu werden. Eine der Hauptattraktionen ist ein überdimensionales Dominospiel, das den Zusammenhang zwischen Ursache und Wirkung einer Kettenreaktion verdeutlichen soll. Schnüre brennen durch, Ziegelsteine prasseln auf den Boden und dann – aber sehen Sie selbst. Film- und

Neues Wahrzeichen: NEMO

Theateraufführungen ergänzen das Programm. Abschließend empfiehlt sich der Besuch des Cafés oder des Restaurants mit seiner schönen Dachterrasse, die den Blick auf die Stadt bietet, den einst Seefahrer an Bord ihrer Schiffe genießen konnten.

Adresse/Öffnungszeiten   Oosterdok 2, 1011 VX Amsterdam, ✆ 0900/9191100, www.e-NEMO.nl. Di-So 10-17. Erwachsene/Kinder 9 €. Begleittexte in deutscher Sprache.

Nederlands Persmuseum: Im Herbst 2001 erfolgte die Neueröffnung des Museums zur Geschichte der niederländischen Presse, das nicht nur alte Zeitungen archiviert, sondern auch Blicke hinter die Kulissen der nationalen Zeitungsproduktion ermöglicht. Der Besucher erhält die Gelegenheit, in 400 Jahre alten Zeitungen zu schmökern oder sich auf multimediale Weise über die Geschichte des Nachrichtenwesens zu informieren. Die Ausstellung verfolgt die Entwicklung der Presse von den Anfängen des frühen 17. Jahrhunderts bis zum Massenmedium der Gegenwart. Praxisnähe wird groß geschrieben. So lässt das virtuelle Spiel "Deadline" den Besucher den Arbeitsalltag eines Redakteurs live erleben. Darüber hinaus besteht die Möglichkeit, mit Mitarbeitern niederländischer Zeitungen am Computer zu chatten.

Adresse/Öffnungszeiten Zeeburgerkade 10, 1019 HA Amsterdam, ✆ 020/6928810, www.persmuseum.nl. Di-Fr 10-17 Uhr, Sa/So 12-17 Uhr. Erwachsene 3.50 €, Kinder 2.50 €, Senioren (Pas65) 2.50 €, MJK.

Theatermuseum: Nach langer Renovierung eröffnete das Museum, das als Bestandteil des niederländischen Theaterinstituts über eine umfangreiche Bibliothek verfügt, Mitte 1997 seine Pforten. Hinter der restaurierten Fassade eines historischen Grachtenhauses, das später im Stil Ludwig XIV. umgestaltet wurde, zeugen prachtvolle Decken- und Wandmalereien vom Prunk vergangener Epochen. Das reiche Stuckwerk vermittelt einen Eindruck vom einstigen Leben der höheren Gesellschaftsschichten. Die Sammlung beleuchtet anhand alter Gemälde, Kostüme, Marionetten und Requisiten den Werdegang des niederländischen Theaters. Besonders sehenswert ist ein wertvolles Miniaturtheater (1781).

Adresse/Öffnungszeiten Herengaracht 168, 1016 BP Amsterdam, ✆ 020/5513300, www.tin.nl. Di-Fr 11-17 Uhr, Sa 13-17 Uhr, So 11-17 Uhr. Erwachsene 3.85 €, Kinder 1.95 €, Senioren (Pas65) 1.95 €, MJK. Führungen in deutscher Sprache.

Tropenmuseum: Die Probleme der Länder der Dritten Welt ziehen sich als roter Faden durch die Ausstellung, die ein authentisches Bild von den Arbeits- und Lebensbedingungen in den Tropen und Subtropen vermittelt. Der afrikanische Markt, das indische Dorf oder das Haus auf Java spiegeln den Alltag in fremden Kulturen wider, zusätzlich wird über Religion und Wirtschaft in den jeweiligen Regionen informiert. Die Abteilung *TM Junior* wendet sich speziell an Besucher im Grundschulalter. Erwachsenen ist der Zutritt nur in Begleitung eines Kindes im Alter von sechs bis zwölf Jahren gestattet. Die Tänze des Kängurus, das Volk des wilden Honigs oder der Waldgeist Mewal – es gibt einiges zu entdecken.

Adresse/Öffnungszeiten Linnaeusstraat 2, 1090 HA Amsterdam, ✆ 020/5688215, www.kit.nl/tropenmuseum. Tägl. 10-17 Uhr. Erwachsene 6.80 €, Kinder 5 €, Senioren (Pas65) 4.55 €, MJK.

Madame Tussaud's Scenerama: Neben berühmten Zeitgenossen aus Politik, Film und Fernsehen präsentiert die Amsterdamer Filiale des berühmten Londoner Wachsfigurenkabinetts in Wachs gegossene Szenen und Persönlichkeiten des Goldenen Jahrhunderts und natürlich die holländische "Royal Family".

Adresse/Öffnungszeiten Dam 20, 1012 NP Amsterdam, ✆ 020/5221010, www.madame-tussauds.com. Juli/August täglich 9.30-19.30 Uhr; September-Juni täglich 10-17.30 Uhr. Erwachsene 9.60 €, Kinder 6.40 €, Senioren (Pas65) 7.80 €. Begleittexte in deutscher Sprache.

Universiteitsmuseum De Agnietenkapel: Der Ursprung der städtischen Universität liegt in der mittelalterlichen Kapelle (1470) des Agnietenklosters, in der das *Atheneum Illustre* als Vorläufer der heutigen Hochschule 1632 untergebracht wurde. Die Holzdecken wurden damals mit Gemälden dekoriert, von denen eines Minerva, die Göttin der Weisheit, mit Helm, Lanze und Schild zeigt. Darüber hinaus existieren mehrere interessante Motive kämpfender Engels- und Teufelsfiguren. Alle diese Kleinode befinden sich in der ersten Etage neben dem großen Vorlesungssaal (1632), dem ältesten seiner Art in den Niederlanden, der noch heute regelmäßig für Vorlesungen genutzt wird. Die wechselnden Ausstellungen informieren anhand von Büchern, Gemälden und Plakaten über Vergangenheit und Gegenwart des studentischen Lebens.

Adresse/Öffnungszeiten Oudezijds Voorburgwal 231, 1012 EZ Amsterdam, ✆ 020/5253339. Mo-Fr 9-17 Uhr. Eintritt frei. Führungen in deutscher Sprache.

Reichtum und Wohlstand in der Amsterdamer Pronsengracht (DS) ▲▲

▲▲ Kasteel Radboud in Medemblik (DS)
▲ Bilderbuchlandschaft im Norden Hollands (NRT)

Altholländisches Stillleben (DS) ▲▲
Meisjes auf dem Edamer Käsemarkt (DS) ▲

▲▲ Egmonder Strandansichten an der Nordseeküste (DS)

Verzetsmuseum Amsterdam: Das Widerstandsmuseum beschäftigt sich vorrangig mit dem Februarstreik, dem Protest gegen die Judendeportationen im Frühjahr 1940, und der antifaschistischen Untergrund-Presse. In der ehemaligen Synagoge im südlichen Amsterdam können Fotografien, Bild- und Tonmaterialien eingesehen werden. Auf Anfrage sind weitere Dokumente per Computer abrufbar.

Adresse/Öffnungszeiten Plantage Kerklaan 61, 1018 CX Amsterdam, ☎ 020/6202535, www.verzetsmuseum.org. Di-Fr 10-17 Uhr, Sa-Mo 12-17 Uhr. Erwachsene 4.50 €, Kinder 2.50 €, MJK. Führungen in deutscher Sprache.

Museumwerf 't Kromhout: Die gusseisernen Kappen (1890) der Werft sind als Industriedenkmal bis heute erhalten geblieben. 't Kromhout gehört zu den Schiffswerften, die Holzschiffe bauten und später den Umstieg auf moderne Stahlkonstruktionen schafften. Im Mittelpunkt der Sammlungen stehen alte Schiffsmotoren. Auf dem Freigelände des Museums werden historische Schiffe restauriert.

Adresse/Öffnungszeiten Hoogte Kadijk 147, ☎ 020/6276777. Mo-Fr 10-16 Uhr. Erwachsene 2 €, Kinder 1 €. Führungen in deutscher Sprache.

Vincent van Gogh-Museum: Die weltweit größte Sammlung mit Werken des Künstlers *Vincent van Gogh* beherbergt neben zahlreichen Briefen mehr als 200 Gemälde und 600 Zeichnungen, darunter die berühmten Werke "Kartoffelesser", "Selbstportrait als Maler" und "Stillleben mit Sonnenblumen". Darüber hinaus präsentiert die Ausstellung Arbeiten von *Paul Gauguin* und *Henri de Toulouse-Lautrec*. Das Museum, das in den 70er Jahren nach Entwürfen des Architekten und Designers *Gerrit Rietveld* entstand, wurde Mitte 1999 nach mehrmonatigen Renovierungsarbeiten wiedereröffnet. Ein neuer, größtenteils unterirdischer Ausstellungsflügel aus graubraunem Naturstein, der zum Podium wechselnder Ausstellungen werden soll, lässt den Besucher in einem ellipsenförmig zulaufenden Korridor mit großflächigen Glasscheiben wandeln. Die oberste Ebene wird von einem ge-

Selbstporträt

schlossenen Aluminiumkubus durchschnitten, in dem sich eine Sammlung wertvoller Drucke befindet. Der Besucher genießt durch große Panoramafenster eine klare Aussicht auf das Rijksmuseum und das Stedelijk Museum.

Adresse/Öffnungszeiten Paulus Potterstraat 7, 1070 AJ Amsterdam, ☎ 020/5705200, www.vangoghmuseum.nl. Täglich 10-18 Uhr. Erwachsene 7.10 €, Kinder 2.30 €, MJK. Führungen in deutscher Sprache.

Provinz Noord-Holland
Karte S. 239

Museum Willet-Holthuysen: Das Grachtenhaus im Wohnstil des 18./19. Jahrhunderts ist seit gut einhundert Jahren im Besitz der Stadt. *Sandrina Louise Willet-Holthuysen*, die letzte Bewohnerin des 1685 von wohlhabenden Kaufleuten erbauten Hauses, hatte das Gebäude der Stadt unter der Auflage vermacht, darin ein Museum einzurichten. Nur ein Jahr später wurde ihr letzter Wille umgesetzt und das Gebäude der Öffentlichkeit zugänglich gemacht. Der Besucher fühlt sich ins 19. Jahrhundert zurückversetzt, denn am Interieur des Grachtenhauses hat sich seit Eröffnung des Museums praktisch nichts verändert.

In einem der Zimmer findet sich die Kunstsammlung von *Abraham Willet*, einem der letzten Bewohner des Hauses. An der Wand hängt ein Porträt, das ihn in einer Ritterrüstung aus dem 17. Jahrhundert zeigt. Der stolze Herr scheint auf seine Sammlung zu schauen: Fächer, Stiche, Zeichnungen und Ziergegenstände. Zahlreiche Stücke wurden nach alten Vorbildern angefertigt, die damals in Mode waren und der Neugier nach den schönen und seltsamen Dingen der Vergangenheit entsprangen. Das Anwesen, das mit einer reichen Bibliothek, wertvollen Wandteppichen, Möbeln und Deckengemälden von *Jacob de Wit* außerordentlich vornehm eingerichtet ist, ermöglicht detaillierte Einblicke in den damaligen Lebensstil einer wohlhabenden Familie.

Adresse/Öffnungszeiten Herengracht 605, 1017 CE Amsterdam, ☎ 020/5231822, www.ahm.nl/willet. Mo-Fr 10-17 Uhr, Sa/So 11-17 Uhr. Erwachsene 4 €, Kinder 2 €, Senioren (Pas65) 3 €, MJK. Führungen in deutscher Sprache.

Dierentuin Artis: Der 1838 angelegte Zoologische Garten, eine der schönsten Parkanlagen Amsterdams, zählt zu den ältesten seiner Art in Europa. Die 6.000 Tiere sind in recht weitläufigen Freigehegen untergebracht, das *Aquarium* gehört mit seinem Berliner Pendant weltweit zu den größten. Insbesondere Kinder lassen sich von der hiesigen Pinguinkolonie in den Bann ziehen. Die Tiere, die vor der Küste Südafrikas beheimatet sind, gelten als sehr empfindlich gegenüber starken Temperaturschwankungen. Ihre Helfer kommen nicht umhin, sie im Sommer zwecks Abkühlung, im Winter zwecks Aufwärmung in einer speziell temperierten Kühlzelle unterzubringen. Andernfalls drohen den Tieren bei starken Minusgraden die Füße einzufrieren. Angeschlossen ist darüber hinaus das *Geologisch Museum*, das *Zoologisch Museum* und ein kleines *Planetarium*.

● *Adresse/Öffnungszeiten* Plantage Kerklaan 38-40, 1018 CX Amsterdam, ☎ 020/5233400, www.artis.nl. April-Sept. täglich 9-18 Uhr; Oktober-März täglich 9-17 Uhr. Kostenlose Führungen finden sonntags um 11 Uhr statt. Das Planetarium ist Mo 12.30-17 Uhr und Di-So 9-17 Uhr geöffnet. Erwachsene 13.50 €, Kinder 9.50 €, Senioren (Pas65) 12 €, Parken 6.25 €. Das angeschlossene zoologische Museum bleibt montags geschlossen.

Hortus Botanicus Plantage: Ein längerer Spaziergang verspricht Abwechslung. Der Weg führt durch tropischen Regenwald, die Wüste und den wohltuenden japanischen Garten. Die grüne Oase inmitten der Großstadt ist stolz auf die älteste Topfpflanze der Welt, eine 200-jährige Agave, und natürlich den Kräutergarten aus dem Jahre 1638, der Gründungszeit des Hortus Medicus.

Adresse/Öffnungszeiten Plantage Middenlaan 2a, 1018 DD Amsterdam, ☎ 020/6258411, www.hortus-botanicus.nl. April-Oktober Mo-Fr 9-17 Uhr, Sa/So 11-17 Uhr; November-März Mo-Fr 9-16 Uhr, Sa/So 11-16 Uhr. Erwachsene 5 €, Kinder 2.30 €.

Woonbootmuseum: Das ehemalige Frachtschiff *Hendrika Maria* (1914) vermittelt Einblicke in das für die Grachtenstadt Amsterdam typische Wohnen

Hausboote auf der Prinsengracht

auf dem Wasser. Es widerlegt eindrucksvoll die irrige Annahme, ein Hausboot müsse sehr dunkel, eng und kalt sein. Eine kleine Ausstellung zeigt Fotografien und Modelle des Interieurs und Exterieurs verschiedenster Hausboote. Eine themenbezogene Bibliothek komplettiert das Angebot.

Adresse/Öffnungszeiten Prinsengracht (gegenüber Nr. 296), 1001 JG Amsterdam, ℡ 020/4270750, www.houseboatmuseum.nl. März-Oktober Mi-So 11-17 Uhr; November-Februar Fr-So 11-17 Uhr. Erwachsene 2.50 €, Kinder (unter 152 cm) 2.05 €.

Ajax-Museum: *Johan Cruyff* eröffnete 1997 das Museum des erfolgreichsten niederländischen Fußballvereins. Die Sammlung präsentiert auf zwei Etagen Pokale und Trophäen – eine Hommage an die hohe Fußballkunst. Filmaufnahmen im angeschlossenen Multimedia-Theater rufen die Höhen und Tiefen der Geschichte eines Vereins in Erinnerung, der stets nur ein Motto verfolgte: Die Saison ist dann erfolgreich, wenn im Folgejahr der Briefkopf geändert werden muss.

Adresse/Öffnungszeiten Arena Boulevard 3, Eingangsbereich der ArenA, 1001 EG Amsterdam, ℡ 020/3111336, www.ajax.nl. Mo-Sa 10-17 Uhr (nicht an Tagen, an denen Ajax seine Heimspiele austrägt). Erwachsene/Kinder 3.50 €.

Beurs van Berlage: Die ehemalige Amsterdamer Börse, eines der architektonischen Meisterwerke des großen niederländischen Baumeisters *Hendrik Petrus Berlage* (1856–1934), informiert über die Geschichte der Börse. Sehr lohnenswert ist die Besteigung des *Toren zonder Hemel.*

Adressen/Öffnungszeiten Beursplein 1, 1012 ZJ Amsterdam, ℡ 020/5304141, www.beursvanberlage.nl. Di-So 11-17 Uhr. Erwachsene 5 €, Senioren (Pas65) 3.50 €, Studenten 3.50 €, MJK.

Stichting EnergeticA: Das städtische *Museum voor Energietechniek, Liften, Huishoudelijke Apparaten en Stadsgas te Amsterdam,* eines der neueren der holländischen Metropole, lockt mit interessanten Exponaten zur Energiegewinnung und mit einer Sammlung historischer Fahrstühle aus dem ehemaligen (sehenswerten) Liftenmuseum in Alphen a/d Rijn. Die umfangreichen Kollektionen sind wegen ihrer Größe in einer 1903 errichteten Fabrikhalle untergebracht, die 1999 zum Industriedenkmal erklärt wurde – eines der ungewöhnlicheren Museen.

Adressen/Öffnungszeiten   Hoogte Kadijk 400, 1018 BW Amsterdam,   ✆ 020/4221227, www.energetica.nl. Di-Fr 14-16 Uhr. Erwachsene 2 €, Kinder frei.

Alfred Heineken – das Imperium eines Bierkönigs

Alfred "Freddy" Heineken (1924–2002) arbeitete nach Ende des Zweiten Weltkriegs für einen amerikanischen Bierimporteur, wo er sich die Grundkenntnisse für seine späteren Aufgaben erwerben konnte. Als Enkel des Firmengründers machte er aus dem kleinen, national arbeitenden Familienunternehmen einen weltweit operierenden Brauereikonzern mit fast 40.000 Mitarbeitern – ein Unternehmen, dessen Produkte in mehr als 150 Länder exportiert werden. 1948 erzielte man einen Nettogewinn von einer Million Euro, ein halbes Jahrhundert später waren es mehr als 630 Millionen Euro. Das Privatvermögen Heinekens, der mit dem Königshaus eng befreundet gewesen sein soll, wurde zeitweilig auf vier Milliarden Euro geschätzt. Er zählte zu den reichsten Männern des Landes.

Die Öffentlichkeit kannte Alfred Heineken als Exzentriker, der sich einst für den Bau einer U-Bahn unter den Amsterdamer Stadtgrachten stark gemacht hatte. In die Schlagzeilen geriet er 1983, als er mit seinem Fahrer in die Hände von Entführern fiel und erst nach drei Wochen und Zahlung eines millionenschweren Lösegelds wieder freigelassen wurde. Die Täter wurden gefasst, das Geld aber blieb größtenteils verschwunden. Alfred Heineken starb Anfang 2002 im Alter von 78 Jahren an den Folgen einer kurzen schweren Krankheit.

● *Adresse/Öffnungszeiten*:   **Heineken Experience**, Stadhouderskade 78, 1072 AE Amsterdam, ✆ 020/5239666. Bierbrauerei mit Empfangszentrum. Di-So 10-18 Uhr.   Erwachsene (Mindestalter 18 Jahre) 5 €. Führungen auch in deutscher Sprache, www.heinekencorp.com.

Max Euwe Schaak Centrum: In den Niederlanden ist man stolz auf *Max Euwe*, den bislang einzigen Weltmeister und daher berühmtesten Schachspieler des Landes. Die Ausstellung befasst sich mit der Entwicklung dieser königlichen Spielart und natürlich mit dem Meister selbst.

Adresse   Max Euweplein 30a, 1017 MB Amsterdam, ✆ 020/6257017, www.maxeuwe.nl. Di-Fr 10.30-16 Uhr (auch am ersten Sa des Monats). Eintritt frei. Führungen in deutscher Sprache.

Torture Museum: *Theatre of Execution*. Die variationsreichen Folterwerkzeuge aus den düsteren Zeiten des Mittelalters verursachen schnell ein unwohles Gefühl in der Magengegend. Die makabren, aber gut präsentierten Exponate aus allen Teilen Europas werden flankiert von zahlreichen illustrativen Bildern.

Adresse/Öffnungszeiten   Singel 449, 1012 WP Amsterdam, ✆ 020/3206642. Täglich 10-22 Uhr. Erwachsene 6 €.

Trammuseum: Es dürfte kaum einen geeigneteren Ort für das Straßenbahn-museum in Amsterdam geben als den alten ausrangierten Haarlemmermeer-Bahnhof. Die historischen Fahrzeuge der *Elektrische Museumtramlijn Amsterdam* starten regelmäßig zu kurzen Fahrten durch die Stadt (Richtung Amsterdamse Bos).

Adresse/Termine Amstelveenseweg 264, 1075 XV Amsterdam, ☎ 020/6737538, www.trammuseum.demon.nl. Abfahrt der Museumstram April-Oktober So 11, 12.30, 13, 13.20, 13.40, 14, 15.20, 15.40, 16, 16.35 und 17.05 Uhr; Juli auch Mi 13.45 und 15.15 Uhr. 60 Min. Fahrtdauer. Retourticket: Erwachsene 3 €, Kinder 1.50 €. Einfache Fahrt: Erwachsene 1.80 €, Kinder 0.90 €. Tageskarte: Erwachsene 5 €, Kinder 2.50 €. MJK-Ermäßigung.

Reflex Miniatuurmuseum voor Hedendaagse Kunst: Fotografien, Gemälde, Grafiken und Skulpturen. Die Sammlung des Galeristenehepaars *Ria* und *Lex Daniels*, die sich mit einem Eintrag im Guinessbuch der Rekorde als "kleinstes Kunstmuseum der Welt" rühmt, ist im größten Krankenhaus des Landes auf einer Fläche von nur 13,22 m² untergebracht. Trotzdem finden Kunstfreunde vor Ort mehr als 1.500 Objekte renommierter Künstler.

Adresse/Öffnungszeiten Academisch Medisch Centrum, Polikliniek, Meibergdreef 9, 1100 DD Amsterdam, ☎ 020/6272832, ☏ 6202590. Täglich 8-17 Uhr. Eintritt frei.

Schiphol

Nur etwa zehn Kilometer südwestlich von Amsterdam liegt der Großflughafen Schiphol. 80 Fluggesellschaften unterhalten von hier aus regelmäßige Verbindungen zu mehr als 200 Städten in 95 Ländern. Seine günstige Lage hat Schiphol zu einer der wichtigsten Drehscheiben im europäischen Flugbetrieb werden lassen. Das großflächige Areal befindet sich auf geschichtsträchtigem Boden, denn einst befand sich an selbiger Stelle der gefährlichste Teil des 1848–1852 trockengelegten Haarlemmermeeres, die "Scheepshel" (Schiffshölle). Südwestliche Winde drückten das Wasser damals mit solcher Macht an Land, dass zahlreiche Schiffe manövrierunfähig an der Küste zerschellten.

Auf dem neu gewonnenen Land entstand 1917 ein erster Militärflughafen. 1919 gründete der Flugzeugkonstukteur *Anthony Fokker*, dessen legendäre Jagdflugzeuge wie der berühmte rote Dreidecker des Freiherrn *Manfred von Richthofen* den Ersten Weltkrieg dominierten, eine bald florierende Flugzeugwerft. Er legte damit den Grundstein für die ein Jahr später erfolgte Einbindung Schiphols in den internationalen Flugverkehr.

Die Pläne der Flughafenleitung, den für ausländische Zungen nur schwer aussprechbaren Namen Schiphol durch einen anderen zu ersetzen, sorgten erst vor wenigen Jahren für einen Sturm der Entrüstung. Schließlich glättete ein Kompromiss die Wogen: Amsterdam Airport Schiphol. Der Flughafen verfügt über ein hoch gelegenes Restaurant ("Touch Down") mit renovierter, teils überdachter Panoramaterrasse, von der sich die meisten Starts und Landungen beobachten lassen. Ferngläser und Sitzgelegenheiten sind vorhanden.

Nationaal Luchtvaartmuseum Aviodome: Das Luft- und Raumfahrtmuseum unter der nicht zu übersehenden Aluminiumkuppel zeigt einige recht bemerkenswerte Ausstellungsstücke. Neben einer *Spitfire* und einem Dreidecker von Fokker ist der *Flyer* der Gebrüder *Wright* zu bestaunen, mit dem die Flugpioniere

1903 den ersten gesteuerten Motorflug unternahmen. Speziell für Kinder besteht die Möglichkeit, selbst in das Cockpit eines Flugzeugs zu steigen.

• *Adresse/Öffnungszeiten*   Westelijke Randweg 201, 1118 CT Luchthaven Schiphol, ☎ 020/4068000, www.aviodome.nl. April-September täglich 10-17 Uhr; Oktober-März   Di-Fr   10-17   Uhr,   Sa/So   12-17   Uhr. Erwachsene 6.80 €, Kinder 5.70 €, Senioren (Pas65)   5.70 €,   MJK.   Führungen   in deutscher Sprache.

Amsterdam Airport Schiphol – Drehscheibe im internationalen Luftverkehr

Amsterdam Schiphol, der viertgrößte Flughafen des Kontinents, vermag das hohe Passagieraufkommen bereits heute kaum mehr zu bewältigen. Experten erwarten den endgültigen Overkill in wenigen Jahren, wenn die fünf existierenden Rollbahnen nicht mehr ausreichen, die mehr als 40 Millionen Passagiere jährlich zu bewältigen. Eine weitere Ausweitung des Flugbetriebs ist auf dem derzeitigen Gelände definitiv nicht mehr möglich. In der Diskussion steht ein neuer Airport auf künstlichen Inseln vor der Nordseeküste nahe dem Rotterdamer Hafen. Er soll die Zahl von derzeit 400.000 Flugbewegungen jährlich bis 2010 kontinuierlich auf 600.000 ausbauen. Auf diese Weise könnten stündlich mehr als 100 Flugzeuge auf den Start- und Landebahnen bewegt werden. Anders als in Frankfurt sorgen die Bauprojekte mit einem Budget in Höhe von zwei Milliarden Euro nicht für größere Bürgerproteste.

Region Amstelland en Meerlanden

(Hoofddorp, Amstelveen, Aalsmeer)

Die Region im Südwesten Amsterdams, die sich um den Flughafen Schiphol erstreckt, hat trotz ihrer Nähe zur Hauptstadt einen ländlichen Charakter bewahren können. Der Besucher begibt sich in weite Polderlandschaften mit bunten Blumenfeldern und zahlreichen Bauernhöfen, die durch den malerischen Flusslauf der Amstel aufgelockert werden. Auch in dieser Gegend errichteten wohlhabende Amsterdamer Kaufleute einst ihre Landsitze, um außerhalb der hektischen Stadt Entspannung und Ruhe zu finden. Die Amstel stellte dabei eine optimale Verkehrsanbindung dar.

Der großflächige Torfabbau, der lange Zeit zur Versorgung der Amsterdamer Fabriken und Kaufmannshäuser mit Brennstoff betrieben wurde, ließ mit dem *Haarlemmermeer* und den *Westeinderplassen* große Wasserflächen in der Meerlandregion entstehen. Sie wurden erst im 19. Jahrhundert mit den Pumpstationen *Cruquius*, *Leeghwater* und *Lijnden* trockengelegt. Die steigende Bevölkerungszahl erforderte mehr Land. Das moderne Amsterdam breitet sich unterdessen weiter aus, schluckt kleinere Ortschaften und spuckt andernorts große Neubaugebiete aus. Sehenswert ist nicht alles, speziell die üblen Bausünden in *Bijlmermeer* wirken sehr abschreckend. Es bleibt zu hoffen, dass die Natur nicht vollständig auf der Strecke bleibt.

Hoofddorp (57.000 Einwohner)

Die Kleinstadt mit modernen Bürogebäuden und Neubauvierteln ist der Hauptort des Haarlemmermeer-Polders, eines einst stürmischen Gewässers, das die umliegenden Dörfer stets aufs Neue mit hohen Fluten bedrohte. König *Willem I.* hatte Anfang des 19. Jahrhunderts an den Ufern des Binnensees einen Deich anlegen lassen, ehe erste Pläne zu seiner vollständigen Trockenlegung entstanden. Die Arbeiten begannen 1849 unter Einsatz der drei dampfbetriebenen Pumpstationen Cruquius, Leeghwater und Lijnden. Die entstandene Polderlandschaft wurde später in große, rechtwinklige Parzellen aufgeteilt.

Mühlenflügel im Amstelland

Sehr sehenswert ist das **Museum De Cruquius**, das die Trockenlegung des Haarlemmermeers Mitte des 19. Jahrhunderts dokumentiert. Nachdem man zwei der drei eingesetzten Pumpwerke aufwendig modernisiert hatte, konnte das Cruquius-Pumpwerk, der größte Dampfzylinder der Welt, südöstlich der Stadt als Museum hergerichtet werden. Die Anlage, die den Namen von *Nicolaas Cruquius* (1678–1754) trägt, der schon im 18. Jahrhundert erste Pläne zur Trockenlegung ausgearbeitet hatte, versteht sich seither als Industriedenkmal im generationenalten Kampf gegen die Gewalten des Wassers. Das **Historisch Museum Haarlemmermeer** beleuchtet das alltägliche Arbeiten und Leben der Bevölkerung auf dem Haarlemmermeer-Polder.

Provinz Noord-Holland
Karte S. 239

Information/Verbindungen/Adressen

• *Information* **ANWB/VVV Hoofddorp**, Binnenweg 20, 2132 CT Hoofddorp, ℡ 023/5633390, ℡ 5627759. Mo–Fr 9.30–17.30, Sa nur 9.30–16 Uhr.

• *Adresse* **Museum De Cruquius**, Cruquiusdijk 27, 2142 ER Cruquius, ℡ 023/5285704, www.cruquiusmuseum.nl. März-Oktober Mo-Fr 10-17 Uhr, Sa/So 11-17 Uhr. Erwachsene 3.40 €, Kinder 1.70 €, Senioren (Pas65) 2.75 €, MJK.

Historisch Museum Haarlemmermeer, Kruisweg 1403, 2131 MD Hoofddorp, ℡ 023/5620437, www.historisch-museum-haarlemmermeer.nl. April-September Di-So 13–17, Oktober-März Sa/So 13-17 Uhr. Erwachsene 2 €, Kinder 1.10 €.

• *Bahnverbindungen* Anbindungen bestehen in Richtung Norden durch den Flughafentunnel nach Amsterdam (Dauer 30 Min., 4x stündl.) und in Richtung Süden ins Ballungsgebiet der Randstad nach Den Haag (Dauer 30 Min., 2-3x stündl.).

• *Einkaufen* Die Geschäfte bleiben in Hoofddorp Montagvormittag geschlossen. Am Freitag verschiebt sich der Ladenschluss auf 21 Uhr (Kaufabend). Markttermine: **Wochenmarkt** Fr 9–16.30 Uhr, Kruisweg; Di 11–16 Uhr, Overbos; Mi 9–12.30 Uhr, Toolenburg.

• *Krankenhaus* **Spaarne Ziekenhuis**, Hondellaan 2, 2102 CW Heemstede, ℡ 023/5141516.

• *Taxiruf* ℡ 023/5616002

● *Übernachten* *** **Hotel De Beurs**, Kruisweg 1007, 2131 CR Hoofddorp, 90 Betten,
moderner   Hotel-Restaurant-Komplex   in
zentraler Lage. EZ ab 70 €, DZ ab 95 €,
☎ 023/5634234, 🖂 5616800.

*** **Bastion Hotel Schiphol**, Adrianahoeve
8, 2131 MN Hoofddorp, 90 Betten, Stadt-
randlage, moderne Einrichtung, Speisemög-
lichkeiten im Restaurant La Marmite. EZ ab
70 €, DZ ab 80 €, ☎ 023/5623632, 🖂 5622848.

Stelling van Amsterdam

Die *Stelling van Amsterdam*, nach 1880 als großflächiger Festungsgürtel in einem Abstand von 20 km kreisförmig um Amsterdam angelegt, wurde sorgsam
in die von Kanälen durchschnittene, ebene Landschaft eingebettet. Die oft als
schlichte Erdhügel getarnten Festungen und Lagerhäuser, Deiche und
Schleusen formten die damals modernste Militäranlage des Kontinents. Das
Bollwerk mit seinen mehr als 40 Fortanlagen erstreckte sich einst auf einer
Länge von 200 km. Ältere Anlagen, die die Städte des Amsterdamer Umlandes
vor Landangriffen schützten, wurden abgebrochen. Sie waren im Rahmen des
nun deutlich größeren Gesamtkonzeptes schlichtweg überflüssig geworden.

Die niederländische Armee übte noch in den späten 30er Jahren das blitz-
schnelle Fluten der von der *Stelling* eingeschlossenen Landstriche. Das Areal
konnte in nur 48 Stunden unter Wasser gesetzt werden, um potenzielle Angreifer mit schwerem Gerät im Morast versinken zu lassen. Die geringe Wassertiefe machte zudem Schiffen ein Manövrieren unmöglich. Die Bevölkerung innerhalb des Festungsgürtels konnte neun Monate ohne Hilfe und
Verpflegung von außen auskommen.

Die Lage veränderte sich mit dem Aufkommen moderner Luftstreitkräfte,
die das Areal mit einem Schlag zu einem bedeutungslosen Relikt einer vergangenen Epoche verkommen ließ. Im Zweiten Weltkrieg sprengten die
deutschen Besatzer große Teile der Anlagen. Mehrere Festungsgeschütze, die
die Niederlande für teures Geld bei den Krupp-Stahlwerken in Essen erworben
hatten, wurden demontiert und zurück nach Deutschland transportiert.

Das zuständige Verteidigungsministerium beharrte bis in die 80er Jahre auf
einem Verbot jeglicher Bautätigkeiten im Umfeld der Festungen. Ohne Sondergenehmigung war das Betreten der mit Stacheldraht abgesicherten Zonen nicht gestattet. Mittlerweile wird nach einer neuen Funktion für die erhaltenen Anlagen gesucht. Die Aufnahme auf die UNESCO-Weltkulturerbe-
liste (1996) dürfte dieses Unterfangen erheblich beschleunigen. Die Planungen sehen vor, die Bauten in stadtnahe Ausflugsziele mit Erholungswert um-
zugestalten. Die gute Infrastruktur mit ihrem dichten Netz aus künstlichen
Wasserstraßen und Landwegen dürfte dem zugute kommen. Allemal lohnend und umweltverträglich ist eine Fahrradtour entlang der Stelling: eine
Kulturreise durch eine Oase der Ruhe in einer der am stärksten verstädter-
ten Regionen der Niederlande.

Amstelveen

(75.000 Einwohner)

Die Ortschaft im südlichen Einzugsgebiet Amsterdams gilt mit gut einem Dutzend naturbelassener Grünanlagen als *das* Mekka der niederländischen Natur-
gartenbewegung, der ältesten in Europa. Der von *Jacques P. Thijsse*, dem nie-

derländischen Naturgartenpionier schlechthin, 1940 gegründete **Dr. Jacques P. Thijsse Park** ist ein Kleinod für Ästheten und Naturliebhaber. Auf einer Fläche von sechs Hektar gedeihen mehr als 600 Wildpflanzenarten, darunter zahlreiche, die auf der Roten Liste stehen.

Der in den Jahren 1939 angelegte, später mehrfach erweiterte Naturgarten **De Braak** weist auf einer Fläche von mittlerweile fünf Hektar ebenfalls eine Fülle von Wildpflanzen auf. Die Straße hinüber ins nördliche Amsterdam, mit dem Amstelveen mehr und mehr verwächst, ist auf 20 km Länge mit Eselsdisteln, Johanniskraut und Natternkopf begrünt. Man ist bemüht, den Reiz eines Naherholungsgebietes zu erhalten.

● *Information* **ANWB/VVV Amstelveen**, Thomas Cookstraat 1, 1181 ZS Amstelveen, ✆ 020/4415545, 🖷 6471966. Mo-Mi 11-18 Uhr, Do-Fr 9.30-18, Sa 9.30-17 Uhr. April-September Do bis 21 Uhr.

● *Adressen* **Jacques P. Thijsse Park**, Nähe Amsterdamse Bos (zwischen Amsterdamseweg und Hoornsloot).
De Braak, Zugänge am Amsterdamseweg (zwischen Nr. 244 und 255) und Prinsesselaan (zwischen Nr. 332 und 336).

● *Übernachten* **Camping De Westeinder**, Grote Poellaan 101, 1435 GE Rijsenhout, wenige Kilometer südwestlich von Aalsmeer am westlichen Rand der Westeinder Plassen gelegen, sehr geringe Kapazitäten, gute sanitäre Anlagen, Lebensmittelgeschäft, geöffnet April-September. Person 3 €, Zelt 3 €, Auto 3 €, Fläche 3 ha. ✆ 0297/325085.

Sehenswertes

CoBrA Museum: Die Sammlung zeigt Werke der 1948 von dänischen, flämischen und niederländischen Malern ins Leben gerufenen und 1951 wieder aufgelösten CoBrA-Gruppe (<u>Co</u>penhagen-<u>Br</u>üssel-<u>A</u>msterdam), die mit ihren Arbeiten einen Zugang zu den Ursprüngen der menschlichen Kreativität suchte. Die Künstler um *Asger Jorn* (1914–1973), *Karel Appel* (*1921), *Pierre Alechinsky* (*1927), *Corneille* (*Cornelis Guillaume van Beverloo*, *1922), *Constant* (*Constant Anton Nieuwenhuys*, *1920) und *Eugène Brands* (1913–2002) propagierten einen "aus dem Unterbewusstsein geprägten figürlichen Expressionismus". Das Museum ist weltweit das einzige, das sich ausschließlich dieser Gruppe widmet. Etwa zwanzig Gemälde und zahlreiche Werke auf Papier verdeutlichen die Suche nach spontanen Ausdrucksformen. Eine große Zahl der Arbeiten, in denen alle erdenklichen Materialien Eingang fanden, orientierte sich an Zeichnungen geistig behinderter Menschen. Die Gestaltung des Ausstellungsgebäudes stand unter der Vorgabe, die Kunstwerke im Tageslicht präsentieren zu können. Mit dem Bau des Licht spendenden Innenhofes und des gläsernen Nordgiebels wurde diese Zielsetzung realisiert.

Adresse/Öffnungszeiten Sandbergplein 1-3, 1180 EA Amstelveen, ✆ 020/5475050. Di-So 11-17 Uhr. Erwachsene 5 €, Kinder 2.50 €, Senioren (Pas65) 3.50 €, MJK, www.cobramuseum.nl.

Tassenmuseum: Die Vitrinen des Museums sind gefüllt mit mehr als 1.000 Exponaten zur Geschichte der Damenhandtasche. Produkte aus Stoff oder Leder, Stroh oder Kunststoff suchen die Balance zwischen modischem Accessoire und praktischem Transportbehältnis. Ein besonderes Augenmerk verdienen die Verzierungen: emaillierte Motive, Lederdrucke oder Stickereien.

Adressen/Öffnungszeiten Zonnestein 1, 1181 LR Amstelveen, ✆ 020/6478681. So/Mo 12-17 Uhr, Mi/Do 14-17 Uhr. Erwachsene 4.50 €, Kinder 3.40 €, Senioren (Pas65) 3.40 €, www.tassenmuseum.nl.

Provinz Noord-Holland Karte S. 239

Bosmuseum: Das herrliche Waldgebiet *Amsterdamse Bos* (940 ha) mit seinen weitläufigen Wald- und Wiesenflächen und den reizvoll glitzernden Wasserpartien wurde in den frühen 30er Jahren begrünt. Seither kommen die Städter zu erholsamen Spaziergängen (am Haupteingang werden auch Fahrräder verliehen). Ein Museum hält nähere Informationen und ausführliches Kartenmaterial bereit.

Adressen/Öffnungszeiten Koenenkade 56, 1061 KG Amsterdam, ✆ 020/6762152. Täglich 10-17 Uhr. Eintritt frei.

Museum Jan van der Togt: Das Museum des renommierten niederländischen Kunstkenners *Jan van der Togt* zeigt eine vielfältige Sammlung moderner Kunstwerke des 20. Jahrhunderts – Gemälde, Glaskunst, Skulpturen. Wechselnde Ausstellungen ergänzen das Angebot.

Adressen/Öffnungszeiten Dorpsstraat 50, 1182 JE Amstelveen, ✆ 020/6415754, www.jvdtogt.nl. Do-So 13-17 Uhr. Erwachsene 2.20 €, Kinder 1.10 €, MJK.

Aalsmeer

(22.000 Einwohner)

Die größte Blumenauktion der Welt hat dem kleinen Ort einen großen Namen gegeben. Im Handelsgebäude der **Bloemenveiling Aalsmeer**, in dem annähernd 2.000 Frauen und Männer arbeiten, finden an fünf Tagen der Woche Versteigerungen statt. Täglich wechseln 18 Millionen Blumen und zwei Millionen Zierpflanzen den Besitzer. Der Besucher pilgert auf einer Galerie durch die 800 m lange Halle. In fünf hörsaalartig ansteigenden Sälen sitzen Händler und drücken auf Knöpfe, sobald sie eines der auf Stellagenwagen vorbeirollenden Kistchen mit Blumen kaufen wollen. Der Preis lässt sich auf einer Uhr ablesen, auf der ein Lichtpunkt wandert, bis einer der Händler endlich den Knopf drückt. Die Uhr bleibt stehen, der Preis ist fix. Die Auktionen sind für die Öffentlichkeit zugänglich, allerdings ist frühes Aufstehen notwendig, denn der morgendliche Andrang ist beachtlich.

• *Information* **VVV Aalsmeer**, Drie Kolommenplein 1, 1431 LA Aalsmeer, ✆ 0297/325374, www.vba-aalsmeer.nl. Mo-Fr 9.30-17.30 Uhr, März-September auch Sa 9.30-16 Uhr.

• *Adressen/Öffnungszeiten* **Bloemenveiling Aalsmeer**, Legmeerdijk 313, 1431 GB Aalsmeer, ✆ 0297/392185. Mo-Fr 7.30-11 Uhr (Donnerstag ist der ruhigste Tag). Erwachsene 4 €, Kinder 2 €.

• *Veranstaltungen* Im Spätsommer ziehen zahlreiche Blumenkorsos durch die Niederlande, darunter mit dem **Umzug Aalsmeer-Amsterdam** einer der größten des Landes. Mehr als 20 Prunkwagen formen mit Musik- und Showgruppen eine fast 3 km lange rollende Blumenpracht (1,5 Mio. Exemplare). Die Parade wird zwei Tage vorher in Aalsmeer festlich vorbereitet, wobei sich die Wagenbauer gerne über die Schulter schauen lassen. Die Prunkwagen sind einen Tag vor dem großen Ereignis nachmittags im Stadtzentrum zu besichtigen, ehe der festlich beleuchtete Umzug abends durch Aalsmeer zieht. Termin: Anfang September. Beginn: 9 Uhr (Aalsmeer). Ankunft: 16 Uhr (Amsterdam, Koninklijk Paleis). Besichtigung aller Prunkwagen einen Tag vor dem Umzug ab 16 Uhr im Stadtzentrum Aalsmeer. Information: Stichting Bloemencorso Aalsmeer, Legmeerdijk 313, 1431 GB Aalsmeer, ✆ 0297/325100, www.bloemencorsoaalsmeer.nl.

• *Essen* ◊◊◊ **De Kempers Roef**, Kudelstaartseweg 228, 1433 GR Kudelstaart, wenige Kilometer südlich von Aalsmeer, Relais du Centre (siehe Seite 56), Küche mit landesweit gutem Ruf, Fischspezialitäten oder Fleischgerichte im Jachthafen Kempers an den Westeinder Plassen (südlich von Aalsmeer), Wechsel der Karte alle zwei Monate, Hafencafé im Obergeschoss (nur im Sommer), Langeweile ausgeschlossen – die Bötchen und Boote kommen und gehen. Mi-So 12-14.30 Uhr und 17.30-21.30 Uhr, Mo/Di Ruhetag, ✆ 0297/324145, www.kempersroef.nl.

Region Het Gooi

(Hilversum, Naarden, Muiden)

Die Region, die dem Klischee der flachen Niederlande in perfekter Weise entspricht, hält eine breite Palette unterschiedlicher Landschaftstypen bereit. Der villenreiche Landstrich, der nach 1874 durch den Bau der Eisenbahnlinie von Amsterdam nach Amersfoort zum Garten der nahen Hauptstadt wurde, ist geprägt von weiten Heide- und Waldgebieten auf hügeligem Untergrund. Wohlhabende Kaufleute aus Amsterdam hatten hier im 17. Jahrhundert eine Reihe vornehmster Landhäuser errichten lassen. Das grüne, neu erschlossene Areal in guter Erreichbarkeit zur Hauptstadt drohte später zur Müllkippe Amsterdams zu verkommen, doch konnte der Einsatz von Naturschützern eine Umweltkatastrophe verhindern. Heute ist die grüne Landschaft intakt. Speziell das zwischen **Muiden** und **Naarden** gelegene *Naturgebiet Naardermeer* verfügt über ein funktionierendes Ökosystem. Die weiter nördlich an den Flevopolder angrenzenden Seen *Eemmeer, Gooimeer* und *IJmeer* lassen insbesondere Surfer auf Ihre Kosten kommen.

Hilversum
(83.000 Einwohner)

Das Zentrum von Gooi und Vechtstreek, dem waldreichen südöstlichen Zipfel der Provinz, präsentiert sich als moderne Villenstadt. Hilversum gilt als Zentrum der niederländischen Medienlandschaft.

Die Eröffnung der Bahnverbindung Amsterdam–Hilversum 1874 ließ das einst unbedeutende Dorf erblühen. Das moderne Stadtbild wird dominiert von den Bauwerken des Architekten *Willem M. Dudok*, der nahezu 100 Gebäude konzipierte, darunter das sachlich gestaltete Rathaus (Dudokpark 1), das zu den wenigen erwähnenswerten Baudenkmälern der Stadt zählt. Ein kleines Dudok-Zimmer im Gebäude erinnert an sein Lebenswerk, der Turm birgt ein mehrstimmiges Glockenspiel.

Hilversum ist der Sitz der *Nederlandse Omroep Stichting (NOS)*, der bedeutendsten Institution der niederländischen Medienlandschaft, in der sich zahlreiche privatrechtliche Fernseh- und Rundfunkgesellschaften organisiert haben. Die Stiftung vertritt diese Gesellschaften auf internationaler Ebene.

In die Schlagzeilen geriet die Stadt zuletzt im Mai 2002, als der Rechtspopulist *Pim Fortuyn* vor der hiesigen Rundfunkanstalt erschossen wurde. Der Mord stürzte das Land in eine tiefe Krise (siehe S. 34).

Information/Verbindungen/Adressen

● *Information* **ANWB/VVV Hilversum**, Noordse Bosje 1, 1211 BD Hilversum, ✆ 035/6241751, ✉ 6237460. April-August Mo-Fr 9.30-18 Uhr, Do bis 21 Uhr, Sa 9.30-17 Uhr; September-März Mo-Fr 9.30-18 Uhr.

● *Bahnverbindungen* 4-5x stündl. nach Amersfoort (Dauer: 15 Min.), 3-4x stündl. Amsterdam (25 Min.), 3-4x stündl. Utrecht (20 Min.).

● *Autovermietung* **Autoverhuur Avis**, Noorderweg 58, 1221 AB Hilversum, ✆ 035/6852793; **Autoverhuur Budget**, Koninginneweg 85, 1211 AN Hilversum, ✆ 035/6219806 (0800/0537, gratis); **Autoverhuur Europcar**, Stationsstraat 2c, 1211 EM Hilversum, ✆ 035/6243684; **Autoverhuur Kuperus**, Liebergerweg 26, 1221 JS Hilversum, ✆ 035/6852000, www.autoverhuur-kuperus.nl.

Provinz Noord-Holland
Karte S. 239

• *Fahrradverleih*   **Stationsfietsenstalling De Freewealer**, Stationsplein 1, 1211 EX Hilversum, ✆ 035/6213098; **Hunting Tweewielers**, Neuweg 48, 1214 GV Hilversum, ✆ 035/6214572.

• *Einkaufen*   Die Geschäfte bleiben in Hilversum Montagvormittag geschlossen. Am Donnerstag (in den Randgebieten Hilversums Freitag) verschiebt sich der Ladenschluss auf 21 Uhr (Kaufabend). Marktter-min: **Wochenmarkt** Mi und Sa 8-16 Uhr, 't Langgewenst.

• *Kinderbauernhof*   **Kinderboerderij Hertenkamp**, Hoge Naarderweg 205, 1217 AD Hilversum, ✆ 035/6233886. Täglich 10-16.30 Uhr. Eintritt frei.

• *Krankenhaus* **Ziekenhuis Hilversum**, van Riebeeckweg 212, 1213 XZ Hilversum, ✆ 035/6887777.

• *Taxiruf* ✆ 035/6838383

Übernachten/Essen

• *Übernachten* ****** Hotel Lapershoek**, Utrechtseweg 16, 1213 TS Hilversum, 164 Betten, die erste Adresse vor Ort, Nobelhotel mit allem Luxus, gute Küche im angegliederten Restaurant. EZ ab 100 €, DZ ab 100 €, Frühstück 15 €, ✆ 035/6231341, ✆ 6284360, www.lapershoek.nl.

*** Hotel Richard's Hilversum, Koninginneweg 30, 1217 LA Hilversum, 115 Betten, etwas außerhalb gelegenes, schönes Gebäude, vornehme Atmosphäre, gepflegte Räumlichkeiten, alle Zimmer mit Telefon und TV. EZ ab 70 €, DZ ab 90 €, ✆ 035/6232444, ✆ 6234976, hilfert@xs4all.nl.

** Hotel De Waag, Groest 17, 1211 CX Hilversum, 30 Betten, zentrale Lage, freundliche Atmosphäre, sehr saubere Sanitärs, Café im Eingangsbereich. EZ ab 55 €, DZ ab 65 €, ✆ 035/6246517, ✆ 6218460.

Camping Zonnehoek, Noodweg 50, 1213 PZ Hilversum, Richtung Hollandsche Rading, Nieuw Loosdrecht, Schildern folgen, autofreier Platz auf waldreichem Terrain, einfache Sanitärs, geöffnet April-Oktober. Person 2.50 €, Zelt 6 €, Duschen 0.50 €, Fläche 3,5 ha. ✆ 035/5771926, zonnehoekcamping@tiscali.nl.

• *Essen* **Renée**, Leeuwenstraat 49, 1211 ET Hilversum, Spezialitäten der altholländischen Küche in etwas hausbackenen Räumlichkeiten, Fisch- und Fleischgerichte, gute vegetarische Platten, ✆ 035/6214239.

Restaurant Karseboom (A), Groest 53, 1211 EA Hilversum, gut besuchtes Lokal mit zahlreichen Tischen im Freien (durch flache Stellwände von der Fußgängerzone abgeschirmt), ✆ 035/6212161.

The Guardian (S), Groest 33, 1211 CZ Hilversum, malerisches, kleines Haus mit einfacher, aber guter Küche, ✆ 035/6473233.

Casa di Lorenza, Koninginneweg 88, 1211 AT Hilversum, italienisches Restaurant mit umfangreicher Karte, mehrere Aquarien sorgen für grottenartiges Flair in schummeriger Atmosphäre, ✆ 035/6231160.

De Smidse (3), Oude Doelen 58, 1211 CJ Hilversum, ab Groest via Kerkstraat, dann gleich rechts (orangefarbener Ausschilderung Nr. 58 folgen), und schon läuft man direkt auf das Petit-Restaurant mit seiner linker Hand liegenden Terrasse zu, Pfannkuchen in allerlei verschiedenen Variationen von herzhaft bis süß, So geschlossen, ✆ 035/6218100.

Sehenswertes

Goois Museum: Das Museum im restaurierten Neorenaissance-Rathaus, in dem der schöne *Raadzaal* mit sehenswerten Deckenmalereien architektonisch hervorragt, beherbergt eine Sammlung zur regionalen Archäologie des Gooilandes. Arbeit und Leben der einstigen Bewohner werden anhand historischer Fundstücke beleuchtet. Darüber hinaus findet sich eine umfangreiche Sammlung Loosdrechter Porzellans des 18. Jahrhunderts.

Adresse/Öffnungszeiten   Kerkbrink 6, 1211 BX Hilversum, ✆ 035/6292826, www.gooismuseum.nl. Di-So 13-17 Uhr. Erwachsene 1.35 €, Kinder 0.70 €, Senioren (Pas65) 0.70 €, MJK.

Nederlands Omroepmuseum: Die Stadt der Medien lockt den Besucher mit einem Museum, das alleine dem Fernsehen und dem Radio gewidmet ist. Die Sammlung zeigt Fernsehapparate und Radios aus einer Zeit, in der die noch in den Kinderschuhen steckende Technik erste behutsame Schritte machte. Das Informationsangebot wird durch regelmäßige Videovorführungen ergänzt.

Adresse/Öffnungszeiten   Oude Amersfoortseweg 121-131, 1200 BB Hilversum, ✆ 035/ 6885858, www.omroep.nl/omroepmuseum. Di-Fr 10-17 Uhr, Sa/So 12-17 Uhr. Erwachsene 3.90 €, Kinder 2.20 €, Senioren (Pas65) 3.20 €, MJK. Führungen in deutscher Sprache.

Smalfilmmuseum: Das Schmalfilmmuseum gehört zum oben erwähnten Nederlands Omroepmuseum und präsentiert in erster Linie Material aus dem Bereich des Amateurfilms. Mehr als 4.000 Titel von 1905 bis heute machen die Sammlung (mit gut sortierter Bibliothek) zu einer wahren Fundgrube.

Adresse/Öffnungszeiten   Oude Amersfoortseweg 121-131, 1212 AA Hilversum, ✆ 035/ 6856633, www.smalfilmmuseum.nl. Zutritt nur nach Voranmeldung. Erwachsene/Kinder 2 €.

Jan Costerus Tuin: Der Naturgarten bietet gegenwärtig mehr als 3.000 Pflanzenarten einen Lebensraum. Keimzelle des botanischen Gartens war das 1911 angelegte und noch heute bestehende *Pinetum Blijdenstein*, ein Heidegarten mit Gewächshäusern, Koniferen, Laub- und Nadelbäumen.

• *Adressen/Öffnungszeiten*   Jan Costerus Tuin, Zonnelaan 4, 1213 JE Hilversum, ✆ 035/ 6238479. Täglich von Sonnenaufgang bis Sonnenuntergang. Eintritt frei. Pinetum Blijdenstein, v/d Lindenlaan 125, 1217 PJ Hilver sum, ✆ 035/6231123, www.bio.uva.nl/pinetum. Di-Fr 9-16 Uhr, April-Oktober auch Sa/So 12-16 Uhr. Erwachsene 2.25 €, Kinder 0.90 €. Füh rungen auf Anfrage.

Naarden (Vesting) (16.500 Einwohner)

Die einzigartigen Stadtwälle aus dem 17. Jahrhundert zählen zu den bester haltenen Festungsanlagen des gesamten Kontinents. Der Liebhaber histori scher Monumente wird sich in Naarden – im Grunde ein Freilichtmuseum – wohl fühlen.

Der kleine Ort am IJsselmeer liegt nur etwa 20 km östlich von Amsterdam. Die sechseckige, sternförmig angelegte Festung mit vorgelagerten Wassergräben wurde nach der Zerstörung der Stadt durch spanische Truppen in den Anfangsjahren des achtzigjährigen Kriegs erbaut. Die Festungsanlagen können am besten vom Turm der Vituskirche, einer spätgotischen Basilika aus dem 15. Jahrhundert, überblickt werden. Sehr lohnenswert ist ein Spaziergang auf den größtenteils zugänglichen Wallanlagen oberhalb des Wassers – ein heimeliger Ausflug in prächtig grüner Umgebung.

Information/Verbindungen/Adressen

• *Information*   **VVV Naarden**, Adriaan Dortsmanplein 1b, 1411 RC Naarden, ✆ 035/ 6942836, 🕾 6943424. Mai-Oktober Mo-Fr 10-17 Uhr, Sa 10-15 Uhr, So 12-15 Uhr; November-April Mo-Sa 10-14 Uhr.

• *Bahnverbindungen*   2x stündl. nach Amersfoort (Dauer: 25 Min.), 2x stündl. Amsterdam (20 Min.), 4x stündl. Hilversum (10 Min.).

• *Busverbindungen*   in Richtung Almere, Amsterdam, Hilversum, Muiden.

• *Fahrradverleih*   **Stationsrijwielstalling Bussum**, Stationsplein 3, 1404 AM Bussum, ✆ 035/6945530.

• *Einkaufen*   Die Geschäfte bleiben in Naarden Montagvormittag geschlossen. Am Freitag verschiebt sich der Ladenschluss auf 21 Uhr (Kaufabend). Markttermin: **Wochenmarkt** Sa 9-14 Uhr, Adriaan Dortsmanplein.

• *Krankenhaus*   **Ziekenhuis Gooi-Noord**, Rijksstraatweg 1, 1261 AN Blaricum, ✆ 035/ 5391111.

• *Taxiruf* ✆ 035/5422222

Übernachten/Essen

• *Übernachten* **** **Hotel Tulip-Inn Naarden**, IJsselmeerweg 3, 1411 AA Naarden, 260 Betten, ruhige Lage nordwestlich des Stadtzentrums, komfortable Räumlichkeiten, alle Zimmer mit Du/WC, Telefon und TV. EZ ab 126 €, DZ ab 135 €, Frühstück 14 €, ✆ 035/6951514, 📠 6951089, info@tinaarden. goldentulip.nl.
** **Hotel Archibald Schimmelpenninck**, Brinklaan 25, 1404 EP Bussum, wenige Kilometer südlich von Naarden, sehr kleines Haus mit nur 4 Betten, trotzdem eine empfehlenswerte Adresse (nicht nur wegen des wohlklingenden Namens). EZ ab 45 €, DZ ab 55 €, ✆ 035/6943030, 📠 6944480.
• *Essen*   **Chef's Brasserie**, Cattenhagestraat 9, 1411 CR Naarden, franz. Küche der mittleren bis oberen Preisklasse inmitten der alten Festung, einige Tische im Freien auf der Terrasse am Kerkplein, ✆ 035/6948803.
Eetcafé 't Hert, Cattenhagestraat 12, 1411 CT Naarden, Spezialität des Hauses sind Schweinerippchen. ✆ 035/6948055.
De Kapschuur, Kerkpad 1, 1411 PW Naarden, Bistro und Eetcafé, eine gute Adresse für leckere Pfannkuchen, ✆ 035/6941957.

Sehenswertes

Stadhuis: Das städtische Rathaus aus dem 16./17. Jahrhundert mit seiner malerischen Fassade im Stil der holländischen Renaissance birgt ein prachtvolles Interieur. In der Saison finden Kunstausstellungen im alten Speicher und im neuen städtischen Gemeindebüro statt. Nur wenige Schritte entfernt thront die *Grote Kerk* (*Sint Vituskerk*), eine spätgotische Basilika mit prachtvollem Turmbau aus dem 14. Jahrhundert. Die Besteigung des Turms (235 Stufen) wird mit einer herrlichen Aussicht auf die Festungsanlagen der Stadt belohnt. Bei gutem Wetter reicht die Sicht bis nach Amsterdam.

• *Adresse/Öffnungszeiten*   Marktstraat, 1411 JL Naarden, ✆ 035/6942836 (VVV). Rathaus: April-September Mo-Sa 13.30-16.30 Uhr, Eintritt frei. Kirche: Juni-September täglich 14-16 Uhr. Eintritt frei. Turmbesteigung: Juli/August Di-So 13 Uhr, 14 Uhr, 15 Uhr und 16 Uhr. Erwachsene 2 €, Kinder 1 €.

Comenius-Museum: Das Museum im *Spaanse Huis* ehrt den böhmischen Prediger und Theologen *Jan Amos Comenius* (1592–1670), der die letzten Jahre seines Lebens in der Verbannung in Naarden verbrachte. Der ehemalige Bischof der böhmischen Brüdergemeinde strebte nach einer Umgestaltung des Unterrichtswesens: "Die Schule sollte sowohl die Entwicklung bester Anlagen als auch die rechte Gottesfurcht [...] fördern." Das Museum verfügt über etliche seiner Werke und über mehr als 2.000 Bände seiner Hausbibliothek. Das nahe Comenius-Mausoleum aus dem 15. Jahrhundert, eine spätgotische Klosterkapelle, ist seit einiger Zeit ebenfalls zugänglich.

Adresse/Öffnungszeiten Museum   Kloosterstraat 33, 1411 RS Naarden, ✆ 035/6943045, www.comeniusmuseum.nl. April-Oktober Di-Sa 10-17 Uhr, So 12-17 Uhr; November-März Di-So 13-16 Uhr. Erwachsene 2 €, Kinder 1 €, Senioren (Pas65) 1 €, MJK.

Nederlands Vestingmuseum: Die Anlage gehört zur mittelalterlichen Bastion *Turfpoort*, einem verzweigten Netz unterirdischer Gänge und Kasematten, die einst zur Verteidigung der Stadt konzipiert wurden. Die Ausstellung ist der Festungsstadt Naarden gewidmet, doch finden auch andere niederländische Verteidigungsanlagen angemessene Beachtung.

• *Adresse/Öffnungszeiten*   Kazematten, Bastion Turfpoort, Westwalstraat 6, 1411 PB Naarden, ✆ 035/6945459, www.vestingmuseum.nl. März-Oktober Di-Fr 10.30-17 Uhr, Sa/So 12-17 Uhr, Juni-August auch Mo 12.30-17 Uhr; November-Februar So 12-17 Uhr. Erwachsene 5 €, Kinder 3 €, Senioren (Pas65) 4 €, MJK. Führungen in deutscher Sprache. Bootsfahrt: Erwachsene 2 €, Kinder 1 €.

Muiden

(7.000 Einwohner)

Die kleine Gemeinde schmiegt sich auf halber Strecke zwischen Amsterdam und Hilversum an die südlichen Ausläufer des IJsselmeers. Der Hafen verfügte vor der Abschottung der ehemaligen Zuiderzee über einen direkten Zugang zum Meer.

Die Schifffahrt spielte schon früh eine wichtige Rolle. Eine riesige Meeresschleuse sorgte im 17. Jahrhundert für die Ansiedlung zahlreicher Schiffswerften an den Ufern der Vecht. Muiden gilt heute als Zentrum des Wassersports, als Tor zu den zahlreichen Jachthäfen am IJsselmeer und den friesischen Seen. Die Stadtväter bemühen sich erfolgreich, den Bestand historischer Botter, Klipper und Tjalken wieder zu vergrößern.

Sehenswert ist das **Kasteel Muiderslot**, dessen Anfänge im späten 13. Jahrhundert liegen, als Graf *Floris V.* eine mächtige Burg an der Mündung der Vecht in die Zuiderzee erbaute. Schon bald allerdings legten kriegerische Auseinandersetzungen die Anlage in Schutt und Asche. Eine erste Schlossanlage, die knapp 200 Jahre später entstand, wurde im Laufe der Jahre mehrfach erweitert und als Wasserschloss ausgebaut. Die lange Liste der Bewohner trägt auch den Namen des niederländischen Schriftstellers *Pieter Cornelisz Hooft*, der das Anwesen zu einem anerkannten Zentrum der Künste und Wissenschaften ausbaute. Das kostbare Interieur aus dem 16./17. Jahrhundert mit alten Gemälden, Möbeln, Waffen und Wandteppichen konnte weitgehend erhalten werden. Das Schloss ist eines der meistbesuchten der Niederlande.

- *Information* **VVV Muiden**, Kazernestraat 10, 1398 AN Muiden, ✆ 0294/261389, www.muidenvesting.nl. April-September Mo 13.30-17 Uhr, Di-Fr 10-17 Uhr, Sa 10-13 Uhr.
- *Adresse/Öffnungszeiten* **Kasteel Muiderslot**, Herengracht 1, 1398 AA Muiden, ✆ 0294/261325, www.muiderslot.nl. April-Oktober Mo-Fr 10-17 Uhr, Sa/So 13-17 Uhr (letzte Führung jeweils 16 Uhr); November-März Sa/So 13-16 Uhr (letzte Führung jeweils 15 Uhr). Erwachsene 5.50 €, Kinder 4 €, Senioren (Pas65) 4 €.
- *Taxiruf* ✆ 0294/430404

Region Zuid-Kennemerland

(Haarlem, Zandvoort)

Die Region südlich des Nordseekanals, der als künstliche Ausweitung des *IJ* nahe IJmuiden in die Nordsee strömt, verbindet den städtischen Charme einer an Historie reichen Stadt wie **Haarlem** mit ausgedehnten Dünen und kilometerlangen Sandstränden. An den landeinwärts orientierten Flanken dieser weitläufigen Dünengebiete stehen die Landgüter wohlhabender Bürger, die sich seit jeher durch das extravagante **Zandvoort** als Höhepunkt der mondänen Badekultur angezogen fühlen.

Der Nationalpark *Zuid-Kennemerland* und die sich weiter südlich daran anschließenden *Amsterdamse Waterleidingsduinen* stellen herrliche Naturgebiete dar, die gegen einen kleinen Obolus betreten werden dürfen. Mehr historisch interessierte Besucher werden sich derweil an der *Slotruine Brederode* in **Santpoort** orientieren, die im 13. Jahrhundert zum Schutz der damals wichtigsten Handelsstraße durch die Grafschaft Holland errichtet worden war.

Provinz Noord-Holland · Karte S. 239

Zugbrücke am Teylers Museum

Haarlem

(Provinzhauptstadt • 150.000 Einwohner)

Die malerischen Brücken und Gassen der Stadt inspirierten einst den Maler Frans Hals. Haarlem, die Stadt der "Hofjes", zählt zu den faszinierendsten Orten des Landes. Ein Streifzug durch die Innenstadt bestätigt dieses Urteil.

Im 11.–13. Jahrhundert diente die Stadt den Grafen von Holland als fürstliche Residenz. Damals schon zeigte sich Haarlem in wohlhabendem Gewand. Erst später, während des niederländisch-spanischen Kriegs, wurden die Zeiten für die Stadt schlechter. 1572 wurde sie nach siebenmonatiger Belagerung von den spanischen Truppen eingenommen. Die kaltblütigen Besatzer ließen damals fast die gesamte Bevölkerung auf grausamste Weise hinrichten, darunter die gesamte protestantische Geistlichkeit. Nach knapp fünfjähriger Besatzungszeit gelang *Willem van Oranje* 1577 die Rückeroberung der Stadt. Eine einzigartige Blütezeit begann. Haarlem erlebte ähnlich wie andere holländische Städte ein wahrhaft goldenes Jahrhundert.

Die Maler *Frans Hals* (1580–1666), *Adriaen van Ostade* (1610–1685) und *Jacob van Ruysdael* (1628–1682) arbeiteten vornehmlich in ihren Haarlemer Ateliers. Exzellente Kunstwerke entstanden, darunter die einzigartigen Schützen- und Regentenstücke, die Frans Hals zu einem der bedeutendsten niederländischen Maler reifen ließen. Die damaligen Jahre prägten das Stadtbild nachhaltig. Der städtische Baumeister *Lieven de Key* (1560–1627) konzipierte mehrere architektonische Meisterwerke. Die Fleischhalle und das Rathaus gelten als herausragende Leistungen niederländischer Baukunst.

Das moderne Haarlem zelebriert seine Urbanität mit noblem Chic und Stil. Spaziert man über die hübschen Brücken und entlang der malerischen Gassen, versteht man, warum sich Maler wie Frans Hals in Haarlem inspirieren ließen. Die alte Bausubstanz ist beeindruckend, die Zahl der denkmalgeschützten Gebäude hoch. Herrliche Aussichten genießt man von der Dachterrasse der am Markt gelegenen Verweyhalle. Die Blicke reichen von oben auf den Dom, das weithin sichtbare Wahrzeichen der Stadt, und weit über die Giebel Haarlems hinaus ins Land, auf Flüsschen und Kanäle und das Gebiet des mittlerweile verschwundenen *Haarlemer Meeres*. Die hektische Geschäftigkeit des Nachbarn Amsterdam ist in Haarlem nicht zu spüren. Im städtischen Umland lockt das Waldgebiet *Haarlemmer Hout* südlich des Zentrums mit altem Baumbestand – beste Voraussetzungen für einen Ausflug ins Grüne.

*I*nformation/*V*erbindungen/*R*undfahrten

* *Information* **VVV Haarlem**, Stationsplein 1, 2011 LR Haarlem, ☎ 0900/6161600, ✆ 023/5340537, www.vvvzk.nl. April-September Mo-Fr 9.30-17.30 Uhr, Sa 10-16 Uhr; Oktober-März Mo-Fr 9.30-17.30 Uhr, Sa 10-14 Uhr.
ANWB Haarlem, Koninklijke Nederlandse Toeristenbond, Stationsplein 70, 2011 LM Haarlem, ☎ 023/5319163, ✆ 5343095.
* *Bahnverbindungen* 3-4x stündl. nach Alkmaar (Dauer: 30-40 Min.), 5-6x stündl. Amsterdam (15 Min.), 3-4x stündl. Den Haag (30-40 Min.), 2x stündl. Rotterdam (50 Min.), 2x stündl. Zandvoort (10 Min.).
* *Grachtenfahrt* Eine Rundfahrt auf den von zahlreichen Brücken überspannten Haarlemer Kanälen verleiht einem Besuch der altholländischen Metropole neue Per-

spektiven – allemal lohnenswert. Neue Kombikarten bieten attraktive Ermäßigungen in Verbindung mit einem Besuch der beiden bedeutendsten städtischen Museen. Abfahrt ab Spaarne (gegenüber Damstraat, Nähe Teylers Museum): April-Oktober täglich 10.30, 12, 13.30, 15 und 16.30 Uhr, 75 Min. Dauer. Erwachsene 6 €, Kinder 3.40 €, Senioren (Pas65) 5.40 €.
Information: Wolthuis Cruises, Spaarne 11a, 2011 CC Haarlem, ☎ 023/5357723, www.woltheuscruises.nl.

Zur Entdeckungstour im Gouden Circel siehe Seite 171.

*A*dressen

* *Autovermietung* **Autoverhuur Avis**, Leidsevaart 344, 2014 HK Haarlem, ☎ 023/5246207; **Autoverhuur Europcar**, Beijnesweg 7, 2031 BB Haarlem, ☎ 023/5319181; **Autoverhuur Bouwens**, Kampervest 23, 2011 EX Haarlem, ☎ 023/5312638.
* *Fahrradverleih* **Pieters Fietsenstalling Station**, Stationsplein 2, 2011 LR Haarlem, ☎ 023/5317066; **De Wolkenfietser**, Koningstraat 36, 2011 TD Haarlem, ☎ 023/5325577; **Step & Ko**, Rijksstraatweg 224, 2022 DH Haarlem, ☎ 023/5382877.
* *Kanuverleih* **Step & Ko**, Rijksstraatweg 224, 2022 DH Haarlem, ☎ 023/5382877; **Camping De Liede**, Lieoever 68, 2033 AD Haarlem, ☎ 023/5332360.
* *Einkaufen* Die Geschäfte bleiben in Haarlem Montagvormittag geschlossen. Am Donnerstag verschiebt sich der Laden-

schluss auf 21 Uhr (Kaufabend). Markttermine: **Wochenmarkt** Sa 9-17 Uhr, Grote Markt; Sa 9-17 Uhr, Botermarkt; **Blumenmarkt** Sa 9-17 Uhr, Grote Markt; **Stoffmarkt** Mo 10-17 Uhr, Grote Markt.
* *Kinderbauernhöfe* **Schoterhoeve**, Sportweg 1, 2024 CN Haarlem, ☎ 023/5261718. März-Oktober Di-Fr 10-12.30 Uhr, 13-17 Uhr, Sa/So 10-17 Uhr; November-Februar Di-Fr 10-12.30 Uhr und 13-16.30 Uhr. Eintritt frei.
Houthoeve, Hertenkamplaan 1, 2012 CN Haarlem, ☎ 023/5326487. März-Oktober Di-Fr 10-12.30 Uhr und 13-17 Uhr, Sa/So 10-17 Uhr. November-Februar Di-Fr 10-12.30 Uhr und 13-16.30 Uhr. Eintritt frei.
* *Krankenhaus* **Ziekenhuis Kennemer Gasthuis**, Boerhaavelaan 22, 2035 RL Haarlem, ☎ 023/5525252.
* *Taxiruf* ☎ 023/5400400

Provinz Noord-Holland
Karte S. 239

Übernachten

• *Hotels* ****** Carlton Square Hotel (14)**, Baan 7, 2012 DB Haarlem, 248 Betten, zentrale Lage, die erste Adresse vor Ort, modernes Hotel mit allem Komfort, gepflegte Atmosphäre, freundlicher Service. EZ ab 68 €, DZ ab 68 €, ℡ 023/5319091, 🖳 5329853.

**** Golden Tulip Hotel Lion d'Or (1), Kruisweg 34-36, 2011 LC Haarlem, 66 Betten, zentrale Lage, gepflegte Atmosphäre, Airport-Shuttle-Service. EZ ab 115 €, DZ ab 145 €, ℡ 023/5321750, 🖳 5329543.

*** Hotel Haarlem-Zuid van der Valk (17), Toekanweg 2, 2035 LC Haarlem, etwas außerhalb gelegener, riesiger Glaspalast, 640 Betten, alle Zimmer mit Du/WC, Telefon und TV. EZ ab 71 €, DZ ab 81 €, Frühstück 12 €, ℡ 023/5367500, 🖳 5367980.

• *Jugendherberge* **NJHC-Jugendherberge Haarlem (15)**, Jan Gijzenpad 3, 2024 CL Haarlem, verkehrsreiche Straße nur wenige Meter entfernt, geöffnet März-Oktober. 132 Betten, Übernachtung im Schlafsaal inkl. Frühstück 18-21 € (je nach Saison), ℡ 023/5373793, 🖳 5371176, haarlem@njhc.org.

• *Camping* **Camping De Liede (16)**, Liewegje 17, 2015 KA Haarlem, nordöstlicher Stadtrand, Parallelstraße zur A 5 Richtung Ortsausgang nehmen, einige hundert Meter hinter den Häusern links, Schildern folgen, einziger Campingplatz vor Ort, Wassernähe, schattige Plätze rechts und links der Straße, Lebensmittelgeschäft, geöffnet Januar-Dezember. Person 2.75 €, Zelt 2.75 €, Auto 2.75 €, Fläche 3 ha. ℡ 023/5332360.

Essen

De Pêcherie "Haarlem aan Zee" (9), Oude Groenmarkt 10, 2011 HL Haarlem, empfehlenswerte Fischspezialitäten, ℡ 023/5314884.

Steakhouse Wilma & Albèrt (8), Oude Groenmarkt 6, 2011 HL Haarlem, Steaks und Salate in guter Auswahl, ℡ 023/5321256.

Bistro Jacques (10), Warmoesstraat 21, 2011 HN Haarlem, Nebenstraße an der Kirche, französische Küche auf drei gemütlich eingerichteten Etagen mit offenem Ofen, gute Weinkarte, ℡ 023/5322398.

Le Tournesol (11), Kleine Houtstraat 42, 2011 DN Haarlem, französische Küche, ℡ 023/5519643.

De Kaashut (12), Grote Houtstraat 102a, 2011 ST Haarlem (Fußgängerzone), Käse, Oliven, Wein – landestypische Auswahl kulinarischer Mitbringsel aus den Niederlanden, ℡ 023/5315335.

India Palace (7), Gedempte Oudegracht 29, 2011 GL Haarlem, Spezialitäten der indischen Küche, ℡ 023/5420577.

Popocatepetl (5), Rieviervismarkt 1-3, 2011 HJ Haarlem (Ecke Janssstraat), Mexikaner seitlich der Grote Kerk, ausgezeichnete *Combinación Popocatepetl*, *Tapachula* ist Spezialität des Hauses: Zimteis mit Früch-

tesauce. Übrigens: Die Herren sollten – falls möglich – mal pinkeln gehen! ℡ 023/5511901, www.popo.nl.

Zorba de Griek (4), Smedestraat 47, 2011 RE Haarlem, Spezialitäten der griechischen Küche, ℡ 023/5315188.

Pannenkoekhuis Haarlemmerhout (18), Hertenkamplaan 1, 2012 CV Haarlem, leckere Pfannkuchen in vielen Variationen, leider nur bis 19 Uhr geöffnet, Mo-Di geschlossen, ℡ 023/5313166.

Grand Café Doria (6), Grote Houtstraat 1a, 2011 SB Haarlem, Ecke Grote Markt, zahlreiche Tische im Freien am Fuße der imposanten Kirche, adrette Kellnerinnen in weißen Blusen und roten Röcken servieren Pfannkuchen, ℡ 023/5313335.

Bruxelles (2), Lange Wijngaardstraat 16, 2011 RL Haarlem, Eetcafé en Biercafé, gutes und preiswertes Essen, internationale Küche, große Auswahl verschiedener Biersorten, junges Publikum, ℡ 023/5314509.

Café 1900 (3), Barteljorisstraat 10, 2011 RB Haarlem, gemütliches Café, kleine Snacks, dunkle Einrichtung mit viel Holz, sonntags Livemusik ab 19.30 Uhr, freier Eintritt, ℡ 023/5318283.

Croissanterie Délifrance (13), Grote Houtstraat 126, 2011 SV Haarlem, Croissants, Baguettes, Broodjes, ℡ 023/5318422.

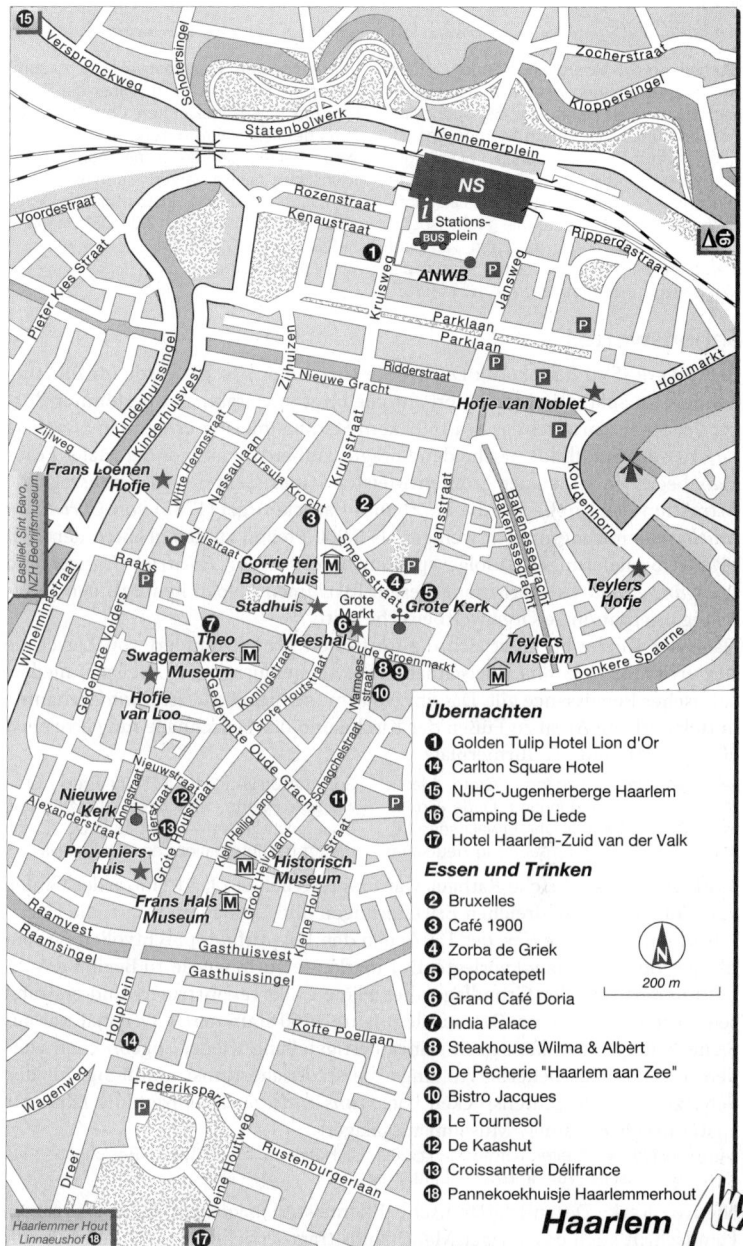

Übernachten

1 Golden Tulip Hotel Lion d'Or
14 Carlton Square Hotel
15 NJHC-Jugenherberge Haarlem
16 Camping De Liede
17 Hotel Haarlem-Zuid van der Valk

Essen und Trinken

2 Bruxelles
3 Café 1900
4 Zorba de Griek
5 Popocatepetl
6 Grand Café Doria
7 India Palace
8 Steakhouse Wilma & Albèrt
9 De Pêcherie "Haarlem aan Zee"
10 Bistro Jacques
11 Le Tournesol
12 De Kaashut
13 Croissanterie Délifrance
18 Pannekoekhuisje Haarlemmerhout

200 m

Haarlem

Veranstaltungen

Blumenkorso Noordwijk–Haarlem: Der traditionelle Blumenkorso von Noordwijk nach Haarlem ist Höhepunkt der südholländischen Tulpensaison. Am Morgen des 20. April startet eine Kolonne blumengeschmückter Prunkwagen eine 40 km lange Fahrt über Sassenheim, Lisse (Keukenhof), Hillegom und Heemstede, die gegen Abend in Haarlem endet. Am nächsten Tag sind die rollenden Blumenbeete bis spät in die Nacht ausgestellt. Information: ✆ 0252/515122.

Internationales Orgelfestival: Die mitsommerlichen Konzerte auf der über die Stadtgrenzen hinaus bekannten Christiaan-Müller-Orgel in der Grote Kerk lockten in den vergangenen Jahren zunehmend mehr Menschen nach Haarlem. Termin: Juli. Information: Stichting Internationaal Orgelconcours, Postbus 333, 2001 DH Haarlem, ✆ 023/5115733, 🖷 5115743, www.organfestival.nl.

Sehenswertes

Grote Kerk (Sint Bavokerk): Die größte Haarlemer Kirche wurde im 14. Jahrhundert im spätgotischen Stil erbaut. Sie birgt die Grabmäler berühmter Bürger der Stadt, darunter das des 1593 zum Stadtbaumeister ernannten *Lieven de Key*, der das Stadtbild entscheidend prägte. Außerdem ist hier der Maler *Frans Hals* begraben, einer der größten Meister seines Genres. Als herausragende Attraktion der Kirche gilt die imposante Barock-Orgel (1738) von *Christiaan Müller*, die mit ihren nicht weniger als 5.000 Pfeifen zu den größten der Welt zählt. Überlieferungen zufolge spielten bereits *Georg Friedrich Händel* und *Wolfgang Amadeus Mozart* auf diesem Instrument. Noch heute finden regelmäßig internationale Orgelwettbewerbe statt.

Nahe der Kirche befindet sich die im frühen 17. Jahrhundert von Lieven de Key errichtete *Vleeshal* (Fleischhalle), die als herausragendes Beispiel niederländischer Renaissance gilt. Das im Volksmund liebevoll *Het Zand* genannte mittelalterliche Areal zu Füßen der Kirche und der Fleischhalle fungierte einst übrigens als sandiger Turnierplatz.

● *Adresse/Öffnungszeiten* Grote Markt, 2011 RE Haarlem (Eingang Oude Groenmarkt 23). Mo-Sa 10-16 Uhr. Erwachsene 1 €, Kinder 0.50 €. Führung (auch in deutscher Sprache) Juli/August Sa 11 Uhr (Preis 2 €). ● *Orgelkonzerte* Mai-Oktober Di 20.15 Uhr, Dauer: 60 Min. Juli/August auch Do 15 Uhr. Eintritt frei (Internationales Orgelfestival).

Stadhuis: Das städtische Rathaus war ursprünglich ein Jagdschloss der Grafen von Holland. Die zahlreichen Erweiterungen und Umbauten tragen die Handschrift von *Lieven de Key*, der 1597 auch den Entwurf der prachtvollen Außentreppe zum *Gravenzaal* vorlegte. Der markante Turm wurde zu Beginn des 20. Jahrhunderts auf der Grundlage alter Pläne exakt rekonstruiert und erstrahlt seither in neuem Glanz. Das aus dem Jahre 1460 stammende Original war aus Sicherheitsgründen kurz nach seiner Fertigstellung wieder abgebrochen worden. Das Rathaus beherbergte lange die städtische Kunstsammlung mit den Schützen- und Regentenstücken von *Frans Hals*, doch wurden die Exponate später ins gleichnamige Museum ausgelagert.

Adresse/Öffnungszeiten Grote Markt, 2011 RD Haarlem, ✆ 023/5310823. Besichtigung nur nach telefonischer Voranmeldung. Eintritt frei.

Nieuwe Kerk: Der niederländische Baumeister *Jacob van Campen*, dessen Handschrift auch das Haager Mauritshuis trägt, errichtete im 17. Jahrhundert eine Backsteinkirche mit viereckigem Grundriss. Das Bauwerk (Nieuwe Kerks-

Grote Kerk am weitläufigen Haarlemer Marktplatz

plein 32) steht auf den Fundamenten einer älteren niedergebrannten Kirche, an deren Existenz einzig der von *Lieven de Key* gestaltete Renaissanceturm erinnert. Das Interieur der Kirche beeindruckt mit prachtvollen Grabmälern. Auf dem angrenzenden Friedhof fand der Maler *Jacob van Ruysdael* seine letzte Ruhestätte.

Basiliek Sint Bavo: Die orientalisch anmutende Architektur der außerhalb des Stadtzentrums gelegenen Basilika verbindet neugotische Elemente mit moderner Baukunst. Die Kirche entstand zur Jahrhundertwende als jüngste ihrer Art in Westeuropa. Die Schatzkammer verfügt über wertvolle Kirchengewänder und Silberkollektionen, die zum Teil noch aus dem 15. Jahrhundert stammen. In der Saison finden regelmäßige Orgelkonzerte statt.

• *Adresse/Öffnungszeiten* Leidsevaart 146, Eingang Bisschop Bottemanneplein, 2014 HE Haarlem, ☎ 023/5533377. April-September Mo-Fr 10-16 Uhr, Sa 13-15 Uhr, So 13-16 Uhr. Schatzkammer: Erwachsene 1 €, Kinder 0.50 €.

• *Orgelkonzerte* April-September Sa 15 Uhr. Eintritt frei.

Hoofdwacht: Das alte Patrizierhaus aus dem 13. Jahrhundert, eines der ältesten Gebäude der Stadt, reiht sich nahtlos ein in die lange Liste sehenswerter Haarlemer Bauten. Einst bargen die dicken Mauern die Hauptwache der Polizei, später dienten die Räumlichkeiten der Gemeinde als Rathaus. Anlässlich des 750-jährigen Stadtjubiläums wurde die Hauptwache 1995 der breiten Öffentlichkeit als Museum zugänglich gemacht.

Adresse/Öffnungszeiten Grote Markt 17, 2011 RE Haarlem, ☎ 0900/6161600 (VVV). Mai-September Sa/So 13-17 Uhr. Eintritt frei.

Spaarnestad Fotoarchief: Die Stiftung *Nederlands Foto & Grafisch Centrum* verwaltet mehr als drei Millionen nationale und internationale Pressefotos, die eine eindrucksvolle Dokumentation der wechselhaften Ereignisse des 20. Jh.

darstellen. Die Sammlung umfasst ausgewählte Arbeiten regionaler Fotografen sowie zahlreiche Werke renommierter Meister wie *Henri Cartier-Bresson* oder *Robert Capa*.

Adresse/Öffnungszeiten   Groot Heiligland 47, 2011 EP Haarlem, ✆ 023/5185152, www.spaarnefoto.nl. Di-Sa 12-17 Uhr, So 13-17 Uhr. Eintritt frei.

Hofjes

Die alten Wohnhöfe sind ein Wahrzeichen der Stadt. Haarlem gilt neben Leiden als die Stadt der Hofjes. Die abgeschlossenen Wohnsiedlungen sind vielerorts anzutreffen. Die folgende Auswahl erhebt keinen Anspruch auf Vollständigkeit:

Brouwers Hofje (1581), Tuchthuisstraat 8, 2011 AB Haarlem, ✆ 0900/6161600 (VVV).

Frans Loenen Hofje (1607), Koninginneweg 54, 2012 GP Haarlem, ✆ 023/5316758.

Hofje De Bakenesserkamer (1395), Wijde Appelaarsteeg 11, 2011 HB Haarlem, ✆ 023/5320476.

Hofje van Guurtje de Waal (1616), Lange Annastraat 41, 2014 AB Haarlem, ✆ 0900/6161600 (VVV).

Hofje van Loo (1489), Gasthuishofje, Barrevoetstraat 7, 2011 JC Haarlem, ✆ 0900/6161600 (VVV).

Hofje van Noblet (1761), Nieuwe Gracht 2, 2011 NE Haarlem, ✆ 023/5310108.

Sint Jorisdoelen (1591), Proveniershuis, Grote Houtstraat 144, 2014 JC Haarlem, ✆ 0900/6161600 (VVV).

Teylers Hofje (1787), Koudenhorn 64a, 2011 JE Haarlem, ✆ 023/5321908.

Anton Pieck Hofje, Anijsstraat 1, 2034 ML Haarlem, ✆ 023/5366983.

Hofje Codde en van Beresteyn, Jos Cuypersstraat 24, 2014 XD Haarlem, ✆ 023/5320166.

Hofje In den Groenen Tuin, Warmoesstraat 23, 2011 HN Haarlem, ✆ 023/5324824.

Hofje van Oirschot, Kruisstraat 44, 2011 PZ Haarlem, ✆ 023/5310565.

Frans-Hals-Museum: Das ehemalige *Oudemannenhuis* entstand nach Entwürfen des Stadtbaumeisters *Lieven de Key* 1608 zunächst als Wohnstätte für alte Männer. Mittlerweile befindet sich hier eines der bedeutendsten Museen der Niederlande – *die* Attraktion Haarlems. Die Kollektionen umfassen in erster Linie Werke der *Haarlemer Schule*, die als Höhepunkte des niederländischen Manierismus gelten. Der flämische Maler *Carel van Mander* hatte nach seiner Übersiedlung nach Haarlem diese damals neue Kunstrichtung ins Leben gerufen. Die großformatigen Gemälde zeigen biblisch-mythologische Darstellungen der menschlichen Anatomie.

Die acht weltbekannten Schützen- und Regentenstücke von *Frans Hals* gelten als kostbarste Exponate. Der in Antwerpen als Sohn einer Flüchtlingsfamilie geborene Maler war im späten 16. Jahrhundert nach Haarlem gezogen. Weltweit sind nur etwa 200 seiner Werke erhalten – eine vergleichsweise geringe Zahl, die sich damit erklären lässt, dass er lange nur wenig beachtet wurde, bis man seine Kunst im 19. Jahrhundert neu entdeckte. Die Sammlungen werden ergänzt durch Haarlemer Keramiken, Möbel und Silber sowie eine mit Delfter Porzellan aus dem 18. Jahrhundert ausgestattete Apotheke.

Eine Außenstelle in der alten *Vleeshal* und *Verweyhal* zeigt wechselnde Ausstellungen zeitgenössischer Kunst.

• *Adresse/Öffnungszeiten* **Hauptmuseum**, Groot Heiligland 62, 2001 DJ Haarlem, ✆ 023/5115775, www.franshalsmuseum.nl. Di-Sa 11-17 Uhr, So 12-17 Uhr. Erwachsene 5.40 €, Kinder frei, Senioren (Pas65) 4 €, MJK. Füh-rungen in deutscher Sprache. **Außenstelle**, Grote Markt 16, 2011 RD Haar-lem, ✆ 023/5115775. Mo-Sa 11-17 Uhr, So 12-17 Uhr. Erwachsene 4 €, Kinder frei, Senio-ren (Pas65) 2.70 €, MJK.

Teylers Museum: Der Textilfabrikant *Pieter Teyler van der Hulst* verfügte 1778 testamentarisch, sein Vermögen solle zum Bau eines Museums der Künste und Wissenschaften verwendet werden. Das Museum ist eines der ältesten des Landes und präsentiert sehenswerte Kunstschätze, die die einstigen Be-wohner sammelten, darunter Drucke, Gemälde und Zeichnungen der franzö-sischen, holländischen und italienischen Schule, die über lange Jahre zusam-mengetragen wurden. Die Direktion des Hauses erwarb 1790 rund 1.700 Ge-mälde der römischen Fürstenfamilie *Odescalchi*, die die Werke von der schwe-dischen Königin erhalten hatte. Ihre legendäre Sammlung befindet sich seit-her im Besitz des Hauses, ist infolge ihrer Größe aber nur in Teilen im Rah-men der festen Ausstellung zugänglich. Das Interieur des einstigen Bürgerhau-ses blieb über die Zeit hinweg nahezu unangetastet. Im Mittelpunkt der natur-wissenschaftlichen Abteilung stehen neben alten physikalischen Instrumenten zahlreiche Fossilien, Gesteine und Mineralien.

Adresse/Öffnungszeiten Spaarne 16, 2011 CH Haarlem, ✆ 023/5319010, www.teylersmuseum.nl. Di-Sa 10-17 Uhr, So 12-17 Uhr. Erwachsene 4.50 €, Kinder 1 €, MJK. Führungen in dt. Sprache.

Corrie ten Boomhuis: Die Gestapo verhaftete im Februar 1944 sechs jüdische Widerstandskämpfer und zahlreiche ihrer Freunde – die meisten starben spä-ter in deutschen Konzentrationslagern, nur *Corrie ten Boom* überlebte die KZ-Hölle von Ravensbrück. Im Zweiten Weltkrieg hatte die Familie das Leben Dutzender Widerstandskämpfer gerettet, darunter sechs Männer, die sich zur Zeit der Denunziation im Haus aufhielten. Sie harrten dort zweieinhalb Tage ohne Nahrung in einer engen Geheimkammer aus, bis die Gestapo das Haus endgültig verlassen hatte. The "Hiding Place" – so der Titel eines Films – konnte authentisch erhalten werden.

Adresse/Öffnungszeiten Barteljorisstraat 19, 2011 RA Haarlem, ✆ 023/5310823, www.corrietenboom.com. April-Oktober Di-Sa 10-15.30 Uhr; November-März Di-Sa 11-15 Uhr. Eintritt frei. Führungen in deutscher Sprache.

Historisch Museum Zuid-Kennemerland: Das Museum befasst sich ausführ-lich mit der Entwicklung der Region Zuid-Kennemerland und der Stadt Haar-lem. Kleinere Wechselausstellungen legen die wichtigsten Eckdaten der Stadt-geschichte in leicht verständlicher Form dar. Das Museum verfügt ähnlich dem Informationsbüro (VVV) über breit gefächertes Informationsmaterial.

Adresse/Öffnungszeiten Groot Heiligland 47, 2011 EP Haarlem, ✆ 023/5422427. Di-Sa 12-17 Uhr, So 13-17 Uhr. Erwachsene/Kinder 1 €, MJK. Führungen in deutscher Sprache.

NZH Vervoersmuseum: Die Exponate im Gebäude der regionalen Verkehrsbe-triebe vermitteln einen Überblick über die Entwicklung der öffentlichen Ver-kehrsmittel. Das Glanzstück der Sammlung ist eine authentische Budapester Straßenbahn aus den 20er Jahren. Als ältestes der ausgestellten Fahrzeuge gilt allerdings eine andere Straßenbahn, die 1899 von der *Eerste Nederlandsche Electrische Trammaatschappij* in Betrieb genommen wurde.

Adresse/Öffnungszeiten Leidsevaart 396, 2014 HM Haarlem, ✆ 023/5152846. Sa 11-16 Uhr. Eintritt frei.

Provinz Noord-Holland
Karte S. 239

Theo Swagemakers Museum: Das Museum erinnert an den Künstler *Theo Swagemakers* (1898–1994), einen der bekanntesten Porträtmaler des 20. Jahrhunderts, der darüber hinaus auch Stillleben und Landschaftsgemälde anfertigte. Die insgesamt 125 Werke sind im ehemaligen Atelier des Künstlers ausgestellt. *Adresse/Öffnungszeiten* Stoofsteeg 6, 2011 TE Haarlem, ℡ 023/5327761. Do-So 13-17 Uhr. Erwachsene 3.50 €, Kinder 2 €, Senioren (Pas65) 2 €, www.swagemakersmuseum.nl.

Architectuur-Bouwhistorisch-Centrum Haarlem: Das Zentrum für Architektur verfolgt den städtebaulichen Werdegang Haarlems mit einem Schwerpunkt auf aktuellen Entwicklungen. Wechselnde Ausstellungen und Lesungen bieten jungen Architekten die Möglichkeit, ihre Arbeiten zu präsentieren. Das *ABC-Haarlem* gibt auch Einblicke in bereits begonnene oder geplante Restaurierungen bedeutender Baudenkmäler. *Adresse/Verbindungen* Groot Heiligland 47, 2011 EP Haarlem, ℡ 023/5340584. Di-Sa 12-17 Uhr, So 13-17 Uhr. Eintritt frei.

Nationaalpark De Kennemerduinen: Der nördlich der Stadt zwischen Bloemendaal aan Zee und Overveen gelegene, 1.250 ha große Nationalpark ist einen Besuch wert, denn Radfahrer und Wanderer finden in diesem Bereich reizvolle Möglichkeiten für kürzere oder längere Touren. Der Besucher wird allerdings vorher zur Kasse gebeten.

● *Eingänge/Öffnungszeiten* Eingang Koevlak (Overveen, Zeeweg, gegenüber Wasserturm), Eingang Bleek en Berg (Santpoort-Zuid, Bergweg), Eingang Parnassia (Bloemendaal aan Zee, Parnassiaweg), ℡ 023/5411111. Täglich von Sonnenaufgang bis Sonnenuntergang. Erwachsene 1 €, Kinder 0.30 €. Parken 2.30 €.

Linnaeushof: Auf dem größten Spielplatz Europas, der wenige Kilometer südlich von Haarlem angelegt wurde, warten mehr als 350 Attraktionen und Spielgeräte auf Besucher aller Altersklassen, u. a. Karussells, Minigolfplätze, Rutschen, Sandkästen, Schaukeln, Seilbahnen, Trampoline, Tretboote, Wippen und sog. *Funnywheels*. Das amerikanische Pionierdorf mit Aussichtsturm ermöglicht Entdeckungstouren. Hängebrücken führen zum Piratennest. Die Kleinsten vergnügen sich in *Dreumesland*, ihrem eigenen Knirpsland. *Adresse/Öffnungszeiten* Rijksstraatweg 4, 2121 AE Bennebroek, ℡ 023/5847624. April-Sept. täglich 10-18 Uhr. Erwachsene 6 €, Kinder 6 €, Senioren (Pas65) 5 €, www.linnaeushof.nl.

Zandvoort

(16.000 Einwohner)

Alleine aus Deutschland besuchen jährlich mehr als 100.000 Touristen den kleinen Ort wenige Kilometer westlich von Haarlem. Darüber hinaus möchte auch die Amsterdamer und Haarlemer Bevölkerung das noble Seebad mit Spielkasino als Ausflugsziel nicht mehr missen.

Der "Große Preis von Holland", der niederländische Beitrag zum internationalen Formel-Eins-Motorsportzirkus, galt lange Jahre als *das* Ereignis der Stadt. Scharen begeisterter Besucher aus dem In- und Ausland strömten zur Rennstrecke in Zandvoort, um das Spektakel live zu erleben. Mittlerweile gehört der Trubel der Vergangenheit an. Zandvoort, bekannt für sein spritziges Nachtleben, besinnt sich auf seinen Ruf als beliebtester Badeort der Region. Die "Blaue Flagge", das europäische Gütesiegel für saubere Strände und hohe Wasserqualität, die erstmals 1990 verliehen wurde, lockt weiterhin die Massen heran – ein nicht unwichtiges Kriterium für den Sprung ins kühle Nass.

Zandvoort: beliebtester Badeort der Region

Im **Zandvoorts Museum**, dem städtischen Antiquitätenkabinett, wird der Besucher in vergangene Epochen zurückversetzt. Präsentiert werden Fotografien, Gemälde, Trachten und Zeichnungen aus dem Zandvoorter Raum sowie authentische Einrichtungen alter Wohnstuben.

Beschauliche Spaziergänge oder (Rad-)Wanderungen kann man in *Vogelenzang* in den *Amsterdamse Waterleidingsduinen* unternehmen, dem großen Amsterdamer Trinkwasserreservoir (3.300 ha) am schäumenden Rand der Nordsee. Einer der Eingänge befindet sich auf Höhe des Zandvoortselaan; der Haupteingang mit Besucherzentrum liegt in Aerdenhout am Vogelenzangseweg.

Information/Verbindungen/Adressen

• *Information*: **VVV Zandvoort**, Schoolplein 1, 2042 VD Zandvoort, ✆ 023/5717947, ✉ 5717003, www.vvvzk.nl. April-September Mo-Sa 9-17 Uhr; Juli/August Mo-Fr 9-19 Uhr, Sa 9-17 Uhr; Oktober Mo-Fr 9-17 Uhr, Sa 10-16 Uhr; November-Dezember Mo-Fr 10-16.30 Uhr; Januar-März Mo-Fr 9.30-17 Uhr, Sa 10-15.30 Uhr.

• *Adressen/Öffnungszeiten* **Zandvoorts Museum** (Cultureel Centrum), Swaluestraat 1, 2040 AH Zandvoort, ✆ 023/5740280. Mi-So 13-17 Uhr. Erwachsene 1.15 €, Kinder 0.45 €, Senioren (Pas65) 0.45 €.

Bezoekerscentrum Amsterdamse Waterleidingsduinen, Eingang De Oase (Aerdenhout, Vogelenzangsweg), Eingang Panne-

land (Vogelenzang, Bekslaan), Eingang Zandvoort (Zandvoort, Zandvoortselaan). Täglich von Sonnenaufgang bis Sonnenuntergang. ✆ 023/5233584. Erwachsene 1 €, Kinder frei. Parken 1 €.

• *Bahnverbindungen* 2x stündl. nach Haarlem (Dauer: 10 Min.), 2x stündl. Amsterdam (35 Min.), 2x stündl. Utrecht (65 Min.).

• *Busverbindungen* in Richtung Amsterdam, Haarlem.

• *Fahrradverleih* **Rent-a-Bike Centre**, Passage 20, 2042 KT Zandvoort, ✆ 023/5713343; **Rijwielverhuur Taxicentrale Zandvoort**, Stationsplein 10, 2041 AB Zandvoort, ✆ 023/5712600.

• *Einkaufen* Die Geschäfte bleiben in Zandvoort Montagvormittag geschlossen. Am Freitag verschiebt sich der Ladenschluss auf 21 Uhr (Kaufabend). Markttermin: **Wochenmarkt** Mi 9-16 Uhr, Prinsesseweg.

• *Krankenhaus* **Ziekenhuis Kennemer Gasthuis**, Boerhaavelaan 22, 2035 RL Haarlem, ☎ 023/5525252.

• *Schwimmen* **Park Gran Dorado**, Vondellaan 60, 2041 BE Haarlem, ☎ 023/5741430.

Subtropisches Schwimmparadies "Malibu", Halle.

• *Spielkasino* **Holland Casino Zandvoort**, Badhuisplein 7, 2042 JB Zandvoort, ☎ 023/5740574. Big Wheel, Black Jack, Carribean Stud Poker und Roulette (amerikanisch und französisch). 145 Spielautomaten stehen zur Verfügung. Täglich 13.30 bis 3 Uhr nachts (Mindestalter 18 Jahre). Tageskarte 3.50 €.

• *Taxiruf* ☎ 023/5712600

Übernachten/Essen

• *Übernachten* Zandvoort bietet zahlreiche Übernachtungsmöglichkeiten. Alleine am zentralen Hogeweg liegen etwa ein Dutzend Hotels und Pensionen.

*** Hotel Zuiderbad**, Boulevard Paulus Loot 5, 2042 AD Zandvoort, einzigartige Lage am Zandvoorter Strand, 56 Betten, mehrere Zimmer mit Meeresblick, moderne Räumlichkeiten, alle Zimmer mit Du/WC, Telefon und TV. EZ ab 40 €, DZ ab 66 €, ☎ 023/5712613, ☏ 5713190.

*** Hotel Faber**, Kostverlorenstraat 15, 2042 PA Zandvoort, zentrale Lage in ruhiger Umgebung, 70 Betten, gepflegte Räumlichkeiten, familiäre Atmosphäre unter der Leitung eines freundlichen älteren Herrn. EZ ab 38 €, DZ ab 55 €, ☎ 023/5712825, ☏ 5716886.

*** Bell Hotel**, Hogeweg 7-9, 2042 GD Zandvoort, zentrale Lage an tagsüber verkehrsreicher Straße, Strandnähe (75 m), 32 Betten hinter markisenbeschirmter Fassade, alle Zimmer mit Du/WC, Telefon und TV. EZ ab 30 €, DZ ab 50 €, ☎ 023/5719000, ☏ 5730391.

** Hotel Zilvermeeuw**, Hogeweg 32, 2042 GH Zandvoort, schräg gegenüber Hotel Cocarde, Strandnähe (100 m), 17 Betten, gemütliche Einrichtung, schöner kleiner Garten auf der Gebäuderückseite, sehr sauber. EZ ab 35 €, DZ ab 45 €, ☎ 023/5717286, ☏ 5717286.

* Hotel Cocarde**, Hogeweg 39, 2042 GH Zandvoort, zentrale Lage an tagsüber verkehrsreicher Straße, verschnörkeltes kleines Haus mit 18 Betten, familiäre Atmosphäre, Katzenfreunde werden auf ihre Kosten kommen, Allergiker weniger. EZ ab 25 €, DZ ab 60 €, ☎ 023/5716855, ☏ 5730369.

Camping De Branding, Boulevard Barnaart 30, 2042 BC Zandvoort, nördlich des Zentrums, Strandpromenade folgen, einziger Platz vor Ort, einfache Sanitärs, geöffnet April-September. Person 2.75 €, Zelt 5.25 €, Auto 4.50 €, Fläche 4 ha. ☎ 023/5713035, ☏ 5719283.

• *Essen* **Pannekoekrestaurant De Duinrand**, Zandvoortselaan 130a, 2042 XC Zandvoort, Pfannkuchen in allerlei Variationen von fruchtig-süß bis deftig-kräftig inmitten der städtischen Dünenlandschaft, ☎ 023/5730062.

't Familie Restaurant, Kerkstraat 27, 2042 JD Zandvoort, Spezialitäten vom Holzkohlengrill bei Lucienne und Peter, empfehlenswerte Spare Ribs, preiswerte Hauptgerichte, ☎ 023/5712537.

De Pannekoekfarm, Kerkstraat 10, 2042 JE Zandvoort, diverse Sorten Pfannkuchen, außerhalb der Saison Mo geschlossen, ☎ 023/5719498.

Region Zaanstreek en Waterland

(Zaanstad, Monnickendam, Broek in Waterland, Marken, Durgerdam, Purmerend, Volendam, Edam, De Rijp, Middenbeemster, Schermerhorn)

Die Region wurde lange Zeit von mehreren großen Binnenseen geprägt. Auf Wunsch wohlhabender Amsterdamer Kaufleute wurden das *Beemstermeer*, das *Purmermeer*, das *Schermermeer* und das *Wormermeer* im 17. Jahrhundert trockengelegt. Die in schnellem Tempo wachsenden größeren Städte der Umgebung benötigten zusätzliches Acker- und Weideland. Mehrere Landstriche wurden der Viehzucht zugänglich gemacht, die Zaanstreek entstand. An ihrem Rand siedelten sich Industriebetriebe an, deren stets leistungsstärkere

Holzsägemühle De Poelenburg (Zaanse Schans)

Mühlen ein weithin sichtbares Dokument dieser Entwicklung blieben. An den Ufern der *Zaan* stehen zahlreiche restaurierte Farbmühlen, Gewürzmühlen, Holzsägemühlen, Ölmühlen und Senfmühlen, mit deren Hilfe Farbstoffe, Fette, Lebensmittel und Öle produziert wurden. Die wasserreichen Areale *Ilperveld*, *Jisperveld* und *Wormerveld* waren schon damals naturbelassene Naherholungsgebiete.

An der westlichen Flanke der Region ziehen die IJsselmeerstädte **Marken**, **Monnickendam** und **Volendam** mit ihrem typischen Hollandbild aus frisch getünchten Holzhäusern, blumenübersäten Fensterbänken, hölzernen Klompen und historischen Trachten zahlreiche Touristen an. Das Leben im südöstlich der Zaanstreek gelegenen Waterland, das von alten Dörfern und weiten Weideflächen geprägt wird, geht deutlich ruhiger zu. Ein lohnendes Beispiel ist das kleine Dorf **Broek in Waterland**.

Zaanstad
(130.000 Einwohner)

Die Gemeinde Zaanstad, die nur etwa 25 km nördlich von Amsterdam und Haarlem liegt, galt im 17. Jahrhundert als bedeutendes Zentrum des ruhmreichen niederländischen Schiffsbaus.

Der russische Zar *Peter der Große* nahm die Strapazen einer langen Reise in Kauf, um in Zaanstad das alte Schiffsbauerhandwerk auf einer der städtischen Werften zu lernen. Nachdem er 1697 zunächst kurze Zeit in Den Haag geweilt hatte, arbeitete er mehrere Monate lang inkognito als Zimmermann in einem dieser Betriebe – das *Czaar Peterhuisje* erinnert daran. Die Kontakte des niederländischen Fürstengeschlechts zur russischen Romanov-Familie erlebten in dieser Epoche ihren Höhepunkt. *Willem II.* heiratete die russische Großfürstin

Anna Pavlovna, und auch sein Sohn und seine Tochter vermählten sich mit Nachkommen der Romanows. Der Zar erwarb während seiner Reise durch die Niederlande ganze Kunstsammlungen, die später die Basis einer Ausstellung bildeten, die er nach seiner Rückkehr in St. Petersburg als eines der ersten öffentlich zugänglichen Museen der Welt errichtete.

Die touristische Hauptattraktion der Gemeinde ist dennoch eine andere: Das malerische Freilichtmuseum *Zaanse Schans* mit seinen alten Holzhäusern und Mühlen lässt die Besucher in Scharen strömen, ein Besuch ist obligatorisch.

Information/Verbindungen/Rundfahrten

• *Information* **VVV Zaandam**, Gedempte Gracht 76, 1506 CJ Zaandam, ℡ 075/6162221, ℻ 6705381, www.zaaninfo.com. Mo-Fr 9-17.30 Uhr, Sa 9-16 Uhr.
ANWB Zaandam, Koninklijke Nederlandse Toeristenbond, Gedempte Gracht 66, 1506 CJ Zaandam, ℡ 075/6351411, ℻ 6702701.
• *Bahnverbindungen* 2-4x stündl. nach Alkmaar (Dauer: 30 Min.), 4-6x stündl. Amsterdam (10 Min.), 2x stündl. Hoorn (25 Min.).

• *Rundfahrten auf der Zaan* Ausflüge mit reizvollem Blick auf das Mühlenensemble. April-September täglich Di-So 11-16 Uhr, Juli/August auch Mo 11-16 Uhr (jeweils stündlich). Dauer 50 Min. Erwachsene 5 €, Kinder 2.50 €, Senioren (Pas65) 4 €. Abfahrt am Ableger Zaanse Schans, Nähe Molen De Huisman. Information: Rederij De Schans, Breekdijk 15, 1509 BG Zaandam, ℡ 075/6146762, www.rederijdeschans.nl.

Adressen

• *Autovermietung* **Autoverhuur Budget**, Provincialeweg 232, 1506 MH Zaandam, ℡ 075/6350801 (0800/0537, gratis); **Autoverhuur Pouw Rent**, Hof van Zaenden 230, 1508 XJ Zaandam, ℡ 075/6311910, www.pouw.nl; **Autoverhuur Zwart**, Provincialeweg 188, 1506 MA Zaandam, ℡ 075/6470391.
• *Fahrradverleih* **Fietspoint**, Provincialeweg 21, 1506 MA Zaandam, ℡ 075/6156593.
• *Einkaufen* Die Geschäfte bleiben in Zaandam Montagvormittag geschlossen. Am Donnerstag verschiebt sich der Ladenschluss auf 21 Uhr (Kaufabend). Marktter-

min: **Wochenmarkt** Do und Sa 9-17 Uhr, Rozengracht, Rustenburg.
• *Kinderbauernhöfe* **Darwinpark**, De Weer 31, 1504 AH Zaandam, ℡ 075/6166906. Täglich 10-12 Uhr und 13-17 Uhr. Eintritt frei.
De Veldmuis, Ilpendamstraat 38, 1507 JZ Zaandam, ℡ 075/6310355. Täglich 12-15.30 Uhr, Sa 10.30-15.30 Uhr. Eintritt frei.
• *Krankenhaus* **Zaans Medisch Centrum De Heel**, Koningin Julianaplein 58, 1502 DV Zaandam, ℡ 075/6502911.
• *Taxiruf* ℡ 075/6163300

Übernachten/Essen

• *Übernachten* **** **Hotel Inntel**, Provincialeweg 15, 1506 MA Zaandam, 146 Betten, die erste Adresse vor Ort, saubere Räumlichkeiten, alle Zimmer mit Du/WC, Telefon und TV. EZ ab 118 €, DZ ab 118 €, Frühstück 13 €, ℡ 075/6311711, ℻ 6701379.
*** **Bastion Hotel**, Wibautstraat 278, 1505 HR Zaandam, zentrale Lage, 170 Betten, alle Zimmer mir Du/WC. EZ ab 73 €, DZ ab 73 €, ℡ 075/6706331, ℻ 6701281.
Hotel Formule 1, P. Lieftinckweg 10, 1505 HX Zaanstad, großes Haus mit 222 Betten, einfach-nüchterne Einrichtung. EZ ab 38 €, DZ ab 38 €, ℡ 075/6319061, ℻ 6318759.

NJHC-Jugendherberge Slot Assumburg, Tolweg 9, 1967 NG Heemskerk, etwa 15 km nordwestlich von Zaandam, ganzjährig geöffnet. 202 Betten, Einerzimmer (1), Zweierzimmer (9), Dreierzimmer (1), Viererzimmer (5), Sechserzimmer (1), Achterzimmer (3), Zehnerzimmer (3), 12er-Zimmer (3), 20er-Zimmer (2), 24er-Zimmer (1). Übernachtung im Schlafsaal inkl. Frühstück 20-21 € (je nach Saison), ℡ 0251/232288, ℻ 251024, heemskerk@njhc.org.
• *Essen* **De Hoop op d'Swarte Walvis**, Kalveringdijk 15, 1509 BT Zaandam, Zaanse Schans, traditionelle niederländische Küche in schönem Herrenhaus mit ebensolchen

Gärten, zahlreiche Fischplatten, So geschlossen, ℡ 075/6165629, www.dewalvis.nl.

Jaya, Oostkade 2, 1501 ND Zaandam, preiswerte indonesische Küche, Empfehlung wären gebratene große Garnelen mit Kokos ("Udang Bumbu Bali"), Worterklärungen zur näheren Identifizierung der Gerichte auf der Karte, ℡ 075/6313202.

Irodion, Oostkade 25, 1501 ND Zaandam, große Auswahl an Gerichten der griechischen Küche, Hauptgerichte in großer Auswahl, auch einige vegetarische Platten, ℡ 075/6156065.

El Toro, Dam 7, 1506 BC Zaandam, Spezialitäten der argentinischen Küche, natürlich deftige Steaks und gute Salate, verhältnismäßig preiswerte Hauptgerichte, ℡ 075/6356357.

Sehenswertes

Openluchtmuseum Zaanse Schans: Das Freilichtmuseum lebt vom Flair des 17. Jahrhunderts. Die meisten der Museumsbauten wurden aus der näheren Umgebung nach Zaandam transportiert und originalgetreu wieder aufgebaut. Sämtliche Häuser sind mittlerweile bewohnt. Sehr sehenswert sind die auf dem Freilichtgelände stehenden Mühlen *De Poelenburg* (Holzsägemühle, 1869), *De Kat* (Färbemühle, 1784) und *De Zoeker* (Ölmühle, 1673). Ihre auf Eichenholzrollen gelagerten Mühlenhauben, die mehrere Tonnen wiegen, können mühsam in den Wind gedreht werden. Die Galerien bieten weite Blicke über das flache, unbebaute Land, das eine störungsfreie Windzufuhr gewährleistete und darüber hinaus eine stete Wetterbeobachtung ermöglichte. Die Bebauung weiter Teile des Landes hatte einst das Ende vieler Mühlen bedeutet. *Adresse* Schansend 1, 1509 AW Zaandam, ℡ 075/6168218, www.zaanseschans.nl.

1. Museumwinkel Albert Heijn, Kalverringdijk 5, 1509 BT Zaandam, ℡ 075/6592808. Kolonialwarenhandlung der Tante-Emma-Generation (1887). März-Oktober täglich 10-13 Uhr und 14-17 Uhr; November-Februar Sa/So 11-13 Uhr und 13.30-16 Uhr. Eintritt frei.

2. Bakkerijmuseum Gecroonde Duyvekater, Zeilenmakerspad 4, 1509 BZ Zaandam, ℡ 075/6173522. Bäckerei im alten Stil. Di-So 10-17 Uhr, Juli/August auch Mo 10-17 Uhr. Erwachsene 1 €, Kinder 0.50 €, Senioren (Pas65) 0.50 €, MJK.

3. Stijlkamermuseum Het Noorderhuis, Kalverringdijk 17, 1509 BT Zaandam, ℡ 075/6173237. Kaufmannshaus (1670) mit authentischer Einrichtung. März-Oktober Di-So 10-17 Uhr, Juli/August auch Mo 10-17 Uhr; November-Februar Sa/So 10-17 Uhr. Erwachsene 1 €, Kinder 0.50 €, Senioren (Pas65) 0.50 €, MJK.

4. Museum van Het Nederlandse Uurwerk, Kalverringdijk 3, 1509 BT Zaandam, ℡ 075/6179769. Uhren aus dem 16.-20. Jahrhundert. März-Oktober täglich 10-17 Uhr;

November-Februar Sa/So 12-16.30 Uhr. Erwachsene 2.30 €, Kinder 0.50 €, Senioren (Pas65) 1.80 €, MJK. Begleittexte und Führungen in deutscher Sprache.

5. Klompenmakerij Zaanse Schans, Kraaienest 3-4, 1509 AZ Zaandam, ℡ 075/6177121. Herstellung der echten niederländischen Holzschuhe. März-Oktober täglich 9-18 Uhr, November-Februar 9-17 Uhr. Eintritt frei.

6. Kaasmakerij Catharina Hoeve, Zeilenmakerpad 5, 1509 BZ Zaandam, ℡ 075/6215820. Herstellung von echtem holländischen Käse. März-Oktober täglich 8-18 Uhr; November-Februar täglich 8.30-17 Uhr. Eintritt frei.

7. Oliemolen De Zoeker, Kalverringdijk 31, 1509 BT Zaandam, ℡ 075/6287942. März-Oktober täglich 9.30-16.30 Uhr. Erwachsene 2 €, Kinder 1 €.

8. Verfmolen De Kat, Kalverringdijk 29, 1509 BT Zaandam, ℡ 075/6210477. März-Oktober täglich 9-17 Uhr; November-Februar Sa/So 9-17 Uhr. Erwachsene 2 €, Kinder 1 €.

Czaar Peterhuisje: Zaandam anno 1697: Ein prachtvolles Schiff russischer Herkunft wirft seinen Anker, ein kleines Landungsboot wird zu Wasser gelassen. An Bord sind mehrere Männer, darunter Zar *Peter der Große*, der russische Zar. Seine Absicht war es, in den Niederlanden die hohe Kunst des Schiffsbaus zu erlernen. Die kulturellen und politischen Beziehungen beider

Provinz Noord-Holland

Karte S. 239

Länder waren auf dem Höhepunkt. Das Museum erinnert an die Zeit, als der Zar zum Zimmermann wurde.

Adresse/Öffnungszeiten Krimp 23, 1506 AA Zaandam, ℡ 075/6160390. April-Oktober Di-So 13-17 Uhr; November-März Sa/So 13-17 Uhr. Erwachsene 2 €, Kinder 1 €, MJK. Führungen in deutscher und russischer Sprache.

Molenmuseum: Die Ausstellung dokumentiert die verschiedenen Mühlentypen und ihre jeweilige Technik. Sehenswert sind die kleinen Miniaturnachbildungen der Sammlung. Die *Vereniging De Zaansche Molen* bemüht sich als Betreiber des Museums um die Instandhaltung etlicher Mühlen des Landes.

• *Adresse/Öffnungszeiten* Museumlaan 18, 1541 LP Koog aan de Zaan, ℡ 075/6288968, www.zaansemolen.nl. Juni-September Di-Fr 11-17 Uhr, Sa 14-17 Uhr, So 13-17 Uhr; Oktober-März Di-Fr 10-12 Uhr und 13-17 Uhr, Sa 14-17 Uhr, So 13-17 Uhr. Erwachsene 3 €, Kinder 2 €, Senioren (Pas65) 2.50 €, MJK. Führungen in deutscher Sprache.

Zaans Historisch Museum: Die Kollektion, die in einem alten Kaufmannshaus untergebracht wurde, befasst sich mit der Geschichte der Zaanstreek. Sie geht zurück auf die Sammlung des Historikers *Jacob Honig Janszoon* (1816–1870). Gemälde, Kleidung und Möbel beleuchten das einstige Leben in der vom Handel geprägten Region. Chinesische Porzellane im *Porseleinkast* dokumentieren die damals weitreichenden Handelsbeziehungen.

Adresse/Öffnungszeiten Lagedijk 80, 1544 BJ Zaandijk, ℡ 075/6217626. Di-So 13-17 Uhr. Erwachsene 1.25 €, Kinder 0.75 €, MJK.

Monnickendam   (10.000 Einwohner)

Im 13. Jahrhundert legten friesische Mönche durch die Eindeichung eines kleinen Sees den Grundstein für die Entstehung Monnickendams. Der Ort wuchs infolge seiner exponierten Lage bald zu einem Zentrum der Zuiderzee-Fischerei heran und zählte neben Edam, Enkhuizen und Hoorn zu einem der bedeutendsten Häfen der Region. Der Bau des Abschlussdeichs bereitete der Fischerei ein Ende und verschob – wie überall – die Schwerpunkte. Monnickendam avancierte in den vergangenen Jahren zu einem beliebten Wassersportzentrum, das zahlreiche Besucher aus den umliegenden Regionen anlockt. Sehr lohnend ist ein Besuch der Aalräuchereien im Bereich der alten Hafenanlagen. Einen Besuch wert ist auch das **Historisch Museum De Speeltoren**. Die Ausstellung im Glockenturm (*Speeltoren*) befasst sich mit der stadtgeschichtlichen Entwicklung. Der Bau des Abschlussdeichs, der die Verbindung zum offenen Meer verriegelte, hinterließ deutliche Spuren. Das Museum zeigt archäologische Funde, Keramiken, Porzellane und mehrere historische Schiffsmodelle.

Information/Verbindungen/Adressen

• *Information* **VVV Monnickendam**, Nieuwenpoortslaan 15, 1141 BT Monnickendam, ℡ 0299/651998, ℻ 655268, Mo-Fr 9-17 Uhr, Sa 10-17 Uhr, www.hollandsschiereiland.com.

• *Adresse/Öffnungszeiten* **Historisch Museum De Speeltoren**, Noordeinde 4, 1141 EB Monnickendam, ℡ 0299/652203. Juni-August Di-Sa 11-17 Uhr, So 13-17 Uhr; April/Mai Sa 11-17 Uhr, So 13-17 Uhr. Erwachsene 1.10 €, Kinder 0.55 €, MJK.

• *Bahnverbindungen* nächster Bahnhof in Purmerend (etwa 15 km).

• *Busverbindungen* in Richtung Amsterdam.

• *Fahrradverleih* **Koning Tweewielers**, Noordeinde 12, 1141 AM Monnickendam, ℡ 0299/651267; **De Heer Van Driel**, Cornelis Dirkszlaan 109, 1141 XZ Monnickendam, ℡ 0299/653264; **Waterland Tweewielers**, Haven 2, 1141 AZ Monnickendam, ℡ 0299/475773.

• _Einkaufen_ Die Geschäfte bleiben in Monnickendam Montagvormittag geschlossen. Am Freitag verschiebt sich der Ladenschluss auf 21 Uhr (Kaufabend). Markttermin: **Wochenmarkt** Sa 9-15 Uhr, Noordeinde.

• _Fischräucherei_ **Visrokerij De Boer**, Havenstraat 12, 1141 AX Monnickendam, ✆ 0299/654256. Wie wäre es mit einem Besuch in der einzigen Aalräucherei des Ortes, in der Aal noch auf traditionelle Weise "geraucht" wird? April-Oktober Di-Sa 10-18 Uhr, November-März Mi 10-18 Uhr. Eintritt frei.

• _Holzschuhwerkstatt_ **Klompenmakerij Irene Hoeve**, Hogedijk 1, 1145 PM Katwoude, ✆ 0299/652291. In der Katwouder Holzschuhwerkstatt (etwas nördlich von Monnickendam) kann die Herstellung der berühmten niederländischen Klompen im De-

tail verfolgt werden. Handwerker lassen sich sowohl bei der traditionellen als auch bei der maschinellen Herstellung über die Schulter schauen. In naher Zukunft soll hier eine historische Sägemühle wiederaufgebaut werden. Tägl. 8-18 Uhr. Eintritt frei.

Klompenfabrik Marken, Kets 52, 1156 AX Marken, ✆ 0299/601630. Täglich 9-18 Uhr. Eintritt frei.

• _Käserei_ **Kaasmakerij Henri Willig**, Hoogedijk 8, 1145 PM Katwoude, ✆ 0299/650383, www.henriwillig.com. Käseherstellung nach altholländischem Rezept. Täglich 10-18 Uhr. Eintritt frei.

• _Krankenhaus_ **Waterlandziekenhuis**, Waterlandlaan 250, 1141 RN Purmerend, ✆ 0299/457457.

• _Taxiruf_ ✆ 0299/644444

Übernachten/Essen

• _Übernachten_ *** **Lake Land Hotel**, Jachthaven 1, 1141 AV Monnickendam, 296 Betten, moderner Gebäudekomplex, erbaut auf 888 Pfählen am Ufer des IJsselmeers, schlichter Komfort in gepflegten Räumlichkeiten. EZ ab 35 €, DZ ab 65 €, ✆ 0299/653751, 📠 654587.

Camping Uitdam, Zeedijk 2, 1154 PP Uitdam, N 247 (Amsterdam–Monnickendam), Abfahrt Monnickendam, Schildern ab Kreuzung Markerzeedijk folgen, 5 km südöstlich von Monnickendam in schöner Lage direkt am IJsselmeer, erreichbar per Auto entlang der Straße am Fuße des Deiches oder (schöner) per Fahrrad auf der Deichkrone, ebenes Terrain, kleiner Badestrand, gute Sanitärs, Fahrradverleih, Jachthafen, Lebensmittelgeschäft, Wanderhütten (10), geöffnet März-Oktober. Stellplatz (inkl. 2 Pers.) 18.50 €, zus. Person 3.75 €, Duschen 0.50 €. Fläche 24 ha. ✆ 020/4031433, 📠 4033692, borbv@xs4all.nl.

Mini-Camping Hemmeland, Hemmeland 1, 1141 LA Monnickendam, geöffnet April-Oktober. Person 4.15 €, Duschen inkl., Fläche 0,6 ha. ✆ 0299/655555, 📠 654677, hemmeland@wxs.nl.

• _Essen_ **Stuttenburgh**, Haringburgwal 3, 1141 AT Monnickendam, "Speeldozen-Restaurant – House of Musicboxes", stilvoll eingerichtetes Haus mit Vorliebe für alte Musikinstrumente und Spieldosen, Fisch- und Fleischgerichte, gute 3-Gänge-Menüs, Mo geschlossen, ✆ 0299/651869.

Steakhouse De Roef, Noordeinde 40, 1141 AN Monnickendam, Barbecue-Spezialitäten in historischer Umgebung, Fisch- und Fleischplatten, ebenfalls gute 3-Gänge-Menüs, Mi geschlossen, ✆ 0299/651860.

't Markerveerhuis, Brugstraat 6, 1141 BB Monnickendam, Petit-Restaurant mit Café, "Het mooiste plekje van Waterland", tatsächlich ein schöner Ort mit gemütlicher Terrasse direkt am Wasser (Gouwzee), ✆ 0299/655769.

Broek in Waterland

(2.000 Einwohner)

Nur wenige Kilometer südwestlich von Monnickendam liegt mit Broek in Waterland eines der schönsten Dörfer der Niederlande.

Die malerischen Holzhäuser mit ihren weiß getünchten Türrahmen vor grüngrauen Fassaden bestätigen es: Broek in Waterland ist eine besondere Sehenswürdigkeit. Das Dorf war schon vor Generationen bekannt für seine Ordnung und Sauberkeit – beispielsweise durfte auf den Straßen nicht geraucht werden. Überlieferungen zufolge soll selbst _Napoleon Bonaparte_ daran gehindert worden sein, die Häuser ohne Überschuhe zu betreten. Trotzdem: Auch ihn hat die hiesige Atmosphäre tief beeindruckt.

Wohnidylle in Marken

Marken   (2.000 Einwohner)

Ein 2 km langer Deich verbindet das Festland mit der nahen Insel Marken – ein Stückchen Holland aus dem Bilderbuch. Die alten Holzhäuser standen ursprünglich auf Pfählen, doch haben die meisten mittlerweile ein gemauertes Erdgeschoss. Die Bevölkerung, die vor der Abdeichung der ehemaligen Zuiderzee vom Fischfang lebte, hat inzwischen den Tourismus als Haupteinnahmequelle entdeckt. Infolgedessen bemüht man sich um Imagepflege. Besonders die altholländischen Trachten, die nicht nur im **Marker Museum** zu sehen sind, tragen ihren Teil zur außergewöhnlichen Atmosphäre auf der Insel bei. Wer sich das Museum anschaut, sollte im Übrigen auf die schlichten Öffnungen im Dach achten, die den Schornstein ersetzen – ein architektonisches Kennzeichen der Markener Fischerwohnungen.

Adresse/Öffnungszeiten **Marker Museum**, Kerkbuurt 44-47, 1156 BL Marken, ✆ 0299/601904. April-Oktober Mo-Sa 10-17 Uhr, So 12-16 Uhr. Erwachsene 2 €, Kinder 1 €, MJK.

Durgerdam   (1.500 Einwohner)

Der Ort im östlichen Einzugsgebiet Amsterdams liegt unweit der *Oranjesluizen* (1872), die den Flusslauf des IJ mit dem IJmeer, dem südlichsten Ausläufer des IJsselmeers, verbinden. Der kleine Ortskern wird durch Holzhäuser und eine hölzerne Kirche geprägt. Hinzu kommt die alte Straßenbeleuchtung, die das malerische Stadtbild abrundet. Im alten Hafen liegen Ruder- und Segelboote.

Die nahe *Schellingwouderbrug* bietet schöne Blicke auf die Dörfer der Polderlandschaft Waterland, an deren Horizont sich die Silhouetten spitzer Kirchtürme abzeichnen. Sie ist neben den IJ-Fähren die für Radfahrer wichtigste Nordanbindung, da der IJ-Tunnel für Fahrräder nicht zugelassen ist. Die schöne Aussicht auf das nahe IJmeer aber könnte schon in naher Zukunft verloren gehen, nachdem die Regierung den Bau der Amsterdamer Trabantenstadt IJburg vor den Toren Durgerdams beschlossen hat.

Purmerend

(66.000 Einwohner)

Die Trockenlegung umliegender Seen sorgte im 17. Jahrhundert für die wachsende Bedeutung der Stadt als regionales Handelszentrum. Der Aufschwung inmitten der fruchtbaren Poldergebiete setzte sich später fort, als man den Nordhollandkanal eröffnete, der besonders den Handel mit norwegischem Holz florieren ließ. Der Anschluss Purmerends an die Eisenbahnstrecke Amsterdam–Enkhuizen erweiterte die wirtschaftliche Vormachtstellung erneut. Die Stadt erlebte in den letzten Jahrzehnten einen sprunghaften Anstieg der Einwohnerzahl. Immer mehr Menschen, vor allem aus dem nahen Amsterdam, zogen nach Purmerend. Die Einwohnerzahl hat sich seit den frühen 50er Jahren verachtfacht!

Im ehemaligen Rathaus, das der Architekt *Jan Stuyt* 1912 im Stil der Renaissance konzipierte, ist heute das **Purmerends Museum** untergebracht. Das Stadtmuseum zeigt neben Drucken, Gemälden und Zeichnungen alte Dokumente der Stadtgeschichte und historische Landkarten. Sehenswert ist auch die Sammlung kostbarer Jugendstil-Fayencen, die ortsansässige Handwerker zur Jahrhundertwende anfertigten.

Provinz Noord-Holland *Karte S. 239*

Information/Verbindungen/Adressen

• *Information* **VVV Purmerend**, Koestraat 9, 1441 CV Purmerend, ✆ 0299/418601, 🖅 434440, www.hollandsschiereiland.com. Mo 13-18 Uhr, Di-Do 10-18 Uhr, Fr 10-21 Uhr, Sa 10-17 Uhr.

• *Adresse/Öffnungszeiten* **Purmerends Museum**, Kaasmarkt 20, 1441 BG Purmerend, ✆ 0299/472718, Mai-Oktober Di-Fr 10-16 Uhr, Sa/So 13-17 Uhr; November-April Di-So 13-16 Uhr. Erwachsene 2.30 €, Kinder 1.15 €, MJK. Führungen in deutscher Sprache, www.purmerendsmuseum.nl.

• *Bahnverbindungen* 2x stündl. nach Hoorn (Dauer: 15 Min.) und weiter nach Enkhuizen (40 Min.), 2x stündl. nach Zaandam (10 Min.) und weiter nach Amsterdam (25 Min.).

• *Busverbindungen* in Richtung Alkmaar, Hoorn, Monnickendam, Volendam.

• *Autovermietung* **Autoverhuur Bert Jonk**, Einsteinstraat 11, 1446 VE Purmerend, ✆ 0299/423852.

• *Fahrradverleih* **Fietsenstalling Baanstede**, Beatrixplein 100, 1441 JR Purmerend, ✆ 0299/431402.

• *Einkaufen* Die Geschäfte bleiben in Purmerend Montagvormittag geschlossen. Am Freitag verschiebt sich der Ladenschluss auf 21 Uhr (Kaufabend). Markttermine: **Wochenmarkt** Fr 10-17 Uhr, Gildeplein; Sa 9-15 Uhr, Wormerlein; **Käsemarkt**, Juli/August Do 11-13 Uhr; **Viehmarkt**, Di 7-13 Uhr, Koemarkt.

• *Krankenhaus* **Waterlandziekenhuis**, Waterlandlaan 250, 1441 RN Purmerend, ✆ 0299/457457.

• *Taxiruf* ✆ 0299/644444

Übernachten/Essen

• *Übernachten* ****** Hampshire Hotel Waterland**, Westerweg 60, 1445 AD Purmerend, die erste Adresse vor Ort, Luxushotel mit 200 Betten, gepflegte Räumlichkeiten, Hallenbad, Sauna. EZ ab 120 €, DZ ab 130 €, Frühstück 12.50 €, ✆ 0299/481666, 🖅 644691.

• *Essen* **Koffiehuis D'Hooghe Ghast**, Achter de Kerk 1, 1441 BE Purmerend, Pannekoekenhuis en Koffiehuis, Pfannkuchen in reichlicher Auswahl, ✆ 0299/430181.

Ristorante Italia, Nieuwstraat 63, 1441 CL Purmerend, Gerichte der italienischen Küche, Fleisch und Fisch, Pasta und Pizzen, ✆ 0299/436114.

Tong-Sing, Herengracht 26, 1441 EW Purmerend, chinesisches Spezialitätenrestaurant, Hauptgerichte in großer Auswahl, Reservierung am Wochenende ratsam, Mo geschlossen, ✆ 0299/470888.

Restaurant De Souffleur, Kerkstraat 13, 1441 BL Purmerend, niederländische Küche, preiswerte 3-Gänge-Menüs, Mo-Di geschlossen, ✆ 0299/470435.

Volendam   (18.000 Einwohner)

Wie auf der nur wenige Kilometer entfernten Insel Marken sind die glanzvollen Tage der Fischerei seit der Fertigstellung des Abschlussdeichs auch in Volendam vorbei. Die kleinen Holzhäuser mit ihren Spitzdächern prägen nach wie vor das Stadtbild, ebenso die altholländischen Trachten, die an Festtagen und während des Kirchgangs gerne getragen werden. Die jüngere Generation allerdings zeigt sich auch in Volendam lieber in Jeans.

Das **Volendams Museum** präsentiert neben typischen Volendamer Trachten eine kleine Sammlung von Drucken, Gemälden und Zeichnungen mit Bezug zur Stadtgeschichte. Besonders sehenswert ist das *Sigarrenbandjeshuis*, das die Eignung von Zigarrenbanderolen als Tapetenersatz unter Beweis stellt. Eine ausgefallene Idee, doch wer Zigarren liebt, der kommt an den kleinen Papierchen nicht vorbei. An den Wänden kleben nicht weniger als sieben Millionen Exemplare. Offenbar handelte es sich bei den früheren Bewohnern um starke Raucher.

Information/Verbindungen/Adressen

• *Information*   **VVV Volendam**, Zeestraat 37, 1131 ZD Volendam, ✆ 0299/363747, ✉ 368484, www.vvv-volendam.nl. April-Oktober täglich 10-17 Uhr; Nov.-März Mo-Sa 10-15 Uhr.

• *Adresse/Öffnungszeiten*   **Volendams Museum**, Zeestraat 41, 1131 ZD Volendam, ✆ 0299/369258. April-Oktober täglich 10-17 Uhr. Erwachsene 2 €, Kinder 1 €, Senioren (Pas65) 1.50 €, MJK. Führungen in deutscher Sprache.

• *Bahnverbindungen*   nächster Bahnhof in Purmerend (10 km).

• *Busverbindungen*   in Richtung Amsterdam, Monnickendam.

• *Fahrradverleih*   **Bruin Bien**, Plutostraat 40b, 1131 WG Volendam, ✆ 0299/364029; **Ton Koning**, Edammerweg 26, 1131 DP Volendam, ✆ 0299/363597.

• *Einkaufen*   Die Geschäfte bleiben in Volendam Montagvormittag geschlossen. Am Freitag verschiebt sich der Ladenschluss auf 21 Uhr (Kaufabend). Markttermin: **Wochenmarkt** Sa 10-12 Uhr, Sint Josefstraat und Konijnstraat.

• *Krankenhaus*   **Waterlandziekenhuis**, Waterlandlaan 250, 1441 RN Purmerend, ✆ 0299/457457.

• *Taxiruf*   ✆ 0299/365555

Übernachten/Essen

• *Übernachten*   ****** Hotel Spaander**, Haven 15-19, 1131 EP Volendam, 170 Betten, mehrstöckiger Hotelklotz der Best-Western-Gruppe am Volendamer Hafen, eigenwillige Balkonarchitektur, komfortable, modern eingerichtete Räumlichkeiten, Hallenbad, Sauna. EZ ab 65 €, DZ ab 76 €, ✆ 0299/363595, ✉ 369615.

** Hotel Lutine, Haven 80, 1131 ET Volendam, 29 Betten, kleines Haus mit schöner Aussicht auf die Volendamer Hafenanlagen, alle Zimmer mit Du/WC und TV, gute Küche im angegliederten Restaurant. EZ ab 48 €, DZ ab 60 €, ✆ 0299/363234, ✉ 362254.

• *Essen*   **Van den Hogen**, Haven 106, 1131 EV Volendam, Fischgerichte mit besonderem Clou, denn die Bedienung trägt die historischen Volendamer Trachten, preiswerte Hauptgerichte, ✆ 0299/363775.

De Gastheer van Volendam, Julianaweg 106, 1131 DJ Volendam, Nähe Volendams Museum, Fischspezialitäten in großer Auswahl, gute Weinkarte, ✆ 0299/363323.

Smit Bokkum, Sint Jozefstraat 11, 1131 DX Volendam, eher nüchtern gestaltetes Lokal mit exzellentem Räucheraal, ✆ 0299/363373.

Indra Poera, Hyacinthstraat 14, 1131 HW Volendam, Gerichte der chinesischen Küche, ✆ 0299/369891.

Früh übt sich

Edam

(7.000 Einwohner)

Im 16. Jahrhundert bescherte die Schifffahrt der nördlich von Amsterdam am Westufer des IJsselmeers gelegenen Ortschaft glorreiche Zeiten: Arbeit und Wohlstand für die Bevölkerung.

Mehr als dreißig Werften erwirtschafteten hohe Gewinne, die Geschäfte florierten. Zahlreiche Schiffe aller Arten und Größen wurden in Edam gebaut, darunter auch die Flotte des legendären Seehelden *Michiel de Ruyter*. Das heutige Stadtbild wird bestimmt von alten Handelshäusern, die sich an den Ufern der Grachten und Kanäle aneinander reihen. Krumme Gassen mit buckligem Pflaster dominieren die historische Altstadt. Die Wasserwege werden von einer Reihe sehenswerter Zugbrücken überspannt. Das schmalste dieser hölzernen Meisterwerke, die *Kwakelbrug*, ist die schönste von allen, ein fotografisches Pflichtmotiv. Im Hintergrund thront eine Kirche mit extrem schmalem Kirchenschiff, dafür aber mit reichlich hohem Turm mit Glockenspiel, dem *Carillon van de Speeltoren* – ebenfalls sehenswert.

Die Stadt verdankt ihren Ruf dem Handel mit Käse. In der Saison findet immer mittwochs der traditionelle Käsemarkt statt, der zwar deutlich kleiner ausfällt als sein Pendant in Alkmaar, doch gerade auch deswegen einen Besuch lohnt. Übrigens: Die künstlich-rote Rinde kennt man in den Niederlanden nicht – hier umgibt eine ansehnlichere gelbe Haut den leckeren Edamer.

*I*nformation/*V*erbindungen/*A*dressen

• *Information*   **VVV Edam**, Stadhuis, Damplein 1, 1135 BK Edam, ☏ 0299/315125, ✉ 374236, www.vvv-edam.nl. April-Oktober Mo-Sa 10-17 Uhr; Juli-August auch So 13-16.30 Uhr; November-März Mo-Sa 10-15 Uhr.

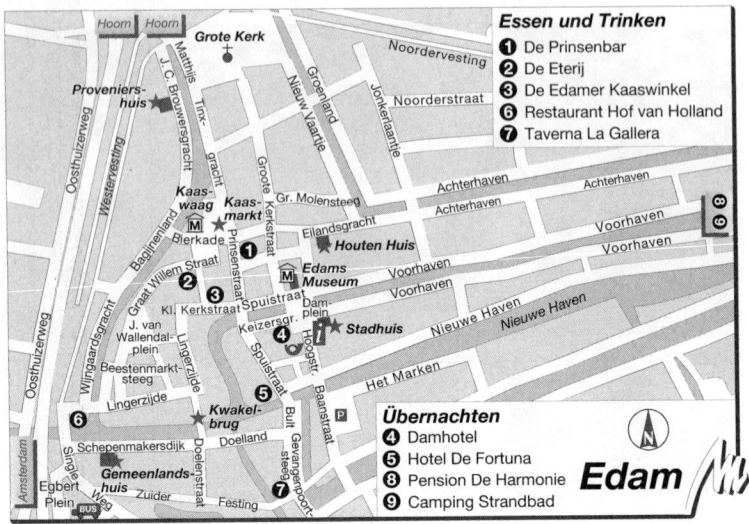

Essen und Trinken

Essen und Trinken
❶ De Prinsenbar
❷ De Eterij
❸ De Edamer Kaaswinkel
❻ Restaurant Hof van Holland
❼ Taverna La Gallera

Übernachten
❹ Damhotel
❺ Hotel De Fortuna
❽ Pension De Harmonie
❾ Camping Strandbad

Edam

- *Bahnverbindungen* nächster Bahnhof in Purmerend (10 km).
- *Busverbindungen* in Richtung Amsterdam.
- *Autovermietung* **Autoverhuur WAMO**, Oosthuizerweg 7, 1135 GH Edam, ✆ 0299/371856.
- *Fahrradverleih* **Ronald Schot**, Grote Kerkstraat 7-9, 1135 BL Edam, ✆ 0299/372155; **Ton Tweewielers**, Schepenmakersdijk 6, 1135 AG Edam, ✆ 0299/371922.

- *Einkaufen* Die Geschäfte bleiben in Edam Montagvormittag geschlossen. Am Freitag verschiebt sich der Ladenschluss auf 21 Uhr (Kaufabend). Markttermine: **Wochenmarkt** Mi 9-14 Uhr, J. Nieuwenhuyzenplein; **Käsemarkt** Juli/August Mi 10.30-12.30 Uhr, Kaasmarkt.
- *Krankenhaus* **Waterlandziekenhuis**, Waterlandlaan 250, 1441 RN Purmerend, ✆ 0299/457457.
- *Taxiruf* ✆ 0299/644444

Übernachten/Essen

- *Übernachten*: ***** Hotel De Fortuna (5)**, Spuistraat 3, 1135 AV Edam, 58 Betten, malerischer Gebäudekomplex aus 6 Einzelbauten (17. Jh.), dicht bewachsener, ruhiger Terrassengarten am Wasser, sehr freundlicher Service. EZ ab 60 €, DZ ab 110 €, ✆ 0299/371671, ✆ 371469, www.fortuna-edam.nl.
*** Damhotel (4), Keizersgracht 1, 1135 AZ Edam, vornehme Adresse in zentraler Lage, 20 Betten, saubere Räumlichkeiten, zahlreiche Blumen auf der breiten Treppe, freundlicher Service, alle Zimmer mit Du/WC, Telefon und TV. EZ ab 55 €, DZ ab 90 €, ✆ 0299/371766, ✆ 374031.
* Hotel Harmonie (8), Voorhaven 92-94, 1135 BT Edam, einfaches Familienhotel mit 16 Betten in 300-jährigem Grachtenhaus. Yolanda und Henk sorgen für eine angenehme Atmosphäre. EZ ab 40 €, DZ ab 50 €, ✆ 0299/371664, ✆ 315532.

Camping Strandbad (9), Zeevangszeedijk 7a, 1135 PZ Edam, N247 (Volendam–Hoorn), in Edam nördlich der Brücke über die Purmerringvaart Richtung IJsselmeer abfahren, Schildern folgen, ruhige Lage auf schöner Halbinsel am IJsselmeer, kleiner Badestrand, kaum Schatten, gute Sanitärs, Fahrradverleih, Lebensmittelgeschäft, Wanderhütten (7), geöffnet April-September. Person 2.60 €, Zelt 3.85 €, Auto 2.85 €, Duschen 0.60 €, Fläche 4 ha. ✆ 0299/371994, ✆ 371510.
- *Essen* **Restaurant Hof van Holland (6)**, Lingerzijde 69, 1135 AN Edam, empfehlenswerte französische Küche der gehobenen Preisklasse, zuvorkommender Service, empfehlenswerte 3-Gänge-Menüs, ✆ 0299/372546.
Taverna La Galera (7), Gevangenpoortsteeg 1, 1135 AD Edam, Café-Restaurant mit Gerichten der italienischen Küche, einige Tische auf der Terrasse im Freien, ✆ 0299/371971.

De Edamer Kaaswinkel (3), Spui 8, 1135 BA Edam, Ecke Spuistraat, schräg gegenüber Damhotel auf der anderen Kanalseite, Käse in allen erdenklichen (niederländischen) Variationen, ℡ 0299/371861.

De Eterij (2), Prinsenstraat 5, 1135 AX Edam, Eetcafé mit preiswertem, traditionell niederländischem Speisenangebot, ℡ 0299/371630.
De Prinsenbar (1), Prinsenstraat 8, 1135 AX Edam, alteingesessenes Café im Herzen der Stadt, Pfannkuchen und sehr leckeres Appelgebak, ℡ 0299/372911.

Sehenswertes

Kaasmarkt/Kaaswaag: Im späten 16. Jahrhundert gewährte *Willem van Oranje* der Stadt das Recht auf einen Käsemarkt, der erst in den 20er Jahren des vorigen Jahrhunderts seine Bedeutung verlieren sollte. Der Käse gelangte damals per Schiff aus dem Hinterland in die Stadt. Mitte des 17. Jahrhunderts wurden jährlich 250.000 Laibe gehandelt. Mittlerweile sind diese Zeiten vorbei, doch lässt sie der Edamer Käsemarkt in den Sommermonaten einmal wöchentlich (mittwochs) wieder aufleben: Hier kredenzt Frau Antje auf ihren hölzernen Klompen frischen Käse aus Holland. Mit strahlend weißen Blusen, knallig roten Röcken und einer adretten Mütze auf dem Kopf drehen niederländische "Meisjes" ihre Runden und unterhalten die sichtlich faszinierten Besucher. Alles ist sehr spannend. Hat man sich gütlich auf einen fairen Preis geeinigt, beginnt das demonstrative Händeschütteln. Es dauert lange genug für den ersehnten Schnappschuss – selbst wenn man den Film erst noch einlegen muss. Die Klompen tragenden Bauern und Händler diskutieren unterdessen lautstark weiter.

Gegenwärtig exportieren die Niederlande jährlich mehr als 300.000 Tonnen Käse und erwirtschaften auf diese Weise etwa eine Milliarde Euro. In der Edamer Käsewaage, 1778 errichtet, bietet ein kleines Museum die Gelegenheit, die verschiedenen Käsesorten, die üblicherweise bei 30 °C etwa ein Jahr gereift haben, auch zu probieren.

Adresse/Öffnungszeiten Jan Nieuwenhuizenplein 5, 1135 WT Edam, ℡ 0299/372842. April-September 10-17 Uhr. Käsemarkt: Juli/August Mi 10.30-12.30 Uhr.

Grote Kerk (Sint Nicolaaskerk): Die Kirche, die im 15. Jahrhundert errichtet wurde, wartet mit etwa dreißig prachtvoll gestalteten Glasmalereien auf. Die farbenprächtigen Kunstwerke datieren aus der Zeit nach dem verheerenden Stadtbrand des Jahres 1602. Damals war der Turm nach einem Blitzeinschlag brennend auf die Kirche gestürzt. Die Tragödie wiederholte sich knapp hundert Jahre später. Der neue Turm ist seither wesentlich niedriger als seine Vorgänger.

Adresse/Öffnungszeiten Grote Kerkstraat, 1135 AD Edam, ℡ 0299/315125 (VVV). April-September täglich 14-16.30 Uhr. Eintritt frei.

Gemeenlandshuis: Der dreiteilige Gebäudekomplex (Schepenmakersdijk 16) befindet sich im Besitz der *Hoogheemraadschap*, einer Instanz, deren Hauptaufgabe darin besteht, den Wasserstand der Grachten, Kanäle und Seen zu kontrollieren. Die Institution entstand 1544 auf Befehl Kaiser *Karl V.* in Alkmaar; im frühen 18. Jahrhundert wurde sie nach Edam verlegt. An den Eingängen des Bauwerks hängen die prachtvoll geschnitzten Wappen der Gesellschaft: die Krone des Kaisers und darunter ein Adler über Schleusentoren. Sehenswert ist auch der Hof des Hauses mit seinen gelben und violetten Pflastersteinen, der besonders im Frühjahr, wenn die Blumen in voller Blüte stehen, ein malerisches Bild bietet.

Provinz Noord-Holland · Karte S. 239

Houten Huis: Die spätgotischen Verzierungen im Eingangsbereich des ältesten Holzhauses der Stadt in der Eilandsgracht 103 stammen aus dem frühen 16. Jahrhundert. Mit Ausnahme eines gemauerten Zimmers im hinteren Teil ist das Gebäude komplett aus Holz gebaut. Der Bau verstieß damit gegen ein Gesetz, das wegen der Brandgefahr an Stelle der Holzgiebel steinerne Aufbauten vorschrieb. Tatsächlich wurde Edam mehrmals von Bränden heimgesucht. Das kleine Haus aber blieb verschont und beeindruckt mit seinen malerischen, waagerecht aufklappbaren Fensterläden noch heute.

Proveniershuis: *J. C. Brouwer* kaufte die Häuser des ehemaligen Beginenhofs (J. C. Brouwersgracht), um seiner Tochter, die lange als Nonne hier gelebt hatte, eine feste Bleibe zu sichern. In der Folgezeit wurden mehrfache Änderungen und Umbauten vorgenommen. Die Mehrzahl der Häuser stammt aus dem 17. Jahrhundert. Der Komplex gilt als eines der ersten städtischen Altersheime. Beachtung verdient auch der prächtig mit Blumen verzierte Gartenhof.

Edams Museum: Das städtische Museum im ältesten Backsteinhaus Edams, dessen Fertigstellung 1530 gefeiert werden konnte, lockt mit einer weitgehend erhaltenen alten Einrichtung. Besondere Beachtung aber verdient der schwimmende Vorratskeller – eine über einen Meter hohe Wanne, die einst angeblich von einem Schiffskapitän konzipiert wurde.

Adresse/Öffnungszeiten Damplein 8, 1135 ZL Edam, ✆ 0299/372644. April-Oktober Di-Sa 10-16.30 Uhr, So 13.30-16.30 Uhr. Erwachsene 2 €, Kinder 1.15 €, Senioren (Pas65) 1.15 €, MJK.

De Rijp

(2.000 Einwohner)

Die Ortschaft inmitten sumpfigen Polderlandes auf etwa halber Strecke zwischen Alkmaar und Purmerend war lange fester Bestandteil einer kleinen Insel zwischen Beemster- und Schermermeer. Sie entstand im 15. Jahrhundert aus einem damals angelegten Hafen, nachdem die Bevölkerung infolge des gestiegenen Wohlstandes durch den ertragreichen Fischfang stark angewachsen war. Mehrere Dutzend historischer Bauten sind in gutem Zustand erhalten. Der denkmalgeschützte Stadtkern, der insgesamt mehr als 600 Gebäude zählt, blieb im 19. Jahrhundert weitgehend unverändert. Das Gesamtbild fasziniert – die Häuser mit oftmals hölzernem Obergeschoss stehen arg schief am Rande der Straßen. Architektonischer Höhepunkt ist das Rathaus, dessen malerische Dekors Hochzeitspaare aus allen Landesteilen anlocken. Es stammt von *Adriaan Leeghwater*, dem berühmtesten Sohn des Ortes.

Das **Rijper Museum** ist in einem der für die Region typischen Holzhäuser aus dem 17. Jahrhundert untergebracht, die dank ihres geringeren Gewichts deutlich besser als schwere Steinhäuser für den morastigen Untergrund geeignet waren. Die schöne Sammlung umfasst umfangreiche Informationen zum einst florierenden Walfang. Sehr sehenswert sind mehrere alte Meeresatlanten.

Die lang gestreckte Ortschaft geht unmerklich in den Nachbarort **Graft** über. Das älteste Dorf der Region beeindruckt mit seinem schönen treppengiebeligen Rathaus.

Adresse/Öffnungszeiten **Het Rijper Museum**, Jan Boonplein 2, 1483 BL De Rijp, ✆ 0299/671286. April-Oktober Sa/So 11-17, Juli/August Di-So 11-17 Uhr. Erwachsene 1.20 €, Kinder 0.60 €.

Käsemarkt Edam

Middenbeemster

(2.500 Einwohner)

Der Wasserbautechniker *Adriaan Leeghwater* leitete im 17. Jahrhundert die Einpolderung der beiden Binnenseen *Beemstermeer* und *Schermermeer*. 50 Mühlen waren für das aufwendige Projekt im Einsatz, die das vier Meter unter dem Meeresspiegel gelegene Land trockenpumpten. Die auf diese Weise entstandenen Weiden, die gegenwärtig in erster Linie zur Viehzucht genutzt werden, zählen zu den tiefstgelegenen der Niederlande. Das Auge erblickt nichts als flaches Land voller schwarz-weißer Kühe, in dem die Menschen nach dem Grundsatz "pompen of verzuipen" (pumpen oder ertrinken) arbeiten und leben. Das geometrisch angelegte Landschaftsbild wird von kerzengeraden Wassergräben und Wegen dominiert – flaches Land mit grünem Gras und prächtigen Farbtupfern in Form blühender Tulpenfelder. Allerorten sind die für die Region charakteristischen Stolpbauernhöfe mit ihren pyramidalen Dächern anzutreffen. Die UNESCO nahm den Beemsterpolder Anfang 2000 mit der Begründung, die Polderlandschaft sei ein herausragendes Dokument kreativer Landschaftsarchitektur, als fünften niederländischen Beitrag auf die Weltkulturerbeliste auf.

• *Übernachten* **Hotel De Boerenkamer Spitsbergen**, Schermerhornerweg 3, 1463 PD Noordbeemster, Stolpbauernhof unter Leitung von Afra und Ted Boon, 10 Betten in Zimmern mit dicken Holzbalken und kleiner Küchenzeile, komfortable Einrichtung mit schönem Ausblick auf die grünen Weiden des Eilandpolders, alle Zimmer mit Bad und TV. EZ ab 35 €, DZ ab 65 €, ☎ 0299/690818.

Mini-Camping In het Fruit, Volgerweg 86, 1461 CB Zuidoostbeemster, geöffnet April-September. Person 3 €, Zelt 4 €, Auto 1 €, Duschen inkl., Fläche 1,5 ha. ☎ 0299/430775, inhetfruit.nl@wolmail.nl.

• *Essen* **Pannenkoeken- en Spijshuis 't Beemster**, Middenweg 177, 1462 HJ Middenbeemster, Pfannkuchenvariationen in historischer Herberge von 1795, 120 Sorten, Terrasse, N 244 Alkmaar–Purmerend, Ausfahrt Middenbeemster, Di-So 11-22 Uhr, in der Winterzeit Di geschlossen, ☎ 0299/681371.

◊◊◊ **De Beemster Hofstee**, Middenweg 48, 1463 HC Noordbeemster, Relais du Centre (siehe Seite 56), holländische Küche mit französischen Einflüssen in ehemaligem Schulgebäude von 1725, Kenner schätzen das Lammfleisch aus der Beemsterregion, einer der schönsten Polderlandschaften der Niederlande, Di-Fr 12-21.30 Uhr, Sa/So 14-21.30 Uhr, Mo Ruhetag, ☎ 0299/690522, www.beemsterhofstee.nl.

Schermerhorn

(5.000 Einwohner)

Die kleine Ortschaft liegt nur wenige Kilometer südöstlich von Alkmaar inmitten der flachen Polderlandschaft. Bekannt ist es für den sehenswerten **Molendriegang**, dessen drei Wassermühlen zu den schönsten der Region gehören. Sie pumpen das Wasser noch heute aus schmalen Gräben in tiefere Kanäle, ehe es von dort weiter ins Meer gelangt. Die Einpolderungen der Region hatten im 17. Jahrhundert begonnen. Die großen Glasflächen der Mühle *Schermerhorn* (1634) geben Einblicke ins Mühleninnere. Die angeschlossene Wohnung ist im Originalzustand erhalten.

• *Adresse/Öffnungszeiten* **Molendriegang (Schermerhorn)**, Noordervaart 2, 1636 VL Schermerhorn, ☎ 072/5021519, www.museummolen.nl. April-Oktober täglich 10-17 Uhr; November-März So 10.30-16.30 Uhr. Erwachsene 2 €, Kinder 1 €.

• *Übernachten* **Mini-Camping Kampje De Myse**, Oostmijzerdijk 4, 1636 WC Schermerhorn, geöffnet Juni-August. Person 2.75 €, Fläche 0,5 ha. ☎ 072/5021225.

Region Noord-Kennemerland

(Alkmaar, Camperduin, Groet, Schoorl, Noordhollands Duinreservaat, Bergen, Egmond, Castricum, Wijk aan Zee)

Sand, Sonne und Wind ziehen bei gutem Wetter zahlreiche Strandliebhaber an die nordholländische Nordseeküste. Der breite Küstenstreifen zwischen **Alkmaar** und **Beverwijk**, eine der Attraktionen der Niederlande schlechthin, lockt mit den Stränden einer Reihe schöner Badeorte, darunter **Bergen aan Zee, Egmond aan Zee, Castricum aan Zee** und **Wijk aan Zee.**

Die weiten Dünenlandschaften eines intakten Ökosystems im **Noordhollands Duinreservaat** sind ein ideales Terrain für Radtouren und Wanderungen. Der kräftig auffrischende Wind erfordert stramme Waden, doch entschädigen die landschaftlichen Reize für alle Anstrengungen. Auf der einen Seite die Dünen, auf der anderen Seite das Meer – Erholung pur an der holländischen Nordseeküste. Insbesondere in den fruchtbaren landeinwärts liegenden Abschnitten zeigt sich eine interessante Flora und Fauna. Im Frühjahr tauchen blühende Blumenfelder die Landschaft in intensiv bunte Farben.

Egmonder Strandansichten

Provinz Noord-Holland
Karte S. 239

Alkmaar   (92.000 Einwohner)

Enge Gassen, schmale Grachten und mittelalterliche Zugbrücken prägen das Bild der historischen Altstadt. Der geruhsame Spaziergang durch das idyllisch an den Ufern des Nordhollandkanals gelegene altholländische Alkmaar ist eine Pflichtaufgabe für alle Besucher!

Alkmaar, das im alten Stadtkern mehr als 400 historische Monumente zählt, gilt als *die* Käsestadt des Landes. Das historische Szenario, das in der Saison vor der Stadtwaage zelebriert wird, lockt die Besucher in Scharen herbei. Das traditionsreiche Ereignis – mittlerweile ein reines Touristenspektakel – begeistert Hollandreisende aus allen Teilen der Welt. Die Bewohner der Stadt stehen dem Trubel dagegen eher gleichgültig gegenüber.

Historisch betrachtet stellt Alkmaar einen Meilenstein in der niederländischen Geschichte dar. Als erste Stadt des Landes hatte Alkmaar die spanischen Besatzer 1573 zum Rückzug zwingen können. Die Öffnung aller Schleusen der Gemeinde sorgte damals für großflächige Überschwemmungen des Umlands und ließ den feindlichen Truppen keine andere Wahl als den Abzug – die Niederlage der Spanier war damit eingeleitet, auch wenn das Ende der Besetzung noch Jahrzehnte auf sich warten ließ. Der Sieg gegen die Spanier brachte der Stadt das Waagerecht, die erste Voraussetzung für den "bekannten, aber auch langweiligen Käsemarkt" (O-Ton während der Grachtenfahrt).

Das Stadtbild hat reichlich historische Bausubstanz zu bieten. An zahlreichen Stellen liegt die Liebe im Detail. Achten Sie beispielsweise einmal genau auf das *Huis met de Kogel* (1573, Appelsteeg 2–5), das während der spanischen Belagerung von einer Kugel getroffen wurde.

Information/Verbindungen/Rundfahrten

• *Information* VVV **Alkmaar**, Waagplein 2, 1811 JP Alkmaar, ✆ 072/5114284, ✉ 5117513, www.hollandsschiereiland.com. Mo 10-17.30 Uhr, Di-Mi 9-17.30 Uhr, Do 9-21 Uhr, Fr 9-18 Uhr, Sa 9.30-17 Uhr.
ANWB Alkmaar, Koninklijke Nederlandse Toeristenbond, Noorderkade 134, 1823 CJ Alkmaar, ✆ 072/5119041, ✉ 5159476.

• *Bahnverbindungen*   4x stündl. nach Amsterdam (Dauer: 30-40 Min.), 2x stündl. Den Helder (30 Min.), 4x stündl. Haarlem (30-40 Min.), 2x stündl. Hoorn (25 Min.).

• *Rundfahrten* **Grachtenfahrten** starten ab Mient (Nähe Stadtwaage) zu den folgenden Zeiten: April-Oktober Mo-Sa stündl. ab 11 Uhr, Mai-August auch So stündl. ab 11 Uhr; April-September (während des Käsemarkts) Fr ab 9.30 Uhr (alle 20 Min.). Dauer 45 Min. Erwachsene 3.80 €, Kinder 2.40 €. Information: Grachtenrondvaart Alkmaar, De Overtoom 54, 1823 BN Alkmaar, ✆ 072/5117750.

Adressen

• *Autovermietung* **Autoverhuur Budget**, Helderseweg 52, 1817 BB Alkmaar, ✆ 072/5159595 (0800/0537, gratis); **Autoverhuur Middelbeek**, Frieseweg 11, 1823 CA Alkmaar, ✆ 072/5127044, www.middelbeek.nl; **Autoverhuur SympRent**, Wendelaarstraat 50, 1814 GS Alkmaar, ✆ 072/5200900, www.symparent.nl.

• *Fahrradverleih* **Fietsenstalling Station**, Stationsweg 43, 1815 CB Alkmaar, ✆ 072/5117907; **De Kraak**, Nieuwstraat 39-41, 1811 BP Alkmaar, ✆ 072/5125840.

• *Einkaufen* Die Geschäfte bleiben in Alkmaar Montagvormittag geschlossen. Am Donnerstag verschiebt sich der Ladenschluss auf 21 Uhr (Kaufabend). Markttermine: **Wochenmarkt** Sa 9-17 Uhr, Gedempte Nieuwesloot und Hofplein; **Fischmarkt** Fr und Sa 9-12 Uhr, Mient; **Käsemarkt** April-September Fr 10-12 Uhr, Waagplein.

• *Käserei* **Kaasmakerij Zeilzicht**, Westdijk 15, 1847 LH Zuidschermer, ✆ 072/5044340. Käserei einige Kilometer südöstlich von Alkmaar, Besichtigung (inkl. eigener "Käseherstellung") nach telefonischer Voranmeldung. Erwachsene 1.60 €, Kinder 1.10 €.

• *Kinderbauernhöfe* **De Rekerhout**, Krielenzand 5, 1825 BZ Alkmaar, ✆ 072/5620587. April-September Di-So 10-16.30 Uhr, Oktober-März So geschlossen. Eintritt frei.
'd Oosterhout, Vondelstraat 31, 1813 AA Alkmaar, ✆ 072/5404321. Täglich 10-16 Uhr. Eintritt frei.
Stadsboerderij De Hout, Prins Bernhardlaan 10 (Alkmaarder Hout), 1815 JE Alkmaar, ✆ 072/5114368. Mai-Oktober täglich 10-16.30 Uhr; November-April Di/Mi 10-16.30 Uhr.

• *Krankenhaus* **Medisch Centrum Alkmaar**, Wilhelminalaan 12, 1815 JD Alkmaar, ✆ 072/5484444.

• *Mühle* **Molen van Piet**, Ritsevoort, 1817 AM Alkmaar, ✆ 072/5112574. Getreidemühle (1769) auf der alten Stadtumwallung. April-September (während des Käsemarktes) Fr 10-17 Uhr, Juli/August auch Sa 10-17 Uhr. Eintritt frei.
Molen 't Roode Hert, Frieseweg 102, 1823 CG Alkmaar, ✆ 072/5155433. Getreidemühle, die zweite. Di-Fr 8-12.30 Uhr und 13.30-18 Uhr, Sa 8-12 Uhr. Erwachsene 1.60 €, Kinder 0.50 €.

• *Taxiruf* ✆ 072/5122232

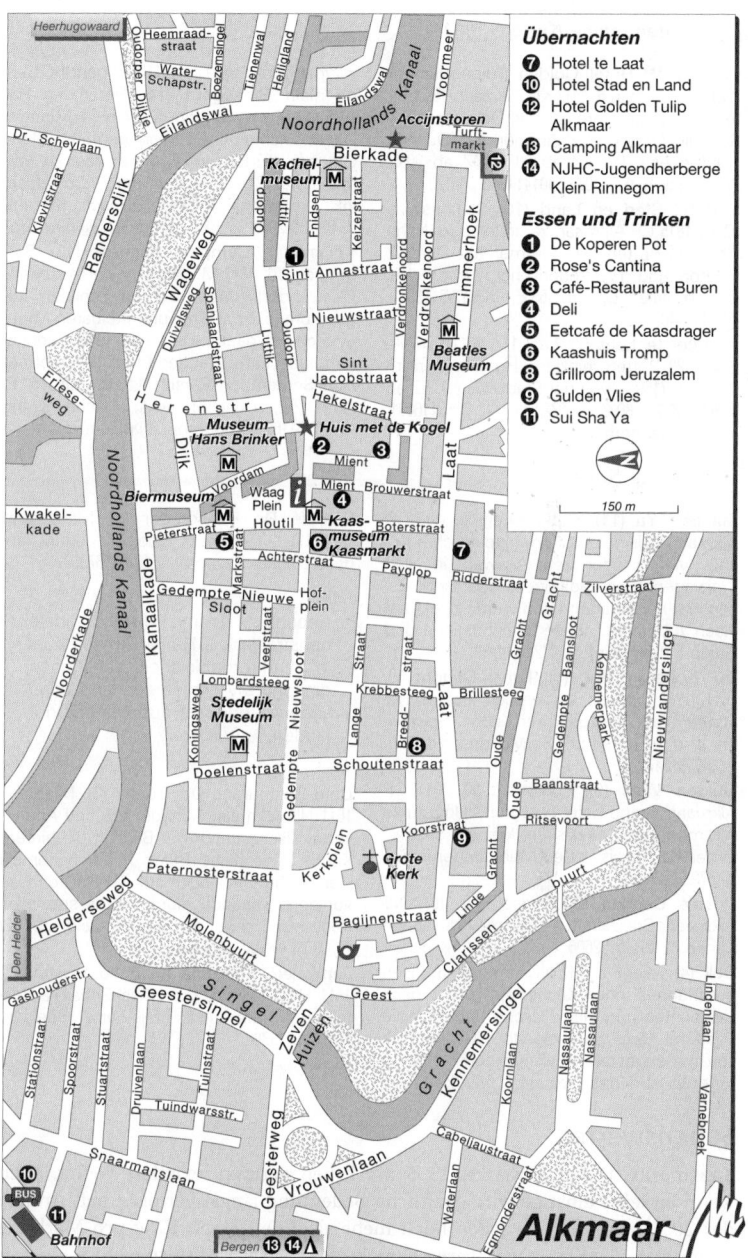

Übernachten

7 Hotel te Laat
10 Hotel Stad en Land
12 Hotel Golden Tulip Alkmaar
13 Camping Alkmaar
14 NJHC-Jugendherberge Klein Rinnegom

Essen und Trinken

1 De Koperen Pot
2 Rose's Cantina
3 Café-Restaurant Buren
4 Deli
5 Eetcafé de Kaasdrager
6 Kaashuis Tromp
8 Grillroom Jeruzalem
9 Gulden Vlies
11 Sui Sha Ya

150 m

Alkmaar

Übernachten (siehe Karte S. 331)

• *Hotels* ****** Hotel Golden Tulip Alkmaar (12)**, Arcadialaan 6, 1813 KN Alkmaar, 150 Betten, die erste Adresse vor Ort, gepflegte Räumlichkeiten, alle Zimmer mit Du/WC, Telefon und TV. EZ ab 80 €, DZ ab 90 €, Frühstück 10 €, ℡ 072/5401414, ✆ 5401232.

** Hotel Stad en Land (10), Stationsweg 92-94, 1815 CE Alkmaar, zentrale Lage (Nähe Hbf.), 40 Betten, alle Zimmer mit Du/WC, Telefon und TV, freundliche Atmosphäre. EZ ab 46 €, DZ ab 65 €, ℡ 072/5123911, ✆ 5118440.

** Hotel te Laat (7), Laat 117, 1811 ED Alkmaar, 20 Betten, einziges Hotel mitten im Zentrum (150 m von der Stadtwaage). EZ ab 55 €, DZ ab 80 €, ℡ 072/5125506, ✆ 5116081, info@telaat.com.

• *Jugendherberge* **NJHC-Jugendherberge Klein Rinnegom (14)**, Herenweg 118, 1935 AJ Egmond-Binnen, wenige Minuten südwestlich von Alkmaar, geöffnet März-Oktober. 132 Betten, Zweierzimmer (4), Viererzimmer (31). Übernachtung im Schlafsaal inkl. Frühstück 18-22 € (je nach Saison), ℡ 072/5062269, ✆ 5067034, egmond@njhc.org.

• *Camping* **Camping Alkmaar (13)**, Bergerweg 201, 1817 ML Alkmaar, N9 (Alkmaar–Den Helder), Abfahrt Bergen, Schildern folgen, breite Straße in unmittelbarer Nähe, einfache Sanitärs, Fahrradverleih, Lebensmittelgeschäft, Wanderhütten (2), geöffnet April-September. Person 4.50 €, Zelt 3.50 €, Auto 2 €, Duschen inkl., Fläche 3 ha. ℡ 072/5116924, johnbroers@planet.nl.

Essen (siehe Karte S. 331)

Sui Sha Ya (11), Stationsweg 58, 1815 CD Alkmaar, Grillrestaurant mit japanischer Küche, Menüs oder freie Auswahl in allen Preislagen. "Das traditionelle japanische Essen war hervorragend und wurde direkt am Tisch zubereitet." (Leserbrief Susanne und Guido Schienbein). ℡ 072/5114422.

De Koperen Pot (1), Luttik Oudorp 59, 1811 MV Alkmaar, vornehmes kleines Restaurant mit französischer Küche, Spezialität sind "Tournedos", So/Mo geschlossen, ℡ 072/5114742.

Gulden Vlies (9), Koorstraat 30, 1811 GP Alkmaar, Grand-Café, blaugrüne Holzstühle mit modischen Sitzkissen, kleinere Snacks, Omeletts, preiswerte Mehrgängemenüs, ℡ 072/5122442.

Rose's Cantina (2), Fnidsen 107, 1811 NE Alkmaar, Spezialitäten der mexikanischen Küche, ℡ 072/5152606.

Deli (4), Mient 8, 1811 NC Alkmaar, Speisen der indonesischen Küche, auf jedem Tisch Heizplatten und eine Flasche Rotwein, die Rijsttafel kann nach eigenem Geschmack zusammengestellt werden, halbe Portionen für etwa 60 % des Preises, ℡ 072/5154082.

Eetcafé De Kaasdrager (5), Marktstraat 2b, 1811 LG Alkmaar, Speisen gemäß landestypischer Rezepte, ℡ 072/5157352.

Kaashuis Tromp (6), Magdalenenstraat 11, 1811 JR Alkmaar, Käse in allen erdenklichen Variationen, eine gute Adresse für landestypische Mitbringsel aus den Niederlanden, ℡ 072/543422.

Café-Restaurant De Buren (3), Mient 37, 1811 NB Alkmaar, Mittagstisch und Abendkarte, Tische unten mit Blick in die hintere Küche, eine halbe Etage höher nochmals vier Tische, Platz auch auf der Holzterrasse vor dem Gebäude, donnerstags spezielles Koopavondmenu für wenig Geld, ℡ 072/5120308, www.deburenbv.nl.

Jeruzalem Shoarma (8), Schoutenstraat 5, 1811 HC Alkmaar, jüdisches Shoarma-Restaurant, gute und preiswerte Speisen, ℡ 072/5113786.

Sehenswertes

Kaasmarkt: Der Käsemarkt, 1365 ins Leben gerufen, existiert weiter, auch wenn er seine einstige wirtschaftliche Bedeutung längst verloren hat. Anfang des 20. Jahrhunderts wurden noch mehr als 250 Tonnen Käse pro Markttag umgesetzt. Die Käseträger waren damals bis spät nach Mitternacht im Einsatz.

Frau Antje in Alkmaar

An den Markttagen sind aber auch heute noch Hunderte von Käselaiben auf dem Platz vor der alten Stadtwaage zu bewundern. Der Fachmann erkennt ihre Qualität, indem er sie auf Hohlstellen abklopft bzw. abhorcht. Die Händler bohren darüber hinaus kleine Löcher in den Käse, entnehmen eine Probe und prüfen den Fett- und Feuchtigkeitsgehalt sowie den Geschmack der Ware. Der Kauf wird nach alter Tradition per Handschlag besiegelt, der erzielte Preis gut sichtbar an der Markttafel notiert. Danach treten die Käseträger in Aktion. Die Tragbahren werden mit bis zu 80 Laiben beladen, deren Gesamtgewicht bei 160 kg liegen kann. Das Schauspiel zieht zahlreiche in- und ausländische Besucher an. Die Fotoapparate klicken, die Kameras surren ...

Ort/Termine Waagplein. Anfang April bis Anfang September Fr 10-12.30 Uhr.

De Waag – Het Hollands Kaasmuseum: Die alte Stadtwaage, das vielleicht bekannteste Gebäude der Stadt, blickt auf eine ungewöhnlich wechselhafte Vergangenheit zurück. Zunächst diente es als Kapelle (1341), später als Waage (1582). Heute ist hier das Alkmaarer Käsemuseum untergebracht. Die Ausstellung erläutert die Herstellung verschiedenster Molkereiprodukte. Sehenswert ist auch das Reiterspiel im Turm, das zu jeder vollen Stunde in Aktion tritt.

Adresse/Öffnungszeiten Waagplein 2, 1811 JP Alkmaar, ✆ 072/5114284, www.kaasmuseum.nl. April-Oktober Mo-Sa 10-16 Uhr, Fr 9-16 Uhr. Erwachsene 2.50 €, Kinder 1.50 €, Senioren (Pas65) 2.50 €, MJK. Glockenspiel: April-September Fr 11-12 Uhr.

Grote Kerk (Sint Laurenskerk): Die im brabantisch-gotischen Stil errichtete Kirche aus dem 15./16. Jahrhundert verdankt ihren über die Stadtgrenzen hinaus bekannten Ruf den beiden Orgeln, von denen die Schwalbenorgel (1511) zu den ältesten der Niederlande gehört. Ein weiteres prachtvolles Exemplar am Westgiebel wurde einst von *Jacob van Campen* konstruiert und später von

Kaspar Schnittger restauriert. Zur Zeit des Käsemarkts finden in unregelmäßiger Folge Orgelkonzerte statt. Der gesamte Komplex wurde 1996 restauriert.
Adresse/Öffnungszeiten Koorstraat 2, 1811 GP Alkmaar, ☎ 072/5140707. Juni-September Di-
So 10-17 Uhr. Eintritt frei. Orgelkonzerte: Fr 11.30 Uhr und 12.30 Uhr (während des Käsemarktes).

Remonstrantse Kerk: Die ehemalige Scheune diente lange als Schlupfwinkel
der von *Jacob Arminius* ins Leben gerufenen Bewegung der Remonstranten.
Diese Gruppe der niederländisch-reformierten Kirche betonte die Willensfrei-
heit des Menschen und verwarf damit die Prädestinationslehre *Calvins*. Die
Remonstranten stellten sich damit gegen eine weit verbreitete Lehre und wurden bald verfolgt. Die eigentümliche Atmosphäre der Versteckkirche ist deutlich spürbar.
Adresse/Öffnungszeiten Fnidsen 37, 1811 ND Alkmaar, ☎ 072/5112307. April-September Fr
10.30-13.30 Uhr. Eintritt frei.

Stadhuis: Die ältesten Teile des städtischen Rathauses stammen aus dem frühen 16. Jahrhundert. Das Interieur beeindruckt durch wertvolles Mobiliar; vor
allem das im Stil der Renaissance gestaltete Polderzimmer verdient Beachtung.
Adresse/Öffnungszeiten Breedstraat 50, 1811 HG Alkmaar, ☎ 072/5142434. Eine Besichtigung ist leider nicht möglich.

Visbanken: Die Alkmaarer Fischhalle aus dem späten 16. Jahrhundert wurde
nur fünfzig Jahre nach ihrer vorläufigen Fertigstellung umfangreich erweitert
und ist seither der zentrale Ort des städtischen Handels mit frischem Meeres-
fisch. Der Dachgiebel ist mit sehenswerten Schnitzereien geschmückt.
Adresse/Marktzeiten Mient, 1811 JP Alkmaar, ☎ 072/5114284 (VVV). Fr/Sa 9-12 Uhr.

Accijnstoren: Das auf quadratischer Grundfläche errichtete Zolltürmchen
(1622) birgt gegenwärtig das städtische Hafenamt. Das malerische Bauwerk
mit zierlichen Aufbauten wurde nach nahezu 300 Jahren um einige Meter versetzt. Man staunt noch heute darüber, dass während der aufwendigen Aktion
das empfindliche Uhrwerk keinen Schaden nahm und ungestört weiterlief.
Adresse/Öffnungszeiten Bierkade 23, 1811 NJ Alkmaar, ☎ 072/5142494.

Stedelijk Museum: Das über 300 Jahre alte Gebäude war lange im Besitz der
städtischen Schützengilde. Heute ist hier das heimatkundliche Museum mit
einer bedeutenden Werkschau holländischer Meister des 16./17. Jahrhunderts
untergebracht. Die Sammlung wird ergänzt durch eine Ausstellung alter Spielzeuge – interessant auch für Kinder.
Adresse/Öffnungszeiten Canadaplein 1, 1811 KE Alkmaar, ☎ 072/5110737,
www.stedelijkmuseumalkmaar.nl. Di-Fr 10-17 Uhr, Sa/So 13-17 Uhr. Erwachsene 3.40 €, Kinder 1.70 €, Senioren (Pas65) 2.30 €, MJK.

Dutch Beatles Museum: Die legendären Beatles stehen im Mittelpunkt des
neuesten Alkmaarer Museums, des ersten der Niederlande, das sich mit dem
Leben der vier Liverpooler Pilzköpfe befasst. Die Vitrinen des klitzekleinen
Museums sind mit Büchern, Postern, Plattencovern, Schallplatten und Souve-
nirs gefüllt. Die eigentlichen Prunkstücke der Sammlung sind handsignierte
offizielle Plattenverträge und Geburtsurkunden der Musiker, die in den 60er
Jahren zu Weltruhm gelangten.
Adresse/Öffnungszeiten Laat 28-30, 1811 EJ Alkmaar, ☎ 072/5619480. Di-Mi 10-17 Uhr, Do 13-
21 Uhr, Fr-Sa 10-17 Uhr. Erwachsene/Kinder 1.20 €.

Nederlands Biermuseum: Das historische Gebäude des 15. Jahrhunderts reflektiert die Geschichte des niederländischen Brauwesens. Neben einer komplett eingerichteten Schänke, die in dieser Form vor 100 Jahren in allen Teilen des Landes hätte angetroffen werden können, finden sich eine alte Schrotmühle, Gärungsbehälter, Braukessel und eine Böttcherei. In der angegliederten Bierstube werden mehr als 80 niederländische Biersorten kredenzt.

Adresse/Öffnungszeiten Houttil 1, 1811 JL Alkmaar, ☎ 072/5113801, April-Oktober Di-Fr 10-16 Uhr, Sa/So 13.30-16 Uhr; November-März Di-So 13-16 Uhr. Erwachsene 2.50 €, Kinder 1.25 €, Senioren (pas65) 1.25 €, MJK. www.biermuseum.nl.

Die Stadtwaage in Alkmaar

Provinz Noord-Holland
Karte S. 239

Nederlands Kachelmuseum: Das Museum befindet sich im ehemaligen Wohnhaus des Alkmaarer Bürgermeisters *Adriaen Sevenhuysen Symonsz*, dem späteren Sitz der De-Burg-Brauerei, die u. a. das Bier der Käseträgergilde braute. Acht Ausstellungssäle bergen 75 Kachelöfen und Herde aus der Zeit von 1875 bis heute. Die Entwicklung von Stil und Technik vom prachtvoll verzierten Jugendstilkachelofen zum funktionell-klassischen Kohleofen der 50er Jahre wird anschaulich nachvollzogen.

Adresse/Öffnungszeiten Bierkade 10, 1811 NJ Alkmaar, ☎ 072/5159418. So 12-16 Uhr, April-September auch Fr 12-16 Uhr. Erwachsene 1.50 €, Kinder frei, MJK.

Camperduin, Groet und Schoorl

Der Landstrich um Camperduin, Groet und Schoorl rühmt sich der breitesten und höchsten Dünen Hollands. Anders als in den weiter südlich liegenden Badeorten ist der Küstenstreifen frei zugänglich. Nur in der Vogelbrutsaison (März–Juni) werden vereinzelte Abschnitte gesperrt. Die Gemeinde erhielt in den vergangenen Jahren mehrfach die "Blaue Flagge" als Auszeichnung für saubere Strände, eine hohe Wasserqualität und ansprechende Sanitärs am Strand. Die Umgebung verfügt über eine größere Zahl reizvoller Rad- und Wanderwege sowie Reiterpfade. Besonders empfehlenswert ist die Strecke nach Bergen aan Zee an den Rand des *Noordhollands Duinreservaat*.

Einen Abstecher wert ist das **Bezoekerscentrum Het Zandspoor**. Das Naturinformationszentrum erläutert die Entstehung des Naturreservats *Schoorlse Duinen*. Wanderfreunde können sich im Gebäude nach Routenbeschreibungen für reizvolle Wanderungen (Länge: 5–10 km) erkundigen. Darüber hinaus werden begleitete Exkursionen angeboten.

Information/Verbindungen/Adressen

- *Information* **VVV Schoorl-Groet-Camperduin**, Duinvoetweg 1, 1871 EA Schoorl, ☎ 072/5813100, 📠 5813890, www.vvschoorl.nl. Mo-Do 9.30-17.30 Uhr, Fr 9.30-18 Uhr, Sa 9.30-17 Uhr, Juli/August auch So 10-14 Uhr.

- *Adresse/Öffnungszeiten* **Bezoekerscentrum Het Zandspoor**, Oorsprongweg 1, 1871 HA Schoorl, ☎ 072/5093352, Di-So 10-17 Uhr. Eintritt frei, www.staatsbosbeheer.nl/noord-holland.

- *Bahnverbindungen* nächster Bahnhof in Alkmaar (etwa 10 km).

- *Busverbindungen* in Richtung Alkmaar, Bergen.

- *Fahrradverleih* **Fietsverhuur Masteling**, Heereweg 242, 1873 GE Groet, ☎ 072/5091245; **Rijwielhandel Raat**, Duinweg 41, 1871 AD Schoorl, ☎ 072/5091330.

- *FKK* Paal 30 (100 m links vom Paviljon).

- *Einkaufen* Die Geschäfte bleiben in der Gemeinde Montagvormittag geschlossen. Am Freitag verschiebt sich der Ladenschluss auf 21 Uhr (Kaufabend). Einen Besuch verdient der **Nachtmarkt Camperduin**, Juli/August Fr (alle 2 Wochen) 20 bis 1 Uhr nachts, Hondsbossche Zeewering.

- *Krankenhaus* **Medisch Centrum Alkmaar**, Wilhelminalaan 12, 1815 JD Alkmaar, ☎ 072/5484444.

- *Taxiruf* ☎ 072/5091330

Übernachten/Essen

In der näheren Umgebung von Schoorl finden sich mehrere Campingplätze, die infolge der großen Breite des hiesigen Dünenstreifens allesamt etwa 5 km vom Strand entfernt liegen. Nur der bei Camperduin gelegene Platz Groede befindet sich etwas näher am Wasser.

- *Übernachten* ****** Hotel Merlet**, Duinweg 15, 1871 AC Schoorl, vornehmes Haus mit 36 Betten, Sauna, Schwimmbad, komfortable Zimmer mit Du/WC, Telefon und TV, sehr gute Küche im angegliederten Restaurant. EZ ab 71 €, DZ ab 93 €, ☎ 072/5093644, 📠 5091406.

*** Strandhotel Camperduin, Heereweg 395, 1871 GL Schoorl, 56 Betten, ruhige Lage, das einzige Hotel direkt am Strand, geschmackvoll eingerichtete, helle Räumlichkeiten. EZ ab 53 €, DZ ab 57 €, ☎ 072/5091436, 📠 5094166, info@strandhotel-camperduin.nl.

Camping Koningshof, Duinweg 99, 1871 AE Schoorl, N 9 (Alkmaar – Den Helder), Ausfahrt Schoorl, Platz liegt zwischen Schoorl und Bergen links der Straße, 5 km zum Strand, Waldnähe, einige schattige Plätze, gute Sanitärs, Wanderhütten (3), geöffnet April-September. Person 2.90 €, Zelt 4.15 €, Auto 2.35 €, Duschen 0.50 €, Fläche 5 ha. ☎ 072/5091510, 📠 5091657.

Camping Groede, Hargerweg 8, 1871 PJ Schoorl, N 9 (Alkmaar – Den Helder), Ausfahrt Schoorl, Richtung Groet, dort bei Perceel Heereweg 272 rechts, Schildern folgen, nördlich der Ortschaft nahe Camperduin, 3 km zum Strand, Autos sind nicht zugelassen, akzeptable Sanitärs, Lebensmittelgeschäft, geöffnet April-September. Stellplatz

(Auto und Zelt) 10 €, Person 3.80 €, Duschen inkl., Fläche 3 ha. ☎ 072/5091555, campinggroede@planet.nl.

Camping Buitenduin, Molenweg 15, 1871 CD Schoorl, N 9 (Alkmaar – Den Helder), Ausfahrt Schoorl, Schildern im Ort folgen, Waldnähe, etwa 5 km zum Strand, kleiner Platz mit entsprechend geringen Kapazitäten, akzeptable Sanitärs, geöffnet April-Oktober. Stellplatz (inkl. 2 Pers.) 17.50 €, zus. Person 2.40 €, Duschen 0.50 €, Fläche 1 ha. ☎ 072/5091820, 📠 5093617.

Camping Bregman, Gerbrandslaan 18, 1871 AP Schoorl, ruhiger Platz am östlichen Ortsrand mit hervorragenden Sanitärs, geöffnet April-Oktober. Stellplatz (inkl. 4 Pers.) 17.50 €, zus. Person 3 €, Duschen inkl., Fläche 3,5 ha, ☎ 072/5091959, 📠 5092752.

- *Essen* **Restaurant Merlet**, Duinweg 15, 1871 AC Schoorl, eine der besten Adressen vor Ort, französische Küche der oberen Preisklasse, Spezialitäten der Provence, offene Terrasse mit Meeresblick im Sommer, Kaminfeuer im Winter, ☎ 072/5093644.

◊◊◊ **De Schoorlse Heeren**, Heereweg 215, 1871 EG Schoorl, Relais du Centre (siehe Seite 56), französisch orientierte Küche in altholländischem Stolpbauernhof (1880) an der Dorfstraße zwischen Schoorl und Camperduin, Kundenwünsche werden vom Chefkoch gerne berücksichtigt, Weinkeller in guter Sortierung (Schwerpunkte: Chile, Frankreich, Kalifornien), Di-Fr 12-14 Uhr und 17-22 Uhr, Sa/So 17-22 Uhr, Mo Ruhetag, ✆ 072/5091380, www.schoorlseheeren.nl.

't Strooie Huys, Burgemeester Peecklaan 11, 1871 BA Schoorl, vegetarisches Restaurant mit guter Küche, außerhalb der Saison Di/Mi geschlossen, ✆ 072/5091260.

't Trefpunt, Laanweg 2, 1871 BH Schoorl, freundlich-helles Pfannkuchenhaus mit Terrasse, große Auswahl an Pfannkuchen (etwa 50 Stück) und Pizzen, ✆ 072/5093399.

Noordhollands Duinreservaat

Das Herz der niederländischen Nordseeküste ist das Noordhollands Duinreservaat, eine weitgehend autofreie Zone mit herrlichen Stränden und einem ausgedehnten Netz schöner (Rad-)Wanderwege, die sich auf einer Länge von 40 km von Bergen aan Zee nach Wijk aan Zee erstreckt und sich südlich an die Region um Camperduin, Groet und Schoorl anschließt.

Das *Noordhollands Duinreservaat* ist seit 1959 Naturschutzgebiet. In der herrlichen Naturlandschaft entstand infolge der Niederschläge der vergangenen Jahrhunderte ein unterirdisches Wasserreservoir gigantischen Ausmaßes. Das Wasser sickerte durch den lockeren Sand, bis es von undurchlässigen Schichten oder Salzwasservorräten aufgehalten wurde. Die fortdauernden Niederschläge ließen den Wasserpegel später über die Dünenoberfläche steigen, kleinere Seen entstanden, die überschüssiges Wasser in die umliegenden Polder oder ins Meer leiteten.

Im späten 19. Jahrhundert begann man mit der Entnahme von Trinkwasser, doch zeigten sich bald bedenkliche Folgeerscheinungen. Der Wasserspiegel sank, die Dünen und Pflanzen drohten zu vertrocknen. Die aufkommenden Diskussionen führten 1957 schließlich zum Bau verzweigter Leitungssysteme, die vorgeklärtes Oberflächenwasser aus dem Rhein, später aus dem IJsselmeer, in speziellen Kanälen in die großen Wasserreinigungsanlagen nahe Castricum aan Zee und Wijk aan Zee leiten. Das Wasser sickert hier in filtrierende, reinigende Sandschichten, ehe es mittels großer Pumpstationen als hochwertiges Trinkwasser in die Haushalte geleitet wird. Mittlerweile können auf diese Weise mehr als eine Million Menschen versorgt werden, jährlich reinigen die Anlagen 30 Millionen Kubikmeter Wasser.

Das Dünenreservat dient inzwischen allerdings auch dem Erhalt einer einzigartigen Naturlandschaft, deren Licht seit Jahrhunderten Künstler ans Meer lockt – Pinsel und Palette inklusive. Die Gesellschaft *Waterleidingsbedrijf Noord Holland* verwaltet das Areal und sorgt für geordnete Verhältnisse in einer Region, die von mehr als drei Millionen Menschen jährlich besucht wird. Im Klartext: Die Dünen sind nur gegen Gebühr an den ausgeschilderten Stellen zugänglich, motorisierte Fahrzeuge sind nicht zugelassen. Nur die Gäste der beiden Campingplätze nahe Castricum haben freien Zutritt. Darüber hinaus sind einige elementare Verhaltensregeln einzuhalten: Die Pfade dürfen nicht verlassen werden, Hunde sind an der Leine zu halten, Abfälle zu vermeiden. In erster Linie aber ist die reiche Flora und Fauna zu schonen. Alle Verhaltensregeln können auf den Eintrittskarten nachgelesen werden. Jeder Besucher trägt Verantwortung für den Erhalt des einzigartigen Naturgebiets!

Information Provinciaal Waterleidingsbedrijf Noord Holland (PWN), Van Oldenbarneveldtweg 40, 1901 KC Castricum, ✆ 0251/661011, www.pwn.nl. Erwachsene 1 €, Kinder (6-12 Jahre) 0.30 €, Kinder bis 6 J. frei.

Provinz Noord-Holland · Karte S. 239

Bergen   (14.000 Einwohner)

Das Seebad Bergen ("Mont Martre van Nederland"), das für seine prachtvolle
Villenlandschaft bekannt ist, wurde zu Beginn des 20. Jahrhunderts auf dem
Reißbrett geplant und ist somit der einzige Badeort an der niederländischen
Küste, der seine Ursprünge nicht in einem alten Fischerdorf hat. Der gesamte
Küstenstreifen befindet sich fest in deutscher Touristenhand, doch geht es
auch bei größtem Andrang an den Stränden in *Bergen aan Zee* und im wenige
Kilometer entfernten *Bergen-Binnen* eher gemächlich zu. Das windgeschützte
Plätzchen in der Sonne macht seinen Besitzer zum Herrscher über ein be-
scheidenes Stückchen Zufriedenheit. Selbst Katzen liegen hier zufrieden unter
Sonnenschirmen. Das Naturschutzgebiet *Noordhollands Duinreservaat* bietet
mit dem nördlich angrenzenden, frei zugänglichen Waldgebiet der *Boswachterij Schoorl* reizvolle Alternativen zum reinen Strandurlaub.

Information/Verbindungen/Adressen

• *Information*   **VVV Bergen aan Zee**, v/d
Wijckplein 8, 1865 AP Bergen aan Zee,
✆ 072/5813100, 🖃 5813890, April-Oktober Mo-
Fr 9.30-17.30 Uhr, Sa 9.30-17 Uhr, Juli/August
auch So 10-14 Uhr, www.vvvbergenaanzee.nl.
VVV Bergen-Binnen, Plein 1, 1861 JX Bergen-Binnen,   ✆ 072/5813100,   🖃 5813890,
www.vvvbergen.com. Mo-Do 9.30-17 Uhr,
Fr 9.30-18 Uhr, Sa 9.30-17 Uhr, Juli/August
auch So 10-14 Uhr.

• *Bahnverbindungen* nächster Bahnhof in
Alkmaar (10 km).

• *Busverbindungen* in Richtung Alkmaar.

• *Autovermietung*   **Autoverhuur Martin
Schilder**, Breelaan 52, 1861 GG Bergen-Binnen, ✆ 072/5812200, www.martinschilder.nl.

• *Fahrradverleih*   **Tweewielercentrum
Busker**, Kerkstraat 1, 1861 KR Bergen-Binnen, ✆ 072/5895196; **Ligfietsverhuur Twigt**,
Elzenlaan 12, 1865 BM Bergen aan Zee,
✆ 072/5812254 (Liegefahrräder).

• *Einkaufen* Die Geschäfte bleiben in Bergen Montagvormittag geschlossen. Am
Freitag verschiebt sich der Ladenschluss
auf 21 Uhr (Kaufabend). Markttermin: **Wochenmarkt** Sa 9-16, Kleine Dorpsstraat, Bergen-Binnen.

• *FKK* Paal 31 bis 32.

• *Krankenhaus*   **Medisch Centrum Alkmaar**, Wilhelminalaan 12, 1815 JD Alkmaar,
✆ 072/5484444.

• *Taxiruf* ✆ 072/5812529

Übernachten/Essen

Es gibt gegenwärtig weder in Bergen-Binnen noch in Bergen aan Zee einen Campingplatz. Ausweichmöglichkeiten finden sich nördlich in Schoorl oder südlich in Egmond.

• *Übernachten* ****** Hotel Marijke**, Dorpsstraat 23-25, 1861 KT Bergen-Binnen, 180 Betten, komfortables, modernes Familienhotel
der Best-Western-Gruppe in ruhiger Lage,
alle Zimmer mit Du/WC, Telefon und TV. EZ
ab 59 €, DZ ab 80 €, ✆ 072/5812381,
🖃 5897771, www.hotelmarijke.com.

*** Hotel Zee Bergen, Wilhelminalaan 11,
1861 LR Bergen-Binnen, 38 Betten, ruhige
und waldreiche Lage in Dünennähe, etwa 5
Min. außerhalb des Ortszentrums, moderne Einrichtung, komfortable Zimmer, gute
Küche. EZ ab 43 €, DZ ab 80 €, ✆ 072/
5897241, 🖃 5817260.

*** Hotel Duinpost, Kerkelaan 5, 1861 EA
Bergen-Binnen, 30 Betten, gepflegtes Fami-

lienhotel auf baumbestandenem Grund-
stück, Garten, Sonnenterrasse, freundlicher
Service. EZ ab 31 €, DZ ab 50 €, ✆ 072/
5812150, 🖃 5899696.

*** Hotel Victoria, Zeeweg 33, 1865 AB Bergen aan Zee, 56 Betten, gemütliches Familienhotel, die obere Etage hinterlässt den
besseren Eindruck, alle Zimmer mit Telefon
und TV. EZ ab 44 €, DZ ab 65 €, ✆ 072/
5812358, 🖃 5896001.

*** Hotel Meyer, Jacob Kalffweg 4, 1865 AR
Bergen aan Zee, 70 Betten, sehr saubere
Räumlichkeiten, alle Zimmer mit Telefon,
TV, Du/WC, reichhaltiges Frühstück mit fri-
schem Obst. EZ ab 42 €, DZ ab 82 €, ✆ 072/
5812488, 🖃 5896192.

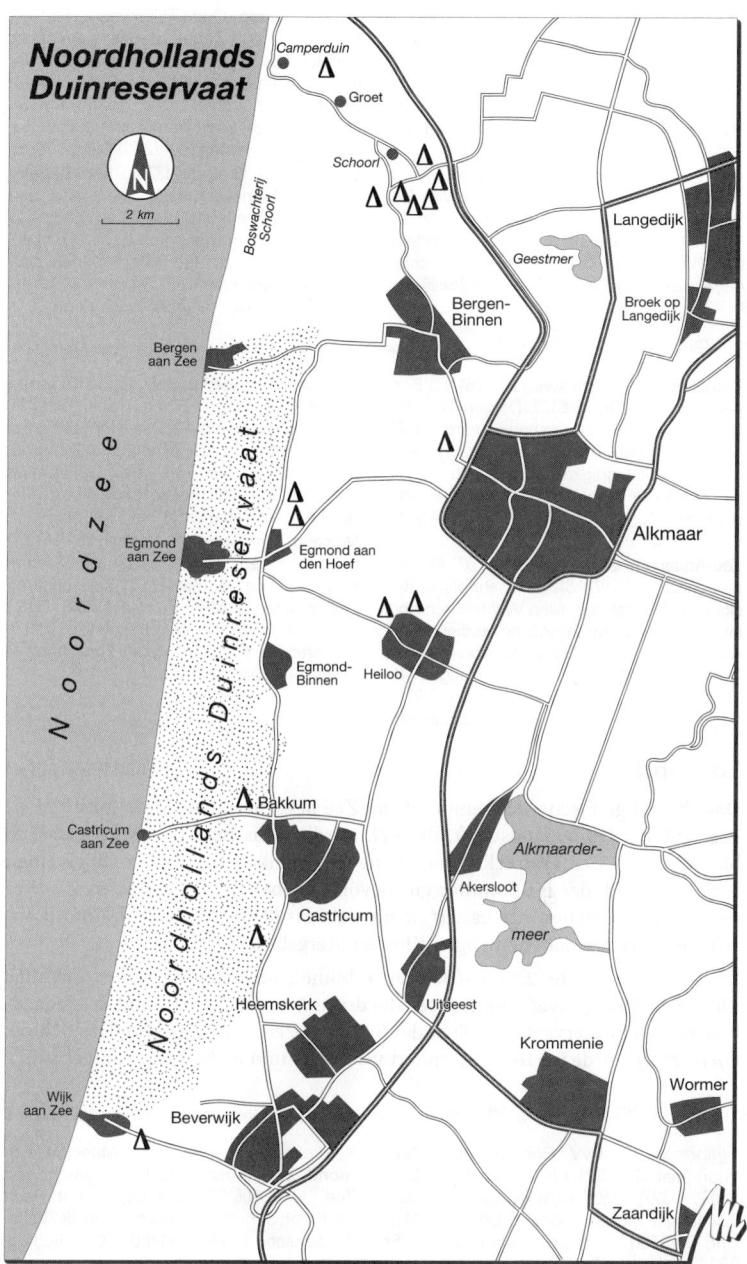

Noordhollands Duinreservaat

N

2 km

Camperduin

Groet

Schoorl

Boswachterij Schoorl

Geestmer

Langedijk

Bergen-Binnen

Broek op Langedijk

Bergen aan Zee

Noordzee

Egmond aan Zee

Noordhollands Duinreservaat

Egmond aan den Hoef

Alkmaar

Egmond-Binnen

Heiloo

Castricum aan Zee

Bakkum

Akersloot

Alkmaarder-meer

Castricum

Heemskerk

Uitgeest

Krommenie

Wormer

Wijk aan Zee

Beverwijk

Zaandijk

** **Villa De Horizon**, C. F. Zeilerboulevard 1, 1865 BB Bergen aan Zee, 14 Betten, unübersehbar am Ende der Promenade auf einer kleinen Anhöhe gelegen, familiäre Atmosphäre. Spezieller Service: Bei Sturm erzittern die Wände des dreistöckigen Hauses. EZ ab 45 €, DZ ab 60 €, ℡ 072/5896868.

• *Essen* **De Duinerij**, C. F. Zeilerboulevard 10, 1865 BB Bergen aan Zee, Nähe Villa De Horizon, Korbstühle und viel Holz, große Auswahl an Pfannkuchen (etwa 50 Sorten) und Pizzen (etwa 30 Sorten), dazu verschiedene mexikanische Gerichte, ℡ 072/5896099.

Otto e Mezzo, Oude Prinsweg 9, 1861 CS Bergen-Binnen, Caffè-Trattoria gegenüber der Ruinekerk, gemütlich mit viel Holz eingerichtet, ansprechende Karte mit Gerichten der gehobenen italienischen Küche, Pasta, Fleisch oder Fisch, aber keine Pizzen, Terrasse hinten, ℡ 072/5814003.

Duinvermaak, Breelaan 132, 1861 GH Bergen-Binnen, Pfannkuchenhaus (herzhafte und süße Variationen) und Pizzeria am Ende des langen Breelaan (ganz aus dem Ort raus), Zugangskarten zu den nahen Dünen sind im Restaurant erhältlich, Spielplatz, Terrasse, tägl. 10-21 Uhr, ℡ 072/5813927.

Sehenswertes kurz erwähnt

Ruinekerk, Oude Prinsweg 29, 1861 CS Bergen-Binnen, ℡ 072/5895125. Das im 14. Jahrhundert erbaute Gotteshaus wurde 1574 von spanischen Truppen in Brand gesetzt und fast vollständig zerstört. Die Ruine gilt heute als Mahnmal der Schrecken des 80-jährigen Kriegs. Juli/August Di-Do 14.30-17 Uhr. Eintritt frei.

Zee-Aquarium, v/d Wijckplein 16, 1865 AP Bergen aan Zee, ℡ 072/5812928. Mehr als 40 Becken mit Fischen aus allen Weltmeeren und eine kleine Muschelsammlung verdienen die Aufmerksamkeit der Besucher. April-September täglich 10-18 Uhr; Oktober-März täglich 11-17 Uhr. Erwachsene 5.30 €, Kinder 3.90 €, Senioren (Pas65) 4.10 €, www.zeeaquarium.nl.

Museum Het Sterkenhuis, Oude Prinsweg 21, 1861 AD Bergen-Binnen, ℡ 072/5897028, www.museumexpo.nl. Das Gemeindemuseum zeigt Gemälde, Möbel und Trachten. Mai-Oktober Di-Sa 13-17 Uhr, Juli/August auch So 13-17 Uhr. Erwachsene 1.50 €, Kinder 1 €, Senioren (Pas65) 1 €, MJK.

Museum Kranenburgh, Hoflaan 26, 1861 CR Bergen-Binnen, ℡ 072/5898927. Die Sammlung umfasst Gemälde, Skulpturen und Zeichnungen aus der Zeit nach 1850. Di-So 13-17 Uhr. Erwachsene 4.60 €, Kinder 2.70 €, Senioren (Pas65) 2.70 €, MJK. Führungen in deutscher Sprache.

Egmond

(12.000 Einwohner)

Das ehemalige Fischerdorf Egmond aan Zee liegt direkt am Meer inmitten einer schönen Dünenlandschaft, die sich nördlich bis Bergen aan Zee, südlich bis Wijk aan Zee erstreckt. Der kleine Familienbadeort verfügt über einen breiten Strand, der im Sommer gut bevölkert, aber nicht überlaufen ist. Wer sich für Historisches interessiert, kann sich das kleine **Museum Egmond** anschauen, das in einer ehemaligen Kirche untergebracht ist.

Im Hinterland nahe *Egmond-Binnen* erblühen im Frühling farbenprächtige Blumenfelder. *Egmond aan de Hoef*, die dritte Ansiedlung am Rand des Noordhollands Duinreservaat, war einst der Sitz der *Heeren van Egmond*. Das Schloss *Op de Hoef* wurde im 16. Jahrhundert verwüstet und nicht wieder aufgebaut.

Information/Verbindungen/Adressen

• *Information* **VVV Egmond aan Zee**, Voorstraat 82a, 1931 AN Egmond aan Zee, ℡ 072/5813100, ℻ 5065054, www.vvvegmond.nl. Juli/August Mo-Do 9.30-17.30 Uhr, Fr 9.30-20 Uhr, Sa 9.30-17 Uhr; September-Juni Mo-Fr 9.30-17.30 Uhr, Sa 9.30-17 Uhr.

• *Adresse/Öffnungszeiten* **Museum Egmond**, Zuiderstraat 7, 1931 GD Egmond aan Zee, ℡ 072/5061678. Juni-September So-Fr 14-16 Uhr, Juni-August auch Di-Do 19-21 Uhr. Erwachsene 1.15 €, Kinder 0.45 €, MJK. Führungen in deutscher Sprache.

Strandkörbe und -kunst in Egmond aan Zee

• *Bahnverbindungen* nächste Bahnhöfe in Alkmaar (10 km) und in Castricum (10 km).

• *Busverbindungen* in Richtung Alkmaar, Castricum.

• *Fahrradverleih* **Rijwielen Bas**, Voorstraat 75, 1931 AH Egmond aan Zee, ℰ 072/5061438; **Fietsverhuur Karels**, Trompstraat 17, 1931 EL Egmond aan Zee, ℰ 072/5061250; **Fietsverhuur Karels**, Herenweg 174, 1934 BD Egmond a/d Hoef, ℰ 072/5061226.

• *Kanuverleih* **Van der Oord Recreatie**, Krommedijk 14, 1934 PP Egmond a/d Hoef, ℰ 072/5070588.

• *Einkaufen* Die Geschäfte bleiben in Egmond Montagvormittag geschlossen. In der Saison verschiebt sich der tägliche Ladenschluss auf 21 Uhr. Markttermin: **Wochenmarkt** Do 8-12.30 Uhr, Juni-August auch Mi 18-21.30 Uhr, Voorstraat, Burg, Emmaplein, Egmond aan Zee.

• *FKK* Paal 35

• *Krankenhaus* **Medisch Centrum Alkmaar**, Wilhelminalaan 12, 1815 JD Alkmaar, ℰ 072/5484444.

• *Taxiruf* ℰ 072/5062900

Übernachten/Essen

**** Hotel Zuiderduin, Zeeweg 52, 1931 VL Egmond aan Zee, riesiger, unförmiger Kasten mit 700 Betten in Dünen- und Strandnähe, moderne Zimmer, dazu einige Studios und Appartements für 2-6 Personen. EZ ab 68 €, DZ ab 90 €. ℰ 072/5065000, ✉ 5063440.

** Hotel Sonnevanck, Wilhelminastraat 116, 1931 BT Egmond aan Zee, 28 Betten, Ruhe und Gemütlichkeit in bequem eingerichteten Zimmern, alle mit Du/WC und Telefon, gutes Frühstück. EZ ab 40 €, DZ ab 53 €, ℰ 072/5061589, ✉ 5065708.

** Hotel Sunny Home, Parallelweg 2-4, 1931 EW Egmond aan Zee, Nähe Leuchtturm, zentrale Lage direkt am Meer, 50 Betten in komfortablen Zimmern, freundlicher Service, Restaurant im Erdgeschoss. EZ ab 37 €, DZ ab 68 €, ℰ 072/5061368, ✉ 5065362.

NJHC-Jugendherberge Klein Rinnegom, Herenweg 118, 1935 AJ Egmond-Binnen, geöffnet März-Oktober. 132 Betten, Zweierzimmer (4), Viererzimmer (31), Übernachtung im Schlafsaal inkl. Frühstück 18-22 € (je nach Saison), ℰ 072/5062269, ✉ 5067034, egmond@njhc.org.

Camping De Woudhoeve, Driehuizerweg 1, 1934 PR Egmond a/d Hoef, N 9 (Alkmaar – Den Helder), Ausfahrt Egmond, Schildern folgen, 1 km nördlich der Ortschaft, Meeresnähe (2.5 km), Gräben und Kanäle durchziehen das teilweise autofreie Gelände, künstlich angelegter See mit Liegewiese und Sandstrand, wenig Schatten, gute Sanitärs, Fahrradverleih, Lebensmittelgeschäft, Wanderhütten (3), geöffnet April-Oktober. Stellplatz (inkl. 2 Pers.) 14.75 €, zus. Person 3 €, Duschen 0.50 €, Fläche 12 ha. ℅ 072/5061744, ✆ 5065139, E-Mail: info@woudhoeve.nl

Camping Egmond aan Zee, Nollenweg 1, 1931 AV Egmond aan Zee, N 9 (Alkmaar – Den Helder), Ausfahrt Egmond, Schildern folgen, rechts hinter Spielplatz gelegen, 15 Fußminuten zum Meer und damit strandnächster Platz, ständig überlaufenes Terrain mit vielen deutschen Stammgästen, gute Sanitärs, Fahrradverleih, Lebensmittelgeschäft, Schwimmbad, geöffnet April-Oktober. Stellplatz (inkl. 4 Pers.) 26 €, zus. Person 3 €, Duschen inkl., Fläche 11 ha. ℅ 072/5061702, ✆ 5067147.

Camping Klein Varnebroek, De Omloop 22, 1852 RJ Heiloo, Autostraße Alkmaar–Heiloo, Richtung Egmond, Schildern folgen, wenige Kilometer östlich von Egmond, 5 km vom Strand gelegen, gegenüber Schwimmbad "Het Baafje", gute Sanitärs, Fahrradverleih, Lebensmittelgeschäft, geöffnet April-Oktober. Stellplatz (inkl. 4 Pers.) 28 €, Duschen inkl., Fläche 4 ha. ℅ 072/5331627, ✆ 5331620, info@kleinvarnebroek.nl.

• *Essen* **De Bikkerij**, Egmonderstraatweg 34, 1934 AD Egmond a/d Hoef, traditionelle holländische Küche, ℅ 072/5062324.

De Bolle Hoed, Voorstraat 116, 1931 AP Egmond aan Zee, Pfannkuchenhaus in der Fußgängerzone von Egmond aan Zee (100 m zum Strand), 50 Sorten, kleine Terrasse, Juni-August tägl. 10.30-22.30 Uhr, September-Mai Mi-So 11-21 Uhr, ℅ 072/5069868.

El Sombrero, Smidstraat 2, 1931 EX Egmond aan Zee, Spezialitäten der mexikanischen Küche mit empfehlenswerten Tortillas, preiswerte Hauptgerichte, ℅ 072/5070407.

La Bella Costa, Pompplein 3, 1931 AD Egmond aan Zee, Nudelgerichte und Pizzen in ansprechender Auswahl, ℅ 072/5061701.

Barbecue De Bikkerij, Egmonderstraatweg 34, 1934 AD Egmond a/d Hoef, Fisch- und Fleischgerichte der holländischen Küche in stilvollem Ambiente, ℅ 072/5065577.

Castricum

(22.000 Einwohner)

Wenige Autominuten südlich von Alkmaar und etwa vier Kilometer vom Meer entfernt liegt die Ortschaft Castricum. Ihr Name klingt nach römischer Vergangenheit, doch ist nicht eindeutig belegt, dass die alten Römer wirklich einmal in der Region waren. Der Strand ist mit dem Bus bequem zu erreichen, Parkmöglichkeiten stehen an den Haltestellen im Ort in ausreichender Zahl zur Verfügung. Das ehemals wichtige Zentrum des Muschelfangs genießt den Ruf eines beliebten und gut besuchten Badeorts. Die Sandstrände setzen sich kilometerweit in nördliche und südliche Richtung fort. Man quert die Strandpromenade, geht die Dünen hinab ans Wasser und kann fortan stundenlang am Strand entlanglaufen.

Der gesamte Dünenstreifen war lange im Besitz angesehener Adelsgeschlechter. Einer der beiden örtlichen Campingplätze trägt gar den Namen des ehrwürdigen *Jonkheer Gevers*, eines einst mächtigen Großgrundbesitzers. Das **Bezoekerscentrum De Hoep** mit kleinem Pflanzenlehrgarten hält Informationen zum Dünenreservat bereit. Als einziges historisches Monument gilt die romanisch-gotische Kirche. Das Bauwerk datiert in seiner heutigen Form aus dem 15. Jahrhundert, die ältesten Teile aber sollen aus dem 12. Jahrhundert stammen.

Information/Verbindungen/Adressen

• *Information* **VVV Castricum**, Dorpsstraat 62, 1901 EM Castricum, ℅ 0251/652009, ✆ 672363, www.vvvcastricum.nl. Mo 12-17 Uhr, Di-Fr 9.30-17 Uhr, Sa 9.30-14 Uhr, Mai-August Sa bis 16 Uhr.

• *Adresse/Öffnungszeiten* **Bezoekerscentrum De Hoep**, Johannisweg 2, 1901 NX Castricum, ℅ 0900/7966288. Di-So 10-17 Uhr. Eintritt frei.

Klompenverkauf in Castricum

• *Bahnverbindungen* 5x stündl. nach Alkmaar (Dauer: 10 Min.), 4x stündl. Amsterdam (25-30 Min.), 2-3x stündl. Den Helder (50 Min.).
• *Busverbindungen* in Richtung Alkmaar, Haarlem.
• *Einkaufen* Die Geschäfte bleiben in Castricum Montagvormittag geschlossen. Am Donnerstag verschiebt sich der Ladenschluss auf 21 Uhr (Kaufabend). Markttermin: **Wochenmarkt** Fr 9-16 Uhr, Burgemeester Mooystraat.

• *Fahrradverleih* **Rijwielshop Station**, Stationsweg 4, 1901 AA Castricum, ✆ 0251/654035; **Fietsverhuur Joop van Tunen**, Zeeweg 33, 1901 NZ Castricum, ✆ 0251/659923.
• *FKK* Paal 47
• *Krankenhaus* **Medisch Centrum Alkmaar**, Wilhelminalaan 12, 1815 JD Alkmaar, ✆ 0251/5484444.
• *Taxiruf* ✆ 0251/674595

Übernachten/Essen

• *Übernachten* **NJHC-Jugendherberge Koningsbosch**, Heereweg 84, 1901 ME Bakkum, ganzjährig geöffnet. 152 Betten, Viererzimmer (6), Sechserzimmer (1), Achterzimmer (12), 26er-Zimmer (1). Übernachtung im Schlafsaal inkl. Frühstück 18-19 € (je nach Saison), ✆ 0251/652226, 📠 670027, bakkum@njhc.org.
Camping Bakkum, Zeeweg 31, 1901 NZ Castricum, Richtung Castricum aan Zee, Schildern folgen, autofreies Gelände auf waldreichem, weitläufigem Terrain, 1,5 km vom Strand entfernt, akzeptable Sanitärs, Fahrradverleih, Lebensmittelgeschäft, freier Zutritt zum Dünenreservat, geöffnet April-September. Stellplatz (inkl. 4 Pers.) 17.65 €, zus. Person 3.15 €, Duschen inkl., Fläche 55 ha. ✆ 0251/662221, 📠 662239,

info@kennemerduincampings.nl.
Camping Geversduin, Beverwijkerstraatweg 205, 1901 NM Castricum, Straße nach Heemskerk, Schildern folgen, wenige Kilometer südlich von Castricum, autofreies Gelände in leicht bewaldetem Dünengebiet (20 ha), 4 km vom Strand entfernt, akzeptable Sanitärs, Fahrradverleih, Lebensmittelgeschäft, freier Zutritt zum Dünenreservat, geöffnet April-September. Stellplatz (inkl. 4 Pers.) 20.65 €, zus. Person 2.50 €, Duschen inkl., Fläche 21 ha. ✆ 0251/662236, 📠 232601, info@kennemerduincampings.nl.
• *Essen* **Le Moulin**, Dorpsstraart 96, 1901 EN Castricum, französische Küche der mittleren bis oberen Preisklasse, Kapazität für etwa 30 Personen, Reservierung ratsam, Mo/Di geschlossen, ✆ 0251/651500.

La Trattoria, Dorpsstraat 40, 1901 EL Castricum, *Alleanza Culinaria – Originele Italiaanse Restaurants*, außen weniger verlockend, aber Innen mit viel Liebe fürs Detail eingerichtet, nur die beiden weißen Löwen vor der Little Italy Bar passen stilistisch weniger, zahlreiche Fotografien, Weinflaschen. Sie sollten Vitos Hausspezialität probieren: Pasta alla Parmigiani, am Tisch in einem großen Parmesankäse mit Whiskey flambiert (11.25 €), zum Espresso gibt's leckere Pralinen, Di geschlossen, ✆ 0251/652037.

Johanna's Hof, Johannisweg 3, 1901 NX Castricum, holländische Küche, auch mehrere Sorten Pfannkuchen, preiswerte Tagesgerichte, ✆ 0251/652486, www.johhof.nl.

Wijk aan Zee   (3.500 Einwohner)

Das kleine Dorf in der Gemeinde Beverwijk war lange Zeit ein kleiner Fischerhafen, dessen Bewohner von den Reichtümern des Meeres lebten. Mit dem Niedergang der Fischerei verlor Wijk aan Zee seine regionale wirtschaftliche Vormachtstellung. Im frühen 19. Jahrhundert lebten hier kaum mehr als 200 Menschen, die auf die Almosen anderer angewiesen waren – die Not war groß. Alten Legenden zufolge entzündeten die Menschen in stürmischen Nächten mehrere Feuer auf der höchsten Düne des Dorfes, um die Kapitäne der vorbeifahrenden Schiffe zu irritieren. Strandeten die Schiffe, wurde die Ladung geplündert, und die schlimmste Not war für einige Wochen gelindert.

1860 entstand eine erste kleine Herberge am Strand, nach weiteren zwei Jahrzehnten öffnete das erste Kurhotel in der Zwaanstraat seine Pforten. Seither gilt Wijk aan Zee als anerkannter Badeort, der sich steigender Beliebtheit erfreut. Die Hotelgäste wurden früher mit der Kutsche ans Meer gefahren, dem man heilende Kräfte nachsagte. Es wundert daher nicht, dass das in Flaschen abgefüllte Salzwasser reißenden Absatz unter den Kurgästen fand.

Das Seebad verfügt über den breitesten Strand der niederländischen Küste, das Wasser gilt als besonders sauber. Sehr empfehlenswert sind Strandwanderungen entlang der herrlichen Dünen, vielleicht auch ein Abstecher zur *Paasduin* am Bosweg, der höchsten Düne der Umgebung. Man genießt einen weiten Blick auf die umliegenden Ortschaften und – leider – die Hochöfen der Region, die das homogene Bild zwar stören, für die Bevölkerung aber unersetzlich sind. Die Industrie bietet zahlreichen Menschen einen sicheren Arbeitsplatz.

Information/Adressen

• *Information* **VVV Wijk aan Zee**, Julianaplein 3, 1949 AT Wijk aan Zee, ✆ 0251/374253, ✆ 375464, www.hollandsschiereiland.com. Juli/August Mo-Sa 9-12.30 Uhr und 13.30-17 Uhr; September-Juni Mo-Sa 10-12 Uhr und 13.30-15.30 Uhr.

• *Busverbindungen* in Richtung Alkmaar, Haarlem.

• *Fahrradverleih* **Fietsenverhuur Schellevis**, Boothuisplein 12, 1949 CR Wijk aan Zee, ✆ 0251/374993.

• *Einkaufen* Die Geschäfte bleiben in Beverwijk Montagvormittag geschlossen. In der Saison gibt es keine festen Ladenschlusszeiten. Markttermin: **Wochenmarkt** Mi 9-17 Uhr, Breestraat.

• *Krankenhaus* **Rode Kruis Ziekenhuis**, Vondellaan 13, 1942 LE Beverwijk, ✆ 0251/265430.

• *Taxiruf* ✆ 0251/265555

Übernachten/Essen

• *Übernachten* ***** Hotel De Klughte**, Van Ogtropweg 2, 1949 BA Wijk aan Zee, 32 Betten, Prachtbau mit riesiger niederländischer Flagge im Garten, gepflegte Räumlichkeiten, freundlicher Service, gutes Frühstück. EZ ab 48 €, DZ ab 70 €, ✆ 0251/374304, ✆ 375224.

*** **Hotel Mare Sanat**, Rijkert Aertsweg 8, 1949 BD Wijk aan Zee, 29 Betten, exponierte Dünenlage in Strandnähe, Villa mit gemütlicher Veranda und offenem Kamin, alle Zimmer mit Du/WC und TV. EZ ab 40 €, DZ ab 62 €, ✆ 0251/374364, ✆ 375471.

NJHC-Jugendherberge Slot Assumburg, Tolweg 9, 1967 NG Heemskerk, wenige Kilometer nordöstlich von Wijk, ganzjährig geöffnet. 202 Betten, Einerzimmer (1), Zweierzimmer (9), Dreierzimmer (1), Viererzimmer (5), Sechserzimmer (1), Achterzimmer (3), Zehnerzimmer (3), 12er-Zimmer (3), 20er-Zimmer (2), 24er-Zimmer (1). Übernachtung im Schlafsaal inkl. Frühstück 20-21 € (je nach Saison), ✆ 0251/232288, ✆ 251024, heemskerk@njhc.org.

Camping Banjaert, Burg. Rothestraat 53 a, 1949 CC Wijk aan Zee, Richtung Beverwijk, Richtung Wijk (auf der Zeestraat), Schildern folgen, 1,5 km vom Strand entfernt, einfache Sanitärs, geöffnet April-September. Person 3.80 €, Zelt, 2.40 €, Auto 2.40 €, Fläche 3 ha, ✆ 0251/374250.

● *Essen* **Sonnevanck**, Rijkert Aertszweg 2, 1949 BD Wijk aan Zee, Gerichte der holländischen Küche, Fleisch und Fisch, preiswerte wechselnde Tagesgerichte, ✆ 0251/375300.

◊◊◊ **De Vergulde Wagen**, Rijksstraatweg 161, 1969 LE Heemskerk, wenige Kilometer nordöstlich von Wijk, Relais du Centre (siehe Seite 56), Speisen am Rande des nordholländischen Dünenreservats, wo einst die Reisenden der Postkutsche mit warmer Chocomel versorgt wurden, Gemälde heimischer Künstler (Wechselausstellungen) zieren die Wände, Sonnenterrasse inmitten

10% Steigung!

eines kleinen japanischen Gartens mit noch kleinerem Teich, Weine in großer Auswahl. Di-Fr 12-14 Uhr und 18-21 Uhr, Sa 18-21 Uhr, So/Mo Ruhetag, ✆ 0251/232417.

Klein Zwitserland, Julianaplein 7, 1949 AT Wijk aan Zee, gute Brasserie mit Grillrestaurant, außerhalb der Saison Mo/Di geschlossen, ✆ 0251/375090.

Region Kop van Holland

(Den Helder, Callantsoog, Petten)

Die größten Attraktionen der Region, die bis nach **Petten** reicht, sind Dünen und Strand. Der Besucher kann die Flora und Fauna der Dünenlandschaft erkunden, entspannt am Wasser dem nächsten Sonnenbrand "entgegenliegen" oder nach Herzenslust an frischer Meeresluft wandeln. Infolge ihrer außergewöhnlich breiten Strände verteilen sich die Touristenströme in den Badeorten **Callantsoog** und **Julianadorp** bislang noch recht gut. Hier sind endlose Spaziergänge möglich: Wer verträumt vergisst, wieder umzukehren, wird irgendwann an der Fährstation nach Texel ankommen. Es bleibt zu hoffen, dass nicht gewaltsam versucht wird, die Situation durch den Bau von Bungalowparks und Campingplätzen zu verändern.

Das nahe gelegene **Den Helder**, die größte Stadt im nördlichsten Provinzteil, wurde unter Kaiser Napoleon vom ehemaligen Dünendorf zur wehrhaften

Festungsstadt ausgebaut. Mehrere massive Festungsanlagen sind Dokumente dieser Zeit. Die größte der fünf niederländischen Watteninseln, das ebenfalls zur Provinz Noord-Holland gehörende **Texel**, liegt nur einen Katzensprung entfernt. Die Fährüberfahrt nimmt nicht mehr als 20 Minuten in Anspruch.

Den Helder (61.000 Einwohner)

Das unspektakuläre Den Helder liegt am nördlichsten Zipfel der Provinz westlich des nach Friesland führenden Abschlussdeichs, der einst die Zuiderzee vom offenen Meer abschnitt und dadurch die Region wesentlich veränderte.

Nur wenige Jahrzehnte nach ihrer Gründung zerstörte eine schwere Sturmflut alle Hoffnungen der noch jungen Stadt. Der Wiederaufbau vollzog sich in kleinen Schritten. Den Helder sollte erst wieder mit dem Bau des Hafens 1785 an Bedeutung gewinnen. *Napoleon Bonaparte* sorgte später für den Ausbau der Hafenanlagen zu einer kaum einnehmbaren Festung. Den Helder avancierte zum "Gibraltar des Nordens". Die Einrichtungen des Marinehafens waren im Zweiten Weltkrieg das Ziel zahlreicher Angriffe. Am schlimmsten traf es die Zivilbevölkerung, die Stadt wurde weitgehend zerstört. Mittlerweile ist Den Helder der Heimathafen der königlichen Flotte. Darüber hinaus finden sich hier die Kais des einzigen Fährhafens nach Texel, der größten der fünf Watteninseln.

Nur wenige Minuten entfernt liegt das kleine Dorf *Huisduinen*, das zu Fuß bequem zu erreichen ist. Der Weg führt über einen Deich, der vollständig aus Granitblöcken aufgeworfen wurde. Der Spaziergang bietet bei klarem Wetter herrliche Blicke auf die nahe Insel Texel. In Huisduinen steht mit dem *Lange Jaap* (64 m) der höchste gusseiserne Leuchtturm Europas.

Information/Verbindungen/Adressen

- *Information* **VVV Den Helder en Julianadorp**, Bernhardplein 18, 1781 HH Den Helder, ✆ 0223/625544, ✉ 614888, Juli/August Mo-Fr 9-18 Uhr, Sa 9-17 Uhr; September-Juni Mo-Sa 10-15 Uhr, www.hollandsschiereiland.com.
ANWB Den Helder, Koninklijke Nederlandse Toeristenbond, Spoorstraat 64, 1781 JH Den Helder, ✆ 0223/614802, ✉ 613946.
- *Bahnverbindungen* 2x stündl. nach Alkmaar (Dauer: 30 Min.) und weiter nach Amsterdam (70 Min.).
- *Busverbindungen* in Richtung Alkmaar, Den Oever, Schagen.
- *Fährverbindungen nach Texel* Siehe Seite 370.
- *Autovermietung* **Autoverhuur Avis**, Marsdiepstraat 297, 1784 AG Den Helder, ✆ 0223/610069; **Autoverhuur Budget**, Raveljincenter 5, 1785 LX Den Helder, ✆ 0223/630300 (0800/0537, gratis); **Autoverhuur Fazant**, Fazantenstraat 71a, 1781 XN Den Helder, ✆ 0223/615118.

- *Fahrradverleih* **Rijwielshop Pieters**, Middenweg 176, 1782 BL Den Helder, ✆ 0223/619227; **Ton Jacobs**, Baljuwstraat 17a, 1785 SB Den Helder, ✆ 0223/633123; **Strandslag Julianadorp**, Zanddijk 11h, 1787 PP Julianadorp, ✆ 0223/648648.
- *Einkaufen* Die Geschäfte bleiben in Den Helder Montagvormittag geschlossen. Am Donnerstag (in den Randgebieten Den Helders Freitag) verschiebt sich der Ladenschluss auf 21 Uhr (Kaufabend). Markttermine: **Wochenmarkt** Sa 8.30-16.30 Uhr, Bernhardplein.
- *Krankenhaus* **Gemini Ziekenhuis**, Huisduinerweg 3, 1782 GZ Den Helder, ✆ 0223/696969.
- *Schwimmen* **'t Noorder Sandt**, 't Noorder Sandt 2, 1787 CX Julianadorp, ✆ 0223/641266. Subtropisches Hallen-Schwimmparadies.
- *Taxiruf* ✆ 0223/626666

Übernachten/Essen

● *Übernachten* ★★★ **BMG Hotel Den Helder**, Marsdiepstraat 2, 1784 AP Den Helder, 146 Betten, etwas außerhalb gelegenes Hotel mit Bowlingcenter (12 Bahnen), relativ dunkle Räume, alle Zimmer mit Du/WC. EZ ab 58 €, DZ ab 75 €, ℡ 0223/622333, ✆ 624271.
★★ **Hotel Wienerhof**, Parallelweg 7, 1781 EA Den Helder, 59 Betten, zentrale Lage, angenehm helle Zimmer hinter Doppeltüren, saubere Sanitärs, freundlicher Service. EZ ab 50 €, DZ ab 70 €, Frühstück 8 €, ℡ 0223/616895, ✆ 613534.
Camping De Donkere Duinen, Jan Verfailleweg 616, 1783 BW Den Helder, Richtung Strand Nieuw, Den Helder, Schildern folgen, ruhige Lage in Waldnähe, 800 m vom Strand entfernt, gute Sanitärs, Schwimmbad, benachbartes Einkaufszentrum (600 m), Tennisplätze, geöffnet April-September. Stellplatz (inkl. 2 Pers.) 16.90 €, zus. Person 2.70 €, Duschen 0.15 €, Fläche 7 ha. ℡ 0223/614731, ✆ 614731, info@donkereduinen.nl.
Camping 't Noorder Sandt, Noorder Sandt 2, 1787 CX Julianadorp, N 9 (Alkmaar – Den Helder), Ausfahrt Julianadorp, Schildern folgen, ruhige Lage unweit des Strandes (500 m), ein hoher Wall zum Meer schützt vor Wind, gute Sanitärs, Hallenbad, geöffnet April-September. Stellplatz (Auto und Zelt) 11.70 €, Person 2.75 €, Duschen 0.10 €, in der Hochsaison ist eine Reservierung erforderlich, Fläche 15 ha. ℡ 0223/641266, ✆ 645600, info@noordersandt.com.
Camping De Zwaluw, Zanddijk 17, 1787 PP Julianadorp, N 9 (Alkmaar – Den Helder), Ausfahrt Julianadorp, Ort durchfahren, zweiter Platz links, nur 200 m vom Strand entfernt in den Dünen gelegen, akzeptable Sanitärs, subtropisches Schwimmparadies in 1 km Entfernung, geöffnet April-Oktober. Stellplatz (Auto und Zelt) 7.30 €, Person 2.50 €, Duschen 0.45 €, Fläche 2 ha. ℡ 0223/641492, ✆ 643024.

● *Essen* **Nanking**, Beatrixstraat 92, 1781 ER Den Helder, schmales Haus mit vergleichsweise preiswerter chinesisch-indonesischer Küche auf zwei Etagen, ℡ 0223/613893.
Braziliaans Eetcafè Ciao, Zuidstraat 52-53, 1781 BS Den Helder, einfache holländische Küche etwas außerhalb des Stadtzentrums, preiswerte Tagesgerichte, ℡ 0223/683883.
Stadscafé De Keizerskroon, Beatrixstraat 62, Den Helder 1781 EP Den Helder, städtisches Café mit ansprechender Auswahl, ℡ 0223/612110.

Fährhafen Richtung Texel

Provinz Noord-Holland
Karte S. 239

Sehenswertes

Fort Kijkduin en Zeeaquarium: Die durch Grachten und Wälle miteinander verbundenen Verteidigungsanlagen der Stadt Den Helder prägen nach wie vor das Bild des modernen Marinehafens. Eine dieser Festungen ist *Fort Kijkduin*, dessen sorgfältige Restaurierung dazu beigetragen hat, die Geschichte der Stadt in Erinnerung zu behalten. Eine unterirdische Ausstellung dokumentiert den Besuch des französischen Kaisers Napoleon, der Den Helder und Huisduinen 1811 besuchte. Die Militäranlagen, ein fester Bestandteil der alten *Stelling van Den Helder*, wurden noch im Zweiten Weltkrieg als Gefängnis militärisch

genutzt. Mittlerweile wurden Teile des Areals zweckentfremdet: Als landesweit einzigartige Attraktion lockt ein großes Aquarium mit bunten Fischen
und anderen Meeresbewohnern. Der Besucher kann in einem gläsernen Tunnel die Unterwasserwelt durchschreiten. Sehr imposant ist darüber hinaus das
mächtige Skelett eines Wals, der in den späten 90er Jahren vor der Küste im
Wattenmeer verendete.

• *Adresse/Öffnungszeiten* Admiraal Ver-
huellplein 1, 1783 AX Den Helder (Huisduinen), ☎ 0223/612366, www.fortkijkduin.nl.
Täglich 10-18 Uhr. Erwachsene 6.15 €, Kinder 3.85 €, Senioren (Pas65) 5 € (jeweils inkl.
Führung). Beginn der Führungen: Mai-Oktober täglich 11, 13 und 15 Uhr; November-
April Mo-Fr 13 Uhr, Sa/So 11, 13 und 15 Uhr.

Nationaal Reddingmuseum Dorus Rijkers: Die Sammlung bietet anhand zahlreicher historischer Dokumente einen Einblick in die Entwicklung der niederländischen Seerettung. Präsentiert werden neben Modellen und Skizzen alter
Rettungsboote auch zwei echte Schiffe: die *Twenthe* und die *Ubbo*, die beide
vor nicht allzu langer Zeit noch im regelmäßigen Einsatz für den Seenot-Ret-
tungsdienst waren.

Adresse/Öffnungszeiten Bernhardplein 10, 1781 HH Den Helder, ☎ 0223/618320,
www.reddingmuseum.nl. Mo-Sa 10-17 Uhr, So 13-17 Uhr. Erwachsene 2.30 €, Kinder 1.35 €,
Senioren (Pas65) 1.85 €, MJK. Führungen in deutscher Sprache.

Helders Marine Museum Het Torentje: Die Sammlung bietet einen Kontrapunkt zum *Nationaal Reddingmuseum*. Der Schwerpunkt liegt auf der mit
zahlreichen kriegerischen Auseinandersetzungen verbundenen Geschichte der
königlichen Marine. Das Gebäude diente früher bezeichnenderweise als
Sprengstoffarsenal.

• *Adresse/Öffnungszeiten* Hoofdgracht 3,
1781 AA Den Helder, ☎ 0223/657534,
www.marinemuseum.nl. Mai-Oktober Mo-
Fr 10-17 Uhr, Sa/So 12-17 Uhr; November-
April Di-Fr 10-17 Uhr, Sa/So 12-17 Uhr. Er-
wachsene 4.50 €, Kinder 2.30 €, Senioren
(Pas65) 4 €, MJK. Führungen in deutscher
Sprache.

Käthe Kruse Poppenmuseum: Das Puppenmuseum bietet eine ausgefallene Sammlung exquisiter Kleinode. Die Zahl der ausgestellten Puppen stieg in den vergangenen Jahren kontinuierlich an – zuletzt umfasste die Kollektion mehr als 200 Exponate. Das älteste Stück stammt aus dem Jahre 1911. Käthe-Kruse-Ansichtskarten in
großer Zahl runden die sehenswerte Ausstellung ab.

Adresse/Öffnungszeiten Binnenhaven 25, 1781 BK Den Helder, ☎ 0223/616704. März-
Dezember Do-Sa 14-17 Uhr, Juli/August auch Di 14-17 Uhr. Erwachsene 3.50 €, Kinder 1.75 €.

Callantsoog/Petten   (1.500 Einwohner)

In den nördlichen Küstenregionen um Callantsoog, Sint Maartenszee und Petten (Gemeinde Zijpe) finden sich zahlreiche gute Bademöglichkeiten. Möchte
man sich zur Abwechslung mit den technischen Aspekten der Küstenbefestigung befassen, sollte man sich die Ausstellung **De Dijk te Kijk** anschauen, die
sich mit dem Bau und der Bedeutung des Schutzwalles *Hondsbossche Zeewering* beschäftigt. Zwar wird die holländische Küste in weiten Bereichen durch
lang gestreckte Sanddünen auf natürliche Weise vor Hochwasserkatastrophen
geschützt, doch musste der fünf Kilometer lange Küstenstreifen zwischen Petten und Camperduin durch einen stabilen Deich künstlich abgesichert werden. Die mehr als elf Meter hohen Aufschüttungen sollten ausreichen, einer

Provinz Noord-Holland
Karte S. 239

großen Sturmflut wie derjenigen des Jahres 1953 standzuhalten, der bislang folgenschwersten Naturkatastrophe in den Niederlanden. Die Ausstellung dokumentiert mittels alter Fotografien, Karten und Zeichnungen die Arbeiten am Schutzwall.

Am Rande der *Hondsbossche Zeewering* liegt landeinwärts ein großflächiger Polder (38 ha) mit beachtlichem Vogelreichtum: das **Vogelreservaat De Putten**. Mit etwas Glück gibt's Austernfischer, Blesshühner, Brandenten, Löffelenten, Ringelgänse, Rotschenkel, Säbelschnäbler, Steinwälzer, Stockenten oder Uferschnepfen zu sehen – die Liste ließe sich fortsetzen. Das Areal ist zwar nur begrenzt zugänglich, kann aber von speziell angelegten Aussichtspunkten gut eingesehen werden (Fernglas mitbringen!).

Information

• *Information* **VVV Callantsoog**, Jewelweg 8, 1759 HA Callantsoog, ☎ 0224/581541, ✆ 581540, www.vvvcallantsoog.nl. April-Oktober Mo-Sa 9-17.30 Uhr, Juli/August auch So 10-12.30 Uhr; November-März Mo-Fr 9-17.30 Uhr, Sa 10-16 Uhr.

VVV Petten, Zijperweg 1a, 1755 NZ Petten, ☎ 0226/381352, ✆ 383193, www.vvvpetten.nl. Mo-Fr 9-17.30 Uhr, April-Oktober auch Sa 9-17.30 Uhr.

• *Adresse/Öffnungszeiten* **De Dijk te**

Kijk, Strandweg 4, 1755 LA Petten, ☎ 0229/391051, www.hollands-noorderkwartier.nl. Ausschilderung Richtung Petten, anschließend den weißen Schildern "De Dijk te Kijk" folgen. "Wir haben das kleine Museum südlich von Petten durch Zufall gefunden und zögerten zuerst hineinzugehen, weil das Wetter so schön war. Wir empfehlen sehr, einen Hinweis darauf aufzunehmen." (Leserbrief Horst Hildebrandt). April-Oktober täglich 10-17 Uhr. Eintritt frei.

Camping

Camping Tempelhof, Westerweg 2, 1759 JD Callantsoog, N 9 (Alkmaar – Den Helder), Ausfahrt Callantsoog, Schildern Zwanewater folgen, 1,5 km vom Strand entfernt, Wald und Heide in direkter Umgebung, weitläufiges Areal, Prädikat "Superplatz" (ADAC), geräumige Stellplätze, kinderfreundliche Anlage, moderne Sanitärs, gut sortierter Campingladen, Hallenbad, Sauna, geöffnet April-Oktober. Stellplatz (inkl. 2 Pers.) 25 €, zus. Person 3 €, Duschen 0.50 €, Fläche 13 ha. ☎ 0224/581522, ✆ 582133, tempelhof@wxs.nl.

Camping De Nollen, Westerweg 8, 1759 JD Callantsoog, nahe Camping Tempelhof, aber etwas weiter zum Strand (Nähe Naturpark Kooibos en Luttikduin), ebenfalls gute Sanitärs, Lebensmittelgeschäft, Wanderhütten (2), geöffnet April-Oktober. Stellplatz (inkl. 4 Pers.) 19 €, zus. Person 2.65 €, Duschen inkl., Fläche 9 ha. ☎ 0224/581281, ✆ 582098, denollen@wxs.nl.

Camping De Lepelaar, Westerduinweg 15, 1753 BA Sint Maartenszee, N 9 (Alkmaar – Den Helder), Ausfahrt Sint Maartenszee, Richtung Dünen, am Kreisel rechts, nach

600 m links, Schildern folgen, ruhiges Gelände, Nähe Naturreservat Zwanewater, 1 km zum Strand, einfache Sanitärs, Fahrradverleih, geöffnet April-September. Stellplatz (inkl. 4 Pers.) 17.20 €, zus. Person 2.20 €, Duschen 0.50 €, Fläche 16 ha. ☎ 0224/561351, ✆ 562093, delepelaar@wxs.nl.

Camping Sint Maartenszee, Westerduinweg 30, 1753 BA Sint Maartenszee, nahe Camping De Lepelaar, 1 km vom Strand, viele schattige Plätze, gute Sanitärs, Lebensmittelgeschäft, geöffnet April-Oktober. Stellplatz (Auto und Zelt) 11.70 €, Person 3.25 €, Duschen inkl., Fläche 5 ha. ☎ 0224/561401, ✆ 561901, info@campingsintmaartenszee.nl.

Camping De Wielen, Killemerweg 2, 1744 KP Sint Maarten, N 9 (Alkmaar – Den Helder), Ausfahrt Sint Maartensvlotbrug, hinter Sint Maarten erster Weg links, Schildern folgen, 5 km vom Strand, viele schattige Plätze, einfache Sanitärs, Schwimmbad, geöffnet März-Dezember. Person 3 €, Zelt 5 €, Duschen 0.50 €, Fläche 7,5 ha. ☎ 0224/561018, ✆ 563066, info@campingdewielen.nl.

Camping 't Ruige Veld, Ruigeweg 49, 1752 HC Sint Maartensvlotbrug, N 9 (Alkmaar – Den Helder), Ausfahrt Sint Maartensvlotbrug, im Ort rechts über die Brücke, Schildern folgen, 2,5 km vom Strand, kleiner Platz mit einfachen Sanitärs, Lebensmittelgeschäft, Wanderhütten (6), geöffnet April-Oktober. Stellplatz (inkl. 4 Pers.) 20.60 €, zus. Person 2.35 €, Duschen 0.50 €, Fläche 2 ha. ✆ 0224/561291, 📠 561291, info@ruigeveld.nl.

Camping Corfwater, Strandweg 3, 1755 LA Petten, N 9 (Alkmaar – Den Helder), Ausfahrt Petten, ab Kreisel Schildern folgen, nördlich der Ortschaft, Strandnähe (100 m), offenes Dünengelände, einfache Sanitärs, geöffnet April-Oktober. Stellplatz (inkl. 2 Pers.) 15.50 €, zus. Person 2.40 €, Duschen inkl., Fläche 6 ha. ✆ 0226/381981, 📠 383371, camping@corfwater.nl.

Region West-Friesland en Wieringermeer

(Hoorn, Enkhuizen, Andijk, Broek op Langedijk, Medemblik, Afsluitdijk)

Die herrliche Region West-Friesland liegt an der dem IJsselmeer zugewandten Seite der Provinz Noord-Holland. In ferner Vergangenheit gehörte sie zum benachbarten Friesland, wurde aber mit der Entstehung der Zuiderzee im frühen Mittelalter vom Mutterland abgetrennt. Die Landschaft war, ehe im 14. Jahrhundert ein mehr als 100 km langer Ringdeich geschlossen werden konnte, von schwer zugänglichen Morastgebieten dominiert. Die vollständige Trockenlegung, die die wasserbautechnische Meisterleistung vollendete, gelang erst im 17. Jahrhundert mittels eines komplizierten Systems aus zahlreichen Windmühlen. In der Folgezeit entwickelten sich die ehemals unbedeutenden Dörfer **Enkhuizen**, **Hoorn** und **Medemblik** zu charmanten und wohlhabenden Städten.

Auf sog. "Lemsteraaken", schnittigen Plattbodenschiffen, die zu den schnellsten Booten auf der damaligen Zuiderzee zählten, wurden Fische und Muscheln tonnenweise auf die Märkte der Region transportiert, schnell genug, um nicht zu verderben. Darüber hinaus konnten die Schiffe der VOC, die einen regen Handel mit den östlichen Kolonialgebieten führte, ihre kostbare Ladung direkt in die Hafenstädte der Zuiderzee transportieren. Allen voran der Gewürzhandel sorgte für eine zuvor nie gekannte kulturelle Blüte.

Neben den *Lemsteraaken*, den schnellen Fischerbooten, die ihren Namen der Stadt Lemmer verdankten, wurde die Zuiderzee einst von *Boeiern*, einem im 17. Jahrhundert weit verbreiteten Schiffstyp, *Klippern*, schnellen Segelbooten zum Transport von Tee, *Schoonern*, Mehrmastern mit in der Regel nicht voll getakelten Masten, *Aaken* und – natürlich – *Skûtsjes* (*Tjalken*) befahren, den im friesischen noch heute beliebten Frachtseglern mit plattem Boden, die bei Ebbe auf dem Meeresboden aufsetzen.

Die Erinnerung an Fischfang, Handel und Seefahrt ist in den zahlreichen Dörfern und Kleinstädten der Region lebendig geblieben. Prachtvolle Gebäude, malerische Marktplätze und schöne Häfen erinnern an die glorreiche Epoche des 17. Jahrhunderts.

Alternativ zu Sightseeing-Touren in den Städten bieten sich kurzweilige Segeltörns auf einem der alten Plattbodenschiffe an. Die Eigner haben keine Kosten gescheut, die ehemaligen Fischerboote, die im 17. Jahrhundert Kartoffeln, Kohle und Torf über die holländischen Kanäle transportierten, originalgetreu zu restaurieren und mit modernster Technik auszustatten. Mit blütenweißem Segeltuch schippern die sorgsam restaurierten Schiffe, die um komfortable Aufenthaltsräume und Schlafkojen ergänzt wurden, auf dem Wasser umher. Auch Touren hinaus auf das Wattenmeer sind möglich. In der Saison liegen in den Hafenbecken der Städte **Enkhuizen, Hoorn** und **Medemblik** oft mehr als 50 historische Segler eng miteinander vertäut.

Die nördlich der Linie Medemblik–Schagen liegende Wieringermeerregion war zur selben Zeit eine nur vereinzelt von kleinen Inseln unterbrochene Wasserfläche. Das Wattenmeer reichte damals bis an den hier verlaufenden *Westfriese Zeedijk* heran. Weitflächige Einpolderungen ließen erst in den 30er Jahren des letzten Jahrhunderts eine flache Weidelandschaft mit einsamen Gehöften, kleinen Dörfern und sattgrünen Wiesen entstehen, an denen weithin sichtbar die weißen Segel der IJsselmeerkapitäne entlanggleiten.

Hoorn

(59.000 Einwohner)

Das Stadtbild Hoorns zählt zu den schönsten des Landes. Die Innenstadt glänzt mit zahlreichen denkmalgeschützten Bauten. Nur Amsterdam und Haarlem haben in dieser Hinsicht mehr zu bieten.

Die goldene Zeit Hoorns lag im 16. Jahrhundert, als die Stadt über den bedeutendsten Hafen der damaligen Zuiderzeeregion verfügte – Handel und Seefahrt florierten. Der Glanz und Reichtum dieser Jahre ist noch heute an vielen Stellen spürbar. *Jan Pieterszoon Coen* (1587–1629), der bedeutendste Sohn der Stadt, legte mit der Gründung des Ortes Batavia den Grundstein der niederländischen Kolonialmacht im fernen Osten. Stattliche Herrschaftshäuser stehen Seite an Seite neben historischen Lagerhallen. Die großzügig angelegten Hafenanlagen erinnern an die Zeiten, als der rege Handel mit den fernöstlichen Kolonien in voller Blüte stand. Zahlreiche Schiffe liegen sorgfältig vertäut nebeneinander. Abgesehen von Fischfang und Schiffsbau florierten die ortsansässigen Bierbrauereien, Goldschmieden und Tuchwebereien. Der einstige Wohlstand ist an vielen Stellen sichtbar geblieben.

Die schönsten Straßenzüge liegen im Bereich des alten Hafens, dessen malerisches Bild von historischen Windjammern geprägt wird. Stattliche Herrenhäuser, efeuumrankte, spitzgieblige Bürgerhäuser und alte Speicher prunken vor dem Kai nahe den weitläufigen Hafenanlagen. Die sehenswerten *Bossuhuizen* (Grote Oost/Slapershaven) aus dem 17. Jahrhundert sind an den Fassaden reichlich mit Gedichttexten und Reliefs verziert – Erinnerungen an die siegreiche Zuiderzee-Schlacht 1573 gegen die Flotte von Admiral *Maximiliaan van Bossu* (1542–1579). Zeitweilig gab es fünf Stadttore, doch nur das *Oosterpoort* (1578) ist noch erhalten. Auf dem Turm befindet sich ein kleines Wachthäuschen.

Übrigens: Seitdem *Willem Schoutens* 1616 den südlichen Zipfel des amerikanischen Kontinents umsegelte, trägt das Kap den Namen seiner Heimatstadt – *Kap Hoorn*. Der zweite berühmte Hoorner Seefahrer, *Abel Tasman*, entdeckte nur wenige Jahre später Neuseeland und Tasmanien.

Provinz Noord-Holland
Karte S. 239

Information/Verbindungen/Adressen

• *Information*   **ANWB/VVV Hoorn**, Veemarkt 4, 1621 JC Hoorn, ☎ 0900/4031055,
🖳 0229/215023, www.vvvhoorn.nl. Januar-
April Di-Sa 9.30-17 Uhr; Mai-August Mo 13-18
Uhr, Di-Fr 9.30-18 Uhr, Do auch 19-21 Uhr, Sa
9.30-17 Uhr; September-Dezember Mo 13-17
Uhr, Di-Sa 9.30-17 Uhr.

• *Bahnverbindungen*   1-2x stündl. nach
Alkmaar (Dauer: 25 Min.), 2x stündl. Amsterdam (40 Min.), 2x stündl. Enkhuizen (20 Min.).

• *Busverbindungen* in Richtung Amsterdam, Edam, Enkhuizen, Medemblik.

• *Autovermietung*   **Autoverhuur Budget**,
Keern 21, 1622 NA Hoorn, ☎ 0229/247795; **Autoverhuur SympaRent**, CJK van Aalstweg
2, 1625 NN Hoorn, ☎ 0229/276700,
www.symparent.nl.

• *Fahrradverleih* **Rijwielshop Ruiter**, Stationsplein 1, 1621 HX Hoorn, ☎ 0229/217096.

• *Einkaufen*   Die Geschäfte bleiben in
Hoorn Montagvormittag geschlossen. Am
Donnerstag verschiebt sich der Ladenschluss auf 21 Uhr (Kaufabend). Markttermin: **Wochenmarkt** Sa 9-17 Uhr, Breed, Gedempte Turfhaven, Gouw, Nieuwstraat.

• *Kinderbauernhöfe*   **De Waalrakkers**,
Galgenbocht, 1622 EH Hoorn (Eingang:
Poolster 123a), ☎ 0229/238274. Mo-Fr 9-16.30
Uhr, Sa/So 10-16 Uhr. Eintritt frei.
De Woid, Koperslager 9a, 1625 AH Hoorn,
☎ 0229/240074. Mo-Fr 8-16 Uhr, Sa/So 10-
17 Uhr. Eintritt frei.

• *Krankenhaus* **Ziekenhuis Westfries Gasthuis**, Wabenstraat 19, 1624 GM Hoorn,
☎ 0229/257257.

• *Taxiruf* ☎ 0229/216000

Traditionelles Segeln

Der Niedergang der Hoorner Schifffahrt traf die Stadt hart. Zahlreiche
Schiffe der einst so mächtigen Flotte mussten eingemottet werden
oder verrotteten. Mittlerweile bemüht man sich verstärkt um die In-
standsetzung und Restaurierung der
alten Segler. Unter der Leitung er-
fahrener Skipper können ein- oder
mehrtägige Segeltörns auf dem
IJsselmeer unternommen werden.

Die folgenden Anbieter vermieten
traditionelle Segelschiffe:
Hollands Glorie, Hoofd 3, 1621 AM
Hoorn, ☎ 0229/248100,
www.hollandsglorie.nl;
Marco van den Berg, Slappersha-
ven 14, 1621 BK Hoorn, ☎ 0229/
277320, www.zeiltocht.nl;
De Zeilvaart, Stationsplein 3, 1601
EN Enkhuizen, ☎ 0229/312424,
www.zeilvaart.com.

Übernachten

In Hoorn selbst gibt es keinen Campingplatz, doch finden sich alleine drei Plätze
wenige Kilometer südwestlich in Berkhout.

• *Hotels* **** **Hotel Petit Nord (1)**, Kleine
Noord 53-55, 1621 JE Hoorn, 66 Betten, zentrale Lage am Bahnhof, freundliche Atmosphäre, saubere Zimmer, alle mit Du/WC,
Telefon und TV. EZ ab 65 €, DZ ab 90 €,
☎ 0229/212750, 🖳 215745.

*** **Hotel De Keizerskroon (4)**, Breed 31-33,
1621 KA Hoorn, 55 Betten, zentrale Lage, vornehmes Familienhotel in gepflegtem Ambiente, alle Zimmer mit Du/WC und Telefon. EZ
ab 50 €, DZ ab 70 €, ☎ 0229/212717, 🖳 211022.

*** **Hotel De Magneet (7)**, Kleine Oost 5-7,
1621 GR Hoorn, 43 Betten, am Rand der Altstadt in Hafennähe gelegen, alle Zimmer
mit Bad, Telefon, TV, gute Küche im angegliederten Restaurant. EZ ab 52 €, DZ ab
66 €, ☎ 0229/215021, 🖳 237044.

* **Hotel De Posthoorn (6)**, Breed 25-27,
1621 KA Hoorn, 18 Betten, zentrale Lage,
einfaches Ambiente, saubere Zimmer. EZ
ab 46 €, DZ ab 60 €, ☎ 0229/214057, 🖳 270168.

• *Camping* **Camping 't Venhop (15)**, Venneweg 2, 1647 DP Berkhout, A 7, Ausfahrt 7
(Berkhout/Hoorn), Richtung Berkhout, Schildern folgen, weitläufiger Platz wenige Kilometer südlich von Hoorn zwischen Autobahn, Bundesstraße und Eisenbahn, "entsprechend hoch ist der Geräuschpegel" (Leserbrief Uli Oschee), Polder, Grachten und
Kanäle durchziehen das Gelände, einfache,
aber saubere Sanitärs, Fahrradverleih, Lebensmittelgeschäft, Wanderhütten (2), Kanuverleih, ganzjährig geöffnet. Stellplatz (inkl. 2
Pers.) 15 €, zus. Person 1.50 €, Duschen 0.50 €,

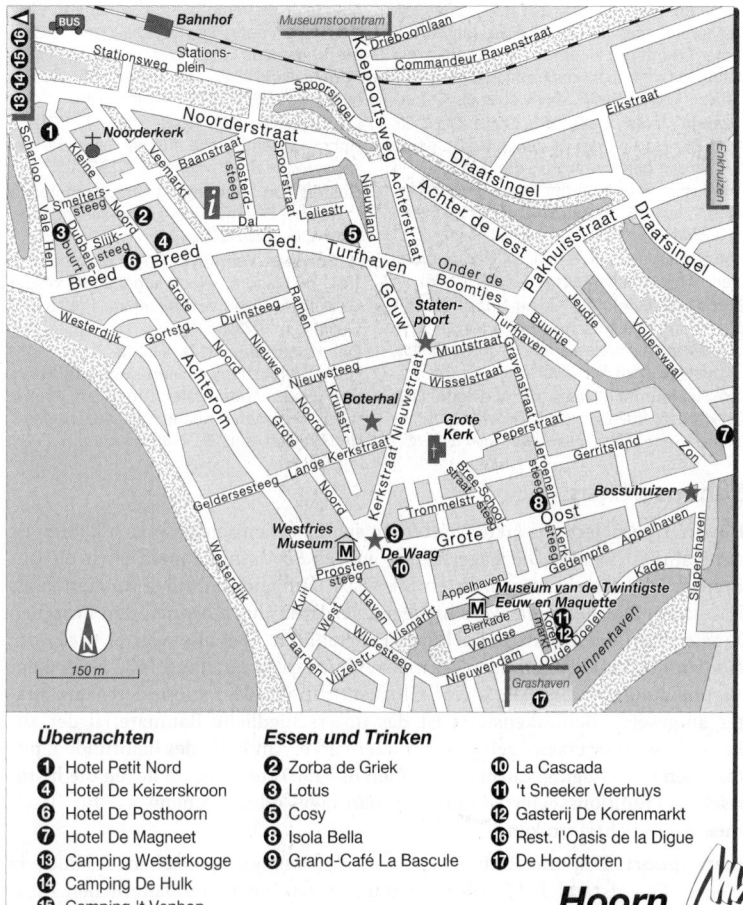

Übernachten

- ❶ Hotel Petit Nord
- ❹ Hotel De Keizerskroon
- ❻ Hotel De Posthoorn
- ❼ Hotel De Magneet
- ⓭ Camping Westerkogge
- ⓮ Camping De Hulk
- ⓯ Camping 't Venhop

Essen und Trinken

- ❷ Zorba de Griek
- ❸ Lotus
- ❺ Cosy
- ❽ Isola Bella
- ❾ Grand-Café La Bascule
- ❿ La Cascada
- ⓫ 't Sneeker Veerhuys
- ⓬ Gasterij De Korenmarkt
- ⓰ Rest. l'Oasis de la Digue
- ⓱ De Hoofdtoren

Hoorn

Fläche 7,5 ha. ☎ 0229/551371, info@venhop.nl.
Camping De Hulk (14), Venneweg 1, 1647 DP Berkhout, nahe Camping 't Venhop, einfacher und deutlich kleiner, Lebensmittelgeschäft, geöffnet April-Oktober. Person 2.65 €, Zelt 2.65 €, Auto 2.65 €, Fläche 2 ha. ☎ 0229/551498.
Camping Westerkogge (13), Kerkebuurt 202, 1647 MH Berkhout, A7, Ausfahrt 7 (Berk-

hout/Hoorn), Richtung Berkhout, Schildern folgen, mehrere schattige Plätze, der Bäcker kommt täglich, gute Sanitärs, Fahrradverleih, Hallenbad, Lebensmittelgeschäft, Wanderhütten (2), geöffnet April-Oktober. Person 2.75 €, Zelt 7.55 €, Auto 2.25 €, Duschen inkl., Fläche 11 ha. ☎ 0229/551208, ✆ 551390, info@camping-westerkogge.nl.

Essen

Grand-Café La Bascule (9), Rode Steen 8, 1621 CV Hoorn, französische Spezialitäten im ersten Stockwerk der 1991 restaurierten Stadt-

waage, auch ein idealer Ort für kürzere oder längere Verweilpausen und eine Tasse Kaffee zwischendurch, Di geschlossen, ☎ 0229/215195.

Cosy (5), Nieuwland 1, 1621 HJ Hoorn, Grill-restaurant, seit mittlerweile 20 Jahren ein fester Begriff der Hoorner Gastronomie, ein schöner Ort für die nachmittägliche Tasse Kaffee, ✆ 0229/215403, www.cosy.nl.

Pizzeria Isola Bella (8), Grote Oost 65, 1621 BS Hoorn, der Italiener heißt seine Gäste "van harte welkom", drei Markisen in roter, weißer und grüner Farbe weisen den Weg, leckere Pizzen, Mo geschlossen, ✆ 0229/217171.

Lotus (3), Vale Hen 8, 1621 JX Hoorn, preiswerte chinesische Küche, ✆ 0229/210968.

Zorba de Griek (2), Kleine Noord 22, 1621 JG Hoorn, griechische Küche, umfangreiche Karte mit preiswerten Hauptgerichten, Di geschlossen, ✆ 0229/217706.

◊◊◊ **Restaurant l'Oasis de la Digue (16)**, De Hulk 16, 1622 DZ Hoorn, Relais du Centre (siehe Seite 56), "Oase aan de dijk" mit überdachter Veranda und schönem Blick aufs IJsselmeer, Fischspezialitäten, 3-Gänge-Tagesmenü und vieles mehr. Mo-Fr 12-14.30 Uhr und 18-22 Uhr, Sa 18-22 Uhr, So Ruhetag, ✆ 0229/553344, www.loasis.nl.

La Cascada (10), Rode Steen 7, 1621 CV Hoorn, argentinische Küche nahe der sehenswerten Stadtwaage, ✆ 0229/217155.

Gasterij De Korenmarkt (12), Korenmarkt 1, 1621 BG Hoorn, klassisch niederländische Küche, ✆ 0229/279826.

't Sneeker Veerhuys (11), Korenmarkt 2, 1621 BG Hoorn, Nachbargebäude obiger Gasterij, Speisen vergleichbarer Preise und Qualität, ✆ 0229/216277.

De Hoofdtoren (17), Hoofd 2, 1621 AM Hoorn, Meta Plat serviert exquisite Fisch- und Fleischspezialitäten im alten Hafenturm, gehobene Küche mit entsprechenden Preisen, ✆ 0229/215487.

Sehenswertes

Haven: Das malerische Hafenviertel mit seinen vielen sehenswerten Bauten ist ein wahres Kleinod. Die Lagerhäuser an der *Bierkade* nahmen einst die aus Bremen und Hamburg gelieferten Bierfässer auf, andere Hallen fungierten als Käselager. Die *Veermanskade* hingegen verdankt ihren Namen den zwischen Amsterdam und Hoorn pendelnden Fährschiffen. Das alte Viertel wird vom *Hoofdtoren*, einem mächtigen Turmbau, überragt. Er entstand 1532 als Teil der Verteidigungsanlagen. Der kleine Glockenturm wurde erst hundert Jahre später aufgesetzt. Bemerkenswert ist das unterschiedliche Baumaterial der zur Land- bzw. Wasserseite gelegenen Mauerwerke. Am Fuße des halbrunden, pittoresken Verteidigungsturms mit seinen dicken Trutzmauern liegen die historischen Traditionssegler vertäut, die man tage- oder wochenweise für IJsselmeertouren chartern kann.

Statenpoort: Das alte Rathaus ist eines der wenigen gotischen Gebäude in Hoorn. Es entstand 1613 auf den Fundamenten einer mittelalterlichen Klosteranlage, an die heute nur noch die Kapelle erinnert. An der Fassade des Statenpoort prangen die Wappen der sieben Städte Westfrieslands (von links nach rechts): Medemblik, Edam, Alkmaar, Hoorn, Enkhuizen, Monnickendam und Purmerend. Die im Stil der holländischen Renaissance gestalteten doppelten Treppengiebel tragen auf ihrer Spitze eine Figur des damaligen Hoorner Stadthalters, des Prinzen *Maurits*. Die alte Klosterkapelle diente noch im späten 18. Jahrhundert als Speisesaal, ehe sie zum prunkvollen Ratssaal avancierte. Noch heute finden hier feierliche Empfänge und Hochzeitszeremonien statt. Die Stadtverwaltung zog 1977 in ein moderneres Gebäude um.
Adresse Nieuwstraat 23, 1621 EA Hoorn, ✆ 0900/4031055 (VVV).

Sint Jansgasthuis: Die Renaissance-Fassade des ehemaligen Krankenhauses stammt aus dem 16. Jahrhundert und zählt zu den beeindruckendsten des Landes. Nach der Legende soll das Berühren der seitlich des Eingangs

Hoorner Stadtwaage im alten Zentrum

eingemauerten Steine die Menschen vor der Pest verschont haben – nie wurde auch nur eine Erkrankung bekannt. Später handelte man an gleicher Stelle mit Butter, die Stadt nutzte den Komplex als *Boterhal.*

Nicht weit entfernt gelangt man durch die Eingangspforte des 1610 errichteten *Oude Vrouwenhuis* in einen teilüberdachten Gang, der hinüber zum mittelalterlichen *Geertenklooster* führt. Wie im nahen *Ceciliaklooster* am Platz des heutigen *Statenpoort* beendete auch hier die Reformation schlagartig das klösterliche Leben. Stattdessen entstand eines der ersten Altersheime der Stadt.

Adresse Kerkplein 39, 1621 CZ Hoorn, ☎ 0900/4031055 (VVV).

Noorderkerk (Vrouwenkerk): Die ursprünglich aus Holz errichtete Kirche erhielt ihre heutige Gestalt im 16. Jahrhundert, etwa hundert Jahre nach Baubeginn. Das Interieur beeindruckt in erster Linie durch eine sehenswerte Eichenholz-Wendeltreppe (1497), die zu den ältesten Teilen der Kirche zählt. In den Sommermonaten lockt ein kleines Modell der Hoorner Altstadt des 17. Jahrhunderts.

Adresse/Öffnungszeiten Kleine Noord 30, 1621 JG Hoorn, ☎ 0229/218851. April-September Mo-Sa 11-17, So 12-17 Uhr. Erwachsene 1.50 €, Kinder 0.75 €.

Westfries Museum: Das reichlich verzierte Gebäude aus dem Jahre 1632 beherbergt das Provinzmuseum West-Frieslands. Im Mittelpunkt steht die wechselhafte Geschichte von Handel und Seefahrt. Die Exponate umfassen historische Kleidertrachten, Möbel, Münzen, Porzellane und Silberstücke. Darüber hinaus finden sich mehrere sehenswerte Stilzimmer mit typischen Einrichtungen des 17.–19. Jahrhunderts.

Am selben Platz steht das Hoorner *Waaggebouw* aus dem frühen 17. Jahrhundert. Es birgt einige sehenswerte Wägeinstrumente, die allerdings nur in den

Alter Hafen mit Hoofdtoren

Sommermonaten besichtigt werden können. Unter dem Vordach hängt eine alte Glocke, die einst den Beginn des Käsemarkts ankündigte.

Adresse/Öffnungszeiten Rode Steen 1, 1621 KV Hoorn, ☎ 0229/280028, www.wfm.nl. Mo-Fr 11-17 Uhr, Sa/So 14-17 Uhr. Eintritt frei. Begleittexte und Führungen in deutscher Sprache.

Museum van de Twintigste Eeuw en Maquette: Noch rechtzeitig vor Ende des 20. Jahrhunderts eröffnete das neue Museum 1994 seine Pforten. In zwei alten Käselagerhäusern lassen sich Gebrauchsgegenstände aus den letzten hundert Jahren betrachten. Eine großflächige Maquette der Stadt Hoorn aus dem Jahre 1650 ergänzt die Sammlung (separater Eintritt).

Adresse/Öffnungszeiten Bierkade 4, 1621 BE Hoorn, ☎ 0229/214001, Di-So 10-17 Uhr. Erwachsene 3 €, Kinder 2 €, Senioren (Pas65) 2 €, MJK, www.museumhoorn.nl.

Museumstoomtram Hoorn–Medemblik: Der Liebhaber alter Eisenbahnen erhält die Möglichkeit, eine einstündige Fahrt im Dampfzug mit Speisewagen zu genießen. Die betagte Lokomotive zuckelt gemütlich über die Schienen und lässt den Fahrgästen Zeit, die Landschaft in aller Ruhe an sich vorbeiziehen zu lassen. Die Schaffner, in vornehme Uniformen vergangener Tage gekleidet, kontrollieren geduldig die Fahrscheine der auf historischen Holzbänken sitzenden Passagiere. Das Prunkstück der Gesellschaft ist eine alte Dampflokomotive, die bis in die späten 50er Jahre zwischen Alkmaar und Bergen aan Zee pendelte. Wie wär's mit einer abendlichen Fahrt im "Candlelight Express"? 1998 feierte man 30-jähriges Jubiläum. Der Ausflug kann mit einer Schiffsfahrt von Medemblik nach Enkhuizen und einer weiteren Bahnfahrt von Enkhuizen nach Hoorn kombiniert werden – Stichwort "Historisches Dreieck Hoorn–Medemblik–Enkhuizen". Der Bahnhof mit alten Lokomotiven und Waggons, das Signalhaus und die Werkstatt können allerdings auch ohne Fahrt bestaunt werden.

● *Adresse/Öffnungszeiten Museum* Van Dedemstraat 8 (Tramstation P&R), 1624 NN Hoorn, ☎ 0229/214862, April-Oktober Di-So 9.30-17.30 Uhr, Juli/August auch Mo 9.30-17.30 Uhr. Eintritt frei. www.museumstoomtram.nl.

● *Bahnfahrt* April-Oktober Di-Sa 1x täglich, Juli/August 2-4x täglich. Fahrkarte Erwachsene 8.35 €, Kinder 6.35 €. Rückfahrkarte Erwachsene 13.75 €, Kinder 10.45 €.

Enkhuizen

(17.500 Einwohner)

Historische Schleppboote tuckern in den Hafen, stolze Segelschiffe liegen vor Anker. Die Stadt am Rande des IJsselmeers darf sich des größten Heimathafens traditioneller Windjammer rühmen, doch dürfte der Name der Stadt int erster Linie mit dem großartigen Zuiderzeemuseum in Verbindung gebracht werden.

Die Rückkehr der Fischer, die sich tagelang auf der unruhigen Zuiderzee aufgehalten hatten, war damals ein besonderes Ereignis. Würden alle Boote unbeschadet zurückkehren? Würde der Fang ausreichen, die Menschen mit Nahrung zu versorgen? Die Erinnerung lebt im Zuiderzeemuseum, einem riesigen Freilichtgelände, das zum touristischen Dreh- und Angelpunkt der Stadt geworden ist. Die Ausstellung dokumentiert den Alltag der Menschen an der Zuiderzee, bevor diese durch die Fertigstellung des Abschlussdeichs ihre Verbindung zur offenen See verlor und zum heutigen IJsselmeer wurde. Auf dem Gelände stehen Dutzende historische Bauten, die teilweise von weither nach Enkhuizen gebracht und als kleines Dorf wiederaufgebaut wurden. Anders wäre ihre Erhaltung nicht möglich gewesen. In den abseits stehenden Lagerhäusern ist das *Binnenmuseum* eingerichtet, das detailliert über das 'Goldene Zeitalter' der Niederlande im 17. Jahrhundert informiert.

Provinz Noord-Holland
Karte S. 239

*I*nformation/*V*erbindun*G*en/*F*ähr*P*assa*G*en

● *Information* **VVV Enkhuizen**, Tussen Twee Havens 1, 1601 EM Enkhuizen, ✆ 0228/313164, ✇ 315531, April-Oktober täglich 10-17 Uhr; November-März Mo-Fr 9-12.30 Uhr, Sa 10-15 Uhr, www.hollandsschiereiland.com.

● *Bahnverbindungen* 2x stündl. nach Hoorn (Dauer: 20 Min.), 2x stündl. Amsterdam (65 Min.).

● *Busverbindungen* in Richtung Hoorn, Lelystad.

● *Fährverbindungen Muiden–Pampus* Besuch der Insel Pampus, die Teil der Stelling van Amsterdam war (siehe Seite 296). Abfahrt: April Di-Fr 13.30 Uhr, Sa/So 10.30 Uhr, 12.30 Uhr und 14.30 Uhr; Mai-September Di-So 10.30 Uhr, 12.30 Uhr und 14.30 Uhr; Oktober Di-Fr 13.30 Uhr, Sa/So 10.30 Uhr, 12.30 Uhr und 14.30 Uhr. Erwachsene 9.50 €, Kinder 6.50 € (inkl. Führung Fort Pampus). Information: Rederij NACO, De Ruyterkade, Steigers 7, 1011 AA Amsterdam, ✆ 020/6262466, www.rederijnaco.nl.

*A*dressen

● *Autoverleih* **Autoverhuur SympaRent**, De Dolfijn 1, 1601 ME Enkhuizen, ✆ 0228/353550, www.symparent.nl.

● *Fahrradverleih* **Dekker Tweewielers**, Nieuwstraat 2, 1601 JJ Enkhuizen, ✆ 0228/312961.

● *Kanuverleih* **De Waterspiegel**, Olifantsteiger 3, 1601 CV Enkhuizen, ✆ 0228/317456.

● *Einkaufen* Die Geschäfte bleiben in Enkhuizen Montagvormittag geschlossen. Am Freitag verschiebt sich der Ladenschluss auf 21 Uhr (Kaufabend). Markttermin: **Wochenmarkt** Mi 9-16 Uhr, Westerstraat (Parkplatz Albert-Heijn-Supermarkt).

● *Jachtvermietung* **De Zeilvaart**, Stationsplein 3, 1601 EN Enkhuizen, ✆ 0229/312424, www.zeilvaart.com. Im Angebot sind traditionelle Segelschiffe.

● *Kinderbauernhof* **Sprookjeswonderland**, Kooizandweg 9, 1601 LK Enkhuizen, ✆ 0228/317853, www.sprookjeswonderland.nl. Eintritt und Öffnungszeiten siehe S. 362.

● *Krankenhaus* **Polikliniek Westfries Gasthuis**, Vijzelstraat 24, 1601 NK Enkhuizen, ✆ 0228/312345.

● *Schwimmen* **Enkhuizerzand**, Kooizandweg 12, 1601 LK Enkhuizen, ✆ 0228/323173, www.zwembadenkhuizen.nl. Subtropisches Schwimmparadies, Freibad, 40-Meter-Rutschbahn, Whirlpool.

● *Taxiruf* ✆ 0228/320320

Übernachten

• *Hotels* *** **Hotel Die Port van Cleve (8)**, Dijk 74-78, 1601 GK Enkhuizen, 53 Betten, Familienhotel in historischem Gebäude (anno 1540), komfortable Zimmer, angegliedertes Restaurant mit guter Weinkarte. EZ ab 60 €, DZ ab 89 €, ℡ 0228/312510, ✆ 318765.

*** **Hotel Het Wapen van Enkhuizen (6)**, Breedstraat 59, 1601 KB Enkhuizen, in der Nähe des alten Rathauses, 29 Betten, knarrende Böden und Holztreppen, große, saubere Zimmer, alle mit Du/WC, Telefon und TV. EZ ab 46 €, DZ ab 60 €, ℡ 0228/313434, ✆ 320020.

*** **Hotel Du Passage (12)**, Paktuinen 8, 1601 GD Enkhuizen, 48 Betten, zentrale Lage am alten Hafen, gepflegte Räumlichkeiten, alle Zimmer mit Du/WC, Januar-März geschlossen. EZ ab 32 €, DZ ab 55 €, Frühstück 8 €, ℡ 0228/312462, ✆ 318133.

** **Hotel Het Centrum (18)**, Westerstraat 153, 1601 AE Enkhuizen, 14 Betten, zentrale Lage, modernes Hotel, neue Zimmer mit wohlklingenden Namen, steiler Treppenaufstieg, alle Zimmer mit Du/WC und TV. EZ ab 35 €, DZ ab 60 €, ℡ 0228/312827, ✆ 318986.

• *Camping* **Camping Enkhuizer Zand (17)**, Kooizandweg 4, 1601 LK Enkhuizen, Straße Enkhuizen–Hoorn, Richtung Sprookjeswonderland, Schildern folgen, reizvolle Lage am IJsselmeer, gute Sanitärs, Lebensmittelgeschäft, Hallenbad, Tennisplätze, geöffnet April-September. Person 5 €, Zelt 4.10 €, Duschen inkl., Fläche 5,5 ha. ℡ 0228/317289, ✆ 317289.

Camping De Vest (1), Noorderweg 31, 1601 PC Enkhuizen, zentrale Lage, Schildern folgen, der zweite, wesentlich kleinere Platz des Ortes, p-förmiges Gelände mit einfachen Sanitärs an der Rezeption (2 WCs, 3 Waschbecken, 1 Dusche), geöffnet April-September. Person 4 €, Zelt 3 €, Auto 3 €, Fläche 1,5 ha. ℡ 0228/321221, ✆ 317289.

Essen

Restaurant d'Alsace (3), Westerstraat 116, 1601 AM Enkhuizen, vornehme französische Küche der gehobenen Preisklasse, restauriertes Gebäude (16. Jh.), schöner Garten mit schattigen Tischen, außerhalb der Saison Mo geschlossen, ℡ 0228/315225.

Die Port van Cleve (8), Dijk 74-78, 1601 GK Enkhuizen, Hotel-Restaurant mit regionalen Speisen der niederländisch-französischen Küche, Spezialität ist Fisch, ℡ 0228/312510.

◊◊◊ **Die Drie Haringhe (11)**, Dijk 28, 1601 GJ Enkhuizen, Relais du Centre (siehe Seite 56), landestypische Speisen auf höchstem Niveau, ℡ 0228/318610.

Restaurant De Boei (15), Havenweg 5, 1601 GA Enkhuizen, stadtbekannte Adresse für exquisite Fischspezialitäten, empfehlenswerte Scholle, Tische im Freien mit Hafenblick, November-Februar geschlossen, ℡ 0228/314280, www.restaurantdeboei.nl.

Restaurant De Admiraal (16), Havenweg 4, 1601 GA Enkhuizen, landestypische Küche in direkter Nachbarschaft des Restaurants De Boei, ebenfalls Tische im freien mit Hafenblick, ℡ 0228/319256.

Lotus (5), Westerstraat 95, 1601 AD Enkhuizen, chinesische Küche, Brunnen im Eingang (ähnlich einer extravaganten Badewanne), ℡ 0228/313538.

Marco Polo (7), Melkmarkt 4, 1601 CH Enkhuizen, Pasta und Pizza in üblicher Auswahl, einige Tische im Freien, die einen guten Überblick auf das abendliche Geschehen in Enkhuizen ermöglichen, ℡ 0228/314986.

Desimir (14), Spoorstraat 12-16, 1601 GG Enkhuizen, Grillgerichte vom Balkan, direkt am Hafen, Fisch und Fleisch, Pfannkuchen, vegetarische Teller, Terrasse mit 40 Plätzen, ℡ 0228/317545.

Dikke Milk (9), H. J. Schimmelstraat 10, 1601 HS Enkhuizen, Eetcafé unter Leitung von Dirk und Ellen, preiswerte wechselnde Tagesgerichte, ℡ 0228/316404.

El Sótano (10), H. J. Schimmelstraat 7, 1601 HS Enkhuizen, Steakhouse direkt gegenüber dem Dikke Milk, gute Steaks, gute Salate, ℡ 0228/317982.

Café Het Ankertje (13), Dijk 6, 1601 GJ Enkhuizen, reizvolles Café in Hafennähe, schöner Platz für die nachmittägliche Ruhepause, ℡ 0228/315767.

Edwin De Graaff (4), Westerstraat 71, 1601 AC Enkhuizen, Auswahl landestypischer Produkte wie Käse, Nüsse und Wein, ℡ 0228/319707.

Croissanterie Botman (2), Westerstraat 35, 1601 AB Enkhuizen, Snacks in großer Auswahl, schöner Platz fürs (späte) Frühstück, ℡ 0228/316339.

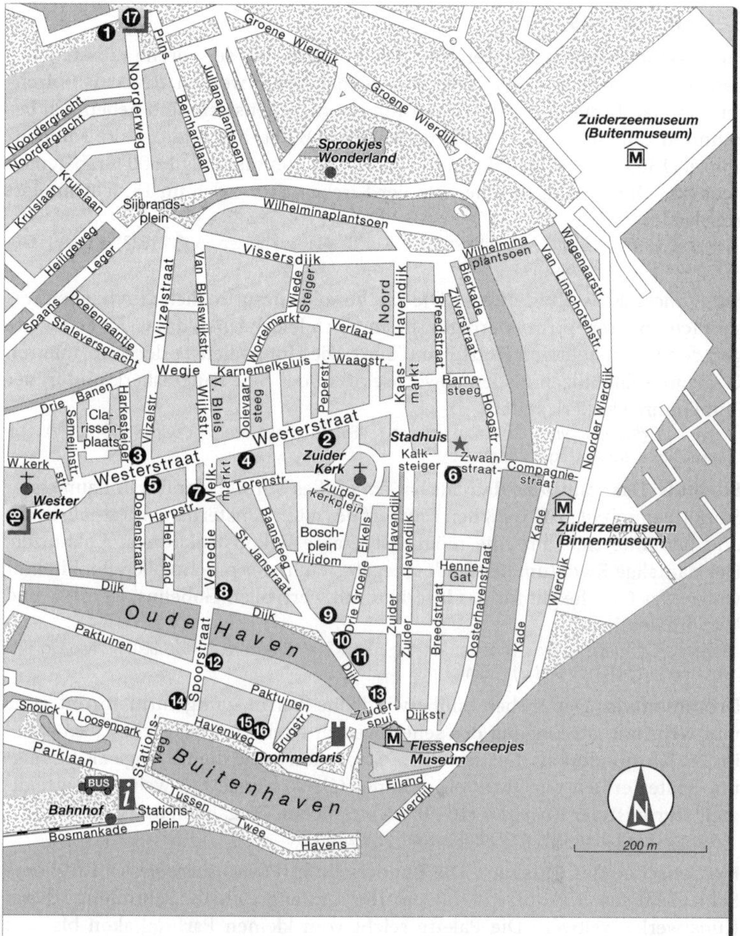

Provinz Noord-Holland
Karte S. 239

Essen und Trinken

- ❷ Croissanterie Botman
- ❸ Restaurant d'Alsace
- ❹ Edwin De Graaff
- ❺ Lotus
- ❼ Marco Polo
- ❾ Dikke Milk
- ❿ Steakhouse El Sótano
- ⓫ Die Drie Haringhe
- ⓭ Café Het Ankertje
- ⓮ Desimir
- ⓯ Restaurant De Boei
- ⓰ Restaurant De Admiraal

Übernachten

- ❶ Camping De Vest
- ❻ Hotel Het Wapen van Enkhuizen
- ❽ Hotel Die Port van Cleve
- ⓬ Hotel Du Passage
- ⓱ Camping Enkhuizer Zand
- ⓲ Hotel Het Centrum

Enkhuizen

Sehenswertes

Sint Gommaruskerk (Westerkerk): Die Fundamente der Kirche mussten wegen des hohen Grundwasserspiegels zweimal erhöht werden, denn man fürchtete um den Bestand des kostbaren Interieurs. Sehenswert sind neben den berühmten Chorschranken (1542) die kostbare Bibliothek und die alte Kirchenkanzel (1568). Der Boden des Gotteshauses ist von mehr als 1.600 Grabsteinen bedeckt – Beerdigungen innerhalb der Kirche waren noch im 18. Jahrhundert zugelassen.

Adresse/Öffnungszeiten Westerstraat 138, 1601 AN Enkhuizen, ☎ 0228/313164 (VVV). Öffnungszeiten auf Anfrage. Eintritt frei.

Sint Pancraskerk (Zuiderkerk): Die Kirche sollte ursprünglich durch einen wesentlich höheren Turm überragt werden, doch leider fehlte das Geld. Es reichte gerade für den heutigen Holzturm (75 m). Die Gottesdienste der Reformierten Gemeinde Enkhuizen finden abwechselnd in der Sint Pancraskerk und in der Sint Gommaruskerk statt.

Adresse/Öffnungszeiten Zuiderkerkstraat 1, 1601 AA Enkhuizen, ☎ 0228/313164 (VVV). Öffnungszeiten auf Anfrage. Eintritt frei.

Stadhuis: Das städtische Rathaus hat ein großes Vorbild, denn sein Baumeister *Steven Vennekool* griff 1688 den Entwurf des alten Amsterdamer Rathauses auf und bemühte sich um eine möglichst exakte Rekonstruktion in Enkhuizen. Der damalige Reichtum der Stadt spiegelt sich in der prachtvollen Architektur wider. Das Gleiche gilt für das Interieur mit wertvollen Gobelins, Decken- und Wandmalereien.

Adresse/Öffnungszeiten Breedstraat 53, 1601 KD Enkhuizen, ☎ 0228/360100. Mo-Do 9-12 Uhr und 14-16 Uhr, Fr 9-12 Uhr. Eintritt frei.

Drommedaris: Der früher unüberwindliche Verteidigungsturm thront stolz und wehrhaft am Eingang des sehenswerten alten Hafenviertels. Er entstand im 16. Jahrhundert als Teil der ersten Stadtmauer und diente lange als Gefängnis. Später erhielt der Turm ein schönes Glockenspiel. Ein weiterer Verteidigungsturm ist der *Koepoort* (1649) am westlichen Eingang in die Stadt.

Adresse Paktuinen 1, 1601 GD Enkhuizen, ☎ 0228/312076.

Flessenscheepjes Museum: Die Buddelschiffe (*Flessenscheepjes*) im früheren Schleusenhaus Enkhuizens bilden die umfangreichste Sammlung dieser Kunstwerke weltweit. Die Palette reicht vom kleinen Parfümflakon bis zum imposanten 30-Liter-Weinfass. Die Herstellung der Buddelschiffe gilt als alte Seemannstradition. Die Männer hatten auf ihren langen Reisen über die Ozeane ausreichend Zeit, in minutiöser Detailarbeit die kleinen Kunstwerke herzustellen. Die Tradition hat sich bis heute gehalten, nicht nur im hiesigen Museum.

Adresse/Öffnungszeiten Zuiderspui 1, 1601 GH Enkhuizen, ☎ 0228/318583. Täglich 10-18 Uhr. Erwachsene 3 €, Kinder 2 €, Senioren (Pas65) 2 €, MJK. Führungen in deutscher Sprache.

Zuiderzeemuseum: Das beeindruckende Museum zählt zu *den* Attraktionen der Niederlande. Es illustriert eindrucksvoll die durch den Bau des Abschlussdeichs hervorgerufene Verwandlung des IJsselmeers von einem Teil der Nordsee in das heutige Binnengewässer. Anders als sein ebenfalls sehr sehenswertes Pendant in Arnhem, das von einer eher ländlichen Atmosphäre bestimmt

Hafenidylle im Zuiderzeemuseum

wird, ist das hiesige Museumsdorf eher städtisch geprägt. Die Bauten stehen auf relativ engem Raum dicht an dicht. Jeder Quadratmeter bietet eine Attraktion. Einzigartig! Der Besuch wird zu einem Streifzug durch die reiche Geschichte der Zuiderzeeregion zur Zeit der kulturell-wirtschaftlichen Blüte des 17. Jahrhunderts, als die Handelsschiffe der VOC (*Verenigte Oostindische Compagnie*) die Weltmeere durchkämmten, um die Lagerhäuser mit kostbaren Gewürzen, Kaffee und Tee oder fernöstlichem Porzellan zu füllen. Der Besuch beginnt in der gut ausgeschilderten Eingangshalle, die etwas außerhalb des Zentrums liegt, und führt per Boot hinüber auf die andere Seite der Stadt. Die 15-minütige Überfahrt entlang der Hafenanlagen bietet einen sanften Übergang in die holländische Vergangenheit – ein gelungener Kunstgriff der Planer.

1. Buitenmuseum: Die Bewohner der Siedlung authentisch hergerichteter Geschäfte, Werkstätten und Wohnhäuser scheinen der Geschichte entsprungen – in Trachten der Jahrhundertwende gekleidet, verbreiten sie das Flair vergangener Zeiten. Schauspieler präsentieren ein Leben wie zur Jahrhundertwende. Die Arbeit ist voll im Gange, die Wäsche auf der Leine frisch gewaschen. Massige Taue werden von Hand aus Hanf geflochten. Besucher lassen sich auf den Grachten zur Fischräucherei bringen. Ein Einheimischer, originell ausstaffiert mit rotem Halstuch auf blau-weißem Hemd und hölzernen Klompen, winkt freundlich seinen Gästen. Der ältere Herr mit Pfeife dagegen scheint nicht gut auf seine Nachbarin zu spre-

chen und sucht das Gespräch mit den zahlreichen Besuchern. Glauben Sie mir nicht? Eingang durch die Empfangshalle am Deich Enkhuizen-Lelystad, N 302, ℡ 0228/318260, www.zuiderzeemuseum.nl. April-Oktober Mo-Sa 10-17 Uhr, So 10-18 Uhr; Juli/August täglich bis 18 Uhr. Erwachsene 9 €, Kinder 7 €, MJK (jeweils inkl. Bootsfahrt und Binnenmuseum). Parken 5 €

2. Binnenmuseum: In den Lagerhäusern des 17. Jahrhunderts befinden sich Werkzeuge der Bauern und Fischer. Die Dokumentation befasst sich eingehend mit dem einst bedeutenden Walfang in der Zuiderzee-Region.
Wierdijk 18, 1601 LA Enkhuizen, ℡ 0228/351111, www.zuiderzeemuseum.nl. April-Oktober

Mo-Sa 10-17 Uhr, So 10-18 Uhr; Juli/August täglich bis 18 Uhr; November-März täglich 10-17 Uhr. Erwachsene/Kinder 4.50 €, MJK.

Besucher des Buitenmuseums haben freien Zutritt. Begleittexte und Führungen in deutscher Sprache.

Sprookjeswonderland: *Doornroosje, Hans en Grietje* und *Sneeuwwitje* – die aus der Märchenwelt bekannten Namen lassen Träume wach werden. Die Kinder laufen mit großen Kulleraugen umher und wissen nicht so recht, was Märchentraum und was Wirklichkeit ist. Auch die kleinen Marienkäfer-Boote erregen zunächst Skepsis, doch sieht nach der ersten Fahrt alles ganz anders aus – ein Spaß für Alt und Jung.

Adresse/Öffnungszeiten Kooizandweg 9, 1601 LK Enkhuizen, ✆ 0228/317853, April-Oktober täglich 10-17.30 Uhr. Erwachsene 5.50 €, Kinder frei, Senioren (Pas65) 5 €. www.sprookjeswonderland.nl.

Andijk

(4.500 Einwohner)

Andijk, das sich über mehr als sieben Kilometer an den Deichen entlangzieht, gilt als das langgestreckteste Dorf der Niederlande. Die Fischerhäuschen kauern dicht aneinander hinter dem schützenden Deich. Auf den umliegenden Feldern werden Blumenkohl und Blumenzwiebeln angebaut. Der Jachthafen ließ die Ortschaft in den vergangenen Jahren zu einem beliebten Wassersportzentrum aufsteigen.

Das **Poldermuseum Het Grootslag** hält Informationen über die Historie des umliegenden *Grootslagpolders* bereit. Im selben Gebäude präsentiert das **Nationaal Saet- en Cruytmuseum** Wissenswertes über den westfriesischen Gartenbau.

• *Information* **VVV Andijk**, Dijkweg 319, 1619 JH Andijk, ✆ 0228/593576, 📠 593576, www.hollandsschiereiland.com. Variable Öffnungszeiten.

• *Adresse/Öffnungszeiten* **Poldermuseum Het Grootslag en Nationaal Saet- en Cruytmuseum**, Dijkweg 318-319, 1619 JH Andijk, ✆ 0228/592227. Mai-September Mi-So 14-17; Oktober-April So 14-17 Uhr. Erwachsene 2 €, Kinder 1 €, MJK.

• *Bahnverbindungen* Der nächste Bahnhof befindet sich in Enkhuizen (8 km), von wo Anbindungen in Richtung Westen nach Hoorn (Dauer: 20 Min., 2x stündl.) bestehen.

• *Einkaufen* Die Geschäfte bleiben in An-

dijk Montagvormittag geschlossen. Am Donnerstag verschiebt sich der Ladenschluss auf 21 Uhr (Kaufabend). Markttermin: **Wochenmarkt** Do 9-13 Uhr, Marktplatz.

• *Krankenhaus* **Polikliniek Westfries Gasthuis**, Vijzelstraat 4, 1601 NK Enkhuizen, ✆ 0228/312345.

• *Taxiruf* ✆ 0228/320320

• *Camping* **Camping Het Grootslag**, Proefpolder 4, 1619 EH Andijk, Schildern in Andijk folgen, gute Sanitärs, Fahrradverleih, Lebensmittelgeschäft, geöffnet April-Oktober. Stellplatz (inkl. 4 Pers.) 25 €, zus. Person 2 €, Duschen inkl., Fläche 40 ha. ✆ 0228/592944, 📠 592457, info@grootslag.nl.

Broek op Langedijk

(2.500 Einwohner)

Das von zahllosen Grachten und Kanälen durchzogene Gemüseanbaugebiet liegt nördlich von Alkmaar und westlich von Hoorn. Broek op Langedijk verfügt über eine weit über die Landesgrenzen hinaus bekannte Gemüseauktion. Schon zu Beginn dieses Jahrhunderts transportierten kleine Boote ihre Waren direkt in die auf hölzernen Pfählen errichtete Versteigerungshalle der **Broeker Veiling**. Die älteste fahrende Gemüseversteigerung der Welt ist mittlerweile ein Museum – alles blieb unverändert. Der Besucher kann noch heute Blumen, Gemüse und Obst per Knopfdruck ersteigern.

Kasteel Radboud in Medemblik

Angefangen hatte alles 1887, als ein pfiffiger Gärtner eine Ladung selbst gezogenen Blumenkohl nach Broek op Langedijk brachte und ihn interessierten Schiffern verkaufte, die das Gemüse später in Amsterdam zu deutlich höheren Preisen wieder abstoßen wollten. Das Geschäft etablierte sich, doch bald sorgten schlechte Ernten für Versorgungsengpässe. Die Nachfrage überstieg das Angebot erheblich. Laut Überlieferung kam einer der betroffenen Schiffer schließlich auf die zündende Idee: "Je kunt de bloemkool veilen, dan krijg je ervoor wat ze waard is." (Du kannst den Blumenkohl versteigern, dann bekommst Du dafür, was er wert ist.) Die Broeker Gemüseversteigerung war geboren! Mittlerweile befahren mehrere Rundfahrtboote die Anbaugebiete und vermitteln einen Eindruck von der Größe des Broeker Hinterlands, das auch als "Land der tausend Inseln" bezeichnet wird.

● *Adresse/Öffnungszeiten* **Broeker Veiling**, Museumweg 2, 1721 BW Broek op Langedijk, ✆ 0226/313807, www.broekerveiling.nl. April-Oktober Mo-Fr 10-17 Uhr, Sa/So 11-17 Uhr. Auktion: Erwachsene 5.20 €, Kinder 3.10 €, Senioren (Pas65) 4.10 €, MJK. Auktion inkl. Rundfahrt: Erwachsene 8.35 €, Kinder 4.65 €, Senioren (Pas65) 7.30 €, Abfahrt an der Auktionshalle.

Medemblik

(7.000 Einwohner)

Die älteste der westfriesischen Hafenstädte fügt sich nahtlos in die lange Liste reizvoller Orte der Region. Enkhuizen, Hoorn und Medemblik bilden gemeinsam das sog. "Historische Dreieck". Im Mittelpunkt Medembliks liegt mit *Kasteel Radboud* eine Sehenswürdigkeit erster Klasse, die einen kleinen Umweg durchaus wert ist. Die mächtige Festungsanlage wurde im 13. Jahrhundert als nördlichster Verteidigungspunkt Westfrieslands angelegt. Darüber hinaus steht am IJsselmeerdijk die größte europäische Windturbine.

Afsluitdijk – Abschlussdeich

Verkehrsprobleme sind selten. Die Fahrzeuge stauen sich nur am Anfang und Ende der Deichstraße. Die Stelle, an der der Abschlussdeich 1932 geschlossen wurde, liegt etwa fünf Kilometer von Westfriesland entfernt. In nördlicher Fahrtrichtung steht ein Aussichtsturm, der kostenlos betreten werden kann. Hat man es geschafft, die Schiebe(!)tür zu öffnen, bieten sich windige Blicke über das Wasser. In südlicher Richtung stehen mehrere Informationstafeln mit mehrsprachigen Hinweisen zu den diversen Wasserbauprojekten der Niederlande. Eine kleine Fußgängerbrücke erlaubt es, die Fahrbahn sicher zu queren. Interessant sind die Ausführungen zur Eindeichung der gesamten Zuiderzeeregion, darunter ein Vorschlag zur Trockenlegung des kompletten Wattenmeers. Die fünf Watteninseln wären gewissermaßen dem Mutterland einverleibt worden. Auf der Deichstraße gibt es nur eine Tankstelle (Breezanddijk). Am nördlichen Ende lohnt das Kazemattenmuseum einen Abstecher.

Kazemattenmuseum: Das Museum nahe der Spuisluizen steht an der Stelle, wo deutsche Truppen im Jahre 1940 die Niederlande angriffen. Die Einrichtung der Kasematten (Küche, Schlafplätze, Telefonzentrale) ist im damaligen Zustand konserviert worden und vermittelt Einblicke in das Leben der 225 in Kornverderzand stationierten Soldaten hinter drei Meter dicken Mauern. Afsluitdijk 3, 8752 TP Kornwerderzand, ☎ 0517/579453, www.kazematkwz.nl. Mai-Oktober Mi und Sa 10-17 Uhr, Juli/August auch So 13-17 Uhr. Erwachsene 3 €, Kinder 1.70 €, Senioren (Pas65) 1.70 €.

Information/Verbindungen/Adressen

● *Information* **VVV Medemblik**, Stationsgebouw, Dam 2, 1671 AW Medemblik, ☎ 0227/542852, ✆ 542852, www.vvvmedemblik.nl. April-Oktober Mo-Sa 10-17 Uhr, Juli/August auch So 10-17 Uhr; September-März Mo-Sa 10-12 Uhr.

● *Bahnverbindungen* nächster Bahnhof in Hoorn (20 km).

● *Busverbindungen* in Richtung Enkhuizen, Hoorn.

● *Einkaufen* Die Geschäfte bleiben in Medemblik Montagvormittag geschlossen.

Am Freitag verschiebt sich der Ladenschluss auf 21 Uhr (Kaufabend). Markttermin: Wochenmarkt Mo 13-17 Uhr, Nieuwstraat.

● *Fahrradverleih* **Rijwielhandel Smit**, Vooreiland 1, 1671 HN Medemblik, ☎ 0227/541200.

● *Krankenhaus* **Ziekenhuis Westfries Gasthuis**, Wabenstraat 19, 1624 GM Hoorn, ☎ 0229/257257.

● *Taxiruf* ☎ 0227/545000

Übernachten/Essen

● *Übernachten* ***** Hotel Tulip Inn Medemblik**, Oosterhaven 1, 1671 AA Medemblik, 56 Betten, zentrale Lage zwischen dem alten Stadtkern und dem gemütlichen Hafen, gute Küche im angeschlossenen Restaurant. EZ ab 58 €, DZ ab 80 €, ☎ 0227/543844, ✆ 542397.

** Hotel-Pension De Waeg, Oostersingel 5, 1671 HA Medemblik, 20 Betten, einfaches Haus mit schlichten Räumlichkeiten, freundlicher Service. EZ ab 28 €, DZ ab 50 €, ☎ 0227/541203.

Camping Zuiderzee, Oosterdijk 1, 1671 HJ Medemblik, Schildern folgen, ländliche Lage, 1 km außerhalb der Ortschaft, gute Sanitärs, Fahrradverleih, Lebensmittelge-schäft, Schwimmbad, Wanderhütten (3), geöffnet April-Oktober. Stellplatz (inkl. 2 Pers.) 19.30 €, zus. Person 4.60 €, Duschen 0.45 €, Fläche 9 ha. ☎ 0227/542345, 📠 544247, zuiderzee-recreatie@hetnet.nl.

Camping Klein Giethoorn, Oosteinde 12, 1674 NB Opperdoes, wenige Kilometer westlich von Medemblik, direkt am Ortsein-gang, Schildern folgen, einfache Sanitärs, geöffnet April-September. Person 3 €, Zelt 3 €, Auto 3 €, Fläche 3 ha. ☎ 0227/542008.

Mini-Camping Arado, Brakeweg 61, 1671 LP Medemblik, geöffnet April-September. Stellplatz (Auto und Zelt) 2 €, Person 5 €, Duschen inkl., Fläche 0,6 ha. ☎ 0227/541671, arado@wish.net.

● *Essen* **Restaurant De Twee Schouwt-jes**, Oosterhaven 27, 1671 AB Medemblik, empfehlenswerte Fisch- und Fleischspezia-litäten der mittleren bis oberen Preisklasse, verhältnismäßig preiswerte 3-Gänge-Me-nüs, ☎ 0227/547077.

Restaurant d'Artiest, Achtereiland 12a, 1671 HP Medemblik, stadtbekannte Adresse mit hervorragenden Fischspezialitäten, emp-fehlenswerte 3-Gänge-Menüs, Mi geschlos-sen, ☎ 0227/548080.

De Tijd, Kaasmarkt 6, 1671 BH Medemblik, direkt an der zentral gelegenen Zugbrücke, die infolge der hohen Verkehrsdichte auf dem Wasser ständig geöffnet und wieder geschlossen werden muss, drei Tische im Freien mit schönem Blick auf die beschrie-bene Szenerie, große Auswahl an Pfannku-chen und anderen Gerichten der niederlän-dischen Küche (z. B. Poffertjes), Di ge-schlossen, ☎ 0227/541386.

Eetcafé Royal, Nieuwstraat 36, 1671 BE Medemblik, preiswerte wechselnde Tages-gerichte, Mo geschlossen, ☎ 0227/545418.

Sehenswertes

Kasteel Radboud: Die stattliche Festung, lange Zeit nördlichster Vertei-digungspunkt Westfrieslands, wurde als bedeutendstes Monument der Region in der Zeit der Aufstände 1282 von Graf *Floris V.* errichtet. Der Edelmann hat-te auch die alte Burganlage in Muiden erbauen lassen. In den beiden folgenden Jahrhunderten diente das Anwesen als Burggefängnis, ehe es über Genera-tionen ein unbeachtetes Dasein fristete. Mühsame Restaurierungen um die Jahrhundertwende bewahrten das Schloss vor dem endgültigen Zerfall. Beson-ders der imposante *Ridderzaal* erstrahlt seither wieder in seinem alten Glanz. Wechselnde Ausstellungen beleuchten die reiche Geschichte der Burganlage.

Adresse/Öffnungszeiten Oudevaartsgat 8, 1671 HM Medemblik, ☎ 0227/541960. So 14-17 Uhr, Mai-September auch Mo-Sa 11-17 Uhr. Erwachsene 2.50 €, Kinder 1.50 €, MJK.

Bakkerijmuseum De Oude Bakkerij: Brote, Kuchen und Törtchen stehen im Mittelpunkt dieser ungewöhnlichen Sammlung. Das Museum tut einiges, um den Besucher auf den Geschmack zu bringen. Die Räume sind von einem süß-lich verlockenden Duft erfüllt. Die Vorführer arbeiten im Schlaraffenland ...

● *Adresse/Öffnungszeiten* Nieuwstraat 8, 1671 BD Medemblik, ☎ 0227/542800, www.deoudebakkerij.nl. Februar-Oktober Di-So 12-17 Uhr; November-Dezember Sa/ So 12-17 Uhr. Erwachsene 3 €, Kinder 2 €, Senioren (Pas65) 2.50 €, MJK. Begleittexte und Führungen in deutscher Sprache.

Nederlands Stoommachine Museum: Die historischen Dampfmaschinen der Sammlung werden in den Sommermonaten täglich zu Vorführungszwecken in Betrieb genommen. Die Aussteller bemühen sich, ihre Exponate nicht ver-stauben zu lassen. Außerhalb der Saison allerdings laufen die Geräte nur an Wochenenden.

Adresse/Öffnungszeiten Oosterdijk 4, 1671 HJ Medemblik, ☎ 0227/544732, März-Oktober Di-So 10-17 Uhr. Erwachsene 4 €, Kinder 2 €, Senioren (Pas65) 3 €, MJK. Führungen in deutscher Sprache, www.stoommachinemuseum.nl.

Provinz Noord-Holland
Karte S. 239

Blick auf Texel aus der Vogelperspektive

Westfriesische Inseln

Grüne Oasen im Meer sind die Watteninseln Texel, Vlieland, Terschelling, Ameland und Schiermonnikoog. Breite Sandstrände, charmante Dörfer, schier endlose Dünengebiete und weite Naturschutzgebiete bieten reichlich Platz für Erholung und Entspannung. Aber: Das Watt stirbt! Noch immer fehlt es an konsequenten Maßnahmen zum Schutz dieses einzigartigen Naturgebietes. Der Tourismus hat seinen Anteil an der Tragödie. Bemühen auch Sie sich um den Erhalt eines der faszinierendsten Naturwunder!

Die Meeresströmung verlagerte den in der letzten Eiszeit angeschwemmten Sand in die Nähe des heutigen Küstenstreifens, wo vor etwa 5.000 Jahren erste Sandbänke entstanden, die bald schon über die Wasseroberfläche hinausragten. Die Inselkette ist ein Überrest dieses alten Strandwalls. Seewärts befinden sich die jüngeren Dünen, die durch die starken Strömungen und heftigen Winde immer weiter in östliche Richtung wandern. Buhnen (Dammkörper zum Schutz des Ufers) und die Bepflanzung mit Strandhafer sollen dem entgegenwirken.

Internet: www.vvv-wadden.nl

Das reglose Wattenmeer mit seinen feucht-schimmernden Schlickbänken, platt wie Flunder, ist das größte unberührte Stück Natur, das den Niederlanden geblieben ist. 40 % des Wattenmeeres, das sich über 450 km von Texel bis hinauf nach Dänemark erstreckt, liegen auf niederländischem Staatsgebiet. Das Wattenmeer ist für zahllose (Zug-)Vögel der ideale Brut- und Lebensraum. Stets aufs Neue legt die Ebbe Krabben, Muscheln und Sandwürmer frei, die aus der Region ein wahres Schlaraffenland für Eiderenten, Pfuhlschnepfen und Säbelschnäbler machen. Darüber hinaus ist das Wattenmeer ein idealer Laichplatz für Heringe, Schellfische, Schollen, Seebarsche oder Sprotten. Die Artenvielfalt ist beeindruckend. Der Naturpark aber ist bedroht, seit in den 60er Jahren ein riesiges Erdgasvorkommen von möglicherweise 150 Milliarden Kubikmetern unter dem Watt entdeckt wurde. Nur die lautstarken Proteste besorgter Umweltschützer verhinderten die mehrfach geplanten Probebohrungen. Alleine vor Ameland und dem friesischen Harlingen wird seit den späten 80er Jahren Erdgas gefördert – die Bohrinsel vor Ameland ist nordöstlich der Insel gut zu erkennen. Inwieweit das Vorkommen unter dem Wattenmeer unangetastet bleiben wird, vermag derzeit allerdings niemand mit Sicherheit zu sagen. Nicht wenige Politiker wollen sich die Chance nicht entgehen lassen, Geld in großem Umfang zu verdienen, beispielsweise zur Finanzierung der Güterbahntrasse der *Betuwelijn* hinüber ins benachbarte Deutschland.

Das Inselklima unterscheidet sich erheblich von dem des nahen Festlands, denn der Einfluss des tropischen Golfstroms ist deutlich spürbar. Zwar sorgen stete Winde für kühlere und regenreichere Verhältnisse, doch scheint die Sonne wesentlich häufiger als auf dem Festland – ein Urlaubsziel erster Güte.

Wattenmeerplan

Im Oktober 1997 unterzeichneten Deutschland, Dänemark und die Niederlande einen trilateralen Wattenmeerplan zum Schutz der Nordseeküste. Weite Teile des Areals sollen in großflächige Schutzgebiete umgewandelt werden. Auf scharfe Kritik der deutschen Vertragspartner stieß allerdings der Vorschlag, von einer künstlichen Fahrrinnenvertiefung der Elbe-, Ems- und Wesermündung in Zukunft abzusehen. Dies hätte – so die Argumentation – ganz automatisch zur Folge, dass die großen Containerschiffe die deutschen Häfen nicht mehr anlaufen könnten. Ein deutlicher Wettbewerbsnachteil gegenüber dem Rotterdamer Hafen, der für solche Schiffe bequem über einen Kanal zugänglich ist.

Die hohen Besucherzahlen der vergangenen Jahre haben den Inseln ein breit gefächertes Angebot an Hotels, Pensionen und Ferienhäusern beschert. Da die Fremdenverkehrsämter vor Ort ausführliche Broschüren bereithalten, in denen Übernachtungsmöglichkeiten aller Kategorien detailliert beschrieben werden, halten wir die entsprechenden Hinweise in den folgenden Informationsteilen vergleichsweise knapp.

Texel

(Provinz Noord-Holland • 13.500 Einwohner)

Die älteste und größte der niederländischen Watteninseln ist nur wenige Kilometer vom Festland entfernt. An ihrer Westflanke bietet sie weite Sandstrände, darunter einige noch recht einsame Flecken im Süden. Abseits der Küstenstreifen dominieren flache Polderlandschaften und weite Naturschutzgebiete – paradiesische Verhältnisse, nicht nur für die heimische Vogelwelt.

Texel (Aussprache: *Tessel*) wird täglich durch Wind und Wasser verändert. Das Land schwindet im Westen und dehnt sich auf der gegenüberliegenden Seite aus. Diese Wanderungstendenzen, die im Übrigen alle westfriesischen Inseln zeigen, können nur durch künstliche Eingriffe gestoppt oder verlangsamt werden. Die kostspieligen Ansandungen dienen alleine dem Schutz der Dünen.

Das Naturgebiet *De Hoge Berg*, das beachtliche 15 m über den Wasserpegel der Nordsee hinausragt, bildet die höchste Erhebung der Insel. Weiter nördlich liegen mit *De Slufter* und *De Muy* zwei weitere Naturparks, beide wasserreiche Areale, die für ihre seltenen Vogelarten bekannt sind. Das Gebiet *De Slufter* entstand infolge einer schweren Sturmflut, die die schützenden Deiche durchbrach und die dahinter liegenden Weiden großflächig überspülte. Noch heute besteht eine Verbindung zur Nordsee, der Wellengang setzt bisweilen weite Gebiete unter Wasser. Die Hochwasserkatastrophe des Jahres 1953, die die gesamte niederländische Küste heimsuchte, führte auch auf Texel zur Ausarbeitung neuer Sicherungskonzepte, die darin mündeten, die Deiche auf ihrer gesamten Länge zu erhöhen. Mittlerweile wird die Insel zur Meeresseite von knapp 8 m hohen Schutzwällen umringt. Die reiche Natur dankte auf ihre Weise, indem sich nämlich die ohnehin vegetationsreichen Gebiete in manchen Gegenden noch weiter ausdehnten.

Auf Texel erstreckt sich ein Radwegenetz von mehr als 100 km Gesamtlänge, darunter die quer über die Insel führende *Texelroute* (75 km). Der Besucher sollte diese Einladung trotz der zeitweise recht steifen Brise annehmen. Radelnd lässt sich die reizvolle Landschaft am einfachsten erschließen. In fast jedem der sieben Dörfer, die alle einen Besuch wert sind, können Fahrräder gemietet werden. Übrigens: Texel ist derart groß, dass sich sogar die Installation mehrerer Verkehrsampeln zu lohnen scheint – ein Unikum auf den Westfriesischen Inseln!

> Auf Texel werden jährlich zahlreiche mit Muschelablagerungen übersäte Granaten aus der Zeit des Zweiten Weltkriegs angespült – größte Vorsicht ist angebracht, wenn das Meer seine "Schätze" preisgibt.

Die populärste der niederländischen Watteninseln gilt nicht nur in Fachkreisen als Vogelinsel. Mehr als 300 Arten nisten auf Texel, von denen zahlreiche auf der roten Liste der bedrohten Arten zu finden sind, darunter Alpenstrandläufer, Austernfischer (mit ihrem roten Schnabel), Heringsmöwen, Silbermöwen und Wasserschnepfen. Am lustigsten wirken die hektischen Strandläufer

Fahrrinnenvertiefung vor Texel

mit ihren dünnen Beinchen und den flinken Schnäbelchen, mit denen sie im Sand nach Nahrung picken. Noch in den 30er Jahren sammelte man die Eier der brütenden Seevögel bedenkenlos ein, um sie als exquisite Delikatesse an ebenso bedenkenlose Gourmets zu verkaufen. Die Zeiten haben sich geändert, mittlerweile wird der Eierklau mit saftigen Strafen belegt. Die beiden Vogelreservate *De Slufter* und *De Muy* dürfen nur auf streng vorgeschriebenen Pfaden betreten werden. Zur Brutzeit bleiben weite Bereiche vollständig gesperrt. Offenbar beginnt man allmählich, die Gefahren zu erkennen.

Quer über Texel verteilen sich Schafställe, die den zunächst verblüffenden Eindruck erwecken, sie wären nur zur Hälfte fertig gestellt. Die "abgeschnittenen", flachen Seiten dieser Scheunen sind grundsätzlich nach Osten gerichtet, damit die Tiere trotz der starken Westwinde einen geschützten Platz finden und die Bauern ihre Herden problemlos füttern können. Zahllose dieser charakteristischen Ställe stehen mittlerweile unter Denkmalschutz; erst vor wenigen Jahren wurden viele von ihnen unter erheblichem Aufwand restauriert. Sämtliche Schafweiden sind von kleinen Deichen begrenzt, die ein Ausbrechen der Tiere verhindern sollen. Der Volksmund bezeichnet sie liebevoll als *Tuunwoallen* (Gartenwälle). Die 20.000 Schafe, die auf der Insel leben, haben die Schafzucht neben den endlosen Scharen sonnenhungriger Touristen zur zweiten wichtigen Erwerbsquelle der Insulaner werden lassen. Hauptabnehmer des Fleisches ist Frankreich. Übrigens: Die Tiere sind durch die Seeluft vorgesalzen – eine Besonderheit erster Güte, für die der Fachmann den Ausdruck *pré salé* verwendet. Der bekannte *Texelaar*-Käse allerdings wird entgegen weit verbreiteter Meinungen auf anderer Basis hergestellt – Rohprodukt ist die schlichte Kuhmilch.

Auf der Insel wird zudem eine Reihe von guten Kräuterschnäpsen gebrannt, darunter namhafte Marken wie *Kees Boontje, 't Gouden Boltje, Kleintje van Gert* und *'t Juttertje.* Eine weitere Erwerbsquelle bildet traditionell die Blumenzwiebelzucht. Im Frühjahr überziehen weite Felder mit farbenprächtigen Krokussen, Narzissen und Tulpen die Insel.

Texel im Überblick

• *Information* **VVV Texel Den Burg,** Emmalaan 66, 1791 AV Den Burg, ☎ 0222/314741, 📠 310054, www.vvvtexel.nl. April-Oktober Mo-Do 9-18 Uhr, Fr 9-21 Uhr, Sa 9-17.30 Uhr, Juli/August auch So 10-13 Uhr; November-März Mo-Fr 9-18 Uhr, Sa 9-17 Uhr.
In der Saison ist eine Übersicht der freien Unterkünfte erhältlich.

> **Combikaart Texelse Musea:** Im VVV-Informationsbüro und den angeschlossenen Museen ist eine Berechtigungskarte für den Besuch aller fünf Inselmuseen erhältlich: Luchtvaartmuseum Texel, Museum Oudheidkamer, Agrarisch- en Wagenmuseum, Museum Bezoekerscentrum EcoMare, Maritiemen Juttersmuseum. Erwachsene 11 €, Kinder 4.50 €.

• *Baden/Strände* Die weiten Badestrände ziehen sich über 25 km hin, wobei der größte Andrang erfahrungsgemäß nahe De Koog herrscht. Einzig an der Nordostflanke der Insel (Paal 31-33) besteht wegen der gefährlichen Strömung zwischen Texel und Vlieland ein striktes Badeverbot. Bewachte Strandabschnitte finden sich auf Höhe der Dörfer (Paal 10, 12, 15, 17, 19, 20, 21, 28). FKK-Freunde sollten sich an die für sie vorgesehenen Strandabschnitte (Paal 9, 28) halten.

• *Größe/Fläche* Texel ist rund 25 km lang und 9 km breit, die Fläche der Insel beträgt 18.000 ha.

• *Fallschirmspringen* **Paracentrum Texel,** Postweg 128 (Vliegveld Texel), 1795 JS De Cocksdorp (Eierland), ☎ 0222/311464.

• *Flughafen* **Texel International Airport,** Vliegveld Texel, Postweg 120, 1795 JS De Cocksdorp (Eierland), ☎ 0222/311267. Sportflughafen. Angeschlossen ist das **Luchtvaartmuseum Texel** (siehe Seite 378).

• *Segeln/Surfen* Katamaran-Segler finden vier Reviere (Paal 12, 15, 17, 33), an denen sich teilweise auch Segelschulen (Paal 15, 33) niedergelassen haben. Die besten Surfreviere liegen am Wattendeich Dijkmanshuizen zwischen Oudeschild und Oosterend.

• *Taxiruf* **Telekom-Taxi,** Dorpsstraat 260, 1796 CJ De Koog, ☎ 0222/322211. Preisgünstiges Sammeltaxi zum Festpreis pro Fahrt (4 €), Vorbestellung erforderlich (60 Min.). Kauf des Tickets am TESO-Schalter in Den Helder möglich!

Verbindungen

Der Hafen Texels lag früher auf Höhe von *Oudeschild,* dem heutigen Jachthafen der Insel. Die zu lange Überfahrtdauer führte in den frühen 60er Jahren zum Bau der neuen Anlage *'t Horntje* am Südzipfel der Insel. In Den Helder verkehrt zwischen dem Bahnhof und dem Fährhafen ein regelmäßiger Pendelbus (Linie 3). Die Fahrkarten können hier bereits bis zum endgültigen Ziel auf Texel abgestempelt werden. Die Busfahrer helfen in der Regel gerne weiter.

Fährpassage Den Helder-Texel: Zwei moderne Doppeldecker-Fähren bieten Platz für über 200 Autos und 1.000 Personen. Es ist weder erforderlich noch möglich, einen Platz für den PKW zu reservieren. Auf der Festlandseite in Den Helder sind die Tickets ohne größere Wartezeiten an einem der TESO-Schalter erhältlich. Fahrtdauer: 25-30 Minuten.

• *Fahrplan* Ab Den Helder Mo-Sa stündl. zwischen 6.35 Uhr und 21.35 Uhr (im Winter erst ab 8.35 Uhr), So stündl. zwischen 8.35 Uhr und 21.35 Uhr. Ab 't Horntje/Texel Mo-Sa stündl. zwischen 6.05 Uhr und 21.05 Uhr (im Winter erst ab 8.05 Uhr), So stündl. zwischen 8.05 Uhr und 21.05 Uhr.

• *Preise* Rückfahrkarte: Erwachsene 4 €, Kinder 2 €, Fahrrad 2.70 €. Auto (Länge bis

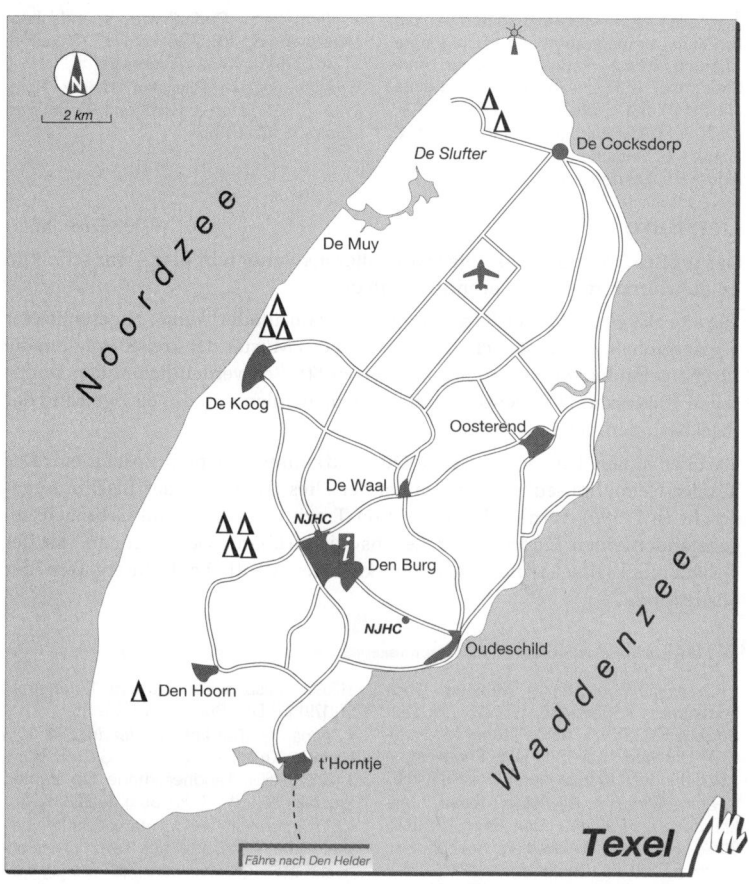

De Slufter

De Cocksdorp

Noordzee

De Muy

De Koog

Oosterend

De Waal

NJHC

Den Burg

NJHC

Oudeschild

Den Hoorn

Waddenzee

t'Horntje

Fähre nach Den Helder

Texel

2,50 m) 19 €, (Länge bis 5,50 m) 38 €. Die Preise für den Autotransport liegen in der Nebensaison (November-März) sowie in der Hauptsaison (April-Oktober) unter der Woche (Di-Do) niedriger: Auto (Länge bis 2,50 m) 13.20 €, (Länge bis 5,50 m) 26.50 €.

• *Information* **Rederij TESO (Texels Eigen Stoomboot Onderneming)**, Pontweg 1, 1797 SN Den Hoorn, ✆ 0222/369600, www.teso.nl.

Weiterfahrt auf Texel: Nach Ankunft der Fähre können die Neuankömmlinge per Bus nach *Den Burg* gelangen, wo weitere Verbindungen (etwa 1x stündl.) zu den übrigen sechs Dörfern der Insel bestehen. In der Saison verkehrt ein zusätzlicher Bus über *De Koog* und *De Cocksdorp*, der die größeren Hotels, Ferienhausparks und Campingplätze ansteuert. Nach Ankunft der beiden letzten Fähren wartet ein spezieller Zubringerbus, der seine Routen mit den Zielvorstellungen der Passagiere abstimmt.

Inselhopping nach Vlieland: Die kleine Fähre *Vriendschap* fährt in der Saison regelmäßig zur benachbarten Insel Vlieland. Sie legt am westlichsten Punkt an, von wo die Reise mit dem Vliehors Expres (siehe Seite 381) weiter zum Posthuys führt.

Abfahrt am Leuchtturm (etwa 2 km nördlich von De Cocksdorp; Paal 33). Fahrtdauer: 30 Minuten. Fahrradtransport nur bei einfacher Fahrt. Ab Windstärke 7 keine Fahrten!

• *Fahrplan* Ab Texel April-September täglich 10.30 Uhr (dagretour) und 17 Uhr (dagretour und einfache Fahrt). Ab Vlieland April-September 10.30 Uhr (dagretour und einfache Fahrt) und 17 Uhr (einfache Fahrt).

• *Preise* Rückfahrkarte: Erwachsene 14 €, Kinder 8 €. Einfache Fahrt: Erwachsene 9 €, Kinder 5 €. Fahrräder 5 €.

• *Information* **Rederij de Vriendschap**, Vuurtorenweg 100, 1795 LN De Cocksdorp, ✆ 0222/316451, www.waddenveer.nl.

• *Fahrradverleih* **Rijwielen Heijne**, Pontweg 2, Fährhafen 't Horntje, 1797 SR Den Hoorn, ✆ 0222/319588.

Den Burg   (6.000 Einwohner)

Das größte Dorf der Insel – die Hälfte aller Insulaner lebt hier – war schon im 14. Jahrhundert ein pulsierendes Zentrum.

Die alte *Burghgracht*, der *Burghwal*, ein zur Jahrhundertwende zugeschütteter Wassergraben, das historische Rathaus und das Muster der kreisförmig um die Kirche verlaufenden kopfsteingepflasterten Straßen verdeutlichen den städtischen Charakter. Die wichtigsten Behörden, Schulen und das einzige Kino der Insel befinden sich in Den Burg.

Darüber hinaus lädt das **Museum Oudheidkamer** zu einem Besuch ein. Das Texeler Heimatmuseum, das in einem der ältesten Häuser der Insel untergebracht ist (1599), vermittelt anhand von Trachten, Kunst- und Gebrauchsgegenständen einen Eindruck der Lebensweise früherer Generationen. An der Gebäuderückseite befindet sich der kleinste öffentliche Kräutergarten der Niederlande.

Adressen

• *Adresse/Öffnungszeiten* **Museum Oudheidkamer**, Kogerstraat 1, 1791 EN Den Burg, ✆ 0222/313135. April-Oktober Mo-Fr 10-12.30 Uhr und 13.30-15.30 Uhr. Erwachsene 1.60 €, Kinder 0.90 €, Senioren (Pas65) 1.40 €.

• *Fahrradverleih* **Rijwielen Kievit**, Jonkerstraat 2, 1791 GN Den Burg, ✆ 0222/312525; **Kooiman Tweewielers**, Schoonoordsingel 5, 1791 EL Den Burg, ✆ 0222/312530; **Zegel Fietsen**, Parkstraat 14, 1791 CA Den Burg, ✆ 0222/312150.

• *Ärzte* **Huisartsen Eissen & Hoekstra**, Molenstraat 87, 1791 DK Den Burg, ✆ 0222/312039; **Huisarts Van Hattem**, Kogerstraat 87, 1791 ER Den Burg, ✆ 0222/312016.

• *Zahnärzte* **Tandartsen Hendriks & Van Karsen**, Kruislaan 19, 1791 EG Den Burg, ✆ 0222/314669; **Tandheelkunde De Winter**, Kruislaan 19, 1791 EG Den Burg, ✆ 0222/312270.

• *Einkaufen* In der Wintersaison bleiben zahlreiche Geschäfte auf Texel Dienstagnachmittag geschlossen. Am Freitag verschiebt sich der Ladenschluss auf 21 Uhr (Kaufabend). Markttermin: **Wochenmarkt** Mo 9-12 Uhr, Ortszentrum.

• *Taxiruf* ✆ 0222/312000

Übernachten/Essen

• *Übernachten* ***** Hotel De Lindeboom Texel**, Groeneplaats 14, 1791 CC Den Burg, 36 Betten, zentrale Lage am Marktplatz, gemütliche Terrasse, komfortable Zimmer mit Du/WC, Telefon und TV, Hosenbügelautomat (!). EZ ab 45 €, DZ ab 65 €, ✆ 0222/312041, 📧 310517, info@lindeboomtexel.nl.

*** Hotel Brasserie Den Burg, Emmalaan 2-4, 1791 AV Den Burg, 32 Betten, Hotel-Pension etwas außerhalb des Dorfkerns, gepflegte Räumlichkeiten, einige Zimmer mit Terrasse. EZ ab 55 €, DZ ab 82 €, ✆ 0222/312106, 📧 322053.

** Fletcher Hotel 't Koogerend, Kogerstraat 94, 1791 EV Den Burg, 51 Betten, Zentrumsnähe, ruhige Lage in schöner Weidelandschaft, gemütlicher Garten mit schönem Apfelbaum, einige Zimmer mit Whirlpool. EZ ab 54 €, DZ ab 68 €, ✆ 0222/313301, 📧 315902, www.fletcher.nl.

** Hotel De Merel, Warmoesstraat 22, 1791 CR Den Burg, 21 Betten, einfache, saubere

Zimmer. EZ ab 47 €, DZ ab 56 €, ☎ 0222/313132, 📠 310333.

***Herbergh De Smulpot**, Binnenburg 5, 1791 CG Den Burg, 14 Betten, Hotel mit viel Holz und Messing, gemütliche, moderne Zimmer in einer sehr gastfreundlichen Wirtschaft, alle mit Du/WC, Telefon und TV. EZ ab 35 €, DZ ab 65 €, ☎ 0222/312756, 📠 312756.

NJHC-Jugendherberge Panorama, Schansweg 7, 1791 LK Den Burg, schönes reetgedecktes Haus etwas außerhalb (Richtung Oudeschild), ganzjährig geöffnet. 139 Betten, Dreierzimmer (1), Viererzimmer (9), Fünferzimmer (1), Sechserzimmer (12), Siebenerzimmer (1), Achterzimmer (2). Übernachtung im Schlafsaal inkl. Frühstück 18-21 € (je nach Saison), ☎ 0222/315441, 📠 313889, texel@njhc.org.

NJHC-Jugendherberge De Eyercoogh, Pontweg 106, 1791 LB Den Burg, die ältere und einfachere der beiden Jugendherbergen, geöffnet April-Oktober. 102 Betten, Viererzimmer (2), 18er-Zimmer (1), 24er-Zimmer (1), 26er-Zimmer (2). Übernachtung im Schlafsaal inkl. Frühstück 17 € (je nach Saison), ☎ 0222/315441, 📠 313889, texel@njhc.org.

Camping Dennenoord, Grensweg 106, 1790 AA Den Burg, Richtung De Koog (von Fährbrücke), Pontweg, Schildern folgen, in der Hauptsaison Mindestaufenthalt von 7 Tagen vorgeschrieben, einfache Sanitärs, lang gestrecktes Gelände, ruhige Lage, Lebensmittelgeschäft, 50 % Ermäßigung auf das subtropische Schwimmbad in De Koog, geöffnet April-Oktober. Stellplatz (inkl. 2 Pers.) 14 €, zus. Person 3 €, Duschen 0.50 €, Fläche 3 ha. ☎ 0222/312423, 📠 315599.

Camping De Bremakker, Tempeliersweg 40, 1791 NS Den Burg, Richtung De Koog (von Fährbrücke), Pontweg, Schildern folgen, etwa 3 km westlich der Ortschaft in waldreicher Umgebung, 10 Min. zu Fuß zum Strand, viele junge Leute, schlichte Sanitärs, Fahrradverleih, 50 % Ermäßigung auf das subtropische Schwimmbad in De Koog, geöffnet April-Oktober. Stellplatz (inkl. 2 Pers.) 12.50 €, zus. Person 2.25 €, Duschen 0.45 €, Fläche 5,5 ha. ☎ 0222/312863, 📠 313778, bremakker@wxs.nl.

Camping De Koorn Aar, Grensweg 388, 1791 NP Den Burg, Richtung De Koog (von Fährbrücke), Pontweg, Ausfahrt 11, links in den Rozendijk einbiegen, erster Weg rechts, Grensweg, zweiter Platz rechts, etwa 2,5 km vom Strand entfernt, relativ kleiner Platz mit geringer Kapazität, akzeptable Sanitärs, Fahrradverleih, Supermarkt (400 m), Tennisplätze, geöffnet April-Oktober. Stellplatz (inkl. 4 Pers.) 18.50 €, zus. Person 2.50 €, Duschen inkl., Fläche 3,8 ha. ☎ 0222/312931, 📠 322208, koorn_aar@wxs.nl.

Camping 't Woutershok, Rozendijk 38, 1791 PE Den Burg, Richtung De Koog (von Fährbrücke), Pontweg, Ausfahrt 11, links abbiegen, etwa 1 km in Richtung Staatsbossen, größter Campingplatz vor Ort, etwa 2,5 km vom Strand entfernt, waldreiche Lage, einfache Sanitärs, geöffnet April-Oktober. Stellplatz (inkl. 2 Pers.) 13.50 €, zus. Person 3.65 €, Duschen inkl., Reservierung erforderlich, Fläche 5,3 ha. ☎ 0222/313080, 📠 310159, info@woutershok.nl.

Camping Dennenlust, Gerritslanderdijkje 47, 1791 NA Den Burg, Richtung De Koog (von Fährbrücke), Pontweg, Schildern folgen, etwa 2,5 km vom Strand entfernt, der kleinste der fünf Plätze, entsprechend geringe Kapazitäten, einfache Sanitäreinrichtungen, ganzjährig geöffnet. Stellplatz (inkl. 2 Pers.) 12.50 €, zus. Person 3 €, Duschen 0.50 €, Fläche 3 ha. ☎ 0222/312589.

● *Essen* **De Smulpot**, Binnenburg 5, 1791 CG Den Burg, Hotel-Restaurant in zentraler Lage, Fleisch- und Fischgerichte, gemütliche Einrichtung mit offenem Kamin, preiswerte Hauptgerichte, ☎ 0222/312756.

Theodorahoeve, Kogerweg 26, 1791 ES Den Burg, alter Hof am Dorfrand, freundliche Terrasse, Pfannkuchen und Vegetarisches neben deftigen Fleisch- und Fischgerichten, ☎ 0222/312328, www.theodorahoeve.nl.

Pizzeria Venezia, Kogerstraat 7, 1791 EN Den Burg, gute und preiswerte Pizzen und Nudelgerichte in allerlei Variationen, freundlicher Service, ☎ 0222/312570.

De Waal
(250 Einwohner)

Einen Katzensprung nördlich des Hauptorts Den Burg liegt die kleinste dörfliche Siedlung auf Texel. Das alte Kirchlein wurde im Zweiten Weltkrieg in Brand geschossen, später bekam die Gemeinde eine neue Kirche. Im **Agrarisch- en Wagenmuseum** werden Gebrauchsgegenstände aus dem Alltag der Landwirte, eine alte Schmiede und historische Kutschen gezeigt.

Abendstimmung auf Texel

● *Adresse/Öffnungszeiten* **Agrarisch- en Wagenmuseum**, Hogereind 4-6, 1793 AG De Waal, ✆ 0222/312951, www.wagenmuseum.nl. April-Oktober Mo 13.30-17 Uhr, Di-Fr 10-17 Uhr, Sa 10-16 Uhr, So 14-16 Uhr. Vorführungen in der alten Schmiede finden dienstags und donnerstags am Nachmittag statt.

Erwachsene 2.95 €, Kinder 1.85 €, MJK. Begleittexte in deutscher Sprache.
● *Übernachten* **Mini-Camping Ora et Labora**, Zaandammerdijk 2, 1793 EN De Waal, geöffnet Mai-Oktober. Stellplatz (inkl. 2 Pers.) 9.50 €, zus. Person 2.30 €, ✆ 0222/318373, ✉ 318372, pwroeper@hetnet.nl.

De Koog   (850 Einwohner)

1909 eröffnete das erste Strandhotel im Ort und schuf damit die Basis für eine bis heute ungebremste Entwicklung. In den Sommermonaten erwacht der außerhalb der Saison eher verschlafene Flecken zu einem pulsierenden Paradies der Sonnenanbeter.

Ähnlich voll wird es auch zum Osterfest und in der Weihnachtszeit. Bunte Markisen trotzen dem Wind, Liegestuhlbatterien prägen das Bild. Schwimmen, Segeln und Surfen sind angesagt. Abends strömen die Massen auf den Boulevard oder tummeln sich in den Gassen. Highlife every night – Ruhe wird man hier nicht finden.

Entspannter geht es im **Museum Bezoekerscentrum EcoMare** zu. Das naturhistorische Museum befasst sich mit dem Lebensraum Wattenmeer, dem schlickigen Landstück zwischen der Küste und den vorgelagerten Inseln. Ein detailliertes Modell illustriert die komplexen Zusammenhänge und den Einfluss der Gezeiten auf das empfindliche Ökosystem. EcoMare war lange Zeit die einzige Seehundauffangstation der Niederlande. Heute leben hier 25 Tiere in einem großen Bassin, in dem sich die Seehunde unterhalb der Wasserfläche beobachten lassen. Der Nachwuchs wird aufgezogen und im Alter von etwa drei Monaten in die Freiheit entlassen. Kranke Seehunde, aber auch verletzte Vögel werden in einer kleinen Notstation gepflegt. Die *Staatsbosbeheer* gibt Auskunft über Vogelexkursionen, die u. a. ins Naturschutzgebiet *De Slufter* führen. Der neue *Waterzaal*, mit dessen Eröffnung die Ausstellungsfläche verdoppelt wurde, vermittelt Einblicke in die Unterwasserwelt von Nordsee und Wattenmeer. Informationssäulen erläutern den Aufbau der Aquarien.

Adressen

• *Adresse/Öffnungszeiten* **Museum Bezoekerscentrum EcoMare**, Ruyslaan 92, 1796 AZ De Koog, ✆ 0222/317741, www.ecomare.nl. Täglich 9-17 Uhr, Kasse geöffnet bis 16.30 Uhr. Erwachsene 7 €, Kinder 3.50 €, Senioren (Pas65) 5.50 €. Führungen in deutscher Sprache. Seehundfütterung täglich um 11 und 15 Uhr.

• *Fahrradverleih* **Fietsverhuur Bruining**, Nikadel 60, 1796 BR De Koog, ✆ 0222/317333; **Fiets-Inn Texel**, Nikadel 75, 1796 BR De Koog, ✆ 0222/317841; **Kikkert Tweewieler-**

centrum, Badweg 19, 1796 AA De Koog, ✆ 0222/317215.

• *Kanuverleih* **Zeekanocentrum Texel**, Schumakersweg 3, 1796 NM De Koog, ✆ 0222/316699.

• *Schwimmbad* **Zwemparadijs Calluna**, Schumakersweg 3 (Zijweg 16), 1796 NM De Koog, ✆ 0222/317888. Subtropisches Schwimmparadies, Halle, 80-Meter-Rutschbahn, Sauna, Solarium, Wellenbad, Whirlpools.

• *Taxiruf* ✆ 0222/312000

Übernachten/Essen

• *Übernachten* ****** Grand Hotel Opduin**, Ruyslaan 22, 1796 AD De Koog, 200 Betten, das einzige 4-Sterne-Haus der Insel, moderner Komplex inmitten der Dünen, geschmackvolle, komfortable Zimmer, Schwimmbad, angegliedertes Restaurant. EZ ab 110 €, DZ ab 150 €, ✆ 0222/317445, ✆ 317777.

*** Hotel Tatenhove, Bosrandweg 202, 1796 NK De Koog, 57 Betten, Hotel-Pension mit großem Garten, schöne Lage mit Blick auf Dünen, Wälder und Wiesen, Eichenholzmöbel im Speisesaal, offener Kamin, alle Zimmer mit Du/WC, einige mit eigener Terrasse. EZ ab 48 €, DZ ab 48 €, ✆ 0222/317274, ✆ 317533.

** Hotel Beatrix, Kamerstraat 45, 1796 AM De Koog, 30 Betten, waldreiche Umgebung, ruhige Lage, etwa 300 m vom Ortszentrum entfernt, Hotelgäste erhalten 50 % Ermäßigung für das subtropische Calluna-Bad. EZ ab 35 €, DZ ab 70 €, ✆ 0222/317207, ✆ 327373.

** Hotel 't Jachthuis, Boodtlaan 38, 1796 BG De Koog, 30 Betten, Familienhotel am Ortsrand, Waldnähe, freundliche Atmosphäre, Zimmer mit eigenen Sanitäreinrichtungen oder Du/WC auf dem Gang. EZ ab 40 €, DZ ab 55 €, ✆ 0222/317758, ✆ 317223.

** Hotel De Strandplevier, Dorpsstraat 191, 1796 CC De Koog, 38 Betten, schickes Familienhotel mit exquisiter Küche, freund-

liche Zimmer, hilfsbereiter Service, Fahrradverleih. EZ 27 €, DZ ab 55 €, ✆ 0222/317348, ✆ 317027, info@strandplevier.nl.

Jeugdhotel De Zilvermeeuw, Randweg 3, 1796 MV De Koog, einfaches Haus mit 92 Betten in 9 Räumen, geöffnet April-Oktober. Übernachtung mit Frühstück 14.50 €, ✆ 0222/317339.

Camping Kogerstrand, Badweg 33, 1796 AA De Koog, Richtung Nordseestrand, Schildern folgen, ruhige Lage in den Dünen, direkt am Strand, öffentlicher Fußweg quert den Platz; kein Schatten, windgeschützte Nischen, einfache Sanitärs, Wanderhütten (3), geöffnet April-September. Stellplatz (inkl. 4 Pers.) 23.50 €, zus. Person 1.25 €, Duschen 0.85 €, Fläche 50 ha. ✆ 0222/317208, ✆ 317018.

Camping Om de Noord, Boodtlaan 80, 1796 BG De Koog, Richtung De Koog (von Fährbrücke), Pontweg, Richtung De Cocksdorp, Schildern folgen, ebene Wiese mit Baumgruppen und Buschreihen, ruhige Lage, einfache Sanitärs, geöffnet April-Oktober. Stellplatz (inkl. 2 Pers.) 22.60 €, zus. Person 1.30 €, Duschen inkl., Fläche 3,4 ha. ✆ 0222/317377, info@rsttexel.nl.

Camping De Luwe Boshoek, Kamperfoelieweg 3, 1796 MT De Koog, Richtung De Koog (von Fährbrücke), Pontweg, letzter Weg vor De Koog rechts, erster Platz links, geschützte Lage in Strandnähe, einfache

Sanitärs, geöffnet April-Oktober. Stellplatz (inkl. 2 Pers.) 14.50 €, zus. Person 3.30 €, Duschen 0.45 €, Fläche 2 ha. ☎ 0222/317390.

Mini-Camping Astrid, Ruigendijk 16, 1796 MP De Koog, geöffnet Mai-Oktober. Stellplatz (inkl. 4 Pers.) 23 €, zus. Person 2.50 €, Duschen inkl., Fläche 1 ha. ☎ 0222/317626, ✆ 317521.

Mini-Camping Texion, Ruigendijk 22, 1796 MP De Koog, geöffnet Mai-Oktober. Stellplatz (inkl. 4 Personen) 23 €., zus. Person 5 €, Duschen inkl., Fläche 0,5 ha. ☎ 0222/327124.

● *Essen* **Vogelhuis Oranjerie**, Dorpsstraat 204, 1796 CH De Koog, Fischteller, Pfannkuchen und Speisen der holländischen Küche, preiswerte 3-Gänge-Menüs, Mo geschlossen, ☎ 0222/317279.

Bistro De Taveerne, Dorpsstraat 119-121, 1796 CB De Koog, Grillgerichte, aber auch eine Auswahl an guten vegetarischen Platten, Mo geschlossen, ☎ 0222/317585.

Pizzeria Italia, Dorpsstraat 11, 1796 BA De Koog, Gerichte der holländischen und italienischen Küche, Fleischgerichte, Pasta und Pizzen, ☎ 0222/317574.

Naturschutzgebiet De Slufter

Das 10 km nördlich von De Koog inmitten der Dünenlandschaft liegende Naturschutzgebiet ist von zahlreichen nach einem Dammbruch entstandenen Prielen durchzogen, in denen leise das Wasser gurgelt. Im feinen weißen Sand knirschen unzählige kleine Muscheln unter den Füßen. In der Ferne kreist kreischend eine einsame Möwe über dem Strand, der sich mehrere hundert Meter tief ins Land erstreckt – die offene See ist nicht mehr als ein leises Dümpeln. Der vielleicht schönste Platz der Insel.

Oudeschild   (1.200 Einwohner)

Das historische Hafenstädtchen an der Ostseite der Insel entstand im 17. Jahrhundert am Rande der Schilsloot, die eigens erbaut wurde, um die auf der Reede vor Texel wartenden Handelsschiffe für ihre Reise in die fernen Kolonien mit Trinkwasserfässern zu versorgen.

Der fertig gestellte *Noordhollands Kanaal* bereitete dieser Epoche ein abruptes Ende, die Schiffe brauchten Texel nicht länger anzulaufen. Die Erinnerung allerdings ist geblieben: Zahlreiche Straßen tragen noch heute die Namen berühmter Seeleute.

Mittlerweile steht Oudeschild ganz im Zeichen der Fischerei und ist folgerichtig bekannt für seine guten Fischrestaurants, die täglich von Kuttern der Texeler Flotte mit frischer Nordseeware beliefert werden. Eine besondere Attraktion ist der Verkauf der Fische direkt auf den Kuttern – jeden Freitag.

Neben der Getreidemühle *Traanroeier* befindet sich mit dem **Maritiem- en Jutters-Museum** das aus fünf separaten Gebäuden bestehende Seefahrtsmuseum, in dem beinahe alles ausgestellt wird, was in den vergangenen Jahrzehnten an Land gespült wurde. Die gefährlichen Sandbänke haben in Laufe der Zeit schon viele Seefahrer ins Verderben geführt. Gelegentlich wurde sogar etwas nachgeholfen, in der Regel mit falschen Positionsleuchten, die den nichts ahnenden Kapitänen zum Verhängnis wurden. Die geschätzte Zahl der um Texel gesunkenen Schiffe liegt bei über 1.000!

● *Adresse/Öffnungszeiten* **Maritiem- en Jutters-Museum**, Barentszstraat 21, 1792 AD Oudeschild, ☎ 0222/314956, Di-Sa 10-17 Uhr, Juli/August auch Mo 10-17 Uhr. Erwachsene 4.10 €, Kinder 2.10 €, Senioren (Pas65) 3.70 €. Begleittexte in deutscher Sprache. www.texelsmaritiem.nl.

● _Hochseeangeln_ Die Abfahrt erfolgt jeweils am Hafen in Oudeschild. **Sportvisbedrijf De Rival**, Loodssingel 20, 1792 BH Oudeschild, ✆ 0222/313410; **Garnalenvistochten De Zeester**, Loodssingel 25, 1792 BG Oudeschild, ✆ 0222/313545.

Strömungslehre

Wissenschaftliche Untersuchungen belegen, dass an der niederländischen Küste mehr linke als rechte Schuhe angespült werden. Alleine auf Texel wurden bei gezielten Nachforschungen in kurzer Zeit 68 linke, aber nur 39 rechte Schuhe gefunden. Parallel durchgeführte Untersuchungen auf den schottischen Shetland-Inseln ergaben verblüffende Kontraste, denn dort fanden sich 93 rechte, aber nur 63 linke Schuhe. Die Fachleute vertreten die Auffassung, dass Gegenstände, die sich wie Bild und Spiegelbild zueinander verhalten, mit der Meeresströmung in unterschiedliche Richtungen getrieben werden. Analog lassen sich an bestimmten Stränden mehr rechte als linke Muschelhälften (oder umgekehrt) finden. Achten Sie doch mal darauf!

Den Hoorn
(500 Einwohner)

Das südlichste Dorf der Insel liegt seit dem späten 14. Jahrhundert auf der Loodsmansduin, dem ehemaligen Aussichtspunkt der Lotsen und zugleich der höchsten Düne Texels.

Die malerische Landkirche (1500) mit ihrem weißen Turm verleiht Den Hoorn eine reizvolle Silhouette, die mittlerweile zu einem Wahrzeichen der Insel geworden ist. Mehrfache Einpolderungen vergrößerten die Distanz zum Strand auf knappe 2 km. Der entstandene Sandstreifen ist eine ideale Basis für ausgedehnte Dünenwanderungen. Im Frühjahr, wenn die riesigen Narzissenfelder in voller Blüte stehen, erstrahlt die ganze Region in sonnig gelben Tönen.

Den Hoorn blieb bislang von einem massenhaften Tourismus verschont. Die Entwicklung der letzten Jahre allerdings gibt Anlass zur Befürchtung, dass es mit der Ruhe bald vorüber sein könnte ...

● _Fahrradverleih_ **Fietsverhuur Bruining**, Kerkstraat 2, 1797 AD Den Hoorn, ✆ 0222/319380; **Vermeulen Bikes**, Herenstraat 67, 1797 AG Den Hoorn, ✆ 0222/319213.

● _Kinderbauernhof_ **De Mient**, Rommelpot 11, 1797 RN Den Hoorn, ✆ 0222/319296. April-Oktober täglich 9.30-21 Uhr. Eintritt frei.

● _Taxiruf_ ✆ 0222/312000

● _Übernachten_ ***** Hotel Op Diek**, Diek 10, 1797 AB Den Hoorn, 38 Betten, gemütliche, waldreiche Lage in Strandnähe, alter reetgedeckter Bauernhof mit hellen und komfortablen Zimmern, alle mit Du/WC, Telefon und TV. EZ ab 45 €, DZ ab 65 €, ✆ 0222/319262, ✆ 319489, info@opdiek.com.

** Hostellerie Keijser, Herenstraat 34, 1797 AJ Den Hoorn, 22 Betten, elegantes Hotel mit großzügig eingerichteten Zimmern, alle mit eigenem Bad, gute Küche im angegliederten Restaurant. EZ ab 65 €, DZ ab 85 €, ✆ 0222/319623, ✆ 319623.

Camping Loodsmansduin, Rommelpot 19, 1797 RN Den Hoorn, Richtung Den Hoorn, Schildern folgen, natürliches Gelände in schöner, ruhiger Lage, 3 km vom Strand entfernt, kleines Wäldchen, einfache Sanitärs, Lebensmittelgeschäft, Schwimmbad, Tennisplätze, Wanderhütten (3), geöffnet April-Oktober. Stellplatz (Auto und Zelt) 18 €, Person 2.15 €, Duschen inkl., Fläche 38 ha. ✆ 0222/319203, ✆ 319456, info@rsttexel.nl.

● _Essen_ **Restaurant Whiskybar Het Kompass**, Herenstraat 7, 1797 AE Den Hoorn, das kleinste und feinste Restaurant der Insel, Spezialität des Hauses unter Leitung von Willem Ham sind Dünenkaninchen, ✆ 0222/319360.

Theaterrestaurant **Klif 12**, Klif 12, 1797 AL Den Hoorn, gute Küche, gutes Kabarett, möglich, dass der Kellner ganz plötzlich und unerwartet zum Piano greift, eine originelle Adresse, Mo geschlossen, ☎ 0222/319633.

Café-Eethuis Klif 23, Klif 23, 1797 AK Den Hoorn, Pfannkuchen, Grillgerichte, Lammspezialitäten, vegetarische Platten, verhältnismäßig preiswerte 3-Gänge-Menüs, Mo geschlossen, ☎ 0222/319515.

De Cocksdorp   (500 Einwohner)

Das jüngste und zugleich nördlichste Dorf Texels erreicht man durch einen grünen Tunnel sich weit über die Straße neigender Bäume – ein einzigartiges Entree.

Der Antwerpener Reeder *N. J. De Cock* hatte das Areal nach seiner Flucht aus dem aufständischen Belgien 1830 gekauft und unter tatkräftiger Mithilfe von 1.500 Arbeitern in knapp 5 Monaten einen 11 km langen Deich errichten lassen, der noch heute Schutz vor den unberechenbaren Gewalten des Meeres bietet.

Die Attraktion des Dorfes, das von Ferienparks dominiert wird, ist der **Vuurtoren**, ein alter Leuchtturm, der im Laufe der vergangenen Jahre durch die kontinuierliche Abtragung der Dünen in eine vorläufig noch unbedenkliche Schräglage versetzt wurde. Ein Hauch von Pisa! Offenbar liegt darin die eigentliche Attraktion, denn eine Besichtigung ist nicht möglich.

Das kleine **Luchtvaartmuseum**, 1996 eröffnet, befasst sich mit der historischen Bedeutung der Insel im Zweiten Weltkrieg und der 80-jährigen Texeler Luftfahrtgeschichte. Im Garten steht ein Starfighter, der einst von Leeuwarden aus über die Watteninseln hinwegdonnerte und Kurs auf Vliehors (Ameland) nahm.

*A*dressen

- *Adresse/Öffnungszeiten* **Luchtvaartmuseum**, Postweg 120, 1795 JS De Cocksdorp, ☎ 0222/311689, Mai-Oktober Di-So 11-17 Uhr. Erwachsene 3 €, Kinder 1.85 €, MJK. www.luchtvaartmuseumtexel.nl.
- *Fahrradverleih* **Van der Linde**, Kikkertstraat 3, 1795 AA De Cocksdorp, ☎ 0222/-316432; **Van Tongelen**, Krimweg 10, 1795 LP De Cocksdorp, ☎ 0222/316306.

- *Ärzte* **Huisartsen Bent & Haasdijk**, Kikkerstraat 12, 1795 AD De Cocksdorp, ☎ 0222/316234.
- *Kinderbauernhof* **De Krim**, Roggeslootweg 6, 1795 JV De Cocksdorp, ☎ 0222/390110. Täglich 10-18 Uhr. Eintritt frei.
- *Wattenfahrten* **Paviljoen Vliezicht** (Seehundbeobachtung), Paal 33, Volharding 4, 1795 LH De Cocksdorp, ☎ 0222/316340.
- *Taxiruf* ☎ 0222/312000

*Ü*bernachten/*E*ssen

- *Übernachten* *** **Hotel Molenbos**, Postweg 224-226, 1795 JT De Cocksdorp, 60 Betten, idyllische Lage im Grünen, neues Hotel mit modernem Interieur, alle Zimmer mit Du/WC, Telefon und TV, gute Küche im angegliederten Restaurant. EZ ab 53 €, DZ ab 75 €, ☎ 0222/316476, ✆ 316377.
- ** **Hotel 't Anker**, Kikkertstraat 24, 1795 AD De Cocksdorp, 15 Betten, Familienpension inmitten des Ortszentrums in zwei historischen Gebäuden, einfache, aber adrette Einrichtung. EZ ab 37 €, DZ ab 70 €, ☎ 0222/316274, ✆ 316274.

Camping De Krim, Roggeslootweg 6, 1795 JV De Cocksdorp, Nähe De Slufter, Richtung De Cocksdorp, Abfahrt 10, vor Ortseingang links, Abfahrt 33, Schildern folgen, riesiges Areal, etwa 2 km vom Strand entfernt, viele junge Leute, ruhige, windgeschützte Lage, teilweise in den Dünen, gute Sanitärs, Fahrradverleih, Lebensmittelgeschäft, Schwimmbad, Tennisplätze, Wanderhütten (3), ganzjährig geöffnet. Stellplatz (inkl. 4 Pers.) 25.50 €, zus. Person 2.50 €, Duschen 0.50 €, Fläche 31 ha. ☎ 0222/390111, ✆ 390121, info@krim.nl.

Camping De Sluftervallei, Krimweg 102, 1795 LS De Cocksdorp, Richtung De Cocksdorp, Abfahrt 10, hinter Ortsausgang links, Abfahrt 35, ruhige Lage, westlich von De Cocksdorp, teilweise in schönem Waldstück, gute Sanitärs, Fahrradverleih (auch Mountainbikes), Lebensmittelgeschäft, Schwimmbad, Tennisplätze, geöffnet April-Oktober. Stellplatz (inkl. 2 Pers.) 26 €, zus. Person 2.50 €, Duschen inkl., Fläche 36 ha. ℡ 0222/316214, ✉ 316488.

Camping De Robbenjager, Vuurtorenweg 146, 1795 LN De Cocksdorp, Richtung De Cocksdorp, Abfahrt 10, Platz liegt kurz hinter dem Ortsausgang, Schildern folgen, der kleinste der drei Plätze, windgeschützte Lage, unmittelbare Wassernähe, gute Sani-

tärs, geöffnet April-Oktober. Stellplatz (inkl. 2 Pers.) 15.50 €, zus. Person 3 €, Duschen 0.50 €, Fläche 8 ha. ℡ 0222/316258.

• *Essen* **Restaurant 't Bikkelement,** Kikkertstraat 19, 1795 AA De Cocksdorp, holländische Küche, preiswerte 3-Gänge-Menüs, außerhalb der Saison Di geschlossen, ℡ 0222/316547.

De Slufter, Slufterweg 1, 1795 KM De Cocksdorp, Café-Restaurant mit einer kleinen Auswahl ansprechender Pfannkuchen, holländische Küche, ℡ 0222/311258.

Topido, Kikkertstraat 21, 1795 AA De Cocksdorp, Fischteller und natürlich die typischen Texeler Lammgerichte, außerhalb der Saison Mo geschlossen, ℡ 0222/316227.

Oosterend (1.200 Einwohner)

Die älteste Kirche Texels, die mit ihrem mächtigen Turm im 12. Jahrhundert erbaut wurde, bildet zusammen mit den sorgfältig restaurierten Fassaden zahlreicher Wohnhäuser den Kern der kleinen Ortschaft. Die Entfernung zum Wasser ist mit knapp acht Kilometern verhältnismäßig groß, Strände sind nicht zu finden. Traditionell bildet die Fischerei die Haupterwerbsquelle des Dorfes, das sich am besten zu Fuß erkunden lässt. Auch während der Saison bleibt es verhältnismäßig ruhig.

• *Autovermietung* **Autoverhuur Rentenaar,** Peperstraat 44, 1794 AL Oosterend, ℡ 0222/318000.

• *Fahrradverleih* **Rijwielen Rentenaar,** Peperstraat 44, 1794 AL Oosterend, ℡ 0222/318000.

• *Motorbootverleih* **Duinker,** Nieuweschild 3, 1794 GG Oosterend, ℡ 0222/318402.

• *Übernachten* **Mini-Camping Lucky,** Stuifweg 68, 1794 HC Oosterend, geöffnet März-Oktober. Person 4.60 €, Duschen

0.45 €, Fläche 0,2 ha. ℡ 0222/31721, ✉ 318354, rhboon@zonnet.nl.

Mini-Camping 't Riemke, Eendenkooiweg 2, 1794 EA Oosterend, geöffnet März-Oktober. Stellplatz (Auto und Zelt) 1.60 €, Person 1.50 €, Duschen 0.75 €, Fläche 0,4 ha. ℡ 0222/318637.

• *Essen* **Strends End,** Achtertune 9, 1794 BL Oosterend, stets gut besuchtes Pannekoekenrestaurant mit großer Auswahl deftiger oder süßer Pfannkuchenvariationen, ℡ 0222/318483.

Vlieland (Provinz Friesland •1.100 Einwohner)

Im späten 18. Jh. versank West-Vlieland, das zur Provinz Friesland gehört, in den Fluten des Meeres. Nur ein einziger Ort blieb bestehen – eingerahmt von weiten Waldgebieten liegt Oost-Vlieland am Rande des Wattenmeers und bildet das Herzstück einer ruhigen Insel mit herrlichen Sandstränden.

Die Insulaner leben gelassen und ohne Hektik, das Fahrrad ist trotz einer ständig frischen Brise das bevorzugte Verkehrsmittel. Der Besucher darf sein Auto nicht mitnehmen, nur die Inselbewohner besitzen eine Sondergenehmigung für ihre Fahrzeuge – Vlieland ist damit weitgehend autofrei.

Im Sommer sehen sich die wenigen Insulaner einer sechsfachen Menge an Touristen gegenüber. Etwa die Hälfte aller Besucher übernachtet auf einem der beiden Campingplätze. Die Zahl deutscher Touristen lag bislang relativ niedrig.

Westfriesische Inseln

Die Insel war noch zu Beginn dieses Jahrhunderts weitgehend unbewaldet. Die heutigen Anpflanzungen, die eine Fläche von 300 ha und somit ein Zehntel der Inselfläche beanspruchen, sind kaum älter als achtzig Jahre. Lange Zeit waren die Sanddünen dem Wind schutzlos ausgeliefert, bis die *Staatsbosbeheer* 1908 erste großflächige Bewaldungen plante und damit die Versandung im Osten der Insel bremsen bzw. verhindern konnte. Die Bewaldung bringt noch mehr Vorteile: Die Holzindustrie kommt zu passablen Umsätzen, Vögel finden geeignete Brutplätze und Menschen zusätzliche Erholungsmöglichkeiten.

Die ausgedehnte Dünenlandschaft mit ihren Laub- und Nadelwäldern und ihrer reichhaltigen Flora und Fauna ist bis auf die zum Schutz vor Erosionen abgegrenzten Bereiche frei zugänglich. Die Sandwüste *Vliehors* am westlichen Zipfel der Insel wird seit mehreren Jahren als militärisches Übungsgelände der niederländischen Streitkräfte genutzt. Der Zutritt ist nur am Wochenende erlaubt, wenn keine Übungen stattfinden – auf eigene Gefahr.

Die östliche Begrenzung der mächtigen Sandplatte bildet das Vogelschutzgebiet der *Kroonspolders*. Die *Staatsbosbeheer* organisiert während der Brutzeit fachkundige Exkursionen durch den Naturpark und die nahen *Meeuwenduinen*. Nähere Informationen sind im Vlieländer Besucherzentrum erhältlich. Außerhalb der Vogelbrutzeiten sind weite Bereiche des Geländes frei zugänglich. Auf der Insel wurden vier Wanderrouten angelegt, die mit farbigen Pfählen gut markiert sind. Die Touren können in etwa eineinhalb Stunden bequem bewältigt werden. Aber Achtung! Es wird immer wieder scharfe Munition gefunden, mit der keinesfalls herumgespielt werden sollte!

Im Falle einer Springflut und gleichzeitigen Stürmen aus nordwestlicher Richtung steht die Sandplatte in weiten Teilen unter Wasser. Zur gleichen Zeit steigt der Pegel auch in Oost-Vlieland kräftig an und nötigt die Mitarbeiter des Informationsbüros (VVV) am Fährhafen, die Öffnungen des flachen Steinmäuerchens vor dem Gebäude sorgsam abzudichten.

*V*lieland im *Ü*berblick

• *Information* **VVV Vlieland**, Havenweg 10, 8899 BB Vlieland, ☎ 0562/451111, ✆ 451361, www.vlieland.net. Mo-Fr 9-12.30 Uhr und 13.30-17 Uhr, Sa/So nach Einlauf der Fähre. Das Informationsbüro vertreibt in den Sommermonaten den kostenlosen Veranstaltungskalender "De Vlieronde".

• *Arzt* **Huisarts Deen**, Dorpsstraat 73, 8899 AD Vlieland, ☎ 0562/451307.

• *Baden/Strände* Die beliebtesten Strände der Insel liegen in etwa 20-minütiger Entfernung (per pedes!) vom einzigen Dorf an der nördlichen und östlichen Inselflanke. Der einzige bewachte Strandabschnitt liegt auf Höhe des Strandhotels nördlich von Oost-Vlieland. Weiter westlich wird der 12 km lange Strand zunehmend einsamer und reizvoller. FKK-Freunde können sich hier problemlos von der Sonne bräunen lassen.

Im direkten Umfeld Oost-Vlielands wird es dagegen ungern gesehen, wenn man nackt durch die Gegend läuft.

• *Einkaufen* Die Geschäfte bleiben auf Vlieland Montagvormittag geschlossen. Die kleine Bäckerei (Bakkerij Westers, Dorpsstraat 98, 8899 AL Vlieland, ☎ 0562/451221) schließt mittwochs.

• *Fahrrad- und Strandwagenverleih* **Fietsverhuur Frisia**, Dorpsstraat 113, 8899 AE Vlieland, ☎ 0562/451501, www.frisia.op-vlieland.nl; **Fietsverhuur Jan van Vlieland**, Dorpsstraat 8 (nahe dem Bootsanleger), 8899 AH Vlieland, ☎ 0562/451509; **Zeelen Rijwielverhuur**, Dorpsstraat 2, 8899 AH Vlieland, ☎ 0562/451090.

• *Gepäcktransport (Pferdekutsche)* **Boer Bagagevervoer**, Kerkplein 9, 8899 AW Vlieland, ☎ 0562/451254.

• *Größe/Fläche* Vlieland ist rund 20 km lang und hat eine mittlere Breite von 2 km, die Fläche der Insel beträgt 3.500 ha.

• *Taxiruf* ✆ 0562/451222

• *Veranstaltungen* Die alljährlich stattfindende Regatta **Oorlamrace Vlieland** mit echten friesischen *Skûtsjes* (siehe Seite 432) führt von Harlingen nach Vlieland. Termin: Mitte Juni.

• *Zahnarzt* **Tandartspraktijk Vlieland**, Boslaan 1, 8899 BM Vlieland, ✆ 0562/453303.

Verbindungen

Man erreicht Vlieland über den Harlinger Festlandfährhafen. Nach Harlingen kommt man bequem mit der Bahn ab Leeuwarden. Die Fahrpläne sind auf die Abfahrtzeiten der Fähre abgestimmt. Am Harlinger Hafen gibt es einen bewachten Parkplatz für Dauerparker (3.30 € pro Tag). Angesichts der Entfernung vom Parkplatz zur Kade empfiehlt es sich, 30 Minuten vor der Abreise anwesend zu sein.

Fährpassage Harlingen–Vlieland: Fahrtdauer 100 Minuten.

• *Fahrplan* Ab Harlingen Mai-September täglich 9, 14.15 und 19 Uhr; Oktober-April Mo-Sa 9 und 14.15 Uhr (Di u. Fr auch 19 Uhr), So 14.15 und 19 Uhr. Ab Vlieland Mai-September Mo-Sa 7, 11.45 und 16.45 Uhr; Oktober-April Mo-Sa 7 und 11.45 Uhr (Di u. Fr auch 16.45 Uhr), So 11.45 und 16.45 Uhr.

• *Preise* Rückfahrkarte: Erwachsene 18.70 €, Kinder 10 €. Fahrrad 9 €.

• *Information* **Rederij Doeksen**, Havenweg 8, 8899 BB Vlieland, ✆ 0562/442969, www.rederij-doeksen.nl.

Schnelltransfer Harlingen–Vlieland: Der Katamaran *Koegelwieck* befördert ausschließlich Fußgänger. Fahrräder werden nicht transportiert. Fahrtdauer 45 Minuten (90 Min. via Terschelling).

• *Fahrplan* Ab Harlingen Mai-September Mo 8 und 17.30 Uhr (via Terschelling), Di-Sa 8.45 und 17.30 Uhr (via Terschelling), So 8.45 Uhr; Oktober-April Mo (via Terschelling) 8 und 17.30 Uhr, Mi/Do und Sa (via Terschelling) 17.30 Uhr. Ab Vlieland Mai-September tägl. 11.10 Uhr; Oktober-April Mo 9.30 und 18.50 Uhr, Mi, Do und Sa 18.50 Uhr, So 9.30 Uhr.

• *Preise* Zuschlag pro Fahrt (auf die normale Rückfahrkarte): 3.70 €.

• *Information* **Rederij Doeksen**, Havenweg 8, 8899 BB Vlieland, ✆ 0562/442969, www.rederij-doeksen.nl.

Inselhopping nach Terschelling: Der Transfer zwischen den beiden Inseln erfolgt mit der *Koegelwieck*. In der Zeit, in der dieses Schiff Wartungsarbeiten unterzogen wird, fährt die *Najade*, auf der keine Fahrräder transportiert werden. Fahrtdauer 30 Minuten.

• *Fahrplan* Ab Vlieland Mai-September Mo 8.50 und 19 Uhr, Di-Sa 9.35 und 19 Uhr, So 9.35 Uhr; Oktober-April Mo, Mi, Do und Sa 18.50 Uhr (via Harlingen). Ab Terschelling Mai-September Mo-Sa 10.30 und 18.30 Uhr, So 10.30 Uhr; Oktober-April Mo 9 und 18.20 Uhr, Mi/Do und Sa 18.20 Uhr, So 9 Uhr.

• *Preise* Rückfahrkarte: Erwachsene 10 €, Kinder 5 €. Einfache Fahrt: Erwachsene 5.50 €, Kinder 2.70 €, Fahrräder 5.50 €. Der Transport von Fahrrädern ist begrenzt. Die Fahrten via Harlingen sind teurer: Erwachsene 16.75 €, Kinder 14 €.

• *Information* **Rederij Doeksen**, Havenweg 8, 8899 BB Vlieland, ✆ 0562/442969, www.rederij-doeksen.nl.

Inselhopping nach Texel: Die kleine Fähre *Vriendschap* fährt in der Saison regelmäßig zur benachbarten Insel Texel. Sie legt ab vom westlichsten Punkt Vlielands, wohin die Reisenden zuvor mit dem Vliehors Expres befördert wurden. Selbiger startet am Posthuys.

Abfahrt am Bootsableger Vliehors. Fahrtdauer: 30 Minuten. Fahrradtransport nur bei einfacher Fahrt. Ab Windstärke 7 keine Fahrten!

• *Fahrplan* Ab Vlieland April-September 10.30 Uhr (dagretour und einfache Fahrt) und 17 Uhr (einfache Fahrt). Ab Texel April-September täglich 10.30 Uhr (dagretour) und 17 Uhr (dagretour und einfache Fahrt).

• *Preise* Rückfahrkarte: Erwachsene 14 €, Kinder 8 €. Einfache Fahrt: Erwachsene 9 €, Kinder 5 €. Fahrräder 5 €.

• *Information* **Rederij de Vriendschap**, Vuurtorenweg 100, 1795 LN De Cocksdorp, ✆ 0222/316451, www.waddenveer.nl.

Vliehors Expres: Die Fahrt mit dem geländegängigen Lastwagen mit wind- und wettergeschütztem Glascontainer wird auf halber Strecke, am Reddingshuisje (1890) inmitten der Sandplatte Vliehors, der *Sahara van het Noorden*, unterbrochen. Das alte Gebäude, das etwa 1 km vom westlichsten Zipfel der Insel entfernt liegt, birgt ein kleines Juttersmuseum, in dem angeschwemmtes Strandgut bewundert werden kann.

• *Kartenverkauf* **'t Zeepardje**, Dorpsstraat 138, 8899 AN Vlieland.

• *Information* **Maarten Nijman**, Dorpsstraat 125, 8899 AE Vlieland, ℡ 0562/451971, ℅ 453222, www.vliehorsexpres.nl.

Überfahrt als Mutprobe

In den frühen 60er Jahren bestand nur einmal täglich eine Verbindung zwischen Vlieland und dem Harlinger Fährhafen. Die Passage galt damals als kleines Abenteuer, denn die Fähre konnte wegen der seichten Fahrrinne die Insel nicht direkt ansteuern. Die gebeutelten Passagiere mussten auf halber Strecke in ein kleineres Boot mit geringerem Tiefgang umsteigen. Der Bootswechsel über wacklige Laufstege, die auch bei unruhiger See ausgelegt wurden, war eine echte Mutprobe. Heute pendelt die Fähre mit dem Konterfei eines freundlich lächelnden Seehunds nonstop zwischen Festland und Insel.

Übernachten/Essen

• *Übernachten* **** **Golden Tulip Strandhotel Seeduyn**, Badweg 3, 8899 BV Vlieland, 350 Betten, die teuerste Adresse vor Ort, direkt am Strand, riesiger Komplex mit eher nüchterner Atmosphäre, Freibad, Hallenbad, Spezialitätenrestaurant. EZ ab 90 €, DZ ab 125 €, ℡ 0562/451560, ℅ 451115.

*** **Hotel De Kluut**, Berkenlaan 18, 8899 BP Vlieland, 42 Betten, modernes Haus am Waldrand in Dünennähe, freundlicher Service, komfortable Zimmer, alle mit Du/WC, Telefon und TV. EZ ab 60 €, DZ ab 86 €, ℡ 0562/451408, ℅ 451025.

*** **Hotel De Wadden**, Dorpsstraat 61, 8899 AD Vlieland, 38 Betten, zu empfehlen sind die Zimmer mit Südbalkon im 1. Stock, die herrliche Blicke aufs Wattenmeer bieten. Rückwärtiger Garten, freundlich begrünte Fassade. EZ ab 45 €, DZ ab 55 €, ℡ 0562/452626, ℅ 452623, www.hoteldewadden.nl.

*** **Badhotel Bruin**, Dorpsstraat 88, 8899 AL Vlieland, 65 Betten, Vlielands ältestes Hotel mitten im Ortszentrum, gepflegte Räumlichkeiten, Restaurant im Erdgeschoss. EZ ab 45 €, DZ ab 78 €, ℡ 0562/451301, ℅ 451227.

** **De Herbergh van Flielant**, Dorpsstraat 105, 8899 AE Vlieland, 16 Betten, kleinstes Hotel der Insel, angegliedertes Restaurant mit Dach- und Gartenterrasse, alle Zimmer mit Du/WC, einige mit schönem Blick aufs Wattenmeer. DZ ab 36 €, ℡ 0562/451400.

Camping Stortemelk, Kampweg 1, 8899 BX Vlieland, Schildern folgen, etwa 15 Min. Fußweg von Oost-Vlieland, direkt am Nordseestrand (Dünenübergang), hügeliges Gelände, kaum windgeschützt, kein Schatten, einfache Sanitärs, Fahrradverleih (auch Mountainbikes), Lebensmittelgeschäft, Schwimmbad (500 m), geöffnet April-September. Person 5.40 €, Zelt 3.75 €, Duschen inkl., Fläche 24 ha. ℡ 0562/451225, ℅ 451259, info@stortemelk.nl.

Camping De Lange Paal, Dennenlaan 4, 8899 BM Vlieland, Richtung Vliehorst, Schildern folgen, etwa 3 km westlich von Oost-Vlieland in einem Dünengebiet mit Wald gelegen, 500 m vom Wattenmeer und 1 km vom Nordseestrand, einfache Sanitärs, geöffnet April-Oktober. Stellplatz (Auto und Zelt) 2 €, Person 3.75 €, Fläche 4 ha. ℡ 0562/451639, ℅ 451145.

• *Essen* **Auberge Steakhouse**, Dorpsstraat 61, 8899 AD Vlieland, Hotel-Restaurant (De Wadden) mit guter Auswahl an ansprechenden Grilltellern (Fisch und Fleisch), ℡ 0562/452626, www.hoteldewadden.nl.

Poffertjeshuis De Lickebaert, Dorpsstraat 4-6, 8899 AH Vlieland, Pfannkuchen und Poffertjes in großer Auswahl, etwas hausbackene, rustikale Einrichtung, gemütliche, rückwärtige Terrasse, ℡ 0562/451888.

Pizzeria Scalini, Dorpsstraat 81, 8899 AD Vlieland, gemütliches Restaurant mit passabler italienischer Küche, schöne Terrasse mit Blick aufs Meer, ℡ 0562/451495.

Sehenswertes

Nicolaaskerk: Die Fischerkirche im Stil dänischer und norwegischer Gotteshäuser stammt aus dem 17. Jahrhundert. Zum Interieur gehört neben zwei alten Schiffsmodellen ein Kronleuchter, den *Michiel de Ruyter* der Gemeinde vermacht haben soll. Der legendäre Seeheld der englisch-niederländischen Seekriege ankerte damals mit seiner Flotte im Hafen und wartete auf den lange herbeigesehnten Wetterumschwung. Während der Saison finden häufig empfehlenswerte Orgelkonzerte statt.

Adresse/Öffnungszeiten Kerkplein, 8899 DA Vlieland, ☎ 0562/451669. Juni-September Mi 10-12 Uhr. Eintritt frei.

Bezoekerscentrum De Noordwester: Das Besucherzentrum ist für zahlreiche Urlauber Startpunkt zu einer Erkundungstour über die Insel. Der Naturliebhaber kann sich für eine der empfehlenswerten zweistündigen Exkursionen anmelden: Wattwanderungen, Wald- und Dünenwanderungen oder eine Vogelexkursion im Naturschutzgebiet *Kroonspolders*. Anhand eines Aquariums, einer Bibliothek, mehrerer Dioramen und Videofilme bietet das Informationszentrum darüber hinaus Einblicke in die reichhaltige Flora und Fauna Vlielands.

● *Adresse/Öffnungszeiten* Dorpsstraat 150, 8899 AN Vlieland, ☎ 0562/451700, www.denoordwester.nl. April-September Mo-Sa 14-17 Uhr; Juni-August Mo-Sa 10-12 Uhr und 14-17 Uhr; Oktober-März Mi und Sa/So 14-17 Uhr. Erwachsene 2.60 €, Kinder 1.50 €, Senioren (Pas65) 2 €.

Cultuur Historisch Museum Het Tromp's Huys: Im frühen 17. Jahrhundert diente das wenige Jahrzehnte zuvor errichtete Gebäude als Sitz der *Commissaris van het Vlije*, der höchsten Aufsichtsbehörde über den damals regen Schiffsverkehr zu den Häfen von Amsterdam, Enkhuizen und Hoorn. Zahlreiche Handelsschiffe liefen die Insel auf ihrem Weg in die östlichen Kolonien zum Auffüllen der Vorräte an. Das Gebäude trägt den Namen eines der großen Admirale dieser Zeit: *Maarten Tromp* (1598–1653). 1896 ging das Anwesen in den Besitz der norwegischen Künstlerin *Betzy Akersloot-Berg* über, einer Schülerin des Malers *Hendrik Willem Mesdag* (1831–1915). Ihre Kunstsammlung (Keramik, Möbel, Silber, Wanduhren) bildet den Kern der Ausstellung, doch wurde sie um Exponate zur Entwicklung Vlielands erweitert. Darüber hinaus werden historische Wanderkarten verkauft.

Adresse/Öffnungszeiten Dorpsstraat 99, 8899 AD Vlieland, ☎ 0562/451600. Di-Sa 14-17 Uhr. Erwachsene 2.30 €, Kinder 1.60 €, Senioren (Pas65) 1.60 €, MJK. Führungen in deutscher Sprache.

Vuurtoren: Der 18 m hohe Leuchtturm mit seiner roten Kuppel (*De Rode Kabouter*) über der schlichten Fensterfront stammt aus dem Jahre 1909. Er steht nur wenige hundert Meter außerhalb des Ortes auf der *Vuurboetsduin* (40 m), der höchsten Erhebung Vlielands. Einer der angelegten Aufstiege führt über eine schöne Freilichttreppe mit exakt 218 Stufen. Oben bieten sich reizvolle Aussichten: Das Wattenmeer blitzt stahlgrau am Horizont. Der Turm selber kann ebenfalls bestiegen werden.

Öffnungszeiten Mo-Fr 10.30-12 Uhr und 15-17 Uhr, Juni-August auch Sa 10.30-12.30 Uhr. Erwachsene 1.45 €, Kinder 0.95 €.

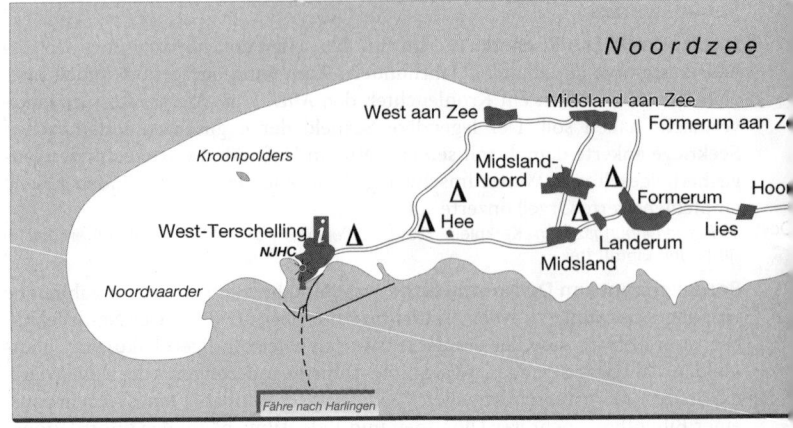

Terschelling

(Provinz Friesland • 4.600 Einwohner)

Die zweitgrößte niederländische Watteninsel gehört zur Provinz Friesland und ist mit ihren elf Dörfern, ihren herrlichen Sandstränden und ihren weitläufigen Naturschutzgebieten ein beliebtes Reiseziel.

Im 17. Jahrhundert galt Terschelling als wichtiger Vorhafen der damals blühenden Handelsstädte an der Zuiderzee. Zahlreiche Schiffe suchten hier Schutz vor feindlichen Angriffen oder warteten auf günstige Wetterverhältnisse für ihre Reise in die niederländischen Kolonien. Die florierende Wirtschaftsmacht Amsterdam hinterließ auch auf Terschelling ihre Spuren: In den beiden Ortschaften *Midsland* und *West-Terschelling* zeugen zahlreiche prachtvolle Giebel vom einstigen Wohlstand.

Die englisch-niederländischen Seekriege im 17. Jahrhundert brachten die damals bedeutende Fischerei in arge Bedrängnis. Mehrfach gerieten die Kutter im strategisch wichtigen Hafen unter Beschuss. Ihre schwärzesten Tage erlebte die Insel 1666, als englische Angreifer das Städtchen *West-Terschelling* mitsamt seiner Hafenanlagen in Schutt und Asche legten. Mehrere Generationen später sorgte der Walfang wieder für einen gehobenen Lebensstandard, der bis ins frühe 19. Jahrhundert andauerte.

Der Frühling auf Terschelling ist recht sonnig, der Sommer kühler, aber sonnenreicher als auf dem Festland und der Herbst bis zum Beginn der Novemberstürme angenehm mild. Allgemein gilt der Juni als beste Reisezeit. Dann steht die ganze Insel in voller Blüte und wird von riesigen Vogelscharen bevölkert, die sich bis in den Herbst hinein hier aufhalten. Zahlreiche Zugvögel haben Terschelling als wichtige Station auf ihrer langen Reise gen Süden entdeckt. Einige Arten überwintern sogar auf der Insel. Das Fernglas im Gepäck kann nützlich sein.

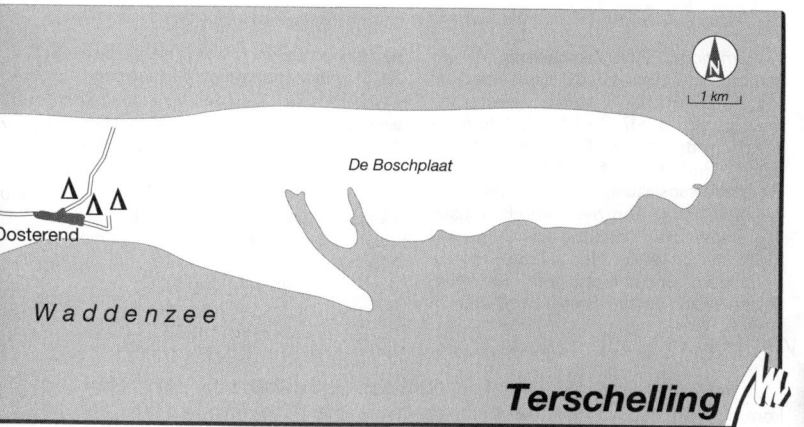

De Boschplaat

Oosterend

W a d d e n z e e

Terschelling

Besondere Aufmerksamkeit verdienen die pflanzenreichen Naturschutzgebiete *De Noordvaarder* am westlichen Rand und *De Boschplaat* am östlichen Zipfel der Insel. Der Europarat in Straßburg verlieh dem Areal De Boschplaat 1970 den Status eines Naturdenkmals. Noch im vergangenen Jahrhundert hatte sich an gleicher Stelle nur eine kahle Sandplatte befunden, die später durch Eindeichungen mit der Insel verbunden wurde. Weite Abschnitte sind während der Vogelbrutzeit nicht zugänglich, doch werden außerhalb dieser Periode interessante Exkursionen angeboten.

Die Flora der Insel beeindruckt mit mehr als 600 Gattungen, darunter zahlreiche Orchideenarten. Sehr ungewöhnlich sind die in den Dünen wachsenden wilden Preiselbeeren, die erstmals nach dem Untergang eines amerikanischen Handelsschiffs im letzten Jahrhundert aufgetreten sein sollen. Damals wurde die komplette Ladung an Land gespült. Wirklich nur Seemannsgarn?

Zu Beginn dieses Jahrhunderts wurden zahlreiche Nadelhölzer angepflanzt. Mittlerweile sind sie zu schattigen Wäldern herangewachsen, darunter die weiten Areale bei *Formerum*, *Hoorn* und *West-Terschelling*. Seit einigen Jahren bemüht man sich verstärkt auch um die Anpflanzung von Laubbäumen.

Terschelling zählt elf Dörfer, darunter sechs größere Orte. Im Zuge des boomenden Fremdenverkehrs entstanden in den 50er Jahren mit *Formerum aan Zee*, *Midsland aan Zee* und *West aan Zee* drei Satellitendörfer am Nordseestrand, die gegenwärtig populärsten Ferienzentren der Insel.

Übrigens: Die landesweiten Luftqualitätsmessungen basieren auf einer Verunreinigungsskala mit Terschelling als Nullpunkt. Leider hat die Insel auch ihre Schattenseite: Nicht selten donnern militärische Kampfflugzeuge im Tiefflug über die Köpfe der Urlauber hinweg und nehmen die Nachbarinsel Vlieland ins Visier.

Terschelling im Überblick

• *Information* **VVV Terschelling**, Willem Barentszkade 19a, 8881 BC West-Terschelling, ☎ 0562/443000, 🖷 442875, vvv-terschelling.org. Mo-Sa 9-17.30 Uhr. Das Informationsbüro vertreibt in der Saison die Sommerzeitung "De Sjouw" (1 €). Als Beilage ist ein aktueller Veranstaltungskalender enthalten.

• *Baden/Strände* An der nördlichen Inselflanke erstrecken sich über eine Länge von 30 km herrlich weiße Sandstrände – teilweise mehrere hundert Meter breit. FKK-Freunde sehen sich durch keinerlei Beschränkungen eingeengt, doch sollten sie die bewachten Strandabschnitte (Paal 8-12) meiden.

• *Größe/Fläche* Terschelling ist rund 30 km lang und hat eine durchschnittliche Breite von 4 km, die Fläche der Insel beträgt 10.000 ha.

• *Surfen* Die besten *Surfreviere* liegen an der Südflanke der Insel (Paal 9-10).

• *Veranstaltung* **Oerol-Festival**, Straßentheater und Musikfestival, Internationale Mischung aus Musik, Theater und bildender Kunst. Termin: Mitte Juni.

Verbindungen

Man erreicht Terschelling über den Harlinger Festlandfährhafen. Nach Harlingen kommt man bequem mit der Bahn ab Leeuwarden. Die Fahrpläne sind auf die Abfahrtzeiten der Fähre abgestimmt. Für Dauerparker gibt es einen bewachten Parkplatz am Hafen (5 € pro Tag, 2.75 € pro Nacht). Angesichts der Entfernung vom Parkplatz zur Kade empfiehlt es sich, 30 Minuten vor der Abreise anwesend zu sein.

Fährpassage Harlingen–Terschelling: Fahrtdauer 120 Minuten.

• *Fahrplan* Ab Harlingen Mai-September täglich 9.45, 15 und 19.45 Uhr; Juni-August Do-Sa auch 18.45 Uhr, Fr/Sa zusätzlich 8.30 und 13.45 Uhr; Oktober-April Mo-Sa 9.45 und 15 Uhr (Di und Fr auch 19.45 Uhr), So 15 und 19.45 Uhr. Ab Terschelling (West-Terschelling) Mai-September Mo-So 7, 12.30 und 17.30 Uhr; Juni-August Do-Sa auch 16.15 Uhr, Do/Fr zusätzlich 20.45 Uhr, Fr/Sa zusätzlich 11 Uhr; Oktober-April Mo-Sa 7 und 12.30 Uhr (Di und Fr auch 17.30 Uhr), So 12.30 und 17.30 Uhr.

• *Preise* Rückfahrkarte: Erwachsene 21.50 €, Kinder 10.70 €. Fahrrad 9 €. Auto 11.50 € (pro angefangenem halbem Meter Länge).

• *Information* **Rederij Doeksen**, Willem Barentszkade 21, 8881 DC West-Terschelling, ☎ 0562/442141, www.rederij-doeksen.nl.

Schnelltransfer Harlingen–Terschelling: Der Katamaran *Koegelwieck* befördert ausschließlich Fußgänger. Fahrräder werden nicht transportiert. Fahrtdauer 50 Minuten (80 Minuten via Vlieland).

• *Fahrplan* Ab Harlingen Mai-September Mo 8 (via Vlieland), 12.30 und 17.30 Uhr, Di-So 8.45 (via Vlieland), 12.30 und 17.30 Uhr; Oktober-April Mo 8, 12.30, 17.30 und 19.45 Uhr, Di 12.30 und 17.30 Uhr, Mi/Do 12.30, 17.30 und 19.45 Uhr, Fr 12.30 und 17.30 Uhr, Sa 12.30, 17.30 und 19.45 Uhr, So 11.30 und 17.30 Uhr. Die Fähren um 17.30 Uhr verkehren via Vlieland.

Ab Terschelling (West-Terschelling) Mai-September Mo 6.45, 10.30 und 16.30 Uhr, Di-So 7.30, 10.30 und 16.30 Uhr; Oktober-April Mo 6.45, 9, 16.30 und 18.20 Uhr, Di 10 und 16.30 Uhr, Mi/Do 10, 16.30 und 18.20 Uhr, Fr 10 und 16.30 Uhr, Sa 10, 16.30 und 18.20 Uhr, So 9 und 16.30 Uhr. Die Fähren um 16.30 Uhr verkehren via Vlieland.

• *Preise* Zuschlag pro Fahrt (auf die normale Rückfahrkarte) 3.70 €.

• *Information* **Rederij Doeksen**, Willem Barentszkade 21, 8881 DC West-Terschelling, ☎ 0562/442141, www.rederij-doeksen.nl.

Inselhopping nach Vlieland: Der Transfer zwischen den beiden Inseln erfolgt mit der *Koegelwieck*. In der Zeit, in der dieses Schiff Wartungsarbeiten untergogen wird, fährt die *Najade*, auf der keine Fahrräder transportiert werden. Fahrtdauer 30 Minuten.

• *Fahrplan* Ab Terschelling Mai-September Mo-Sa 10.30 und 18.30 Uhr, So 10.30 Uhr; Oktober-April Mo-Sa 18.20 Uhr, Mi/Do und Sa 18.20 Uhr, So 9 Uhr. Ab Vlieland Mai-September Mo 8.50 und 19 Uhr, Di-Sa 9.35 und 19 Uhr, So 9.35 Uhr; Oktober-April Mo, Mi, Do und Sa 18.50 Uhr (via Harlingen).

• *Preise* Rückfahrkarte: Erwachsene 10 €, Kinder 5 €. Einfache Fahrt: Erwachsene 5.50 €, Kinder 2.70 €, Fahrräder 5.50 €. Der Transport von Fahrrädern ist begrenzt. Die Fahrten via Harlingen sind teurer: Erwachsene 16.75 €, Kinder 14 €.

• *Information* **Rederij Doeksen**, Havenweg 8, 8899 BB Vlieland, ✆ 0562/442969, www.rederij-doeksen.nl.

Inselhopping nach Ameland: Die Fahrt führt entlang der Südküste beider Inseln, wobei auch die Sandbank *Boschplaat* angesteuert wird.

• *Fahrplan* Abfahrten zwischen Ende Juni und Anfang September. Die genauen Zei-

ten variieren. Sie sind auf Anfrage erhältlich. Fahrtdauer 180-210 Minuten.

• *Preise* Rückfahrkarte: Erwachsene 23 €, Kinder 12 €, Fahrrad 3.50 €. Einfache Fahrt: Erwachsene 18 €, Kinder 10 €, Fahrrad 3.50 €.

• *Information* **Ameland Waddentravel**, Hans Jochemstraat 3, 9163 JJ Nes (Ameland), ✆ 0519/542166, www.waddentravel.com.

West-Terschelling

(3.500 Einwohner)

Die gelben Backsteinhäuser mit ihren schönen Treppengiebeln, die das Bild des Ortes prägen, datieren aus der Zeit des Wiederaufbaus nach den schweren Zerstörungen des Jahres 1666, als englische Truppen die Stadt dem Erdboden gleichgemacht hatten.

Nur die Kirche und der Leuchtturm blieben damals unbeschadet erhalten. Die malerischen *Commandeurshuizen* aus späterer Zeit erinnern an die glanzvolle Epoche der Walfänger, als die Kapitäne hier ihr Zuhause hatten. Mittlerweile ist West-Terschelling – kurz *West* genannt – ein überlaufenes Ferienzentrum mit internationaler Klientel. Ruhe sucht man hier vergeblich.

Auf dem nahen Meeresgrund liegen zahlreiche Schiffswracks, darunter auch die berühmte *Lutine*, die einst mit Gold und Silber beladen vor Terschelling versank. Niemand weiß, welche Schätze in ihrem Rumpf verborgen liegen, nur die alte Schiffsglocke konnte bislang geborgen werden. Sie befindet sich heute bei Lloyds in London und wird immer dann geläutet, wenn sich irgendwo auf der Welt ein größeres Schiffsunglück ereignet hat.

A*dressen*

• *Ärzte* **Huisartsen Mellema & Smit**, J. de Voslaan 8, 8881 EN West-Terschelling, ✆ 0562/442181.

• *Fahrradverleih* **Fietsverhuur Jonker**, Willem Barentszkade 45, 8881 BD West-Terschelling, ✆ 0562/442224; **Fietsverhuur Tijs Knop**, Torenstraat 10-12, 8881 BJ West-Terschelling, ✆ 0562/442052; **Zeelen Rijwiel-**

verhuur, Willem Barentszkade 15 (gegenüber dem Fährableger), 8881 BC West-Terschelling, ✆ 0562/442178.

• *Schwimmen* **De Dôbe**, Sportlaan 7, 8881 EP West-Terschelling, ✆ 0562/442257. Subtropisches Schwimmparadies, Halle.

• *Taxiruf* ✆ 0562/448382

Ü*bernachten/*E*ssen*

• *Übernachten* *** **Hotel Nap**, Torenstraat 55, 8881 BH West-Terschelling, 66 Betten, einfaches Interieur, saubere Räumlichkeiten, gute Küche im angegliederten Restaurant. EZ ab 45 €, DZ ab 65 €, ✆ 0562/443210, ✉ 443315.

*** **Hotel Bornholm**, Hoofdweg 6, 8881 HA West-Terschelling, 54 Betten, schöne ländliche Lage, Familienhotel mit Schwimmbad und Tennisplätzen. EZ ab 38 €, DZ ab 72 €, ✆ 0562/442266, ✉ 442277.

** **Hotel Oepkes**, De Ruyterstraat 3, 8881 AM West-Terschelling, 37 Betten, behagliches Familienhotel mit guter Küche, freundlicher Service. EZ ab 40 €, DZ ab 80 €, ✆ 0562/442585, ✉ 443345.

NJHC-Jugendherberge Terschelling, van Heusdenweg 39, 8881 EE West-Terschelling, direkt am Watt gelegen, etwa 2 km von der Fährstation entfernt, große Fensterfront zum Wasser, ganzjährig geöffnet. 148 Betten, Einerzimmer (1), Zweierzimmer (2),

Westfriesische Inseln

Strandpavillon mit Meeresblick auf Terschelling

Viererzimmer (13), Sechserzimmer (3), Siebenerzimmer (1), Zehnerzimmer (2), 14er-Zimmer (1), 16er-Zimmer (2). Übernachtung im Schlafsaal inkl. Frühstück 18-21 € ✆ 0562/442338, ✉ 443312.

Camping Cnossen, Hoofdweg 8, 8881 HA West-Terschelling, 2 km nordöstlich des Ortes, Hauptstraße folgen, ruhige Lage in großem Waldgebiet, etwa 5 Min. zu Fuß bis ans Watt, Lebensmittelgeschäft, geöffnet April-Oktober. Person 3.50 €, Zelt 2.50 €, Auto 2 €, Fläche 4 ha. ✆ 0562/442321, www.campingcnossen.nl.

Mini-Camping West-Terschelling, Longway 28, 8881 CM West-Terschelling, geöffnet April-September. Person 4 €, Duschen inkl., Fläche 2,5 ha. ✆ 0562/442116, ✉ 448370.

● *Essen* **Grand Café Zeezicht**, Willem Barentszkade 20, 8881 BC West-Terschelling, zentrale Lage am Fährhafen, beachtlicher Trubel auf der großen Aussichtsterrasse, größere Auswahl verschiedener Fisch- und Fleischgerichte, wöchentlich wechselnde Karte, ✆ 0562/442268.

Restaurant Nap, Torenstraat 55, 8881 BH West-Terschelling, Speisen im Hotel-Restaurant, Spezialität sind Fleisch- und Fischgerichte, preiswertes 3-Gänge-Menü, ✆ 0562/443210.

Sehenswertes

Gemeentemuseum 't Behouden Huys: Das Gemeindemuseum in den beiden *Commandeurshuizen* aus dem 17. Jahrhundert widmet seine Sammlung dem Seefahrer *Willem Barentsz* (1550–1597), der 1596 die Insel Nowaja Semlja im Nordpolarmeer entdeckte. Eigentlich suchte er die Nordostpassage nach Indien, aber was soll's – nicht jeder hat gefunden, was er finden wollte. Immerhin wurde die Barentssee ihm zu Ehren benannt. Das Museum trägt den Namen der kleinen Holzhütte am Polarmeer, in der der Seefahrer mit seiner Mannschaft behelfsmäßig überwinterte. Er kehrte nie zurück. 1871 entdeckte man seine Tagebücher.

Adresse/Öffnungszeiten   Commandeursstraat 30-32, 8881 BA West-Terschelling, ✆ 0562/442389, www.behouden-huys.nl. April-Oktober Mo-Fr 10-17 Uhr, Sa 13-17 Uhr, Juli-September auch So 13-17 Uhr. Erwachsene 3 €, Kinder 2 €, Senioren (Pas65) 2 €.

Willem Barentsz – die Suche nach der Nordostpassage

Die Expedition hatte das Ziel, "die Meere des Nordens zu befahren und die Königreiche China und Cathey zu entdecken". Die drei Schiffe sollten sich auf die Suche nach der Nordostpassage machen, dem nördlichen Seeweg nach Mittelasien. Man suchte nach Alternativen zu den zeitraubenden Reisen entlang der Südspitze Afrikas. Seit den Reiseberichten *Marco Polos* (1254–1324) galt der mittel- und ostasiatische Raum als begehrenswertes Handelsparadies. Das ferne Reich aber schien auf dem Landweg unerreichbar. Die beiden bekannten Seerouten waren lang und gefährlich. Der Portugiese *Vasco da Gama* (1469–1524) hatte das Ziel erreicht, indem er in östlicher Richtung die Südspitze Afrikas umsegelte. *Christoph Kolumbus* (1451–1506) dagegen scheiterte später mit dem Versuch, eine Westpassage nach Indien zu finden, und entdeckte stattdessen Amerika. Erst der Spanier *Ferdinand Magellan* (1480–1521) vollendete sein Werk im Rahmen der ersten Weltumsegelung 1519–21.

Sollte es nicht einen alternativen Seeweg im Norden geben – eine Nordostpassage? Auf der Suche danach erreichte Willem Barentsz 1594 die Insel Nowaja Semlja (Neues Land) im Polarmeer, konnte deren Nordspitze wegen der dichten Eismassen aber nicht passieren. Er steuerte gen Süden, entdeckte die Oranje-Inseln und glaubte wenig später, er habe die gesuchte Route gefunden. Ein fataler Irrtum, denn nur ein Jahr später scheiterte eine Expedition aus sieben Schiffen, die mit Handelswaren für Fernost beladen waren, an der deutlich gen Süden verschobenen Packeisgrenze. Alle Schiffe mussten umkehren. Ein weiteres Jahr später startete eine neue Expedition, an der nur zwei Schiffe teilnahmen, eines erneut unter dem Kommando von Willem Barentsz. Die wärmere Witterung erlaubte es diesmal, die Nordspitze von Nowaja Semlja zu umfahren und den Versuch zu unternehmen, weiter gen Süden in eisfreie Regionen vorzustoßen. Doch am 26. August 1596 fror das Schiff auf 76° nördlicher Breite und 68° östlicher Länge im Eis fest und wurde schwer beschädigt. Die Männer waren gezwungen, ein Notlager zu errichten, das wohl erste arktische Winterquartier überhaupt. Erst mehrere Monate später konnte die Rückreise, die zur heute russischen Halbinsel Kola führte, in den noch intakten Beibooten gestartet werden. Willem Barentsz aber kehrte nie zurück. Er starb im Juni 1597.

Zee-Aquarium Terschelling: Die kleine Ausstellung im *Centrum voor Natuur en Landschap* in der ehemaligen Dorfschule Terschellings beschäftigt sich mit der geologischen Entstehungsgeschichte der Insel. Das Aquarium entführt den Besucher unterdessen in die faszinierende Unterwasserwelt der Nordsee.
Adresse/Öffnungszeiten Burgemeester Reedekkerstraat 11, 8881 BZ West-Terschelling, ℡ 0562/442390. April-Oktober Mo-Fr 9-17 Uhr, Sa/So 14-17 Uhr. Erwachsene 4 €, Kinder 3 €, Senioren (Pas65) 3 €.

Vuurtoren Brandaris: West-Terschelling wird vom ältesten Leuchtturm (54 m) der Niederlande überragt, der bereits 1594 seine Signale aussandte. Erst in den frühen 20er Jahren wurde das Leuchtfeuer durch elektrische Scheinwerfer ersetzt. Eine Besteigung ist leider nicht möglich.

Midsland
(500 Einwohner)

Das Leben tobt nach Mitternacht – Midsland, das Dorf im geographischen Zentrum Terschellings, ist das pulsierende Herz der Insel. Mit seinen Satelliten *Midsland-Noord* und *Midsland aan Zee* (Paal 10–11) ist der Ort das wichtigste Zentrum des Fremdenverkehrs auf Terschelling.

Auf dem "Totenhügel", dem **Stryper Kerkhof** im Hoofdweg, befinden sich zahlreiche Grabsteine von Walfängern des späten 16. Jahrhunderts. Einer Legende zufolge glaubten die englischen Angreifer, die 1666 die Insel überfielen, eine feindliche Übermacht dunkler Gestalten vor sich zu sehen. Sie flohen durch dichte Nebelschwaden auf ihre Schiffe und verschonten Terschelling vor weiteren Zerstörungen.

● *Arzt* **Huisartsen Van Schie & Groeneveld**, Oosterburen 51, 8891 GB Midsland, ✆ 0562/448703.

● *Fahrradverleih* **Groot Rijwielen**, Westerburen 20, 8891 GB Midsland, ✆ 0562/448704; **Doeksen & Zn.**, Baaiduinen 36, 8884 HJ Midsland, ✆ 0562/448721.

● *Übernachten* **Camping De Kooi**, Hee 9, 8882 HC Hee, Richtung Oosterend, Hoofdweg, Schildern folgen, zwischen West-Terschelling und Midsland, ruhige Anlage nahe einem alten Bauernhof, wenig Schatten, gute Surfmöglichkeiten in der Umgebung, einfache Sanitärs, geöffnet Mai-September. Person 3.50 €, Zelt 4 €, Auto 2 €, Duschen 1 €, Fläche 7,3 ha. ✆ 0562/442743, ✉ 442835.

Der Inselosten

In östlicher Richtung wird die Insel ruhiger und schöner. Die Orte Formerum, Hoorn, Landerum und Oosterend sind agrarisch geprägt und bieten mehr Ruhe als Midsland oder der Fähranleger West-Terschelling. Der erholungssuchende Urlauber ist somit gut beraten, sich in dieser Region nach einer Unterkunft umzusehen.

Als das östliche Naturgebiet *De Boschplaat* noch eine von der Insel abgetrennte Sandbank war, lag *Oosterend* am äußersten Zipfel Terschellings. Erst die künstliche Anbindung der Sandbank zu Beginn des 20. Jahrhunderts vergrößerte den Abstand zum östlichen Rand der Insel auf knapp 10 km.

Das kleine *Hoorn* besitzt eine mittelalterliche Kirche, die von Mönchen schon im 13. Jahrhundert errichtet worden sein soll. Der Turm, dessen Spitze wegen Baufälligkeit abgetragen werden musste, diente lange Jahre als Leuchtturm. Später wurde er um einen hölzernen Aufbau ergänzt.

● *Fahrradverleih* **Fietsverhuur Harm en Sandra**, Formerum 20, 8894 KE Formerum, ✆ 0562/448552; **Haantjes**, Koksbosweg 3, 8894 KK Formerum, ✆ 0562/448883, www.haantjes.nl; **Noorderlicht**, Molkenbosweg 1a, 8894 KJ Formerum, ✆ 0562/448046; **Cor Bakka**, Dorpsstraat 14, 8896 JE Hoorn, ✆ 0562/448743; **Terpstra Fietsverhuur**, Dorpsstraat 56/92, 8896 JG Hoorn, ✆ 0562/448608; **A. de Boer**, Oosterend 8, 8897 HZ Oosterend, ✆ 0562/448403; **Fietsenverhuur Bakker**, Lies 8, 8895 KT Lies, ✆ 0562/448442.

● *Kutschenrundfahrten* **Huifkarbedrijf Rients Terpstra**, Dorpsstraat 20, 8896 JE Hoorn, ✆ 0562/448837.

Cranberryfabriek Skylge

Seit Generationen wird auf Terschelling ein eigener Wein produziert. Eine kurze Filmvorführung befasst sich mit seiner Herstellung und gibt Einblicke in die Tradition, auf die man sehr stolz ist. Selbstverständlich darf auch degustiert werden.

Adresse/Öffnungszeiten: Formerum 51a, 8894 JL Formerum, ✆ 0562/448800. Mai-Oktober Mo-Fr 8-12 Uhr und 13-17 Uhr. Weinproben auf Anfrage.

• *Zahnarzt* **Tandarts Boerma**, Dorpsstraat 64, 8896 JG Hoorn, ☎ 0562/448270.

• *Übernachten* **Camping Nieuw Formerum**, Formerum 13, 8894 KA Formerum, im Ort an der Mühle links ab, Schildern folgen, großer Platz in landschaftlich reizvoller Lage mit eigenem Freilichttheater, einfache Sanitärs, geöffnet April-September. Stellplatz (inkl. 2 Pers.) 12 €, zus. Person 4 €, Duschen inkl., Fläche 7,4 ha. ☎ 0562/448977, ✆ 448370, info@nieuwformerum.nl.

Camping 't Wantij, Oosterend 41, 8897 HX Oosterend, Richtung Oosterend, Hoofdweg, Schildern folgen, kleiner Platz für Naturfreunde nahe dem Naturreservat De Boschplaat, wenig Schatten, einfache Sanitärs, Lebensmittelgeschäft (2 km), ganzjäh-

rig geöffnet. Person 3.10 €, Zelt 3.25 €, Auto 1 €, Duschen 0.50 €, Fläche 0,5 ha, ☎ 0562/448522, wan-tij@zonnet.nl.

Camping De Duinkant, Oosterend 65, 8897 HX Oosterend, letzter Platz hinter der Ortschaft, Schildern folgen, Nähe Naturreservat De Boschplaat, zweigeteiltes Areal, einfache Sanitärs, geöffnet April-Oktober. Person 2.60 €, Zelt 2.85 €, Auto 0.90 €, Duschen 0.50 €, Fläche 0,7 ha. ☎ 0562/448917, ✆ 448917.

Mini-Camping Hoorn, Duinweg, 8896 JT Hoorn, geöffnet April-September. Person 4 €, Fläche 1,5 ha. ☎ 0562/448977, ✆ 448370.

Mini-Camping Lies, Duinweg, 8894 KK Formerum, geöffnet April-September. Person 3.10 €, Fläche 0,7 ha. ☎ 0562/448977, ✆ 448370.

Ameland

(Provinz Friesland • 3.300 Einwohner)

Ein großer Teil der Insel steht unter Naturschutz, in erster Linie das im östlichen Ameland gelegene weitläufige Oerd-Gebiet. Die Insel ist Brutstätte und Lebensraum zahlreicher Vogelarten und bietet wie ihre Nachbarinseln eine weitgehend intakte Flora und Fauna. Vier malerische Dörfer liegen im Westen Amelands.

Im 18. Jahrhundert bildete der Walfang die Haupterwerbsquelle der Insulaner. Mehr als 125 Schiffskommandeure lenkten eine mächtige Flotte über die Meere und bescherten der kleinen Watteninsel Wohlstand. Zahlreiche *Commandeurshuizen* – an der doppelten Steinreihe am Vordergiebel erkennbar – erinnern an die ruhmreichste Epoche der Geschichte Amelands. Die fand jedoch 1777 ein jähes Ende, als mehrere hundert Fischer im nordischen Treibeis ihr Leben ließen. Der Niedergang der Fischerei und die industrielle Nutzung von Erdgas und Kohle veränderten die wirtschaftliche Struktur der Insel.

Heute ist der Tourismus Amelands wichtigste Einnahmequelle. Das endlose Rauschen des Wassers, eine weitgehend intakte Natur und der Wind, der auch bei hohen Temperaturen vom Meer herüberweht und selbst an heißen Sommertagen für angenehme klimatische Verhältnisse sorgt, garantieren einen erholsamen Urlaub. Zahlreiche Familien verbringen ihre Ferien auf einem der vielen Bauernhöfe der Insel – 20.000 Betten sprechen eine beredte Sprache. Ameland zählt zu denjenigen Ferienregionen der Niederlande, die sich fest in deutscher Hand befinden. Nur im Winter ist der Strand allerorten leer, keine bunten Markisen knattern im Wind, die Liegestühle sind längst weggeräumt. Aber auch dann kitzelt die kräftige Inselluft in der Nase, während die Windböen heftig über den Deich peitschen und das Wasser kräuseln.

Die abwechslungsreiche Landschaft wird von einem ausgedehnten Radwegenetz (Gesamtlänge etwa 90 km) durchzogen. Aber Vorsicht: Der öffentliche Verkehr auf der Insel wird von waghalsigen Busfahrern beherrscht, die offenbar darauf aus sind, eine weitere Kerbe in ihr Lenkrad zu schnitzen. Der erfahrene Radfahrer springt unverzüglich zur Seite, sobald sich ein Bus nähert!

Westfriesische Inseln

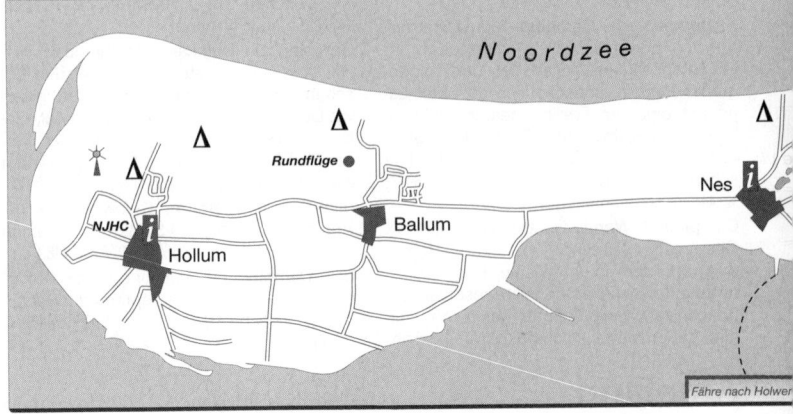

Die unbewohnte Region *Den Oerd* genießt seit 1938 den Status eines Natur-schutzgebiets, in dem mehr als 500 der 1.300 in den Niederlanden bekannten Pflanzenarten heimisch sind (10 % davon gelten als bedroht). Weite Bereiche dieses Naturparks sind zugänglich, doch dürfen die markierten Wege nicht verlassen werden. In dem Gebiet brüten derzeit mehr als vierzig Vogelarten, darunter Dohlen, Heuschreckensänger, Hohltauben, Rohrweihen, Schwarz-kehlchen, Silbermöwen, Sturmmöwen, Sumpfrohreulen und Wiesenpieper. Oft hört man nur Meeresrauschen und Vogelgeschrei.

Rehe auf Ameland

Das erste Reh auf Ameland wurde 1940 entdeckt. Man war damals sehr überrascht, denn das Tier musste laufend und schwimmend über das Watt auf die Insel gelangt sein. Ein einsames, trauriges Reh ganz alleine auf Ame-land – was nun? Man handelte rasch, importierte ein männliches Pendant und gab den beiden so Gelegenheit, die Basis für den derzeitigen Rehwildbe-stand von mehr als hundert Exemplaren zu schaffen.

Durch einen neuen vorgelagerten Dünenstreifen entstand in den 50er Jahren am östlichsten Zipfel Amelands die weite Sandebene *De Hon*. Austernfischer, Bergenten, Brackvögel, Eiderenten, Rotschenkel, Steinwälzer und Strandläufer schätzen das Gebiet bei Hochwasser als Fluchtort.

Übrigens: Ameland ist durch mehrere Pipelines mit dem Festland verbunden, darunter eine Wasserleitung, die das früher ausschließlich aus Niederschlägen gewonnene Trinkwasser befördert, und eine 15 km lange Milchpipeline, die jährlich 12 Millionen Liter aufs friesische Festland pumpt.

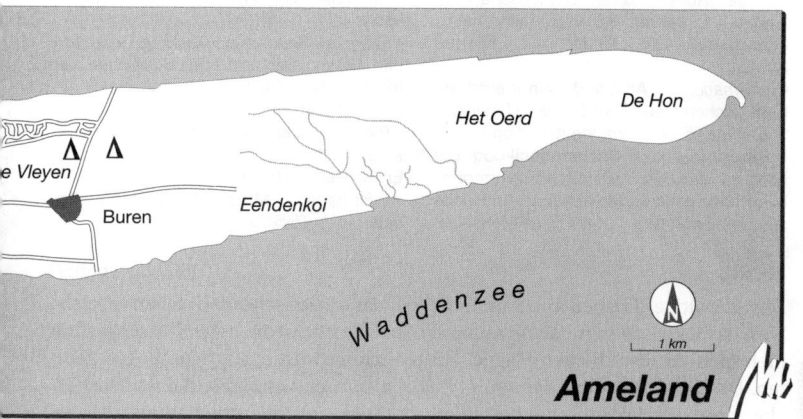

Ameland

Ameland im Überblick

● *Information* **VVV Ameland**, Rixt van Doniastraat 2, 9163 GR Nes, ✆ 0519/546546, 📠 542932, www.ameland.nl. Mo-Fr 9-18 Uhr, Sa 10-15 Uhr, April-Oktober Sa bis 16 Uhr. Das Informationsbüro gibt mit der "Kiek-es-in-Krant" einen kostenlosen Veranstaltungskalender heraus.

● *Baden/Strände* Der Nordseestrand zieht sich über mehr als 25 km am Meer entlang. Auf Höhe der vier Dörfer finden sich bewachte Strandabschnitte. FKK ist auf Ameland offiziell verboten!

● *Größe/Fläche* Ameland ist rund 25 km lang und hat eine durchschnittliche Breite von 2 km, die Fläche der Insel beträgt 9.000 ha.

● *Surfen* Die besten Surfreviere liegen nahe Hollum (Nordseeseite) und Ballum (Wattenmeerseite).

● *Veranstaltung* **Röggefeest**, Akrobaten, Clowns, Jongleure, Zauberer – das Straßenfestival in Nes lockt alle Künstler der Insel und manche des Landes nach Ameland. Termin: erster Freitag im August.

Verbindungen

Man erreicht den Festlandfährhafen Holwerd bequem per Bus ab Leeuwarden (Provinz Friesland) oder Groningen (Provinz Groningen). In Holwerd stehen bewachte Parkplätze zur Verfügung (3 € pro Tag).

Fährpassage Holwerd–Ameland: Möchte man sein Auto mit nach Ameland nehmen, ist es empfehlenswert, rechtzeitig einen Platz auf den Fähren *Oerd* oder *Sier* zu reservieren. Der Personentransfer ist dagegen ohne Reservierung problemlos möglich. Fahrtdauer 45 Minuten.

● *Fahrplan* Ab Holwerd Mo-Fr 7.30, 9.30, 11.30, 13.30, 15.30 (nur Fr), 17.30 und 19.30 Uhr, Sa/So 9.30, 13.30, 17.30 und 19.30 Uhr; Mai-September zusätzlich Mo-Do 15.30 Uhr, Sa 11.30 Uhr. (Weitere zusätzliche Fahrten in den Monaten Juli/August sind bei der Rederei zu erfragen.) Ab Ameland (Nes) wie oben, allerdings jeweils eine Stunde früher.

● *Preise* Rückfahrkarte: April-September Erwachsene 10 €, Kinder 5.30 €, Fahrrad 4.75 €, Auto 68 €; Oktober-März Erwachsene 8.50 €, Kinder 4.50 €, Fahrrad 4 €, Auto 57 €.

● *Information* **Rederij Wagenborg**, Reeweg 4, 9163 GV Nes, ✆ 0519/542001 (Abfahrtzeiten) oder 0519/546111 (Reservierung), www.wpd.nl.

Inselhopping nach Terschelling: Die Fahrt führt entlang der Südküste beider Inseln, wobei auch die Sandbank *Boschplaat* auf Terschelling angesteuert wird.

● *Fahrplan* Abfahrten zwischen Ende Juni und Anfang September. Die genauen Zeiten variieren. Sie sind auf Anfrage erhältlich. Fahrtdauer 180-210 Minuten.

• *Preise* Rückfahrkarte: Erwachsene 23 €, Kinder 12 €, Fahrrad 3.50 €. Einfache Fahrt: Erwachsene 18 €, Kinder 10 €, Fahrrad 3.50 €.

• *Information* **Ameland Waddentravel**, Hans Jochemstraat 3, 9163 JJ Nes (Ameland), ☎ 0519/542166, www.waddentravel.com.

Inselhopping nach Schiermonnikoog: Die Fahrt auf der *Boschwad* nach Schiermonnikoog führt entlang der Ostküste Amelands zur unbewohnten Insel Engelmansplaat und weiter zur Westspitze Schiermonnikoogs.

• *Fahrplan* Abfahrten zwischen Ende Juni und Anfang September. Die genauen Zeiten variieren. Sie sind auf Anfrage erhältlich. Fahrtdauer 180-210 Minuten.

• *Preise* Rückfahrkarte: Erwachsene 23 €, Kinder 12 €, Fahrrad 3.50 €. Einfache Fahrt: Erwachsene 18 €, Kinder 10 €, Fahrrad 3.50 €.

• *Information* **Motorpassagierschip Boschwad**, ☎ 0595/528390.

Nes   (900 Einwohner)

Das gewaltige Treiben im Sommer lässt das malerische und schattenreiche Nes, das inzwischen für seine sauberen Strände und seine hohe Wasserqualität mehrfach mit der "Blauen Flagge" ausgezeichnet wurde, aus allen Fugen geraten. Das Dorf bietet mit der von *P. J. H. Cuypers* entworfenen kleinen Dorfkirche eine architektonische Besonderheit. Der renommierte Baumeister, der auch das Rijksmuseum in Amsterdam plante, war als gläubiger Katholik der Bitte des damaligen Amelander Pastors nachgekommen, der im späten 19. Jahrhundert zu milden Gaben für die arme katholische Gemeinde aufgerufen hatte.

Adressen

• *Arzt* **Huisarts Maters**, Ballumerweg 22, 9163 GB Nes, ☎ 0519/542018.

• *Fahrradverleih* **Kiewiet Fietsverhuur**, M. Janszenstraat 4, 9163 HW Nes, und auf dem Fährdamm, ☎ 0519/542130, www.fietsverhuurameland.nl.

• *Reitpferdeverleih* **Kuperus**, Torenstraat 14, 9163 HE Nes, ☎ 0519/542067.

• *Schwimmen* **Aqua Plaza**, Molenweg 16, 9163 HP Nes, ☎ 0519/542900. Subtropisches Wellenbad, Rutschbahn (120 m) mit Schanze, Sauna, Solarium, Whirlpool.

• *Taxiruf* ☎ 0519/542725, **Cosi-Tax** (Kleinbus), ☎ 0519/543200, www.cosi-tax.com.

Übernachten/Essen

• *Übernachten* ****** Hotel Noordzee**, Strandweg 42, 9163 GN Nes, 114 Betten, Golden-Tulip-Kette, angeschlossene Bar mit Billardtisch, rückwärtiger Garten mit Terrasse, Swimmingpool und Sauna. EZ ab 65 €, DZ ab 80 €, ☎ 0519/542228, ☏ 542380.

*** Hotel Hofker, Hofkerweg 1, 9163 GW Nes, 80 Betten, traditionsreicher Familienbetrieb mit ansprechend eingerichteten und komfortablen Zimmern, außerdem Sauna und Schwimmbad. EZ ab 45 €, DZ ab 70 €, ☎ 0519/542002, ☏ 542865.

*** Hotel Nes, Strandweg 39, 9163 GL Nes, 70 Betten, Nähe Naturgebiet De Vleyen, kleines Budget-Familienhotel mit freundlicher Atmosphäre, einfache Zimmer. EZ ab 44 €, DZ ab 68 €, ☎ 0519/542183, ☏ 542183.

** Hotel Ameland, Strandweg 48, 9163 GN Nes, 44 Betten, ruhige Lage am Ausläufer der Nesser Bossen, Fahrradverleih, alle Zimmer mit Du/WC, Telefon und TV. EZ ab 37 €, DZ ab 74 €, ☎ 0519/542150, ☏ 543106.

Camping Duinoord, Jan van Eijckweg 4, 9163 PB Nes, am Kreisverkehr hinter der Fähre links, Richtung Strand Duinoord, in Nes links in den Strandweg, Schildern folgen, sonnige Lage in reizvoller Dünenlandschaft direkt am Strand, Zelte sollten *nicht* vorne hinter dem Laden aufgebaut werden (recht lauter Platz für Jugendliche), sondern weiter westlich auf dem schöneren Terrain am Waldrand (Gelände Z), einfache Sanitärs, Fahrradverleih, Lebensmittelgeschäft, geöffnet April-Oktober. Person 3.40 €, Zelt 3.65 €, Auto 1.35 €, Duschen 0.50 €, Fläche 17 ha. ☎ 0519/542070, ☏ 542146, duinoord@wxs.nl.

• *Essen* **Restaurant De Jong**, Reeweg 29, 9163 GT Nes, Hotel-Restaurant mit ansprechender Auswahl guter Gerichte der traditionellen niederländischen Küche, ☎ 0519/542016.

Restaurant 't Van Heeckeren Huys, Kerkplein 6, 9163 HB Nes, "Brasserie, Galerie, Restaurant", variationsreiche Karte mit guten Fischgerichten, gläserne Frontfassade, große Terrasse, ✆ 0519/542911, www.vanheeckeren.com.

Restaurant Grill De Hekseketel, Torenstraat 11, 9163 HD Nes, zentrale Lage, gemütliche Terrasse vor weinberankter Fassade, Spezialität sind Spare Ribs, 135 Pfannkuchen zur Auswahl, sollte es frische Erdbeeren geben, die Variante mit Vanilleeis und heißen Früchten testen, ✆ 0519/542395.

Het Witte Paard, Torenhoogte 5, 9163 HC Nes, Steakhouse mit pflanzenberankter Fassade, ein kleines Schmuckstück mit gerade eben 35 Sitzplätzen, Grillspezialitäten in großer Auswahl, ✆ 0519/542209.

Nescafé, Van Heeckerenstraat 10, 9163 GC Nes, beliebtes Eetcafé mit dem vielleicht originellsten Namen der Ameländer Gastronomie, preiswerte und schmackhafte Gerichte, ✆ 0519/542760.

De Drie Balken, M. Janszenstraat 2, 9163 HW Nes, traditionelle niederländische Küche, darüber hinaus einige vegetarische Gerichte, Terrasse vor dem Haus, ✆ 0519/542030.

Sehenswertes

Natuurcentrum Ameland: Der weiß getünchte Komplex dient seit einiger Zeit als Sitz der 1972 gegründeten *Stichting Natuurmuseum Ameland*. Sämtliche Landschaftstypen (Dünen, Polder, Wälder, Watt) werden fachkundig durchleuchtet. Die eigentliche Attraktion aber ist das große Seeaquarium. Hinter den mannshohen Fenstern tummeln sich Aale, Kabeljaue, Katzenhaie, Krebse und Plattfische.

• *Adresse/Öffnungszeiten* Strandweg 38, 9163 GN Nes, ✆ 0519/542737, www. amelandermusea.nl. Juli/August Mo-Fr 10-17 Uhr und 19-21 Uhr, Sa/So 10-17 Uhr; April- Juni und September/Oktober Mo-Fr 10-12 Uhr und 13-17 Uhr, Sa/So 13-17 Uhr; November-März Mi-Sa 13-17 Uhr. Erwachsene 3.25 €, Kinder 2.50 €, MJK.

Phenix-Molen: Die Kornmühle im Molenweg stammt aus dem späten 19. Jahrhundert und wird seit einigen Jahren wieder regelmäßig in Betrieb genommen. Einer alten Tradition folgend, wird das leckere *Molenbrood* direkt vor Ort verkauft.

De Vleyen: Das Erholungsgebiet (200 ha), durch die Strandwege von Buren und Nes begrenzt, bietet neben Rad- und Wanderwegen verschiedene Wassersportmöglichkeiten. Angler, Kanuten und Ruderer gehen hier ihrem Hobby nach. Auf einem kleinen Areal (15 ha) mit Bogen-, Hänge- und Seilbrücken sowie einer kleinen Ritterinsel können sich Kinder vergnügen.

Ballum
(300 Einwohner)

Das malerische Ballum ist das kleinste Dorf der Insel. Seit dem 15. Jahrhundert stand Ameland für mehr als 200 Jahre unter der Herrschaft der friesischen Cammingha-Familie, der Freiherren von Ameland, die ihre Residenz im Ballumer Schloss errichteten. Der Bau wurde 1829 abgerissen, nur der frei stehende, markante Turm und die von Bäumen gesäumte *Camminghastraat* blieben verschont. Die Trümmer des Schlosses leisteten wertvolle Dienste beim Deichbau auf der Nachbarinsel Terschelling.

Begraafplaats: Seit 400 Jahren wacht eine mächtige Ritterfigur über der letzten Ruhestätte von *Wijtzo van Cammingha*. Die einstige Macht der Familie ist deutlich zu spüren. Die alte Schlosskapelle auf dem Friedhof diente noch bis 1832 als Dorfkirche. Dann ließ man sie niederreißen und ersetzte sie durch eine modernere Kirche. Einzig die Kanzel aus dem Jahre 1604 blieb erhalten. Sie gilt als eine der ältesten Hollands.

- *Arzt* **Huisarts Jacobs**, Nesserweg 4, 9162 ET Ballum, ℡ 0519/554175.

- *Zahnarzt* **Tandartspraktijk Ameland**, Douwe Klipweg 10-14, 9162 EP Ballum, ℡ 0519/554104.

- *Fahrradverleih* **Fietsverhuur Nobel**, Camminghastraat 20, 9162 EM Ballum, ℡ 0519/554278.

- *Reitpferdeverleih/Planwagenfahrten* **Rijpaarden- en Ponyverhuur Blinkert**, Camminghastraat 13, 9162 EK Ballum, ℡ 0519/554059; **Manege Le Cheval**, Strandweg 13, 9162 EV Ballum, ℡ 0519/554926.

- *Fallschirmspringen* **Paracentrum Ameland**, Strandweg 21 (Flugplatz Ballum), 9162 EV Ballum, ℡ 0519/554880.

- *Traktorstrandfahrten* **van Tuinen**, Smitteweg 10, 9162 EC Ballum, ℡ 0519/554116.

- *Taxiruf* ℡ 0519/542725, **Cosi-Tax** (Kleinbus), ℡ 0519/543200, www.cosi-tax.com.

- *Übernachten* ***** Hotel Nobel**, Gerrit Kosterweg 16, 9162 EN Ballum, 45 Betten, modernes Haus hinter ländlicher Fassade, modern eingerichtete Zimmer, empfehlenswerte Küche im angegliederten Restaurant. EZ ab 37.50 €, DZ ab 75 €, ℡ 0519/554157, ✆ 554515, nobel@xs4all.nl.

Camping De Roosdunen, Strandweg 20, 9162 EV Ballum, nördlich des Zentrums, Schildern folgen, landschaftlich reizvolle, ruhige Lage am Dünenrand, 5 Min. zu Fuß zum Strand, unebenes Gelände, wenig Schatten, einfache Sanitäreinrichtungen, Lebensmittelgeschäft, Sauna, geöffnet April-Oktober. Person 3 €, Zelt 2.50 €, Auto 3.50 €, Fläche 3 ha. ℡ 0519/554134, ✆ 554454.

Hollum   (1.200 Einwohner)

In fernen Zeiten wurde der am äußersten Zipfel der Insel gelegene kleine Hafen *Sier* ein Raub des Meeres und machte Hollum zum westlichsten Dorf Amelands. Seit Jahren darf hier ohne Sondergenehmigung nichts verändert werden. Die alten *Commandeurshuizen* mit ihren verrußten Giebeln sollen auch in Zukunft zu den Attraktionen der Insel gehören. Dasselbe gilt für das älteste Haus auf Ameland in der *Johan Bakkerstraat* (Hausnummer 6), dessen Grundsteinlegung 1516 stattfand.

- *Fahrradverleih* **Boomhiemke**, Jan Roepespad 4, 9161 CT Hollum, ℡ 0519/554052, www.boomhiemke.nl; **Rijwielverhuur Nobel**, Oranjeweg/Duneweg, 9162 EM Holllum, ℡ 0519/554278; **Rijwielverhuur Faber**, Jan Roepespad 4, 9161 CT Hollum, ℡ 0519/556103.

- *Reitpferdeverleih* **K. P. de Boer**, Oranjeweg 20, 9161 CC Hollum, ℡ 0519/554147.

- *Planwagenstrandfahrten* **Bunicich**, Reddingbootweg 6, 9161 CD Hollum, ℡ 0519/554437.

- *Wattenmeerfahrten* **Waddenhevel, Zeehondentochten**, Hans Jochemstraat 3, 9163 JJ Hollum, ℡ 0519/542166.

- *Taxiruf* ℡ 0519/542725, **Cosi-Tax** (Kleinbus), ℡ 0519/543200, www.cosi-tax.com.

- *Übernachten* ****** Hotel d'Amelander Kaap**, Oosterhiemweg 1, 9161 CZ Hollum, 80 Betten, Nähe Leuchtturm, moderner Neubau der Best-Western-Kette mit hellem Interieur, hoher Komfort, Sauna, Schwimmbad, Squash- und Tennisplätze. EZ ab 50 €, DZ ab 100 €, ℡ 0519/554646, ✆ 554809, www.amelander-kaap.nl.

NJHC-Jugendherberge Waddencentrum Ameland, Oranjeweg 59, 9161 CB Hollum, Nähe Leuchtturm, wenige Meter vom Strand, viele kleine Gebäude auf weitem Gelände, einfache Einrichtung, einfache Sanitärs, geöffnet Mai-September. 144 Betten, Zweierzimmer (6), Viererzimmer (24), Sechserzimmer (6). Übernachtung im Schlafsaal inkl. Frühstück 18-21 € (je nach Saison), ℡ 0519/555353, ✆ 555355, ameland@njhc.org.

Camping Boomhiemke, Jan Roepespad 4, 9161 CT Hollum, Richtung Hollum, in der Ortschaft zweite Abfahrt rechts, ebenes Wiesengelände mit wenig Schatten, direkt hinter den Dünen gelegen, Fahrradverleih, Lebensmittelgeschäft, geöffnet April-Oktober. Stellplatz (inkl. 6 Pers.) 25 €, Duschen inkl., Fläche 20 ha. ℡ 0519/554052, ✆ 554333, boomhiemke@ameland.nl.

Camping Koudenburg, Oosterhiemweg 2, 9161 CZ Hollum, Richtung Hollum, in der Ortschaft erste Abfahrt rechts, Teil eines Bungalowparks, einfache Sanitäreinrichtungen, ganzjährig geöffnet. Person 3.75 €, Zelt 3.75 €, Duschen inkl., Fläche 3 ha. ℡ 0519/554367, ✆ 554450.

- *Essen* **Pannenkoekhuis Onder de Vuurtoren**, Oranjeweg 44, 9161 CC Hollum, das nördlichste Pfannkuchenhaus der Niederlande, großer Andrang auf der marki-

Typischer Straßenzug auf Ameland

sengeschützten Terrasse mit Vogelvoliere, 260 (!) Variationen zur Auswahl, Pfannkuchen aus Vollkornmehl (aus der Hollumer Mühle) gegen Aufpreis, Spezialität des Hauses sind die "Jutterspannekoeken", Karte mit Übersetzung für "unsere Deutsche Gäste", Spielplatz, Terrasse, April-Oktober

tägl. 10-23 Uhr, November-März Di-So 11-21 Uhr, ☎ 0519/554069.

Restaurant De Griffel, Burenlaan 41, 9161 AJ Hollum, stets gut besuchte Adresse, diverse Spezialitäten vom Grill, empfehlenswerte Steaks mit guten Salaten, ☎ 0519/554135.

Sehenswertes

Sorgdrager-Museum: Das 1751 im Auftrag von *Pieter Sorgdrager* errichtete *Commandeurshuis* – im Volksmund liebevoll *Sorgdragershûske* genannt – gibt einen detaillierten Einblick in die Lebensverhältnisse einer Amelander Kapitänsfamilie. Sehenswert sind das Prunkzimmer, die biblischen Darstellungen auf den Kachelwänden und das prächtige Bild eines Walfängers. Auch die Kleidertrachten im Hinterzimmer verdienen die Aufmerksamkeit des Besuchers. Der benachbarte Bauernhof vermittelt Eindrücke aus dem Leben der Ameländer.

• *Adresse/Öffnungszeiten* Hereweg 1, 9161 AM Hollum, ☎ 0519/554477, Juli/August täglich 10-17 Uhr; April-Juni und September/Oktober Mo-Fr 10-12 Uhr und 13-17 Uhr, Sa/ So 13.30-17 Uhr; November-März Mi-Sa 13.30-17 Uhr. Erwachsene 2.10 €, Kinder 1.80 €. Führungen in deutscher Sprache, www.amelandermusea.nl.

Reddingsmuseum Abraham Fock: 1988 ging auf Ameland mit dem Erwerb eines neuen, modernen Rettungsboots eine 160-jährige Tradition zu Ende. Zuvor hatten in Notfällen zehn Pferde das *Paardenreddingboot* ins Wasser gezogen, wobei sich wiederholt schwere Unfälle ereigneten und zahlreiche Tiere in den Fluten ertranken. Das kleine Museum zeigt neben historischen Dokumenten das alte Rettungsboot, das bei Vorführungen wieder zu Wasser gelassen wird.

• *Adresse/Öffnungszeiten* Oranjeweg 18, 9161 CC Hollum, ☎ 0519/554243, Juli/August Mo-Fr 10-17 Uhr, Sa/So 13.30-17 Uhr; April-Juni und September/Oktober Mo-Fr 10-12 Uhr und 13.30-17 Uhr, Sa/So 13.30-17 Uhr; Nov.-März Mo-Fr 13.30-17 Uhr. Erwachsene 2.10 €, Kinder 1.80 €, MJK. Führungen in deutscher Sprache. www.amelandermusea.nl.

Vuurtoren Bornrif: Der gusseiserne Leuchtturm (58 m), der sich von knapp zehn Metern Bodendurchmesser auf knappe vier Meter an seiner Spitze verjüngt, bietet eine gute Aussicht über Ameland und die weite *Boschplaat* der Nachbarinsel Terschelling. Der Aufstieg erfolgt über 236 Stufen, die sich auf die 13 Etagen des Bauwerks verteilen. Die Leuchtkraft des Turms entsprach kurz nach seiner Fertigstellung 1880 der von 24.000 Kerzen, 1998 der von 4,5 Millionen Kerzen. Nur wenige Leuchttürme weltweit können sich damit messen. *Adresse/Öffnungszeiten* J.W. Burgerstraat 2, 9161 BH Hollum, ☎ 0519/554703. Der Turm ist bis auf weiteres nicht mehr zugänglich.

Buren   (600 Einwohner)

Buren steht als einzige Ortschaft der Insel nicht unter Denkmalschutz. Zahlreiche Bauernhöfe prägen das Bild im östlichsten Ameländer Dorf. Die bronzene Statue auf dem von Bäumen gesäumten Dorfplatz erinnert an das Dorf *Oerd*, das in ferner Vergangenheit noch weiter östlich gelegen haben soll.

• *Fahrradverleih* **Rijwielverhuur Metz**, Strandweg 37, 9164 KA Buren, ☎ 0519/542417, www.fietsverhuur-ameland.nl.; **Molenaar**, Willibrordusstraat 7, 9164 KT Buren, ☎ 0519/542541.

• *Planwagenstrandfahrten* **Landbouw- en Juttersmuseum**, Hoofdweg 1, 9164 KC Buren, ☎ 0519/542845.

• *Traktorstrandfahrten* **Molenaar**, Kooiweg 28, 9164 KM Buren, ☎ 0519/542142.

• *Taxiruf* ☎ 0519/542725, **Cosi-Tax** (Kleinbus), ☎ 0519/543200, www.cosi-tax.com.

• *Übernachten* ***** Hotel De Klok**, Hoofdweg 11, 9164 KL Buren, 53 Betten, einziges Hotel in Buren, Familienbetrieb mit komfortablen Räumlichkeiten, alle Zimmer mit Du/WC und TV. EZ ab 46 €, DZ ab 73 €, ☎ 0519/542181, ✆ 542497.

Camping Klein Vaarwater, Klein Vaarwaterweg 114, 9164 ME Buren, am Kreisverkehr hinter der Fähre rechts, Richtung Buren, in der Ortschaft links, Schildern folgen, riesiges Gelände, gute Sanitärs, Lebensmittelgeschäft, Tennisplätze, ganzjährig geöffnet. Person 3.25 €, Zelt 3.15 €, Auto 2.40 €, Duschen 0.50 €, Fläche 43 ha. ☎ 0519/542156, ✆ 542655, klein_vaarwater@zonnet.nl.

Camping Kiekduun, Strandweg 65, 9164 KA Buren, nahe Camping Klein Vaarwater, Schildern folgen, ebenes Wiesengelände, 5 Min. zu Fuß zum Strand, kein Schatten, gute Sanitäreinrichtungen, Sauna, ganzjährig geöffnet. Person 2.70 €, Zelt 3.35 €, Auto 2.70 €, Duschen 0.50 €, Fläche 7 ha. ☎ 0519/542389.

Sehenswertes

Landbouw- en Juttersmuseum Swartwoude: 1992 eröffnete die Stiftung *De Ouwe Polle* das Ackerbau- und Strandräubermuseum. Die Sammlung vermittelt einen Einblick in die Lebensweise der Ameländer Bauern um die Wende vom 19. zum 20. Jahrhundert. In den Ställen steht noch heute Vieh, die alten Werkzeuge werden weiter genutzt. Die Bauern waren damals zugleich auch Fischer, Jäger und Strandräuber. Fisch und Wild boten eine erfreuliche Abwechslung des sonst eher mageren Speiseplans, während das angespülte Strandholz der Reparatur der Höfe zugute kam.

• *Adresse/Öffnungszeiten* Hoofdweg 1, 9164 KL Buren, ☎ 0519/542845, Juli/August täglich 10-17 Uhr; April-Juni und September/Oktober Mo-Fr 10-12 Uhr und 13-17 Uhr, Sa/So 13.30-17 Uhr; November-März Mi-Sa 13.30-17 Uhr. Erwachsene 2.10 €, Kinder 1.80 €. Begleittexte und Führungen in deutscher Sprache, www.amelandermusea.nl.

Eendenkooi: Nur wenige Kilometer östlich des Dorfs befindet sich ein in alter Pracht restaurierter Entenfang. Besucher werden fachkundig in das alte Handwerk eingeführt. Die Führung dauert etwa eine Stunde.

Information ✆ 0519/542737 (Frau Aleida Edes), amelandermusea.ajedes@planet.nl.

Strandräuberei

Die nur schlecht vertäute Schiffsladung geht über Bord und wird wenig später an Land gespült. Ein Drama einerseits, Anlass zur Freude andererseits, können doch die wartenden Strandräuber ihrer Sammlung schon bald neue Stücke hinzufügen. Hunderte von Schiffen strandeten einst vor den westfriesischen Inseln, manchmal freilich unter tatkräftiger Mithilfe der Inselbewohner. Auf Ameland wurde gar der legendären Hexengestalt *Rixt van het Oerd* ein Denkmal gesetzt (Buren, östlicher Ortsausgang). Sie soll mit Irrlichtern mehrere Schiffe ins Verderben gelenkt haben. Diese zerschellten an einem der Insel vorgelagerten Felsen und gaben ihre Ladung dem Meer und den am Ufer wartenden Strandräubern preis. Die Legende aber erzählt weiter, dass sich auf einem der Schiffe ihr eigener Sohn befunden habe, dessen Leiche ihr wenig später vor die Füße gespült wurde. Seither soll die Alte klagend durch die feuchtkalten Nebelnächte streifen ...

Die Strandräuberei war lange Zeit ein lukratives Geschäft der Bauern der westfriesischen Watteninseln, die auf dem Schwarzmarkt einen willkommenen Nebenverdienst ermöglichte. Offiziell musste das gefundene Strandgut zwar dem Inselherrn übergeben werden, doch hielt sich kaum einer an diese Anordnung. Schließlich stand und steht dem Finder offiziell nur ein Drittel des Verkaufserlöses zu.

Einer der Mythen, die sich um die Inseln ranken, erzählt von einem portugiesischen Handelsschiff, das 1865 vor der Ostflanke Amelands in den Fluten versank. Die Rettungsmannschaften stießen bei den Bergungsarbeiten angeblich auf zahlreiche prall gefüllte Weinfässer als Bestandteile der Ladung. Man munkelt, dass dies die Rettungsarbeiten nachhaltig behindert haben soll ...

Der Inselosten

Eine schöne Radtour ermöglicht der Rundweg gen Osten, dessen Ziel die Aussichtsplattform am Ostzipfel der Insel ist.

Auf einer Höhe von 21 Metern fällt der Blick auf Nordsee und Wattenmeer zugleich. Das Auge erkennt auch in diesem Bereich herrlich breite Strände, an denen Ende 1997 mehrere Pottwale strandeten. Versuche, die Meeressäuger zurück ins Meer zu ziehen, scheiterten. Das Ecomare-Zentrum auf Texel vermutete einen verhängnisvollen Navigationsfehler der Tiere, die auf ihrem Weg in den Süden vor der britischen Insel irrtümlich in die Nordsee statt in den Atlantik schwammen.

In Sichtweite am nordöstlichen Horizont liegt die unförmige Silhouette einer Bohrplattform der niederländischen Erdölgesellschaft, die das Panorama empfindlich stört. Die vehementen Proteste der Inselbewohner auf Ameland und

Schiermonnikoog, die sich nicht nur in zahlreichen Plakaten an Fassaden und Fenstern äußern, konnten den Bohrtätigkeiten am Rande des Wattenmeers bislang nichts anhaben. Auch Umweltschutzorganisationen ist das Projekt ein Dorn im Auge. 1998 besetzten Greenpeace-Aktivisten die Plattform, doch zeigte ihre Aktion außer einer Strafanzeige, die ein Bußgeld in Höhe von damals 250.000 Gulden nach sich zog, keine Wirkung.

Schiermonnikoog   (Provinz Friesland • 1.000 Einwohner)

Die weiten Naturschutzgebiete, besonders das Vogelreservat Kapeglob, haben Schiermonnikoog zum Ziel für Naturliebhaber gemacht. Die einsamen Sandstrände der Insel versprechen Ruhe und Erholung.

Der klangvolle Name der kleinsten der fünf niederländischen Watteninseln findet eine schlichte Erklärung: Die Insel *Oog* war lange Zeit das Eigentum der *Schiere Monniken*, der Mönche eines bei Dokkum in Friesland gelegenen Zisterzienserklosters. Das Kloster verschwand, der Name blieb. Das einzige Dorf der Insel, das der Einfachheit halber ebenfalls Schiermonnikoog genannt wird, wurde 1720 gegründet. Damals betrieben die Insulaner nicht nur mit der gesamten niederländisch-belgischen Küste einen florierenden Handel, sondern auch mit dem russischen St. Petersburg. Die Insel schwelgte im Wohlstand.

1859 erwarb *John Eric Banck* für damals 95.000 Gulden weite Teile der Insel. Zwei Jahre später führten erste Eindeichungen unter seiner Regie zur Entstehung des nach ihm benannten *Banckpolders*, der allerdings schon bald durch den von Westen herübergetragenen Sand bedroht war. Das gesamte Areal lief Gefahr zu versanden, schnelles Handeln war nötig. Man errichtete einen weiteren Deich und ließ so neue Landstriche entstehen, die jahrzehntelang als Weidefläche Verwendung fanden.

Zur Jahrhundertwende übernahm das deutsche Grafengeschlecht *von Bernstorff* die Insel. Der neue Besitzer ließ Nadelwälder anpflanzen und hoffte auf ein lukratives Holzgeschäft. Seine Träume blieben unerfüllt, doch erfreuen sich heute die zahlreichen Touristen an den Wäldern.

1887 öffnete das erste Strandhotel auf Schiermonnikoog seine Tore, der Glanz aber währte nicht lange. Schwere Unwetter verkürzten in den 20er Jahren den Abstand zum Meer, und bald war das Hotel dem Wasser zum Opfer gefallen. Trotz dieses Verlusts gewann der Fremdenverkehr auf der Insel schnell an Bedeutung. Heute übersteigen die Übernachtungsmöglichkeiten auf Schiermonnikoog die Einwohnerzahl um das Sechsfache. Die geringe Entfernung zum Festland lockt auch außerhalb der Hochsaison zahlreiche Tagesbesucher auf die Insel. Bislang bemüht man sich vergeblich um eine Begrenzung der Besucherzahlen. Motorisierte Fahrzeuge sind nicht zugelassen, einzig die Inselbewohner besitzen eine Ausnahmegenehmigung.

Nach dem Zweiten Weltkrieg bemühte sich die Provinz Groningen um den Ankauf Schiermonnikoogs, doch sorgten klare Mehrheiten unter der Bevölkerung für eine andere Entwicklung. Die flache Insel, über die sich abends im Herbst feine Nebel legen, gehört heute zur Provinz Friesland.

Leuchtturm auf Schiermonnikoog

Schiermonnikoog ist ein Naturparadies. Mehr als die Hälfte aller Pflanzenarten des niederländischen Festlands ist auch auf der Insel heimisch. Dünen, Polder, Wälder und Watt sorgen für eine abwechslungsreiche Landschaft. Die kontinuierlichen Westwinde führen auch auf Schiermonnikoog zu einer stetigen Ostdrift der Insel. Möglicherweise zeichnet sich bald eine Teilung ab, bei Hochwasser stehen bereits heute weite Teile des Landes unter Wasser.

Übrigens: Noch etwa 75 Inselbewohner sprechen *Schiermonnikoogs*, eine dem Niederländischen ähnliche, aber eben doch eigenständige Sprache. Außerdem tragen die Einheimischen fast alle den Nachnamen *Visser* (Fischer). Wen wundert's? Die Insulaner waren früher eine einzige große Fischerfamilie ...

Schiermonnikoog im Überblick

• *Information* **VVV Schiermonnikoog**, Reeweg 5, 9166 PW Schiermonnikoog, ✆ 0519/531233, 📠 531325, www.vvvschiermonnikoog.nl. Mai-Sept. Mo-Fr 9-18 Uhr, Sa 9.30-16.30 Uhr; Okt.-April Mo-Fr 9-17.30 Uhr, Sa 9.30-16.30 Uhr. Die kostenlose Zeitung "Schierse Zomerkrant" informiert wöchentlich über aktuelle Veranstaltungen.

• *Baden/Strände* Der breite Sandstrand an der Nordflanke zählt zu den schönsten der Niederlande. Bewachte Strandabschnitte findet man nur in der Nähe des Dorfes. FKK ist mit wenigen Ausnahmen (Paal 2-7) auf der gesamten Insel erlaubt.

• *Größe/Fläche* Schiermonnikoog ist rund 16 km lang und hat eine mittlere Breite von 3 km, die Fläche der Insel beträgt 3.250 ha.

• *Arzt* **Huisartsenpraktijk Schiermonnikoog**, Burgemeester v/d Bergstraat 2b, 9166 PT Schiermonnikoog, ✆ 0519/531166.

• *Zahnarzt* **Tandarts Otte**, Willemshof 11, 9166 LZ Schiermonnikoog (Bohrungen im Winter nur nach telefonischer Voranmeldung), ✆ 0519/531777.

• *Fahrradverleih* **Schierfiets**, Noorderstreek 32, 9166 NR Schiermonnikoog, ✆ 0519/531700; **Fietsverhuur Soepboer**, Paaslandweg 1, 9166 PV Schiermonnikoog, ✆ 0519/531636 (jeweils auch Vermietung von Strandwagen).

• *Rundfahrt* **Eilander Balg Expres**, Ausflüge in die östlichen Gefilde der Insel mit einem umgebauten Bus, der per Traktor durch die Dünenlandschaft gezogen wird – die etwas andere Rundfahrt. Abfahrt am Strandhotel (Ende Badweg). Information und Reservierung: Bezoekerscentrum Schiermonnikoog, Torenstreek 20, 9166 LK Schiermonnikoog, ✆ 0519/531641. Erwachsene 7.50 €, Kinder 5 €.

• *Veranstaltungen* Das **Hippique Festival**, ein Pferdesportereignis mit nahezu allen Disziplinen des Reitersports, findet am zweiten Mittwoch im Juli statt. **Muziekavonden**: Konzerte klassischer Musik (Gesang und Orchester) in der Nederlands Hervormde Kerk. Ankündigung der Termine in der "Schierse Zomerkrant" (siehe oben).

• *Taxiruf* ✆ 0519/531400

Verbindungen

Man erreicht den Fährhafen Lauwersoog bequem per Auto oder Bus ab Leeuwarden (Provinz Friesland) und Groningen (Provinz Groningen). Aus Richtung Leeuwarden fährt man die Umgehungsstraße bis zur Ausfahrt Hardegarijp/Groningen, nimmt dort die Ausfahrt Dokkum und orientiert sich nach Lauwersoog. Aus Drachten folgt man den Schildern Richtung Dokkum und anschließend Lauwersoog. In Lauwersoog stehen bewachte Parkplätze zur Verfügung (3 € pro Tag).

Fähre Lauwersoog–Schiermonnikoog: Der Fährdamm auf Schiermonnikoog stammt aus dem Jahre 1962. Schwere Sturmfluten stellten die Sicherheit der alten Anlagen aus den 20er Jahren in Frage und machten einen Neubau erforderlich. Die Verbindung zur Insel wird gegenwärtig von den Schiffen *Brakzand*, *Rottum* und *Simonszand* aufrechterhalten. Alle schweren Gepäckstücke sollten auf einem der bereitstehenden Gepäckwagen deponiert werden. Sie können am Zielhafen wieder abgeholt werden. Fahrtdauer 45 Minuten.

• *Fahrplan* Ab Lauwersoog Mo-Fr 6.30, 9.30, 13.30, 17.30 und 19.30 Uhr (nur Fr), Sa 6.30, 9.30 und 17.30 Uhr (März-Oktober auch 13.30 Uhr), So 9.30, 15.30 und 17.30 Uhr (Juli/August auch 11.30 und 19.30 Uhr). Ab Schiermonnikoog wie oben, allerdings jeweils eine Stunde später.

• *Preise* Rückfahrkarte: April-September Erwachsene 10.55 €, Kinder 5.80 €, Fahrrad/Hund 4.75 €; Oktober-März Erwachsene 9 €, Kinder 5 €, Fahrrad/Hund 4 €.

• *Information* **Rederij Wagenborg**, Zeedijk 9, 9976 VM Lauwersoog, ☎ 0519/349079 (Abfahrtzeiten) oder 0519/349050 (Reservierung), www.wpd.nl.

Inselhopping nach Ameland: Die Fahrt auf der *Boschwad* führt von der Westspitze Schiermonnikoogs zur unbewohnten Insel Engelmansplaat und weiter zur Ostküste Amelands.

• *Fahrplan* Abfahrten zwischen Ende Juni und Anfang September. Die genauen Zeiten variieren. Sie sind auf Anfrage erhältlich. Fahrtdauer 180-210 Minuten.

• *Preise* Rückfahrkarte: Erwachsene 23 €, Kinder 12 €, Fahrrad 3.50 €. Einfache Fahrt: Erwachsene 18 €, Kinder 10 €, Fahrrad 3.50 €.

• *Information* **Motorpassagierschip Boschwad**, ☎ 0595/528390.

Weiterfahrt auf Schiermonnikoog: Auf Schiermonnikoog verkehrt ein Pendelbus zwischen dem Fährhafen und der Ortschaft Rückfahrkarte: Erwachsene 2 €, Kinder 1.50 €.

Übernachten/Essen

• *Übernachten* ***** Hotel Duinzicht**, Badweg 17, 9166 ND Schiermonnikoog, 74 Betten, Familienhotel in Dünen- und Strandnähe, prächtiger Garten, gepflegte Räumlichkeiten, die eine sehr angenehme Atmosphäre ausstrahlen. EZ ab 40 €, DZ ab 78 €, ☎ 0519/531218, ✆ 531425, info@hotelduinzicht.nl.

*** Hotel Van der Werff, Reeweg 2, 9166 PX Schiermonnikoog, 110 Betten, Traditionshotel mit angegliedertem Café-Restaurant, weißer Prachtbau in gepflegtem Zustand, gemütliche Atmosphäre, freundlicher Service, hauseigener Bus-Oldtimer mit originell weiß-blauem Dach als Shuttle zum Fährhafen. EZ ab 40 €, DZ ab 80 €, ☎ 0519/531203, ✆ 531748.

** Strandhotel Noderstraun, Badweg 32, 9166 NK Schiermonnikoog, 105 Betten, direkt am Nordseestrand gelegen, alle Zimmer mit Balkon oder Terrasse, Du/WC, Telefon und TV. DZ ab 105 €, ☎ 0519/531111, ✆ 531857.

Camping Seedune, Seeduneweg 1, 9166 RX Schiermonnikoog, Schildern folgen, schöne Anlage auf halbem Weg zwischen Ortschaft und Nordseestrand, hügeliges Dünenterrain, am hinteren Ende schattige Plätze am Waldrand, sehr saubere, schlichte Sanitäranlagen, Besucher erhalten einen Müllsack, den sie benutzen sollten, zahllose Kaninchen, die sich auf Wunsch hemmungslos vor den Zelten paaren, Lebensmittelgeschäft, geöffnet April-September. Person 3.65 €, Zelt 2.30 €, Duschen 0.45 €,

Fläche 8 ha. ☎ 0519/531398, ✆ 531280, info@seedune.nl.

Mini-Camping Eureca, Heereweg 4, 9166 SE Schiermonnikoog, geöffnet Mai-Oktober. Person 4.10 €, Zelt 2.30 €, Duschen inkl., Fläche 0,5 ha. ☎ 0519/531421, ✆ 531645, info@eureca.nl.

• *Essen* **Steakhouse Brakzand**, Langestreek 66, 9166 LE Schiermonnikoog, Ecke Badweg, *die* Adresse für gute Grillteller, vornehmlich Fleisch, aber auch Fisch und Gerichte der vegetarischen Küche, preiswerte wechselnde Tagesgerichte, ☎ 0519/531382.

Café-Grillhuis De Zeester, Badweg 117, 9166 NH Schiermonnikoog, etwas abseits inmitten der Dünen, unten Eetcafé mit diversen Snacks (Pfannkuchen), oben nobler mit Fleisch und Fisch sowie vegetarischen Platten, ☎ 0519/531566, www.hoteldezeester.nl.

Schiermonnikooger Vishandel, Noorderstreek 38, 9166 NR Schiermonnikoog, Café-Restaurant mit guten und preiswerten Fischgerichten, einige Tische auf der kleinen Terrasse am Eingang, ☎ 0519/531743.

Graaf Bernstorff, Reeweg 1, 9166 PW Schiermonnikoog, benannt nach dem gleichnamigen Grafen, der vor etwa 100 Jahren mit seinem Versuch scheiterte, ein gewinnbringendes Holzgeschäft auf der Insel zu etablieren. Leckeres Appelgebak mit Slagroom, ☎ 0519/532000.

Westfriesische Inseln

Sehenswertes

Bezoekerscentrum Schiermonnikoog: Das Besucherzentrum *De Oude Centrale* in den Gebäuden des alten Elektrizitätswerks beantwortet alle Fragen zur Flora und Fauna der Insel. Dia-Vorträge ergänzen das Angebot. In der Saison werden Exkursionen durch Dünen, Moor, Wälder und Watt angeboten. Am Schalter werden Reservierungen für Fahrten mit dem *Eilander Balg Express* entgegengenommen (siehe oben).

Adresse/Öffnungszeiten   Torenstreek 20, 9166 LK Schiermonnikoog, ☎ 0519/531641, waterland.net/npschierm. Sa 13.30-17.30 Uhr; April-Oktober Mo-Sa 10-12 Uhr und 13.30-17.30 Uhr. Erwachsene 0.50 €, Kinder frei.

Vredenhof: Schon zahlreiche Handelsschiffe wollten in zu kurzer Distanz an der Insel vorbeisegeln. Neben wertlosem Strandgut fand man oft die Leichen verunglückter Seeleute. Die Insulaner legten für sie in den Dünen außerhalb des Dorfes 1925 eine Grabstätte an. Im Zweiten Weltkrieg fanden zahlreiche Soldaten aus Australien, Deutschland, England, Kanada und Polen hier ihre letzte Ruhestätte. Darüber hinaus findet sich auch das Grab des Hoteliers Graf *Sake van der Werff*, der den kleinen Friedhof einst angelegt hatte.

Vuurtoren: Auf der Insel stehen zwei Leuchttürme, die beide aus dem Jahre 1853 stammen. Ihr Bau sollte eine sichere Orientierung auf dem Weg von der Nordsee zurück ins seichte Wattenmeer gewährleisten. Die Lichter beider Türme mussten hierfür in einer Linie liegen. 1911 wurde der *Zuidertoren* aus dem Dienst entlassen. Er wird seither als Basis für Vermessungsarbeiten genutzt.

"Karrepad" auf Schiermonnikoog

Bei der Errichtung der beiden Leuchttürme und der angegliederten Wohnhäuschen war die Anlieferung der erforderlichen Baumaterialien äußerst umständlich. Die Transportschiffe vom Festland steuerten bei Flut direkt an die Insel heran, ankerten auf dem festen Wattboden und warteten auf das Ablaufen des Wassers. Sobald der Meeresspiegel seinen niedrigsten Stand erreicht hatte, kamen die Fuhrunternehmer mit ihren Pferdekutschen an die trockengelegten Schiffe heran und übernahmen die Ladung. Die Güter wurden auf einem holprigen Pfad, der den bezeichnenden Namen *Karrepad* (Karrenpfad) trug, an ihre Bestimmungsorte transportiert. Alten Überlieferungen zufolge zeigten sich die Fuhrunternehmer auf ihren Touren einem kräftigen Schluck ebenso kräftigen Jenevers nicht abgeneigt. An einer Stelle sollen derart viele leere Flaschen gefunden worden sein, dass der Ort seither den Namen "Jeneverslait" (Jeneverschlösschen) trägt. Mittlerweile hat sich die Natur weite Teile des Karrenpfads zurückerobert.

Friesisches Stillleben mit Mühle

Provinz Fryslân (Friesland)

Die Provinz Fryslân (Friesland), die sich in die Regionen **Noord-Friesland,
IJsselmeerkust, Friese Merengebied** und **Friese Wouden** aufteilt, ist *das*
Wassersportparadies der Niederlande. Insbesondere das im Herzen des größten friesischen Seengebietes gelegene Sneeker Umland lockt zahlreiche Segel-
sportfreunde. Die hiesigen Wasserflächen sind durch ein dichtes Netz künstlicher Kanäle miteinander verbunden, die selbst ausgedehnte Touren entlang
der fernen Silhouetten friesischer Warftdörfer ermöglichen. Die Natur ist der
wichtigste Schatz Frieslands, der in der Vergangenheit allerdings große Gefahren mit sich brachte. Die nördliche IJsselmeerregion hatte vor Fertigstellung
des Abschlussdeiches in den 20er Jahren stark unter den zahlreichen Sturmfluten zu leiden. Noch heute ragen allerorten auffällige, mehrere Meter hohe
Hügel hervor, im Fachjargon als *Terpen* bezeichnet, die bereits vor mehreren
Jahrhunderten zum Schutz vor den unberechenbaren Gewalten des Meeres
angelegt wurden. Alleine die höher gelegenen Häuser boten damals ein Minimum an Sicherheit. Heute grasen in perfekter Übereinstimmung mit dem verbreiteten Klischee Legionen von Kühen und Schafen zwischen den bis an den
Horizont reichenden Terpen. Zahlenmäßig sind sie den Bewohnern Frieslands
(mindestens) gleichgestellt. Im Zentrum der Provinzhauptstadt Leeuwarden
hat man den vornehmlich schwarz-weißen Artgenossen gar ein Denkmal gesetzt: *Us Mem*, die Kuh der Nation, repräsentiert mehrere hunderttausend
Artgenossen auf den weiten Weideflächen des Umlandes.

Provinciale VVV Groningen – Friesland – Drenthe

Van Knobelsdorffplein 20, 9203 DJ Drachten, ☎ 0900/9222,
www.beleefnoordnederland.nl

Die Provinzen Friesland und Groningen bieten **Übernachtungsarrangements in herrschaftlichen Prunkzimmern (Pronkkamers)**, den Sonntagszimmern stimmungsvoller Bauernhöfe und Herbergen. Die meisten dieser Adressen befinden sich in idyllischen Dörfern und Städten am Rande des Wattenmeers. Auf Anfrage ist eine ausführliche Broschüre erhältlich.

Information: De Pronkkamer, Strandweg 1, 9976 VS Lauwersoog, ☎ 0519/349473, 🖷 349095, www.pronkkamer.nl.

Eine weitere Besonderheit sind die zwei offiziellen Sprachen der Provinz Friesland. Mehr als 400.000 Menschen und damit etwa zwei Drittel aller Friesen beherrschen das *Frysk*. Schon in frühen Grundschuljahren lernen die Kinder die Sprache, und allerorten sind die Ortsnamen zweisprachig ausgeschildert.

Eierklau im Herzen Frieslands

Die fragwürdige Tradition, Kiebitznester nach strengen Regeln auszunehmen, reicht ins 19. Jahrhundert zurück. Die Vögel scheinen sich an die Prozedur gewöhnt zu haben und nehmen die hin und wieder abnehmende Zahl der sich im eigenen Nest befindlichen Eier gelassen hin. Meistens liegen vier davon im Nest, von denen der zertifizierte Eierdieb nur eines entfernen darf. Als schneller Brüter fügt der Vogel erfahrungsgemäß rasch ein Ersatzei hinzu.

Reiseveranstalter bieten derweil Kurse im einst mit königlichem Segen betriebenen Eierklau an. Daran aber könnte sich schon bald etwas ändern, denn die Bemühungen um die Schaffung gesamteuropäischer Standards lässt die EU-Kommission nun eine Quotenregelung für die friesischen Kiebitze anstreben. Die Zahl zertifizierter Diebe, die bereits jetzt auf etwa 8.000 beschränkt ist, soll weiter verringert werden, und auch der zeitliche Rahmen des Eierklaus – derzeit die Spanne von Anfang März bis Anfang April – soll verkürzt werden. Der Handel mit den Eiern wird schon heute strafrechtlich verfolgt. 2001, das Jahr der Maul- und Klauenseuche (MKS), brachte ein völliges Verbot mit sich, nachdem die über die Äcker kriechenden Eierdiebe als potentielle Gefährdung erkannt worden waren.

Region Noord-Friesland

(Leeuwarden, Franeker, Harlingen, Dokkum)

Der nördlichste Teil des friesischen Festlands vereint sehenswerte Städte wie **Franeker**, **Harlingen** oder die grachtengesäumte Provinzhauptstadt **Leeuwarden** mit lieblichen Dörfern auf dem platten Land. In der Ferne lassen sich schemenhaft die vier friesischen Watteninseln erkennen. Noch im späten Mittelalter erstreckte sich mit der *Middelzee* ein tiefer Meeresarm quer durch Friesland, dessen Ausläufer bis nach **Sneek** reichten. Später erst entstand das heutige Landschaftsbild mit seinen systematisch angeordneten Straßen und

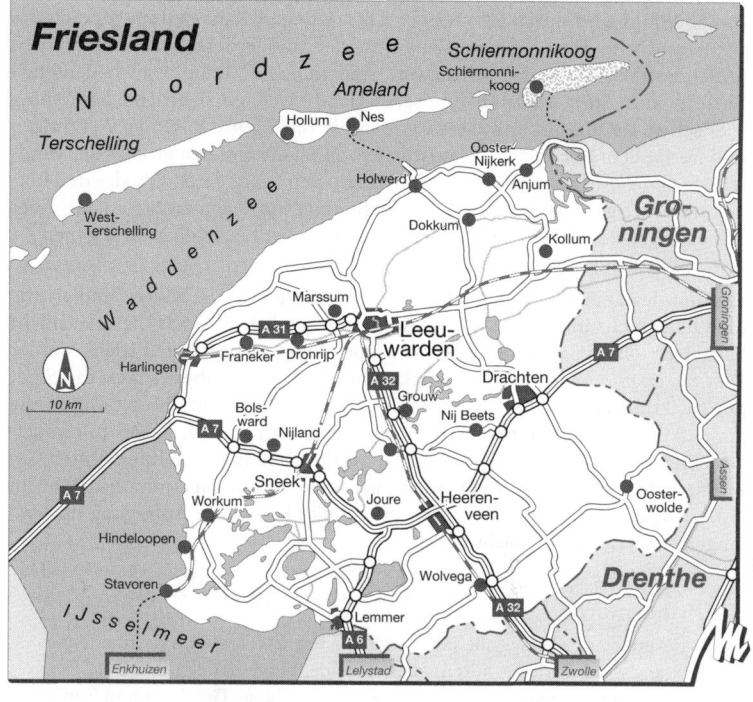

Wegen und den gleichmäßig verteilten Dörfern und Städten. Hinter den schützenden Deichen findet der Besucher ruhige Ortschaften mit baumgesäumten Landgütern, die sich harmonisch in die Landschaft einfügen. Allerorten sieht man die Silhouetten idyllisch gelegener Terpendörfer und filigraner Kirchtürme. Einen Abstecher verdienen Dörfer wie **Aldtsjerk**, **Bartlehiem**, **Gytsjerk**, **Mûnein**, **Oentsjerk**, **Ryptsjerk** oder **Tytsjerksteradiel**. Den größten Besucheranstrom aber verzeichnet das *Lauwersmeer* im Grenzgebiet zur östlich benachbarten Provinz Groningen, ein touristisches Erholungsgebiet, das 1969 durch den Bau von Deichen dem Meer abgerungen werden konnte.

Leeuwarden (fries. Ljouwert)   (Provinzhauptstadt • 86.000 Einwohner)

Die sternförmigen Grachten begrenzen eine belebte Metropole, die sich einen Hauch Beschaulichkeit hat bewahren können. Der historisch gewachsene Stadtkern, der einige architektonisch reizvolle Bauten birgt, war einst der Sitz des mächtigen friesischen Statthalters.

Die Stadt ist kulturelles und wirtschaftliches Zentrum des nordwestlichen Zipfels der Niederlande. Die alten Hafenanlagen verschafften Leeuwarden im 15. Jahrhundert überregionale Bedeutung, doch führte die zunehmende Versandung der wichtigen Verbindung zum offenen Meer zum baldigen Niedergang des einstigen Glanzes.

Das Stadtbild wird durch ein sternförmig angelegtes Kanalsystem geprägt, das das eigentliche Herz Leeuwardens von den moderneren und nüchternen Außenbezirken abgrenzt. Sehenswert sind in erster Linie zwei bedeutende Museen: das *Fries Museum* mit seiner landesweit einzigartigen Sammlung friesischen Kulturguts und das *Gemeentelijk Museum* mit seinen Keramiken und wertvollem Porzellan. Am westlichen Zipfel der Innenstadt fällt der windschiefe *Oldehove-Toren* ins Auge – ein Kuriosum besonderer Art, das den Betrachter unweigerlich an seinem Wahrnehmungsvermögen zweifeln lässt. Aber keine Sorge, die eigene Optik stimmt. Der Turm ist tatsächlich stark geneigt – Pisa in Friesland.

Ein Teil des Leeuwardener Stadtgrabens *Over de Kelders* besitzt ähnlich wie die Oudegracht in Utrecht doppelstöckige Kaianlagen. Auf Höhe der Gracht befinden sich reizvoll in die Kellergewölbe eingelassene kleine Läden. Auf der *Korfmakerspijp*, einer breiten Brücke über den Stadtgraben, setzte die Stadt der Nackttänzerin *Mata Hari* 1976 ein Denkmal. Die kleine Bronzestatue, die auf den ersten Blick im geschäftigen Treiben kaum auffällt, deutet mit ausgestrecktem Arm auf deren Geburtshaus. Als das Denkmal zum hundertsten Geburtstag der Tänzerin enthüllt wurde, gab es nicht nur Zustimmung. "Warum ehren wir eine Hure?", lautete die viel gestellte Frage. Die Aufregung hat sich lange gelegt, der Mythos lebt weiter.

Elfstedentocht

Das Wetter entscheidet alle Jahre wieder über das Zustandekommen eines Spektakels, das zu den größten Volksfesten der Niederlande zählt. Die *Elfstedentocht* kann nur gestartet werden, wenn alle Flüsse, Grachten und Kanäle der Provinz zugefroren sind. Die Eisdicke darf auf der gesamten Strecke ein Minimum von fünfzehn Zentimetern nicht unterschreiten, andernfalls besteht Einbruchgefahr. An kritischen Stellen, die eine Gefährdung der Läufer nach sich ziehen könnten, werden regelrechte "Eistransplantationen" vorgenommen. Feuerwehrleute sägen dicke Eisblöcke aus nicht genutzten Kanälen und versenken sie an den kritischen Stellen im Wasser. Innerhalb weniger Stunden sind das alte und neue Eis fest miteinander verwachsen. Das *Elfstedenijs* ist in perfektem Zustand.

Die Tradition des friesischen Schlittschuhmarathons reicht bis ins Jahr 1890 zurück. Damals gelang es einem Sportjournalisten, alle elf friesischen Städte an nur einem Tag auf Schlittschuhen abzufahren. Er soll 12 Stunden und 55 Minuten unterwegs gewesen sein. Zum Beweis, alle Städte besucht zu haben, klopfte er in jeder Stadt willkürlich an Haustüren und bat die Bewohner, ihre Unterschrift in seinem roten Notizbuch zu verewigen. Mehr als 20 Jahre nach dieser Pioniertat kam es 1909 zur ersten offiziellen *Elfstedentocht*, die seither fünfzehnmal gestartet wurde. 23 Läufer nahmen am ersten Rennen teil, beim bislang letzten musste die Zahl der Teilnehmer auf 16.000 begrenzt werden. Die Starterlaubnis zählt zu den bedeutendsten Auszeichnungen in Friesland (weitere Information im Internet unter www.elfstedentocht.nl).

Die Stadt ist darüber hinaus der Startplatz des wohl weltweit ungewöhnlichsten Schlittschuhmarathons. Die *Elfstedentocht* führt in kalten Wintern auf 200 km Gesamtlänge durch die elf friesischen Städte Leeuwarden, Dokkum, Franeker, Harlingen, Bolsward, Workum, Hindeloopen, Stavoren, Sloten, IJlst und Sneek. An den zugefrorenen Grachten schnallen sich Scharen eingemummter Menschen ihre Schlittschuhe an die Füße. Der letzte Wettbewerb fand 1997 statt.

Lange Jahre lebte *Pieter Stuyvesant*, dessen Name dank einer renommierten Zigarettenmarke auch in der Gegenwart ein Begriff geblieben ist, in Leeuwarden, ehe er jenseits des Atlantiks zum Gouverneur der niederländischen Kolonie *Nieuw Nederland* ernannt wurde und später an selber Stelle *New Amsterdam*, das heutige New York, gründete. Er ist damit einer der bekanntesten Friesen, die die Provinz im hohen Norden des Landes hervorgebracht hat.

Information/Verbindungen

• *Information* **VVV Leeuwarden**, Stationsplein 1, 8911 AC Leeuwarden, ✆ 0900/2024060, ✍ 058/2153593, Mo-Fr 9-17.30 Uhr, Sa 10-14 Uhr, Juli/August Sa 10-15 Uhr, www.vvvleeuwarden.nl.
ANWB Leeuwarden, Koninklijke Nederlandse Toeristenbond, Zaailand 112, 8911 BN Leeuwarden, ✆ 058/2133955.

• *Bahnverbindungen* 1-2x stündl. nach Groningen (Dauer: 50 Min.), 2x stündl. Harlingen (25 Min.), 1-2x stündl. Sneek (20 Min.), 1-2x stündl. nach Zwolle (60 Min.) und weiter nach Utrecht (120 Min.).
• *Busverbindungen* in Richtung Dokkum, Drachten.

Adressen

• *Autovermietung* **Autoverhuur Avis**, Cambuurplein 350, 8921 RG Leeuwarden, ✆ 058/2160937; **Autoverhuur Budget**, Oostergoplein 1, 8931 AJ Leeuwarden, ✆ 058/2802060 (0800/0537, gratis); **Autoverhuur Europcar**, Drachtsterweg 5, 8936 AA Leeuwarden, ✆ 058/2803370.
• *Fahrradverleih* **Rijwielstalling Station**, Stationsweg 3, 8911 AG Leeuwarden, ✆ 058/2139800.
• *Einkaufen* Die Geschäfte bleiben in Leeuwarden Montagvormittag geschlossen. Am Donnerstag verschiebt sich der Ladenschluss auf 21 Uhr (Kaufabend). Markttermine: **Wochenmarkt** Mo 13-16 Uhr und Fr 7.30-15 Uhr, Wilhelminaplein; Sa 9-17 Uhr, Voor-

streek/Kelders; **Viehmarkt** Di und Fr 6-12 Uhr, Frieslandhal, Heliconweg 42.
• *Kinderbauernhof* **Leeuwarder Kinderboerderij**, Jeugdweg 3, 8917 EP Leeuwarden, ✆ 058/2129256. April-Oktober täglich 10-18 Uhr. Erwachsene 1.40 €, Kinder 1.20 €.
• *Krankenhaus* **Medisch Centrum Leeuwarden Noord**, Mr. P. J. Troelstraweg 78, 8917 CR Leeuwarden, ✆ 058/2933333.
• *Schwimmen* **De Blauwe Golf**, Jelsumerstraat 12, 8917 EN Leeuwarden, ✆ 058/2131001. Subtropisches Schwimmparadies, Sauna, Solarium, Whirlpool.
• *Taxiruf* ✆ 058/2122222, 058/2132525 oder 058/2121212

Übernachten (siehe Karte auf Seite 411)

**** Oranje Hotel (17), Stationsweg 4, 8911 AG Leeuwarden, Luxushotel der Bilderberg-Gruppe, etwa 100 m vom Bahnhof, 156 Betten, spezielle Nichtraucherzimmer, adrette Bar, gute Küche im angegliederten Restaurant l'Orangerie. EZ ab 70 €, DZ ab 80 €, ✆ 058/2126241, ✍ 2121441.

*** Leeuwarder EuroHotel (22), Europaplein 19, 8915 CL Leeuwarden, 88 Betten, aus Harlingen kommend am zentralen Einfahrtskreisel gelegen, viel Verkehr, mehrstöckiger, geschmackloser Betonklotz, innen sehr vornehm und gepflegt, alle Zimmer mit Du/WC, Telefon und TV. EZ ab 120 €, DZ ab 155 €, ✆ 058/2131113, ✍ 2125927.

** **Hotel 't Anker (2)**, Eewal 73, 8911 GS Leeuwarden, 75 Betten, zentrale Lage, freundlicher Chef, der gerne ein weißes Hemd mit schwarzer Fliege trägt, angenehme Atmosphäre, saubere, helle Zimmer. EZ ab 25 €, DZ ab 45 €, ✆ 058/2125216, 📠 2128293.

* **Hotel De Pauw (18)**, Stationsweg 10, 8911 AH Leeuwarden, 55 Betten, gegenüber dem Hauptbahnhof, fast alle Zimmer in rotweißen Grundtönen, sehr einfach, ohne jeglichen Luxus. EZ ab 25 €, DZ ab 45 €, ✆ 058/2123651, 📠 2160793.

NJHC-Jugendherberge Oer't Hout (20), Raadhuisstraat 18, 9001 AG Grouw, wenige Kilometer südlich der Hauptstadt im Mittelpunkt des Dreiecks Leeuwarden-Drachten-Sneek, ganzjährig geöffnet. 212 Betten, Einerzimmer (2), Zweierzimmer (8), Dreierzimmer (4), Viererzimmer (3), Fünferzimmer (12), Sechserzimmer (9), Achterzimmer (7). Übernachtung im Schlafsaal inkl. Frühstück 19 €, ✆ 0566/621528, 📠 621005, grou@njhc.org.

Camping De Kleine Wielen (19), De Groene Ster 14, 8926 XE Leeuwarden, N 355 (Leeuwarden–Hardegarijp), Schildern folgen, etwa 5 km östlich des Zentrums (nahe Otterpark Aqualutra), einziger Platz vor Ort, akzeptable Sanitärs, Fahrradverleih, Lebensmittelgeschäft, Wanderhütten (3), geöffnet April-September. Person 2.65 €, Zelt 2.65 €, Auto 2.40 €, Duschen 0.50 €, Fläche 17 ha. ✆ 0511/431660, 📠 432584, dekleinewielen@planet.nl.

Essen

Die städtischen Cafés, Kneipen und Restaurants halten insbesondere in den Bereichen Nieuwestad N.Z., Waagplein, Hofplein, Eewal, Oldehoofste Kerkhof und Grote Kerkstraat zahlreiche gut besuchte Tische im Freien bereit. Sehr zentral liegt übrigens auch der kleine Red-Light-Distrikt an der Gracht Weaze Groen: "No Cars, No Bikes, *Bestemmingsverkeer*!" steht sinnigerweise auf einem Verbotsschild am Anfang der Gasse.

Pizzeria Etna (10), Sint Jacobsstraat 6, 8911 HT Leeuwarden, tavernenartige Einrichtung, hausgemachte Canneloni und Lasagne gelten als Spezialität, aber auch die über 70 verschiedenen Pizzen sind gut, der Pizzabäcker agiert vor den Augen der Kundschaft, Mo-Di geschlossen, ✆ 058/2125737.

Kota Radja (3), Groot Schavernek 5-7, 8911 BW Leeuwarden, exquisite Spezialitäten aus dem fernen Osten, zubereitet von wahren Meistern ihres Fachs, preiswerte Hauptgerichte, tägl. 12-22 Uhr geöffnet, ✆ 058/2123564.

◊◊◊ **Hotel van den Berg State (21)**, Verlengde Schrans 87, 8932 NL Leeuwarden, Relais du Centre (siehe Seite 56), gehobene französische Küche. ✆ 058/2800584.

't Pannekoekship (15), Willemskade ZZ 69, 8911 AZ Leeuwarden, Bahnhofsnähe (300 m), Speisen auf dem Wasser, unter Deck im Sommer reichlich heiß und dunkel, 95 Sorten, kleine Terrasse, tägl. 12-21 Uhr, November-März nur Mo-Di 17-21 Uhr, ✆ 058/2120903.

Spinoza (4), Eewal 50-52, 8911 GT Leeuwarden, Eetcafé mit internationaler Küche, chilenische, chinesische und skandinavische Gerichte, gute vegetarische Platten, schöner Innenhof, sehr grün und angenehm schattig, ✆ 058/2129393.

Haersma Huys (11), Tweebaksmarkt 49, 8911 KW Leeuwarden, Grand-Café mit lateinamerikanischer und südafrikanischer Küche, Ausschank guter Weine, Whiskey des Monats, gemütliches Interieur mit dem angeblich größten Blumentopf Frieslands, So-Fr 16-1 Uhr, Sa bis 2 Uhr, ✆ 058/2160120.

De Stadthouder (6), Nieuwestad 75, 8911 CK Leeuwarden, reizvolle Lage direkt am Kanal, einfache Küche, mehrere Pfannkuchenvariationen, außerdem wechselnde Tagesplatten, im Haus befindet sich ein kleines Museum mit Exponaten von Willem Lodewijk bis Willem Alexander, dem Kronprinzen, ✆ 058/2121568.

De Vliegende Hollander (12), Berlikumermarkt 158911 LB Leeuwarden, beliebtes Eetcafé, ein paar Tische auf der Terrasse draußen, schöner und ruhiger ist es auf der Rückseite, wechselnde Tagesplatten, Mo geschlossen, ✆ 058/2121717.

De Ossekop (13), Uniabuurt 8, 8911 LB Leeuwarden, Bruin Café mit langer Tradition (seit 1912), der Volksmund kennt das Café unter der Bezeichnung "Eijgelaar", Jugendstillampen an den Decken, deutsches Bier im Ausschank, Publikum ab 30 aufwärts, Mo-Sa 17.30-1 Uhr, ✆ 058/2123082.

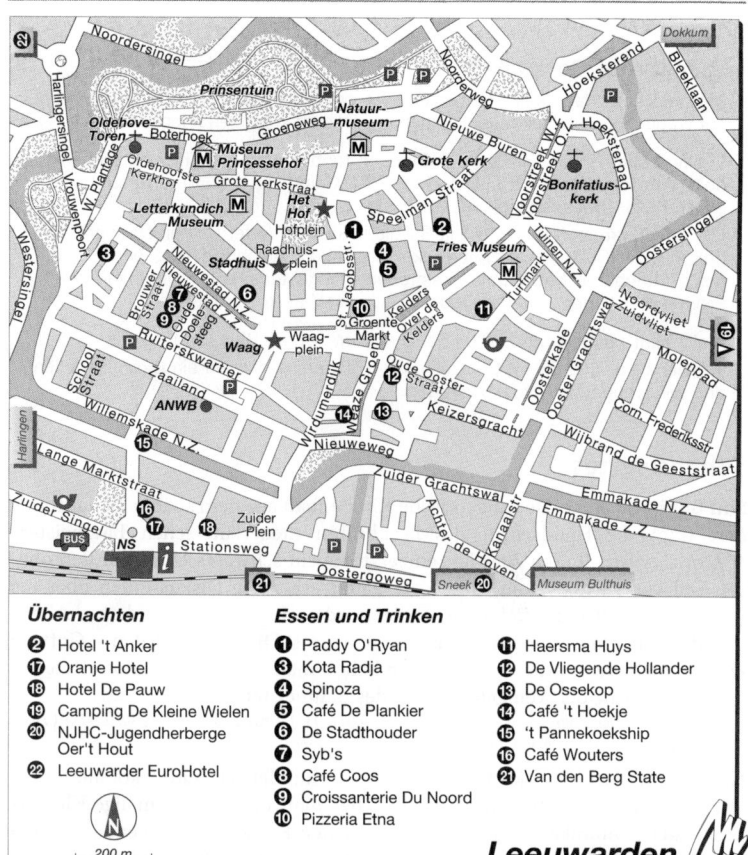

Übernachten

- ❷ Hotel 't Anker
- ⑰ Oranje Hotel
- ⑱ Hotel De Pauw
- ⑲ Camping De Kleine Wielen
- ⑳ NJHC-Jugendherberge Oer't Hout
- ㉒ Leeuwarder EuroHotel

Essen und Trinken

- ❶ Paddy O'Ryan
- ❸ Kota Radja
- ❹ Spinoza
- ❺ Café De Plankier
- ❻ De Stadthouder
- ❼ Syb's
- ❽ Café Coos
- ❾ Croissanterie Du Noord
- ❿ Pizzeria Etna
- ⑪ Haersma Huys
- ⑫ De Vliegende Hollander
- ⑬ De Ossekop
- ⑭ Café 't Hoekje
- ⑮ 't Pannekoekship
- ⑯ Café Wouters
- ㉑ Van den Berg State

Leeuwarden

Café De Plankier (5), Grote Hoogstraat 32, 8911 HB Leeuwarden, junges Publikum und die leckersten Tostis der Stadt, tägl. 15-3 Uhr, sonntags Livemusik, ☎ 058/2139118, www.deplankier.nl.

Paddy O'Ryan (1), Gouverneursplein 37, 8911 HH Leeuwarden, Eetcafé und Irish Pub mit internationalem studentischem Publikum auf zwei Etagen, Livemusik am letzten Mittwoch des Monats, Mo-Do 15-1 Uhr, Fr 15-2 Uhr, Sa 12-2 Uhr, So 12-1 Uhr, ☎ 058/2137740.

Café Wouters (16), Sophialaan 5, 8911 AE Leeuwarden, hervorragender Kaffee bis spät in die Nacht, große Terrasse im Zentrum Leeuwardens, tägl. 10-23 Uhr, ☎ 058/2133668.

Syb's (7), Oude Doelesteeg 2a, 8911 CA Leeuwarden, seit 45 Jahren eines der be-

kanntesten Cafés der Stadt, Bier, Kaffee und Broodjes, beliebt bei der heimischen Bevölkerung, viele junge Leute (Studenten), Mo-Fr 11-3 Uhr, ☎ 058/2123709.

Café 't Hoekje (14), Weaze 44, 8911 LM Leeuwarden, altholländisches Café mit langjähriger Tradition, gemischtes Publikum, die Mehrzahl mit einer Flasche Heineken in der Hand, Mo-Fr 10-22 Uhr, Sa/So 10-3 Uhr, ☎ 058/2133435.

Café Coos (8), Oude Doelesteeg 8, 8911 CA Leeuwarden, Einrichtung mit viel Holz im Stil einer Bodega, studentisches Publikum, Mo-Sa 11-3 Uhr, So 18-3 Uhr, ☎ 058/2137999, www.coos.to.

Croissanterie Du Noord (9), Oude Doelesteeg 12, 8911 CA Leeuwarden, kleinere Snacks, ☎ 058/2155277, www.dunord.nl.

Leeuwarder Cocktails

Die friesische Hauptstadt ist bekannt für originelle Cocktail-Rezepte, die nicht nur wegen ihrer verlockenden Namen ausprobiert werden sollten.

Lucky Loeki ("PvdA-Cocktail"): 2 Orangen (unbehandelt), 2 Zitronen (unbehandelt), 2 Äpfel (süßsauer), 3 EL Zucker, ½ TL Cointreau, 1 TL Rum (braun), 2 Flaschen Rioja, 1 Messerspitze Muskatnuss

Orangen, Zitronen und Äpfel mit Schale in kleine Würfel schneiden (2 cm Länge), in einer Bowleschale mit Zucker bestreuen, Alkohol hinzugeben und mit frisch geriebener Muskatnuss bestreuen, mindestens eine Stunde kaltstellen, Eiswürfel hinzugeben und gegebenenfalls mit Wasser verdünnen.

Mata Hari: 30 ml Tequila, 30 ml Bananenlikör, Schuss Blue Curacao, Eis

Tequila, Likör und Eis im Cocktailmixer mischen, danach in ein Likörglas füllen und vorsichtig Blue Curacao zufügen.

Sehenswertes

Sint Bonifatiuskerk: Der neugotische Kirchenbau aus dem späten 19. Jahrhundert trägt die Handschrift des berühmten niederländischen Baumeisters *P. J. H. Cuypers*. In den 70er Jahren zerstörte ein schweres Unwetter den oberen Teil des Turms (78 m) und löste damit erbitterte Diskussionen über die weitere Zukunft der Kirche aus. Einige forderten gar den kompletten Abriss und den Bau eines modernen Einkaufszentrums! Die Pläne wurden – Gott sei Dank – nicht verwirklicht. Stattdessen behob man die Schäden und rettete auf diese Weise eine der wenigen Kirchen des Baumeisters.
Adresse/Öffnungszeiten Bonifatiusplein 20, 8911 JT Leeuwarden, ☎ 0900/2024060 (VVV). Juli/August Mi und Sa 14-16 Uhr. Eintritt frei.

Grote Kerk (Jacobijnerkerk): Die im 15. Jahrhundert erbaute Jakobinerkirche erweist sich als eher unauffälliges gotisches Bauwerk. Die ehemalige Klosterkirche der Dominikaner hat an ihrer südlichen Flanke einen eigenen Eingang für die Angehörigen des Hauses Oranien, den der Volksmund trefflich als *Oranjepoortje* bezeichnet; er wurde 1663 gebaut. Nur wenige Schritte rechts vom Kirchenportal befindet sich das 1652 als Damenstift erbaute *Boshuizen Gasthuis*.
Adresse/Öffnungszeiten Jacobijnekerkhof, 8911 GE Leeuwarden, ☎ 058/2128313. Juni-August Di-Fr 14-16 Uhr. Eintritt frei.

Oldehove-Toren: Das windschiefe Kuriosum, gotisch und unvollendet, widersetzt sich allen Gesetzen der Schwerkraft. 1532 begannen auf einer kleinen Anhöhe am nordwestlichen Zipfel des alten Stadtkerns die Arbeiten an einer geplanten gotischen Kirche. Als sich der Turm bereits während der Bauphase merklich zu neigen begann, verzichtete man vorsichtshalber darauf, ihn fertig zu stellen. Ein Kirchenschiff wurde schon gar nicht in Angriff genommen. Der Turm (40 m) bietet einen schönen Blick auf die Stadt.
Adresse/Öffnungszeiten Oldehoofster Kerkhof, 8911BA Leeuwarden, ☎ 0900/2024060 (VVV). Mai-September Di-Sa 14-17 Uhr. Erwachsene 2.50 €, Kinder 1.50 €.

Stadhuis: Der markante Turm des im frühen 18. Jahrhundert entworfenen Rathauskomplexes birgt ein 39-teiliges Glockenspiel, dessen Klangkörper aus dem Jahre 1668 stammen. Besondere Beachtung verdient die alte "Wilhelminalinde", die anlässlich der Krönung von Königin Wilhelmina 1898 auf dem Vorplatz gepflanzt wurde.

Adresse/Öffnungszeiten Raadhuisplein, 8911 JL Leeuwarden, ✆ 0900/2024060 (VVV). Das Gebäude ist wegen Renovierung bis Anfang 2004 nicht zugänglich.

Kanselarij: Die Stadtkanzlei, der ehemalige Sitz des *Hof van Friesland*, zählt ohne Frage zu den schönsten Gebäuden der Stadt. Die phantastische Renaissance-Fassade, die 1571 vollendet wurde, macht das Monument mit seinen zusätzlichen spätgotischen Elementen zu einem architektonisch einzigartigen Meisterwerk. Die anfänglichen Pläne sahen eine noch üppigere Gestaltung vor. Die mächtige Doppeltreppe und der Giebel sollten symmetrisch um die Gebäudemitte angeordnet werden, doch fehlte das nötige Kleingeld. Das Bauwerk am Turfmarkt 13 fiel schließlich an seiner rechten Seite etwas kürzer und schlichter aus.

Het Hof: Das weiß getünchte Mauerwerk am Hofplein beherbergt das Leeuwardener Standesamt. Zuvor hatten sich an gleicher Stelle der Amtssitz des stellvertretenden Königs und später die prachtvolle Residenz des Statthalters befunden. Auf dem Vorplatz erinnert ein Standbild an *Willem Lodewijk*, den ersten friesischen Statthalter, der im Volksmund besser als *Us Heit* (sinngemäß: "Unser Vater") bekannt ist.

Fries Museum en Verzetsmuseum Friesland: Das bedeutendste Museum Frieslands ist ganz und gar der friesischen Kultur gewidmet. Die Exponate umfassen Fayencen, Möbel, Silber und Trachten. Zahlreiche Stücke stammen aus der Region Hindeloopen, einer Hochburg des anspruchsvollen Kunsthandwerks der Möbelmalerei. Aus der Gemäldesammlung des Hauses ragt das Werk "Saskia van Uylenburch" hervor. Die Gemahlin *Rembrandts* wurde im 17. Jahrhundert vom Meister persönlich mit Öl auf Leinwand verewigt. Im selben Gebäude befindet sich nunmehr auch das städtische Widerstandsmuseum, das die Zeit der deutschen Besatzung während des Zweiten Weltkriegs beleuchtet. Aktuelle Wechselausstellungen ergänzen das Angebot.

Seit Anfang 1997 ist ein kompletter Flügel des Hauses der Nackttänzerin *Mata Hari* (1876–1917) gewidmet. Der Weg führt den Besucher eine Treppe hinab, einen Kellergang entlang, dann wieder eine Treppe hinauf. Erst quer durch die Ausstellungsräume und den Innenhof gelangt man in die Dauerausstellung, einen quadratischen Raum im Stile eines französischen Salons der Jahrhundertwende. Dort wird Mata Haris Leben jenseits aller bürgerlichen Moralvorstellungen mit vielfältigen Exponaten aus ihrem persönlichen Besitz dokumentiert. Spezielle Duft- und Musikeffekte sorgen für eine sehr eigene Atmosphäre.

● *Adresse/Öffnungszeiten* Turfmarkt 11, 8911 KS Leeuwarden, ✆ 058/2123001, Di-So 11-17 Uhr. Erwachsene 5 €, Kinder 2.50 €, MJK. Mittwochs freier Eintritt! Kombikarte Fries Museum und Princessehof 7.50 €. Führungen in deutscher und friesischer Sprache, www.friesmuseum.net und www.verzetsmuseum.nl.

Provinz Fryslân (Friesland)
Karte S. 407

Mata Hari

Am 7. August 1876 wurde *Margreet Zelles* als Tochter eines Huthändlers geboren. Die junge Frau begann in Leiden eine Ausbildung als Kindergärtnerin, musste diese aber nach einer kurzen Liaison mit dem Schuldirektor, die mit einem Schulverweis für das "friesische Flittchen" endete, vorzeitig abbrechen. Nur wenig später lernte sie über eine Heiratsanzeige ihren späteren Ehemann kennen. Aus dieser Verbindung gingen zwei Kinder hervor, das erste wurde in den Niederlanden geboren, das zweite im fernen Indonesien, wo ihr Mann als Offizier der Kolonialmacht diente. Die Ehe war alles andere als glücklich. 1899 starb ihr Sohn, 1902 beantragte sie nach Rückkehr der Familie in die Niederlande die Scheidung.

Ab 1904 lebte sie in Paris, nahm Tanzunterricht und trat bald, nachdem sie sich zunächst erfolglos als Malermodell versucht hatte, als *Lady MacLeod* in privaten Salons auf. Ein Jahr später folgte der erste öffentliche Auftritt unter ihrem Künstlernamen *Mata Hari* ("Auge des Tage"). Der Ort: das Musée Guimet. Das Außergewöhnliche: Sie tanzte nackt. Binnen kürzester Zeit war der Name Mata Hari in aller Munde und machte sie zur bestbezahlten Tänzerin Europas. Die Regenbogenpresse stürzte sich auf die sagenumwobene Gestalt. Man berichtete, ihre Mutter sei eine indische Prinzessin, ihr Vater ein schottischer Baron – Märchen, die sich Mata Hari selber ausgedacht hatte, um das öffentliche Interesse an ihrer Person weiter zu steigern. Zahllose Liebhaber aus den oberen Gesellschaftsschichten standen Schlange und steuerten sich in den finanziellen Ruin. Mata Hari trat in den größten Häusern des Kontinents auf, darunter die Mailänder Scala, bis der Ausbruch des Ersten Weltkriegs ihr Leben erneut durcheinander wirbelte. Sie arbeitete fortan vermehrt in zwielichtigen Etablissements und stürzte sich in zahlreiche Liebschaften.

Anfang 1916 wurde die in große Geldnot geratene Künstlerin von der deutschen Spionageabwehr rekrutiert, Mitte des Jahres trat auch der französische Geheimdienstchef an sie heran, der sie gegen gute Bezahlung für seine Zwecke gewinnen konnte. Ein Treffen mit dem Militärattaché der deutschen Botschaft in Madrid wurde ihr schließlich zum Verhängnis. Die "bekannteste Hure der Welt" wurde am 13. Februar 1917 in Paris verhaftet. Die Polizei überraschte sie beim morgendlichen Bad, nach dem sie es sich nicht nehmen ließ, den Beamten nackt eine Tasse heiße Schokolade zu servieren. Ihre Verhaftung war vermutlich von deutscher Seite provoziert worden, nachdem erkannt worden war, wie wertlos die Arbeit der vermeintlichen Doppelagentin war. Am 15. Oktober 1917 wurde sie von einem zwölfköpfigen Exekutionskommando in der Festung Vincennes nahe Paris hingerichtet.

Mehrere Initiativen kämpfen heute im Auftrag der Stadt Leeuwarden für die vollständige Rehabilitierung einer vielleicht unschuldig Verurteilten, die "zu töricht war, um als Spionin erfolgreich arbeiten zu können". Die Zielsetzung lautet: posthume Aufhebung des Todesurteils.

Nederlands Keramiek Museum Het Princessehof: Der im 17. Jahrhundert erbaute *Princessehof* zählt zu den bedeutendsten Museen der Niederlande. Die
Sammlung zeigt eine beeindruckende Auswahl an Keramiken, darunter einige
der über 150.000 Stücke, die 1752 an Bord des Handelsschiffs *Geldermalsen* in
den Fluten des Meeres vor China versanken und 1983 unter großem Aufwand
wieder geborgen wurden. Die künstlerische Gestaltung des chinesischen, japanischen und vietnamesischen Porzellans ist unübertroffen. Sehenswert ist
auch die exquisite Sammlung altholländischer Kacheln, deren älteste Stücke
aus der Antwerpener Fabrikation des 15. Jahrhunderts stammen. Die Zinngla-
suren erstrahlen noch immer im alten Glanz. Der Sammlung angeschlossen ist
das kleine *Pier Pander Museum* mit Werken des gleichnamigen Bildhauers. Es
befindet sich in einer kleinen Parkanlage auf den Stadtwällen.
Adresse/Öffnungszeiten   Grote Kerkstraat 11, 8911 DZ Leeuwarden, ✆ 058/2127438,
www.princessehof.nl. Di-So 11-17 Uhr. Erwachsene 4 €, Kinder 2 €, MJK. Kombikarte Fries
Museum und Princessehof 7.50 €. Führungen in deutscher Sprache.

Stadtwaage in Leeuwarden

Provinz Fryslân (Friesland)
Karte S. 407

Frysk Letterkundich Museum en Documintaasjesintrum (FLMD): Das Litera-
turmuseum würdigt das Werk friesischer Schriftsteller. Eine separate Sammlung beschäftigt sich mit dem Dichter *Pieter Jelle Troelstra*. Das ehemalige Patrizierhaus, in dem die junge *Mata Hari* sieben Jahre lang lebte, wirkt von außen wenig attraktiv. Aktenschränke und Computer dominieren das Interieur.
In der Eingangshalle erinnert eine einfache Vitrine mit Briefen und Fotografien an die bekannte Tänzerin, die sich auf einem der Bilder – eher ungewohnt
– als adrett gekleidete Dame der oberen Gesellschaftsschichten präsentiert.
Der ehemalige Schlafraum des Hauses wird mittlerweile als Direktionsbüro

genutzt. Im Archiv finden sich zahlreiche (niederländische) Presseveröffentlichungen über Mata Hari.

Adresse/Öffnungszeiten   Grote Kerkstraat 212, 8911 EG Leeuwarden, ☎ 058/2120834, www.flmd.nl. Mo-Fr 9-12.30 Uhr und 13-17 Uhr. Erwachsene/Kinder 0.50 €. Führungen in deutscher und friesischer Sprache.

Museum Nanning Hendrik Bulthuis: Die Ausstellung ist eine Hommage an das Lebenswerk des Zimmermanns *Nanning Hendrik Bulthuis* (1885–1977), dessen Bildhauereien einen Teil der neueren friesischen Kulturgeschichte widerspiegeln. Die Sammlung zeigt darüber hinaus den gelungenen Nachbau einer Holzsägemühle und verschiedene Schiffsmodelle.

Adresse/Öffnungszeiten   Huizum Dorp 11, 8934 BP Leeuwarden, ☎ 058/2881879. Mai-August Do-Sa 11-17 Uhr. Erwachsene 1.15 €, Kinder 0.70 €, Senioren (Pas65) 0.70 €. Begleittexte und Führungen in deutscher und friesischer Sprache.

Franeker

(fries. Frentsjer • 21.000 Einwohner)

Die schönste der elf friesischen Städte wird von einem Grachtengürtel umschlossen, in dessen Kern sich kleine, schiefe Häuser aneinander reihen – eine schmucke Traumwelt, in die sich ein Abstecher lohnt.

Franeker war bis 1811 Universitätsstadt. Der französische Philosoph *René Descartes* studierte an der hiesigen Hochschule, die schon im 16. Jahrhundert für glanzvolle Zeiten in der Region gesorgt hatte. Der Amateurastronom *Eise Eisinga* baute im 18. Jahrhundert in langjähriger Detailarbeit ein kurioses Wohnzimmer-Planetarium, mit dem er seiner Zeit weit voraus war (siehe auch Kasten auf Seite 418). Heute zählt es zu den Sehenswürdigkeiten der östlich des Harlinger Fährhafens gelegenen Stadt. Die Teehäuser am alten Wall bieten einen herrlichen Blick auf Franeker, dessen Flair jeden Besucher in seinen Bann ziehen wird.

Information/Verbindungen/Adressen

• *Information*   **VVV Franeker**, Voorstraat 49-51, 8801 LA Franeker, ☎ 0900/540001. Di-Sa 10-17 Uhr, April-September auch So 10-17 Uhr.

• *Bahnverbindungen* 1-2x stündl. nach Harlingen (Dauer: 10 Min.), 1-2x stündl. Leeuwarden (20 Min.).

• *Busverbindungen* in Richtung Alkmaar, Harlingen, Leeuwarden.

• *Autovermietung* **Autoverhuur Bas**, Voltastraat 7, 8801 PL Franeker, ☎ 0517/395881; **Autoverhuur Kooistra**, Harlingerweg 79, 8801 PB Franeker, ☎ 0517/390440; **Happy Rent Haitsma**, Edisonstraat 1, 8801 PN Franeker, ☎ 0517/383435.

• *Fahrradverleih* **Rijwielverhuur Zandberg**, Linthorst Homanstraat 4, 8802 XW Franeker, ☎ 0517/397038.

• *Kanuverleih* **Kanoverhuur Zandberg**, Linthorst Homanstraat 4, 8802 XW Franeker, ☎ 0517/397038.

• *Einkaufen* Die Geschäfte bleiben in Franeker Montagvormittag geschlossen. Am Freitag verschiebt sich der Ladenschluss auf 21 Uhr (Kaufabend). Markttermin: **Wochenmarkt** Mi 13-18 Uhr und Sa 10-17 Uhr, Breedeplaats.

• *Krankenhaus* **Streekziekenhuis Oranjeoord**, Achlumerdijk 2, 8862 AJ Harlingen, ☎ 0517/499999.

• *Taxiruf* ☎ 0517/396000

Übernachten/Essen

• *Übernachten*   ****** Tulip Inn De Valk Franeker**, Hertog van Saxenlaan 78, 8802 PP Franeker, 84 Betten, erste Adresse vor Ort, geschmackvolles Ambiente, guter Service, alle Zimmer mit Du/WC, Telefon und TV. EZ ab 60 €, DZ ab 78 €, ☎ 0517/398000, ⌨ 393111, www.tulipinn-franeker.nl.

• **** Hotel De Stadsherberg**, Oud Kaatsveld 8, 8801 AB Franeker, 14 Betten, etwa 5 Min. zu Fuß ins Ortszentrum, gepflegte Räum-

Terschelling aus der Vogelperspektive (NBT) ▲▲
Strandaufgang in den Ameländer Dünen (DS)   ▲

▲▲ Fährdamm auf Schiermonnikoog, der kleinsten der niederländischen Watteninseln (DS)
▲ Sneeker Waterpoort – Wassertor aus dem 17. Jahrhundert (DS)

Dokkumer Altstadt aus der Vogelperspektive (NBT) ▲▲
Reitstunde im seichten IJsselmeer (DS) ▲

Erholung an einsamen Strandabschnitten der Nordseeküste (DS)

lichkeiten. EZ ab 47 €, DZ ab 70 €, ✆ 0517/392686, 🖂 398095.

* Hotel De Doelen, Breedeplaats 6, 8801 LZ Franeker, zentrale Lage, direkt bei der Martinikerk, saubere Zimmer, bunt zusammengewürfelte Einrichtung. EZ 25 €, DZ ab 50 €, ✆ 0517/392261.

* Hotel De Bleek, Stationsweg 1, 8801 JL Franeker, 8 Betten, etwas außerhalb, größere Straße direkt vor dem Haus, abends trotzdem sehr ruhig, einfache Zimmer ohne Luxus. EZ 25 €, DZ ab 50 €, ✆ 0517/392124, 🖂 382796.

Camping Bloemketerp, Burgemeester Dijkstraweg 3, 8801 PG Franeker, Richtung Winsum/Sneek, etwa 500 m östlich des Stadtzentrums am Rande der Stadtumwallung, einziger Platz vor Ort, gute Sanitärs, Fahrradverleih, Schwimmbad (subtropisch), Squash- und Tennisplätze, ganzjährig geöffnet. Stellplatz (inkl. 2 Pers.) 18.50 €, zus. Person 3.50 €, Duschen inkl., Fläche 5 ha. ✆ 0517/395099, 🖂 395150, bloemketerp@wxs.nl.

● *Essen* **Croissanterie La Terraz**, Zilverstraat 7, 8801 KA Franeker, die mit dem Eiffelturm im Namensschild, schöner Innenhof mit weißen Tischen und Stühlen inmitten von viel Grün, friesische Spezialitäten und Vegetarisches zu annehmbaren Preisen, leider schon ab 19 Uhr geschlossen, ✆ 0517/397208.

Pizzeria Antonello, Zilverstraat 43, 8801 KB Franeker, italienische Küche, preiswerte "Pizze van de Week", Mo geschlossen, ✆ 0517/391661, www.antonello.nl.

De Grillerije, Groenmarkt 14, 8801 KH Franeker, allerlei Gegrilltes in vornehmer Atmosphäre, die vordere Fensterfassade lässt sich vollständig öffnen, französische, indische und ungarische Gerichte, Mo/Di geschlossen, ✆ 0517/397044.

Gouden Kom, Voorstraat 40, 8801 LD Franeker, vergleichsweise preiswerte chinesische Küche, geschmackvolle Einrichtung, Hauptgerichte in großer Auswahl, ✆ 0517/392687.

Sehenswertes

Stadhuis: Das städtische Rathaus mit seinen drei Treppengiebeln und einem eleganten Turm, der sich aus dem Dach zu schälen scheint, gilt als ein wichtiges Beispiel für den Renaissancestil der nördlichen Niederlande, der sich im späten 15. Jahrhundert entwickelt hat. Das Interieur beeindruckt vornehmlich im Ratssaal mit wertvollen Ledertapeten. Nur wenige hundert Meter abseits des Rathauses liegt das *Martenahuis*, ein ehemaliges Professorenhaus, dessen Wohnturm aus dem Jahre 1498 weitgehend im Original erhalten geblieben ist. Sollte das Gitter offen sein, zögern Sie nicht, einen Blick in den Garten zu werfen.

Adresse/Öffnungszeiten Raadhuisplein (Martenahuis in der Voorstraat 35), 8801 MA Franeker, ✆ 0517/396070. Besichtigung nur nach telefonischer Voranmeldung. Mo-Fr 13.30-17.30 Uhr. Eintritt frei.

Martinikerk: Die spätgotische Kirche, eine im frühen 15. Jahrhundert erbaute Pseudobasilika, birgt im eher unauffälligen Innenraum eine Reihe alter Professorengräber – Relikte einer Zeit, in der das gegenwärtig eher verschlafene Franeker noch über eine landesweit geschätzte Universität verfügte.

Adresse/Öffnungszeiten Breedeplaats 1, 8801 LZ Franeker, ✆ 0517/392554. Mo-Sa 10.30-12.30 Uhr und 14-17 Uhr. Besichtigung nur nach telefonischer Voranmeldung. Eintritt frei.

Gemeentemuseum 't Coopmanshûs: Die Sammlung in der alten Stadtwaage, in der man sich auch wiegen und einen authentischen Wägeschein ausstellen lassen kann, weckt Erinnerungen an die glorreichen Zeiten der Universität. Die Hochschule wurde 1585 gegründet, doch musste der Lehrbetrieb nach exakt 226 Jahren wieder eingestellt werden. Das Museum informiert darüber hinaus über das *Kaatsen*, eine traditionelle friesische Ballsportart.

Adresse/Öffnungszeiten Voorstraat 51, 8801 LA Franeker, ✆ 0517/392192. Di-Sa 10-17 Uhr, April-September auch So 13-17 Uhr. Erwachsene 1.25 €, Kinder frei, Senioren (Pas65) 1.15 €, MJK.

Karte S. 407

Provinz Fryslân (Friesland)

Planetarium Eise Eisinga – Meisterwerk im Wohnzimmer

Der Amateurastronom und Wollkämmerer *Eise Eisinga* (1744–1828) schuf in mehrjähriger Kleinarbeit ein wissenschaftlich fundiertes Modell des Sonnensystems. An der Decke seines kleinen Wohnzimmers wird die endlose Weite maßstabsgerecht dargestellt: im Mittelpunkt die Sonne, umkreist von

den Planeten und deren Monden, eine Kugel für die Erde, vier für den Jupiter (Stand 1781; derzeit sind 16 Jupitermonde bekannt). Die Idee, ein reales Abbild des Universums zu schaffen, datiert aus dem Jahre 1775. Anlass für die aufwendige Konstruktion war die damals als unheilvoll eingestufte Planetenkonstellation, die vier Himmelskörper in einer Bahn zeigte. Drohte eine Katastrophe? Drohte der Weltuntergang? Eise Eisinga, der sich bereits als Kind für Astronomie und Mathematik zu interessieren begann, belegte mit wissenschaftlicher Präzision die Normalität dieser Konstellation, als er sieben Jahre später sein Meisterwerk fertig stellte.

Im Ersten Weltkrieg beschädigte die Druckwelle einer Fliegerbombe den feinen Zahnradmechanismus aus 10.000 präzise gefertigten Holznägeln, der im Obergeschoss bewundert werden kann. Der Schaden aber

Planetarium Eise Eisinga

konnte anhand von zwei mit detaillierten Skizzen versehenen Handbüchern behoben werden. Der komplexe Mechanismus ist folglich seit mehr als 200 Jahren mit nur einer kurzen Unterbrechung in Dauerbetrieb! Seither müssen alle 22 Jahre, zuletzt 1992, neue Jahrestafeln eingesetzt werden.

Besucher des ältesten Planetariums der Welt haben zunächst Gelegenheit, ein 20-minütiges Einführungsvideo im ersten Stock zu sehen, ehe sie eine astronomische Ausstellung im Erdgeschoss begutachten können. Das eigentliche Planetarium ist nur in Begleitung des Museumspersonals im Rahmen einer kleinen Führung zu bestaunen.

Eise Eisingastraat 3, 8801 KE Franeker, ✆ 0517/393070, Mai-August Di-Sa 10-17 Uhr, So/Mo 13-17 Uhr, September-April nur Di-Sa 10-17 Uhr. Erwachsene 2.30 €, Kinder 1.85 €, Senioren (Pas65) 1.85 €. Führungen in deutscher Sprache, www.planetarium-friesland.nl.

Kaatsmuseum: Das kleine Museum vermittelt allerlei Wissenswertes rund um die außergewöhnliche friesische Ballsportart. Insbesondere werden kulturhistorische Aspekte beleuchtet. Mittels einer Maquette des Spielfeldes und Vi-

Im Harlinger Hafen

deovorführungen wird der Versuch unternommen, die gewöhnungsbedürftigen Spielregeln zu erläutern.

Adresse/Öffnungszeiten Voorstraat 2, 8801 LC Franeker, ℰ 0517/393910, www.knkb.nl. Mai-September Di-Sa 13-17 Uhr. Erwachsene 2 €, Kinder 2 €, Senioren (Pas65) 1 €, MJK.

Harlingen

(fries. Harns • 17.000 Einwohner)

Die alte Hafenstadt verfügt als Zentrum der niederländischen Krabbenfischerei über einen der landesweit modernsten Häfen. Die traditionellen Segeltörns in den Gewässern des Wattenmeers gehören zu den unvergesslichen Erlebnissen eines Friesland-Aufenthaltes.

Der alte Stadtkern, der seit Generationen keine wesentlichen Veränderungen erlebte, erweist sich als schwer durchschaubares Wirrwarr aus kleinen Vierteln mit engen Gassen und Wegen. Die malerische Atmosphäre im alten Hafenviertel hat sich bis heute gehalten, denn die Mehrzahl der historischen Gebäude ist restauriert und steht unter Denkmalschutz.

Die Stadt besitzt seit jeher eine direkte Verbindung zur Nordsee, doch hat diese Lage auch Schattenseiten, denn Harlingen lebte lange Zeit mit der ständigen Angst vor der Gewalt des Meeres. Einer Legende zufolge bohrte einst ein kleiner Junge seinen Daumen in einen bedrohten Deich, stopfte so ein winziges Loch und bewahrte den Damm vor dem Bersten. Die Stadt war gerettet, der kleine Held wurde zur Symbolfigur Harlingens. Das *Jonkje-Denkmal* am Fährableger erinnert an ihn. Die Angst vor Überschwemmungen ist mittlerweile gebannt, eine moderne Wasserwehrschleuse sorgt für Sicherheit – die vier schielenden Löwen der alten Schleuse stehen seither unter Denkmalschutz.

Information/Verbindungen/Adressen

• *Information* **VVV Harlingen**, Voorstraat 34, 8861 BL Harlingen, ☎ 0900/5400001, 🖷 0517/415176, www.vvv-harlingen.nl. April-Oktober Mo-Fr 9.30-17 Uhr, Sa 9.30-16 Uhr; November-März Di-Fr 13-16 Uhr, Sa 9.30-16 Uhr.

• *Bahnverbindungen* 1-2x stündl. nach Leeuwarden (Dauer: 25 Min.).

• *Busverbindungen* in Richtung Alkmaar, Bolsward, Heerenveen, Leeuwarden, Sneek.

• *Autovermietung* **Autoverhuur Jonkman**, Oude Trekweg 44, 8861 KT Harlingen, ☎ 0517/430001.

• *Einkaufen* Die Geschäfte bleiben in Harlingen Montagvormittag geschlossen. Am Donnerstag verschiebt sich der Ladenschluss auf 21 Uhr (Kaufabend). Markttermine: **Wochenmarkt** Mi 9-12 Uhr, Lanen, Sa 10-17 Uhr, Voorstraat.

• *Fährverbindungen* in Richtung Terschelling und Vlieland (siehe Seite 386 und 381).

> Wichtig für Besucher der Inseln Terschelling und Vlieland, die **ihr Auto auf dem Festland lassen möchten**: Das Fahrzeug kann auf einem rund um die Uhr bewachten Parkplatz oder in einem der Harlinger Parkhäuser abgestellt werden. Reservierungen beim Informationsbüro.

• *Fahrradverleih* **Jaap Huyser**, Lanen 18-20, 8861 CD Harlingen, ☎ 0517/412201.

• *Krankenhaus* **Streekziekenhuis Oranjeoord**, Achlumerdijk 2, 8862 AJ Harlingen, ☎ 0517/499999.

• *Taxiruf* ☎ 0517/420000

Übernachten/Essen

• *Übernachten* *** **Hotel Zeezicht**, Zuiderhaven 1, 8861 CJ Harlingen, 48 Betten, zentrale Lage am alten Hafen, freundlicher Service. "Auf den (papierenen) Pacemates ist ein Plan der Altstadt von Harlingen abgedruckt und eine Beschreibung einer Besichtigungstour. Praktisch!" (Leserbrief Thea van Burg). EZ ab 50 €, DZ ab 70 €, ☎ 0517/412536, 🖷 419001.

*** **Hotel Anna Casparii**, Noorderhaven 67-71, 8861 AL Harlingen, 38 Betten, am Jachthafen gelegen, malerische Fassade, alle Zimmer mit Telefon und TV. EZ ab 40 €, DZ ab 50 €, ☎ 0517/412065, 🖷 414540.

** **Hotel 't Heerenlogement**, Franekereind 23, 8861 AA Harlingen, 58 Betten, das größte Hotel der Stadt, zentrale Lage, saubere Zimmer. EZ ab 55 €, DZ ab 70 €, ☎ 0517/415846, 🖷 412762.

Camping De Zeehoeve, Westerzeedijk 45, 8862 PK Harlingen, N 31 (Zurich–Harlingen), Ausfahrt Harlingen-West, Schildern folgen, Nähe Fährhafen (nicht am Wasser, sondern hinterm Deich gelegen), ebenes Wiesengelände mit neuen Anpflanzungen, viele Frösche im nahen Feuchtgebiet, leider recht offen zu zwei Schnellstraßen, teils recht laut, schlichte Sanitärs, Wanderhütten (2), geöffnet April-November. Person 3.50 €, Zelt 3.50 €, Auto 2 €, Duschen 0.50 €, Fläche 10 ha. ☎ 0517/413465, 🖷 416971, info@zeehoeve.nl.

• *Essen* **De Gastronoom**, Voorstraat 38, 8861 BM Harlingen, gegenüber dem Turm des Rathauses, rotbraunes Interieur, dezentes Licht, preiswerte Hauptgerichte, Jever Bier, ☎ 0517/412172.

American Steakhouse Dallas, Voorstraat 73, 8861 BH Harlingen, das wohl beste Steakhouse der Stadt, die deftigen Mahlzeiten (und guten Salate) sind über die Stadtgrenzen hinaus bekannt, ☎ 0517/418299.

Visrestaurant De Tjotter, Sint Jacobsstraat 1-3, 8861 AS Harlingen, Fischrestaurant in edlem Ambiente auf dem Gelände des alten Hafens, das wohl beste in Harlingen, das auch über das Fischgeschäft um die Ecke (Rommelhaven 2) betreten werden kann, edles Ambiente, Reservierung ratsam, ☎ 0517/414691.

Petit-Restaurant Wally, Voorstraat 45, 8861 BE Harlingen, Broodjes und Croissants, dazu leckere Pfannkuchenvariationen – eben alles, was ein gutes Petit-Restaurant zu bieten haben sollte, große Portionen, gutes Preis-Leistungs-Verhältnis, ☎ 0517/431001.

De Chinese Muur, Voorstraat 22, 8861 BK Harlingen, gute chinesische Küche in ruhiger Atmosphäre, akzeptable Preise, ☎ 0517/415767.

Xin Hua, Grote Bredeplaats 2, 8861 BB Harlingen, großes chinesisch-indonesisches Restaurant, ☎ 0517/415781, www.xinhua.nl.

Sea Palace, Waddenpromenade 9, 8861 NT Harlingen, chinesisch-indonesische Restaurant. "Man hat von dort (weil nach allen Seiten Glas) Aussicht sowohl aufs Meer als auf den Hafen; für diesen Panoramablick aber muss man bezahlen." (Leserbrief Thea van Burg). ☎ 0517/412050.

Sehenswertes

Grote Kerk: Die größte Kirche Harlingens entstand 1776 auf den alten Fundamenten eines Vorgängerbaus. Der romanische Turm, der Generationen vorher im Mittelpunkt einer Wikingersiedlung stand, ist vermutlich weitere sechs Jahrhunderte älter. Das Interieur des Gotteshauses verfügt über eine kostbare Kirchenorgel (1776) aus der Werkstatt des renommierten Instrumentenbauers *Albert Anthonie Hinsz* und eine hölzerne Kanzel mit reizvollem Schnitzwerk.
Adresse/Öffnungszeiten Kerkpoortstraat 5, 8861 JL Harlingen, ℡ 0517/412098. Besichtigung nur nach telefonischer Voranmeldung. Eintritt frei.

Stadhuis: Ein schlanker Turm mit schönem Glockenspiel dominiert das städtische Rathaus, das im späten 18. Jahrhundert gleich neben der Kirche erbaut wurde. Das Gebäude besitzt einen beeindruckenden barocken Vorgiebel. Übrigens: Das Glockenspiel kündigte früher tagtäglich das Ende der Mittagspause (gegen 13 Uhr) und die allabendliche Schließung der Stadttore (gegen 22 Uhr) an!
Adresse/Öffnungszeiten Raadhuisstraat 2, 8861 BA Harlingen, ℡ 0517/492222. Besichtigung nur nach telefonischer Voranmeldung. Eintritt frei.

Gemeentemuseum Hannemahuis: Das ehemalige Herrenhaus des friesischen Kaufmanns *Sjoerd Hannema* beherbergt das städtische Gemeindemuseum, eine Hommage an die Harlinger Seefahrt. Darüber hinaus ist eine Sammlung friesischer Keramiken und Silberstücke zu sehen. Der rückwärtige Garten konnte durch den Ankauf benachbarter Grundstücke ständig erweitert werden. Interessant ist, dass die Gartenmauer aus den Giebelsteinen abgebrochener Häuser besteht.
Adresse/Öffnungszeiten Voorstraat 56, 8861 BM Harlingen, ℡ 0517/413658. April-Oktober Mo-Fr 13.30-17 Uhr; Juli-September Di-Sa 10-17 Uhr, So 13.30-17 Uhr. Erwachsene 1.75 €, Kinder 1.25 €, MJK. Führungen in deutscher Sprache.

De Steenen Man: Die verheerende Sturmflut des Jahres 1570 veranlasste den damaligen spanischen Statthalter *Caspar di Robles*, die Deiche zu verstärken. Die Bevölkerung war dafür sehr dankbar und widmete dem Edelmann ein angemessenes Standbild am Westerzeedijk. Es ist eines der wenigen niederländischen Denkmäler, die einen feindlichen Herrscher ehren.

Dokkum (12.500 Einwohner)

Die nördlichste Stadt der Niederlande liegt nahe dem Fährhafen Holwerd, der Verbindung zur Watteninsel Ameland.

Der auf zwei großen Terpen errichtete sechseckige Stadtkern mit seinen schmalen Grachten und zwei alten Mühlen strahlt Gemütlichkeit aus. Im Frühjahr ziehen die aufblühenden Felder der Umgebung zahllose Radler und Wanderer an. Sehr empfehlenswert sind Ausflüge – auch auf dem Wasser – zum landschaftlich reizvoll gelegenen *Lauwersmeer*.
Als 754 der Benediktinermönch und Missionar *Bonifatius* in Dokkum ermordet wurde, verlor die Stadt einen ihrer wichtigsten Söhne. An ihn erinnern ein Brunnen, eine Kirche, eine Parkanlage, eine Statue und eine Wasserpumpe, die alle den Namen des Märtyrers tragen.

Provinz Fryslân (Friesland)
Karte S. 407

Information/Verbindungen/Adressen

• *Information* **VVV Dokkum**, Op de Fetze 13, 9101 LE Dokkum, ☎ 0519/293800, 🖷 298015, www.lauwersland.net. Mo 13-17 Uhr, Di-Fr 9-18 Uhr, Fr auch 19-21 Uhr, Sa 9-17 Uhr; Juli/August Mo 11-17 Uhr, Di-Fr 9-18 Uhr, Fr auch 19-21 Uhr, Sa 9-17 Uhr.

• *Bahnverbindungen* nächster Bahnhof in Veenwouden (13 km).

• *Busverbindungen* in Richtung Holwerd (Fährhafen nach Ameland), Leeuwarden.

• *Kanu/Kajakverleih* **Camping Schreiershoek**, Tichelwei 32, 9125 EB Dokkum, ☎ 0519/295606.

• *Einkaufen* Die Geschäfte bleiben in Dokkum Montagvormittag geschlossen. Am Freitag verschiebt sich der Ladenschluss auf 21 Uhr (Kaufabend). Markttermin: **Wochenmarkt** Mi 11-17 Uhr, Markt, Hoogstraat.

• *Kinderbauernhof* **Kinderboerderij Anne Zijlstra Hoeve**, Parklaan 2, 9103 SP Dokkum, ☎ 0519/297392. Mo-Fr 9-17 Uhr, Sa/So 14-16 Uhr. Eintritt frei.

• *Krankenhaus* **Ziekenhuis Talma Sionsberg**, Birdaarderstraatweg 70, 9101 DC Dokkum, ☎ 0519/291234.

• *Taxiruf* ☎ 0519/292303

Übernachten/Essen

• *Übernachten* ***** Hotel De Posthoorn**, Diepswal 21, 9101 LA Dokkum, 65 Betten, zentrale Lage, sehr gepflegte Räumlichkeiten, alle Zimmer mit Du/WC, Telefon und TV. EZ ab 48 €, DZ ab 66 €, ☎ 0519/293500, 🖷 297329, www.hotel-deposthoorn.nl.

** Hotel De Granaet, Koningstraat 35, 9101 LP Dokkum, 19 Betten, freundlicher Service, gepflegte Zimmer, allerdings einfacher als das Hotel De Posthoorn. EZ ab 22 €, DZ ab 25 €, ☎ 0519/292598, 🖷 295923.

** Hotel 't Raedhûs, Koningstraat 1, 9101 LP Dokkum, 21 Betten, vergleichbare Leistungen wie im Hotel De Granaet. EZ ab 35 €, DZ ab 50 €, ☎ 0519/294082, 🖷 297731.

Camping Harddraverspark, Harddraversdijk 1a, 9101 XA Dokkum, wenige Kilometer östlich des Stadtzentrums gelegen, einziger Platz vor Ort, einfache Sanitärs, geöff-

net April-Oktober. Person 2.50 €, Zelt 2.50 €, Auto 2.50 €, Fläche 3 ha. ☎ 0519/294445.

Mini-Camping De Brandgans, Sylsterwei 27, 9132 EL Engwierum, geöffnet April-Oktober. Person 2.25 €, Zelt 6.90 €, Duschen inkl., Fläche 0,5 ha. ☎ 0511/408579, brandgans@hetnet.nl.

• *Essen* **Pizzeria Romana**, Koornmarkt 8, 9101 JP Dokkum, rote Kerzen und Weinflaschen prägen das Bild, große Auswahl an Pizzen mit Fleisch, Früchten, Fisch oder Gemüse, Mi-So 16-22 Uhr, ☎ 0519/297756.

De Koffiepot, Grote Breedstraat 38, 9101 KJ Dokkum, Café und Eissalon. Mit alten Kaffeekannen vollgestopft, an den Wänden, unter der Decke, überall stehen sie und sorgen für eine angenehme Atmosphäre beim Kaffeetrinken. Kleinere Snacks gibt es auch. So geschlossen, ☎ 0519/293074.

Sehenswertes

Grote Kerk (Sint Martinuskerk): Die gotische Kirche, deren älteste Teile aus dem 14. Jahrhundert stammen, beeindruckt mit einem kunsthistorisch wertvollen Interieur. Neben diversen Grabsteinen verdienen der dreiseitig geschlossene Chor (1688) und die hölzerne Kirchenkanzel (1751) besondere Aufmerksamkeit. Das zweischiffige Bauwerk wurde mehrmals erweitert. Es finden regelmäßig Orgelkonzerte statt.

Adresse/Öffnungszeiten Markt, 9101 JL Dokkum, ☎ 0519/293800 (VVV). Juli/August Mi 14-17 Uhr. Eintritt frei. Orgelkonzerte Fr 19.30-20.30 Uhr.

Sint Bonifatiuskerk: Der niederländische Baumeister *P. J. H. Cuypers*, der auch das Amsterdamer Rijksmuseum entwarf, konzipierte das Gotteshaus 1871. Die Bonifatiuskirche zählt landesweit zu den wenigen erhaltenen Kirchen des namhaften Baumeisters. In der kostbar bestückten Schatzkammer lagern neben wertvollen Gemälden und Silberstücken die Reliquien des in Dokkum ermordeten und später heilig gesprochenen Namensgebers der Kirche.

Adresse/Öffnungszeiten Hoogstraat 25, 9101 AB Dokkum, ☎ 0519/293800 (VVV). Juni-September täglich 14-17 Uhr. Eintritt frei.

Stadhuis: Das Gebäude datiert aus dem 16. Jahrhundert. Der imposante Ratssaal als eigentliche Sehenswürdigkeit des Dokkumer Rathauses wurde dagegen erst 200 Jahre später vollständig ausgestattet. Liebhaber des Rokoko werden hier auf ihre Kosten kommen.

Adresse/Öffnungszeiten De Zijl, 9101 LP Dokkum, ☎ 0519/293800 (VVV). Mo-Fr 9-12 Uhr und 14-16 Uhr. Eintritt frei.

Streekmuseum Het Admiraliteitshuis: Die friesische Admiralität nutzte den Renaissancebau mehrere Jahrzehnte lang, ehe die hohen Herren mit ihrer ganzen Habe ins benachbarte Harlingen umzogen. Das Wappen über der unscheinbaren Eingangstür erinnert an sie. Heute beherbergt das Admiralitätshaus ein kleines Museum mit Schmuck, Spielzeug, friesischen Trachten und historischen Molkereigeräten.

Adresse/Öffnungszeiten Diepswal 27, 9101 LA Dokkum, ☎ 0519/293134. April-September Di-Sa 10-17 Uhr; Oktober-März Di-Sa 14-17 Uhr. Erwachsene 2 €, Kinder 1 €, Senioren (Pas65) 1.50 €, MJK. Führungen in deutscher und friesischer Sprache.

Natuurmuseum: Das in der ehemaligen Franse School untergebrachte Museum in unmittelbarer Nachbarschaft des obigen Streekmuseums befasst sich seit 1953 mit der Natur im Nordosten der Provinz. Die Sammlungen umfassen mehrere Dioramen der regionalen Flora und Fauna. In den Sommermonaten werden Exkursionen organisiert.

• *Adresse/Öffnungszeiten* Kleine Oosterstraat 12, 9101 KK Dokkum, ☎ 0519/297318. Juni-September Mo-Fr 10-12 Uhr und 13-17 Uhr, Sa/So 14-16.30 Uhr; Oktober-Mai Mo-Fr 10-12 Uhr und 13-17 Uhr. Erwachsene 2.30 €, Kinder 1.15 €, Senioren (Pas65) 1.80 €, MJK. Führungen in deutscher und friesischer Sprache.

Fierljeppen – Stabsprung-Meisterschaften im friesischen Norden

Die zahlreichen Kanäle der Provinz lassen findige Friesen mit längeren Stäben über die Wiesen laufen, mit denen sie notfalls – ähnlich wie Stabhochspringer – die teilweise nur wenige Meter breiten Wasserstraßen überqueren können. Die daraus entstandenen Meisterschaften ziehen die Massen in ihren Bann. Der Rekordhalter *Aart de With* erreichte erst kürzlich eine Weite von gut 19 Metern. Nähere Informationen erhält man beim Fierljepcentrum Zwaagwesteinde, Lange Reed 18, 9271 GE Zwaagwesteinde, ☎ 0511/475603, ℡ 447371, www.fierljeppenfriesland.nl. Kleine Gruppen können sich zu einem Tagesgrundkurs anmelden (Kaffee und Gebäck inklusive), an dessen Ende ein Sprung unter Wettkampfbedingungen steht: Die meisten Teilnehmer erreichen eine Weite von 9 bis 10 m, manchmal sogar 12 m. Immerhin 20 % landen im Wasser. Preis pro Person: 14 €.

Provinz Fryslân (Friesland) Karte S. 407

Region IJsselmeerkust

(Bolsward, Hindeloopen)

Die waldreiche südwestliche Flanke der Provinz bietet schöne Aussichten auf das angrenzende IJsselmeer. Stimmungsvolle Orte verlocken zu historischen Städtetouren. **Bolsward** und **Hindeloopen** verdienen einen Abstecher, **Lemmer**, **Makkum** und **Workum**, die Stadt der historischen Giebelfassaden, zeugen von der einstigen Bedeutung des Fischfangs und Handels. Ähnlich sehenswert ist das *Gaasterland*, ein hügeliger, waldreicher Landstrich, der im 17./18. Jahrhundert entstand, als die ansässigen friesischen Adelsgeschlechter gezielt große Waldgebiete anlegen ließen. Hinzu kommen die (verhältnismäßig) steil abfallenden Küstenregionen des IJsselmeers, darunter das *Oudemirdumer Klif* und das *Rode Klif*, die durch die einst raue Zuiderzee geformt wurden. Eine Rarität in den flachen Niederlanden.

Bolsward   (fries. Boalsert • 9.500 Einwohner)

Die Hansestadt, ein mittelgroßer Ort am nördlichen Rand der südwestfriesischen Seenplatte, erhielt 1455 die Stadtrechte und avancierte zum kulturellen Zentrum der umliegenden Gemeinden. Der historische Kern mit seinen schmalen Brücken, Gassen und Straßen steht seit Generationen unter Denkmalschutz. Der große Trubel ist Bolsward bislang erspart geblieben, typisch friesische Gelassenheit macht sich breit.

• *Information* **VVV Bolsward**, Marktplein 1, 8701 KG Bolsward, ☎ 0515/572727, 📠 577718, www.bolsward.nl. Januar-Mai Mo 13.30-17 Uhr, Di-Fr 10-12.30 Uhr; Juni-August Mo-Fr 9.30-17 Uhr, Sa 10-14 Uhr; September-Dezember Mo 10-17 Uhr.

• *Bahnverbindungen* nächster Bahnhof in Sneek (9 km).

• *Busverbindungen* in Richtung Harlingen, Heerenveen, Leeuwarden, Sneek.

• *Fahrradverleih* **Koopmans Rijwielen**, Grote Dijlakker 58, 8701 KX Bolsward, ☎ 0515/572717; **Molenmaker Tweewielers**, Witherenstraat 20, 8701 JJ Bolsward, ☎ 0515/572863.

• *Einkaufen* Die Geschäfte bleiben in Bolsward Montagvormittag geschlossen. Am Freitag verschiebt sich der Ladenschluss auf 21 Uhr (Kaufabend). Markttermin: **Wochenmarkt** Do 8-12.30 Uhr, Appelmarkt.

• *Krankenhaus* **Sint Antonius Ziekenhuis**, Bolswarderbaan 1, 8601 ZK Sneek, ☎ 0515/488888.

• *Taxiruf* ☎ 0515/572222

• *Übernachten* ***** Hotel De Wijnberg**, Marktplein 5, 8701 KG Bolsward, 54 Betten, zentrale Lage, erste Adresse vor Ort, alle Zimmer mit Du/WC, Telefon und TV. EZ ab 46 €, DZ ab 68 €, ☎ 0515/572220, 📠 572665.

*** Stadslogement Hid Hero Hiem, Kerkstraat 51, 8701 HR Bolsward, 56 Betten in 14 Appartements (Wohnzimmer, Schlafzimmer, Bad), die von maximal 4 Personen genutzt werden können, gute Küche im angeschlossenen Restaurant Het Weeshuys. EZ ab 65 €, DZ ab 90 €, ☎ 0515/575299, 📠 573052, info@hotelhidherohiem.nl.

* Hotel Centraal, Nieuwmarkt 10, 8701 KL Bolsward, 18 Betten, die etwas preiswertere Alternative, einfaches Haus mit ebensolchen Räumlichkeiten, EZ ab 25 €, DZ ab 45 €, ☎ 0515/572589.

NJHC-Jugendherberge Wigledam, Oude Oppenhuizerweg 20, 8606 JC Sneek, etwa 15 km östlich von Bolsward, ganzjährig geöffnet. 112 Betten, Zweierzimmer (6), Viererzimmer (6), Achterzimmer (4), Zehnerzimmer (1), 14er-Zimmer (1), 20er-Zimmer (1). Übernachtung im Schlafsaal inkl. Frühstück 17-19 € (je nach Saison), ☎ 0515/412132, 📠 412188, sneek@njhc.org.

Camping Het Bolwerk, Badweg 5, 8701 XG Bolsward, A 7, Ausfahrt Bolsward-Oost, Schildern folgen, einziger Platz vor Ort, östliches Stadtgebiet, einfache Sanitärs,

Schwimmbad (100 m), geöffnet April-September. Stellplatz (Auto und Zelt) 11 €, Duschen inkl., Fläche 0,3 ha. ☎ 0515/573573, ✉ 576662.

● *Essen*   **De Wijnberg**, Marktplein 5, 8701 KG Bolsward, verschiedene Gerichte der Region im gleichnamigen Hotel, ☎ 0515/572220.

Grandcafé De Doele, Nieuwmarkt 24, 8701 KL Bolsward, Spezialitäten der friesischen Küche, preiswerte Hauptgerichte, ☎ 0515/572562, www.doele.nl.

Sehenswertes

Martinikerk (Sint Maartenskerk): Die gotische Kirche entstand im 15. Jahrhundert auf den Fundamenten einer frühen Tuffsteinkirche. Das Interieur beeindruckt durch filigrane Holzschnitzereien und eine wertvolle Orgel aus der Werkstatt von *Albert Anthonie Hinsz.* Als Bolsward noch einen Zugang zum offenen Meer hatte, diente der Kirchturm als Leuchtturm. Auf dem Vorplatz erinnert ein Denkmal an den bekannten friesischen Dichter *Gysbert Japicx* (1603–1633), dessen Vater als Bürgermeister in der Kirche seine letzte Ruhestätte fand.

Adresse/Öffnungszeiten Groot Kerkhof 26, 8701 AH Bolsward, ☎ 0515/572274. Mai-September Mo-Fr 10-12 Uhr und 14-16 Uhr, Juli/August auch Sa 14-16 Uhr; Oktober-April Mo-Fr 14-16 Uhr. Eintritt frei. Regelmäßige Orgelkonzerte in der Saison.

Oudheidkamer Stadhuis: Der Rathauskomplex gilt als ein Musterbeispiel für den Manierismus. Die ältesten Abschnitte datieren aus dem Jahre 1614, die verschnörkelte Rokoko-Freitreppe entstand dagegen erst 150 Jahre später. Bolsward ist stolz auf seine heimischen Handwerker, die die Arbeiten fast vollständig in Eigenregie durchführten und auch den zierlichen Turm errichteten, dessen Fundamente auf dem Balkenboden des Rathauses ruhen. Im Ratssaal beeindrucken die Holzschnitzereien des Schreiners und späteren Bürgermeisters *Japick Gysberts.* Die stadtgeschichtliche Sammlung im alten Rathaus beleuchtet die Entwicklung Bolswards im Laufe der vergangenen fünf Jahrhunderte. Die Sammlungen umfassen Bodenfunde, Kacheln, Kleidertrachten, Kupfer- und Silberstücke sowie Dokumente des alten städtischen Waisenhauses.

Adresse/Öffnungszeiten Jongemastraat 2, 8701 JD Bolsward, ☎ 0515/578787. April-Oktober Mo 14-16 Uhr, Di-Fr 9-12 Uhr und 14-16 Uhr; Juli/August Mo-Sa 10-17 Uhr. Erwachsene 1 €, Kinder 0.75 €, Senioren (Pas65) 0.75 €, MJK. Führungen in friesischer Sprache.

Fries Landbouw Museum: Das Museum beleuchtet den Wandel der friesischen Landschaft im Laufe der vergangenen Jahrhunderte. Es liegt an der *Aldfaers Erf Route*, die vor wenigen Jahren zwischen Bolsward, Makkum und Workum als Rundstrecke eingerichtet wurde. Sie verbindet touristisch reizvolle Sehenswürdigkeiten einer Region, die zu den bedeutendsten friesischen Viehzuchtgebieten zählt. Die Atmosphäre vergangener Zeiten lebt auf, sei es in der Backstube, der Dorfschule, dem Krämerladen oder in einem der handwerklichen Betriebe. Die engen Straßen schlängeln sich an Kanälen und Wiesen entlang durch die typisch friesische Landschaft. Mit über 100.000 Besuchern pro Jahr beweist die Statistik: *Aldfaers Erf* – das Erbe der Väter lebt!

Adresse/Öffnungszeiten Dorpsstraat 72, 8759 LE Exmorra, ☎ 0515/575995, www.frieslandbouwmuseum.nl. April-Oktober täglich 10-17 Uhr. Erwachsene 1.75 €, Kinder 0.75 €, MJK.

Provinz Fryslân (Friesland)

Karte S. 407

Hindeloopen

(fries. Hylpen • 850 Einwohner)

Aus der Ferne ragen nur die Spitzdächer der pittoresken Häuser, vom über-dimensionalen Kirchturm beherrscht, über den Deich. Das Wassersportzen-trum am nordöstlichen Rand des IJsselmeers genießt durch seine Kleider-trachten und das alte Kunsthandwerk des Möbelbemalens internationale Bekanntheit.

Hindeloopen erhielt 1225 die Stadtrechte. Die florierenden Handelsbeziehun-gen nach Norwegen und Russland verhalfen der Region im 17./18. Jahrhun-dert zur wirtschaftlichen Blüte. Die internationalen Kontakte sorgten für eine weitgehend eigenständige Entwicklung von Kultur und Sprache. Hindeloopen, eine kleine Welt mit eigener Tracht und eigenem Dialekt. Alles scheint winzig: Schmale Holzbrücken und enge Gassen machen Hindeloopen zu einem "friesi-schen Venedig". Ein mächtiger Kirchturm überragt die filigranen Spitzdächer der umliegenden Häuser. Zahlreiche Menschen tummeln sich auf den kopf-steingepflasterten Straßen. Die vielen alten Kapitänswohnungen, die *Com-mandeurshuizen*, sorgen für zusätzliche Romantik.

Information/Verbindungen/Adressen

• *Information* **VVV Hindeloopen**, Nieuw-stad 26, 8713 JL Hindeloopen, ✆ 0900/5400001, www.friesland-vvv.net. Mo-Fr 9-12.15 Uhr und 13.30-17.30 Uhr, Sa 10-12 Uhr; Juli/August Mo-Sa 10-17 Uhr.
• *Bahnverbindungen* 1x stündl. nach Leeu-warden (Dauer: 40 Min.), 1x stündl. Stavo-ren (10 Min.).
• *Busverbindungen* in Richtung Bolsward, Spannenburg.

• *Einkaufen* Die Geschäfte bleiben in Hin-deloopen Mittwochnachmittag geschlos-sen. Am Freitag verschiebt sich der Laden-schluss auf 21 Uhr (Kaufabend).
• *Fahrradverleih* **Garage Heeres**, Zudier-zeeweg 2, 8713 LL Hindeloopen, ✆ 0514/522103.
• *Krankenhaus* **Sint Antonius Ziekenhuis**, Bolswarderbaan 1, 8601 ZK Sneek, ✆ 0515/488888.
• *Taxiruf* ✆ 0514/605000

Übernachten/Essen

• *Übernachten* ** **Hotel De Stadsboer-derij**, Nieuwe Weide 9, 8713 JD Hindeloo-pen, 30 Betten, freundlicher Service, kom-fortable Zimmer. Die im Hindelooper Stil eingerichtete Brautkammer steht frisch ver-heirateten Paaren zur Verfügung. Gute Kü-che im angegliederten Restaurant De Bra-bander. EZ ab 41 €, DZ ab 46 €, ✆ 0514/521278, ✉ 523016.
NJHC-Jugendherberge It Beaken, 't Eilân 65, 8621 CT Heeg, gut 20 km östlich von Hin-deloopen, ganzjährig geöffnet. 160 Betten, Zweierzimmer (7), Viererzimmer (7), Sech-serzimmer (13), Achterzimmer (5). Über-nachtung im Schlafsaal inkl. Frühstück 18 €, ✆ 0514/442258, ✉ 442550, heeg@njhc.org.
Camping Hindeloopen, Westerdijk 9, 8713 JA Hindeloopen, N 359 (Balk–Bolsward), Ausfahrt Hindeloopen, Schildern folgen, nur wenige Meter vom IJsselmeer entfernt,

ideale Basis für Wassersportler, wenig Schatten, gute Sanitärs, Kinderbauernhof, Lebensmittelgeschäft, geöffnet April-Okto-ber. Stellplatz (inkl. 2 Pers.) 16 €, zus. Per-son 2.30 €, Duschen 1 €, Fläche 16 ha. ✆ 0514/521452, ✉ 523221, info@campinghindeloopen.nl.
Camping Schuilenburg, Schuilenburg 2, 8713 JT Hindeloopen, nahe Camping Hind-loopen, ebenfalls direkt am IJsselmeer, ei-gener Strand, Surfschule, akzeptable Sani-tärs, geöffnet April-Oktober. Person 4 €, Zelt 3.20 €, Auto 4.50 €, Duschen 0.50 €, Flä-che 3 ha. ✆ 0514/521260, ✉ 522768.
• *Essen* **De Brabander**, Nieuwe Weide 7, 8713 JD Hindeloopen, typisches Restaurant im Hindelooper Stil, sehenswerter Fliesen-boden, Fisch- und Fleischgerichte, auch eine gute Adresse zum Frühstücken (ab 8 Uhr), ✆ 0514/521278.

Pannekoekhuis Schaatsmuseum, Kleine Weide 1-3, 8713 KZ Hindeloopen, preiswerte Pfannkuchenvariationen, angegliedertes Koffiehuis, ☎ 0514/521683.

In der Umgebung Hindeloopens locken mehrere reizvolle Ortschaften mit netter Gastronomie:

Sluiszicht, Sud 117-119, 8711 CT Workum, Café-Restaurant nördlich von Hindeloopen, große Terrasse am Wasser (mit Schatten spendendem Baum in der Mitte), zentrale Lage nahe einer Schleuse, ☎ 0515/541736.

d' Ald Herberch, Munkedyk 46, 8611 JR Gaastmeer, nordöstlich von Hindeloopen, Speisen der internationalen Küche, Spezialität ist das "Nasjionale Slokje" im fußlosen Schnapsglas im Holzblock, dem sog. "Fugeltsje", ☎ 0515/469656.

't Kroegje, Maardijk 13a, 8581 KG Elahuizen, Café-Restaurant mit Flair östlich von Hindeloopen, Lieblingsplatz der Einheimischen und Zugereisten, Kaffee und Gebäck am Nachmittag, ☎ 0514/603721.

Sehenswertes

Grote Kerk: Die größte Kirche Hindeloopens stammt aus dem frühen 17. Jahrhundert. Mit ihr verbindet sich ein Kuriosum erster Güte, denn 1892 ließ man den gesamten südlichen Kirchentrakt niederreißen, nachdem er infolge sinkender Einwohnerzahlen überflüssig geworden war. Der sichtlich geneigte *Westertoren* (49 m), der jeden Moment auf das Kirchenschiff zu fallen droht, zählt zu den Wahrzeichen der Stadt.

Adresse/Öffnungszeiten Dijkweg, 8713 GE Hindeloopen, ☎ 0900/5400001 (VVV). Mai-September Mo-Sa 9-18 Uhr. Eintritt frei.

Museum Hidde Nijland Stichting: Das stadtgeschichtliche Museum im alten Rathaus (1683) vermittelt Einblicke in die seefahrerische Vergangenheit Hindeloopens und dokumentiert die ausgeprägte Wohnkultur früherer Generationen. Viele Exponate, darunter prachtvolle historische Kleidertrachten und kostbar verziertes Mobiliar, gingen 1919 aus der Privatsammlung *Hidde Nijland* in den Museumsbesitz über. Die Kollektion beweist, dass alles, was die Hindeloopener in die Finger bekamen, an langen Wintertagen sorgsam bemalt wurde: Betten, Butterdosen, Klompen, Schränke, Spinnräder, Türen ...

Adresse/Öffnungszeiten Dijkweg 1, 8713 KD Hindeloopen, ☎ 0514/521420. März-Oktober Mo-Sa 10-17 Uhr, So 13.30-17 Uhr. Erwachsene 1.60 €, Kinder 0.80 €, Senioren (Pas65) 1.25 €, MJK.

Eerste Friese Schaatsmuseum: Das "Erste friesische Schlittschuhmuseum" – das einzige der Niederlande – besitzt eine umfangreiche Sammlung historischer Schlitten und Schlittschuhe. Im Mittelpunkt allerdings stehen Dokumente sämtlicher bisheriger *Elfstedentochten*, der berühmten friesischen Volksfeste auf dem Eis (siehe S. 408). Fotografien, Medaillen, Trophäen und sorgfältig zusammengestellte Statistiken illustrieren den hohen Stellenwert dieses weltweit einzigartigen Schlittschuhmarathons.

Adresse/Öffnungszeiten Kleine Weide 1-3, 8713 KZ Hindeloopen, ☎ 0514/521683. Mo-Sa 10-18 Uhr, So 13-17 Uhr. Erwachsene 1.25 €, Kinder 1 €.

Region Friese Merengebied

(Sneek, Grouw, Joure)

Das friesische *Merengebied, das* Eldorado des Wassersports, vereint zahlreiche kleinere Wasserstraßen mit den drei größten friesischen Binnenseen, dem *Haagermeer*, dem *Slotermeer* und dem *Tjerkermeer*. Die alljährlich stattfindende "Sneekweek" im gleichnamigen Ort ist eines der größten Wassersportereignisse

Provinz Fryslân (Friesland)
Karte S. 407

des Landes. Angeln, Schwimmen, Segeln, Surfen – in **Sneek** ist alles möglich. Dessen ungeachtet zieht es die königliche Familie vor, vom harten königlichen Alltag an das ruhigere *Pikmeer* nahe **Grouw** zu entfliehen.

Sneek

(fries. Snits • 30.000 Einwohner)

Sneek liegt inmitten der weitläufigen friesischen Seengebiete und besitzt einen der größten Jachthäfen der Niederlande – ideales Terrain für Wassersportler.

Die zweitgrößte Stadt Frieslands, die 1524 die Stadtrechte verliehen bekam, ist bekannt für die *Sneekweek*, das europaweit größte Segelsportereignis auf Binnengewässern. Zahllose Freizeitkapitäne machen in dieser Zeit das Sneeker Meer unsicher, auf dem sonst die sehenswerten Lastensegler einen besonderen Augenschmaus darstellen. Seit dem 16. Jahrhundert fahren diese *Skûtsjes* mit ihren braunen Segeln über die friesischen Kanäle, kaum 40 cm Tiefgang bei 140 Quadratmetern Segelfläche. Am Oude Oppenhuizerweg kann das *Skûtsje Sneker Pan* bestaunt werden, das seit mehreren Jahren während des *Skûtsjesilen* an der Spitze mitsegelt (siehe Seite 432).

1841 wurde hier in Sneek die erste niederländische Filiale der C&A-Handelskette eröffnet. Die Stadt ist darüber hinaus bekannt als erstes Etappenziel der *Elfstedentocht*, des über die Landesgrenzen hinaus bekannten niederländischen Schlittschuhmarathons, der in kalten Wintern in Friesland ausgetragen wird (siehe S. 408).

*I*nformation/*V*erbindungen/*A*dressen

• *Information* **ANWB/VVV Sneek**, Marktstraat 18, 8601 CV Sneek, ✆ 0515/414096, ✎ 423703, www.vvvsneek.nl. Mai-September Mo-Fr 9-18 Uhr, Sa 9-17 Uhr; Oktober-April Mo-Fr 9-17.30 Uhr, Sa 9-17 Uhr.

• *Bahnverbindungen* 1-2x stündl. nach Leeuwarden (Dauer: 20 Min.).

• *Busverbindungen* in Richtung Emmeloord, Leeuwarden.

• *Autovermietung* **Autoverhuur Betten**, Frittemaleane 2, 8605 CH Sneek, ✆ 0515/413888.

• *Fahrradverleih* **Rijwielen Tsjillen**, Wijde Noorderhorne 8, 8601 EB Sneek, ✆ 0515/413878.

• *Einkaufen* Die Geschäfte bleiben in Sneek Montagvormittag geschlossen. Am Donnerstag verschiebt sich der Ladenschluss auf 21 Uhr (Kaufabend). Markttermin: **Wochenmarkt** Di und Sa 8-12 Uhr, Grootzand.

• *Krankenhaus* **Sint Antonius Ziekenhuis**, Bolswarderbaan 1, 8601 ZK Sneek, ✆ 0515/488888.

• *Taxiruf* ✆ 0515/411111

*Ü*bernachten/*E*ssen

• *Übernachten* ****** Hotel De Daaldersplaat**, Stationsstraat 62-66, 8601 GG Sneek, Bahnhofsnähe, 27 Betten, neben dem Hotel Hanenburg (s. u.) die erste Adresse vor Ort, saubere Räumlichkeiten. EZ ab 57 €, DZ ab 80 €, ✆ 0515/413175, ✎ 425455.

*** Hotel Hanenburg, Wijde Noorderhorne 2, 8601 EB Sneek, 38 Betten, zentrale Lage, alle Zimmer mit Du/WC, Telefon und TV, sehr gepflegt, das ältere Ehepaar Hanenburg ist außerordentlich zuvorkommend.

EZ ab 48 €, DZ ab 64 €, ✆ 0515/412570, ✎ 425895.

** Hotel De Wijnberg, Marktstraat 23, 8601 CS Sneek, 51 Betten, ebenfalls zentrale Lage, Haus mit gepflegter Atmosphäre. EZ ab 35 €, DZ ab 48 €, ✆ 0515/412421, ✎ 413369.

* Hotel De Stadsherberg Ozinga, Lemmerweg 8-14, 8607 AD Sneek, 17 Betten, an recht verkehrsreicher Straße, einfache Ausstattung, ohne Luxus. EZ ab 25 €, DZ ab 45 €, ✆ 0515/412216, ✎ 419212.

Sneeker Waterpoort: Wassertor aus dem 17. Jahrhundert

NJHC-Jugendherberge Wigledam, Oude Oppenhuizerweg 20, 8606 JC Sneek, ganzjährig geöffnet. 112 Betten, Zweierzimmer (6), Viererzimmer (6), Achterzimmer (4), Zehnerzimmer (1), 14er-Zimmer (1), 20er-Zimmer (1). Übernachtung im Schlafsaal inkl. Frühstück 17-19 € (je nach Saison), ☎ 0515/412132, ✉ 412188, sneek@njhc.org.

NJHC-Jugendherberge It Beaken, 't Eilân 65, 8621 CT Heeg, etwa 10 km südlich von Sneek, ganzjährig geöffnet. 160 Betten, Zweierzimmer (7), Viererzimmer (7), Sechserzimmer (13), Achterzimmer (5). Übernachtung im Schlafsaal inkl. Frühstück 18 €, ☎ 0515/442258, ✉ 442550, heeg@njhc.org.

Camping De Domp, De Domp 4, 8605 CP Sneek, N 354 (Sneek–Leeuwarden), Ausfahrt Offingawier, Schildern folgen, einziger Platz im Stadtgebiet, Nähe Jachthafen, einfache Sanitärs, geöffnet April-Oktober. Person 3.25 €, Zelt 3.75 €, Auto 3 €, Duschen 0.50 €, Fläche 1 ha. ☎ 0515/412559, ✉ 412767.

Camping De Potten, De Potten 2, 8626 GG Offingawier, N 354 (Sneek–Leeuwarden), Ausfahrt Offingawier, Schildern folgen, Halbinsel im Sneeker Meer, östlich der Stadt, schöne, ruhige Lage in Strandnähe, gute Wassersportmöglichkeiten, akzeptable Sanitärs, Lebensmittelgeschäft, geöffnet April-Oktober. Stellplatz (inkl. 6 Pers.) 38 €, Duschen inkl., Fläche 35 ha. ☎ 0515/415205, ✉ 411741.

● *Essen* **Hindelooper Kamer**, Oosterdijk 10, 8601 BT Sneek, altes Gebäude mit geschmackvoller Einrichtung, fast ein kleines Museum, am Eingang lehnt ein Fahrrad aus Omas Zeiten, Fisch- und Fonduespezialitäten, ☎ 0515/412756.

Sing King Ling, Leeuwenburg 17, 8601 CG Sneek, gegenüber dem Amicitia-Kino, gute chinesische Küche, Blumen und Papiervögel zieren die Fenster, preiswerte Hauptgerichte, ☎ 0515/413657.

Klein Java, Wijde Noorderhorne 18, 8601 EB Sneek, Spezialitäten der indonesischen Küche, Hauptgerichte in großer Auswahl, einige Tische auf der gemütlichen, überdachten Terrasse, Mo geschlossen, ☎ 0515/432498.

Trattoria Pizzeria Venezia, Wijde Noorderhorne 15, 8601 EB Sneek, große Auswahl aus mehr als 70 verschiedene Pizzen, viele Pflanzen im Fenster sorgen für Gemütlichkeit, Mo geschlossen, ☎ 0515/423214.

Veranstaltung

Sneekweek: Die Segelleidenschaft der Niederländer macht das Ereignis zu einem riesigen Volksfest, das Scharen von Besuchern anzieht. Termin: Anfang August. Informationen im Internet unter www.sneekweek.nl.

Sehenswertes

Martinikerk: Die spätgotische Kirche, die im ausgehenden 15. Jahrhundert errichtet wurde, steht auf der höchsten Erhebung der Stadt. Neben der zweistöckigen Sakristei, die mehrere Jahrzehnte später gebaut wurde, beeindruckt der Holzturm mit schönem Glockenspiel (47-teilig), dessen Klangbreite über vier Oktaven reicht. Der gepflasterte Kirchenboden birgt mehrere alte Grabmäler.
Adresse/Öffnungszeiten Oudkerkhof, 8601 DE Sneek, ☎ 0515/412773. Juli/August Mo-Sa 14.30-17 Uhr und 19.30-21 Uhr. Eintritt frei.

Stadhuis: Das Sneeker Rathaus besitzt genau wie sein Pendant im nördlichen Dokkum einen stattlichen Rokoko-Ratssaal. Die Fassade (1760) ist im gleichen Stil gehalten. Im ehemaligen Aufenthaltsraum der Stadtwache ist eine Sammlung alter Waffen untergebracht. Hier findet sich obendrein der Helm des sagenumwobenen mittelalterlichen Sneeker Freiheitshelden *Grutte Pier* (1470–1520), ein hünenhafter Bauer, dessen Schwert 2,30 m lang gewesen sein soll.
Adresse/Öffnungszeiten Marktstraat 15, 8601 CR Sneek, ☎ 0515/485555. Juli/August Mo-Fr 14-16 Uhr. Eintritt frei.

Friesische Nationalflagge

Sneker Waterpoort: Das in der ganzen Provinz wohlbekannte Wahrzeichen Sneeks ist der letzte Überrest der alten Stadtumwallung. Das einzigartige Monument stellt seit 1613 die wichtigste Durchfahrt in das städtische Kanalsystem dar. Der Renaissancebau ist der Öffentlichkeit in unregelmäßiger Folge zugänglich.
Adresse/Öffnungszeiten Hoogend (Höhe Oude Koemarkt), 8601 RL Sneek, ☎ 0515/414096 (VVV). Öffnungszeiten auf Anfrage.

Fries Scheepvaart Museum en Sneker Oudheidkamer: Das Museum zeigt in mehr als dreißig kleinen Räumen ein umfangreiches Antiquitätenkabinett zur Geschichte der Seefahrt. Die Exponate umfassen Gemälde, Modelle, Werkzeuge und die komplette Wohneinheit eines friesischen Frachtseglers (*Skûtsje*). Ein separater Saal dokumentiert das winterliche Leben in den nördlichen Niederlanden: Arbeit, Sport und Spiel auf gefrorenen Wasserwegen.
Adresse/Öffnungszeiten Kleinzand 14, 8601 BH Sneek, ☎ 0515/414057, Mo-Sa 10-17 Uhr, So 12-17 Uhr. Erwachsene 2 €, Kinder 1 €, Senioren (Pas65) 1 €, MJK. Führungen in deutscher und friesischer Sprache, www.friesscheepvaartmuseum.nl.

Het Nationaal Modelspoor Museum: Die Vitrinen des Modellbahnmuseums sind prall gefüllt mit Lokomotiven und Waggons verschiedenster Epochen. Wechselnde Themenausstellungen, zuletzt zum Wiederaufbau der *Nederlandse Spoorwegen* nach Kriegsende, ergänzen die Sammlung, deren Glanzstück ein HO-Modell (Länge 59 cm, Maßstab 1:87) des Transrapid ist. Das Original wird möglicherweise schon in naher Zukunft eine Anbindung der Provinzen Groningen und Friesland an die Randstad ermöglichen (Streckenverlauf: Amsterdam, Lelystad, Lemmer, Heerenveen, Drachten, Groningen).

Adresse/Öffnungszeiten Kerkgracht 12a, 8601 EC Sneek, ☎ 0515/430021, Di-Sa 10-17 Uhr, So 12-17 Uhr, Juni-August auch Mo 12-17 Uhr. Erwachsene 2.25 €, Kinder 1.15 €, www.modelspoormuseum.nl.

Grouw (fries. Grou • 5.300 Einwohner)

Das Bauerndorf südlich von Leeuwarden avancierte im Laufe der vergangenen Jahrzehnte zu einem der renommiertesten Wassersportzentren der Niederlande.

Grouw ist seit Jahren eng mit dem traditionsreichen *Skûtsjesilen* verbunden. Im Hochsommer stehen die friesischen Meere für zwei Wochen ganz im Zeichen der *Skûtsjes*, der speziell für die schmalen und seichten Gewässer Frieslands gebauten Frachtensegler. Um 1900, als man die *Skûtsjes* für den Transport verschiedenster Güter verwendete, waren meist nur der Skipper und seine Frau an Bord. Der Arbeitsalltag war hart, denn nur wer mit seinem Schiff frühzeitig im Hafen eintraf, konnte ohne Zeitverluste seine Ladung löschen und zur nächsten Fahrt auslaufen. Was früher ein Kampf ums Überleben war, wird heute unter zehnköpfigen Mannschaften als sportlicher Wettstreit ausgetragen. Die Regatten finden verteilt auf die ganze Provinz statt. Grouw zählt zu den Hochburgen dieses Spektakels.

• *Information* **VVV Grouw**, Doorbraak 4-6, 9001 AL Grouw, ☎ 0566/621333, ✆ 621399, www.friesland-vvv.net. Mo-Fr 9-17 Uhr, Sa 9.30-12 Uhr, Mai-September Mo-Fr 9-17 Uhr, Sa 10-16 Uhr.

• *Bahnverbindungen* 1-2x stündl. nach Leeuwarden (Dauer: 10 Min.), 1x stündl. Zwolle (60 Min.).

• *Busverbindungen* in Richtung Joure, Leeuwarden.

• *Autovermietung* **Autoverhuur Kooiker**, Stationsweg 36, 9001 EH Grouw, ☎ 0566/ 621661.

• *Fahrradverleih* **Herberg Oer 't Hout**, Raadhuisstraat 18, 9001 AG Grouw, ☎ 0566/ 621528, www.oerthout.nl.

• *Einkaufen* Die Geschäfte bleiben in Grouw Montagvormittag geschlossen. Am Freitag verschiebt sich der Ladenschluss auf 21 Uhr (Kaufabend).

• *Krankenhaus* **Medisch Centrum Leeuwarden Noord**, Mr. P. J. Troelstraweg 78, 8917 CR Leeuwarden, ☎ 058/2933333.

• *Taxiruf* ☎ 0566/622611

• *Übernachten* ** **Hotel Oostergoo**, Nieuwe Kade 1, 9001 AE Grouw, 36 Betten, einziges Hotel vor Ort, modernes Haus hinter gepflegter Fassade, komfortable Räumlich-

keiten, alle Zimmer mit Du/WC, hoteleigener Bootsanlegeplatz. EZ ab 45 €, DZ ab 70 €, ☎ 0566/621309, ✆ 622467, www.oostergoo.nl.

NJHC-Jugendherberge Oer't Hout, Raadhuisstraat 18, 9001 AG Grouw, im Mittelpunkt des Dreiecks Leeuwarden-Drachten-Sneek, ganzjährig geöffnet. 212 Betten, Einerzimmer (2), Zweierzimmer (8), Dreierzimmer (4), Viererzimmer (3), Fünferzimmer (12), Sechserzimmer (9), Achterzimmer (7). Übernachtung im Schlafsaal inkl. Frühstück 19 €, ☎ 0566/621528, ✆ 621005, grou@njhc.org.

Camping Yn'e Lijte, Yn'e Lijte 1, 9001 ZR Grouw, N 32 (Leeuwarden–Heerenveen), Ausfahrt Grouw, Schildern folgen, reizvolle Lage am Pikmeer nördlich von Grouw, akzeptable Sanitärs, Fahrradverleih, Lebensmittelgeschäft, Schwimmbad, Verleih von Ruderbooten, Wanderhütten (7), geöffnet April-September. Stellplatz (Auto und Zelt) 9 €, Person 2.50 €, Duschen 0.50 €, Fläche 10 ha. ☎ 0566/621487, ✆ 621858, info@yn-e-lijte.nl.

• *Essen* **Pizzeria Sardegna**, Nieuwe Kade 10, 9001 AE Grouw, große Auswahl an italienischen Speisen, gute Nudelgerichte, ☎ 0566/624749.

Het Wapen van Grouw, Halbertsmaplein 14, 9001 AH Grouw, Café und Eetkamer im Herzen von Grouw, preiswertes 3-Gänge-

Menü, große Bierkarte (40 Sorten), November-März Mi geschlossen, ✆ 0566/623030.
Boerderij De Vrijheid, Seinpolle 4, 9001 ZS

Grouw, internationale Küche auf einer gemütlichen Terrasse am Pikmeer, Oktober-April Mo/Di geschlossen, ✆ 0566/621578.

Veranstaltungen

Skûtsjesilen: Der sportliche Wettstreit auf den historischen Flachbodenschiffen (*Skûtsjes*) lockt Jahr für Jahr viele begeisterte Besucher in die friesischen Seengebiete. *Skûtsjesilen* gilt als Synonym für Segelregatten mit den im 18./19. Jahrhundert erbauten Frachtschiffen, die einst Torf und andere Ladungen von Hof zu Hof transportieren. Die geringe Wassertiefe hatte die Konstruktion flacher und langer Plattbodenschiffe erfordert. Hatten die Schiffer damals wenig Arbeit, verdienten sie sich mit Wettfahrten zusätzliches Geld. Die Siegerehrungen allerdings fanden in einem der Hafencafés statt, sodass die Gewinner nicht umhin kamen, eine Kneipenrunde (oder mehrere) auszugeben – nur ein kleiner Teil des Geldes blieb übrig. Diese frühen *Skûtsjewedstrijden* bilden die Basis der heutigen professionell organisierten Wettbewerbe. Eines der Zentren liegt in Grouw. Termin: Juli. Informationen im Internet unter www.skutsjesilen.nl.

Sehenswertes

Sint Piterkerk: Die romanische Kirche aus dem 12. Jahrhundert ist dem Schutzheiligen der Fischer und Schiffer geweiht. Ihm zu Ehren findet auch das alljährliche Sint-Piter-Fest statt (am Samstag vor dem 21. Februar). Auf der Rückseite der Kirche liegen die Grabmäler der beiden bekannten friesischen Dichter *Eeltje* und *Tjalling Halbertsma*.

Adresse/Öffnungszeiten Kerkstraat, 9001 AG Grouw, ✆ 0566/621930. Besichtigung nach telefonischer Voranmeldung. Eintritt frei.

Museum De Trije Gritenijen: Im Souterrain des alten Rathauses gedenkt die Halbertsma-Sammlung des kulturell bedeutenden Erbes der gleichnamigen Dichterfamilie. Darüber hinaus zeigt das Gemeindemuseum Porzellanprodukte sowie Gold- und Silberstücke. In unregelmäßiger Folge ergänzen Wechselausstellungen das Angebot.

Adresse/Öffnungszeiten Stationsweg 1, 9001 ED Grouw, ✆ 0566/623911. April-September Di-Sa 14-17 Uhr. Erwachsene 1.60 €, Kinder 0.45 €, Senioren (Pas65) 0.80 €, MJK. Begleittexte in deutscher und friesischer Sprache. Führungen in friesischer Sprache.

Mineralogisch Museum: Die Schaukästen des zweiten städtischen Museums zeigen eine sorgsam zusammengestellte Auswahl an Vitrinen mit farbenprächtigen Edelsteinen (Diamanten, Opale, Rubine, Smaragden u. a.).

Adresse/Öffnungszeiten Leechlân 22 (Richtung Warten), 9001 ZH Grouw, ✆ 0566/623636. April-Oktober Di-So 10-17 Uhr. Erwachsene 2 €, Kinder 1 €, MJK.

Joure   (fries. De Jouwer • 12.000 Einwohner)

Die Seen der angrenzenden Regionen machen auch Joure zu einem Eldorado des Wassersports. Segler und Surfer finden in der Umgebung ideale Bedingungen.

Joure war einst für die Wirtschaft im südlichen Friesland von Bedeutung. Die Erinnerung an die großen Zeiten des hiesigen Uhrmacherhandwerks, lebt nicht nur im Museum fort, sondern auch in handwerklichen Betrieben, von denen einige nach vorheriger Absprache besichtigt werden können.

Das Hauptgebäude des Museums mit dem offiziellen Namen **Museum Johannes Hessel Huis** diente lange als Sitz der örtlichen Kaffee-, Tee- und Tabakfabrik *Douwe Egberts*. Die Ausstellung befasst sich ausgiebig mit der Unternehmensgeschichte, präsentiert eine im alten Stil eingerichtete Kaffeestube, eine Arbeiterwohnung aus der Zeit der Wende vom 19. zum 20. Jahrhundert sowie eine Kupfergießerei der Firma *Keverling* und eine Uhrmacherwerkstatt der Firma *Bouma*. Die Arbeiterwohnung befindet sich im Geburtshaus des Firmengründers *Egbert Douwes*, das noch zu Beginn des 18. Jahrhunderts in einem kleinen Dorf der Umgebung gestanden hatte, ehe es in den 80er Jahren abgetragen und in Joure wiederaufgebaut wurde. Eine kleine naturhistorische Sammlung ergänzt das Angebot. Einige Schritte entfernt steht der Museumsladen "De Witte Os". 1753 hatte Egbert Douwes hier begonnen, seine Waren zu verkaufen. Später avancierte der "Weiße Ochse" zur bedeutendsten Kolonialwarenhandlung der Stadt. Noch heute werden Kaffee, Tee und süße Leckereien angeboten. Auch das rückwärtige kleine Büro ist einen Augenschein wert.

Information/Verbindungen/Adressen

• *Information* **ANWB/VVV Joure**, Midstraat 99, 8501 AH Joure, ✆ 0513/416030, 🖷 415282, www.friesland-vvv.net. Mo 13.30-17.30 Uhr, Di-Do 9.30-17.30 Uhr, Fr 9.30-17.30 Uhr und 19-21 Uhr, Sa 10-16 Uhr; Juli/August Mo-Do 9.30-17.30 Uhr, Fr 9.30-17.30 Uhr und 19-21 Uhr, Sa 10-14 Uhr.

• *Adresse/Öffnungszeiten* **Museum Joure**, Geelgieterstraat 1-11, 8501 CA Joure, ✆ 0513/412283, www.museumjoure.cybercomm.nl. Mai-Oktober Mo-Fr 10-17 Uhr, Sa/So 14-17 Uhr, November-April Sa geschlossen. Erwachsene 2.25 €, Kinder 1.60 €, Senioren (Pas65) 1.60 €, MJK. Führungen in dt. Sprache.

• *Bahnverbindungen* nächster Bahnhof in Heerenveen (8 km).

• *Busverbindungen* in Richtung Harlingen, Heerenveen, Leeuwarden.

• *Fahrradverleih* **Jan Wijnja**, Midstraat 109, 8501 AJ Joure, ✆ 0513/419665.

• *Einkaufen* Die Geschäfte bleiben in Joure Montagvormittag geschlossen. Am Freitag verschiebt sich der Ladenschluss auf 21 Uhr (Kaufabend). Markttermin: **Wochenmarkt** Mi 13-18 Uhr, Midstraat-West.

• *Krankenhaus* **Sint Antonius Ziekenhuis**, Bolswarderbaan 1, 8601 ZK Sneek, ✆ 0515/488888.

• *Mühle* **Penninga's Korenmolen**, Molenweg 65, ✆ 0513/413470. Kornmühle von 1695. Sa 9.30-12 Uhr. Eintritt frei.

• *Schwimmen* **De Stiennen Flier**, Zuiderveldstraat 4, 8501 KC Joure, ✆ 0513/412944. Subtropisches Schwimmparadies (Halle, Freibad, Whirlpool).

• *Taxiruf* ✆ 0513/656565

• *Uhrmacher* Eine Besichtigung der beiden aufgeführten Betriebe ist nur nach telefonischer Voranmeldung möglich. **Jacob ten Hoeve**, Midstraat 37, 8501 AD Joure, ✆ 0513/413339; **De Jouster Klokkenmakerij**, Douwe Egbertsplein 8, 8501 AB Joure, ✆ 0513/414104.

Übernachten/Essen

• *Übernachten* ***** Mercure Hotel Hajé Heerenveen**, Schans 65 (Autobahn A 7), 8441 AC Heerenveen, etwa 10 km östlich von Joure, 100 Betten, alle Zimmer mit Telefon und TV, spezielle Nichtraucherzimmer vorhanden. EZ ab 59 €, DZ ab 68 €, ✆ 0513/618618, 🖷 629100.

** Hajé Hotel Joure, Klokmakkerij 1, 8501 ZS Joure, 40 Betten, einziges Hotel vor Ort, einfaches, aber sauberes Interieur, freundlicher Service, angegliedertes Restaurant. EZ ab 45 €, DZ ab 65 €, ✆ 0513/413555, 🖷 414365.

Camping Idskenhuizen, Mastersein 12, 8523 NK Idskenhuizen, A 6 (Lemmer–Joure), Ausfahrt 19 (Sint Nicolaasga), Richtung Idskenhuizen, Platz liegt wenige Kilometer südlich von Joure am Coevordermeer, einfache Sanitärs, Jachthafen, geöffnet April-Oktober. Stellplatz (Auto und Zelt) 12.50 €, Person 1.50 €, Duschen 0.50 €, Fläche 8 ha. ✆ 0513/431846, 🖷 432585, neptunus@xs4all.nl.

• *Essen* **De Clochard**, Douwe Egbertsplein 5, 8501 AB Joure, gemütliches Eethuys-Café in zentraler Lage, ständig gut besucht, monatlich wechselnde Spezialitäten, ✆ 0513/415425.

't Plein, Douwe Egbertsplein 1a, 8501 AB Joure, direkte Nachbarschaft zum Clochard, einige Tische im Freien auf der Terrasse, So geschlossen, ✆ 0513/417070.

De Grietman, Midstraat 173, 8501 AL Joure, Eingang Roggemolenstraat, exklusives Speisen im historischen Voorhuis eines alten Bauernhofs in ruhiger Lage, ☎ 0513/415426, www.degrietman.nl.

Region Friese Wouden

(Drachten, Appelscha)

Der südöstliche Provinzteil ähnelt stark dem benachbarten Groninger Westerkwartier und gilt Insidern als das andere Friesland, denn er ist nicht vom Wasser, sondern von weiten Heideflächen und Moorlandschaften geprägt. Das großflächige Abgraben von Torf hat sandige Böden zurückgelassen. Holzwälle, die die Ackerflächen vor Sandverwehungen schützen sollten, trennen die einzelnen Parzellen voneinander ab. In der Gegend um *Wijnjewoude*, in der sich das größte Heidefeld der Provinz ausbreitet, bieten sich reizvolle Möglichkeiten für Radtouren und Wanderungen. Sie werden unweigerlich an einigen der im südöstlichen Zipfel der Region anzutreffenden alten *Klokkestoelen* vorbeiführen, die die ärmere Bevölkerung der friesischen Moorsiedlungen einst als Ersatz für teurere Kirchtürme errichtet hatte.

Drachten   (41.000 Einwohner)

Die Stadt am östlichen Rand der Provinz lockt mit einer abwechslungsreichen Umgebung aus Wäldern, Wiesen und Gewässern. Ein ausgedehntes Wegenetz bietet Radlern und Wanderern ideale Bedingungen für ihre Touren.

Die Reize der Stadt selbst liegen in erster Linie in den architektonischen Arbeiten der *De-Stijl*-Gruppe. Die Künstlergruppe, die *Theo van Doesburg* und *Piet Mondriaan* 1917 gegründet hatten, stellte die geometrisch-nüchterne Klarheit in den Mittelpunkt ihrer künstlerischen Arbeiten. Die extrem einfachen Gestaltungselemente sollten die Funktionalität der dargestellten Objekte unterstreichen. Der Einfluss auf die Malerei wird in den Bildern Piet Mondriaans am eindrucksvollsten deutlich. Die Künstler des Bauhauses ließen sich in ihren Ideen erheblich von *De Stijl* beeinflussen. In der Nähe der Landwirtschaftsschule ist ein 1921 von Theo van Doesburg entworfener kompletter Straßenzug zu sehen. Die Häuser des architektonischen Ensembles *De Papagaaienbuurt* betonen auf der einen Straßenseite die Primärfarben Rot, Gelb und Blau, auf der anderen Seite die Sekundärfarben Orange, Grün und Violett. Das Viertel trägt seinen Namen zu Recht.

Darüber hinaus hat die Stadt das **Streekmuseum Smallingerland** zu bieten. In einem ehemaligen Drachtener Franziskanerkloster wird neben Wissenswertem zur Stadtgeschichte eine Dokumentation zu Werken friesischer Künstler gezeigt. *Theo van Doesburg, Pier Pander* und *Thijs Rinsema*, ohne die Drachten nur halb so interessant wäre, dominieren die Sammlung. Darüber hinaus gibt es eine kulturhistorische Abteilung Smalligerland.

Information/Verbindungen/Adressen

● *Information*   **ANWB/VVV Drachten**, Museumplein 4, 9203 DD Drachten, ☎ 0512/517771, 🖷 532413. Mo 13-17.30 Uhr, Di-Fr 9- 17.30 Uhr, Do auch 19-21 Uhr, Sa 9-14 Uhr.

● *Adresse/Öffnungszeiten*   **Streekmuseum Smallingerland**, Museumplein 2, 9203 DD

Drachten, ☎ 0512/515647, Di-Sa 11-17 Uhr, So 13-17 Uhr. Erwachsene 3.40 €, Kinder 1.15 €, Senioren (Pas65) 1.15 €, MJK, www.museumdrachten.nl.

● *Bahnverbindungen* nächster Bahnhof in Heerenveen (23 km).

● *Busverbindungen* in Richtung Assen, Dokkum, Groningen, Heerenveen, Leeuwarden.

● *Autovermietung* **Autoverhuur Kijlstra**, De Klim 7, 9202 TM Drachten, ☎ 0512/512484.

● *Kanuverleih* **De Drait**, Biskopswei 27, 9213 VM De Wilgen, ☎ 0512/513276, www.dedrait.nl.

● *Einkaufen* Die Geschäfte bleiben in Drachten Montagvormittag geschlossen.

Am Donnerstag verschiebt sich der Ladenschluss auf 21 Uhr (Kaufabend). Markttermin: **Wochenmarkt** Do 8-12 Uhr und Sa 9-15 Uhr, Moleneind.

● *Kinderbauernhof* **De Naturij**, Oude Slingeweg 4, 9204 WS Drachten, ☎ 0512/517744. April-Oktober täglich 9-17.30 Uhr. Erwachsene 2.95 €, Kinder 1.15 €.

● *Krankenhaus* **Ziekenhuis Nij Smellinghe**, Compagnonsplein 1, 9202 NN Drachten, ☎ 0512/588888.

● *Schwimmen* **De Welle**, Reidingweg 4-6, 9203 KR Drachten, ☎ 0512/513526. Subtropisches Schwimmparadies in der Halle (auch Sauna und Solarium).

● *Taxiruf* ☎ 0512/518000

Übernachten/Essen

● *Übernachten* In Drachten und Umgebung gibt es zwei empfehlenswerte Luxushotels, allerdings keine Häuser der mittleren oder unteren Preisklasse. Campingplätze gibt es nicht.

**** Landgoed Lauswolt, Van Harinxmaweg 10, 9244 CJ Beetsterzwaag, etwa 12 km südlich von Drachten, 130 Betten, Luxushotel der Bilderberg-Gruppe, modernes Ambiente hinter klassischer Fassade, Schwimmbad, Sauna, Solarium, 18-Loch-Golfplatz, Tennisplatz, angegliedertes Restaurant, herrliche Umgebung zum Radfahren, Reiten oder Golfen. EZ ab 145 €, DZ ab 185 €, Frühstück 17 €, ☎ 0512/381245, 📠 381496.

**** Hotel Drachten v/d Valk, Zonnedauw 1, 9202 PE Drachten, 90 Betten, modernes Haus unter futuristischem Spitzdach, gepflegtes Interieur, alle Zimmer mit Du/WC, Telefon und TV. EZ ab 70 €, DZ ab 82 €, ☎ 0512/520705, 📠 523232.

● *Essen* **The Garden of Orient**, Noorderbuurt 89, 9203 AL Drachten, gelegen am Rande der Fußgängerzone, chinesische Spezialitäten zu erschwinglichen Preisen, Hauptgerichte in großer Auswahl, ☎ 0512/513585.

Maggy's Kippenrestaurant, Noorderbuurt 76, 9203 AN Drachten, direkt gegenüber dem Garden of Orient, reines Hähnchen-Restaurant, Mo geschlossen, ☎ 0512/524265.

Brasserie Entree De Waag, Noordkade 6a, 9203 CC Drachten, mitten in der Fußgängerzone, viel Platz im Freien, preiswerte Pfannkuchen und Tagesgerichte, So/Mo geschlossen, ☎ 0512/514990.

't Smelnehûs, Moleneind NZ 14, 9203 ZP Drachten, Grand Café der Familie v/d Mei, gemütliches Speisen à la carte, ☎ 0512/542208.

Croissanterie De Paris, Zuiderbuurt 48, 9203 AX Drachten, Croissants und kleinere Snacks, ☎ 0512/545360.

Croissanterie De Nord, Noorderbuurt 40, 9203 AM Drachten, ☎ 0512/532779.

Provinz Fryslân (Friesland)
Karte S. 407

Appelscha   (2.200 Einwohner)

Die kleine Ortschaft am äußersten Zipfel der Provinz besitzt mit dem **Miniatuurpark Appelscha** eine der größeren Attraktionen der Region. Die weitläufige Parkanlage (1,8 ha) widmet sich den drei Provinzen Drenthe, Groningen und Friesland. Kanäle, Straßen und Zugverbindungen sind ebenso dem Original nachempfunden wie die bekanntesten Bauwerke der Region, die sich *en miniature* wiederfinden. Eine kleine Bimmelbahn sorgt für den reibungslosen Transport der rastlosen kleinen und großen Besucher.

Adresse/Öffnungszeiten Boerestreek 7a, 8426 BM Appelscha, ☎ 0516/432200, www.miniatuurparkappelscha.nl. April-Oktober 9.30-17 Uhr; Juli/August 9.30-18 Uhr. Erwachsene/Kinder 5.50 €, Senioren (Pas65) 4.75 €.

Groninger Museum: Avantgarde-Architektur par excellence

Provinz Groningen

Die Provinz Groningen bildet den nordöstlichen Zipfel der Niederlande und setzt sich aus den Regionen **Centraal Groningen, Noord- en Midden-Groningen, Oost-Groningen** und **Lauwersland Westerkwartier** zusammen. Anders als in den übrigen niederländischen Provinzen findet sich hier oben nur eine einzige größere Stadt, die obendrein denselben Namen trägt: Groningen, die ländliche Provinz, wird dominiert von Groningen, der lebhaften Hauptstadt. Während auf dem Lande auch tagsüber die leisen Töne überwiegen, bleibt der Pulsschlag der quirligen Universitätsstadt bis spät in die Nacht spürbar. Infolge der geographisch günstigen Lage dicht hinter der deutsch-niederländischen Grenze avancierte Groningen mit seinen facettenreichen Blumen-, Fisch- und Trödelmärkten zu einem beliebten Einkaufsziel der deutschen

---

Provinciale VVV Groningen – Friesland – Drenthe
Van Knobelsdorffplein 20, 9203 DJ Drachten, ☎ 0900/9222,
www.beleefnoordnederland.nl.

Die Provinzen Friesland und Groningen bieten Übernachtungsarrangements in herrschaftlichen Prunkzimmern (Pronkkamers), den Sonntagszimmern stimmungsvoller Bauernhöfe und Herbergen. Die meisten dieser Adressen befinden sich in idyllischen Dörfern und Städten am Rande des Wattenmeers. Auf Anfrage ist eine ausführliche Broschüre erhältlich.

Information: De Pronkkamer, Strandweg 1, 9976 VS Lauwersoog, ☎ 0519/349473, ✆ 349095, www.pronkkamer.nl.

Nachbarn. Wochenende für Wochenende fluten zahlreiche Tagesausflügler die Plätze und bevölkern die Terrassen der Straßencafés. Auf den Plätzen tummeln sich Straßenkünstler auf der Suche nach einem dankbaren Publikum. Spektakuläre Ausflugsziele in der Umgebung sind dagegen rar, große Sehenswürdigkeiten bilden die Ausnahme.

Groningen (Provinzhauptstadt • 170.000 Einwohner)

Ein gutes Drittel aller Einwohner der gleichnamigen Provinz lebt in der quirligen Universitätsstadt. Die zweitälteste Hochschule des Landes, die mittlerweile fast 35.000 Studenten zählt, dominiert den städtischen Rhythmus.

Das Groninger Leben nimmt seinen gewohnten Lauf. In aller Frühe schwatzen die Marktfrauen an ihren Ständen, die ersten Besucher nehmen auf einer der kühlen Terrassen Platz, später kommen die Studenten, und noch später, nachmittags, herrscht ein kunterbuntes Durcheinander. Der Duft nach frischem Kaffee und allerlei deftig-kräftigen Spezialitäten der Region liegt in der Luft. Das Angebot an Cafés, Kneipen und Restaurants ist außerordentlich groß. Die studentische Atmosphäre ist überall spürbar und sorgt für eine angenehm lebendige Stimmung, die Menschen aller Altersstufen aus allen Himmelsrichtungen anzieht. Der Provinzler, der abends ausgehen möchte, fährt selbstverständlich in die "Stadt". Das Nachtleben in Groningen hat einiges zu bieten, allen voran die altehrwürdige Kneipenszene, in der Generationen von Studenten allabendlich abtauchen.

Die Stadt war im Laufe des Zweiten Weltkriegs mehrfach das Ziel schwerer Bombardements, die ganze Straßenzüge dem Erdboden gleichmachten. Es dauerte lange, bis der Schock verarbeitet war und der Blick wieder nach vorne gerichtet wurde. Das heutige Stadtbild zeigt dementsprechend ein Konglomerat aus unterschiedlichsten Baustilen. Nette Architektur findet sich im Bereich des alten Stadthafens (Noorderhaven). Stolz ist man aber auf eine andere Errungenschaft, eine reichlich skurrile allerdings: Groningen besitzt die wohl schönsten öffentlichen Toiletten der Niederlande, Meisterstücke der Amsterdamer Schule der 20er Jahre. Einige findet man auf dem Grote Markt, die wohl einzigartigste kann man in der Straße Kleine der A bestaunen.

Altholländische Architektur findet sich in der Oude Boteringestraat. Besondere Beachtung verdient der Nachbau des ehemaligen Steueramts (Hausnummer 19), das bis 1775 auf dem Grote Markt stand. Oberhalb der Tür symbolisiert ein Fisch mit einer Münze im Maul die Gier des Staates nach immer höheren Steuern – eine erstaunlich aktuelle Metapher! Mehr oder minder benachbart liegt ein herrliches Rokoko-Bauwerk (Hausnummer 23), dessen Giebel im 18. Jahrhundert reichlich mit kleinen Tempeln verziert war – daher auch der Name: Haus der 13 Tempel. Nur wenige Schritte weiter steht die ehemalige Stadtwache Kortegaard (Hausnummer 74) aus dem Jahre 1634. In der ebenerdigen Galerie mit ihren Arkaden fanden die in der Kälte ausharrenden Wachmannschaften kaum mehr als ein festes Dach über dem Kopf, die Offiziere dagegen konnten im oberen Stockwerk ihre müden Knochen am Ofen ausstrecken.

Als die Stadt noch eine Verbindung zum offenen Meer hatte, war das Wechselspiel der Gezeiten bis in die Spilsluizen-Gracht hinein spürbar. Die historischen

Provinz Groningen
Karte S. 439

Wehre blieben weitgehend erhalten. Viele der umliegenden Häuser stammen aus dem 18. Jahrhundert. Ihre ornamentverzierten Giebel erinnern an die glorreiche Epoche blühender Handelsbeziehungen.

Groningen ist eine der Fahrradstädte der Niederlande (die amerikanische Zeitschrift Bicycle kürte Groningen 1999 gar zur weltweiten Fahrradstadt Nummer eins), und auch dieses Qualitätsmerkmal wird mitunter für außergewöhnliche Initiativen in Anspruch genommen: Auf Anregung der Grünen eröffnete Mitte 1998 der erste Fahrradstrich des Landes. Das Ziel, der moderne Bürger möge in allen Lebenslagen auf sein Auto verzichten, rückt somit in greifbare Nähe. Nur wenige Kilometer außerhalb des Stadtzentrums bieten zwei seitlich geöffnete Kabinen potentiellen Freiern die Gelegenheit, mit dem Fahrrad bequem einzurollen. Der niederländische Radfahrerverband lobte die Einrichtung als "vorbildlich".

Im weiteren Einzugsgebiet Groningens locken der stattliche botanische Garten in Haren sowie das *Zuidlaardermeer* im südlichsten Zipfel der Provinz. Das angrenzende Naherholungsgebiet *Meerwijck* bietet an langen Stränden und grünen Wäldern und Wiesen angenehme Erholungsmöglichkeiten zu Wasser und zu Lande.

Information/Verbindungen/Rundfahrten

• *Information* **VVV Groningen**, Grote Markt 25, 9712 HS Groningen, ☎ 0900/2023050, 📠 050/3113855, www.vvvgroningen.nl. Mo-Fr 9-18 Uhr, Do bis 20 Uhr, Sa 10-17 Uhr, Juli/August auch So 11-15 Uhr.
ANWB Groningen, Koninklijke Nederlandse Toeristenbond, Trompsingel 21, 9724 DA Groningen, ☎ 050/3184345, 📠 3181705.

• *Bahnverbindungen* 2-3x stündl. nach Assen (Dauer: 20 Min.), 1-2x stündl. Delfzijl (40 Min.), 1-2x stündl. Leeuwarden (50 Min.), 1-2x stündl. Winschoten (40 Min.), 2-3x stündl. Zwolle (60 Min.).

• *Busverbindungen* in Richtung Drachten, Stadskanaal.

• *Grachtenrundfahrten* Abfahrt ab Anleger beim Hauptbahnhof: April Mo-Sa 14 Uhr, So 13.45 und 15.15 Uhr; Mai-September Mo-Sa 11.15, 12.45, 14, 15.15 und 17.15 Uhr, So 13.45 und 15.15 Uhr; Oktober Mo-Sa 14, So 13.45 und 15.15 Uhr; November-März Mo-Sa 14 Uhr. 75 Min. Dauer, Erwachsene 6.50 €, Kinder 4 €. Information: Rondvaartbedrijf Kool, Stationsweg 10-12, 9726 AZ Groningen, ☎ 050/3128379, 📠 3121724, www.rondvaartbedrijfkool.nl.

Adressen

• *Autovermietung* **Auto Century**, Paterswoldseweg 139, 9727 BE Groningen, ☎ 050/8537200; **Autoverhuur Avis**, Verschuurlaan 106, 9721 SW Groningen, ☎ 050/5271503; **Autoverhuur Budget**, Damsterdiep 275a, 9713 EE Groningen, ☎ 050/3112292 (0800/0537, gratis); **Autoverhuur Doesburg**, Oosterhamriklaan 109, 9713 KC Groningen, ☎ 050/3147777; **Autoverhuur Hertz**, Laan v/d Vrijheid 280a, 9728 GN Groningen, ☎ 050/5254536.

• *Einkaufen* Die Geschäfte bleiben in Groningen Montagvormittag geschlossen. Am Donnerstag verschiebt sich der Ladenschluss auf 21 Uhr (Kaufabend). Markttermine: **Wochenmarkt** Di, Mi und Fr 8-17 Uhr, Do 12-21 Uhr, Sa 8-17 Uhr, Grote Markt.

• *Fahrradverleih* **Rijwielstalling**, Oude Boteringestraat 14, 9712 GH Groningen, ☎ 050/3142131.

• *Krankenhaus* **Academisch Ziekenhuis** Groningen, Hanzeplein 1, 9713 GZ Groningen, ☎ 050/3616161.

• *Schwimmen* **Sportcentrum Kardinge**, Kardingerplein 1, 9735 AA Groningen, ☎ 050/5448666. Subtropisches Schwimmparadies mit Sauna, Solarium, Whirlpool und Fitnessräumen.

• *Spielkasino* **Holland Casino Groningen**, Gedempte Kattendiep 150, 9711 PV Groningen, ☎ 050/3172317. Das Angebot umfasst Black Jack, Punto Banco, Carribean Stud

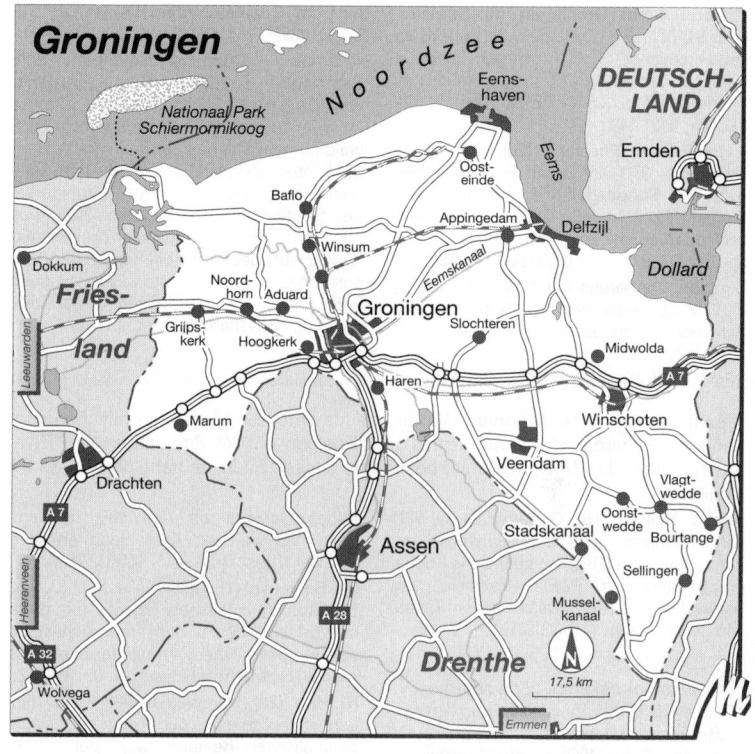

Poker, Roulette (amerikanisch und französisch), Sic Bo und Twin-Roulette. 190 Spielautomaten stehen zur Verfügung. Täglich 13.30-3.00 Uhr (Mindestalter 18 Jahre). Tageskarte 3.50 €.

• *Taxiruf* ✆ 050/5340000.

Übernachten (siehe Karte S. 441)

• *Hotels* ****** Hotel Mercure Groningen Martiniplaza (26)**, Expositielaan 7, 9727 KA Groningen, 266 Betten, modernes Haus mit komfortablen Räumlichkeiten, freundlicher Service, alle Zimmer mit Du/WC, Telefon und TV. EZ ab 87 €, DZ ab 87 €, Frühstück 13.50 €, ✆ 050/5258400, ✉ 5271828, www.mercure.nl.

*** Mercure Hotel Haren-Groningen (27), Emmalaan 33 (Autobahn A 28), 9752 KS Haren, 161 Betten, alle Zimmer mit Telefon und TV, spezielle Nichtraucherzimmer vorhanden. EZ ab 75 €, DZ ab 85 €, ✆ 050/5347041, ✉ 5340175, www.mercure.nl.

*** Hotel De Doelen (5), Grote Markt 36, 9711 KN Groningen, 65 Betten, zentrale Lage, klassisches Haus mit moderner Einrichtung, komfortable Zimmer, gemütlicher Frühstückssaal, Croissanterie. EZ ab 98 €, DZ ab 123 €, Frühstück 8 €, ✆ 050/3127041, ✉ 3146112.

*** Bastion Hotel (24), Bornholmstraat 99, 9723 AW Groningen, 85 Betten, A 7 Richtung Hoogezand, Ausfahrt Westerbroek, guter Service, alle Zimmer mit Du/WC, Telefon und TV. EZ ab 57 €, DZ ab 57 €, Frühstück 9 €, ✆ 050/5414977, ✉ 5413012, www.bastionhotels.nl.

** Hotel Weeva (19), Gedempte Zuiderdiep 8, 9711 HG Groningen, 140 Betten, großes Haus mit sauberen Zimmern, Etagenduschen und -toiletten erinnern an alte Jugendherbergen. EZ ab 50 €, DZ ab 75 €, ✆ 050/3129919, ✉ 3127904.

** **Hotel Garni Groningen (9)**, Damsterdiep 94, 9713 EK Groningen, 36 Betten, an verkehrsreicher Straße gelegen, etwa 5 Min. per pedes ins Zentrum, gemütliches Interieur. EZ ab 25 €, DZ ab 44 €, ℡ 050/3135435, 🖂 3135435.

* **Hotel Garni Friesland (20)**, Kleine Pelsterstraat 4, 9711 KN Groningen, 38 Betten, nahe der Fußgängerzone Herestraat, am Eingang klingeln, die Tür ist immer verschlossen, ruhige Zimmer ohne Du/WC. EZ ab 25 €, DZ ab 35 €, ℡ 050/3121307, 🖂 3121307.

Simplon Jongerenhotel (23), Boterdiep 73 II, 9712 LL Groningen, 88 Betten in fünf Schlafsälen, ganzjährig geöffnet, Übernachtung im Schlafsaal ohne Frühstück 11 €, ℡ 050/3135221, 🖂 3133027.

• *Camping* **Camping Stadspark (25)**, Campinglaan 6, 9727 KH Groningen, Ringweg Groningen, Schildern folgen, einziger Platz vor Ort, schöne Lage im grünen Stadtwald südwestlich des Zentrums (nahe dem markanten riesigen Wolkenkratzer der Gaswerke), von Grachten umgeben, ruhige Lage, Sanitärs kürzlich renoviert (2001, was auch nötig war), Fahrradverleih, Lebensmittelgeschäft, geöffnet April-September. Person 2.95 €, Zelt 2.75 €, Auto 2.25 €, Duschen 0.45 €, Fläche 9 ha. ℡ 050/5251624, 🖂 5250099, camping_stadspark@planet.nl.

Essen/Trinken

Möchte man sich bei schönem Wetter abends unter die Menschen mischen, bieten sich entweder die Straßencafés und Kneipen an der Poelestraat und Zwanestraat oder der Grote Markt an, besonders dessen Südseite nahe dem Hotel De Doelen.

Nuevo Nescio (15), Oosterstraat 39, 9711 NP Groningen, nahe dem Schimmelpenninck Huys (s. u.), leckere spanische Küche, empfehlenswerte Paella, Zarzuela und natürlich die echten andalusischen Tapas, Mo geschlossen, ℡ 050/3134194.

> **'t Pannekoekship**, Schuitendiep, 9711 RB Groningen, "Welkom aan Boord der Verandering" (Zweimastsegler, 43 m). 1908 auf der berühmten Schiffswerft Duyvendijk in Lekkerkerk als einer der größten Klipper der Niederlande erbaut, schaukelfrei (wieso auch immer), Empfehlung: Pannekoek Michiel De Ruyter mit Speck, Käse, Zwiebeln, Lauch, Tomaten und Kräutern (inkl. Salat). 100 Sorten, Terrasse, täglich 12-21 Uhr, ℡ 050/3120045, www.pannekoekschip.nl.

Schimmelpenninck Huys (16), Oosterstraat 53, 9711 NR Groningen, wunderschönes Restaurant für den besonderen Anlass, vornehme französische Küche, Karte liegt im Eingang aus, bei gutem Wetter durch den Gang auf die große Terrasse gehen, ℡ 050/3189502.

Brussels Lof (13), A-Kerkstraat 24, 9712 BG Groningen, Fisch und Vegetarisches, rot getäfelter Raum, weißes Klavier, Spezialitäten sind Pilzgerichte und Fondues (etwa ein halbes Dutzend zur Auswahl), montags zahlt man weniger, Anmeldung erforderlich, Di/Mi geschlossen, ℡ 050/3127603.

De Benjamin (1), Kleine Leliestraat 33, 9712 TD Groningen, kleines Eetcafé mit guter französischer Küche, sehr freundlicher Service in ebensolchem Ambiente, exzellente Menüs, So/Mo geschlossen, ℡ 050/3140098.

Ni Hao (22), Hereweg 1, 9726 AA Groningen, angeblich eines der besten chinesisch-orientalischen Restaurants in den nördlichen Niederlanden, ℡ 050/3181400.

Zen Queens Garden (21), Gedempte Zuiderdiep 56, 9711 HK Groningen, chinesische und japanische Küche mit reichhaltiger Karte, Spezialitäten aus der Mongolei, ℡ 050/3122001.

Olympia (7), Zwanestraat 12, 9712 CM Groningen, griechische Küche, gute vegetarische Gerichte, diverse Kindermenüs, ℡ 050/3123846.

De Zotte Lotte (6), Poelestraat 7, 9711 PG Groningen, braunes Eetcafé mit studentischem Publikum, gutes Essen, empfehlenswerte Spezialität sind Spareribs, ℡ 050/3144525.

Bistango Mexikaans Restaurant (4), Poelestraat 14, 9712 KA Groningen, schräg gegenüber vom Zotte Lotte, mexikanische Küche in ansprechender Atmosphäre, Empfehlung wäre Pollo de Guadalajarra oder eines der angebotenen 3-Gänge-Menüs, an manchen Abenden Livemusik, ℡ 050/3134526.

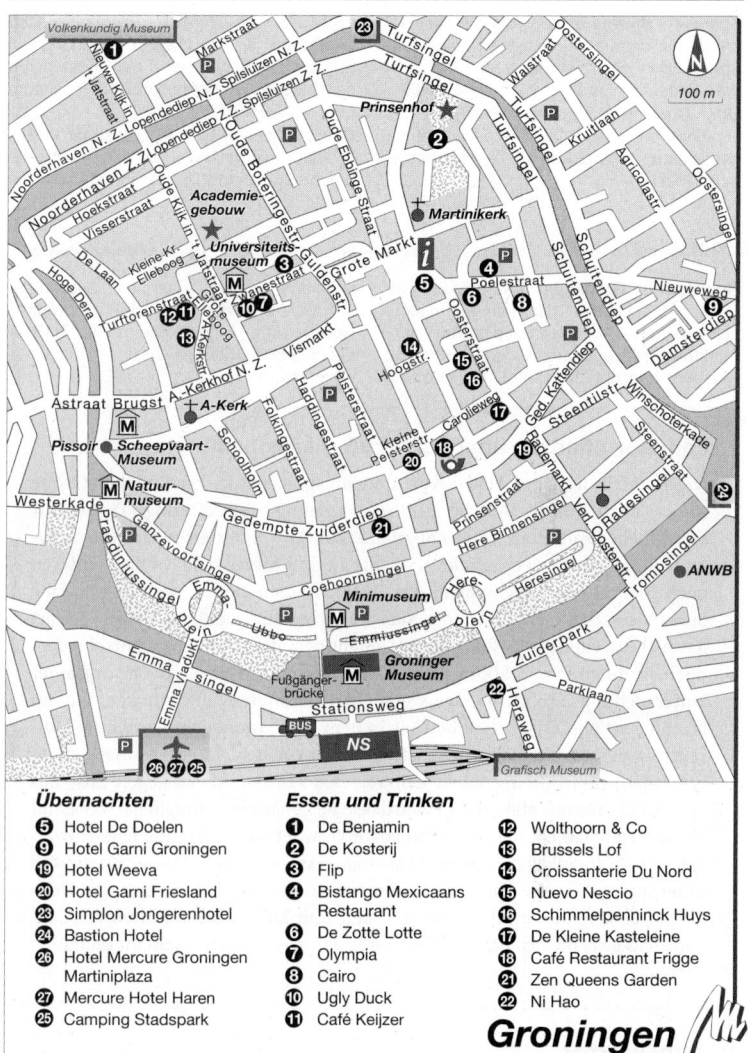

100 m

Übernachten

- **5** Hotel De Doelen
- **9** Hotel Garni Groningen
- **19** Hotel Weeva
- **20** Hotel Garni Friesland
- **23** Simplon Jongerenhotel
- **24** Bastion Hotel
- **26** Hotel Mercure Groningen Martiniplaza
- **27** Mercure Hotel Haren
- **25** Camping Stadspark

Essen und Trinken

- **1** De Benjamin
- **2** De Kosterij
- **3** Flip
- **4** Bistango Mexicaans Restaurant
- **6** De Zotte Lotte
- **7** Olympia
- **8** Cairo
- **10** Ugly Duck
- **11** Café Keijzer
- **12** Wolthoorn & Co
- **13** Brussels Lof
- **14** Croissanterie Du Nord
- **15** Nuevo Nescio
- **16** Schimmelpenninck Huys
- **17** De Kleine Kasteleine
- **18** Café Restaurant Frigge
- **21** Zen Queens Garden
- **22** Ni Hao

Groningen

De Kleine Kasteleine (17), Carolieweg 31, 9711 LR Groningen, Eetcafé mit einigen Tischen im Freien, studentisches Publikum, ✆ 050/3139561.

Cairo (8), Peperstraat 8-2, 9711 PD Groningen, Shoarma Grill, ✆ 050/3133599.

De Kosterij (2), Martinikerkhof 2, 9712 JG Groningen, Koffie- en Theehuis am Fuße der Martinikerk am zentralen Marktplatz Groningens, ✆ 050/3141978.

Croissanterie Du Nord (14), Hoogstraatje 4, 9711 LN Groningen, kaum Hektik, draußen knallgelbe Stühle, Snacks und andere Kleinigkeiten, ✆ 050/3135626.

● *Kneipen im Bereich Zwanestraat* **Flip (3)**, Zwanestraat 3, 9712 CH Groningen,

Sportcafé, diverse Snacks, der Ort für Passivsportler, denn hier wird jede wichtige (und unwichtige) Sportveranstaltung live auf dem Bildschirm übertragen, ✆ 050/3130100.
Ugly Duck (10), Zwanestraat 28, 9712 CN Groningen, studentisches Eetcafé, ständig gut besucht, preiswerte Tagesgerichte, ✆ 050/3123192.

• *Kneipen im Bereich Elleboog*   **Café Wolthoorn & Co (12)**, Turftorenstraat 6, 9712 BP Groningen, eine der ältesten und beliebtesten Studentenkneipen in Groningen, ✆ 050/3120282.
Café Keijzer (11), Turftorenstraat 4, 9712 BP, alte niederländische Kneipe, typisch braune Stühle und Tische, abends sehr voll, ✆ 050/3129194.

Veranstaltung

Noorderlicht Groningen: Das größte Fotofestival des Landes, das sich auf historische Bauten der Provinzhauptstadt (Fischmarkthalle, Korenbeurs, Galerien, Kirchen, Museen) konzentriert, findet im Herbst in Groningen statt. Termin: September/Oktober. Information: Stichting Fotografie Noorderlicht, Munnekeholm 10, 9711 JA Groningen, ✆ 050/3634672, www.noorderlicht.com.

Cannabispflanzen überwuchern Seniorenheim

Die Entstehung eines Feldes von Cannabispflanzen in beachtlicher Größe sorgte nach einem Bericht der Amsterdamer Tageszeitung Trouw für beachtliches Aufsehen im Nachbarland. Die Anwohner einer Groninger Altenwohnanlage hatten berichtet, die bis zu drei Meter hohen Pflanzen seien nach mehrtägigen Regenfällen wie Pilze aus dem Boden geschossen. Eine Sprecherin der Gemeinde, die sich zunächst für nicht zuständig erklärt hatte, bezweifelte die Rauschmittelqualitäten der Gewächse entschieden, doch stufte eine mehrköpfige Expertengruppe die Pflanzen nach sorgsamer Untersuchung als "prima Zeug" ein. Man vermutete unterdessen, ein im Nachbarort ansässiger Kleinbetrieb, in dem Hanf untersucht wurde, sei indirekt für das erstaunliche Geschehen verantwortlich. Einige Monate zuvor hatte man die Erde im nahen Umkreis des Seniorenheims gegen Erde aus der Nachbarschaft eben dieses Betriebes ausgetauscht – möglicherweise mit einigen Hanfsamen, die der Wind zuvor verweht haben könnte. Die Anwohner der Wohnanlage, mehrere beklagten erste Rauschzustände, verspürten unterdessen Unruhe. Sie berichteten einstimmig, nach Einbruch der Dunkelheit eine Reihe "merkwürdiger Typen" mit kleinen Plastiktüten im Cannabisfeld gesichtet zu haben. Die Freude am frischen Grün scheint endgültig verflogen.

Sehenswertes

Martinikerk: Seit dem 13. Jahrhundert überragt die größte Groninger Kirche den städtischen Marktplatz. Im Innenraum befindet sich eine Agricola-Orgel aus dem Jahre 1470, ein Prachtstück, das zu den berühmtesten Kirchenorgeln Europas zählt. Auf der Spitze des Kirchturms, den der Volksmund liebevoll Olle Grieze nennt, flattert seit Generationen eine Fahne mit dem Konterfei eines Pferdes. Mehr als 300 Stufen führen knapp 100 m in die Höhe, von oben bietet sich ein schöner Blick auf die Stadt und ihre Umgebung.

Am selben Platz findet sich auch das *Stadhuis*, dessen älteste Teile aus dem späten 18. Jahrhundert stammen. Der knapp bemessene Raum hinter der neoklassizistischen Fassade reichte in den 60er Jahren nicht mehr aus, um die ständig wachsenden Aktenberge zu bewältigen, also musste das Gebäude erweitert werden. Der heute zweigeteilte Komplex bildet eine erstaunlich harmonische Einheit. Der Neubau birgt gegenwärtig das historische *Goudkantoor*, das ehemalige städtische Steuerbüro und Prüfungsamt in Sachen Gold. Die Muschelreliefs über den Fenstern erinnern an die Zeit, in der Groningen noch eine Verbindung zum offenen Meer besaß.

• *Adresse/Öffnungszeiten* **Grote Markt,** 9711 NP Groningen, ✆ 050/3111277. April-November Sa 12-17 Uhr; Juni-August Di-Sa 12-17 Uhr. Erwachsene/Kinder 0.45 €.

• *Turmbesteigung* April-Oktober täglich 11-17 Uhr; November-März täglich 12-17 Uhr. Erwachsene 2.20 €, Kinder 1.20 €.

A-Kerk: 1257 weihte man die ehemalige *Dra-Kerk* nahe der Kornbörse der Muttergottes und – sicher ist sicher – allen Heiligen. Erst später, im 15. Jahrhundert, verliehen Umbauten der Kirche ihr derzeitiges Aussehen. Der Turm, der bereits zweimal einstürzte, wurde in den letzten Jahren sorgfältig restauriert, um ein weiteres Desaster zu verhindern. Die in warmen Gelbtönen gehaltene Fassade macht die A-Kerk zu einem weithin sichtbaren Augenschmaus.

Adresse/Öffnungszeiten A-Kerkhof, 9711 JL Groningen, ✆ 050/3130902. Besichtigung nur nach Voranmeldung. Eintritt frei.

Academiegebouw: Das Hauptverwaltungsgebäude der städtischen *Rijksuniversiteit* ersetzte zu Beginn des 20. Jahrhunderts die durch ein Feuer verwüstete alte Akademie. Die Ursache des damaligen Brandes soll eine "Phosphor-Ratte" gewesen sein. Das Tier hatte vermutlich phosphorhaltiges Rattengift gefressen, bevor es sich sterbend unter das Holzdach des alten Gebäudes schleppte. Fachleute hielten es für denkbar, dass der später einsetzende Zersetzungsprozess der Ratte den an der Luft leicht entzündlichen Phosphor freisetzte. Die Fassade des neuen Gebäudes wird von allegorischen Figuren geziert: Prudentia (links), Scientia, Minerva, Historia (Mitte) und Mathematica (rechts). Die *Harmonie* (1840), ein Ort für Ausstellungen und Veranstaltungen, ist inzwischen ein fester Bestandteil der Hochschulgebäude. In den 80er Jahren eröffnete direkt gegenüber die neue Universitätsbibliothek.

Adresse/Öffnungszeiten Broerstraat, 9711 AB Groningen, ✆ 0900/2023050 (VVV). Besichtigung nur nach telefonischer Voranmeldung beim Informationsbüro.

Hofjes: In Groningen ist eine Reihe von Wohnhöfen aus der Zeiten des 13.–15. Jahrhunderts in gutem Zustand erhalten. Zu den herausragenden Bauten zählen das *Sint Anthonygasthuis* (Rademarkt 29), ein Wohnhof aus dem 16. Jahrhundert, der 1696 erweitert wurde, das *Heilige Geestgasthuis* (Pelsterstraat 43), ein Wohnhof mit Kapelle, ebenfalls aus dem 16. Jahrhundert, und das *Peper-* oder *Sint Geertruidsgasthuis* (Peperstraat 22), ein Wohnhof mit authentischer Küche und sehenswertem Speisesaal.

Korenbeurs: Die alte Tradition lebt weiter – wenigstens einmal pro Woche. Noch heute wird in der alten Kornbörse (1865, Nähe Vismarkt) regelmäßig dienstags Getreide verkauft. An der Hausfassade befinden sich Statuen von Neptun, dem Gott des Meeres (links unten), Mercurius, dem Gott des Handels (oben), und Ceres, der Göttin des Ackerbaus (rechts unten).

Provinz Groningen
Karte S. 439

Groninger Museum: Die Hauptattraktion des mehr als 25 Millionen Euro teuren städtischen Kunstmuseums ist der von verschiedenen Architekten entworfene Komplex selbst. Mehrere schrille Pavillons in futuristischer Form und Farbe erheben sich auf einer künstlich geschaffenen Insel in einem der Groninger Hafenbecken – Avantgarde-Architektur par excellence, eine architektonische Meisterleistung der Gegenwart. Der italienische Stararchitekt *Alessandro Mendini* leitete das Projekt und schuf damit den Rahmen für eine umfassende Sammlung der bildenden Künste. Historische Bodenfunde, Porzellanprodukte aus chinesischer und japanischer Fertigung sowie wertvolle Trachten runden das Angebot ab.

Adresse/Öffnungszeiten Museumeiland 1, 9711 ME Groningen, ✆ 0900/8212132, www.groninger-museum.nl. Di-So 10-17 Uhr. Juli/August auch Mo 10-17 Uhr. Erwachsene 6 €, Kinder 3 €, Senioren (Pas65) 5 €, MJK. Begleittexte und Führungen in deutscher Sprache.

Noordelijk Scheepvaart Museum en Niemeyer Tabakmuseum: Historische Seemannskisten, Schiffsinventar und Navigationsinstrumente beherrschen die eine, Pfeifen, Schnupfdosen und Spucknäpfe die andere Ausstellung. Das Schifffahrtsmuseum dokumentiert die einst herausragende Bedeutung Groningens als Hansestadt. Das Tabakmuseum erzählt von alten Indianerkulturen, der Heilwirkung und dem heutigen Gebrauch des Tabaks. Die Museen befinden sich gemeinsam in einem der ältesten Steinhäuser der Stadt.

Adresse/Öffnungszeiten Brugstraat 24, 9711 HZ Groningen, ✆ 050/3122202. Di-Sa 10-17, So 13-17 Uhr. Erwachsene 2.75 €, Kinder 1.40 €, MJK. Führungen in deutscher Sprache.

Universiteitsmuseum: Die Groninger Universität, gegründet 1614, ist nach Leiden die zweitälteste Hochschule des Landes. Hat man Interesse an ihrer Geschichte und der Entwicklung des studentischen Lebens im Laufe der Jahrhunderte, ist diese Ausstellung genau das Richtige. Sehr sehenswert ist neben der akademischen Kleidung insbesondere eine exquisite Sammlung von mehr als 200 Jahre alten Mikroskopen.

Adresse/Öffnungszeiten Zwanestraat 33, 9712 CK Groningen, ✆ 050/3635562. Mi-Fr und So 13-16 Uhr. Erwachsene 1.50 €, Kinder frei, MJK.

Grafisch Museum: Die Entwicklung der modernen Textverarbeitung ließ die traditionellen Setztechniken der Buchdrucker weitgehend in Vergessenheit geraten. Anhand historischer Druckerpressen und Setzkästen kann man sich hier einen Eindruck von diesem alten Handwerk verschaffen. Ein separater Saal ist dem Groninger Buchdrucker *Hendrik Nicolaas Werkman* (1888–1945) gewidmet.

Adresse/Öffnungszeiten Rabenhauptstraat 65, 9725 CC Groningen, ✆ 050/5256497. Di-So 13-17 Uhr. Erwachsene 3 €, Kinder 2.25 €, Senioren (Pas65) 2.25 €, MJK. Führungen in deutscher Sprache.

Volkenkundig Museum: Die nach ihrem Begründer *Geradus van der Leeuw* benannte völkerkundliche Sammlung widmet sich dem Erbe außereuropäischer Kulturen. Mehr als 10.000 Exponate vermitteln Einblicke in die Lebensweise ferner Völker aus Ägypten, Afrika, Asien, Australien und der Südseeregion. Das Groninger Museum ist das einzige seiner Art in den nördlichen Niederlanden.

Adresse/Öffnungszeiten Nieuwe Kijk in 't Jatstraat 104, 9712 SL Groningen, ✆ 050/3635791, www.netsign.nl/volkenkundig.museum. Di-Fr 10-16 Uhr, Sa/So 13-17 Uhr. Eintritt frei. Führungen in deutscher Sprache.

Region Noord- en Midden-Groningen

(Appingedam, Slochteren)

Die nördliche Region der Provinz wird durch das *Lauwersmeer* und den Flusslauf des Dollard an der östlichen Flanke begrenzt. Während die südlicheren Gefilde von größeren Waldgebieten geprägt sind, ist das *Hoogeland*, eine feuchte Landschaft am Wattenmeer, sehr flach und weitläufig. Der Horizont rückt stets in weite Ferne. Auffallend ist die große Zahl mittelalterlicher Kirchen, die in dieser Region nahezu allerorten anzutreffen sind. Nirgends in den Niederlanden ist die Kirchendichte größer! Sehr interessant sind obendrein die beiden *Grunneger Toalroutes* nahe **Baflo** und **Middelstum**, deren ausführliche Wegweiser mit Gedichten regionaler Künstler versehen wurden.

Appingedam   (12.500 Einwohner)

Die kleine Ortschaft mit ihren malerischen Gassen und windschiefen Häusern ist auf der Karte ein unscheinbarer Flecken, doch begeistert Appingedam mit einem über Generationen gewachsenen historischen Stadtbild. Ein Platz zum Träumen.

Der wirtschaftliche Glanz früherer Tage ist erloschen: Die mittelalterliche Handelsstadt war Ende des 16. Jahrhunderts ein ernst zu nehmender Konkurrent der nahen Provinzhauptstadt Groningen um die wirtschaftliche Vormachtstellung in den nördlichen Niederlanden. Den ökonomischen Wettstreit hat Appingedam verloren, doch hat die Stadt gerade dadurch auch viel gewonnen. Die verträumte Atmosphäre des historischen Stadtkerns blieb unversehrt, ebenso das außergewöhnliche Bild der hängenden Holzküchen über dem Damsterdiep, an dem ein schöner Holzplankenfußweg entlangführt. Platzmangel ließ damals die Idee entstehen, die Küchen als hölzerne Vorbauten an die rückwärtigen Hausfassaden zu setzen. Die weißen Kästen ragen noch heute weit über das Wasser hinaus – eine architektonische Kuriosität erster Güte und mittlerweile das Wahrzeichen der Stadt.

Information/Verbindungen/Adressen

- *Information* **ANWB/VVV Appingedam,** Professor Cleveringaplein 1, 9901 AZ Appingedam, ✆ 0596/620300, ✉ 628251. Mo-Fr 10-18 Uhr, Sa 11-16 Uhr.
- *Bahnverbindungen* 1-2x stündl. nach Delfzijl (Dauer: 7 Min.), 1-2x stündl. Groningen (35 Min.).
- *Einkaufen* Die Geschäfte bleiben in Appingedam Montagvormittag geschlossen. Am Freitag verschiebt sich der Ladenschluss auf 21 Uhr (Kaufabend). Markttermin: Wo-chenmarkt Sa 9-17 Uhr, Solwerderstraat.
- *Fahrradverleih* **Rijwielen Dijkema,** Stationsstraat 9, 9901 BL Appingedam, ✆ 0596/622974.
- *Kinderbauernhof* **Landgoed Ekenstein,** Alberdaweg 64a, 9901 TA Appingedam, ✆ 0596/628528. Täglich 10-17 Uhr. Eintritt frei.
- *Krankenhaus* **Ziekenhuis Delfzicht,** Jachtlaan 50, 9934 JD Delfzijl, ✆ 0596/644444.
- *Taxiruf* ✆ 0596/613000

Übernachten/Essen

- *Übernachten* ***** Hotel Het Wapen van Leiden,** Wijkstraat 44, 9901 AJ Appingedam, 60 Betten, zentrale Lage, sehr sauber, alle Zimmer mit Du/WC und TV. EZ ab 55 €, DZ ab 75 €, ✆ 0596/622963, ✉ 624853.

Camping Ekenstein, Alberdaweg 54, 9901 TA Appingedam, westlich der Ortschaft auf die N 360 (Groningen–Appingedam), Verlauf des Damsterdiep folgen, Richtung Ekenstein (dezente Ausschilderung), Bus 41, einziger Campingplatz vor Ort, 200 Meter östlich des Landgutes Ekenstein, schöne Lage mit ebenen Grasflächen, die durch Buschreihen voneinander abgetrennt wurden, Wanderhütten, einfache Sanitärs mit großen Glasflächen und Blick auf die nahe Schnellstraße (teils recht laut), geöffnet April-September. Person 3 €, Zelt 3.50 €, Auto 1 €, Duschen 0.50 €, Fläche 3,5 ha. ✆ 0596/624467.

● *Essen* **Nefertari**, Wijkstraat 68, 9901 AK Appingedam, ägyptische Küche, Kebab- und Kofta-Gerichte, vegetarische Platten, sehenswerte Einrichtung mit gewagten Farbkombinationen, Di geschlossen, ✆ 0596/628164.

Ristorante La Calabria, Wijkstraat 47, 9901 AG Appingedam, im hellbraun verklinkerten Raum werden knapp 50 verschiedene Pizzasorten serviert, Mo geschlossen, ✆ 0596/629625.

De Oude Rechtbank, Wijkstraat 38, 9901 AJ Appingedam, Grand-Café gleich neben dem Informationsbüro (VVV), 1844 als Katasteramt errichtet, gemütlicher Platz mit schönem Blick auf Damsterdiep und Jachthafen, Rathaus und Kirche, ✆ 0596/628234.

Indrapoera, Bolwerk 7, 9901 GA Appingedam, kleine Festung direkt am Damsterdiep, Gerichte der chinesisch-indonesischen Küche, ✆ 0596/620623.

Sehenswertes

Stadhuis: *Soli Deo Gloria, concordia, res parvae crescunt, discordiares maximae dilabuntur, ubi non est pudor nec cura juris, sanctitas pietas, fidas, instabile regnum est.* ("Gott alleine sei die Ehre, Einigkeit verschafft Macht, Zwietracht schwächt die Kraft. Wo man das Recht weder ehrt noch aufrechterhält, wo weder Ehrlichkeit, Frömmigkeit noch Ehre gefunden wird, steht eine Herrschaft auf schwachen Füßen.") Die weisen Worte sind an der Fassade des alten Rathauses in der Wijkstraat zu lesen.

Das 1630 errichtete Bauwerk zählt zu den kleinsten Renaissance-Rathäusern der Niederlande. Im Erdgeschoss befand sich früher die Stadtwaage, die erst 1825 ihre alte Bedeutung verlor.

Damsterdiep Keuken: Die weißen hölzernen Vorbauten mit ihren dunklen Dächern wagen sich bedenklich weit über das Wasser des Damsterdiep hinaus und bilden einen reizvollen Farbkontrast zu den rotbraunen Steinen des stützenden Mauerwerks. Der langsam seinen Weg suchende Kanal, die schmalen Überwege und das Grün im Hintergrund bilden eine faszinierende Kulisse für die hängenden Küchen.

Nicolaikerk: Die größte Kirche der Stadt, in direkter Nachbarschaft zum Rathaus gelegen, entstand im frühen 13. Jahrhundert als Kreuzkirche und wurde später zu einer dreischiffigen Hallenkirche umgebaut. Neben der

"Hängende Küchen" am Damsterdiep

Provinz Groningen
Karte S. 439

aus dem 16. Jahrhundert stammenden Orgel des norddeutschen Instrumentenbauers *Albert Anthonie Hinsz* beeindrucken die zahlreichen Gewölbemalereien und eine reizvoll verzierte Kanzel.

Adresse/Öffnungszeiten Wijkstraat 32, 9901 JL Appingedam, ☎ 0596/622992. Juni-September Mi und Sa 14-17 Uhr. Eintritt frei.

Synagoge: Die Synagoge in der Broerstraat wurde 1801 eingeweiht. Auf der linken Seite des Vorhofs befindet sich das kleine *Rabbijnshuis*. Auf dem Platz vor der Synagoge erinnert ein quaderförmiges Monument an die Opfer der Judendeportationen während des Zweiten Weltkriegs.

Museum Stad Appingedam: Das stadtgeschichtliche Museum, das in einem sorgsam restaurierten Kaufmannshaus aus dem 17. Jahrhundert untergebracht ist, zeigt eine umfangreiche Sammlung zur Historie der einst wohlhabenden Handelsstadt Appingedam. Darüber hinaus kann man sich kostbare Porzellan- und Silberkollektionen anschauen.

Adresse/Öffnungszeiten Wijkstraat 25, 9901 AE Appimgedam, ☎ 0596/532512. Di-Fr 11-17 Uhr, Sa/So 13-17 Uhr. Erwachsene 2.50 €, Kinder 1.75 €, Senioren (Pas65) 1.75 €, MJK. Begleittexte in deutscher Sprache.

Landgoed Ekenstein: Nur wenige Minuten westlich von Appingedam liegt der Erholungspark Ekenstein, ein stattlicher Park (20 ha) mit langen Spazierwegen zwischen idyllisch gelegenen Teichen. Ein Kinderbauernhof mit Spielplatz und zahlreichen Tieren bietet Familien mit Kindern ein abwechslungsreiches Ausflugsprogramm.

Adresse/Öffnungszeiten Alberdaweg 70, 9901 TA Appingedam, ☎ 0596/628528. Täglich 10-17 Uhr. Erwachsene/Kinder 1.20 €.

Menkemaborg: Die Burg, eine der wenigen erhaltenen in der Provinz, entstand im 15. Jahrhundert aus einem einfachen Steinhaus, das bereits mehrere Generationen zuvor errichtet worden war.

• *Adresse/Öffnungszeiten* Menkemaweg 2, 9981 CV Uithuizen, ☎ 0595/431970, April-September Di-So 10-12 Uhr und 13-17 Uhr; Oktober-März Di-So 10-12 Uhr und 13-16 Uhr. Burg und Garten: Erwachsene 4.50 €, Kinder 2 €, Senioren (Pas65) 3.50 €. Nur Garten: Erwachsene 3 €, Kinder 1.50 €, Senioren (Pas65) 3 €, www.menkemaborg.nl.

Slochteren   (2.500 Einwohner)

Die Entdeckung riesiger Erdgasfelder machte den wenige Kilometer von Groningen entfernt gelegenen Ort 1959 über Nacht weltweit bekannt. Das Vorkommen am Rande des Wattenmeers wird von Experten als größtes Erdgasfeld Westeuropas bezeichnet. Das geschätzte Gesamtvolumen liegt bei zwei Billionen Kubikmetern. Das Erdgas spülte in den vergangenen 25 Jahren mehr als 50 Milliarden Euro in die Staatskasse. Die ländliche Gemeinde östlich der Provinzhauptstadt sichert nicht nur die Energieversorgung der Niederlande, sondern beliefert auch eine Reihe internationaler Abnehmer. Erdgas zählt mittlerweile zu den wichtigsten Exportartikeln des Landes. Der fast vollständige Verzicht der Niederlande auf Atomkraftwerke – nur eines ist nach wie vor am Netz – ist eine unmittelbare Konsequenz aus der Entdeckung dieser Ressourcen. Der Anteil des Atomstroms an der landesweiten Energieversorgung beträgt seit Jahren kaum zwei Prozent.

Sehenswert ist die **Fraeylemaborg**, die aus einem befestigten Steinhaus hervorgegangen ist, das im Mittelalter für den Schutz der Bewohner des nahen hölzernen Bauernhofs sorgte. Mit Beginn des 16. Jahrhunderts, als die Burg nicht mehr als Verteidigungsanlage diente, führten mehrfache Umgestaltungen zur Ausweitung des Anwesens. Der gravierendste Eingriff war der Anbau der beiden Seitenflügel im 17. Jahrhundert. Die von einer breiten Doppelgracht umgebene Fraeylemaborg bildet gegenwärtig den Mittelpunkt eines prächtigen Landgutes, romantisch eingebettet in eine Parkanlage im englischen Landschaftsgartenstil.

• *Information* **VVV Slochteren**, Noorderweg 1, 9621 BM Slochteren, ✆ 0598/422970, ✉ 422970. April-September Mo-Fr 10-17 Uhr, Sa 10.30-15 Uhr; Oktober-März Mo-Fr 10-15 Uhr.

• *Adresse/Öffnungszeiten* **Fraeylemaborg**, Hoofdweg 30, 9621 AL Slochteren, ✆ 0598/421568, www.borgen.nl/fraeylemaborg. März-Dezember Di-Fr 10-17 Uhr, Sa/So 13-17 Uhr. Erwachsene 4.50 €, Kinder 2 €, Senioren (Pas65) 3.50 €.

• *Fahrradverleih* **Fietsverhuur Meijering**, Noorderweg 5, 9621 BM Slochteren, ✆ 421528.

• *Kanuverleih* **Kanocentrum Spoordak**, Noorderweg 5, 9621 BM Slochteren, ✆ 0598/421528.

• *Übernachten* **Mini-Camping 't Hofje**, Hoofdweg 271, 9621 AK Slochteren, geöffnet April-Oktober. Person 2.30 €, Zelt 2.30 €, Auto 0.50 €, Duschen 0.50 €, Fläche 0,5 ha. ✆ 0598/421573, ✉ 421573, thofje@hetnet.nl.

Mini-Camping Eemsverlaat, Slochterdiep 2a, 9623 TH Lageland, ganzjährig geöffnet. Person 2.50 €, Zelt 3 €, Duschen 0.50 €, Fläche 0,5 ha. ✆ 050/5410374.

Region Oost-Groningen

(Winschoten, Heiligerlee, Stadskanaal, Bourtange, Ter Apel)

Die prächtige Landschaft Ostgroningens verlockt zu Ausflügen entlang alter Bauernhäuser – mächtige Relikte der glorreichen Tage der hiesigen Landwirtschaft. In den weiter südlich gelegenen Gebieten erinnert ein dichtes Netz schnurgerader Kanäle an die Zeiten intensiver Torfgewinnung. Damals entstanden Orte wie **Stadskanaal** als kilometerlange Moorkolonien am Rande der Wasserwege. In **Westerwolde**, gerne als das andere Groningen bezeichnet, lockt die restaurierte Festungsstadt **Bourtange** ebenso wie die weiten Heide- und Waldgebiete um **Sellingen, Ter Apel** und **Vlagtwedde**. Holländische Landschaft mit prächtigen Bauernhöfen und Mühlen, Reetland und Schleusen, Mooren und Weiden.

Winschoten

(19.000 Einwohner)

Das Gebiet um Winschoten zählt zu den weltweit bedeutendsten Zuchtzentren für Rosensaatpflanzen. Mehr als 70 Millionen Exemplare werden jährlich in alle Himmelsrichtungen exportiert.

Die Farbenpracht der Rosen ist das wichtigste Kapital des örtlichen Fremdenverkehrs. Das weitläufige Rosarium im zentral gelegenen Stadtpark zeigt in den Sommermonaten die ganze Pracht der verschiedensten Arten. Ein Vergleich dieser farbenfrohen Anlage mit dem Tulpenparadies des Keukenhofs wäre zwar weit übertrieben, doch kommt der Rosenliebhaber sicher auf seine Kosten.

Im näheren Umkreis des alten Stadtkerns stehen nicht weniger als drei Kornmühlen (Edens, Berg, Dijkstra), die der kleinen Groninger Ortschaft den Status einer der bedeutendsten Mühlenstädte des Landes verleihen.

Provinz Groningen
Karte S. 439

Information/Verbindungen/Adressen

● *Information* **ANWB/VVV Winschoten**, Stationsweg 21 a, 9671 AL Winschoten, ✆ 0597/412255, 🖷 424062. Mo-Fr 9-17.15 Uhr, Sa 9-12.45 Uhr.

● *Bahnverbindungen* 1-2x stündl. nach Groningen (Dauer: 40 Min.), 2-3x täglich Leer (50-70 Min.).

● *Autovermietung* **Autoverhuur Happy Rent**, Papierbaan 2, 9672 BH Winschoten, ✆ 0597/415451; **Autoverhuur Takens**, Papierbaan 5-7, 9672 BG Winschoten, ✆ 0597/413792.

● *Fahrradverleih* **Rijwielhandel Haken**, Zeeheldenstraat 3, 9675 AH Winschoten, ✆ 0597/412857.

● *Einkaufen* Die Geschäfte bleiben in Win-schoten Montagvormittag geschlossen. Am Freitag verschiebt sich der Ladenschluss auf 21 Uhr (Kaufabend). Markttermin: **Wochenmarkt** Sa 10-17 Uhr, Marktplein.

● *Krankenhaus* **Sint Lucas Ziekenhuis**, Gassingel 18, 9671 CX Winschoten, ✆ 0597/459111.

● *Mühlen* **Molen Berg (1854)**, Grintweg 61, 9671 AB Winschoten, ✆ 0597/425104; **Molen Edens (1761)**, Nassaustraat, 9671 JL Win-schoten, ✆ 0597/416031; **Molen Dijkstra (1862)**, Nassaustraat, 9671 JL Winschoten, ✆ 0597/414269. Besichtigung jeweils nur nach telefonischer Voranmeldung.

● *Taxiruf* ✆ 0597/454444

Übernachten/Essen

● *Übernachten* ***** Royal York**, Stationsweg 21, 9671 AL Winschoten, 80 Betten, erste Adresse vor Ort, freundlicher Service, alle Zimmer mit Du/WC, Telefon und TV. EZ ab 60 €, DZ ab 77 €, ✆ 0597/414300, 🖷 423224.

** Hotel Nienhuis, Marktplein 6-8, 9671 AZ Winschoten, 50 Betten, modernes Haus in zentraler Lage, saubere Räumlichkeiten. EZ ab 28 €, DZ ab 45 €, ✆ 0597/413438.

NJHC-Jugendherberge Esbörg, Esbörg-straat 16, 9679 ZG Scheemda, 5 km westlich von Winschoten, ruhige Lage inmitten eines Wohngebietes, große Schlafsäle, ganzjährig geöffnet. 118 Betten, Zweierzim-mer (2), Viererzimmer (3), Sechserzimmer (1), Achterzimmer (3), 20er-Zimmer (1), 24er-Zimmer (1), 28er-Zimmer (1). Übernachtung im Schlafsaal inkl. Frühstück 17-19 € (je nach Saison), ✆ 0597/591255, 🖷 591132, scheemda@njhc.org.

Camping De Burcht, Bovenburen 46, 9675 HG Winschoten, zentrale Lage nördlich des Stadtzentrums, Schildern folgen, von Laub-bäumen umschlossener Platz, Straßen-nähe, einfache Sanitärs, Lebensmittelge-schäft, Wanderhütten (2), geöffnet April-Ok-tober. Person 3 €, Zelt 3 €, Auto 2.50 €, Flä-che 3 ha. ✆ 0597/413290, 🖷 414467.

● *Essen* **Restaurant In den Stallen**, Oos-tereinde 10, 9672 TC Winschoten, etwas außerhalb, in nördlicher Richtung auf dem Beertsterweg über das Winschotendiep, am Ende der Straße nach rechts, ehemali-ger Bauernhof in sehr schöner Lage, Grill- und Tagesplatten (auch vegetarisch), ✆ 0597/414073.

Golden City, Torenstraat 33, 9671 ED Win-schoten, chinesische Küche, empfehlens-wertes "Tjap Foo Fan", ✆ 0597/423191.

Sehenswertes

Sint Vituskerk: Im Inneren der neugotischen Kirche, deren älteste Teile aus dem Jahre 1880 stammen, befindet sich eine permanente Ausstellung liturgi-scher Gegenstände, darunter verschiedene Devotionalien, Kirchensilber und Messgewänder. Die Restaurierung in den frühen 70er Jahren bewahrte der Kirche ihren alten Glanz.

Adresse/Öffnungszeiten Langestraat, 9671 AB Winschoten, ✆ 0597/416031. Juli/August Di-Sa 13.30-17 Uhr. Eintritt frei.

Museum Stoomgemaal: Das Museum zeigt, wie eine Dampfmaschine wirk-lich funktioniert. Während der "Stoomdagen", der beiden letzten Sonntage des Monats, wird die alte Maschine in Betrieb genommen. Der Eintrittspreis wird an diesen Tagen zwar verdoppelt, doch lohnt sich der Besuch. Der ausgestellte Elektromotor ist hingegen während der gesamten Öffnungszeiten in Betrieb.

Adresse/Öffnungszeiten Oostereinde 4, 9672 TC Winschoten, ℡ 0597/425070. Juni-September Mo-So 13-17 Uhr. Erwachsene 1.25 €, Kinder 0.75 €. "Stoomdagen" (die beiden letzten Wochenenden des Monats jeweils So 11-17 Uhr): Erwachsene 2.50 €, Kinder 1.50 €.

Nationaal Ambulance en Eerste Hulpmuseum: Historische Tragbahren neben modernen Ambulanzapparaturen vermitteln einen groben Überblick über die Entwicklung des niederländischen Krankentransportwesens. "Der Besuch lohnt sich insbesondere für Sanitäter und Mitarbeiter von Rettungsdiensten", erläutert *Laas Smids-Ekeren*, Chefredakteur des Bremer Rettungsmagazins. Eine fachbezogene Briefmarkensammlung und eine kleine Kollektion von Miniatur-Rettungsfahrzeugen bilden weitere Abteilungen dieses landesweit einzigartigen Museums.

Adresse/Öffnungszeiten Papierbaan 2, 9672 BH Winschoten, ℡ 0597/422000. Mo-Fr 9-16 Uhr. Eintritt frei. Begleittexte und Führungen in deutscher Sprache.

Noordelijk Busmuseum: Früher sahen die öffentlichen Autobusse irgendwie schöner aus. Mit dem nüchternen Styling der Gegenwart hatte die gute alte Zeit noch nichts im Sinn. Neben einigen sehenswerten Liebhaberstücken findet sich allerlei Kleinkram, darunter die adrette Dienstkleidung früherer Busschaffner.

Adresse/Öffnungszeiten van Dijkstraat 5, 9672 AJ Winschoten, ℡ 0597/424776, www.realsite.nl/busmuseum. April-Oktober Mi-So 13-17 Uhr; November-März Mi-Sa 13-17 Uhr. Erwachsene 2.10 €, Kinder 1.50 €, Senioren (Pas65) 1.50 €, MJK.

Heiligerlee

(3.500 Einwohner)

Man schrieb das Jahr 1568. Das spanische Heer musste seine erste schwere Niederlage im aufblühenden Freiheitskampf der Niederlande hinnehmen. Der niederländisch-spanische Krieg hatte begonnen. Heiligerlee, der Schauplatz dieser blutigen Schlacht, hat seither einen festen Platz in den Geschichtsbüchern. Das Museum **"Slag bij Heiligerlee"** erinnert an jene Zeit und bietet die Möglichkeit einer Reise zurück ins 16. Jahrhundert, als *Fernando Alvarez de Toledo*, der Herzog von Alba, den Mythos der Unbesiegbarkeit verlor.

Außerdem sehenswert ist das **Klokkengieterijmuseum**. Mehr als ein Jahrhundert lang arbeitete die international renommierte Glockengießerei Van Bergen nicht nur für Abnehmer in den Niederlanden, sondern auch für amerikanische und asiatische Kunden. 1980 musste die Produktion eingestellt werden, das Fabrikgebäude wurde renoviert und als Museum zugänglich gemacht. Sämtliche Arbeitsschritte bis zur Fertigstellung der Glocken werden erläutert. Die Kupferschmelzöfen zählen weltweit zu den ältesten ihrer Art. Das 49-teilige Glockenspiel im Garten wird regelmäßig in Betrieb gesetzt.

● *Adressen/Öffnungszeiten* **Museum "Slag bij Heiligerlee"**, Provincialeweg 55, 9677 PB Heiligerlee, ℡ 0597/418199. April Di-So 13-17 Uhr; Mai-September Di-Sa 10-17 Uhr, So 13-17 Uhr; Oktober Di-Fr und So 13-17 Uhr. Erwachsene 3 €, Kinder 1 €, Senioren (Pas65) 2.50 €, MJK. Führungen in deutscher Sprache.

Het Klokkengieterijmuseum, Provincialeweg 46, 9677 PD Heiligerlee, ℡ 0597/421799. April Di-So 13-17 Uhr; Mai-September Di-Sa 10-17 Uhr, So 13-17 Uhr; Oktober Di-Fr und So 13-17 Uhr. Erwachsene 3 €, Kinder 1 €, Senioren (Pas65) 2.50 €, MJK. Führungen in deutscher Sprache.

Kombikarte für beide Museen: Erwachsene 4 €, Kinder 1.50 €, MJK.

Provinz Groningen
Karte S. 439

Stadskanaal

(33.000 Einwohner)

Stadskanaal zählt zu den ältesten Moorkolonien der Provinz. Die Stadt war einst eine Hochburg des Torfabbaus. Das Prinzip war simpel: Ein breiter Kanal gewährleistete zunächst die notwendige Entwässerung der oberen Torfschich-

ten, ehe an seinen Rändern der Abbau beginnen konnte. Der Transport des Torfs erfolgte auf dem Wasserweg. Später legte man Nebenkanäle im rechten Winkel zum Hauptkanal an, die zahlreiche kleine Inseln entstehen ließen. Die ersten Werften eröffneten, Handwerker und Händler ließen sich nieder. Die Moorkolonien an den Ufern der Kanäle mit ihren prächtigen Bauernhöfen entwickelten sich in kurzer Zeit zu florierenden Handelszentren.

Stadskanaal erstreckt sich auf einer Länge von 25 km am Wasser entlang. Die Verbindung zwischen Groningen und den benachbarten Regionen im Osten war noch vor wenigen Jahrzehnten eine wichtige Route der Binnenschifffahrt. Zuletzt entdeckten immer mehr Wassersportfreunde den Kanal als Freizeitwasserstraße. Die Anbindung an das benachbarte deut-

Wasserstraße in Stadskanaal

sche Wasserwegenetz erwies sich dabei als Vorteil. Das **Streekhistorisch Centrum** im aus dem 19. Jahrhundert stammenden *Huize ter Marse* zeigt eine Sammlung zur Geschichte der *Kanaalstreek*, der wasserreichen Region um Stadskanaal. Auf dem Ausstellungsgelände befinden sich mehrere kleinere Kräuterläden, darunter eine sehr schön hergerichtete Bäckerei.

● *Information* VVV **Stadskanaal**, Navolaan 11, 9501 VJ Stadskanaal, ✆ 0599/612345, ✆ 650844, www.vvv-zuid-groningen.nl. Mo 13-17.30 Uhr, Di-Fr 9-17.30 Uhr, Do bis 21 Uhr, Sa 9-17 Uhr.

● *Adresse/Öffnungszeiten* **Streekhistorisch Centrum**, Huize ter Marse, Ceresstraat 2, 9502 EA Stadskanaal, ✆ 0599/612649. Di-Fr 10-17 Uhr, So 14-17 Uhr. Erwachsene 1.40 €, Kinder 0.70 €, Senioren (Pas65) 0.90 €, MJK. Führungen in deutscher Sprache.

● *Bahnverbindungen* nächster Bahnhof in Winschoten (25 km).

● *Busverbindungen* in Richtung Assen, Emmen, Groningen.

● *Einkaufen* Die Geschäfte bleiben in Stadskanaal Montagvormittag geschlossen. Am Freitag verschiebt sich der Ladenschluss auf 21 Uhr (Kaufabend). Markttermin: **Wochenmarkt** Sa 9-16.30 Uhr, Europalaan.

● *Fahrradverleih* **Bouw Koster**, Poststraat 7, 9501 EP Stadskanaal, ✆ 0599/613482.

● *Krankenhaus* Refaja Ziekenhuis, Boerhaavestraat 1, 9501 HE Stadskanaal, ✆ 0599/654654.

● *Camping* **Camping De Sikkenberg**, Sikkenbergweg 7, 9591 TD Onstwedde, Autostraße Stadskanaal–Onstwedde, Richtung Ter Maarsch, Schildern folgen, Campingplatz der evangelischen Gemeinde, akzeptable Sanitärs, Fahrradverleih, Lebensmittelgeschäft, geöffnet Mai-Oktober. Stellplatz (inkl. 2 Pers.) 13 €, zus. Person 2.35 €, Duschen inkl., Fläche 8 ha. ☎ 0599/331285, 📧 332071, info@sikkenberg.nl.

Mini-Camping Barkela, De Vloivelden 2, 9501 LG Stadskanaal, geöffnet April-Oktober. Stellplatz (inkl. 2 Pers.) 14 €, zus. Person 3.50 €, Duschen inkl., Fläche 1 ha. ☎ 0599/613397, 📧 613397, campingbarkela@cs.com.

• *Essen* **Pizzeria Capri**, Beneluxlaan 3a, 9501 CT Stadskanaal, nettes italienisches Restaurant mit tavernenartiger Raumaufteilung, halbhohe rot glänzende Holzpalisaden sorgen für einen leicht kitschigen Touch, Mo geschlossen, ☎ 0599/611112.

Petit Restaurant Hoekzema, Hoofdstraat 7, 9501 CL Stadskanaal, Omeletts und Pfannkuchenvariationen, preiswerte wechselnde Tagesgerichte, ☎ 0599/614887.

Bourtange

(650 Einwohner)

Die nahe der deutsch-niederländischen Grenze gelegene Ortschaft Bourtange, die in einem der schönsten Landkreise der Provinz liegt, bietet Ausflüglern die Gelegenheit, die fünfeckige Festungsanlage **Vesting Bourtange** aus dem frühen 16. Jahrhundert zu bewundern. Sie wurde nach alten Originalplänen rekonstruiert und steht seither unter Denkmalschutz. Die auf einem Sandrücken inmitten eines ausgedehnten Moorgebiets erbaute Anlage wurde aufgrund ihrer exponierten Lage nie eingenommen. Arbeiter, Bauern und Händler siedelten sich später in direkter Umgebung an und trugen so zur Entstehung eines kleinen Dorfes bei, in dem man sich heute mit dem *Museum De Baracquen* (Meestraat 3) und dem *Museum De Synagoge* (Batterijstraat 1) zwei kleine Ausstellungen anschauen kann.

Information/Verbindungen/Adressen

• *Information* **VVV Bourtange**, Willem Lodewijkstraat 33, 9545 PA Bourtange, ☎ 0599/354600, 📧 354554, www.vvv-westerwolde.nl. Mo-Fr 9-17.30 Uhr, April-Okt. auch Sa/So 12-17 Uhr.

• *Adresse/Öffnungszeit*en **Vesting Bourtange**, Willem Lodewijkstraat 33, 9545 PA Bourtange, ☎ 0599/354600, www.bourtange.nl. April-Oktober Mo-Fr 10-17 Uhr, Sa/So 12.30-17.30 Uhr. Erwachsene 4.25 €, Kinder 2 €.

• *Bahnverbindungen* nächster Bahnhof in Winschoten (20 km).

• *Busverbindungen* in Richtung Winschoten.

• *Einkaufen* Die Geschäfte bleiben in Bourtange Montagvormittag geschlossen. Am Donnerstag verschiebt sich der Ladenschluss auf 21 Uhr (Kaufabend).

• *Fahrradverleih* **Camping 't Plathuis**, Vlagtwedderstraat 88, 9545 TD Bourtange, ☎ 0599/354383.

• *Krankenhaus* **Refaja Ziekenhuis**, Boerhaavestraat 1, 9501 HE Stadskanaal, ☎ 0599/654654.

Übernachten

*** Hotel Homan, Dorpsstraat 8, 9551 AE Sellingen, 37 Betten, kleines Familienhotel in ruhiger Lage einige Kilometer südlich von Bourtange, freundlicher Service, adrette Räumlichkeiten, alle Zimmer mit Du/WC, Telefon und TV. EZ ab 35 €, DZ ab 64 €, ☎ 0599/322206, 📧 322727.

Camping 't Plathuis, Vlagtwedderstraat 88, 9545 TD Bourtange, Straße Bourtange–Vlagtwedde, Schildern folgen, einfacher Platz mit akzeptablen Sanitärs, Fahrradverleih, Lebensmittelgeschäft, Wanderhütten (4), geöffnet April-Oktober. Stellplatz (inkl. 2 Pers.) 12 €, zus. Person 2.30 €, Duschen

0.50 €, Fläche 4 ha. ☎ 0599/354382, 📧 354388, info@campingplathuis.nl.

Camping De Barkhoorn, Beetserweg 6-8, 9551 VE Sellingen, Straße Vlagtwedde – Ter Apel, Schildern folgen, ruhige Lage am Waldrand, gute Sanitärs, Fahrradverleih, Lebensmittelgeschäft, Wanderhütten (3), geöffnet April-Oktober. Stellplatz (inkl. 2 Pers.) 16 €, zus. Person 2.75 €, Duschen inkl., Fläche 12 ha. ☎ 0599/322510, 📧 322725, info@barkhoorn.nl.

Mini-Camping De Slangenborg, Borgerschopenweg, 9551 XD Sellingen (südlich von Bourtange), geöffnet April-Oktober.

Person 3 €, Zelt 2 €, Auto 1.50 €, Duschen inkl., Fläche 1 ha, ☎ 0599/322450.
Mini-Camping De Zonnegloren, Bovendiepsterweg 1 a, 9551 VVV Sellingen (südlich von Bourtange), geöffnet April-Oktober. Person 3.40 €, Fläche 1 ha, ☎0599/ 322997, 📠 322805, n.devries@sbb.agro.nl.

Ter Apel   (9.500 Einwohner)

In der waldreichen Umgebung des etwa 20 km südlich von Bourtange gelegenen Ortes versteckt sich das älteste mittelalterliche Kloster der Niederlande. Das **Klooster Ter Apel** diente einst den Brüdern des Kreuzherrnordens als Stätte der Ruhe und Besinnung. Heute wird die Anlage für Ausstellungen kirchlicher Kunst genutzt. Die umliegenden weiten Heide- und Waldgebiete laden zum Radeln und Wandern ein.

● *Information* **VVV Ter Apel**, Hoofdstraat 19, 9561 JA Ter Apel, ☎ 0599/581277, 📠 581277, www.vvv-westerwolde.nl. Mai-September Mo-Fr 9-16 Uhr, Sa 9-12.30 Uhr; Oktober-April Mo-Fr 13-16 Uhr.

● *Adresse/Öffnungszeiten* **Klooster Ter Apel**, Boslaan 3, 9561 LH Ter Apel, ☎ 0599/ 581370, www.museumklooster-terapel.com. Di-Sa 10-17 Uhr, So 13-17 Uhr, April-Oktober auch Mo 13-17 Uhr. Erwachsene 4.50 €, Kinder 2.50 €. Führungen in deutscher Sprache.

● *Bahnverbindungen* nächster Bahnhof in Winschoten (20 km).

● *Busverbindungen* in Richtung Winschoten.

● *Einkaufen* Die Geschäfte bleiben in Ter Apel Montagvormittag geschlossen. Am Donnerstag verschiebt sich der Ladenschluss auf 21 Uhr (Kaufabend). Markttermin: **Wochenmarkt** Fr 14-18 Uhr, Markt.

● *Fahrradverleih* **Rijwielhandel Schuiling**, Hoofdkade 75, 9561 JK Ter Apel, ☎ 0599/581508.

● *Krankenhaus* **Refaja Ziekenhuis**, Boerhaavestraat 1, 9501 HE Stadskanaal, ☎ 0599/654654.

● *Übernachten* **Camping Moekesgat**, Heembadweg 17, 9561 CS Ter Apel, Schildern in Ter Apel folgen, großes Areal in ruhiger Lage, 10 ha großer See mit Angelmöglichkeiten, akzeptable Sanitärs, Fahrradverleih, ein Lebensmittelgeschäft, Schwimmbad, Wanderhütten (2), geöffnet April-Sept. Stellplatz (Auto und Zelt) 9 €, Person 2.30 €, Duschen inkl., Fläche 16 ha. ☎ 0599/581933, 📠 239083, campingmoekesgat@hetnet.nl.
Mini-Camping 't Achterdiep, Kloosterveenweg 168, 9561 AW Ter Apel, geöffnet April-Oktober. Stellplatz (inkl. 2 Pers.) 11 €, zus. Person 3 €, Duschen inkl., Fläche 1 ha, ☎ 0599/582364, achterdiep@planet.nl.

Region Lauwersland Westerkwartier

(Leek, Ezinge, Houwerzijl, Eenrum, Pieterburen)

Der westlichste Ausläufer der Provinz besteht aus fruchtbaren Poldergebieten, die Stück für Stück dem *Lauwersmeer* abgerungen wurden. Im 13. Jahrhundert hatten Mönche begonnen, erste Deiche anzulegen, die in der Folgezeit ausgebaut wurden. Heute findet der Besucher neben alten Pfaden und unbegradigten Wasserläufen zahlreiche große Bauernhöfe mit weiten Ackerflächen, die sich in den vergangenen Jahrzehnten kaum merklich verändert haben. Die reiche Flora und Fauna der Region verlockt unterdessen zu kürzeren oder längeren Ausflügen. Insbesondere das Seengebiet von **Winsum** gilt als Eldorado des Kanusports. Hier wechseln sich dicht bewachsene Uferpartien mit freien Passagen ab, die herrliche Blicke auf die alten Landgüter freigeben. Motorisierte Wasserfahrzeuge sind nicht zugelassen.

Leek   (19.000 Einwohner)

Die Kutschen **im Nationaal Rijtuigmuseum** auf dem Landgut Nienoord entführen in ferne Zeiten, in denen Fortbewegungsmittel nicht für jedermann erschwinglich waren. Die Sammlung funktioniert nach dem Arche-Noah-Prinzip: alle relevanten Kutschen- und Schlittentypen sind mit einem Exemplar vertreten. Mehrere Gemälde runden das Angebot ab, darunter Werke von *Otto Eerelman* (1839–1926), einem Meister der Pferdemalerei, auf dessen Werken sich Motive finden, die in einem Kutschenmuseum nicht fehlen dürfen.

Adresse/Öffnungszeiten Nienoord 1, 9351 AC Leek, ✆ 0594/512260, www.rijtuigmuseum.nl. April-Oktober Di-Sa 10-17 Uhr, So 13-17 Uhr. Erwachsene 4.50 €, Kinder frei, Senioren (Pas65) 3.60 €.

Ezinge
(2.800 Einwohner)

Die hiesigen Dörfer liegen fast ausschließlich auf natürlichen Erhebungen, die später durch künstliche "Wierden" als Zufluchtsorte der Bevölkerung vor den stets wiederkehrenden Überschwemmungen ergänzt wurden. Das **Wierdenmuseum** hält detaillierte Informationen über die Entstehung dieser ehemaligen Wohnhügel bereit.

• *Information* **VVV Ezinge**, Torenstraat 12, 9891 AG Ezinge, ✆ 0594/621524, 📠 621524. Di-Fr 10-16 Uhr, Sa/So 13-17 Uhr.

• *Adresse/Öffnungszeiten* **Museum Wier-denland**, Torenstraat 12, 9891 AG Ezinge, ✆ 0594/621524, www.wierdenland.nl. Di-Fr 10-16 Uhr, Sa/So 13-17 Uhr. Erwachsene 4 €, Kinder 2.50 €, Senioren (Pas65) 3 €.

Houwerzijl
(4.500 Einwohner)

Das einzige niederländische Teemuseum, das **Museum De Theefabriek**, befindet sich in einer ehemaligen Kirche in Houwerzijl. Sehr entspannend ist das angeschlossene Café", in dem man zwischen 200 Teesorten (!) zu vernünftigen Preisen auswählen kann. Der Museumsshop hält immerhin noch 175 Sorten Tee bereit.

Adresse/Öffnungszeiten Hoofdstraat 15-17, 9973 PD Houwerzijl, ✆ 0595/572053, www.theefabriek.nl. April-Oktober Di-So 10-17 Uhr; November-März Sa/So 10-17 Uhr. Erwachsene 2.25 €, Kinder 1.25 €, Senioren (Pas65) 1.75 €.

Eenrum
(2.500 Einwohner)

Groningen war einst bekannt für seine zahlreichen kleinen Senffabriken. In Eenrum wurde eine davon mit alten Maschinen wieder in Betrieb genommen. Im ersten Moment fällt dem Besucher in **Abraham's Mosterdmakerij** nur das angeschlossene Restaurant auf, doch lohnt es hineinzuschauen. Im hinteren Gebäudeteil führt der Chef persönlich durch die eigene Produktion. Höhepunkt ist der Blick in einen riesigen Bottich mit angesetztem Senf, ein Geruchserlebnis der besonderen Art.

Adresse/Öffnungszeiten Molenstraat 5, 9967 SL Eenrum, ✆ 0595/491600. April-September täglich 12-17 Uhr; Oktober-März Mi-So 12-17 Uhr. Erwachsene/Kinder 1.20 €.

Pieterburen
(2.500 Einwohner)

Die kleine Ortschaft ist in den vergangenen Jahren dank ihrer Seehundauffangstation landesweit bekannt geworden. Das **Zeehondencrèche** bietet dem Besucher die Möglichkeit, allen Aktivitäten der Tierpfleger hinter großen Glasfronten direkt beizuwohnen. Darüber hinaus erfährt man allerlei Wissenswertes zum Thema Wattenmeer.

• *Information* **VVV Pieterburen**, Hoofdstraat 83, 9968 AB Pieterburen, ✆ 0595/528522. April-Oktober Di-So 13-17 Uhr.

• *Adresse/Öffnungszeiten* **Zeehondencrèche**, Hoofdstraat 94a, 9968 AG Pieterburen, ✆ 0595/526526. Mo-Fr 9-18 Uhr. Eintritt: freiwilliger Betrag.

Provinz Groningen
Karte S. 439

Stillleben mit Klompen

Provinz Drenthe

Die Fremdenverkehrsämter in Drenthe bemühen sich, das eher triste Image einer Landschaft weiter Torfgebiete abzustreifen. Die Provinz, die sich in die Regionen **Noordenveld** und **Zuidenveld** aufteilt, ist touristisch bislang weitgehend unentdeckt geblieben, obwohl gerade der ländlich-ruhige Charakter eine gute Basis für einen Urlaub abseits der hektischen Betriebsamkeit großer Städte bietet.

Provinciale VVV Groningen – Friesland – Drenthe
Van Knobelsdorffplein 20, 9203 DJ Drachten, ☏ 0900/9222,
www.beleefnoordnederland.nl.

Region Noordenveld

(Assen, Eelde, Borger)

Der nördliche Teil der Provinz wird durch die Hügelkette des *Hondsrug* geprägt, die sich bis ins nördlich benachbarte Groningen erstreckt. Sie entstand während der letzten Eiszeit, als große Mengen Sand und Stein gen Süden gedrückt wurden. Die Region verfügt über zahlreiche Zeugnisse prähistorischer Kultur, darunter mehr als fünfzig eindrucksvolle Hünengräber nahe **Borger**. In nördlicher Richtung gehen die Drenther Hügel in ausgedehnte Feuchtgebiete und flacheres Weideland über. Seitdem sich die staatliche Waldbehörde um die Erhaltung der grünen Natur bemüht, entwickelt sich die vielfältige Flora und Fauna prächtig. **Assen**, die Provinzhauptstadt, zeigt sich dagegen in modern-nüchternem Gewand. Historische Bausubstanz findet sich kaum. Die eigentliche Attraktion der Stadt, der Assener Verkehrspark, ist nur ein schwacher Ersatz für die Grachtenromantik anderer niederländischer Städte.

Assen   (Provinzhauptstadt • 50.000 Einwohner)

Die Provinzhauptstadt Drenthes war noch im frühen 19. Jahrhundert ein unscheinbarer Ort ohne wirtschaftliche Bedeutung. Das kleine Dorf expandierte erst später zu seinen heutigen Ausmaßen.

1809 legte *Louis Bonaparte*, Bruder des französischen Kaisers und König von Holland, den Grundstein für alle nachfolgenden Veränderungen: Die Verleihung der Stadtrechte versetzte der städtischen Entwicklung einen kräftigen Schub. Trotzdem fehlen im heutigen Stadtbild die sehenswerten historischen Bauten, wie sie in anderen altholländischen Städten zu finden sind. Die vergleichsweise unbedeutende Vergangenheit ist noch heute spürbar. Die Hauptattraktion ist folgerichtig eine moderne Einrichtung: Der städtische *Verkeerspark* zieht kinderreiche Familien aus allen Himmelsrichtungen an.

Information/Verbindungen/Adressen

• *Informationen* **VVV Assen**, Marktstraat 8 9401 JH Assen, ✆ 0900/2022393, ✆ 0592/317306. Mo 13-18 Uhr, Di-Do 9-18 Uhr, Fr 9-21 Uhr, Sa 9-17 Uhr.
ANWB Assen, Koninklijke Nederlandse Toeristenbond, Kloekhorststraat 12, 9401 BD Assen, ✆ 0592/314100, ✆ 314763.
• *Bahnverbindungen* 2-3x stündl. nach Groningen (Dauer: 20 Min.), 1-2x stündl. Meppel (30 Min.), 1-2x stündl. Utrecht (105 Min.).
• *Busverbindungen* in Richtung Drachten, Dwingeloo, Emmen, Groningen, Meppel, Winschoten.
• *Autovermietung* **Autoverhuur Budget**, Vaart Zuidzijde 31, 9401 GG Assen, ✆ 0592/310108 (0800/0537, gratis); **Autoverhuur Hertz**, Australieweg 20b, 9407 TE Assen, ✆ 0592/406567; **Autoverhuur de Vries**, Industrieweg 44, 9403 AB Assen, ✆ 0592/340000, www.autoverhuurdevries.nl.

• *Fahrradverleih* **Rijwielshop Grootjans**, Stationsplein 1, 9401 LB Assen, ✆ 0592/310424.
• *Einkaufen* Die Geschäfte bleiben in Assen Montagvormittag geschlossen. Am Freitag verschiebt sich der Ladenschluss auf 21 Uhr (Kaufabend). Markttermin: **Wochenmarkt** Mi und Sa 10-16 Uhr, Brinkstraat, Huizen.
• *Kinderbauernhof* **Natuureducatief Centrum De Hofstede**, Stadsbroek 7, 9405 BK Assen, ✆ 0592/350640. Täglich 9-12 Uhr und 13.30-17 Uhr. Eintritt frei.
• *Krankenhaus* **Ziekenhuis Wilhelmina**, Europaweg Zuid 1, 9401 RK Assen, ✆ 0592/325555.
• *Schwimmen* **De Smelt**, Stadsbroek 17, 9405 BK Assen, ✆ 0592/356000. Subtropisches Schwimmparadies mit Sauna.
• *Taxiruf* ✆ 0592/373111

Übernachten/Essen

• *Übernachten* ****** Van der Valk Motel Assen**, Balkenweg 1, 9405 CC Assen, 283 Betten, als einziges 4-Sterne-Hotel die erste Adresse in Assen, alle Zimmer mit Du/WC, Telefon und TV. EZ ab 60 €, DZ ab 120 €, Frühstück 8 €, ✆ 0592/351515, ✆ 355637.
*** Hotel De Jonge, Brinkstraat 85, 9401 HZ Assen, 124 Betten, zentrale Lage, freundlicher Service, adrette Räumlichkeiten. EZ ab 35 €, DZ ab 50 €, ✆ 0592/312023, ✆ 313114.

* Hotel Christerus, Stationsstraat 17, 9401 KV Assen, 17 Betten, knapp 5 Min. zu Fuß ins Zentrum, familiäre Atmosphäre, hausbackene Einrichtung, saubere Zimmer. EZ ab 25 €, DZ ab 45 €, ✆ 0592/313517.
Camping Witterzomer, Witterzomer 7, 9405 VE Assen, A 28 (Hoogeveen–Groningen), Ausfahrt 33 (Assen/Smilde), Schildern folgen, schöne Lage in der Nähe eines Naturschutzgebietes, kleiner Strand mit Badesee,

sehr gute Sanitärs, Fahrradverleih (auch Mountainbikes), Lebensmittelgeschäft, Schwimmbad, Wanderhütten (3), ganzjährig geöffnet. Stellplatz (inkl. 4 Pers.) 22.50 €, zus. Person 3.50 €, Duschen inkl., Fläche 75 ha. ℡ 0592/393535, ✆ 393530, witterzomer.nl.

● *Essen* **Brasserie De Ponderosa**, Rode Heklaan 5, 9401 SB Assen, etwas außerhalb, vom Zentrum via Torenlaan oder Nassaulaan in südwestlicher Richtung, kurz nach dem Tennispark auf der linken Seite nach rechts in den Rode Heklaan. Europäische Küche nach Wunsch, der rumänische Besitzer versteht seine Speisekarte nur als Anhaltspunkt. Besondere Wünsche werden bei rechtzeitiger Anmeldung gerne erfüllt.

Musik und Tanz am Wochenende (je nach Lust und Laune der Gäste), feste Schließzeiten existieren nicht, ℡ 0592/355141.

Pizzeria La Bella Italia, Kerkstraat 11, 9401 GV Assen, der Italiener mit der größten Auswahl, Lasagne in fünf Versionen, mehr als 130 verschiedene Pizza-Variationen, ℡ 0592/314801.

Pannekoekenhuis De Singel, Gedempte Singel 19, 9401 JN Assen, massiv hölzerne Tische und Stühle, etwa 60 verschiedene Pfannkuchen zur Auswahl, So geschlossen, ℡ 0592/310308.

Jasmijn Garden, Peelo 8, 9403 TZ Assen, eines der besseren chinesischen Spezialitätenrestaurants in Assen, umfangreiche Karte, preiswerte Hauptgerichte, ℡ 0592/340560.

Veranstaltungen

Fiets4daagse Drenthe: Die größte Radfahrveranstaltung der Niederlande lockt jedes Jahr zahllose Radfahrer aus dem In- und Ausland nach Drenthe. Mehrere ausgeschilderte Strecken bieten sowohl dem anspruchsvollen Profi als auch dem Hobbyradler mit Kind und Kegel abwechslungsreiche Tagestouren durch landschaftlich reizvolle Landstriche. Servicefahrzeuge und Streckenposten sichern die lückenlose Betreuung aller Radler. Streckenlängen: 30, 40, 60, 100 oder 150 km. Termin: Mitte Juli. Information: Stichting Drentse Rijwielvierdaagse, Oostersingel 23-25, 9400 AZ Assen, ℡ 0592/373566, ✆ 345672, www.fiets4daagse.nl.

Grand Prix Assen: Der "Circuit von Drenthe" ist alljährlicher Schauplatz eines der Läufe der Motorradweltmeisterschaften. Im "Großen Preis der Niederlande" werden WM-Punkte in den Klassen 125 ccm, 250 ccm und 500 ccm vergeben. Die Kleinstadt verwandelt sich in ein Mekka der Motorradfans, die mit ihren schweren Maschinen tagelang das städtische Bild prägen. Zu diesem Anlass lockt Assen mit einem bunten Unterhaltungsangebot, darunter eine große Kirmes und mehrere Livekonzerte. Termin: Ende Juni/Anfang Juli. Information: TT Circuit Assen, Postfach 150, 9400 AD Assen, ℡ 0900/3882488, ✆ 0592/356911, www.tt-assen.com.

Sehenswertes

Verkeerspark Assen: Der größte und modernste europäische Verkehrspark ist *die* Attraktion der Stadt. Insbesondere Kinder werden leuchtende Augen bekommen. Mit bunten Tretautos imitieren sie spielend und mit sichtlicher Freude den dichtesten Feierabendverkehr. Zur Abwechslung bietet sich eine Bootstour auf einem kleinen See oder eine Fahrt mit der Gartenbahn an. Die angegliederte Automobilausstellung zeigt neben Oldtimern und alten Fahrrädern eine kleine Sammlung historischer Dampfmaschinen und antiquierter Radios.

Adresse/Öffnungszeiten De Haar 1a, 9405 TE Assen, ℡ 0592/355700, April-Oktober täglich 9.30-17 Uhr, Juli/August bis 18 Uhr. Erwachsene/Kinder 8.25 €, Senioren (Pas65) 5.90 €. Führungen in deutscher Sprache, www.verkeersparkassen.nl.

Landgoed Overcingel: Das Anwesen eines früheren städtischen Steuereintreibers datiert aus dem Jahre 1780. Mehrere Jahrzehnte später entwarfen Landschaftsarchitekten eine großzügig gestaltete Parkanlage auf fünf Hektar Grundfläche, in der bis heute keine größeren Veränderungen vorgenommen wurden. Das Landgut inmitten der historischen Altstadt ist teilweise bewohnt und kann daher nicht besichtigt werden. Der Garten ist jedoch zugänglich.

Adresse/Öffnungszeiten Park Oostersingel 27, 9401 JL Assen, ℡ 0900/2022393 (VVV). Täglich von Sonnenaufgang bis Sonnenuntergang. Erwachsene/Kinder 1 €.

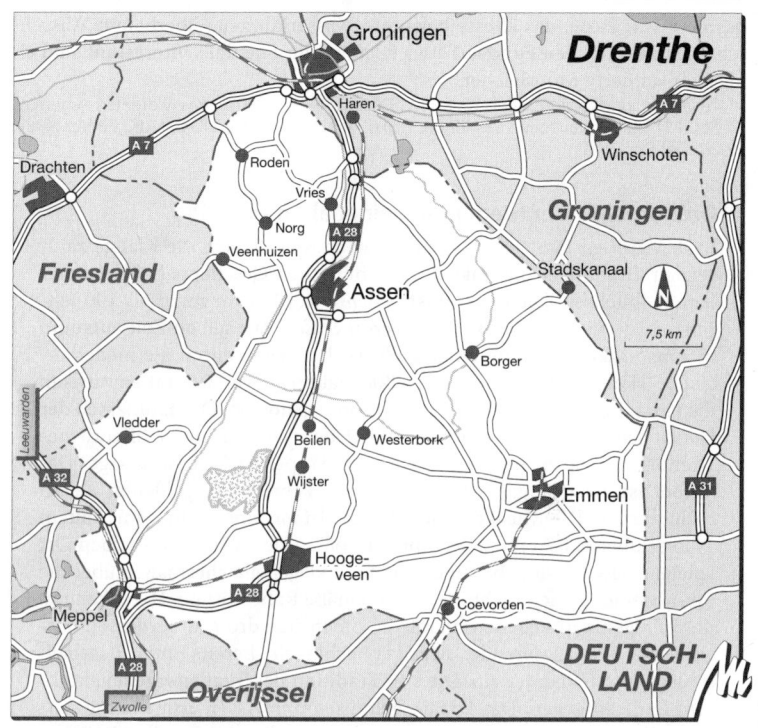

Huize Tetrode: 1822 feierte man die Fertigstellung eines der damals imposantesten Bauwerke der Stadt – die ehemalige Notarswohnung war sichtlich geprägt vom Wohlstand. Mittlerweile ist das Gebäude (Brink 8) ein fester Bestandteil des Assener Gemeindehauses. Im Trauungssaal schmücken kunstvoll bemalte Tapeten die Wände.

Hinter dem Gemeindehaus findet sich ein kleines Monument: *Bartje*, die Hauptfigur des gleichnamigen Kinderbuchs von *Anne De Vries*, erweist sich als nahezu ebenbürtiges Pendant zum *Manneken Pis* in Brüssel, ist allerdings wesentlich seriöser gekleidet als der kleine Belgier. Der Holländer aber überrascht mit extravaganter Frisur.

Drents Museum: Das Provinzialmuseum liegt im historischen Gebäudekomplex der ehemals großen Klosteranlage *Maria-in-Campis*, die vor mehr als 700 Jahren inmitten des historischen Stadtkerns entstand. Die Zeit ist leider nicht spurlos an den alten Bauten vorübergegangen, denn es existieren nur noch Teile der Klosterkirche und des Kreuzgangs. Der Komplex umfasst die *Abdijkerk* (1260–1661), das *Ontvangershuis* (1698, einst Sitz des städtischen Steuereinnehmers), das *Drostenhuis* (1778) und das *Gouvernementsgebouw* (1885). In den Räumen lebt die alte Drenther Kulturgeschichte auf, doch finden sich auch Exponate zeitgenössischer Künstler. Im Mittelpunkt des Interesses steht das *Boot van Pesse*, das älteste bekannte Wasserfahrzeug überhaupt. Wissenschaftler datieren den Fund auf etwa 6800 v. Chr. Ebenfalls interessant sind einige konservierte Moorleichen.

Adresse/Öffnungszeiten Brink 1-5, 9401 HS Assen, ✆ 0592/377773, www.drentsmuseum.nl. Di-So 11-17 Uhr. Erwachsene 5 €, Kinder 2.50 €, Senioren (Pas65) 3.50 €, MJK. Führungen in deutscher Sprache.

Drehorgeln – der Niedergang einer alten Tradition

In den großen Fußgängerzonen des Landes erschallen die Klänge zahlreicher Drehorgeln im Takt des rhythmischen Gescheppers blecherner Sammelbüchsen. Die ersten Instrumente wurden vor mehr als 100 Jahren gebaut, viele davon in Berlin (*Frati & Co*). Zur selben Zeit entstand in Amsterdam der erste Drehorgelverleih. Alleine durch die niederländische Hauptstadt zogen in den 30er Jahren etwa 50 Straßenmusiker, die ein hohes Ansehen in der Bevölkerung genossen. Der Einmarsch der Deutschen Wehrmacht leitete den Niedergang ein, denn öffentliches Drehorgeln wurde unter den Nazis 1942 per Dekret untersagt. Das Verbot ist zwar längst aufgehoben, doch kehrten die goldenen Zeiten nicht zurück. Die Musiker laufen heute Gefahr, einen Eimer mit kaltem Wasser über den Kopf zu bekommen, sollten sie zu lange am selben Ort spielen. Geschäftsinhaber und Nachbarn klagen gleichermaßen über die ihrer Meinung nach nicht mehr zeitgemäße Ruhestörung. Der Streit um die wenigen verbliebenen lukrativen Stellplätze droht unterdessen auszuufern. Konkurrierende Musiker schlugen bereits mit Baseballschlägern aufeinander ein. Die alte Tradition der Straßenorgeln geht ihrem Ende entgegen. Das Draaiorgelmuseum in Assen erinnert mit Kirmes-, Konzert-, Straßen- und Tanzdrehorgeln diverser Fabrikate.

● *Adresse/Öffnungszeiten* **Draaiorgelmuseum**, Rode Heklaan 3, 9401 SB Assen, ✆ 0592/356718. 2-mal monatlich So 13.30-17.30 Uhr (Januar-November am zweiten und vierten Wochenende des Monats, im Dezember am zweiten und dritten Wochenende des Monats). Eintritt frei.

Eelde
(12.000 Einwohner)

Das größte Holzschuhmuseum Europas steht mit dem **Klompenmuseum** in Eelde am nördlichen Rand der Provinz Drenthe. Es erläutert allerlei Wissenswertes rund um das typisch niederländische Schuhwerk. Die Fertigung eines Paares dauert in reiner Handarbeit etwa drei Stunden. Die robusten Schuhe wurden in der Vergangenheit speziell bei der täglichen Landarbeit genutzt. Der feine Lederschuh dagegen wurde nur zu festlichen Anlässen aus dem Schrank geholt. Die flache Topographie der Niederlande hatte daran ihren Anteil, denn in hügligeren Regionen wäre die unflexible Sohle ein großes Handicap gewesen. Heute werden die Holzschuhe von Orthopäden aus medizinischen Gründen empfohlen.

Adresse/Öffnungszeiten Wolfhorn 1a, 9761 BA Eelde, ✆ 050/3091181, April-September Di-So 14-17 Uhr. Erwachsene 2 €, Kinder 0.75 €; www.klompenmuseum.nl.

Klompen – der Niederländer und sein Holzschuh

Weite Teile des Landes standen unter Wasser, ein ernstes Problem. Die Fahr-
räder rosteten, die Füße schrumpelten. Der Niederländer entwickelte den
Holzschuh. Der schwamm oben auf, recht wackelig, aber immerhin. Erst spä-
ter erfand man das Ufer und legte das Land großflächig trocken.

Mehr als 30 % der Niederländer klagen über Probleme mit dem Schuhwerk.
Ist der traditionelle Holzschuh den Menschen ein Klotz am Bein? Schwer
vorstellbar, denn Klompen gelten als atmungsaktiv und bieten mit ihrem
festem Fußbett einen sicheren Halt – ideale Eigenschaften für einen modernen Schuh.

Das Thema gewann an Bedeutung, als Mitte der 90er Jahre Meldungen aufkamen, die EU wolle die Klompen infolge gravierender Sicherheitsmängel
aus dem Verkehr ziehen. Die Bevölkerung reagierte empört, denn schließlich
bieten Klompen einen optimalen Schutz aus allen Richtungen, halten das
Fußbett im Sommer angenehm kühl und im Winter erfreulich warm. Obendrein lässt sich ein echter Klompen nicht auslatschen. Warum also kein
Gütesiegel? Brüssel zeigte sich erst einsichtig, nachdem militante Sympa-
thisanten vor laufenden Kameras schadlos schwere Pflastersteine auf ihr
Schuhwerk hatten fallen lassen und Labortests die Sicherheit des aus wei-
chem Pappel- oder Weidenholz gearbeiteten Schuhwerks bestätigen konnten. Der Medienrummel, der mit der Verleihung des Gütesiegels einherging,
steigerte in der Folgezeit den Umsatz: Mehr als 900.000 Klompen, die dreißig kleine Holzschuhfabriken jährlich herstellen, wurden seither verkauft.
Eine beachtliche Zahl, doch hatten noch in den 50er Jahren mehr als 2.000
(!) Fabriken jährlich mehr als 10 Millionen (!) Schuhe in Brabant und Friesland produziert.

Provinz Drenthe
Karte S. 459

Borger

(13.000 Einwohner)

Der Ort selbst ist nicht weiter sehenswert, doch liegen elf der insgesamt mehr
als fünfzig bekannten Hünengräber der Provinz Drenthe in der unmittelbaren
Umgebung von Borger. An der größten bisher entdeckten Grabstätte wurde
das **Nationaal Hunebedden Informatiecentrum** eingerichtet, in dem man allerlei Wissenswertes über die merkwürdigen Steinhaufen erfährt.

Information/Verbindungen/Adressen

● *Information* **VVV Borger**, Grote Brink 2a,
9531 AL Borger, ✆ 0599/234855, ✎ 238217,
www.tref.nl/borger-odoorn/vvv. April-Juni
Mo-Sa 9.30-16.30 Uhr; Juli/August Mo-Sa
9.30-17 Uhr, So 10-15 Uhr; September-März
Mo-Sa 10-16 Uhr.

● *Adresse/Öffnungszeiten* **Nationaal Hunebedden Informatiecentrum**, Bronnegerstraat 12, 9531 TG Borger, Mo-Fr 10-17 Uhr,
Sa/So 13-17 Uhr. ✆ 0599/236374, ✎ 234682.

● *Bahnverbindungen* nächster Bahnhof in
Assen (18 km).

● *Busverbindungen* in Richtung Assen,
Emmen, Groningen, Stadskanaal.

● *Fahrradverleih* **Egbert Egberts**, Hoofdstraat 63a, 9531 AC Borger, ✆ 0599/234224.

● *Taxiruf* ✆ 0599/238811

Übernachten

*** Hotel Bieze, Hoofdstraat 21, 9531 AA Borger, 52 Betten, zentrale Lage im Herzen der Ortschaft, angegliedertes Restaurant mit guten Wildgerichten. EZ ab 44 €, DZ ab 68 €, ✆ 0599/234321, ✆ 236145.

** Hotel Hartlief, Hoofdstraat 83, 9528 PC Buinen, wenige Kilometer östlich von Borger, 36 Betten, adrette Räumlichkeiten freundlicher Service. EZ ab 30 €, DZ ab 50 €, ✆ 0599/212205, ✆ 212655.

** Hotel Nathalia, Hoofdstraat 87, 9531 AD Borger, 20 Betten, Familienhotel, gepflegtes Haus mit typisch holländischen rot-weißen Fensterläden, gemütliches Flair. EZ ab 37 €, DZ ab 50 €, ✆ 0599/234791.

Camping Hunzedal, De Drift 3, 9531 TK Borger, N 34 (Emmen–Gieten), Ausfahrt Borger, Schildern folgen, schöne, ruhige Lage, kleiner Badesee mit gepflegter Wiese, vorbildliche Sanitärs, Fahrradverleih, Lebensmittelgeschäft, Schwimmbad, Wanderhütten (4), geöffnet April-Oktober. Stellplatz (inkl. 4 Pers.) 34 €, zus. Person 5.70 €, Duschen inkl., Fläche 30 ha. ✆ 0599/234698, ✆ 235183, info@hunzedal.nl.

Camping De Zeven Heuveltjes, Odoornerstraat 25, 9536 TA Ees, N 34 (Emmen–Gieten), Ausfahrt Borger, Schildern folgen, wenige Kilometer südöstlich von Borger, einfache Sanitärs, geöffnet April-September. Stellplatz (inkl. 2 Pers.) 11.50 €, zus. Person 1.85 €, Duschen inkl., Fläche 3 ha. ✆ 0591/549256.

Camping Alinghoek, Alinghoek 16, 9533 PE Drouwen, Landstraße Borger–Drouwen–Gasselte (Parallelstraße zur N 34), Schildern folgen, akzeptable Sanitärs, Lebensmittelgeschäft in 300 m Entfernung, geöffnet April-Oktober. Stellplatz (inkl. 2 Pers.) 15.50 €, zus. Person 2.30 €, Duschen inkl., Fläche 2 ha. ✆ 0599/564271, ✆ 564237.

Camping Het Drouwenerzand, Gasselterstraat 7, 9533 PC Drouwen, Parallelstraße Borger–Drouwen–Gasselte, etwa 1,5 km südlich von Gasselte, Schildern folgen, Teil eines Erholungsparks in waldreicher Lage, akzeptable Sanitärs, Fahrradverleih, Lebensmittelgeschäft, geöffnet April-Oktober. Stellplatz (inkl. 2 Pers.) 18.50 €, zus. Person 3 €, Duschen inkl., Fläche 28 ha. ✆ 0599/564201, ✆ 564829, info@drouwenerzand.nl.

Mini-Camping Meindersveen, Rolderstraat 13, 9531 TC Borger, geöffnet April-September. Person 2,75 €, Zelt 1.60 €, Auto 0.95 €, Duschen inkl., Fläche 1,5 ha. ✆ 0599/234305, ✆ 234305, dunedain.activiteitencentrum@wxs.nl.

Mini-Camping Borger, Steenhopenweg 4, 9533 PN Drouwen (nördl. von Borger), geöffnet April-Oktober. Person 3.40 €, Duschen inkl., Fläche 1,5 ha. ✆ 0592/242126.

Sehenswertes

Nationaal Hunebedden Informatiecentrum 't Flint'nhoes: Das Besucherzentrum im alten *Armenwerkhuis* bietet eine informative Entdeckungsreise zurück in die sog. "Trichterbecherkultur". Wie lebten die Menschen damals, etwa 2500 v. Chr.? Warum bauten sie ihre Gräber? Wie gingen sie dabei vor? Der Aufbau eines typischen Hünengrabs in seiner ursprünglichen Form wird anhand einer detaillierten Nachbildung veranschaulicht.

Adresse/Öffnungszeiten Bronnegerstraat 12, 9531 TG Borger, ✆ 0599/236374. Mo-Fr 10-17 Uhr, Sa/So 13-17 Uhr (geschlossen im Januar). Erwachsene 2.50 €, Kinder 1.85 €, MJK. Begleittexte, Führungen und Walkmantour in deutscher Sprache.

Keramisch Museum: Die *Fabriek Royal Goedewaagen* gilt als älteste und zugleich eine der größten Töpfereien der Niederlande. Die hiesige Ausstellung verfolgt die Entwicklung der keramischen Industrie im Nachbarland zurück bis zu ihren Anfängen. Die Kollektion des Museums umfasst kostbare Keramiken (Delfter Blau), Porzellanprodukte und Mosaike – feine Porzellankunst von Art déco bis Jugendstil.

● *Adresse/Öffnungszeiten* Glaslaan 29a, 9521 GG Nieuw Buinen (östlich von Borger), ✆ 0599/616090, www.goedewaagen.nl. Mo-Fr 10-16 Uhr. Erwachsene 2 €, Kinder 1 €. Führungen (Kaffee und Kuchen inbegriffen) 2.75 €. Anmeldung am Vortag beim Informationsbüro (VVV).

Region Zuidenveld

(Emmen, Schoonoord, Orvelte, Westerbork, Dwingeloo, Meppel, Havelte, Vledder)

Der südliche Provinzteil besteht aus Heide- und Moorgebieten, in denen im 17. Jahrhundert großflächig Torf gestochen wurde. Abnehmer fanden sich vorrangig in Amsterdam. In **Schoonoord** erinnert ein Freilichtmuseum an diese geschichtsträchtige Epoche. Im nahen Umland stößt man auf prachtvolle altsächsische Bauernhöfe als Zeugen der einstigen Wohlstands, allen voran in **Orvelte**, das viele als schönstes Bauerndorf des Landes ansehen. Das Einzugsgebiet der Stadt **Meppel** avancierte unterdessen zu einem Eldorado des Wassersports. Mehrere Jachthäfen, die über das *Meppeler Diep* an die Seengebiete der Umgebung angebunden sind, schaffen die Basis ausgedehnter Touren. Neben heimischen Seglern wissen mittlerweile auch viele deutsche Gäste die exquisite Lage zu nutzen. In **Emmen** lockt der *Noorder Dierenpark* mit farbenprächtigem Schmetterlingsgarten.

Emmen   (93.000 Einwohner)

Die Stadt der Schmetterlinge hat einen Werbeslogan gefunden, der seine Wirkung nicht verfehlt: "Welkom in Emmen. De enige, échte Vlinderstad van Nederland." In den Sommermonaten strömen Tausende von Besuchern in den weitläufigen Tierpark im Herzen der Stadt.

Der zoologische Garten von Emmen gehört zu den großen Sehenswürdigkeiten der Provinz. Insbesondere die Vielfalt an tropischen Schmetterlingen ist einzigartig in den Niederlanden. Mehr als 1.500 farbenprächtige Falter umschwirren den Besucher. Als ehemaliges Zentrum der Torfgewinnung hat Emmen allerdings auch andere Sehenswürdigkeiten zu bieten. Zahlreiche Wanderwege führen durch die weiten Moorreservate. Nahe *Barger-Compascuum* dokumentiert eine Freilichtausstellung das Leben im Moor in der Zeit um 1900. Emmen sollte nicht nur auf seine Schmetterlinge setzen.

Provinz Drenthe
Karte S. 459

Preisknüller Öko-Kot

Der Dierenpark Emmen offeriert einer interessierten Klientel seit zwei Jahren den sog. Öko-Kot, den die Elefanten des zoologischen Gartens mit schöner Regelmäßigkeit von sich geben. Der Mist kann für vier Euro ausgesprochen preisgünstig erworben werden. Die täglich anfallenden 300 bis 400 kg erfreuen sich steigender Beliebtheit, seit wissenschaftliche Untersuchungen eine erfreuliche Düngewirkung des hormon- und schwermetallfreien Bioprodukts nachgewiesen haben. In der Rosenzucht konnten beachtliche Ergebnisse erzielt werden. Die Leitung des Tierparks betont zu Recht die Überlegenheit gegenüber herkömmlichem Kuhmist. Also – wie wäre es mit einem Eimerchen fürs heimische Blumenbeet?

Information/Verbindungen/Adressen

• *Information* **VVV Emmen**, Hoofdstraat 22, 7811 EP Emmen, ✆ 0591/613000, ✆ 644106, www.vvvemmen.nl. Mo 13-17.30 Uhr, Di-Fr 9-17.30 Uhr, Do bis 20 Uhr, April-September auch Sa 10-16 Uhr.

ANWB Emmen, Koninklijke Nederlandse Toeristenbond, Dalipassage 24, 7811 DB Emmen, ✆ 0591/616992 (0800/0503, gratis), ✆ 641904.

• *Bahnverbindungen* 1-2x stündl. nach Zwolle (Dauer: 50-70 Min.).

• *Busverbindungen* in Richtung Assen, Groningen.

• *Autovermietung* **Autoverhuur Avis**, Weerdingerstraat 208, 7822 BK Emmen, ✆ 0591/648767; **Autoverhuur Europcar**, Noordbargerstraat 11, 7811 KG Emmen, ✆ 0591/642022.

• *Fahrradverleih* **Rijwielshop Grootjans**, Spoorstraat 14, 7811 GC Emmen, ✆ 0591/613731.

• *Einkaufen* Die Geschäfte bleiben in Emmen Montagvormittag geschlossen. Am Donnerstag verschiebt sich der Ladenschluss auf 21 Uhr (Kaufabend). Markttermin: **Wochenmarkt** Fr 8.30-13 Uhr, De Weiert.

• *Krankenhaus* **Scheperziekenhuis**, Boermarkeweg 60, 7824 AA Emmen, ✆ 0591/691911.

• *Schwimmen* **Aquarenabad**, Angelsloerdijk 31, 7822 HK Emmen, ✆ 0591/637030. Subtropisches Schwimmparadies, Halle, 80-Meter-Rutschbahn.

• *Taxiruf* ✆ 0591/630830

Übernachten/Essen

• *Übernachten* ***** Hotel Tulip Inn Ten Cate**, Noordbargerstraat 44, 7812 AB Emmen, 61 Betten, halbwegs zentrale Lage in waldreicher Umgebung, familiäre Atmosphäre. EZ ab 60 €, DZ ab 75 €, ✆ 0591/617600, ✆ 618432.

*** Hotel Boshuis, Boslaan 138, 7822 EP Emmen, 24 Betten, an verkehrsreicher Straße in unmittelbarer Nähe des Bahnhofs gelegen, kunstvoll bemalte Fassade, die dem Namen "Waldhaus" alle Ehre macht, sehr gepflegt. EZ ab 45 €, DZ ab 65 €, ✆ 0591/612592, ✆ 641954.

*** Stads Hotel Boerland, Hoofdstraat 57, 7811 ED Emmen, 22 Betten, Eingang seitlich des Cafés, zentrale Lage, ein paar Treppenstufen hoch, sehr freundlicher Service, alle Zimmer mit Du/WC, Telefon und TV, sehr gepflegt. EZ ab 57 €, DZ ab 75 €, ✆ 0591/613746, ✆ 616525, info@stads-hotelboerland.nl.

Anneke's Bed & Ontbijt, Zuideind 17, 7812 NH Emmen. "Auf meiner letzten Radtour durch die Niederlande habe ich eine Übernachtungsentdeckung gemacht, die ich Ihnen zur Aufnahme in Ihren Reiseführer sehr empfehle. Das Haus liegt ruhig am Rand von Emmen. Im Garten und Haus sind Skulpturen niederländischer Künstler ausgestellt. Die Zimmer sind sehr geschmackvoll (jedes Zimmer ist in einer eigenen Farbe ausgestattet) und liebevoll eingerichtet. Diese kunstvolle Umgebung wird durch die sehr verbindliche und um ihre Gäste bemühte Besitzerin Anneke ergänzt, die einem ein leckeres, individuell zusammengestelltes Frühstück bereitet. Ein Ort, wo es einem schwer fällt, morgens wieder auf sein Rad zu steigen." (Leserbrief Anke Olowson). 6 Betten, Übernachtung pro Person 22.50 €, ✆ 0591/617401.

Camping Emmen, Angelsloerdijk 31, 7822 HK Emmen, einziger Platz vor Ort, Waldnähe, einfache Sanitärs, Lebensmittelgeschäft, ganzjährig geöffnet. Person 2.75 €, Zelt 2.75 €, Auto 2.50 €, ☎ 0591/612080.

Camping De Zandpol, Stieltjeskanaal 14, 7764 AJ Zandpol, N 37 (Hoogeveen–Emmen), Ausfahrt Veenoord, Schildern folgen, gute Sanitärs, Fahrradverleih, Lebensmittelgeschäft, geöffnet April-Oktober. Stellplatz (Auto und Zelt) 5.70 €, Person 3.35 €, Du-

schen inkl., Fläche 9 ha. ☎ 0591/553002, 🖰 553015, info@zandpol.nl.

● *Essen* **Oriental Delight**, Boslaan 138, 7822 EP Emmen, Spezialitäten der chinesischen Küche, gute kantonesische Gerichte, preiswerte 3-Gänge-Menüs, ☎ 0591/642340.

Croissanterie Chez Nous, Noorderplein 37, 7811 MC Emmen, beliebte Adresse für leckere Baguettes, Brötchen und Croissants, ☎ 0591/611455.

Sehenswertes

Noorder Dierenpark: Der Schmetterlingsgarten fasziniert besonders, doch hat der Tierpark noch mehr zu bieten. In einer weitläufigen afrikanischen Savannenlandschaft fühlen sich Giraffen, Gnus, Nashörner und Zebras heimisch. Anders als in herkömmlichen Tierparks leben sie gemeinsam in einem großen Gehege. Nur wenige Schritte weiter dümpelt eine zehnköpfige Herde von Flusspferden, daneben spazieren indische Elefanten. 1995 eröffnete zum sechzigsten Geburtstag des zoologischen Gartens der überdachte tropische Dschungel *Americasa*, Heimat exotischer Pflanzen und Tiere des südamerikanischen Kontinents. Farbenfrohe Vögel flattern durch die Luft, in den Teichen schwimmen Piranhas, Gürteltiere, Fledermäuse und Nachtaffen bevölkern den abgedunkelten nächtlichen Teil. Mehr als eine Million Besucher jährlich machen den Tierpark, der als einziger des Landes die Bezeichnung Museum tragen darf, zu einem der beliebtesten Zoos Europas.

● *Adresse/Öffnungszeiten* Hoofdstraat 18, 7811 EP Emmen, ☎ 0591/618800, Juni-August täglich 9-18 Uhr; September täglich 9-17.30 Uhr; März-Mai und Oktober täglich 9-17 Uhr; November-Februar täglich 9-16.30 Uhr. Erwachsene 15 €, Kinder 13.50 €, Senioren (Pas65) 14 €. Führungen in deutscher Sprache, www.noorderdierenpark.nl.

Veenpark: Das große Freilichtmuseum in Barger-Compascuum beleuchtet sämtliche Facetten des alltäglichen Lebens im niederländischen Hochmoor. Man fühlt sich unweigerlich um Generationen zurückversetzt. Die kleinen Krämerläden sind geöffnet und bedienen ihre Kundschaft mit freundlicher Liebenswürdigkeit. Wie wär's mit einer Erfrischung aus Großvaters Zeiten? Alles zusammen findet man etwa 10 km östlich von Emmen.

● *Adresse/Öffnungszeiten* Berkenrode 4, 7884 TR Barger-Compascuum, ☎ 0591/ 324444, www.veenpark.nl. März-Oktober täglich 10-17 Uhr, Juli/August bis 18 Uhr. Erwachsene/Kinder 8.50 €, Senioren (Pas65) 7.75 €. Begleittexte und Führungen in deutscher Sprache.

Schoonoord (2.200 Einwohner)

Nur wenige Kilometer nordwestlich von Emmen liegt die unscheinbare Ortschaft Schoonoord mit dem über die Grenzen der Provinz hinaus bekannten Freilichtmuseum **Openluchtmuseum Ellert en Brammert**. Auf dem Gelände stehen alte sächsische Bauernhöfe mit Quellwasserbrunnen, eine Zimmermannswerkstatt, ein Schulhaus, ein Zollhaus und manches andere Relikt aus einer fernen Epoche. Die Atmosphäre ist authentisch. Die regelmäßigen Demonstrationen des traditionellen Weber- und Töpferhandwerks ergänzen das Angebot.

Provinz Drenthe
Karte S. 459

• *Information* **VVV Schoonoord**, Slener-weg 4, 7848 AH Schoonoord, ☎ 0591/381242, ✆ 381242. April-Oktober Mo-Fr 9.30-12 Uhr, Sa 9.30-15 Uhr; November-März Mo-Fr 9.30-12.30 Uhr, Sa 10-12.30 Uhr.

• *Adresse/Öffnungszeiten* **Openluchtmuseum Ellert en Brammert**, Tramstraat 73, 7848 BJ Schoonoord, ☎ 0591/382421, www.ellertenbrammert.nl. April-Oktober täglich 9-18 Uhr (Kartenverkauf bis 17 Uhr). Erwachsene 3.50 €, Kinder 2.50 €, Senioren (Pas65) 2.50 €. Vorführungen Di-Fr 10 Uhr (Weben), Di-Mi 10 Uhr (Töpfern).

• *Bahnverbindungen* nächster Bahnhof in Emmen (16 km).

• *Busverbindungen* in Richtung Assen, Emmen.

• *Camping* **Camping Laweda**, Slenerweg 29, 7848 AD Schoonoord, N 34 (Hoogeveen–Emmen), Ausfahrt Sleen/Schoonoord, Schildern folgen, kleiner Platz, waldreiche Lage, einfache Sanitärs, geöffnet April-Oktober. Person 2.25 €, Zelt 2.25 €, Auto 1.75 €, Duschen 0.50 €, ☎ 0591/381605.

Camping Het Vossehol, Slenerweg 91, 7848 AG Schoonoord, schöner Platz in waldreicher Umgebung, einfache Sanitärs, geöffnet April-Oktober. Person 2.25 €, Zelt 2.25 €, Auto 2.25 €, Duschen 0.50 €, ☎ 0591/381434.

Mini-Camping Mooi Drenthe, Slenerweg 93, 7848 AG Schoonoord, geöffnet April-Oktober. Person 3.40 €, Duschen inkl., Fläche 1,5 ha. ☎ 0591/381324, ✆ 387034.

Mini-Camping De Kijl, Kwekebosweg 5, 7849 TA De Kiel (nördlich von Schoonoord), geöffnet April-Oktober. Person 3.40 €, Duschen inkl., Fläche 1 ha. ☎ 0591/381324, ✆ 387034.

Orvelte

Etwas östlich von Westerbork liegt das sehenswerte **Monumentendorp Orvelte**. Den Besucher erwarten kopfsteingepflasterte Gassen, sächsische Bauernhöfe mit reetgedeckten Dächern und angenehme Ruhe. Die Zeit scheint im 19. Jahrhundert stehen geblieben zu sein. Alle handwerklichen Betriebe arbeiten ohne maschinelle Hilfsmittel, die anderswo seit der Industriellen Revolution nicht mehr wegzudenken sind. Mit wenigen Ausnahmen sind alle historischen Gebäude zugänglich (teils gegen Gebühr).

• *Adresse/Öffnungszeiten* **Monumentendorp Orvelte**, Schapendrift 3, 9941 PJ Orvelte, ☎ 0593/322288, www.orvelte.net. April-Oktober Mo-Fr 10-17 Uhr, Sa/So 11-17 Uhr. Führungen in deutscher Sprache.

• *Übernachten* **NJHC-Jugendherberge Orvelte**, Zuideresweg 10, 9441 TZ Orvelte. 39 Betten, Dreierzimmer (1), Viererzimmer (2), Sechserzimmer (2), Achterzimmer (2). Übernachtung im Schlafsaal inkl. Frühstück 17-19 € (je nach Saison), ☎ 0593/322263, ✆ 322344, orvelte@njhc.org.

Westerbork   (7.800 Einwohner)

Eine halbe Autostunde südlich von Assen liegt das Dorf Westerbork. Findige Wissenschaftler stellten vor einigen Jahren fest, dass man sich dort beinahe exakt im geographischen Mittelpunkt der Provinz befindet. Sehenswürdigkeiten sind eher rar, doch verdienen zwei kleinere Museen eine Erwähnung. Das erste ist die **Museumherberg In der Ar**, in der der Besucher die Türschwelle des alten Bauernhofs überquert und sofort das eigenwillige Flair des 19. Jahrhunderts spürt. Die alten Stilzimmer füllen nostalgische Alltagsgegenstände. Ein besonderer Clou sind die Drenther Mahlzeiten, die auf besonderen Wunsch stilecht serviert werden. Voranmeldungen können telefonisch erfolgen.

Im **Museum van Papierknipkunst** spielen Phantasie und Fingerfertigkeit der Künstler eine wesentliche Rolle, denn aufwendige Hilfsmittel neben Papier und Schere sind nicht erlaubt. Das Museum zeigt Werke renommierter Ateliers. Die angebotenen Führungen sollen den Besucher motivieren, in eigener Regie der hohen Faltkunst zu frönen – Papier als Kunstobjekt.

• *Information* **VVV Westerbork**, Hoofdstraat 16, 9431 AD Westerbork, ☎ 0593/331381, ✆ 333790. Mai-September Mo-Fr 10-17 Uhr, Sa 10-14 Uhr; Oktober-April Mo-Fr 10-12 Uhr.

• *Adressen/Öffnungszeiten* **Museumherberg In der Ar**, Hoofdstraat 42-44, 9431 AE Westerbork, ☎ 0593/331533. April-Oktober Di-Sa 10-17 Uhr, So 11-17 Uhr; November-März Do-Sa 11-17 Uhr. Eintritt frei.

Museum van Papierknipkunst, Hoofdstraat 16, 9431 AD Westerbork, ☎ 0593/331381. Mai-September Mo-Fr 10-17 Uhr, Sa 10-14 Uhr; Oktober-April Mo-Fr 10-12 Uhr. Erwachsene 1.40 €, Kinder 1 €. Führungen in deutscher Sprache.

• *Bahnverbindungen* nächster Bahnhof in Beilen (8 km).

• *Busverbindungen* in Richtung Assen, Coevorden, Emmen, Hooghalen.

• *Taxiruf* ☎ 0593/333807

• *Übernachten* ***** Boshotel Ruyghe Venne**, Beilerstraat 24a, 9431 TA Westerbork, gemütliches Haus in waldreicher Lage, nur 28 Betten, sehr freundlicher Service, gepflegte Räumlichkeiten. EZ ab 50 €, DZ ab 75 €, ☎ 0593/331444, ✆ 331444.

*** Hotel De Westerburcht, Hoofdstraat 7, 9431 AB Westerbork, mit 78 Betten das größte Hotel vor Ort, gepflegtes Interieur, saubere Zimmer, alle mit Du/WC, Telefon und TV, hauseigenes Solarium. EZ ab 45 €, DZ ab 65 €, ☎ 0593/331238, ✆ 331710, www.westerburcht.nl.

Camping De Valkenhof, Beilerstraat 13 a, 9431 GA Westerbork, A 28, Ausfahrt 30 (Beilen), Richtung Westerbork, Schildern folgen, schönes Waldgelände, einfache Sanitärs, Fahrradverleih, Schwimmbad, geöffnet April-September. Stellplatz (inkl. 2 Pers.) 16.25 €, zus. Person 3 €, Duschen inkl., Fläche 6,5 ha. ☎ 0593/331546, ✆ 333278, info@camping-de-valkenhof.nl.

Dwingeloo

(3.800 Einwohner)

Einige Kilometer südwestlich der Ortschaft Hooghalen stehen drei große Radioteleskope, deren komplexe Funktionsweise der interessierte Laie vor Ort inspizieren kann. Im **Planetron** (Radioteleskop, Observatorium, Raumtheater) verlocken mehrere verschiedene Programme den Besucher zu einer kurzen Reise. Hätten Sie Interesse an einem spontanen Ausflug zu den schönsten Naturschätzen der USA? Oder würden Sie eine Flugstunde quer durch den Sternenhimmel vorziehen? An manchen Tagen sind eigene Entdeckungsreisen per Teleskop möglich.

Darüber hinaus kann man sich in Dwingeloo im **Museum Kinderwagens van toen** eine ungewöhnliche Kollektion alter Kinder- und Puppenwagen aus der Zeit nach 1860 anschauen. Aber das ist noch nicht alles, denn abschließend sollte man es sich nicht entgehen lassen, den kleinen Tante-Emma-Laden aus den 30er Jahren zu betreten. Großmutter van Dam wartet bereits auf ihre Kundschaft.

Information/Verbindungen/Adressen

• *Information* **VVV Dwingeloo**, Brink 1, 7991 CG Dwingeloo, ☎ 0521/591331, ✆ 593711. April-September Mo-Fr 9-17 Uhr, Sa 9-16 Uhr; Oktober-März Mo-Fr 9-16 Uhr, Sa 9-15 Uhr.

• *Adressen/Öffnungszeiten* **Planetron**, Drift 11b, 7991 AA Dwingeloo, ☎ 0521/593535, www.planetron.nl. April-Oktober Mo-Sa 10-17.30 Uhr, So 12-17.30 Uhr; November-März

So 12-17.30 Uhr. Teleskopbenutzung Juli/August Di und Do 20-22.30 Uhr (unter Vorbehalt). Erwachsene 6.60 €, Kinder 5.25 €, Senioren (Pas65) 5.90 €. Führungen in deutscher Sprache.

Museum Kinderwagens van toen, Zuidenweg 21, 7991 HA Dwingeloo, ☎ 0521/591917. April-Oktober Mo-Do 11-16 Uhr. Erwachsene 1.85 €, Kinder 0.70 €.

Provinz Drenthe Karte S. 459

• *Bahnverbindungen* nächster Bahnhof in Beilen (12 km).

• *Busverbindungen* in Richtung Assen, Groningen, Meppel.

• *Fahrradverleih* **Fietsverhuur Planetron**, Drift 11b, 7991 AA Dwingeloo, ✆ 0521/593535.

• *Taxiruf* ✆ 0521/591216

Übernachten/Essen

• *Übernachten* ***** Hotel Wesseling**, Brink 26, 7991 CH Dwingeloo, 45 Betten, freundlicher Service, adrette Räumlichkeiten, alle Zimmer mit Du/WC, Telefon und TV. EZ ab 48 €, DZ ab 80 €, ✆ 0521/591544, ✆ 592587.

** Hotel De Drift, Drift 4, 7991 AA Dwingeloo, zentrale Lage, 33 Betten, einfaches Haus mit angegliedertem Café-Restaurant. EZ ab 35 €, DZ ab 57 €, ✆ 0521/591538, ✆ 591044, info@hoteldedrift.nl.

Camping De Noordster, Noordster 105, 7991 PB Dwingeloo, A 28 (Hoogeveen–Assen), Ausfahrt Dwingeloo, Schildern folgen, riesiger Platz südlich der Ortschaft, schattenreiches Naturschutzgebiet, gute Sanitärs, Fahrradverleih, Lebensmittelgeschäft, ganzjährig geöffnet. Stellplatz (inkl. 6 Pers.) 27 €, zus. Person 2 €, Duschen inkl., Fläche 42 ha. ✆ 0521/597238, ✆ 597589, noordster@rcn-centra.nl.

Camping Meistershof, Lheebroek 33, 7991 PM Dwingeloo, N 371 (Meppel–Assen), Ausfahrt Dwingeloo, Richtung Spier, Schildern folgen, deutlich kleiner als obige Anlage, waldreiche Lage, akzeptable Sanitärs, Fahrradverleih, Lebensmittelgeschäft, Wanderhütten (4), geöffnet April-Oktober. Stell-platz (Auto und Zelt) 7 €, Person 2.25 €, Duschen 0.50 €, Fläche 4 ha. ✆ 0521/597278, ✆ 597456, info@meistershof.nl.

Camping Torentjeshoek, Leeuweriksveldweg 1, 7991 SE Dwingeloo, A 28 (Hoogeveen–Assen), Ausfahrt 29 (Dwingeloo/Wijsten), autofreier Platz in ruhiger, waldreicher Lage, gute Sanitärs, Lebensmittelgeschäft, kostenloser Zugang zum örtlichen Schwimmbad (300-Meter-Rutsche), ganzjährig geöffnet. Stellplatz (inkl. 4 Pers.) 22 €, zus. Person 2.30 €, Duschen inkl., Fläche 7 ha. ✆ 0521/591706, ✆ 593936, info@torentjeshoek.nl.

Camping De Bosrand, Bosrand 9, 7991 PA Dwingeloo, N 371 (Meppel–Assen), Ausfahrt Dwingeloo, Schildern folgen, kleiner autofreier Platz im Nationalpark Dwingelderveld, einfache Sanitärs, geöffnet April-Oktober. Person 2.50 €, Zelt 3 €, Duschen 0.50 €, Fläche 1 ha. ✆ 0521/597270, ✆ 597270.

• *Essen* **Bospub De Boerdennen**, Bosrand 18, 7991 PA Dwingeloo, Pfannkuchenhaus, 175 Sorten, Spielplatz, Terrasse, Ausschilderung "De Boerdennen" folgen, April-September täglich 11-19 Uhr, Oktober-März nur So/Mo 11-19 Uhr, ✆ 0521/597396.

Meppel (25.000 Einwohner)

Der Stadtkern des von seiner Lage am Wasser geprägten Städtchens besteht aus wenigen schmalen Straßen, die von reizvollen Wohnhäusern des 17. Jahrhunderts gesäumt werden – die ganz spektakuläre Architektur anderer Städte fehlt allerdings. Die städtischen Grachten sind über das *Meppeler Diep* zugänglich, die Stadt verfügt über mehrere Jachthäfen. In der angrenzenden Region liegen weitflächige Seengebiete, die Meppel zu einem Eldorado des Wassersports haben werden lassen.

Die Silhouette der Stadt wird durch den markanten Turm der einzigen größeren Kirche Meppels, der **Nederlands Hervormde Kerk**, geprägt. Sie wurde im späten 15. Jahrhundert nach langer Bauzeit vollendet. Kirche und Turm können nur während der *Meppeldagen* besichtigt bzw. bestiegen werden. Im **Drukkerijmuseum Meppel** werden Erinnerungen an eine Zeit wach, als das Druckgewerbe noch nicht von der modernen Computertechnologie bestimmt war. Zentrale Themen sind die Papierherstellung und die Technik des Bindens und Druckens kunstvoll gestalteter Dokumente.

Information/Verbindungen/Adressen

• *Information* **ANWB/VVV Meppel**, Kromme Elleboog 2, 7941 KC Meppel, ☏ 0522/252888, ✆ 259688. Mo-Fr 9-17.30 Uhr, Sa 9-12 Uhr.

• *Adressen/Öffnungszeiten* **Nederlands Hervormde Kerk**, Kerkplein, 7941 BG Meppel. Juli/August Do 12-12.30 Uhr. Eintritt frei. Turmbesteigung Juli/August Do 10-16 Uhr. Eintritt frei.

Drukkerijmuseum Meppel, Kleine Oever 11, 7941 BK Meppel, ☏ 0522/242565, www.drukkerijmuseum-meppel.nl. Di-Sa 13-17 Uhr. Erwachsene 3.50 €, Kinder 2 €, Senioren (Pas65) 2 €, MJK.

• *Bahnverbindungen* 1-2x stündl. nach Groningen (Dauer: 50 Min.), 1x stündl. Leeuwarden (45 Min.), 2-3x stündl. Zwolle (15 Min.).

• *Autovermietung* **Autoverhuur Jubbega & Botterop**, Industrieweg 23, 7944 HT Meppel, ☏ 0522/253423; **Autoverhuur Zwiers**, Industrieweg 13, 7944 HT Meppel, ☏ 0522/252236.

• *Fahrradverleih* **Stationsrijwielshop Wolbers**, Stationsplein, 7941 HG Meppel, ☏ 0522/254369.

• *Einkaufen* Die Geschäfte bleiben in Meppel Montagvormittag geschlossen. Am Freitag verschiebt sich der Ladenschluss auf 21 Uhr (Kaufabend). Markttermine: **Wochenmarkt** Do 8-13 Uhr, Kerkplein; **Gemüse, Obst und Blumen**, Sa 8-18 Uhr, Kerkplein.

• *Krankenhaus* **Diaconessenhuis**, Hoogeveenseweg 38, 7943 KA Meppel, ☏ 0522/233333.

• *Schwimmen* **Hesselingen Bad**, Jan Tooroplaan 2, 7944 JL Meppel, ☏ 0522/260057. Subtropisches Schwimmparadies, Halle und Freibad.

• *Taxiruf* ☏ 0522/252820

Übernachten/Essen

• *Übernachten* **** Hotel Poort van Drenthe**, Parallelweg 25, 7941 HH Meppel, 26 Betten, einziges Hotel im Ort, zentrale Lage, wenige Meter vom Bahnhof, einfache, saubere Zimmer. EZ ab 45 €, DZ ab 60 €, ☏ 0522/251080, ✆ 262565.

NJHC-Jugendherberge Parkhoeve, Leonard Springerlaan 14, 7941 GW Meppel, in ruhiger Wohngegend in Bahnhofsnähe, kleine Parkanlage in unmittelbarer Umgebung, modernes Haus mit kleinen Zimmern, geöffnet April-September. 72 Betten, Zweierzimmer (1), Viererzimmer (6), Achterzimmer (4), 14er-Zimmer (1). Übernachtung im Schlafsaal inkl. Frühstück 17-19 € (je nach Saison), Abendessen 8.70 €, ☏ 0522/251706, ✆ 262287, meppel@njhc.org.

Mini-Camping De Kikkerije, Steenwijkerstraatweg 96, 7942 HR Meppel, geöffnet April-Oktober. Person 3.25 €, Fläche 0,8 ha. ☏ 0522/254639, jkdewolde@wxs.nl.

• *Essen* **Chez Coco**, Kerkplein 19-20, 7941 BG Meppel, diverse Fleisch- und Fischgerichte, gute vegetarische Platten, preiswerte Tagesgerichte bis 19 Uhr, ☏ 0522/254191.

Pannenkoekenship De Liberté, Stoombootkade 12, 7941 BS Meppel, Pfannkuchenrestaurant an Bord des restaurierten Zweimastklippers "De Liberté", zentrale Lage am Meppeler Toren, Spezialität des Hauses sind die gut gefüllten "Wereldse Maaltijdpannenkoeken" – Variationen aus den verschiedenen Küchen dieser Welt, 70 Sorten, Juni-September Di-So 12-21 Uhr, Oktober-Mai Di-So 16-21 Uhr, ☏ 0522/240000, www.schellinkje.nl.

Aphrodite, Woldstraat 67, 7941 LG Meppel, gute griechische Küche in leicht kitschigem blau-weißem Ambiente, außerhalb der Saison Di geschlossen, ☏ 0522/262371.

Pizzeria Sardinia, Kerkplein 7, 7941 BE Meppel, hölzerne Einrichtung mit zahllosen Weinflaschen an Decke und Wänden; Kindermenü, Pizzen in guter Auswahl, Mo geschlossen, ☏ 0522/251219.

Peking, Grote Kerkstraat 10, 7941 LB Meppel, große Auswahl an Spezialitäten der chinesischen Küche, preiswerte Hauptgerichte, ☏ 0522/252526.

Café Kadans, Kruisstraat 15, 7941 AM Meppel, Café-Restaurant im alten Schultehuis (16. Jh.) mit schönem Treppengiebel, einst Residenz des Bürgermeisters, ☏ 0522/270904.

Die Attraktion des städtischen Lebens sind die wöchentlichen **Meppeldagen** während der Saison (Juli/August) – Straßenfeste mit Musik, Sport und Tanz. Die donnerstags stattfindenden Veranstaltungen blicken mittlerweile auf eine 30-jährige Tradition zurück.

Havelte   (3.000 Einwohner)

Die 10 km nördlich von Meppel gelegene Ortschaft Havelte lockt mit einer für die Verhältnisse der Provinz Drenthe großen Sehenswürdigkeit: dem **Vlinderparadijs Papiliorama**. Mehr als 1.000 Schmetterlinge 25 verschiedener Arten flattern quer durch eine 7.500 Quadratmeter große Gartenanlage mitsamt eines 900 Quadratmeter großen Glashauses für die kühlen Wintermonate. Das einzigartige Konzept der im Frühjahr 1999 eröffneten Anlage orientiert sich am Noorder Dierenpark in Emmen (siehe S. 465). Bereits heute zählt der Schmetterlingsgarten zu den meistbesuchten Attraktionen der Provinz.

• *Information* VVV **Havelte**, Dorpsstraat 38, 7971 CS Havelte, ✆ 0521/341222, ✉ 341222. April-September Mo-Fr 8.30-12 Uhr; Oktober-März Mo 13.30-17 Uhr, Di-Fr 8.30-12.

• *Adresse/Öffnungszeiten* **Vlinderparadijs Papiliorama**, Van Helomaweg 14, 7917 PX Havelte, ✆ 0521/342155.   April-September täglich 9-18 Uhr, Oktober-März täglich 9-17 Uhr. Erwachsene 3.75 €, Kinder 2.25 €.

• *Camping* **Camping Mooi Oavelt**, van Helomaweg 12a, 7971 PX Havelte, N 371 (Meppel–Hoogersmilde), Ausfahrt Havelte, Schildern folgen, Fahrradverleih, Lebensmittelgeschäft, Ponyreitgelegenheit, gute Sanitärs, geöffnet April-September. Stellplatz (inkl. 2 Pers.) 11.50 €, zus. Person 2 €, Duschen 0.50 €, Fläche 6 ha. ✆ 0521/341320, ✉ 342393.

Vledder   (1.500 Einwohner)

15 km nördlich von Havelte liegt mit Vledder eine weitere kleine Ortschaft, die dank einer sehr ungewöhnlichen Ausstellung einen Abstecher verdient. Im **Museum voor Valse Kunst**, einer Sonderausstellung des Museums *Hedendaagse Grafiek en Glaskunst* (siehe S. 465), werden hochkarätige Kunstfälschungen präsentiert, die in den vergangenen Jahren für Furore sorgten. Insbesondere die Werke großer Meister wie *Salvador Dali, Henri Matisse, Piet Mondriaan* oder *Pablo Picasso* waren seit jeher ein beliebtes und lukratives Ziel ruchloser Fälscher. Die Sammlung ist die landesweit einzige ihrer Art.

• *Information* VVV **Vledder**, Lesturgeonplein 10, 8381 BX Vledder, ✆ 0521/381433, ✉ 383136. Mo-Sa 10-12 Uhr; Juli/August Mo-Sa 10-16.30 Uhr.

• *Adresse/Öffnungszeiten* **Museum voor Valse Kunst**, Brink 1, 8381 BE Vledder, ✆ 0521/383352, www.museums-vledder.nl. Mi-Mo 11-16 Uhr. Erwachsene 3 €, Kinder 2.50 €, Senioren (Pas65) 2.50 €, MJK.

• *Camping* **Camping Adelhof**, Vledderweg 19, 8381 AB Vledder, A 32 (Meppel–Heerenveen), Abfahrt 6 (Frederiksoord/Vledder), Richtung Vledder, Schildern folgen, windgeschützter Platz in schöner Lage, Fahrradverleih, Lebensmittelgeschäft, gute Sanitärs, ganzjährig geöffnet. Stellplatz (inkl. 6 Pers.) 23 €, Stellplatz (inkl. 2 Pers.) 17.50 €, zus. Person 3.40 €, Duschen inkl., Fläche 18 ha. ✆ 0521/381440, ✉ 382171.

Giethoorn – das von endlosen Kanälen durchzogene "Venedig des Nordens"

Provinz Overijssel

Die Provinz Overijssel, die sich in die Regionen **Westoverijssel**, **Salland** und **Twente** aufteilt, hat trotz vereinzelter gegenteiliger Meinungen sehr wohl ihre reizvollen Ecken. Die Provinzhauptstadt **Zwolle**, die ihren Charakter als einstige Festungsstadt hat bewahren können, die Hansestadt **Kampen** und das ländliche **Giethoorn**, das von einem engen Netzwerk aus Grachten und Kanälen durchzogene "Venedig des Nordens", sind herausragende Ausflugsziele einer bislang weniger entdeckten Provinz. Auch das größtenteils aus flachem Moorland bestehende Naturgebiet um **Blokzijl** und **Zwartsluis**, das sich mit den vielen reetgedeckten Häusern und Höfen sehr ruhig und beschaulich präsentiert, gilt als lohnender Tipp.

In einer Hinsicht zählt Overijssel allerdings schon jetzt zu den Top-Adressen der Niederlande: Infolge der günstigen geographischen Lage direkt hinter der deutsch-niederländischen Grenze ist die Provinz ein beliebtes Einkaufsziel der deutschen Nachbarn. An Wochenenden erreicht der grenzüberschreitende Verkehr insbesondere in **Enschede**, dem ehemaligen Zentrum der niederländischen Textilindustrie, beachtliche Ausmaße.

Overijssels Bureau voor Toerisme
Het Kolkje 4, 7607 CA Almelo, ☎ 0546/535535, ✉ 535549,
obt@overijsseltoerisme.nl.

Region Westoverijssel

(Zwolle, Kampen, Hasselt, Giethoorn)

In der abwechslungsreichen Region zwischen **Steenwijk** und **Zwolle** liegt das größte Tiefmoorgebiet Nordosteuropas, das sich auf die beiden wasserreichen Naturparks *De Weerribben* und *De Wieden* verteilt. Seine Entstehung geht auf langjährigen großflächigen Torfabbau zurück. Später modulierten starke Winde die Uferlandschaft und hinterließen exzellente, gut frequentierte Wassersportgebiete. In der Umgebung erinnern die alten Zuiderzeestädte **Blokzijl**, **Vollenhove** und **Zwartsluis** mit ihren Hafenanlagen und Hochwasserkanonen, die die Bewohner einst vor den Gefahren der See warnten, an die seefahrerische Vergangenheit der Region. Hinzu kommen die früheren Hansestädte **Hasselt**, **Kampen** und **Zwolle**, in denen der blühende Handel des einst mächtigen Hanseverbundes seine Spuren hinterlassen hat.

Mehrere pittoreske Wasserdörfer lohnen einen Abstecher ins nahe Umland: **Dwarsgracht**, **Giethoorn** oder **Kalenberg** bestechen durch ihre Brücken, Grachten und reetgedeckten Bauernhöfe. Insbesondere Giethoorn zählt zu den Highlights der Provinz. Am südlichen Rand der Region schlängelt sich die *Overijssels Vecht* durch die Landschaft, an deren Ufern zahlreiche Landgüter und Schlösser zu finden sind – ideale Ausflugsziele für Radfahrer und Wanderer.

Zwolle   (Provinzhauptstadt • 106.000 Einwohner)

Mit Beginn des neuen Jahrhunderts feierte Zwolle sein 770-jähriges Stadtjubiläum. Der Altstadtkern erstrahlt nach sorgfältiger Restaurierung im alten Glanz und versprüht das mittelalterliche Flair altholländischer Städte.

Sternförmig angelegte Grachten bewahrten Zwolle den reizvollen Festungscharakter. Ein ausgedehnter Stadtbummel ist die fraglos beste Art, die Reize der Provinzhauptstadt zu erkunden. Seit jeher strömen viele Besucher, angelockt durch die große Zahl historischer Monumente, nach Zwolle. Der aufmerksame Beobachter wird viele Indizien für die einst engen und langjährigen Kontakte zur deutschen Hansestadt Lübeck ausfindig machen. Das *Huis met de Hoofden*, das "Haus mit den Köpfen" (Goudsteeg 19), ist eines der schönsten Beispiele für diese Verbundenheit. Das im 15. Jahrhundert als Adelspalast im gotischen Stil erbaute Anwesen verdankt seinen Namen den reich verzierten Balkenträgern in einem seiner Gemächer. Die breite Treppenfassade mit Pfeileraufsätzen findet sich in derselben Form vor zahlreichen Bauwerken im Lübecker Raum.

In der Pletterstraat steht mit dem *Pelsertoren* ein kleiner Mauerturm (22 m) mit Gucklöchern und Schießscharten zur Verteidigung gegen feindliche Angriffe. Das spätgotische Bauwerk mit seinem aufgesetzten Helmdach nahe dem reizvollen *Pelserpoortje* stammt aus dem 15. Jahrhundert.

Der weitere Rundgang wird unweigerlich an der *Michaelskerk* vorbeiführen, einem der bedeutendsten und geschichtsträchtigsten Orte der Altstadt. Ein Blitz schlug 1669 während eines schweren Unwetters in den Kirchturm ein, setzte ihn in Brand und veränderte binnen weniger Stunden die Silhouette ei-

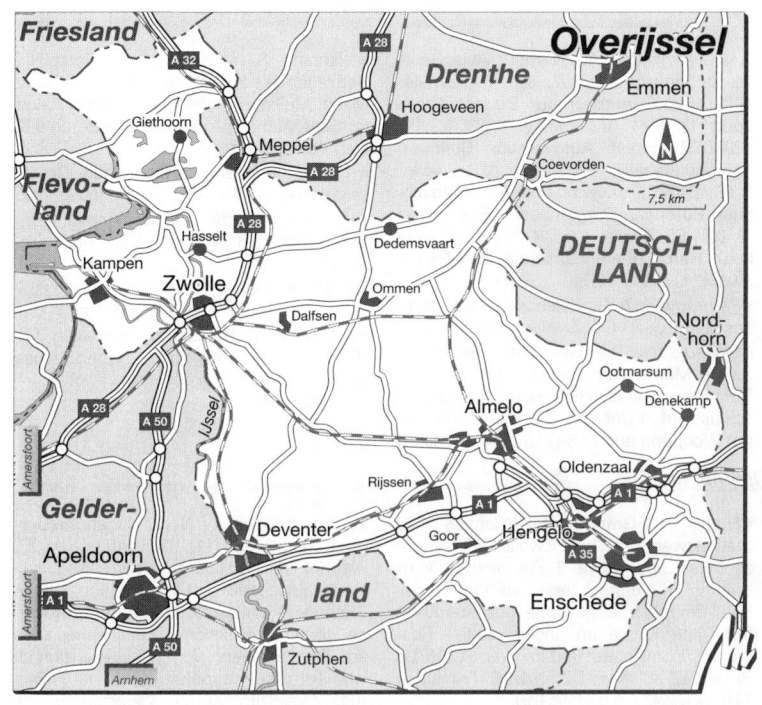

ner ganzen Stadt. Es blieb nicht mehr als eine Ruine, die das unversehrte Kirchenschiff 13 Jahre überragen sollte, ehe die Reste in sich zusammenstürzten. Der Turm zählte einst zu den höchsten der Niederlande. Die Bevölkerung war damals sehr erleichtert, dass sich das Feuer nicht zu einem Stadtbrand ausgeweitet hatte, denn schon 1324 war fast die gesamte Stadt von einer verheerenden Feuersbrunst zerstört worden. Nur neun kleine Häuser und die *Augustijner Bethlehemskerk* am Bethlehemskerkplein hatten diese Tragödie überstanden. Allerdings wurde die Anlage später, zur Zeit der Reformation, ihrerseits weitgehend zerstört. Nur die zweischiffige Klosterkirche und das Refektorium blieben unbeschadet.

Information/Verbindungen

• *Information* **VVV Zwolle**, Grote Kerkplein 14, 8011 PK Zwolle, ✆ 0900/1122375, ℡ 038/4222679, www.vvv-zwolle.nl. Mo 10-17.30 Uhr, Di-Fr 9-17.30 Uhr, Sa 9-16 Uhr.
ANWB Zwolle, Koninklijke Nederlandse Toeristenbond, Dijkstraat 53, 8011 XS Zwolle, ✆ 038/4225940, ℡ 4226042.

• *Bahnverbindungen* 1-2x stündl. nach Deventer (Dauer: 20 Min.), 1x stündl. Enschede (70 Min.), 2-3x stündl. Groningen (60 Min.), 1-2x stündl. Kampen (10 Min.), 2x stündl. Leeuwarden (60 Min.), 3-4x stündl. Utrecht (60-70 Min.).

Adressen

• *Autovermietung* **Autoverhuur Avis**, George Stephensonstraat 22, 8013 NK Zwolle, ☎ 038/4604566; **Autoverhuur Budget**, Grote Voort 13, 8041 AM Zwolle, ☎ 038/4235153 (0800/0537, gratis); **Autoverhuur Bultman**, Boerendanserdijk 29, 8024 AE Zwolle, ☎ 038/4540460, www.bultman.nl; **Autoverhuur Europcar**, Burgemeester Roelenweg 19, 8031 ES Zwolle, ☎ 038/4216789; **Autoverhuur Hertz**, Boerendanserdijk 29, 8024 AE Zwolle, ☎ 038/4540460.

• *Fahrradverleih* **Rijwielshop Zwolle**, Stationsplein 15, 8011 CW Zwolle, ☎ 038/4214598.

• *Einkaufen* Die Geschäfte bleiben in Zwolle Montagvormittag geschlossen. Am Donnerstag verschiebt sich der Ladenschluss auf 21 Uhr (Kaufabend). Markttermine: **Wochenmarkt** Fr 8-13 Uhr, Grote Markt, Melkmarkt, Sassenstraat, Grote Kerkplein, Bethlehemskerkplein; Sa 9-17 Uhr, Grote Markt, Melkmarkt; **Vieh- und Pferdemarkt** (größter Viehmarkt der Niederlande) Fr 6-12 Uhr, Veemarktterrein.

• *Krankenhaus* **Sophia Ziekenhuis**, Dokter van Heesweg 2, 8025 AB Zwolle, ☎ 038/2024322.

• *Kinderbauernhöfe* **De Eemhoeve**, Eemlaan 25, 8032 EB Zwolle, ☎ 038/4541658. Eintritt frei.
De Klooienberg, Klooienberglaan 1, 8031 GA Zwolle, ☎ 038/4219959. Eintritt frei.

• *Schwimmen* **Hanzebad**, Hanzelaan 300, 8017 JJ Zwolle, ☎ 038/4650563, Subtropisches Schwimmparadies in der Halle; www.hanzebad.nl.

• *Taxiruf* ☎ 038/4600460

Übernachten

• *Hotels* **** **Grand Hotel Wientjes (14)**, Stationsweg 7, 8011 CZ Zwolle, 102 Betten, zentrale Lage, etwa 3 Fußminuten vom Bahnhof, die erste Adresse vor Ort, Luxushotel der Bilderberg-Gruppe, höchster Komfort, gute Küche im angegliederten Restaurant "Bon Aparte" und im Grand-Café "Le Royal". EZ ab 145 €, DZ ab 170 €, Frühstück 16 €, ☎ 038/4254254, ✆ 4254260.

*** **Mercure Hotel Zwolle (15)**, Hertsenbergweg 1 (Autobahn A 28), 8041 BA Zwolle, 96 Betten, alle mit Du/WC, Telefon und TV, spezielle Nichtraucherzimmer vorhanden. EZ ab 55 €, DZ ab 73 €, ☎ 038/4216031, ✆ 4223069.

*** **Hotel Campanile (1)**, Schuttevaerkade 40, 8021 DB Zwolle, 143 Betten, moderner Zweckbau in zentraler Lage, gepflegte Räumlichkeiten, freundlicher Service. EZ ab 66 €, DZ ab 74 €, ☎ 038/4550444, ✆ 4550750.

*** **Hotel Fidder (16)**, Wilhelminastraat 6, 8019 AM Zwolle, 45 Betten, 10 Min. zu Fuß ins Zentrum, in ruhigem Wohngebiet gelegen, komfortabler Jugendstilbau mit freundlichem Service, eines der 100 schönsten Hotels des Landes. EZ ab 75 €, DZ ab 90 €, ☎ 038/4218395, ✆ 4230298, www.hotelfidder.nl.

** **City Hotel (4)**, Rode Torenplein 10-11, 8011 MJ Zwolle, 22 Betten, das einzige Hotel innerhalb der historischen Stadtgräben, reizvolle Fassade mit knallig roten Markisen, saubere Zimmer, alle mit Du/WC, Telefon und TV, angegliedertes Balkanrestaurant mit gutem Weinkeller. EZ ab 55 €, DZ ab 68 €, ☎ 038/4218182, ✆ 4220829.

• *Jugendherberge* **NJHC-Jugendherberge Doevenbree (11)**, Duivenbreeweg 43, 7441 EA Nijverdal, auf halbem Weg zwischen Enschede und Zwolle, von beiden Städten jeweils gut 30 km entfernt; moderne Herberge in schöner, waldreicher Lage am Rande eines Wohngebietes, gemütliche Terrasse, ganzjährig geöffnet. 96 Betten, Zweierzimmer (2), Viererzimmer (3), Sechserzimmer (4), Achterzimmer (7). Übernachtung im Schlafsaal inkl. Frühstück 17-19 € (je nach Saison), ☎ 0548/612252, ✆ 0548/615372, nijverdal@njhc.org.

• *Camping* **Camping De Agnietenberg (12)**, Haersterveerweg 27, 8034 PJ Zwolle, A 28 (Zwolle–Meppel), Ausfahrt 20 (Zwolle-Noord), Richtung Meppel, dort links unter dem Viadukt hindurch, an Ampel links, Schildern folgen, nördliches Stadtgebiet nahe der Vecht, reizvolle Lage in grüner Umgebung, gute Sanitärs, Lebensmittelgeschäft, Schwimmbad, Wanderhütten (2), geöffnet April-September. Person 2.30 €, Zelt 5.45 €, Auto 1.60 €, Duschen 0.34 €, Fläche 14 ha. ☎ 038/4531530, ✆ 4533766, info@agnietenberg.nl.

Camping Terra Nautic (13), Vechtdijk 1, 8035 PA Zwolle, A 28 (Zwolle–Meppel), Ausfahrt 21 (Ommen/Dalfsen/Hardenberg), an Ampel rechts, Schildern folgen, an den Ufern der Vecht, gute Sanitärs, Fahrradverleih, Jachthafen, Lebensmittelgeschäft, geöffnet April-September. Person 3.65 €, Zelt 2.75 €, Auto 1.60 €, Duschen 0.50 €, Fläche 7 ha. ☎ 0529/427171, ✆ 427038, terranautic@solcon.nl.

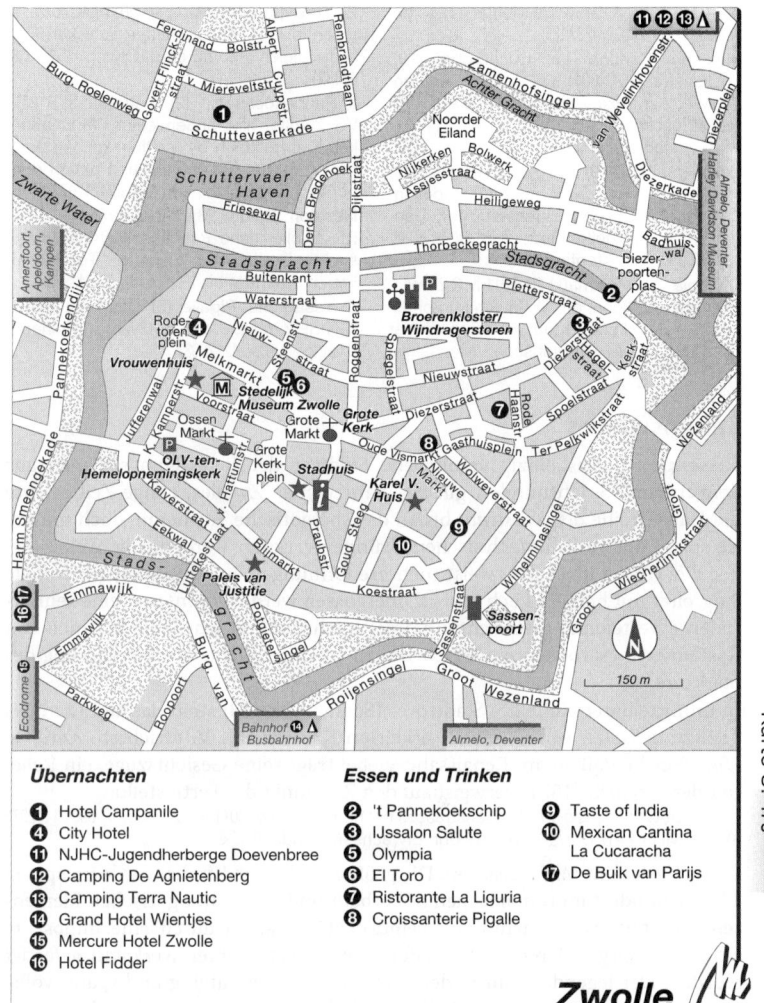

Übernachten

❶ Hotel Campanile
❹ City Hotel
⓫ NJHC-Jugendherberge Doevenbree
⓬ Camping De Agnietenberg
⓭ Camping Terra Nautic
⓮ Grand Hotel Wientjes
⓯ Mercure Hotel Zwolle
⓰ Hotel Fidder

Essen und Trinken

❷ 't Pannekoekschip
❸ IJssalon Salute
❺ Olympia
❻ El Toro
❼ Ristorante La Liguria
❽ Croissanterie Pigalle
❾ Taste of India
❿ Mexican Cantina
    La Cucaracha
⓱ De Buik van Parijs

Zwolle

Essen

Die *Zwolse Balletjes* ("Zwoller Bällchen") gelten als kulinarische Spezialität der Stadt. Seit 150 Jahren verkauft das *Zwolse Balletjeshuis* (Grote Kerkplein 13) die Leckereien, deren Herstellung nach einem alten, geheimen Familienrezept erfolgt.

Ristorante La Liguria (7), Rodehaanstraat 4, 8011 RR Zwolle, italienische Küche in einer ruhigen Seitengasse der Diezerstraat (Fußgängerzone), meist sehr gut besucht,

einige Tische im Freien, Di geschlossen, ✆ 038/4220782.

De Buik van Parijs (17), Willemskade 6, 8011 AC Zwolle, preiswerte französische Küche mit guten 3-Gänge-Menüs, Mo geschlossen, ☎ 038/4233225.

Mexican Cantina La Cucaracha (10), Sassenstraat 54, 8011 PC Zwolle, empfehlenswerte mexikanische Küche, preiswerte Hauptgerichte, ☎ 038/4218172, www.cucaracha.nl.

Taste of India (9), Nieuwe Markt 10, 8011 PE Zwolle, exotische Spezialitäten der indischen Küche, empfehlenswertes 3-Gänge-Buffet, spezielle Kindermenüs, ☎ 038/4222500, www.tasteofindia.nl.

Olympia (5), Melkmarkt 20, 8011 MC Zwolle, griechische Küche, große Säulen im Schaufenster, zwei Fackeln lodern außen an der Fassade, gute vegetarische Moussaka, ☎ 038/4220962.

El Toro (6), Melkmarkt 18, 8011 MC Zwolle, argentinische Küche hinter schicker Fassade gleich neben dem Olympia, ☎ 038/4233917.

't Pannekoekschip (2), Pletterstraat 6, 8011 VG Zwolle, hier finden echte "Piratenbankette" statt, doch gibt's Pfannkuchen auch für Landratten, Tische auf und neben dem Schiff, Mo geschlossen, ☎ 038/4217075.

IJssalon Salute (3), Diezerstraat 121, 8011 RE Zwolle, nahe Pannekoekschip, gut besuchte Eisdiele mit mehreren Tischen im Freien, geöffnet bis 22 Uhr, ☎ 038/4237566.

Croissanterie Pigalle (8), Gasthuisstraat 4, 8011 RP Zwolle, große Auswahl an kleineren Snacks, ☎ 038/4212993.

Sehenswertes

Sassenpoort: Das einzig verbliebene Stadttor der Befestigungsanlagen aus dem frühen 15. Jahrhundert gilt als Wahrzeichen Zwolles. Lange Zeit reichte die Häuserreihe der *Koestraat* bis an das spätgotische Tor heran, doch musste sie später aus verkehrstechnischen Gründen verkürzt werden. Der Wehrgang, der die Türme umsäumt, weist mehrere Öffnungen auf, durch die potentielle Angreifer mit heißem Pech und Öl übergossen werden konnten – eine sehr effiziente Verteidigungseinrichtung. Im 19. Jahrhundert wurde im Rahmen von Restaurierungsarbeiten ein Glockenturm errichtet, die letzte Erweiterung des Stadttors.

In unmittelbarer Nähe des Stadttores (Sassenstraat 33) steht das zu Ehren des 1528 zum *Heren van Overijssel* erklärten Kaisers Karl V. errichtete *Karel V. Huis*. Ein Medaillon am Renaissancegiebel trägt seine Gesichtszüge, ein Relief mit der Inschrift "1571" verweist auf den Zeitpunkt der Fertigstellung.

Adresse/Öffnungszeiten Sassenstraat 53 (Höhe Koestraat), 8011 PB Zwolle, ☎ 0900/1122375 (VVV). Mi-Fr 14-17 Uhr, Sa/So 12-17 Uhr. Erwachsene/Kinder 0.45 €.

Grote Kerk (Sint Michaelskerk): Die größte städtische Kirche wurde im späten 11. Jahrhundert im romanischen Stil erbaut und später mit gotischen Elementen erweitert. Der Innenraum beeindruckt vor allem durch eine imposante Schnittger-Orgel, deren 4.000 Pfeifen in einer Hamburger Werkstatt gefertigt wurden. Der legendäre Turm, der 1669 in Flammen aufging und später völlig in sich zusammenstürzte, verhalf der Kirche zu trauriger Berühmtheit – ihr Bekanntheitsgrad reicht weit über die Stadtgrenzen Zwolles hinaus.

Adresse/Öffnungszeiten Grote Kerkplein, 8011 PK Zwolle, ☎ 0900/1122375 (VVV). Führungen 3 € (Anmeldung beim Informationsbüro erforderlich).

Onze-Lieve-Vrouwe-ten-Hemelopnemingskerk: Die andere bedeutende Kirche der Stadt entstand im 15. Jahrhundert auf den Fundamenten einer kleinen Kapelle. Ihr Turm trägt wegen seiner eigenwilligen Form den phantasievollen Namen *Peperbus*, die Pfefferbüchse. Das Interieur besticht durch kostbare Gemälde von *Thomas à Kempis* (1379–1471), der zugleich der Verfasser der "Imitatione Christi" (Nachfolge Christi) war. Das Werk, das in einer kleinen

Broschüre als der neben der Bibel "größte Bestseller aller Zeiten" beschrieben wird, entstand im *Agnietenbergklooster* nordöstlich der Stadt. Den Reliquienschrein mit den Gebeinen des gottesfürchtigen Künstlers, ein Geschenk des Kölner Kurfürsten aus dem Jahre 1673, verwahrt die Gemeinde in einem modernen Gotteshaus am Bisschop Willebrandlaan. Es trägt denselben Namen wie die Grote Kerk. Der heilige Michael hat's schwer in Zwolle, ist er doch Schutzpatron gleich zweier Kirchen.

Adresse/Öffnungszeiten Ossenmarkt, 8011 MC Zwolle. Mai-September Mo-Sa 10.30-16.30 Uhr; Oktober Mo-Sa 13.30-16.30 Uhr; November-April Mo-Sa 13.30-15.30 Uhr. Turmbesteigung 0.90 € (0.45 €).

Stadhuis: Das städtische Rathaus steht auf den Überresten eines Friedhofs, der nach dem Verbot von Beerdigungen im direkten Umfeld der Michaeliskirche 1827 gepflastert und zur

Grachtenromantik in Zwolle

Bebauung freigegeben wurde. Im ältesten Flügel des Bauwerks, der vermutlich Mitte des 15. Jahrhunderts vollendet wurde, liegt der kostbar möblierte *Schepenzaal* (Schöffensaal), der als angemessener Rahmen für feierliche Hochzeitszeremonien genutzt wird.

Adresse/Besichtigung Grote Kerkplein 15, 8011 PK Zwolle, ℡ 038/4989111. Mo-Fr 9-15 Uhr. Anmeldung beim Pförtner erforderlich. Eintritt frei.

Broerenklooster: Das ehemalige Dominikanerkloster außerhalb der Stadtmauern, das 1465 gestiftet wurde, diente nach seiner Schließung im 18. Jahrhundert als Synagoge. Heute ist in der zweischiffigen Klosterkirche mit ihren einzigartigen Gewölbemalereien das *Stedelijk Centrum voor Hedendaagse Kunst* untergebracht. Neben der Kirche blieb nur die alte Bibliothek des Klosters, die *Librije*, erhalten.

Der benachbarte Turmbau, dessen äußere Erscheinung sich im späten 15. Jahrhundert mit der Entwicklung neuer Belagerungstechniken erheblich veränderte, trägt den Namen *Wijndragerstoren*. Sein anfangs spitzes Dach wich im Laufe der Zeit einer niedrigeren Ziegelkonstruktion. Später diente der Turm einem der städtischen Weinträger als Wohnung.

Adresse/Klosteröffnungszeiten Broerenkerkplein. Besichtigung nur während öffentlicher Ausstellungen und Konzerte (Auskünfte beim Informationsbüro).

Vrouwenhuis: Die Besitzerin *Aleida Greve* bestimmte das "Frauenhaus" 1742 testamentarisch zu einem Alterswohnsitz für allein stehende Dienstmädchen. Der zwei Jahrhunderte zuvor errichtete Komplex beeindruckt mit interessanten Lebensweisheiten, die die prächtige Renaissancefassade zieren: *Praestant*

eaterna caducis – "Das Ewige steht über dem Zeitlichen". Das kostbar eingerichtete Regentenzimmer ist mit Gemälden aus dem 18. Jahrhundert ausstaffiert. Sehenswert sind darüber hinaus die Wohngemächer.

Adresse/Öffnungszeiten Melkmarkt 53, 8011 ML Zwolle, ℘ 038/4224823. Zugang nur nach
telefonischer Voranmeldung (Sonntag geschlossen). Erwachsene/Kinder 2.50 €.

Paleis van Justitie: Ein königlicher Beschluss bestimmte in den 30er Jahren
des 19. Jahrhunderts Zwolle zum Sitz des obersten Gerichtshofs. Die Stadtväter entschieden sich für den am Blijmarkt gelegenen ehemaligen *Hof van
Overijssel* als geeignete Stätte für den Justizpalast. Ebenso sehenswert wie die
Fassade mit ihren sockellosen korinthischen Säulen ist die Rückseite des klassizistischen Bauwerks.

Stedelijk Museum Zwolle: Die archäologisch-historische Sammlung des städtischen Gemeindemuseums ist in einem ansprechenden Gebäudekomplex untergebracht, dessen Mittelpunkt das im 16. Jahrhundert erbaute *Drostenhuis*
bildet. Die rückwärtige Seite des ehemaligen Statthalterpalastes wurde 1741
zur Frontfassade umgestaltet – ein raffinierter baulicher Eingriff. Sehr sehenswert sind neben den im Keller des Hauses untergebrachten archäologischen
Funden der Region eine alte, authentisch eingerichtete Küche und ein prachtvolles Renaissance-Zimmer.

Adresse/Öffnungszeiten Melkmarkt 41, 8001 BC Zwolle, ℘ 038/4214650, Di-Sa 10-17, So 13-17
Uhr. Erwachsene 3.50 €, Kinder 1.60 €, Senioren (Pas65) 2.30 €, MJK. Führungen in
deutscher Sprache. www.museumzwolle.nl.

Harley Davidson & Indian Museum: Die legendäre Harley Davidson weckt
nicht nur in ausgebufften Motorrad-Freaks die alte Sehnsucht nach grenzenlo-
ser Freiheit. Die Sammlung beleuchtet die Geschichte der berühmten Motorrad-
marke mit einer Reihe besonderer Modelle, darunter eine "Silent Gray Fellow"
(1914). Insgesamt sind 160 Maschinen aus den Jahren 1910–1983 ausgestellt.

Adresse/Öffnungszeiten Oude Almeloseweg 2-4 (Ausschilderung von Raalte kommend),
8025 AP Zwolle, ℘ 038/4534136. Mo-Sa 9-17 Uhr, Do 9-21 Uhr. Erwachsene/Kinder 1.15 €.

Ecodrome: Der Themenpark bietet Besuchern die Möglichkeit, sich auf spielerische Weise mit naturgeschichtlichen Fragestellungen zu befassen. Moderne Elektrofahrzeuge befördern Ihre Passagiere quer durch die Historie unseres
Planeten – erste Station der Urknall, letzte Station die Moderne. Workshops
zu Themen wie "Abbau der Ozonschicht", "Auswirkung des sauren Regens"
oder "Konzepte eines umweltfreundlicheren Tourismus" gehören zum Rahmenprogramm. Sehr sehenswert ist darüber hinaus eine Sammlung illegal ein-
geführter Gegenstände, die am Amsterdamer Flughafen Schiphol beschlag-
nahmt wurden. In den Gärten laden Duft- und Schattengewächse zu einem
längeren Spaziergang ein.

Adresse/Öffnungszeiten Willemsvaart 19, 8019 AB Zwolle, ℘ 038/4215050,
www.ecodrome.nl. April-Oktober täglich 10-17 Uhr; November-März Sa/So und Mi 10-17
Uhr. Erwachsene 8.75 €, Kinder 7.25 €, MJK. Ermäßigungen im Winter.

Het Engelse Werk: Die Parkanlage am südlichen Stadtrand (Park 't Engelse
Werk) wurde 1828 auf einer historischen Verteidigungsanlage angelegt, deren
spärliche Reste an manchen Stellen noch erhalten sind. Kleine Brücken überqueren malerische Wasserpartien, lange Spazierwege bieten reizvolle Blicke
auf IJssel und Veluwe.

Kampen

(33.000 Einwohner)

Das malerische Kampen, wenige Kilometer östlich der fischreichen IJssel-Mündung ins gleichnamige Binnengewässer gelegen, gehört zu den architektonisch schönsten Städten der Provinz. Die engen Gassen und Straßen der denkmalgeschützten Innenstadt laden ein zu einem verträumten Spaziergang durch die Vergangenheit der ehemaligen Hansestadt. Sehenswert sind insbesondere die drei alten Stadttore: Das *Cellebroederpoort*, das *Broederpoort* und das *Koornmarktspoort*, die zu den verbliebenen Resten der alten Stadtmauer gehören, haben erheblichen Anteil am malerischen Charme der Altstadt.

Information/Verbindungen/Adressen

• *Information* **ANWB/VVV Kampen**, Oudestraat 151, 8261 CL Kampen, ☎ 038/3313500, 🖰 3328900, www.kampen.nl. Mo-Fr 9-17.30 Uhr und Sa 9-16.30 Uhr.

• *Bahnverbindungen* 1-2x stündl. nach Zwolle (Dauer: 10 Min.).

• *Busverbindungen* in Richtung Lelystad, Meppel, Zwolle.

• *Autoverleih* **Autoverhuur Avis**, Kievitsstraat 2a, 8262 AD Kampen, ☎ 038/3330878.

• *Fahrradverleih* **Fietsenhandel Gort**, Hofstraat 104, 8261 BD Kampen, ☎ 038/3323132; **Fietsenhandel Potkamp**, Oudestraat 152, 8261 CZ Kampen, ☎ 038/3313495; **Tweewielerhoek Reinier**, Graafschap 30, 8261 LC Kampen, ☎ 038/3317126.

• *Einkaufen* Die Geschäfte bleiben in Kampen Montagvormittag geschlossen. Am Freitag verschiebt sich der Ladenschluss auf 21 Uhr (Kaufabend). Markttermine: **Wochenmarkt** Mo 8.30-12.30 Uhr, Nieuwe Markt; Sa 9-17 Uhr, Plantage.

• *Kinderbauernhof* **Cantecleer**, Buitensingel 3, 8261 DA Kampen, ☎ 038/3323618. Mo-Sa 9-12 Uhr und 13.30-17 Uhr. Eintritt frei.

• *Krankenhaus* **Sophia Ziekenhuis**, Dokter van Heesweg 2, 8025 AB Zwolle, ☎ 038/2024322.

• *Mühle* **Molen d' Olde Zwarver**, IJsseldijk 92, ☎ 038/3315568. Die Getreidemühle ist die einzig verbliebene der einst acht städtischen Mühlen. Sa 9-12 Uhr oder nach telefonischer Voranmeldung. Eintritt frei.

• *Schwimmen* **De Steur**, Broedersingel 1, 8261 GH Kampen, ☎ 038/3316884. Halle und Freibad, Türkisches Dampfbad, Kräuterbäder.

• *Taxiruf* ☎ 038/3315500

Übernachten/Essen

• *Übernachten* ***** Hotel de Stadsherberg**, IJsselkade 48, 8261 AE Kampen, 44 Betten, zentrale Lage an verkehrsreicher Straße direkt am IJsselufer, gepflegter Eindruck, Restaurant im ersten Stock. EZ ab 40 €, DZ ab 61 €, ☎ 038/3312645, 🖰 3327814.

*** Hotel Van Dijk, IJsselkade 30, 8261 AC Kampen, 44 Betten, nur wenige Schritte neben der Stadsherberg, somit ebenfalls direkt am IJsselufer, Zimmer nach vorne mit schönem Blick auf das Wasser, Zimmer nach hinten ruhiger, sehr sauber. EZ ab 56 €, DZ ab 65 €, ☎ 038/3314925, 🖰 3316508.

Camping Roggebotsluis, Reeveweg 1, 8265 PR Kampen, wenige Kilometer westlich von Kampen, Schildern folgen, Wassernähe, einfache Sanitärs, Lebensmittelgeschäft, Schwimmbad, geöffnet April-September. Person 2.50 €, Zelt 3.75 €, Duschen 0.50 €, Fläche 2,5 ha. ☎ 038/3317351, 🖰 3323661.

Camping Seveningen, Frieseweg 7, 8267 AD Kampen, wenige Kilometer nordwestlich des Zentrums am Ganzendiep, Schildern folgen, gute Sanitärs, Lebensmittelgeschäft, Schwimmbad, geöffnet April-September. Person 2.25 €, Zelt 3.50 €, Duschen 0.50 €, Fläche 2,5 ha. ☎ 038/3314891.

• *Essen* **De Bottermarck**, Broederstraat 23, 8261 GN Kampen, französisch angehauchte holländische Küche der gehobenen Preisklasse, gute Fischplatten, verhältnismäßig preiswertes 3-Gänge-Menü, So geschlossen, ☎ 038/3319542.

d'Olde Vismark, IJsselkade 45, 8261 AE Kampen, Café-Restaurant mit schönem Blick auf die vorbeifließende IJssel, preiswerte wechselnde Tagesgerichte, April-Oktober Mo geschlossen, ☎ 038/3313490.

Provinz Overijssel
Karte S. 473

d'Uutschieter, Oudestraat 66, 8261 CS Kampen, Lunchroom mit kleiner Auswahl an guten Pfannkuchen, außerdem gibt's leckeres Gebäck aus eigener Herstellung, So geschlossen, ✆ 038/3312329, www.uutschieter.nl.

Pizzeria Da Pasquale, Oudestraat 208, 8261 CA Kampen, neben Pizza und Pasta auch gute Fisch- und Fleischgerichte, ✆ 038/3321442.

Sehenswertes

Stadhuis: Das Kampener Rathaus fiel 1543 einer Brandkatastrophe zum Opfer, wurde aber bald wieder aufgebaut. Die ältesten Teile des Gebäudes datieren aus dem frühen 14. Jahrhundert, darunter die zum Turm führende schwere Eisentür (1362), die einst der Sicherheit von *Slot Voorst* bei Zwolle diente. Neben der prachtvoll verzierten Fassade verdienen der *Schepenzaal* (Schöffensaal) mit seinem beeindruckenden Interieur und im neueren Gebäudeteil die *Oranjegalerij* mit lebensgroßen Porträts der Monarchen des Hauses Oranien, darunter *Willem van Oranje*, besondere Aufmerksamkeit. Der *Nieuwe Toren* in unmittelbarer Nachbarschaft des Rathauses lockt mit einem einzigartigen Panoramablick auf die Altstadt.

Adresse/Öffnungszeiten Oudestraat 133, 8261 CK Kampen, ✆ 038/3392999. Mo-Do 10-12 Uhr und 14-16 Uhr, April-September auch Sa 14-17 Uhr. Erwachsene 1 €, Kinder 0.75 €. Nieuwe Toren: Oudestraat 146. Mai-August Mi und Sa 14-17 Uhr. Erwachsene/Kinder 1 €.

Kirchen: Die Stadt zählt drei sehenswerte Kirchen: die *Buitenkerk* (*Onze-Lieve-Vrouwekerk*) mit ihrem neugotischen Hochaltar, deren älteste Abschnitte aus dem 14. Jahrhundert stammen, die *Bovenkerk* (*Sint Nicolaaskerk*), eine fünfschiffige Basilika aus dem 16. Jahrhundert, und die *Broederkerk*, die ehemalige Klosterkirche eines Franziskanerordens aus der gleichen Epoche.

• *Buitenkerk* Buiten Nieuwstraat 101, 8261 AR Kampen, ✆ 038/3312483. Besichtigung nur nach telefonischer Voranmeldung. Eintritt frei.
• *Bovenkerk* Koornmarkt, 8261 GA Kampen, ✆ 038/3313608. Besichtigung nur nach telefonischer Voranmeldung. Eintritt frei.
• *Broederkerk* Broederstraat/Burgwal, 8261 GT Kampen, ✆ 038/3313608. Besichtigung nur für Gruppen nach telefonischer Voranmeldung. Eintritt frei.

Stedelijk Museum: Die heimatkundliche Sammlung des städtischen Museums verfügt über eine Reihe exquisiter Drucke und Zeichnungen, Münzen und Silberstücke. Die Ausstellung fand vor Jahren einen würdigen Rahmen, als sich die Stadtverwaltung entschied, ein im Stil der Gotik restauriertes Kaufmannshaus aus dem 15. Jahrhundert zur Verfügung zu stellen.

Adresse/Öffnungszeiten Oude Straat 158, 8261 CZ Kampen, ✆ 038/3317361. Februar-Dezember Di-Sa 11-12.30 Uhr, 13.30-17 Uhr; Juli-September Di-Sa 11-17 Uhr, So 13-17 Uhr. Erwachsene 2 €, Kinder 1 €, Senioren (Pas65) 1 €, MJK.

Frans Walkate Archief: Das Archiv, das sich früher im Privateigentum des Bankiers *Frans Walkate* befand, birgt eine Reihe kostbarer Atlanten, Landkarten und Stadtpläne der Region. Darüber hinaus dokumentiert eine umfangreiche Fotosammlung den städtischen Alltag des einfachen Bürgers im 19./20. Jahrhundert.

Adresse/Öffnungszeiten Burgwal 43, 8261 EP Kampen, ✆ 038/3392266. Mi/Do 14-17 Uhr. Eintritt frei.

Kamper Tabaksmuseum: Im Mittelpunkt dieses außergewöhnlichen Museums steht die Geschichte der Zigarre. Das Guinness-Buch der Rekorde berichtet gar von einem fünf Meter langen Exemplar als Höhepunkt der ungewöhnlichen Kollektion! Man überzeuge sich selbst.

Adresse/Öffnungszeiten Botermarkt 3, 8261 GR Kampen, ☎ 038/3325353. April-Dezember Do-Sa 11-12.30 Uhr und 13.30-17 Uhr. Erwachsene 1.25 € Kinder 0.75 €. Führungen in deutscher Sprache.

Hasselt

(7.000 Einwohner)

Das malerische Festungsstädtchen am äußersten Zipfel der weiten Wasserflächen des *Zwarte Water* ist sowohl auf dem Landweg als auch auf dem Wasserweg zu erreichen. Der Ort verfügt über einen Jachthafen von beachtlicher Größe. Im Mittelalter besaß Hasselt vermutlich sechs Stadttore, von denen nur eines erhalten ist. Das Tor trägt eigentlich zwei Namen: Die Bezeichnung *Vispoort* entstand in Anlehnung an die frühere Fischversteigerung, die Bezeichnung *Waterpoort* weist auf die Verbindung zum *Zwarte Water* hin. Das Tor war einst fester Bestandteil des Stadtwalls aus dem 14. Jahrhundert. An seiner Außenseite erinnert eine eingemauerte Kugel an Angriffe auf die Festung.

Hasselt ist in den Niederlanden als *Lichtstad van het Noorden* bekannt – eine Anspielung an das spätsommerliche Erntedankfest, das traditionell mit einer malerischen Beleuchtung der Altstadt gefeiert wird. Die lindenbestandenen Grachten sorgen für zusätzliche Atmosphäre.

• *Information* **VVV Hasselt**, Markt 1, 8061 GG Hasselt, ☎ 038/4771600, 🖷 4771600, www.kopvanoverijssel.nl. Juni-September Mo 13.30-17 Uhr, Di-Fr 9-17 Uhr, Sa 10.30-13.30. Oktober-Mai Mo 13.30-16 Uhr, Di-Fr 9.30-16.30 Uhr.

• *Bahnverbindungen* nächster Bahnhof in Zwolle (11 km).

• *Busverbindungen* in Richtung Zwolle.

• *Einkaufen* Die Geschäfte bleiben in Hasselt Montagvormittag geschlossen. Am Freitag verschiebt sich der Ladenschluss auf 21 Uhr (Kaufabend). Markttermin: **Wochenmarkt** Do 14-18 Uhr, v/d Vechtlaan.

• *Fahrradverleih* **Rijwielhandel Van Dalfsen**, Kaai 1, 8061 GD Hasselt, ☎ 038/4771608.

• *Krankenhaus* **Sophia Ziekenhuis**, Dokter van Heesweg 2, 8025 AB Zwolle, ☎ 038/2024322.

• *Mühle* **Korenmolen De Zwaluw**, Stenendijk, 8061 GB Hasselt, ☎ 038/4771600 (VVV). Kornmühle aus dem 1784. Sa 10-12 Uhr. Eintritt frei.

• *Taxiruf* ☎ 038/3854000

• *Übernachten* In Hasselt gibt es weder Hotel noch Campingplatz. Alternativen findet man jedoch wenige Kilometer nördlich in der Ortschaft Zwartsluis am Meppelerdiep.

**** Hotel Zwartewater, De Vlakte 20, 8064 PC Zwartsluis, 101 Betten, direkt am Wasser, einige Räume mit Flussblick, Hallenbad, Sauna, alle Zimmer mit Du/WC, Telefon und TV, angegliedertes Restaurant. EZ ab 45 €, DZ ab 65 €, Frühstück 9 €, ☎ 038/3866444, 🖷 3866275.

Provinz Overijssel
Karte S. 473

Sehenswertes

Grote Kerk (Sint Stephanuskerk): Die spätgotische Hallenkirche wurde im 14./15. Jahrhundert errichtet. An der nordöstlichen Chorseite befindet sich ein Sandstein mit der Inschrift "1997". Zweifellos erlaubte sich der Steinmetz einen Scherz, doch verfälscht vermutlich nur die zweite Ziffer die Angabe, denn die Arbeiten am Seitenchor konnten im 15. Jahrhundert abgeschlossen werden. 300 Jahre später beschädigte ein schweres Unwetter den robusten Turm. Erst in den 60er Jahren des 20. Jahrhunderts fand dieser betrübliche Zustand ein Ende.

Adresse/Öffnungszeiten Markt, 8061 GA Hasselt, ☎ 038/4772231. Besichtigung nur nach telefonischer Voranmeldung.

Stadhuis: Die westliche Hälfte des spätgotischen Rathauses stammt aus dem 15. Jahrhundert, die östliche ist hundert Jahre älter. Der Unterschied lässt sich an den Seitengiebeln deutlich erkennen. Das Mauerwerk besteht aus Backsteinen, die im östlichen Gebäudeabschnitt von helleren Sandsteinfragmenten unterbrochen werden. Zahlreiche Skulpturierungen zieren die Fassade, darunter auch die eigenwillige Gestalt eines gehörnten Mannes, vermutlich die Darstellung eines der Halbgötter, die Dionysos, dem Gott des Weins, als Gesellen dienten. Im 16. Jahrhundert lagerten zahlreiche Weinfässer in den dunklen Kellerräumen. Das Gebäude beherbergt heute ein kleines städtisches Museum, das neben einer Waffensammlung einige wertvolle Gemälde vorweisen kann.

Adresse/Öffnungszeiten Markt 1, 8061 GG Hasselt, ☎ 038/4771600. Mo-Fr 9-12.30 Uhr und 13.30-17 Uhr, Sa 10-12.30 Uhr und 13.30-16 Uhr. Eintritt frei.

Giethoorn

(2.500 Einwohner)

Das "Venedig des Nordens", ein von endlosen Kanälen durchzogenes Moorgebiet mit reetgedeckten Häusern und Höfen, gilt als Schmuckstück der Provinz.

Das Dorf beginnt hinter einer Allee aus mächtigen Pappeln. Hier verbinden zahllose gebogene Holzbrücken an einem vier Meter breiten Kanal die auf kleinen Inseln erbauten Häuser. Nach wie vor nutzen die Einheimischen historische Stehruderboote als Hauptverkehrsmittel. Wie venezianische Gondeln gleiten sie lautlos über das Wasser. Schafe werden auf diese Weise zu ihren Weiden gerudert, Milchkannen gemächlich von Gehöft zu Gehöft transportiert. Die Schönheit der Landschaft und der natürliche Reichtum der umliegenden Regionen haben Giethoorn zu einem touristischen Kleinod heranwachsen lassen.

Der einzigartige Charakter der Landschaft basiert auf der allmählichen Abtragung der ursprünglichen Moorgebiete. Schon im 12. Jahrhundert sorgte der Mensch für die Entstehung von Gräben, Kanälen, Seen und Teichen. Geeignete Transportmittel wurden entwickelt: Flöße, Schuten und Stechkähne. Zahlreiche Brücken, die benachbarte Häuser untereinander verbinden, zeugen vom Sachverstand der Konstrukteure. Übrigens: Der Stadtname geht zurück auf die Ziegenhörner (*Geitehoren*), die man vor 750 Jahren im Moor fand.

Information/Adressen

• *Information* **VVV Giethoorn**, Beulakerweg 114a, 8355 AL Giethoorn, ☎ 0521/361248, ✆ 362281, www.kopvanoverijssel.nl. März-Oktober Mo-Sa 9-17 Uhr; Juni-August Mo-Sa 9-18 Uhr, So 10-16 Uhr; November-Februar Mo-Fr 9.30-17 Uhr.

• *Einkaufen* Die Geschäfte bleiben in Giethoorn Montagvormittag oder Mittwochvormittag geschlossen. Kein Kaufabend. Markttermin: **Wochenmarkt** in Steenwijk, Sa 9-17 Uhr, Marktplein, Steenwijk.

• *Fahrradverleih* **Prinsen**, Beulakerweg 137, 8355 AG Giethoorn, ☎ 0521/361261; **Van der Zande**, Maaiensteeg 1, 8355 CC Giethoorn, ☎ 0521/361210.

• *Kanuverleih* **Botenverhuur Broer**, Binnenpad 16, 8355 RR Giethoorn, ☎ 0521/ 361337, www.broer-giethoorn.nl; **Kanorhuur Mol**, Binnenpad 28, 8355 BR Giethoorn, ☎ 0521/361359; **Rondvaartbedrijf Otterskooi**, Dwarsgracht 54, 8355 CW Giethoorn, ☎ 0521/361474; **Smit's Paviljoen**, Binnenpad 29a, 8355 BR Giethoorn, ☎ 0521/ 361215; **Booten- en Kanoverhuur De Kruumte**, Kerkweg 48a, 8355 BJ Giethoorn, ☎ 0521/361517; **Willem Jan de Jonge**, Giethoorn Rondvaart, Molenweg 2a, 8355 AT Giethoorn, ℡ 0521/362332.

• *Krankenhaus* **Diaconessenhuis**, Hoogeveenseweg 38, 7943 KA Meppel, ℡ 0522/233333.

• *Punterwerften* **Scheepswerf Schreur**, Binnenpad 135, 8355 BW Giethoorn, ℡ 0521/361285, Mo-Fr 10-17 Uhr. Eintritt frei.

Punterwerf Wildeboer, Beulakerweg 48, 8355 AJ Giethoorn, ℡ 0521/361203,

www.punterwerf.nl. Mo-Fr 10-17 Uhr. Eintritt frei.

> **Punter** sind sehr flache Stocherkähne, mit denen sich die Niederländer gerade in der Region um Giethoorn auf den seichten Kanälen fortbewegen.

Übernachten/Essen

• *Übernachten* ***** Hotel De Pergola**, Ds. Hylkemaweg 7, 8355 CD Giethoorn, 30 Betten, kleines Haus mit freundlichem Service, gemütliche Terrasse, Bootsverleih, hoteleigener Landungssteg, Oktober-März geschlossen. EZ ab 28 €, DZ ab 60 €, ℡ 0521/361321, ℡ 362408.

NJHC-Jugendherberge Parkhoeve, Leonard Springerlaan 14, 7941 GW Meppel, wenige Kilometer südöstlich von Giethoorn, ruhige Wohngegend in Bahnhofsnähe, kleine Parkanlage in unmittelbarer Umgebung, modernes Haus mit kleinen Zimmern, geöffnet April-September. 72 Betten, Zweierzimmer (1), Viererzimmer (6), Achterzimmer (4), 14er-Zimmer (1). Übernachtung im Schlafsaal inkl. Frühstück 17-18 € (je nach Saison), ℡ 0522/251706, ℡ 262287, meppel@njhc.org.

Camping 't Achterhuus, Ds. Hylkemaweg 43, 8355 CE Giethoorn, N 334 (Steenwijk–Zwartsluis), Abfahrt Giethoorn-Centrum, Bertus Warnesweg, an der T-Kreuzung links, Schildern folgen, im Gegensatz zu den unten aufgeführten Plätzen mit dem Auto erreichbar, akzeptable Sanitärs, Bootsanleger, geöffnet April-September. Person 1.95 €, Zelt 1.95 €, Auto 1.95 €, Duschen 0.45 €, Fläche 1 ha. ℡ 0521/361423, ℡ 361568.

Camping Botel Giethoorn, Binnenpad 49, 8355 BR Giethoorn, N 334 (Steenwijk–Zwartsluis), Abfahrt Giethoorn-Middenbuurt, Schildern folgen, ruhige Lage in reizvoller Landschaft, mit dem Auto nicht erreichbar, akzeptable Sanitärs, Bootsverleih, geöffnet April-Oktober. Person 2.50 €, Zelt 3 €, Duschen 0.50 €, Fläche 4 ha. ℡ 0521/361332, ℡ 362168.

Camping Kroek, Kloostersteeg 2, 8355 AA Giethoorn, N 334 (Steenwijk–Zwartsluis), Richtung Giethoorn-Noord, Beulakerweg, Seitenstraße Kloostersteeg, autofreier Platz

in ruhiger Lage, einfache Sanitärs, Lebensmittelgeschäft (100 m), geöffnet April-September. Person 2.30 €, Zelt 2.30 €, Auto 1.20 €, Duschen 1.20 €, Fläche 2 ha. ℡ 0521/361936, ℡ 362531, camping-kroek@zonnet.nl.

Mini-Camping Hoeve Duvenvoorde, Kan van Nassauweg 18, 8355 VA Giethoorn, geöffnet April-Oktober. Person 1.60 €, Zelt 1.25 €, Auto 0.50 €, Duschen 0.50 €, Fläche 1 ha. ℡ 0521/371302, ℡ 371302, mts.schut@comveeweb.nl.

Mini-Camping Hoeve Montigny, Kanaaldijk 5, 8355 VH Giethoorn, geöffnet April-September. Person 1.85 €, Zelt 1.60 €, Auto 0.45 €, Duschen 0.45 €, Fläche 1,5 ha. ℡ 0521/361483, ℡ 362262.

• *Essen* **De Lindenhof**, Beulakerweg 77, 8355 AC Giethoorn, gehobene französische Küche, eines der besten Restaurants der Niederlande unter Leitung von Marjan de Jonge und Martin Kruithof, verhältnismäßig preiswerte 3-Gänge-Menüs, Reservierung erforderlich, Do geschlossen, ℡ 0521/361444.

Restaurant De Rietstulp, Dominee Hylkemaweg 15, 8355 CE Giethoorn, typisch holländische Küche zu angemessenen Preisen, ℡ 0521/361833, www.rietstulp.nl.

Eetcafé Fanfare, Binnenpad 68, 8355 BV Giethoorn, ein schöner Platz zum Verweilen, einst drehte man hier den Film "Fanfare" von Bert Haanstra, September-Juni Mi geschlossen, ℡ 0521/361600, www.fanfare-giethoorn.nl.

De Witte Hoeve, Zuiderpad 32, 8355 CA Giethoorn, Pfannkuchenrestaurant in altem Bauernhof, 60 Sorten, bei gutem Wetter lockt die Terrasse am Wasser, Januar-März nur am Wochenende geöffnet, ℡ 0521/361428.

Provinz Overijssel
Karte S. 473

Sehenswertes

Automuseum Histo-Mobil: Das nordholländische Automobilmuseum zeigt eine kleine Sammlung historischer Autos, Fahrräder und Kutschen. Die angeschlossene Ausstellung *Landbouwhistorie te Giethoorn* komplettiert das Angebot mit mehreren alten landwirtschaftlichen Gerätschaften, darunter eine originelle Melkmaschine.

Adresse/Öffnungszeiten Cornelisgracht 42, 8355 CH Giethoorn, ☎ 0521/361498. Mai-Oktober täglich 10-18 Uhr. Erwachsene 3.75 €, Kinder 1.85 €. Führungen in deutscher Sprache, www.histomobil.nl.

Mineralogisch Museum: Die mineralogische Sammlung *De Oude Aarde* kann seit ihrer Eröffnung Ende der 60er Jahre ständig steigende Besucherzahlen verzeichnen. Mittlerweile tragen exotische Kaimane, Leguane und Schildkröten sowie frei herumflatternde Vögel zur Belebung des Hauses bei. Manche Besucher wollen gar Chinchillas gesichtet haben.

• *Adresse/Öffnungszeiten* Binnenpad 43, 8355 BR Giethoorn, ☎ 0521/361313, März-Oktober täglich 10-18 Uhr; November-Februar Mi-So 10-17 Uhr. Erwachsene 2.50 €, Kinder 1.50 €, Senioren (Pas65) 2 €, MJK. Führungen in deutscher Sprache, www.deoudeaarde.com.

Museumboerderij 't Olde Maat Uus: Der renovierte Museumsbauernhof aus dem Jahre 1826 informiert über das tägliche Leben im Moor. Die zahlreichen Gebrauchsgegenstände sind stille Zeugen der Siedlungsgeschichte. Im *Achterhuis* finden wechselnde Ausstellungen statt.

Adresse/Öffnungszeiten Binnenpad 52, 8355 BT Giethoorn, ☎ 0521/362244. So 12-17 Uhr, Mai-Oktober auch Mo-Sa 11-17 Uhr. Erwachsene 2.50 €, Kinder 0.50 €, MJK. Führungen in deutscher Sprache.

Region Salland

(Deventer, Hellendoorn, Slagharen)

Der zwischen den Flüssen *IJssel* und *Regge* gelegene zentrale Mittelteil der Provinz wird von markanten Höhenunterschieden geprägt, die die Region zu einer der "bergigsten" der Niederlande machen. Der *Lemelerberg*, der *Hellendoornseberg*, der *Holterberg* (Höhe: 81 m!) und der *Noetselerberg* bieten ungewohnte Aussichten auf die flache Umgebung. In schneereichen Wintern bieten sich gar Langlaufmöglichkeiten auf mehreren gespurten Loipen. Allemal lohnenswert ist ein Ausflug entlang der IJssel-Deiche, die den einst mehrmals im Jahr über die Ufer tretenden Fluss bändigen sollen.

Die hiesige Landschaft, allen voran das Naturreservat *Duursche Waarden*, zählt zu den schönsten Ecken der Provinz. An zahlreichen Orten beeindrucken feudale Landsitze und funktionstüchtige Windmühlen. Sehenswert ist des Weiteren das *Overijssels Vechtdal* mit einer Reihe unberührter Flussarme, die sich über bunte Heidefelder und dichte Waldgebiete erstrecken. In der Hansestadt **Deventer** lockt neben dem mittelalterlichen Straßenbild das alte Bergkwartier-Viertel, eine reizvolle Ansammlung restaurierter Behausungen in Nachbarschaft der ehrwürdigen Bergkerk. Kinderreiche Familien freuen sich unterdessen auf einen Abstecher in die Abenteuerparks in **Hellendoorn** und **Slagharen**.

Deventer

(70.000 Einwohner)

Die architektonisch schönsten Teile der Altstadt liegen östlich des Zentrums im Bergkwartier, dem Viertel rund um die alte Bergkerk. Restaurierte Fassaden beeindrucken mit dezenter Eleganz.

Der Name *Bergkwartier* leitet sich von der norwegischen Stadt Bergen ab, die einst eine wichtige Anlaufstelle der städtischen Fischereiflotte war. Das gesamte Viertel wurde in den vergangenen Jahren weitgehend restauriert. Das mittelalterliche Straßennetz ist vollkommen erhalten, die meisten der alten Häuser sind wieder bewohnt. Im Mittelpunkt steht die romanisch-gotische *Bergkerk* mit ihren beiden romanischen Türmen, deren älteste Abschnitte aus dem Jahre 1198 datieren. Die Arbeiten konnten allerdings erst im frühen 16. Jahrhundert vollendet werden; im 20. Jahrhundert verhalfen Restaurierungsarbeiten der Kirche wieder zu ihrem früheren Glanz.

Zwischen den alten Stadtmauern liegt parallel zum Ufer der IJssel ein sehr schönes Fleckchen Altstadt: *Achter de Muren*. Im historischen Stadtzentrum beeindruckt neben der denkmalgeschützten Walstraat der weite Marktplatz mit seinen Straßencafés, die Scharen von ausländischen Touristen zum Verweilen einladen. An einer Seite des Platzes erinnert die Stadtwaage (1528) an die düsteren Zeiten, in denen man der Falschmünzerei überführte Ganoven öffentlich im *Valsemuntersketel* (Falschmünzerkessel) in kochendem Wasser hinrichtete.

Information/Verbindungen/Adressen

• *Information* **ANWB/VVV Deventer**, Keizerstraat 22, 7411 HH Deventer, ☎ 0900/3535355, ☏ 0570/643338, www.deventer.nl. Mo-Fr 9.30-18 Uhr, Sa 9.30-17 Uhr, April-September Do bis 21 Uhr.
• *Bahnverbindungen* 1-2x stündl. nach Amsterdam (Dauer: 75 Min.), 1-2x stündl. Arnhem (35 Min.), 2-3x stündl. Enschede (50 Min.), 1-2x stündl. Utrecht (60 Min.), 1-2x stündl. Zwolle (20 Min.).
• *Autovermietung* **Autoverhuur Avis**, Margijnenenk 44, 7415 JZ Deventer, ☎ 0570/637090; **Autoverhuur Budget**, Zweedsestraat 11-15, 7418 BG Deventer, ☎ 0570/624262 (0800/0537, gratis); **Autoverhuur Bultman**, Dortmundstraat 6, 7418 BH Deventer, ☎ 0570/637098, www.bultman.nl; **Autoverhuur Van der Bijl**, Hanzeweg 43b, 7418 AV Deventer, ☎ 0570/665995, www.vdbijl.nl; **Autoverhuur Hertz**, Dortmundstraat 6, 7418 BH Deventer, ☎ 0570/637098; **Autoverhuur Hoogstraten**, Industrieweg 14, 7418 CE Deventer, ☎ 0570/626100.
• *Fahrradverleih* **Rijwielshop Fietsenstalling Leo Janssen**, Stationsplein 3, 7411 HB Deventer, ☎ 0570/613832; **Profil Tweewie**

lers Riesewijk, Essenstraat 4, 7418 BM Deventer, ☎ 0570/677750.
• *Einkaufen* Die Geschäfte bleiben in Deventer Montagvormittag geschlossen. Am Donnerstag (in den Randgebieten Freitag) verschiebt sich der Ladenschluss auf 21 Uhr (Kaufabend). Markttermine: **Wochenmarkt** Di 8-12 Uhr, Beestenmarkt; Mi 8-12 Uhr, Keizerslanden; Do 8-12 Uhr, Flora; Fr 8-13 Uhr und Sa 9-17 Uhr, Brink; **Trödelmarkt**, Sa 9-16 Uhr, Wilpsedijk 2.
• *Krankenhaus* **Ziekenhuis Deventer**, H.J.P. Fesevurstraat 7, 7415 CM Deventer, ☎ 0570/646666.
• *Mühle* **Bolwerksmolen**, Bolwerksweg 8, ☎ 0570/615040. Schwarze Mühle (19. Jh.) mit reetgedecktem Dach. Mai-September Di und Sa 9-12.15 Uhr und 13.30-17 Uhr oder nach telefonischer Voranmeldung. Eintritt frei.
• *Schwimmen* **De Scheg**, Piet van Donkplein 1, 7422 LW Deventer, ☎ 0570/659777, www.scheg.nl. Subtropisches Schwimmparadies (Halle), Canyon River, Yellow Cycloon (80-Meter-Rutsche), Oriental Garden.
• *Taxiruf* ☎ 0570/626262

Übernachten

• *Hotels* *** **Mercure Hotel Postiljon Deventer**, Deventerweg 121 (Autobahn A1), 7418 DA Deventer, 145 Betten, unpersönliches Ambiente trotz komfortabler Räumlichkeiten, alle Zimmer mit Minibar, Telefon und TV, spezielle Nichtraucherzimmer vorhanden. EZ ab 72 €, DZ ab 82 €, ✆ 0570/624022, 📠 625346.

** **Hotel Royal**, Brink 94, 7411 BZ Deventer, 32 Betten, zentrale Lage, saubere Zimmer mit rustikaler Einrichtung, insgesamt recht einfach. EZ ab 39 €, DZ ab 50 €, ✆ 0570/611880, 📠 644880.

• *Jugendherberge*   **NJHC-Jugendherberge De Kleine Haar**, Dortherweg 34, 7216 PT Gorssel, knapp 10 km südlich von Deventer in der Provinz Gelderland, Herberge in schönem historischem Gebäude, geöffnet März-Oktober. 84 Betten, Viererzimmer (4), Sechserzimmer (4), 12er-Zimmer (1),

Vierer-Blockhütten (8). Übernachtung im Schlafsaal inkl. Frühstück 17-20 € (je nach Saison), ✆ 0573/431615, 📠 431832, gorssel@njhc.org.

• *Camping* **Camping De Worp**, Worp 12, 7419 AD Deventer, A 1, Ausfahrt Twello, N 344 Richtung Deventer, Schildern folgen, schöne Lage direkt an der IJssel, ebenes Wiesengelände, einfache Sanitärs, geöffnet April-September. Person 2.50 €, Zelt 3.50 €, Auto 2.50 €, Duschen 0.50 €, Fläche 3 ha. ✆ 0570/613601, info@idemax.nl.

Camping De Schalkhoeve, Weterdijk 8, 7433 RC Schalkhaar, N 348 (Deventer–Raalte), Schildern folgen, kleiner Platz im Grünen, einfache Sanitärs, geöffnet April-September. Stellplatz (inkl. 4 Pers.) 10.50 €, zus. Person 2.50 €, Duschen 0.25 €, Fläche 1,5 ha. ✆ 0570/531357.

Essen

't Arsenaal, Nieuwe Markt 33, 7411 PC Deventer, französisch angehauchte holländische Küche in alter Kapelle (15. Jh.), gute 3-Gänge-Menüs, Sa/So geschlossen, ✆ 0570/616495.

La Balance, Brink 72, 7411 BW Deventer, gut besuchtes Café gleich hinter der Stadtwaage, meist sehr voll, die Tasse Kaffee wartet bereits, Mo geschlossen, ✆ 0570/619277.

De Sjampetter, Brink 81, 7411 BX Deventer, Eetcafé mit preiswerten wechselnden Tagesgerichten, darüber hinaus mehrere Sorten Pfannkuchen, ✆ 0570/617155.

IJssalon Talamini, Brink 103, 7411 BZ Deventer, riesiger Eissalon, etwa 100 m rechts vom Hotel Royal, gutes Eis und die wohl größten Milchshakes der Stadt, ✆ 0570/613994.

Veranstaltung

Dickens-Festijn: Die Veranstaltung erweckt die romantische Atmosphäre des 19. Jh., die Zeit des englischen Schriftstellers Charles Dickens, zum Leben. In den historischen Gassen der Altstadt erscheinen mehr als 200 viktorianische Figuren aus seinen Romanen, allen voran der Waisenjunge Oliver Twist, doch wollen manche Besucher auch den Schriftsteller selber gesehen haben. Sonntags, am zweiten Tag der Veranstaltung, lockt zusätzlich ein großer Weihnachtsmarkt. In den vergangenen Jahren zählte das Ereignis mehr als 120.000 Zuschauer – Tendenz steigend. Golstraat, Roggestraat, Walstraat. Termin: Dezember (letztes Wochenende vor Weihnachten).

Sehenswertes

Grote Kerk (Sint Lebuinuskerk): Die erste größere Kirche Deventers wurde im 11. Jahrhundert auf den spärlichen Fundamenten der 300 Jahre zuvor zerstörten Lebuinus-Kapelle erbaut. Die Krypta stammt aus dieser frühen Zeit, das Hauptschiff der Basilika dagegen ist gotisch, entstand also wesentlich später. Die Kirche wird von einem hübschen Turm (60 m) überragt, der nach der Bewältigung von 213 Stufen einen schönen Blick auf Deventer und die angrenzende Flusslandschaft der IJssel freigibt.

In unmittelbarer Nachbarschaft der Kirche liegen die Ruinen der *Onze Lieve Vrouwekerk (Mariakerk)*, die nach mehreren Zerstörungen nicht wieder errichtet wurde. Die wenigen erhaltenen Teile datieren aus dem frühen 14. Jahrhundert. Ebenfalls nicht weit von der Grote Kerk entfernt befindet sich der weitläufige Rathauskomplex, dessen älteste Teile aus dem 13. Jahrhundert stammen. Sehenswert sind insbesondere zwei mittelalterliche Bauten, die der Volksmund seit jeher als *Landhuis* und *Wanthuis* kennt.

● *Adresse/Öffnungszeiten Kirche* Grote Kerkhof, 7411 KT Deventer, ✆ 0900/3535355 (VVV). Mo-Sa 11-16 Uhr. Glockenspiel Fr 10-11 Uhr, Sa 14-15 Uhr. Turmbesteigung Juli/August Mo-Sa 13-17 Uhr. Erwachsene 1.25 €, Kinder 0.75 €.

● *Adresse/Öffnungszeiten Rathaus* Grote Kerkhof 4, 7411 KT Deventer, ✆ 0570/693911. Mo-Fr 8.30-17.15 Uhr. Eintritt frei.

Iordenshofje: Das kleine *Hofje*, das *Joachim Keyzer* im 16. Jahrhundert stiftete, befindet sich seit nahezu 300 Jahren in Familienbesitz. Die Gebäude standen ursprünglich am *Pontsteeg*, wurden später allerdings abgetragen und an ihrem jetzigen Standort neu errichtet. Die Mehrzahl der kleinen Häuser stammt aus den 20er Jahren des 20. Jahrhunderts.

Adresse/Öffnungszeiten Kleine Overstraat 23, 7411 JL Deventer, ✆ 0900/3535355 (VVV). Täglich rund um die Uhr. Eintritt frei.

Penninckshuis: *Alst Godt behaget beter benyt als beclaget* – "Gefällt es Gott, so ist es besser, beneidet als bemitleidet zu werden." Neben dieser Inschrift zieren sechs Statuen die im Stil der Renaissance gestaltete Fassade des Hauses im Brink 89. Auf Höhe der *Penninckshoek* erinnert ein Standbild an *Albert Schweitzer*, den Friedensnobelpreisträger des Jahres 1952.

Historisch Museum De Waag: In der alten Stadtwaage und dem benachbarten Gebäude, das der Volksmund unter dem Namen "De Drie Haringen" kennt, ist neben zahlreichen Exponaten zur Stadtgeschichte eine kleine Sammlung origineller Fahrräder zu sehen. Besondere Würdigung erfährt die *Eerste Nederlandse Rijwielfabriek* von *Hendrik Burgers*. Ebenfalls nostalgische Gefühle wecken die alten Kücheneinrichtungen, Münzen und Zeichnungen. Das Museum wird Anfang 2004 umziehen.

● *Adresse/Öffnungszeiten* Grote Kerkhof 1, 7411 KT Deventer, ✆ 0570/693780. Di-Sa 10-17 Uhr, So 13-17 Uhr. Erwachsene 2.30 €, Kinder 1.40 €, MJK. Weitere 0.45 € ermöglichen den kostenfreien Zutritt zum Museum Speelgoed en Blik (s. u.). Führungen in deutscher Sprache.

Museum Speelgoed en Blik: Die Ausstellungsräume in den beiden restaurierten Lagerhäusern aus dem 15. Jahrhundert zeigen eine Sammlung alter Blechdosen, Modelleisenbahnen, Puppen und Zinnfiguren. Während die Erwachsenen die liebevoll zusammengestellten Exponate durchstöbern, darf der Nachwuchs mit robusten Holzklötzen spielen.

● *Adresse/Öffnungszeiten* Brink 47, 7411 BV Deventer, ✆ 0570/693786. Di-Sa 10-17 Uhr, So 13-17 Uhr. Erwachsene 2.30 €, Kinder 1.40 €, MJK. Weitere 0.45 € ermöglichen den kostenfreien Zutritt zum Historisch Museum De Waag (s. u.). Führungen in deutscher Sprache.

Automuseum Deventer: Ausgestellt sind etwa dreißig historische Automobile auf vier oder weniger Rädern. Im Mittelpunkt stehen Klassiker der Zeit vor

Provinz Overijssel Karte S. 473

1940 wie Cadillac Speedster, Packard Drophead Coupé oder Vauxhall Tickford. Die meisten werden nach wie vor regelmäßig gefahren, beispielsweise im Rahmen international bekannter Rallyes.

Adresse/Öffnungszeiten Sluisstraat 6, 7411 EG Deventer, ☎ 0570/671179. Mo-Sa 10.30-18 Uhr. Erwachsene 5 €, Kinder 2.50 €, www.automuseumdeventer.nl.

Hellendoorn

(2.500 Einwohner)

Die nahe der Grenze zwischen Salland und Twente gelegene kleine Ortschaft wird in der Hochsaison von erstaunlichen Besuchermassen heimgesucht: Tagesausflügler, die im Familienkreis den über die Landesgrenzen hinaus bekannten **Avonturenpark Hellendoorn** besuchen. Der Ausflug verspricht Spannung: Mutproben auf der unterirdischen Achterbahn, im Schlauchboot auf tosenden Gewässern oder im hölzernen Baumstamm im freiem Fall ins Ungewisse. Die *Magical Monkey Show* macht derweil mutige Mädchen zu zauberhaften Prinzessinnen, während findige Detektive nur einer Frage nachgehen: Wo ist der Butler? Ein abenteuerliches Vergnügen!

- *Information* VVV Hellendoorn, Dorpsstraat 49, 7447 CN Hellendoorn, ☎ 0548/654848. April-Oktober Mo-Fr 9-17 Uhr, Sa 9-16 Uhr.

- *Adresse/Öffnungszeiten* **Avonturenpark Hellendoorn**, Luttenbergerweg 22, 7447 PB Hellendoorn, ☎ 0548/655555, April und September/Oktober Sa/So 10-18 Uhr; Mai-August täglich 10-18 Uhr. Erwachsene/Kinder 15 € (bei Eintritt nach 15 Uhr nur 8 €), Senioren (Pas65) 8 €. Parken 4.50 €; www.avonturenpark-hellendoorn.nl.

- *Essen* In etwa 2,5 km Entfernung zum Abenteuerpark liegt ein nettes Pfannkuchenhaus, in dem ermäßigte Eintrittskarten für den Park erhältlich sind:

De Paddestoel, Sanatoriumlaan 6, 7447 PK Hellendoorn, etwa 40 Sorten, Spielplatz, Terrasse, April-Oktober täglich 12-14 Uhr und 17-21 Uhr, Juli-August durchgehend, November-März Fr-Mo 12-20 Uhr, ☎ 0548/681616. Anfahrt: A 1 Amsterdam-Hengelo, Ausfahrt Hellendoorn, Ausschilderung folgen.

Slagharen

(2.000 Einwohner)

Alle diejenigen, denen der Avonturenpark Hellendoorn (s. o.) noch nicht alle Kräfte abverlangt hat, können auf dem Weg in nördlichere Gefilde einen Abstecher nach Slagharen unternehmen, eine Ortschaft, in der der **Attractiepark Slagharen** auf seine Besucher wartet. Der Erlebnispark, der sich auf einer Fläche von 50 ha ausdehnt, bietet Abenteuer auf dem Lande und dem Wasser, darunter eine spannende Wild-West-Show. Die klassischen Achterbahnen, Riesenräder und Karussells fehlen ebenso wenig.

Wer sich dagegen mehr für einen Ausflug in die Natur erwärmen kann, besucht die **Priona Tuinen**, eine 1,5 ha große Parkanlage wenige Kilometer nördlich von Slagharen, in der Pflanzen aus allen Teilen dieser Welt gedeihen. Die Pflanzenvielfalt wiederum lockt Libellen, Schmetterlinge und Vögel herbei. Eine erholsame Pause ermöglicht das gemütliche Teehaus.

- *Adressen/Öffnungszeiten* **Attractiepark Slagharen**, Zwartedijk 37, 7776 PB Slagharen, ☎ 0523/683000, www.attractiepark-slagharen.nl. April-Oktober täglich 10-17.30 Uhr. Erwachsene/Kinder 15 €.

Priona Tuinen, Schuineslootweg 13, 7777 RE Schuinesloot (nördlich von Slagharen), ☎ 0523/681734. Mai-September Do-Sa 10-17 Uhr, So 14-18 Uhr. Erwachsene 6 €, Kinder 2.50 €, Senioren (Pas65) 4.50 €.

Region Twente

(Almelo, Hengelo, Goor, Enschede, Oldenzaal)

Der östlichste Teil der Provinz, der sich von der deutsch-niederländischen Grenze bis kurz vor Hellendoorn erstreckt, war jahrhundertelang ein agrarisch genutztes Gebiet. Eine größere Zahl an Wassermühlen, die der Trockenlegung des Landstrichs diente, ist in gutem Zustand erhalten. Der landschaftliche Eindruck wird durch den nur an wenigen Stellen begradigten Flusslauf der *Vecht* abgerundet, der seltenen Pflanzen und Tieren einen natürlichen Lebensraum bietet.

Städtische Zentren inmitten der ländlichen Region sind **Almelo**, **Enschede** und **Hengelo**, die sich im Zuge der Industrialisierung zu bedeutenden Produktionsorten der Textilindustrie entwickelten, mittlerweile aber einen eher modern-nüchternen Eindruck hinterlassen. Die Textilbarone errichteten in den Wäldern einst große Landsitze, die noch heute von ihren Familien bewohnt werden. Bemerkenswert ist die Tatsache, dass nur wenige dieser Güter durch Erbteilung zerfielen. Stiftungen pflegen die alten Traditionen, was leider bedeutet, dass Besichtigungen nur in begrenzter Form erfolgen können. Selbiges gilt auch für viele der Gartenanlagen im englischen oder französischen Stil.

Almelo

(65.000 Einwohner)

Die Atmosphäre anderer altholländischer Städte ist Almelo abhanden gekommen. Die moderne Architektur wirkt sachlich, doch bietet die Stadt ideale Bedingungen für einen Einkaufsbummel nahe der Grenze.

Almelo wurde 1157 erstmals erwähnt, als die *Heren van Almelo* nahe der Grenze das Schloss *Huize Almelo* erbauen ließen. Die daraus erwachsende kleine Siedlung erhielt 1420 die Stadtrechte. Im 19. Jahrhundert wuchs der Ort zu einem Zentrum der niederländischen Textilindustrie heran. Färbereien, Spinnereien und Webereien prägten damals das Stadtbild. Die dunklen und feuchten Häuser, die später größtenteils zu unbewohnbaren Ruinen verfielen, boten Raum für spartanisch eingerichtete Arbeiterwohnungen.

Viele Häuser, Fabriken, Lagerräume und Schuppen wurden nach Kriegsende niedergerissen. An ihrer Stelle entstanden moderne Zweckbauten, darunter das Polizeipräsidium und das Rathaus westlich der neuen Fußgängerzone.

Provinz Overijssel
Karte S. 473

Information/Verbindungen/Adressen

• *Information* **VVV Almelo**, Centrumplein 2, 7607 SB Almelo, ☏ 0546/818765, ✎ 823012, www.vvvalmelo.nl. Mo 10-17.30 Uhr, Di-Fr 9-17.30 Uhr, Sa 9-16 Uhr.

ANWB Almelo, Koninklijke Nederlandse Toeristenbond, Rosa Luxemburgstraat 8, 7607 SM Almelo, ☏ 0546/828080, ✎ 828944.

• *Bahnverbindungen* 4x stündl. nach Apeldoorn (Dauer: 40-50 Min.) und weiter nach Utrecht (90-100 Min.), 6x stündl. Enschede (20-25 Min.), 1-2x stündl. Zwolle (45 Min.).

• *Einkaufen* Die Geschäfte bleiben in Almelo Montagvormittag geschlossen. Am Donnerstag verschiebt sich der Ladenschluss auf 21 Uhr (Kaufabend). Markttermine: **Wochenmarkt** Di 9-13 Uhr, Vincent van Goghplein; Mi 9-13 Uhr, Schelfhorst; Do 9-13 Uhr und Sa 9-17 Uhr, Marktplein.

• *Fahrradverleih* **Smit Rijwielen**, Ootmarsumsestraat 141, 7603 AB Almelo, ☏ 0546/861807; **Stations Rijwielstalling**, Stationsplein 1, 7607 GD Almelo, ☏ 0546/817837; **Wild**

2 Wielers, Nieuwstraat 151, 7605 AD Almelo, ✆ 0546/812729; **De Markt Rijwielstalling**, De Waag 5, 7607 HP Almelo, ✆ 0546/822110.

• *Kanuverleih* **Kano Buitensport Twente**, Zwanebloemstraat 37, 7601 XZ Almelo, ✆ 0546/822738, www.kbt.nl.

• *Kinderbauernhof* **Beeklustpark**, Ledeboerslaan 3, 7606 HS Almelo, ✆ 0546/816808. Mo-Fr 8-16 Uhr, Sa/So 14-17 Uhr. Eintritt frei.

• *Krankenhaus* **Twenteborg Ziekenhuis**, Zilvermeeuw 1, 7609 PP Almelo, ✆ 0546/833333.

• *Taxiruf* ✆ 0546/853030

Übernachten/Essen

• *Übernachten* ****** Hotel Rijsserberg**, Burgemeester Knottenbeltlaan 77, 7461 PA Rijssen, gut 15 km südwestlich von Almelo, 108 Betten, Bilderberg-Luxushotel, waldreiche Umgebung, Nichtraucherzimmer, Schwimmbad, Sauna, Solarium, gute Küche im angeschlossenen Restaurant "De Koperen Schouw". EZ ab 130 €, DZ ab 175 €, Frühstück 15.50 €, ✆ 0548/516900, ✉ 520230.

**** Theaterhotel Almelo, Schouwburgplein 1, 7607 AE Almelo, 220 Betten, zentrale Lage, die erste Adresse vor Ort, gepflegte Zimmer, freundlicher Service, Fahrstuhl, Schwimmbad. EZ ab 57 €, DZ ab 65 €, Frühstück 8 €, ✆ 0546/810061, ✉ 821665.

Camping Pooksbelten, Robbenhaarsweg 11-13, 7603 NT Almelo, N 349 (Almelo–Ootmarsum), schöne Lage in waldreicher Umgebung, einfache Sanitärs, Lebensmittelgeschäft, Schwimmbad, geöffnet März-Oktober. Person 3.20 €, Zelt 3.20 €, Auto 3.20 €, Duschen 0.68 €, Fläche 6,5 ha. ✆ 0546/862181, ✉ 861281.

Camping Kiekebelt, Haarboersweg 1, 7645 AD Hoge Hexel, wenige Kilometer westlich von Almelo, Schildern folgen, neue Anlage in waldreicher Lage, schattige Plätze, gute Sanitärs, Lebensmittelgeschäft, Wanderhütten (2), Schwimmbad, ganzjährig geöffnet. Person 2.75 €, Zelt 2.75 €, Auto 2.75 €, Duschen 0.50 €, Fläche 2,5 ha. ✆ 0546/571793, ✉ 578010.

• *Essen* **Croco's Eetcafé**, Marktplein 31, 7607 HM Almelo, preiswerte holländische Küche, natürlich gibt es gute Pfannkuchen, außerhalb der Saison So geschlossen, ✆ 0546/815777.

Eetcafé De Schoof, Oranjestraat 24, 7607 BK Almelo, ebenfalls holländische Küche, preiswerte wechselnde Tagesgerichte im Bistro-Eetcafé, Mo geschlossen, ✆ 0546/828008.

Pizzeria Capri, Kerkstraat 13, 7607 BS Almelo, empfehlenswerte Spezialitäten der italienischen Küche, gute Fischgerichte, preiswerte 3-Gänge-Menüs, ✆ 0546/825282.

Apollon, Schuttenstraat 3, 7607 JA Almelo, griechische Gerichte vom Holzkohlengrill, Mo geschlossen, ✆ 0546/828471.

Sehenswertes

Huize Almelo: Das Schloss stammt in seiner heutigen Gestalt aus dem Jahre 1662, wurde allerdings 500 Jahre zuvor erstmals urkundlich erwähnt. Ein Brand zerstörte im Mittelalter weite Teile der Anlage. Heute bewohnen die *Graven van Rechteren Limpurg* das Anwesen. Leider ist nur der gräfliche Wald (365 ha) zugänglich. Die kleinen Häuser an der *Herengracht* in der nordöstlichen Ecke der Parkanlage dienten einst den Schlossbediensteten als Ruhesitz. Trotz fehlender Sanitärs und Stromversorgung waren die Wohnungen noch in den 60er Jahren des 20. Jahrhunderts bewohnt. Seither dienen sie als Ateliers ortsansässiger Künstler.

Wevershuisje: Das restaurierte Fachwerkhaus dient als Podium für wechselnde Ausstellungen alter Handwerke. Die Stadt zählte noch um 1900 eine ganze Reihe dieser feuchtdunklen, flachen Arbeiterwohnungen aus dem 17. Jahrhundert. Die Textilfabriken Almelos bedeuteten für zahlreiche Menschen lange Zeit einen gesicherten Arbeitsplatz. Der Lohn allerdings war spärlich, die Menschen hausten auf engstem Raum.

Adresse/Öffnungszeiten Kerkengang 5, 7607 BR Almelo, ✆ 0546/852701, Do-Sa 13.30-17.30 Uhr. Eintritt frei, www.wevershuisje.nl.

Museum voor Heemkunde: In früheren Zeiten bewohnte der angesehene Direktor der städtischen Lateinschule das *Rectorshuis* mit seinen sehenswerten Gartenanlagen. Mittlerweile ist das Heimatmuseum in die Räumlichkeiten eingezogen. Die Ausstellung beleuchtet schwerpunktmäßig die Entwicklung der städtischen Textilindustrie.

Adresse/Öffnungszeiten Korte Prinsenstraat 2, 7607 JB Almelo, ✆ 0546/816071. Di-Sa 12.30-17 Uhr. Eintritt frei.

Hengelo   (80.000 Einwohner)

Hengelo entwickelte sich Mitte des 19. Jahrhunderts zur blühenden Industriemetropole, die nach der Eröffnung einer ersten Eisenbahnlinie 1865 prächtig expandierte.

Die Namen *Dikkers, Hazemeijer, Heemaf, Signaal* und *Stork* sind aus der Stadtgeschichte nicht mehr wegzudenken. Insbesondere letzteres Unternehmen nahm großen Einfluss auf die Entwicklung der Stadt, geht doch die komplette Arbeitersiedlung des *Tuindorp 't Lansink* auf die Initiative dieser Firma zurück. *Conrad Stork*, der Direktor der familieneigenen Maschinenfabrik, hatte 1910 den Bau preiswerter Arbeiterwohnungen nach englischem Vorbild angeregt. Nur wenige Monate später legte man den Grundstein für das Arbeiterviertel südlich der Innenstadt. Im Mutterland der industriellen Revolution existierten zur gleichen Zeit bereits mehrere dieser Siedlungen, die auch sozial Schwächeren einen vernünftigen Lebensraum boten. Die Straßen und Plätze sind begrünt, sämtliche Häuser besitzen einen kleinen Vorgarten. Ein ruhiger Teich bietet Möglichkeiten für eine kleine Erholungspause.

Der historische Stadtkern hatte im Zweiten Weltkrieg schweren Schaden genommen, später wurden auch Bauten, die die Bombardements unbeschadet überstanden hatten, gezielt niedergerissen. Die Stadt entwickelte sich zum Experimentierfeld zeitgenössischer Architektur. Das italienisch-skandinavisch beeinflusste Rathaus, der moderne Bahnhof und die Kasbah-Siedlung von *Piet Blom* liefern die wohl eindrucksvollsten Beispiele. Das Hengelo der Gegenwart zeigt sich in modernem Gewand.

Information/Verbindungen/Adressen

• *Information* **ANWB/VVV Hengelo**, Molenstraat 26, 7551 DC Hengelo, ✆ 074/2421120, 📠 2421780, www.vvvhengelo.nl. Mo 12.30-17.30 Uhr, Di-Fr 9.30-17.30 Uhr, Sa 9.30-16 Uhr.
• *Bahnverbindungen* 3x stündl. nach Apeldoorn (Dauer: 50-60 Min.) und weiter nach Utrecht (100-110 Min.), 3-5x stündl. Enschede (10 Min.), 1-2x stündl. Oldenzaal (10 Min.), 1-2x stündl. Zutphen (40 Min.), 1-2x stündl. Zwolle (60 Min.).
• *Autovermietung* **Autoverhuur Budget**, Wegtersweg 8, 7556 BR Hengelo, ✆ 074/2422711 (0800/0537, gratis); **Autoverhuur Twente**, Holtersweg 25, 7556 BS Hengelo, ✆ 074/2550430, www.bleekergroep.nl.
• *Fahrradverleih* **Geerdink Fietsen**, Geerdinksweg 36, 7555 DN Hengelo, ✆ 074/

2913429; **Rijwielshop Hengelo**, Stationsplein 1, 7556 BR Hengelo, ✆ 074/2566017.
• *Einkaufen* Die Geschäfte bleiben in Hengelo Montagvormittag geschlossen. Am Donnerstag verschiebt sich der Ladenschluss auf 21 Uhr (Kaufabend). Markttermine: **Wochenmarkt** Mi 9-18 Uhr und Sa 9-17 Uhr, Marktplein, Brinkstraat.
• *Kinderbauernhof* **Boerderij 't Weusthag**, Van Alphenstraat 27, 7555 DM Hengelo, ✆ 074/2459631. Mo-Sa 8.30-16.30 Uhr, April-Oktober auch So 10.30-15.30 Uhr. Eintritt frei.
• *Krankenhaus* **Ziekenhuis Middentwente**, Geerdinksweg 141, 7555 DL Hengelo, ✆ 074/2475475.
• *Taxiruf* ✆ 074/2425000

Übernachten/Essen

● *Übernachten* ****** Hotel Van der Valk**, Bornsestraat 400, 7556 BN Hengelo, 400 Betten, nördlich des Zentrums, das neueste Hotel der Stadt, komfortable Zimmer. EZ ab 60 €, DZ ab 60 €, Frühstück 8 €, ✆ 074/2555055, ✉ 2555010.

*** Hotel 't Lansink, C. T. Storkstraat 14-18, 7553 AR Hengelo, 25 Betten, die erste Adresse vor Ort, mittendrin im gleichnamigen Tuindorp-Viertel, freundlicher Service. EZ ab 70 €, DZ ab 93 €, Frühstück 9 €, ✆ 074/2910066, ✉ 2435891.

** Hotel Stravinsky, Burgemeester Jansenplein 20, 7551 ED Hengelo, 10 Betten, zentrale Lage, alle Zimmer mit Du/WC. EZ ab 44 €, DZ ab 70 €, ✆ 074/2910265, ✉ 2421166.

Camping De Waarbeek, Twekkelerweg 329, 7554 SL Hengelo, Schildern Richtung Waarbeek folgen, Nähe Recreatiepark De Waarbeek am Südufer des Twentekanaals, einfache Sanitärs, Lebensmittelgeschäft, Schwimmbad, geöffnet März-Oktober. Person 3 €, Zelt 3 €, Auto 3.50 €, Duschen 0.50 €, Fläche 5 ha. ✆ 074/2910239, ✉ 2502007, dewaarbeek@zonnet.nl.

Camping Beckum, Wolfkaterweg 34, 7554 PM Hengelo, A 35 (Enschede–Almelo), Ausfahrt Hengelo-Zuid, Richtung Haaksbergen, Platz liegt nach 4 km auf der rechten Seite, waldreiche Lage, einfache Sanitärs, Schwimmbad, geöffnet April-September. Person 2.25 €, Zelt 2.25 €, Auto 2.25 €, Duschen 0.40 €, Fläche 3 ha. ✆ 074/3676238.

● *Essen* **China-Tuin**, Oldenzaalsestraat 547, 7558 PW Hengelo, große Auswahl an Speisen der chinesischen Küche, auch Buffet mit 16 Gerichten zur Auswahl, ✆ 074/2913252.

Pizzeria Italia, Marktstraat 15a, 7551 DR Hengelo, einfaches italienisches Restaurant der unteren Preisklasse, ✆ 074/2422431.

Emma's Eetcafé, Emmaweg 6, 7551 BH Hengelo, Gerichte der französisch-holländischen Küche, preiswerte wechselnde Tagesgerichte, Mo geschlossen, ✆ 074/2566977.

Sehenswertes

Stadhuis: Das städtische Rathaus zählt zu den Bauwerken, die nach den Kriegswirren als moderne Zweckbauten neu errichtet wurden. Der Palazzo Vecchio von Florenz stand Pate – italienisch (und skandinavisch) beeinflusste Stilelemente sind augenfällig. Der Turm (59 m) birgt ein schönes Glockenspiel.
Adresse/Öffnungszeiten Burgemeester Jansenplein 1, 7551 EC Hengelo, ✆ 074/2459876. Mo-Fr 8.15-17 Uhr. Eintritt frei. Turmbesteigung nur in den Sommermonaten nach Anmeldung beim Informationsbüro.

Oudheidkamer: In den Räumlichkeiten der knapp hundert Jahre alten Patrizierwohnung, die im Volksmund den schönen Namen *Oald Hengel* trägt, sind Exponate zur Stadtgeschichte untergebracht, darunter Fotografien und Schriftstücke sowie mehrere archäologisch bedeutsame Funde. Darüber hinaus sind Gläser, Möbel und Textilien ausgestellt. Sehenswert ist eine vollständig eingerichtete Dienstbotenkammer.
Adresse/Öffnungszeiten Beekstraat 51, 7551 DP Hengelo, ✆ 074/2594216, www.oaldhengel.nl. Di-Fr 10-17 Uhr, Sa 14-17 Uhr. Eintritt frei. Führungen in deutscher Sprache.

Techniekmuseum: *Dikkers, Hazemeijer, Heemaf, Signaal* und *Stork* – die Namen wurden einst über die Grenzen der Stadt hinaus zum Begriff für die Segnungen einer voranschreitenden Industrialisierung. Das Technikmuseum zeigt auf drei Etagen Dampfmaschinen, Diesel- und Elektromotoren sowie Exponate aus den Bereichen der Holzverarbeitung, Raumfahrt, Telekommunikation und Textilherstellung.
Adresse/Öffnungszeiten Bornsestraat 7, 7556 BA Hengelo, ✆ 074/2430054. Di-Fr 11-17 Uhr, Sa/So 14-17 Uhr. Erwachsene 1.90 €, Kinder 1.15 €, Senioren (Pas65) 1.15 €, MJK. Führungen in deutscher Sprache.

Goor

(12.000 Einwohner)

Die knapp 15 km westlich der Stadt Hengelo liegende Gemeinde zählte im 19. Jahrhundert zu den wichtigsten Zentren der Twenter Textilindustrie, der noch im frühen 20. Jahrhundert bedeutendsten Erwerbsquelle der hiesigen Bevölkerung. In der Umgebung laden Heide- und Waldgebiete zu Radtouren und Wanderungen ein. Das Informationsbüro vertreibt Broschüren mit ausgearbeiteten Rundtouren.

Information/Verbindungen/Adressen

• *Informationen* **VVV Goor**, Stationslaan 1, 7471 AP Goor, ☎ 0547/260079, ✆ 261450, www.vvvgoor.nl. April-September Mo-Fr 9-16 Uhr, Sa 9-14 Uhr; Oktober-März Mo-Fr 11-15 Uhr.

• *Bahnverbindungen*   1-2x stündl. nach Hengelo (Dauer: 15 Min.), 1-2x stündl. Zutphen (25 Min.).

• *Einkaufen*   Die Geschäfte bleiben in Goor Montagvormittag geschlossen. Am Freitag verschiebt sich der Ladenschluss auf 21 Uhr (Kaufabend). Markttermin: **Wochenmarkt** Fr 9-12 Uhr, Schoolfeestplein.

• *Fahrradverleih* **Rijwielhandel Ten Duis en Escher**, Grotestraat 77, 7471 BL Goor, ☎ 0547/274113;   **Rijwielen Reiners**, Voorstraat 11, 7471 BX Goor, ☎ 0547/272784.

• *Krankenhaus* **Ziekenhuis Middentwente**, Geerdinksweg 141, 7555 DL Hengelo, ☎ 074/2475475.

• *Mühle* **De Braakmolen**, Mulderskamp 2 b, ☎ 0547/271546. Reetgedeckte achteckige Kornmühle (1856). Sa 10-15 Uhr und nach telefonischer Voranmeldung. Eintritt frei.

• *Taxiruf* ☎ 0547/272744

Übernachten/Essen

• *Übernachten*   Goor verfügt weder über ein Hotel noch über einen offiziellen Campingplatz. Alternativen gibt es jedoch in Diepenheim und Markelo.

**** Hotel 't Holt**, Hengevelderstraat 1, 7478 PE Diepenheim, 39 Betten, etwa 7 km südlich von Goor, freundliches Familienhotel mit einfachem, aber gepflegtem Interieur, gutes Frühstück. EZ ab 49 €, DZ ab 64 €, ☎ 0547/351844, ✆ 352520.

Camping Bergzicht, Twikkelerweg 17, 7475 ND Markelo, Schildern folgen, Platz liegt 3 km westlich von Goor in waldreicher Umgebung, einige schattige Plätze, gute Sanitärs, Lebensmittelgeschäft, Schwimmbad, Wanderhütte (1), geöffnet April-Oktober. Person 3.10 €, Zelt 3.10 €, Auto 2.15 €, Duschen 0.55 €, ☎ 0547/272797, ✆ 260051, camping.bergzicht@worldonline.nl.

Camping De Kattenberg, Hogedijk 8, 7475 PR Markelo, A 1 (Apeldoorn–Hengelo), Ausfahrt 27 (Markelo), Richtung Laren, Schildern folgen, einige Kilometer westlich von Goor, ebenfalls waldreiche Lage, gute Sanitärs, Schwimmbad, Lebensmittelgeschäft, geöffnet April-September. Person 3 €, Zelt 3.50 €, Auto 2.50 €, Duschen 0.50 €, Fläche 12 ha. ☎ 0547/361367, ✆ 362345, katberg@xs4all.nl.

Camping Hessenheem, Potdijk 8, 7475 SL Markelo, Schildern folgen, einige Kilometer westlich von Goor, schattige und sonnige Stellplätze, akzeptable Sanitärs, Fahrradverleih, Lebensmittelgeschäft, Schwimmbad, ganzjährig geöffnet. Stellplatz (inkl. 2 Pers.) 16 €, zus. Person 3.10 €, Duschen inkl., Fläche 35 ha. ☎ 0547/361200, ✆ 363647, info@hessenheem.nl.

Mini-Camping De Bovenberg, Bovenbergweg 14, 7475 ST Markelo, geöffnet April-Oktober. Person 2.75 €, Zelt 2.65 €, Auto 1.50 €, Duschen 0.50 €, Fläche 2,5 ha. ☎ 0547/361781, ✆ 363479, info@debovenberg.nl.

• *Essen* **Restaurant De Bebsel**, Hengevelderstraat 20, 7471 CH Goor, Spezialitäten der holländischen Küche, verhältnismäßig preiswerte 3-Gänge-Menüs, Mi geschlossen, ☎ 0547/272855.

d'Olde Smidse, Grotestraat 102a, 7471 BS Goor, Bistro-Restaurant mit holländischer Küche, 3-Gänge-Menüs vergleichbarer Qualität wie im Restaurant De Bebsel, Mo geschlossen, ☎ 0547/272591.

Restaurant An d'Olde Putte, Voorstraat 8, 7471 BZ Goor, mehrere Sorten Pfannkuchen, gutes Eis und Gebäck, Mi geschlossen, ☎ 0547/272591.

Sehenswertes

Oudheidkamer: Das kleine Museum würdigt die Initiative des Engländers *Thomas Ainsworth*, der 1833 in Goor die erste Weberei gründete und den Aufstieg der Gemeinde zu einem regionalen Zentrum der Twenter Textilindustrie einleitete. In unmittelbarer Nachbarschaft des Museums steht das *Thomas Ainsworth Monument*, ein schwarzes, sarkophagähnliches Denkmal.

Adresse/Öffnungszeiten Stationslaan 1, 7471 AP Goor, ☎ 0547/260079. April-September Mo-Fr 9-16 Uhr, Sa 9-14 Uhr; November-März Mo-Fr 10-15 Uhr. Eintritt frei.

Klompenmuseum: Die Ausstellung *'t Oale Ambacht* würdigt die Herstellung der typisch niederländischen Holzschuhe, die im 15. Jahrhundert aufkamen. Zu Beginn des 20. Jahrhunderts zählte man mehr als 1.200 *Klompenmakerijen* in den Niederlanden. Der Museumsbesucher darf den arbeitenden Handwerkern über die Schultern schauen.

Adresse/Öffnungszeiten Mulderskamp 2c, 7471 PA Goor, ☎ 0547/260529. April-September Mo-Sa 13.30-16.30 Uhr. Erwachsene 1.15 €, Kinder 0.70 €, Senioren (Pas65) 0.70 €.

Huize Warmelo: Das aus dem 17. Jahrhundert stammende Landgut in Diepenheim befand sich mehrere Jahrhunderte im Besitz der königlichen Familie, die das Anwesen später aber wieder verkaufte. Anders als in *Kasteel 't Nijenhuis* (15. Jh.), *Huize Diepenheim* (17. Jh.) und *Huize Westerflier* (18. Jh.), allesamt im selben Ort liegende Landgüter bzw. Schlösser, sind Besucher nicht vollständig ausgeschlossen. An einigen Tagen des Jahres stehen die Gärten der Öffentlichkeit offen. Die Pflege dieser Gärten liegt übrigens in den Händen der Tochter des Hauses, die mit dem Rasenmäher an guten Tagen angeblich mehr als sechs Kilometer pro Stunde schafft!

Adresse/Öffnungszeiten Stedeke 11, 7478 RV Diepenheim, ☎ 0547/351280. Mai-Oktober Di/Do 13.30-17 Uhr und an jedem erste So des Monats 10-17 Uhr. Erwachsene 5 €, Kinder 4 €, Senioren (Pas65) 4 €.

Kasteel Weldam: Das herrliche Wasserschloss in Markelo, dessen älteste Teile aus dem 16. Jahrhundert stammen, erhielt seine heutige Form während der Erweiterungsarbeiten des Jahres 1645. Das Anwesen wenige Kilometer westlich von Goor ist nicht zugänglich, wohl aber der schöne Park, den der französische Landschaftsarchitekt *Edouard André* im 19. Jahrhundert anlegte.

Adresse/Öffnungszeiten Diepenheimsweg 114, 7475 MN Markelo, ☎ 0547/272647, www.weldam.nl. Mo-Fr 9-16.30 Uhr. Erwachsene 2.50 €, Kinder 0.50 €.

Enschede

(150.000 Einwohner)

Weltweit in die Schlagzeilen geriet die Stadt im Mai 2000, als die Explosion einer inmitten eines Wohnviertels liegenden Feuerwerksfabrik ganze Straßenzüge zerstörte und 22 Menschen in den Tod riss.

Die Polizei ging schon bald davon aus, dass es sich um Brandstiftung handelte, und nahm im Jahr 2001 einen 34-jährigen Niederländer fest, der 2002 in einem Indizienprozess zu 15 Jahren Haft verurteilt wurde. Haftstrafen müssen auch die Betreiber der Feuerwerksfabrik verbüßen, die der unsachgemäßen Lagerung von zu großen Mengen Feuerwerkskörpern mit ungenehmigt großer Sprengkraft für schuldig befunden worden sind. Darüber hinaus hätten sie – so das Gericht – gegen Bestimmungen des Umweltschutzes verstoßen.

Die verheerende Explosion vom Mai 2000 war bereits die zweite Katastrophe, die die Stadt in den letzten 150 Jahren heimgesucht hat. Schon 1862 hatte ein Stadtbrand ein ganzes Stadtviertel in Schutt und Asche gelegt und viele Todesopfer gefordert. Die Tragödie traf die Stadt damals ebenso schwer wie die jüngste Katastrophe, doch konnte sie Enschedes Aufstieg zum bedeutendsten Wirtschaftszentrum der Provinz nicht aufhalten. Die Industrielle Revolution ließ in erster Linie die Textilbranche aufblühen, die eine große Zahl von Arbeitsplätzen schuf und die Menschen scharenweise in die Stadt lockte – die Einwohnerzahlen stiegen sprunghaft an. Das sehenswerte *Jannink-Museum* dokumentiert die damalige Entwicklung auf eindrucksvolle Weise.

Die Innenstadt Enschedes wird derzeit großräumig umgestaltet. Ziel ist es, die Attraktivität der nahe der deutsch-niederländischen Grenze gelegenen Stadt (auch für die deutschen Nachbarn) zu erhöhen. Ein neues Stadtzentrum mit freundlicherem Antlitz soll darüber hinaus mehr abendliches Leben ins Zentrum locken. Die Stadtväter bemühen sich zudem um eine lebensgerechte und umweltbewusste Verkehrspolitik. Der komplette Innenstadtbereich soll schrittweise vom Autoverkehr befreit werden. Seit Jahren schon blockieren bewachte Schranken die Zufahrtswege ins Zentrum. Nur Bewohner und Händler haben freie Zufahrt. Man staunt: Das System funktioniert!

Information/Verbindungen/Adressen

● *Information*　VVV **Enschede**, Oude Markt 31, 7511 GB Enschede, ✆ 053/4323200, ✆ 4304162, www.vvvenschede.nl. Mo 10-17.30 Uhr, Di-Fr 9-17.30 Uhr, Sa 9-14 Uhr, Juni-August Sa bis 16 Uhr.
ANWB Enschede, Koninklijke Nederlandse Toeristenbond, Burgemeester Edo Bergsmalaan 1a, 7512 AD Enschede, ✆ 053/4323700, ✆ 4328452.

● *Bahnverbindungen*　2-3x stündl. nach Apeldoorn (Dauer: 60-70 Min.), 1x stündl. Zwolle (65 Min.).

● *Autovermietung* **Autoverhuur Avis**, Burgemeester van Veenlaan 7, 7543 AH Enschede, ✆ 053/4312235; **Autoverhuur Budget**, Buurserstraat 194, 7544 RG Enschede, ✆ 053/4784022 (0800/0537, gratis); **Autoverhuur Europcar**, Oliemolensingel 26, 7511 BC Enschede, ✆ 053/4307070; **Autoverhuur Hertz**, Hogelandsingel 188, 7512 GK Enschede, ✆ 053/4302938; **Autoverhuur Munsterhuis Rent**, Parkweg 143-149, 7545 MV Enschede, ✆ 053/4348700, www.musterhuis.nl; **Autoverhuur Twente**, Boddenkampsingel 2, 7514 AR Enschede, ✆ 053/4883130, www.bleekergroep.nl.

● *Fahrradverleih* **Stationsstalling**, Stationsplein 3, 7511 JD Enschede, ✆ 053/4322792; **Fietsenwinkel Ten Tusscher**, Oldenzaalsestraat 340, 7523 AJ Enschede, ✆ 053/4358219.

● *Einkaufen*　Die Geschäfte bleiben in Enschede Montagvormittag geschlossen. Am Donnerstag (in den Randgebieten Freitag) verschiebt sich der Ladenschluss auf 21 Uhr (Kaufabend). Markttermine: **Wochenmarkt** Di 8-17 Uhr und Sa 8-17 Uhr, van Heekplein; Do 8-13 Uhr, Wesselerbrinklaan.

● *Krankenhaus*　**Medisch Spectrum Twente**, Haaksbergerstraat 55, 7513 ER Enschede, ✆ 053/4872000.

● *Kinderbauernhöfe* **Noord**, Vanekerbeekweg 15, 7524 PE Enschede, ✆ 053/4335348. Täglich 8.30-16 Uhr. Eintritt frei.
De Wesseler, Wesselerweg 13, 7544 RP Enschede, ✆ 053/4770723. Täglich 8-16.30 Uhr. Eintritt frei.
Erve 't Wooldrik, Lorentzlaan 22, 7535 CK Enschede, ✆ 053/4322932. Täglich 8-16.30 Uhr. Eintritt frei.

● *Mühle*　**Lonneker Molen**, Lonnekermolenweg, Lonneker, ✆ 053/4358693. Kornmühle aus dem Jahre 1851 auf dem höchsten Punkt der Gemeinde (69 m). Sa 10-12 Uhr oder nach telefonischer Voranmeldung. Eintritt frei.

● *Spielkasino*　**Holland Casino Enschede**, Boulevard 1945 – 105, 7511 AM Enschede, ✆ 053/7502750, ✆ 7502000. Black Jack, Carribean Stud Poker, Punto Banco und Roulette (amerikanisch und französisch). Darüber

Provinz Overijssel Karte S. 473

hinaus stehen 650 Spielautomaten zur Verfügung. Täglich 13.30-3 Uhr (Mindestalter 18 Jahre). Tageskarte 3.50 €.

• *Schwimmen* **Aquadrome Enschede**, J.J. van Deinselaan 2, 7541 BR Enschede, ✆ 053/4322914, www.aquadrome.nl. Halle und Freibad, Riesenrutsche (60 m), Wasserbar, Whirlpool.

• *Taxiruf* ✆ 053/4303030

Übernachten

• *Hotels* ****** Best Western Dish Hotel Enschede (9)**, Boulevard 1945 2, 7511 AE Enschede, 160 Betten, größtes Hotel der Stadt, saubere Räumlichkeiten, alle Zimmer mit Du/WC, Telefon und TV. EZ ab 90 €, DZ ab 90 €, Frühstück 14 €, ✆ 053/4866666, 🖅 4353104, www.dish.nl.

*** Hotel Amadeus (13), Oldenzaalsestraat 103, 7511 DZ Enschede, 26 Betten, gepflegte Zimmer, alle mit Du/WC, Telefon und TV, freundlicher Service, gutes Frühstück. EZ ab 57 €, DZ ab 96 €, ✆ 053/4357486, 🖅 4304383.

*** Hotel De Hölterhof (14), Holterhofweg 325, 7534 PT Enschede, 50 Betten, etwa 4 km außerhalb, vom Zentrum den Boulevard 1945 Richtung Glanerbrug (Münster), bei "MIRO" rechts in den Zuidesmarkerrondweg, die dritte Abzweigung nach links. Altes englisches Landhaus aus dem Jahre 1913, reetgedecktes Dach, wunderbare Lage, 100-jährige Eichen, subtropische Pflanzen. Übernachtung in separaten Schlafhäusern, natürlich oft ausgebucht, deswegen Voranmeldung erforderlich. EZ ab 47 €, DZ ab 60 €, ✆ 053/4611306, 🖅 4613875.

• *Jugendherberge* **NJHC-Jugendherberge Doevenbree (11)**, Duivenbreeweg 43, 7441 EA Nijverdal, auf halbem Weg zwischen Enschede und Zwolle, von beiden Städten jeweils gut 30 km entfernt. Moderne Herberge in schöner, waldreicher Lage am Rande eines Wohngebietes, gemütliche Terrasse, Dusche auf Zimmer, ganzjährig geöffnet. 96 Betten, Zweierzimmer (2), Viererzimmer (3), Sechserzimmer (4), Achterzimmer (7). Übernachtung im Schlafsaal inkl. Frühstück 17-19 € (je nach Saison), ✆ 0548/612252, 🖅 615372, nijverdal@njhc.org.

• *Camping* **Camping Twente (16)**, Oude Deldenerweg 1, 7546 PP Enschede, N 18 (Enschede–Haaksbergen), Richtung Haaksbergen, 6 km hinter Enschede links ab, Schildern folgen, reizvolle Lage mit vielen hoch gewachsenen Bäumen, einfache Sanitärs, Schwimmbad, geöffnet April-September. Person 2.40 €, Zelt 2.40 €, Auto 2.40 €, Duschen 0.68 €, Fläche 5 ha. ✆ 053/4281355, 🖅 4281482.

Camping Boekelo (17), Oude Deldenerweg 125, 7548 PM Enschede, N 18 (Enschede–Haaksbergen), Richtung Haaksbergen, 5 km hinter Enschede rechts ab, erster Weg links, dann erster Weg rechts, Schildern folgen, einige schattige Plätze unter schützenden Bäumen, einfache Sanitärs, Schwimmbad, Wanderhütten, ganzjährig geöffnet. Person 2.50 €, Zelt 2.50 €, Auto 1.50 €, Duschen 0.50 €, Fläche 7,5 ha. ✆ 053/4281578, 🖅 4282063.

Euregio Camping De Twentse Es (15), Keppelerdijk 200, 7534 PA Enschede, A 35, Richtung Gronau/Münster, Schildern folgen, gute Sanitärs, Lebensmittelgeschäft, Schwimmbad, ganzjährig geöffnet. Stellplatz (inkl. 5 Pers.) 17.50 €, Duschen inkl., Fläche 10 ha. ✆ 053/4611372, 🖅 4611372, info@twentse-es.nl.

Camping 't Stien 'nboer (18), Scholtenhagenweg 42, 7481 VP Haaksbergen, N 347 (Goor–Haaksbergen), Schildern folgen, 15 km südwestlich von Enschede, schattenreiches Terrain in waldreicher Lage, gute Sanitärs, Ermäßigung im subtropischen Schwimmbad der Gemeinde, Wanderhütten (2), geöffnet April-Oktober. Stellplatz (inkl. 2 Pers.) 16 €, zus. Person 2.30 €, Duschen 0.45 €, Fläche 10,5 ha. ✆ 053/5722610, 🖅 5729394, info@stien-nboer.nl.

Camping Scholtenhagen (19), Scholtenhagenweg 30, 7481 VP Haaksbergen, nahe Camping 't Stien 'nboer, akzeptable Sanitärs, Fahrradverleih, Ermäßigung im subtropischen Schwimmbad der Gemeinde, ganzjährig geöffnet. Person 2.95 €, Zelt 2.50 €, Auto 2.30 €, Duschen 0.57 €, Fläche 10 ha. ✆ 053/5722384, 🖅 5740242, b.e.a.hendriks@freeler.nl.

Mini-Camping Horck (20), Laakmorsweg 5, 7481 TB Haaksbergen, geöffnet April-September. Person 1.85 €, Zelt 1.15 €, Auto 0.70 €, Duschen 0.50 €, Fläche 1 ha. ✆ 053/5724823.

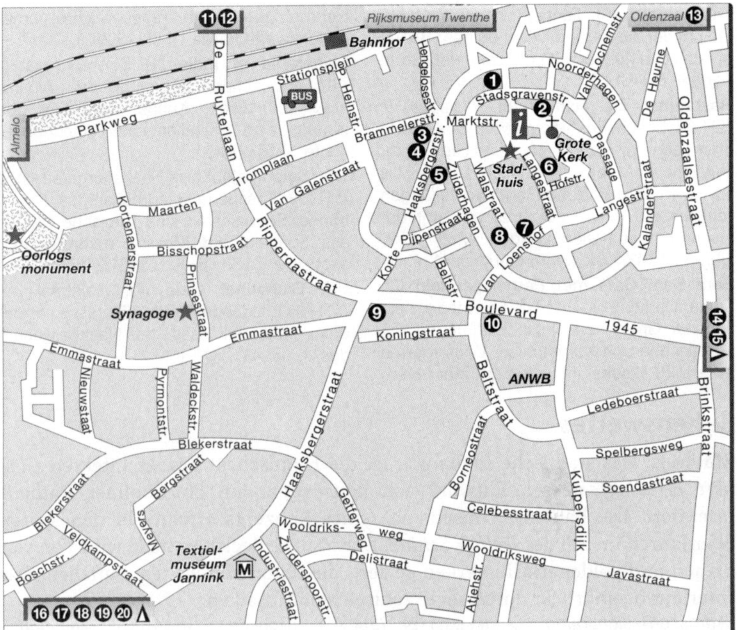

Übernachten

9 Best Western Dish Hotel Enschede
11 NJHC-Jugendherberge Doevenbree
13 Hotel Amadeus
14 Hotel De Hölterhof
15 Euregio Camping De Twentse Es
16 Camping Twente
17 Camping Boekelo
18 Campint 't Stien 'nboer
19 Camping Scholtenhagen
20 Mini-Camping Horck

Essen und Trinken

1 Maharadja of India
2 Sam Sam Café met Eetgelegenheid
3 Los Ponchos
4 Grieks Bistro Olympic
5 The Saloon
6 Thessaloniki
7 Het Binnenhof Café
8 Restaurant De Huifkar
10 Pizzeria La Candela
12 Koetshuis Schuttersveld

150 m

Enschede

Provinz Overijssel Karte S. 473

Essen

Restaurant Koetshuis Schuttersveld (12), Hengelosestraat 111, 7514 AE Enschede, Bistro-Restaurant, exquisite französische Küche der oberen Preisklasse, hervorragende 3-Gänge-Menüs, Mo geschlossen, ✆ 053/4322866.

Pizzeria La Candela (10), Boulevard 1945 Nr. 292, 7511 AJ Enschede, italienisches Restaurant, außen sehr unscheinbar, innen schönes Gewölbe mit schummeriger Atmosphäre bei Kerzenlicht, Riesenpizzen zu guten Preisen, ✆ 053/4310917.

Los Ponchos (3), Korte Haaksbergerstraat 2 (Ecke Brammelerstraat), 7511 JS Enschede, Mexican and South American Restaurant, lateinamerikanische Spezialitäten an den Tischen im Freien unter den großen roten Caballero-Sonnenschirmen, ✆ 053/4311787.

Grieks Bistro Olympic (4), Korte Haaksbergerstraat 4, 7511 JS Enschede, griechische Variationen neben dem Los Ponchos, ebenfalls einige Tische im Freien, ✆ 053/4309036.

Thessaloniki (6), Langestraat 52, 7511 HC Enschede, die Alternative zu obigem Bistro, griechische Küche nahe der zentralen Grote Kerk, ✆ 053/4319320.

Restaurant De Huifkar (8), Walstraat 9, 7511 GE Enschede, hier arbeiten Behinderte "met een verstandelijke handicap" unter Aufsicht eines professionellen Teams. Als Gast wird Ihre Hilfe benötigt: Bestellungen müssen auf einem Formular mitsamt der Tischnummer notiert werden. Mo-Fr 17-20 Uhr, ✆ 053/4329084, www.dehuifkar.x1.nl.

Sam Sam Café met Eetgelegenheid (2), Oude Markt 15-17, 7511 GB Enschede, seitlich der Grote Kerk, helle Einrichtung mit Holztischen und Korbstühlen, Wintergarten auf der Rückseite, im Sommer unter freiem Himmel, preiswerte Tagesgerichte, empfehlenswerte Paella, ✆ 053/4303929.

Maharadja of India (1), Bolwerkstraat 7, 7511 GP Enschede, gegenüber dem Alhambra-Kino, indische Küche, Spezialität des Hauses sind Grillteller und Hähnchengerichte, ✆ 053/4304961.

The Saloon (5), Korte Haaksbergerstraat 9, 7511 JV Enschede, stadtbekanntes Steakhouse, Spezialitäten sind tropische Menüs aus Spanien und Mexiko, mehrere gute exotische Cocktails, ✆ 053/4312274.

Het Binnenhof Café (7), Walstraat 2-4, 7511 GH Enschede, schöne Terrasse vor der efeuberankten Fassade des Nachbargebäudes, ✆ 053/4313380.

Sehenswertes

Stadhuis: Das städtische Rathaus trägt die Handschrift des Architekten *Gijsbert Friedhoff*, dessen Entwurf sich konsequent am Stockholmer Rathaus orientiert. Die bauliche Umsetzung seines Konzepts erfolgte in den späten 30er Jahren im Stil der *Delfter Schule*. Der braune Backsteinturm wird von vier blauen und goldenen Uhrwerken geziert, die schon von weitem auffallen. Das Interieur beeindruckt durch seine zahlreichen Mosaiken.

Adresse/Besichtigung   Langestraat 24, 7514 AD Enschede, ✆ 053/4818219. Anmeldung beim Ratsdiener im Haupteingang erforderlich.

Grote Kerk: Die größte städtische Kirche bestimmt das Erscheinungsbild des alten Zentrums. Sie wurde 1480 auf den Fundamenten eines schlichten Gebetshauses aus dem 9. Jahrhundert errichtet. Der verheerende Stadtbrand 1862 legte fast das gesamte Kirchenschiff in Trümmer, doch waren die intensiven Bemühungen um einen zügigen Wiederaufbau schon bald von Erfolg gekrönt.

Stichwort Brandkatastrophe: Das einzige Gebäude, das die damalige Feuersbrunst ohne ernsthafte Schäden überstand, steht östlich des Stadtkerns – die frühere Herberge *De Lindeboom* (1783, De Klomp 35) trägt heute den Namen *Elderinkshuis*.

Adresse/Öffnungszeiten   Oude Markt, 7511 GB Enschede, ✆ 053/4858500. Juli/August Di und Sa 14-16 Uhr. Eintritt frei.

Sint Jacobuskerk: Die zweite bedeutende Kirche Enschedes beeindruckt mit einer Mischung aus gotischen Spitzbögen und romanischen Rundbögen. Das vergleichsweise moderne Gotteshaus wurde 1933 fertig gestellt, nachdem an derselben Stelle eine frühere Kirche ebenfalls einem Brand zum Opfer gefallen war. Das Interieur zeigt farbenprächtige Glasfenster und eine Reihe sehenswerter Skulpturen zeitgenössischer Künstler.

Adresse/Öffnungszeiten   Oude Markt, 7511 GB Enschede, ✆ 053/4323200. Juli/August Di und Sa 14-16 Uhr. Eintritt frei.

Wissink's Möl: Die elegante Holzmühle aus dem Jahre 1802 erlebte eine im wahrsten Sinne des Wortes bewegte Vergangenheit, als sie zu Beginn des 19.

Jahrhunderts abgebrochen und einige Kilometer entfernt neu aufgebaut wurde. Später machte man den Umzug rückgängig – die schwarze Mühle steht heute wieder an ihrem vertrauten Platz. Eine Seltenheit in den Niederlanden: Das hölzerne Bauwerk zählt drei Etagen.

Adresse/Öffnungszeiten Helmerstraat/Haaksbergerstraat (Richtung Usselo), 7546 PD Enschede, ✆ 053/4764639. Sa 10-12.30 Uhr oder nach telefonischer Voranmeldung. Eintritt frei.

Synagoge: Die großen kupfernen Kuppeln verleihen der zu Beginn des vergangenen Jahrhunderts errichteten Synagoge eine sehr orientalische Ausstrahlung, die nach den umfangreichen Restaurierungsarbeiten 2002 noch stärker zur Geltung kommt. Sie gilt als eine der schönsten Synagogen Europas.

Adresse/Öffnungszeiten Prinsestraat 16, 7511 HB Enschede, ✆ 053/4316767. Besichtigung nur nach telefonischer Voranmeldung.

Universiteit Twente: Arbeiten, studieren und wohnen auf engstem Raum. Auf dem Gelände des ehemaligen Landguts *Drienerlo* steht die einzige Campus-Universität der Niederlande (Bereich Drienerlolaan). Neben den obligatorischen Laboratorien, Lehrgebäuden und Mensen gibt es hier eine Reihe von Einrichtungen des öffentlichen Lebens (Postamt, Sparkasse, Supermarkt etc.). Der zentrale *Vrijthof* besitzt als Podium für kulturelle Veranstaltungen eine große Anziehungskraft – nicht nur auf Studenten.

Textielmuseum Jannink: Die Industrielle Revolution veränderte das Leben der einfachen Arbeiter dramatisch. Die Ausstellung in den restaurierten Räumlichkeiten der Textilfabrik *Gerhard Jannink* bemüht sich, den Übergang zur modernen Industriegesellschaft anschaulich nachzuzeichnen. Das Museum zeigt neben den Einrichtungen alter Arbeiterwohnungen einige einfache Werkzeuge und größere Maschinen, darunter noch funktionsfähige alte Webstühle.

Adresse/Öffnungszeiten Haaksbergerstraat 147, 7513 EL Enschede, ✆ 053/4825060, www.museumjannink.nl. Di-Fr 10-17, Sa/So 13-17 Uhr. Erwachsene 2 €, Kinder 1 €, Senioren (Pas65) 1 €, MJK. Führungen in deutscher Sprache.

Rijksmuseum Twenthe: Die Sammlung umfasst mittelalterliche Kirchenkunst, Handschriften, Miniaturen, Trachten und Uhren sowie eine exquisite Gemäldesammlung mit Werken von *Jan Brueghel d. Ä., Lucas Cranach, Frans Holbein* und *Rembrandt.* Ein Skulpturenpark mit Plastiken zeitgenössischer Künstler ergänzt die Sammlungen.

Adresse/Öffnungszeiten Lasondersingel 129-131, 7514 BP Enschede, ✆ 053/4358675, www.rijksmuseum-twente.nl. Di-So 11-17 Uhr. Erwachsene 3.40 €, Kinder frei, Senioren (Pas65) 2.30 €, Studenten 2.30 €, MJK.

Luchtvaartmuseum Twente: Die Luftfahrtausstellung auf dem Gelände des städtischen Militärflughafens vermittelt Einblicke in die Geschichte der militärischen Fliegerei. Der Schwerpunkt liegt auf den Entwicklungen der letzten Jahre des Zweiten Weltkriegs.

Adresse/Öffnungszeiten Vliegbasis Twente, Zuidkamp 54, 7524 PJ Enschede, ✆ 053/4808230. Öffnungszeiten und Preise auf Anfrage nach der Wiedereröffnung 2003.

Museum Buurtspoorweg Haaksbergen: Das reizvolle Museum lockt mit alten Dampflokomotiven, Personen- und Güterwaggons. Auf den Bahnsteigen in Boekelo und Haaksbergen drehen antiquierte Werbetafeln und hölzerne Laternen das Rad der Zeit zurück. In der Saison verkehrt zwischen beiden Orten

Provinz Overijssel Karte S. 473

ein historischer Zug mit harten Holzbänken in engen Waggons. An größeren Bahnübergängen warnt die rote Fahne des Schaffners andere Verkehrsteilnehmer vor dem heranbrausenden Zug.

● *Adresse/Öffnungszeiten* Stationsstraat 3, 7481 JA Haaksbergen, ☎ 053/5721516, www.museumbuurtspoorweg.nl. Rückfahrkarte Haaksbergen–Boekelo: Erw. 6.25 €, Kinder 3.75 €, Senioren (Pas65) 5 €. Abfahrt Haaksbergen: Mai-September So, Juli/August Mi/Do und So 11.30, 13.30 und 15.30 Uhr. Abfahrt Boekelo: Mai-September So, Juli/August Mi/Do und So 12.30, 14.30 und 16.30 Uhr.

Oldenzaal

(30.000 Einwohner)

Stadtgräben, Stadtmauern, Stadttore – eine alte Landkarte aus der Werkstatt von *Joannes Bleau* zeigt Oldenzaal als gut gesicherte Festungsstadt des Jahres 1647. Die Befestigungsanlagen wurden später abgebrochen, nur das historische Straßennetz blieb erhalten. Die einst ruhmreiche Handelsstadt gilt heute als fröhlicher Ort, der diesen Ruf in erster Linie dem Karneval verdankt. "Oldenzaal – Stedke van Plezeer".

Das Wahrzeichen Oldenzaals ist die romanisch-gotische **Sint Plechelmusbasiliek**, deren älteste Teile aus dem Jahre 954 stammen. Die aus Bentheimer Sandstein gebaute Basilika soll damals eine bereits 200 Jahre zuvor errichtete Holzkirche ersetzt haben. In einem außergewöhnlich großen Raum im oberen Teil des Turms (63 m), der das Kirchenschiff seit dem 13. Jahrhundert überragt, befindet sich ein 48-teiliges Glockenspiel. Europaweit existiert keine Glockenstube von vergleichbarer Größe!

Das städtische Gemeindemuseum, das **Historisch Museum Het Palthehuis**, ist seit mehr als sechzig Jahren im gut erhaltenen Patrizierhaus (1640) von *Jan*

Arend Palthe untergebracht. Im Mittelpunkt der mit viel Liebe fürs Detail zusammengestellten Sammlung steht eine komplette Hausapotheke mit allen Arbeitsinstrumenten des Landarztes *Willem Hendrik Michgorius*. Beachtung verdient darüber hinaus der *Dwangstoel*, auf dem 1775 ein zum Tode verurteilter Mörder mehr als vier Monate sitzen und auf seine Hinrichtung warten musste.

Information/Verbindungen/Adressen

● *Information* **ANWB/VVV Oldenzaal**, Sint Plechelmusplein 5, 7571 EG Oldenzaal, ☎ 0900/2021981, 📠 0541/517542, www.vvvoldenzaal.nl. Mo-Fr 13-17.30 Uhr; Juni-August Di-Fr 9-17.30 Uhr, Sa 10-16 Uhr.

● *Adresse/Öffnungszeiten* **Sint Plechelmusbasiliek**, Gasthuisstraat 10, 7573 BX Oldenzaal, ☎ 0541/512467. Juni-August Di 14-15 Uhr, Mi 14-16 Uhr, Do 14-15 Uhr; September Mi 14-16 Uhr. Eintritt frei. Führung (inkl. Turmbesteigung) im Juli/August Mi und Sa 14 und 15 Uhr. Erwachsene/Kinder 1 €. Führungen in deutscher Sprache.
Historisch Museum Het Palthehuis, Marktstraat 13, 7571 ED Oldenzaal, ☎ 0541/513482, www.palthehuis.nl. Di-Fr 10-17 Uhr, Sa/So 14-17 Uhr. Erwachsene 2.30 €, Kinder 1.20 €, Senioren (Pas65) 1.40 €, MJK. Führungen in deutscher Sprache.

● *Bahnverbindungen* 1-2x stündl. nach Hengelo (Dauer: 10 Min.).

● *Busverbindungen* in Richtung Almelo, Denekamp, Enschede, Nordhorn (Deutschland).

● *Einkaufen* Die Geschäfte bleiben in Oldenzaal Montagvormittag geschlossen. Am Freitag verschiebt sich der Ladenschluss auf 21 Uhr (Kaufabend). Markttermine: **Wochenmarkt** Mo 13-17 Uhr, Ganzenmarkt; Sa 10-17 Uhr, Luifelmarkt.

● *Fahrradverleih* **Rijwielhandel Siemerink**, Steenstraat 18, 7571 BK Oldenzaal, ☎ 0541/512077.

● *Krankenhaus* **Medisch Spectrum Twente**, Prins Bernhardstraat 17, 7573 AM Oldenzaal, ☎ 0541/574000.

● *Taxiruf* ☎ 0541/517500

Übernachten/Essen

● *Übernachten* ***** Hotel De Kroon**, Steenstraat 17, 7571 BH Oldenzaal, 43 Betten, zentrale Lage, die erste Adresse vor Ort, gemütliche Zimmer, alle mit Du/WC, Telefon und TV. EZ ab 52 €, DZ ab 86 €, ☎ 0541/512402, 📠 520630.
*** Herberg De Gulden Kroes, Marktstraat 1, 7571 ED Oldenzaal, 28 Betten, zentrale Lage am belebten Marktplein, alle Zimmer mit Du/WC, Telefon und TV. EZ ab 49 €, DZ ab 72 €, ☎ 0541/512102, 📠 521208.
** Hotel 't Landhuis, Bentheimerstraat 118, 7573 EC Oldenzaal, 58 Betten, in waldreicher Umgebung, unweit einer recht befahrenen Straße am Rande Oldenzaals. EZ ab 34 €, DZ ab 63 €, ☎ 0541/512496, 📠 530630.
Camping Dennenlust, Zandhuizerweg 19, 7587 LA De Lutte, A 1 (Oldenzaal–Bad Bentheim), Ausfahrt 34 (De Lutte), Richtung Gildehaus, an Tankstelle abbiegen, Schildern folgen, wenige Kilometer östlich von Oldenzaal in waldreicher Umgebung, einfache Sanitärs, Lebensmittelgeschäft, Schwimm-

bad, ganzjährig geöffnet. Person 3.10 €, Zelt 3.10 €, Auto 3.40 €, Duschen 0.45 €, Fläche 13,5 ha. ☎ 0541/551401, 📠 551401.
Camping De Papillon, Kanaalweg 30, 7591 NH Denekamp, Camping und Bungalowpark auf höchstem Niveau nordöstlich von Oldenzaal, "ADAC-Innovationspreis", Fahrradverleih, Lebensmittelgeschäft, Schwimmbad, gute Sanitärs, ganzjährig geöffnet. Stellplatz (inkl. 2 Pers.) 17.25 €, zus. Person 3 €, Fläche 15 ha, ☎ 0541/351670, 📠 355217, www.depapillon.nl.

● *Essen* **Las Carretas**, Markt 21, 7571 EC Oldenzaal, mexikanisch-lateinamerikanische Küche mit empfehlenswerten 3-Gänge-Menüs, November-März Mo geschlossen, ☎ 0541/517951.
't Boeskeulke, In den Vijfhoek 121, 7571 DW Oldenzaal, Petit-Restaurant, der ideale Ort für die nachmittägliche Tasse Kaffee, dazu leckeres Gebäck aus eigener Herstellung, So/Mo geschlossen, ☎ 0541/538377.

Provinz Overijssel
Karte S. 473

Szene aus dem Fischerdorf Urk (Zuiderzeemuseum Enkhuizen)

Provinz Flevoland

(Lelystad, Emmeloord, Urk, Schokland, Dronten, Almere, Zeewolde)

Nirgends ist das Land so flach wie in Flevoland. Die zwölfte Provinz des Landes, 1986 offiziell gegründet, überrascht mit schnurgeraden Alleen in kaum besiedelter Landschaft, die nur gelegentlich von rechtwinkligen Kurven unterbrochen werden. Flevoland entstand als künstliches Produkt modernster Entwässerungstechniken. Im 13. Jahrhundert lag in der Mitte der heutigen Niederlande mit Almere ein großer Binnensee, der durch stetige Überschwemmungen mehr und mehr an Größe gewann. Ein Deichbruch sorgte schließlich für eine Verbindung zum Wattenmeer und ließ die Zuiderzee entstehen. Enkhuizen, Hoorn und Medemblik erblühten als wichtige Handelsstädte, ehe der Bau des Abschlussdeichs die Situation erneut veränderte und das *IJsselmeer* als Binnengewässer hervorbrachte. Die künstlich angelegte Provinz, in deren Polderlandschaften die ehemaligen Zuiderzee-Inseln Schokland und Urk verschwanden, ist das Ergebnis eines ausgefeilten Trockenlegungsplans: 1942 fiel der **Noordoostpolder**, 1957 **Oostelijk Flevoland**, 1968 **Zuidelijk Flevoland** trocken.

Sehr eindrucksvoll ist noch heute ein Besuch der unscheinbaren "Ex-Insel" Schokland, wo die alten Hafenanlagen deutlich sichtbar in die grüne Umgebung eingebettet sind: Bäume am Horizont, Weiden und Wiesen im Vordergrund, nur Wasser ist nicht zu finden. Der Stolz der Nation avancierte in den Folgejahren zu einem vorrangig landwirtschaftlich genutzten Erholungsgebiet, dessen Nähe zum Schmelztiegel Amsterdam zahlreiche Ausflügler anlockt. Als

Entlastung der dicht bevölkerten Randstad entstanden einige größere Städte, die sich neben kleinen Dörfern über das neue Land verteilen. Nahe **Creil**, **Ens** und **Espel** finden sich die größten zusammenhängenden Blumenfelder der Niederlande. Mit dem *Emmelerbos*, dem *Schokkerbos*, dem *Kuinderbos* und dem *Voorsterbos* zählt die Provinz mehrere dichte Waldgebiete. Die Aufforstung erfolgte wohldurchdacht: Schnell wachsenden Bäumen wurde der Vorzug gegeben, ehe diese nach und nach durch langsamer wachsende Sorten ergänzt oder ersetzt wurden. An der westlichen Flanke zwischen **Almere** und **Lelystad**, wo auf eine Trockenlegung des Landes verzichtet wurde, entstanden die 6.000 ha großen *Oostvaardersplassen*, ein wertvolles Morastgebiet, in dem sich in den vergangenen Jahren ein einzigartiges Vogelparadies entwickeln konnte. Zahlreiche seltene Arten sind in einer sich selbst überlassenen Natur mittlerweile heimisch geworden.

Flevolands Bureau voor Toerisme

Het Ravelijn 01-11, 8233 BR Lelystad, ☎ 0320/286750, 📠 258080, www.vvvflevoland.nl.

Lelystad
(Provinzhauptstadt • 65.000 Einwohner)

Die Provinz Flevoland entstand nach dem Bau des Abschlussdeiches durch ausgedehnte Einpolderungen aus dem östlichen Teil der früheren Zuiderzee – Lelystad erwuchs auf dem Boden des Meeres.

1967, nach zehnjähriger Bautätigkeit, bezogen die ersten Familien ihre Wohnungen in der neuen Provinzhauptstadt. Gegenwärtig zählt Lelystad mehr als 65.000 Einwohner, in naher Zukunft sollen es knapp 80.000 sein – auch das hat man geplant wie nahezu alles in dieser Stadt. Die Architektur Lelystads ist ein Zeugnis futuristisch nüchterner Experimentierfreude. Das funktional-markante Rathaus und der supermoderne Bahnhof, der 1988 eingeweiht wurde, sind typische Beispiele dafür.

Dass die Umgebung der Stadt reizvoll ist, bleibt bei allen Diskussionen um das Pro und Contra der städtebaulichen Aspekte unbestritten. Südlich der Stadt befindet sich der *Natuurpark Lelystad* mit einem beachtlichen Bestand an Elchen, Hirschen und Rentieren. Im Südwesten liegen die *Oostvaardersplassen* mit herrlichen Feuchtgebieten, weiten Weidenwäldern und einem einzigartigen Reichtum an seltenen Vogelarten. Und der Flevopad, ein vergleichsweise langer Fernwanderweg (165 km), bietet Wanderfreunden die Gelegenheit, auch die Randgebiete der Provinz kennen zu lernen.

Provinz Flevoland
Karte S. 505

Information/Verbindungen/Schiffsausflüge

- *Information* **ANWB/VVV Lelystad**, Stationsplein 186, 8232 VT Lelystad, ☎ 0320/ 243444, 📠 280218, www.vvvflevoland.nl. Mai-August Mo-Fr 9-17 Uhr, Do auch 18.30-20.30 Uhr, Juni-August auch Sa 9-15 Uhr; September-April Mo-Fr 9-17 Uhr, Sa 9-13 Uhr.

- *Bahnverbindungen* 2-4x stündl. nach Almere (Dauer: 15 Min.), 2-4x stündl. Amsterdam (40 Min.).
- *Busverbindungen* In Richtung Arnhem, Emmeloord, Enkhuizen, Kampen.

● *Schiffsausflüge* Markermeer-Ausflug mit 3-stündigem Aufenthalt im pittoresken Fischerdorf Volendam. Abfahrt nur von Ende Juli bis Mitte August Di-Do 11 Uhr. Dauer 7 Std. Erwachsene 10 €, Kinder 6 €. Information: Rederij Flevo, Havendam 16a, 3841 AA Harderwijk, ℡ 0341/412598, ✆ 420509, www.rederijflevo.nl.

Adressen

● *Autovermietung* **Autoverhuur Avis**, Jol 1128, 8243 ED Lelystad, ℡ 0320/220406; **Autoverhuur Budget**, Kempenaar 0101, 8242 BA Lelystad, ℡ 0320/232929 (0800/0537, gratis); **Autoverhuur Van Rijn**, Kolkweg 35, 8243 PN Lelystad, ℡ 0320/264270; **Autoverhuur KAV**, Noordersluisweg 1, 8243 PR Lelystad, ℡ 0320/258199.

● *Fahrradverleih* **Fietsen Güngor**, Wigstraat 9, 8223 ER Lelystad, ℡ 0320/282363; **Fietsen Meerens**, Waagpassage 17, 8232 DR Lelystad, ℡ 0320/228389; **Fietsenverhuur**, Stationsplein 10, 8232 DL Lelystad, ℡ 0320/282790.

● *Kanuverleih* **Het Bovenwater**, Uilenweg 15, 8245 AB Lelystad, ℡ 0320/253397.

● *Einkaufen* Die Geschäfte bleiben in Lelystad Montagvormittag geschlossen. Am Donnerstag verschiebt sich der Ladenschluss auf 21 Uhr (Kaufabend). Markttermin: **Wochenmarkt** Sa 9-16 Uhr, Agorahof; Di 9-13 Uhr, Lelycentre.

● *Krankenhaus* **Ziekenhuis IJsselmeerziekenhuizen**, Ziekenhuisweg 100, 8233 AA Lelystad, ℡ 0320/271911

● *Taxiruf* ℡ 0320/221618

Übernachten

**** Hotel Mercure Lelystad, Agoraweg 11, 8224 BZ Lelystad, 171 Betten, die erste Adresse vor Ort, modernes Haus mit ebenso moderner Einrichtung, saubere Zimmer, alle mit Du/WC, Telefon und TV, angegliedertes Restaurant. EZ ab 60 €, DZ ab 90 €, ℡ 0320/242444, ✆ 227569.

* Hotel De Lange Jammer, Oostvaardersdijk 31, 8244 PB Lelystad, 91 Betten, neue Hotelpension in alten Arbeiterwohnungen direkt am Wasser, familiäre Atmosphäre, modern eingerichtete, einfache, saubere Zimmer. EZ ab 25 €, DZ ab 45 €, ℡ 0320/260415, ✆ 262019.

Camping De Houtrib, Badweg 1, 8223 PA Lelystad, der stadtnähere der beiden Plätze, Waldnähe, schlichte Sanitärs, Schwimmbad, eine Wanderhütte, geöffnet April-Oktober. Person 2.95 €, Auto 2.75 €, Zelt 3.75 €, Duschen 0.50 €, Fläche 3 ha. ℡ 0320/231735, ✆ 241333.

Camping 't Oppertje, Uilenweg 11, 8200 BD Lelystad, südwestlich des Stadtzentrums, Wassernähe, einfache Sanitärs, Wanderhütten (2), geöffnet April-September. Person 2.50 €, Auto 2.25 €, Zelt 2.50 €, Duschen 0.50 €, Fläche 3 ha. ℡ 0320/253693, ✆ 250873.

Essen

Restaurant Raedtskelder, Maerlant 14, 8224 AC Lelystad, der Wahlspruch lautet: "Klein en fijn: altijd open, altijd goed!" Regionale Spezialitäten der Saison, verhältnismäßig preiswerte 3-Gänge-Menüs, ℡ 0320/222325.

Ristorante Sorrento, De Stelling 1117, 8232 ED Lelystad, nüchterne Containerarchitektur, italienische Küche, gute Fleischgerichte, Pasta und Pizzen, ℡ 0320/249368.

Pannenkoeken Dubbel-Op, Wold 1110, 8225 AC Lelystad, moderne Rundarchitektur am Wasser, große Terrasse mit dem Namen des Hauses in weißen Riesenlettern, enorme Auswahl an Pfannkuchen, Di 16-21 Uhr, Mi-So 12-21 Uhr, ℡ 0320/280800.

De Gordiaan, Neringpassage 1, 8224 JA Lelystad, Eethuisje mit guten Pfannkuchen in großer Auswahl (etwa 100 Variationen), außerdem wechselnde Tagesgerichte, ℡ 0320/230958.

ABC Coffee Corner, Neringpassage 131, 8224 JB Lelystad, Café mit gutem Gebäck aus eigener Backstube. Trinkt man nach dem ersten Kaffee einen zweiten, ist er nach alter niederländischer Tradition kostenlos. Dachterrasse mit Mühle (täglich in Betrieb), So geschlossen, ℡ 0320/246475.

Veranstaltungen

Tulpenfestival: Die Dörfer der Region präsentieren sich während der 14 Festivaltage mit prächtigen Tulpenmosaiken – blühende Farbteppiche, so weit das Auge reicht. Neben einer ausgeschilderten Autoroute führen mehrere Radtouren und Wanderungen zu den farbenfrohen Blumenfeldern. Besucher können mit dem "Bollen-Bus" unter fachkundiger Begleitung Ausflüge unternehmen. Eine Tulpenkönigin begleitet die Festtage. Termin: Ende April/Anfang Mai (14 Tage). Informationen im Internet unter www.tulpenfestival.nl.

Sehenswertes

Bataviawerf: Die Königin höchstpersönlich reiste 1995 nach Lelystad, um den Nachbau der *Batavia* in einer feierlichen Zeremonie zu taufen. Die anspruchsvolle Rekonstruktion des dreimastigen Handelsschiffs der *Verenigte Oostindische Compagnie* fungierte während der Olympischen Spiele 2000 in Sydney als Botschafter der Niederlande. Im 17. Jahrhundert hatte das Original infolge seiner stabilen "Sandwich"-Bauweise (zahllose Spanten verbanden eine äußere und eine innere Schiffshaut) als sicheres Schiff gegolten – eine

Fehleinschätzung, denn die *Batavia* sank auf ihrer Jungfernfahrt 1629 vor der australischen Küste.

Derzeit entstehen auf der Werft die Nachbauten der "Zeven Provinciën" (Admiralsschiff des Seehelden *Michiel de Ruyter*) und eines Fährschiffs aus dem 15. Jahrhundert, die beide 2005 fertig gestellt sein sollen. Bis dahin haben Besucher die Gelegenheit, den Handwerkern bei der Arbeit über die Schultern zu schauen.

● *Adresse/Öffnungszeiten*   Oostvaardersdijk 01-09 (in der Nähe des Deiches Lelystad–Enkhuizen, N 302), 8200 AC Lelystad, ✆ 0320/261409, www.bataviawerf.nl. Täglich 10-18 Uhr (Kassenschluss um 17 Uhr). Erwachsene 8 €, Kinder 3.50 €, Senioren (Pas65) 6 €. Führungen in deutscher Sprache.

Nieuw Land Poldermuseum: Das infolge seiner ovalen Form sehr markante Besucherzentrum vermittelt detaillierte Informationen über den Bau des Abschlussdeichs, die Einpolderung weiter Gebiete und die Urbarmachung der neuen Polder. Das Museum ist zugleich eine Hommage an den Vater der Provinz, *Cornelis Lely*. Der Ingenieur leistete einen entscheidenden Beitrag zur Verwirklichung der ehrgeizigen Landgewinnungspläne.

Adresse/Öffnungszeiten   Oostvaardersdijk 01-13 (in der Nähe des Deiches Lelystad–Enkhuizen, N 302), 8244 PA Lelystad, ✆ 0320/260799, www.waterland.net/nieuwland. Mo-Fr 10-17 Uhr, Sa/So 11.30-17 Uhr. Erwachsene 4.25 €, Kinder 2 €, Senioren (Pas65) 4 €, MJK.

Museum Zep/allon Lelystad: Das erste Ballon- und Luftschifffahrtmuseum Europas präsentiert historische Ballonkörbe und Luftschiffgondeln, darunter Originalteile der *Graf von Zeppelin*, die zwischen 1928 und 1937 zahlreiche Passagierfahrten über den Atlantik unternahm. Auch die Gondel der *Dutch Viking*, der 1986 als drittem Ballon die Nonstop-Überquerung des Atlantiks gelang, kann besichtigt werden.

Adresse/Öffnungszeiten   Karperweg 12, 8221 RB Lelystad, ✆ 0320/221372, www.aviodome.nl. Mi-So 10-17 Uhr. Erwachsene 5.90 €, Kinder 3.90 €, Senioren (Pas65) 3.90 €.

Nederlands Sportmuseum Olympion: Die Ausstellung bietet einen breit gefächerten Überblick über die niederländische Sportgeschichte. Das vorhandene Material ist umfangreich: zahllose Zeitungsausschnitte, 1.500 Filme, 30.000 Sportbücher, 200.000 Sportfotos. Außerdem finden sich Medaillen, Schuhe und Trikots berühmter Athleten. Die Sammlung wird durch Wechselausstellungen im Obergeschoss ergänzt.

Adresse/Öffnungszeiten   Museumweg 10 (in der Nähe des Deiches Lelystad–Enkhuizen, N 302), 8242 PD Lelystad, ✆ 0320/261010, www.olympion.nl. Di-Fr 10-17 Uhr, Sa/So 12-17 Uhr. Erwachsene 4.50 €, Kinder 3.50 €, MJK.

Vliegend Museum Lelystad: Auf dem Gelände des Flugplatzes Lelystad sind historische Flugzeuge ausgestellt, darunter Maschinen der renommierten Hersteller *Boeing* und *Fokker*. Das älteste Stück stammt aus dem Jahre 1940. "Keep 'm flying", lautet das Motto: Alle Maschinen werden in unregelmäßigen Abständen aus ihren Hangars geholt und starten zu kurzen Flügen.

Adresse/Öffnungszeiten   Maraboeweg 12, 8212 NV Lelystad, ✆ 0320/288699. April-September Sa 11-17 Uhr oder nach telefonischer Voranmeldung. Erwachsene 2.50 €, Kinder 2 €, Senioren (Pas65) 2 €.

Lelystad Space Center: Die Sammlung zeigt mehr als 120 Modelle, die die Geschichte der internationalen Raumfahrt illustrieren: Raketen, Raumschiffe und Satelliten der amerikanischen und einstigen sowjetischen Weltraumprogramme haben ihren Platz neben den hitzebeständigen Kacheln, die die amerikanischen Space-Shuttle-Raumgleiter ganz gerne verlieren.

Adresse/Öffnungszeiten Kempenaar 33-01, 8231 DH Lelystad, ℡ 0320/280000. Di-Fr 10-17 Uhr, Sa/So 11-17 Uhr. Erwachsene 2.50 €, Kinder 1.25 €.

Natuurpark Lelystad: Die in den 70er Jahren künstlich angelegte abwechslungsreiche Landschaft südöstlich der Stadt ist zur Heimat zahlreicher Tierarten geworden: Biber, Elche und Rentiere, Kraniche und Störche leben hier. Auch die bedrohten *Przewalskipferde* haben im Naturpark einen Lebensraum gefunden. Die Erhaltung seltener Arten ist ein zentrales Anliegen der Parkverwaltung. Das hügelige, wasserreiche Gebiet bietet gute Voraussetzungen für Radtouren und Wanderungen. Motorisierte Fahrzeuge sind nicht zugelassen.

Informationszentrum Vlotgrasweg 11, 8219 PP Lelystad, ℡ 0320/286130, www.flevolandschap.nl. Täglich 12-17 Uhr. Eintritt frei. Parken 2.50 €.

Centrum Biologische Landbouw: Im nördlichen Stadtzentrum liegt ein ausgedehntes biologisches Anbaugebiet (300 ha), in dem sich zehn kleinere Betriebe angesiedelt haben. Seit wenigen Jahren bietet ein Informationszentrum die Gelegenheit, sich gezielt über die hiesigen Anbaumethoden zu informieren. Darüber hinaus besteht die Möglichkeit, Bauernwirtschaften im Rahmen einer Führung zu besuchen.

Adresse/Öffnungszeiten Bronsweg 22, 8222 RB Lelystad, ℡ 0320/281222. Mo-Fr 9-17 Uhr. Besichtigung nur nach telefonischer Voranmeldung.

Luttelgeest (1.500 Einwohner)

Wenige Kilometer östlich von Emmeloord lohnt der **Orchideenhoeve** in Luttelgeest einen Abstecher: Die nach dem Six-Flags-Freizeitpark in Biddinghuizen (siehe S. 509) bestbesuchte Attraktion Flevolands, eine der größten Orchideenzüchtereien Europas, lockt ihre Besucher in malaiische, orientalische und tropische Gärten. Der malaiische Garten ist die neueste Attraktion, in dem die Orchideen zwischen dichten Baum- und Pflanzenreihen wie im Regenwald blühen. Man bewegt sich auf üppig bewachsenen Pfaden beiderseits einer 18 m langen Brücke, die einen plätschernden Bach in luftiger Höhe überspannt.

Adresse/Öffnungszeiten **Orchideenhoeve**, Oosterringweg 34, 8315 PV Luttelgeest, ℡ 0527/202875, www.orchideeenhoeve.nl. Mo-Sa 9-18 Uhr, So 11-18 Uhr. Erwachsene 4 €, Kinder frei, Senioren (Pas65) 3.50 €.

Urk (15.000 Einwohner)

Noch heute laufen zahlreiche Schiffe den Hafen des ältesten Ortes der Provinz an, und zweimal wöchentlich wird der angelieferte Nordseefisch sogar direkt im Hafengelände versteigert. Urk ist nach wie vor der wichtigste Anfuhrhafen für Scholle und Seezunge, doch sind die ganz großen Tage des einst bedeutenden Fischerdorfs längst vorbei; konserviert und dokumentiert werden sie im *Zuiderzeemuseum* in Enkhuizen (siehe Seite 360).

Die traditionelle Urker Tracht, schwarze Kittel und Hosen, wallende Unterröcke und Holzschuhe, ist allgegenwärtig, doch ist das moderne Urk vor allem stolz auf den *Windmolenpark IJsselmij*, mit dessen Bau 1987 begonnen wurde. Zuvor hatten wissenschaftliche Untersuchungen ergeben, dass der Noordoostpolder in besonderer Weise zur Nutzung der Windenergie geeignet ist, denn die Windgeschwindigkeiten liegen in dieser Region weit über dem Landesschnitt. Mittlerweile sind insgesamt 25 Turbinen mit dreiblättrigen Rotoren im Einsatz, die etwa sechs Prozent des Energiebedarfs im gesamten Gebiet des Noordoostpolders decken.

Information/Verbindungen/Adressen

• *Informationen* **VVV Urk**, Raadhuisstraat 2 (Wijk 2/2), 8321 EP Urk, ✆ 0527/684040, 🕾 686180, www.vvvflevoland.nl. April-Oktober Mo-Fr 10-17 Uhr; November-März Mo-Fr 10-14 Uhr.

• *Bahnverbindungen* Nächster Bahnhof in Kampen (20 km).

• *Busverbindungen* In Richtung Kampen, Zwolle.

• *Autovermietung* **Autoverhuur Van Slooten**, Industrierondweg 27, 8321 EC Urk, ✆ 0527/681666.

• *Fahrradverleih* **Rijwielhandel Weer-**stand, Marsdiep 1, 8321 MC Urk, ✆ 0527/681272.

• *Einkaufen* Die Geschäfte bleiben in Urk Montagvormittag oder Dienstagnachmittag geschlossen. Am Freitag verschiebt sich der Ladenschluss auf 21 Uhr (Kaufabend). Markttermin: **Wochenmarkt** Sa 9-13 Uhr, Hofstee.

• *Krankenhaus* IJsselmeerziekenhuizen, Urkerweg 1, 8303 BX Emmeloord, ✆ 0527/637637.

• *Taxiruf* ✆ 0527/681666

Übernachten/Essen

• *Übernachten* **Pension 't Anker**, Wijk 4-13, 8321 GC Urk, 16 Betten, familiäre Atmosphäre, einfache Zimmer, Übernachtung mit Frühstück ab 22.50 € (pro Person), ✆ 0527/685307.
Die folgenden Pensionen haben vergleichbare Ausstattung und Preise:
Pension De Kroon, Wijk 7-54, 8321 TA Urk, 13 Betten, ✆ 0527/681216; **Pension Schenk**, 't Klif 24, 8321 KG Urk, 6 Betten, ✆ 0527/682786.
Camping Hazevreugd, Vormtweg 9, 8321 NC Urk, Schildern folgen, schöne Lage in großem Waldgebiet nördlich von Urk, auch tagsüber sehr ruhig, Strand mit Surfmöglichkeiten in 800 m Entfernung, gute Sanitärs, Fahrradverleih, Lebensmittelgeschäft, Ponyreiten, Freibad, geöffnet April-Oktober.

Stellplatz (inkl. 4 Pers.) 24 €, zus. Person 3 €, Duschen inkl., Fläche 12 ha. ✆ 0527/681785, 🕾 686298, info@hazevreugd.nl.

• *Essen* **Vis-Restaurant 't Achterhuys**, Visafslag, Burgemeester Schipperskade 2, 8321 EH Urk, frischer Fisch direkt am Urker Fischhafen, preiswerte Hauptgerichte, April-September Mo-Sa, Oktober-März nur Fr/Sa geöffnet, ✆ 0527/652092.
De Zeebodem, Wijk 1/67, 8321 EM Urk, eine weitere Adresse für exzellente Fischgerichte, stets wechselnde Menükarte, herrliche Terrasse, So/Mo geschlossen, ✆ 0527/683292.
Café Willem Barentsz, Wijk 3/39, 8321 EX Urk, das mit Abstand älteste Café der Provinz öffnete seine Pforten im Jahre 1868, ✆ 0527/683508.

Schokland

Das gut 100 ha große Areal ist seit der Trockenlegung des umliegenden Polders keine Insel mehr. Die alten Hafenanlagen, die in den vergangenen Jahren sorgsam restauriert wurden, sind seither von endlosen Wiesen umgeben.

Die Bauern der hiesigen Höfe stoßen immer wieder auf Dokumente einer ungewöhnlichen Vergangenheit. Sie fördern Keramiken und Werkzeuge zu Tage, wenn sie mit ihren Maschinen die Felder bearbeiten. Schokland profitierte im Goldenen Jahrhundert stark vom blühenden Handel mit den Kolonialgebieten. Alle Schiffe, die aus der Ferne zurückkehrten, mussten den damaligen Inselbewohnern Zoll entrichten – ein lukratives Geschäft, das den Wohlstand der Insel über Jahrzehnte sicherte. Die großen Handelsschiffe, die infolge ihres starken Tiefgangs die flachen Gewässer nicht passieren konnten, luden ihre Waren im hiesigen Hafen auf flachere Lastkähne um, die sie zumeist ins nahe Handelsstädtchen Kampen weitertransportierten. Erst die Anbindung des Amsterdamer Hafens an die Nordsee nahm Schokland seine langjährige Bedeutung. Die 700 Inselbewohner verarmten und waren fortan auf finanzielle Unterstützung vom Festland angewiesen. Obendrein hinterließen der jahrzehntelange Torfabbau und ein sinkender Grundwasserspiegel Spuren. Die Insel begann stark abzusinken. Alsbald wurden die ersten Häuser überspült. Die Bewohner mussten auf künstliche Warften flüchten und dort neue Bauten errichten. Die Situation aber spitzte sich weiter zu, sodass den Behörden schließlich keine andere Wahl blieb, als die komplette Insel zu evakuieren. Mehrere Familien verließen das versinkende Eiland erst nach Gewaltandrohung. Zahlreiche Bauten wurden eingerissen. Die katholische Kirche wurde abgetragen und im gelderländischen Ommen neu errichtet. Für die Schokker begann eine ungewisse Zukunft. Sie mussten erleben, dass sie in Städten wie Kampen oder Volendam, ihrer neuen Heimat, keineswegs mit offenen Armen empfangen wurden. Sie blieben lange Jahre eine Randgruppe der Gesellschaft, kaum integriert, wenig akzeptiert.

Schokland steht seit einigen Jahren auf der Weltkulturerbeliste der UNESCO. Seither haben die verantwortlichen Stellungen ihre Bemühungen intensiviert, die Geschichte des Gebietes aufzuarbeiten und zu dokumentieren. Wer sich dafür interessiert, sollte das **Museum Schokland** zwischen Nagele und Ens besuchen.

● *Adresse/Öffnungszeiten* Middelbuurt 3, 8307 RS Ens, ✆ 0527/251396, www.beleef-schokland.nl. Sa/So 11-17 Uhr, April-Oktober auch Di-Fr 11-17 Uhr, Juli/August auch Mo 11-17 Uhr. Erwachsene 2.50 €, Kinder 1.80 €, Senioren (Pas65) 1.80 €, MJK. Begleittexte und Führungen in deutscher Sprache.

Dronten

(31.000 Einwohner)

Die Gemeinde Dronten besitzt ihre wichtigste Sehenswürdigkeit im neu gestalteten **Freizeitpark Six Flags Holland** nahe Biddinghuizen: Auf dem ehemaligen Walibi-Flevo-Gelände (130 ha) am Veluwemeer wurden mehr als 45 Millionen Euro in Europas modernsten Freizeitpark investiert, der Familienspaß für jeden Geschmack garantieren soll. Batman nimmt es in einer spektakulären Show gegen die Gangster dieser Welt auf, Bugs Bunny und Speedy Gonzales sorgen für gute Laune, während die "Main Street" zu einem Bummel durch das Hollywood der 40er Jahre einlädt. Der jüngste Freizeitpark der Niederlande ist darüber hinaus ein Eldorado für Achterbahn-Freunde: Sechs Bahnen bieten tollkühnen Fahrspaß, darunter "Superman The Ride", der seine Insassen in weniger als drei Sekunden auf 90 km/h beschleunigt. Übernachtungen sind im angeschlossenen Bungalowpark mit Campingplatz möglich.

*I*nformation/*V*erbindungen/*A*dressen

● *Informationen* **ANWB/VVV Dronten**, De Rede 149, 8251 EZ Dronten, ✆ 0321/318687, ✆ 318711, www.vvvflevoland.nl. April-August Mo-Do 9-17 Uhr, Fr 9-17 Uhr und 18.30-20.30 Uhr, Sa 9-13 Uhr; September-Mai Mo-Fr 9-17 Uhr, Sa 9-13 Uhr.

Provinz Flevoland
Karte S. 505

• *Adresse/Öffnungszeiten* **Six Flags Holland**, Spijkweg 30, 8256 RJ Biddinghuizen, ✆ 0321/329999, www.sixflagseurope.com. April-Juni und September-Oktober täglich 10-17 Uhr; Juli/August täglich 10-21 Uhr. Erwachsene 22 €, Kinder 17.50 € (Kinder unter 1 m gratis), Senioren (Pas65) 17.50 €, Parken 7 €. Mit dem Euro-Season-Pass für 45 € hat man ein Jahr lang freien Zugang.

• *Bahnverbindungen* Nächster Bahnhof in Kampen (15 km).

• *Busverbindungen* In Richtung Harderwijk, Lelystad, Zwolle.

• *Autovermietung* **Autoverhuur Avis**, Fazantendreef 11, 8251 JR Dronten, ✆ 0321/310104; **Autoverhuur Ford Kamphuis**, Baan 41, 8256 BD Biddinghuizen, ✆ 0321/332644.

• *Fahrradverleih* **Riviera Park**, Spijkweg 15, 8256 RJ Biddinghuizen, ✆ 0321/331344, www.riviera.nl; **De Bremerberg**, Bijsselseweg 3, 8256 RE Biddinghuizen, ✆ 0321/331659; **Flevo-Bike**, De Morinel 55, 8251 HT Dronten, ✆ 0321/337200 (Liegefahrräder).

• *Kanuverleih* **Aqua Centrum**, Bremerbergdijk 35, 8256 RD Biddinghuizen, ✆ 0321/331635.

• *Einkaufen* Die Geschäfte bleiben in Dronten Montagvormittag geschlossen. Am Freitag verschiebt sich der Ladenschluss auf 21 Uhr, in Biddinghuizen auf 20.30 Uhr (Kaufabend). Markttermine: **Wochenmarkt** Mi 8.30-12.30 Uhr, Redeplein, Dronten; Mi 13.30-17.30 Uhr, Het Plein, Biddinghuizen.

• *Krankenhaus* **IJsselmeerziekenhuizen**, Ziekenhuisweg 100, 8233 AA Lelystad, ✆ 0320/271911.

• *Taxiruf* ✆ 0321/337777

Übernachten/Essen

• *Übernachten* ***** Hotel Het Galjoen**, De Rede 50, 8251 EW Dronten, 40 Betten, die erste Adresse vor Ort, freundlicher Service, saubere Zimmer. EZ ab 50 €, DZ ab 70 €, ✆ 0321/317030, info@hotelhetgaljoen.nl.

Camping 't Wisentbos, De West 1, 8251 ST Dronten, N 309 (Lelystad–Elburg), Schildern folgen, waldreiche Umgebung, einfache Sanitärs, Schwimmbad, Wanderhütten (2), geöffnet April-Oktober. Person 2.90 €, Zelt 3.55 €, Auto 1.65 €, Duschen 0.55 €, Fläche 9 ha. ✆ 0321/316606, 📠 316606.

Camping Rivièra Beach, Spijkweg 11, 8256 RJ Biddinghuizen, Straße an der Nordseite des Veluwemeers folgen, Wiesengelände hinterm Deich, direkt am Veluwemeer, gute Sanitärs, Fahrradverleih, Lebensmittelgeschäft, Schwimmbad, Lebensmittelgeschäft, Schwimmbad, Tennisplätze, geöffnet April-Oktober. Stellplatz (inkl. 4 Pers.) 34.50 €, zus. Person 4.50 €, Duschen 0.50 €, Fläche 15 ha. ✆ 0321/331344, 📠 331402, info@riviera.nl.

Camping Rivièra Park, Spijkweg 15, 8256 RJ Biddinghuizen, nahe Camping Rivièra Beach, einfache Sanitärs, Diskothek, Fahrradverleih, Hallenbad mit Wasserrutsche (öffentlich), Jachthafen, Lebensmittelgeschäft, Tennisplätze, Wanderhütte (1), geöffnet April-Oktober. Stellplatz (inkl. 4 Pers.) 28 €, zus. Person 4.75 €, Duschen 0.50 €, Fläche 40 ha. ✆ 0321/331344, 📠 331402, info@riviera.nl.

Camping Flevostrand, Strandweg 1, 8256 RX Biddinghuizen, N 302 (Harderwijk–Lelystad), Schildern folgen, naturbelassenes Areal am Veluwemeer, wenig Schatten, einfache Sanitärs, Fahrradverleih, Lebensmittelgeschäft, Wanderhütten (2), geöffnet April-Oktober. Stellplatz (inkl. 2 Pers.) 20.50 €, zus. Person 3.85 €, Duschen inkl., Fläche 20 ha. ✆ 0321/288480, 📠 288480, info@flevostrand.nl.

Mini-Camping Het Hecht, Stobbenweg 40, 8251 PX Dronten, ganzjährig geöffnet. Stellplatz (inkl. 2 Pers.) 11.25 €, zus. Person 3.50 €, Duschen inkl., Fläche 1 ha. ✆ 313971, info@thecht.nl.

Mini-Camping De Gaper, Karekietweg 18, 8256 RZ Biddinghuizen, geöffnet April-Oktober. Person 3.10 €, Fläche 2 ha. ✆ 0320/288208, 📠 0320/288208.

• *Essen* **Pizzeria Stromboli**, Het Ruim 21, 8251 EL Dronten, Mo geschlossen, ✆ 0321/318191.

De Klink, Bremerbergdijk 27, 8256 RD Biddinghuizen, Richtung Six Flags Holland, große Terrasse am Wasser, kleiner Jachthafen, internationale Küche, preiswerte Hauptgerichte, April-September Di-So, Oktober-März nur Sa/So, ✆ 0321/331465.

Veranstaltungen

Popfestival Lowlands: Auf dem weitläufigen Veranstaltungsgelände Six Flags Holland in Biddinghuizen findet im Sommer eines der größten alternativen Musikfestivals des Landes statt. Mit zahlreichen Veranstaltungen aus Bereichen wie Comedy, Film, Ballett, Theater und Literatur ist Lowlands aber weit mehr: ein dreitägiges Sommerfest mit 10 Podien, Geschäften, Kinos, Restaurants und Sportplätzen. 60.000 Zuschauer treffen auf 200 Artisten und Künstler. Termin: Ende August. Karten: 97.50 € (inkl. Campingplatz). Mindestalter 16 Jahre. Internet: www.lowlands.nl.

Almere (85.000 Einwohner)

Almere ist nach Lelystad der zweite große Baukasten der Nation. In der am schnellsten wachsenden Stadt des Landes dominiert architektonisch nüchterne Sachlichkeit.

1976 hatte Almere etwa 200 Einwohner, in den frühen 80er Jahren waren es dann schon mehr als 10.000, und mittlerweile bewegt sich Zahl rasant auf die 100.000er-Grenze zu. Der besondere Reiz der Stadt liegt in der direkten Nähe zur Metropole Amsterdam, die keine 30 km entfernt ist. Almere zählt zum unmittelbaren Einzugsgebiet des holländischen Schmelztiegels.

Die Stadt am Wasser (*Almere-Haven*), die Stadt im Zentrum (*Almere-Stad*) und die Stadt im Land (*Almere-Buiten*) sind fertig gestellt, doch werden in den Randbezirken die Baukräne noch lange Zeit das Bild bestimmen. Die Architektur ist außerordentlich eigenwillig und dürfte nicht jeden Geschmack treffen. Ein Schmunzeln wird dennoch nicht ausbleiben, beispielsweise wegen der drei roten "Telefonhäuschen", die nahe der Autobahn A 6 (Abfahrt 7, Almere-Buiten) die Experimentierfreude der Bauherren erkennen lassen.

Information/Verbindungen/Adressen

• *Information* **ANWB/VVV Almere-Stad**, Spoordreef 20, 1315 GP Almere-Stad, ☎ 036/5334600, ✆ 5343665, www.vvvflevoland.nl. Mo-Fr 9.30-18 Uhr, Do bis 21 Uhr, Sa 9.30-17 Uhr.

VVV Almere-Haven, Sluiskade 30, 1353 BV Almere-Haven, ☎ 036/5348088, ✆ 5470788. April-Oktober Mo 13-17 Uhr, Di-Fr 10-17 Uhr, Sa 10-14 Uhr; November-März Di-Sa 10-14 Uhr.

• *Bahnverbindungen* 2-4x stündl. nach Amsterdam (Dauer: 25 Min.), 2-4x stündl. Lelystad (15 Min.).

• *Busverbindungen* In Richtung Hilversum, Lelystad, Naarden.

• *Autovermietung* **Autoverhuur Adhé**, Markerkant 1504, 1314 AW Almere-Stad, ☎ 036/5333636, www.adhe.nl; **Autoverhuur Avis**, Markerkant 1518, 1314 AX Almere-Stad, ☎ 036/5347026; **Autoverhuur Budget**, Randstad 22-31, 1316 BR Almere-Stad, ☎ 036/5333451 (0800/0537, gratis); **Autoverhuur Hertz**, Markerkant 1201/11, 1314 AJ Almere-Stad, ☎ 036/5497788.

• *Fahrradverleih* **Fietsen Rijwielshop Almere**, Busplein 16, 1315 KR Almere-Stad, ☎ 036/5341331; **Tweewieler Centrum**, Noordeinde 164, 1342 AL Almere-Buiten, ☎ 036/5322537.

• *Einkaufen* Die Geschäfte bleiben in Almere Montagvormittag geschlossen. Am Donnerstag (Almere-Stad) bzw. Freitag (Almere-Buiten, Almere-Haven, Almere-Muziekwijk) verschiebt sich der Ladenschluss auf 21 Uhr (Kaufabend). Markttermine: **Wochenmarkt** Almere-Stad Mi 9-16 Uhr, Grote Markt; Almere-Haven Fr 9-12.30 Uhr, Winkelcentrum Markt; Almere-Buiten Do 9-12.30 Uhr, Winkelcentrum.

• *Krankenhaus* **Flevoziekenhuis Almere-Stad**, Hospitaalweg 1, 1315 RA Almere-Stad, ☎ 036/5398765.

• *Taxiruf* ☎ 036/5333500

Übernachten/Essen

• *Übernachten* ***** Bastion Hotel Almere**, Audioweg 1, 1322 AT Almere, zentrale Lage, 210 Betten, einziges 3-Sterne-Hotel in Almere, moderner Bau mit nüchternem Interieur. EZ ab 75 €, DZ ab 75 €, Frühstück 9 €, ☎ 036/5367755, ✆ 5367009.

Provinz Flevoland
Karte S. 505

Camping Marina Muiderzand, IJmeerdijk 4, 1309 BA Almere, A 6 (Lelystad–Amsterdam), Ausfahrt Muiderzand, Schildern folgen, Platz liegt südwestlich der Stadt am IJmeer, viel Grün im Umland, weitläufiger Platz mit teils altem Baumbestand. Im hinteren Teil des schönen Hafens, wo sich auch das Lebensmittelgeschäft befindet, liegen zahlreiche Jachten zum Verkauf, darunter auch schon mal ein Objekt jenseits der Millionengrenze. Einfache Sanitärs, Fahrradverleih, Lebensmittelgeschäft, Wanderhütten (2), geöffnet April-September. Stellplatz (inkl. 2 Pers.) 11.50 €, zus. Person 2.95 €, Duschen inkl., Fläche 10 ha. ✆ 036/5369151, 🖅 5365399, info@dendaas.com.

Mini-Camping De Trip, Kemphaanweg 3, 1358 AA Almere, geöffnet April-Oktober. Person 3.25 €, Duschen inkl., Fläche 2,5 ha. ✆ 036/5384416, 🖅 5384406, h.hake@sbb.agro.nl.

● *Essen*   **La Bastille**, Grote Markt 42-44, 1315 JG Almere-Stad, empfehlenswerte französische Küche, verhältnismäßig preiswerte 3-Gänge-Menüs, Pfannkuchenvariationen für den kleineren Hunger, ✆ 036/5332223, www.labastile.nl.

Rhodos, Metropolestraat 15, 1315 KK Almere-Stad, Bahnhofsvorplatz, große Auswahl an Gerichten der griechischen Küche, preiswerte Hauptgerichte, ✆ 036/5341901.

Toko Garuda, Grote Markt 219, 1315 JE Almere-Stad, gegenüber Korte Promenade, gute chinesisch-indonesische Küche, ✆ 036/5332200.

Bestevaer, Sluiskade 16-20, 1357 NX Almere-Haven, französisch-holländische Küche, frischer Fisch in zahlreichen Variationen, Di geschlossen, ✆ 036/5311557.

Pizzeria Da Sergio, Sluis 10, 1357 PA Almere-Haven, italienisches Spezialitätenrestaurant nahe der Schleuse, Mo geschlossen, ✆ 036/5349477.

The Chuck Wagon, Houtstraat 82-84, 1353 BD Almere-Haven, Steakhouse mit vorzüglichen Grillspezialitäten, Mi geschlossen, ✆ 036/5311440.

Sehenswertes

Natuurinformatiecentrum De Trekvogel: Das Naturinformationszentrum bietet eine interessante Ausstellung zur Flora und Fauna der Provinz. Darüber hinaus werden die theoretischen Grundkenntnisse zum Verständnis komplexer Ökosysteme in artenreichen Morastgebieten vermittelt. Der "Trekvogel" organisiert mehrstündige Exkursionen in die anders nicht zugänglichen Oostvaardersplassen.

Der nördlich des Naturinformationszentrums gelegene *Wilgenbos* gehört zu den wenigen frei zugänglichen Naturgebieten der Region. Unterwegs bieten mehrere Observationspunkte Gelegenheit, die brütenden Vögel zu beobachten.

Öffnungszeiten Informationszentrum   Oostvaardersdiep 16, 1309 AA Almere, ✆ 036/5322449. April-Oktober täglich 12-17 Uhr; November-März Mo-Fr 12-16 Uhr. Eintritt frei.

Oostvaardersplassen: Das riesige Areal entstand als weites Feuchtgebiet infolge großflächiger Einpolderungen. Die Oostvaardersplassen begeistern mit einem einzigartigen Reichtum auch seltener Vogelarten. Im Frühjahr tauchen zahlreiche Weidensträucher die Landschaft in malerisch-gelbe Pastelltöne; die Natur zeigt sich dann von ihrer farbenprächtigsten Seite. Das gesamte Gebiet kann nur im Rahmen einer Exkursion (siehe oben) betreten werden. Am *Knardijk* finden sich zwei Beobachtungshütten, eine dritte steht am Rande der weiter südlich gelegenen *Lepelaarplassen*.

De Realiteit: Das einzigartige Bauprojekt entstand als Ergebnis des 1985 durch die *Stichting De Fantasie* ausgeschriebenen Wettbewerbs "Tijdelijk Wonen". Die 17 Häuser dürften eines der landesweit herausragendsten Beispiele avantgardistischer Wohnkultur darstellen. Plassenweg, S101, Richtung Almere-Buiten, Nähe Noorderplassen (knapp außerhalb von Almere-Stad).

Kubuscontainer im Wohnprojekt De Realiteit

De Fantasie: Auch im weiter südlich gelegenen Stadtteil Almere-Haven zeigt sich die Stadt als freizügiges Experimentierfeld der zeitgenössischen Architektur. Die neun Häuser hinterlassen allerdings einen etwas heruntergekommenen Eindruck. Nähe Weerwater (am Restaurant Lido-Almere).

Stadhuis: Beton, Glas und Marmor – alles andere ist zweitrangig. Der nüchterne Ratssaal und die runde Fensterfront über dem Eingang des riesigen Komplexes dominieren das Bauwerk am Stadhuisplein. *Cees Dam* drückte dem Gebäude Mitte der 80er Jahre einen deutlichen Stempel auf. Seither scheiden sich die Geister an der wahrhaft extravaganten Architektur.

Zeewolde   (8.000 Einwohner)

Der jüngste Ort der Niederlande ist von weiten Ackerflächen, Wäldern und Gewässern umgeben. Zeewolde liegt an der Schnittstelle zwischen altem und neuem Land. Die Gemeinde besitzt mit dem *Horsterwold*, der zum größten Laubwald der Niederlande heranwächst, ein attraktives Erholungsgebiet. In kalten Wintern lockt das *Wolderwijdmeer* mit seiner spiegelnden Eisfläche die schlittschuhbegeisterten Niederländer scharenweise an.

Eine weitere Attraktion ist das "Landart"-Kunstwerk *Aardzee* des niederländischen Bildhauers *Piet Slegers*, das sich im Vogelweg befindet. Es besteht aus einer Reihe lang gestreckter künstlicher Hügel, die den Eindruck anrollender Wellen vermitteln. Die Stirnseiten der Aufschüttungen sind mit hellen Pflastersteinen farblich abgesetzt. Der Betrachter soll sich nach den Vorstellungen des Künstlers inmitten der Brandung der ehemaligen Zuiderzee wähnen.

Information/Verbindungen/Adressen

- *Information* **VVV Zeewolde**, Raadhuisstraat 15, 3891 EB Zeewolde, ☎ 036/5221405, 🖂 5221405, www.vvvflevoland.nl. Mo 11-17 Uhr, Di-Fr 9-17 Uhr, Sa 10-14 Uhr, April-Dezember Fr auch 19-21 Uhr.
- *Bahnverbindungen* Nächster Bahnhof in Harderwijk (15 km).
- *Busverbindungen* In Richtung Amersfoort, Harderwijk.
- *Autovermietung* **Autoverhuur Avis**, Landbouwweg 118, 3899 BE Zeewolde, ☎ 036/5220020; **Autoverhuur Jedi**, Schepenveld 49, 3891 ZK Zeewolde, ☎ 036/5221330.
- *Fahrradverleih* **De Fietsenwinkel**, Raadhuisplein 18, 3891 ER Zeewolde, ☎ 036/5221548; **Flevo-Natuur**, Wielseweg 3, 3896 LA Zeewolde, ☎ 036/5228880; **Recreatiecentrum Zeewolde**, Dasselaarweg 1, 3896 LT Zeewolde, ☎ 036/5221246, www.rcn-centra.nl; **Westerlaken Tweewielers**, Raadhuisstraat 57, 3891 EB Zeewolde, ☎ 036/5227440.
- *Kanuverleih* **Watersportcentrum De Eemhof**, Slingerweg 9, 3896 LD Zeewolde, ☎ 036/5228521; **Recreatiecentrum Zeewolde**, Dasselaarweg 1, 3896 LT Zeewolde, ☎ 036/5221246, www.rcn-centra.nl.
- *Einkaufen* Die Geschäfte bleiben in Zeewolde Montagvormittag geschlossen. Am Freitag verschiebt sich der Ladenschluss auf 21 Uhr (Kaufabend). Markttermin: **Wochenmarkt** Fr 8.30-12.30 Uhr, Kerkplein.
- *Krankenhaus* **Ziekenhuis Sint Jansdal**, Wethouder Jansenlaan 90, 3844 GD Harderwijk, ☎ 0341/463911.
- *Schwimmen* **De Eemhof**, Slingerweg 1, ☎ 036/5229100, www.centerparcs.nl. Subtropisches Schwimmparadies, Solarium, Whirlpool.
- *Taxiruf* ☎ 036/5223333

Übernachten

*** Hotel Hardersluis, Harderhaven 32, 3898 LN Zeewolde, schöne Lage direkt am Wasser, 16 Betten, einziges Hotel vor Ort, gemütliche Zimmer, alle mit Du/WC, Telefon und TV, angegliedertes Restaurant. EZ ab 45 €, DZ ab 75 €, ☎ 0320/288093, 🖂 288173, www.hardersluis.nl.

Camping Zeewolde, Dasselaarweg 1, 3896 LT Zeewolde, A 28, Ausfahrt Nijkerk, Richtung Zeewolde, Schildern folgen, von Kanälen durchzogenes Wiesengelände, wenig Schatten, gute Sanitärs, Lebensmittelgeschäft, geöffnet Februar-Oktober. Stellplatz (inkl. 2 Pers.) 26 €, Duschen inkl., Fläche 44 ha. ☎ 036/5221246, 🖂 5221474, zeewolde@rcn-centra.nl.

Camping Erkemederstrand, Erkemederweg 79, 3896 LB Zeewolde, A 28, Ausfahrt Nijkerk, Richtung Zeewolde, erster Weg nach der Brücke rechts, Schildern folgen, teilweise direkt am Wasser (mit Sandstrand), einfache Sanitärs, Jachthafen, Lebensmittelgeschäft, geöffnet April-Oktober. Stellplatz (inkl. 2 Pers.) 18 €, zus. Person 3 €, Duschen inkl., Fläche 35 ha. ☎ 036/5228421, 🖂 5228543, info@erkemederstrand.nl.

Camping Flevo Natuur, Wielseweg 3, 3896 LA Zeewolde, schöne Lage in waldreicher Umgebung, angeschlossener FKK-Ferienpark mit 70 Bungalows (Freibad, Hallenbad, Sauna und ein Nackt-Supermarkt warten auf Kundschaft, einfache Sanitärs, Fahrradverleih, Lebensmittelgeschäft, ganzjährig geöffnet. Stellplatz (Auto und Zelt) 8.30 €, Person 6.40 €, Duschen inkl., Fläche 3 ha. ☎ 036/5228880, 🖂 5228783, www.flevonatuur.nl.

Mini-Camping Altena, Wielse Weg, 3896 LA Zeewolde, geöffnet April-Oktober. Person 2.50 €, Fläche 1,5 ha. ☎ 036/5229904, a.hofstra@sbb.agro.nl.

Mini-Camping Dasserlaar, Dasselaarweg, 3896 LT Zeewolde, geöffnet April-Oktober. Person 3.40 €, Duschen inkl., Fläche 2 ha. ☎ 036/5222080, a.hofstra@sbb.agro.nl.

Mini-Camping De Eemhof, Slingerweg 9, 3896 LD Zeewolde, geöffnet April-Oktober. Person 2.80 €, Duschen 1 €, Fläche 0,8 ha. ☎ 036/5228521, info@jachthaven-eemhof.nl.

Blick auf Wijk, den ältesten Stadtteil Maastrichts am "anderen" Maasufer

Provinz Limburg

Die im südlichen Zipfel der Niederlande gelegene Provinz Limburg, die sich in die Regionen **Maasvallei** (im Wesentlichen die Provinzhauptstadt Maastricht), **Mijnstreek**, **Zuid-Limburgs Heuvelland**, **Midden-Limburg en Maasplassen**, **De Peel** und **Noord-Limburg** aufteilt, gilt als perfektes Ziel für einen spontanen Kurzausflug ins Nachbarland. Die Provinz jenseits der deutsch-niederländischen Grenze im Dreiländereck lockt insbesondere mit der Provinzhauptstadt **Maastricht**, die als lebhaftes Zentrum der Region zu einem Motor des internationalen Zusammenwachsens avancierte. Maastricht ist offiziell niederländisch, doch spürt man deutlich das internationale Klima: Flexibilität und Weltoffenheit sind oberstes Motto. Die Fülle historischer Monumente verleiht Maastricht darüber hinaus den Status einer Kulturstadt – eine touristische

Provinciale VVV Limburg

Kerkstraat 31, 6301 BX Valkenburg, ☎ 043/6017345, ✆ 6013141, tourinfo@hvision.nl.

Hotels für Radfahrer: Die südliche Region Limburg präsentiert mit den "Fietsers Welkom Hotels" mehrere fahrradfreundliche Hotels, in denen Radfahrer Ermäßigungen erhalten und besondere Angebote nutzen können. Alle Hotels haben ihr Speiseangebot auf die Bedürfnisse von Aktivurlaubern eingestellt: Mehrmals täglich stehen reichhaltige Buffets zur Stärkung bereit. Die Hotels sorgen für den kostenlosen (!) Transport des Gepäcks, auf Wunsch auch zum nächsten Bahnhof. Die Buchung des Aufenthalts im nächsten Hotel ist direkt vor Ort möglich. Information: VVV Noord- en Midden-Limburg, Koninginneplein 2, 5911 KK Venlo, ☎ 077/3543800.

Pflichtaufgabe erster Güte, die man in Limburg ebenso ernst nimmt, wie man stolz ist auf die höchste Erhebung des Landes, die sich im südöstlichsten Zipfel der Provinz nahe Vaals befindet. Der *Vaalse Berg* – die Bezeichnung "Berg" scheint übertrieben – erreicht mit 323 m eine wahrlich traumhafte Höhe!

Maastricht   (Provinzhauptstadt • 120.000 Einwohner)

Was wäre die Provinz ohne ihre Hauptstadt, das kulturelle Zentrum im südlichsten Zipfel der Niederlande? Inmitten des Dreiländerecks pulsiert eine bunte Mischung aus kultureller Eleganz und quirliger Vitalität. Zahlreiche Spuren aus der Römerzeit sind erhalten geblieben und fügen sich harmonisch in das Stadtbild.

Die beidseitig der Maas gelegene moderne Stadt blickt auf eine reiche Vergangenheit zurück. 50 v. Chr. entstand an der Kreuzung mehrerer Heeresstraßen eine erste römische Siedlung in strategisch günstiger Lage, die ihren Namen dem nahen Flusslauf der Maas verdankte: *Mosae Trajectum*. Maastricht zählt damit zu den ältesten Städten der Niederlande. Ihre besondere geographische Lage hatte bereits im 3. Jahrhundert die Errichtung von Festungsanlagen erforderlich gemacht. Mehrere Jahrhunderte später wurde die Stadt zu einem der wichtigsten Bollwerke im Freiheitskampf gegen die Spanier. Die alte Maasbrücke hatte damals eine unschätzbare strategische Bedeutung: Durch sie waren die meisten Belagerungsversuche von vornherein zum Scheitern verurteilt. Die Bevölkerung verschanzte sich unterdessen in den *Grotten von Sint Pietersberg*, einem Labyrinth aus etwa 20.000 Gängen mit einer Gesamtlänge von 200 km. Auch später, während des Zweiten Weltkriegs, dienten die Grotten als Unterschlupf.

Die Gründung des Königreichs Belgien 1830 versetzte der wirtschaftlichen Entwicklung Maastrichts einen herben Schlag. Die Stadt verlor infolge des neuen Grenzverlaufs ihr gesamtes Hinterland – das westliche Einzugsgebiet wurde zum Ausland. Das Blatt sollte sich erst im Zuge der internationalen Annäherungen im Rahmen der Europäischen Gemeinschaft wenden. Der grenzüberschreitende Handel machte Maastricht zu einem wirtschaftlich außerordentlich konkurrenzfähigen Standort inmitten des belgisch-deutsch-niederländischen Dreiländerecks.

Das internationale Klima ist allerorts spürbar. Insbesondere amerikanische und japanische Touristen schätzen Maastricht als lohnendes Ausflugsziel. Der deutsche Besucher fällt in Maastricht kaum auf, denn man spricht wahlweise Deutsch, Französisch oder Niederländisch.

Die einstige Provinzstadt mauserte sich in den letzten Jahren zur EU-Metropole. Die Unterzeichnung des *Maastrichter Vertrags* (1992), mit dem ein neues Europa skizziert wurde, steigerte den Bekanntheitsgrad der Stadt erheblich, sodass sich die Zahl der Übernachtungen in den vergangenen zehn Jahren mehr als verdoppelt hat. Das Ende der 80er Jahre eröffnete Kongresszentrum MECC wurde nach seinen Pendants in Amsterdam und Den Haag zum wichtigsten Veranstaltungsort internationaler Kongresse in den Niederlanden, obwohl Maastricht nur Platz 15 auf der Liste der größten Städte des Landes belegt.

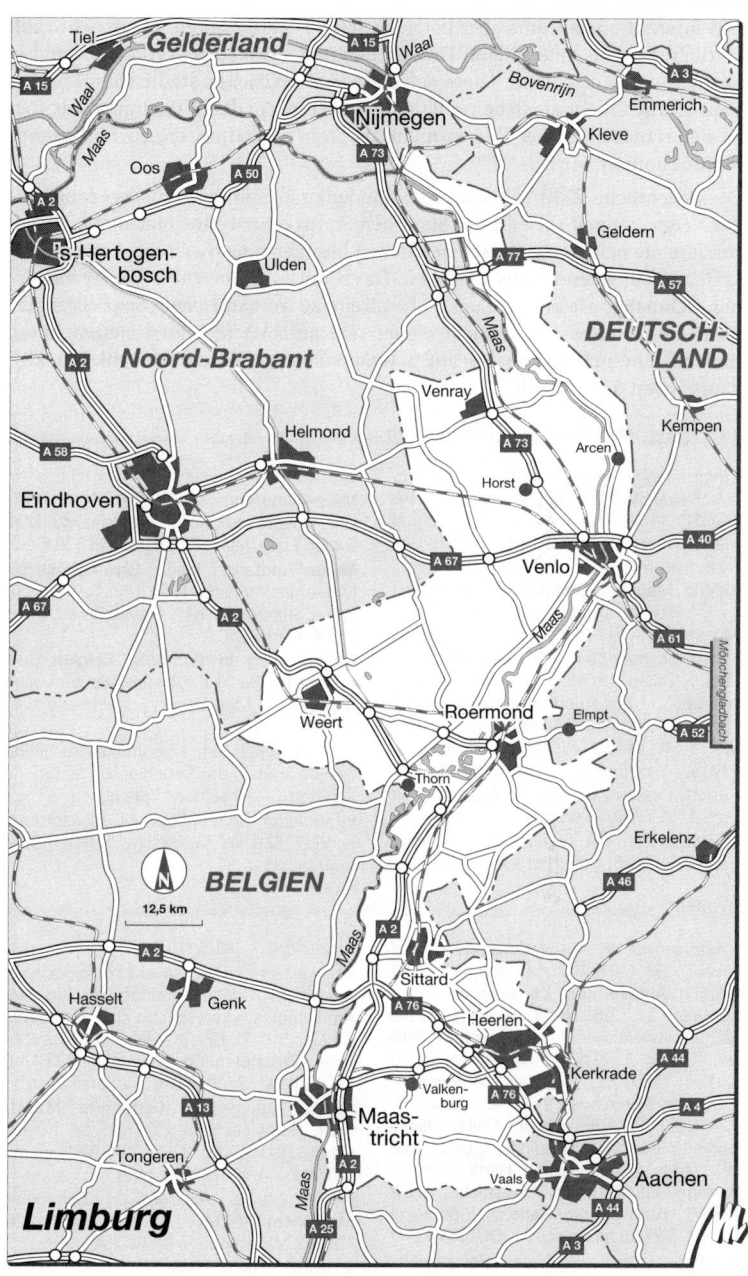

Das internationale Klima aber hat auch seine Schattenseiten. Maastricht zählt jährlich mehr als eine Million Drogentouristen, etwa 20 % davon aus dem benachbarten Deutschland. Diese setzen in den offiziellen städtischen Koffieshops jährlich mehr als sieben Millionen Euro um. An der Wilhelminakade (nahe der Handelskammer) liegen mehrere Transportkähne, die zu Koffieshops umfunktioniert wurden.

Die beachtliche Zahl sehenswerter Baudenkmäler und wertvoller Zeugnisse der Vergangenheit verleiht der Stadt den Status einer Kulturmetropole: Insbesondere die beiden romanischen Kirchen besitzen eine magische Anziehungskraft auf Kunstkenner aus aller Welt. Das renovierte *Stokstraat-Viertel* mit seinen schmalen Gassen verlockt obendrein zu romantischen Spaziergängen. Last, but not least: Maastricht eignet sich prächtig für einen ausgedehnten Einkaufsbummel. Gehen Sie auf Schnäppchenjagd durch die schicken Einkaufsgassen der Altstadt!

Information/Verbindungen/Rundfahrten

• *Information* **VVV Maastricht**, Het Dinghuis, Kleine Staat 1, 6211 ED Maastricht, ✆ 043/3252121, ✆ 3213746, www.vvvmaastricht.nl. Mai-Oktober Mo-Sa 9-18 Uhr, So 11-15 Uhr; November-März Mo-Fr 9-18 Uhr, Sa 9-17 Uhr.
ANWB Maastricht, Koninklijke Nederlandse Toeristenbond, Koningsplein 60, 6224 EG Maastricht, ✆ 043/3620666.

• *Bahnverbindungen* 2-3x stündl. nach Amsterdam (Dauer: 150 Min.), 1-2x stündl. Eindhoven (65 Min.), 2-3x stündl. Heerlen (30 Min.), 2-3x stündl. Utrecht (120 Min.), 1x stündl. Brüssel (120 Min.), alle 2 Std. Aachen (40 Min.).

• *Flugverbindungen* Maastricht Aachen Airport, Postbus 1, 6199 ZG Maastricht Airport, ✆ 043/3589999, www.maa.nl.

• *Rundfahrten* Die Reederei Stiphout bietet ganzjährig Ausflugsfahrten auf der Maas an

(im Internet sind weitere Touren beschrieben): **Maas-Rundfahrt**: Mai-August täglich 10-17 Uhr (jeweils zur vollen Stunde). 50 Min. Dauer. Erwachsene 5.50 €, Kinder 3.50 €.
Maas-Rundfahrt (inkl. Grottenbesuch): Mai-August täglich 10-15 Uhr (jeweils zur vollen Stunde). 180 Min. Dauer. Erwachsene 8.75 €, Kinder 5.50 €.
Grenzausflug in Richtung Belgien: Juli-August Mo-Sa 11.15 Uhr (jeweils zur vollen Stunde). 240 Min. Dauer. Erwachsene 14 €, Kinder 8.50 €.
Abfahrt jeweils am Maasboulevard (Höhe Graanmarkt). In der Nebensaison fahren die Schiffe zu wechselnden Zeiten.
Information: Rederij Stiphout, Maaspromenade 27, 6211 HS Maastricht, ✆ 043/3515319, www.stiphout.nl.

Adressen

• *Autovermietung* **Autoverhuur Avis**, Parallelweg 38, 6221 BD Maastricht, ✆ 043/3252377; **Autoverhuur La Blanche**, Weerhuisweg 5, 6226 NC Maastricht, ✆ 043/3252627, www.lablanche.nl; **Autoverhuur Budget**, Griend 2, 6221 AJ Maastricht, ✆ 043/3211166 (0800/0537, gratis); **Autoverhuur Europcar**, Sibemaweg 1, 6227 AH Maastricht, ✆ 043/3612310; **Autoverhuur Feijts**, Duitsepoort 15, 6221 VA Maastricht, ✆ 043/3259999, www.feijts.nl; **Autoverhuur Hertz**, Wilhelminasingel 32, 6221 BK Maastricht, ✆ 043/3251971; **Autoverhuur National**, Spoorweglaan 18, 6221 BS Maastricht, ✆ 043/3263446.

• *Fahrradverleih* **Tweewielerspecialist "Aon de Stasie"**, Stationsplein 1, 6221 BT

Maastricht, ✆ 043/3211100.
• *Einkaufen* Die Geschäfte bleiben in Maastricht Montagvormittag geschlossen. Am Donnerstag verschiebt sich der Ladenschluss auf 21 Uhr (Kaufabend). Markttermine: **Wochenmarkt** Mi und Fr 8-13 Uhr, Trödelmarkt, Sa 10-16 Uhr, Stationsstraat.

• *Kinderbauernhof* **Kinderfarm Maastricht**, Romeinsebaan 200, 6215 SK Maastricht, ✆ 043/3474786. Di-Fr 10-12.30 Uhr und 14-17 Uhr, So 14-17 Uhr. Eintritt frei.

• *Krankenhaus* **Academisch Ziekenhuis Maastricht (AZM)**, Prof. Debeyeplein 25, 6229 HX Maastricht, ✆ 043/3876543.

• *Taxiruf* ✆ 043/3633333

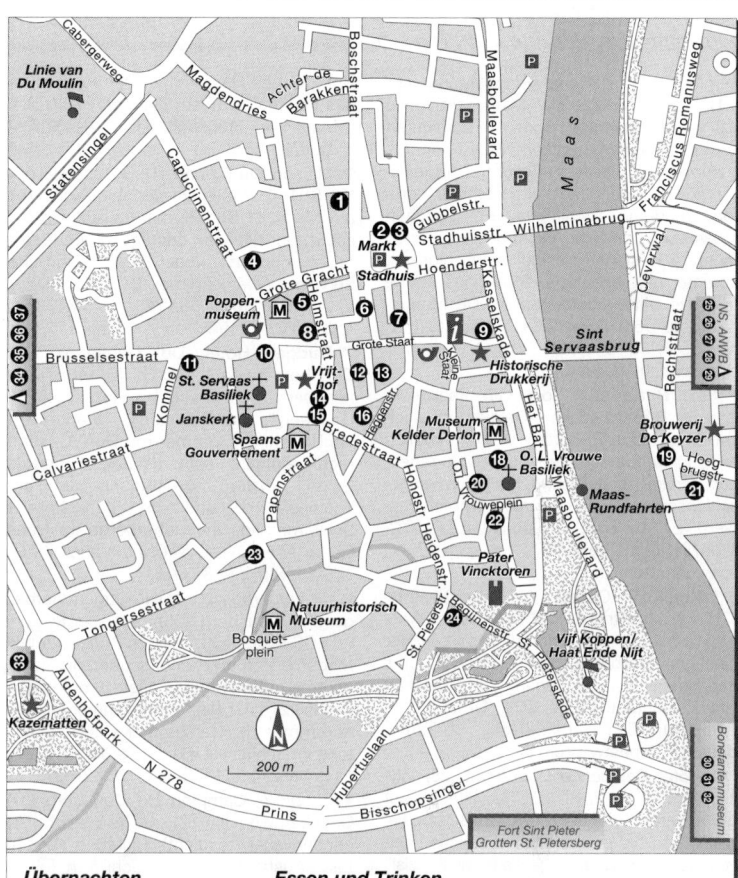

Übernachten

- **1** Maison Du Chêne
- **5** Hotel Du Casque
- **21** Crowne Plaza Maastricht
- **25** Hotel Residence Beaumont
- **26** Hotel Le Roi
- **27** Hotel De Posthoorn
- **28** Camping Oriental
- **30** Hotel In den Hoof
- **34** Camping De Dousberg
- **35** NJHC-Jugendherberge De Dousberg
- **36** La Butte aux Bois
- **37** Budget Hotel De Dousberg

Essen und Trinken

- **1** Maison du Chêne
- **2** La Chine
- **3** Da Giovanni
- **4** Le Bon Vivant
- **6** Croissanterie Délifrance
- **7** IJssalon Venezia
- **8** Gauchos Grill Restaurant
- **9** Kaishu
- **10** De Pallieter
- **11** Au Premier
- **12** De Unit
- **13** In de Gouwe Poort
- **14** D'n Ingel
- **15** In den Ouden Vogelstruys
- **16** 't Hegske
- **18** 't Plenkske
- **19** 't Pakhoes
- **20** Charlemagne
- **22** Toine Hermsen
- **23** Jean La Brouche
- **24** Café Sjiek
- **29** Old Hickory
- **31** Wong Dynasty
- **32** Manjefiek
- **33** Château Neercanne

Maastricht

Übernachten (siehe Karte S. 519)

● *Hotels*   ***** **Crowne Plaza Maastricht (21)**, Ruiterij 1, 6221 EW Maastricht, etwa 500 m vom Bahnhof, wenige Fußminuten vom historischen Stadtkern, 212 Betten, Luxushotel der Bilderberg-Gruppe, einziges 5-Sterne-Hotel der Stadt, allerhöchster Komfort, moderne Architektur am östlichen Maasufer, spezielle Nichtraucherzimmer, mehrere Restaurants sind angeschlossen, darunter das japanische Steakhouse Kobe und das Mittelmeerrestaurant De Mangerie. EZ ab 176 €, DZ ab 228 €, Frühstück 19 €, ✆ 043/3509191, 🖅 3509192, cpmaastricht@bilderberg.nl.

**** **La Butte aux Bois (36)**, Paalsteenlaan 90, B-3620 Lanaken, Belgien, westlich von Maastricht, 76 Betten, wunderschönes Haus in wunderschöner Lage, hervorragender Service, erstklassige Küche im angeschlossenen Restaurant, sehr empfehlenswert! EZ ab 85 €, DZ ab 100 €, ✆ 0032/89721286, 🖅 0032/89721647, www.labutteauxbois.be.

**** **Hotel Du Casque (5)**, Helmstraat 14, 6211 TA Maastricht, 90 Betten, Best-Western-Hotel mit modernem Komfort in der einstigen Herberge Den Helm (15. Jh.), Parkgarage, direkter Zugang zum Gauchos Grill Restaurant. EZ ab 100 €, DZ ab 105 €, Frühstück 12 €, ✆ 043/3214343, 🖅 3255155, ducasque@bestwestern.nl.

**** **Hotel Residence Beaumont (25)**, Wycker Brugstraat 2, 6221 EC Maastricht, auf der anderen Seite der Maas, 235 Betten, Familienhotel in prachtvollem Eckhaus, hervorragender Service, angegliedertes Spezialitätenrestaurant Alsacien Beaumont. EZ ab 95 €, DZ ab 105 €, ✆ 043/3254433, 🖅 3253655, www.beaumont.nl.

*** **Hotel Le Roi (26)**, Sint Maartenslaan 1-7, 6221 AV Maastricht, zentrale Lage, 10 Min. Fußmarsch ins Zentrum, 80 Betten, alle Zimmer mit Du/WC, Telefon und TV. EZ ab 90 €, DZ ab 95 €, ✆ 043/3253838, 🖅 3210835, www.hotelleroi.nl.

*** **Hotel In den Hoof (30)**, Akersteenweg 218, 6227 AE Maastricht, östliche Maas-Seite, etwa 3 km außerhalb des Stadtzentrums, 55 Betten, Fahrstuhl, freundliche Atmosphäre und freundlicher Service. EZ ab 60 €, DZ ab 80 €, ✆ 043/3610600, 🖅 3618040, www.indenhoof.nl.

** **Hotel De Posthoorn (27)**, Stationsstraat 47, 6221 BN Maastricht, Nähe Hbf., kleines Haus mit 25 Betten, nüchternes Interieur, saubere Zimmer. EZ ab 56 €, DZ ab 68 €, Frühstück 6 €, ✆ 043/3217334, 🖅 3210747.

** **Maison Du Chêne (1)**, Boschstraat 104-106, 6211 AZ Maastricht, zentrale Lage direkt am Markt, 51 Betten, aus drei denkmalgeschützten Häusern bestehend, Ende des 19. Jahrhunderts erbaut. Sehr freundlicher Service, saubere Zimmer. EZ ab 40 €, DZ ab 56 €, Frühstück 8.50 €, ✆ 043/3213523, 🖅 3258082.

** **Budget Hotel De Dousberg (34)**, Dousbergerweg 4, 6216 GC Maastricht, erreichbar mit Buslinie 7 bis Haltestelle "De Dousberg", nordwestliches Stadtgebiet, 120 Betten, alle Zimmer mit Du/WC, sonst recht einfach, sehr sauber, Fahrstuhl, Gäste erhalten Ermäßigung auf den Tennisplätzen und im benachbarten Schwimmbad, Jugendherberge im Haus. EZ ab 47 €, DZ ab 54 €, Frühstück 7.70 €, ✆ 043/3466766, 🖅 3466755.

● *Jugendherberge* **NJHC-Jugendherberge De Dousberg (35)**, Dousbergweg 4, 6216 GC Maastricht, Teil des Budget Hotels, moderne Herberge, sehr sauber, ganzjährig geöffnet. 190 Betten, Viererzimmer (14), Sechserzimmer (13), Achterzimmer (4), Zehnerzimmer (1), 14er-Zimmer (1). Übernachtung im Schlafsaal inkl. Frühstück 17-19 € (je nach Saison), ✆ 043/3466777, 🖅 3466755.

● *Camping* **Camping De Dousberg (37)**, Dousbergweg 102, 6216 GC Maastricht, A 2 (Eindhoven–Maastricht), Richtung Hasselt/Luik, Ausfahrt Zentrum, Schildern folgen, kreisförmig angeordneter Platz auf kleiner Anhöhe, ruhige Lage, trotz einiger schöner Laubbäume wenig Schatten, vorbildliche Sanitärs, Lebensmittelgeschäft, Hallen- und Freibad (der Gemeinde), geöffnet April-Oktober. Person 4.10 €, Zelt 4.40 €, Auto 2.15 €, Duschen 0.50 €, Fläche 10 ha. ✆ 043/3432171, 🖅 3430556, dousbergcamping@dousberg.nl.

Camping Oriental (28), Rijksweg 6, 6325 PE Berg en Terblijt, etwa 8 km östlich von Maastricht, A 2 (Eindhoven–Maastricht), Richtung Berg en Terblijt, Platz liegt nach 4 km rechts, gute Sanitärs, Schwimmbad, Lebensmittelgeschäft, geöffnet Mai-Oktober. Stellplatz (inkl. 2 Pers.) zus. Person 2 €, Duschen 0.50 €, Fläche 5,5 ha. ✆ 043/6040075, info@campingoriental.nl.

Essen (siehe Karte S. 519)

Die Zahl exzellenter Restaurants ist außergewöhnlich hoch. Zeigt sich hier der Einfluss Belgiens? Insbesondere im flämischen Teil des kleinen Nachbarlandes wird bekanntlich vorzüglich gespeist. Im Folgenden findet sich zunächst eine kleine Auswahl an exklusiven "Culinair Restaurants". Die Menüpreise liegen hier bei 30-50 Euro. Danach wird es preiswerter, aber auch für diese Kategorie gilt: überdurchschnittliche Qualität im Vergleich zum Landesdurchschnitt!

• *Culinair Restaurants* **Château Neercanne (33)**, Cannerweg 800, 6213 ND Maastricht, Terrassenschloss mit Mergelgrotten, eines der renommiertesten Restaurants der Niederlande, ein Michelin-Stern würdigt die exzellenten französischen Speisen. Stilvolle Einrichtung, schöne Aussicht ins Jekertal, ein besonderer Tipp für den größeren Geldbeutel, Mo geschlossen, ℘ 043/3251359.

Toine Hermsen (22), Sint Bernardusstraat 2-4, 6211 HL Maastricht, Nähe OLV-Basilika, edle französische Kochkunst in der historischen Altstadt, offene Küche mit raffinierter Schlichtheit, So/Mo geschlossen, ℘ 043/3258400.

◊◊◊ **Manjefiek (32)**, Rijksweg 80, 6228 XZ Maastricht, Relais du Centre (siehe Seite 56), traditionelle holländische Gerichte Speisen am Rande Maastrichts mit Aussicht auf den Savelbos, Angebot der Speisen saisonal wechselnd, der Meisterkoch stellt täglich ein besonderes Menü zusammen. Mo-Fr 12-14.30 Uhr und 18-21.30 Uhr, Sa 18-21.30 Uhr, So 12-21.30 Uhr, Di Ruhetag, ℘ 043/3610145, www.manjefiek.nl.

Jean Labrouche (23), Tongersestraat 9, 6211 LL Maastricht, feine französische Küche der oberen Preisklasse in authentischem Ambiente, Fisch- und Fleischgerichte, So/Mo geschlossen, ℘ 043/3214609.

Au Premier (11), Brusselsestraat 13, 6211 PA Maastricht, intime Atmosphäre hinter unauffälliger Fassade, Restaurant im ersten Stock, kleine Gartenterrasse mit Blick auf die Maastrichter Altstadt, gute Weinkarte, Mo geschlossen, Tel. 06/22489429.

◊◊◊ **'t Pakhoes (19)**, Waterpoort 4-6, 6221 GB Maastricht, Relais du Centre (siehe Seite 56), belgisch-französisch orientierte Haute Cuisine in altem Lagerhaus, Fisch- und Fleischgerichte auf vier geschmackvoll eingerichteten Etagen, kleine Sommerterrasse, Mi geschlossen, ℘ 043/3257000, www.pakhoes.nl.

Le Bon Vivant (4), Capucijnenstraat 91, 6211 RP Maastricht, Gewölbekeller einer ehemaligen Brauerei, die einst ein Bier herstellte, "das bei den Damen sehr beliebt war", exquisite Küche unter weiblicher Leitung, Ans van de Staay versteht ihre Kunst, Mo geschlossen, ℘ 043/3210816.

't Hegske (16), Heggenstraat 3a, 6211 GW Maastricht, Wim und Babs Lommen legen Wert auf eine gastliche und gemütliche Atmosphäre, antikes Interieur, Zubereitung der Speisen in offener Küche, Gartenterrasse mit Brunnen, ℘ 043/3251762.

Café Sjiek (24), Sint Pieterstraat 13, 6211 JM Maastricht, kleines gemütliches Bistro (seit 1982) in schöner Lage etwas abseits des Zentrums, regionale Gerichte aus Großmutters Zeiten (Blutwurst, Sauerbraten, Sauerkrautplatten, Wild), geräumige Terrasse im historischen Stadtpark, Rezepte auf der Homepage. Neben dem Bistro befindet sich der "Sjieke Winkel", ein Laden, in dem Sie die unterschiedlichsten "Kulinariosa" kaufen können: hausgemachte Leckerbissen aus der Sjiek-Küche, Olivenöl vom Fass, Weine und vieles mehr. ℘ 043/3210158, www.cafesjiek.nl.

Old Hickory (29), Meerssenerweg 372, 6224 AL Maastricht, Hotel-Restaurant nördlich des Hbf. hinter eher unscheinbarer Fassade, klassische französische Küche, Austern, Hummer und Fischgerichte, Wildspezialitäten, guter Weinkeller, ℘ 043/3620548.

't Plenkske (18), Plankstraat 6, 6211 GA Maastricht, romantische Lage im renovierten Stokstraat-Viertel, Spezialitäten aus Maastricht, Lüttich und Frankreich, Gartenterrasse mit Blick auf den Thermenplatz, So geschlossen, ℘ 043/3218456.

Kaishu (9), Jodenstraat 26, 6211 ER Maastricht, traditionelle japanische Küche, Sashimi, Sushi, Sukiyaki, Fisch- und Fleischgerichte, Mo geschlossen, ℘ 043/3250300.

Wong Dynasty (31), Erasmusdomein 39, 6229 GB Maastricht, konkurrenzloses chinesisches Spezialitätenrestaurant, Di geschlossen, ℘ 043/3617660.

• *Preiswertere Restaurants* **In de Gouwe Poort (13)**, Sporenstraat 5, 6211 EB Maastricht, kleine Gasse zwischen Grote Staat und Platielstraat, Grand Café mit schöner Terrasse auf der Rückseite, hervorragende kleinere Gerichte, Chili con Carne oder die "beste französische Zwiebelsuppe des Landes" probieren, gute Grillspezialitäten, So geschlossen, ℡ 043/3215968.

Charlemagne (20), Onze-Lieve-Vrouweplein 24, 6211 HE Maastricht, Eetcafé im Herzen der Stadt an einem der schönsten Plätze Maastrichts, leckere Küche mit mehreren preiswerten Tagesgerichten, ℡ 043/3219373.

Maison du Chêne (1), Boschstraat 104, zentrale Lage direkt am Markt, untergebracht im gleichnamigen Hotel, exquisite französische Küche, 6211 AZ Maastricht, ℡ 043/3213523.

La Chine (2), Markt 33, 6211 CK Maastricht, zentrale Lage in der nördlichen Altstadt, eröffnet 1951, seither gute chinesische Küche

Straßencafé in Maastricht

mit Spezialitäten aus Kanton und Szechuan, ℡ 043/3216123.

Da Giovanni (3), Markt 34, 6211 CK Maastricht, typisch italienische Küche, rustikale Einrichtung, sangesfreudige Kellner, preiswerte Hauptgerichte, ℡ 043/3213934 (Lesertipp Susanne und Guido Schienbein).

> **Internetcafé De Unit (12)**, Leliestraat 19, 6211 EA Maastricht, Internetcafé in zentraler Lage in der Nähe des belebten Vrijthof-Platzes, ℡ 043/3212790.

Croissanterie Délifrance (6), Grote Staat 57, 6211 CV Maastricht (Boulangerie) und Spilstraat 4c, 6211 CP Maastricht (Boutique), Baguettes, Brötchen und Croissants zum Mitnehmen, ℡ 043/3213026 bzw. ℡ 043/3257825.

IJssalon Venezia (7), Nieuwstraat 10, 6211 CS Maastricht, gutes Eis, abends geschlossen, ℡ 043/3219772.

● *Restaurants am Vrijthof*   Am Vrijthof herrscht reger Betrieb. Es gibt mehrere Restaurants und Cafés, deren Terrassen gut besucht sind. Die Atmosphäre ist wesentlich angenehmer und ruhiger als auf dem Markt.

D'n Ingel (14), Vrijthof 13, 6211 LD Maastricht, gut besuchtes Grand Café mit schöner Terrasse, der "Ingel" (Engel) als Symbol des Lokals verfolgt seine Besucher auf Schritt und Tritt, ℡ 043/3217226.

In den Ouden Vogelstruys (15), Vrijthof 15, 6211 LD Maastricht, wahrscheinlich das älteste Lokal Maastrichts, kleinere Snacks und gute Biere, ℡ 043/3214888.

Perroen-Pallieter (10), Vrijthof 34-35, 6211 LE Maastricht, typisch niederländisches Eetcafé mit guter Küche, ein beliebter Treff bis spät in die Nacht, preiswerte Hauptgerichte, ℡ 043/3252073.

Gauchos Grill Restaurant (8), Vrijthof 52, 6211 LE Maastricht, argentinische Grillspezialitäten, Zubereitung auf dem Holzkohlengrill, deftige Steaks zu akzeptablen Preisen, gute Salate, ℡ 043/3255022.

Veranstaltungen

Preuvenemint: Das Feinschmecker-Festival verwandelt den Maastrichter Vrijthof in ein kulinarisches Zeltdorf. 35 Restaurants beteiligen sich an der Veranstaltung, auf dem Maastrichts Meisterköche köstliche Probierhäppchen servieren. Zahlreiche Bands, Chöre und Solisten sorgen für ein umfangreiches Musik- und Unterhaltungsprogramm. Termin: August. Internet: www.preuvenemint.nl.

TEFAF: Die Welt des Kunsthandels öffnet im Messe- und Kongresszentrum MECC die Tore für eine der bedeutendsten Kunst- und Antiquitätenmessen der Welt ("The European Fine Art Fair", TEFAF). Antiquare, Galeristen und Kunsthändler aus aller Welt präsentieren ihre Schätze: Antiquitäten, Bücher, Gemälde, Kunsthandwerk, Manu-skripte, Schmuck. Auch renommierte Museen aus aller Welt gehören zu den Käufern. Die Echtheit und der Zustand der angebotenen Kunstgegenstände werden von einem internationalen Expertenteam beurteilt. Ort: Messezentrum Maastricht (MECC). Termin: März. Information: The European Fine Art Foundation, Postbus 1035, 5200 BA 's-Hertogenbosch, ✆ 073/6145165, www.tefaf.com.

Sehenswertes

Vrijthof: Der ehemalige Friedhof bildet eines der Zentren der Maastrichter Innenstadt. Die mächtigen Türme der *Sint Servaaskerk* und der *Sint Janskerk* verleihen dem Platz ein beeindruckendes Ambiente, das auch die ansässige Gastronomie ausgiebig zu nutzen versteht. Die Hauptwache aus dem Jahre 1773, die einst die Versorgung der städtischen Wachposten an den Stadttoren koordinierte, verdient ebenso Beachtung wie das *Generalshuis*, ein neoklassizistischer Palast, der 1809 auf den Fundamenten einer früheren Klosteranlage errichtet wurde. Mittlerweile dient das Anwesen als Kulturzentrum.

Sint Servaasbasiliek: Die romanische Kreuzbasilika, deren älteste Abschnitte aus der Zeit um 1000 stammen, dominiert den rückwärtigen Teil des weitläufigen Platzes. Das mächtige Bauwerk thront auf der Grabstätte des heiligen Servatius, des ersten Bischofs von Maastricht, der im 4. Jahrhundert in der Stadt wirkte. Die Basilika verdankt ihre gegenwärtige Gestalt zahlreichen Erweiterungen und Umbauten in späteren Epochen. Sie erhielt im 11. Jahrhundert den Status einer Reichskirche und avancierte zum Sitz der kaiserlichen Kanzlei. Die Kaisergalerie und der Kaisersaal im Westchor weisen auf die Bedeutung der Kirche auch auf weltlicher Ebene hin. Der südliche Turmbau birgt mit der *Grameer* (7.000 kg) eine der größten Kirchenglocken des Landes. Sehenswert sind das Grabmahl *Karls von Lothringen*, die Reste eines alten Marienaltars und das mit alt- und neutestamentarischen Bildern reich verzierte *Bergportaal* aus dem 13. Jahrhundert. Die farbenprächtigen Fenster sorgen für reizvolle Lichtspiele im ohnehin hellen Innenraum.

1869 veränderte der geniale Baumeister *P. J. H. Cuypers* das stilistische Gesicht der Basilika. Die Restaurierungsarbeiten der späten 80er Jahre dagegen bemühten sich um Wiederherstellung des früheren Originalzustands. Die kirchliche Schatzkammer birgt eine Reihe kostbarer Kunstgegenstände und Reliquien, darunter der Schrein mit den Gebeinen des heiligen *Servatius*. Das im 12. Jahrhundert gestaltete Kunstwerk trägt an seinen Stirnseiten Darstellungen von Christus und Servatius. An den Flanken finden sich die Abbilder der zwölf Apostel. Das kostbare Relikt gilt als Krönung des maasländischen Edelschmiedehandwerks. Später erhielt der Schrein den Beinamen *Noodkist* (Notkiste), denn er wurde in schweren Zeiten im Rahmen einer feierlichen Prozession durch die Straßen der Stadt getragen, um das Leid der Bevölkerung zu lindern.

Adresse/Öffnungszeiten Schatzkammer Keizer Karelplein 6, 6211 JC Maastricht, ✆ 043/3210490, www.sintservaas.nl. Juli/August täglich 10-18 Uhr; September-Juni täglich 10-17.30 Uhr. Erwachsene 2 €, Kinder 0.50 €, Senioren (Pas65) 1.50 €.

Provinz Limburg Karte S. 517

Onze-Lieve-Vrouwebasiliek: Die zweite große romanische Kirche der Stadt war nach ihrer Errichtung im 12. Jahrhundert ein wichtiger Bestandteil der Maastrichter Festungsanlagen. Die schmalen Schlitze im Mauerwerk ersetzen die farbenfrohen Fenster anderer Gotteshäuser. Der Innenraum ist folglich außerordentlich dunkel. Die ehemalige Funktion des bedrohlich anmutenden Bauwerks mit seinen beiden flankierenden Treppentürmen an der Westfassade ist gut zu erkennen.

Die Kirche hat neben der Sint Servaasbasiliek als einzige in den Niederlanden zwei Krypten. Die reichlich mit alttestamentarischen Skulpturen verzierten Kapitelle im Bereich des romanischen Chors zählen zu den beeindruckendsten Teilen des Interieurs, doch verdienen auch der Kreuzgang seitlich des Hauptschiffs und die Kapelle *Sterre der Zee* Beachtung. Die kirchliche Schatzkammer birgt eine wertvolle Sammlung sakraler Kunstgegenstände, zu denen auch das Levitenkleid des heiligen Lambertus zählt, des vorletzten Bischofs von Maastricht, der 705 im nahen Lüttich ermordet wurde – vermutlich von einem rachsüchtigen Edelmann, den der Bischof des Ehebruchs bezichtigt hatte.

Adresse/Öffnungszeiten Schatzkammer Onze-Lieve-Vrouweplein 20, 6211 HE Maastricht, ☎ 043/3251851, www.sterre-der-zee.nl. Mai-September Mo-Sa 10.30-17 Uhr, So 13-16.30 Uhr. Erwachsene 1.60 €, Kinder 0.45 €.

Sint Janskerk: Auch diese im 14./15. Jahrhundert errichtete gotische Kirche hat ihren Anteil an der einzigartigen Silhouette Maastrichts. Dafür ist in erster Linie der markant rote Turm (70 m, 218 Stufen) verantwortlich, dessen Besteigung mit einem wunderbaren Ausblick auf die alten Stadtviertel mehr als belohnt wird. Die Eintrittsgebühr kommt der Restaurierung der Kirche zugute. Das Interieur fällt vergleichsweise schlicht aus. Man findet einige sehenswerte Grabsteine und – als eigentliches Schmuckstück – die Kanzel im Stil Ludwigs XVI.

Adresse/Öffnungszeiten Kirche und Turm Henric van Veldekeplein, 6211 HA Maastricht, ☎ 043/3252121 (VVV). Mai-Oktober Mo-Sa 11-16 Uhr. Eintritt (Kirche) frei. Turmbesteigung Erwachsene 1.15 €, Kinder 0.45 €.

Sint Servaasbrug: Die im späten 13. Jahrhundert errichtete siebenbogige Maasbrücke verbindet den Maastrichter Stadtteil Wijk mit der am linken Flussufer gelegenen Altstadt (im Bereich Sint Pieterstraat/Tongersestraat). Die Kaimauer am Wijker Ufer (1229) gehört zu den ältesten Festungsanlagen Maastrichts. Im Süden des historischen Stadtkerns befinden sich weitere Reste alter Befestigungsbauten, darunter das Wassertor *De Reek* aus dem Jahre 1350 und der *Onze-Lieve-Vrouwewal*.

Helpoort: Das "Höllentor", das älteste Stadttor der Niederlande, dessen Bau 1229 vollendet wurde, gehörte zur ersten Umwallung Maastrichts. Es besaß ursprünglich ein Fallgitter, dessen Falz sich im Bogengewölbe noch heute erkennen lässt. Am Boden des oberen Durchgangs befanden sich mehrere Wurflöcher, die es ermöglichten, eindringende Feinde unter Beschuss zu nehmen. Das Innere des Tors kann besichtigt werden, auch die Türme dürfen erklommen werden. Wie heißt es in der netten Broschüre: "Es stehen männliche und weibliche Führer zur Verfügung, die Erläuterungen geben und Fragen beantworten können."

Adresse/Öffnungszeiten Sint Bernardusstraat 24, 6200 AE Maastricht, ☎ 043/3257833. April-September täglich 13.30-16.30 Uhr. Eintrittspreis auf freiwilliger Basis.

Rondeele: 1516 entstanden die Bastionen *Haat ende Nijt* (Hass und Neid) und *Vijf Koppen* (Fünf Köpfe) als Erweiterung der bestehenden Festungsanlagen. Früher trug eines der Rondelle die Bezeichnung *Drie Duiven* (Drei Tauben), doch setzte sich der heutige Name durch, als 1638 die Köpfe fünf hingerichteter Männer auf dem Brustwehr aufgespießt wurden. Zu ihnen zählte auch Pater Vinck, den die Spanier des Hochverrats für schuldig befunden hatten, ohne ihn zweifelsfrei überführen zu können. Der nahe *Pater Vincktoren*, der Beginn der zweiten Stadtmauer, trägt seinen Namen. Das Ganze befindet sich im Bereich Begijnenstraat/Sint Pieterskade. Das nahe gelegene *Pesthuis* mit den Baracken der Pestkranken – die Jahreszahl auf dem weißen Mauerwerk dokumentiert den Zeitpunkt seiner Vollendung – wurde 1755 als Wassermühle am Vijf Koppen erstmals in Betrieb genommen.

Sint Servaasbasiliek aus der Vogelperspektive

Stadhuis: Das alte Rathaus zählt zu den Meisterwerken des Architekten *Pieter Post*, der das Monument im späten 17. Jahrhundert als Tuchhalle konzipierte. Die Doppeltreppe vor der pilasterverzierten klassizistischen Fassade sollte den "Heren van Maastricht", dem Fürstbischof von Lüttich und dem Herzog von Brabant, den gleichzeitigen Zugang zum Gebäude ermöglichen – keiner sollte sich benachteiligt fühlen. Das Interieur der Eingangshalle besteht aus prachtvollen Deckengemälden, wertvollem Stuckwerk und mehreren Wandteppichen. Das Gebäude verfügt darüber hinaus über ein wohlklingendes Hemony-Glockenspiel.

Adresse/Öffnungszeiten Markt 78, 6211 CL Maastricht, ☎ 043/3505050. Mo-Fr 8.30-12.30 Uhr und 14-17.30 Uhr. Glockenspielkonzerte Fr 11.30-12.30 Uhr. Eintritt frei.

Provinciehuis: Im April 1986 eröffnete Königin *Beatrix* in einer feierlichen Zeremonie das neue Verwaltungsgebäude der Maastrichter Provinzialregierung. Die eigenwillige Gestaltung des roten Backsteinbaus, der teilweise auf einer kleinen Insel errichtet wurde, mag recht gewöhnungsbedürftig erscheinen, doch entschädigt die reizvolle Lage an der Maas. Die Räume neben der Eingangshalle werden als Podium wechselnder Ausstellungen genutzt.

Adresse/Öffnungszeiten Limburglaan 10, 6229 GA Maastricht, ☎ 043/3899999. Mo-Fr 9-12 Uhr und 14-16 Uhr. Eintritt frei.

Bonnefantenmuseum: Das limburgische Museum für Archäologie und Kunstgeschichte ermöglicht Einblicke in die Vergangenheit Maastrichts. Mit 9.000 qm Ausstellungsfläche gehört die Sammlung zu den größten der Niederlande und bereichert obendrein die Museenlandschaft des angrenzenden Rheinlands. Präsentiert werden neben archäologischen Funden, sakralen Kunstgegenständen, Glas-, Keramik- und Silbersammlungen auch wertvolle Gemälde und maasländische Figuren. Die Abteilung "Alte Kunst" präsentiert neben altitalienischer Malerei und mittelalterlichen Skulpturen die Werkstatt *Pieter Brueghels d. Ä.*

Die streng-schöne Architektur des futuristischen Klinkerbaus, den der Mailänder Stararchitekt *Aldo Rossi* (1931–1996) ein Jahr vor seinem Tod für umgerechnet zwanzig Millionen Euro realisiert hatte, ist eine Sehenswürdigkeit für sich. Der metallisch glänzende, zinkverkleidete Turm erinnert spontan an eine abschussbereite Rakete. Die luftige Außengalerie bietet herrliche Blicke auf die Maastrichter Altstadt am anderen Flussufer. Der Name "Bonnefanten" geht übrigens auf das französische "bons enfants" (gute Kinder) zurück, einst der Name eines Maastrichter Waisenhauses.

Adresse/Öffnungszeiten   Avenue Ceramique 250, 6201 BS Maastricht, ✆ 043/3290190, www.bonnefanten.nl. Di-So 11-17 Uhr. Erwachsene 7 €, Kinder 6 €, Senioren (Pas65) 6 €, MJK. Führungen in deutscher Sprache.

Natuurhistorisch Museum: Die sorgfältig zusammengestellte Sammlung bemüht sich um die Beantwortung der gängigsten Fragen zur Flora und Fauna der südlichsten Provinz der Niederlande. In den Räumlichkeiten sind darüber hinaus Fossilienfunde und Mineraliensammlungen untergebracht. Neuerdings ist dem Museum ein kleiner botanischer Garten angeschlossen.

Adresse/Öffnungszeiten   De Bosquetplein 7, 6211 KJ Maastricht, ✆ 043/3505490, www.nhmmaastricht.nl. Mo-Fr 10-17 Uhr, Sa/So 14-17 Uhr. Erwachsene 3 €, Kinder 2.25 €, Senioren (Pas65) 2.25 €, MJK. Begleittexte in deutscher Sprache.

Museum Spaans Gouvernement: Das Bauwerk bildet mehr als nur den äußeren Rahmen für eine Ausstellung, die Kunstgegenstände des 17./18. Jahrhunderts zeigt, darunter Gemälde sowie Glas-, Porzellan- und Silberkollektionen. Der Arkaden-Innenhof im Lütticher Renaissancestil des 16. Jahrhunderts ist besonders beeindruckend, doch auch die stilvolle Einrichtung der alten Räume mit zahlreichen historischen Möbeln lohnt den Besuch.

Adresse/Öffnungszeiten   Vrijthof 18, 6211 LD Maastricht, ✆ 043/3211327, Di-So 13-17 Uhr. Erwachsene 2.50 €, Kinder frei. Führungen in deutscher Sprache. www.museumspaansgouvernement.nl.

Grotten Sint Pietersberg: Die berühmten Maastrichter Grotten entstanden in den vergangenen Jahrhunderten durch den kontinuierlichen Abbau von Mergelschichten. Das in der Limburger Region damals bevorzugte Baumaterial bildet hier äußerst dicke Schichten (60 m) versteinerter vorgeschichtlicher Schalentiere. Wissenschaftler fanden Fossilien mehrerer hundert Seetiere, darunter das riesige Exemplar eines *Mosasaurus* (15 m Länge). Das unübersichtliche Labyrinth der 20.000 Gänge hat eine Gesamtlänge von rund 250 km. Die Grotten dienten der Bevölkerung in den Kriegsjahren als einigermaßen sicherer Schutzraum – auch die berühmte "Nachtwache" von *Rembrandt* soll hier gelagert haben! Die Wände zieren jahrhundertealte Inschriften und Wandmalereien. Selbst das Monogramm Napoleons sollte sich nach längerer Suche finden. Dem Besucher stehen zwei Gangsysteme offen.

Übrigens: In den dunklen Gängen leben Scharen von Fledermäusen, die bei der konstanten Luftfeuchtigkeit und Temperatur (10° C) einen idealen Lebensraum vorfinden. Zudem eignen sich die Grotten hervorragend zur Zucht von Champignons und Chicorée!

● *Adresse* Grotten Noord (Chalet Berglust), Luikerweg 71. Grotten Zonneberg (Casino Slavante), Slavante 1.

● *Führungen* Juli/August täglich 10.45-15.45 Uhr. Außerhalb der Saison mindestens einmal täglich. Erwachsene 3 €, Kinder 2 €. Führungen auch in deutscher Sprache.

● *Information* Grotten Sint Pietersberg voor Rondleidingen, Kleine Staat 1, 6211 ED Maastricht, ☎ 043/3217878.

Maastrichter Altstadt

Fort Sint Pieter: Das im südlichen Maastricht gelegene Fort wurde um 1700 an der Nordseite des gleichnamigen Berges erbaut. Die bombensicheren Räume und die kanonenbestückten Galerien können besichtigt werden. Bei gutem Wetter bieten sich schöne Blicke auf die Stadt und das nahe Umland, in das sich der Flusslauf der Maas einfühlsam einschmiegt.

Adresse/Führungen Luikerweg 80, 6212 NH Maastricht, ☎ 043/3217133. Juli/August und in den Ferien täglich 14 Uhr. 60 Min. Dauer. Erwachsene 3 €, Kinder 2 €. Kombikarte (inkl. Besuch der Kazematten, s. u.): Erwachsene 5.40 €, Kinder 3.30 €.

Kazematten: Die Anlage mit ihren Galerien, Kuppelgewölben, Pulverkammern und Schutzräumen entstand zwischen 1575 und 1825 zum Schutz der Stadt. Neben den regulären einstündigen Führungen finden in unregelmäßigen Abständen auch dreistündige Rundgänge durch das gesamte System statt. Nähere Hinweise und Reservierungsmöglichkeiten bietet das städtische Informationsbüro (VVV).

● *Adresse/Führungen* Waldeckbastion (Nähe Tongerseplein), 6212 KA Maastricht, ☎ 043/3217878. Juli/August täglich 12.30 Uhr und 14 Uhr (außerhalb der Saison nur 14 Uhr, teilweise sogar nur am Wochenende). 60 Min. Dauer. Erwachsene 3 €, Kinder 2 €. Kombikarte siehe Fort Sint Pieter. Information: Kazematten voor Rondleidingen, Kleine Staat 1, 6211 ED Maastricht, ☎ 043/ 3217878.

Poppenmuseum: Das jüngste der städtischen Museen bietet auf zwei Etagen eine reichhaltige Sammlung alter Spielpuppen. Die ältesten Exponate der *John-Selbach-Stiftung* datieren aus dem Jahre 1850. Darüber hinaus werden Blechspielzeuge, Modelleisenbahnen, Teddybären und mehrere nette Spielzeugmöbel gezeigt.

Adresse/Öffnungszeiten Grote Gracht 41, 6211 ST Maastricht, ☎ 043/3260123. Do und Sa 11-16 Uhr. Erwachsene 3.50 €, Kinder 1.50 €.

Provinz Limburg Karte S. 517

Museum Kelder Derlon: In den Kellerräumen des Derlon-Hotels sind archäologische Funde aus der Römerzeit ausgestellt, darunter ein Brunnen. Informationstafeln und Vitrinen erläutern dem Besucher darüber hinaus den aktuellen Stand der fortlaufenden Ausgrabungsarbeiten.
Adresse/Öffnungszeiten Plankstraat 21, 6211 GA Maastricht, ✆ 043/3252121. So 12-16 Uhr. Eintritt frei. Führungen in deutscher Sprache.

Museum De Historische Drukkerij: Das Museum in einer der ältesten Straßen Maastrichts birgt eine historische Druckerei (1900). Die angeschlossene Ausstellung befasst sich mit der Entwicklung der Druckkunst – ausgehend von der Epoche Rembrandts bis in die Gegenwart. Die alten Maschinen werden regelmäßig in Betrieb genommen.
Adresse/Öffnungszeiten Jodenstraat 22, 6211 ER Maastricht, ✆ 043/3216376. März-Juli und September-November Fr/Sa 13-17 Uhr. Erwachsene 2.50 €, Kinder 1.60 €.

Ufos über Holland

Nachdem in einigen Provinzen des Landes in den vergangenen Jahren mehrfach mysteriöse Zirkel in Kornfeldern aufgetaucht waren, die nach Auffassung renommierter Ufologen nur auf die Landung von Außerirdischen zurückgeführt werden können, platzierte ein findiger Landwirt ein aussagekräftiges Verbotsschild auf seinem Acker. Das kreisrunde Schild zeigt ein schwarzes Ufo auf weißem Grund, abgegrenzt von der für Verbotsschilder typisch roten Umrandung. Der Marsmensch sei damit hinreichend gewarnt, erklärte der Landwirt. Konsequenzen möglicher Zuwiderhandlungen ließ er offen.

Zuletzt sorgte die Gründung einer Selbsthilfegruppe für Außerirdische für landesweites Aufsehen. Der Gesprächskreis, der im regelmäßigen Turnus alle zwei Wochen stattfindet, bietet Extraterrestrischen die Gelegenheit zum Erfahrungsaustausch.

Bierbrouwerij De Keyzer N.A. Bosch: Die ehemalige Dampfbrauerei gilt als bedeutendes Limburger Industriedenkmal. Noch in den 70er Jahren wurde an diesem Ort Bier auf althergebrachte Weise gebraut. Das Interieur der Brauerei und das fünfstöckige *Mouthuis*, die beide unter Denkmalschutz stehen, sind weitgehend intakt erhalten.
Adresse/Führungen Wijckergrachtstraat 26, 6211 CX Maastricht, ✆ 043/3252121. April-Oktober am ersten Sa des Monats ab 14.30 Uhr. Beginn der Führungen am Informationsbüro (VVV, Kleine Staat). Dauer 2 Std. Erwachsene 7 €.

Afrikacentrum Cadier en Keer: Nur wenige Kilometer südöstlich von Maastricht liegt das Museum für Kunst und Kultur des afrikanischen Kontinents, das mit Masken, Musikinstrumenten, Schmuckstücken und Waffen einen Einblick in fremde Kulturen gewährt. Im Mittelpunkt steht der Versuch, die Beziehungen zwischen den westlichen Industrienationen und den Völkern des afrikanischen Kontinents aufzuarbeiten.
Adresse/Öffnungszeiten Rijksweg 15, 6267 AC Cadier en Keer, ✆ 043/4077383, www.africacentrum.nl. Di-Fr 13.30-17 Uhr, Sa/So 14-17 Uhr. Erwachsene 4 €, Kinder 2 €, Senioren (Pas65) 3 €, MJK.

Region De Mijnstreek

(Heerlen, Kerkrade, Sittard)

Die bevölkerungsreiche Region im Südosten der Provinz avancierte nach dem Ersten Weltkrieg zum Zentrum des niederländischen Steinkohleabbaus. Torf hatte seine Bedeutung als primäre Brennstoffquelle endgültig verloren. Steter Zustrom von Arbeitskräften ließ die ehemals kleinen Bauerndörfer der Region in rasantem Tempo zu Industriestädten anwachsen. Täglich fuhren die Kumpel in die Bergwerke ein, um später pechschwarz und todmüde wieder ans Tageslicht zu gelangen. Die Entdeckung riesiger Erdgasvorkommen nahe Slochteren (Provinz Groningen) leitete in den 70er Jahren den Niedergang dieses blühenden Wirtschaftszweiges ein. Das Limburger Kohlenrevier verlor Arbeitsplätze, die Bergwerke wurden nach und nach geschlossen, die dunklen Steinberge verschwanden.

Mit Ausnahme der Valkenburger Minen, die als Minenmuseum an die Zeiten des Braunkohleabbaus erinnern, wurden alle Anlagen geschlossen und geflutet. Stattdessen entstanden grüne Naherholungsgebiete und gar eine kleine Skipiste in **Landgraaf**. Mittlerweile gelten **Heerlen** und **Kerkrade** als Beispiele zweier Städte, die sich erfolgreich bemüht haben, das einst arg verrußte Image abzustreifen. Die landschaftlich reizvollsten Ecken der Region finden sich gegenwärtig in der 600 ha großen *Brunssummerheide*, einem reizvollen Heide- und Waldgebiet, sowie im nahen *Geleenbeek*, das sich bestens für einen erholsamen Ausflug aufs Land eignet.

Heerlen   (95.000 Einwohner)

Im Kreuzungsbereich der bedeutenden römischen Heerstraßen von Boulogne-sur-Mer nach Köln und von Trier nach Xanten entstand im ersten Jahrhundert n. Chr. ein florierendes Handelszentrum, der Ort Coriovallum.

Im Mittelpunkt der sich schnell ausdehnenden Ansiedlung standen die Thermen, riesige Badehäuser, deren keineswegs spärliche Überreste eine der Hauptattraktionen der neuzeitlichen Industriestadt bilden. Das Image der muffigen, verdreckten Bergarbeiterstadt hat Heerlen in den letzten Jahren ablegen können, denn die Zeiten der grauen Fabriken und qualmenden Schlote sind endgültig vorbei. Nach Jahrzehnten der Smogbelastung atmet die zunehmend freundlicher werdende Stadt wieder auf. Einen besonderen Reiz verbreitet die gewachsene Mischung aus historischen Jugendstilfassaden und moderner Architektur des 20. Jahrhunderts.

Mehr und mehr deutsche Staatsbürger haben sich in den vergangenen Jahren in Heerlen und der nahen Umgebung niedergelassen. Sie pendeln täglich zur Arbeit ins Nachbarland. Das grenzüberschreitende Zusammenleben funktioniert laut Aussagen aller Beteiligten fast reibungslos.

Provinz Limburg
Karte S. 517

Information/Verbindungen/Adressen

• *Information* **VVV Heerlen**, Bongerd 22, 6411 JM Heerlen, ℡ 0900/9798, Mo 13-17 Uhr, Di-Fr 9-17 Uhr, Sa 10-16 Uhr, www.vvvheerlen.nl .

ANWB Heerlen, Koninklijke Nederlandse Toeristenbond, Honigmanstraat 100, 6411 LM Heerlen, ℡ 045/5717833, ✆ 5742638.

• *Bahnverbindungen*   2-3x stündl. nach Amsterdam (Dauer: 160 Min.), 2-3x stündl. Eindhoven (70 Min.), 2x stündl. Kerkrade (15 Min.), 2-3x stündl. Maastricht (30 Min.), 2-3x stündl. Sittard (20 Min.), 2-3x stündl. Utrecht (130 Min.).

• *Autovermietung* **Autoverhuur Bastiaans**, Spoorsingel 50, 6412 AC Heerlen, ✆ 045/ 5724141, www.bastiaans.nl; **Autoverhuur Budget**, Breukerweg 183b, 6412 ZK Heerlen, ✆ 045/4009666 (0800/0537, gratis); **Autoverhuur National**, Schelsberg 45, 6413 AA Heerlen, ✆ 045/5700808.

• *Fahrradverleih* **Rijwielshop "In 't Station Heerlen"**, Stationsplein 2, 6411 NE Heerlen, ✆ 045/5710601.

• *Einkaufen*   Die Geschäfte bleiben in Heerlen Montagvormittag geschlossen.

Am Donnerstag verschiebt sich der Ladenschluss auf 21 Uhr (Kaufabend). Markttermine: **Wochenmarkt** Di 9-15 Uhr, Bongerd; **Obst und Gemüse** Sa 8-16 Uhr, Bongerd.

• *Kinderbauernhof*   **Schrieversheide**, Schaapskooiweg 99, 6414 EL Heerlen, ✆ 045/5223131. Di-So 11-17 Uhr, Juli/August auch Mo 11-17 Uhr. Eintritt frei.

• *Krankenhaus*   **De Weverziekenhuis**, Henri Dunantstraat 5, 6419 PC Heerlen, ✆ 045/5766666.

• *Sternwarte*   **eXplorion**, Schaapskooiweg 95, 6414 EL Heerlen, Schrieversheide, ✆ 045/ 5225543, www.sterrenwacht.nl. Di-Fr und So 13-17 Uhr. Sterrenkijkavond Fr 19.30-22 Uhr. Erwachsene 2.50 €, Kinder 2 €.

• *Taxiruf* ✆ 045/5222222

Übernachten/Essen

• *Übernachten*   ***** Hotel Max Heerlen**, Wilhelminaplein 17, 6411 KW Heerlen, 93 Betten, nüchtern eingerichtete, aber saubere Zimmer, alle mit Du/WC, Telefon und TV. EZ ab 68 €, DZ ab 107 €, ✆ 045/5713333, ✆ 5715491.

*** Bastion Hotel Heerlen, In de Cramer 199, 6412 PM Heerlen, 90 Betten, modernes Haus, moderne Räumlichkeiten, freundlicher Service, alle Zimmer mit Du/WC, Telefon und TV. EZ ab 50 €, DZ ab 50 €, Frühstück 9 €, ✆ 045/5754540, ✆ 5754544.

* Hotel Marmi, Leemkampsweg 51, 6415 RP Heerlen, 14 Betten, schöne Lage, ein paar Kilometer vom Zentrum in waldreicher Umgebung, sehr persönliche und freundliche Atmosphäre, einfachste Einrichtung. EZ 39 €, DZ 74 €, ✆ 045/5723163.

Camping Hitjesvijver, Willem Barentszweg 101, 6413 TC Heerlen, A 76 (Geleen—Heerlen), Ausfahrt 6 (Heerlen-Noord), Richtung Heerlerheide, nach 600 m links, danach dritter

Weg rechts, Schildern folgen, einfache Sanitärs, Freibad, Wanderhütten (2), ganzjährig geöffnet. Person 2.50 €, Zelt 4.50 €, Auto 1.15 €, Duschen 0.45 €, Fläche 4 ha. ✆ 045/5211353, ✆ 5223553, info@hitjesvijver.nl.

• *Essen* **Prince**, Akerstraat 8, 6411 HA Heerlen, Spezialitäten vom Grill, aber auch einfache, kleine Baguettes, preiswerte Hauptgerichte, Mo geschlossen, ✆ 045/5715155.

◊◊◊ **Geleenhof**, Valkenburgerweg 54, 6419 AV Heerlen, Relais du Centre (siehe Seite 56), französische Küche mit italienischer Raffinesse und Limburger Tradition in einer der ältesten Lokalitäten Heerlens, Haltestelle der zur Römerzeit verkehrenden Postkutsche Aachen—Maastricht, monumentaler Eingang hinter dicken Mauern, geschützte Terrasse, Karte saisonal wechselnd (5x jährlich), Di-Fr 12-14 Uhr und 18-22 Uhr, Sa 18-22 Uhr, So 17-21 Uhr, Mo Ruhetag, ✆ 045/ 5718000, www.geleenhof.nl.

Veranstaltungen

Pinkpop-Festival Landgraaf: Das bekannte Open-Air-Festival lässt seit den frühen 70er Jahren das legendäre Woodstock-Feeling wieder aufleben. Die Veranstaltung auf dem Megaland-Gelände in Landgraaf (nordöstlich von Heerlen) lockt am Pfingstwochenende mehrere 10.000 Zuschauer an. Noch einige mehr werden es am Pfingstmontag, wenn neben den zahlreichen Campern weitere Tagesgäste hinzukommen. Stets sind renommierte Namen unter den Musikern zu finden: Zuletzt waren es u. a. *Alannis Morisette, Heather Nova, Lauryn Hill* oder *Robbie Williams*. Termin: Pfingsten. Preise: 3-Tageskarte (inkl. Campingplatz) 86 €, Tageskarte (Pfingstmontag) 52 €. Internet: www.pinkpop.nl.

Sehenswertes

Sint Pancratiuskerk: Die ältesten Abschnitte der größten städtischen Kirche am Pancratiusplein stammen vermutlich aus dem frühen Mittelalter – genauere Kenntnisse über die Bauperiode liegen nicht vor. Die romanische Basilika besitzt einen viereckigen Turm, der sich weit über das Kirchenhauptschiff erhebt. Im Volksmund wird er *Schelmertoren* genannt. In vergangenen Zeiten diente er lange als düsterer Gefängnisturm.

Thermenmuseum: Die Entdeckung der erstaunlich gut erhaltenen Reste eines riesigen Badehauses 1940 bescherte der damaligen Bergarbeiterstadt ein neues Wahrzeichen. Die Thermen der ehemaligen römischen Siedlung *Coriovallum* avancierten Mitte der 70er Jahre, als das gesamte Areal als Museum eröffnet wurde, zur Hauptattraktion Heerlens. Besondere Beachtung verdient das ausgeklügelte unterirdische Heizungssystem – offenbar wussten schon die alten Römer einen warmen Fußboden zu schätzen!

Adresse/Öffnungszeiten Coriovallumstraat 9, 6400 AA Heerlen, ☎ 045/5605100, www.thermenmuseum.nl. Täglich 10-17 Uhr. Erwachsene 3.50 €, Kinder 2.50 €, Senioren (Pas65) 3 €. Führungen in deutscher Sprache.

Museum voor Moderne Kunst: Die *Stadsgalerij Heerlen*, die städtische Galerie, befasst sich mit der modernen Kunst der Nachkriegszeit. Ausgestellt sind Werke von *Karel Appel, Marlene Dumas* und Vertretern der *CoBrA-Gruppe*. Eine eigene Abteilung dokumentiert die Arbeiten von *Aad de Haas* (1920–1972), dem wohl wichtigsten Maler der Region. Sonderausstellungen ergänzen das Angebot.

Adresse/Öffnungszeiten Radhuisplein 19, 6411 HK Heerlen, ☎ 045/5604449, Di-Fr 11-17 Uhr, Sa/So 14-17 Uhr. Erwachsene 2.30 €, Kinder 1.60 €, Senioren (Pas65) 1.60 €, MJK, www.stadsgalerijheerlen.nl.

Museum La Diligence: Der Museumsbauernhof zeigt auf drei Etagen verteilt eine sehenswerte Sammlung historischer Kutschen und Motorfahrzeuge. Ergänzt wird das Ganze durch ein angegliedertes Raritätenkabinett mit mehr als 2.000 Ausstellungsstücken zum Thema Reisen. Das Landgut Diligence verdient auch als Ausgangspunkt für kleinere Wanderungen einen Abstecher.

Adresse/Öffnungszeiten Zandweg 179, 6419 PK Heerlen, ☎ 045/5412629, www.ladiligence.nl. So 10-17 Uhr. Erwachsene 5.70 €, Kinder 1.15 €, Senioren (Pas65) 4.60 €. Führungen in deutscher Sprache.

Kasteel Hoensbroek: Das herrschaftliche Anwesen liegt nordwestlich von Heerlen in schöner landschaftlicher Umgebung. Das größte Schloss der Maas-Rhein-Region stammt in seiner heutigen Form aus dem 17. Jahrhundert, doch datieren die ältesten Teile des grachtengesäumten Hauptgebäudes aus dem Jahre 1360. Eine Brandkatastrophe hatte zwischenzeitlich weite Teile vernichtet, einzig das dunkle Kellerverlies und der runde Eckturm überstanden die Feuersbrunst. Inzwischen sind etwa fünfzig Räume zugänglich, die den Eindruck eines kleinen Labyrinths vermitteln. Die wertvollen Möbel, darunter ein herrliches Himmelbett, lassen den früheren Reichtum erahnen. Im Schloss befinden sich zudem ein Schützenmuseum, eine Ausstellung afroasiatischer Kunst und eine kleine archäologische Sammlung.

Adresse/Öffnungszeiten Klinkertstraat 118, 6433 PB Hoensbroek (nordwestlich von Heerlen), ☎ 045/5227272, www.kasteelhoensbroek.nl. Täglich 10-17.30 Uhr (Kartenverkauf bis 16.30 Uhr). Erwachsene 4.30 €, Kinder 2.75 €, Senioren (Pas65) 3.90 €.

Provinz Limburg
Karte S. 517

Kerkrade

(53.000 Einwohner)

Die südöstlich von Heerlen gelegene Stadt erlebte Mitte des 18. Jahrhunderts einen ersten großen Aufschwung, als die Augustinermönche der Abtei Rolduc die ersten Steinkohlezechen errichteten. Die Gruben prägten das Erscheinungsbild des Ortes noch bis in die 60er Jahre des 20. Jahrhunderts.

Heerlen und Kerkrade entwickelten sich weitgehend parallel – mittlerweile verdrängen auch in Kerkrade freundlichere Farbtöne das triste Schwarz. Das **Industrion** befasst sich unter dem Titel "150 Jahre Arbeiten, Leben, Wohnen" mit der Historie der Region.

Sehenswert ist auch die nahe der deutsch-niederländischen Grenze in waldreicher Umgebung gelegene **Abdij Rolduc**. Sie gilt als größte erhaltene Klosteranlage der Niederlande. Die ältesten Abschnitte im Bereich der Krypta der Klosterkirche stammen aus dem frühen 12. Jahrhundert. Bei den Restaurierungsarbeiten, die Mitte des 19. Jahrhunderts unter der Federführung des genialen Architekten *P. J. H. Cuypers* durchgeführt wurden, bemühte man sich darum, die alten Strukturen weitgehend beizubehalten. Die Bibliothek im Rokokostil gilt seither als besondere Attraktion. Bis 1976 war in der Abtei ein belgisch-deutsch-niederländisches Internat untergebracht, heute dient sie als Hotel und Kongresszentrum.

- *Information* **VVV Kerkrade**, Kapellaan 13a, 6461 EH Kerkrade, ℡ 0900/9798, Mo 10-17 Uhr, Di/Mi 9-17 Uhr, Do 9-18 Uhr, Fr 9-17 Uhr, Sa 10-15 Uhr, www.vvvzuidlimburg.nl.
- *Adresse/Öffnungszeiten* **Museum Industrion**, Museumplein 2, 6461 MA Kerkrade, ℡ 045/5670809, www.industrion.nl. Di-So 10-17 Uhr. Erwachsene 5 €, Kinder 3.20 €, Senioren (Pas65) 4.50 €, MJK.
- *Bahnverbindungen* 2x stündl. nach Heerlen (Dauer: 15 Min.), 2x stündl. Maastricht (45 Min.).
- *Busverbindungen* in Richtung Heerlen.
- *Einkaufen* Die Geschäfte bleiben in Kerkrade Montagvormittag geschlossen. Am Donnerstag verschiebt sich der Ladenschluss auf 21 Uhr (Kaufabend). Markttermin: **Wochenmarkt** Fr 9-12.30 Uhr, Marktplatz.
- *Krankenhaus* **Ziekenhuis Kerkrade**, Wijngracht 45, 6461 AL Kerkrade, ℡ 045/5450911.

- *Taxiruf* ℡ 045/5424242
- *Übernachten* ****** Hotel Brughof Kasteel Erenstein**, Oud Erensteinerweg 6, 6468 PC Kerkrade, 98 Betten, einzigartige Lage, komfortable Zimmer im alten Erensteiner Schloss. EZ ab 110 €, DZ ab 137 €, Frühstück 17 €, ℡ 045/5461333, 🖳 5460748.
- **** Hotel De Postiljon**, Schaesbergerstraat 94, 6467 ED Kerkrade, 13 Betten, freundlicher Service, schlichtes Interieur. EZ ab 40 €, DZ ab 65 €, ℡ 045/5422442, 🖳 5428056.
- **** Congrescentrum Rolduc**, Heyendallaan 82, 6464 EP Kerkrade, 306 Betten, Hotel und Kongresszentrum in der alten Rolduc-Abtei. EZ ab 32 €, DZ ab 46 €, ℡ 045/5466888, 🖳 5466920, info@rolduc.com.
- *Essen* **Grand-Café Puccini**, Markt 54, 6461 ED Kerkrade, nettes Eetcafé mit italienisch beeinflusster Speisekarte, wechselnde Tagesgerichte, ℡ 045/5465455.

Sittard

(48.000 Einwohner)

Das Flair vergangener Jahrhunderte lässt sich in Sittard noch heute spüren – die gut erhaltenen Stadtmauern, die historischen Giebel und Kirchen, aber auch mehrere zunächst unscheinbar wirkende Plätze tragen dazu bei. Die Stadt am Fuß des südlimburgischen Hügellandes fand schon vor Jahrhunderten großen Anklang bei seinen Besuchern. *Albrecht Dürer* notierte nach seiner Reise durch die Niederlande 1520 in seinem Tagebuch, Sittard sei "ein feins stättlein".

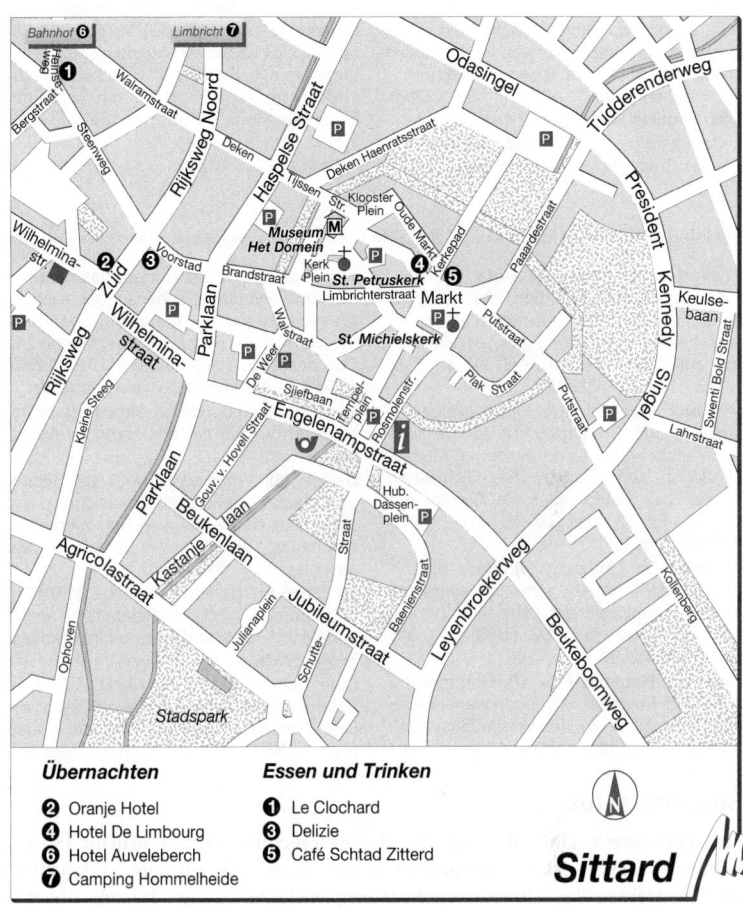

Übernachten

2 Oranje Hotel
4 Hotel De Limbourg
6 Hotel Auveleberch
7 Camping Hommelheide

Essen und Trinken

1 Le Clochard
3 Delizie
5 Café Schtad Zitterd

Sittard

Provinz Limburg
Karte S. 517

Information/Verbindung/Adressen

• *Information* **VVV Sittard**, Rosmolenstraat 2, 6131 HX Sittard, ☎ 0900/9798, Mo-Fr 9-17.30 Uhr, Sa 9-14 Uhr, www.vvvsittard.nl.
ANWB Sittard, Koninklijke Nederlandse Toeristenbond, Rosmolenstraat 40, 6131 HZ Sittard, ☎ 046/4582121, ✉ 4582329.

• *Bahnverbindungen* 2x stündl. nach Amsterdam (Dauer: 130 Min.), 2-3x stündl. Eindhoven (45 Min.), 2-3x stündl. Heerlen (20 Min.), 2-3x stündl. Maastricht (20 Min.), 3-4x stündl. Roermond (15 Min.), 2x stündl. Utrecht (100 Min.).

• *Busverbindungen* auch in Richtung Deutschland (Geilenkirchen, Mönchengladbach).

• *Autovermietung* **Autoverhuur Autop**, Arendstraat 2, 6135 KT Sittard, ☎ 046/4522424; **Autoverhuur Avis**, Rijksweg Zuid 4, 6131 AN Sittard, ☎ 046/4580607; **Autoverhuur Budget**, Arendstraat 8, 6135 KT Sittard, ☎ 046/4398343 (0800/0537).

• *Fahrradverleih* **Henny's Rijwielshop**, Stationsplein 2, 6131 AS Sittard, ☎ 046/4200355.

- *Einkaufen* Die Geschäfte bleiben in Sittard Montagvormittag geschlossen. Am Donnerstag verschiebt sich der Ladenschluss auf 21 Uhr (Kaufabend). Markttermine: **Wochenmarkt** Do 9-13 Uhr, Markt; **Obst und Gemüse** Sa 10-17 Uhr, Markt.
- *Krankenhaus* **Maasland Ziekenhuis,** Walramstraat 23, 6131 BK Sittard, ✆ 046/4597777.

- *Schokoladenfabrik* **Chocoladefabriek Rousseau,** Langs de Heij 11, 6136 KR Sittard, ✆ 046/4519282, www.rousseau.nl (Homepage mit Rezepten). Schokoladenherstellung im Familienbetrieb mit 30-jähriger Tradition. Mo-Fr 8.30-17 Uhr, Sa 9-13 Uhr. Eintritt frei.
- *Taxiruf* ✆ 046/4512525

Übernachten/Essen (siehe Karte auf Seite 533)

- *Übernachten* *** **Oranje Hotel (2)**, Rijksweg Zuid 23, 6131 AK Sittard, 29 Betten, gegenüber dem Informationsbüro (VVV) an verkehrsreicher Kreuzung gelegen, alle Zimmer mit Du/WC. EZ ab 50 €, DZ ab 80 €, ✆ 046/4513673, ✆ 4519727.

*** **Hotel Auveleberch (6)**, Wielewaalstraat 2, 6135 EN Sittard, 17 Betten, links vom Limbrichterweg in Richtung Kasteel Limbricht, sehr saubere Räumlichkeiten, freundlicher Service, fast alle Zimmer mit Du/WC. EZ ab 40 €, DZ ab 60 €, ✆ 046/4520999, ✆ 4521010.

*** **Hotel De Limbourg (4)**, Markt 22, 6131 EK Sittard, 50 Betten, gemütlich eingerichtetes Hotel in zentraler Lage, komfortable Zimmer. EZ ab 45 €, DZ ab 80 €, ✆ 046/4518151, ✆ 4523486.

Camping Hommelheide (7), Hommelweg 2, 6114 RT Susteren, A2 (Eindhoven–Maastricht), Ausfahrt 46 (Roosteren/Susteren), Richtung Susteren, Schildern folgen, Platz liegt 2 km östlich des Dorfes, Naturbad mit kleinem Sandstrand, Lebensmittelgeschäft, Wanderhütten (2), ganzjährig geöffnet. Stellplatz (inkl. 2 Pers.) 28 €, zus. Person 2 €, Duschen inkl., Fläche 52 ha. ✆ 046/4492900, ✆ 4493050, hommelheide@rcn-centra.nl.

- *Essen* Das abendliche Sittard strebt bei schönem Wetter auf den zentralen Marktplatz (Markt).

Delizie (3), Voorstad 30, 6131 CR Sittard, gute Pasta-Spezialitäten, "Cocktail di paste alle quattro delizie" für zwei Personen ist zu empfehlen, Lasagne in vier Variationen, Mo geschlossen, ✆ 046/4529503.

Le Clochard (1), Heinseweg 9, 6131 BR Sittard, gemütliches Petit-Restaurant, kleine Karte mit Snacks und andere Kleinigkeiten, ✆ 046/4525050.

Café Schtad Zitterd (5), Markt 25, 6131 EL Sittard, altholländisches Café mit 22-jähriger Familientradition am historischen Marktplatz, ✆ 046/4513643, www.schtadzitterd.nl.

Sehenswertes

Sint Petruskerk: Die auffälligen Specksteinschichten des Kirchturms (80 m) gelten als Markenzeichen der gotischen Kirche, die sich seit dem 14. Jahrhundert im Herzen der Altstadt erhebt (Kerkplein). Der große Chorraum beeindruckt mit seinen reich verzierten Miserikordien, den "Barmherzigkeitsstützen", die das lange Stehen während des Chorgebetes ein wenig erträglicher machen sollten. Die kleinen Sitze wurden vor dreißig Jahren erneuert und mit Motiven der damaligen Zeit verziert. Selbst *Laika*, die Hündin an Bord der Sputnik, fand hier einen Platz – die Liebe steckt im Detail.

Sint Michielskerk: In der zweiten großen Kirche der Stadt am Markt erinnert manches an die 1668 heilig gesprochene *Rosa von Lima*, die Schutzpatronin Sittards. Als im späten 17. Jahrhundert eine Seuche zahlreiche Opfer forderte, gelobte die Gemeinde die Veranstaltung einer jährlichen Prozession, sollte das Elend ein Ende finden. Die Prozession findet noch heute am letzten Sonntag im August statt – zu Ehren der Südamerikanerin.

Vor der Kirche erinnert eine kleine Skulptur an einen 1938 entflohenen Zirkuslöwen. Das Tier verirrte sich damals in die überfüllte Kirche und löste nicht nur Überraschung unter den Gläubigen aus. Der Ausflug blieb gottlob ohne ernste Folgen. Übrigens: Der Löwe trug den Namen *Asor*, der auch rückwärts gelesen einen interessanten Klang besitzt.

Stedeljik Museum Het Domein: Das *Museum voor Hedendaagse Kunst* befasst sich mit Künstlern der Gegenwart, deren Werke in wechselnden Ausstellungen präsentiert werden. Eine archäologische Abteilung ergänzt das Angebot.
Adresse/Öffnungszeiten Kapittelstraat 6, 6130 AE Sittard, ℡ 046/4513460, www.hetdomein.nl. Di-So 11-17 Uhr. Erwachsene 3 €, Kinder frei, Senioren (Pas65) 1.50 €, MJK.

Fort Sanderbout: Die Reste einer vermutlich aus dem 16. Jahrhundert stammenden Bastion zeigen eine verblüffende Ähnlichkeit mit der Zitadelle *Pasqualinis* im grenznahen Jülich – ein Ausdruck der schon damals sehr engen Beziehungen zwischen beiden Städten. Zwei Schießscharten ermöglichten den Verteidigern eine effektive Sicherung der Anlage. Angreifer konnten durch die Öffnungen seitlich unter Beschuss genommen werden. Das Fort entstand vermutlich vor der Aufschüttung des Walls an der Stadtmauer.

Kasteel Limbricht: Das malerisch in die Landschaft eingebettete grachtengesäumte Schloss nordwestlich von Sittard (Limbricht, Allee 1 a) wurde 1613 erstmals aktenkundig erwähnt. Derzeit beherbergt es ein nobles Hotel-Restaurant. Neben dem Schloss steht eine kleine Kirche aus dem 11. Jahrhundert, die sich der ältesten Gewölbemalereien der Niederlande rühmen darf.

Region Zuid-Limburgs Heuvelland

(Valkenburg, Vaals)

Der südlichste Teil der Niederlande lockt mit ländlichen Ortschaften voller charakteristischer Fachwerkhäuser und mit zahlreichen Wasserläufen, die sich reizvoll durch die waldreiche Landschaft schlängeln. Ein Paar feste Wanderschuhe, eine Karte und etwas Proviant für unterwegs reichen aus, um die Stimmung der südlimburgischen Hügellandschaft genießen zu können. Ein kleiner Bach im *Gerendal* hält den Boden fruchtbar und lässt die Region im Frühjahr als großen Orchideengarten erblühen. Inmitten der Hügellandschaft liegt das quirlige **Valkenburg op de Geul**, dessen Mergelgrotten einst eine wichtige Materialquelle zum Bau von Kirchen und Schlössern waren.

Valkenburg aan de Geul (18.000 Einwohner)

Valkenburg ist einer der bestbesuchten Ferienorte des Landes. Die kleine Stadt wird in der Saison von Touristenscharen förmlich überflutet – wer es ruhig mag, sollte die Gegend in dieser Jahreszeit meiden.

Valkenburg wird gerne als Wiege des niederländischen Tourismus bezeichnet. Hier entstanden die ersten touristischen Attraktionen und das erste Informationsbüro des Landes. Auf knapp 20.000 Einwohner kommen beinahe einhundert Hotels und Pensionen. Der Andrang ist unübersehbar, die Straßen quellen über, die Innenstadt ist hoffnungslos überlaufen. Aus welchen Gründen? Ist es vielleicht der älteste Bahnhof des Landes (1853), sind es die Mergelgrotten oberhalb der Stadt, die Schlösser der Umgebung oder die nahen Waldgebiete mit ihren einladenden (Rad-)Wanderwegen? Die Stadt gilt als Mekka aller

Erholungssuchenden. Tagsüber blubbern die Massen im Kurbad Thermae 2000, abends suchen sie Entspannung im örtlichen Spielkasino. In der Tat bietet Valkenburg zahlreiche Gründe für einen Besuch – allerdings besser nicht in der Hochsaison ...

Information/Verbindungen/Adressen

• *Information* **VVV Valkenburg**, Theodoor Dorrenplein 5, 6301 DV Valkenburg, ✆ 0900/9798, ✉ 043/6098608, www.vvvvalkenburg.nl. April-Oktober Mo-Fr 9-18 Uhr, Sa 9-17 Uhr, So 10-14 Uhr; Juli/August Mo-Sa 9-18 Uhr, So 10-17 Uhr; November-März Mo-Fr 9-17 Uhr, Sa 9-13 Uhr.

• *Bahnverbindungen* 2-3x stündl. nach Heerlen (Dauer: 15 Min.), 2-3x stündl. Maastricht (15 Min.).

• *Busverbindungen* in Richtung Heerlen, Maastricht, Sittard, Vaals.

• *Einkaufen* Die Geschäfte bleiben in Valkenburg Montagvormittag geschlossen. Am Donnerstag verschiebt sich der Ladenschluss auf 21 Uhr (Kaufabend). Markttermin: **Wochenmarkt** Mo 9-12.30 Uhr, Walramplein.

• *Fahrradverleih* **Cycle Center**, Oosterweg 26, 6301 PX Valkenburg, ✆ 043/6015338; **Joop van Tintelen**, Statenlaan 2, 6301 WE Valkenburg, ✆ 043/6013025.

• *Krankenhaus* **Academisch Ziekenhuis Maastricht (AZM)**, Professor Debeyplein 25, 6229 HX Maastricht, ✆ 043/3876543.

• *Kurzentrum* **Thermae 2000**, Cauberg 27, 6301 BT Valkenburg, ✆ 043/6092001, Auditorium, Dampfbäder, Massagen, Moor- und Kräuterbäder, Sauna, Solarium, Thermen und Whirlpool hinter pyramidenförmiger Architektur. Täglich 9-23 Uhr. Eintritt (2 Std.) 15.50 € bzw. 19 € (3,5 Std.), Tageskarte 26.50 €. Kinder unter 6 Jahren haben keinen Zugang, www.thermae.nl.

• *Spielkasino* **Holland Casino Valkenburg**, Cauberg 28, 6301 BT Valkenburg, ✆ 043/6099600. Big Wheel, Black Jack, Punto Banco und Roulette (amerikanisch und französisch). Außerdem stehen 145 Spielautomaten zur Verfügung. Täglich 13.30-3 Uhr (Mindestalter 18 Jahre). Tageskarte 3.50 €.

• *Taxiruf* ✆ 043/6015555

• *Wein* In der nahe gelegenen kleinen Ortschaft Schin op Geul werden an den Hängen eines 186 m hohen Berges Reben der Sorten Pinot Noir, Chardonnet, Pinot Blanc Auxerroir und Pinot Gris angebaut. Die jährliche Ernte bringt etwa 3.000 Flaschen Ertrag. Die trockenen Weine wurden international mehrfach ausgezeichnet. Wer Lust hat, den Hobby-Winzer zu besuchen und sich sowohl seinen Weinberg als auch die angeschlossene Kellerei anzusehen, kann dies im Rahmen einer 90-minütigen Führung tun, die mit einem kleinen Umtrunk abschließt. Information: Marcel Neven, Graafstraat 8, 6305 BE Schin op Geul, ✆ 043/4592295, ✉ 4592295. Führung 7.50 € pro Person (nur für Gruppen bis maximal zehn Personen). Anmeldung erforderlich.

Übernachten

Das Angebot an Übernachtungsmöglichkeiten in Valkenburg ist enorm. Das Informationsbüro (VVV) vertreibt eine Broschüre, in der etwa 60 Hotels und Pensionen beschrieben sind. Hier nur eine kleine Auswahl zur Orientierung.

***** **Château Sint Gerlach**, Joseph Corneli Allee 1, 6301 KK Valkenburg, 112 Betten, 39 Appartement-Suiten, Luxushotel inmitten der Schlossgärten, herrliche Lage im limburgischen Hügelgebiet, kostbares Interieur, antikes Mobiliar, handgewebte venezianische Stoffe, kunstvoll verzierte Seide, Hallenbad, Wintergarten, Kneipp-Kurzentrum. EZ ab 175 €, DZ ab 225 €, Frühstück 19 €, ✆ 043/6042444, ✉ 6042883.

**** **Hotel Thermaetel**, Cauberg 25, 6301 BT Valkenburg, 120 Betten, Kurhotel, futuristischer Komplex unter spektakulärer Dachkonstruktion, direkte Verbindung zur Thermae 2000, daher Bademöglichkeit im mineralreichen Heilwasser. EZ ab 160 €, DZ ab 203 €, ✆ 043/6016050, ✉ 6014777.

**** **Hotel Tummers**, Stationstraat 21, 6301 EZ Valkenburg, 52 Betten, Luxushotel mit reizvoller Turmarchitektur, Parkgarage, Solarium, Terrasse, angegliedertes Restaurant mit regionalen Spezialitäten. EZ ab 50 €, DZ ab 80 €, ✆ 043/6013741, ✉ 6013647.

*** **Fletcher Hotel De Burghoeve**, Broekhem 134, 6301 HL Valkenburg, 54 Betten, gepflegtes Anwesen in ruhiger Lage, individueller Service, alle Zimmer mit Du/WC, Telefon und TV. EZ ab 54 €, DZ ab 68 €, ℡ 043/6012962, 📧 6016735, www.fletcher.nl.

*** **Hotel De l'Empereur**, Grotestraat Centrum 32, 6301 CX Valkenburg, 72 Betten, zentrale Lage, unter den Gästen befinden sich viele Geschäftsleute. EZ ab 40 €, DZ ab 60 €, ℡ 043/6010000, 📧 6014715, www.empereur.nl.

** **Hotel Dupuis**, Lindenlaan 5, 6301 AH Valkenburg, 86 Betten, zentrale Lage in ruhiger, baumgesäumter Allee, alle Zimmer mit Du/WC, November-Februar geschlossen. EZ ab 30 €, DZ ab 46 €, ℡ 043/6015181, 📧 6014846, www.hoteldupuis.nl.

Camping Den Driesch, Heunsbergerweg 1, 6301 BN Valkenburg, A 2 (Eindhoven– Maastricht), Ausfahrt 51 (Meerssen/Valkenburg), Richtung Valkenburg/Skibbe, Schildern folgen, zentral gelegener Platz mit alten Obstbäumen, schöne Aussicht, schlichte sanitäre Einrichtungen, Lebensmittelgeschäft, geöffnet April-Oktober. Person 3.50 €, Zelt 3.50 €, Auto 3.50 €, Duschen 0.50 €, Fläche 2 ha. ℡ 043/6012025, dendriesch@wxs.nl.

Camping De Bron, Stoepertweg 5, 6301 WP Valkenburg, A 2 (Eindhoven–Maastricht), Ausfahrt 50 (Beek), Richtung Valkenburg/Schimmert, Ausfahrt Valkenburg/-Hulsberg, Platz liegt nach etwa 500 m rechts, einfache Sanitärs, Lebensmittelgeschäft, Schwimmbad, Wanderhütten (12), ganzjährig geöffnet. Stellplatz (inkl. 2 Pers.) 14.50 €, zus. Person 3.50 €, Duschen 0.70 €, Fläche 10 ha. ℡ 045/4059292, 📧 045/4054281, info@campingdebron.nl.

Essen

Het Mergelheukske, Berkelstraat 13a, 6301 CB Valkenburg, Spezialitäten der französischen Küche mit Limburger Akzenten, gemütliches Interieur mit stimmungsvollem Kamin, empfehlenswertes 3-Gänge-Menü, Mo geschlossen, ℡ 043/6016350.

Eduards Steakhouse, Grotestraat Centrum 16, 6301 CX Valkenburg, amerikanisches Steakhaus in ehemaliger Brauerei, Fleisch- und Fischgerichte, stimmungsvoller Garten mit Springbrunnen, preiswertes 3-Gänge-Menü, ℡ 043/6013107.

De Gouden Leeuw, Grotestraat Centrum 49, 6301 CW Valkenburg, regionale holländische Küche mit internationalen Einflüssen, 3-, 4- oder 5-Gänge-Menüs, Kindermenüs, Fleisch- und Fischplatten, in der Saison gute Muschelgerichte, ℡ 043/6012579.

Eklisia, Plenkertstraat 45, 6301 GL Valkenburg, griechische Speisen in historischem Kirchenbau (1891), Hauptgerichte in großer Auswahl, ℡ 043/6014141, www.eklisia.nl.

Pizzeria Lignano's, Grotestraat Centrum 35, 6301 CW Valkenburg, italienische Küche mit guten Nudelgerichten und Pizzen, große Eiskarte, ℡ 043/6014879.

Veranstaltungen

Kerstmarkt: Die Stände des alljährlichen Weihnachtsmarktes befinden sich in festlich dekorierten, kerzenbeleuchteten Höhlen, Korridoren und Mergelgrotten. Schauspieler, verkleidet als Höhlen- und Schlossbewohner, schaffen eine eigentümliche Weihnachtsatmosphäre – Erinnerungen und Legenden von Schloss und Stadt erwachen zu neuem Leben. Ort. Fluweelengrot, Gemeentegrot. Termin: Ende November/ Anfang Dezember (Mo-Fr 14-21 Uhr, Sa/So 12-22 Uhr). Erwachsene 3 €, Kinder 1.50 €.

Sehenswertes

Kasteel Schaloen: Die Gelehrten diskutieren gerne über das Alter des romantisch von Grachten gesäumten Anwesens am Oud-Valkenburgerweg, das mit seinen eigenwilligen Ecktürmchen wahrlich majestätisch wirkt. Die Türme stammen nachweisbar aus dem Jahre 1575, das Schloss selbst ist möglicherweise 200 Jahre älter. Der niederländisch-spanische Krieg richtete im 17. Jahrhundert schwere Schäden an, die unter der Regie des Baumeisters *Hoen van Cartiels* erst wesentlich später behoben werden konnten. Eine Gedenktafel erinnert heute an das Werk des Architekten. Die jüngsten Erweiterungen datieren aus dem späten 19. Jahrhundert und tragen die Handschrift von *P. J. H. Cuypers*, der auch das weltberühmte Amsterdamer Rijksmuseum gestaltete. Die auf dem Anwesen stehende *Sjloens-Molen* stammt aus dem Jahre 1699. Ein Dekret zwang damals die Bewohner der umliegenden Ortschaften, ihr Getreide hier und nirgendwo anders mahlen zu lassen.

Spaanse Leenhof: "Anno Domini 1661" – die Inschrift befindet sich auf dem südlichen Seitengiebel des vollständig aus Mergel errichteten spanischen Lehnshofes. Er stammt aus der Zeit nach dem niederländisch-spanischen Krieg, als man das Valkenburger Land zwischen den Gegnern aufteilte (*Partage Tractaat*). Die Gebiete nördlich der Geul wurden damals niederländisch, die südlichen Ländereien spanisch. Das Gebäude beherbergt gegenwärtig das städtische Informationsbüro (VVV).
Adresse Theodoor Dorrenplein 5, 6301 DV Valkenburg, ✆ 0900/9798.

Valkenburgse Kasteelruine: Die Reste der im 12. Jahrhundert errichteten Wehranlage überragen die Stadt seit mehr als 300 Jahren. Neben den Trümmern des alten Rittersaals üben insbesondere die unterirdischen Bunker und die Geheimgänge zur Fluweelengrotte eine eigentümliche Faszination aus. Sehr schön ist der allabendliche Blick auf die angestrahlte Ruine.

• *Adresse/Öffnungszeiten* Grendelplein 13, 6301 BS Valkenburg, ✆ 043/6090110, Januar-März und Oktober-Dezember täglich 10.30-16.30 Uhr; April-Juni täglich 10-17.30 Uhr, Juli-September bis 18 Uhr. Erwachsene 2.60 €, Kinder 2.20 €, Senioren (Pas65) 2.40 €. Kombikarte (Kasteelruine/Fluweelengrot): Erwachsene 5.40 €, Kinder 4 €, Senioren (Pas65) 4.80 €, www.kasteelvalkenburg.nl.

Fluweelengrot: Der Name der Mergelgrotte geht auf das Wort *Fluwienebergske* zurück, das sich mit "Steinmarderbruch" übersetzen lässt. In unsicheren Zeiten suchten hier viele Menschen Zuflucht. 1937 entdeckte man einen geheimen Zugang zur Burgruine. Die Eintrittskarten erlauben den Zutritt zu beiden Sehenswürdigkeiten.

• *Adresse/Führungen* Daelhemerweg 27, 6301 BJ Valkenburg, ✆ 043/6090110, Januar-März Mo-Fr 11 Uhr und 13 Uhr, Sa/So 11-15 Uhr (stündlich); April-Juni täglich 11-16 Uhr (stündlich); Juli/August 10.30-17 Uhr (alle 30 Minuten); September/Oktober täglich 11-16 Uhr (stündlich); November Mo-Fr 11 Uhr und 13 Uhr, Sa/So 11-15 Uhr (stündlich). Erwachsene 4.10 €, Kinder 3.10 €, Senioren (Pas65) 3.80 €. Kombikarte (Fluweelengrot/ Kasteelruine) siehe oben, www.fluweelengrot.nl.

Romeinse Katacomben: Die in den Jahren 1909 bis 1913 künstlich angelegten Nachbildungen der römischen Katakomben geben einen Einblick in die unterirdischen Gräber aus frühchristlichen Zeiten. Besondere Beachtung verdienen die verschiedenen kleinen Kapellen. Dem Besucher wird zu Beginn der Führung eine Kerze in die Hand gedrückt – fortan darf er dem Rest der Gruppe hinterher tappen.
Adresse/Führungen Plenkertstraat 55, 6301 GL Valkenburg, ✆ 043/6012554. April-Oktober täglich 10-17 Uhr; November-März 14 Uhr (nur eine Führung täglich). Erwachsene 5 €, Kinder 2.50 €, MJK. Führungen auch in deutscher Sprache.

Gemeentegrot: Die findigen Römer waren die Ersten, die Mergel zum Bau ihrer Häuser verwendeten – das Höhlenlabyrinth in den jahrhundertealten Mergelsteinschichten wurde demnach von Menschenhand geformt. Die Grotten faszinieren insbesondere durch einen kleinen unterirdischen See, dessen Temperatur bei konstanten 14 °C liegt. Im Zweiten Weltkrieg diente das unterirdische Gangsystem als Bunker. Heute strömen jährlich mehr als 100.000 Menschen durch die verschachtelten Grotten.

In direkter Nachbarschaft liegt die *Lourdes-Grotte*, eine Nachbildung der berühmten *Massabielle-Grotte* in Lourdes. Sie erinnert an die Visionen von *Bernadette Soubirous*, der in der südfranzösischen Stadt 1858 die Jungfrau Maria erschienen sein soll.

● *Adresse/Öffnungszeiten* Cauberg 4, 6301 BT Valkenburg, ✆ 043/6012271. April-Oktober täglich 10-17 Uhr; November-März 14 Uhr (nur eine Führung täglich). Erwachsene 4 €, Kinder 3 €, Senioren (Pas65) 3.50 €. Zugang im Minizug ohne Aufpreis möglich. Führungen auch in deutscher Sprache.

Steenkolenmijn Daalhemergroeve: 1917 errichteten erfahrene Bergbauingenieure ein Modellbergwerk, dessen einzige Aufgabe darin bestand, der interessierten Öffentlichkeit die Technik des Kohleabbaus unter Tage zu demonstrieren. Anders als in vielen Gegenden der südlimburgischen Region wurde in Valkenburg zwar nie Kohle gefördert, doch der weiche Kalkstein bot ideale Voraussetzungen für das Schauprojekt. Heute darf sich der Besucher nach Lust und Laune frei im Bergwerk bewegen. Sämtliche Maschinen, darunter komplette Züge, Hobelmaschinen und Förderbänder, waren noch vor wenigen Jahren in den diversen Bergwerken der Region im täglichen Einsatz.

● *Adresse/Führungen* Daalhemerweg 31, 6300 AA Valkenburg, ✆ 043/6012491, www.steenkolenmijn.nl. April-Oktober täglich 10-17 Uhr; November-März täglich 13, 14 und 15 Uhr. Erwachsene 5.75 €, Kinder 3.80 €, Senioren (Pas65) 5 €, MJK. Führungen auch in deutscher Sprache.

Wilhelminatoren: Auf dem Rücken des Heunsbergs (86 m) thront ein 30 m hoher Aussichtsturm, der bequem über einen Sessellift erreicht werden kann. Während der Fahrt lässt sich ein Rundblick auf die Stadt und die südlimburgische Hügellandschaft genießen. Der Turm ist ein Ergebnis der Rivalität zweier Fremdenverkehrsvereine, die sich Anfang des 20. Jahrhunderts mit dem Bau ihrer Aussichtstürme gegenseitig übertreffen wollten. Der Wilhelminatoren (1906) war am Ende der schönere, der den Wettstreit für sich entscheiden konnte. Die *Kabelbaan* bietet Gelegenheit, auf einer 350 m langen Rodelbahn wieder gen Tal zu sausen.

● *Adresse/Öffnungszeiten* Heunsbergerweg 9, 6301 BM Valkenburg, ✆ 043/6012509, www.kabelbaan.nl. April-September täglich 13-17 Uhr; Juni-August 10-18 Uhr. Sessellift: Erwachsene 3.50 €, Kinder 2.50 €. Rodelbahn: Erwachsene/Kinder 2.50 € (für je 2 Fahrten). Die Turmbesteigung ist im Preis enthalten.

Vaals

(13.000 Einwohner)

Die bemerkenswerte Lage im Zentrum des belgisch-deutsch-niederländischen Dreiländerecks verhalf Vaals in den vergangenen Jahren zu einer stetig steigenden Beliebtheit. Mit spürbarem Stolz blickt man hier auf die höchste Erhebung der Niederlande, den 323 m hohen *Vaalse Berg*. Er bietet Ausblicke auf die Ardennen, die Eifel und die südlimburgische Hügellandschaft. Das kleine **Museum Kopermolen** widmet sich in erster Linie geologischen Fragestellungen. Separate Sammlungen behandeln die Themen Handel, Industrie und Religion.

Provinz Limburg Karte S. 517

Information/Verbindungen/Adressen

- *Information* **VVV Vaals**, Maastrichterlaan 73a, 6291 EC Vaals, ☎ 0900/9798, 📧 043/6098608, www.vvvvaals.nl. Mo-Fr 9-17.30, Sa 10-15 Uhr.
- *Adresse/Öffnungszeiten* **Museum Kopermolen**, Von Clermontplein 11, 6291 AT Vaals, ☎ 043/3064668. Di-So 14-17 Uhr. Erwachsene 1.15 €, Kinder frei, MJK.
- *Bahnverbindungen* nächster Bahnhof in Aachen (10 km).
- *Busverbindungen* in Richtung Aachen.
- *Fahrradverleih* **Schuyren Tweewielers**, Jos Francotteweg 28, 6291 GP Vaals, ☎ 043/3061227.
- *Einkaufen* Die Geschäfte bleiben in Vaals Montagvormittag geschlossen. Am Freitag verschiebt sich der Ladenschluss auf 21 Uhr (Kaufabend). Markttermin: **Wochenmarkt** dienstagvormittags, Marktplatz.
- *Krankenhaus* **Universitätsklinikum Aachen**, Pauwelsstraße, 52074 Aachen, ☎ 0241/80-0 (Landesvorwahl: 0049).
- *Taxiruf* ☎ 043/3062000

Übernachten/Essen

- *Übernachten* ****** Hotel Dolce Vaalsbroek**, Vaalsbroek 1, 6291 NH Vaals, 260 Betten, wunderbar hergerichteter weißer Gebäudekomplex, stilvoll eingerichtete Zimmer, angegliedertes Restaurant. EZ ab 85 €, DZ ab 130 €, Frühstück 14 €, ☎ 043/3089308, 📧 3089333, www.dolce.com.

** Hotel Piethaan, Mamelis 6, 6295 NB Vaals, wenige Kilometer nordwestlich von Vaals, 77 Betten, gepflegtes Mittelklassehotel, sehr freundlicher Service. EZ ab 35 €, DZ ab 50 €, ☎ 043/3064731, 📧 3062273.

Camping Hoeve De Gastmolen, Lemierserberg 23, 6291 NM Vaals, A 76 (Geleen–Aachen), Ausfahrt Vaals, N 278 nach Lemiers, erster Weg links, Schildern folgen, einziger Platz vor Ort, nördlich des Stadtkerns in ländlicher Umgebung, einfache Sanitärs, geöffnet April-Oktober. Stellplatz (Auto und Zelt) 6.75 €, Person 2 €, Duschen 0.50 €, Fläche 2,5 ha. ☎ 043/3065755, 📧 3066015.

Camping Cottesserhoeve, Cottessen 6, 6294 NE Vijlen, N 278 (Maastricht–Vaals), etwa 5 km vor Vaals rechts nach Vijlen, im Ort vor der Kirche rechts nach Cottessen, Schildern folgen, in der Nähe eines ehemaligen Bauernhofs, gute Sanitärs, Lebensmittelgeschäft, Schwimmbad, geöffnet April-Oktober. Stellplatz (inkl. 4 Pers.) 21 €, zus. Person 1.70 €, Duschen 0.50 €, Fläche 6,5 ha. ☎ 043/4551352, 📧 4552655, info@cottesserhoeve.nl.

Camping Rozenhof, Camerig 12, 6294 NB Vijlen, A 76 (Geleen–Aachen), Ausfahrt Simpelveld, N 278 Richtung Vaals, nach 600 m rechts nach Vijlen, Platz liegt rechts am Weg, baumbestandenes Areal, gute Sanitärs, Lebensmittelgeschäft, ganzjährig geöffnet. Stellplatz (inkl. 2 Pers.) 13.50 €, zus. Person 2 €, Duschen 0.50 €, Fläche 1,6 ha. ☎ 043/4551611, 📧 4552725.

- *Essen* **In de Oude Watermolen**, Vaalsbroek 1, 6291 NH Vaals, exquisite regionale Küche im alten Kasteel Vaalsbroek, schöne Terrasse am Schlossteich, obere Preisklasse, empfehlenswerte 4-Gänge-Menüs, ☎ 043/3089308.

Ristorante Camea, Koperstraat 16, 6291 AJ Vaals, Enzo Alberti und sein italienisches Restaurant, wechselnde Tagesgerichte, empfehlenswerte Pasta und Pizzen, ☎ 043/3062104.

Region Midden-Limburg en Maasplassen

(Roermond, Thorn)

Die Region, die den Übergang zwischen dem flachen Norden und dem hügeligen Süden der Provinz bildet, erweist sich als wasserreiche Landschaft reizvoller Naturgebiete und Städte. Allgegenwärtig ist die *Maas*, der mit einer Länge von 350 Kilometern längste Fluss der Niederlande, der schon zur Römerzeit die wichtigste Verkehrsader war. Sie hat auch nach Fertigstellung des schnurgeraden *Julianakanaals*, der parallel zum Flussverlauf angelegt wurde, nichts von ihrer Bedeutung verloren. Durch die Kiesgewinnung im weiten Einzugsgebiet des Flusses sind tiefe Senken entstanden, die als *Maasplassen* zu einem der bedeutendsten Wassersportgebiete der Niederlande geworden sind. Ausflugsmöglichkeiten ins Hinterland bieten sich reichlich, allen voran ins historische **Roermond**, dem Zentrum der Maasplassen-Region, das wahlweise auf dem Land- oder Wasserweg zu erreichen ist. Weniger bekannt, aber dennoch sehenswert sind darüber hinaus das alte Festungsstädtchen **Stevenweert** und das idyllisch-ruhige **Thorn**, das, einzigartig in der niederländischen Geschichte, lange Zeit von Frauen regiert wurde. Fast scheint es, als wäre in diesen Orten die Zeit stehen geblieben. Weiter südöstlich liegt der Nationalpark *Meinweg*, in dem man stundenlang radeln oder wandern kann, ohne einem Menschen zu begegnen. Die Flussläufe der *Roer* und *Swalm*, an deren Ufern alte Höfe, Schlösser und Wassermühlen stehen, durchziehen weites Weideland. Märchenhaft mutet das *Elfenmeer* an, Heimat zahlreicher seltener Tierarten, die hier einen intakten Lebensraum vorgefunden haben.

Roermond
(44.000 Einwohner)

Die verkehrsgünstig an den Flüssen Maas und Roer gelegene Stadt zählt zu den touristischen und wirtschaftlichen Zentren Mittellimburgs. Die zahlreichen Seen der Umgebung locken immer mehr Erholungssuchende herbei – die Maasplassen sind mittlerweile fest in den Händen der Wassersportler.

Die bewegte Vergangenheit der dicht hinter der deutsch-niederländischen Grenze gelegenen Stadt ist trotz der schweren Verwüstungen des Zweiten Weltkriegs deutlich spürbar. Roermond war lange Zeit die Heimat des großen Baumeisters *P. J. H. Cuypers*, der viele niederländische Städte mit seinen grandiosen Bauwerken verschönerte. Am Rande des Platzes vor der Münsterkirche ehrt ein Denkmal den berühmten Architekten. Roermond besitzt mit der Christoffelkathedrale und der Münsterkirche gleich zwei bedeutende Kirchen, die die Silhouette der Stadt entscheidend prägen. Man kaufe sich ein paar der leckeren *Roermonder Boomstammetjes* und beginne die Stadterkundung ...

Information/Verbindungen/Adressen

• *Information* **VVV Roermond**, Kraanpoort 1, 6041 EG Roermond, ✆ 0900/2025588, ✆ 0475/335068, www.vvvroermond.nl. April-Oktober Mo-Fr 9-18 Uhr, Sa 9-16 Uhr; November-März Mo-Fr 9-17 Uhr, Sa 10-14 Uhr.
ANWB Roermond, Koninklijke Nederlandse Toeristenbond, Stationsplein 2, 6041 GN Roermond, ✆ 0475/310101, ✆ 335474.

• *Bahnverbindungen* 2-3x stündl. nach Eindhoven (Dauer: 60 Min.), 2-3x stündl. Maastricht (50 Min.), 1-2x stündl. Nijmegen (85 Min.), 3-4x stündl. Sittard (15 Min.), 2x stündl. Utrecht (90 Min.), 1-2x stündl. Venlo (25 Min.).

• *Autovermietung* **Autoverhuur Budget**, Noordhoven 6, 6042 NW Roermond, ✆ 0475/340400 (0800/0537, gratis); **Autoverhuur Limburg Roermond**, Bredeweg 397, 6043 GD Roermond, ✆ 0475/333556.

• *Fahrradverleih* **Rijwielshop Dirks**, Stationsplein 7a, 6041 GN Roermond, ✆ 0475/350085.

• *Ruderboot- u. Wasserfahrradverleih* **Hermus Watersport**, Hatenboer 54, 6041 TN Roermond, ✆ 0475/337112.

• *Einkaufen* Die Geschäfte bleiben in Roermond Montagvormittag geschlossen. Am Donnerstag verschiebt sich der Ladenschluss auf 21 Uhr (Kaufabend). Markttermine: **Wochenmarkt** Sa 9.30-15 Uhr, Markt; **Gemüse, Käse, Obst und Fisch** Mi 8.30-13 Uhr, Markt.

• *Krankenhaus* **Ziekenhuis Laurentius**, Monseigneur Driessenstraat 6, 6043 CV Roermond, ✆ 0475/382222.

• *Schwimmen* **De Roerdomp**, Achilleslaan 2, 6042 JV Roermond, ✆ 0475/346500. Subtropisches Schwimmparadies, Halle und Freibad.

• *Taxiruf* ✆ 0475/321916

Übernachten

• *Hotels* ****** Golden Tulip Landhotel Cox (9)**, Maalbroek 102, 6042 KN Roermond, 91 Betten, nüchtern-komfortable Einrichtung. EZ ab 78 €, DZ ab 98 €, ℡ 0475/329966, 📧 325142.

*** Hotel Roermond (7), Stationsplein 9/13, 6041 GN Roermond, zentrale Lage gegenüber dem Hauptbahnhof, 85 Betten, hauseigener Parkplatz, gute Kost im angeschlossenen Grand-Café Het roerPOTJE, einem Eetcafé mit preiswerten landestypischen Speisen. EZ ab 67.50 €, DZ ab 75 €, ℡ 0475/316548, 📧 335156, info@hotelroermond.nl.

** Hotel De Pauw (4), Roerkade 2, 6041 KZ Roermond, 23 Betten, zentral an der Roer gelegen. Man ist stolz auf die beiden Sterne, die allerdings keine große Aussagekraft haben. Teppiche und Wände in einigen Zimmern recht fleckig, sonst sauber. EZ ab 35 €, DZ ab 50 €, ℡ 0475/316597, 📧 316400.

* Hotel Willems (3), Godsweerdersingel 58, 6041 GM Roermond, 13 Betten, verkehrsreiche Straße, von außen nicht unbedingt einladend, innen recht adrett, saubere Zimmer. EZ ab 25 €, DZ ab 45 €, ℡ 0475/333021, 📧 337951.

• *Camping* **Camping Hatenboer (11)**, Hatenboer 51, 6041 TN Roermond, A 2 (Eindhoven–Maastricht), Ausfahrt 40 (Kelpen/Roermond), N 280 Richtung Roermond, Ausfahrt Hatenboer (vor Maasbrücke rechts), Wassersportcamping am Rande der Roer, einige Laubbäume, Zelte werden auf einem von Gräben durchschnittenen Wiesengelände aufgebaut, gute Sanitärs, Lebensmittelgeschäft, geöffnet April-Oktober. Person 2.75 €, Zelt 6 €, Auto 2.30 €, Duschen 0.45 €, Fläche 10 ha. ℡ 0475/336727, 📧 310113.

Camping Marina Oolderhuuske (12), Oolderhuuske 1, 6041 TR Roermond, A 2 (Eindhoven–Maastricht), Ausfahrt 40 (Kelpen/Roermond), vor der Maasbrücke an der Ampel rechts, zweimal unter Schnellstraße hindurch, Schildern folgen, schöner Platz in den Maasplassen mit Blick auf den Fluss, gute Sanitärs, Fahrradverleih, Lebensmittelgeschäft, Segelschule, geöffnet April-Oktober. Stellplatz (inkl. 2 Pers.) 18 €, zus. Person 2.50 €, Duschen inkl., Fläche 22 ha. ℡ 0475/588686, 📧 582652, info@oolderhuuske.nl.

Essen

Das abendliche Leben in Roermond spielt sich größtenteils auf dem schönen Munsterplein mit Kirche und Kiosk ab.

Kasteeltje Hattem (10), Maastrichterweg 25, 6041 NZ Roermond, exquisite französische Küche im kleinsten Schloss der Niederlande, gehobenes Preisniveau, ℡ 0475/319222 .

Tin San (2), Varkensmarkt 1, 6041 ET Roermond, helle Einrichtung mit ungewöhnlichen "Spiegel-Bildern", chinesische und indische Reistafel-Spezialitäten, ℡ 0475/332679.

Brasserie De Kiosk (8), Sint Christoffelstraat 4, 6041 JS Roermond, sehr moderne Einrichtung mit zahlreichen Spiegeln, Snacks oder einfach eine Tasse Kaffee mit Gebäck, So geschlossen, ℡ 0475/330594.

Café Dupont (5), Roerkade 1, 6041 KZ Roermond, abends gut besuchtes Straßencafé mit schönem Blick auf einen Seitenarm der Roer, trotz der nahen Straße ein beliebtes Plätzchen, ℡ 0475/331452.

Brasserie Entree (1), Markt 20, 6041 EC Roermond, holländisches Eetcafé mit kleiner Karte, preiswerte Menüs und kleinere Snacks, gute Tagesgerichte, ℡ 0475/330155.

Brasserie Marni (6), Schoenmakersstraat 16, 6041 EZ Roermond, Brasserie mit 18-jähriger Tradition in Seitenstraße der Fußgängerzone, köstliche Pasteten und Suppen, Pfannkuchen in kleiner, aber feiner Auswahl, mehrere Tische im Freien, ℡ 0475/330709, www.brasserie-marni.nl.

Die **Christoffeltaartjes**, ein rundes Schaumgebäck mit Mokka und Schokolade, und die **Roermonder Boomstammetjes** mit zarter Trüffelfüllung und Schokoladenüberzug, seit 70 Jahren schon eine Roermonder Spezialität, gelten als kulinarische Genüsse der Region. Außerdem: Sollte der abendliche Stadtbummel an einer der vielen Kneipen vorbeiführen, gönnen Sie sich ein echtes **Christoffelbier**.

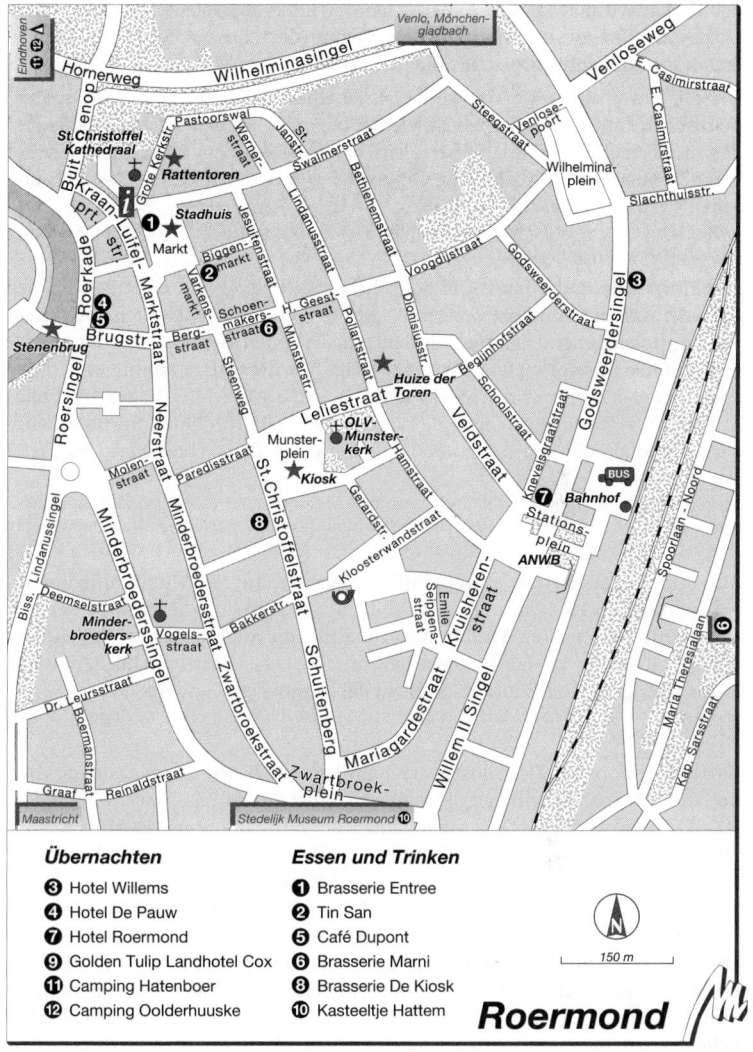

Provinz Limburg
Karte S. 517

Übernachten

❸ Hotel Willems
❹ Hotel De Pauw
❼ Hotel Roermond
❾ Golden Tulip Landhotel Cox
⓫ Camping Hatenboer
⓬ Camping Oolderhuuske

Essen und Trinken

❶ Brasserie Entree
❷ Tin San
❺ Café Dupont
❻ Brasserie Marni
❽ Brasserie De Kiosk
❿ Kasteeltje Hattem

150 m

Roermond

Sehenswertes

Stadhuis: Die Kellergewölbe des Rathauses am Markt 1 datieren aus dem 12. Jahrhundert, das Gebäude dagegen entstand erst 500 Jahre später. Seit dieser Zeit veränderten wiederholte Umbauten das ursprüngliche Aussehen erheblich. Anlässlich der 750-Jahr-Feier der Stadt (1982) weihte man ein schönes Glockenspiel ein, das seither stündlich erklingt. In den frühen 90er Jahren geriet der Rathausvorplatz in die Schlagzeilen der internationalen Medien, als Mitglieder der IRA zwei australische Touristen niederschossen. Sie hatten die Urlauber irrtümlich für britische Soldaten gehalten.

Onze-Lieve-Vrouwe-Munsterkerk: Die ehemalige Klosterkirche mit spätromanischen und frühgotischen Stilelementen zählt zu den letzten Überresten des zerstörten Roermonder Zisterzienserklosters aus dem 13. Jahrhundert. Im Kircheninnern beeindrucken die Grabmäler von *Gerhard III.* (1292–1340) und seiner Frau *Margaret von Brabant.*
Adresse/Öffnungszeiten Munsterplein, 6401 HA Roermond, ✆ 0900/2025588. April-Oktober täglich 14-17 Uhr. Eintritt frei.

Sint Christoffelkathedraal: Die gotische Kathedrale (1410) trägt den Namen des städtischen Schutzpatrons. Noch kurz vor Ende des Zweiten Weltkriegs wurde sie weitgehend zerstört, als deutsche Truppen den Kirchturm und Teile des Hauptschiffs sprengten. Der langwierige Wiederaufbau konnte erst in den späten 50er Jahren mit der Montage der beinahe vier Meter hohen blattgoldüberzogenen Turmfigur abgeschlossen werden. Die Kirche ist im Besitz einiger wertvoller Gemälde, darunter ein Werk des flämischen Meisters *Pieter Paul Rubens.*
Adresse/Öffnungszeiten Grote Kerkstraat, 6401 EH Roermond, ✆ 0900/2025588. April-Oktober täglich 14-17 Uhr. Eintritt frei. Turmbesteigung (leider nur an zwei Wochenenden im August) 1.85 €.

Minderbroederskerk: Die dreischiffige Hallenkirche am Minderbroederssingel entstand im 15. Jahrhundert als Teil eines Franziskanerklosters. In der Kirche wurden einer alten Tradition folgend nur die angesehensten Ordensbrüder bestattet. Im 18. Jahrhundert ließ die Stadt das Kloster schließen, kurze Zeit später ging die Minoritenkirche in den Besitz der Gemeinde über.
Adresse/Öffnungszeiten Minderbroederssingel, 6401 RA Roermond. Juli/August Sa 14-17 Uhr. Eintritt frei.

Karthuizerklooster: Das Kloster aus dem Jahre 1376 wurde im Laufe des niederländisch-spanischen Krieges zum Schauplatz eines Massakers: Die Soldaten *Willem van Oranjes* richteten damals ein Blutbad unter den Mönchen an. Die Opfer gelten seither als "Märtyrer von Roermond". Besondere Beachtung verdient die im süddeutschen Rokokostil errichtete Caroluskapelle.
Adresse/Öffnungszeiten Swalmerstraat 52, 6401 EZ Roermond. Mai-September Sa 14-17 Uhr. Eintritt frei (Kapelle).

Onze-Lieve-Vrouwe-Kapel in't Zand: In ihrer heutigen Form ist die Kapelle erst knapp hundert Jahre alt, doch soll ein erster Vorläufer schon im 13. Jahrhundert existiert haben. Einer alten Legende zufolge entstand diese erste Kapelle neben einem Galgen, an dem zahlreiche Hinrichtungen vollzogen wurden. 1435 fand ein Hirte in einem engen Wasserloch eine Marienfigur. Seither ist die Kapelle ein wichtiger Wallfahrtsort der Katholiken.
Adresse/Öffnungszeiten Kapellerlaan, 6401 BA Roermond. April-Oktober täglich 10-12 Uhr und 14-17 Uhr. Eintritt frei.

Kiosk: Der 1898 errichtete Musikpavillon am Munsterplein trägt die Handschrift des berühmten Baumeisters *P. J. H. Cuypers.* Ein Standbild aus dem Jahre 1929 am Rande des Platzes würdigt das Lebenswerk dieses außergewöhnlichen Mannes, der unter anderem das Amsterdamer Rijksmuseum

Impressionen aus dem ländlichen Groningen (NBT) ▲▲
Giethoorn – das kanaldurchzogene "Venedig des Nordens" (DS) ▲

▲▲ Farbenpracht im Frühjahr (NBT)
▲ Kopje Koffie im Maastrichter Straßencafé (NBT)

Wildpinkler nicht erwünscht – ▲
Delikte werden konsequent geahndet (DS)

Wijk – der älteste Stadtteil Maastrichts (DS) ▲▲
Tilburger Stadtansichten (DS) ▲

▲ ▲ Niederländische Landschaftsimpressionen (NBT)
▲ Klompen – Holzschuhe made in Holland (NBT)

Stadtpanorama mit Christoffelkathedrale

konstruierte. Hier, vor der prachtvollen Silhouette der *Munsterkerk*, finden heute regelmäßig Freilichtkonzerte statt.

Huize de Toren: Das Gebäude am Eiermarkt 17 verdankt seinen Namen der ursprünglichen Bestimmung als Wachturm. Hier fanden die Menschen in Zeiten der Gefahr Zuflucht. Die wichtigsten Teile des Hauptgebäudes stammen aus dem 14. Jahrhundert. Das Haus gilt damit als ältestes bürgerliches Gebäude Roermonds. Das Ecktürmchen wurde erst im 16. Jahrhundert angebaut.

Stenen Brug: Die steinerne Brücke hinüber in die Sint-Jacob-Vorstadt wurde einer alten Überlieferung zufolge unter Kaiserin Maria Theresia errichtet. Ein eingemauerter Gedenkstein erinnert: "Door de kracht van de Roer is deze brug in 1764 ingestort, maar echter hersteld in 1771, terwijl dit gewest door Maria Theresia, roomskeizerin en hertogin van Gelre bestuurd werd." Sinngemäß übersetzt bedeuten die Worte: "Durch die Kraft der Ruhr ist diese Brücke 1764 eingestürzt, jedoch 1771 wieder errichtet worden, als diese Provinz von Maria Theresia, römischer Kaiserin und Herzogin von Gelre, regiert wurde".

Rattentoren: Der runde Turm aus dem 14. Jahrhundert gehört neben den Resten der Stadtmauer am Pastoorswall zu den letzten Überbleibseln der städtischen Festungsanlagen. Das brüchige Mauerwerk wurde erst vor wenigen Jahren restauriert. Mittlerweile beherbergen die alten Mauern das *Poppentheater Klaproos* und ein Modell der mittelalterlichen Stadt (Maßstab 1:25).
Adresse/Öffnungszeiten Grotekerkstraat, 6401 JL Roermond, ☎ 0475/334564. April-September So 14-17 Uhr. Eintritt frei. Puppentheater 3.25 €.

Stedelijk Museum Roermond: Das Atelier und Wohnhaus des großen Architekten *P. J. H. Cuypers* beherbergt seit Anfang der 30er Jahre das städtische Gemeindemuseum. Die Sammlung zeigt Möbel, Plastiken und Zeichnungen

Provinz Limburg Karte S. 517

des Baumeisters, doch sind gerade die Räume sehenswert, die in ihrer ursprünglichen Einrichtung erhalten werden konnten. Eine Unterabteilung des Museums befasst sich mit der Roermonder Stadtgeschichte.

Adresse/Öffnungszeiten Andersonweg 4, 6401 JE Roermond, ✆ 0475/333496. Di-Fr 11-17 Uhr, Sa/So 14-17 Uhr. Erwachsene 1.20 €, Kinder 0.60 €, Senioren (Pas65) 0.60 €, MJK.

Friedhof vor der Thorner Stiftskirche

Thorn   (2.600 Einwohner)

Das malerische Thorn mit seinen berühmten weiß getünchten Hausfassaden liegt nahe der belgisch-niederländischen Grenze. Die nostalgischen Gassen und ruhigen Innenhöfe strahlen eine gemütliche Atmosphäre aus.

Im späten 10. Jahrhundert stiftete Graf *Ansfried* mit seiner Gemahlin *Hereswint* eine Abtei, die später ein weltliches Stift wurde, das nur den Damen des Hochadels zugänglich war. Thorn entwickelte sich zu einer Enklave weiblicher Herrschaft mit eigener Armee, Münzprägung und Rechtsprechung. Der alte Wehrturm *De Grote Hegge*, dessen älteste Abschnitte aus dem 15. Jahrhundert stammen, war damals Sitz der *Munt van Thorn*. Die glorreichen Zeiten sollten erst 1794 enden, als die Franzosen einmarschierten und eine neue politische Ordnung etablierten. Auch die Münzprägung fand damit in Thorn ein Ende. Nur die Stiftskirche aus dem 14. Jahrhundert ist erhalten. Sie überragt noch heute die Stadt, die sich selbst "de witte Parel aan de Maas" nennt. Ein Spaziergang durch den historischen Ortskern gleicht einem Ausflug ins Mittelalter.

● *Information* **VVV Thorn**, Wijngaard 14, 6017 AG Thorn, ✆ 0475/562761, April-September täglich 10-17 Uhr; Oktober-März Di-So 11-16 Uhr, www.vvvthorn.nl.

● *Bahnverbindung* nächster Bahnhof in Roermond (15 km).

● *Busverbindung* in Richtung Roermond, Weert.

● *Einkaufen* Die Geschäfte bleiben in Thorn Montagvormittag und Mittwochnachmittag geschlossen. Markttermin: **Wochenmarkt** Mi 13-17 Uhr, Markt.

• *Krankenhaus* **Ziekenhuis Laurentius**, Monseigneur Driessenstraat 6, 6043 CV Roermond, ☎ 0475/382222.

• *Taxiruf* ☎ 0475/566638

• *Übernachten* ***** Hostellerie La Ville Blanche**, Hoogstraat 2, 6017 AR Thorn, 49 Betten, zentrale Lage, alle Zimmer mit Bad, angegliedertes Restaurant mit exquisiter französischer Küche. EZ ab 50 €, DZ ab 90 €, ☎ 0475/562341, 📠 562828.

*** Hotel Stadsherberg Crasborn, Hoogstraat 6, 6017 AR Thorn, 25 Betten, direkt neben der Hostellerie, etwas kleineres Haus, gemütliches Interieur, Dezember-Februar geschlossen. EZ ab 55 €, DZ ab 65 €, ☎ 0475/561281, 📠 562233.

• *Essen* **De Pannekoekenbakker**, Bogenstraat 2, 6017 AV Thorn, Pfannkuchenhaus in unmittelbarer Nähe der gotischen Stiftskirche am fraglos schönsten Straßenzug Thorns, schöner Gewölbekeller und Brunnen aus mittelalterlicher Zeit, Drucke und Wandmalereien, 250 Sorten, Spielplatz, Terrasse, April-September tägl. 10-20 Uhr, Oktober-März tägl. 11-19 Uhr, ☎ 0475/563327.

Sehenswertes

Abdijkerk: Die gotische Kreuzbasilika aus dem 14. Jahrhundert wurde nach mehr als 500 Jahren von *P. J. H. Cuypers* glanzvoll restauriert und erweitert. Der Altar kam damals aus Roermond nach Thorn und dominiert seither das Interieur. Eine Kopie des berühmten Gemäldes "De Afname van het Kruis" von *Pieter Paul Rubens* (1577–1640) ziert einen der Seitenaltäre. Das Original hängt in der Kathedrale zu Antwerpen. Im historischen Archiv und Kapitelsaal der ehemaligen Abtei gibt es zudem ein kleines Museum mit einer ebenso kleinen Sammlung liturgischer Gegenstände.

Adresse/Öffnungszeiten Kerkberg 2, 6017 CC Thorn, ☎ 0475/561962. April-Oktober Mo-Fr 10-17 Uhr, Sa 10-16 Uhr, So 11.30-17 Uhr; November-März So 13-16 Uhr. Erwachsene 1.20 €, Kinder 0.70 €. Führungen in deutscher Sprache.

Gemeentemuseum Het Land van Thorn: Das örtliche Gemeindemuseum ist in drei dicht beieinander liegenden Gebäudeteilen untergebracht, in denen drei thematisch verschiedene Ausstellungen zu sehen sind:

Cultuur Historisch Museum: Archäologische Funde aus prähistorischer, römischer und mittelalterlicher Zeit geben einen Einblick in die städtische Vergangenheit. Daneben sind antike Musikinstrumente, Trachten und ein Modell der Thorner Abtei ausgestellt.
Radio- en Grammofoonmuseum: Die Ausstellung besticht um eine leicht verständliche Darstellung der wichtigsten Entwicklungen auf dem Gebiet der Unterhaltungselektronik. Grammophone und Radios internationaler Hersteller erinnern an eine Zeit, als Musik noch nicht digital entstellt wurde.
Panorama Thorn: Die dritte Abteilung des Gemeindemuseums zeigt ein Modell des gesamten Altstadtkerns im Maßstab 1:100.
Adresse/Öffnungszeiten: Wijngaard 14, 6017 AG Thorn, ☎ 0475/562761. April-Oktober täglich 10-16.30 Uhr; November-März Di-So 11-16 Uhr. Erwachsene 1.40 €, Kinder 0.70 €, Senioren (Pas65) 0.95 €, MJK. Führungen in deutscher Sprache.

Region De Peel

(Venlo, Ospel, Sevenum, Horst-Meldersло)

Die Region, deutlich flacher als die südlichen Gefilde der Provinz, besteht aus fruchtbarem Ackerland, Heideflächen, Sandstreifen und Waldgebieten. Die Hochmoorlandschaft, die sich ins nördlich angrenzende Noord-Brabant fortsetzt, war einst ein unwirtliches Sumpfgebiet, in dem großflächig Torf gestochen wurde. Als die Limburger Torfgewinnung ihr Ende fand, wurde das Hochmoor zum Nationalpark *Grote Peel*, neben *Mariapeel* eine der wenigen Stellen, an der die uralte Landschaft unverändert erhalten geblieben ist.

Provinz Limburg
Karte S. 517

Heute zählt die Region zu den vogelreichsten Gebieten Westeuropas. Hohes Moorgras überzieht die Landschaft mit warmen rotbraunen Farbtönen, ein ideales Terrain für brütende Vögel. Wer sich für die Geschichte der Torfgewinnung interessiert, sollte eines der hiesigen Regionalmuseen besuchen. Sehenswert ist insbesondere das Freilichtmuseum Eynderhoof in **Nederweert-Eind,** in dem der Besucher am eigenen Leibe erfahren kann, wie schwer es der Bevölkerung einst gefallen sein muss, ihr alltägliches Brot zu verdienen.

Das kulturelle Zentrum der Region Peel liegt in **Weert,** dem historischen *Poort van Limburg,* doch sind auch die weiten Spargelfelder der Maasregion sowie der Ort **Horst** einen Abstecher wert. Anders als im Süden, wo einst tonnenweise das schwarze Gold (Braunkohle) abgebaut wurde, wird im nördlichen Limburg das weiße Gold (Spargel) geerntet. Stück für Stück wird die Königin der Gemüse aus der Erde gezogen und frisch serviert. In der gesamten Region finden sich zahlreiche Restaurants der gehobener Klasse, aber auch kleinere, unscheinbare Lokalitäten, die im Mai und Juni vorzügliche regionale Spargelspezialitäten anbieten. Das Spargelmuseum in Horst vermag alles Wissenswerte über diese kulinarische Spezialität zu vermitteln.

Venlo

(65.000 Einwohner)

Die ehemalige Festungsstadt verlor in den Kriegsjahren viel von ihrer alten Bausubstanz. Die schweren Bombardements des Jahres 1944 richteten verheerende Schäden an – die Wunden sind noch heute nicht völlig verheilt.

Ein beachtlicher Teil des Gütergrenzverkehrs zwischen Deutschland und den Niederlanden verläuft via Venlo. Auf der Straße passiert etwa ein Drittel aller Transporte diesen Knotenpunkt, der Anteil auf der Schiene liegt noch höher. Venlo lebt von seiner zentralen Lage. Etliche Transportgroßunternehmen haben sich in der Stadt niedergelassen. Die Firma Océ, der wichtigste Arbeitgeber der Stadt, ist weltweit bekannt für hochwertige Kopiergeräte und Büromaschinen.

Historische Gebäude finden sich im Stadtbild nur noch an wenigen Stellen, doch ist auch das moderne Venlo einen Besuch wert. In der direkten städtischen Umgebung liegt das zweitgrößte Gartenbaugebiet der Niederlande.

Information/Verbindungen/Adressen

● *Information* **VVV Venlo,** Koninginneplein 2, 5911 KK Venlo, ✆ 077/3543800, 📠 3207770, www.vvvvenlo.nl. Mo-Sa 9.30-18 Uhr.
ANWB Venlo, Koninklijke Nederlandse Toeristenbond, Picardie 11, 5911 BW Venlo, ✆ 077/3518083.

● *Bahnverbindungen* 2x stündl. nach Eindhoven (Dauer: 40 Min.), 1-2x stündl. Nijmegen (60 Min.), 1-2x stündl. Roermond (25 Min.), alle 2 Std. Köln (65 Min.).

● *Busverbindungen* in Richtung Arcen, Nijmegen, Roermond, Venray und Duisburg.

● *Einkaufen* Die Geschäfte bleiben in Venlo Montagvormittag geschlossen. Am Donnerstag verschiebt sich der Ladenschluss auf 21 Uhr (Kaufabend). Markttermine: Wo-chenmarkt Sa 8-14 Uhr, Mgr. Nolensplein; **Pflanzen und Blumen** Do 15-20.30 Uhr, Markt.

● *Autoverleih* **Autoverhuur Budget,** Raaieind 14, 5928 MX Venlo, ✆ 3876030 (0800/0537, gratis).

● *Fahrradverleih* **Rijwielshop Schattenkerk,** Stationsplein 1, 5913 AA Venlo, ✆ 077/3511487.

● *Kinderbauernhof* **Hagenhof,** Hagerlei 1, 5912 PP Venlo, ✆ 077/3200266. Mo-Fr 9-17.30 Uhr, So 14-17 Uhr. Erwachsene/Kinder 1 €.

● *Krankenhaus* **Sint Maartens Gasthuis,** Tegelseweg 210, 5912 BL Venlo, ✆ 077/3205555.

● *Taxiruf* ✆ 077/3545450

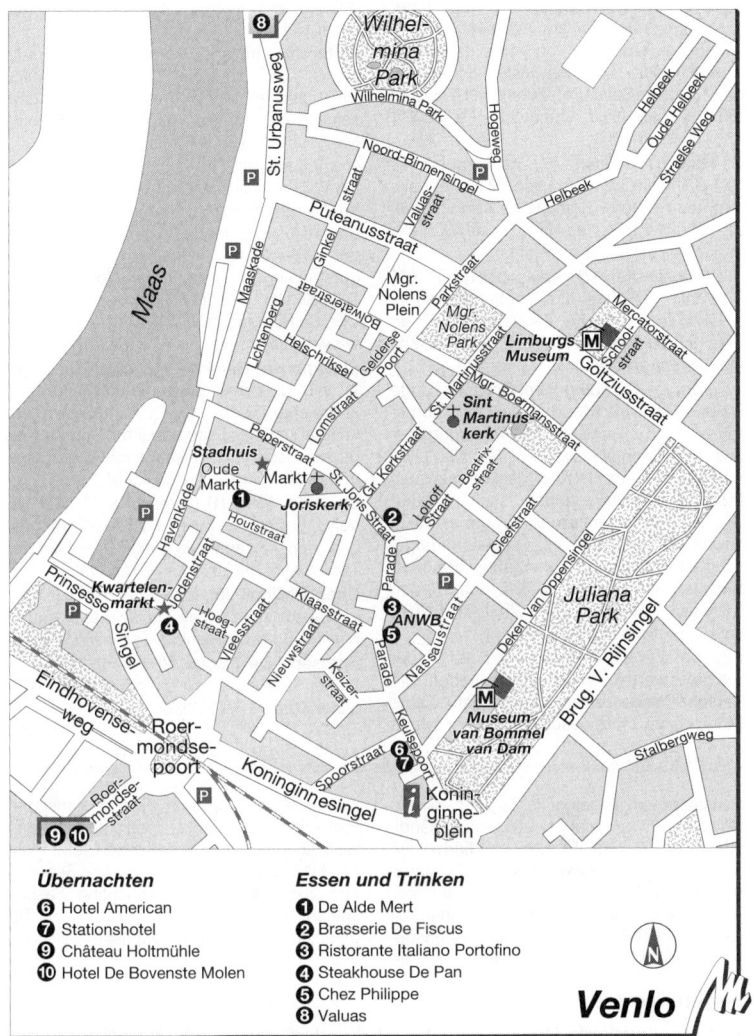

Übernachten

❻ Hotel American
❼ Stationshotel
❾ Château Holtmühle
❿ Hotel De Bovenste Molen

Essen und Trinken

❶ De Alde Mert
❷ Brasserie De Fiscus
❸ Ristorante Italiano Portofino
❹ Steakhouse De Pan
❺ Chez Philippe
❽ Valuas

Venlo

Übernachten/Essen

• *Hotels* ****** Château Holtmühle (9)**, Kasteellaan 10, 5932 AG Tegelen, einige Kilometer südlich von Venlo, Luxushotel der Bilderberg-Gruppe, 132 Betten, prachtvolles Schloss mit luxuriösen Zimmern und Suiten, Schwimmbad, Sauna, Solarium, Ten-

nisplatz, gute Küche im angeschlossenen Restaurant. EZ ab 190 €, DZ ab 230 €, Frühstück 18 €, ☎ 077/3738800, ✉ 3740500.

**** Hotel De Bovenste Molen (10), Bovenste Molenweg 12, 5912 TV Venlo, 165 Betten, Luxushotel der Bilderberg-Gruppe, etwa 2 km vom Bahnhof in waldreicher Umgebung idyllisch am Wasser gelegen, wenige Autominuten von Venlo, zahlreiche Geschäftsleute unter den Gästen, Schwimmbad, Sauna, Solarium, Tennisplatz. EZ ab 130 €, DZ ab 180 €, Frühstück 17 €, ☎ 077/3591414, 📠 3548257.

*** Hotel American (6), Keulsepoort 14, 5911 BZ Venlo, zentrale Lage, 33 Betten, alle Zimmer mit Du/WC, gepflegte Atmosphäre. EZ ab 46 €, DZ ab 57 €, ☎ 077/3515454, 📠 3521444, american@plex.nl.

** Stationshotel (7), Keulsepoort 16, 5911 BZ Venlo, 35 Betten, direkt nebenan, saubere Zimmer, einfache Einrichtung. EZ ab 34 €, DZ ab 50 €, ☎ 077/3518230, 📠 3521279, info@stationshotel.nl.

● *Camping* **Camping BreeBronne**, Lange Heide 9, 5993 PB Maasbree, einige Kilometer westlich von Venlo, "ADAC-Superplatz" und "ADAC-Innovationspreis" (für Lilly Libel und Harrie Hommel, die Maskottchen des Platzes), hervorragende Sanitärs (auf Wunsch mit separatem Badezimmer, 10 €), spezielle Kindersanitärs, Lebensmittelgeschäft, Schwimmbad, ganzjährig geöffnet. Stellplatz (inkl. 4 Pers.) 32.50 €, zus. Person 4 €, Fläche 19 ha, ☎ 077/4652360, 📠 4652095, www.breebronne.nl.

● *Essen* Ein schattig-schöner Platz ist der ruhige Kwartelenmarkt, doch haben die Venloer insbesondere auch den Oude Markt in ihr Herz geschlossen. Der Markt befindet sich in der Mittagszeit in touristischer Hand.

Ristorante Italiano Portofino (3), Parade 39, 5911 CB Venlo, die Decke hängt voller Weinflaschen, der Pizzabäcker präsentiert seine Kunst vor den Augen seiner Gäste, Mo geschlossen, ☎ 077/3519672.

◊◊◊ **Valuas (8)**, Sint Urbanusweg 9-11, 5914 CA Venlo, Relais du Centre (siehe Seite 56), Küche mit 20-jähriger Tradition, Träger des "Award of Excellence", einer Auszeichnung der Weinkarte ("One of the most outstanding Winelists in the World"). Mo-Fr 12-14.30 Uhr und 18-21.30 Uhr, Sa 18-21.30 Uhr, So Ruhetag, ☎ 077/3541141, www.valuas-hr.nl.

Steakhouse De Pan (4), Kwartelenmarkt 11, 5911 HZ Venlo, Brasserie und Bistro mit zahlreichen Tischen im Freien, ruhiger Platz in sehr schöner Lage, ideal für eine Kaffeepause, Fisch- und Fleischgerichte, Broodjes und andere Snacks, ☎ 077/3518419.

De Alde Mert (1), Steenstraat 13, 5911 HE Venlo, Eetcafé mit guten wechselnden Tagesgerichten, Kindermenüs, einige Tische auf der Terrasse am Marktplatz, ☎ 077/3521474.

Chez Philippe (5), Parade 61, 5911 CB Venlo, französische Küche, preiswerte 3-Gänge-Menüs, So/Mo geschlossen, ☎ 077/3548901.

Brasserie De Fiscus (2), Parade 7, 5911 CA Venlo, Speiselokal mit einfacher landestypischer Kost, ☎ 077/3515222.

Veranstaltung

Passiespelen Tegelen: In Tegelen, einem kleinen Ort an der deutsch-niederländischen Grenze südlich von Venlo, finden alle fünf Jahre die niederländischen Passionsspiele statt. Die 17. Auflage der Festlichkeiten lockte im Jahr 2000 mit 500 Laiendarstellern und 100 Sängern, die die Leidensgeschichte Christi in moderner Form auf die Bühne stellten. Das in einer malerischen Parkanlage gelegene Freilichtareal, das wohl schönste der Niederlande, bietet Platz für 4.000 Zuschauer. Termin: Mai-September (2005). Information: Stichting Passiespelen Tegelen, Postbus 3027, 5930 AA Tegelen, ☎ 077/3734754, www.passiespelen.nl.

Sehenswertes

Sint Martinuskerk: Die aus dem 15. Jahrhundert stammende *Hoofdkerk* in der Grote Kerkstraat erlitt in den letzten Monaten des Zweiten Weltkriegs das gleiche Schicksal wie zahlreiche andere Bauten der Stadt. Sie wurde während der lange andauernden Bombardements mehrfach getroffen und schwer beschädigt. In den Folgejahren gelang es jedoch, die Kirche nach alten Plänen wiederaufzubauen. Mittlerweile zählt sie zu den wichtigsten Baudenkmälern Venlos.

Stadhuis: Das am Markt gelegene Rathaus wurde nur fünfzig Jahre nach seiner Erbauung Mitte des 16. Jahrhunderts nach Plänen des Architekten *Willem van Bommel* im Stil der Renaissance umgestaltet. Seither hat sich das Erscheinungsbild nur unwesentlich verändert – auch die Restaurierungsarbeiten in den 50er Jahren bemühten sich um die Beibehaltung des Stils.

Limburgs Museum: Die Kollektionen des Museums befassen sich mit dem alltäglichen Limburger Leben im Laufe der vergangenen Jahrhunderte. Insgesamt werden zwölf Themenausstellungen präsentiert, die sich beispielsweise mit der Esskultur, der Kleidung und dem Dialekt der Region beschäftigen.

Adresse/Öffnungszeiten Keulsepoort 5, 5911 BX Venlo, ℡ 077/3522112, www.limburgsmuseum.nl. Di-So 11-17 Uhr. Erwachsene 4.20 €, Kinder 2.20 €, Senioren (Pas65) 3.20 €, MJK.

Museum van Bommel van Dam: Das städtische *Museum voor Hedendaagse Kunst* organisiert jährlich etwa sechs Wechselausstellungen in der Sparte zeitgenössische Kunst.

Adresse/Öffnungszeiten Deken van Oppensingel 16, 5911 AD Venlo, ℡ 077/3513457. Di-So 11-17 Uhr. Erwachsene 2 €, Kinder 1.60 €, MJK

Ospel
(1.700 Einwohner)

Die Ortschaft liegt 30 km nordwestlich von Roermond in einem außergewöhnlich vegetationsreichen Hochmoor (960 ha) mit weiten Feuchtgebieten, die zahlreiche Wasservögel als Brutplatz nutzen. Das Naturreservat mit dem offiziellen Namen **Nationaalpark De Meinweg** ist auf drei ausgeschilderten Wegen zugänglich, deren gemeinsamer Ausgangspunkt der Bauernhof *Mijl op Zeven* am Ospeldijk ist. Das landwirtschaftliche Gebäude dient als Informationszentrum mit naturhistorischem Museum. Die beschriebenen Pfade führen teilweise recht abenteuerlich auf Brücken und Holzgerüsten durch die Moorlandschaft.

Schutzzonen für Feldhamster?

In der Provinz Limburg wurde unlängst ein ausgefeiltes Zuchtprogramm für den vom Aussterben bedrohten Feldhamster entwickelt. Seine Zahl war im Nachbarland Mitte 1999 auf möglicherweise weniger als zehn Exemplare gesunken. Als Hauptfeind der Tiere gilt der Mensch, dessen moderne Landwirtschaft mitsamt ihrer Herbizide und Pestizide den Lebensraum der Tiere zunehmend einengt. Die Pläne sahen vor, die verbliebenen Nager einzufangen, um sie anschließend mit deutschen Artgenossen zur gemeinsamen Fortpflanzung zu animieren. Fachleute reagierten allerdings skeptisch, da ein gefangener Hamster unter den zu erwartenden Stressbedingungen möglicherweise nicht an einer Vermehrung interessiert sei. Die Alternative nationaler Feldhamsterschutzzonen war in der Vergangenheit weniger erfolgreich. Das Landwirtschaftsministerium in Den Haag entschied sich vor diesem Hintergrund schließlich doch für die erste Variante. Nicht nur die Limburger warten seitdem auf die ersten Zuchterfolge.

● *Adressen/Öffnungszeiten* **Nationaalpark De Meinweg**, Moostdijk 15, 6035 RB Ospel, ℡ 0495/641497. März-Oktober Di-So 10-17 Uhr; Nov:-Feb: nur So 10-17 Uhr. Eintritt frei.

● *Essen* **De Dorpsherberg**, Casseweg 1a, 6035 PP Ospel, Pfannkuchenhaus mit erweiterter Karte (Fleisch- und Fischgerichte), 160 Sorten, Terrasse, A 2 Eindhoven–Weert, Ausfahrt Nederweert, N 266 Richtung Someren, Ausfahrt bei Brücke 17, Ausschilderung folgen, Di-So 11-21 Uhr, Juli-August auch Mo 11-21 Uhr, ℡ 0495/641356.

Sevenum   (7.500 Einwohner)

Abrakadabra, Simsalabim, Schwuppdiwupp – der Spielpark **Toverland** auf etwa halber Strecke zwischen Venlo und Venray entpuppt sich als Zauberland für große und kleine Kinder. Mitten in Toverland steht das *Tinkelhuisje*, in dem *Toos Toverhoed* lebt, die Tochter der guten Hexe *Hocus Pocus* und des mächtigen Zauberers *Sim sa la Buik*. Eine Vielzahl abwechslungsreicher Spiellandschaften macht den Freizeitpark zu einer der beliebtesten Limburger Adressen für Familien mit Kindern.

Adresse/Öffnungszeiten   Helenaveenseweg 28, 5975 MS Sevenum, ☎ 077/4677050, www.toverland.nl. Täglich 10-18 Uhr. Erwachsene/Kinder 9.75 €, Senioren (Pas65) 8.75 €, Parken 3.50 €.

Horst-Melderslo   (19.000 Einwohner)

Der Doppelort ist wegen eines landesweit einzigartigen Museums einen Abstecher wert. Im **Nationaal Asperge- en Champignonmuseum** erhält der Besucher Einblicke in den "Werdegang" des Spargels von der Aussaat bis zum feinsten Edelgemüse, das eine Dicke von bis zu 28 cm erreichen kann. Das Museum ist in einem restaurierten Bauernhof aus dem Jahre 1900 untergebracht.

● *Information* **VVV Horst**, Wilhelminaplein 10c, 5961 ES Horst, ☎ 077/3987604, ✆ 3989023. Mo/Di 9.30-18 Uhr, Sa 9.30-14 Uhr.

● *Adressen/Öffnungszeiten* **Nationaal Asperge- en Champignonmuseum**, Koppertweg 5, 5962 AL Horst, ☎ 077/3987320, www.delocht.nl. Mai-August tägl. 11-17 Uhr; September-Oktober Di-Do und So 14- 17 Uhr; November-April Di/Do/So 14-17 Uhr. Erwachsene 3 €, Kinder 1.50 €.

● *Übernachten* **Mini-Camping De Eendenkooi**, Nachtegaallaan 11, 5962 PA Horst, geöffnet April-Oktober. Stellplatz (inkl. 2 Pers.) 11.50 €, zus. Person 3.50 €, Duschen inkl., Fläche 1,5 ha. ☎ 077/3985099.

Region Noord-Limburg

(Arcen)

Der nördlichste Provinzteil wird durch weite Naturlandschaften geprägt, die sich östlich der Maas hinüber zur deutschen Grenze erstrecken. Die von vereinzelten Flussarmen durchschnittenen hohen Maasdünen verleihen dem breiten Maastal, durch das sich der Fluss gen Norden windet, seine Reize. Allemal lohnend ist ein Abstecher in den zwischen **Arcen** und **Bergen** gelegenen Nationalpark *De Hamert*, eine prächtige, von Laub- und Nadelwäldern durchbrochene Heidelandschaft.

Während sich idyllische Wasserläufe ihren Weg durch die Maasterrassen bahnen, erblickt man mit etwas Glück einen der farbenprächtigen Eisvögel, die in der Region heimisch geworden sind. Sie sind das Symbol mehrerer in Arcen gebrauter Likörsorten, unter denen sich auch ein exquisiter Spargellikör (*Aspergelikeur*) befindet. Wie wäre es anschließend mit einem Besuch der berühmten Arcener Schlossgärten? Wassersportfreunde erfreuen sich unterdessen an den mit der Maas in Verbindung stehenden Naherholungsgebieten *Leukermeer* und *Mokkerplas*. Das grüne Maastal lockt mit Vielseitigkeit.

Arcen

(2.500 Einwohner)

Die Route entlang der Maas führt nach nur wenigen Kilometern in das nördlich von Venlo gelegene idyllische Dorf Arcen. Die weitläufigen Gärten eines reizvollen Wasserschlosses, die Kasteeltuinen Arcen, ziehen viele Besucher an.

Der Rundweg durch die Gärten (32 ha) beginnt im Innenhof der gleichnamigen Schlossanlage aus dem 17. Jahrhundert unter Schatten spendenden Kastanienbäumen. Die Strecke führt durch die Orangerie in geometrisch um einen zentralen Teich angelegte Gärten, ein Areal mit Wasserpflanzen, einen Tannenwald und das zehn Meter hohe subtropische Gewächshaus *Casa Verde*. Natürlich fehlen weder japanische noch chinesische Gärten, ebenso wenig Bambus- und Heidegärten. Ein kleines Amphitheater steht für Musikveranstaltungen bereit. Zum Jahreswechsel verwandeln sich die *Kasteeltuinen Arcen* in ein "Winter Wonderland", in dem sich Zwerge und andere Märchengestalten tummeln und eine echte Eisprinzessin ihren Thron besteigt.

- *Information* **VVV Arcen**, Wal 26, 5944 AW Arcen, ☎ 077/4731247, ℻ 4733019, Mo-Fr 9.30-12 Uhr und 13.30-17.30 Uhr, Sa 10-12 Uhr, April-Oktober Sa bis 15 Uhr, www.vvvarcen.nl.

- *Adresse/Öffnungszeiten* **Kasteeltuinen Arcen**, Lingsforterweg 26, 5944 BE Arcen, ☎ 077/4731882, www.kasteeltuinen.nl. April-September täglich 10-18 Uhr, im Oktober nur bis 17 Uhr. Erwachsene 10 €, Kinder 5 €, Senioren (Pas65) 9 €, Parken 2.50 €. Führungen in deutscher Sprache.

- *Busverbindungen* in Richtung Nijmegen und Venlo.

- *Taxiruf* ☎ 077/4721537

- *Thermalbad* **Thermaalbad Arcen**, Klein Vink 11, 5944 EX Arcen, ☎ 077/4732424, ℻ 4732828, www.thermaalbad.nl. Erholung im Hallenbad oder einem der vier Außenbecken – das fluorid-, jodid- und schwefelhaltige Wasser sprudelt aus 892 m Tiefe. Beautycentrum, Sauna. Täglich 8-23 Uhr (Kassenschluss um 21.30 Uhr). Eintritt (2,5 Std.) 9.50 € bzw. 14.50 € (4 Std.).

- *Übernachten* *** **Hotel Rooland**, Roobeekweg 1, 5944 EZ Arcen, 115 Betten, modernes Haus, alle Zimmer mit Du/WC, Telefon und TV, Fahrradverleih, angegliedertes Restaurant. EZ ab 66 €, DZ ab 78 €, ☎ 077/4736666, ℻ 4732915, www.roeland.nl.

*** **Hotel Maasparel**, Schans 3-5, 5944 AE Arcen, 33 Betten, gemütliches, neues Hotel in Maasnähe, alle Zimmer mit Du/WC, Telefon und TV. EZ ab 56 €, DZ ab 71 €, ☎ 077/4731296, ℻ 4731335, www.maasparel.nl.

Camping Klein Vink, Klein Vink 4, 5944 EX Arcen, A 73 (Nijmegen–Venlo), Ausfahrt 9 (Venray/Oostrum), N 271 Richtung Wanssum, Schildern folgen, nördlich des Ortskerns, gute Sanitärs, Lebensmittelgeschäft, Wanderhütten (2), ganzjährig geöffnet. Person 4.90 €, Zelt 4.90 €, Auto 2.95 €, Duschen inkl., Fläche 180 ha. ☎ 077/4732525, ℻ 4732396, kleinvink@plex.nl.

Camping De Maasvallei, Dorperheideweg 34, 5944 NK Arcen, N 271 (Venlo–Nijmegen), Ausfahrt Straelen/Geldern, Schildern folgen, nordöstlich des Ortskerns, ruhige Lage an kleinem See mit Strand, drum herum etwas Wald, gute Sanitärs, Lebensmittelgeschäft, ganzjährig geöffnet. Stellplatz (inkl. 4 Pers.) 24 €, Duschen inkl., Fläche 11 ha. ☎ 077/4731564, ℻ 4731573, demaasvallei@planet.nl.

- *Essen* **Brasserie Alt Arce**, Raadhuisplein 16, 5944 AH Arcen, empfehlenswertes Café-Restaurant, französische und holländische Küche, Pfannkuchenvariationen, herrlicher Wintergarten (Maaspavillon) mit Blick auf den Fluss, ☎ 077/4732777.

Golden City, Koestraat 12, 5944 BJ Arcen, gute Auswahl an Gerichten der feinen chinesischen Küche, in der Regel gut besucht, preiswerte Hauptgerichte, ☎ 077/4731511.

De Bosrand, Leermarkt 17, 5944 BM Arcen, Pfannkuchenhaus in unmittelbarer Nähe der Schlossgärten, Empfehlung ist der Pfannkuchen des Monats, 85 Sorten, Spielplatz, Terrasse, N 271 Nijmegen–Venlo, Ausfahrt Kasteeltuinen, Ausschilderung folgen, Di-So 11.30-19.30 Uhr, ☎ 077/4731235.

Café De Proeverij, Kruisweg 3, 5944 EM Arcen, Probierstube der Arcener Bierbrauerei, acht Biere vom Fass, "meer dan de moeite waard", ☎ 077/4739160.

Provinz Limburg
Karte S. 517

Provinz Noord-Brabant

Die Provinz Noord-Brabant ist in die Regionen **Meierij**, **Kempen en Peel**, **Hart van Brabant** und **West-Brabant** aufgeteilt. Manche sagen, der breit dahingestreckte Süden der Niederlande zwischen Maas und belgischer Grenze sei ein wenig wie Frankreich: lockere Lebensart und gute Küche. Die Nähe des südlichen Nachbarn Belgien aber wird noch auf andere Art spürbar, finden sich doch mehrere der etwa zwanzig belgischen Enklaven in den Niederlanden in Noord-Brabant. Auf der anderen Seite zählt man neun niederländische Enklaven in Belgien, ein mit Blick auf ein Europa ohne Grenzen sicherlich interessantes Kuriosum. Sehr empfehlenswert ist ein Ausflug ins flämische Belgien mit seinen prachtvollen Kunststädten **Antwerpen**, **Brügge** oder **Gent**. Die Altstädte dieser Kulturmetropolen, die förmlich vor der Haustüre liegen, gleichen riesigen Freilichtmuseen. Stein für Stein ein Stück Geschichte.

Brabants Bureau voor Toerisme
Pettelaarpark 100, 5216 PR 's-Hertogenbosch, ☎ 073/6927070, ✆ 6144809,
www.toerismebrabant.nl.

Region Meierij

('s-Hertogenbosch, Grave)

Im Zentrum der Region liegt mit der Provinzhauptstadt **'s-Hertogenbosch** eine herrliche Metropole, in der man im Schatten der mächtigen Kathedrale stundenlang an alten Monumenten entlangflanieren kann. Anschließend lockt eine erholsame Bootsfahrt auf der *Binnendieze*, ehe die Cafés, Kneipen und Restaurants zum gemütlichen Teil des Abends einladen.

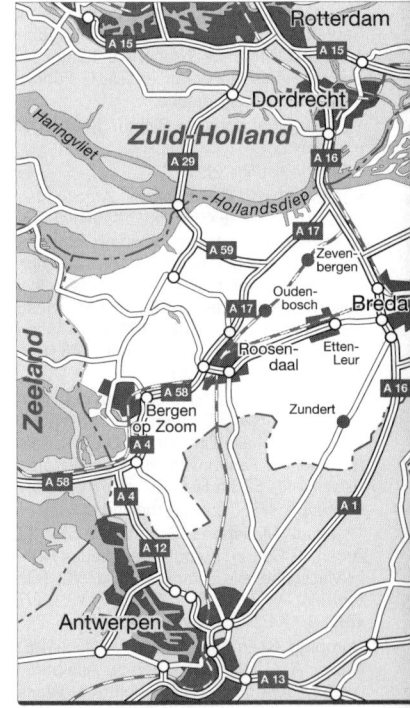

Die hiesigen Polderflächen im Land zwischen *Maas* und *Peel* im nordöstlichen Brabant sind von Wasserläufen durchzogen, an deren Ufern viele alte Landgüter erhalten sind. Sehenswerte Ausflugsziele finden sich auch in den malerischen kleineren Festungsstädten **Grave** und **Megen** sowie den Ortschaften **Boxmeer**, **Oss** und **Uden**, in denen sich gute burgundische Küche genießen lässt.

's-Hertogenbosch   (Provinzhauptstadt • 94.000 Einwohner)

Der angrenzende Herzogenwald gab der Stadt ihren nur schwer auszusprechenden Namen. In den Niederlanden mag man es gerne etwas unkomplizierter und sagt schlicht "Den Bosch".

Die verwinkelten Gassen, die den mittelalterlichen Stadtkern durchziehen, laden zum Bummel durchs Mittelalter ein, zu einem Streifzug durch 800 Jahre Stadtgeschichte entlang eindrucksvoller Verteidigungswälle und sorgfältig restaurierter Bauten mit malerischen Fassaden.

Das Zentrum der ersten Besiedlung war der dreieckige Marktplatz, auf dem sich um 1200 zahlreiche Händler und Handwerker niederließen. Dicke Mauern säumten den Platz und machten 's-Hertogenbosch zu einer lange uneinnehmbaren Festung, die der Volksmund aufgrund ihrer Lage in einem Sumpfgebiet pathetisch einen "unüberwindbaren Sumpfdrachen" nannte. Gebäude wie die Zitadelle (1640) oder das *Zwanenbroederhuis* der Liebfrauen-Bruderschaft, der auch ein gewisser *Hieronymus Bosch* angehörte, zeugen von der weiteren Entwicklung der Stadt: 's-Hertogenbosch begann zu einem bedeutenden niederländischen Handelszentrum heranzuwachsen. Die lange andauernde Vorherrschaft des flämischen Antwerpen war gebrochen. Das heutige

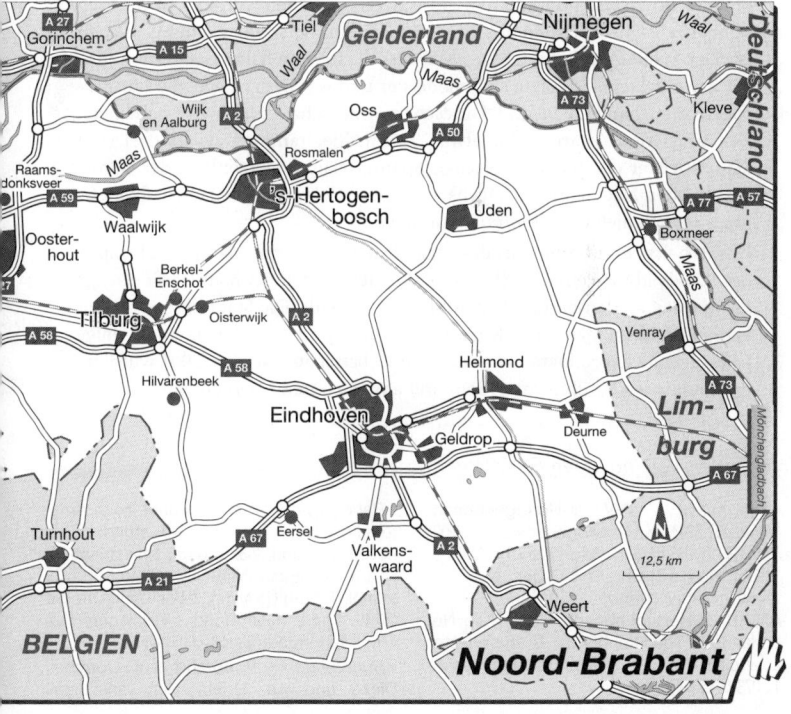

Provinz Noord-Brabant
Karte S. 554/555

Stadtbild wird jeden begeistern: Man bummelt durch die Gassen, genießt einen der "Bossche Bollen" und taucht ein in ein schon fast südländisches Flair.

Traumwelten des Spätmittelalters – Hieronymus Bosch

Der Maler *Hieronymus Jeroen Bosch* (1450–1516), der im späten Mittelalter in der Stadt arbeitete und lebte, war ein unauffälliger, wohlangesehener Bürger. Als Meister erotisch-mystischer Traumwelten wurde er zu einer Quelle der Inspiration für nachfolgende Künstlergenerationen. Seine Darstellungen spätmittelalterlicher Szenerien vermitteln den Eindruck einer wohlhabenden Gesellschaft, der er selbst angehörte. Seine Mitbürger schätzten seine Malerei und erteilten ihm den Auftrag für mehrere große Altäre, die nur etwa 50 Jahre nach seinem Tod in Teilen an private Kunstsammler verkauft wurden.

Hieronymus Bosch malte Bilder einer anderen Welt. Seine apokalyptischen Figuren haben auch heute nichts von ihrer abstoßenden, aber faszinierenden Wirkung verloren. Der für seine teils grotesken Motive bekannte Maler gehört zu den rätselhaftesten Protagonisten der Kunstgeschichte. Die Aura des Geheimnisvollen umgibt das Leben des bekanntesten Malers des Mittelalters noch heute. Nur wenige Erkenntnisse zu seiner Person gelten als gesichert.

Die Mehrzahl der Fachleute geht heute davon aus, dass die Werke des Hieronymus Bosch von mindestens zwei Malern geschaffen wurden – von Bosch selber und seinem "Discipulus", dessen Name bis heute unbekannt geblieben ist. Der Schüler im Schatten des Meisters dürfte eine halbe Generation jünger gewesen sein. Er zeigte sich moderner und war in der Lage, die Luftperspektive zu handhaben und Landschaften zu schaffen, die der damaligen Zeit weit voraus waren. Nur etwa 25 Gemälde stammen zweifelsfrei vom Hauptmeister des niederländischen Spätmittelalters persönlich, der seinen eigentlichen Nachnamen übrigens von seiner Heimatstadt Aachen ableitete: ursprünglich hieß er *Jheronimus van Aken*.

Das Arbeits- und Wohnhaus des Malers steht am Grote Markt. Ein bronzenes Standbild auf dem dreieckigen Marktplatz vor dem Rathaus ist die einzige Erinnerung an den berühmtesten Bürger der Stadt. Die Stadt besitzt derzeit keine Originalgemälde des Künstlers. In der *Orangerie* aber können einige fotografische Reproduktionen seiner Werke betrachtet werden. 2001 würdigte die Stadt ihren berühmtesten Sohn mit ausgedehnten Feierlichkeiten.

Information/Verbindungen/Rundfahrten

● *Information*   **VVV 's-Hertogenbosch**, Markt 77, 5211 JX 's-Hertogenbosch, ✆ 0900/1122334, ✆ 073/6128930, Mo 13-18 Uhr, Di-Fr 9-18 Uhr, Do bis 21 Uhr, Sa 9-17 Uhr. www.vvvs-hertogenbosch.nl.
ANWB 's-Hertogenbosch, Koninklijke Nederlandse Toeristenbond, Burgemeester Loeffplein 13, 5211 RX 's-Hertogenbosch, ✆ 073/6145354.

● *Bahnverbindungen* 2x stündl. nach Amsterdam (Dauer: 60 Min.), 3-4x stündl. Eindhoven (25 Min.), 2-3x stündl. Maastricht (90 Min.), 3-4x stündl. Nijmegen (30-40 Min.), 2x stündl. Tilburg (15 Min.), 3-4x stündl. Utrecht (30-40 Min.), 1-2x stündl. Vlissingen (120 Min.), 1-2x stündl. Zwolle (110 Min.).

● *Rundfahrten*   **Rundfahrt auf Dommel, Dieze und Aa**, Abfahrt Sint Janssingel.

Mai-September Di-So 11 Uhr, 12.30 Uhr, 14 Uhr und 15.30 Uhr. Dauer: 60 Min. Erwachsene 4.50 €, Kinder 3.50 €, Senioren (Pas65) 3.50 €.

Tagestour Geertruidenberg, Abfahrt Smalle Haven. Juli-September Mi und Fr 9.30 Uhr, Aufenthalt in Geertruidenberg 13-15 Uhr, Rückkehr nach 's-Hertogenbosch gegen 18.30 Uhr. Erwachsene 12.50 €, Kinder 10.50 €, Senioren (Pas65) 11.50 €.

Tagestour Heusden, Abfahrt Smalle Haven. Juni-September Di, Do und Sa/So 11 Uhr, Aufenthalt in Heusden 13-15 Uhr, Rückkehr nach 's-Hertogenbosch gegen 17 Uhr. Erwachsene 10.50 €, Kinder 7.50 €, Senioren (Pas65) 9 €, Koffie met Bossche Bol 3.20 €.

Tagestour Woudrichem, Abfahrt Smalle Haven. Juli-September Mi und Fr 9.30 Uhr, Aufenthalt in Woudrichem 13-15 Uhr, Rückkehr nach 's-Hertogenbosch gegen 18.30 Uhr. Erwachsene 12.50 €, Kinder 10.50 €, Senioren (Pas65) 10.50 €, Koffie met Bossche Bol 3.25 €.

Information jeweils bei Rederij Wolthuis, Leunweg 17, 5221 BC 's-Hertogenbosch, ✆ 073/6312048, www.rederijwolthuis.nl.

Rundfahrt auf der Binnendieze, neben der Rundfahrt auf Dommel und Dieze sowie den Tagestouren nach Geertruidenberg, Heusden und Woudrichem, die allesamt auf ei-

nem großen Ausflugsdampfer unternommen werden, kann man in kleinen Booten die enge Binnendieze erkunden und unter der Altstadt herumschippern. Die Binnendieze, einst wichtige Lebensader der Stadt, ist innerhalb der Festungsmauern fast gänzlich überbaut. Eine Rundfahrt aber schafft Einblicke in Hinterhöfe, Brauereien, Tuchfabriken und Webereien, sogar eine ehemalige Münzdruckerei kommt zum Vorschein. Ein lohnender Trip! Abfahrt Het Diezehuis (Molenstraat 15a, Steiger beim Restaurant Sirtaki). Mai-Oktober Mo 13.30-17.20 Uhr, Di-So 9.30-17.20 Uhr, Juni-August jeweils bis 18 Uhr. Erwachsene 5 €, Kinder 2.50 €. Karten rechtzeitig reservieren! Information: Stichting Binnendieze, Postbus 1162, 5200 BE 's-Hertogenbosch, ✆ 073/6122334, ✆ 6140804, www.kringvriendevanshertogenbosch.nl.

• *Stadtrundgang* Auf den Spuren von Hieronymus Bosch führt eine neue Audiotour, auf der der Künstler in einem Dialog mit einem Bettler "höchstpersönlich" Wissenswertes über die Stadt vermittelt. Die Tour wird auch in deutscher Sprache angeboten. Start: VVV-Büro im Marktplatz. Dauer: 120 Min. Preis: 12.50 € (inkl. Koffie met Bossche Bol).

Adressen

• *Autovermietung* **Autoverhuur Avis**, Daviottenweg 28, 5222 BH 's-Hertogenbosch, ✆ 073/6134225; **Autoverhuur Budget**, Balkweg 4, 5232 BV 's-Hertogenbosch, ✆ 073/6428484 (0800/0537, gratis); **Autoverhuur Dungen**, De Steenbok 14, 5215 ME 's-Hertogenbosch, ✆ 073/6901212, www.bvddungen.nl; **Autoverhuur Prins**, Rietvelderweg 41e, 5222 AP 's-Hertogenbosch, ✆ 0800/7746784, www.autoverhuurprins.nl.

• *Krankenhaus* **Ziekenhuis Carolus Liduina**, Hervensebaan 4, 5232 JL 's-Hertogenbosch, ✆ 073/6486486.

• *Einkaufen* Die Geschäfte bleiben in 's-Hertogenbosch Montagvormittag geschlos-

sen. Am Donnerstag (in den Randgebieten der Stadt am Freitag) verschiebt sich der Ladenschluss auf 21 Uhr (Kaufabend). Markttermine: **Wochenmarkt** Mi 8.30-13 Uhr und Sa 8.30-17 Uhr, Markt, Pensmarkt; **Obst und Gemüse** Di, Do und Fr 9-13 Uhr, Markt, Pensmarkt; **Viehmarkt** Mi 5.30-12 Uhr, Oude Engelenseweg (Brabanthallen); **Pferdemarkt** Do 7.30-12 Uhr, Oude Engelenseweg.

• *Schwimmen* **Sportiom**, Victorialaan 10, 5213 JE 's-Hertogenbosch, ✆ 073/6464646, www.sportiom.nl. Subtropisches Schwimmparadies, Sauna, Solarium, Whirlpool.

• *Taxiruf* ✆ 073/6312900

Übernachten (siehe Karte S. 559)

• *Hotels* **★★★★ Hotel Golden Tulip Central (6)**, Markt 51-57, Eingang Burgemeester Loeffplein 98, 5211 RX 's-Hertogenbosch, 204 Betten, modernes Haus der gehobenen Preisklasse, freundlicher Service, exquisite Küche im angegliederten Restaurant. EZ ab 73 €, DZ ab 98 €, Frühstück 12.50 €, ✆ 073/6926933, ✆ 6145699, info@hotel-central.nl.

★★★★ Möwenpick Hotel (21), Pettelaarpark 90, 5216 PH 's-Hertogenbosch, 113 Betten, Schweizer Gastlichkeit in den Niederlanden, moderner Zweckbau mit großzügigen Räumlichkeiten, Sauna, Solarium, angegliedertes Mövenpick-Restaurant (gutes Eis!). EZ ab 86 €, DZ ab 98 €, Frühstück 12.50 €, ✆ 073/6874674, ✆ 6874635.

*** **Mercure Hotel 's-Hertogenbosch (18)**, Burgemeester Burgerslaan 50 (Autobahn A 2), 5245 NH Rosmalen, wenige Kilometer nordöstlich von 's-Hertogenbosch, 116 Betten, alle mit Minibar, Telefon und TV, spezielle Nichtraucherzimmer. EZ ab 83 €, DZ ab 93 €, Frühstück 11.50 €, ✆ 073/5219159, ✉ 5216215.

*** **EuroHotel Best Western (8)**, Hinthamerstraat 63, 5211 MG 's-Hertogenbosch, 75 Betten, zentrale Lage im Stadtkern, gute Küche, moderne Räumlichkeiten, alle Zimmer mit Du/WC, Telefon und TV. EZ ab 55 €, DZ ab 95 €, ✆ 073/6137777, ✉ 6128795.

** **Hotel Campanile Den Bosch (17)**, Goudsbloemvallei 21-25, 5237 MH 's-Hertogenbosch, 100 Betten, gepflegtes Interieur, saubere Räumlichkeiten, freundlicher Service. EZ ab 45 €, DZ ab 70 €, ✆ 073/6422525, ✉ 6410048.

Essen

Die Brabanter Küche zeichnet sich durch Raffinesse und Vielfältigkeit aus. Eine größere Auswahl guter Restaurants findet sich in der Korte und Lange Putstraat. Das gemütlichste Eckchen liegt im Bereich Molenstraat, Lepelstraat und Korenbrugstraat.

De Raadskelder (12), Markt 1, 5211 JV 's-Hertogenbosch, Speisen im Gewölbe des alten Ratskellers (16. Jh.), gutbürgerliche Küche mit französischen Einflüssen, Brabanter Koffietafel, sie gilt als das Feinste, was die hiesige Küche Anfang des 20. Jh. als Festessen auftischen konnte. So/Mo geschlossen, ✆ 073/6136919.

Brabanter Koffietafel

Südholländische Menümixtur mit mehreren Gängen (die genaue Zahl ist nicht festgelegt). Ein Beispiel: Pfannkuchensuppe mit Nudeln, Marmeladentoast oder Rosinenbrötchen, Schnaps, Ragout fin mit Hausmachersülze, Kaffee, Tee, Plätzchen, Schwarzbrot mit Hartwurst, Radieschen und Orangenkonfitüre, Schnaps, Matjesheringe, Schnaps, Streichkäse, Schnaps, Creme Caramel, Schnaps ...

De Troubadour (19), Hinthamerstraat 210, 5211 MX 's-Hertogenbosch, Spezialität ist burgundische Kost, die in tönernen Schüsseln serviert wird, u. a. Gegrilltes in Honig und Thymian, ✆ 073/6147190.

Café Tweekeerbellen (11), Snellestraat 46, 5211 EN 's-Hertogenbosch, stadtbekannte Kneipe mit uriger Atmosphäre, stets gut besucht, stets gute Stimmung, So geschlossen, ✆ 073/6144999, www.tweekeerbellen.nl.

Le Bateau (7), Snellestraat 52, 5211 EN 's-Hertogenbosch, Restaurant-Bistro mit maritimem Flair, Riesengallionsfigur an der Fassade, Schatzkarten auf den Wänden, holländische Küche, darunter eine ansprechende Auswahl unterschiedlichster Pfannkuchen, Mo geschlossen, ✆ 073/6136454.

Café De Haverkist (4), Korenbrugstraat 3, 5211 EG 's-Hertogenbosch, gut besuchtes, stadtbekanntes Café in stuckverziertem Gebäude, in einer Fassadennische thront eine kleine Madonnenfigur, ✆ 073/6146519.

De Vier Azen (16), Vughterstraat 100, 5211 GL 's-Hertogenbosch, holländische Küche mit französischem Einschlag, bei gutem Wetter empfiehlt sich die Terrasse am Wasser, preiswertes 3-Gänge-Wahlmenü, ✆ 073/6141574.

Het Groote Genoegen (14), Achter het Stadhuis 10, 5211 HN 's-Hertogenbosch, Vlaamsch Eetcafé, gute Muschelgerichte, sechs verschiedene belgische Biere vom Fass. Eine ganz besondere Spezialität sind die wahrlich köstlichen Brüsseler Waffeln. So geschlossen, ✆ 073/6890254.

Die **Bossche Bollen** gelten in 's-Hertogenbosch als Delikatesse. Aber Vorsicht! Die kugelförmigen Kuchen mit Sahnefüllung und Schokoladenüberzug schmecken nicht überall gleich. Der Kenner lernt schnell, Original und Fälschung zu unterscheiden. Ebenfalls köstlich sind die mit Vanillecreme gefüllten **Pudding Broodjes**.

De Warme Bakker (9), Hinthamerstraat 89, 5211 MG 's-Hertogenbosch, an der Rückseite der Kathedrale, Bossche Bollen, Gevulde Koek und andere Leckereien, ✆ 073/6134481.

De Opera (10), Hinthammerstraat 117, 5211 MH 's-Hertogenbosch, exquisite Spezialitäten der belgischen, burgundischen und hol-

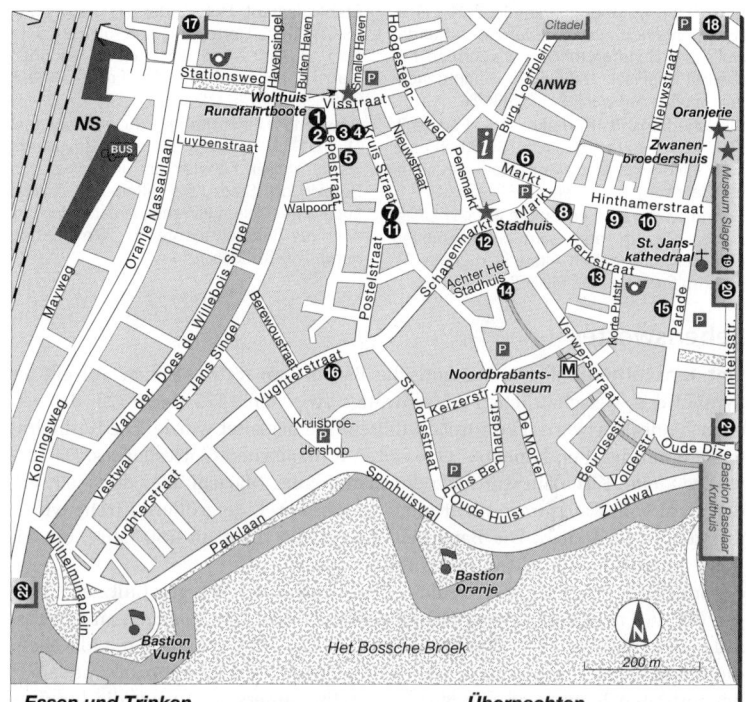

Essen und Trinken

- ❶ Etablissement Het Kader
- ❷ Bonne Mère
- ❸ Brasserie Christoffel
- ❹ Café De Haverkist
- ❺ Sirtaki
- ❼ Le Bateau
- ❾ De Warme Bakker
- ❿ De Opera
- ⓫ Café Tweekeerbellen
- ⓬ De Raadskelder
- ⓭ Pinocchio De Paris
- ⓮ Het Groote Genoegen
- ⓯ Stadsherberg 't Pumpke
- ⓰ De Vier Azen
- ⓳ De Troubadour
- ⓴ Zorba de Griek
- ㉒ Busio

Übernachten

- ❻ Hotel Golden Tulip Central
- ❽ EuroHotel Best Western
- ⓱ Hotel Campanile Den Bosch
- ⓲ Mercure Hotel 's-Hertogenbosch
- ㉑ Möwenpick Hotel

's-Hertogenbosch

ländischen Küche hinter schmaler Fassade, 3-Gänge-Menüs der gehobenen Preisklasse, Mi geschlossen, ☎ 073/6137457.

Pinocchio De Paris (13), Kerkstraat 49, 5211 KE 's-Hertogenbosch, schummerige Atmosphäre, viele Weinflaschen zieren den weit nach hinten durchgehenden Raum, bei gutem Wetter empfiehlt sich die rückwärtige Gartenterrasse, Mo geschlossen, ☎ 073/6141647.

Zorba de Griek (20), Rivierenplein 17, 5215 CR 's-Hertogenbosch, nur ein paar Schritte vom zentralen Markt, beliebter Grieche, mehrere vegetarische Gerichte, jeden ers-

ten Freitag im Monat Livemusik – dann wird's sehr voll, ☎ 073/6138443.

◊◊◊ **Busio (22)**, Sint Lambertusstraat 59, 5266 AD Cromvoirt, etwa 8 km südwestlich von 's-Hertogenbosch, Relais du Centre (siehe Seite 56), Speisen der traditionellen niederländischen Küche mit sorgsam ausgewählten Zutaten der Region Brabant, z. B. *Gebraden Lamsbout en Lamskoteletjes op "Moeders garnituur" met een saus van Rozemarijn en Honing* (21.50 €), Mo-Fr 12-14.30 Uhr und 18-21.30 Uhr, Sa/So 18-21.30 Uhr, Di Ruhetag, ☎ 0411/643888, www.restaurant-busio.nl.

Sirtaki (5), Korenbrugstraat 16, 5211 EG 's-Hertogenbosch, gleich neben der Abfahrtsstelle der Rundfahrtboote, griechische Küche mit viel Fisch und Fleisch, Hauptgerichte in großer Auswahl, ☏ 073/6134284.

Stadsherberg 't Pumpke (15), Parade 3, 5211 KL 's-Hertogenbosch, Stadtherberge von 1916 direkt an der Kathedrale, ein schöner Platz zum Verweilen, ☏ 073/6130554.

Bonne Mère (2), Lepelstraat 43, 5211 DP 's-Hertogenbosch, an einem der schönsten Orte der historischen Altstadt, mehrere Tische im Freien, ☏ 073/6136970.

Etablissement Het Kader (1), Lepelstraat 35, 5211 DP 's-Hertogenbosch, gleich neben dem Bonne Mère am selben schönen Platz, ebenfalls Tische im Freien, ☏ 073/6910749.

Brasserie Christoffel (3), Korenbrugstraat 11, 5211 EG 's-Hertogenbosch, Restaurant hinter großer Fensterfront im schönsten Bereich der Stadt ("De Uilenburg"), Tische auch unter freiem Himmel, Abfahrt der Binnendieze-Rundfahrtboote in 25 m Entfernung, ☏ 073/6121256.

Sehenswertes

Sint Janskathedraal: Die spätgotische Basilika im französischen Stil gilt als Symbol des wirtschaftlichen Aufschwungs zwischen 1475 und 1525, der von einer bemerkenswerten kulturellen Blütephase begleitet wurde. Die Kathedrale steht auf den Fundamenten eines alten romanischen Gotteshauses. Das damalige kleine Kirchlein war nach dem Fund eines Marienbildes der wachsenden Zahl von Wallfahrern nicht mehr gewachsen. Eine größere Kirche wurde dringend erforderlich. Die Bauarbeiten dauerten mehr als 150 Jahre, bis das Werk Anfang des 16. Jahrhunderts vollendet war.

Besondere Aufmerksamkeit verdienen neben dem herrlich geschnitzten Chorgestühl und dem kupfernen Taufbecken die reichen Verzierungen an den Fassaden. Die Kathedrale ist übersät mit Hunderten von Ornamenten und Reliefs, die menschliche und tierische Wesen darstellen. Das Marienportal mit seinen neugotischen Figuren an der Nordseite (Hinthamerstraat) zeigt die Jungfrau Maria mit dem Jesuskind. Auffallend ist die große Ähnlichkeit der kindlichen Züge mit dem Gesicht *Napoleons I.* Offenbar huldigte der unbekannte Bildhauer mit seinem Werk dem Kaiser. Dieser hatte die Kathedrale 1810 der katholischen Gemeinde zurückgegeben, nachdem sie zuvor mehreren Generationen als protestantisches Gotteshaus gedient hatte.

Bemerkenswert ist auch die Geschichte eines der vielen Bauaufseher der Kathedrale. Der "Erwtenman" (Erbsenmann) ließ sich seinerzeit selbst verewigen und dokumentierte damit seinen Ärger über die tägliche Erbsensuppe, die er in der steingewordenen Szene wütend umstößt. Der architektonisch aus dem Rahmen fallende Turm (73 m), in dessen Innenraum ein 50-teiliges Glockenspiel untergebracht wurde, ist der letzte verbliebene Rest der alten romanischen Kirche. Aus finanziellen Erwägungen hatte man sich damals entschieden, die neue Kirche direkt an seiner Stirnseite zu bauen, um auf diese Weise keinen neuen Turm errichten zu müssen. Nur der oberste Aufsatz ist neueren Datums. Oben bieten sich herrliche Ausblicke auf die Stadt und die angrenzende Polderlandschaft.

● *Kirche* Choorstraat 1, 5211 KZ 's-Hertogenbosch, ☏ 073/6130314. Mo-Sa 8-16.30 Uhr, So 14-16.30 Uhr. Eintritt frei.

● *Turmbesteigung* Nur im Rahmen einer Führung. Mai-September täglich 13 Uhr, 14 Uhr, 15 Uhr und 16 Uhr, außerhalb der Saison nur Mo 14 Uhr. Erwachsene 3 €, Kinder 1.50 €.

● *Glockenspiel* Mi 11.30-12.30 Uhr.

Seitenflügel der Sint Janskathedrale

Harnsäure gefährdet Kulturerbe

Die Niederlande durchleben gegenwärtig eine heikle Phase. Die Zahl unerwünschter Wildpinkler, die zuletzt auch vor Briefkästen nicht mehr zurückschreckten, schnellte in den vergangenen Jahren in bedenkliche Höhen. Neben dem Amsterdamer Rotlichtviertel werden vor allem Den Bosch und Hilversum von der Plage des spontanen, nichtorganisierten Wasserlassens auf offener Straße heimgesucht. Ätzende Harnsäure hat den jahrhundertealten Baubestand bereits stark in Mitleidenschaft gezogen. Die hiesige Kathedrale musste mit einem Pinkelzaun umzogen werden, um die empfindlichen Kalkverzierungen vor blasenschwachen Zechern zu schützen. In anderen Landesteilen beobachtet qualifiziertes Wachpersonal besonders gefährdete Objekte.

Wie aber lässt sich der Mann als solcher zum kontrollierten Wasserlassen anspornen? Helfen saftige Geldbußen für auf frischer Tat ertappte Wildpinkler? Andernorts wurde vorgeschlagen, einen Brunnen aufzustellen, der nachts die Funktion eines Pissoirs übernimmt. Können optisch ansprechender gestaltete öffentliche Toilettenhäuschen einen Ausweg bieten? Helfen elektronisch gesteuerte Sprinkleranlagen, ungebetene Vorgartengäste zu vertreiben? Alle Beteiligten arbeiten mit Hochdruck an einer raschen Lösung des Problems.

Stadswallen: Die Anlagen der zweiten Umwallung aus dem 17. Jahrhundert sind größtenteils erhalten, insbesondere der südliche Abschnitt im Bereich Parklaan (Bastion Vught), Spinhuiswal (Bastion Oranje), Zuidwal und Hekellaan (Bastion Baselaar) erweist sich als sehenswert. Die Bastion Oranje wird von einer mehr als 6 m langen Kanone bewacht, die ein Kölner Schmied zum Schutz der Stadt anfertigte. Die *Boze Griet* zeigte sich allerdings friedlicher als erwartet, denn infolge eines Konstruktionsfehlers hat sie nie auch nur einen Schuss abgegeben.

Stadhuis: Das städtische Rathaus, dessen Grundsteinlegung im 16. Jahrhundert erfolgte, verfügt mit dem 35-teiligen Reiterspiel *De Perdjes* über eine besondere Attraktion. Im halbstündigen Rhythmus treten vier Reiter und zwei Trompeter in Aktion und ziehen die Aufmerksamkeit der umherstehenden Besucher auf sich. Zum Interieur gehören wertvolle Wandgemälde in der Eingangshalle.

Adresse/Führung   Markt 1, 5211 JV 's-Hertogenbosch, ☎ 073/6155755. Besichtigung nur nach telefonischer Voranmeldung. Eintritt frei. Glockenspiel jeweils Mi 10-11 Uhr.

Zwanenbroedershuis: Der Sitz der im 14. Jahrhundert gegründeten *Lieve-Vrouwe-* oder *Zwanenbroederschap* verdankt seinen Namen der zur Zeit der Gründung verbreiteten Sitte, beim alljährlichen Festmahl einen Schwan zu verspeisen. Im Haus befinden sich wertvolle Sammlungen alter Notenbücher aus dem 15./16. Jahrhundert. Der vornehmen Bruderschaft gehörte einst auch der Maler *Hieronymus Bosch* an.

Adresse/Öffnungszeiten   Hinthamerstraat 94, 5211 MS 's-Hertogenbosch, ☎ 073/6137383. Fr 11-15 Uhr. Erwachsene 3.40 €, Kinder 1.70 €.

Citadel: Die grachtengesäumte Befestigungsanlage, die 1629 errichtet wurde, sollte in erster Linie die städtische Bürgerschaft kontrollieren. Die Kanonen waren auf die eigene Stadt gerichtet! Die umfangreiche Restaurierung vor etwa 20 Jahren nutzte das *Rijksarchief voor Noord-Brabant* und richtete in den alten Räumlichkeiten seine Hauptgeschäftsstelle ein.
Adresse/Öffnungszeiten Zuid-Willemsvaart 2, 5211 NW 's-Hertogenbosch, ✆ 073/6818500. Mo 13.30-17 Uhr, Di 9-21.30 Uhr, Mi-Fr 9-17 Uhr, Sa 9-13 Uhr. Eintritt frei.

Provinciehuis: In den frühen 70er Jahren bezog die Provinzialregierung die Räumlichkeiten des höchsten Gebäudes in Brabant. Seither zählen hier *Karel Appel, Kees Jansen* und *Toon Slegers* (Plastiken), *Magdalena Abakanowicz, Mario Prassinos* und *Veerle Dupont* (Wandteppiche) zu den Künstlern, deren Arbeiten in Dauerausstellungen besichtigt werden können. Der Turm (103 m) kann leider nicht bestiegen werden.
Adresse/Führungen Brabantlaan 1, 5216 TV 's-Hertogenbosch, ✆ 073/6812812. Mo-Fr 9-17 Uhr. Eintritt frei.

Noordbrabants Museum: Kunst und Kultur haben in Noord-Brabant eine reiche Vergangenheit. Das 1769 im Stil Ludwigs XVI. erbaute *Gouvernementshuis* mit seinen umfangreichen Sammlungen, darunter Handschriften, Münzen und Zeichnungen sowie einige Statuen im rückwärtigen Garten, bestätigt dies. Unter den Exponaten befindet sich auch ein *Schandhuik* (Mantel der Schande), ein mit allerlei Schlangen und Kröten (Untiere als Symbole der Unkeuschheit) versehener hölzerner Umhang. Im 17. Jahrhundert wurden Frauen, die man des Ehebruchs für schuldig befunden hatte, in der entwürdigenden Montur durch die Straßen der Stadt gekarrt und öffentlich bloßgestellt.
Adresse/Öffnungszeiten Verwersstraat 41, 5211 HT 's-Hertogenbosch, ✆ 073/6877877, www.noordbrabantsmuseum.nl. Di-Fr 10-17 Uhr, Sa/So 12-17 Uhr. Erwachsene 5.70 €, Kinder 2.95 €, Senioren (Pas65) 3.90 €, MJK. Führungen in deutscher Sprache.

De Orangerie: In der ehemaligen Sint Josephkerk dokumentiert die Dauerausstellung *Jeroen Bosch op ware Grotte* die Meisterschaft des berühmten Malers. Leider finden sich unter den Exponaten keine Originale. Auch der Abguss des römischen Tafelbildes ist nur eine Kopie – ein Geschenk der Stadt Trier, die seit Jahren enge Beziehungen zu den Niederlanden pflegt. Die Originalvorlage ist Teil der Sammlungen des rheinland-pfälzischen Landesmuseums.
Adresse/Öffnungszeiten Sint Josephstraat 15a, 5211 NH 's-Hertogenbosch ✆ 073/6148701. Di-Sa 11-17 Uhr, So 12-17 Uhr. Eintritt frei.

Museum Het Kruithuis: Der architektonisch ungewöhnliche Komplex mit schönem Innenhof stammt aus dem Jahre 1621. Man errichtete ihn, um größere Mengen Schießpulver außerhalb der Stadtwälle zu lagern. Die dicken Mauern erinnern an diesen ursprünglichen Verwendungszweck. Im Mittelpunkt der Sammlung steht die moderne Kunst des 20. Jahrhunderts.
Adresse/Öffnungszeiten Hekellaan 2, 5211 LX 's-Hertogenbosch, ✆ 073/6122188. Mi-So 13-17 Uhr. Eintritt frei.

Museum Slager: Die Ausstellung zeigt eine Reihe sehenswerter Aquarelle, Gemälde und Zeichnungen, darunter interessante Stadtansichten von 's-Hertogenbosch. Alle Werke stammen aus den Ateliers der Künstlerfamilie *Slager*, die zwischen 1860 und 1994 nicht weniger als acht anerkannte Maler hervorbrachte.
Adresse/Öffnungszeiten Choorstraat 16, 5211 KZ 's-Hertogenbosch, ✆ 073/6133216. Di-So 14-17 Uhr. Erwachsene/Kinder 3 €.

Provinz Noord-Brabant Karte S. 554/555

Grave

(12.000 Einwohner)

Die sehenswerte kleine Festungsstadt lockt mit einer stimmungsvollen Mischung historischer Bauwerke und lauschiger Plätze, die über enge Stege, schmale Straßen oder die für Grave typischen *Doorkijkjes* verbunden sind. Grave bietet herrliche Ausblicke auf den Flusslauf der Maas und die angrenzende Landschaft. Die Kanonen an der Maaskade und vor der *Sint Elisabethkerk* verweisen auf die einstige militärische Bedeutung der Festung. Die Kirche birgt derzeit das *Graafs Museum* mit Exponaten zur Stadthistorie. Noch im 18. Jahrhundert war an gleicher Stelle die Stadtgarnison untergebracht. Das *Strafpaard* auf dem Platz vor der *Hoofdwagt* erinnert an diese Zeit. Soldaten, die sich eine Verfehlung im Dienst hatten zuschulden kommen lassen, mussten früher ihre Strafe öffentlich darauf absitzen.

Sehenswert sind darüber hinaus das historische *Hampoort* (1688), das letzte verbliebene Festungstor im Stil des holländischen Klassizismus und eines der schönsten Stadttore der Niederlande, sowie das alte *Stadhuis*, das anhand einer alten Zeichnung von 1732 restauriert wurde. Es diente einst als Fleischhalle, Gefängnis, Getreidelager und Stadtwaage. Heute ist hier der *Streekarchiefdienst van het Land van Cuyk* untergebracht. Die Empfangshalle im oberen Stockwerk ist öffentlich zugänglich. Übrigens: Auch der niederländische Designerkönig *Jan des Bouvrie* hat sich in Grave niedergelassen. Er arbeitet im Graafse Arsenaal in der Nähe des Stadttores.

• *Information* VVV **Grave**, Rogstraat 28, 5361 GR Grave, ✆ 0486/475300, 🖳 420480, www.vestingsteden.nl. Januar-März Mo-Sa 10-13 Uhr. April-Dezember Mo-Fr 10-16 Uhr, Sa 10-13 Uhr.

• *Taxiruf* ✆ 0486/477171

Region Kempen en Peel

(Eindhoven, Nuenen, Asten, Bergeijk)

Der östliche Provinzteil erstreckt sich um die Stadt **Eindhoven**, die neben Fußball vom Feinsten eine Reihe interessanter Geschäfte und Museen aufzuweisen hat. Das Einzugsgebiet der Stadt, in der mit DAF und Philips wichtige Zweige der niederländischen Industrie entstanden sind, war lange eine kaum bewohnbare, morastige Hochmoorlandschaft. Die kleinen Dörfer auf weiten Heiden und Vennen, die das heutige Erscheinungsbild prägen, entstanden erst im Laufe des 20. Jahrhunderts.

Mittlerweile bieten trockengelegte Wege die Möglichkeit, die interessante Flora und Fauna der Landschaft zu genießen. Der Boden konnte künstlich für die Landwirtschaft nutzbar gemacht werden, weite Flächen wurden aufgeforstet, eine ohne menschliche Eingriffe nicht mögliche Entwicklung. Kanuten erfreuen sich derweil am abwechslungsreichen Flusslauf der *Dommel*, der sich quer durch das *Kempenland* zieht. Das östlich gelegene **Helmond** lohnt mit eigenwilliger Kubusarchitektur, die angenehm mit historischer Bausubstanz kombiniert werden konnte.

Eindhoven

(195.000 Einwohner)

Die Fahrt ins Herz der Provinz ist einem Ausflug in die mittlerweile über hundertjährige Firmengeschichte des Industriegiganten Philips gleichzusetzen. Selten dominiert ein Wirtschaftsunternehmen so allgegenwärtig das Bild einer Stadt.

Der Name verspricht darüber hinaus guten Fußball, doch steht auch der in erster Linie für *Philips*. Die Ingenieure *Anton* und *Gerard Philips* hatten Ende des 19. Jahrhunderts die *Gloeilampenfabriek* ins Leben gerufen und damit die Basis für eine einzigartige Entwicklung gelegt. 1991 feierte die *Lichtstad Eindhoven*, wie sie in den Niederlanden auch genannt wird, den hundertsten Jahrestag der Firmengründung. Zu diesem Zeitpunkt hatte sich die ehemalige Glühbirnenschmiede längst zu einem der weltweit bedeutendsten Elektrokonzerne mit breiter High-Tech-Produktpalette entwickelt.

Die im niederländisch-spanischen Krieg mehrfach zerstörte Stadt präsentiert sich dank Philips in einem äußerst modernen Gewand. Kein Wunder, denn der Konzernriese finanziert weite Teile des öffentlichen Lebens. Für wen mag die Fußballmannschaft des PSV Eindhoven wohl werben?

Information/Verbindung

• *Information* **VVV Eindhoven**, Stationsplein 17, 5611 AC Eindhoven, ✆ 0900/1122363, ✎ 040/2433135. Mo 10-17.30 Uhr, Di-Do 9-17.30 Uhr, Fr 9-18.30 Uhr, Sa 10-17 Uhr.
E-Mail: info@vvveindhoven.nl

ANWB Eindhoven, Koninklijke Nederlandse Toeristenbond, Emmasingel 10, 5611 AZ Eindhoven, ✆ 040/2368080, ✎ 2368870, www.vvveindhoven.nl.

• *Bahnverbindungen* 2x stündl. nach Breda (Dauer: 35 Min.), 1-2x stündl. Maastricht (65 Min.), 2-3x stündl. Rotterdam (90 Min.), 3-4x stündl. Utrecht (60-70 Min.), 2x stündl. Venlo (40 Min.).

• *Flughafeninformation* Eindhoven Airport, Luchthavenweg 25, 5657 EA Eindhoven, ✆ 040/2919818, www.eindhovenairport.nl.

Adressen

• *Autovermietung* **Autoverhuur Avis**, Rijsterweg 6, 5652 CG Eindhoven, ✆ 040/2513048; **Autoverhuur Budget**, Steenoven 7, 5626 DK Eindhoven, ✆ 040/2621833 (0800/0537, gratis); **Autoverhuur Europcar**, Stationsplein 24, 5611 AC Eindhoven, ✆ 040/2454955; **Autoverhuur Hertz**, Hoogstraat 224, 5615 PX Eindhoven, ✆ 040/2354378.

• *Fahrradverleih* **Rijwielshop**, Stationsplein 1, 5611 AB Eindhoven, ✆ 040/2436617; **Ligfietsverhuur De Liggende Hollander**, Tourslaan 33-41, 5627 KW Eindhoven, ✆ 040/2424368 (Liegefahrräder).

• *Einkaufen* Die Geschäfte bleiben in Eindhoven Montagvormittag geschlossen. Am Freitag verschiebt sich der Ladenschluss auf 21 Uhr (Kaufabend). Markttermine: **Wochenmarkt** Di 9-14 Uhr, Sa 10-17 Uhr,

Smalle Haven; Fr 9-12 Uhr, Wilhelminaplein; **Trödelmarkt** Sa 10-17 Uhr, Wilhelminaplein.

• *Kinderbauernhof* **Philips van Lenneppark**, Vensedijk 1, 5657 AK Eindhoven, ✆ 040/2520862. Mo-Fr 10-16 Uhr, April-September auch Sa 14-17 Uhr, So 12-17 Uhr. Eintritt frei.

• *Krankenhaus* **Catharina Ziekenhuis**, Michelangelolaan 2, 5623 EJ Eindhoven, ✆ 040/2399111.

• *Mühlen* **De Collse Watermolen**, Collseweg 1, ✆ 040/2812146. Wassermühle aus dem 12. Jh. Di 19-20 Uhr, Sa 9.30-12.30 Uhr. Eintritt frei.

De Genneper Watermolen, Genneperweg 143, ✆ 040/2571772. Wassermühle aus dem 13. Jh. Mo-Sa 9-12.30 Uhr und 13.30-18 Uhr. Eintritt frei.

- *Schwimmen* **Zwemparadijs De Tongelreep**, Antoon Coolenlaan 1, 5644 RX Eindhoven, ✆ 040/2381112. Subtropisches Schwimmparadies, das größte der Niederlande (!), Halle und Freibad.

- *Spielkasino* **Holland Casino Eindhoven**, Heuvel Galerie 134, 5611 DK Eindhoven, ✆ 040/2357357, ✆ 2357360. Black Jack, Punto Banco und Roulette (amerikanisch und französisch). Außerdem stehen 267 Spielautomaten zur Verfügung. Täglich 13.30-3 Uhr (Mindestalter 18 Jahre). Tageskarte 3.50 €.

- *Taxiruf* ✆ 040/2555555

Übernachten

- *Hotels* ****** Dorint Cocagne Hotel (8)**, Vestdijk 47, 5611 CA Eindhoven, 535 Betten, nüchtern-modernes Interieur, gepflegte Räumlichkeiten, alle Zimmer mit Du/WC, Minibar, Telefon und TV. EZ ab 98 €, DZ ab 116 €, ✆ 040/2326111, ✆ 2440148.

**** Hotel Mandarin Park Plaza (14), Geldropseweg 17, 5611 SC Eindhoven, 170 Betten, modernes Hotel mit Schwimmbad und Sauna, komfortable Zimmer, alle mit Du/WC, Telefon und TV. EZ ab 90 €, DZ ab 90 €, ✆ 040/2125055, ✆ 2121555, www.parkplazaeindhoven.com.

**** Hotel Pierre (15), Leenderweg 80, 5615 AB Eindhoven, südlich des Zentrums, 117 Betten, Best-Western-Gruppe, saubere Räumlichkeiten, alle Zimmer mit Du/WC, Minibar, Telefon und TV, bequeme King-Size-Betten, viele Geschäftsleute. EZ ab 72 €, DZ ab 77 €, ✆ 040/212012, ✆ 2121261, pierre@bestwestern.nl.

**** Novotel Eindhoven (22), Anthony Fokkerweg 101, 5657 EJ Eindhoven, 207 Betten, nüchterner Betonbau, großer Garten mit Terrasse und Schwimmbad, Kinder bis 16 Jahre übernachten gratis mit ihren Eltern. EZ ab 80 €, DZ ab 90 €, ✆ 040/2526575, ✆ 2522867.

*** Hotel Tulip Inn Eindhoven Centre (4), Markt 35, 5611 EC Eindhoven, 78 Betten, zentrale Lage am städtischen Marktplatz, einige Zimmer mit schöner Aussicht auf die Heuvelgalerie mit Spielkasino. EZ ab 116 €, DZ ab 130 €, ✆ 040/2454545, ✆ 2435645.

** Hotel Royal (12), Stratumsedijk 23, 5611 NA Eindhoven, 26 Betten, südlich des Zentrums, freundlicher Service, einfache, saubere Zimmer, Parkgarage. EZ ab 45 €, DZ ab 60 €, ✆ 040/2121330, ✆ 2216593.

- *Jugendherberge* **NJHC-Jugendherberge Harba Lorifa (16)**, Pastoor Heerkensdreef 20, 5552 BG Valkenswaard, wenige Kilometer südlich von Eindhoven, ganzjährig geöffnet. 138 Betten, Viererzimmer (6), Fünferzimmer (2), Sechserzimmer (6), Achterzimmer (6), 20er-Zimmer (1). Übernachtung im Schlafsaal inkl. Frühstück 19-20 € (je nach Saison), ✆ 040/2015334, ✆ 2047932, valkenswaard@njhc.org.

- *Camping* **Camping De Brugse Heide (19)**, Maastrichterweg 183, 5556 VB Valkenswaard, A 2/A 67, Ausfahrt Valkenswaard-Waalve, Richtung Achel, nach 2 km links, waldreiche Umgebung, akzeptable Sanitärs, Fahrradverleih, Schwimmbad, Tennisplätze, Wanderhütten (4), ganzjährig geöffnet. Stellplatz (inkl. 4 Pers.) 26 €, zus. Person 4.60 €, Duschen inkl., Fläche 7 ha. ✆ 040/2018304, ✆ 2049312, info@brugseheide.nl.

Camping De Dommelvallei (17), Schafterdijk 9, 5556 VK Valkenswaard, N 69 (Valkenswaard–Hasselt), Ausfahrt Borkel/Schaft, Schildern folgen, schöne Lage inmitten von Heide- und Waldflächen, einfache Sanitärs, Fahrradverleih, geöffnet April-Oktober. Stellplatz (Auto und Zelt) 4.50 €, Person 4 €, Duschen 0.50 €, Fläche 4 ha. ✆ 040/2068290.

Camping Heezerenbosch (20), Heezerenbosch 6, 5591 TA Heeze, einige Kilometer südöstlich von Eindhoven an einem Fischteich gelegen, etwa 2 km westlich des Ortszentrums von Heeze, gute Sanitärs, Fahrradverleih, Lebensmittelgeschäft, Schwimmbad (mit großer gelber Wasserrutsche), Tennisplätze, ganzjährig geöffnet. Stellplatz (inkl. 4 Pers.) 25 €, Duschen inkl., Fläche 28 ha. ✆ 040/2263811, ✆ 2262422.

Mini-Camping De Punder (18), Opperheide 5, 5556 XT Valkenswaard, geöffnet April-Oktober. Stellplatz (inkl. 2 Pers.) 12.25 €, zus. Person 2.75 €, Duschen inkl., Fläche 0,8 ha, ✆ 040/2013375.

Essen

De Vier Azen (7), Willemstraat 65, 5611 HC Eindhoven, holländische Küche mit französischen Akzenten, großes Platzangebot an antiken Holztischen, bei gutem Wetter empfiehlt sich der Wintergarten mit Blick auf die nahe Moschee, 3-Gänge-Wahlmenü, ✆ 040/2448397.

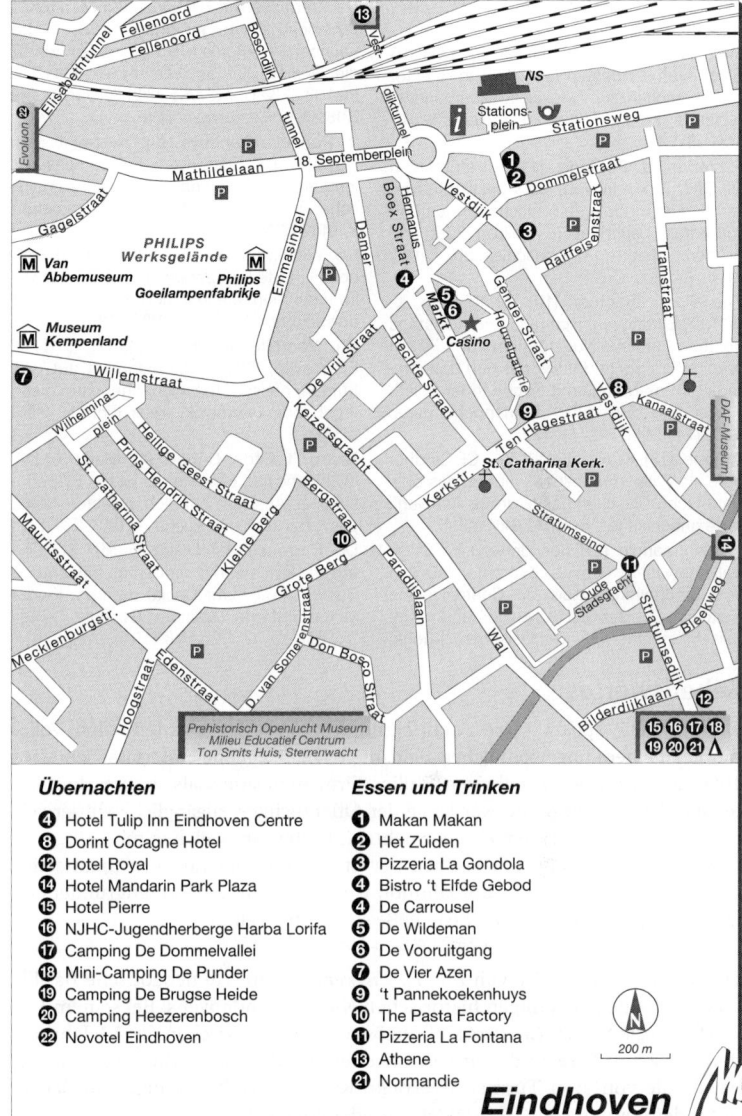

Eindhoven

Übernachten

- ❹ Hotel Tulip Inn Eindhoven Centre
- ❽ Dorint Cocagne Hotel
- ⑫ Hotel Royal
- ⑭ Hotel Mandarin Park Plaza
- ⑮ Hotel Pierre
- ⑯ NJHC-Jugendherberge Harba Lorifa
- ⑰ Camping De Dommelvallei
- ⑱ Mini-Camping De Punder
- ⑲ Camping De Brugse Heide
- ⑳ Camping Heezerenbosch
- ㉒ Novotel Eindhoven

Essen und Trinken

- ❶ Makan Makan
- ❷ Het Zuiden
- ❸ Pizzeria La Gondola
- ❹ Bistro 't Elfde Gebod
- ❺ De Carrousel
- ❻ De Wildeman
- ❼ De Vooruitgang
- ❽ De Vier Azen
- ❾ 't Pannekoekenhuys
- ⑩ The Pasta Factory
- ⑪ Pizzeria La Fontana
- ⑬ Athene
- ㉑ Normandie

200 m

Pizzeria La Gondola (3), Vestdijk 3, 5611 CA Eindhoven, gute italienische Küche, Zubereitung der Mahlzeiten auf dem Holzkohlengrill, beste italienische Weine in romantischer Umgebung, hervorragendes Eis,

preiswerte Pizzen, Mo geschlossen, ℡ 040/2452601.

Makan Makan (1), Stationsplein 29, 5611 BC Eindhoven, Nähe Hauptbahnhof, gute Bami- und Nasi-Gerichte, helles Interieur mit vielen Tischen (auch im Freien), ☎ 040/2454612.

Het Zuiden (2), Stationsplein 3a, 5611 AB Eindhoven, landestypische Kost in direkter Nachbarschaft zum Makan Makan, landestypische Kost, Tische im Freien, ☎ 040/2134459.

Pizzeria La Fontana (11), Stratumseind 50, 5611 EV Eindhoven, ein wenig preiswerter als La Gondola, italienische Einrichtung mit roten Tischdecken, weißen Sets und grünen Servietten. Di geschlossen, ☎ 040/2444617.

The Pasta Factory (10), Grote Berg 30, 5611 KK Eindhoven, montags und dienstags kosten zahlreiche Nudelgerichte und Pizzen weniger als sonst, mittwochs und donnerstags gibt es Menüs mit Suppe (oder Salat), Pasta und Eis zum Schnäppchenpreis, ☎ 040/2461514.

Athene (13), Kruisstraat 91, 5612 CE Eindhoven, als Willkommensgruß gibt es das obligatorische Gläschen Ouzo, große Auswahl, gute griechische Weine, ☎ 040/2449117.

◊◊◊ **Normandie (21)**, Leenderweg 4, 5554 CL Valkenswaard, wenige Kilometer südlich von Eindhoven, Relais du Centre (siehe Seite 56), Speisen der italienisch und orientalisch inspirierten französischen Küche, Dachterrasse mit Blick auf den Marktplatz, zahlreiche Gäste kommen aus dem benachbarten Belgien – ein gutes Zeichen für die Qualität der Speisen. Mo-Fr 12-14 Uhr und 18-21.30 Uhr, Sa/So 18-21.30 Uhr, ☎ 040/2018880, www.normandie.nl.

't Pannekoekenhuys (9), Heuvel Galerie 195, 5611 DK Eindhoven, Einkaufspassage inmitten der Fußgängerzone, zahlreiche Tische im Freien, diverse Pfannkuchen, ☎ 040/2450990.

De Wildeman (5), Markt 10, 5611 EB Eindhoven, Café-Restaurant in zentraler Lage, im Innenraum die Imitation eines alten Handelsschiffes (17. Jh.), ☎ 040/2452300.

De Vooruitgang (6), Markt 11, 5611 EB Eindhoven, Café und Restaurant auf zwei Etagen, preiswerte Wochengerichte, dienstagabends Livemusik, freier Eintritt, ☎ 040/2433995.

Bistro 't Elfde Gebod (4), Markt 35, 5611 EC Eindhoven, Bistro in der ersten Etage mit schöner Aussicht auf den belebten Marktplatz, französische Küche, ☎ 040/2453931.

De Carrousel (4), Markt 35, 5611 EC Eindhoven, Eetcafé mit moderner Einrichtung, Baststühle, an der Decke mehrere Kinderkarussellpferde, kleinere Gerichte, ☎ 040/2453890.

Sehenswertes

Evoluon: Die spektakuläre Architektur des Gebäudes animierte den Volksmund zu einem ungewöhnlichen Beinamen: Die "fliegende Untertasse" entstand 1966 anlässlich des 75-jährigen Philips-Firmenjubiläums als wissenschaftlich-technisches Museum und war lange der Öffentlichkeit zugänglich. Mittlerweile hat die Ausstellung einem eher vornehmen Restaurant weichen müssen.

Die enge Verbundenheit zwischen der Stadt und dem Konzern manifestiert sich übrigens auch am Hauptbahnhof, wo dem Sohn des Firmengründers ein Denkmal gesetzt wurde. Die Liste ließe sich fortsetzen ...

Adresse Noord-Brabantlaan 1a, 5652 LA Eindhoven, ☎ 040/2504666.

Sint Catharinakerk: Die von *P. J. H. Cuypers* konzipierte neugotische Basilika (1867) ist eine der wenigen historischen Kirchen Eindhovens. Bei seinem Entwurf orientierte sich *Cuypers* an französischen Gotik-Kirchen des 13. Jahrhunderts, insbesondere an denen von Chartres and Reims. Im Zweiten Weltkrieg wurde die von zwei Türmen überragte Kirche stark beschädigt und danach unter der Leitung von *C. H. de Bever* wiederaufgebaut.

Adresse/Öffnungszeiten Stratumseind 2, 5611 HA Eindhoven, ☎ 040/2448897. Mo-Sa 9-17 Uhr, So 9.30-13 Uhr. Eintritt frei.

Stedelijk Van Abbemuseum: Die Sammlung des Museums für moderne Kunst umfasst kostbare Werke berühmter Maler, darunter *Marc Chagall*, *Pablo Picasso* und Vertreter der *De-Stijl*-Gruppe. Der gesamte Komplex befand sich einst im Besitz des Eindhovener Tabakfabrikanten *Henri van Abbe*, der ihn der Gemeinde vermachte. Auf dem Vorplatz befindet sich die Kopie eines Standbildes von *Honoré de Balzac* (1799–1850). Der Entwurf stammt aus dem Atelier von *Auguste Rodin* (1840–1917).

Adresse/Öffnungszeiten Vonderweg 1, 5611 BK Eindhoven, ℡ 040/2755275, Das Museum wird wegen Umbauarbeiten erst im Laufe des Jahres 2003 wiedereröffnen. Führungen in deutscher Sprache, www.vanabbemuseum.nl.

Milieu Educatie Centrum: Die Einrichtung des Umweltzentrums war einer der ersten Versuche, das Thema Umweltschutz auch in den Niederlanden populär zu machen. Eine naturhistorische Sammlung vermittelt eine Übersicht der verschiedenen Landschaftstypen und ihrer Lebensvielfalt. Besondere Beachtung verdient das mit einer Infrarot-Kamera bestückte Ameisenbeobachtungszentrum. In der umliegenden Genneper Landschaft, die landesweit zu den wenigen gehört, in denen ökologischer Landbau unter Verzicht auf chemische Hilfsmittel betrieben wird, sind informative Entdeckungsrouten markiert.

Adresse/Öffnungszeiten Genneperweg 145, 5644 RS Eindhoven, ℡ 040/2594700, www.ecomuseum.nl. Mo 13-17 Uhr, Di-Fr 9-17 Uhr, Sa/So 13-17 Uhr. Eintritt frei.

Prehistorisch Openluchtmuseum Eindhoven: Das Freilichtmuseum zeigt die Rekonstruktion eines kleinen prähistorischen Dorfes (Eisenzeit, 750–50 v. Chr.) aus der Region des Kempenlandes. Der Besucher trifft im Sommer auf kleine Gruppen merkwürdig gekleideter Menschen, die offensichtlich in der Eisenzeit leben (allerdings nur sonntags). In der Siedlung befinden sich vereinzelte Weideflächen mit Kühen, Schafen und Ziegen, mehrere Scheunen und ein funktionsfähiger Brunnen.

Adresse/Öffnungszeiten Boutenslaan 161b, 5644 TV Eindhoven, ℡ 040/2522281. April-Oktober täglich 10-17 Uhr; November-März So 10-17 Uhr. Erwachsene 3.20 €, Kinder 1.85 €, Senioren (Pas65) 2.30 €. Führungen in deutscher Sprache.

DAF-Museum: Die Sammlung historischer Fahrzeuge der Automobilfirma DAF befindet sich in der rekonstruierten Werkstatt, in der die Gebrüder *Hub* und *Wim van Doorne* 1928 mit der Produktion von Automobilen begannen. Im Hintergrund laufen nonstop Videofilme, die sich vorrangig mit der Geschichte des einzigen niederländischen Automobilherstellers befassen. Das Museum verfügt zudem über die größte Sammlung an DAF-Miniaturautos.

Adresse/Öffnungszeiten Tongelresestraat 27, 5613 DA Eindhoven, ℡ 040/2444364. Juli/August täglich 10-17 Uhr, September-Juni Mo geschlossen. Erwachsene 5.70 €, Kinder 2.25 €, Senioren (Pas65) 4.55 €, Studenten 4.55 €.

Museum Kempenland: Die alte *Sint Antonius van Paduakerk* (*Steentjeskerk*) beherbergt seit einigen Jahren das kulturgeschichtliche Museum des umliegenden Kempenlandes. Zu den vielfältigen Exponaten gehören neben Kleidungsstücken, Möbeln, Silber, Uhren und Zeichnungen zahlreiche archäologische Funde. Eine eigene Abteilung befasst sich mit der niederländischen Bildhauerei des 19./20. Jahrhunderts.

Adresse/Öffnungszeiten Sint Antoniusstraat 5-7, 5616 RT Eindhoven, ℡ 040/2529093. Di-So 13-17 Uhr. Erwachsene 2.50 €, Kinder 1.25 €, Senioren (Pas65) 1.25 €, MJK. Führungen in deutscher Sprache.

Philips Gloeilampenfabriekje anno 1891: Inmitten des Stadtzentrums steht die kleine Fabrik, in der 1891 mit der Herstellung der ersten Glühbirnen der Grundstock des heutigen Firmenimperiums gelegt wurde. Im Rahmen der

Provinz Noord-Brabant Karte S. 554/555

Führung auf dem ältesten Philips-Fabrikgelände werden die Techniken der Glühbirnenproduktion fachkundig erläutert.

Adresse/Öffnungszeiten   Emmasingel 31, 5611 AZ Eindhoven, ℘ 040/2757922, www.philipsfabriekanno1891.nl. Besichtigungen nur am letzten Samstag des Monats 14.30-16 Uhr. Erwachsene 2.50 €, Kinder 1.25 €.

Nuenen   (22.000 Einwohner)

Die kleine Ortschaft, wenige Kilometer nordöstlich von Eindhoven gelegen, wird in erster Linie allen Verehrern von *Vincent van Gogh* (1853–1890) einen Abstecher wert sein, denn der Maler lebte in der Zeit von 1883 bis 1885 in Nuenen. Ihm zu Ehren wurde das **Documentatiecentrum van Gogh** eingerichtet. Im Haus seiner Eltern, das ihm den nötigen Platz für ein kleines Atelier bot, vollendete van Gogh zahlreiche Werke, darunter das berühmte Gemälde "De Aardappeleters". 1984 errichtete die "Stichting Nuenen – 100 jaar van Gogh" ein Denkmal zu Ehren des Malers, das ihn mit Stift und Zeichenmappe auf der Suche nach neuen Motiven zeigt. Überall im Ort trifft man auf Plätze, die sich in seinen Gemälden wiederfinden, darunter die *Clemenskerk*, die *Roosdonckmolen* oder der alte Friedhof mit der letzten Ruhestätte seines Vaters. 1885 verließ der Maler die Niederlande, um sich in Arles und später in Auvers-sur-Oise niederzulassen. Das Dokumentationszentrum präsentiert detaillierte Informationen über das hiesige Werk des Meisters. Die Ausstellung im alten Kutschenhaus umfasst zahlreiche Fotografien und mehrere Reproduktionen bekannter Gemälde.

Adresse/Öffnungszeiten   Papenvoort 15, 5671 CP Nuenen, ℘ 040/2631668. Mo-Fr 9-12 Uhr und 14-16 Uhr. Erwachsene 0.50 €, Kinder frei. Führungen in deutscher Sprache.

Asten   (16.000 Einwohner)

Einen kleinen Umweg ist auch der Ort Asten mit seinem **Nationaal Beiaardmuseum** wert. Das Museum, das sich in einem Gebäude mit dem *Natuurhistorisch Museum De Peel* befindet, befasst sich mit Glockenspielen, Spielwerken und Turmuhren. Es erläutert die Techniken des Glockengießens und präsentiert archäologische Funde, darunter ein chinesisches Glockenspiel und kleine Glöckchen, die man im Nahen Osten einst Pferden um den Hals hängte, um sie vor Unheil zu bewahren.

● *Information* **VVV Asten**, Koningsplein 6, 5721 GJ Asten, ℘ 0493/692999, ✑ 690504, www.vvv-asten.nl. April-September, Mo-Fr 10-12.30 Uhr und 13.30-16 Uhr, Sa 11-15 Uhr; Oktober-März Mo-Fr 10-13 Uhr, Sa 11-15 Uhr.

● *Adresse/Öffnungszeiten* **Nationaal Beiaardmuseum**, Ostaderstraat 23, 5721 WC Asten, ℘ 0493/691865, www.carillon-museum.nl. Di-Fr 9.30-17 Uhr, Sa-Mo 13-17 Uhr. Erwachsene 5 €, Kinder 2.50 €, Senioren (Pas65) 4.25 €.

Bergeijk   (3.500 Einwohner)

Nahe der belgisch-niederländischen Grenze, etwa 20 km südwestlich von Eindhoven, liegt die kleine Ortschaft Bergeijk, die für alle Freunde historischer Automobile von Interesse sein dürfte. Das **AutomusA** zeigt Glanzlichter der gut hundertjährigen Automobilgeschichte. Auf etwa 4.000 Quadratmetern Ausstellungsfläche werden mehr als 200 Fahrzeuge ausgestellt, darunter zahlreiche echte Klassiker. Die alten Stücke sind durchweg in sehr gepflegtem Zustand.

• *Information* **VVV Bergeijk**, Hof 74b, 5571 CC Bergeijk, ☎ 0497/572944, 📠 555325. April-Oktober Mo-Fr 10-12.30 Uhr und 13.30-17 Uhr, Sa 10-14 Uhr; November/März Mo-Sa 10-12.30 Uhr.

• *Adresse/Öffnungszeiten* **AutomusA**, Standerdmolen 3, 5571 RN Bergeijk, ☎ 0497/571003, www.automusa.nl. Mi-So 10-17 Uhr; Juli/August täglich 10-17 Uhr. Erwachsene 6.70 €, Kinder 2.60 €, Senioren (Pas65) 5.20 €.

• *Fahrradverleih* **Camping De Paal**, De Paaldreef 14, 5571 TN Bergeijk, ☎ 0497/571977; **Schellens**, Hof 33, ☎ 0497/571230.

• *Übernachten* **Camping De Paal**, De Paaldreef 14, 5571 TN Bergeijk, A 67 (Eindhoven–Antwerpen), Ausfahrt Eersel, Richtung Bergeijk, Schildern folgen, "ADAC-Superplatz" in schöner Waldlage, ebene Grasflächen, sehr gute Sanitärs, Fahrradverleih, Lebensmittelgeschäft, Wanderhütten (2), kleines Amphitheater, geöffnet April-Oktober. Stellplatz (inkl. 2 Pers.) 29.50 €, zus. Person 4.50 €, Duschen inkl., Fläche 32 ha. ☎ 0497/571977, 📠 577164, info@depaal.nl.

Mini-Camping De Beekloop, Burgemeester Aartslaan 39, 5571 TR Bergeijk, geöffnet April-Oktober. Stellplatz (inkl. 2 Pers.) 8 €, zus. Person 2.30 €, Duschen 0.50 €, Fläche 1 ha. ☎ 0497/571895, 📠 575522, jandaris@hetnet.nl.

Mini-Camping De Bosrand, Burgemeester Aartslaan 51, 5571 TR Bergeijk, geöffnet April-Oktober. Stellplatz (inkl. 2 Pers.) 8.20 €, zus. Person 2.75 €, Duschen inkl., Fläche 1 ha. ☎ 0497/571311.

Mini-Camping 't Haike, Looerheideweg 3 b, 5571 TZ Bergeijk, geöffnet April-Oktober. Stellplatz (Auto und Zelt) 4.60 €, Person 2.80 €, Duschen inkl., Fläche 0,4 ha. ☎ 0497/541919.

Heuschober mit höhenverstellbarem Reetdach

Mini-Camping 't Tabakspad, Burgemeester Aartslaan 37, 5571 TR Bergeijk, geöffnet April-Oktober. Stellplatz (inkl. 2 Pers.) 9.50 €, zus. Person 2 €, Duschen inkl., Fläche 0,3 ha. ☎ 0497/573736, tabakspad@hetnet.nl.

Mini-Camping De Witrijt, Witrijt 19, 5571 XH Bergeijk, geöffnet April-September. Person 3.20 €, Fläche 0,5 ha. ☎ 0497/514393.

Region Hart van Brabant

(Tilburg, Kaatsheuvel, Waalwijk, Drunen, Woudrichem, Heusden, Hilvarenbeek)

Die Einheimischen nennen die Region "Het Groene Hart van Brabant". Insbesondere die *Drunense* und *Loonse Duinen* sowie die Waldgebiete der *Oisterwijkse Vennen*, die bei Radfahrern und Wanderfreunden sehr beliebt sind, locken mit reicher Natur. Als eine der letzten großen feuchten Heideflächen des Landes stellt darüber hinaus auch die *Kampina* nahe Oisterwijk ein reizvolles Ausflugsziel dar. Die große Ausdehnung der Areale sorgt dafür, dass hier nichts überlaufen ist.

Historisch interessierte Besucher sollten sich die Festungsstadt **Heusden** vormerken, die wohl schönste Kulturstätte der Region, während kinderreiche Familien kaum um einen der hiesigen Freizeitparks herumkommen werden. Die

Provinz Noord-Brabant
Karte S. 554/555

Abenteuerparks *De Efteling* in **Kaatsheuvel**, *Het Land van Ooit* in **Drunen** und *Beekse Bergen* in **Hilvarenbeek**, die einen weit über die Landesgrenzen hinausreichenden Bekanntheitsgrad genießen, bieten auf engstem Raum Spaß für alle Altersgruppen.

Tilburg
(160.000 Einwohner)

Die Stadt hat architektonisch eher wenig zu bieten, doch entschädigen zahlreiche Museen mit einem üppigen kunst- und kulturgeschichtlichen Angebot. Außerdem liegt Tilburg nur wenige Kilometer südlich des international bekannten Freizeitparks "De Efteling".

Die Stadt war lange das Zentrum der niederländischen Textilindustrie – der Begriff *Wolstad* hielt sich noch bis in die 60er Jahre. Mittlerweile bemühen die Stadtväter zur Imagepflege verstärkt auch die Geschichte der Weinstadt Tilburg. Bereits im späten Mittelalter brachten Händler die ersten Weinfässer in die Stadt, deren Abteien und Klöster sich schnell als freudige Abnehmer erwiesen. Die Mehrzahl der niederländischen Weinimporteure konzentriert sich noch heute in Tilburg – das obligatorische Weinmuseum zollt diesem Umstand Tribut.

Das städtische *Paleis Raadhuis* gilt als eine der wenigen architektonischen Sehenswürdigkeiten Tilburgs. Der weiße Palast wurde 1849 zu Ehren *Willems II.* erbaut.

Information/Verbindungen

• *Information* **VVV Tilburg**, Spoorlaan 364, 5038 CD Tilburg, ✆ 0900/2020815, 📠 013/5441295, www.binnenstadtilburg.nl. Mo 13-18 Uhr, Di/Mi 9-18 Uhr, Do 9-20 Uhr, Fr 9-18 Uhr, Sa 12-16 Uhr.
ANWB Tilburg, Koninklijke Nederlandse Toeristenbond, Spoorlaan 372, 5038 CD Tilburg, ✆ 013/5354455, 📠 5441295.

• *Bahnverbindungen* 2-4x stündl. nach Breda (Dauer: 20 Min.), 3-4x stündl. Eindhoven (25 Min.), 2x stündl. 's-Hertogenbosch (15 Min.), 2x stündl. Rotterdam (50 Min.).

Adressen

• *Autovermietung* **Autoverhuur Avis**, Oude Lind 33, 5046 AL Tilburg, ✆ 013/5368564; **Autoverhuur Budget**, Bosscheweg 251a, 5013 AB Tilburg, ✆ 013/5443670 (0800/0537, gratis); **Autoverhuur Europcar**, Hoevenseweg 92d, 5017 AG Tilburg, ✆ 013/5811434; **Autoverhuur Hertz**, Enschotsestraat 62, 5013 BD Tilburg, ✆ 013/5361031.

• *Fahrradverleih* **Fietspoint Derks**, Spoorlaan 35a, 5038 CB Tilburg, ✆ 013/5436194.

• *Einkaufen* Die Geschäfte bleiben in Tilburg Montagvormittag geschlossen. Am Donnerstag verschiebt sich der Ladenschluss auf 21 Uhr (Kaufabend). Markttermine: **Wochenmarkt** Di 9-12 Uhr, v/d Mortelplein; Di 14-18 Uhr, Pater v/d Elzenplein; Do 9-12 Uhr, Westermarkt; Fr 9-12 Uhr und Sa 11-16 Uhr, Koningsplein; Fr 14-18 Uhr, Wagnerplein.

• *Kinderbauernhöfe* **Goirke**, Hasseltstraat 256, 5046 LR Tilburg, ✆ 013/5430618. Mo-Fr 9-17 Uhr, Sa/So 13-17 Uhr; Juni-August Mo-Fr 9-20.30 Uhr, Sa/So 13-17 Uhr. Eintritt frei.
Binnenstad, Langestraat 13, 5038 SB Tilburg, ✆ 013/5423198. Mo-Fr 10-16 Uhr. Eintritt frei.

• *Krankenhaus* **Sint Elisabeth Ziekenhuis**, Hilvarenbeekseweg 60, 5022 GC Tilburg, ✆ 013/5391313.

• *Schwimmen* **Stappegoor**, Stappegoorweg 1, 5022 DA Tilburg, ✆ 013/5326000. Subtropisches Schwimmparadies, Halle und Freibad.

• *Taxiruf* ✆ 013/5838383

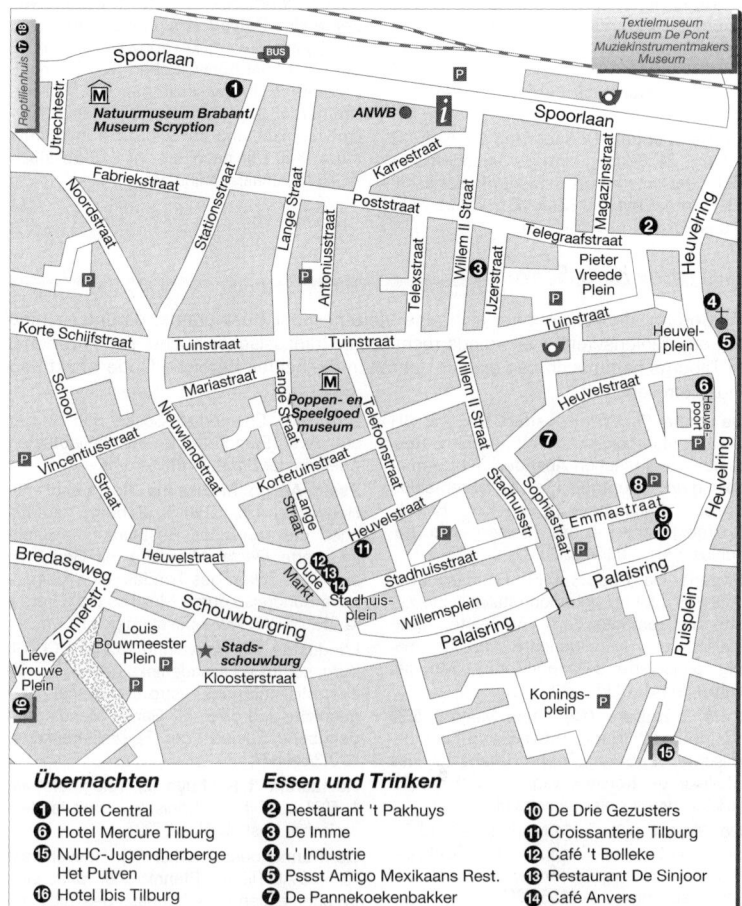

Übernachten

① Hotel Central
⑥ Hotel Mercure Tilburg
⑮ NJHC-Jugendherberge Het Putven
⑯ Hotel Ibis Tilburg
⑱ Hotel De Postelse Hoeve

Essen und Trinken

② Restaurant 't Pakhuys
③ De Imme
④ L' Industrie
⑤ Pssst Amigo Mexikaans Rest.
⑦ De Pannekoekenbakker
⑧ Pizzeria Da Peppone
⑨ Café Bolle
⑩ De Drie Gezusters
⑪ Croissanterie Tilburg
⑫ Café 't Bolleke
⑬ Restaurant De Sinjoor
⑭ Café Anvers
⑰ Kievietshoeve

Tilburg

Provinz Noord-Brabant
Karte S. 554/555

Übernachten

• *Hotels* ****** Hotel Mercure Tilburg (6)**, Heuvelpoort 300, 5038 DT Tilburg, 126 Betten, das teuerste Haus der Stadt, saubere Räumlichkeiten, alle Zimmer mit Du/WC, Telefon und TV. EZ ab 75 €, DZ ab 110 €, ☏ 013/5354675, ✎ 5355875, mercure-tilburg@wxs.nl.

**** Hotel De Postelse Hoeve (18), Dr. Deelenlaan 10, 5042 AD Tilburg, 70 Betten, wohl das beste Hotel der Stadt (wenn auch nicht das teuerste). EZ ab 70 €, DZ ab 95 €, ☏ 013/4636335, ✎ 4639390, postelsehoeve@home.nl.

*** Hotel Ibis Tilburg (16), Dr. Hub van Doorneweg 105, 5026 RB Tilburg, 142 Betten, Nähe Autobahn A 5, modernes Haus, alle Zimmer mit Du/WC und TV. EZ ab 57 €, DZ ab 57 €, Frühstück 10 €, ☎ 013/4636465, ✆ 4681624.

* Hotel Central (1), Spoorlaan 422, 5038 CG Tilburg, 34 Betten, einziges annehmbares Hotel der unteren bis mittleren Preisklasse, alle Zimmer mit TV. EZ ab 43 €, DZ ab 63 €, Frühstück 8 €, ☎ 013/5436234.

● *Jugendherberge*   **NJHC-Jugendherberge Het Putven (15)**, Putvenweg 1, 4861 RB Chaam, etwa 15 km südwestlich von Tilburg, geöffnet April-Oktober. 133 Betten, Einerzimmer (3), Zweierzimmer (6), Sechserzimmer (4), Achterzimmer (10), 14er-Zimmer (1). Übernachtung im Schlafsaal inkl. Frühstück 18-20 € (je nach Saison), ☎ 0161/491323, ✆ 491756, chaam@njhc.org.

Essen (siehe Karte S. 573)

Im Bereich Heuvel befindet sich eine Vielzahl guter Restaurants, darunter einige mit empfehlenswerter, allerdings recht teurer französischer Küche. Die Treffpunkte Tilburgs haben sich seit einigen Jahren in die beiden Bereiche Oude Markt und Piusplein verlagert.

De Imme (3), Willem-II-straat 52a, 5038 BH Tilburg, stadtbekanntes vegetarisches Restaurant, an manchen Abenden mit Livemusik, gute Hauptgerichte zu akzeptablen Preisen, Käsefondue, Canneloni, Ravioli, Spargelgerichte in der Saison, Mo geschlossen, ☎ 013/5425229.

Pizzeria Da Peppone (8), Emmastraat 3, 5038 WB Tilburg, gehobene italienische Küche in romantischem Ambiente, gute Fleisch- und Nudelgerichte, verhältnismäßig preiswerte 3-Gänge-Menüs, Mo geschlossen, ☎ 013/5430918.

Café 't Bolleke (12), Oude Markt 8, 5038 TJ Tilburg, Café mit Antwerpener Flair, gemischtes Publikum, sehr beliebt für das "Bolleke de Koninck van het vat", ☎ 013/5833530, www.sinjoor-anvers.nl.

De Sinjoor (13), Oude Markt 8, 5038 TJ Tilburg, Barbecues, Fondues oder Fischspezialitäten in ansprechender Auswahl, So/Mo geschlossen, ☎ 013/5833530.

Café Anvers (14), Oude Markt 10, 5038 TJ Tilburg, Antwerpener Flair wie im benachbarten Bolleke, Kronleuchter aller Art an den Decken, 3-Gänge-Menüs am Abend, gute Auswahl belgischer Biere, Livemusik in lockerer Folge, ☎ 013/5833533, www.sinjoor-anvers.nl.

Café Bolle (9), Piusplein 8, 5038 WL Tilburg, beliebter Platz (nahe einer verkehrsreichen Straßenkreuzung), gute Musik (oftmals live), zahlreiche Studenten, ☎ 013/5810290, www.cafe-bolle.nl.

De Drie Gezusters (10), Piusplein 10-11, 5038 WL Tilburg, Mischung aus Grand Café und Bruin Café in direkter Nachbarschaft zum Bolle, Chesterfield-Sessel und Hocker auf zwei Etagen, eine der beliebtesten Kneipen der Stadt, ☎ 013/5453354.

Pssst Amigo Mexikaans Restaurant (5), Heuvelring 126, 5038 CL Tilburg, gemütliches mexikanisches Restaurant, empfehlenswerte *Fiesta Mexicana* mit Gerichten aus allen Ecken des Landes, eine kulinarische Rundreise durch Mexikos (ab 2 Pers.), ☎ 013/5352315, www.pssstamigo.nl.

L'Industrie (4), Heuvelring 120, 5038 CL Tilburg, schmale Fassade links neben der Kirche, Mischung aus Bistro und Eetcafé, Tagesplatte und diverse 3-Gänge-Menüs oder gehobene Speisen der Spezialitätenkarte, ☎ 013/5444177.

Restaurant 't Pakhuys (2), Telegraafstraat 1, 5038 BL Tilburg, Speiselokal mit landestypischer Kost, ☎ 013/5427203.

De Pannekoekenbakker (7), Heuvelstraat 40, 5038 AE Tilburg, Pfannkuchenvariationen im ehemaligen Kutschenhaus des Tilburger Rathauses, versteckte Lage in kleiner Seitengasse, schräg gegenüber von Vroom & Dreesmann, über 230 verschiedene Sorten, Terrasse, Di-Mi und Sa 12-19 Uhr, Do und Fr-Sa 12-20 Uhr, ☎ 013/5361426.

Pannenkoekenhuis Kievitshoeve (17), Nijkerkstraat 1, 5045 MC Tilburg, etwas außerhalb im nordwestlichen Stadtgebiet, gemütliches Eetcafé und Pfannkuchenhaus, große Auswahl, außerhalb der Saison Mo geschlossen, ☎ 013/5705105.

Croissanterie Tilburg (11), Heuvelstraat 92, 5038 AH Tilburg, Kleinigkeiten auf die Hand, So geschlossen, ☎ 013/5354088.

Sehenswertes

Nederlands Textielmuseum: Der denkmalgeschützte Komplex der alten Textilfabrik *Mommers & Co.* dokumentiert, welche Auswirkungen die Einführung der Dampfmaschine auf die Textilbranche hatte. Die technische Entwicklung wird anhand historischer Geräte nachvollzogen, die alle noch funktionsfähig sind und mit wenigen Ausnahmen auch vorgeführt werden. Das Dokumentationszentrum des Museums verfügt über die einzige textilgeschichtliche Fachbibliothek des Landes (Umfang: 15.000 Bände).

Adresse/Öffnungszeiten Goirkestraat 96, 5046 GN Tilburg, ✆ 013/5367475, Di-Fr 10-17 Uhr, Sa/So 12-17 Uhr. Erwachsene 4.50 €, Kinder 2.50 €, MJK, www.textielmuseum.nl.

Tilburger Stadtansicht

Museum De Pont: Die Räumlichkeiten der *Stichting voor de Hedendaagse Kunst* finden sich in einem alten Fabrikgebäude, dessen weitläufige Ausmaße eine dauerhafte Präsentation raumfüllender Werke zeitgenössischer Künstler erlauben. Die Sammlung umfasst Arbeiten national und international bekannter Künstler, darunter *Marlene Dumas, Richard Long, Marien Schouten, Richard Serra* und *Rosemarie Trockel*.

Adresse/Öffnungszeiten Wilhelminapark 1, 5041 EA Tilburg, ✆ 013/5438300, www.depont.nl. Di-So 11-17 Uhr. Erwachsene 3.50 €, Kinder 1.75 €, Senioren (Pas65) 1.75 €, MJK.

Natuurmuseum Brabant: Wie wäre es mit einer kurzen Einführung in die spannende und vielschichtige Geschichte der Evolution? Aspekte der Gegenwart und Vergangenheit – das Museum erklärt die grundlegenden Zusammenhänge. Einen Schwerpunkt der exemplarischen Erläuterungen bilden die Biotope und Landschaften der Provinz Noord-Brabant.

Adresse/Öffnungszeiten Spoorlaan 434 (Nähe Hauptbahnhof), 5038 CH Tilburg, ✆ 013/5353935, www.natuurmuseumbrabant.nl. Di-Fr 10-17 Uhr, Sa/So 13-17 Uhr. Erwachsene 3.20 €, Kinder 2.30 €, Senioren (Pas65) 2.30 €, MJK.

Museum Scryption: Das *Museum voor Schriftelijke Communicatie* illustriert die Entwicklung der Schrift von den allerersten Anfängen bis ins moderne Computerzeitalter. Sehenswert ist u. a. die kleine, aber feine Sammlung alter Schreibmaschinen.

Adresse/Öffnungszeiten Spoorlaan 434a (Nähe Hauptbahnhof), 5038 LH Tilburg, ✆ 013/5800821. Di-Fr 10-17 Uhr, Sa/So 13-17 Uhr. Erwachsene 2.75 €, Kinder 1.85 €, MJK.

Poppen- en Speelgoedmuseum Tilburg: Das unscheinbar in den drei Stockwerken des alten Gebäudes versteckte Museum zeigt eine Sammlung von mehr als 1.500 Puppen und mehreren alten Kinderwagen. Seit längerer Zeit

Provinz Noord-Brabant Karte S. 554/555

praktiziert ein *Poppendokter* und trägt in seiner Museumspraxis zur Heilung erkrankter oder verletzter Puppen bei. Im Klartext: Reparaturen sind möglich!
Adresse/Öffnungszeiten Telefoonstraat 13-15, 5038 DL Tilburg, ☏ 013/5436305, www.poppenmuseum.nl. Mi-Fr und So 13-16 Uhr oder nach telefonischer Voranmeldung. Erwachsene 3.25 €, Kinder 1.75 €, Senioren (Pas65) 2.75 €.

Geboortehuis Peerke Donders: Neben einem kleinen Standbild im Wilhelminapark erinnert vor allem das Geburtshaus von *Petrus (Peerke) Donders* (1809–1887) an den wohl bedeutendsten Missionar der Region, der 1982 heilig gesprochen wurde.
Adresse/Öffnungszeiten Pater Donderstraat, 5038 WL Tilburg, ☏ 0900/2020815 (VVV). Di-So 10.30 Uhr bis Sonnenuntergang, Oktober-April auch mittwochs geschlossen. Eintritt frei.

Kaatsheuvel
(2.500 Einwohner)

Die kleine Ortschaft 15 km nördlich von Tilburg mögen nur die wenigsten Besucher kennen, doch ist der renommierte **Familien-Freizeitpark De Efteling** weit über die Landesgrenzen hinaus bekannt. Der Vergnügungspark bietet auf einer riesigen Fläche zahlreiche Attraktionen für gutes Geld. Eine Promenade geleitet den Besucher in das Efteling-Rondell, das Zentrum der "Wunderwelt" – stets begleitet vom Maskottchen *Pardoes*, das mit *Pardijntje* mittlerweile gar eine Freundin gefunden hat. Boote schippern durch eine Welt aus 1001 Nacht, Gondeln schweben durch den Wald der Elfen und Trolle, Dornröschen schläft im Märchenwald in ihrem Schloss, Hänsel und Gretel wehren sich gegen die Hexe, Rumpelstilzchen tanzt durch seine Hütte (die Märchenshow wurde 2000 als weltweit beste Freizeitpark-Vorführung dieser Art ausgezeichnet). Mutige Abenteurer sausen derweil durch die Korkenzieherloopings der Achterbahn, unternehmen eine rasante Abfahrt auf der Bobbahn oder suchen eine feuchtfröhliche Abkühlung auf der Wildwasserbahn. Mehrere Seen bieten darüber hinaus Gelegenheiten zum Baden und Rudern.

Die Anlage öffnet neuerdings auch im Winter ihre Pforten. Nahezu alle Attraktionen sind dann geöffnet, dazu eine Eislaufbahn und ein Kinderwunderland in echtem Schnee. Efteling ist mit jährlich drei Millionen Besuchern das beliebteste Ausflugsziel der Niederlande. Insbesondere in den Sommermonaten sollte man frühzeitig anreisen. Übernachtungen sind im angeschlossenen Efteling-Hotel möglich.

• *Information* **VVV Kaatsheuvel**, Nieuwe Markt 1a, 5171 EJ Kaatsheuvel, ☏ 0416/277719, 📠 279150. Mo-Fr 9-12.30 Uhr, Sa 10-12.30 Uhr.

• *Adresse/Öffnungszeiten* **De Efteling**, Europalaan 1, 5171 KW Kaatsheuvel, ☏ 0416/273535. April-Oktober täglich 10-18 Uhr; Juli/August täglich 10-21 Uhr (Efteling Zeven Mijls Zomer), an allen Samstagen im August ist der Park bis 24 Uhr geöffnet. Winteröffnungszeiten auf Anfrage beim Efteling Büro Deutschland (siehe unten). Erwachsene/Kinder 21 €, Senioren (Pas65) 19 €, Sommerzuschlag (Juli/August) 2 €, Parken 5 €.

Information über Efteling Büro Deutschland, Postfach 910744, 51077 Köln, ☏ 0221/98392120, 📠 98392121, www.efteling.nl.

• *Bahnverbindungen* nächster Bahnhof in Tilburg (15 km).

• *Busverbindungen* in Richtung 's-Hertogenbosch, Tilburg.

• *Übernachten* ****** Golden Tulip Efteling Hotel**, Horst 31, 5171 RA Kaatsheuvel, 195 Betten, 8 Etagen, Hotel des Freizeitparks, großzügige Zimmer, EZ ab 95 €, DZ ab 100 €, ☏ 0416/282000, 📠 281515, informatie@mail.efteling.nl.

*** **Hotel De Kroon**, Gasthuisstraat 140, 5171 GJ Kaatsheuvel, 35 Betten, nur 5 Min. per pedes zum Vergnügungspark De Efteling, Familienhotel mit schlichtem Komfort, die Hausfrau kocht noch selber! EZ ab 53 €, DZ ab 68 €, ☎ 0416/273567, 🖷 278521.

Camping 't Hoekske, van Haestrechtstraat 24, 5171 RC Kaatsheuvel, N 261 (Waalwijk–Tilburg), Ausfahrt Sprang/Capelle, Schildern folgen, ruhige Lage in 15 Fußminuten vom Freizeitpark, gute Sanitärs, Fahrradverleih, Lebensmittelgeschäft, Schwimmbad (subtropisch), Wanderhütten (6), geöffnet April-Oktober. Stellplatz (Auto und Zelt) 11.50 €, Person 3 €, Duschen 0.50 €, Fläche 17,5 ha. ☎ 0416/272794, 🖷 282559.

Camping Duinlust, Duinlaan 1, 5171 RN Kaatsheuvel, N 261 (Waalwijk–Tilburg), Ausfahrt Sprang/Capelle, Schildern folgen, ebenfalls nahe Freizeitpark, Lage am Waldrand (Drunense und Loonse Duinen), einfache Sanitärs, ganzjährig geöffnet. Stellplatz (Auto und Zelt) 7.50 €, Person 3.80 €, Duschen 0.60 €, Fläche 5 ha. ☎ 0416/272775, 🖷 530058, info@camping-duinlust.nl.

Camping De Roestelberg, Roestelbergseweg 3, 5171 RL Kaatsheuvel, N 261 (Waalwijk–Tilburg), Ausfahrt Sprang/Capelle, Schildern folgen, ebenfalls nahe Freizeitpark, Lage am Waldrand (Drunense und Loonse Duinen), einfache Sanitärs, geöffnet April-September. Stellplatz (Auto und Zelt) 12 €, Person 1.80 €, Duschen 0.25 €, Fläche 11 ha. ☎ 0416/561575, 🖷 561576, megens@camping-de-roestelberg.nl.

Mini-Camping Bernehoeve, Bernsehoef 9, 5171 PJ Kaatsheuvel, geöffnet April-Oktober. Person 1.80 €, Zelt 1.40 €, Auto 1.40 €, Duschen 0.65 €, Fläche 1,5 ha. ☎ 0416/273207, h.mathijssen@12move.nl.

• *Essen* **De Leckerij**, Gasthuisstraat 5, 5171 GC Kaatsheuvel, Bistro hinter nostalgischer Fassade (1920), niederländische Küche, ☎ 0416/543524, www.leckerij.nl.

Waalwijk

(30.000 Einwohner)

Im 20 km nördlich von Tilburg liegenden Waalwijk lockt ein sehr interessantes und zugleich sehr niederländisches Museum, das **Nederlands Leder- en Schoenenmuseum**. Mit etwas Glück erwischt man einen echten *Klompenmaker* bei der Arbeit. Das Museum beherbergt die stilechte Arbeitsstätte eines Brabanter Schuhmachers aus der Zeit um 1900. Darüber hinaus findet man eine authentisch eingerichtete Lederwerkstatt und eine kleine Schuhfabrik. Die ausgestellten Exponate umfassen Lederwaren und Schuhe aus allen Teilen der Welt in einer beeindruckenden Vielfalt.

• *Information* **ANWB/VVV Waalwijk**, Vredesplein 14, 5142 RA Waalwijk, ☎ 0416/332228, 🖷 651313, www.vvvwaalwijk.nl. Mo-Fr 9.30-17.30 Uhr, Sa 9.30-15.30 Uhr.

• *Adresse/Öffnungszeiten* **Nederlands Leder- en Schoenenmuseum**, Elzenweg 25, 5144 MB Waalwijk, ☎ 0416/332738. Di-Fr 10-17 Uhr, Sa/So 12-16 Uhr. Erwachsene 3.50 €, Kinder 2.50 €, Senioren (Pas65) 2.50 €, MJK. Führungen in deutscher Sprache.

• *Fahrradverleih* **Fietsen De Koekkoek**, Reigersbosweg 4, 5144 MA Waalwijk, ☎ 0416/335110.

Drunen

(8.000 Einwohner)

Die wenige Kilometer östlich von Waalwijk liegende Ortschaft ist vor allem wegen des Vergnügungsparks **Het Land van Ooit** bekannt. Der Park, der einem großen Märchenwald für Kinder ähnelt, lockt mit Rittern, Riesen und Jungfrauen: Überdimensionale Figuren begleiten die Besucher auf ihrem Weg durch die Anlage. An zahlreichen Stellen laden Freilichttheater zu regelmäßigen Vorstellungen ein. Spannung bietet das Ritterturnier der *Ooitridders*.

Adresse/Öffnungszeiten Parklaan 40, 5151 DG Drunen, ☎ 0416/377775, www.ooit.nl. Mai-August täglich 10-17 Uhr; September/Oktober Sa/So 10-17 Uhr. Erwachsene/Kinder 13.75 €, Senioren (Pas55) 13 €. Parken 3 €.

Provinz Noord-Brabant Karte S. 554/555

Woudrichem

(14.500 Einwohner)

Der Wohlstand der vergangenen Epochen wird vielerorts deutlich, sei es anhand der prachtvollen Giebel, der malerischen Grachten oder der mächtigen Stadtwälle, auf denen die *Korenmolen Nooit Gedagt* dominiert, die regelmäßig in Betrieb genommen wird und dann besucht werden kann. Im alten Hafenbecken liegen zahlreiche historische Schiffe vertäut – Aaken, Klipper, Tjalken. Sie hielten einst den Warentransport in die Stadt aufrecht und waren ein wichtiges Verkehrsmittel in der Region.

Die Nähe Woudrichems zur nordwestlich gelegenen Festungsstadt Gorinchem und die nostalgisch anmutende Fährverbindung (Fußgänger und Radfahrer) zu **Slot Loevestein**, einer im 14. Jahrhundert errichteten Schlossanlage, machen einen Abstecher noch interessanter. Das mittelalterliche Schloss mit Grachten und Wällen in strategisch günstiger Lage am Zusammenfluss von Maas und Waal diente im 17. Jahrhundert als Gefängnis für politische Gefangene der *Republiek der Verenigde Nederlanden.* Auch *Huigh de Groot* (Grotius), Vordenker des modernen Völkerrechts, war dort inhaftiert. Am 22. März 1621 gelang ihm in einer Bücherkiste die Flucht.

Die Sammlung des **Visserij- en Cultuurhistorisch Museum**, die im alten Arsenal untergebracht ist, widmet sich der reichen Fischereigeschichte Woudrichems, das insbesondere für den Lachsfang landesweit bekannt ist. Historische Schiffe, darunter einige im Freilichtbereich in den beiden Jachthäfen, gewähren Einblicke in das Handwerk der ortsansässigen Flussfischer. Darüber hinaus dokumentieren die Exponate das Handwerk der Schmiedekunst, das in Woudrichem auf eine lange Tradition zurückblicken kann.

Information/Adressen

• *Information* **VVV Woudrichem**, Kerkstraat 37, 4285 BA Woudrichem, ✆ 0183/ 301202, www.vestingsteden.nl. Variable Öffnungszeiten.
• *Adresse/Öffnungszeiten* **Slot Loevestein**, Loevestein 1, 5307 TG Poederoijen, ✆ 0183/447171, 📠 447190, www.slotloevestein.nl. Mai-September Di-Fr 10-17 Uhr, Sa-Mo 13-17 Uhr; Oktober-April Sa/ So und Mi 13-17 Uhr. Beginn der letzten Führung jeweils um 16 Uhr. Erwachsene 4.35 €, Kinder 2.50 €, Senioren (Pas65) 3.65 €, MJK.
Visserij- en Cultuurhistorisch Museum, Kerkstraat 41, 4285 BA Woudrichem, ✆ 0183/ 303336, www.brabantmuseumland.nl. Mai-September Di-Fr 10.30-12 Uhr und 13.30-16.30 Uhr, Sa/So 13.30-16.30 Uhr. Erwachsene 1.25 €, Kinder 0.50 €, Senioren (Pas65) 0.75 €.
• *Taxiruf* ✆ 0183/501500

Heusden

(9.500 Einwohner)

Die kleine Stadt am Wasser, 30 km nördlich von Tilburg an der Flanke der *Bergse Maas* gelegen, ist seit dem späten 16. Jahrhundert von einer Wallanlage mit acht Bastionen und Gärten umgeben. Die Befestigungswälle, die im Mittelalter als Bollwerk gegen die Spanier errichtet wurden, bieten herrliche Blicke auf Heusden einerseits und den Flusslauf der Maas andererseits. Hinter den Stadttoren warten enge kopfsteingepflasterte Gassen mit gelblich-rötlichen Backsteinhäusern. Steinerne Blumen zieren die Giebel. Dunkelrote und dunkelgrüne Türen sorgen für ansprechende Farbtupfer.

Der *Vismarkt*, der zentrale Marktplatz, ist von malerischen Bauwerken mit schönen Giebelkonstruktionen umgeben, darunter das *Commiezenhuis* (1648), einst Sitz der *Commiezen*, die das auf importierte Waren zu entrichtende Hafengeld eintrieben. Am kleinen Hafenbecken faszinieren die weiß getünchte Klappbrücke mit frisch geölten Ketten, die hin und wieder für die einlaufenden Schiffe geöffnet wird, und die erhabenen Holzmühlen in dunklem Schwarz. Aufmerksamkeit verdienen darüber hinaus die *Visbank* (1796) am Hafen, das *Veerpoort* und das *Waterpoort* als Bestandteile der alten Festungsanlagen. Das einst schönste Gebäude der Stadt, das *Stadhuis*, wurde in der Nacht vom 5. November 1944 von den deutschen Besatzern gesprengt.

Das Museum **Gouverneurshuis** am Sitz der ehemaligen militärischen Befehlshaber präsentiert in mehreren Stilzimmern archäologische Funde, historische Grafiken und Münzen, darunter eine 169-teilige Kollektion kostbarer Silberpfennige. Die chinesischen Porzellane bilden eine der umfangreichsten Sammlungen der Niederlande. Mehrere Maquetten erläutern die stadtgeschichtliche Entwicklung Heusdens.

Information/Essen

- *Information* **VVV Heusden**, Pelsestraat 17, 5256 AT Heusden, ℡ 0416/662100, ℻ 663380, www.vvvheusden.nl. März-Oktober Mo-Fr 9-17 Uhr, Sa 10-16 Uhr, So 13-16 Uhr; Nov.-Feb. Mo-Sa 10-16, So 13-16 Uhr.
- *Adresse/Öffnungszeiten* **Gouverneurshuis**, Putterstraat 14-16, 5256 AN Heusden, ℡ 0416/662295, www.brabantmuseumland.nl. Mai-September Di-So 14-17 Uhr. Erwachsene 1.50 €, Kinder 0.75 €.

- *Taxiruf* ℡ 0416/663001
- *Essen* **Gasterij In den Burcht**, Wijksestraat 12, 5256 BJ Heusden, Empfehlung ist die gleichnamige Hausspezialität: Apfel im Teigmantel mit Honig, Rosinen und Zimt, auf Wunsch mit Sahne, ℡ 0416/662924.
De Pannekoekenbakker, Vismarkt 4, 5256 BC Heusden, Pfannkuchenhaus im Herzen der alten Festungsstadt, 230 Sorten, Terrasse, April-Oktober täglich 11-21 Uhr, November-März täglich 11-19 Uhr, ℡ 0416/662559.

Hilvarenbeek

(3.000 Einwohner)

Im südöstlichen Einzugsgebiet Tilburgs entführt der **Safaripark Beekse Bergen** (40 ha) in die heißen Zonen des afrikanischen Kontinents. Als Fortbewegungsart empfiehlt sich neben dem eigenen Auto oder dem Safaribus eines der beiden Safariboote. An speziell markierten Stellen besteht die Möglichkeit, auszusteigen und die Tiere aus nächster Nähe zu beobachten. Nicht zugelassen sind Spaziergänger – angeblich wegen der in freier Wildbahn lebenden Elefanten, Löwen, Nashörner, Tiger etc. Immerhin soll die Zahl der Besucher, die den Park unversehrt verlassen, relativ groß sein. Das *Strand en Speelland Beekse Bergen* in unmittelbarer Nähe des Safariparks bietet an den Ufern eines ruhigen Sees Möglichkeiten zum Angeln, Schwimmen, Segeln und Surfen. Darüber hinaus gibt es zahlreiche Attraktionen für Kinder: Boote, Fahrräder, Trampoline, eine Seilbahn, einen Spielplatz, einen Verkehrspark ...

Das **Museum De Doornboom**, ein Regionalmuseum mit einer Themenausstellung zur Medizin vergangener Epochen, ist nicht nur für fachkundige Besucher ein interessantes Ausflugsziel. Ebenfalls lohnend ist der Besuch im **Nationaal Likeur- en Frisdrankenmuseum**, das in der alten Likörbrennerei *Isodurus Jonkers* (1833) untergebracht ist.

Provinz Noord-Brabant Karte S. 554/555

• *Information* **VVV Hilvarenbeek**, Vrijthof 16, 5081 CA, ☎ 013/5052458. April-Oktober Mo-Fr 10-16 Uhr, Sa 10-14 Uhr; Juli/August Mo-Sa 10-16 Uhr; November-März Mo-Sa 10-13 Uhr.

• *Adressen/Öffnungszeiten* **Safaripark Beekse Bergen**, Beekse Bergen 31, 5081 NJ Hilvarenbeek, ☎ 013/5360035, Juli/August täglich 10-18 Uhr; März-Juni und September täglich 10-17 Uhr; Februar und Oktober/November täglich 10-16.30 Uhr; Dezember/Januar täglich 10-16 Uhr. Erwachsene 12.50 €, Kinder 11 €, Senioren (Pas65) 11 €, Ausfahrmünze 3.50 €. Kombipreise (Safaripark/Speelland): Erwachsene 14.40 €, Kinder 12.80 €, Senioren (Pas65) 12.80 €, www.beeksebergen.com.

Strand en Speelland Beekse Bergen, Beekse Bergen 1, 5081 NJ Hilvarenbeek. Mai-Juni täglich 10-17 Uhr; Juli/Aug. täglich 10-18 Uhr. ☎ 0900/2335732, www. beeksebergen. com. Erw./Kinder 5.50 €, Parken 3 €. Kombipreise (Safaripark/Speelland): Erw. 14.40 €, Kinder und Senioren (Pas65) 12.80 €.

Nationaal Likeur- en Frisdrankenmuseum Isidorus Jonkers, Varkensmarkt 22, 5081 CP Hilvarenbeek, ☎ 013/5053119, April-September Di-So 13-17 Uhr; Oktober-März Sa/So 11-17 Uhr. Erwachsene 4 € (inkl. ein Glas Likör), Kinder 2.50 €, (inkl. ein Erfrischungsgetränk); www.likeur-frismuseum.nl.

Museum De Doornboom, Doelenstraat 53, 5081 CK Hilvarenbeek, ☎ 013/5054093. Mai-September Di-Fr 13-17 Uhr, Juli/August auch Sa/So 14-17 Uhr. Erwachsene 1.50 €, Kinder 0.75 €, Senioren (Pas65) 0.75 €, MJK.

• *Übernachten* **Camping Hilvarenberg**, Beekse Bergen 1, 5081 NJ Hilvarenbeek, A 58, Ausfahrt 10, Schildern folgen, schattenreiches Waldgelände südöstlich von Tilburg am Wilhelminakanal, großer See, gute Sanitärs, Fahrradverleih, Jachthafen, Lebensmittelgeschäft, Wanderhütten, geöffnet April-Oktober. Stellplatz (inkl. 2 Pers.) 24 €, zus. Person 3.50 €, Duschen inkl., Fläche 70 ha. ☎ 013/5360032, ☏ 5366716.

Mini-Camping De Voortse Loop, Kleine Voort 4, 5081 XG Hilvarenbeek, geöffnet April-Oktober. Person 2.75 €, Zelt 2.75 €, Auto 1.15 €, Duschen inkl., Fläche 0,3 ha. ☎ 013/5054544, j.v.poppel@planet.nl.

Region West-Brabant

(Breda, Oosterhout, Geertruidenberg, Willemstad, Roosendaal, Bergen op Zoom)

Im westlichen Zipfel der Provinz finden kulturhistorisch interessierte Besucher eine Reihe lohnenswerter Ziele. In **Breda** hinterließen die Prinzen von Oranien zahlreiche historische Monumente, und sogar die großflächige Bewaldung der stadtnahen Gebiete geht auf ihren Einfluss zurück. Nur in **Bergen op Zoom**, **Geertruidenberg** und **Willemstad**, allesamt reizvolle Ziele für einen Ausflug in vergangene Epochen, wird noch mehr Geschichte lebendig.

West-Brabant verfügt über mehrere sehenswerte Naturgebiete, allen voran den herrlichen *Biesbosch-Nationalpark*, in dem das Wechselspiel der Gezeiten deutliche Spuren hinterlassen hat. Auch andernorts locken dichte Waldgebiete zum Wandern nach Herzenslust: die *Boswachterij Dorst*, die *Wouwse Plantage* oder der *Liesbos*, der größte Eichenwald der Niederlande, in dem im Frühjahr die Waldanemonen in voller Pracht erblühen.

Breda
                                        (128.000 Einwohner)

Ihre glanzvollen Zeiten liegen in ferner Vergangenheit, doch erinnert eine Reihe historischer Monumente an die bewegte Geschichte der Stadt, die eng mit dem Leben eines der wichtigsten Niederländer verbunden ist.

Willem van Oranje, der 1568 im hessischen Dillenburg das Angebot der holländischen Abgesandten angenommen hatte und Statthalter der nördlichen Provinzen der Niederlande geworden war, leitete im späten 16. Jahrhundert ohne eigenes Verschulden das Ende der städtischen Blüte ein. Der "Vater des Vaterlandes" und Stammvater des niederländischen Königshauses, der einst den Aufstand gegen die Spanier anführte und den Niederlanden nach 80-jährigem Krieg die Unabhängigkeit einbrachte, wurde als Erster seines Geschlechts nicht in Breda, sondern in Delft beigesetzt. Die Stadt verlor seitdem kontinuierlich an Bedeutung.

Das einstige Fischerdorf wuchs zur wehrhaften Stadt, die allerdings trotz aller Befestigungsanlagen sechsmal erobert und eingenommen wurde. Die beiden robusten Türme des *Spanjaardsgat* stehen im Mittelpunkt der alten Legenden: 1590 sollen an dieser Stelle siebzig Männer mit dem Torfkahn von *Adriaan van Bergen* unbemerkt durch den Wehrgraben ins Kastell und damit in die Stadt gelangt sein, während sich die spanischen Besatzer im Wirtshaus betranken. Der Weg war frei für die Truppen vor der Stadt. Die alten Überlieferungen machen das Tor zu einer Attraktion, auch wenn der tatsächliche Angriff wesentlich weiter nördlich stattgefunden hat. Was soll's, die Geschichte verkauft sich gut.

Das burgundisch geprägte Breda gilt als *die* Karnevalshochburg der Niederlande. Das Karnevalskostüm "Kiele Gat", ein blauer Anzug mit rotem Halstuch als traditionelle Kleidung der südniederländischen Bauern, bestimmt vier lange Tage im Februar das Stadtbild.

Information/Verbindungen/Adressen

• *Information* **VVV Breda**, Willemstraat 17-19, 4811 AJ Breda, ✆ 0900/5222444, ✉ 076/5218530, www.vvvbreda.nl. Mo 13-17.30 Uhr, Di-Fr 10.30-17.30 Uhr, Sa 10.30-17 Uhr.

ANWB Breda, Koninklijke Nederlandse Toeristenbond, Nieuwe Ginnekenstraat 27, 4811 NM Breda, ✆ 076/5223232, ✉ 5203290.

• *Bahnverbindungen* 2x stündl. nach Eindhoven (Dauer: 35 Min.), 2x stündl. 's-Hertogenbosch (35 Min.), 1-2x stündl. Middelburg (75 Min.), 2x stündl. Roosendaal (20 Min.), 3x stündl. Rotterdam (40 Min.).

• *Autovermietung* **Autoverhuur Avis**, Konijnenberg 37, 4825 BC Breda, ✆ 076/5879225; **Autoverhuur Budget**, Belcrumweg 5-7, 4815 HA Breda, ✆ 076/5718733 (0800/0537, gratis); **Autoverhur Europcar**, Terheijdenseweg 245, 4825 BJ Breda, ✆ 076/5870800; **Autoverhuur Hertz**, Terheijdenseweg 115, 4825 BJ Breda, ✆ 076/5142033.

• *Fahrradverleih* **Stationsrijwielstalling**, Stationplein 20, 4811 BB Breda, ✆ 076/5210501.

• *Kanuverleih* **Kanoverhuur Spanjaardsgat**, Kraanstraat 7 (Spanjaardsgat), 4811 MA Breda, ✆ 076/5224813.

• *Einkaufen* Die Geschäfte bleiben in Breda Montagvormittag geschlossen. Am Donnerstag verschiebt sich der Ladenschluss auf 21 Uhr (Kaufabend). Markttermine: **Wochenmarkt** Di und Fr 9-13 Uhr, Grote Markt; Mi 9-12.30 Uhr, Winkelcentrum Heksenwiel; Do 9-12.30 Uhr, Molstraat; Sa 13-17 Uhr, Nieuwe Haagdijk; **Trödelmarkt** Mi 9.30-17 Uhr, Grote Markt; **Obst und Gemüse** Sa 9-13 Uhr, Vijverstraat.

• *Krankenhaus* **Ziekenhuis Ignatius**, Molengracht 21, 4818 CK Breda, ✆ 076/5258329.

• *Kinderbauernhof* **Milieu Educatief Centrum**, Wolfslaardreef 95, 4834 SN Breda, ✆ 076/5294459. Täglich 9-16.30 Uhr. Eintritt frei.

• *Spielkasino* **Holland Casino Breda**, Bijster 30, 4817 HX Breda, ✆ 076/5310826, ✉ 5225029. Black Jack, Punto Banco, Sic Bo, Pai Gow Poker und Roulette (amerikanisch und französisch). Außerdem stehen 350 Spielautomaten zur Verfügung. Täglich 13.30-3 Uhr (Mindestalter 18 Jahre). Tageskarte 3.50 €.

• *Taxiruf* ✆ 076/5222111

Übernachten (siehe Karte S. 583)

• *Hotels* ****** Hotel Mastbosch (17)**, Burgemeester Kerstenslaan 20, 4837 BM Breda, 67 Betten, weißer Prachtbau am Rande des landschaftlich reizvollen Mastbos-Gebiets, alle Zimmer mit Du/WC, Telefon und TV. EZ ab 67 €, DZ ab 92 €, ✆ 076/5650050, ✉ 5600040, info@mastbosch.nl.

Provinz Noord-Brabant Karte S. 554/555

**** Hotel Brabant (12), Heerbaan 4-6, 4817 NL Breda, Best-Western-Hotel am östlichen Stadtrand (gegenüber dem Kasino), 125 Betten, freundliche Atmosphäre, sehr gepflegte Räumlichkeiten, alle Zimmer mit Du/WC, Telefon und TV. EZ ab 80 €, DZ ab 100 €, ☎ 076/5224666, hotelbrabant@bestwestern.nl.

*** Hotel Tulip Inn Keyser (10), Keizerstraat 5, 4811 HL Breda, 1152 Betten, zentrale Lage, alle Zimmer mit Du/WC, Telefon und TV. EZ ab 70 €, DZ ab 105 €, ☎ 076/5205173, 🖷 5205225, info@hotel-keyser.nl.

*** Stadshotel De Klok (2), Grote Markt 26, 4811 XR Breda, 50 Betten, zentrale Lage, alle Zimmer mit TV, Telefon, sehr sauber. EZ ab 60 €, DZ ab 95 €, ☎ 076/5214082, 🖷 5143463, klok@planet.nl.

*** Bastion Hotel (11), Lage Mosten 4, 4822 NJ Breda, 90 Betten, Stadtrand, zuvorkommender Service. EZ ab 60 €, DZ ab 80 €, ☎ 076/5420403, 🖷 5420603, bastion@bastionhotel.nl.

* Hotel Van Ham (18), Van Coothplein 23, 4811 NC Breda, 20 Betten, das annehmbarste Hotel der unteren Preisklasse, sehr einfach, keinen Luxus erwarten, abends recht laut. EZ ab 35 €, DZ ab 58 €, ☎ 076/5215229.

● *Jugendherberge*   **NJHC-Jugendherberge Het Putven (16)**, Putvenweg 1, 4861 RB Chaam, etwa 10 km südöstlich von Breda, geöffnet April-Oktober. 133 Betten, Einerzimmer (3), Zweierzimmer (6), Sechserzimmer (4), Achterzimmer (10), 14er-Zimmer (1). Übernachtung im Schlafsaal inkl. Frühstück 18-20 € (je nach Saison), ☎ 0161/491323, 🖷 491756, chaam@njhc.org.

● *Camping*   **Camping Liesbos (21)**, Liesdreef 40, 4838 GV Breda, A 58 (Breda–Roosendaal), Schildern folgen, westlich des Zentrums, einfache Sanitärs, Schwimmbad, Lebensmittelgeschäft, Tennisplätze, geöffnet April-September. Person 2.50 €, Zelt 2.85 €, Auto 2.50 €, Duschen 0.68 €, Fläche 7 ha. ☎ 076/5143514, 🖷 5146555, liesbos@worldonline.nl.

Camping Bosweelde (14), Geersbroekseweg 3, 4851 RD Ulvenhout, A 58 (Breda–Roosendaal), Ausfahrt 14 (Chaam), Schildern folgen, ländlicher Platz in den Ulvenhoutse-Wäldern, Campinggäste haben freien Zugang zum Schwimmbad Wolfslaar, einfache Sanitärs, Fahrradverleih, Wanderhütten, geöffnet März-Oktober. Stellplatz (inkl. 2 Pers.) 17.50 €, zus. Person 2.50 €, Duschen 0.50 €, Fläche 2 ha. ☎ 076/5612525, 🖷 5657565, bosweelde@wxs.nl.

Camping De Flaasbloem (13), Flaasdijk 1, 4861 RC Chaam, A 58 (Breda–Roosendaal), Ausfahrt 14 (Chaam), Schildern folgen, südöstlich von Breda in waldreicher Lage, gute Sanitärs, Fahrradverleih, Freibad, Lebensmittelgeschäft, Schwimmbad, ganzjährig geöffnet. Stellplatz (inkl. 2 Personen) 23 €, zus. Person 3.40 €, Duschen inkl., Fläche 73 ha. ☎ 0161/491654, 🖷 492054, flaasbloem@rcn-centra.nl.

Essen

Das abendliche Breda hat in den vergangenen Jahren verstärkt den Bereich am Havermarkt entdeckt. Weiter gut besucht ist der Marktplatz an der Grote Kerk.

Boswachter Liesbosch (22), Nieuwe Dreef 4, 4839 AJ Breda, wunderbares Haus in waldreicher Umgebung, Spezialitäten der feinen französischen Küche, gute vegetarische Angebote, Mo geschlossen, ☎ 076/5212736, www.boswachter-liesbosch.nl.

Theaterdinersalon De Avenue (9), Waterstraat 5, 4811 WZ Breda, Avenue Dinershow (Do-So 19.30-23.30 Uhr) in barocker ehemaliger Schulkirche mit 4-Gänge-Dinermenü und Entertainment (Gesang, Humor und Tanz), die "Lucky Lips" bieten eine respektlos frivole Vorstellung überschäumender Lebenslust, ☎ 0900/1100100, www.de-avenue.nl.

Huis den Deijl (19), Marellenweg 8, 4836 BH Breda, Spezialität des Hauses sind die vorzüglichen Lachstournedos mit Teighütchen an frischem Gemüse, köstlich ummantelt mit Räucherspeck, ☎ 076/5653616.

Popocatepetl (1), Schoolstraat 2, 4811 WB Breda (Ecke Reigerstraat), gute Auswahl ansprechender Gerichte der mexikanischen Küche, leckere Nachspeisen, ☎ 076/5211561, www.popo.nl.

Sirtaki (5), Veemarktstraat 2, 4811 ZE Breda, griechische Küche, jeden ersten Mi im Monat ein griechischer Abend mit Musik und Tanz, dafür ist eine Reservierung erforderlich, ☎ 076/5141148.

Rhodos (3), Veemarktstraat 61, 4811 ZD Breda, ebenfalls guter Grieche mit etwas höheren Preisen, dafür gemütlicher eingerichtet, Gartenterrasse, einmal im Monat gibt's auch hier Livemusik, Mo geschlossen, ☎ 076/5216905, www.rhodos-restaurant.nl.

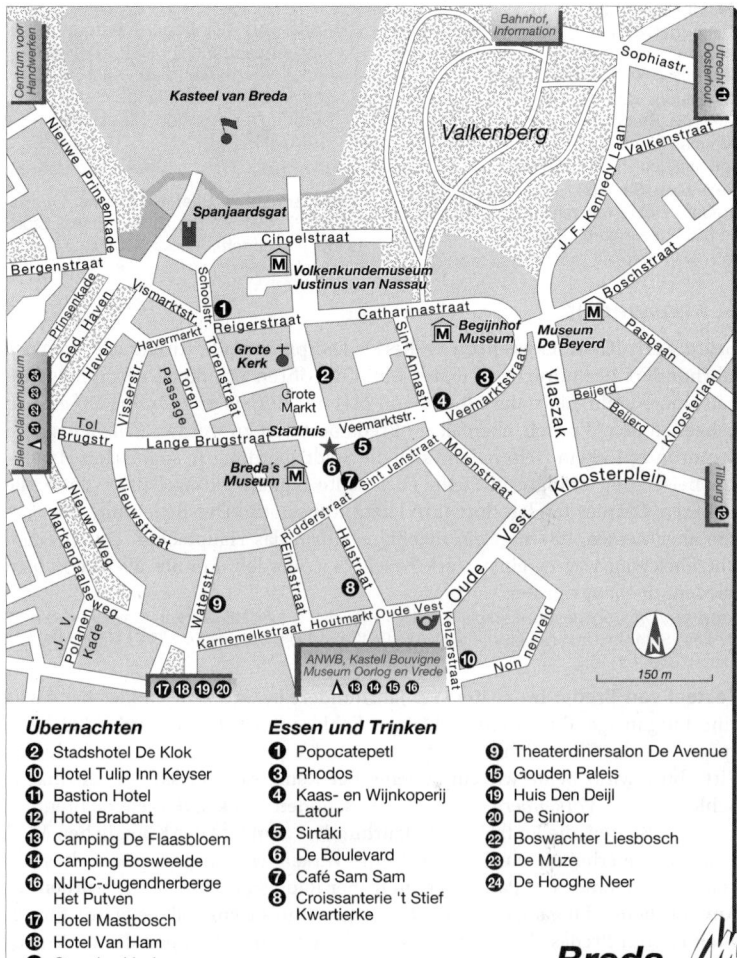

Übernachten

- ❷ Stadshotel De Klok
- ❿ Hotel Tulip Inn Keyser
- ⓫ Bastion Hotel
- ⓬ Hotel Brabant
- ⓭ Camping De Flaasbloem
- ⓮ Camping Bosweelde
- ⓰ NJHC-Jugendherberge Het Putven
- ⓱ Hotel Mastbosch
- ⓲ Hotel Van Ham
- ㉑ Camping Liesbos

Essen und Trinken

- ❶ Popocatepetl
- ❸ Rhodos
- ❹ Kaas- en Wijnkoperij Latour
- ❺ Sirtaki
- ❻ De Boulevard
- ❼ Café Sam Sam
- ❽ Croissanterie 't Stief Kwartierke
- ❾ Theaterdinersalon De Avenue
- ⓯ Gouden Paleis
- ⓳ Huis Den Deijl
- ⓴ De Sinjoor
- ㉒ Boswachter Liesbosch
- ㉓ De Muze
- ㉔ De Hooghe Neer

Breda

Provinz Noord-Brabant Karte S. 554/555

◊◊◊ **De Hooghe Neer (24)**, De Hooghe Neerstraat 1, 4873 LM Etten-Leur, 10 km westlich von Breda, Relais du Centre (siehe Seite 56), Bauernhof mit reetgedecktem Dach und großer Terrasse für kulinarisches Vergnügen unter freiem Himmel, klassische französische Küche, Spezialitäten der Region, Brabanter Erdbeeren, Spargelgerichte, Karte mit mediterranen Einflüssen in den Sommermonaten. Mi-Fr 17-21 Uhr, Sa/ So 12-21 Uhr, Mo/Di Ruhetag, ✆ 076/5031064, www.dehoogheneer.nl.

Gouden Paleis (15), Poolseweg 90, 4818 CD Breda, serviert werden kantonesische Spezialitäten, ✆ 076/5221316.

De Muze (23), Haagweg 299, 4813 XB Breda, Belgien liegt vor der Haustüre, folglich gibt es in Breda auch flämische Spezialitäten, Mo geschlossen, ✆ 076/5223766.

De Boulevard (6), Grote Markt 8, 4811 XR Breda, Eetcafé mit günstigen Tagesgerichten, mehrere Kindermenüs, hin und wieder Livemusik, ℡ 076/5146399.

De Sinjoor (20), Nieuwe Ginnekenstraat 3, 4811 NM Breda, preiswertes Eetcafé, Barbecues, Fondues und wechselnde Fischspezialitäten, ℡ 076/5211199.

Café Sam Sam (7), Grote Markt 2, 4811 XR Breda, Eetcafé mit zahlreichen Tischen auf herrlich "gezelligem" Platz unter freiem Himmel, ℡ 076/5227526.

Kaas- en Wijnkoperij Latour (4), Sint Annastraat 2, 4811 XK Breda (Ecke Veemarktstraat), Käse, Nüsse, Wein, Auswahl landestypischer Mitbringsel aus den Niederlanden, ℡ 076/5147880.

Croissanterie 't Stief Kwartierke (8), Halstraat 32, 4811 HX Breda, Baguettes, Croissants und andere Snacks, ℡ 076/5228493.

Sehenswertes

Grote Kerk (Onze-Lieve-Vrouwe-Kerk): Die prachtvolle Kirche aus dem 14. Jahrhundert beeindruckt in erster Linie mit ihren prunkvoll gestalteten Renaissance-Grabmälern der Grafen von Nassau. *Willem van Oranje* äußerte zu Lebzeiten den Wunsch, ebenfalls in Breda bestattet zu werden. Zur Zeit seiner Ermordung 1584 in Delft befand sich die Stadt allerdings in spanischer Hand – die Beisetzung erfolgte in Delft. Dies sollte Signalwirkung haben, denn alle späteren Oranier fanden dort ihre letzte Ruhestätte. Der Bedeutung der Kirche angemessen, überragt ein mächtiger Turm das Hauptschiff. Durch einen Blitzeinschlag war er einst stark beschädigt worden, konnte allerdings bald wiederaufgebaut werden.

Adresse/Öffnungszeiten Kerkplein, 4811 XR Breda, ℡ 076/5218267. Mai-Oktober Mo-Sa 10-17 Uhr, So 13-17 Uhr; November-April Mo-Fr 10-17 Uhr. Erwachsene 1.75 €, Kinder 1 €, Senioren (Pas65) 1.25 €.

Kasteel van Breda: Im späten 12. Jahrhundert befand sich an gleicher Stelle eine Burganlage, die zu einem kleinen Schloss umgestaltet wurde. 200 Jahre später wurde dieses Schloss abgerissen und neu errichtet. Die einst dunkle Ritterburg wirkt heute wie ein italienischer Renaissancepalast. Der ehemalige Schlossgarten *Valkenberg* bietet einen schönen Blick auf die grachtenumsäumten Bauten, die im frühen 19. Jahrhundert zum Sitz der Königlichen Militärakademie erhoben wurden. Der Name *Valkenberg* erinnert an ein altes Falkenhaus am Rande des Parks, in dem früher Raubvögel abgerichtet wurden.

Am nördlichen Eingang ehrt ein 1905 eingeweihtes Denkmal die ersten fürstlichen Herren Bredas. Auf dem Sockel sind die zwanzig Wappen der umliegenden Gemeinden zu erkennen, darüber thront der stolze Löwe von Nassau mit der Königskrone.

Adresse/Besichtigung Kasteelplein 10, 4811 NM Breda, ℡ 076/5273541. Eine Besichtigung ist nur im Rahmen einer organisierten Führung möglich. Details beim Informationsbüro (VVV).

Kasteel Bouvigne: Das Wasserschloss am südlichen Stadtrand diente als Jagdschloss und Wohnhaus und wurde später ein wichtiger Bestandteil der städtischen Verteidigungslinie. Mittlerweile hat die Westbrabanter Wassergenossenschaft ihren Sitz auf Schloss Bouvigne. Die angegliederten Gartenanlagen sind während der Woche frei zugänglich.

Adresse/Öffnungszeiten Park Bouvignelaan 5, 4836 AA Breda, ℡ 076/5641000. Mo-Fr 9-16 Uhr. Erwachsene/Kinder 1 €.

Spanjaardsgat: Der *Granaattoren* und der *Duiventoren*, die beiden Verteidigungstürme des Spanjaardsgat, sollten 1509 der Verstärkung der Schlossanlage dienen. Das legendäre Tor war zunächst nicht auf dem Wasserweg erreichbar. Der Zugang wurde erst hundert Jahre später möglich, woran sich dann auch Geschichte und Legende scheiden (siehe S. 581). Wahrheit hin, Wahrheit her – das Spanjaardsgat in der Cingelstraat ist in jedem Fall einen Abstecher wert.

Breda's Begijnhof Museum: Das Hofje lag zunächst im direkten Einzugsgebiet des *Kasteel van Breda*, wurde aber während der Schlosserweiterung im 16./17. Jahrhundert an seine heutige Stelle verlegt. Die kleine Kapelle auf dem Gelände des Beginenhofs ist seither das Eigentum der wallonischen Gemeinde Bredas. Die Nonnen durften ihre Toten allerdings weiterhin dort begraben. Mehr als 200 Jahre später erhielten sie schließlich eine eigene Kirche. Die Anlage wird gegenwärtig von allein stehenden älteren Damen bewohnt. In einem der Häuser beleuchtet das kleine Museum das Leben der Beginen und die Geschichte des Beginenhofs. Ein Zimmer ist im Stil einer Wohnkammer des 19. Jahrhunderts eingerichtet.

Adresse/Öffnungszeiten Catharinastraat 29, 4811 XE Breda, ☎ 076/5299300. Mai-Oktober Di-So 12-17 Uhr; November-April So 12-17 Uhr. Erwachsene 1.35 €, Kinder frei.

Stadhuis: Das städtische Rathaus am Grote Markt stammt in seiner heutigen Gestalt aus dem Jahre 1767. In seiner Eingangshalle befindet sich ein Gemälde des berühmten spanischen Malers *Diego Velásquez*. Der Künstler verewigte darauf die Übergabe der Stadt an die spanischen Truppen zu Beginn des niederländisch-spanischen Krieges. Das Werk ist allerdings nur eine gelungene Kopie des kostbaren Originals.

Museum "De Beyerd": In den frühen 80er Jahren eröffnete das *Centrum voor Beeldende Kunst* und organisiert seither Ausstellungen auf dem Gebiet zeitgenössischer Kunst – Architektur, Formgebung (Keramik) und Fotografie bilden dabei die Schwerpunkte. Der große Zuspruch der Öffentlichkeit hat dem Museum mittlerweile einen festen Platz im kulturellen Leben der Stadt beschert.

Adresse/Öffnungszeiten Boschstraat 22, 4811 GH Breda, ☎ 076/5299900. Di-Fr 10-17 Uhr, Sa/So 13-17 Uhr. Erwachsene 3.50 €, Kinder 1.75 €, Senioren (Pas65) 1.75 €, MJK.

Oosterhout
(50.000 Einwohner)

Zahlreiche historische Monumente liefern ein beredtes Bild der Stadtgeschichte, darunter die prachtvollen Landhäuser, die Klosteranlagen im "Heiligen Dreieck" und die mächtige Basilika als herausragendes Beispiel Kempener Gotik.

Die Stadt hat ihren ausgeprägt gemütlichen Charakter bis zum heutigen Tag wahren können, obwohl sich die Einwohnerzahl im Laufe der vergangenen drei Jahrzehnte nahezu verdoppelte. Diese rasante Entwicklung, eine direkte Folge der Ansiedlung mehrerer großindustrieller Betriebe, stagniert zwar mittlerweile, doch steigt dafür die Zahl der Kurzurlauber kontinuierlich an. Zunehmend mehr Menschen entdecken Oosterhout als lohnendes Ausflugsgebiet. Die weiten Flugsandgebiete, Heide- und Polderlandschaften im direkten

Einzugsbereich der Stadt bieten neben den ausgedehnten Waldgebieten ausgezeichnete Möglichkeiten für erholsame Ausflüge in die Natur.

Information/Verbindungen/Adressen

• *Information*   **ANWB/VVV Oosterhout,** Bouwlingplein 1, 4901 KZ Oosterhout, ✆ 0900/2022550, 🖅 0162/431048, Mo 13-18 Uhr, Di-Fr 9.30-18 Uhr, Sa 9.30-17 Uhr, www.vvoosterhout.nl.

• *Bahnverbindungen* nächster Bahnhof in Breda (8 km).

• *Busverbindungen* in Richtung Breda, Gorinchem, Kaatsheuvel, Tilburg.

• *Autovermietung* **Autoverhuur Avis,** De Boedingen 7a, 4906 BA Oosterhout, ✆ 0162/469360; **Autoverhuur Budget,** De Wetering 8, 4906 CT Oosterhout, ✆ 0162/453939 (0800/0537, gratis).

• *Fahrradverleih* **Camping De Katjeskel-**der, Katjeskelder 1, 4904 SG Ooosterhout, ✆ 0162/453539.

• *Einkaufen* Die Geschäfte bleiben in Oosterhout Montagvormittag geschlossen. Am Freitag verschiebt sich der Ladenschluss auf 21 Uhr (Kaufabend). Markttermine: **Wochenmarkt** Di 13.30-17 Uhr, Arkendonk; Mi 13.30-17 Uhr, Zuiderhout; Sa 10-16 Uhr, Heuvel.

• *Krankenhaus* **Ziekenhuis Oosterhout,** Pasteurlaan 9, 4901 DH Oosterhout, ✆ 0162/488000.

• *Schwimmen* **Tropikat,** Katjeskelder 1, 4904 SG Oosterhout, ✆ 0162/433050. Subtropisches Schwimmparadies in der Halle.

• *Taxiruf* ✆ 0162/424000

Übernachten/Essen

• *Übernachten* ****** Golden Tulip Hotel Oosterhout,** Waterlooplein 50, 4901 EN Oosterhout, zentrale Lage, 106 Betten, erste Adresse vor Ort, komfortable Zimmer, alle mit Du/WC, Telefon und TV, spezielle Theaterarrangements. EZ ab 82 €, DZ ab 109 €, ✆ 0162/452003, 🖅 435003.

*** Hotel Oosterhout, Beneluxweg 1, 4904 SJ Oosterhout, einige Kilometer südlich des Stadtzentrums, 152 Betten, saubere Zimmer, freundlicher Service, Fahrstuhl. EZ ab 76 €, DZ ebenfalls (in der Nebensaison deutlich weniger), Frühstück 9.50 €, ✆ 0162/453643, 🖅 434662.

Camping De Katjeskelder, Katjeskelder 1, 4904 SG Oosterhout, A 27 (Utrecht–Breda), Ausfahrt Oosterhout-Zuid, Platz liegt etwa 2,5 km südlich von Oosterhout, Schildern folgen, weit verzweigtes Waldgebiet mit Schatten spendenden Büschen und Hekken, gute Sanitärs, freier Eintritt ins subtropische Schwimmparadies Tropikat, Diskothek, Fahrradverleih, Lebensmittelgeschäft, Wanderhütten (6), geöffnet April-Oktober. Stellplatz (inkl. 4 Pers.) 33.50 €, zus. Person 3 €, Duschen inkl., Fläche 25 ha. ✆ 0162/453539, 🖅 454090, kkinfo@katjeskelder.nl.

Camping Sint Hubertushoeve, Hondstraat 5, 4904 TC Oosterhout, A 27 (Utrecht–Breda), Ausfahrt Oosterhout/Dongen–Schildern folgen, schöner Platz mit ebenen Grasflächen, gute Sanitärs, Fahrradverleih, Lebensmittelgeschäft, Schwimmbad, geöffnet April-Oktober. Stellplatz (inkl. 4 Pers.) 22.50 €, zus. Person 1.90 €, Duschen inkl., Fläche 20 ha. ✆ 0162/453035, 🖅 428580.

• *Essen* **Restaurant 't Koetshuys,** Ridderstraat 86, 4902 AC Oosterhout, französische Küche, gute vegetarische Gerichte, spezielle Kindermenüs, Mo/Di geschlossen, ✆ 0162/450806.

Irodion, Leijsenhoek 6, 4901 ET Oosterhout, Spezialitäten der griechischen Küche, große Auswahl an Grillplatten, Fischteller, empfehlenswerte Hauptgerichte, ✆ 0162/436115.

Labyrint, Klappeijstraat 17, 4901 HD Oosterhout, Steakhouse mit diversen Grillspezialitäten in großer Auswahl, Mo geschlossen, ✆ 0162/433266.

Pannekoekhuis Nijntje, Godfried Schalkenstraat 44, 4921 CS Made, Pfannkuchenhaus wenige Kilometer nordwestlich von Oosterhout am Rande des Biesbosch-Naturparks (kurz vor Ortseingang), kinderfreundliches Ambiente (mit Lesestoff für die Kleinen), 100 Sorten, Terrasse, Di-So 12-20 Uhr, Juli-August auch Mo 12-20 Uhr, ✆ 0162/682220.

Herberg 't Klosterke, Houtse Heuvel 28, 4911 AW Den Hout, wenige Kilometer nordwestlich von Osterhout (Richtung Made), französische Küche im alten Kloster, serviert werden auch Klostermahlzeiten, Mi geschlossen, ✆ 0162/455703.

Sehenswertes

Sint Jansbasiliek: Die Basilika, errichtet im Stil der Brabanter Gotik, zählt zu den ältesten Monumenten der Stadt. Sie stammt aus dem späten 15. Jahrhundert, doch soll sich schon mehrere Jahrhunderte zuvor eine wesentlich kleinere Kirche an gleicher Stelle befunden haben. 1625 zerstörte ein schwerer Brand weite Teile des Hauptschiffs und den Turm. Die Schäden wurden später behoben. Sehenswert sind die farbenprächtigen Glasfenster, in denen zahlreiche Ereignisse der Stadtgeschichte festgehalten sind, beispielsweise der Besuch des niederländischen Königs *Lodewijk Napoleon* 1809, der Oosterhout die Stadtrechte einbrachte. Damals wurde auch die seit der Reformation protestantische Kirche der katholischen Gemeinde zurückgegeben. Anlässlich der Restaurierung der Kirche erhob sie der Papst 1977 zur Basilika.

Adresse/Öffnungszeiten Torenstraat 2, 4901 AB Oosterhout, ✆ 0900/2022550 (VVV). Juni-August Di, Do und Sa 14-16 Uhr. Eintritt frei.

De Blauwe Camer: Die Schlossanlage *Sint Catharinadal* beherbergt seit mehr als 300 Jahren eine der drei städtischen Klostergemeinschaften. Im 17. Jahrhundert mussten die Schwestern des *Norbertinessenordens* aus politischen Gründen ihre alte Heimat Breda verlassen und ließen sich in Oosterhout nieder. Die beiden anderen Glaubensgemeinschaften, die Brüder und Schwestern des Benediktinerordens, leben in der *Sint Paulusabdij* (Hoogstraat 80) bzw. der *Onze Lieve Vrouwe Abdij* (Zandheuvel 90). Letztere verfügt über ein eigenes Gästehaus, in dem man Tage der Ruhe und Besinnung verbringen kann. Das Kloster *Sint Catharinadal* kann nach vorheriger Absprache mit dem Informationsbüro (VVV) in Gruppen besichtigt werden.

Adresse/Öffnungszeiten Sint Catharinadal, Kloosterdreef 3, 4901 KA Oosterhout, ✆ 0162/455556. Erwachsene/Kinder 5 € (leider nur an wenigen Tagen des Jahres).

Speelgoedmuseum Op Stelten: Die Ausstellung bietet eine große Auswahl alter Spielzeuge, die vornehmlich aus dem 19./20. Jahrhundert stammen: Blechspielzeuge, Dampfmaschinen, Holzbaukästen, Musikinstrumente, Puppenhäuser sowie eine Sammlung alter Gesellschaftsspiele. Das Ganze ging 1980 aus der Privatsammlung *Wim Heemskerk* hervor und gilt seither als eine der bedeutendsten Sehenswürdigkeiten der Stadt.

Adresse/Öffnungszeiten Sint Vincentiusstraat 86, 4901 GL Oosterhout, ✆ 0162/452815. Mi-So 13-17 Uhr. Erwachsene 3.40 €, Kinder 1.50 €, Senioren (Pas65) 2.50 €.

Brabants Museum Oud Oosterhout: Der Open-Air-Park lockt mit Miniaturbauten alter Oosterhouter Häuser aus der Zeit um 1900. Das angeschlossene Binnenmuseum befasst sich mit traditionellen Handwerken.

Adresse/Öffnungszeiten Bredaseweg 129, 4904 SB Oosterhout, ✆ 0162/426815. April-Oktober Di-So 10-17 Uhr; November-März So 11-17 Uhr (nur Binnenmuseum). Erwachsene 3.25 €, Kinder 1.75 €, Senioren (Pas65) 2.75 €.

Geertruidenberg (21.000 Einwohner)

Die altholländische Festungsstadt – die Anlagen nördlich und westlich der Stadt sind vollständig intakt – besitzt zahlreiche Bauwerke vergangener Jahrhunderte, die in liebevoller Kleinarbeit restauriert wurden und in altem Glanz erstrahlen. Insbesondere der historische Markt vermittelt einen Eindruck der einstigen Bedeutung der Stadt als wichtiges regionales Handelszentrum. Hinter einem der sehenswerten Treppengiebel des 16. Jahrhunderts lockt die **Stedelijke Oudheidkamer De Roos** mit Maquetten und archäologischen Funden aus der Region. Das Museum ist in einem der sehenswerten historischen Gebäude am alten Markt untergebracht, der von 200-jährigen Linden eingerahmt wird.

Einen Abstecher verdient die in den Sommermonaten zugängliche *Geertruidskerk* aus dem 15. Jahrhundert. Sehenswert sind darüber hinaus die *Hoofdwacht* und die *Marktkazerne*, deren Fensterpartien mit schönen Rundbögen überzogen sind. Die Fassade des *Arsenaal* aus dem 18. Jahrhundert ist mit Trophäen und Wappen verziert.

• *Information* **VVV Geertruidenberg**, Markt 46, 4931 BT Geertruidenberg, ✆ 0162/517689, 🖰 517689, www.geertruidenbergdigitaal.com. Mai-September Mo-Sa 10.30-16.30 Uhr, So 11.30-16.30 Uhr.

• *Adressen/Öffnungszeiten* **Stedelijke Oudheidkamer De Roos**, Markt 46, 4931 BT Geertruidenberg, ✆ 0162/517689, Mai-August täglich 10.30-16.30 Uhr; September-April So 13-17 Uhr. Eintritt: freiwilliger Beitrag, www.brabantmuseumland.nl.

• *Taxiruf* ✆ 0162/682730

• *Essen* **Restaurant Het Weeshuys**, Markt 52-56, 4931 BT Geertruidenberg, man speist in einer ehemaligen Kirche, 1435 zum Lazarett umfunktioniert, 1512 zum Proviantspeicher, 1640 zum (namensgebenden) Waisenhaus, 1986 zum (heutigen) Gasthaus, ✆ 0162/513698.

Willemstad   (2.500 Einwohner)

Die am östlichen Rand des Haringvliet gelegene Festungsstadt trägt den Namen von *Willem van Oranje*. Der "Vater des Vaterlandes" hatte 1583 angeordnet, das ehemalige Deichdorf *Ruigenhil* zur Festung auszubauen – *Willem's Stad*. Heute trägt Königin *Beatrix* den Titel "Vrouwe van Willemstad". Die sternförmig angelegten Verteidigungsanlagen ähneln stark denen im nordholländischen Naarden. Das Stadtzentrum hat eine Reihe sehenswerter Baudenkmäler aufzuweisen, darunter mit der achteckigen **Koepelkerk** eine der ersten protestantischen Kirchen der Niederlande.

• *Information* **VVV Willemstad**, Hofstraat 1, 4797 AC Willemstad. Mo-Fr 9-12.15 Uhr, Mai-September auch Sa 11-16 Uhr. ✆ 0168/476055, 🖰 476054, www.vvvwillemstad.nl.

• *Adresse/Öffnungszeiten* **Koepelkerk** (mitten im alten Stadtkern), April-September Di und Do/Fr 14-15 Uhr. Erwachsene 2 €, Kinder 1 €.

• *Taxiruf* ✆ 0168/473100

Bergen op Zoom   (48.000 Einwohner)

Die Stadt ist ein Paradies für Wassersportler. Die östlichen Ausläufer der Oosterschelde bieten gute Bedingungen zum Schwimmen, Segeln und Surfen. Die ausgedehnten Wasserpartien der Nachbarprovinz Zeeland liegen im städtischen Umfeld.

Im Gegensatz zu anderen Städten der Niederlande blieb Bergen op Zoom im Zweiten Weltkrieg weitgehend unbeschadet. Die Bewohner danken dem Schicksal alljährlich im Juni mit dem traditionellen *Maria-Ommegang*. Die Liebfrauenprozession zählt zu den bedeutendsten Ereignissen des Jahres.

Die Stadt nahe der belgisch-niederländischen Grenze erweist sich als ein geeigneter Ausgangspunkt für einen Ausflug in die flämische Metropole Antwerpen. Hat man nur wenig Zeit, sollte man den Kirchturm der *Grote Kerk* ins Visier nehmen – Antwerpen im Kleinstformat, allerdings nur bei gutem Wetter.

Die Austern- und Hummerzucht stellt neben dem großflächigen Anbau von Erdbeeren und Spargel die bedeutendste Einkommensquelle der Stadt dar. Das Wasser spielt folglich auch im wirtschaftlichen Bereich die wichtigste Rolle in Bergen op Zoom.

Information/Verbindungen/Adressen

• *Information*   **VVV Bergen op Zoom**, Stationsstraat 4, 4611 CC Bergen op Zoom, ☎ 0900/2020336, 🖷 0164/246031, www.vvvboz.nl. Mo 12-17.30 Uhr, Di-Fr 9-17.30 Uhr, Sa 9-17 Uhr.
ANWB Bergen op Zoom, Koninklijke Nederlandse Toeristenbond, Arnoldus Asselbergsstraat 13-15, 4611 CL Bergen op Zoom, ☎ 0164/243850, 🖷 242599.

• *Bahnverbindungen* 1-2x stündl. nach Amsterdam (Dauer: 120 Min.), 1-2x stündl. Middelburg (40 Min.), 1-2x stündl. Rotterdam (50 Min.), 1-2x stündl. Zwolle (180 Min.).

• *Fährverbindungen* **Bergen op Zoom – Tholen** (Fährschiff MS Frisia-3) Abfahrt Bergen op Zoom: Juli/August Fr 14 Uhr und 16.10 Uhr. Abfahrt Tholen: Juli/August Fr 12.30 Uhr und 15 Uhr. Zwischenstopp auf den Speelmansplaten. Rückfahrkarte: Erwachsene 9 €, Kinder 6 €, Fahrrad 2 €. Einfache Fahrt: Erwachsene 5 €, Kinder 3.50 €, Fahrrad 2 €. Fahrtdauer: 30-75 Min. Kapazität: 170 Personen, 30 Fahrräder. Information: ☎ 06/53470330.

• *Autovermietung* **Autoverhuur Budget**, Bredasestraat 25, 4611 CE Bergen op Zoom, ☎ 0164/266066 (0800/0537, gratis); **Autoverhuur Brabant Lease**, Moleneind 25, 4641 SB Ossendrecht, ☎ 0164/235919.

• *Fahrradverleih* **Rijwielshop Station**, Stationsplein 2, 4611 BX Bergen op Zoom, ☎ 0164/235732.

• *Einkaufen*   Die Geschäfte bleiben in Bergen op Zoom Montagvormittag geschlossen. Am Freitag verschiebt sich der Ladenschluss auf 21 Uhr (Kaufabend). Markttermine: **Wochenmarkt** Do 9-16 Uhr, Gedempte Haven; **Pflanzen, Obst und Gemüse** Sa 10-16 Uhr, Thaliaplein.

• *Krankenhaus* **Ziekenhuis Lievensberg**, Boerhaaveplein 1, 4624 VT Bergen op Zoom, ☎ 0164/278000.

• *Kinderbauernhof* **'t Appeltje**, Balsedreef 5, 4623 RA Bergen op Zoom, ☎ 0164/257949. Di-So 10-22 Uhr. Eintritt frei.

• *Taxiruf* ☎ 0164/246000

Übernachten/Essen

• *Übernachten* ****** Hotel Mercure De Draak**, Grote Markt 36-38, 4611 NT Bergen op Zoom, 140 Betten, zentrale Lage, die erste Adresse vor Ort, angeblich das älteste Hotel der Niederlande (anno 1397), komfortable Zimmer. EZ ab 113 €, DZ ab 125 € (die Hochsaisonpreise liegen deutlich höher), ☎ 0164/252040, 🖷 257001.
*** Hotel Tulip Inn De Schelde, Antwerpsestraat 56, 4611 AK Bergen op Zoom, 146 Betten, etwas südlich der Innenstadt gelegen, alle Zimmer mit Du/WC, Telefon und TV. EZ ab 55 €, DZ ab 75 €, ☎ 0164/265265, 🖷 266524, info@tulipinndeschelde.nl.
** Hotel De Lantaarn, Bredasestraat 8, 4611 CG Bergen op Zoom, etwa 5 Min. zu Fuß vom Bahnhof, kleines Haus mit nur 18 Betten, sehr einfach. EZ ab 40 €, DZ 60 €, ☎ 0164/236488, 🖷 246879.

NJHC-Jugendherberge Klavervelden, Boslustweg 1, 4624 RB Bergen op Zoom, ganzjährig geöffnet. 176 Betten, Viererzimmer (8), Sechserzimmer (12), Sechser-Ferienwohnung (12). Übernachtung im Schlafsaal inkl. Frühstück 18-20 € (je nach Saison), ☎ 0164/233261, 🖷 239133, bergenopzoom@njhc.org.
Camping De Heide, Bemmelenberg 12, 4614 PG Bergen op Zoom, A 58 (Roosendaal – Bergen op Zoom), Ausfahrt Bergen op Zoom, Schildern folgen, ruhige Lage in weitem Waldgebiet, akzeptable Sanitärs, Fahrradverleih, Lebensmittelgeschäft, Schwimmbad, geöffnet April-September. Stellplatz (inkl. 2 Pers.) 12.50 €, zus. Person 2.65 €, Duschen 0.45 €, Fläche 11 ha. ☎ 0164/235659, 🖷 254377, info@campingdeheide.nl.
Camping Uit & Thuis, Heimolen 56, 4625 DD Bergen op Zoom, A 58 (Roosendaal –

Bergen op Zoom), Ausfahrt 29 (Bergen op Zoom/Huijbergen), waldreiche Lage, einfache Sanitärs, Fahrradverleih, Lebensmittelgeschäft, geöffnet März-Oktober. Stellplatz (Auto und Zelt) 7 €, Person 2.50 €, Duschen 0.50 €, Fläche 8 ha. ✆ 0164/233391.

• *Essen*   **Restaurante Il Maccherone**, Korte Bosstraat 9, 4611 MA Bergen op Zoom, einfaches italienisches Restaurant, die Fischernetze im Fenster sollen offenbar die Gäste einfangen, Fleischgerichte, Pasta und Pizzen, ✆ 0164/244157.

Indrapoera, Grote Markt 29, 4611 NT Bergen op Zoom, zentrale Lage, chinesische Küche mit Schwerpunkt auf kantonesischen Speisen, ✆ 0164/253261.

◊◊◊ **Moerstede**, Vogelenzang 5, 4614 PP Bergen op Zoom, Relais du Centre (siehe Seite 56), Variationen der französischen Haute Cuisine, 4-Gänge-Menü *Relais du Centre* (42.50 €, inkl. Weinarrangement). ✆ 0164/258800, www.moerstede.nl.

Croissanterie Délifrance, Zuivelstraat 13, 4611 PD Bergen op Zoom, Kleinigkeiten zum Mitnehmen, Baguettes, Broodjes und Croissants, ✆ 0164/265037.

Sehenswertes

Grote Kerk (Sint Gertrudiskerk): Eine traurige Geschichte, denn kurz vor Abschluss der Restaurierung der aus dem 14. Jahrhundert stammenden Kirche brannte das Bauwerk 1972 fast gänzlich aus. Der Wiederaufbau nahm mehrere Jahre in Anspruch. Mittlerweile dominiert der imposante Turm ganz wie in alten Zeiten die städtische Silhouette. Der Volksmund nennt ihn *Peperbus* (Pfefferbüchse) – das markante Äußere dürfte die Ursache sein. Der Blick von oben reicht bei gutem Wetter bis nach Antwerpen.
Adresse/Öffnungszeiten Grote Markt, 4611 AB Bergen op Zoom, ✆ 0900/2020336 (VVV). Mai-September Di-Sa 13-16.30 Uhr. Erwachsene/Kinder 1.20 €.

Stadhuis: *Mille periculis supersum* ("Ich überstehe tausend Gefahren") – dieser Satz prangt an einem Giebel des Rathauses und erinnert an die schweren Zeiten des niederländisch-spanischen Kriegs. Der Komplex, der im 15. Jahrhundert konzipiert wurde, setzt sich aus den beiden Gebäuden *Huis Leeuwenborch* und *Huis Olifant* sowie dem *Schöffenhaus* zusammen. Im Foyer des Hauptgebäudes hängen Familienwappen angesehener Persönlichkeiten.
Adresse/Öffnungszeiten Grote Markt, 4611 NT Bergen op Zoom, ✆ 0900/2020336 (VVV). Mai-September Mo-Do und Sa 13-16.30 Uhr. Erwachsene/Kinder 1.20 €.

Lievevrouwepoort: Das im späten 14. Jahrhundert als wichtiger Bestandteil der mittelalterlichen Festungsanlagen erbaute Stadttor in der Lieve Vrouwestraat verlor nach wenigen Jahrzehnten seine anfängliche Bedeutung, als man es zum städtischen Gefängnis ausbaute. Der Oberbau des *Gevangenpoort* mit sehenswerten Ecktürmchen und Treppengiebeln stammt noch aus dieser Zeit.

Gemeentemuseum Het Markiezenhof: Der im frühen 16. Jahrhundert erbaute Markiezenhof diente einst den Markgrafen von Bergen op Zoom als Residenz. In der ersten Hälfte des 20. Jahrhunderts beanspruchte die königlich-niederländische Armee das Anwesen als Kaserne. Mittlerweile ist der gesamte Komplex, der sich um drei Innenhöfe erstreckt, zugänglich. Die Sammlungen umfassen Gemälde, Möbel, Plastiken, Porzellan und einige wertvolle Wandteppiche.
Adresse/Öffnungszeiten Steenbergsestraat 8, 4611 TE Bergen op Zoom, ✆ 0164/242930, www.markiezenhof.nl. April-September Di-So 11-17 Uhr; Oktober-März Di-So 14-17 Uhr. Erwachsene 2.30 €, Kinder 1.60 €, Senioren (Pas65) 1.60 €, MJK.

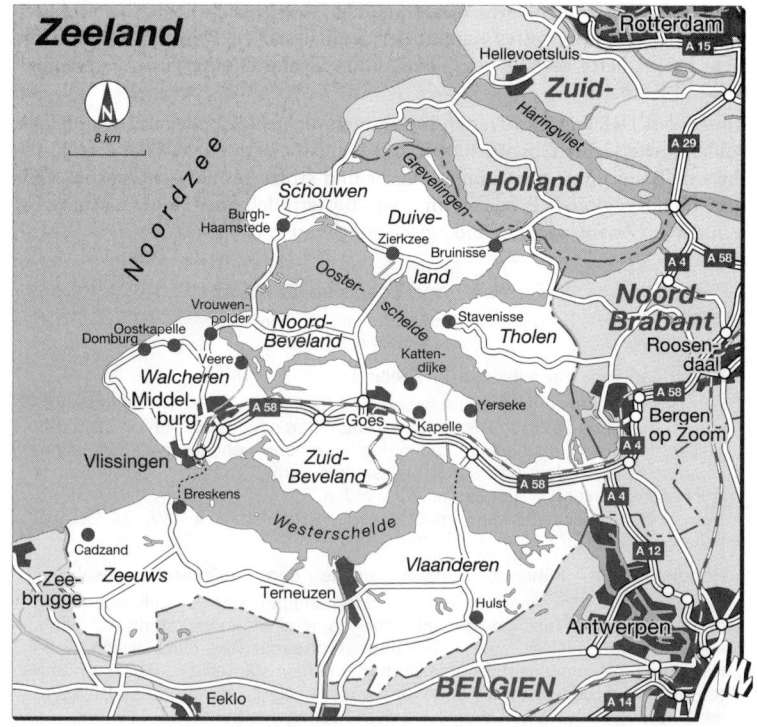

Provinz Zeeland

Die Provinz Zeeland, im Mündungsdelta von Maas, Rijn und Schelde gelegen, unterteilt sich in die Regionen **Schouwen-Duiveland**, **Tholen**, **Noord-** und **Zuid-Beveland**, **Walcheren** und **Zeeuwsch-Vlaanderen**. Mehrfach verwüsteten Sturmfluten das weitgehend unter dem Meeresspiegel liegende Land. Alleine die Katastrophe des Jahres 1953 forderte mehr als 1.800 Menschenleben, als die Deiche den fast fünf Meter hohen Fluten nicht länger standhalten konnten. Man beschloss damals den Bau eines komplexen Systems aus Dämmen, Deichen und Schleusen (Deltaplan), das die Küstenlinie schließlich um mehrere hundert Kilometer verkürzen sollte. Die Niederländer stellten ihre hohe Wasserbaukunst eindrucksvoll unter Beweis, indem sie das Meer weitgehend in seine Schranken verwiesen.

Im Sommer wird die zeeländische Nordseeküste von Touristenscharen aus Deutschland förmlich überschwemmt. Badeorte wie **Breskens**, **Cadzand**, **Domburg** oder **Oostkapelle** füllen sich über Wochen mit sonnenhungrigen Badegästen, die die weitläufigen Sandstrände bevölkern. Der Andrang hat seine Berechtigung, denn die Küstenstreifen genügen den höchsten Ansprüchen.

Die regelmäßig kontrollierte Wasserqualität ist erfreulich hoch. Die sauberen Strände gelten als größtes Kapital der sympathischen Provinz, deren Name nicht besser hätte gewählt sein können. Ein idealer Ort für einen Familienurlaub mit Kindern.

Hinter den Deichen und Dünen bestimmen dicht bewachsene Binnendeiche, Polder sowie kleine Obstplantagen und Waldstücke das Bild. Hier lassen sich einsame Bauernhöfe, verträumte Dörfer und stolze Mühlen entdecken. Viele Höfe bieten regionale Produkte an – von Buttermilch oder Honig bis zu selbst gemachter Marmelade oder biologisch angebautem Gemüse.

Bureau voor Toerisme Zeeland

Nieuwe Burg 42, 4331 AH Middelburg, ✆ 0118/659965, 📠 659966, www.vvvzeeland.nl.

Niederländische Sprachkurse in Zeeland

Sprachlich interessierte Urlauber haben die Möglichkeit, an einem Einführungskurs in die niederländische Sprache teilzunehmen. Die Kurse richten sich speziell an deutsche Urlaubsgäste, die in den Unterrichtseinheiten typische Feriensituationen behandeln und somit praxisnahes Lernen möchten. Das Angebot soll in naher Zukunft weiter ausgebaut werden.
Information: Toeristisch Centrum Oranjezon, Schoolstraat 4, 4356 BX Oostkapelle, ✆ 0118/581507.

Rondje Pontje – Fährverbindungen zwischen den zeeländischen Inseln

Die zeeländischen Inseln in der Scheldemündung waren jahrhundertelang durch ein dichtes Netz von Fährverbindungen miteinander verknüpft. Auf Fischkuttern, Frachtschiffen oder Kabelfähren führte die Reise ins zeeländische Hinterland mit seinen verträumten Dörfern und Kleinstädten. Die Boote verkehrten bis in die 50er Jahre, danach wurden die Inseln im Rahmen des Deltaprojekts durch Brücken und Dämme mit dem Festland verbunden. Erst in den vergangenen Jahren wurden die Fährverbindungen für touristische Zwecke reaktiviert. Seither nutzen viele Radfahrer und Wanderer die Möglichkeit, in der Saison auf einer der Fähren von Ufer zu Ufer überzusetzen und so attraktive Streifzüge durch Zeeland zu unternehmen. Mittlerweile wurde sogar die Anbindungen an den Rotterdamer Ballungsraum (die historisch bedeutsamen Strecken zwischen den Ortschaften Hellevoetsluis und Middelharnis sowie Oude Tonge, Benedensas und Steenbergen) wieder in Betrieb genommen. Eine Übersicht bietet der *Almanak van de Zeeuwse Pontjes*, eine sehr informative kleine Broschüre im Westentaschenformat für nur 1.80 €.
Information: Bureau voor Tourisme Zeeland (Stichwort Fiets een Rondje met een Pontje), Nieuwe Burg 42, 4331 AH Middelburg, ✆ 0118/659984, 📠 659966, vvvzld@zeelandnet.nl.

Hellevoetsluis–Middelharnis (Fährschiff MS De Ondernemimg)

Abfahrt Hellevoetsluis: Juli/August So-Do 10, 12 und 16 Uhr. Abfahrt Middelharnis: Juli/August So-Do 11, 13 und 17 Uhr. Einfache Fahrt: Erwachsene 5 €, Kinder 2.50 €, Fahrrad frei. Fahrtdauer: 45-60 Min. Kapazität: 75 Personen, 75 Fahrräder. *Information*: ✆ 06/51200389, www.de-atol.nl.

Oude Tonge–Benedensas–Steenbergen (Fährschiff MS Sun-Bear)

Abfahrt Oude Tonge: Juli/August Sa-Mi 10.45 und 16 Uhr. Abfahrt Steenbergen: Juli/August Sa-Mi 9.30 und 14 Uhr. Rückfahrkarte: Erwachsene/Kinder 11.35 €, Fahrrad frei. Einfache Fahrt: Erwachsene/Kinder 7.90 €, Fahrrad frei. Fahrtdauer: 45-60 Min. Kapazität: 40 Personen, 40 Fahrräder. *Information*: ✆ 06/53628517.

In der Oosterschelde mischt sich das Salzwasser der Nordsee mit dem Süßwasser der Zuflüsse. Diesem Zusammenwirken und dem "ewigen Kampf" zwischen Land und Wasser verdankt Zeeland seine einmalige Flora und Fauna. Surfer finden auf dem *Grevelingenmeer*, dem größten Salzwasser-Binnensee Europas, und – vor allem – auf dem *Veerse Meer* ideale Bedingungen. Auf beiden Gewässern sind darüber hinaus Bahnen für Wasserskifahrer markiert, und Taucher können in allen Binnenseen eine außergewöhnliche Unterwasserwelt erkunden.

Region Schouwen-Duiveland

(Zierikzee, Burgh-Haamstede, Renesse, Bruinisse)

Der nördlichste Teil der Provinz wurde durch die Umsetzung des Deltaplans fest in das Geflecht der umliegenden Landschaften eingebunden: Eine Brücke und drei Dämme verbinden Schouwen-Duiveland mit dem Rest der Niederlande. Die *Zeelandbrug* und der Weg über das Sturmflutwehr in der Oosterschelde schufen einen Zugang zu den südlicheren Gefilden der Provinz, während im Norden der *Brouwersdam*, der *Grevelingendam* und der weiter östlich gelegene *Philipsdam* die Isolation der ehemaligen Insel beendeten. Das *Grevelingenmeer*, der größte Salzwassersee Europas, gilt als beliebtes Windsurfparadies. Die breitesten Strände auf Schouwen-Duiveland erstrecken sich in der *Westhoek*, einem 1.000 ha großen Dünen- und Waldgebiet im westlichsten Zipfel der Region, auf einer Länge von 15 km. Hier liegen populäre Badeorte wie **Burgh-Haamstede** oder **Renesse**, die zu den beliebtesten zeeländischen Reisezielen zählen. Im Hinterland haben neben **Zierikzee**, der größten Stadt der Region, mehrere ländliche Ortschaften wie **Brouwershaven**, **Bruinisse** oder **Dreischor** ihren alten Charakter bewahren können. Die Wiederherstellung der Küstenbefestigung nach der Hochwasserkatastrophe der 50er Jahre hinterließ hinter den Deichen von **Ouwerkerk** und **Schelphoek** nahe **Serooskerke** einen großen Binnensee, an dessen Ufern sich schöne Waldgebiete mit reicher Flora und Fauna finden, in der zahlreiche Wasservögel heimisch geworden sind.

Rondje Pontje: Fährverbindungen Schouwen–Duiveland

Zierikzee–Wemeldinge (Fährschiff MS Hector)

Abfahrt Zierikzee: Juli/August Mo-Fr 11.30 und 15.30 Uhr. Abfahrt Wemeldinge: Juli/August Mo-Fr 9.30 und 13.30 Uhr. Rückfahrkarte: Erwachsene 13 €, Kinder 8 €, Fahrrad 3 €. Einfache Fahrt: Erwachsene 8 €, Kinder 5 €, Fahrrad 2 €. Fahrtdauer: 75-90 Min. Kapazität: 40 Personen, 40 Fahrräder. Information: ✆ 06/55732410.

Zierikzee–Sophiahaven (Fährschiff MS Frisia-3)

Abfahrt Zierikzee: Juli/August Mo, Mi, Do 10.15 und 14 Uhr. Abfahrt Sophiahaven: Juli/August Mo, Mi, Do 11.45 und 15.30 Uhr. Rückfahrkarte: Erwachsene 9 €, Kinder 6 €, Fahrrad 2 €. Einfache Fahrt: Erwachsene 5 €, Kinder 3.50 €, Fahrrad 2 €. Fahrtdauer: 90 Min. Kapazität: 170 Personen, 30 Fahrräder. Information: ✆ 06/53470330.

Zijpe–Anna Jacobapolder (Fährschiff MS Eendracht)

Abfahrt Zijpe: Juli/August Di-So 9.30-16.30 Uhr (jeweils zur vollen Stunde). Abfahrt Anna Jacobapolder: Juli/August Di-So 10-17 Uhr (jeweils zur vollen Stunde). Einfache Fahrt: Erwachsene 2.50 €, Kinder 1.50 €, Fahrrad frei. Fahrtdauer: 15 Min. Kapazität: 30 Personen, 30 Fahrräder. Information: ✆ 06/22517136.

Den Osse–Slikken van Flakkee (Fährschiff MS Leja)
Abfahrt Den Osse: Juli/August Mo-Sa 9.30, 12.30 und 15.30 Uhr (im Juli samstags keine Fahrten). Abfahrt Slikken van Flakkee: Juli/August Mo-Sa 11, 14 und 17 Uhr (im Juli samstags keine Fahrten). Rückfahrkarte: Erwachsene 9 €, Kinder 6 €, Fahrrad frei. Einfache Fahrt: Erwachsene 6 €, Kinder 4 €, Fahrrad frei. Fahrtdauer: 60 Min. Kapazität: 100 Personen, 50 Fahrräder. Information: ☏ 06/51931536.

Burghsluis–Colijnsplaat (Fährschiff MS Breeveertien)
Abfahrt Burghsluis: Juli/August Mo-Fr 9.30 und 13.45 Uhr, So 11.30 und 15 Uhr. Erwachsene 7 €, Kinder 4.50 €, Fahrrad 1.50 €. Fahrtdauer: 90 Min. Kapazität: 75 Personen, 60 Fahrräder. Information: ☏ 06/53535297.

Colijnsplaat–Zierikzee (Fährschiff MS Breeveertien)
Abfahrt Colijnsplaat: Juli/August Mo-Fr 11.15 und 15.30 Uhr, So 13.15 und 16.45 Uhr. Erwachsene 4 €, Kinder 2.50 €, Fahrrad 1.50 €. Fahrtdauer: 45 Min. Kapazität: 75 Personen, 60 Fahrräder. Information: ☏ 06/53535297.

Zierikzee–Burghsluis (Fährschiff MS Breeveertien)
Abfahrt Zierikzee: Juli/August Mo-Fr 12.15 und 16.30 Uhr. Erwachsene 7 €, Kinder 4.50 €, Fahrrad 1.50 €. Fahrtdauer: 75 Min. Kapazität: 75 Personen, 60 Fahrräder. Information: ☏ 06/53535297.

Die drei Streckenabschnitte Burghsluis–Colijnsplaat, Colijnsplaat–Zierikzee und Zierikzee–Burghsluis können problemlos zu einer Rundtour kombiniert werden. Erwachsene 13 €, Kinder 8.50 €, Fahrrad 2.50 €.

Zierikzee

(10.000 Einwohner)

Der malerische Ort steht seit Mitte der 60er Jahre unter Denkmalschutz. Nahezu 600 Monumente sind auf der offiziellen Liste der Baudenkmäler verzeichnet.

Alte Überlieferungen berichten von einem gewissen Zierik, der 849 mit seinem Kanu in der Region strandete und als Gründer der heutigen Stadt gilt. Auf dem Höhepunkt ihres Wohlstands planten die Stadtväter im 15. Jahrhundert den Bau eines 200 m hohen Kirchturms, doch versank die Handelsflotte im Sturm. Der Wohlstand versiegte, der Turm wurde nie vollendet. Sogar zum Abriss baufällig gewordener historischer Monumente fehlten die Mittel – eine aus heutiger Sicht erfreuliche Misere.

Es wäre wenig sinnvoll, einzelne Monumente hervorzuheben, seien es die drei Stadttore als Reste früherer Verteidigungsanlagen oder die Patrizier- und Regentenhäuser am Hafen. Die architektonischen Höhepunkte verteilen sich gleichmäßig auf die ganze Stadt, sodass der Besucher die Reize der Stadt der Patrizier und Piraten schnell erkennen wird.

Information/Verbindungen/Adressen

● *Information* **VVV Zierikzee**, Meelstraat 4, 4301 EC Zierikzee, ☏ 0111/412450, 🖷 417273, www.vvvschouwenduiveland.nl. Mo-Fr 11-18 Uhr, Sa 11-15 Uhr.
● *Bahnverbindungen* nächster Bahnhof in Goes (25 km).
● *Busverbindungen* in Richtung Goes (via Zeelandbrug).

● *Fahrradverleih* **Tweewielers Jonge**, Weststraat 5-7, 4301 BW Zierikzee, ☏ 0111/412115.
● *Einkaufen* Die Geschäfte bleiben in Zierikzee Montagvormittag geschlossen. Am Donnerstag verschiebt sich der Ladenschluss auf 21 Uhr (Kaufabend). Markttermin: **Wochenmarkt** Do 9-16 Uhr, Havenplein.

● *Kinderbauernhof* **De Punt**, Scheldestraat 3-5, 4301 VA Zierikzee, ☎ 0111/417179. April-September Mo-Mi 9-17 Uhr, Do-Fr 9-16 Uhr, Sa 10-16 Uhr, So 13-16 Uhr; Oktober-März Mo-Fr 9-16 Uhr, Sa 10-16 Uhr, So 13-16 Uhr. Eintritt frei.

● *Krankenhaus* **Zweedse Rode Kruis Ziekenhuis**, Koning Gustaafweg 2, 4301 NP Zierikzee, ☎ 0111/430000.

● *Mühlen* **Molen De Hoop** (1874), Lange Nobelstraat 43, 4301 HD Zierikzee, ☎ 0111/416700. Sa 9-16 Uhr. Eintritt frei.

● *Segeln* **Zeilvloot De Zeeuwse Stromen**, Nieuwe Bogerdstraat 7, 4301 CV Zierikzee, ☎ 0111/415830, ✆ 416557, www.zeilvlootdzs.nl. Segeltouren auf historischen Frachtseglern unter Leitung eines erfahrenen Skippers im Juli/August täglich 13.30-16.30 Uhr, Erwachsene 12.50 €, Kinder 8 €, Senioren (Pas65) 8 € (Segeltörn auf der Oosterschelde).

● *Senffabrik* **Mosterdfabriekje d'Hooge Molen**, Hem 15, 4301 JL Zierikzee, ☎ 0111/415391. Senfspezialitäten und deren Herstellung. Juli/August Di-Sa 13-16 Uhr. Eintritt frei.

● *Taxiruf* ☎ 0111/416000

Übernachten

** **Hotel De Driekoningen**, Driekoningenlaan 9, 4301 HK Zierikzee, freundliche Besitzerin, einfache Zimmer mit sehr sauberen Sanitärs. EZ ab 35 €, DZ ab 50 €, ☎ 0111/412323, ✆ 412323.

Camping Zierikzee, Grote Zelkeweg 10, 4301 LJ Zierikzee, einziger großer Campingplatz vor Ort, einfache sanitäre Anlagen, geöffnet April-September. Person 2.75 €, Zelt 2.75 €, Auto 2.75 €, ☎ 0111/412846.

Mini-Camping De Toren, Eerste Wegje 2, 4301 SL Zierikzee, geöffnet April-Oktober. Person 2.50 €, Zelt 2.50 €, Auto 5 €, Duschen 0.50 €, Fläche 0,5 ha. ☎ 0111/412308, campingdetoren@zonnet.nl.

Mini-Camping Kloet, Eerste Wegje 3, 4301 SL Zierikzee, geöffnet April-Oktober. Stellplatz (Auto und Zelt) 8 €, Person 3 €, Duschen inkl., Fläche 2 ha. ☎ 0111/414214, famkloet@zeelandnet.nl.

Mini-Camping De Val, Straalweg 5, 4301 RB Zierikzee, geöffnet April-Oktober. Person 2.75 €, Zelt 2.50 €, Auto 2.60 €, Duschen inkl., Fläche 0,5 ha. ☎ 0111/413429, ✆ 420752.

Mini-Camping Gouwe Veer, Gouweveerseweg 1, 4301 RP Zierikzee, geöffnet April-Oktober. Person 2.50 €, Zelt 4.75 €, Duschen inkl., Fläche 0,5 ha. ☎ 0111/420732, ✆ 420732, joh.vdw@zeelandnet.nl.

Mini-Camping Weyde Line, Oudepolderdijk 8, 4306 PL Zierikzee, geöffnet April-Oktober. Person 2.50 €, Zelt 1.85 €, Auto 1.20 €, Duschen 0.45 €, Fläche 1 ha. ☎ 0111/414193, ✆ 414193, cl.steendijk@hetnet.nl.

Essen

De Zeeuwsche Herberghe, Havenpark 2, 4301 CD Zierikzee, hervorragende Fisch- und Muschelgerichte zu angemessenen Preisen, Spezialität sind darüber hinaus Spareribs, ☎ 0111/414118.

De Drie Morianen, Kraanplein 12, 4301 CH Zierikzee, Fisch- und Fleischgerichte, leckere "Zeeuwse Mosselen", wechselnde Monatsmenüs, außerhalb der Saison Di geschlossen, ☎ 0111/412931.

Restaurant China Garden, Verrenieuwstraat 11, 4301 HX Zierikzee, Gerichte der chinesischen Küche, großes Restaurant mit umfangreicher Karte, preiswerte Hauptgerichte, ☎ 0111/412288.

't Zeeuwsche Pannenkoekenhuis, Appelmarkt 6, 4301 CA Zierikzee, Pfannkuchen in reichlicher Auswahl oder einfach nur eine Tasse Kaffee mit gutem Gebäck, So geschlossen, ☎ 0111/416179.

Eetcafé Marktzicht, Havenplein 12, 4301 CB Zierikzee, Grillspezialitäten, Fisch und Fleisch, Kaffee mit Gebäck, Mi geschlossen, ☎ 0111/415195.

Veranstaltung

Historische Spelen Zierikzee: Die Stadt steht für Tage im Zeichen großer Freilichttheateraufführungen auf der Open-Air-Bühne vor der Nieuwe Kerk. Schauspieler, Sänger und Tänzer locken in historischen Originalkostümen. Termin: Anfang/Mitte Juni (an drei Wochenenden, Beginn jeweils um 21.30 Uhr). Information: Stichting Historische Spelen Zierikzee, Postfach 144, 4300 AC Zierikzee, ☎ 0111/416618, ✆ 415547.

Provinz Zeeland
Karte S. 591

Sehenswertes

Nobelpoort: Das älteste der erhaltenen Stadttore mit zwei mächtigen Rundtürmen wacht seit dem späten 14. Jahrhundert über dem nördlichen Zugang zur Stadt (Waterpoortstraat). Eine alte Legende erwähnt die eigensinnigen Schwestern *Nobel*, die einst beide einen Turm für sich alleine beanspruchten, allerdings eine unterschiedliche Gestaltung der Spitzen durchsetzten. Seither dominieren ein achteckiger und ein sechzehneckiger Aufbau das Stadttor. Noch 1866 sorgte der Torwärter für eine allabendliche Schließung der rotschwarzen Pforten.

Zuidhavenpoort: Der rechteckige Turm des zweiten Stadttores liegt nur wenige Schritte entfernt (Oude Haven/Nieuwe Haven). Ein gewölbter Durchgang und vier charakteristische Ecktürmchen prägen seine äußere Form – das kleine Mitteltürmchen birgt das frühere städtische Glockenspiel, das zu den ältesten der Niederlande zählt.

Noordhavenpoort: Das jüngste erhaltene Stadttor (Oude Haven), dessen Architektur verschiedene Elemente des in Zierikzee verbreiteten flämischen Renaissancestils zeigt, datiert aus dem frühen 16. Jahrhundert. Besonders auffällig sind die malerischen weißen Zugbrücken.

Sint Lieven Monstertoren: Im vergangenen Jahrhundert zerstörte ein Feuer die größte mittelalterliche Kirche der Provinz. Nur der alte Turmbau (58 m) aus dem Jahre 1454 blieb unversehrt. Einige Jahre nach der verheerenden Brandkatastrophe errichtete man die heutige *Nieuwe Kerk*. Der im Volksmund *Dikke Toren* genannte Kirchturm hatte ursprünglich dreimal höher werden sollen, doch wollte es die damals schlechte finanzielle Lage anders. Man beließ es bei der kleineren Ausführung. Die Mühe des Aufstiegs lohnt: Bei gutem Wetter reicht die Sicht bis ans Sturmflutwehr in der Oosterscheldemündung.
Adresse/Öffnungszeiten Balie, 4301 HK Zierikzee, ✆ 0111/415046. April-November Mo-Sa 11-16 Uhr, So 12-16 Uhr. Erwachsene 1.50 €, Kinder 1 €.

Gasthuiskerk: Die ehemalige Kapelle des Elisabeth-Krankenhauses, deren älteste Teile aus dem 14. Jahrhundert stammen, wurde 300 Jahre später erheblich erweitert. Seither ziert eine Galerie das Bauwerk. Die angrenzende *Beurs* war einst ein zentraler Ort des städtischen Getreidehandels.
Adresse/Öffnungszeiten Havenplein, 4301 AB Zierikzee, ✆ 0111/412450 (VVV). Juli/August Mo, Mi und Fr 13.30-16.30 Uhr. Eintritt frei.

Stadhuismuseum: Die ältesten Teile des Rathauses datieren aus dem frühen 14. Jahrhundert. Das Interieur beeindruckt durch den im Stil *Ludwig XV.* eingerichteten *Trouwzaal* (Hochzeitssaal) und den *Vierschaar* (Gerichtssaal), dessen Balken die Stadtwappen Schouwen-Duivelands tragen. Rot-schwarze Fensterläden prägen die Fassade, und an den Giebeln prangen die Wappen Kaiser *Karls V.* und seines Sohnes *Philipp II.* Die Turmspitze ziert eine vergoldete Windfahne in der Gestalt des Meeresgottes Neptun.
Das Museum würdigt Zierikzee als Zentrum des niederländischen Silberschmiedehandwerks im 18. Jahrhundert. Das Silber wurde hier einst fachkundig geprüft und durch Einstanzen eines Stempels bewertet. Die Schmuckkollektionen sind mittlerweile über die Stadtgrenzen hinaus bekannt. Gläser, Porzellanwaren und die Sammlung zur Stadtgeschichte komplettieren das Angebot.

• *Adresse/Öffnungszeiten* Meelstraat 6-8, 4301 EC Zierikzee, ☎ 0111/454409. Mai-Oktober Mo-Sa 10-17 Uhr, So 12-17 Uhr. Erwachsene 2 €, Kinder 1 €, Senioren (Pas65) 1 €, MJK. Kombikarte mit dem Maritiem Museum: Erwachsene 3 €, Kinder 1.50 €, Senioren (Pas65) 1.50€, MJK. Begleittexte in deutscher Sprache.

Maritiem Museum Het Gravensteen: Der flämische Baumeister *Harman van Aecken* entwarf das ehemalige Stadtgefängnis Gravensteen im frühen 16. Jahrhundert. Die Zellen im ersten Stockwerk waren noch bis 1923 gut gefüllt. Das Podest vor dem Gebäude diente einst als Schafott: Man drehte den schmiedeeisernen Zaun nach innen und gewährte dem Scharfrichter auf diese Weise den erforderlichen Freiraum zur Ausübung seines Handwerks.

Mittlerweile nutzt das städtische Schifffahrtsmuseum die Räumlichkeiten. Die Ausstellung dokumentiert die jahrhundertelange Abhängigkeit der Stadt vom Wasser. Neben Fischereigegenständen und Schiffsmodellen finden sich Fossilien aus der Oosterschelde und eine Dokumentation über das Leben der Fischersfrauen.

Adresse/Öffnungszeiten Mol 25, 4301 JC Zierikzee, ☎ 0111/454493. April-Oktober Mo-Sa 10-17 Uhr, So 12-17 Uhr. Erwachsene 2 €, Kinder 1 €, Senioren (Pas65) 1 €, MJK. Kombikarte mit dem Stadhuismuseum: Erwachsene 3 €, Kinder 1.50 €, Senioren (Pas65) 1.50 €, MJK.

Burgerweeshuis: Kostbar eingerichtete Regentenzimmer, darunter ein herrlicher Salon mit wertvollen Deckenmalereien, Gemälden und goldledernen Tapeten, gelten als Hauptattraktionen des ehemaligen städtischen Waisenhauses. Das Bauwerk stammt aus dem Jahre 1425, der schöne Giebel dagegen entstand erst 300 Jahre später. Auf der Gebäuderückseite befindet sich ein kleiner Skulpturengarten.

Adresse/Öffnungszeiten Poststraat 45, 4301 AB Zierikzee, ☎ 0111/412683. Juli/August Di-So 11-17 Uhr oder nach telefonischer Voranmeldung. Erwachsene 2 €, Kinder 1 €. Führungen in deutscher Sprache.

Museumhaven Zeeland: Der mittelalterliche Hafen in Zierikzee ist seit mittlerweile mehr als einem Jahrzehnt die Heimat restaurierter Motor- und Segelschiffe. Malerisch liegen die alten Stücke am Ufer vertäut – ein weithin sichtbares Zeichen für den Erfolg der *Stichting Museumhaven Zeeland*, die sich die Einrichtung eines kleinen Freilichtmuseums im historischen Hafenbecken der Stadt zum Ziel gesetzt hat.

Adresse/Öffnungszeiten Oude Haven 9, 4301 JJ Zierikzee, ☎ 0111/416451, Juli/August Di-Sa 11-17 Uhr oder nach telefonischer Voranmeldung. Erwachsene 1 €, Kinder frei. Führungen in deutscher Sprache, www.museumhavenzeeland.nl.

Zeelandbrug: Die Brücke galt viele Jahre als längste in Europa. Ihre 54 Pfeiler tragen 90 m lange Teilstücke, die die an dieser Stelle fünf Kilometer breite Oosterschelde überspannen. In den frühen 60er Jahren hatte man erstmals laut über ein derartiges Projekt nachgedacht, das die Landverbindung Middelburg–Rotterdam auf etwa 90 km verkürzen konnte – 50 km weniger als bislang. Man war nicht bereit, noch zwanzig Jahre auf die voraussichtliche Vollendung des Deltaplans zu warten, der die vollständige Abdämmung der zerklüfteten Südwestküste und damit auch eine feste Verbindung zwischen Noord-Beveland und Schouwen-Duiveland vorsah. 1962 begannen die Arbeiten, 36 Monate später konnte die Brücke feierlich eröffnet werden. Das gesamte Projekt wurde damals von der Provinz getragen. Die Folgen der verweigerten staatlichen Mitfinanzierung waren noch 1993 deutlich spürbar, denn die Brückenpassage kostete jeden motorisierten Verkehrsteilnehmer eine nicht unerhebliche Gebühr. Mittlerweile ist die Zeelandbrücke für den gesamten Verkehr frei passierbar.

Provinz Zeeland Karte S. 591

Burgh-Haamstede

(4.000 Einwohner)

Die beiden Dörfer Burgh und Haamstede reihen sich in die Liste der gut besuchten traditionellen Familienbadeorte auf Schouwen-Duiveland ein. Im Bereich zwischen den Ortschaften und dem nahen Küstenstreifen bietet ein frei
zugängliches Forstrevier (300 ha) eine Oase aus dichten Laubwäldern und Na-
delgehölzen. Der örtliche Leuchtturm (60 m), der leider nicht bestiegen werden kann, zierte einst den niederländischen 250-Gulden-Schein!

Einen Abstecher wert ist **Slot Haamstede**. Die prachtvolle Schlossanlage erlebte im Laufe der Jahrhunderte zahlreiche architektonische Erweiterungen.
Der mächtige Wehrturm aus dem 13. Jahrhundert zählt zu den ältesten Teilen
des grachtengesäumten Anwesens, dessen Eingangspforte nur über eine
steinerne Brücke zu erreichen ist. Eine Besichtigung ist nur in Kombination
mit einem Diavortrag im *Ridderzaal* möglich. Der *Slotbos*, der mit großer
Pflanzenvielfalt und Vogelreichtum beeindruckt, ist ebenfalls nur in Begleitung zugänglich.

Einen weiten Blick auf *Schouwen-Duiveland* hat man vom **Plompe Toren**, einem einsamen, unförmigen Turm an der Küste der Oosterschelde. Er erinnert
an die alte Ortschaft Koudekerke, die im vergangenen Jahrhundert bei einer
Sturmflut ein Opfer des Meeres wurde. Damals verloren knapp 200 Menschen
ihren gesamten Besitz.

Information/Verbindungen/Adressen

• *Information* **VVV Burgh-Haamstede**,
Noordstraat 45a, 4328 AK Burgh-Haamstede,
✆ 0111/651513, ✆ 652833, Juni-September
Mo-Sa 9-18 Uhr, Oktober-Mai Mo-Sa 9-17
Uhr, www.vvvschouwenduiveland.nl.
• *Adressen/Führungen* **Slot Haamstede**,
Ring 2, 4328 AE Burgh-Haamstede, ✆ 0111/
651971. Juli/August Di 19 Uhr, Mi 9.30 Uhr
und 11.30 Uhr (jeweils Diavorstellung; Er-
wachsene 1.50 €, Kinder 0.50 €), Mi 19 Uhr
(Führung; Erwachsene 2.25 €, Kinder 0.50 €).
Anmeldung beim Informationsbüro (VVV).
Plompe Toren, Plompetorenweg (Ooster-
scheldedijk nahe Koudekerke). Di-So 9-17
Uhr. Eintritt frei.
• *Bahnverbindungen* nächster Bahnhof in
Goes (40 km).
• *Busverbindungen* in Richtung Goes (via
Zeelandbrug), Zierikzee.

• *Fahrradverleih* **Fietsen Bouwman**,
Noordstraat 17, 4328 AJ Burgh-Haamstede,
✆ 0111/651250; **Fietsen Verton**, Kerkstraat 1,
4328 LH Burgh-Haamstede, ✆ 0111/651324.
• *Einkaufen* Die Geschäfte bleiben in
Burgh-Haamstede Dienstag geschlossen.
In der Saison gibt es keine festen Laden-
schlusszeiten. Markttermin: **Wochenmarkt**
in Zierikzee, Do 9-16 Uhr, Havenplein.
• *Krankenhaus* **Zweedse Rode Kruis
Ziekenhuis**, Koning Gustaafweg 2, 4301 NP
Zierikzee, ✆ 0111/430000.
• *Mühle* **Molen De Graanhalm**, Burghse-
weg 53, auf halber Strecke zwischen Burgh
und Haamstede, ✆ 0111/652415. Kornmühle
(1847) mit Pfannkuchenhaus. April-Septem-
ber Mo-Sa 12-20 Uhr. Eintritt frei.
• *Taxiruf* ✆ 0111/651352

Übernachten/Essen

• *Camping* **Zeelandcamping Duinoord**,
Steenweg 16, 4328 RM Burgh-Haamstede,
N 57 Middelburg–Burgh-Haamstede, Rich-
tung Westenschouwen, Kreisverkehr drei-
viertel queren, Platz liegt nach 100 m links,
Strand- und Waldnähe, reichhaltige Be-

pflanzung, akzeptable Sanitärs, Fahrradverleih, Lebensmittelgeschäft, ganzjährig geöffnet. Stellplatz (inkl. 2 Pers.) 26 €, zus. Person 3 €, Duschen 0.25 €, Fläche 4 ha.
✆ 0111/651964, ✆ 653707,
duinoord@zeelandcamping.nl.

Camping Schouwenduin, J. J. Boeyesweg 41, 4328 GZ Burgh-Haamstede, N 57 Middelburg–Burgh-Haamstede, etwa 2,5 km nach Ampel rechts, Schildern folgen, reizvolles Gelände in Dünennähe, akzeptable Sanitärs, Fahrradverleih, geöffnet April-Oktober. Stellplatz (inkl. 2 Pers.) 24 €, zus. Person 3 €, Duschen 0.50 €, Fläche 6 ha. ✆ 0111/651639, 🖅 651527, info@schouwenduin.nl.

Zeelandcamping Ginsterveld, J. J. Boeyesweg 45, 4328 HA Burgh-Haamstede, nahe Camping Schouwenduin, von Kanälen durchzogenes schattenreiches Gelände, gute Sanitärs, Fahrradverleih, Hallenbad, Lebensmittelgeschäft, Wanderhütten (2), geöffnet April-September. Stellplatz (inkl. 2 Pers.) 25 €, zus. Person 4 €, Duschen inkl., Fläche 14 ha. ✆ 0111/651590, 🖅 653040, ginsterveld@zeelandcamping.nl.

Camping De Duinhoeve, J. J. Boeyesweg 62, 4328 HC Burgh-Haamstede, nahe Camping Schouwenduin, etwa 1 km vom Strand entfernt, wenig Schatten trotz mehrerer Bäume, Hecken und Sträucher, akzeptable Sanitärs, Fahrradverleih, Lebensmittelgeschäft, geöffnet April-Oktober. Stellplatz (inkl. 2 Pers.) 14.50 €, zus. Person 2.75 €, Duschen 0.45 €, Fläche 48 ha. ✆ 0111/651562.

Camping Rozenhof, Hogeweg 26, 4328 PD Burgh-Haamstede, N 57 Middelburg – Burgh-Haamstede, Richtung Westenschouwen, Schildern folgen, etwa 2 km vom Strand entfernt, akzeptable Sanitärs, Fahrradverleih, geöffnet April-Oktober. Stellplatz 5 €, Person 3 €, Zelt 2.50 €, Duschen 0.34 €,

Fläche 3 ha. ✆ 0111/651328, 🖅 652523, rozenhof@zeelandnet.nl.

Camping Groenewoud, Groenewoudsweg 11, 4328 GV Burgh-Haamstede, Haamstede-Centrum, Richtung Vuurtoren, Kloosterweg, vierter Weg links, Schildern folgen, inmitten des Naturparks Zeepe, akzeptable Sanitärs, geöffnet April-September. Stellplatz (inkl. 2 Personen) 16 €, zus. Person 2.30 €, Duschen 0.50 €, Fläche 17 ha. ✆ 0111/652599, 🖅 651410.

Mini-Camping Cauershof, Cauersweg 10, 4328 RX Burgh-Haamstede, geöffnet April-Oktober. Stellplatz (inkl. 2 Pers.) 18 €, zus. Person 3 €, Duschen inkl., Fläche 0,7 ha. ✆ 0111/653095.

Mini-Camping Veldvreugd, Brabersweg 5, 4328 NN Burgh-Haamstede, geöffnet April-September. Person 3.20 €, Zelt 2.30 €, Auto 1.60 €, Duschen 0.50 €, Fläche 0,5 ha. ✆ 0111/651225, 🖅 651225, marcovdw@zeelandnet.nl.

● *Essen* **Restaurant Molenberg**, Hogeweg 53, 4328 PB Burgh-Haamstede, Gerichte der holländischen Küche, großer Speiseraum, große Terrasse, angeblich *das* Restaurant in Burgh-Haamstede, ✆ 0111/654400.

Pannekoekenmolen De Graanhalm, Burghseweg 53, 4328 LA Burgh-Haamstede, Pfannkuchenmühle mit breitem Angebot an leckeren Pfannkuchen aus selbst gemahlenem Mehl, So geschlossen, ✆ 0111/652415.

Renesse

(1.500 Einwohner)

Die kleine Ortschaft Renesse, die etwa 6 km nördlich von Burgh-Haamstede liegt, hat sich in den vergangenen Jahren zunehmend zu einem Treffpunkt für Jugendliche entwickelt. Renesse ist vor allem bei denen "in", die in den Bars, Discos und Szene-Kneipen die Nacht zum Tage machen. Das *Transferium Renesse*, ein großer Parkplatz am Rande der Ortschaft, soll die zunehmende Verkehrsbelastung innerhalb des populären Badeortes verringern. Der Besucher kann sein Fahrzeug auf dem bewachten Areal zum Nulltarif abstellen und sich mit Linien- oder Shuttlebussen in Richtung Stadt befördern lassen. Auf Wunsch stehen Mietfahrräder zur Verfügung. Der Transport ist generell kostenlos.

Im **Ecoscope** bildet die Landschaft Schouwen-Duiveland den äußeren Rahmen eines Museums, in dessen Mittelpunkt Fragen zu Natur und Umwelt stehen. Mit Hilfe interaktiver Computersimulationen kann man aktuelle technologische Entwicklungen auf dem Natur- und Umweltsektor kennen lernen und die Konsequenzen seines eigenen Handels auf die (simulierte) Umwelt überprüfen.

Provinz Zeeland Karte S. 591

Information/Verbindungen/Adressen

• *Information* **VVV Renesse**, Zeeanemoneweg 4, 4325 BZ Renesse, ☎ 0111/460360, 📧 461436, www.vvvschouwenduiveland.nl. Mo-Sa 9-18 Uhr.

• *Adresse/Öffnungszeiten* **Ecoscope**, Wilhelminaweg 2 (nahe Transferium), 4325 BE Renesse, ☎ 0111/463400, www.ecoscope.nl. April-Oktober täglich 10-17.30 Uhr. Eintritt frei.

• *Bahnverbindungen* nächster Bahnhof in Goes (40 km).

• *Busverbindungen* in Richtung Goes (via Zeelandbrug), Zierikzee.

• *Fahrradverleih* **Bungalowpark Molenhoeve**, Hoogenboomlaan 11, 4325 AB Renesse, ☎ 0111/461300; **Transferium**, Roelandsweg 1, 4325 HA Renesse, ☎ 0111/461111.

• *Einkaufen* Die Geschäfte bleiben in Renesse Dienstag geschlossen. In der Saison gibt es keine festen Ladenschlusszeiten. Markttermin: **Wochenmarkt** in Zierikzee, Do 9-16 Uhr, Havenplein.

• *Krankenhaus* **Zweedse Rode Kruis Ziekenhuis**, Koning Gustaafweg 2, 4301 NP Zierikzee, ☎ 0111/430000.

• *Taxiruf* ☎ 0111/651446

Übernachten/Essen

• *Übernachten* **Camping Bona Fide**, Hogezoom 107, 4325 CE Renesse, Kreisverkehr vor Renesse, R 104, Transferium, zweiten Kreisverkehr dreiviertel queren, Platz liegt nach 500 m rechts, einfache Sanitärs, geöffnet April-Oktober. Stellplatz (Auto und Zelt) 2.75 €, Person 3.20 €, Zelt 2.75 €, Auto 2.60 €, Duschen 0.45 €, Fläche 9,5 ha. ☎ 0111/461376, 📧 462740, bonafide@zeelandnet.nl.

Camping Duinhoeve, Scholderlaan 8, 4325 EP Renesse, Kreisverkehr vor Renesse, R 102, Schildern folgen, geschütztes Terrain am Dünenrand, gute Sanitärs, Lebensmittelgeschäft, geöffnet März-Oktober. Stellplatz (inkl. 2 Pers.) 14 €, zus. Person 2.30 €, Duschen inkl., Fläche 4,5 ha. ☎ 0111/461309, 📧 462760, info@campingduinhoeve.nl.

Camping International, Scharendijkseweg 8, 4325 LD Renesse, Kreisverkehr vor Renesse, R 101, Schildern folgen, nordöstlicher Stadtrand, hohe Buschreihen, wenig Schatten, akzeptable Sanitärs, Lebensmittelgeschäft, geöffnet März-Oktober. Stellplatz (inkl. 2 Pers.) 16.50 €, zus. Person 4 €, Duschen inkl., Fläche 3 ha. ☎ 0111/461391, 📧 462571, info@camping-international.net.

Camping Seel, Scharendijkseweg 10, 4325 LE Renesse, nahe Camping International, ideal für jeden Strandliebhaber, da nur etwa 100 m vom Wasser entfernt, akzeptable Sanitärs, geöffnet April-September. Person 2.75 €, Zelt 3.20 €, Auto 2.20 €, Duschen 0.50 €, Fläche 2,5 ha. ☎ 0111/461363.

Camping De Kempe, K. Moermondsweg 15, 4325 LB Renesse, Kreisverkehr vor Renesse, R 101, Schildern folgen, mehrere flache Wiesen, akzeptable Sanitärs, Lebensmittelgeschäft, geöffnet April-Oktober. Person 3.55 €, Zelt 2.95 €, Auto 1.40 €, Duschen 0.45 €, Fläche 5 ha. ☎ 0111/462540.

Camping De Karavaan, Hogezoom 115, 4325 CG Renesse, Kreisverkehr vor Renesse, R 105, Renesse-West, Schildern folgen, etwa 1,5 km vom Strand entfernt, einfache Sanitärs, geöffnet April-Oktober. Stellplatz (inkl. 2 Pers.) 20 €, zus. Person 2.75 €, Duschen 0.45 €, Fläche 2,5 ha. ☎ 0111/461293, 📧 462817, info@dekaravaan.nl.

Camping De Wijde Blick, Hogezoom 112, 4325 CK Renesse, Kreisverkehr vor Renesse, R 106, Schildern folgen, von Baumreihen umgebenes, ebenes Gelände in etwa 2 km Abstand vom Strand, Strandbus in der Hochsaison, wenig Schatten, gute Sanitärs, Fahrradverleih, Lebensmittelgeschäft, Schwimmbad, Wanderhütten, ganzjährig geöffnet. Stellplatz (inkl. 2 Pers.) 23.50 €, zus. Person 4 €, Duschen inkl., Fläche 8,5 ha. ☎ 0111/468888, 📧 468889, dewijdeblick@zeelandcamping.nl.

Camping De Witte Boulevard, Zeedistelweg 10, 4325 BM Renesse, Schildern in Renesse folgen, zentrale Lage in Renesse, einfache Sanitärs, Lebensmittelgeschäft, ganzjährig geöffnet. Stellplatz (inkl. 4 Pers.) 17.50 €, zus. Person 2.50 €, Duschen 0.50 €, Fläche 2,5 ha. ☎ 0111/461238, 📧 463176, witteboulevard@zeelandnet.nl.

Camping Wilheminahoeve, Hoogenboomlaan 40, 4325 DL Renesse, Kreisverkehr vor Renesse, R 104, Renesse-West, Schildern folgen, Strandnähe, Dünengebiet angrenzend, gute Sanitärs, Lebensmittelgeschäft, geöffnet April-September. Stellplatz (inkl. 4 Pers.) 20.50 €, zus. Person 3 €, Duschen inkl., Fläche 5 ha. ☎ 0111/461338, 📧 462304, info@wilhelminahoeve.com.

• *Essen* **Restaurant Beaufort**, Duinwekken 5, 4325 GL Renesse, französische Küche der mittleren bis oberen Preisklasse, ausgezeichnetes, verhältnismäßig preiswertes 6-Gänge-Monatsmenü, ✆ 0111/462040.

Steakhouse Rietnisse, Oude Moolweg 11, 4325 EA Renesse, exzellente argentinische Steaks vom Holzkohlengrill, aber auch Fischgerichte, Mo geschlossen (Ausnahme Juli/August), ✆ 0111/461215.

Bruinisse

(3.700 Einwohner)

Die günstige Lage am Wasser beschert Bruinisse den Ruf eines beliebten Wassersportzentrums mit Zugang zur Nordsee (via Oosterschelde, Grevelingen). Die Fischerei konnte ihren Rang als bedeutendste Einnahmequelle der Stadt zwar nicht halten, doch bieten sich dem passionierten Angler zahlreiche Möglichkeiten, seinem Hobby zu frönen. Im Hinterland liegen einige pittoreske Dörfer und Landstriche, die zu abwechslungsreichen Radtouren und Wanderungen einladen.

Im **Visserijmuseum** wird die Arbeit der Austern- und Muschelfischer dokumentiert, die in den 50er Jahren zunehmend an Bedeutung gewann, als mit den Muschelzuchtstationen im Wattenmeer ein bedenklicher Boom einsetzte. Die Jahresproduktion erreichte in ertragreichen Zeiten nahezu 100.000 Tonnen. Alte Fotografien erinnern außerdem an traurige Ereignisse der Vergangenheit, so die schwere Sturmkatastrophe des Jahres 1911. Die nur wenige Schritte entfernt in einem der ältesten Wohnhäuser Bruinisses untergebrachte stadtgeschichtliche Sammlung der **Bruinisser Oudheidkamer** vermittelt anhand alter Gebrauchsgegenstände Einblicke in den Lebensstil vergangener Jahrhunderte.

Information/Verbindungen/Adressen

• *Information* Das Informationsbüro der **VVV Bruinisse** wurde vor einiger Zeit geschlossen. Alternativ bietet sich die Zweigstelle im westlich gelegenen Zierikzee an.

• *Adresse/Öffnungszeiten* **Visserijmuseum/ Bruinisser Oudheidkamer**, Oudestraat 23-27, 4311 AV Bruinisse, ✆ 0111/481412. Juni-August Mo-Fr 14-16.30 Uhr, Sa 10-13 Uhr. Erwachsene 1.50 €, Kinder frei. Eintrittskarten gelten für beide Museen.

• *Bahnverbindungen* nächster Bahnhof in Goes (35 km).

• *Busverbindungen* in Richtung Burgh-Haamstede, Goes, Zierikzee.

• *Fahrradverleih* **Haeck Tweewielers**, Kerkstraat 29, 4311 BB Bruinisse, ✆ 0111/481663.

• *Einkaufen* Die Geschäfte bleiben in Bruinisse Montagvormittag geschlossen. Am Freitag verschiebt sich der Ladenschluss auf 21 Uhr (Kaufabend). Markttermin: **Wochenmarkt** Juni-August Mi 8-13 Uhr, Zentrum.

• *Krankenhaus* **Zweedse Rode Kruis Ziekenhuis**, Koning Gustaafweg 2, 4301 NP Zierikzee, ✆ 0111/430000.

• *Taxiruf* ✆ 0111/416000

Camping/Essen

• *Camping* **Camping Onze Hoeve**. Hageweg 1, 4311 NB Bruinisse, A 58 (Rotterdam–Zierikzee), Ausfahrt Aquadelta, Schildern folgen, Nähe Grevelingenmeer, zahlreiche Wassersportmöglichkeiten, einfache Sanitärs, subtropisches Schwimmbad, Lebensmittelgeschäft in direkter Umgebung, geöffnet April-Oktober. Stellplatz (inkl. 4 Pers.) 25 €, zus. Person 5 €, Duschen 0.50 €, Fläche 4 ha. ✆ 0111/

481930, ✆ 481366, info@onzehoeve.com.

• *Essen* **The Sailors Inn**, Jachthavenweg 62, 4311 NC Bruinisse, Fisch und Fleisch, Auster- und Muschelspezialitäten mit Blick auf den nahen Jachthafen. Der Speiseraum wurde mit viel Liebe fürs Detail eingerichtet, auf der angrenzenden Terrasse stehen weitere Tische, preiswerte Hauptgerichte, Januar geschlossen, ✆ 0111/482902.

Visserijdagen Bruinisse: Kirmes, Musik und Tanz. Das traditionelle Fischereifest im Hafen von Bruinisse lockt die Massen. Fischer gewähren Einblicke in ihre Arbeit, und es werden Delikatessen in Form von frischem Fisch serviert. Termin: Mitte Juli.

Region Tholen

Die lange Zeit vom nahen Festland separierten Inseln **Tholen** und **Sint Philipsland** sind durch die Einpolderungen der vergangenen Jahrhunderte mit dem östlich angrenzenden Brabanter Festland direkt verwachsen. Darüber hinaus besitzen sie mit dem *Philipsdam* und dem *Oesterdam* feste Anbindungen an Schouwen-Duiveland und Zuid-Beveland. In der Saison bestehen Fährverbindungen zwischen **Gorishoek, Sint Annaland** und Tholen hinüber zum Festland und den angrenzenden Provinzteilen. Die Region verfügt über einen in der Regel ungestörten Fernblick auf alte Landgüter in unberührter Natur. Die Landschaft erweist sich als bizarres Muster aus unregelmäßig sich kreuzenden Deichen. Nahe Sint Annaland haben die Blumensamenzucht und der Gartenbau große wirtschaftliche Bedeutung. Sehr beliebt ist die Region unter Anglern, die in großer Zahl auf den Meeresdeichen sitzend ihrem Hobby frönen. Die *Speelmansplaten* am *Oesterdam* gelten als gutes Surfrevier.

Einer der schönsten Flecken auf Tholen ist die kleine Ortschaft **Stavenisse** mit ihrem malerischen Hafen. Am Oosterschelde-Deich bietet sich eine schöne Aussicht auf die Zeelandbrug, die Noord-Beveland mit Schouwen-Duiveland verbindet. Die nahe Umgebung erweist sich als wahres Blumenparadies, das von schmalen Wegen durchschnitten wird. Nur wenige Kilometer nordöstlich lohnt ein Abstecher nach Sint Annaland am *Mastgat*.

Rondje Pontje: Fährverbindungen Tholen

Anna Jacobapolder–Zijpe (Fährschiff MS Eendracht)

Abfahrt Anna Jacobapolder: Juli/August Di-So 10-17 Uhr (jeweils zur vollen Stunde). Abfahrt Zijpe: Juli/August Di-So 9.30-16.30 Uhr (jeweils zur vollen Stunde). Einfache Fahrt: Erwachsene 2.50 €, Kinder 1.50 €, Fahrrad frei. Fahrtdauer: 15 Min. Kapazität: 30 Personen, 30 Fahrräder. Information: ℡ 06/22517136.

Gorishoek–Yerseke (Fährschiff MS Harpoen)

Abfahrt Gorishoek: Juni Di-Do 9, 13 und 17 Uhr; Juli/August Mo-Sa 9, 13 und 17 Uhr. Abfahrt Yerseke: Juni Di-Do 9.30, 13.30 und 17.30 Uhr; Juli/August Mo-Sa 9.30, 13.30 und 17.30 Uhr. Rückfahrkarte: Erwachsene 6 €, Kinder 3 €, Fahrrad frei. Einfache Fahrt: Erwachsene 3 €, Kinder 1.50 €, Fahrrad frei. Fahrtdauer: 30 Min. Kapazität: 24 Personen, 24 Fahrräder. Information: ℡ 06/29143298.

Tholen–Bergen op Zoom (Fährschiff MS Frisia-3)

Abfahrt Tholen: Juli/August Fr 12.30 und 15 Uhr. Abfahrt Bergen op Zoom: Juli/August Fr 14 und 16.10 Uhr. Zwischenstopp auf den Speelmansplaten. Rückfahrkarte: Erwachsene 9 €, Kinder 6 €, Fahrrad 2 €. Einfache Fahrt: Erwachsene 5 €, Kinder 3.50 €, Fahrrad 2 €. Fahrtdauer: 30-75 Min. Kapazität: 170 Personen, 30 Fahrräder. Information: ℡ 06/53470330.

Region Noord-Beveland

(Neeltje Jans)

Die Region Noord-Beveland wurde durch den *Zandkreekdam* nach Zuid-Beveland (1960), den *Veersegatdam* nach Walcheren (1961), die *Zeelandbrug* und das *Sturmflutwehr in der Oosterschelde* nach Schouwen-Duiveland (1965 bzw. 1987) fest in das dichte Geflecht der zeeländischen Inseln eingebunden. Das heutige Noord-Beveland ist ein stark landwirtschaftlich geprägtes Gebiet mit riesigen Bauernhöfen und Landgütern, die zu den größten der ganzen Provinz zählen. An vielen Orten frischen kleinere Wasserläufe das abwechslungsreiche Landschaftsbild angenehm auf. Die nördliche Inselflanke ist zur Heimat zahlreicher seltener Wasservögel geworden, während weiter südlich mit der fischreichen *Oosterschelde* und dem *Veerse Meer*, einem mehr als 20 km

---

Rondje Pontje: Fährverbindungen Noord-Beveland

Sophiahaven–Zierikzee (Fährschiff MS Frisia-3)
Abfahrt Sophiahaven: Juli/August Mo, Mi, Do 11.45 und 15.30 Uhr. Abfahrt Zierikzee: Juli/August Mo, Mi, Do 10.15 und 14 Uhr. Rückfahrkarte: Erwachsene 9 €, Kinder 6 €, Fahrrad 2 €. Einfache Fahrt: Erwachsene 5 €, Kinder 3.50 €, Fahrrad 2 €. Fahrtdauer: 90 Min. Kapazität: 170 Personen, 30 Fahrräder. Information: ✆ 06/53470330.

Kamperland–Veere (Fährschiff MS Stad Veere)
Abfahrt Kamperland: Mai-September Di, Do und Sa/So 10.45, 11.45, (15.30 Uhr) und 17.45 Uhr; Juli/August täglich außer mittwochs. Abfahrt Veere: Mai-September Di, Do und Sa/So 10.15, 12, (15 Uhr) und 17 Uhr; Juli/August täglich außer mittwochs. Einfache Fahrt: Erwachsene 2 €, Kinder 2 €, Fahrrad frei. Fahrtdauer: 5 Min. Kapazität: 150 Personen, 144 Fahrräder. Information: ✆ 06/53348025.

Kortgene–Wolphaartsdijk (Fährschiff MS Hoop)
Abfahrt Kortgene: Juli/August Mo-Fr 9.30-16.30, So 11.30-16.30 Uhr (jeweils zur vollen Stunde). Abfahrt Wolphaartsdijk: Juli/August Mo-Fr 10-17, So 12-17 Uhr (jeweils zur vollen Stunde). Einfache Fahrt: Erwachsene 1.60 €, Kinder 1.60 €, Fahrrad frei. Fahrtdauer: 10 Min. Kapazität: 28 Personen, 28 Fahrräder. Information: ✆ 06/54923717.

Colijnsplaat–Zierikzee (Fährschiff MS Breeveertien)
Abfahrt Colijnsplaat: Juli/August Mo-Fr 11.15 und 15.30 Uhr, So 13.15 und 16.45 Uhr. Erwachsene 4 €, Kinder 2.50 €, Fahrrad 1.50 €. Fahrtdauer: 45 Min. Kapazität: 75 Personen, 60 Fahrräder. Information: ✆ 06/53535297.

Zierikzee–Burghsluis (Fährschiff MS Breeveertien)
Abfahrt Zierikzee: Juli/August Mo-Fr 12.15 und 16.30 Uhr. Erwachsene 7 €, Kinder 4.50 €, Fahrrad 1.50 €. Fahrtdauer: 75 Min. Kapazität: 75 Personen, 60 Fahrräder. Information: ✆ 06/53535297.

Burghsluis–Colijnsplaat (Fährschiff MS Breeveertien)
Abfahrt Burghsluis: Juli/August Mo-Fr 9.30 und 13.45 Uhr, So 11.30 und 15 Uhr. Erwachsene 7 €, Kinder 4.50 €, Fahrrad 1.50 €. Fahrtdauer: 90 Min. Kapazität: 75 Personen, 60 Fahrräder. Information: ✆ 06/53535297.

Die drei Streckenabschnitte Burghsluis–Colijnsplaat, Colijnsplaat–Zierikzee und Zierikzee–Burghsluis können problemlos zu einer Rundtour kombiniert werden. Erwachsene 13 €, Kinder 8.50 €, Fahrrad 2.50 €.

langen See, beliebte Angel- und Surfreviere entstanden sind. Die faszinierenden *Oosterscheldewerke*, das Kernstück des Deltaplans mit dem Sturmflutwehr
im Mündungsgebiet der Oosterschelde, der größten Küstenbefestigungs-
maßnahme der Welt, gelten als technische Sensation – ein einzigartiges Meisterwerk der wasserbautechnisch versierten Niederländer.

Oosterschelde-Sturmflutwehr – Weltwunder der Technik

Das riesige Sturmflutwehr mit seinen hydraulisch absenkbaren Hebetoren
gilt als Jahrhundertwerk. Seine Konstruktion war auch für die wasserbautechnisch erfahrenen Niederländer eine gigantische Herausforderung. Mehr
als sechzig Betonpfeiler mussten zentimetergenau auf dem Meeresgrund
platziert werden; sie tragen die absenkbaren Tore des Wehres. Aus Gründen
der Stabilität mussten die Betonkolosse in einem Stück gegossen werden.
Ein Trockendock, in dem die riesigen Monolithen Seite an Seite heranwachsen konnten, wurde nur für diesen Zweck ausgehoben. Erst nach Fertigstellung des letzten Pfeilers flutete man das Dock und begann mit Hilfe eines
speziell konstruierten u-förmigen Trägerschiffs die 18.000 Tonnen schweren
Pfeiler an ihren Bestimmungsort zu schleppen. Minutiös ausgearbeitete
Wettervorhersagen begleiteten die Arbeiten. Der leichteste Seegang hätte
die Schiffe mit ihrer Ladung kentern lassen, eine Katastrophe wäre nicht
mehr vermeidbar gewesen.

Die Arbeit gelang ohne größere Probleme. Alle Betonpfeiler fanden ihren
Platz auf dem zuvor präparierten Meeresgrund. Zwei lange Jahre hatte man
den Boden verdichtet, ihn tragfähig gemacht und anschließend eine massive
Matte mit kunststoffumflochtenen Kiesschichten verlegt (dafür musste man
eigens ein Spezialschiff konstruieren). Sechs Tonnen pro Quadratmeter wiegen diese 40 x 200 Meter großen Matten. Das Milliardenprojekt erforderte
ein reibungsloses Zusammenarbeiten der verschiedensten Fachkräfte. Offenbar ist die Rechnung aufgegangen.

Die Oosterschelde kann im Notfall innerhalb einer Stunde komplett abgerie-
gelt werden, ein Prozess, der nach Fertigstellung der Anlage 1986 bislang etwa
15-mal erforderlich war. Die entscheidende Frage aber bleibt vorläufig unbe-
antwortet: Wird das Wehr einer Katastrophe von der Größenordnung des Jahres 1953 standhalten? Niemand weiß es mit letzter Sicherheit vorherzusagen.

Der im Nordosten der Insel gelegene Ort **Colijnsplaat** lohnt einen Abstecher
wegen seines kleinen Fischereihafens, in dem nachmittags die Krabbenkutter
gemächlich in den Hafen tuckern. Heringe, Kabeljau und Krabben werden in
der Halle der *Vismijn* versteigert. Die lindengesäumte Hauptstraße weist
schnurgerade den Weg vom Dorfzentrum hinüber zum Meer.

Direkt auf der künstlich angelegten Insel **Neeltje Jans**, die zum Bau des Oos-
terschelde-Sturmflutwehres aus technischen Gründen aufgeschüttet werden
musste, befindet sich das weitläufige Ausstellungsgelände **Delta-Expo** mit
einem Meereskulturzentrum (Themen: Austern-, Forellen- und Muschelzucht) und zwei ehemaligen Fischkuttern mit Oosterschelde-Exponaten. Dar-

über hinaus bietet der moderne Museumsbau eine ansprechend gestaltete Dokumentation über die niederländische Wasserbaukunst. Im Mittelpunkt steht das *Deltaprojekt*, dessen Kernstück, das Oosterschelde-Sturmflutwehr, als achtes Weltwunder der Technik direkt nebenan besichtigt werden kann. Der futuristisch anmutende Pavillon beleuchtet aber auch ganz allgemein die Bedeutung des Wassers auf unserem Planeten. Besucher der Ausstellung werden sachkundig mit den Phänomenen der Gletscher- und Wolkenbewegung vertraut gemacht und über die Bedeutung des Grundwassers für die moderne Wasserwirtschaft informiert.

● *Adresse/Öffnungszeiten* **Delta Expo**, WaterLand Neeltje Jans, ✆ 0111/652702, www.neeltjejans.nl. April-Oktober täglich 10-17.30 Uhr; November-März Mi-So 10-17 Uhr. Preise inkl. Bootsrundfahrt (nur April-Oktober): Erwachsene 11 €, Kinder 8.50 €, Senioren (Pas65) 8.50 €. Preise ohne Rundfahrt (nur November-März): Erwachsene 7.50 €, Kinder 5 €, Senioren (Pas65) 5 €. Führungen in deutscher Sprache.

● *Hinweis* Die angebotene Schiffsrundfahrt führt nicht direkt an das Oosterschelde-Sturmflutwehr heran. Weitaus lohnender ist eine Erkundung per pedes. Übrigens: Der Ersatzpfeiler des Sturmflutwehrs gilt unter Freeclimbern als lohnendes Ziel.

Region Zuid-Beveland

(Goes)

Die Region Zuid-Beveland, die seit Ende der 80er Jahre durch den *Oesterdam* direkt an *Tholen* angebunden ist, wird im Süden von der *Westerschelde*, der Verbindung ins flämische Antwerpen, begrenzt. Ackerbaugebiete und Obstplantagen, die sich vornehmlich nahe **Goes** und **Kapelle** befinden, machen Zuid-Beveland zum landwirtschaftlichen Herzen der Provinz. Allemal lohnend ist ein Besuch im Frühjahr, wenn die rosafarbenen Apfel- und weißen Birnblüten einen ganzen Landstrich in schönste Farbenpracht hüllen. Die beiden Naherholungsgebiete *De Piet* und *Schelphoek* am *Veerse Meer* zählen zu den beliebtesten Ausflugszielen der Region. Südlich von Goes erstreckt sich mit dem *Zak van Zuid-Beveland* ein weiteres prächtiges Naturschutzgebiet.

Yerseke, im östlichen Teil der Region gelegen, ist international bekannt für seine Austern- und Muschelzucht. In der Saison zwischen September und April befördern die Kutter Hunderte Tonnen von Meerestieren, die nach sorgsamer Säuberung und Verpackung in der örtlichen Auktionshalle, der *Mosselmijn*, versteigert werden.

Rondje Pontje: Fährverbindungen Zuid-Beveland

Yerseke–Gorishoek (Fährschiff MS Harpoen)

Abfahrt Yerseke: Juni Di-Do 9.30, 13.30 und 17.30 Uhr; Juli/August Mo-Sa 9.30, 13.30 und 17.30 Uhr. Abfahrt Gorishoek: Juni Di-Do 9, 13 und 17 Uhr; Juli/August Mo-Sa 9, 13 und 17 Uhr. Rückfahrkarte: Erwachsene 6 €, Kinder 3 €, Fahrrad frei. Einfache Fahrt: Erwachsene 3 €, Kinder 1.50 €, Fahrrad frei. Fahrtdauer: 30 Min. Kapazität: 24 Personen, 24 Fahrräder. Information: ✆ 06/29143298.

Wemeldinge–Zierikzee (Fährschiff MS Hector)

Abfahrt Wemeldinge: Juli/August Mo-Fr 9.30 und 13.30 Uhr. Abfahrt Zierikzee: Juli/August Mo-Fr 11.30 und 15.30 Uhr. Rückfahrkarte: Erwachsene 13 €, Kinder 8 €, Fahrrad 3 €. Einfache Fahrt: Erwachsene 8 €, Kinder 5 €, Fahrrad 2 €.

Provinz Zeeland

Karte S. 591

Fahrtdauer: 75-90 Min. Kapazität: 40 Personen, 40 Fahrräder. Information: ✆ 06/55732410.

Wolphaartsdijk–Kortgene (Fährschiff MS Hoop)

Abfahrt Wolphaartsdijk: Juli/August Mo-Fr 10-17 Uhr, So 12-17 Uhr (jeweils zur vollen Stunde). Abfahrt Kortgene: Juli/August Mo-Fr 9.30-16.30 Uhr, So 11.30-16.30 Uhr (jeweils zur vollen Stunde). Einfache Fahrt: Erwachsene 1.60 €, Kinder 1.60 €, Fahrrad frei. Fahrtdauer: 10 Min. Kapazität: 28 Personen, 28 Fahrräder. Information: ✆ 06/54923717.

Kruiningen–Perkpolder (Fährschiffe MS Prinses Christiana und MS Prins Willem Alexander)

Abfahrt Kruiningen: Täglich 7-18 Uhr (alle 30 Minuten). Abfahrt Perkpolder: Täglich 7-18 Uhr (alle 30 Minuten). Außerhalb dieser Kernzeiten sowie an Wochenenden verkehren die Fähren ebenfalls, allerdings weniger häufig. Die Passage ist für Fußgänger und Radfahrer kostenfrei. Fahrtdauer: 20 Min. Autofähre. Information: ✆ 0113/381466.

Hoedekenskerke–Terneuzen (Fährschiff MS Stad Terneuzen)

Abfahrt Hoedekenskerke: Juli/August Di-Do und So 11.45 und 17.45 Uhr. Abfahrt Terneuzen: Juli/August Di-Do und So 10.15 und 16.15 Uhr. Rückfahrkarte: Erwachsene 10 €, Kinder 5 €, Fahrrad frei. Einfache Fahrt: Erwachsene 8 €, Kinder 4 €, Fahrrad frei. Fahrtdauer: 75 Min. Kapazität: 300 Personen, 50 Fahrräder. Information: ✆ 06/53206436.

Die Schiffsfahrt lässt sich mit dem Stoomtrein Goes–Borsele (siehe unten) kombinieren. Der Bahnhof liegt 5 Fußminuten vom Hafen Hoedekenskerke entfernt. Erwachsene 16 €, Kinder 8 €.

Goes

(32.000 Einwohner)

Die Gemeinde Goes liegt im Zentrum der ehemaligen Insel Zuid-Beveland, die paradoxerweise von der Oosterschelde im Norden und der Westerschelde im Süden begrenzt wird.

Die historische Altstadt verfügt über eine Reihe sorgfältig restaurierter Bauwerke, darunter die alte **Maria Magdalenakerk**. Die turmlose spätgotische Kreuzbasilika stammt aus dem frühen 15. Jahrhundert. Infolge einer Brandkatastrophe wurden 1618 weite Teile des Kirchenschiffs zerstört, doch konnten die Schäden kurze Zeit später wieder behoben werden. Sehenswert sind besonders der Chor mit seinen schlanken Säulen und Ziergewölben sowie die Marcussen-Orgel, auf der regelmäßig Konzerte gegeben werden. Das nahe der Kirche gelegene *Stadhuis* stammt ursprünglich aus dem 15. Jahrhundert. Mehr als 300 Jahre später veränderten umfangreiche Erweiterungen das Bild. Seither überwiegen die Rokoko-Elemente, die sich auch im Ratssaal fortsetzen, der Stätte feierlicher Trauungszeremonien. In einem der beiden Rathaustürme befand sich früher das städtische Verlies.

Sehenswert sind auch die Häuser wenige Schritte nördlich des geschäftigen Treibens der Innenstadt entlang der *Sint Jacobsstraat*, denn in diesen Gassen kann man viel vom Flair vergangener Zeiten spüren. Goes versteht sich gegenwärtig als regionales Handelszentrum und bedeutende zeeländische Marktstadt.

Die Museumsbahn der **Stoomtrein Goes-Borsele** (SGB), 1971 gegründet, bietet allen Liebhabern nostalgischer Eisenbahnen die Gelegenheit, durch die reizvolle Kulturlandschaft des *Zak van Zuid-Beveland* zu brausen und gegebenenfalls unterwegs einen kurzen Zwischenstopp einzulegen. In Hoedekenskerke besteht beispielsweise die Möglichkeit, mit der Fähre nach Terneuzen überzusetzen (siehe linksseitiger Kasten) – Fahrräder können mitgenommen werden.

Eine Auswahl kulturgeschichtlich bedeutender Exponate findet sich im **Museum voor Zuid- en Noord-Beveland** im mittelalterlichen Kloster der "Zwarte Zusters". Die Sammlung zeigt archäologische Funde aus der Römerzeit, alte Kleidertrachten und Spielzeuge. Im Obergeschoss finden sich Informationen über die Schlösser der Region.

Information/Verbindungen/Adressen

● *Information* **ANWB/VVV Goes**, Stationsplein 3, 4461 HP Goes, ☎ 0900/1681666, 📠 0113/251350, www.vvvzuidbevelandentholen.nl. Mo 12-17 Uhr, Di-Fr 9-17 Uhr, Sa 9-12 Uhr.

● *Adressen/Öffnungszeiten* **Maria Magdalenakerk**, Singelstraat 9, 4461 HZ Goes, ☎ 0113/216754. Besichtigung nur nach telefonischer Voranmeldung.

Museum voor Zuid- en Noord-Beveland, Singelstraat 13, 4461 HZ Goes, ☎ 0113/228883. Zum Zeitpunkt der Recherche geschlossen, Wiedereröffnung voraussichtlich im Sommer 2003.

Stoomtrein Goes-Borsele, Stephensonsweg 9, 4462 GM Goes, ☎ 0113/270705, www.destoomtrein.nl. Abfahrt Goes: April-Juni So 11 Uhr und 14 Uhr; Juli/August So-Fr 11 Uhr, 14 Uhr und 16 Uhr; September/Oktober So 14 Uhr. Fahrpreise 1./2. Klasse: Erwachsene 9.10 €, Kinder 4.45 €. Fahrpreise 3. Klasse: Erwachsene 6.80 €, Kinder 3.40 €, MJK.

● *Bahnverbindungen* 1-2x stündl. nach Amsterdam (Dauer: 2 Std. 30 Min.), 1-2x stündl. nach Middelburg (15 Min.) und weiter nach Vlissingen (25 Min.).

● *Autovermietung* **Autoverhuur Budget**, Klein Frankrijk 31, 4461 ZN Goes, ☎ 0113/229290 (0800/0537, gratis).

● *Brauerei* **Schelde Brouwerij**, Ran-

geerstraat 1, 4431 NL 's-Gravenpolder, ☎ 0113/312815, www.scheldebier.nl. Mai-August Sa 14-20 Uhr oder nach telefonischer Voranmeldung. Erwachsene/Kinder 3.40 €.

● *Einkaufen* Die Geschäfte bleiben in Goes Montagvormittag geschlossen. Am Donnerstag verschiebt sich der Ladenschluss auf 21 Uhr (Kaufabend). Markttermine: **Wochenmarkt** Di 9-16 Uhr, Grote Markt; **Flohmarkt** am ersten Samstag der Monate Mai-August, Molenplein.

● *Holzschuhe* **Klompenmakerij Traas**, Westdijk 3, 4451 RD Heinekenszand, ☎ 0113/561438. Holzschuhmacherei. Mo-Fr 8.30-12 Uhr und 13-17.30 Uhr, Sa 8.30-12 Uhr und 13-16 Uhr. Führungen nach Absprache (Gruppengröße mind. 8 Personen) 2 €.

● *Kinderbauernhof* **De Hollandsche Hoeve**, Kattendijksedijk 23, 4463 AL Goes, ☎ 0113/214082. April-September täglich 13-16.30 Uhr; Oktober-März Mi und Sa/So 13-16.30 Uhr. Eintritt frei.

● *Krankenhaus* **Oosterschelde Ziekenhuis**, 's Gravenpolderseweg 114, 4462 RA Goes, ☎ 0113/234000.

● *Schwimmen* **Sportpunt Zeeland**, Zwembadweg 3, 4463 AB Goes, ☎ 0113/233388, www.sportpunt-zeeland.nl. Hallen- und Freibad mit Riesenrutsche, Whirlpool.

● *Taxiruf* ☎ 0113/233333

Übernachten

In Goes gibt es keine Campingmöglichkeit, allerdings liegen mehrere Plätze in der näheren Umgebung. Alle aufgelisteten Adressen finden sich in Zuid-Beveland in maximal 15 km Entfernung von Goes.

● *Hotels* ***** Hotel Terminus Goes**, Stationsplein 1, 4461 HP Goes, 48 Betten, schickes Haus in zentraler Lage, Nähe Hbf., einige Zimmer im modernen Neubau, gepflegtes Interieur. EZ ab 68 €, DZ ab 78 €, ☎ 0113/230085, 📠 232579.

● *Camping* **Camping Stelleplas Recreatie**, Stelleweg 3, 4451 RL Heinkenszand, A 58 (Bergen op Zoom–Vlissingen), Ausfahrt 36 (Heinkenszand), in der Ortschaft rechts, Platz liegt etwa 800 m nordwestlich des Zentrums am Stelleplas-Gewässer (Angelmöglichkeiten!), einfache Sanitärs, Fahrradverleih, Lebensmittelgeschäft, Wanderhütten, auf dem Gelände liegt das Gemeindefreibad, geöffnet April-September. Stellplatz (inkl. 2 Pers.) 17 €, zus. Person 2.75 €, Duschen inkl., Fläche 10 ha. ✆ 0113/562260, 🖂 563898.

Camping De Veerhoeve, Veerweg 48, 4471 NC Wolphaartsdijk, N 256 (Goes–Zierikzee), Ausfahrt Wolphaartsdijk, Schildern folgen, Platz liegt etwa 8 km nördlich von Goes am Veerse Meer, gute Sanitärs, Fahrradverleih, Lebensmittelgeschäft, Wanderhütten, geöffnet April-Oktober. Stellplatz (inkl. 4 Pers.) 19 €, zus. Person 3.50 €, Duschen 0.50 €, Fläche 9 ha. ✆ 0113/581155, 🖂 581944, deveerhoeve@zeelandnet.nl.

Camping 't Veerse Meer, Veerweg 71, 4471 NB Wolphaartsdijk, nahe Camping De Veerhoeve am Veerse Meer, Fahrradverleih, geöffnet April-Oktober. Stellplatz (inkl. 4 Pers.) 18 €, zus. Person 2.50 €, Duschen 0.50 €, Fläche 5 ha. ✆ 0113/581423, 🖂 582129.

Camping De Haas, Kortedijk 2, 4471 PA Wolphaartsdijk, nahe Camping De Veerhoeve am Veerse Meer, in der Nähe einer alten Mühle, einfache Sanitärs, geöffnet April-September. Person 2.50 €, Zelt 3.50 €, Auto 2 €, Duschen 0.50 €, Fläche 1,5 ha. ✆ 0113/581428.

Camping Linda, Oostelijke Kanaalweg 4, 4424 NC Wemeldinge, A 58 (Bergen op Zoom – Vlissingen), Ausfahrt Wemeldinge, Schildern folgen, Platz mit kleinem Strand (500 m), akzeptable Sanitärs, Lebensmittelgeschäft, Wanderhütten, geöffnet April-Oktober. Stellplatz (inkl. 2 Personen) 12.50 €, zus. Person 3.40 €, Duschen 0.45 €, Fläche 8 ha. ✆ 0113/621259, 🖂 622638, info@campinglinda.nl.

Camping Klein Stelle, Stelhoekweg 1, 4424 NN Wemeldinge, A 58 (Bergen op Zoom – Vlissingen), Ausfahrt Wemeldinge, Schildern folgen, Platz mit typischem Eet-café direkt an der Oosterschelde, einfache Sanitärs, geöffnet April-September. Person 3.65 €, Zelt 3.65 €, Auto 2.50 €, Duschen 0.45 €, Fläche 2 ha. ✆ 0113/621508.

Camping Zon en Zee, Burenpolderweg 30a, 4401 KX Yerseke, A 58 (Bergen op Zoom – Vlissingen), Ausfahrt 33 (Yerseke), Schildern folgen, etwa 15 km östlich von Goes, einfacher Platz mit schlichten Sanitärs, geöffnet April-Oktober. Stellplatz (inkl. 2 Pers.) 13 €, zus. Person 2.50 €, Duschen 0.50 €, Fläche 2,5 ha. ✆ 0113/571860.

Camping Scheldeoord, Landingsweg 1, 4435 NR Baarland, A 58 (Bergen op Zoom – Vlissingen), Ausfahrt 35 ('s Gravenpolder), Richtung Hoedekenskerke, Baarland, Schildern folgen, etwa 15 km südlich von Goes an den Ufern der Westerschelde, "ADAC-Superplatz", geräumige Stellplätze, kinderfreundliche Anlage, moderne Sanitärs, gut sortierter Campingladen, Fahrradverleih, Schwimmbad, Tennisplätze, Wanderhütten, geöffnet April-Oktober. Stellplatz (inkl. 3 Pers.) 30 €, zus. Person 3.50 €, Duschen inkl., Fläche 16 ha. ✆ 0113/639900, 🖂 639500, info@scheldeoord.nl.

Camping Den Inkel, Polderweg 12, 4416 RE Kruiningen, A 58 (Bergen op Zoom–Vlissingen), Ausfahrt Kruiningen, Richtung Fähre Perkpolder, erster Weg links, Schildern folgen, etwa 15 km südöstlich von Goes im reizvollen Naturgebiet Den Inkel, akzeptable Sanitärs, Lebensmittelgeschäft, Schwimmbad in 100 m Entfernung, ganzjährig geöffnet. Stellplatz (inkl. 2 Pers.) 15 €, zus. Person 2.75 €, Duschen 0.50 €, Fläche 8 ha. ✆ 0113/381272, 🖂 320031, info@deninkel.nl.

Mini-Camping Janse, Muidenweg 10, 4471 NM Wolphaartsdijk (nordwestlich von Goes), geöffnet April-Oktober. Person 3.25 €, Zelt 3.25 €, Auto 1.25 €, Duschen inkl., Fläche 1 ha. ✆ 0113/581584, 🖂 581252, m.janse@zeelandnet.nl.

Mini-Camping De Rusen, Oude Ruisweg 4, 4424 NV Wemeldinge (nordöstlich von Goes), geöffnet April-Oktober. Person 2.25 €, Zelt 2.25 €, Auto 1.25 €, Duschen 0.50 €, Fläche 1 ha. ✆ 0113/622289.

Essen

Restaurant De Stadsschuur, Schuttershof 32, 4461 DZ Goes, gehobene französische Küche im früheren städtischen Waisenhaus, Spezialitäten sind Schalentiere, preiswerte 3-Gänge-Menüs, ✆ 0113/212332, www.stadsschuur.nl.

Restaurant Karel V, Turfkade 11, 4461 AP Goes, eine seit mehreren Jahren stadtbekannte Adresse für gute Fischgerichte, preiswerte 3-Gänge-Menüs, Mo geschlossen, ✆ 0113/251555.

Lunchcafé Stadhuis, Grote Markt 23, 4461 AH Goes, internationale Küche in der ehemaligen Fleischhalle des alten Rathauses (13. Jh.), am Nachmittag Kaffee mit gutem Gebäck, So/Mo geschlossen, ✆ 0113/228795.

Veranstaltung

Schelde Jazz Festival: In Terneuzen treten Bands unterschiedlicher Stilrichtungen in Cafés, Kneipen, Konzertsälen und unter freiem Himmel auf. Termin: Ende Mai. Information: Stichting Jazzclub Zeeuwsch-Vlaanderen, Dwarsstraat 1, 4531 BT Terneuzen, ☎ 0115/648650, ✆ 648651, www.scheldejazz.nl.

Region Walcheren

(Middelburg, Vlissingen, Meliskerke, Domburg, Oostkapelle, Veere, Vrouwenpolder)

Das Herz der Provinz Zeeland erstreckt sich um Middelburg und Vlissingen, die beiden größten Städte der Region. Die Bewohner waren einst eng mit der Seefahrt verbunden. Alte Kaufmannshäuser in Middelburg erinnern an diese Zeiten. Schon im 14. Jahrhundert wurde großflächige Landgewinnung betrieben, die die Region zunehmend mit anderen Landmassen zusammenwachsen ließ. 1871 verlor Walcheren mit der Fertigstellung des *Sloedam* nach Zuid-Beveland seinen Inselcharakter. Die guten Verkehrsanbindungen auf der Straße und der Schiene (seit 1873) locken seither Scharen von Ausflüglern an. Walcheren ist eines der bevorzugten Urlaubsziele deutscher Touristen.

Das Gebiet reifte zwar zur am stärksten industrialisierten Region der südlichen Niederlande heran, doch blieb der Ackerbau die wichtigste Erwerbsquelle. Der Zweite Weltkrieg traf Walcheren besonders hart, als gezielte Bombardements der britischen Luftwaffe im Oktober 1944 die Deiche zerstörten, die Walcheren von der tosenden Nordsee trennten. Die Aktion sollte die deutschen Besatzer vertreiben, doch ertranken zahlreiche Anwohner in den Fluten. Nicht wenige wollten Walcheren damals ganz dem Meer preisgeben. Die Wiederaufbau nahm mehrere Jahre in Anspruch. Einige Millionen Bäume und Sträucher wurden in großflächigen rechtwinkligen Parzellen angepflanzt.

Rondje Pontje – Fährverbindungen Walcheren

Vlissingen–Breskens (Fährschiffe MS Koningin Beatrix und MS Johan Friso)

Abfahrt Vlissingen: Täglich 7.50-18.50 Uhr (alle 30 Minuten). Abfahrt Breskens: Täglich 7.50-18.50 Uhr (alle 30 Minuten). Außerhalb dieser Kernzeiten sowie an Wochenenden verkehren die Fähren ebenfalls, allerdings weniger häufig. Einfache Fahrt: Erwachsene 1 €, Kinder 1 €, Fahrrad frei. Fahrtdauer: 20 Min. Autofähre. Information: ☎ 0118/465905.

Veere–Kamperland (Fährschiff MS Stad Veere)

Abfahrt Veere: Mai-September Di, Do und Sa/So 10.15, 12, (15 Uhr) und 17 Uhr; Juli/August täglich außer mittwochs. Abfahrt Kamperland: Mai-September Di, Do und Sa/So 10.45, 11.45, (15.30 Uhr) und 17.45 Uhr; Juli/August täglich außer mittwochs. Einfache Fahrt: Erwachsene 2 €, Kinder 2 €, Fahrrad frei. Fahrtdauer: 5 Min. Kapazität: 150 Personen, 144 Fahrräder. Information: ☎ 06/53348025.

Heute verleihen vielseitige Wassersportangebote auf der *Schelde* und dem *Veerse Meer* Walcheren seine touristische Attraktivität. Insbesondere die Hafenstädte **Veere** und **Vlissingen** ziehen Wassersportfreunde aus allen Teilen des Landes an. Die Badeorte **Domburg**, **Oostkapelle**, **Vrouwenpolder** und

Provinz Zeeland
Karte S. 591

Westkapelle zählen zu den beliebtesten der Provinz. Selbst in der Hochsaison verlaufen sich die Touristen an den lang gestreckten Stränden der *Zeeuwse Riviera*, deren Ballungszentren im Bereich **Zoutelande** liegen.

Middelburg   (Provinzhauptstadt • 40.000 Einwohner)

Am 7. Mai 1940 richteten Bombardements der deutschen Luftwaffe schwerste Schäden an. Die mittelalterliche Handelsstadt lag in Trümmern, zahlreiche einzigartige Baudenkmäler waren zerstört. Dennoch trägt Middelburg das Prädikat "Denkmalstadt" – eine Würdigung erfolgreicher Restaurierungsarbeiten.

Früher bildeten Domburg, Middelburg und Souburg die wichtigste Verteidigungslinie der zeeländischen Insel Walcheren. Die drei Städte waren deshalb das vorrangige Ziel feindlicher Angriffe. In der Nachkriegszeit versuchte man, die sternförmig von Grachten und Kanälen durchzogene Stadt gemäß alter Pläne wiederaufzubauen. Das Ergebnis der langjährigen Arbeiten ist beeindruckend, denn der kreisförmige spätmittelalterliche Stadtkern, in dessen Zentrum die mächtige Abtei thront, konnte unter großem Aufwand erfolgreich rekonstruiert werden. Heute präsentiert sich die Stadt mit belebten Plätzen und Straßen als pulsierendes Zentrum der Region. Sehr lohnenswert ist ein Abstecher in die von Grachten und Kanälen gesäumte Altstadt und den alten Hafen, der infolge der Versandung der *Arne* allerdings seine einstige Bedeutung verloren hat. Der Ausguck auf den Dächern vieler der nahe gelegenen Patrizierhäuser erlaubte es früher, den auf die großen Weltmeere auslaufenden Schiffen einen letzten Blick nachzuwerfen. Im Rahmen einer Grachtenrundfahrt, die an alten Patrizierhäusern und Lagerhallen entlangführt, erhält man einen guten Überblick über das heutige Middelburg.

Information/Verbindungen/Rundfahrten

• *Information* **ANWB/VVV Middelburg**, Nieuwe Burg 40, 4331 AH Middelburg, ✆ 0118/659900, 📠 659910, www.vvvmiddelburg.nl. Mo-Fr 9.30-17.30 Uhr, Do bis 21 Uhr, Sa 9.30-17 Uhr, April-Oktober auch So 12-16 Uhr.
• *Bahnverbindungen* 1-2x stündl. nach Breda (Dauer: 80 Min.) und weiter nach Zwolle (3 Std. 40 Min.), 1-2x stündl. nach Rotterdam (90 Min.) und weiter nach Amsterdam (2 Std. 30 Min.), 1-2x stündl. Vlissingen (10 Min.).
• *Rundfahrten* **Grachtenfahrten**, April-Okt. Mo-Sa 11-16 Uhr; Juni-Aug. Mo-Sa 10-17 Uhr, So 12-16 Uhr. Abfahrt Langevielebrug, Achter de Houttuinen 39. Erwachsene 4.50 €, Kinder 2.75 €, Senioren (Pas65) 3.50 €. Information: Rondvaart Middelburg, Achter de Houttuinen

39, 4331 NJ Middelburg, ✆ 0118/643272.
Minikreuzfahrt Veerse Meer, Mai-September täglich 10.15 Uhr und 14 Uhr. Abfahrt der "Lady Madeleine" an der Loskade (gegenüber Hbf.). Ein kurzer Landgang in Veere ist möglich. Erwachsene 10.50 €, Kinder 7 €, Senioren (Pas65) 10 €. Information: Rederij Dijkhuizen, Burgemeester van Woelderenlaan 2, 4382 CM Vlissingen, ✆ 0118/419367, www.rederij-dijkhuizen.nl.
• *Fahrten in der Pferdekutsche* Juni-September täglich 11-17 Uhr. Abfahrt am Markt. Dauer 20 Min. Erwachsene 3 €, Kinder 2 €. Information: Stalhouderij Labrujère-Boone, Mazzinilaan 37, 4334 GK Middelburg, ✆ 0118/611375.

Adressen

• *Fahrradverleih* **Rijwielstalling**, Kanaalweg 22, 4337 PA Middelburg, ✆ 0118/612178; **Fietsenstalling Delta Cycle**, Zusterplein 8, 4331 KM Middelburg, ✆ 0118/639245; **Klaassen**

Tweewielers, Seisweg 47, 4334 AE Middelburg, ✆ 0118/614596; **Rijwielhandel Petiet**, Korte Noordstraat 53, 4331 CH Middelburg, ✆ 0118/624394.

Middelburg

Übernachten
- ❷ Hotel Roelant
- ⓮ Hotel De Nieuwe Doelen
- ⓯ FletcherGrand-Hotel Du Commerce
- ⓰ Camping De Witte Raaf
- ⓱ Mini-Camping De Kruitmolen
- ⓲ Mini-Camping Oranjepolder
- ⓴ Arneville Hotel
- ㉑ Mini-Camping De Vlaschaard
- ㉒ Camping Middelburg
- ㉓ NJHC-Jugendherberge Kasteel Westhove

Essen und Trinken
- ❶ Pannekoekhuis De Kabouterhut
- ❸ Restaurantje Nummer 7
- ❹ Koffiehuis De Abdij
- ❺ Het Groot Paradijs
- ❻ Ten Weijngaert
- ❼ Frommagerie Forianne
- ❽ Desafinado
- ❾ Croissanterie Délifrance
- ❿ Ristorante Isola Sarda
- ⓫ De Vriendschap
- ⓬ Le Rendez Vous
- ⓭ Koperen Ketel
- ㉔ La Bonne Auberge

• *Einkaufen* Die Geschäfte bleiben in Middelburg Montagvormittag geschlossen. Am Donnerstag (in den Randgebieten Middelburgs Freitag) verschiebt sich der Ladenschluss auf 21 Uhr (Kaufabend). Markttermine: **Wochenmarkt** Do 8.30-16 Uhr, Markt; **Gemüse, Obst und Blumen** Sa 8.30-16 Uhr, Markt.

• *Kinderbauernhof* **De Klepperhoeve**, Meiveldpad 55, 4336 XW Middelburg, ✆ 0118/627142. Eintritt frei.

• *Krankenhaus* **Medisch Centrum Middelburg**, Noordbolwerk 35, 4331 SH Middelburg, ✆ 0118/672700.

• *Taxiruf* ✆ 0118/612600

Übernachten (siehe Karte S.611)

• *Hotels* ****** Arneville Hotel (20)**, Buitenruststraat 22, 4337 EH Middelburg, 95 Betten, südlich der Innenstadt jenseits des "Kanaal door Walcheren" an der Ausfallstraße zur Autobahn gelegen, einziges 4-Sterne-Hotel der Stadt, alle Zimmer mit Du/WC, Telefon und TV. EZ ab 84 €, DZ ab 105 €, ✆ 0118/638456, 🖷 615154.

*** Fletcher Grand-Hotel Du Commerce (15), Loskade 1, 4331 HV Middelburg, 82 Betten, Nähe Hbf. (am Rande des historischen Middelburg), heller Prachtbau mit komfortablen Zimmern. EZ ab 55 €, DZ ab 70 €, Frühstück 9 €, ✆ 0118/636051, 🖷 626400, info-ducommerce@fletcher.nl.

*** Hotel De Nieuwe Doelen (14), Loskade 3-7, 4331 HV Middelburg, 60 Betten, direkt neben dem Du Commerce, freundlicher Service, renovierte Zimmer mit Du/WC, Telefon und TV, gemütlicher Garten. EZ ab 45 €, DZ ab 60 €, ✆ 0118/612121, 🖷 636699.

*** Hotel Roelant (2), Koepoortstraat 10, 4331 SL Middelburg, 28 Betten, wenige Minuten östlich des Zentrums, angenehme Lage in ruhiger Wohngegend, kleiner Garten. EZ ab 35 €, DZ ab 50 €, ✆ 0118/627659, 🖷 628973.

• *Jugendherberge* **NJHC-Jugendherberge Kasteel Westhove (23)**, Duinvlietweg 8, 4356 ND Domburg, etwa 10 km nordwestlich von Middelburg, ruhige Lage in Strandnähe, waldreiche Umgebung, Garten mit Sonnenterrasse, geöffnet April-Oktober. 104 Betten, Viererzimmer (4), Sechserzimmer (8), Zehnerzimmer (1), 12er-Zimmer (1), 18er-Zimmer (1). Übernachtung im Schlafsaal inkl. Frühstück 18 €, ✆ 0118/ 581254, 🖷 583342. domburg@njhc.org.

• *Camping* **Camping Middelburg (22)**, Koninginnelaan 55, 4335 BB Middelburg, Schildern folgen, einziger Campingplatz vor Ort in landschaftlich reizvoller Lage, einfache Sanitärs, geöffnet April-September. Person 3.30 €, Zelt 3.40 €, Auto 2.95 €, Duschen 0.50 €, ✆ 0118/625395, 🖷 625395, campingmiddelburg@komnaarons.nl.

Camping De Witte Raaf (16), Muidenweg 3, 4341 PX Arnemuiden, A 58, Abfahrt 38 (Arnemuiden), im Ort Bahnübergang queren, Schildern folgen, etwa 4,5 km nordöstlich der Ortschaft am Veerse Meer, Jachthafen und Surfschule in unmittelbarer Nähe, gute Sanitärs, Fahrradverleih, Lebensmittelgeschäft, Wanderhütten (8), geöffnet April-September. Stellplatz (inkl. 2 Pers.) 21.20 €, zus. Person 3.20 €, Duschen inkl., Fläche 18 ha. ✆ 0118/601212, 🖷 603650, dewitteraaf@zeelandcamping.nl.

Mini-Camping De Vlaschaard (21), Koudekerkseweg 165, 4335 SN Middelburg, geöffnet April-Oktober. Stellplatz (inkl. 2 Pers.) 12 €, zus. Person 2.50 €, Duschen inkl., Fläche 1 ha. ✆ 0118/614502.

Mini-Camping De Kruitmolen (17), Oranjepolderseweg 1, 4341 PR Arnemuiden (östlich von Middelburg), geöffnet April-September. Person 2.30 €, Zelt 1.85 €, Auto 0.70 €, Duschen 0.45 €, Fläche 1 ha. ✆ 0118/ 602909, verschoor24@zonnet.nl.

Mini-Camping Oranjepolder (18), Veerseweg 2, 4341 RB Arnemuiden (östlich von Middelburg), geöffnet April-Oktober. Stellplatz (inkl. 4 Pers.) 14 €, zus. Person 1.50 €, Duschen inkl., Fläche 0,5 ha. ✆ 0118/603589, 🖷 603019, kodde@zeelandnet.nl.

Essen (siehe Karte S. 611)

La Bonne Auberge (24), Biggekerksestraat 3, 4371 EW Koudekerke, wenige Kilometer südwestlich von Middelburg. Laut Leserbrief "himmlisches Restaurant mit sehr guter französisch angehauchter Küche". Mo geschlossen, ✆ 0118/551526.

Ten Weijngaert (6), Wijngaardstraat 1-5, 4331 PM Middelburg, sehr schönes altes Haus in ruhiger Seitenstraße, ein Kleinod fürs Auge. "House of Roast – wir machen Exklusivität bezahlbar" – die Eigenwerbung hält, was sie verspricht. Fisch- und Fleischspezialitäten, Mo geschlossen, ✆ 0118/634633.

Koperen Ketel (13), Plein 1940 Nr. 13-15, 4331 LG Middelburg, Belgien ist nicht weit entfernt, exquisite Gerichte der flämischen Küche, mittlere Preisklasse, Di/Mi geschlossen, ✆ 0118/633839.

Desafinado (8), Koorkerkstraat 1, 4331 AW Middelburg, Eetcafé mit lateinamerikanischer Küche am Abteiturm, preiswerte 3-Gänge-Menüs, regelmäßiger Live-Jazz, Mo geschlossen (außer Juli/August), ✆ 0118/640767.

Ristorante Isola Sarda (10), Vlasmarkt 17-19, 4331 PC Middelburg, italienische Küche mit guten Fleischgerichten, auch Pasta und Pizza, ☏ 0118/634100.

Pannekoekhuis De Kabouterhut (1), Oostkerkplein 8, 4331 TL Middelburg, nahe der Kuppelkirche, mehrfach zum besten Pfannkuchenhaus der Niederlande gewählt, Kinder dürfen Papiere mit Koboldfiguren bemalen, 60 Sorten, außerhalb der Saison nur am Wochenende geöffnet, ☏ 0118/612276.

Restaurantje Nummer 7 (3), Rotterdamsekaai 7 (Ecke Brakstraat), 4331 GM Middelburg, gemütliches Speisen etwas außerhalb des Stadtkerns, Montag geschlossen, ☏ 0118/627077.

Het Groot Paradijs (5), Damplein 13, 4331 GC Middelburg, feinste französische Küche mit einem Michelin-Stern, der Koch war bereits für die Königin aktiv, So/Mo geschlossen, ☏ 0118/651200.

De Vriendschap (11), Markt 75, 4331 LL Middelburg, Café-Restaurant mit traditioneller niederländischer Küche, ☏ 0118/612257.

Koffiehuis De Abdij (4), Abdij 5, 4331 BK Middelburg, reizvolle Lage im Innenhof der Abtei, sehr empfehlenswert für die kurze Mittagspause mit einer Tasse Kaffee, So geschlossen, ☏ 0118/635022.

Le Rendez Vous (12), Langeviele 20, 4331 LT Middelburg, Petit-Restaurant mit gemütlicher Einrichtung über zwei Ebenen, Baguettes, Croissants und Pfannkuchen, ☏ 0118/625670.

> **Frommagerie Forianne (7)**, Damplein 12, 4331 GD Middelburg, Kaas-Noten-Wijn. Käse, Nüsse, Wein. Auswahl landestypischer Mitbringsel aus den Niederlanden, ☏ 0118/651725.

Croissanterie Délifrance (9), Lange Delft 111, 4331 AM Middelburg, Baguettes, Broodjes und Croissants, am Tag wird mehrmals frisch gebacken, So geschlossen, ☏ 0118/641235.

Sehenswertes

Onze-Lieve-Vrouwe Abdij: Die Anfänge der Abtei reichen ins 12. Jahrhundert zurück. Mehrere Brände beschädigten den Komplex, zuletzt ausgelöst durch das verheerende Bombardement der deutschen Luftwaffe im Mai 1940. Die verwüstete Anlage konnte später mühsam rekonstruiert werden und ist seither im Rahmen einer Führung der Öffentlichkeit zugänglich. Die *Historama*, eine kleine Ausstellung innerhalb der alten Mauern, bietet Einblicke in die Vergangenheit der Abtei. Der Abteiturm *Lange Jan* (91 m) bietet herrliche Blicke auf das städtische Umland. Bei gutem Wetter kann die Sicht bis zu den Oosterscheldewerken und der Zeelandbrücke reichen – zuvor allerdings sind 207 Stufen zu erklimmen.

Adresse/Öffnungszeiten Abdij 9, 4331 BK Middelburg, ☏ 0118/626655. April-Oktober Mo-Sa 11-17 Uhr, So 12-17 Uhr. Erwachsene 1.80 €, Kinder 0.50 €, MJK.

Abdijkerken: Die beiden Abteikirchen aus dem 14./16. Jahrhundert wurden ebenfalls ein Opfer der schweren Bombardements im Zweiten Weltkrieg. Ihr Wiederaufbau rettete zwei weitere eindrucksvolle Kulturdenkmäler. Die einschiffige *Koorkerk*, die ältere der beiden Kirchen, birgt mehrere sehenswerte Grabsteine, darunter ein spätes Werk des Bildhauers *Rombout Verhulst*. Die zweischiffige *Nieuwe Kerk* besitzt eine schöne Orgel, die sich ursprünglich in einer Amsterdamer Kirche befand. Das Instrument gelangte erst im Zuge der Restaurierungsarbeiten aus dem Amsterdamer Rijksmuseum nach Middelburg.

Adressen/Öffnungszeiten Koorkerkhof, 4331 JL Middelburg, ☏ 0118/659900 (Koorkerk). Groenmarkt, 4331 AB Middelburg, ☏ 0118/659900 (Nieuwe Kerk). Mai-September Mo-Fr 10.30-17 Uhr. Eintritt frei.

Oostkerk: Die im 17. Jahrhundert errichtete Oostkerk, ein eindrucksvoller Kuppelbau mit schlicht gestalteter Deckenwölbung aus hellblauer Farbe, wur-

Provinz Zeeland

Karte S. 591

de nach dem Sieg gegen das katholische Spanien als Zeichen des Sieges errichtet. Sie ist somit die erste Kirche, die speziell für protestantische Gottesdienste in Middelburg erbaut wurde.

Adressen/Öffnungszeiten Oostkerkplein, 4331 JK Middelburg, ✆ 0118/659900 (VVV). Juni Mi/Do 10-16 Uhr; Juli/August Di-Do 10-16 Uhr; im Oktober Do 10-16 Uhr. Eintritt frei. Mittagskonzerte Juli/August Do 12.30-13 Uhr.

Stadhuis: Nach den Zerstörungen des Zweiten Weltkriegs bemühten sich die Stadtväter auch um die Restaurierung und den Wiederaufbau des alten Rathauses, das als einer der schönsten Profanbauten der Gotik gilt. Das Baudenkmal fasziniert mit einem ungewöhnlich reichhaltigen Dekor. 25 Skulpturen zeeländischer Gräfinnen und Grafen schmücken die rekonstruierte Fassade, deren Gestaltung weitgehend dem historischen Original entspricht. Die malerischen rot-weißen Fensterläden geben dem Rathaus den letzten Schliff.

Adresse/Führungen Markt, 4331 CD Middelburg, ✆ 0118/675450. April-Oktober Mo-Sa 11-17 Uhr, So 12-17 Uhr. Dauer 45 Min., Erwachsene 2.75 €, Kinder 2.25 €, Senioren (Pas65) 2.25 €.

Kloveniersdoelen: Der im flämischen Renaissancestil des frühen 17. Jahrhunderts erbaute Schützenhof (Achter de Houttuinen 30) diente lange als Vereinshaus der Schützengilde *Van den Bus*. Später kam in den Räumlichkeiten hinter den rot-weiß gestrichenen Fensterläden die *Verenigte Oostindische Compagnie* (VOC) unter, die den Handel mit den östlichen Kolonien in Indonesien koordinierte. 1735 traf ein Blitz den *Doelentoren* und ließ ihn einstürzen. Erst 1969 wurde er wiederaufgebaut.

Sint Jorisdoelen: Der zweite bedeutende Schützenhof der Stadt in der Sint Jorisstraat ist einige Jahrzehnte älter – er datiert aus dem Jahre 1582. Neben den Wappen der Provinz, der Stadt und der Schützengilde ziert eine kleine Statue die historische Fassade. Sie ehrt den namensgebenden Schutzheiligen der Gilde und wurde nach den Bombardements des Krieges neu errichtet. Der kleine Springbrunnen auf dem Vorplatz wird in der Saison allabendlich beleuchtet.

Zeeuws Museum: Die Ausstellungsräume des Museums liegen in einem der ältesten Teile des wiedererrichteten Abteikomplexes. Neben der naturwissenschaftlichen Kollektion beeindrucken die Rekonstruktionen einer alten Backstube und einer Bauernkammer aus der Zeit um 1900. Das Kernstück der Sammlung bilden mehrere eindrucksvolle Wandteppiche mit Motiven der vor Walcheren ausgetragenen historischen Seeschlachten gegen die spanischen Besatzer.

Adresse/Öffnungszeiten Abdij 3, 4331 BK Middelburg, ✆ 0118/626655, Zum Zeitpunkt der Recherche geschlossen, Wiedereröffnung für Sommer 2003 geplant, www.zeeuwsmuseum.nl.

Miniatuur Walcheren: Die naturgetreue Reproduktion der wichtigsten Sehenswürdigkeiten der Insel Walcheren wurde 1954 im Rahmen der Wiederaufbau-Feierlichkeiten nach dem Zweiten Weltkrieg im Maßstab 1:20 zusammengestellt. Pflanzen passender Größe umrahmen liebevoll die Bauten. Die Ausstellung sollte ursprünglich nur wenige Wochen geöffnet bleiben, doch bewirkte der große Besucherandrang, dass man davon zunächst Abstand nahm. Heute denkt niemand mehr an eine Schließung des kleinen Freilichtmuseums.

Adresse/Öffnungszeiten Molenwater, 4331 ST Middelburg, ✆ 0118/612525, www.miniatuurwalcheren.nl. Täglich 10-17 Uhr, Juli/August täglich 9.30-19 Uhr. Erwachsene 7 €, Kinder 5 €, Senioren (Pas65) 6 €.

Vlissingen

(44.000 Einwohner)

Die exponierte Lage im Mündungsgebiet der Westerschelde eröffnet Vlissingen den direkten Zugang zur Nordsee. Industriehafen, Fischereihafen, Jachthafen – die weitläufigen Hafenanlagen dokumentieren die wirtschaftliche Bedeutung der Stadt.

Vlissingen präsentiert sich als modern-nüchterne Industriestadt. Sie ist Standort einer kleinen Marineeinheit. Darüber hinaus verkehren regelmäßig Fähren nach Breskens (Zeeuws-Vlaanderen) und Sheerness (England). Der rege Schiffsverkehr lässt sich am besten vom langen Boulevard an der Westerschelde (Bereich *Boulevard Bankert* und *Boulevard De Ruyter*) beobachten. Die Kaianlagen sind mit wenigen Ausnahmen frei zugänglich. Sie laden ein zum Flanieren mit freier Sicht auf die Hochseeschiffe, die den Hafen Antwerpen ansteuern. In Vlissingen kommen auch Strandfreunde auf ihre Kosten. Einsamkeit suchende Sonnenanbeter allerdings werden enttäuscht sein, denn in den Sommermonaten tummeln sich hier die Massen.

Vlissingen ist die Geburtsstadt von *Michiel de Ruyter* (1607–1676), der als Seeheld der englisch-niederländischen Seekriege im 17. Jahrhundert die feindlichen Flotten mehrfach vernichtend besiegen konnte. Die spätere Niederlage der Niederlande konnte allerdings auch er nicht verhindern.

*I*nformation/*V*erbindungen/*R*undfahrten

● *Information* **ANWB/VVV Vlissingen**, Oude Markt 3, 4381 ER Vlissingen, ✆ 0118/422190, 🖅 422191, www.vvvvlissingen.nl. Mo 13-18 Uhr, Di-Fr 10-18 Uhr, Sa 10-17 Uhr.
● *Bahnverbindungen* 1-2x stündl. nach Breda (Dauer: 90 Min.) und weiter nach Zwolle

(3 Std. 50 Min.), 1-2x stündl. Middelburg (10 Min.), 1-2x stündl. nach Rotterdam (100 Min.) und weiter nach Amsterdam (2 Std. 40 Min.).
● *Busverbindungen* in Richtung Middelburg, Spijkenisse.

*A*dressen

● *Autovermietung* **Autoverhuur Avis**, Nieuw Vlissingseweg 237, 4387 AE Vlissingen, ✆ 0118/469312.
● *Fahrradverleih* **Rijwielshop Station**, Stationsplein 1, 4382 NN Vlissingen, ✆ 0118/465951; **Toon's Rijwielshop**, Papegaaienburg, 18/20, 4386 DA Vlissingen, ✆ 0118/479565; **Roose Tweewielers**, Badhuisstraat 19, 4381 LM Vlissingen, ✆ 0118/412084; **Rijwielcentrale Fiets Plus**, Koudekerkseweg 51, 4382 EG Vlissingen, ✆ 0118/412544.
● *Kanuverleih* **De Kanovijver**, Nollepad 3, 4384 LZ Vlissingen, ✆ 0118/419630.
● *Einkaufen* Die Geschäfte bleiben in Vlissingen Montagvormittag geschlossen. Am Freitag verschiebt sich der Ladenschluss auf 21 Uhr (Kaufabend). Markttermine: **Wochenmarkt** Fr 8-12 Uhr, Spuistraat; **Obst und Fisch** Sa 8-12 Uhr, Spuistraat.

● *FKK* Gelände des Vereins **Zeelandia Naturisten Vereniging**, Fort de Ruijterweg 6, 4389 VM Vlissingen, ✆ 0118/467290.
● *Kinderbauernhof* **Arduin Manege Paardoes**, Bosweg 6, 4383 TV Vlissingen, ✆ 0118/490423. Mo-Sa 9-16.45 Uhr, So 14-17 Uhr. Eintritt frei.
● *Krankenhaus* **Ziekenhuis Walcheren**, Koudekerkseweg 88, 4382 EE Vlissingen, ✆ 0118/425000.
● *Schwimmen* **Sportfondsenbad Vlissingen**, Baskensburgplein 2, 4383 NE Vlissingen, ✆ 0118/417442, Wellenbad mit Riesenrutsche, Wasserfall, Wasserpilz, Whirlpool, türkische Dampfbäder und Gärten, www.sportfondsenbadvlissingen.nl.
● *Taxiruf* ✆ 0118/416000

Provinz Zeeland
Karte S. 591

Übernachten

• *Hotels* ****** Hotel Piccard (16)**, Badhuisstraat 178, 4382 AR Vlissingen, 92 Betten, zentrale Lage an einer der größeren Straßen der Stadt, alle Zimmer mit Du/WC, Telefon und TV. EZ ab 70 €, DZ ab 90 €, ✆ 0118/413551, 📠 412865, info@piccard.nl.

*** Hotel Boulevard (4), Coosje Buskenstraat 132, 4381 LH Vlissingen, 20 Betten, gepflegte "Schmalspurarchitektur" in 100 m Entfernung von Stadtzentrum und Wasser, adrette Räumlichkeiten, freundlicher Service. EZ ab 44 €, DZ ab 66 €, ✆ 0118/412726, 📠 418338.

*** Hotel Truida (3), Boulevard Bankert 108, 4382 AC Vlissingen, 40 Betten, direkt an der stürmischen Uferpromenade, freundliche und sehr zuvorkommende Chefin, November-Februar geschlossen. EZ ab 40 €, DZ ab 75 €, ✆ 0118/412700, 📠 419502.

*** Hotel Royal (2), Badhuisstraat 3, 4381 LM Vlissingen, 44 Betten, zentrale Lage an einer der größeren Straßen, sehr helle Zimmer, familiäre Atmosphäre. EZ ab 70 €, DZ ab 70 €, ✆ 0118/412201, 📠 413663.

** Hotel Bos (5), Spuistraat 59-65, 4381 HP Vlissingen, 75 Betten, vierteilige "Villa Blanche" mit markanter Jugendstilarchitektur, das etwas andere Hotel. EZ ab 60 €, DZ ab 75 €, ✆ 0118/413303, 📠 411440.

* Hotel Pension Wolff (1), Aagje Dekenstraat 95, 4381 PN Vlissingen, 22 Betten, zentrale Lage, freundliche Familie, Zimmer und Sanitärs sehr sauber. EZ ab 30 €, DZ ab 55 €, ✆ 0118/414797.

• *Camping* **Camping De Nolle (17)**, Burg. van Woelderenlaan 1, 4382 CL Vlissingen, A 58, Abfahrt Vlissingen, Richtung Boulevard-Centrum, an letzter Ampel links, Platz liegt nach 100 m rechts, nordwestlicher Stadtrand, durch Hecken und Baumgruppen unterteilte ebene Wiesen, Zeltplätze rar und wenig attraktiv auf schmalem Streifen ohne Grün neben dem Parkplatz, gute Sanitärs, Fahrradverleih, Lebensmittelgeschäft, geöffnet April-Oktober. Person 4 €, Zelt 4.10 €, Auto 2.20 €, Duschen inkl., Fläche 1,3 ha. ✆ 0118/414371, 📠 411506, denolle@zeelandnet.nl.

Camping De Lange Pacht (18), Boksweg 1, 4384 NP Vlissingen, A 58, Abfahrt Vlissingen, Richtung Koudekerke, nach Bebauung links, Schildern folgen, etwa 2 km vom Wasser entfernt, akzeptable Sanitärs, geöffnet April-Oktober. Stellplatz (inkl. 2 Pers.) 15.50 €, zus. Person 3.20 €, Duschen inkl., Fläche 1,2 ha. ✆ 0118/460447, 📠 460447.

Camping Dishoek (15), Dishoek 2, 4371 NT Koudekerke, Richtung Koudekerke, Dishoek, Schildern folgen, spät Anreisende werden an der Eingangsschranke über Funk eingecheckt, geometrisch angelegter Platz hinter den Dünen, perfekte Ausschilderung jeder Parzelle, moderner, sauberer Sanitärcontainer mit guten Duschen, Fahrradverleih, Lebensmittelgeschäft (gut sortiert), geöffnet April-Oktober. Stellplatz (inkl. 5 Pers.) 34 €, zus. Person 4 €, Duschen inkl., Fläche 4,6 ha. ✆ 0118/551348, 📠 552990, info@campingdishoek.nl.

Essen

De Gevangentoren (9), Boulevard de Ruyter 1a, 4381 KA Vlissingen, Überrest des Stadttores De Bomvrije ("Der Bombensichere", 15. Jh.), holländisch-französische Küche, empfehlenswerte Fischspezialitäten, preiswerte 3-Gänge-Menüs, sehr schön für eine Tasse Kaffee an der Uferpromenade, Ausstellungsraum im Inneren, ✆ 0118/417076.

De Beurs (14), Beursplein 11, 4381 CA Vlissingen, alte Stadtbörse mit ebenfalls holländisch-französischer Küche, altholländische Fassade mit schönem Glockenturm, preiswerte 3-Gänge-Menüs, außerhalb der Saison Mo geschlossen, ✆ 0118/410295, www.rest-de-beurs.nl.

Ristorante Lungo Mare (10), Bellamypark 32, 4381 CK Vlissingen, Fisch- und Fleischge

richte "alla italiana", Nudelvariationen mit großer Auswahl verschiedener Saucen, diverse Pizzen, außerhalb der Saison Mo geschlossen, ✆ 0118/411520.

Pom-Lay (6), Kleine Markt 13-15, 4381 EJ Vlissingen, chinesische Küche an einem ruhigen Platz in der Fußgängerzone, ✆ 0118/413025.

Figaro (12), Nieuwendijk 14, 4381 BX Vlissingen. Nach Meinung zweier Leser ein Restaurant mit aufmerksamem und unkompliziertem Service und geschmackvoll eingerichtetem Inneren, "die Produkte sind frisch und saisonal – klasse". Mo Ruhetag, ✆ 0118/416450.

Amigo (11), Nieuwendijk 71, 4381 BW Vlissingen, Grillhouse mit guten argentinischen Steaks und Salaten, Chimichaugas als Empfehlung (Tortilla mit Hack, Reis, roten

Vlissingen

Übernachten
- ❶ Hotel Pension Wolff
- ❷ Hotel Royal
- ❸ Hotel Truida
- ❹ Hotel Boulevard
- ❺ Hotel Bos
- ⑮ Camping Dishoek
- ⑯ Hotel Piccard
- ⑰ Camping De Nolle
- ⑱ Camping De Lange Pacht

Essen und Trinken
- ❻ Pom-Lay
- ❼ Vlaaienhuis Paddeltje
- ❽ Delphi
- ❾ De Gevangentoren
- ❿ Ristorante Lungo Mare
- ⓫ Amigo
- ⓬ Figaro
- ⓭ De Vissershaven
- ⓮ De Beurs

Bohnen, Tacosauce und Salat), preiswerte Hauptgerichte, ✆ 0118/411943.
Vlaaienhuis Paddeltje (7), Walstraat 40, 4381 EE Vlissingen, morgens ein schöner Platz fürs Frühstück inmitten der Fußgängerzone, belegte Brötchen, warme Waffeln, ✆ 0118/431218.

De Vissershaven (13), Bellamypark 2, 4381 CJ Vlissingen, in der Nähe der Hafenanlagen, auf den Tisch kommt frischer Fisch, ✆ 0118/412132.
Delphi (8), Walstraat 12-14, 4381 EE Vlissingen, griechische Küche, ✆ 0118/419800.

Sehenswertes

Stadhuis: Das vergleichsweise moderne Gebäude, das vor knapp 40 Jahren fertig gestellt wurde, besitzt am Vorgiebel ein funkelndes Glasmosaik mit den Wappen Vlissingens und *Willems I.* Der Rathausturm (48 m) kann während der Glockenspielzeiten bestiegen werden und bietet einen schönen Ausblick auf die Stadt.

Adresse/Turmbesteigung Stadhuisplein, 4382 LG Vlissingen, ✆ 0118/487000. Eine Besichtigung des Gebäudes ist wegen Renovierungsarbeiten gegenwärtig nicht möglich.

Sint Jacobskerk: 1911 zerstörte ein Brand die Kirche, der Wiederaufbau erfolgte später gemäß alter Pläne. Der Turm, den der niederländische Seeheld *Michiel de Ruyter* erklettert haben soll, um von oben einen Blick auf die

Schelde werfen zu können, kann mittlerweile auch ohne diesen Aufwand über das Treppenhaus bestiegen werden.

Adresse/Öffnungszeiten Oude Markt, 4381 EJ Vlissingen, ☎ 0118/422190 (VVV), www.sintjacobskerk.nl. Juli/August Do-Sa 13-17 Uhr. Eintritt frei. Turmbesteigung Sa 13-17 Uhr; Juli/August Do-Sa 13-17 Uhr. Erwachsene 1 €, Kinder 0.50 €.

Beeldenhuis: Das "Haus der Statuen" in der Hendrikstraat 25 verdankt seinen Namen den Marmorfiguren, die den schweren Quadersteingiebel zieren. *J. P. van Baurscheit de Jonge* errichtete das Gebäude 1730 mit einer Reihe architektonischer Feinheiten, darunter der Balkon, die nischenförmigen Fensterumrahmungen und die doppelten Konsolen.

Beursgebouw: Die städtische Börse am Beursplein, die 1635 im typisch holländischen Renaissancestil gebaut wurde, verfügte zunächst über eine offene Galerie, die allerdings im späten 19. Jahrhundert abgebrochen werden musste. Die Fassade dominiert ein reizvoll gestalteter Giebel, den die Wappen der Provinz und der Stadt zieren.

Oranjemolen: Die einzige Mühle Vlissingens wurde im 17. Jahrhundert erbaut. Sie war bis 1957 in Betrieb, wird seither aber regelmäßig zu Demonstrationszwecken reaktiviert. Nur wenige Meter links oberhalb des Eingangs lässt sich der Einschlag einer Kugel erkennen, die ein englisches Kriegsschiff im frühen 19. Jahrhundert abgeschossen hatte.

Adresse/Öffnungszeiten Oranjedijk, 4382 LG Vlissingen, ☎ 0118/465035. Fr 10-16 Uhr. Erwachsene 1 €, Kinder 0.50 €.

Zeeuws Maritiem MuZEEum Vlissingen: Die neueste Attraktion Vlissingens, eine Ausstellung mit direktem Blick auf die befahrene Westerschelde, verteilt sich auf die drei Bereiche *Lampsinshuis*, *Pakhuizen* und *Scheldezaal* – gemeinsamer Schwerpunkt ist die maritime Vergangenheit der Region. Das Museum ehrt den Seehelden *Michiel de Ruyter*, den bekanntesten Sohn der Stadt, dessen militärisches Geschick das Land im 17. Jahrhundert lange vor der später unausweichlichen Niederlage in den englisch-niederländischen Seekriegen bewahrt hatte. Am gleichnamigen *Boulevard De Ruyter* erinnert ein Standbild, das zum Schutz vor dem Salzwasser mit einer dünnen Farbschicht überzogen wurde, an den großen Seefahrer. Die Ausstellung zeigt darüber hinaus Fundstücke aus dem 1735 vor Vlissingen gesunkenen VOC-Schiff "Het vliegend Hart".

Adresse/Öffnungszeiten Nieuwendijk 11, 4381 BV Vlissingen, ☎ 0118/412498, www.muzeeum.nl. Mo-Fr 10-17 Uhr, Sa/So 12-17 Uhr. Erwachsene 6 €, Kinder 3 €, Senioren (Pas65) 5 €, MJK.

Maritiem Attractie Centrum Het Arsenaal: Der maritime Erlebnispark, der größte der Niederlande, bietet Unterhaltung für alle Altersklassen. Ein Geisterschiff taucht aus dem Nebel auf, Schatzsucher besuchen Kapitän Einauge, Haifische und Rochen tummeln sich im Ozean (und dürfen gestreichelt werden). In luftiger Höhe (65 m) ermöglicht das *Kraaiennest* herrliche Ausblicke auf Vlissingen und die Westerschelde. Manchmal lässt sich gar Belgien am Horizont erkennen. Große und kleine Seebären werden auf ihre Kosten kommen. Das Abenteuer "Schiffsuntergang" ist allerdings nur für Menschen unter 1,50 m Körpergröße geeignet ...

● *Adresse/Öffnungszeiten* Arsenaalplein 1, 4381 BL Vlissingen, ☎ 0118/415400, Juni-Sept. täglich 10-20 Uhr (Kasse bis 18 Uhr); Okt.-Dez. und Feb.-Mai Di-So 10-19 Uhr (Kasse bis 17 Uhr). Erwachsene 8.50 €, Kinder 6.50 €, Senioren (Pas65) 7.50 €, www.arsenaal.com.

Reptilienzoo Iguana: Die seit 20 Jahren bestehende Anlage in der Nähe der städtischen Hafenbecken zählt zu den größten Reptilienzoos Europas. Inmitten des Stadtzentrums   tummeln sich lebende Amphibien, Reptilien und Insekten aus aller Welt. Mehrere Arten haben sich bereits in der zweiten und dritten Generation fortgepflanzt.

Adresse/Öffnungszeiten Bellamypark 35, 4381 CH Vlissingen, ✆ 0118/417219, www.iguana.nl. Täglich 14-17.30 Uhr, Juni-September auch 10-12.30 Uhr. Erwachsene/Kinder 5 €.

Fort Rammekens: Die Festungsanlagen bei Ritthem, die von den Naturreservaten *Rammekenshoek* und *Nollebos* umgeben sind, stammen aus dem 16. Jahrhundert. Sie dienten einst der Sicherung der spanisch besetzten Stadt. Die Architektur zeigt typische Elemente des italienisch beeinflussten Renaissancestils. Die beiden Naturreservate entstanden nach dem Zweiten Weltkrieg durch planmäßige Anpflanzungen.

Adresse/Öffnungszeiten Rammekensweg, 4389 TZ Ritthem, ✆ 0118/412498. April-Oktober Di-So 13-17 Uhr. Erwachsene 1.50 €, Kinder 1 €. Führung 2.50 €.

Meliskerke   (1.500 Einwohner)

Die eher unscheinbare Ortschaft, die auf etwa halber Strecke zwischen Middelburg und Domburg liegt, verdient nicht nur dank ihrer malerischen Lage einen Abstecher. Sehenswert ist auch das **Zijdemuseum**, in dem alle Aspekte der Seidenherstellung thematisiert werden. Angeschlossen ist eine Seidenraupenzuchtstätte und ein Maulbeergarten, in dem sich die Symbiose zwischen Maulbeerbaum und Seidenraupe studieren lässt.

Adresse/Öffnungszeiten **Zijdemuseum**, Dorpsstraat 3, 4365 AL Meliskerke, ✆ 0118/593305, www.zijdemuseum.nl. Di-Sa 10-17 Uhr, April-Oktober auch Mo 13-17 Uhr. Erwachsene 4.50 €, Kinder 3 €, Senioren (Pas65) 3.75 €.

Domburg   (2.000 Einwohner)

Alten Überlieferungen zufolge verdankt das attraktive Nordseebad seine Entstehung zwei wohlhabenden Damen aus dem nahen Middelburg, die Anfang des 19. Jahrhunderts eine in Scheveningen begonnene Badekur an der Domburger Küste fortsetzten. Der Aufstieg eines verschlafenen Örtchens nahm seinen Lauf.

1837 wurde der erste Domburger Badepavillon eröffnet. Das ansprechende Bauwerk in der weiten Dünenlandschaft brauchte sich nicht hinter seinen Vorbildern in Scheveningen oder Zandvoort zu verstecken. Die Sommerfrische war damals ein Privileg der Wohlhabenden, die in den noblen Badeorten unter sich bleiben konnten. Die ledernen Reisenecessaires und die bleischweren, unhandlichen Schrankkoffer, prall gefüllt mit knöchellangen Badekleidern und Sonnenschirmen aus besticktem Batist, machten das Reisen zwar erschwerlich, aber dennoch wusste man schon damals den Erholungswert am Wasser zu schätzen.

Später ließ sich der deutsche Arzt und Physiotherapeut *Johann Georg Mezger* auf einem herrlichen Domburger Landsitz nieder und lockte dank seiner erfolgreichen Behandlungsmethoden zahlreiche Patienten aus allen europäischen Adelshäusern an die niederländische Küste. Die High Society entdeckte Domburg als exquisite Wohnlage, und es entstanden prachtvolle Landhäuser und Villen. Im Gefolge der noblen Gästeschar kamen Ende des 19. Jahrhunderts, getragen von der Hoffnung auf eine zahlungskräftige Klientel, auch viele renommierte Künstler nach Domburg, darunter der Schriftsteller *Arthur van Schendel* und die Maler *Piet Mondriaan* und *Jan Toorop*. Der Ort versprüht noch heute einen Hauch jener Exklusivität.

Information/Verbindungen/Adressen

• *Information* **VVV Domburg**, Schuitvlotstraat 32, 4357 EB Domburg, ✆ 0118/582910, 📠 583545, www.kust-vvvwalcheren.nl. Mai-Oktober Mo-Sa 9.30-17 Uhr; Juli/August Mo-Sa 9.30-18 Uhr, So 12-16 Uhr; November-März Mo-Fr 9.30-16.30 Uhr, Sa 9.30-14 Uhr.

• *Bahnverbindungen* nächster Bahnhof in Middelburg (15 km).

• *Busverbindungen* in Richtung Middelburg, Serooskerke, Westkapelle.

• *Einkaufen* Die Geschäfte bleiben in Domburg Dienstagnachmittag geschlossen. Am Freitag (in der Saison täglich) verschiebt sich der Ladenschluss auf 21 Uhr (Kaufabend). Markttermin: **Touristenmarkt** Mo 13-18 Uhr, Juli/August bis 21 Uhr, Zentrum.

• *Fahrradverleih* **Akkerdaas Tweewielers**, Weststraat 2b, 4357 BM Domburg, ✆ 0118/581105.

• *FKK* Paal 16.4 bis Paal 16.9.

• *Krankenhaus* **Ziekenhuis Walcheren**, Koudekerkseweg 88, 4382 EE Vlissingen, ✆ 0118/425000.

• *Schwimmen* **Zwemparadijs De Parel**, Babelweg 2, 4357 BT Domburg, ✆ 0118/588260. Sollte die Witterung nicht zu einem Bad in der Nordsee einladen, verlockt ein Besuch im subtropischen Erholungsbad mit Wildwasserfluss, Riesenrutsche, Salzwasserbad und Whirlpools.

• *Strandkabinen* **Strandtentexploitanten**, Badhuisweg 1a, 4357 AV Domburg, ✆ 06/51334050. Buchungen schriftlich oder persönlich (nur in der Hochsaison) am Oosterstrand (Badstraat).

• *Taxiruf* ✆ 0118/582533

Übernachten

Die Auswahl an Übernachtungsmöglichkeiten in Domburg ist sehr groß. Die folgende Liste erhebt somit keinen Anspruch auf Vollständigkeit. Auf den Campingplätzen ist zur Hauptsaison eine Reservierung dringend zu empfehlen.

• *Hotels* ****** Badhotel Domburg**, Domburgseweg 1a, 4357 BA Domburg, 238 Betten, seit der Neueröffnung Mitte 1994 die erste Adresse vor Ort, reizvolles Anwesen, dessen Ursprünge bis ins 19. Jh. zurückreichen, Sauna, Schwimmbad, Solarium. EZ ab 120 €, DZ ab 150 €, ✆ 0118/588888, 📠 588899, www.badhotel.com.

*** Hotel Zonneduin, Nehalenniaweg 1, 4357 AW Domburg, 50 Betten, Anfang der 90er Jahre eröffnet, modernes Haus mit komfortablen Zimmern mit Meeresblick. Kein Hotel in Domburg liegt näher am Strand! Dezember-Februar geschlossen. EZ ab 110 €, DZ ab 135 €, ✆ 0118/581329, 📠 582267, www.hotelzonneduin.nl.

*** Hotel Wilhelmina, Noordstraat 20-22, 4357 AP Domburg, 45 Betten, Strandnähe (50 m), waldreiche Umgebung, angenehme Süderterrasse, alle Zimmer mit Du/WC, Telefon und TV. EZ ab 75 €, DZ ab 125 €, ✆ 0118/581262, 📠 584110.

*** Strandhotel Duinheuvel, Badhuisweg 2, 4357 AV Domburg, 40 Betten, Dünenstreifen trennt Hotel und Strand, modern-komfortables Ambiente, geräumige Zimmer mit Balkon. EZ ab 60 €, DZ ab 125 €, ✆ 0118/581282, 📠 583345, wildduin@zeelandnet.nl.

• *Jugendherberge* **NJHC-Jugendherberge Kasteel Westhove**, Duinvlietweg 8, 4356 ND Domburg, ruhige Lage in Strandnähe, waldreiche Umgebung, Garten mit Sonnenterrasse, geöffnet April-Oktober. 104 Betten, Viererzimmer (4), Sechserzimmer (8), Zehnerzimmer (1), 12er-Zimmer (1), 18er-Zimmer (1). Übernachtung im Schlafsaal inkl. Frühstück 18 €, ✆ 0118/581254, 📠 583342, domburg@njhc.org.

• *Camping* **Camping Hof Domburg**, Schelpweg 7, 4357 RD Domburg, Richtung Westkapelle, Platz liegt links (etwa 500 m vom Zentrum), Strandnähe (500 m), schattenreiche Lage, Hecken trennen den Platz von der nahen Dünenstraße, vorbildliche

Sanitärs, Fahrradverleih, Lebensmittelgeschäft, subtropisches Schwimmbad, Wanderhütten, ganzjährig geöffnet. Stellplatz (inkl. 5 Pers.) 41 €, zus. Person 4 €, Duschen inkl., Fläche 13,5 ha. ℡ 0118/583210, 🖷 583668, info@roompot.nl.

Essen

Restaurant Mondriaan, Ooststraat 6, 4357 BE Domburg, Spezialitäten der französisch-italienischen Küche auf hohem Niveau, Chefkoch Martijn bereitet die exzellente Fischsuppe "Mondriaan" zu, Reservierung ratsam, Mo geschlossen, außerhalb der Saison nur Do-So geöffnet, ℡ 0118/584434.

Eethuis De Dom, Markt 6, 4357 BG Domburg, Eetcafé mit dem bunten Interieur einer mexikanischen Taverne, einfache Küche internationaler Ausrichtung, als Nachtisch gibt's einen von 18 Eisbechern, ℡ 0118/582373.

Eetcafé 't Verfolg, Stationsstraat 9, 4357 BK Domburg, typisches Eetcafé mit preiswerten Tagesgerichten, gemütlicher Ofen im Innenraum, außerhalb der Saison nur Fr-So geöffnet, ℡ 0118/582948.

Pizzeria Milano, 't Groentje 11, 4357 BC Domburg, seit zwei Jahrzehnten eine feste Größe in Domburg, raffinierte Nudelgerichte, darunter die exquisite "Vlinderpasta", gute Salate, ℡ 0118/581251.

China Garden, Weststraat 18, 4357 BM Domburg, chinesische Küche, Spezialität des Hauses ist neben der Pekingente die Kantonesische Reistafel, preiswerte Hauptgerichte, ℡ 0118/581981.

Pannekoekhuis Vierwegen, 't Groentje, 4357 BC Domburg, Pfannkuchenhaus mit angeschlossenem kleinen Hotel in zentraler Lage, 250 Sorten, darunter auch mehrere Variationen mit Fisch, Spielecke für Kinder, Kindermenüs, ℡ 0118/583393.

Croissanterie Verdi, Ooststraat 11, 4357 BE Domburg, Baguettes und Croissants, buntes Interieur, an den Wänden Imitationen italienischer Fresken, eine gute Adresse zum Frühstücken, ℡ 0118/583940.

Oostkapelle

(2.000 Einwohner)

Im Vergleich zum ausgelassenen Domburg geht es hier viel ruhiger zu. An den sauberen, weitläufigen Stränden mit höchster Wasserqualität liegt man weder aufeinander noch nebeneinander gestapelt, und nirgendwo auf dem niederländischen Festland zählt man pro Jahr so viele Sonnentage wie in Oostkapelle (und nirgendwo so wenige Regenstunden).

Das Nordseebad hat mit dem auf dem Gelände von *Kasteel Westhove* gelegenen **Zeeuws Biologisch Museum** eine Ausstellung zu bieten, die sich mit der Biologie einheimischer Amphibien, Insekten, Fische, Säugetiere und Vögel befasst. In einer Unterabteilung sind außerdem teilweise kuriose Strandfunde ausgestellt.

Information/Verbindungen/Adressen

• *Information* **VVV Oostkapelle**, Duinweg 2a, 4356 AS Oostkapelle, ℡ 0118/582910, 🖷 582920, vvv.kust-walcheren.nl. Mai-Oktober Mo-Sa 9.30-17 Uhr; Juli/August Mo-Do 9.30-17 Uhr, Fr 9-20 Uhr, Sa 9-17 Uhr; November-April Mo und Mi-Fr 9.30-16.30 Uhr, Di/Sa 9.30-13 Uhr.

• *Adressen/Öffnungszeiten* **Zeeuws Biologisch Museum**, Kasteel Westhove, Duinvlietweg 6, 4356 ND Oostkapelle, ℡ 0118/582620, www.zbm-westhoeve.nl. April-Oktober Mo 12-17 Uhr, Di-Fr 10-17 Uhr, Sa 12-17 Uhr, So 10-17 Uhr; Juni-August täglich 10-18 Uhr; November-März Di-So 12-17 Uhr. Erwachsene 3.50 €, Kinder 2.25 €, Senioren (Pas65) 2.80 €, MJK. Begleittexte in deutscher Sprache.

• *Bahnverbindungen* nächster Bahnhof in Middelburg (15 km).

• *Busverbindungen* in Richtung Middelburg, Serooskerke, Westkapelle.

• *Einkaufen* Die Geschäfte bleiben in Oostkapelle Dienstagnachmittag geschlossen. Am Freitag verschiebt sich der Ladenschluss auf 21 Uhr (Kaufabend). Markttermine: **Touristenmarkt** Juli/August Do 14-21 Uhr, Zentrum.

• *Fahrradverleih* **Geuze**, Brouwerijstraat 9, 4356 AL Oostkapelle, ℡ 0118/582474; **Rijwielen**

Wagemakers, Noordweg 17-19, 4356 EA Oostkapelle, ☎ 0118/581344.

● *FKK* Paal 10.9 bis Oranjezon.

● *Krankenhaus* **Ziekenhuis Walcheren**, Koudekerkseweg 88, 4382 EE Vlissingen, ☎ 0118/425000.

● *Strandkabinen* **Strandtentexploitanten**, Badhuisweg 1a, 4357 AV Domburg, ☎ 06/51334050. Buchungen schriftlich oder persönlich (nur in der Hochsaison) am Oosterstrand (Badstraat).

● *Taxiruf* ☎ 0118/582533

Übernachten/Essen

Auch in Oostkapelle ist die Auswahl an Übernachtungsmöglichkeiten sehr groß. Die folgende Liste erhebt somit keinen Anspruch auf Vollständigkeit. Auf den Campingplätzen ist zur Hauptsaison eine Reservierung dringend zu empfehlen.

● *Hotels* ***** Hotel Randduin**, Duinbeekseweg 24, 4356 CE Oostkapelle, 40 Betten, gemütliches Familienhotel im Berkenbosch-Naturgebiet, Garten mit Sonnenwiese und Terrasse, gutes Frühstück. EZ ab 40 €, DZ ab 75 €, ☎ 0118/581652, ☏ 583981.

* Hotel Villa Magnolia, Oude Domburgseweg 20, 4356 CC Oostkapelle, 14 Zimmer, auf halber Strecke zwischen Domburg und Oostkapelle, herrschaftliche Villa in reizvoller Lage, Garten mit Terrasse. EZ ab 30 €, DZ ab 45 €, ☎ 0118/581980, ☏ 584058.

● *Camping* **Camping Dennenbos**, Duinweg 64, 4356 GB Oostkapelle, Autostraße Middelburg–Domburg, Richtung Oostkapelle, im Ort rechts, Richtung Strand, Schildern folgen, etwa 500 m vom Strand entfernt, Begrenzung durch Wassergraben mit Schilfgürtel, wenig Schatten, gute Sanitärs, Fahrradverleih, Schwimmbad, Lebensmittelgeschäft, Wanderhütten, geöffnet März-Oktober. Stellplatz (inkl. 2 Pers.) 15.50 €, zus. Person 4.15 €, Duschen inkl., Fläche 2,5 ha. ☎ 0118/581310, ☏ 583773, dennenbos@zeelandnet.nl.

Camping In de Bongerd, Brouwerijstraat 13, 4356 AM Oostkapelle, Autostraße Middelburg–Domburg, Richtung Oostkapelle, Schildern folgen, Platz liegt 300 m südlich der Ortschaft, trotz vereinzelter Obstbäume wenig Schatten, gute Sanitärs, Fahrradverleih, Schwimmbad, Supermarkt in 300 m Entfernung, Wanderhütten, deutsch-niederländische Leitung, geöffnet April-Oktober. Stellplatz (inkl. 2 Pers.) 23.50 €, zus. Person 3.50 €, Duschen inkl., Fläche 7,5 ha. ☎ 0118/581510, ☏ 581510, info@bongerdzeeland.nl.

Camping De Pekelinge, Landmetersweg 1, 4356 RE Oostkapelle, Autostraße Middelburg–Domburg, Richtung Oostkapelle, Platz liegt 1 km südlich der Ortschaft, Schildern folgen, Bepflanzung mit jungen Bäumen und Sträuchern, wenig Schatten, gute Sanitärs, Fahrradverleih, Lebensmittelgeschäft, Schwimmbad, geöffnet April-Okto-

ber. Stellplatz (inkl. 2 Pers.) 21 €, zus. Person 3 €, Duschen inkl., Fläche 12,5 ha. ☎ 0118/582820, ☏ 583782, depekelinge@zeelandcamping.nl.

Camping Ons Buiten, Aagtekerkseweg 2 a, 4356 ZG Oostkapelle, Autostraße Middelburg–Domburg, Richtung Oostkapelle, am Kirchturm Richtung Grijpskerke, Schildern folgen, etwa 2,5 km vom Strand entfernt, windgeschütztes Wiesengelände mit teils altem Baumbestand, viel Schatten, gute Sanitärs, Fahrradverleih, Lebensmittelgeschäft, Schwimmbad, Wanderhütten, geöffnet April-Oktober. Stellplatz (inkl. 2 Pers.) 29 €, zus. Person 4 €, Duschen inkl., Fläche 7,5 ha. ☎ 0118/581813, ☏ 583771, onsbuiten@zeelandcamping.nl.

Camping Westhove, Zuiverseweg 2, 4363 RJ Aagtekerke, Autostraße Middelburg–Domburg, Schildern folgen, südöstlich von Domburg gelegen, ländliche Umgebung, etwa 2 km vom Strand entfernt, Fahrradverleih, Lebensmittelladen, Schwimmbad, geöffnet April-Oktober. Stellplatz (inkl. 2 Pers.) 22 €, zus. Person 3.20 €, Duschen inkl., Fläche 8,5 ha. ☎ 0118/581809, ☏ 582502, westhove@zeelandcamping.nl.

Mini-Camping Klein Rijnsburg, Noordweg 60, 4356 ED Oostkapelle, geöffnet April-Oktober. Stellplatz (inkl. 4 Pers.) 18.50 €, zus. Person 2.50 €, Duschen inkl., Fläche 1 ha. ☎ 0118/593189, ☏ 593189, klrijnburg@zeelandnet.nl.

Mini-Camping Pomona, Kalfhoeksweg 2 a, 4356 RK Oostkapelle, geöffnet April-Oktober. Person 3.20 €, Zelt 4.10 €, Auto 1.85 €, Duschen inkl., Fläche 1 ha. ☎ 0118/582665.

Mini-Camping De Buck, Grijpskerksweg 2a, 4356 RA Oostkapelle, geöffnet April-Oktober. Stellplatz (inkl. 2 Pers.) 15 €, zus. Person 3 €, Duschen inkl., Fläche 0,5 ha. ☎ 0118/583546.

Mini-Camping Duinrand, Randduinweg 8, 4356 CG Oostkapelle, geöffnet April-Oktober. Stellplatz (inkl. 2 Pers.) 15 €, zus. Person 2.50 €, Duschen inkl., Fläche 1 ha. ☎ 0118/581923, 📠 581923.

Mini-Camping De Kievit, Grijpskerkseweg 21, 4356 RA Oostkapelle, geöffnet April-Oktober. Stellplatz (inkl. 2 Pers.) 11.50 €, zus. Person 3.50 €, Duschen inkl., Fläche 1 ha. ☎ 0118/582134, 📠 582134, kieviet@zeelandnet.nl.

Mini-Camping Nooit Gedacht, Dunoweg 1, 4356 EJ Oostkapelle, geöffnet April-Oktober. Stellplatz (inkl. 2 Pers.) 13 €, zus. Person 4 €, Duschen inkl., Fläche 1 ha. ☎ 0118/593189, 📠 593189.

Mini-Camping Westerhoeve, Westhovenseweg 4, 4356 RM Oostkapelle, geöffnet April-Oktober. Person 2.30 €, Zelt 4.60 €,

Auto 1.40 €, Duschen 0.50 €, Fläche 0,5 ha. ☎ 0118/582096, 📠 582096, pclouws@hetnet.nl.

Mini-Camping Wondergem, Grijpskerkseweg 2, 4356 RA Oostkapelle, geöffnet April-August. Stellplatz (inkl. 2 Pers.)10.50 €, zus. Person 2 €, Duschen inkl., Fläche 1 ha. ☎ 0118/582500.

Mini-Camping Oosterzicht, Kloosterweg 4, 4363 SC Aagtekerke (südwestlich von Oostkapelle), geöffnet April-Oktober. Person 4 €, Zelt 3 €, Auto 1 €, Duschen inkl., Fläche 0,3 ha. ☎ 0118/582199, 📠 582199.

● *Essen* **De Pannekoekenbakker**, Domburgsweg 75, 4356 BK Oostkapelle, Pfannkuchenhaus mit großer Auswahl aus mehr als 230 Sorten, Terrasse, ☎ 0118/582897.

Veere
(5.000 Einwohner)

Das malerische Städtchen mit seinem imposanten Rathaus, dem beschaulichen Hafen und den kleinen Häusern, die sich eng aneinander schmiegen, ist ein Ort für Romantiker.

Das Ortsbild erinnert an alte Zeiten. Noch um 1900 war der Hafen das Zentrum eines florierenden Handels mit schottischer Wolle und wichtiger Umschlagplatz des zeeländischen Fischfangs. An den Kaianlagen erinnern die schottischen Bauten, Lagerschuppen und Wohnhäuser aus dem 16. Jahrhundert an die damalige Zeit. Die mächtigen Kanonen des Campveerse Toren, Relikte einer früheren Befestigungsanlage, zeugen davon, dass Maßnahmen zum Schutz des Reichtums damals unumgänglich waren. Die Kontakte nach Schottland ergaben sich 1551, als der damalige Regent die Tochter des schottischen Königs heiratete. Die daraufhin einsetzende wirtschaftliche Blüte sollte erst im späten 18. Jahrhundert enden, als der im Rahmen des Deltaprojekts errichtete *Veere Gat Dam* die Verbindung zur offenen See kappte und der Fischerei damit die Existenzgrundlage entzog. Das auf diese Weise entstandene Veerse Meer ist heute ein Eldorado für Segler und Surfer.

Einige Kilometer westlich liegen die beiden Ortschaften **Serooskerke** (1.800 Einwohner) und **Gapinge** (400 Einwohner), zwei typische Flachlanddörfer mit schönen Windmühlen, darunter *De Hoop* (1835, Serooskerke) und *De Graanhalm* (1896, Gapinge). Serooskerke geriet in den 60er Jahren landesweit in die Schlagzeilen, als ein ahnungsloser Bauer auf seinem Gemüseacker mehrere Hundert Golddukaten fand. Der kleine Schatz, den man großzügig zwischen der Gemeinde als Besitzerin des Grundstücks und dem ehrlichen Finder aufteilte, wurde zur Finanzierung des örtlichen Schwimmbads verwendet, das seither den treffenden Namen *Goudvijver* (Goldteich) trägt.

Information/Verbindungen/Adressen

● *Information* **VVV Veere**, Oudestraat 28, 4351 AV Veere, ☎ 0118/501365, 📠 501792, vvv.kust-walcheren.nl. Mai-Juni Mo/Mi/Fr/

Sa 13-16 Uhr; Juli/August Mo-Sa 12-16 Uhr; September-April Mo/Mi/Fr/Sa 13.30-16 Uhr.

Provinz Zeeland
Karte S. 591

• *Bahnverbindungen* nächster Bahnhof in Middelburg (6 km).

• *Busverbindungen* in Richtung Middelburg, Vrouwenpolder (Bus 31).

• *Einkaufen* Die Geschäfte bleiben in Veere Dienstagnachmittag geschlossen. Markttermin: **Wochenmarkt** in Middelburg, Do 8.30-16 Uhr, Markt.

• *Krankenhaus* **Ziekenhuis Walcheren**, Koudekerkseweg 88, 4382 EE Vlissingen, ✆ 0118/425000.

• *Taxiruf* ✆ 0118/591995

Übernachten/Essen

• *Übernachten* *** **Hotel 't Waepen van Veere**, Markt 23, 4351 AG Veere, 26 Betten, EZ ab 50 €, DZ ab 75 €, ✆ 0118/501231, ✉ 501261.

** **De Campveerse Toren**, Kaai 2, 4351 AA Veere, 32 Betten, "Stadsherberg" in zentraler Lage in den letzten Überbleibseln der alten Stadtbefestigung, gemütliches Interieur, gute Küche im angegliederten Restaurant. EZ ab 40 €, DZ ab 47 €, ✆ 0118/501291, ✉ 501695, www.campveersetoren.nl.

NJHC-Jugendherberge Kasteel Westhove, Duinvlietweg 8, 4356 ND Domburg, einige Kilometer westlich von Veere, ruhige Lage in Strandnähe, waldreiche Umgebung, Garten mit Sonnenterrasse, geöffnet April-Oktober. 104 Betten, Viererzimmer (4), Sechserzimmer (8), Zehnerzimmer (1), 12er-Zimmer (1), 18er-Zimmer (1). Übernachtung im Schlafsaal inkl. Frühstück 18 €, ✆ 0118/581254, ✉ 583342, domburg@njhc.org.

Camping De Oude Scheepslantaarn, Sluisweg 1, 4351 RJ Veere, Autostraße Middelburg–Veere, kurz vor Ortseingang rechts, Schildern folgen, ruhige Lage auf ebenem Wiesengelände, autofreier Platz mit einfachen Sanitärs, geöffnet April-Oktober. Stellplatz (Auto und Zelt) 4 €, Person 3 €, Duschen inkl., Fläche 0,5 ha. ✆ 0118/501429.

Camping Olmenveld, Gapingseweg 5, 4353 JB Serooskerke, N 57 Middelburg–Serooskerke, an Ampel rechts Richtung Gapinge, Platz liegt nach 300 m links, nur wenige schattige Plätze, gute Sanitäreinrichtungen, Lebensmittelgeschäft, ganzjährig geöffnet. Stellplatz (Auto und Zelt) 5.25 €, Person 3.50 €, Duschen 0.50 €, Fläche 11 ha. ✆ 0118/7592040, ✉ 593234.

Mini-Camping Veerse Pot, Polredijk 2, 4351 RT Veere, geöffnet April-Oktober. Person 1.95 €, Zelt 1.95 €, Auto 1.40 €, Duschen 0.50 €, Fläche 1 ha. ✆ 0118/501305.

Mini-Camping Trouw voor Goud, Veerseweg 66, 4351 SJ Veere, geöffnet April-Oktober. Stellplatz (inkl. 2 Pers.) 9.45 €, zus. Person 3.65 €, Duschen inkl., Fläche 1 ha. ✆ 0118/501373.

Mini-Camping Het Veerse Gat, Landschuurweg 5, 4351 RR Veere, geöffnet April-Oktober. Person 3.90 €, Duschen inkl., Fläche 2 ha. ✆ 0118/501432, b.vader@sbb.agro.nl.

Mini-Camping De Boshoek, Boshoekweg 5, 4353 SE Serooskerke, geöffnet April-Oktober. Stellplatz (inkl. 2 Pers.) 13.50 €, zus. Person 1.50 €, Duschen 0.80 €, Fläche 0,5 ha. ✆ 0118/591264.

Mini-Camping Gideonse, Kokerheulweg 4, 4353 SB Serooskerke, geöffnet April-Oktober. Stellplatz (inkl. 2 Pers.) 12 €, zus. Person 2.50 €, Duschen inkl., Fläche 0,4 ha. ✆ 0118/591461.

Mini-Camping Leeuwendamme, Kleine Putweg 3, 4353 SG Serooskerke, geöffnet April-Oktober. Stellplatz (inkl. 2 Pers.) 14.50 €, zus. Person 3.20 €, Duschen inkl., Fläche 0,8 ha. ✆ 0118/591437.

Mini-Camping Veldlust, Kleine Putweg 2, 4353 SG Serooskerke, geöffnet April-Oktober. Stellplatz (inkl. 2 Pers.) 14 €, zus. Person 2.30 €, Duschen inkl., Fläche 1,5 ha. ✆ 0118/591415, veldlust@hetnet.nl.

Mini-Camping Hoekvliet, Meiwerfweg 3, 4352 SC Gapinge, geöffnet April-Oktober. Stellplatz (inkl. 2 Pers.) 14.50 €, zus. Person 3.65 €, Duschen inkl., Fläche 1 ha. ✆ 0118/501615, camhoekvliet@free.zeelandnet.nl.

• *Essen* **De Campveerse Toren**, Kaai 2, 4351 AA Veere, empfehlenswerte Fisch- und Fleischspezialitäten der mittleren Preisklasse in reizvoller Lage am Veerse Meer, preiswerte Hauptgerichte, ✆ 0118/501291, www.campveersetoren.nl.

Restaurant De Waterherberg, Polredijk 19, 4351 RT Veere, Auke und Nancy de Voogd bieten eine "oase van rust", eine Oase der Ruhe, schöne Lage am Wasser, Terrasse, gute Grillteller, ✆ 0118/501470.

Pannekoekhuis Suster Anna, Markt 8, 4351 AH Veere, die beste Adresse vor Ort, um einen der leckeren holländischen Pfannkuchen zu probieren, ✆ 0118/501557.

Sehenswertes

Grote Kerk (Onze Lieve Vrouwekerk): Die spätgotische Basilika (1348) am Stadtrand brannte im 17. Jahrhundert weitgehend aus, konnte später allerdings gemäß alter Pläne wiedererrichtet werden. Im 19. Jahrhundert wurde das mächtige Bauwerk von den Engländern als Kaserne und Militärhospital zweckentfremdet, die Franzosen benutzten es später als Stallung für die Kavallerie. Die prachtvollen Glasmalereien wurden damals leider zerstört.

Direkt gegenüber der Kirche verdient die *Cisterne* besondere Beachtung, der achteckige Stadtbrunnen, der im 16. Jahrhundert die örtliche Wasserversorgung sicherte.

Adresse/Öffnungszeiten Oudestraat 26, 4351 AV Veere, ✆ 0118/501829. Juni-August täglich 11-17 Uhr. Erwachsene 2.50 €, Kinder 1 € (jeweils inkl. Turmbesteigung).

Stadhuis: Die ältesten Teile des Rathauses mit prachtvoller Statuettenfassade stammen aus dem späten 15. Jahrhundert. Ähnlich seinem berühmten Pendant in Middelburg gilt das Bauwerk als Meisterwerk der Brabanter Spätgotik. Die zahlreichen Statuen an der Fassade sind allerdings nur Kopien der gegenwärtig im Museum *Schotse Huizen* aufbewahrten Originale. Das Interieur besticht mit kostbaren Gemälden, Gobelins und einer kleinen Altertümersammlung. Der Turm mit seiner quadratischen, säulengesäumten Balustrade stammt aus dem späten 16. Jahrhundert. Seine schon von weither sichtbare Spitze gilt als Wahrzeichen der Stadt.

Adresse/Öffnungszeiten Markt 5, 4351 JL Veere, ✆ 0118/501951. Juni-August Mo-Sa 13-17 Uhr. Erwachsene 1 €, Kinder 0.60 €, Senioren (Pas65) 0.60 €, MJK.

Campveerse Toren: Der zweite markante Turm Veeres am Eingang zum städtischen Hafenviertel (Kade 2) wurde im 15. Jahrhundert als wichtigster Bestandteil der Verteidigungsanlagen errichtet. Mittlerweile bildet er den letzten verbliebenen Rest der Stadtbefestigung. Als charakteristisches Baumerkmal sticht der abwechselnde Gebrauch von Backsteinen und Sandsteinen ins Auge. Der Turm wird seit Jahren als Hotel-Restaurant genutzt.

Vrouwenpolder

(1.100 Einwohner)

Der kleine Badeort, der aus nicht vielmehr als einer Straße besteht, wird wegen seiner Ruhe und des breiten Strands besonders von Familien geschätzt. Am Strand überzeugt ein ausgezeichneter Service, zahlreiche öffentliche Süßwasserduschen und Toiletten stehen zur allgemeinen Verfügung. Ein Teilstück des westlichen Strands auf der Höhe von *Oranjezon* wird gegenwärtig als FKK-Gelände genutzt.

Information/Verbindungen/Adressen

• *Information* **VVV Vrouwenpolder**, Fort den Haakweg 12, 4354 AE Vrouwenpolder, ✆ 0118/591577, ✉ 592801, vvv.kust-walcheren.nl. Juli/August Mo-Sa 10-17 Uhr; September-Juni Mo/Mi/Fr/Sa 10-12.30 Uhr.

• *Bahnverbindungen* nächster Bahnhof in Middelburg (10 km).

• *Busverbindungen* in Richtung Serooskerke (Bus 104) und Veere (Bus 31).

• *Einkaufen* Die Geschäfte bleiben in Vrouwenpolder Dienstagnachmittag geschlossen. Markttermine: **Wochenmarkt** in Middelburg, Do 8.30-16 Uhr, Markt; **Touristenmarkt** Mi 14-21 Uhr (Hauptsaison); Vrouwenpolder.

• *Fahrradverleih* **Breezand**, Hopman de Rijklaan 2, 4354 NS Vrouwenpolder, ✆ 0118/593133; **Petiet**, Prins Bernhardlaan 11, 4354 BJ Vrouwenpolder, ✆ 0118/592205.

• *FKK* **Strandpeulke Neptunus** (Oranje-zoon), Spieringweg 3, 4493 PX Vrouwenpol-der, ✆ 06/51534135. Das Gebiet grenzt direkt an das FKK-Gelände von Oostkapelle.

• *Krankenhaus* **Ziekenhuis Walcheren**, Koudekerkseweg 88, 4382 EE Vlissingen, ✆ 0118/425000.

• *Taxiruf* ✆ 0118/591995

Übernachten

• *Hotels* ** **Hotel Duinoord**, Breezand 65, 4354 NL Vrouwenpolder, 46 Betten, direkt am Strand gelegen (nur 2 Fußminuten), freundliche und familiäre Atmosphäre, saubere Zimmer, November-Februar geschlossen. EZ ab 40 €, DZ ab 75 €, ✆ 0118/591346, 🖷 593010.

** **Hotel De Boekanier**, Dorpsdijk 22, 4354 AC Vrouwenpolder, 20 Betten, das zweite Hotel in Vrouwenpolder, etwas hausbackener als das Duinoord, geringe Entfernung (1 km) zum Veerse Meer. EZ ab 30 €, DZ ab 65 €, ✆ 0118/591829, 🖷 592683.

NJHC-Jugendherberge Kasteel Westhove, Duinvlietweg 8, 4356 ND Domburg, wenige Kilometer südwestlich von Vrouwenpolder, ruhige Lage in Strandnähe, waldreiche Umgebung, Garten mit Sonnenterrasse, geöffnet April-Oktober. 104 Betten, Viererzimmer (4), Sechserzimmer (8), Zehnerzimmer (1), 12er-Zimmer (1), 18er-Zimmer (1). Übernachtung im Schlafsaal inkl. Frühstück 18 €, ✆ 0118/581254, 🖷 583342, domburg@njhc.org.

• *Camping* **Camping Oranjezon**, Koningin Emmaweg 16 a, 4354 KD Vrouwenpolder, N 57 Middelburg–Vrouwenpolder, Schildern folgen, etwa 1 km zum Strand, ebenes Wiesengelände zwischen Hecken, wenig Schatten, gute Sanitärs, Fahrradverleih, Lebensmittelgeschäft, zwei kleine Schwimmbäder, geöffnet April-Oktober. Stellplatz (inkl. 2 Pers.) 17 €, zus. Person 3.20 €, Duschen 0.45 €, Fläche 5,5 ha. ✆ 0118/591549, 🖷 591920, oranjezom@oranjezom.nl.

Camping De Zandput, Vroondijk 9, 4354 NN Vrouwenpolder, N 57 Kamperland–Middelburg, Ausfahrt Vrouwenpolder/Breezand, Schildern folgen, nur wenige 100 m nordwestlich des Dorfs, lang gestrecktes Gelände in Dünennähe, wenig Schatten, freier Zugang zum Roomput-Schwimmparadies, gute Sanitärs, Fahrradverleih, Lebensmittelgeschäft, geöffnet April-Oktober. Stellplatz (inkl. 4 Pers.) 40 €, zus. Person 4 €, Duschen inkl., Fläche 12 ha. ✆ 0118/592810, 🖷 591954, info@zandput.nl.

Mini-Camping Elzenoord, Koningin Emmaweg 2, 4354 KC Vrouwenpolder, geöffnet April-Oktober. Stellplatz (inkl. 4 Pers.) 20 €, zus. Person 2.25 €, Duschen inkl., Fläche 0,5 ha. ✆ 0118/591663, 🖷 591663, mesu.elzenoord@12move.nl.

Mini-Camping De Boonepolder, Zoekweg 7, 4354 SJ Vrouwenpolder, geöffnet April-Oktober. Stellplatz (Auto und Zelt) 8 €, Person 2.50 €, Duschen inkl., Fläche 1 ha. ✆ 0118/592973, swdebruijn@hetnet.nl.

Mini-Camping De Groene Strook, Vrouwenpolderweg 46, 4354 KL Vrouwenpolder, geöffnet April-Oktober. Stellplatz (inkl. 4 Pers.) 18 €, zus. Person 3 €, Duschen inkl., Fläche 1 ha. ✆ 0118/591510, hrhlouwerse@hetnet.nl.

Region Zeeuws-Vlaanderen

(Cadzand, Breskens, Aardenburg)

Der südöstlichste Teil der Niederlande, der unmittelbar an das benachbarte Belgien grenzt, weist zahlreiche kleine Festungsanlagen auf, die das Land im achtzigjährigen Krieg gegen die Spanier verteidigen sollten. Strategisch interessant war insbesondere das Mündungsgebiet der *Schelde* als wichtigste Wasserstraße der Antwerpener Hafenanlagen hinüber zur Nordsee. Zur besseren Anbindung an die anderen zeeländischen Regionen soll in naher Zukunft ein aufwendiger Tunnel die Isolierung *Zeeuws-Vlaanderens* beenden. Es ist denkbar, dass die eher beschauliche, nur schwer zu erreichende Region schon bald an Attraktivität für Ausflügler und Urlauber gewinnen wird.

Rondje Pontje: Fährverbindungen Zeeuws–Vlaanderen

Breskens–Vlissingen (Fährschiffe MS Koningin Beatrix und MS Johan Friso) Abfahrt Breskens: Täglich 7.50-18.50 Uhr (alle 30 Minuten). Abfahrt Vlissingen: Täglich 7.50-18.50 Uhr (alle 30 Minuten). Außerhalb dieser Kernzeiten sowie an Wochenenden verkehren die Fähren ebenfalls, allerdings weniger häufig. Einfache Fahrt: Erwachsene 1 €, Kinder 1 €, Fahrrad frei. Fahrtdauer: 20 Min. Autofähre. Information: ℘ 0117/381663.

Perkpolder–Kruiningen (Fährschiffe MS Prinses Christiana und MS Prins Willem Alexander) Abfahrt Perkpolder: Täglich 7-18 Uhr (alle 30 Minuten). Abfahrt Kruiningen: Täglich 7-18 Uhr (alle 30 Minuten). Außerhalb dieser Kernzeiten sowie an Wochenenden verkehren die Fähren ebenfalls, allerdings weniger häufig. Die Passage ist für Fußgänger und Radfahrer kostenfrei. Fahrtdauer: 20 Min. Autofähre. Information: ℘ 0114/681234.

Terneuzen–Hoedekenskerke (Fährschiff MS Stad Terneuzen) Abfahrt Terneuzen: Juli/August Di-Do und So 10.15 und 16.15 Uhr. Abfahrt Hoedekenskerke: Juli/August Di-Do und So 11.45 und 17.45 Uhr. Rückfahrkarte: Erwachsene 10 €, Kinder 5 €, Fahrrad frei. Einfache Fahrt: Erwachsene 8 €, Kinder 4 €, Fahrrad frei. Fahrtdauer: 75 Min. Kapazität: 300 Personen, 50 Fahrräder. Information: ℘ 06/53206436.

Die Schiffsfahrt lässt sich mit dem Stoomtrein Goes–Borsele (siehe Seite 606) kombinieren. Der Bahnhof liegt 5 Fußminuten vom Hafen Hoedekenskerke entfernt. Erwachsene 16 €, Kinder 8 €.

Rijkspont–Sluiskil

Abfahrt: Mo-Fr 7-17, Sa 10-17 Uhr (alle 12 Minuten). Außerhalb dieser Kernzeiten verkehren die Fähren ebenfalls, allerdings weniger häufig. Die Passage ist kostenlos. Fahrtdauer: 5 Min. Information: ℘ 0115/682401.

Overzetponton–Damschevaart (Kabelfähre Kobus) Die "Fähre" – eine der schönsten über die Damschevaart – ist eine handbetriebene Kabelfähre, ein kleiner treibender Ponton, der an einem Kabel befestigt ist und über zwei große Räder an beiden Ufern sowie auf der Fähre selbst betrieben wird. Die Passage ist ganzjährig kostenlos.

Lillo–Doel (Fährschiff MS Schelde) Abfahrt Lillo: April-September Sa/So 10, 11, 12.30, 13.30, 14.30, 15.30, 16.30, 17.30 und 18.30 Uhr (im Mai auch montags). Abfahrt Doel: April-September Sa/So 10.30, 11.30, 13, 14, 15, 16, 17, 18 und 19 Uhr (im Mai auch montags). Die Passage ist für Fußgänger und Radfahrer kostenfrei. Fahrtdauer: 15 Min. Kapazität: 300 Personen, 100 Fahrräder. Information: ℘ 0032 (0)3 2220838 oder 2220840.

Cadzand

(850 Einwohner)

Der südlichste Badeort der Niederlande und zugleich größte in Zeeuwsch-Vlaanderen ist aufgeteilt in *Cadzand-Bad*, wo es bislang noch eher beschaulich zugeht, und das wenige Kilometer landeinwärts gelegene *Cadzand-Dorp*, ein mittelalterliches Runddorf mit schönen Fassaden und einer frühgotischen Kirche aus dem 14. Jahrhundert. Bei Ebbe besteht die Möglichkeit, eine ausgedehnte Strandwanderung ins benachbarte belgische Seebad Knokke zu unternehmen. Cadzand-Bad ist stolz auf ein europaweit einzigartiges Kunstwerk, eine Ansammlung neoklassizistischer Säulen und Lichtarmaturen, die sich auf einer Gesamtlänge von 1.100 m durch den Ort ziehen – moderne Kunst, die allerdings nicht jedermanns Geschmack treffen dürfte.

Provinz Zeeland

Karte S. 591

Das **Natuurreservaat Het Zwin**, ein versandeter Meeresarm (33 ha) südwestlich von Cadzand, das über ein Priel mit dem Meer verbunden ist, verfügt über eine reichhaltige Flora und Fauna. Die Prielmündung des Reservats wird bei Flut überspült, kann allerdings in der Zeit von zwei Stunden nach bis zwei Stunden vor dem höchsten Wasserstand problemlos überquert werden. In den Sommermonaten finden wöchentlich zwei Exkursionen statt.

Information/Verbindungen/Adressen

- *Information* **VVV Cadzand**, Boulevard de Wielingen 44d, 4506 JK Cadzand, ✆ 0117/391298, 🖥 392560. Juni-August Mo-Sa 9-17.30 Uhr; September-Mai Mo-Fr 9-12.30 Uhr.
- *Adresse/Öffnungszeiten* **Natuurreservaat Het Zwin**, Gerrit van Hoekestraat 2, Retranchement, ✆ 0117/392221. Mai-August Di-Sa 10-17 Uhr. Erwachsene 1.25 €, Kinder 0.75 €.
- *Bahnverbindungen* nächster Bahnhof in Vlissingen (16 km).

- *Busverbindungen* in Richtung Oostburg.
- *Einkaufen* Am Freitag verschiebt sich der Ladenschluss auf 21 Uhr (Kaufabend). Markttermin: **Wochenmarkt** Juli/August Mo 15-21 Uhr, Ladengalerie.
- *Fahrradverleih* **Neptunus**, Boulevard de Wielingen 20, 4506 JH Cadzand, ✆ 0117/391352.
- *Krankenhaus* **Ziekenhuis Zeeuwsch-Vlaanderen**, Pastoor van Genklaan 6, 4501 AJ Oostburg, ✆ 0117/459000.
- *Taxiruf* ✆ 0117/381805

Übernachten

- *Hotels* ****** Hotel De Blanke Top**, Boulevard de Wielingen 1, 4506 JH Cadzand, 100 Betten, relativ dezente Architektur, Hallenbad, Sauna und Whirlpool, gepflegte Räumlichkeiten, gutes Frühstück. EZ ab 60 €, DZ ab 120 €, ✆ 0117/392040, 🖥 391427.
**** Strandhotel, Boulevard de Wielingen 49, 4506 JK Cadzand, 90 Betten, gehobene Mittelklasse, direkt in den Dünen, Hallenbad, Sauna, Solarium, Tennisplatz, gute Küche im angegliederten Restaurant mit Schwerpunkt auf Fischgerichten. EZ ab 50 €, DZ ab 100 €, ✆ 0117/392110, www.strandhotel-cadzand.nl.
**** Hotel De Schelde, Scheldestraat 1, 4506 KL Cadzand, 58 Betten, vergleichsweise unauffälliger Hotelbau mit Hallenbad und Sauna, moderner Komfort, alle Zimmer mit Du/WC, Telefon und TV, einige mit Balkon. EZ ab 50 €, DZ ab 100 €, ✆ 0117/391720, 🖥 392224.
- *Camping* **Camping De Hoogte**, Strijdersdijk 9, 4506 HR Cadzand, Autostraße Nieuwvliet–Sluis, Ausfahrt Cadzand, orangefarbenen Schildern folgen, schöne Lage mit Laubbäumen, akzeptable Sanitärs, geöffnet März-Oktober. Stellplatz (inkl. 2 Pers.) 12 €, zus. Person 2.50 €, Duschen 0.50 €, Fläche 4,5 ha. ✆ 0117/391497, 🖥 392450.
Camping Hoogduin, Zwartepolderweg 1, 4506 HT Cadzand, N 58 (Breskens–Cadzand),

Ausfahrt Groede/Sluis, Abfahrt R 104, Richtung Cadzand-Bad, in Ortschaft rechts, zweiter Platz rechts, ebenes Wiesengelände hinter den Dünen, Aufteilung durch Büsche und Hecken, wenig Schatten, akzeptable Sanitärs, Lebensmittelgeschäft, geöffnet April-Oktober. Stellplatz (inkl. 2 Pers.) 20 €, zus. Person 4.10 €, Duschen 0.20 €, Fläche 10 ha. ✆ 0117/391235, 🖥 392313, hoogduin@zeelandnet.nl.
Camping De Wielewaal, Zuidzandseweg 20, 4506 HC Cadzand, N 58 (Breskens–Cadzand), Ausfahrt Groede/Sluis, Abfahrt R 104, Richtung Cadzand, 500 m vor Mühle rechts, Schildern folgen, etwa 2 km vom Strand entfernt, einfacher Platz mit einigen schattigen Plätzen, schlichte Sanitärs, geöffnet April-Oktober. Person 2.25 €, Zelt 2.50 €, Auto 1.40 €, Duschen 0.50 €, Fläche 1,5 ha. ✆ 0117/391216, 🖥 392509.
Camping Wulpen, Vierhonderd Polderdijk 1, 4506 HK Cadzand, N 58 (Breskens–Cadzand), Richtung Groede, in Cadzand gelben Schildern folgen, etwa 1,5 km vom Strand entfernt, am Rande eines ehemaligen Bauernhofs, akzeptable Sanitärs, Lebensmittelgeschäft, geöffnet April-Oktober. Person 2.35 €, Zelt 3.25 €, Auto 1.75 €, Duschen 0.50 €, Fläche 4,5 ha. ✆ 0117/391226, 🖥 391299, info@campingwulpen.nl.

Camping Welgelegen, Vlamingpolderweg 14, 4506 HZ Cadzand, direkte Strandnähe, Lebensmittelgeschäft, ganzjährig geöffnet. Stellplatz (inkl. 2 Pers.) 20.50 €, zus. Person 4.60 €, Duschen 0.45 €, Fläche 3 ha. ☎ 0117/391383, info@campingwelgelegen.nl.

Camping Cassandria Bad, Strengweg 4, 4525 LW Retranchement, N 58 (Breskens–Cadzand), Ausfahrt Groede/Sluis, Abfahrt R 104, Richtung Cadzand, Schildern "Recreatiebedrijven Retranchement" folgen, wenige schattige Plätze, akzeptable Sanitärs, geöffnet März-Oktober. Stellplatz (inkl. 2 Pers.) 23 €, zus. Person 3.25 €, Duschen inkl., Fläche 5,5 ha. ☎ 0117/392300, 🖷 392425.

Camping De Zwinhoeve, Duinweg 1, 4525 LX Retranchement, N 58 (Breskens–Cadzand), Ausfahrt Groede/Sluis, Ausfahrt 105, Schildern "Recreatiebedrijven Retranchement" folgen, schöne Lage im Naturreservat Het Zwin, gute Sanitärs, Lebensmittelgeschäft, ganzjährig geöffnet. Stellplatz (Auto und Zelt) 5.90 €, Person 4.20 €, Duschen 0.45 €, Fläche 9 ha. ☎ 0117/392120, 🖷 392248, info@zwinhoeve.com.

Mini-Camping Knockerthof, Knokkertweg 5a, 4506 HN Cadzand, geöffnet April-Oktober. Stellplatz (Auto und Zelt) 3.20 €, Person 2.20 €, Duschen 0.50 €, Fläche 1 ha. ☎ 0117/391802, knokkert@zeelandnet.nl.

Mini-Camping De Noorman, Platteweg 3, 4506 HH Cadzand, geöffnet April-Oktober. Person 2 €, Zelt 3 €, Auto 1 €, Duschen 0.50 €, Fläche 1 ha. ☎ 0117/391341, jjdees@planet.nl.

Mini-Camping Koolswegje, Koolsweg 3, 4506 HA Cadzand, geöffnet April-Oktober. Stellplatz (Auto und Zelt) 4 €, Person 3 €, Duschen 0.50 €, Fläche 0,5 ha. ☎ 0117/391918, 🖷 391918.

Mini-Camping 10100, Tienhonderdse Middenweg 2, 4506 HS Cadzand, geöffnet April-Oktober. Person 3 €, Zelt 1.85 €, Auto 0.45 €, Duschen 0.60 €, Fläche 1 ha. ☎ 0117/391968, hoiting91@zonnet.nl.

Mini-Camping Den Molinshoeve, Strengweg 2, 4525 LW Retranchement (südwestlich von Cadzand), geöffnet März-Oktober. Stellplatz (inkl. 2 Pers.) 15 €, zus. Person 3 €, Duschen 0.50 €, Fläche 1,5 ha. ☎ 0117/391674, 🖷 392375.

Mini-Camping De Wachtsluis, Wachtsluis 1, 4525 ND Retranchement (südwestlich von Cadzand), geöffnet April-Oktober. Person 2.50 €, Zelt 2.50 €, Auto 2 €, Duschen 0.50 €, Fläche 1,5 ha. ☎ 0117/391225, 🖷 391225, wachtsluis@zeelandnet.nl.

• *Außerhalb von Cadzand* In Nieuwvliet, auf halber Strecke zwischen Cadzand und Breskens, gibt es eine Reihe weiterer guter Campingplätze in direkter Strandnähe.

Camping International, Sint Bavodijk 2 d, 4504 AA Nieuwvliet, N 58 (Breskens–Cadzand), Ausfahrt Groede/Sluis, in Nieuwvliet Schildern folgen, gut ausgestatteter Platz nahe alter Mühle, gute Sanitärs, Fahrradverleih, Lebensmittelgeschäft, Tennisplätze, Windsurfmöglichkeiten in 2 km Entfernung, geöffnet April-Oktober. Stellplatz (inkl. 2 Pers.) 18 €, zus. Person 3.85 €, Duschen 0.50 €, Fläche 6 ha. ☎ 0117/371233, 🖷 372270, international@zeelandcamping.nl.

Camping 't Schorre, Zeedijk 18, 4504 PN Nieuwvliet, N 58 (Breskens–Cadzand), Ausfahrt Groede/Sluis, in Nieuwvliet orangefarbenen Schildern folgen, kleines Gelände hinterm Deich, einfache Sanitärs, Fahrradverleih, geöffnet April-Oktober. Stellplatz (inkl. 2 Pers.) 15 €, zus. Person 3.90 €, Duschen 0.45 €, Fläche 2 ha. ☎ 0117/371537, 🖷 371537, schorre.visser@wolmail.nl.

Provinz Zeeland
Karte S. 591

Camping Pannenschuur, Zeedijk 19, 4504 PP Nieuwvliet, nahe Camping 't Schorre, kinderfreundlicher Familiencampingplatz, vorbildliche Sanitärs, Fahrradverleih, Lebensmittelgeschäft, Schwimmbad, ganzjährig geöffnet. Stellplatz (Auto und Zelt) 17.50 €, Person 4.10 €, Duschen inkl., Fläche 14 ha. ☎ 0117/372300, 📠 371415, info@pannenschuur.nl.

Camping Vogelenzang, Mosseldijk 8, 4504 SH Nieuwvliet, N 58 (Breskens–Cadzand), Ausfahrt Groede/Sluis, in Nieuwvliet Ausfahrt R 102, Richtung "Recreatieberijven Nieuwvliet", orangefarbenen Schildern folgen, Platz liegt rechts nahe der Westerschelde, einfache Sanitärs, geöffnet April-Oktober. Stellplatz (inkl. 2 Pers.) 13.50 €, zus. Person 3.20 €, Duschen 0.45 €, Fläche 4,5 ha. ☎ 0117/371296, 📠 371296, vogelenzang@holiday.nl.

Camping De Waag, Sint Jansdijk 8 a, 4504 PB Nieuwvliet, N 58 (Breskens–Cadzand), Ausfahrt Groede/Sluis, in Nieuwvliet Ausfahrt R 103, Richtung "Rcreatiebedrijven Nieuwvliet-Bad", Platz liegt nach 1300 m rechts, schönes Wiesengelände in ländlicher Lage, akzeptable Sanitärs, Lebensmittelgeschäft,

geöffnet Mai-September. Stellplatz (Auto und Zelt) 6.50 €, Person 2 €, Duschen 0.50 €, Fläche 1,2 ha. ☎ 0117/371666, dewaag@zeelandnet.nl.

Zeelandcamping Zonneweelde, Baanstpoldersedijk 1, 4504 PS Nieuwvliet, N 58 (Breskens–Cadzand), Ausfahrt Groede/Sluis, in Nieuwvliet orangefarbenen Schildern folgen, etwa 800 m vom Strand entfernt, großer Platz mit guten Sanitärs, Fahrradverleih, Lebensmittelgeschäft, Schwimmbad, Wanderhütten, geöffnet März-Oktober. Stellplatz (inkl. 2 Pers.) 19.50 €, zus. Person 6 €, Duschen inkl., Fläche 7,5 ha. ☎ 0117/371910, 📠 371648, zonneweelde@zeelandnet.nl.

Mini-Camping Vrede en Rust, Sint Jansdijk 9, 4504 PB Nieuwvliet, geöffnet April-Oktober. Stellplatz (inkl. 2 Pers.) 12 €, zus. Person 2.30 €, Duschen 0.50 €, Fläche 1 ha. ☎ 0117/371672, herweijer@zeelandnet.nl.

Mini-Camping De Catshoek, Sint Bavodijk 29, 4504 AB Nieuwvliet, geöffnet April-Oktober. Stellplatz (inkl. 2 Pers.) 11.85 €, zus. Person 2.75 €, Duschen 0.50 €, Fläche 0,5 ha. ☎ 0117/371957.

Breskens   (4.500 Einwohner)

Die kleine Ansiedlung an der Einmündung der Westerschelde in die Nordsee gilt als ruhiger Badeort (FKK-Möglichkeiten nahe *Nieuwesluis* bei Paal 21-22) ohne größere Attraktionen. Die ländliche Umgebung ist durch die typischen Polderlandschaften der Region Zeeuwsch-Vlaanderen geprägt. An den Rändern der begrünten Innendeiche stehen zahlreiche Korbweiden und Pappeln. Die Fischerei und die Landwirtschaft gehören neben dem Tourismus zu den wichtigsten Einnahmequellen des Ortes.

Der Besucher sollte sich einen Spaziergang auf der Uferpromenade nicht entgehen lassen, denn es bieten sich schöne Ausblicke auf Walcheren an der gegenüberliegenden Flussseite und den regen internationalen Schiffsverkehr gen Antwerpen auf der Westerschelde.

An Wochentagen lockt die in der Mittagszeit einfahrende Fischerflotte zahlreiche Neugierige herbei. Der Tagesablauf erlebt seinen Höhepunkt ...

Information/Verbindungen/Adressen

● *Information* **VVV Breskens**, Kaai 1, 4511 RC Breskens, ☎ 0117/381888, 📠 383867. Mo-Sa 9-12 Uhr und 13-18 Uhr.

● *Bahnverbindungen* nächster Bahnhof in Vlissingen (2 km, Fährpassage).

● *Busverbindungen* in Richtung Brugge (Belgien), Zeeuwsch-Vlaanderen.

● *Einkaufen* Am Freitag verschiebt sich der Ladenschluss auf 21 Uhr (Kaufabend). Markttermin: **Wochenmarkt** Mo 9-12 Uhr, Oranjeplein.

● *Fahrradverleih* **Camping Napoleonhoeve**, Zandertje 30, 4511 RH Breskens, ☎ 0117/383838; **De Winter Tweewielers**,

Spuiplein 1a, 4511 AN Breskens, ☎ 0117/381990.

• *Krankenhaus* **Ziekenhuis Zeeuwsch-**

Vlaanderen, Pastoor van Genklaan 6, 4501 AJ Oostburg, ☎ 0117/459000.

• *Taxiruf* ☎ 0117/381805

Übernachten

• *Hotels* ***** Hotel Scaldis**, Langeweg 3, 4511 GA Breskens, 20 Betten, im Dorfzentrum, etwa 200 m vom Strand entfernt gelegen, gepflegte Räumlichkeiten, alle Zimmer mit Du/WC, Telefon und TV. EZ ab 40 €, DZ ab 66 €, ☎ 0117/382420, 📠 386021.

*** Hotel Het Wapen van Breskens, Grote Kade 33, 4511 AT Breskens, 33 Betten, zentrale Lage am Fischerei- und Jachthafen, Strandnähe, einfache Ausstattung. EZ ab 41 €, DZ ab 73 €, ☎ 0117/381401, 📠 386020, info@wapenvanbreskens.nl.

** Hotel De Schelde, Dorpsstraat 74, 4511 EJ Breskens, 24 Betten, kinderfreundliche Familienpension im Ortszentrum, etwa 400 m vom Strand entfernt, angenehme Atmosphäre, gutes Frühstück. EZ ab 28 €, DZ ab 42 €, ☎ 0117/381923, 📠 381923.

• *Camping* **Camping Napoleon Hoeve**, Zandertje 30, 4511 RH Breskens, N 58 (Breskens–Cadzand), Ausfahrt Groede/Sluis, Abfahrt R 101, Schildern folgen, etwa 5 km westlich der Ortschaft, ebenes Wiesengelände hinter den Dünen, wenig Schatten, "ADAC-Superplatz", geräumige Stellplätze, kinderfreundliche Anlage, moderne Sanitärs, gut sortierter Campingladen, Fahrradverleih, Kinderhallenbad mit großer Wasserrutsche im "Leuchtturm", Wanderhütten, ganzjährig geöffnet. Stellplatz (inkl. 4 Pers.) 42 €, zus. Person 5 €, Duschen inkl., Fläche 13 ha. ☎ 0117/383838, 📠 383550, camping@napoleonhoeve.nl.

Camping Schoneveld, Schoneveld 1, 4511 HR Breskens, erste Abfahrt nach Fähre Breskens, am Ende links, Platz liegt 1 km westlich der Ortschaft, schöne Lage etwa 100 m vom Strand, baumgesäumtes Wiesengelände, trotzdem nur wenig Schatten, vorbildliche Sanitärs, Fahrradverleih, Lebensmittelgeschäft, Schwimmbad, ganzjährig geöffnet. Stellplatz (inkl. 4 Pers.) 33 €, zus. Person 4.60 €, Duschen 0.60 €, Fläche 14 ha. ☎ 0117/383220, 📠 383650, schoneveld@zeelandnet.nl.

Camping Zeebad, Nieuwesluisweg 5, 4511 RG Breskens, erste Abfahrt nach Fähre Breskens, Platz liegt nach 800 m rechts, schöne Lage hinter den Dünen, breiter Sandstrand, Fahrradverleih (auch Mountainbikes), Lebensmittelgeschäft, ganzjährig geöffnet. Stellplatz (inkl. 5 Pers.) 34 €, zus. Person 4 €, Duschen inkl., Fläche 16 ha. ☎ 0117/381338, 📠 383151, info@roompot.nl.

Mini-Camping Helena Hoeve, Helenaweg 1, 4521 GR Biervliet (südöstlich von Breskens), geöffnet April-Oktober. Stellplatz (inkl. 2 Pers) 9.50 €, zus. Person 1.50 €, Duschen 0.50 €, Fläche 0,5 ha. Tel 0115/481267, helena-hoeve@hetnet.nl.

Was haben Sie entdeckt?

Haben Sie eine tolle Kneipe entdeckt, eine günstige Übernachtungsmöglichkeit oder ein bemerkenswertes Museum? Wenn Sie Ergänzungen, Verbesserungsvorschläge oder Tipps haben, lassen Sie es uns bitte wissen.

Wir freuen uns über jeden Brief!
Schreiben Sie an:

Dirk Sievers
Stichwort "Niederlande"
c/o Michael Müller Verlag
Gerberei 19
91054 Erlangen
E-Mail: dirk.sievers@michael-mueller-verlag.de

Provinz Zeeland
Karte S. 591

Etwas Niederländisch

Vorab: Es gibt in der niederländischen Sprache einige Laute, die der deutschen Zunge reichlich Übung und Konzentration abverlangen. Aber keine Sorge: Jeder gut gemeinte Versuch, ein Anliegen auf Niederländisch vorzubringen, wird im Nachbarland erfreut aufgenommen. Vielleicht tragen auch Sie dadurch bei, das Bild des arroganten Deutschen in Vergessenheit geraten zu lassen.

Aussprache: Die nachstehende Liste soll ein erster Versuch sein, der Aussprache des Niederländischen näher zukommen. Aufgeführt sind die wichtigsten Abweichungen vom Deutschen.

g und *ch* = ch wie in Bach	u = ü
oe = u	z = s wie in Sonne
s = ss wie in Riss	

Übrigens wird das niederländische *sch* nicht wie bei uns, sondern getrennt wie ein einzelnes *s* gefolgt von einem einzelnen *ch* ausgesprochen! Bitte ausgiebig üben:

De schurkachtige schelm schuilde onder de schaduw van de scheve boom.

Abschließend noch etwas besonders Anspruchsvolles:

ij   in etwa eine Kombination aus ä und i
ui   in etwa eine Kombination aus ä und ü

Versuchen Sie's: Übung macht den Meister!

Buitenuit in de tuinen ruisen de pluimen van wuifend riet.

Wortschatz: Man mag auf dem Standpunkt stehen, dass die niederländische Sprache auch ohne größere Übung einigermaßen gut zu verstehen ist. Nichtsdestotrotz ist ein gewisser Grundwortschatz hilfreich, zumal deutsch klingende Worte nicht unbedingt die vermutete Bedeutung haben. Sollte das Telefon *bellen* und der Gesprächsteilnehmer am anderen Ende der Leitung seiner Frau mitteilen, dass er noch rasch eine Kollegin *vervoeren* wird, bevor er nach Hause kommt, so wird das in Holland nicht unbedingt zu Verstimmungen führen.

Zur Erklärung: *bellen* (klingeln), *vervoeren* (nach Hause fahren).

Minimal Wortschatz

Ja	ja
Nein	nee
Bitte	alstublieft (a.u.b.)
Danke	bedankt
Vielen Dank	dank U wel
Entschuldigung!	perdon!

Hallo	hallo
Guten Morgen	goedemorgen
Guten Tag	goedemiddag
Guten Abend	goedenavond
Gute Nacht	goedenacht
Tschüs	dag
Auf Wiedersehen	tot ziens
Bis bald	tot spoedig

Formeln, Fragen, Antworten

Wo ist/sind ... ?	Waar is/zijn ... ?
Wie heißt das?	Hoe noemt U dit?
Was bedeutet das?	Wat betekent dat?
Sprechen Sie Deutsch/Englisch?	Spreekt U Duits/ Engels?
Könnten Sie bitte etwas langsamer sprechen?	Kunt U wat langzamer spreken, alstublieft?
Ich verstehe nicht.	Ik begrijp het niet.
Kann ich ... haben?	Mag ik hebben?

Können Sie mir ... zeigen?	Kunt U mij ... laten zien?
Können Sie mir sagen ... ?	Kunt U mij zeggen ... ?
Können Sie mir bitte helfen?	Kunt U mij alstublieft helpen?
Ich hätte gerne ...	Ik wil graag ...
Geben Sie mir bitte ...	Geeft U mij ..., alstublieft.
Ich habe Durst/ Hunger.	Ik heb dorst/honger.
Ich habe mich verirrt.	Ik ben verdwaalt.
Beeilen Sie sich!	Haast U zich een beetje!
Es gibt ...	Er is/zijn ...
Wie geht es Ihnen?	Hoe gaat het met U?
Sehr gut, danke. Und Ihnen?	Uitstekend, dank U. En met U?
Ich heiße ...	Mijn naam is ...
Es war mir ein Vergnügen.	Het was me een genoegen.

Grundzahlen/Ordnungszahlen

0	nul			*9*	negen	negende
1	een	eerste		*10*	tien	tiende
2	twee	tweede		*11*	elf	elfde
3	drie	derde		*12*	twaalf	twaalfde
4	vier	vierde		*13*	dertien	dertiende
5	vijf	vijfde		*14*	veertien	veertiende
6	zes	zesde		*15*	vijftien	vijftiende
7	zeven	zevende		*16*	zestien	zestiende
8	acht	achtste (!)		*17*	zeventien	zeventiende

18	achttien	achttiende		*60*	zestig	zestigste
19	negentien	negentiende		*70*	zeventig	zeventigste
20	twintig	twintigste		*80*	tachtig (!)	tachtigste (!)
30	dertig	dertigste		*90*	negentig	negentigste
40	veertig	veertigste		*100*	honderd	honderdste
50	vijftig	vijftigste		*1000*	duizend	duizendste

Zeit

Jahr	het jaar	
Monat	de maand	
Woche	de week	
Tag	de dag	
jetzt	nu	
bald	gauw	

Stunde	het uur
Minute	de minuut
Sekunde	de seconde
gestern	gisteren
heute	vandaag
morgen	morgen
übermorgen	overmorgen
morgens	's morgens
nachmittags	's middags
abends	's avonds

Wochentage

Montag	maandag
Dienstag	dinsdag
Mittwoch	woensdag
Donnerstag	donderdag
Freitag	vrijdag
Samstag	zaterdag
Sonntag	zondag

Monate

Januar	januari
Februar	februari
März	maart
April	april
Mai	mei

Juni	juni
Juli	juli
August	augustus
September	september
Oktober	oktober
November	november
Dezember	december

Formeln, Fragen, Antworten

Wie spät ist es?	Hoe laat is het?
Es ist drei Uhr.	Het is drie uur.
Es ist halb drei.	Het is half drie.
Es ist Viertel vor ...	Het is kwart voor ...
Es ist Viertel nach ...	Het is kwart over ...
Es ist drei Minuten vor ...	Het is drie minuten voor ...
Mittwoch, den 8. Juli 2003	woensdag, 8 juli 2003

Feiertage

Ostern	Pasen
Pfingsten	Pinksteren
Weihnachten	Kerstmis
Neujahr	Nieuwjaar

Jahreszeiten		Himmelsrichtungen	
Frühling	de lente	*Norden*	het noorden
Sommer	de zomer	*Osten*	het oosten
Herbst	de herfst	*Süden*	het zuiden
Winter	de winter	*Westen*	het westen

Wetter

Gewitter	het onweer	*bedeckt*	bewolkt
Nebel	de mist	*heiter*	onbewolkt
Regen	de regen	*wechselhaft*	wisselvallig
Schnee	de sneeuw	*sonnig*	zonnig
Sonne	de zon	*regnerisch*	regenachtig
Sturm	de storm	*kalt*	koud
Wind	de wind	*warm*	warm
Wetter	het weer	*nass*	nat
Wetterbericht	het weerbericht	*trocken*	droog

Notfälle

Arzt	de dokter	*Zahnarzt*	de tandarts
Hilfe	de hulp	*Rufen Sie schnell einen Arzt.*	Halt U vlug een dokter.
Krankenhaus	het ziekenhuis		
Krankenkasse	het ziekenfonds	*Rufen Sie schnell einen Krankenwagen.*	Halt U snel een ambulance.
Polizei	de politie		
Rettungswagen	de ambulance	*Rufen Sie bitte die Polizei.*	Halt U de politie, alstublieft.
Verbandskasten	de verbandkist		
Verletzung	de verwonding		

Erkrankung

Mir ist übel.	Ik ben misselijk.
Ich habe Zahnschmerzen.	Ik heb kiespijn.
Ich habe Kopfschmerzen.	Ik heb hoofdpijn

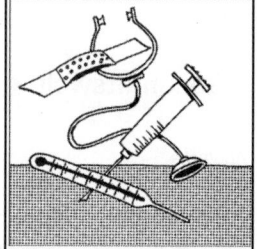

Ich habe Bauchschmerzen.	Ik heb buikpijn.	*Ich habe eine Grippe.*	Ik heb griep.
		Ich habe Fieber.	Ik heb koorts.
Ich habe Durchfall.	Ik heb diarree.	*Ich habe Halsschmerzen.*	Ik heb keelpijn.
Ich bin erkältet.	Ik ben verkouden.	*Ich habe einen Husten.*	Ik hoest.

Medikamente

Hustensaft	de hoestdrank	*Schmerzmittel*	de pijnstiller
Medikament	het medicijn	*Tropfen*	de druppels (Plur.)
Salbe	de zalf	*Tablette*	het tablet

Bank/Post/Telefon

Brief	de brief
Postkarte	de briefkaart
Postamt	het postkantoor
Wechselkurs	de wisselkoers
Währung	de valuta
Telefon	de telefoon

Briefkasten	de brievenbus	*Scheck*	de cheque
Briefmarke	de postzegel	*Telefonbuch*	het telefoonboek
Briefpapier	het briefpapier	*Telegramm*	het telegram
Einschreiben	aangetekend	*Vermittlung*	de centrale
Fax	de (tele)fax		

Baden/Strand

Ebbe	het laag water, de eb	*Sonne*	de zon
Flut	het hoog water, de vloed	*Sonnenöl*	de zonnebrandolie
Meer	de zee	*Strand*	het strand
See	het meer		

Geschäftswelt

Apotheke	de apotheek	*Metzger*	de slager
Bäckerei	de bakker	*Reinigung*	de stomerij
Buchhandlung	de boekhandel	*Reisebüro*	het reisbureau
Fischgeschäft	de viswinkel	*Schreibwaren*	de schrijfbehoeften (Plur.)
Gemüsehändler	de groenteboer		
Geschäft	de winkel	*Supermarkt*	de supermarkt
Kaufhaus	het warenhuis	*Weinhandlung*	de slijterij
Lebensmittel	de levensmiddelen (Plur.)		

Formeln, Fragen, Antworten

Wo kann ich Reiseschecks einlösen?	Waar kan ik reischeques inwisselen?
Können Sie mir bitte Kleingeld geben?	Kunt U me wat kleingeld geven, alstublieft?
Wo ist die nächste Apotheke?	Waar is de dichtstbijzijnde apotheek?
Können Sie mir bitte helfen?	Kunt U me alstublieft helpen?
Wie viel kostet dies?	Hoeveel kost dit?
Es ist nicht ganz das, was ich suche.	Het is niet precies wat ik zoek.
Es gefällt mir.	Het bevalt me.
Bitte die Haare schneiden.	Knippen, alstublieft.

Übernachten

Einzelzimmer	de eenpersoons kamer	
Doppelzimmer	de tweepersoons kamer	
Vollpension	het vol pension	
Bad	de badkamer	
Schlüssel	de sleutel	

Hotel

Dusche	de douche
Balkon	het balkon
Küche	de keuken
Toilette	het toilet
Hochsaison	het hoogseizoen
Nebensaison	het naastseizoen
Frühstück	het ontbijt
Erwachsene	de volwassene
Kinder	de kinderen
Jugendherberge	de jeugdherberg

Camping

Campingplatz	het kampeerterrein
Schlafsack	de slaapzak
Waschmaschine	de wasmachine
Wohnwagen	de kampeerwagen
Zelt	de tent

Formeln, Fragen, Antworten

Mein Name ist ...	Mijn naam is ...
Haben Sie vorbestellt?	Hebt U gereserveerd?
Ich hätte gerne ein Zimmer mit Bad.	Ik wil graag een kamer met bad.
Wie viel kostet es pro Nacht?	Hoeveel kost het per nacht?
Darf ich das Zimmer sehen?	Mag ik de kamer zien?
Welche Zimmernummer habe ich?	Wat is mijn kamernummer?
Es kommt kein warmes Wasser.	Er is geen warm water?
Kann ich bitte den Direktor sprechen?	Mag ik de directeur spreken?

Wir möchten Sie gern kennen lernen ...

... um unsere Reisehandbücher noch besser auf Ihre Bedürfnisse abstimmen zu können. Deshalb auf dieser Doppelseite ein kurzer Fragebogen zu Ihrer letzten Reise mit einem unserer Handbücher.

Als Belohnung winken ...

... natürlich Reisehandbücher. Jeweils zum Jahresende verlost der Michael Müller Verlag unter allen Einsendern des Fragebogens 50 mal je ein Reisehandbuch Ihrer Wahl aus unserem Programm.
(Der Rechtsweg ist ausgeschlossen)

Es bleibt natürlich alles unter uns ...

... Selbstverständlich garantieren wir absoluten Datenschutz und geben keine Adressen weiter. Versprochen!
Vielen Dank für ihre Mitarbeit und ... viel Glück!

Fragebogen

Ihre Reise

1) Mit welchem unserer Bücher waren Sie unterwegs?...
   Und wann (Monat/Jahr)?...
2) Mit wie vielen Personen reisten Sie? Bitte kreuzen Sie an: ....
   ☐ allein ☐ zu zweit ☐ drei Personen oder mehr...
   Mit Kindern? ☐ Nein ☐ Ja (Alter? .... Jahre)
4) Wie lange dauerte Ihre Reise?
   ☐ bis 1 Woche ☐ bis 2 Wochen ☐ bis 3 Wochen ☐ über 3 Wochen
5) Hatten Sie Unterkunft und Anreise als Kombination bereits vorgebucht?
   ☐ Ja ☐ Nein
6) Welche/s Verkehrsmittel benutzten Sie zur Anreise? (Mehrfachnennungen möglich)
   ☐ Bahn ☐ Bus ☐ Flug ☐ Auto/Motorrad ☐ Fähre
   ☐ Sonstiges, nämlich
7) Mit welchem(n) Verkehrsmittel(n) waren Sie im Zielgebiet überwiegend unterwegs (Mehrfachnennungen möglich)?
   ☐ Bahn ☐ Bus ☐ eigenes Auto/Motorrad ☐ Mietfahrzeug ☐ Fähre
   ☐ anderes Verkehrsmittel, nämlich ....
   ☐ gar nicht, blieb an einem Ort
8) Wo übernachteten Sie vorwiegend?
   ☐ Gehobene Hotels ☐ Mittelklassehotels ☐ Landestypische Pensionen
   ☐ Privatzimmer ☐ Camping ☐ andere Unterkunft, nämlich ....
9) War es Ihre einzige Urlaubsreise in diesem Jahr?
   ☐ Ja ☐ Nein, ich verreise öfter mal für 1 Woche oder mehr, nämlich pro Jahr:
   ☐ 2x ☐ 3x ☐ 4x oder mehr;
   und dann meist ins: ☐ Inland ☐ Ausland

Ihr Reisehandbuch vom Michael Müller Verlag

1) Sind Sie das erste Mal mit einem unserer Reisehandbücher unterwegs gewesen?
....
☐ Ja ☐ Nein, vorher schon (Titel): ....

2) Wie lernten Sie unseren Verlag kennen?
☐ Empfehlung vom Buchhändler☐ Empfehlung von Bekannten
☐ Habe das Buch zufällig im Buchhändlerregal entdeckt
☐ Über eine Anzeige in ....☐ anders, nämlich..................

3) Insgesamt gesehen, waren Sie mit diesem Reisehandbuch
☐ nicht zufrieden ☐ zufrieden

4) Wir würden gerne wissen, wo wir in unseren Reisehandbüchern etwas verbessern können. Bitte geben sie deshalb den einzelnen Komponenten dieses Buches "Schulnoten" von 1 bis 6 und begründen Sie bitte Ihre Benotung.

	Note	Grund
Prakt. Informationen vor der Reise		
Geschichte		
Landeskundliches		
Orte und Regionen		
Sehenswürdigkeiten		
Prakt. Informationen unterwegs		

5) Was hat Ihnen an diesem Reisehandbuch besonders gefallen?
☐ Nichts Spezielles ☐ Doch, und zwar..

6) Und was hat Sie am meisten gestört?
☐ Nichts Spezielles ☐ Doch, und zwar..

7) Worüber hätten Sie gern mehr erfahren?
☐ Über...
☐ Alle Informationen waren ausreichend

8) Unser Verlagsprogramm finden Sie auf den nächsten Seiten. Welche(s) Ziel(e) innerhalb Europas und des Mittelmeerraumes fehlt bzw. fehlen Ihnen in diesem Programm?
☐ Kein Ziel ☐ Doch, nämlich ....

9) Welches Reisehandbuch aus unserem Programm möchten Sie gewinnen?
....

Nun würden wir Ihnen gerne noch einige Fragen zu Ihren persönlichen Daten stellen (Datenschutz ist selbstverständlich gewährleistet)
Alter: .... Jahre
Familienstand: ☐ ledig ☐ verheiratet ☐ Kinder
Schulabschluss: ☐ Hauptschule ☐ Realschule ☐ Abitur
☐ Studium ☐ Beruf:

Fragebogen ausschneiden und an unsere Verlagsanschrift schicken (siehe unten). Bitte vergessen Sie nicht, für die Gewinnbenachrichtigung Ihren Namen und Adresse zu notieren.

Name: ....

Straße: ....

PLZ/Ort: ....

Michael Müller Verlag GmbH, Gerberei 19, 91054 Erlangen, Fax: 09131/207541

Vielen Dank thank you merci efcharistó gracias grazie tesekkür dekuji köszönöm

Verlagsprogramm

Unsere Reisehandbücher im Überblick

Deutschland

- Allgäu
- Altmühltal
- Berlin & Umgebung
- Bodensee
- Franken
- Fränkische Schweiz
- Mainfranken
- *MM-City* Berlin
- Nürnberg, Fürth, Erlangen
- Oberbayerische Seen
- Ostseeküste – Holsteinische Schweiz
- Schwäbische Alb

Niederlande

- *MM-City* Amsterdam
- Niederlande
- Nordholland – Küste, IJsselmeer, Amsterdam

Nord(west)europa

- England
- Südengland
- *MM-City* London
- Schottland
- Irland
- Island
- Norwegen
- Südnorwegen
- Südschweden

Osteuropa

- Baltische Länder
- Polen
- *MM-City* Prag
- Westböhmen & Bäderdreieck
- Ungarn

Balkan

- Mittel- und Süddalmatien
- Kroatische Inseln & Küste
- Nordkroatien – Kvarner Bucht
- Slowenien & Istrien

Griechenland

- Amorgos & Kleine Ostkykladen
- Athen & Attika
- Chalkidiki
- Griechenland
- Griechische Inseln
- Karpathos
- Korfu & Ionische Inseln
- Kos
- Kreta
- Kreta – der Osten
- Kreta – der Westen
- Kreta Infokarte
- Kykladen
- Lesbos
- Naxos
- Nord- u. Mittelgriechenland
- Paros/Antiparos
- Peloponnes
- Rhodos
- Samos
- Samos, Chios, Lesbos, Ikaria
- Santorini
- Skiathos, Skopelos, Alonnisos, Skyros – Nördl. Sporaden
- Thassos, Samothraki
- Zakynthos

Türkei

- *MM-City* Istanbul
- Türkei – Mittelmeerküste
- Türkei – Südküste
- Türkei – Westküste
- Türkische Riviera – Kappadokien

Frankreich

- Bretagne
- Côte d'Azur
- Elsass
- Haute-Provence
- Korsika
- Languedoc-Roussillon
- *MM-City* Paris
- Provence & Côte d'Azur
- Provence Infokarte
- Südfrankreich
- Südwestfrankreich

Italien

- Apulien
- Chianti – Florenz, Siena
- Dolomiten – Südtirol Ost
- Elba
- Gardasee
- Golf von Neapel
- Italien
- Italienische Riviera & Cinque Terre
- Kalabrien & Basilikata
- Liparische Inseln
- Marken
- Oberitalien
- Oberitalienische Seen
- *MM-City* Rom
- Rom/Latium
- Sardinien
- Sizilien
- Südtoscana
- Toscana
- Toscana Infokarte
- Umbrien
- *MM-City* Venedig
- Venetien & Friaul

Nordafrika u. Vorderer Orient

- Sinai & Rotes Meer
- Tunesien

Spanien

- Andalusien
- Costa Brava
- Costa de la Luz
- Ibiza
- Katalonien
- Madrid & Umgebung
- Mallorca
- Mallorca Infokarte
- Nordspanien
- Spanien

Kanarische Inseln

- Gomera
- Gran Canaria
- *MM-Touring* Gran Canaria
- Lanzarote
- La Palma
- *MM-Touring* La Palma
- Teneriffa
- *MM-Touring* Teneriffa

Portugal

- Algarve
- Azoren
- Madeira
- *MM-City* Lissabon
- Lissabon & Umgebung
- Portugal

Lateinamerika

- Dominikanische Republik
- Ecuador

Österreich

- *MM-City* Wien

Schweiz

- Tessin

Malta

- Malta, Gozo, Comino

Zypern

- Zypern

Aktuelle Informationen zu allen Reiseführern finden Sie im Internet unter www.michael-mueller-verlag.de

Gerne schicken wir Ihnen auch das aktuelle Verlagsprogramm zu.

Michael Müller Verlag GmbH, Gerberei 19, 91054 Erlangen, Tel. 0 91 31 / 81 28 08-0; Fax 0 91 31 / 20 75 41; E-Mail: mmv@michael-mueller-verlag.de

Sach- und Personenregister

Geographisches Register

Alle aufgeführten Orte sind durch das nachstehende Kürzel den jeweiligen Provinzen zugeordnet.

DRE: Drenthe; **FLE**: Flevoland; **FRI**: Friesland; **GEL**: Gelderland; **GRO**: Groningen; **LIM**: Limburg; **NBA**: Noord-Brabant; **NHO**: Noord-Holland; **OVE**: Overijssel; **UTR**: Utrecht; **ZEE**: Zeeland; **ZHO**: Zuid-Holland.

Sehenswertes in Amsterdam